"팔루디는 여성의 독립 █████████████████████으로
왜곡하고 강조하는 수 █████████████████████.
이런 영향은 일시적이 ██████████ 증거는 풍부하다."
—다이앤 존슨Diane Johnson, *New York Review of Books*

"만일 당신이 …… 평등은 여성에게 좋은 것이고 전통적인 성 역할은
본성이 아니라 문화가 부당하게 강요한 것이라 믿는 사람이라면 이 책은 대단히
값진 자료가 될 것이다."—웬디 카미너Wendy Kaminer, *Atlantic*

"날카로운 필치, 비범한 보도"—*M. Magazine*

"팔루디는 훌륭한 통찰력과 위트로 여성 평등을 가로막는 장애물을 밝혀내고
우리를 장래성 있는 대응의 길로 인도한다."—데버라 로드Deborah L. Rhode,
『아름다움이란 이름의 편견』

"매혹적이고 놀라운 이 책은 여성뿐 아니라 남성에게도 경각심을 일깨운다."
—로버트 라이시Robert Reich, 『로버트 라이시의 자본주의를 구하라』

"팔루디는 현란한 필사로 페미니즘을 의기양양하게 폄하하는 사람,
위선자, 배신자, 반反페미니스트 들을 제압한다. 그 덕에 강력한 논리와
도덕적 명료함으로 무장한 풍부하고 흥미진진한 책이 탄생했다."
—바버라 에런라이크Barbara Ehrenreich, 『노동의 배신』

"완전히 새로운 관점 …… '우리에겐 페미니즘이 필요하지 않다'고 쓴
피켓을 들고 있던 여성에게 이 책을 건네고 싶다."—록산 게이Roxane Gay,
『나쁜 페미니스트』

"팔루디의 『백래시』는 여성들의 개인적 삶을 변화시킨 바로 그 특정한 순간을
포착하는 데 성공했다."—레베카 트레이스터Rebecca Traister, 『싱글 레이디스』

백래시:
누가 페미니즘을 두려워하는가?

일러두기
- × 이 책은 2006년 출간된 The 15th anniversary edition을 판본으로 삼았다.
  초판에 수록되지 않은 15주년 기념판 서문이 추가되었다.
- × 단행본은 『 』, 논문이나 장 제목은 「 」, 신문, 잡지 등 정기간행물은 《 》,
  시, 노래는 " ", 텔레비전 프로그램과 영화 제목은 〈 〉으로 묶었다. 기업명과
  단체명은 별도의 문자표 없이 붙여 썼다.
- × 국내에 번역된 도서나 개봉된 영화는 번역서나 개봉작 제목을 그대로 썼고,
  그 밖의 작품은 상황에 따라 우리말로 옮기거나 소리 나는 대로 썼다.
- × 이 책의 제목이기도 한 '백래시backlash'를 우리말로 옮길 때는 '반격'이라는
  번역어를 택했으며, 모두 반反페미니즘적 사건과 발언 들을 가리키기 위해
  쓰였다. 그 밖에 반격과 유사하지만 좀 더 일반화된 행동과 태도를 뜻하는
  'reaction'과 'counter assault'는 각각 '반동'과 '역습'으로 옮겼다.
- × 본문 안의 대괄호는 옮긴이가 국내 독자들의 이해를 돕기 위해 추가한 것도
  있으나 대부분 저자의 것이며, 주석은 별도 표기가 없는 경우 모두 옮긴이의
  것이다.

누가 페미니즘을 두려워하는가?

백래시

arte

수전 팔루디 지음, 황성원 옮김 · 손희정 해제

나의 어머니,
메릴린 래닝 팔루디Marilyn Lanning Faludi에게

차례

한국어판 해제
역사가 된 기록, 그러나 여전히 새로운 페미니즘 선언

손희정(문화평론가)

2014년, 일간베스트(일베) 사이트 유저들이 단식 투쟁 중이던 세월호 유가족 앞에서 '폭식 투쟁'을 하고, 사제 폭탄을 만들어 '통일 토크 콘서트'를 공격하는 일 등이 터지면서 한국 사회는 본격적으로 '혐오'라는 현상에 주목하기 시작했다. '여성 혐오'와 관련된 강의 요청이 폭주하기 시작한 것도 그즈음이었다. 여성 혐오란 이 땅에서 다양한 소수자 혐오에 원형을 제공하는, 근본적일 뿐만 아니라 가장 파급력 있는 사회적 현상이었던 것이다.

　당시 여성 혐오를 주제로 한 특강에서 수전 팔루디의 『백래시』를 언급했다. 이후 좀 더 상세하게 설명하겠지만, 나는 1990년대 말부터 대중문화에서 여성 혐오가 특정한 성격을 가지고 두드러지기 시작했으며, 이를 여성의 사회적 지위 향상에 대한 백래시로 보고 있었다. 그리고 그로 인해 강화되는 여성 혐오 문화는 단순히 여성들의 '기분'을 상하게 하기 때문이 아니라, 여성에 대한 제도적 차별과 물리적 폭력을 점증시킴으로써 여성의 실존을 위협하기 때문에 문제적이라고 판단했다. 이는 1990년대 초 팔루디가 미국에서 관찰한 내용을 보고 얻은 통찰이었다. 그리고 혐오 발화와 차별 선동에 문제를 제기할 때마다 돌아오는 "웃자고 하는 말에 죽자고 달려든다"는 조소에 반박하기 위해, 이제는 역사가 된 그의 기록이 필요했다.

　그 자리에서 한 열정적인 편집자를 만났고, 그로부터 2년 뒤 그가 다시 연락을 해왔다. 『백래시』 판권을 계약했다는 내용이었다. 그렇게 차근차근 준비된 책이 황성원 선생님의 번역으로 드디어 한국 사회에 소개된다. 이 책을 국내 독자들과 나누고픈 마음이 절박했던 만큼 해제를 청탁받았을 때 망설임 없이 수락했다.

21세기 한국에서 1980년대 미국을 읽는다는 것

2015년은 페미니즘의 분수령이 된 해였다. '#나는페미니스트입니다' 이후 메갈리아의 등장, 강남역 여성 혐오 살인 사건 등을 통해 페미니즘의 목소리는 힘을 얻어 왔다. 이후로 현재까지 한국 사회에서는 페미니즘이 수면 위로 끌어올린 문제들을 둘러싸고 격렬한 싸움이 계속되고 있다. 더불어 이를 묵살하거나 밟아버리려는 움직임은 점점 거세지는 중이다. 2016년 N사의 여성 성우 계약 해지 사건이나 '메갈 작가'의 웹툰을 검열하겠다는 '예스컷 운동', 일련의 여성 혐오 트렌드를 기사화한 《시사IN》 절독 사태 등을 지나 2017년에는 이런 공격이 더 광범위해지고 더 조직화되고 있다.

별로 새롭지 않다는 의미에서 고전적이라고 할 만한 공격은 2017년 2월 저출산 정책을 논의하는 한 포럼 자리에서 등장했다. 국책 연구 기관인 한국보건사회연구원의 연구원이 저출산의 원인을 '고스펙 여성'에게 돌리면서 "교육 수준과 소득수준이 상승한 여성들에게 '하향 선택 결혼'을 권장하는 것"을 대책으로 내놓았다. 여기서 여성의 학력 상승과 권익 증진은 곧 국가 위기로 직결되었다.

7월에는 성 평등 교육과 페미니스트 교사에 대한 공격이 시작됐다. 학생인권조례에 반대하는 한 학부모 단체는 심지어 페미니스트 교사를 아동 학대 및 직무 유기 등으로 검찰에 고발했다. 페미니즘은 불온하고, 그래서 위험하다는 발상이다. 하지만 10대에게 페미니즘 교사보다 더 위험해 보이는 것은 오히려 여성 혐오적인 대중문화인 것으로 보인다. 8월에는 비제이BJ '갓건배' 살해 협박 사건이 터졌다. 게임에서 여성들이 당하는 성폭력과 차별의 말을 그대로 남성들에게 돌려주는 '미러링'으로 유명한 갓건배에 분노한 일부 남성 비제이들이 갓건배를 죽이겠다며 생방송으로 갓건배 추격전을 벌였다. 이 방송 이후 200건이 넘는 모방 방송이 올라왔고, 그중 10퍼센트 정도가 10대 초중반으로 식별되는 남성들이었다.

"생각하고 말하고 설치는" 여자들에 대한 공격은 청와대 청원 게시판으로도 이어졌다. 한 남초 사이트에서 시작된 "여자도 군대 가라"는 요구가 공식화된 것이다. 기본 논리는 '양성평등'을 요구하려면 여자들도 그에 준하는 의무를 다하라는 것이었고, 반페미니스트 이데올로그들은 "페미니스트들도 여성 징집에 대해 입장을 밝히라"고 요구했다. 그러나 이는 너희들이 시끄럽게 구니 "까다로운 군대 문제로 입을 막겠다"는 태도에 가까웠다. 조서연을 비롯한 문화연구자들이 비판해 온 것처럼 "여자도 군대 가라"는 요구는 실제로 여성 징집을 통해 여성들에게 남성들과 동등한 시민의 자격을 부여하겠다는 의도라기보다는 "우리가 얼마나 힘든지 너희들도 알아야 한다"는 의도에 가깝기 때문이다.*

이외에도 여성 단체를 후원하는 화장품 회사에 대한 불매운동, 낙태죄 폐지 운동을 둘러싼 온갖 혐오 발화들, '#00계_내_성폭력' 운동을 통해 고발당한 가해자들이 도리어 피해자를 고소하는 사건, 꽃뱀 논란, 페미니즘을 의도적으로 왜곡하는 출판물의 간행 등 페미니즘과 여성운동에 대한 공격은 한도 끝도 없이 펼쳐지고 있다. 이는 점점 더 강해지고 있는 페미니즘의 영향력에 대한 후려치기라는 점에서 백래시라 할 만하다. 도대체 어떻게 대응해야 할까? 이런 고민 속에서 계속 팔루디의 『백래시』를 떠올렸다. 한국 사회에서 벌어지고 있는 일들을 해석하고 움직일 수 있는 언어와 문제 틀을 제시해 줄 수 있을 것이라는 기대 때문이었다.

'백래시'가 의도하는 것, 선전하는 것, 두려워하는 것

"이 논쟁적인 베스트셀러는 '페미니스트의 새로운 선언'으로, 시몬 드 보부아르의 『제2의 성』, 베티 프리던의 『여성의 신비』에 비견한다."**

『백래시』에 대한 데보라 G. 펠더의 평가다. 팔루디는 미디어와 대중

---

* 조서연, 「여자도 군대 가라?: 군 복무와 성평등의 관계에 대하여」, 김보화 외, 『그럼에도, 페미니즘』, 은행나무, 2017.
** 데보라 G. 펠더, 『여성의 삶을 바꾼 책 50권』, 남인복·윤규상 옮김, 부글북스, 2007, 47~48쪽.

문화에서 진행되는 "역사의 시계를 되돌리려는"(21) 반동에 '백래시'라는 이름을 붙이고 분석의 대상으로 객관화함으로써 페미니즘을 둘러싼 오해와 거짓말을 분쇄할 수 있는 관점과 언어를 제공했다. "사회 진보와 변화 등에 대한 대중의 반발"을 뜻하는 '백래시'야말로 페미니즘에 대한 강력한 반작용을 설명할 수 있는 정확한 표현이었던 셈이다.

무엇보다 백래시는 자신의 삶을 개척하고 부당한 것에 'NO'라고 말하는 여성들로 하여금 지속적으로 좌절의 회로에 머물게 한다는 점에서 악질적이다. 여성의 불행을 페미니즘 탓으로 돌리면서 여성들로 하여금 스스로를 의심하게 하는 것이다. 『백래시』는 그 불행의 원인을 지목하는 손가락의 방향을 페미니즘에서 반페미니즘적인 반동으로 '제대로' 바꾸었다는 점에서 "새로운 선언"이라 할 만하다. 팔루디의 다음 문장이야말로 이 책의 핵심이다.

> "'반격'은 우연하게도 1947년 개봉된 할리우드 영화에서 제목으로 쓰인 적이 있다. 자신이 저지른 누명을 아내에게 덮어씌운 남자의 이야기이다. 여성의 권리에 대한 반격은 바로 이런 방식으로 작동한다. 반격의 수식어들은 반격이 자행하는 모든 범죄들을 페미니즘 탓으로 돌린다."(48)

그렇다면 페미니즘에 대한 백래시란 대체 무엇인가? 백래시는 가부장제의 유구한 전통 속에서 여성들이 경험하는 보편적인 억압과 어떻게 다른가?

팔루디는 여성의 '진보'를 위험한 것으로 판단하면서 "여성이 크게 활보하고 있다"는 인식을 바탕으로 "여성의 독립성에 대한 적개심"이 불러일으키는 여러 증상들, 무엇보다 이 증상들이 급성으로 나타나는 현상에 '백래시'라는 이름을 붙이며, 가부장제하의 여성 억압이라는 현상과 백래시를 구분한다. 그렇게 보면 백래시는 "기반암처럼 단단하게 자리 잡은 여성 혐오만이 아니라 자신의 지위를 개선하려는 현대 여성들의 각별한 노력"(44) 때문에 촉발되는 것이라 볼 수 있다. 페미니즘 운동과 그 성과가 백래시의 한 원인이라는 것이다. 그런 의미에서 백래시는 페미니즘의 무기력을 증명한다기보다는 페미니즘의 파워를 증명한다. 그리고 그 힘이 셀수록 반격은 더 촘촘하게 문화에 스며든다. 이 책은 "세련되면서도 진부하고, 얼핏 보기엔 '진보적'이지만 동시에 보란 듯이 후진"(43) 반격에 대한 정밀한 추적이자 반박이다.

책은 20세기 말 미국에 대한 묘사로 시작된다. 이 시기에 미국은 여성들을 위한 해방과 자유의 공간으로 여겨졌고, "여성들의 승리"가 선언됐다. 그러나 이런 "환호의 이면"에는 "너희들은 이제 자유롭고 평등할지 몰라도 그 어느 때보다 더 비참해졌다"는 메시지가 놓여 있었다. 그 메시지는 "뉴스 가판대에, 텔레비전 화면에, 영화에, 광고와 의사의 진료실에, 학술지에"(31) 붙었으며, 페미니즘이 그 원인으로 지목되었다.

메시지의 유포는 동시다발적이었다. 언론과 그들이 사랑한 '전문가'들은 페미니즘이 여성과 남성의 관계를 망쳤고, 즐거움을 깨 버렸으며, 여성을 우울증과 빈곤으로 밀어 넣었다는 날조된 뉴스를 퍼트렸다. 물론 이런 이야기들은 2017년 대한민국에서도 반복된다. "남자여자 친하게 지내요", "프로불편러들", "여성 내 임금격차는 부르주아 페미니즘 탓" 등등…… 그리고 미국이나 한국이나 반페미니스트들은 페미니즘이 자신들을 더 자유롭게 했다는 여성들의 주장엔 모르쇠로 일관했다.

뉴라이트와 기독교 우파는 여성의 본능이야말로 '낳고 돌보고 키우는 것'이라고 강조하고, 영화를 비롯한 텔레비전과 광고 등에는 반페미니즘적인 재현과 함께 악마화된 커리어우먼의 형상이 등장했다. 능력 있고 열심히 일하는 여성들은 외로운 '찌질이'거나 남의 행복한 가정을 깨려는 '미친년'으로 그려졌다. 패션계와 미용 산업에서는 여성들의 활동성을 줄이고 몸을 더욱 구속하는 방식의 외모 가꾸기 유행을 만들어 냈다. 2세대 페미니스트들이 돌연 변절을 선언하거나, 페미니즘의 이름으로 여성에 대한 착취를 정당화하는 이론이 등장하기도 했다. 다른 한편에서는 페미니즘과 싸우는 남성 운동이 태동했는데, 이 남성 운동의 주창자들은 페미니즘과 현대사회가 남성들의 본능을 해치고 남성다움을 무기력하게 만들었다고 울부짖었다.

그리하여 1990년대, 페미니즘은 드디어 '여학생들의 짐'(29)이 된다. 포스트페미니즘 시대의 개막이었다. 이제 페미니즘이 말하는 '양성평등'은 달성되었고, 페미니즘의 유효성은 지나갔다. 페미니즘을 고수하는 것은 이기적인 행동이거나 역차별을 야기하는 부정의한 것으로 낙인찍혔다. 페미니즘이 구시대의 잔재가 되어 버린 것이다. 이것이야말로 페미니즘에 대한 백래시의 가장 처절하지만 가장 영향력 있는 효과였다. 미국 사회는 1990년대가 "여성들의 시대"가 될 것이라 단언했지만, 팔루디는 이를 깊은 한숨 속에서 의심했다.

『백래시』의 백미는 팔루디가 반페미니스트 이데올로그들의 주장을 논파할 때 드러나는 깊은 냉소와 서늘한 유머 감각이다. "페미니스트는 재미를 깨는 프로불편러"라는 세간의 편견과 달리, 팔루디의 서술은 독자로 하여금 때때로 낄낄거리게 한다. 책을 읽다 보면 고도로 직조된 빈정거림이 아니라면 페미니즘을 둘러싼 현실을 포착하고 설명할 방법이 없음을 깨닫게 된다. 백래시들은 그 자체로 일종의 거대한 '헛소동'이기 때문이다. 팔루디는 치밀한 조사와 취재, 왜곡된 통계에 대한 정정, 그리고 그에 기반을 둔 급진적인 비평을 통해 백래시가 부르는 화려한 오페라들이 날조된 프레임 안에서 쓰인 판타지임을 폭로한다.

반격의 반격으로서 페미니즘: 백래시인가, 리부트인가?

'페미니즘 vs 백래시'의 싸움에서 페미니즘은 주춤했다. 『백래시』가 베스트셀러에 등극할 정도로 주목을 끌고 다양한 비평과 연구의 영역에서 영향을 미쳤지만, 퇴행의 거센 물결을 막을 수는 없었다. 그리하여 백래시의 결과는 명백했다. 팔루디에 따르면 여성들의 임금은 여전히 남성들보다 낮았고 유리 천장은 견고해졌다. 성차별과 성희롱 신고는 늘었고, 동등한 기회는 줄었다. 1977년~1989년 사이에 일흔일곱 곳의 출산 조절 클리닉이 폭탄이나 방화 테러에 노출되었고, 낙태를 할 수 없는 지역은 늘어났다. 정치 영역에서 여성의 자리는 급격히 줄었으며, 여성을 위한 연방 차원의 정책 역시 줄었다.

하지만 페미니즘의 목소리는 완전히 사라지지 않았다. 그건 대중문화의 영역에서도 마찬가지였다. 그리고 여성들의 삶이 절벽으로 내몰렸을 때, 여성들은 다시 또 페미니즘을 말하기 시작한다. '반격'에 대한 '반격'으로서의 페미니즘, 이것은 수전 팔루디의 작업이 미처 포착하지 못한 부분이다.

팔루디는 대중문화와 페미니즘의 관계를 적대적으로 설정하면서, 페미니즘과 대중문화가 맺을 수 있는 상호작용의 가능성을 폐기했다. 하지만 2000년대 페미니스트 문화연구자들이 추적했던 것처럼 1980~1990년대 대중문화는 그저 페미니즘 몰살의 공간만은 아니었다. 많은 여성들은 대중문화의 대중성/통속성the popular 속에서 주류 이데올로기와 경합하고 교섭하며 페미니즘의 의제들을 흡수했고, 때로는 페미니스트로 성장했다. 이처럼 대중문화에는 페미니즘적인 것과 반페미니즘적인 것이 혼재되어 있기에 팔루디가 철퇴를 내리듯 단순하게만 평가할 수는 없다.*

그렇게 살아남은 페미니즘의 기억들, 인식론, 태도, 그리고 운동의 에너지는 2010년 중반, 대중문화의 장을 경유해 세계로 되돌아와 여성들과 접속했다. 페미니즘이 리부트된 것이다. 《가디언》은 "2014년 여성에 대한 폭력에 저항하는 시위가 전 지구적으로 확산되었고, 이는 획기적 사건이었다. 사회적 관계망 서비스는 새로운 형태의 페미니스트 연대를 가능하게 했다"**고 평가했다.

그 분수령이 된 사건은 리베카 솔닛이 『남자들은 자꾸 나를 가르치려 든다』에서 소개하고 있는 #YES_ALL_WOMEN, 즉 '#여자들은_모두_겪는다'였다. 이 해시태그 운동은 미국 사회의 여성 혐오

---

* 이에 대해서는 Joanne Hollows · Rachel Moseley, "Popularity Contests: The Meanings of Popular Feminism", Joanne Hollows · Rachel Moseley eds., *Feminism in Popular Culture*, Bloomsbury Academic, 2006; 손희정, 「젠더戰과 '퓨리오숙'들의 탄생: 2010년대 중반, 파퓰러 페미니즘에 대한 소고」, 『페미니즘 리부트』, 나무연필, 2017 참고.

** editorials, "The Guardian view on a year in feminism: 2014 was a watershed", *The Guardians*, 2014. 12. 31. https://goo.gl/kUgV4V

문화를 비판하고 여성들이 일상적으로 겪는 성폭력과 성차별, 그리고 그를 둘러싼 공포와 불안을 고백하는 운동이었다. 이런 흐름과 함께 할리우드 유명인을 중심으로 하는 셀럽 페미니즘이 급부상하고, 이는 2017년 하비 와인스타인의 성폭력 사건 폭로와 #ME_TOO 운동으로 이어지고 있다.

이런 페미니즘-백래시-리부트의 진행 양상은 한국에서도 크게 다르지 않았다. 그것이 『백래시』를 읽으며 반복적으로 기시감을 느끼게 되는 이유일 터다.

1990년대 한국 사회는 공적 가부장제의 진전과 여성운동의 성과로 여성들의 사회 진출이 늘어나는 시기였다. 그와 함께 영페미니즘 운동을 비롯해 여성운동의 영향력이 점점 커지고 있었다. 그러나 IMF 이후, 노동시장이 남성 중심적으로 재편되면서 공적 영역에서 활동하는 여성들과 그 목소리에 대한 백래시가 시작된다. 사회적 위기를 극복하기 위해 국가나 가족과 같은 전통적 가치들에 기대는 풍조가 되살아나고, 이는 여성에게 다시 모성을 강조하고 희생을 강요하는 구조로 이어진 것이다.

이런 분위기 속에서 '백래시의 밀레니엄'이 열렸다. 2000년대 초 '건강가정기본법'이 만들어지고, 낙태가 여성의 죄로 재지정되었으며, 불임률의 증가와 더불어 떨어지는 출산율은 음란하거나 이기적인 여성들의 책임이 되었다. 슈퍼우먼 콤플렉스라는 1990년대의 신조어는 이제 여성들의 과로를 페미니즘 탓으로 돌리는 근거가 되었다. 미국의 반격 세력들이 페미니즘이 "여성의 번아웃"을 초래했고 페미니즘으로 인해 "출산을 연기하는 직장 여성들 사이에서 '불임 유행병'이 크게 번지고" 있으며, 그렇게 "자식 없이 불행한 싱글 여성 세대를 양산했다"(46~49)고 비난했던 것과 놀랍도록 유사한 패턴이다. 하지만 여성 노동자의 고통과 과로는 페미니즘의 실패가 아니라 신자유주의 기획의 산물이라 보는 게 더 정확하다. 팔루디의 말처럼, 여성들의 비참과 불행은 페미니즘 탓이 아니라, 페미니즘이 충분하지 않은 탓일 뿐이다.

그리하여 2000년대 중반에 이르게 되면 "나는 페미니스트는 아

14

니지만……"이 중요한 인식론으로 자리 잡고, 2010년대 중반이 되면 공공연하게 "자기 밥그릇 싸움에 혈안이 된 무뇌아적 페미니스트"와 같은 말이 등장하게 된다. 한국 사회는 페미니즘의 수혜 아래 있었지만, 그 과실은 오히려 반페미니즘적 의제로 돌아갔다. 그와 동시에 '여성에 대한 후려치기'*와 '역차별의 감각'이 사회에 스며든다. 꼴페미–된장녀–김치녀로 이어지는 온라인에서의 여성 혐오 표현은 IMF 이후 펼쳐진 백래시의 큰 자장 안에서 등장한 것이었다.

결국 여성에 대한 제도적인 차별은 더 견고해졌고, 여성에 대한 물리적 폭력 역시 점증했다. 대중문화의 여성 혐오는 더욱 노골적이 되었다. 그와 동시에 '헬조선'의 세계에서 자신이 경험하고 있는 부당함이나 어려움을 설명할 언어를 도저히 찾을 수 없었던 여성들이 페미니즘으로 고개를 돌리기 시작했다. 반격에 대한 반격으로서, 여성들은 다시 또 페미니즘을 말하기 시작한 것이다.

이처럼 집단적으로 축적된 경험의 기록으로부터 우리는 역사가 단선적으로 흐르지 않는다는 사실을 확인하게 된다. 여성의 역사는 계속되는 백래시에 부딪히고, 그러면서 퇴보하기도 하고 우회하기도 한다. 그럼에도 멈추지는 않는다. 그 과정에서 우리가 할 수 있는 일 중 하나는 앞서간 사람들이 그려 놓은 지도 안에서, 비록 협로일지라도, 다음 발걸음을 놓을 길을 발견하는 일일 터다. 『백래시』가 그린 지도는 지금/여기의 페미니스트들에게 그런 훌륭한 가이드가 되어 줄 것이다.

페미니즘에 필요한 기술: 한계 안에서 싸우고
반복 속에서 버티기

이 책에 대한 소개를 마치기 전에 수전 팔루디가 공적 영역과 사적

---

* 이는 앞에서 언급한 '고스펙 여성의 하향 결혼'이라는 상상력과도 맞물려 있는 것이다. 여성들의 사회적 지위가 올라가면서 여성 파트너를 쉽게 만날 수 없게 되었다고 생각하거나 혹은 노동시장에서 여성과 경쟁을 해야 한다고 생각하게 된 남성들은 '된장녀'나 '김치녀'와 같은 낙인을 통해 여성의 가치를 끌어내리려고 했다. IMF 이후 온라인에서 펼쳐진 여성 혐오 담론의 원인 중 하나를 이 '후려치기'로 볼 수 있다.

영역의 선명한 이분법을 바탕으로 작업했으며, 그가 다루고 있는 백래시가 대체로 백인 문화에 기반을 두고 있었다는 사실을 언급해야겠다. 여성학자 페기 펠런Peggy Phelan은 『백래시』가 "강력하게 백인 중심적이고 이성애 중심"이며, 흑인 여성은 그저 통계상의 수치로 사라져 버렸다고 지적한다.* 페미니즘 제2의 물결에 큰 영향을 미친 베티 프리던의 『여성의 신비』만큼, 팔루디의 『백래시』 역시 백인 자유주의 페미니스트의 한계에 갇혔다는 비판을 피할 수 없었다. 이는 우리가 21세기 대한민국에서 팔루디의 작업을 참고하고 또 전유하고자 할 때 반드시 염두에 두고 예민하게 성찰해야 하는 지점이다.

그럼에도 불구하고 한국 사회에서 '여성'은 아직 충분한 시민권을 획득하지 못했고, 그것이 팔루디의 문제의식이 여전히 유효한 이유다. 이 책의 마지막 장이 '출산 결정권에 대한 반격'을 다루고 있는 점은 그래서 더욱 인상적이다.

1973년 낙태 합법화 판결 이후 미국에서는 지속적으로 낙태 반대 작전이 펼쳐졌다. 이 시기 미국 남자들은 "태어나지 못한 아이들을 위해 울음"(591)을 터뜨렸지만, 기실 그것은 자신들의 경제적, 사회적인 지위가 위기에 봉착했음을 한탄하는 것이었다. 팔루디는 "호전적인 낙태 반대 운동의 대변인들은 대중 앞에선 페미니스트들을 '영아 살해자'라고 불렀지만, 자기들끼리 있을 때는 '창녀'나 '레즈비언'으로 불렀다"(593)고 지적하면서, 기실 낙태를 둘러싸고 선고된 페미니스트의 죄목은 '살인'이 아니라 '성적인 독립'이었을지도 모른다고 말한다. 그리고 2016년, 미국 백인 (특히) 남성들의 극우화를 배경으로 대통령에 당선된 트럼프가 가장 먼저 언급한 '변화' 중 하나는 낙태죄 부활 여부를 각 주州 정부의 판단에 맡기겠다는 것이었다. 발언의 실행 여부와 무관하게 이는 여성의 자기 결정권을 공격하는 것이 보수 우익을 선동하기에 얼마나 '좋은 자원'인지 잘 보여 주는 사건이었다.

* Peggy Phelan, "Radical Democracy and the Woman Question", *American Literary History*, Vol. 5, No. 4 (Winter, 1993) 750–763. Published by: Oxford University Press.

지금/여기 한국에서도 크게 다르지 않은 일들이 벌어지고 있다. 2000년대 후반, 사회 전반적인 우경화와 함께 성 보수화가 진행되면서 나타났던 가장 두드러지는 사건 중 하나는 죽은 법이나 다름없었던 낙태죄가 실효를 가진 법으로 재탄생한 것이었다. 그리하여 2010년대 초에는 프로라이프의사회가 임신중절 시술을 한 의사들을 고발하고 헌법재판소는 이에 발맞춰 낙태죄가 합헌임을 승인했다. 하지만 전 지구적인 페미니즘 리부트와 함께 낙태를 비범죄화 혹은 합법화하라는 '검은 시위'가 들불처럼 일었고, 한국도 예외는 아니었다. 여성들은 절박함 속에서 낙태죄 폐지를 주장하지만 '대한민국 최초의 페미니스트 대통령'의 정부는 여전히 낙태죄 폐지가 시기상조라고 말하고 있다.

여성의 몸 위에서 억압과 착취의 역사는 끊임없이 반복된다. 그리고 이렇게 반복되는 역사와 벌이는 싸움은, 시대적, 계급적, 인종적인 한계를 안고 있을지라도, 그 한계에 갇혀 있지만은 않을 것이다. 하나의 운동은 한계를 가질 수밖에 없지만, 그 운동이 야기하는 인식의 전환은 다른 문제들을 사고하는 데 뚜렷한 족적을 남길 것이기 때문이다. 팔루디가 멈춘 자리가 우리가 멈추는 자리는 아니기를 바란다.

이제 여러분 앞에 '새로운 페미니즘의 선언'을 놓아 드린다. 하지만 페미니스트의 싸움은 짧게 끝나지 않는다. 선언을 실천으로 옮기는 과정은 순탄하지 않을 것이다. 실천이 기어코 변화로 이어지는 기쁨은 찰나에 불과할 수도 있다. 그럼에도 불구하고, 천천히, 그리고 끝까지, 함께할 수 있기를 바란다. 그러기 위해서는 페미니즘에 모두를 거는 열정보다는 나가떨어지지 않고 버티는 기술이 더 필요할 것 같다. 이제는 고전이 된 『백래시』가 주는 가장 큰 교훈은 아마도 그것일 터다. 그 길 위에서 페미니스트이기 때문에 누릴 수 있는 즐거움이 여러분과 함께 하기를 기원한다.

미디어에서는 잊을 만하면 한 번씩 '여성운동은 시들고 있는가?'라는 주제를 다시 들고나와 곱씹거나 아니면 일종의 푸닥거리를 한다. 어쩌면 이런 언론들의 좀 더 솔직한 심정은 '여성운동을 말려 죽이자'일지도 모른다. 언론들이 다시 한 번 그런 주제를 들먹일 때가 되면 내 전화기가 울려 대고 이미 살짝 짜증이 나 있는 기자는 피해 갈 수 없는 질문을 하거나 아니면 거의 호통치듯 내지른다. "아직도 반격이 존재합니까?"

기자의 문의는 사실 불평에 더 가깝기 때문에("당신 아직도 이 페미니즘 놀음에서 손을 안 뗀 거예요?") 똑같이 대응하지 않기는 힘들다("당신은 아직도 이런 페미니즘 공격 놀음이 신물 나지 않는 거요?"). 하지만 책상에 앉아서 15년 전에 처음 출간했던 이 책을 어떻게 소개할지 곰곰히 생각하던 나는 똑같은 질문에 붙들려 버렸다. 반격backlash이 존재할까? 아직도?

안타깝게도 대답은 그렇지 않다.

"안타깝게도"라고 말한 이유는 반격보다 더한 무언가가 있다는 것이 확인되고 있기 때문이다.

1980년대에는 여성들이 독립을 쟁취하고 있다는 대단히 미미한 신호만으로도 문화의 사냥개들이 짖어 댔다. 젊은 여성들이 고등교육을 받기 위해 결혼을 미룬다고? 시사 주간지들은 "당신들이 신랑과 입맞춤할 가능성보다 테러리스트에게 살해당할 가능성이 더 높다"라고 으르렁거렸다. 나이를 먹을 만큼 먹은 여성들이 좋아하는 일을 하느라 출산을 미룬다고? '라이프스타일' 미디어 전문가들은 "당신들의 생물학적 시계가 자정을 알리면 당신들은 씨 없는 호박으로 변해 버릴 거야!" 하고 새된 소리를 질러 댔다. 싱글 여성들이 연애의 규칙을 깨고 성적 주도권을 행사한다고? 할리우드의 율법학자들은 "당신들은 사이코 살인마로 변신해서 물이 넘쳐흐르는 욕조에서 최후를 맞게 될 거야!" 하고 으름장을 놓았다.

아, 그때가 좋았지.

이제 반격의 호통은 전만큼 두드러지지 않는다. 얼마 남지 않은 잔소리꾼들을 두고 투덜댄다고 해서 성공에 눈이 멀었다는 소리를 들을 일도 적어졌다. 성격이 비뚤어진 싱글 여성이 엽기 행각을 벌이는 장편영화는 언제 마지막으로 나왔던가? 우리는 '남자 품귀 현상 man shortage', '불임 유행병infertility epidemic', '이혼의 어두운 면'에 대한 일상적인 경고를 모두 이겨 낸 듯 보인다. 한때는 막중한 책임감에 시달리는 모든 '직장 여성'을 괴롭힌다고 알려졌던 신경쇠약, 심장 질환, 알코올중독, 탈모, 성인 여드름 같은 직장 친화적인 병들은 말할 것도 없다.

하지만 아직도 질책은 주기적으로 터져 나온다. 일반적으로 이런 것들은 여성의 '선택'이 빚어낸 결과로 포장되긴 하지만 말이다. 이제 반격은 절대적으로 피해자가 자초한 일로 그려진다. 2005년 9월 20일 《뉴욕타임스》의 1면 기사에도 바로 이런 메시지가 담겨 있다. 기사는 아이비리그 대학을 졸업한 많은 여학생들이 그 큰돈을 들여 받은 교육을 쓰레기통에 처박고 집에서 아기를 볼 계획이라고 잘라 말했다(예일 대학교의 한 4학년생은 기사에서 "난 현 상태에 별로 신경쓰지 않아요. 왜 지금 상태에 반대해야 하는지 모르겠어요" 하고 명랑하게 말했다). 《뉴욕타임스 매거진》의 2003년 10월 26일 자 커버스토리 "출세 기피 혁명"의 핵심도 '선택'이었다. 기사는 성공을 좇던 많은 여성들이 유모차를 밀고 다니는 교외 생활을 위해 (남편들의 월급은 포기하지 않았지만) 자신들의 넉넉한 월급을 포기하고 있다고 주장했다(한 출세 기피자는 기사에서 "난 유명해지고 싶지 않아요. 이 세상을 정복하고 싶지도 않아요"라고 말했다). 그리고 2002년 4월 〈60분60 Minutes〉*에서도 같은 주제를 꺼내 들었다. 해당 보도는 점점 더 많은 직장 여성들이 자신의 '선택'을 후회하며 평생 모은 저

* 미국 CBS의 유명 탐사 보도 프로그램.

축으로 불임 치료를 받고 있다고 주장했다.

하지만 역사의 시계를 되돌리려는 미디어의 이런 노력에는 1980년대에 페미니즘을 향해 반격의 칼을 휘두르던 '트렌드' 기사의 기개가 보이지 않는다. 《뉴욕타임스》는 아이비리그를 나온 미래의 주부들을 다룬 기사에서 "이런 태도 변화는 숫자로 확인하기가 어렵다"라고 시인하며 소심하게 얼버무렸다(나중에 많은 논평가들이 지적했듯 사실 이 신문이 여학생들을 대상으로 실시한 이메일 설문 조사 결과는 어이없을 정도로 문제가 많았던 것으로 드러났다). 《뉴욕타임스 매거진》에서 "출세 기피 혁명" 기사를 쓴 기자는 자신의 결론이 '과학적 표본이 아니'라는 점을 인정했다. 2004년 3월 《애틀랜틱》 커버스토리에 보모를 고용하면서 직장에 나가는 엄마들을 공격한 기사를 썼던 케이틀린 플래너건Caitlin Flanagan은 자기도 보모를 썼다고 고백하기도 했다.

해방된 여성들을 상대로 한 1980년대식 융단폭격은 이제 중단된 듯하다. 그저 단독 저격수가 쏘는 한 발씩의 총소리만 간헐적으로 들린다. 동시에 목표가 거의 달성되었기 때문에 페미니즘이 무대 뒤로 사라졌다는 소리도 들려온다. 젊은 여성들은 더 이상 페미니즘이 필요하지 않기 때문에 자기 일로 여기지 않는다고 말하기도 한다. 젊은 예일 대학교 학생이 《뉴욕타임스》에 했던 말처럼 더 이상 '반대'할 게 없다는 것이다.

최소한 신문에 나왔던 이 학생은 자기 생각을 갖고 있는 듯하다. 지난 25년간 여성들은 천천히, 하지만 꾸준히 성과를 얻어 냈다. 이제 여성은 대학 학부생의 약 60퍼센트를, 저널리즘 스쿨 등록자의 3분의 2를, 의대생과 로스쿨 학생의 절반을 차지한다. 성별 임금 격차는 지난 20년간 약 12퍼센트포인트 줄어들었다(사실 이런 '개선'이 이루어진 이유의 60퍼센트는 여성의 임금이 상승해서가 아니라 남성들의 실질임금이 하락했기 때문이다). 여성 국회의원은 약 15퍼센트다. 아직도 대의 민주주의라고 부르기엔 민망한 수준이지만 그래도 1979년 상원과 하원을 통틀어 여성 의원이 3퍼센트에 불과했던 것을 생각하면 나아진 건 사실이다. 여성 기업 소유주는 약 38퍼센트다(대부분이 서비스 부문의 작고 어려운 기업들이긴 하지만 말이다). 그리고 《포춘》이 선정한 500내 기업 중에서 여성 이사가 한 명이라도 있는 곳이 86퍼센트다(대부분의 경우 달랑 한 명이긴 해도 말이다).

우리는 이런 진전에 마땅히 기뻐해야 한다.

그런데 내가 오늘날 미국의 젠더 경관을 살펴봤을 때, 내 세대의 '해방된' 여성들이 마련하고 어느 정도는 결정한 그 경관을 들여다봤을 때, 어째서 그렇게도 불편해지는 것일까? 갈등이 없다는 게 페미니스트들이 적들을 완파했다는 뜻은 아닌 것일까? 이 침묵이 전투 이후의 침묵, 아쟁크루*의 침묵은 아닐까?

어쩌면 그럴 수도 있다. 하지만 무언가가 내게 우리가 있는 곳은 다른 곳이라고 말한다. 엄청난 유혈을 대가로 얻은 승리에 대해 "다시 한 번 이런 식으로 승리하게 되면 우린 모두 끝이다!"라는 말로 한탄했다는 피로스 왕이 서 있던 곳, 그러니까 고대 로마의 전장, 헤라클리아처럼 느껴지는 것이다.

1990년대 초 레이건 시대의 오랜 절망에서 벗어난 미국 여성들은 무기력감을 떨쳐 내고 다시 싸우기 시작했다. 대법관 지명자 클래런스 토머스Clarence Thomas에게 성희롱을 당했다고 주장한 아니타 힐Anita Hill에게 상원 법사위원들이 성차별적인 발언을 쏟아 내는 광경이 텔레비전에 중계되자 여성 시청자들은 이런 치욕을 가만히 보고만 있지 않았다.** 분노한 여성들은 전국에서 이 남자들이 아직도 '정신을 못 차렸다'는 이야기를 주고받았다. 분노는 불길처럼 번졌고, 이 불길은 여성들을 결집시켰으며, 그 결과로 1992년 봄 워싱턴에서 대규모 낙태 찬성 집회가 열렸다(미국 수도에서 열린 모든 종류의 집회를 통틀어서 가장 큰 규모였다). 에밀리 리스트*** 같은 대단히 효과적인 페미니스트 정치 활동 위원회들이 탄생했고, 기록적으로 많은 수

* Azincourt, 백년전쟁에서 영국이 프랑스를 크게 이긴 지역.
** 아니타 힐의 용기 있는 폭로에도 불구하고 클래런스 토머스는 결국 대법관에 임명되었다.
*** Emily's List, 낙태에 찬성하는 민주당 후보를 당선시키기 위한 정치 활동 위원회.

의 진보적인 여성들이 전국의 공직 선거에 출마했다.

하지만 여성들의 정치적 각성은 즉각적인 정치 보복을 불러왔다. 1992년 여름 공화당 전당대회 연사들은 이 문제를 그냥 내버려 두지 못했고 과장된 어법을 통해 자신들이 얼마나 공황 상태에 빠져 있는지를 적나라하게 보여 주었다. 이들은 페미니스트 군대가 우리 문화와 텔레비전 프로그램(1차 부시 행정부에서 부통령을 맡았던 인물은 연단에 올라 어떤 허구적인 여성이 "아버지의 의미를 욕되게 하고 있다"고 분통을 터뜨린 것으로 유명세를 탔다)과 정치 시스템(팻 뷰캐넌Pat Buchanan은 최근의 민주당 전당대회는 "미국 역사상 최대의 크로스 드레싱* 대회'"라고 맹비난했다)과 여성들의 정신과 영혼(부통령 후보자의 아내는 청중들에게 페미니스트들이 "여성의 필수 불가결한 본성"을 말살시키려고 작정했다고 말했다)을 침략했다고 울부짖었다.

연사들의 걱정은 기우가 아니었다. 선거일이 되자 '크로스 드레서'들이 승리했다. 바버라 복서Barbara Boxer, 다이앤 파인스타인Dianne Feinstein, 패티 머레이Patty Murray, 캐럴 모슬리 브라운Carol Moseley-Braun처럼 민주당 후보였을 뿐만 아니라 페미니즘을 내걸고 출마했던 후보들이 상원에서 의석을 차지했다. 하원에서는 스물여덟 명이던 여성 의원 수가 마흔일곱 명으로 훌쩍 늘어났다. 민주당이 여성의 자유를 수호하겠다며 목청을 높이자 (그리고 공화당이 여성의 자유를 공격하자) 공화당 여성 당원 28퍼센트가 다른 당에 투표하는 초유의 사태가 벌어지기도 했다. 평소 페미니스트에게 적대적이던 미디어마저 1992년은 '여성의 해'가 될 것 같다고 인정하는 수밖에 없었다.

하지만 여성의 해는 길지 않았다. 몇 달 만에 우익들은 현대판 테르미도르 반동**의 여성 혐오 버전에 착수했다. 온건함이라는 가면 뒤에 권력욕을 숨겼던 프랑스 쿠데타 세력들처럼 반페미니즘 반혁명 세력들은 '더 친절하고, 신사적인' 장막 속에 자신들의 궁극적인 의도

* cross dressing, 성별화된 옷차림을 따르지 않고 반대 성별의 옷을 입거나 성별 구분 자체를 무화시키는 방식으로 옷을 입는 것.
** 프랑스혁명 때 산악파 혁명 정부를 무너뜨린 혁명력 11월의 쿠데타.

를 숨겼다. 페미니스트들은 여성들의 관심사를 정치 무대의 전면으로 끌어냄으로써 민주당 후보를 내통령으로 선출하는 데 힘을 보탰고 대법원의 보수적 판결을 거의 막아 냈다. 이제 보수 인사들은 여성운동을 이들의 안방에서 무너뜨릴 쿠데타를 계획했다. 이번에 의상을 바꿔 입을 쪽은 그들이었다. 우익 설계사들은 자신들이야말로 여성의 위엄을 수호하는 페미니스트라고 내세우면서 미국 여성들을 '손버릇이 최고로 나쁜 인간'*의 손아귀에서 해방시켜 주겠다고 약속했다. 그리고 현대에 들어선 이후 진보를 상대로 한 합법적인 공격 가운데 가장 대대적인 공격이 여성의 권리를 수호한다는 명목으로 고조되었다.

해방이라는 허울을 쓴 사기극이 내세운 배우들은 거의 여성이었다. 이들은 오래된 반페미니즘 여전사들이 아니었다. 이글포럼**의 연로한 부인들과 필리스 슐래플리Phyllis Schlafly, 그리고 미국을걱정하는 여성모임Concerned Women for America의 '숙녀들'과 비벌리 라헤이Beverly LaHaye는 이 시기에는 뒤에서 받쳐 주는 역할만 맡았다. 새로운 각본에서는 네오페미니스트라고 주장하는 신보수주의 여성들을 내세웠다. 네오페미니스트들은 독립여성포럼Independent Women's Forum이나 여성권력신장네트워크Network for Empowering Women(우익 재단 3인방인 스케이프Scaife, 올린Olin, 브래들리Bradley로부터 후한 재정 지원을 받고, 헤리티지재단Heritage Foundation, 미국기업연구소American Enterprise Institute, 1·2차 부시 행정부에서 일했던 사람들을 직원으로 두고 있다)처럼 진보적인 어감의 단체 출신이었다. 네오페미니스트들은 여성의 독립에 우호적인 듯한 제목의 책들을 저술했다. 엘리자베스 폭스-제노비스Elizabeth Fox-Genovese의 『환상에 젖지 않은 페미니즘Feminism Without Illusions』이나 크리스티나 호프 소머스Christina Hoff Sommers의 『누가 페미니즘을 훔쳤나? Who Stole Feminism?』가 이런 경우에 속한다. 네오페미니스트들은 눈이 벌게진 미디어 앞에서 자신들의 해방된 성욕을

* Groper in Chief, 성추행을 일삼는 고위직 인사들을 꼬집는 표현으로, 여기서는 빌 클린턴 대통령을 가리킨다.
** Eagle Forum, 1972년 필리스 슐래플리가 창립한 보수 단체.

과시했다. 〈폭스 뉴스Fox News〉에 자신의 트레이드 마크와도 같은 허벅지를 드러내 놓고 출연했던 앤 콜터Ann Coulter와 호피 무늬 초미니스커트를 입고 《뉴욕타임스 매거진》 표지에 실렸던 로라 잉그레이엄Laura Ingraham은 마치 저메인 그리어Germaine Greer와 글로리아 스타이넘Gloria Steinem의 뒤를 잇는 차세대 주역인 양 행세했다. 《워싱턴타임스》는 이들을 향해 '여성운동의 두 번째 혁명', '브래지어를 불태웠던 1970년대 페미니스트'의 자손들이라며 열광했다.

　　여성의 정치적 성장을 필사적으로 가로막았던 남성 보수 인사들은 흔쾌히 여성 영업 사원들을 등용했다. 이 여성들을 다른 여성들의 정치적 성장을 가로막을 수 있는 자리에 앉히기만 하면 별 문제될 것도 없었다. 타냐 멜리치Tanya Melich가 『여성을 상대로 한 공화당의 전쟁 The Republican War Against Women』에서 지적한 대로 뉴트 깅리치Newt Gingrich는 전국공화당의회위원회National Republican Congressional Committee에서 상위 일곱 개 요직 중 다섯 자리와 위원장 자리를 여성 인사로 채우는 고통을 감내했다. 좌우만 바뀌었을 뿐 1992년 민주당의 상황과 판박이였던 1994년에는 여섯 명의 새로운 공화당 여성 후보들이 하원에 당선되었다. 이들 모두 낙태권에 반대했고 뉴라이트를 통해 육성된 인물이었다. 같은 해 깅리치가 총애하던 인물 중 하나인 공화당 여성 국회의원 수전 몰리나리Susan Molinari는 클린턴의 대통령직을 공격하는 데 꼭 필요하게 된 법안을 발의했다. 이 법 덕분에 법원은 성범죄가 관련된 민사사건에서 피고의 합의된 성관계 이력까지 샅샅이 조사할 수 있게 되었다. 그리고 이 경우 성범죄는 원치 않는 접촉을 포함할 정도로 대단히 폭넓게 정의되었다. 폴라 존스Paula Jones가 클린턴을 상대로 성희롱 민사소송을 제기하며 주장했던 혐의가 바로 이것이었다. 그리고 수전 베버 라이트Susan Webber Wright 판사가 클린턴에게 다른 합의된 농지거리에 대해 진술하라고 명령했을 때 적용했던 게 바로 이 법이었다. 몰리나리는 의도했든 않았든 간에 탄핵의 도화선이 된 덫을 놓았던 것이다.

우익과 무늬만 페미니스트인 비밀 요원들이 페미니즘을 탈취하여 대통령을 공격하느라 정신이 없는 동안 미국의 다른 여성들은 무엇을 하고 있었을까? 맞서 싸웠을까? 거리로 쏟아져 나왔을까? 진정한 페미니스트 후보 명단을 다시 작성하고 있었을까? 안타깝게도 이들은 아주 다른 경주에 열중하고 있었다. 공교롭게도 왜곡된 페미니즘을 좇는 건 우익들만이 아니었다. 많은 주류 미국 여성들 역시 다를 게 없었다.

내가 반격보다 더한 무언가가 있다고 말한 건 이 때문이다.

미국 여성들은 오비디우스Ovid의 『변신 이야기』를 읽은 학생이라면 익숙할 수도 있는 경주에 열을 올리고 있었다. 오비디우스의 「아탈란테 이야기」에서 비너스는 "이 세상에서 제일 빠른 남자보다도 더 빨리 달릴 수 있는 소녀에 대해 들어 봤는지 모르겠다"라고 이야기한다. 날래고 아름다운 아탈란테가 자신의 결혼에 대한 신탁을 구하자 결혼을 피하라는 경고를 듣게 된다. "그런 관습은 멀리해!"라고 신탁은 지시한다. "하지만 난 네가 그렇게 하지 못하리라는 걸 알고 있어. 넌 목숨은 부지하겠지만 네 자신은 잃게 될 거야." 아탈란테는 구혼자들과 달리기 경주를 벌여 자신이 이기면 구혼을 거절하는 방식으로 한동안 독립을 유지해 간다. 히포메네스 신이 아탈란테의 도전을 받아들여 경주에서 그녀를 이기기 전까지는 말이다. 비너스에게 도움을 청한 히포메네스는 비너스로부터 황금 사과 세 개를 받는다. 시합 날 아탈란테가 앞서가자 히포메네스는 아탈란테가 가는 길에 사과를 하나하나 굴린다. 아탈란테는 사과에 정신이 팔려 이 반짝이는 과일을 주우려고 속도를 늦추다가 1등 자리를 넘겨주게 된다. 온갖 어려움을 이겨 냈던 아탈란테는 결국 싸구려 보석에 눈이 멀어 자유를 잃는다.

1970년대 초에 페미니즘이 부활하고 난 뒤 몇 년간 미국 여성들은 워낙 빠르게 승승장구해서 우리 할머니 세대의 삶을 받아들이기 어려울 정도가 되었다. 워낙 많은 전투에서 승리했고, 워낙 많은 장벽들을 무너뜨리다 보니, 페미니즘을 가장 열심히 반대했던 사람들마저도 여성운동이 일구어 낸 변화들을 뒤집을 수 없다고 생각할 정도다. 하지만 우리는 결승선에 다 와서 정신이 딴 데 팔려 버렸다. 우리는 명백한 흠모자에게서 반짝이는 싸구려 장신구를 받아 내려고 멈춰 서 버렸다. 그 흠모자는 시장이고, 싸구려 장신구는 해방의 언어를 새롭고 강력한 예속의 도구로 사용해 온 상업 문화의 풍요로움이다. 상업 문화에 예속된 미국 여성들은 이제 목숨은 부지하겠지만 너 자신을 잃게 될 것이라는 신탁의 예언을 이행할 위험에 처해 있다.

소비 시장이 페미니즘으로 구사한 유인 상술은 유구한 역사를 자랑한다. 1929년 광고계의 한 저명한 남성은 5번가에서 여성 참정권을 예찬하는 의미에서 여성들에게 마음껏 담배를 피우라고 촉구하는 '자유 행진Freedom March'을 조직했다. 아메리칸타바코사American Tabacco Company의 홍보 담당자였던 그는 '선도적인 페미니스트'에게 '자유의 횃불'을 뻑뻑 피워 대는 여성 대오의 선두에 서 달라고 설득했다. 좀 더 최근인 페미니즘 두 번째 물결 이후, 광고업체들은 샴푸에서부터 나일론 스타킹에 이르기까지 온갖 물건을 팔기 위해 여성의 '혁명' 정신을 갖다 붙였다. 하네스*에서는 전미여성연맹National Organization for Women, NOW의 한 임원에게 '해방적인' 팬티스타킹을 홍보해 달라고 설득하기도 했다. 이런 전략은 이 책이 처음 출간될 즈음엔 일반적인 관습이 되어 버렸다. 얼마 가지 않아 나 역시 청바지나 하이힐, 심지어는 가슴 확대 수술 브랜드에 내 페미니스트 인장을 박아 달라는 상인들의 숱한 권유를 처리(하고 거절)하게 되었다.

이런 노골적인 광고는 오늘날 세련된 판매 전략으로 훨씬 더 발전했다. 우리가 살고 있는 시대에는 페미니즘의 기본 정신들이 상업적 방식으로 재구성되어 마치 세 개의 황금 사과처럼 우리 발밑을 굴러다닌다. 경제적 독립이라는 페미니즘 윤리는 구매력이라는 황금 사과가 되었다. 그리고 이 구매력은 대부분의 여성들에게 카드 빚과, 터져 나갈 것 같은 옷장, 그리고 절대 끝나지 않는 허기를 안겨 줄 뿐이다. 허기가 절대 채워지지 않는 건 물질적인 것을 넘어선 무언가를 향하고 있기 때문이다. 자기 결정이라는 페미니즘 윤리는 '자기 계발'이라는 황금 사과로 변신했다. 이 자기 계발은 주로 외모와 자부심, 그리고 젊음을 되찾으려는 헛수고에 바쳐진다. 그리고 공적 주체라

* Hanes, 미국의 속옷 회사.

는 페미니즘 윤리는 언론의 관심이라는 황금 사과로 탈바꿈했다. 이 제는 이 세상을 얼마나 많이 바꾸는지보다 이 세상의 틀에 얼마나 멋 지게 맞춰 사는지에 좌우되는 인기를 좇고 있다.

상인들이 부르는 유혹의 노래를 무시하며 항해하는 일은 우익들 의 외고집에 맞서는 것에 비해 얼마나 더 어려울까? 특히나 자신들의 유일한 바람은 여성들에게 원하는 것 혹은 그 이상을 안겨 주는 것밖 에는 없다고 떠들어 대는 상황이라면 말이다. 상인들은 성공과 성적 인 매력, 명성과 행복이라는 영양분으로 한층 강화된 페미니즘을 제 시한다(새롭게! 더 훌륭하게! 더 만족스럽게!). 그러니까 '모든 것을 갖는다'는 표현이 원래 그 출생지였던 매디슨 가*에서 다시 제빛을 발하게 된 것이다. 누가 이런 유혹을 뿌리칠 수 있을까?

하지만 정신이 팔리긴 했어도 아직 사기를 당했다고 보긴 어렵 다. 우리는 "혁명적인 태도에 가장 적대적인 건 상업적인 태도"라는 수백 년 전 토크빌Alexis de Tocqueville의 주장을 온몸으로 느끼고 있다. 출세 가도에서 물러났거나 소위 자신의 해방에 대해 마음을 바꾸게 된 여성들의 라이프스타일에 초점을 맞춘 기사들을 읽다 보면 이런 의심이 스멀스멀 올라온다.《뉴욕타임스》의 "출세 기피 혁명" 기사 에 등장하는 출세 지상주의자들이 하는 회개의 말들을 읽다 보면 이 런 의심이 고개를 쳐든다. "난 유명해지고 싶지 않아요. 이 세상을 정 복하고 싶지도 않아요. 그런 종류의 삶을 원하지 않아요."《뉴욕타임 스》는 그녀의 한탄을 페미니즘에 대한 거부로 해석했다. 이 기사를 쓴 사람이 페미니즘을 "공정한 몫의 권력을 쥐고", "경제와 정부, 법 같은 마초적인 영역에서 앞장서는" 것이라고 보기 때문이다. 하지만 명성과 세계 정복이라는 환상은 페미니즘의 야망이 아니다. 그건 시 장이 꿈꾸는 풍경이다.

그렇다고 해서《뉴욕타임스》의 기사에 나오는 출세를 기피하는 부유한 여성들이 물질주의적인 관심을 접고 있는 게 아니다. 이들의 '혁명'은 우익 여성들의 '해방'운동과 진배없는 사기였다. 그럼에도 환 멸은 이들에게 꾸준히 고난을 안긴다. 만일 이들이 정치적인 관점에

* 광고업계를 상징한다.

서 이런 불만을 표출할 방법을 찾게 된다면 스타벅스에서 할 일 없이 라테를 마시며 오후 시간을 때우기보다는 뭔가 다른 일을 하게 될 것이다.

몇 년 전 나는 워싱턴앤리 대학교에서 여성의 지위에 대한 강연을 했다. 강연 뒤 한 학생이 나를 붙들고 흔한 불만을 늘어놓았다. 학생은 "내 세대에게 페미니즘은 짐일 뿐이었다"라고 말했다. 짐이란 무엇을 말하는 것일까? "넌 크게 성공해야 해. 넌 1등을 해야 해. 로스쿨 입학 시험에서도 1등을 해야 해. 가장 잘나가는 로펌에 들어가야 해. 이런 건 너무 무리잖아요." 너무 무리지만 충분하지도 않다. 그 여학생 말이 맞다. 만약 그게 우리가 말하는 페미니즘이라면 말이다. 페미니즘 혁명의 더 깊은 약속은 실종되었다. 페미니즘 혁명은 한 번도 극악무도한 경쟁이나 승자독식의 윤리에서 승자가 되어야 한다고 주장해 본 적이 없었다. 그러다가 경제적 성공을 향해 나아가는 길에서 이 혁명은 시궁창에 처박히고 말았다. 경제적으로 성공하기는 했지만 이 성공을 사회 변화와 책임감 있는 시민 정신, 창조적인 인간성의 증진, 성숙하고 생기 넘치는 공적 세상의 건설이라는 더 크고 의미 있는 목표들로 전환시키는 법을 찾지 못했다는 반쪽짜리 진실에서 여성들은 환멸을 느낀다. 우리는 사회구조의 속박 안에서, 그리고 페미니즘 혁명 이전부터 거의 온전하게 유지되고 있는 문화적인 관례에 따라 살아가고 있다. 우리는 우리의 성과로 족쇄를 끊어 내기보다는 그 족쇄를 더욱 빛내고 말았다.

하지만 환멸은 출발점이다. 실망과 패배는 다르다. 여성들이 사기당한 기분이라는 사실, 향수 냄새가 진동하는 장신구를 살펴보다가 거기서 희미하게나마 쥐 냄새를 맡을 수 있다는 사실은 여성들이 아직도 싸울 준비가 되어 있음을 시사한다. 우린 아직 쓰러지지 않았다. 우익 세력들은 우리보다 이 사실을 더 잘 이해하고 있다. 그래서 우파들이 페미니즘의 더 넓은 목표가 제기하는 위협, 자신들에게는 대단히 심각한 이 위협에 대항하기 위해 가장 먼저 여성을 고위직에 앉혔던 것이다. 보수 정치인들은 이제 낡은 반페미니즘의 마지노선을 지키려고 굳이 애쓰지 않는다. 그러니까 이들은 여성이 대학과 기업에 진입하거나 신용 대출을 받거나 공화당 정강위원회에 선출되지 못하게 방해하지 않는다. 이늘은 그런 영토는 모두 내주었다. 그리고 전에는 금지되었던 구역에 여성을 받아 주면서, 이들은 그 구역이 가장 핵심적인 요새, 가부장제라는 현 상태를 유지하는 데 열쇠를 쥐고 있는 요새가 아니라 그저 변경의 전초부대 같은 곳에 불과했음을 보여 주었다. 여성들이 아무리 많은 스톡옵션과 신용카드를 보유하고, 의회 의석과 이사회 자리를 차지한다 해도 현 상태가 유지되는 한 여성들은 정치적 교착 상태에 머물게 될 것이다. 저들이 우리를 이 세상에 받아 주는 것은 우리가 이 세상을 있는 그대로 받아들이는 데 동의하기 때문이다. 여성해방의 적들은 미국 여성들이 다음에 전개할 공습에 만반의 대비를 하고 있다. 이들은 다음 공습은 지금과 같은 세상에 대한 공격이 될 것이라고 믿는 듯하다. 그들의 판단이 틀리지 않았기를 바랄 뿐이다.

2006년 1월
수전 팔루디

1장 프롤로그:
그건 페미니즘 탓이야!

20세기가 저물 즈음 미국에서 여성으로 살아간다는 것은 얼마나 큰 행운인가. 어쨌든 우린 이런 소리를 꾸준히 들으며 지낸다. 바리케이드는 넘어졌다고, 정치인들은 우리에게 목청을 높인다. 여성들이 '해냈다'고, 매디슨 가는 환호한다.[1] 여성 평등 투쟁은 '대체로 승리했다'고, 《타임》은 선언한다. 어느 대학이든 입학할 수 있고, 어느 로펌이든 입사할 수 있으며, 어느 은행에서든 신용 대출을 신청할 수 있다. 이제 여성에게는 워낙 많은 기회가 있기 때문에 더 이상 기회 균등 정책이 필요하지 않다고, 재계 지도자들은 말한다. 여성들은 워낙 평등한 상태이므로 더 이상 남녀평등헌법수정안이 필요하지 않다고, 입법자들은 말한다. 여성들은 '너무 많은 것'을 가지고 있기 때문에 백악관은 더 이상 이들을 고위직에 임명할 필요가 없다고, 전직 대통령 로널드 레이건Ronald Reagan은 말한다.[2] 아메리칸익스프레스American Express 광고마저 여성들이 신용카드를 사용할 자유를 누리게 되었다는 사실에 갈채를 보낸다. 마침내 여성들은 완전한 시민권 증서를 손에 넣었다.

그렇지만…….

미국 여성의 승리에 대한 이 같은 환호 이면에는, 여성운동이 승리를 거두었다는 떠들썩하고 끊임없이 반복되는 뉴스 이면에는, 또 다른 메시지가 번쩍거린다. 너희들은 이제 자유롭고 평등할지 몰라도 그 어느 때보다 더 비참해진 것인지 모른다고.

이런 절망의 소식은 어디에나 붙어 있다. 뉴스 가판대에, 텔레비전 화면에, 영화에, 광고와 의사의 진료실에, 학술지에도. 직장 여성들은 '번아웃burnout'에 시달리며 '불임 유행병'에 굴복하고 있다. 싱글 여성들은 '남자 품귀 현상'에 애통해한다. 《뉴욕타임스》는 아이 없는 여성들은 "우울증과 혼란"에 시달리고 이들의 지위가 부풀려지고 있다고 보도한다.[3] 《뉴스위크》는 결혼하지 않은 여성들은 "히스테릭"하고 "심각한 자신감의 위기"에 시달리다 허물어지고 있다고 말한다.[4] 건강 정보지는 고위직 직장 여성 사이에서 "스트레스로 인한 질환", 탈모, 신경계 이상, 알코올중독, 심지어 심근경색이 전례가 없을 정도로 많이 발생한다고 전한다.[5] 심리학 서적은 혼자 사는 여성들의 외로움은 "오늘날의 중대한 정신 건강 문제"를 상징한다고 조언한다.[6] 심지어 페미니즘의 창시자라 할 수 있는 베티 프리던Betty Friedan도 비슷한 말을 퍼뜨리고 있다.[7] 프리던은 오늘날의 여성은 새로운 정체성의 위기와, "아직은 이름이 없는 새로운 문제들"에 시달리고 있다고 경고한다.

어떻게 미국 여성들은 이렇게 큰 곤경에 처해 있으면서 동시에 복 받은 존재일 수 있을까? 여성의 지위가 이보다 더 높은 적이 없었다면 어째서 여성들의 감정 상태는 밑바닥에 있을까? 만일 여성들이 요구하던 것을 손에 넣었다면, 지금은 무엇이 문제일까?

지난 10년간 우세했던 지혜는 이 수수께끼에 한 가지, 단 한 가지 대답을 내놓고 있다. 이 모든 고통을 야기한 유일한 원인은 평등밖에 없다는 대답이다. 여성들이 불행한 것은 바로 여성들이 자유롭기 때문이다. 여성들은 자신이 누리는 자유의 포로가 되어 버렸다. 여성들은 독립이라는 황금 반지를 거머쥐었지만, 정말 중요한 반지를 잃어버렸다. 여성들은 자신들의 생식력을 직접 통제하게 되었지만, 이로써 오히려 생식력을 무력화시켰다. 여성들은 직업상의 꿈을 좇았고, 그 대신 여성으로서 가장 위대한 모험을 놓쳐 버렸다. 귀에 못이 박히도록 듣는 소리에 따르면 여성운동이 여성 최대의 적임이 입증되었다.

"여성해방의 성과는 내 세대에게는 높은 소득과 우리가 피울 수 있는 담배, 싱글맘이라는 선택지, 강간위기관리센터, 개인 신용 대출, 자유로운 사랑, 여성 부인과 의사를 주었다"고 젊은 법대생인 모나 채런Mona Charen은 《내셔널리뷰》에 실린 "페미니즘의 실수"라는 글에서 밝히고 있다.[8] "대신 여성해방은 우리에게서 여성 대부분의 행복

을 좌우하는 한 가지, 즉 남성을 사실상 빼앗아 갔다."《내셔널리뷰》
가 보수적인 잡지이긴 하지만, 여성운동에 대한 이 같은 비난은 이
잡지만의 일이 아니다.《로스앤젤레스타임스》의 특별 기사 전문 기
고가인 엘리자베스 메런Elizabeth Mehren은 이 신문의 커버스토리에서
"우리 세대는 여성운동의 인간 제물이었다"라고 주장한다.[9] 자신과
같은 베이비 붐 세대 여성들은 페미니즘에 기만당했다고 그녀는 말
한다. "우리는 페미니즘의 사탕발림에 넘어갔다."《뉴스위크》에서는
작가 케이 에블링Kay Ebeling이 페미니즘을 "실패로 끝난 위대한 실험"
이라고 부르고 "우리 세대 여성들은 그 범인이자 사상자"라고 단언한
다.[10] 미용 잡지마저 같은 소리를 하고 있다.《하퍼스바자》는 여성운
동이 "여성들에게 기반을 마련해 주기보다는 빼앗았다"라고 비난한
다.[11]

　　지난 10년간《뉴욕타임스》,《배너티페어》,《네이션》등의 간행
물들은 "페미니즘이 실패한 시점", "여성해방에 대한 끔찍한 진실" 같
은 제목을 동원해 가며 여성운동을 상대로 끊임없이 고소장을 날렸
다.[12] 이들은 우울증에서부터 변변치 못한 은행 잔고, 10대 자살, 섭
식장애, 좋지 못한 안색에 이르기까지 여성을 괴롭히는 거의 모든 문
제의 책임은 여성운동에 있다고 주장한다. 〈투데이 쇼Today Show〉에
서는 여성 노숙자는 여성해방 때문에 생긴 것이라고 말한다.[13]《볼티
모어선》의 객원 칼럼니스트는 페미니스트 때문에 슬래셔 무비*가 늘
어나게 되었다는 주장까지 내놓고 있다.[14] 여성운동가들이 낙태라는
'폭력'을 용인받을 만한 것으로 만든 바람에 스크린상에 생생한 살인
이 표현되는 것도 아무렇지 않게 되어 버렸다는 것이다.

　　동시에 다른 대중문화 미디어들 역시 이와 동일한 연관 관계를
만들어 내고 있다. 할리우드 영화 중에서 이런 쪽으로 가장 유명한
〈위험한 정사Fatal Attraction〉(1987)에서는 마치 텅 빈 침대와 황량한
자궁이 자유에 대한 대가라는 듯이 자기 소유의 고급 아파트를 가진
해방된 여성들이 황량한 벽 사이를 고뇌에 찬 눈빛으로 흐느적거리
며 걸어다닌다. 1980년대 영화관에서 흔해 빠진 장면 전환을 통해 한

* 끔찍한 살인마가 등장하는 공포 영화의 하위 장르.

때 씩씩하게 일하던 여성 주인공을 연기했던 배우가 이제는 신랑감을 찾아 비굴하게 행동하는 사람으로 표현되듯, 영화 〈서렌더Surrender〉(1987)에서 샐리 필드Sally Field는 "내 생물학적 시계가 워낙 큰 소리로 째깍거려서 밤에도 잠을 잘 수가 없다"고 울부짖는다. 〈서른 몇 살Thirtysomthing〉에서부터 〈패밀리 맨Family Man〉에 이르기까지 황금 시간대 텔레비전 쇼에서는, 직장에 다니는 싱글 페미니스트 여성이 굴욕을 당해서 딱딱거리는 여자로 변하거나 신경쇠약에 걸리고, 현명한 여성들은 마지막 장면에서 독립의 길을 포기한다. 게일 페어런트 Gail Parent의 『80대의 신호A Sign of the Eighties』에서부터 스티븐 킹의 『미저리Misery』에 이르기까지 대중소설에서 결혼하지 않은 여성들은 징징대는 노처녀로 쪼그라들거나 불을 내뿜는 악마 같은 여자로 부풀려진다.[15] 이들은 결혼을 제외한 모든 열망을 포기한 채 낯선 남자에게 결혼반지를 구걸하거나 저항하는 독신남에게 커다란 망치를 휘두른다. 프레다 브라이트Freda Bright의 『빼어난 여자들 Singular Women』에서 한 전형적인 출세주의자는 회한에 가득 차 "기다리다가 기회를 다 날려 버렸다"라고 흐느낀다.[16] 그녀와 그녀의 직장 여성 자매들은 "영원히 아이 없는 삶이라는 저주에서 헤어나지 못할" 것이다. 에리카 종Erica Jong의 잘나가는 독립적인 여성 주인공들마저 10년 만에 말 그대로 박살나 버린다. 작가는 『비행 공포Fear of Flying』의 외설적인 이사도라 윙, 1970년대 여성의 성 해방의 상징인 그녀를, 『그 어떤 여성의 우울』에 나오는 적개심에 가득한 출세주의자였다가 '상호 의존적인' 성격으로 되돌아가는 여성으로 대체했다.[17] 화자의 직설적인 표현에 따르면 『그 어떤 여성의 우울Any Woman's Blues』은 "소위 성 해방이 얼마나 막다른 지경에 이르렀는지, 그리고 소위 자유 여성들이 타락한 지난 몇 년 동안 얼마나 자포자기한 상태가 되었는지를 보여" 주려는 의도를 담고 있다.

　　대중 심리학 서적들도 이 시대 여성들이 처한 곤경에 대해 판에 박힌 진단을 유포하고 있다. 일종의 처세서인 베스트셀러 『여자가 되는 법Being a Woman』은 "그녀에게 더 강력한 정체성을 약속했던 페미니즘이 결국 그녀에게 정체성 위기만을 안겨 주었다"라고 단언한다.[18] 이 시대 고전적인 자기 계발서『똑똑한 여자/멍청한 선택*Smart Women/Foolish Choices*』의 저자들은 여성의 고난은 "페미니즘이 초래한 불행한 결과"라고 주장한다.[19] "페미니즘이 여성들 사이에 자기 실현의 절정은 오직 자율과 독립, 직업을 통해서만 도달할 수 있다는 신화를 만들어 냈다"는 게 그 이유였다.

레이건과 부시의 시대에 정부 관료들은 이런 이론을 옹호하기 위해 나설 필요가 전혀 없었다. 레이건의 대변인이었던 페이스 위틀지Faith Whittlesey는 "후퇴 중인 급진 페미니즘"이라는 제목으로 진행된, 미국 여성 인구의 지위에 대한 백악관 유일의 정책 연설에서 페미니즘은 여성용 '구속복'이라고 선언했다.[20] 법 집행관과 판사 들 역시 여성의 독립이 늘어나는 현상과 여성의 병적인 측면이 두드러지는 현상을 연결시킬 수 있다고 주장하면서 페미니즘에 손가락질을 해 댔다. 캘리포니아의 한 치안 책임자가 언론에 설명했듯 "여성들은 이제 너무 많은 자유를 즐기고 있고, 그래서 전보다 더 많은 범죄를 저지르고 있다."[21] 미국 법무부 산하 포르노위원회는 심지어 여성의 직업적인 성장이 강간율 증가의 원인인지 모른다고 주장하기도 했다.[22] 이 위원회 구성원들은 보고서에서 대학과 직장에 여성들이 늘어나면서 강간당할 기회도 함께 증가했다는 논리를 펼쳤다.

일부 학자들도 여기에 손을 들어 준다. 그리고 이들은 미디어계에서 가장 존재감이 두드러지는 '전문가들'이다. 전국 네트워크 뉴스와 토크쇼에서 이들은 수백만 여성들에게 페미니즘은 그녀들을 '더 미천한 삶'으로 몰아넣는다고 충고한다.[23] 법학자들은 '평등의 함정'을 성토하며 핏대를 올린다.[24] 사회학자들은 '페미니즘에 고무된' 법 개혁들이 여성들에게서 각별한 '보호 장치'들을 빼앗아 버렸다고 주장한다. 경제학자들은 고소득 직장 여성들이 '전보다 불안정한 미국 가정'을 양산했다고 주장한다.[25] 그리고 인구학자들은 성비와 출산율에 대한 소위 중립적인 데이터를 가지고 승리의 나팔소리와 함께 지배적인 상식을 합리화한다. 이들은 평등이 결혼과 모성과는 어울리지 않음을 입증하는 수치들을 가지고 있다고 말한다.

마지막으로 일부 '해방된' 여성들이 직접 이런 한탄의 대열에 합류한다. 출판계가 열광할 수밖에 없는 고백 형식의 회고록에서 '정신이 돌아온 슈퍼우먼들'이 진실을 폭로한다. 하버드 출신의 작가 메건 마셜Megan Marshall은『사랑의 대가: 여성과 친밀함이라는 새로운 공포 *The Cost of Loving: Women and the New Fear of Intimacy*』에서 페미니즘의 '독립 신화' 때문에 자신의 세대는 출세 가도를 달리지만 사랑받지 못하고 불행한 사람들, 직장 생활 때문에 "인간성을 상실하고", "젠더 정체성에 대해서는 자신 없어 하는" 사람들로 전락해 버렸다고 주장한다.[26] 미친 슈퍼우먼의 다른 일기들은 '하드코어 페미니즘 관점'이 고등교육을 받은 성공한 간부급들에게 냉동식품으로 차려진 저녁 식사와 혼술로 점철된 외로운 밤들을 선사했다고 비난한다.[27] 이들은 평등의 성취는 여성들에게 두드러기와 위경련, 눈떨림, 심지어는 혼수상태만을 안겼다고 보고한다.

하지만 이 모든 권위자들이 말하는 '평등'이란 무엇일까?

만일 미국 여성들이 그렇게 평등하다면, 어째서 성인 빈곤층의 3분의 2가 여성일까?[28] 어째서 전일제 노동을 하면서 1년에 2만 달러도 벌지 못하는 노동자가 여성의 경우는 남성의 두 배에 육박하는 75퍼센트에 이를까?[29] 어째서 여성은 남성에 비해 가난한 주거 환경에서 건강보험의 혜택을 전혀 누리지 못할 가능성이 훨씬 높고, 연금을 타지 못할 가능성은 두 배에 이를까?[30] 어째서 평균적인 직장 여성의 봉급은 20년 전과 다를 바 없이 평균적인 남성보다 아직도 훨씬 뒤처져 있을까?[31] 어째서 평균적인 여성 대졸자는 (마치 1950년대 여성들이 그랬듯) 고졸 남성들보다도 돈을 더 적게 벌까? 그리고 평균적인 고졸 여성들은 어째서 고등학교를 중퇴한 남성들보다도 돈을 더 적게 벌까? 어째서 미국 여성들 앞에는 선진국 최악의 성별 임금 격차가 놓여 있는 것일까?

만일 여성들이 '해냈다'면 어째서 약 80퍼센트에 달하는 직장 여성들이 아직도 비서, 행정 '지원' 노동자, 판매원 같은 전통적인 '여성의' 일자리에서 벗어나지 못하는 것일까?[32] 그리고 반대로 어째서 여성은 연방 법원과 주 법원 판사 중에서는 8퍼센트 미만, 전체 법률 종사자 중에서는 6퍼센트 미만, 그리고 기업의 최고 관리자 중에서는

0.5퍼센트 미만밖에 되지 못할까?[33] 어째서 여성 주지사는 고작 세 명, 여성 상원 의원은 두 명, 《포춘》이 발표하는 500대 기업의 고위 경영자 중 여성은 단 두 명뿐일까? 어째서 4,000명에 달하는 기업 임원과 간부 중에서 여성은 열아홉 명뿐일까? 그리고 어째서 《포춘》이 발표한 500대 기업 중에서 여성 이사가 한 명도 없는 곳이 절반이 넘을까?

만일 여성들이 '해냈다'면 어째서 일자리 내에서의 평등을 쟁취할 가장 기본적인 요건조차 갖추지 못한 것일까? 사실상 다른 모든 선진국들과는 달리 미국 정부에는 아직도 출산휴가와 보육 프로그램이 없고, 미국 민간 고용주의 99퍼센트 이상이 보육 서비스를 제공하지 않는다.[34] 재계 지도자들은 성차별을 인식하고 이를 개탄한다고 말은 하지만 미국의 재계는 아직까지 성차별을 철폐하기 위한 정직한 노력을 기울이지 않고 있다. 1990년에 《포춘》이 선정한 1,000대 기업 최고 경영자를 대상으로 진행한 전국적인 설문에서, 80퍼센트 이상이 차별이 여성 노동자의 발전을 저해한다고 인정했지만, 성차별 개선을 자신들의 인사과가 지향할 목표로 여긴 회사들은 1퍼센트에도 미치지 못했다.[35] 사실 이 1,000대 기업의 인사 담당자들에게 부서에서 중요하게 생각하는 가치의 순위를 매겨 달라고 요청했더니 여성의 승진은 최하위로 나타났다.

여성들이 그렇게도 '자유'롭다면 어째서 출산에 대한 여성들의 자유는 지난 10년보다도 더 위험한 상태에 놓였을까? 어째서 출산을 연기하고자 하는 여성들에게 10년 전보다도 선택지가 더 적어졌을까?[36] 이용할 수 있는 다양한 피임의 형태가 줄어들었고, 새로운 피임법에 대한 연구는 사실상 중단되었으며, 젊고 가난한 여성들의 낙태를 제한하는 법(심지어는 낙태에 대한 정보마저 제한하는 법)이 통과되었다. 그리고 미국 대법원은 자신이 1973년에 부여한 권리*를 옹호하는 데 대단히 미온적이다.

동등한 교육을 받고자 하는 여성들의 투쟁 역시 미완의 상태다.[37] 1989년의 연구가 밝혀냈듯 전체 고등학교의 4분의 3이 아직

* 합법적으로 낙태할 권리.

도 교육 내 성차별을 금지하는 연방법을 위반하고 있다. 대학에서는 보조금과 근로 장학금 형태로 원조를 받는 학부 여학생이 남학생의 70퍼센트밖에 되지 않는다. 그리고 여성 스포츠 프로그램은 남성 스포츠 프로그램에 비해 지원이 턱없이 부족하다. 1980년대 말 주별 평등교육법을 살펴본 결과 연방타이틀IX법*이 요구한 최소 규정을 채택한 곳은 열세 개 주뿐이었고, 모든 교육 과정을 아우르는 반차별 규정이 있는 곳은 일곱 개 주밖에 되지 않았다.

여성들은 자신의 집에서도 평등을 누리지 못한다.[38] 아직도 가사 노동의 70퍼센트를 여성들이 짊어진다. 그리고 지난 15년간 큰 변화가 있었다면 이제 중산층 남성들이 자신들이 집에서 전보다 더 많이 일한다고 생각한다는 점뿐이다(그런데 어떤 전국 여론조사를 보면 1984년 남편이 육아를 공평하게 분담한다고 말한 여성은 40퍼센트였다가 1987년 31퍼센트로 오히려 줄어들었다). 게다가 30개 주에서는 아직도 아내 강간이 대개 합헌이고, 가정폭력에 대해 체포를 명령하는 법을 두고 있는 주는 열 곳뿐이다.[39] 1980년대 말 구타는 여성 상해의 주요 원인이었는데도 말이다. 도망치는 것 외에는 선택의 여지가 없는 여성들에게 이제는 도망마저도 믿을 만한 대안이 아니다. 구타당한 여성들을 위한 쉼터의 연방 지원금이 중단되었고 그래서 구타 때문에 긴급 쉼터가 필요한 여성 100만 명 중 3분의 1은 이제 더 이상 갈 곳이 없다.[40] 여성 노숙자의 증가에 기여한 것은 페미니즘의 폐단보다는 남성의 구타로 나타났다. 1980년대에는 전체 여성 노숙자의 거의 절반이 가정폭력을 피해 도망친 여성들이었다(그리고 전체 노숙자 중에서 가장 빠르게 늘어나는 집단이 바로 여성이었다).[41]

여성해방이 완성되었다고 이야기할 수도 있겠지만, 여성들 자신은 다르게 느끼는 듯하다. 전국 여론조사를 실시할 때마다 여성 대다수는 아직도 성 평등은 요원하다고 말한다. 1989년 《뉴욕타임스》가 실시했던 여론조사에서는 여성의 약 70퍼센트가 여성운동이 이제 막 시작했다고 답했고,[42] 1990년 버지니아슬림Virginia Slim이 실시했

* 교육에서의 성차별을 금지하는 연방 인권법.

던 여론조사에서는 미국 사회에서 여성을 위한 조건이 "조금 개선되었다, 혹은 전혀 개선되지 않았다"라는 진술에 대부분의 여성이 동의했다.[43] 10년간 이어진 여론조사에서 압도적인 다수의 여성들이 자신들에게는 동일한 임금과 동일한 고용 기회가 필요하다고, 남녀평등헌법수정안이 필요하다고, 정부의 간섭을 받지 않고 낙태할 권리가 필요하다고, 출산휴가를 보장해 주는 연방법이 필요하다고, 적당한 수준의 보육 서비스가 필요하다고 말했다.[44] 여성들은 지금까지 이 중 어떤 것도 누리지 못하고 있다. 그렇다면 대체 여성의 권리를 쟁취하기 위한 전투에서 여성이 정확히 어떻게 '승리'했다는 것인가?

이런 배경을 통해 보았을 때, 여성들이 비참해진 것은 페미니즘 탓이라는 요란스러운 주장은 어처구니 없고 엉뚱해진다. 뒤에서 보겠지만, 고난의 원인을 페미니즘 탓으로 돌리는 것은 모두 허황된 믿음이다. '남자 품귀 현상'에서부터 '불임 유행병', '여성의 번아웃', '유해한 어린이집'에 이르는 소위 여성의 위기는 여성이 처한 실제 삶의 조건이 아니라, 미디어와 대중문화, 광고에서 시작하고 끝나는 닫힌 시스템 안에 그 기원이 있다. 그리고 그 안에서 끝없이 반복되는 순환은 여성성에 대한 거짓된 이미지를 영속시키고 과장한다.

여성 자신들은 자신들이 헤어나지 못하는 비참함의 원인이 여성운동이라고 지목하지 않는다. 반대로 전국적인 여론조사에서 75~95퍼센트의 여성들이 여성운동이 자신들의 삶을 개선시켰다고 생각하는 것으로 나타났고 비슷한 비중의 여성들이 여성운동은 꾸준히 변화를 향해 나아가야 한다고 말하고 있다.[45] 여성운동이 실제로 자신들의 운명을 악화시켰다고 생각한 여성은 8퍼센트에 미치지 못한다.

그렇다면 미국 여성 인구를 실제로 곤경에 빠뜨리고 있는 것은 무엇일까? 여성 문제를 고민하는 그 많은 사람들이 정말 알고 싶었다면 그 대상에게 직접 물어보았으리라. 여론조사에서 여성들은 직장과 가정에서 자신이 겪는 불평등을 발등에 떨어진 불 중 하나로 꼽는다.[46] 여성들은 조사원들에게 결혼의 기회가 아닌 경제적 기회의 부재에 대해 불평하고 또 불평한다. 직장 여성이 아니라, 직장 남성들이 아기방과 수방에서 시간을 쓰지 않는다며 성토한다. 여론조사 기관인 로퍼Roper Organization의 여론조사 분석관들은 평등에 대한 남성들의 반대가 여성에게는 "울분과 스트레스의 주원인"이자 "오늘날 여성 대부분에게 큰 눈엣가시"임을 확인했다.[47] 여성들이 절박하게 필요하다고 믿는 것은 결혼반지와 아기 침대가 아니라 젠더 정의다. 1989년 《뉴욕타임스》가 여성들을 상대로 "오늘날 여성들 앞에 놓인 가장 중요한 문제"에 대해 질문했을 때 압도적인 승자는 고용 차별이었지만, 미디어와 대중문화가 그렇게 열심히 홍보했던 위기 중 그 어떤 것도 고용 문제에는 관심을 두지 않았다.[48] 1990년 버지니아슬림의 여론조사에서 여성들이 가장 분개했던 점은 자신에게 돈이 없다는 사실이었고, 그다음이 육아와 가사 노동을 나 몰라라 하는 남성들의 태도였다.[49] 반대로 여성들에게 남편감 물색이나 '스트레스가 적은' 일자리를 얻고 싶은 욕구, 혹은 그냥 집에서 지내는 것이 자신들의 관심사 목록 중 어디쯤에 속하는지를 물어보자 가장 하위권이라는 답이 돌아왔다.

지난 10년 동안 불평등으로 인한 여성들의 불행은 고조되기만 했다. 전국 규모의 여론조사에서 경제활동과 정치 생활, 개인 생활에서 차별적인 처우에 저항하는 여성들이 급격히 늘었음이 확인되었다.[50] 불평등한 고용 기회에 불만을 토로하는 여성들의 비중이 1970년대 이후로 10퍼센트포인트 이상 늘어났고, 불평등한 승진 장벽에 불만을 토로하는 여성들의 수는 그보다 훨씬 더 늘어났다. 1980년대 말에 이르자 여성의 80~95퍼센트가 고용과 임금상의 차별에 시달린다고 말했다. 평등고용기회위원회Equal Employment Opportunity Commission에 접수된 성차별 사례는 레이건 재임 기간에 약 25퍼센트 늘어났고, 직장 여성의 일반적인 괴롭힘 신고 건수는 두 배 이상 늘었다.[51] 1980년대 10년간 성희롱 고소는 두 배 가까이 늘었다. 설문 조사에 따르면 가정에서는 전보다 훨씬 많은 비중의 여성들이 남성의 학대와 불평등한 관계, 그리고 버지니아슬림 설문 조사의 표현을 빌리자면 "여성들을 깔아뭉개려는" 남성들의 노력에 대해 불만을 토로했다.[52] 로퍼 설문 조사에서 남성들이 "기본적으로 친절하고 신사적이며 사려 깊다"는 데 동의한 여성의 비중은 1970년 약 70퍼센트에서 1990년 50퍼센트로 크게 하락했다. 그리고 여성들은 집 밖에서도 전보다 더 큰 위협을 느꼈다. 1990년 버지니아슬림 여론조사에서 72퍼센트의 여성들이 자신들은 몇 년 전보다 "지금 길거리에서 더 무섭고 불편하다"고 느낀다고 답했다.[53] 하지만 이것이 범죄 활동의 전반적인 증가 때문이라고 할 수만은 없다. 남성의 경우 이렇게 느낀 사람은 49퍼센트뿐이었다.

여성운동 때문에 여성들이 자신의 불평등을 더욱 자각하게 된 것은 사실이지만, 불만의 목소리가 점점 커지는 것을 그저 페미니즘으로 인한 '과민함'으로 치부해서는 안 된다. 여성의 지위가 하락하고 있다는 증거가 1980년대부터 꾸준히 관찰되고 있다. 정부와 민간의 조사에 따르면 이미 최하층 직종에 대대적으로 포진한 여성의 비중은 꾸준히 늘고 있고, 고소득 일자리와 기술직에서 여성들의 미미한 존재감은 정체되거나 뒷걸음질치고 있으며, 상층 관리직에 그나마 있던 극히 적은 여성의 비중이 정체 혹은 하락하고 있다.[54] 그리고 여성들이 가장 크게 약진한 최하층 직종에서는 여성들의 임금이 하락하고 있다. 소득 사다리 최하층 여성의 지위는 가장 위험한 수준으로 추락했고, 레이건 행정부 첫 4년 동안 이루어진 정부 예산 감축만으로 약 200만 명에 달하는 여성 가장 세대들과 약 500만 명에 달하는 여성들이 빈곤선 아래로 추락했다.[55]

노동인구 내에서만 경고음이 울리는 건 아니다. 정치 영역에서는 선출직과 지명직을 막론하고 그나마도 얼마 되지 않던 여성 정치인들이 1980년대를 지나며 더 줄어들었다.[56] 사적인 영역에서는 이혼한 남성들이 자녀 부양에 지불하는 평균 금액이 1970년대 말부터 1980년대 중반 사이에 약 25퍼센트 하락했다(그래서 이제 한 달에 겨우 140달러밖에 안 된다).[57] 1983년부터 1987년 사이에 가정폭력 쉼터로 피신한 여성의 수는 101퍼센트 이상 증가했다.[58] 그리고 정부 기록에 따르면 여성을 대상으로 한 성폭력은 가관이다 싶게 늘어났다. 1970년대 초부터 지금까지 강간 신고 건수는 두 배 넘게 늘었는데, 이는 미국 내 다른 모든 폭력 범죄율의 거의 두 배, 전반적인 범죄율의 네 배에 이른다.[59] 1976년부터 1984년까지 전체 살인율은 줄어들었지만 남녀 문제 관련 살인은 160퍼센트 증가했다. 그리고 이런 살인은 개인과 무관하게 일어나는 임의적인 폭력의 부산물이 아니다. 피해 여성의 최소 3분의 1은 남편이나 남자 친구에게 살해당했고, 대부분은 가장 사적인 방식으로 (이혼 서류를 내고 집을 나옴으로써) 독립을 선언한 직후 목숨을 잃었다.

1980년에 말에 이르자 여성들은 여론조사에서 다시 여성들의 사회적 지위가 추락하기 시작했다는 두려움을 토로했다. 1990년 버지니아슬림의 여론조사가 그 정서를 잘 요약하고 있듯, 여성들은 자신들이 "존중받지 못하고 있다"라고 믿었다.[60] 로퍼의 조사 결과를 보면 10년 전보다 자신들의 지위가 향상되었다고 말한 여성의 비중이 지난 몇 년간 점점 늘다가 1980년대 하반기에 접어들면서 갑자기 5퍼센트가 하락했다는 것을 알 수 있다. 그리고 이 중에서도 그 비중이 가장 급격하게 줄어든 집단은 (미디어와 광고업자들이 가장 많이 공략하는 연령 집단인) 30대 여성으로, 1985년부터 1990년 사이에 약 10퍼센트포인트 하락했다.

일부 여성들은 전체 그림을 짜 맞추기 시작했다. 1989년《뉴욕타임스》여론조사에서 흑인 여성의 절반 이상과 백인 여성의 4분의 1이 이를 자신의 의견으로 표출했다.[61] 이들은 여론조사원들에게 여성들이 지난 20년간 일군 성과를 남성들이 무력화시키려 한다고 믿는다고 말했다. 37세의 여성 간호사는 "난 더 많은 자율성을 원한다"라고 표현했다. 그리고 그녀의 별거 중인 남편은 "그걸 없애 버리고 싶어 했다."

진실은 지난 10년간 여성운동이 어렵사리 쟁취한 한 줌의 작은 승리를 무력화하려는 노력, 여성의 권리에 대한 강력한 역습, 반격이 나타났다는 것이다. 이 역습은 대체로 은밀하다. 이 역습은 대중문화라는 허울을 쓴 히틀러식의 거짓 선동으로 뻔뻔하게 진실을 거꾸로 세우고, 여성의 지위를 고양시킨 모든 조치들이 사실은 여성의 지위 하락을 야기했다고 주장한다.

반격은 세련되면서도 진부하고, 얼핏 보기엔 '진보적'이지만 동시에 보란 듯이 후지다. 이 반격은 '과학 연구'의 '새로운' 발견들에 왕년의 싸구려 도덕주의를 버무린다. 이 반격은 영악하게 트렌드를 포착하는 대중 심리학자들의 번드르르한 선언과, 뉴라이트 설교사들의 광란의 수사들을 미디어의 입맛에 맞는 표현으로 탈바꿈시킨다. 이 반격은 여성의 권리라는 문제 전체를 자신들의 프레임으로 포장하는 데 성공했다. 마치 레이건주의가 정치 담론을 극우로 전환시키고 진보주의를 악마화했듯, 이 반격은 여성해방이 이 시대 미국의 진정한 재앙이라고, 끝없는 개인적·사회적·경제적 문제의 원인이라고 대중들을 설득시켰다.

하지만 지난 10년간 여성들이 불행해진 것은 (여성들이 아직 손에 쥐어 보지 못한) '평등' 때문이 아니라 바로 그 평등에 대한 여성들의 탐색을 중단시키려는, 심지어는 역전시키려는 압력이 점점 거세지고 있기 때문이다. '남자 품귀 현상'과 '불임 유행병'은 해방의 대가가 아니다. 사실 그런 것은 존재하지도 않는다. 이런 망상들이 바로 사회 전반에서 일어나는 반격의 수단이다. 이는 가차 없이 여성들의 콧대를 깔아뭉개는 과정의 일부로서 (많은 경우 이는 노골적인 선동과 다를 바 없다) 여성들의 개인적인 근심을 휘저어 놓고 정치적 의지를 꺾는 역할을 해 왔다. 페미니즘을 여성의 적이라고 지목하는 것은 여성의 평등을 상대로 자행되는 반격의 핵심적인 역할을 주의 깊게 보지 못하게 만들고 여성들이 자신들을 위한 대의명분을 공격하도록 부추김으로써 반격의 목적을 달성하기 위해서일 뿐이다.

일부 사회 평론가들은 여성에 대한 오늘날의 압력이 실제로 반격에 해당하는지, 아니면 그저 미국 사회에서 오래전부터 존재하던 여성의 권리에 대한 저항이 지속되는 것은 아닌지 질문할 수도 있다. 여성의 독립성에 대한 적개심이 항상 우리와 함께했던 것은 분명 사실이다. 하지만 페미니즘에 대한 공포와 혐오가 우리 문화 안에 있는 일종의 영속적인 바이러스성 질환 같은 것이라면 그게 항상 급성은 아니다. 즉, 그 증세는 주기적으로 가라앉았다가 다시 떠오른다. 그리고 바로 오늘날 우리 앞에 놓인 것처럼 재발의 여러 증상들이 나타나야만 정확하게 여성의 성장에 대한 '반격'이라고 표현할 수 있다. 만일 우리가 미국 역사에서 이런 사건들을 추적해 본다면(앞으로 그 렇게 할 예정이다), 이렇게 갑작스럽게 불길이 치솟는 국면들이 아 무런 규칙 없이 나타나지는 않는다는 사실을 알게 된다. 이런 사건을 촉발하는 것은 항상 여성들이 크게 활보하고 있다는 인식이었다. 이 런 사건들이 '반격'인 것은 항상 여성의 '진보'에 대한 대응으로 일어 났기 때문이다. 그러니까 이런 대응을 촉발시킨 것은 기반암처럼 단 단하게 자리 잡은 여성 혐오만이 아니라 자신의 지위를 개선하려는 현대 여성들의 각별한 노력이었던 것이다. 남성들, 특히 여러 전선에 서 자신들의 경제적·사회적 안녕을 위협하는 실제적인 요인들 때문 에 악전고투하는 남성들은 이런 여성들의 노력이 남성 자신들의 운 명에 먹구름을 드리우리라고 누차 해석해 왔다.

가장 최근의 반격은 1970년대 말, 주변이라 할 수 있는 복음주의 우파들 사이에서 처음으로 표면화되었다. 1980년대 초에 이르자 이 근본주의 이데올로기는 백악관으로 진격해 들어갔다. 1980년대 중 반, 여성의 권리에 대한 저항이 정치적·사회적으로 용인되면서 대중 문화의 일부로 스며들었다. 그리고 이와 함께 모든 경우에 여성들이 비약적인 성장을 코앞에 두고 있다는 믿음이 확산되어 가는 신호가 나타나기 시작했다.

동등한 권리를 쟁취하기 위한 여성들의 노력이 목표 달성에 가 장 근접해 보일 때 반격은 이 노력을 무산시켰다. 1980년에 기표소에 서 '젠더 격차'가 부상한 바로 그때, 그리고 정계의 여성들이 이를 기 회로 삼는 방법에 대한 논의를 시작한 바로 그때, 공화당은 로널드 레이건을 옹립했고 양 정당 모두 여성의 권리를 자신들의 강령에서 슬그머니 제쳐 놓기 시작했다. 페미니즘과 남녀평등헌법수정안에 대 한 지지는 1981년 사상 최고조에 달했지만, 바로 그다음 해에 남녀평 등헌법수정안은 무산되었다. 여성들이 구타와 성폭력에 저항하는 움 직임을 조직하기 시작한 바로 그때 연방 정부는 구타당한 여성 관련 프로그램에 대한 자금을 중단시켰고 쉼터자금지원법안을 좌절시켰 으며 1979년에 문을 열어 겨우 2년밖에 안 된 가정폭력청을 폐지시

컸다.[62] 1980년대 중반, 기록적으로 많은 젊은 여성들이 페미니즘의 목표를 지지하고 있는 바로 그때(사실 페미니즘 지지자 중에는 나이든 여성들보다는 젊은 여성들이 더 많았다), 그리고 여성의 과반수가 자신을 페미니스트라고 호명하고 있는 바로 그때, 미디어는 여성운동에 욕을 퍼붓는 젊은 '포스트페미니즘 세대'가 등장했다고 떠들어 댔다.[63] 그 어느 때보다 많은 여성들이 낙태할 권리를 지지할 때 미국 대법원은 이를 재고하려는 움직임을 보였다.

다시 말해서 반反페미니즘적 반격은 여성들이 완전한 평등을 달성했을 때가 아니라, 그럴 가능성이 커졌을 때 터져 나왔다. 이는 여성들이 결승선에 도착하기 한참 전에 여성들을 멈춰 세우는 선제 공격이다. 페미니스트 심리학자 진 베이커 밀러Jean Baker Miller 박사는 "반격은 여성들이 실제로 영향력을 가지게 되었다는 증거일 수도 있지만, 보통 성취가 작을 때, 많은 사람들을 도울 수 있을 정도로 충분한 변화가 일어나기 전에 일어난다"고 밝혔다.[64] "그건 마치 큰 변화를 앞두고 위협을 느낄 때 반격의 선두 주자들이 변화의 공포를 이용하는 것 같다." 지난 10년간 일부 여성들은 반격을 당하기 전에 상당한 성공의 반열에 올라섰지만, 다른 여성 수백만 명은 뒤처져서 오도 가도 못하는 처지였다. 이제 합법적인 낙태의 권리를 누리는 여성들도 있지만, 연방 정부의 의료 지원을 받는 군 인력과 빈곤층 등 4,400만 명의 여성들은 그런 권리를 누리지 못한다.[65] 이제 고소득 전문직으로 진출할 수 있는 여성들도 있지만, 타이피스트나 백화점 판매대를 벗어나지 못하는 1,900만 명 이상의 여성들은 아직 그럴 형편이 되지 못한다[66]('모든 것을 누린다'는 베이비 붐 세대 여성들에 대한 대중적인 신화와는 반대로 이 세대에 속한 여성 대부분이 아직도 타이피스트와 점원의 처지를 면하지 못하고 있다).[67]

반격이 힘을 얻으면서 성공한 소수는 다수로부터 떨어져 나와 버렸다. 그리고 소수의 성공한 여성들은 사회적 생존 전략의 일환으로 자신들이 어쨌든 출세에는 그렇게 관심이 없음을 입증하려 한다. 그리고 이들이 자신은 여성운동과 거리를 두고 있음을 드러내려는 반면, 노동계급 여성들은 비틀거리면서도 페미니즘이라는 대의의 분열된 잔재들을 어떻게든 붙들려고 한다. 신문 기사에 오르내리는 부유한 극소수의 유명 여성들이 "누군가의 아내라는 것이 자신에게 딱맞는 자리라는 걸 알게" 되었고 "빵을 구우러" 집에 간다고 자랑하는 반면, 노동계급 여성들은 기록적으로 많은 수의 노조에 가담해 동일 임금 파업을 벌이고 경제적 권리를 얻기 위해 여성 노동자들의 권리를 내세우는 새로운 조직을 만들고 있다.[68] 1986년 갤럽 조사에 따르면 자신이 페미니스트가 아니라고 답한 경우가 고소득 여성 중에서는 41퍼센트였지만 저소득 여성 중에서는 26퍼센트밖에 되지 않았다.[69]

여성의 성공과 후퇴는 일반적으로 승리한 전투, 패배한 전투, 획득하여 넘겨받은 영토라는 식의 군사 용어로 표현된다. 이런 맥락에서 전투라는 은유에 장점이 없는 것은 아니며, 이 책 역시 아직 이런 류의 전쟁 표현과 어휘 들을 사용하고 있다. 하지만 이 갈등을 하나의 선을 기준으로 이편과 저편에 깔끔하게 도열한 두 부대 간의 일로 상상할 경우 우리는 우리가 몸담고 있는 남성 문화와 여성 간의 '전투'가 가진 뒤얽힌 성격을, 옴짝달싹 못하게 꽉 붙들고 있는 그 악력을 놓치게 된다. 즉, 반격이 가진 대응이라는 본질, 다른 힘에 대한 반응으로서만 존재할 수 있는 그 본질을 놓치게 된다.

페미니즘이 부진한 시기에는 여성들이 대응의 역할을 맡는다. 사적으로, 그리고 아주 빈번하게 은밀한 방식으로 여성들은 지배 문화의 흐름에 반발하여 자기주장을 하려고 애쓴다. 하지만 페미니즘 자체가 하나의 흐름이 되면 저항은 그저 이런 반전에 편승하지 않는 것으로 만족하지 않는다. 자신의 입장을 내세우며 완강히 버티고 종주먹을 휘두르며 벽과 댐을 짓는다. 그리고 이 저항은 역방향의 조류와 위험한 저류를 만들어 낸다.

반격의 힘과 열정은 수면 아래서 부글거리기 때문에 대체로 대중들의 눈에는 띄지 않는다. 지난 10년 동안에도 반격은 가끔씩만 그모습을 드러냈다. 뉴라이트 정치인들은 여성의 독립을 비난했고, 낙태 반대 운동가들은 여성 클리닉에 화염병을 날렸으며, 근본주의 설교사들은 페미니스트들을 '창녀'와 '마녀'라며 저주했다. 때로 대중들 사이에서 반격의 노여움을 알리는 다른 신호들이 그 지독한 잔인성을 드러내기도 한다. 가령 강간의 급증이나 여성을 대상으로 한 극단적인 폭력을 묘사하는 포르노의 증가가 그런 사례에 해당한다.[70]

대중문화 안에서 이보다 더 미세한 지표들이 잠시, 종종 어정쩡하게 미디어의 주목을 받기도 하지만, 사회적 의식에서는 이내 사라져 버린다.[71] 황금 시간대의 텔레비전 쇼에 나타난 여성의 이미지가 갑자기 퇴보했다는 보도가 그런 사례라 할 수 있다. 미스터리 소설에 대한 한 연구는 고문과 사지 절단을 당하는 여성 등장인물의 수가 기이할 정도로 늘어났다고 밝히기도 했다. 한 논평가는, "너무 많은 히트송에서 B자가 들어가는 단어(bitch)로 여성을 언급하고 있어서 일부 랩 음악은 아예 강간 음악으로 전향하고 있는 것 같다"라는 당혹스러운 소식을 전하기도 했다. (여성을 "돼지", "잡년"이라고 부르고, 여성이 구타, 고문, 분풀이당하는 영화에서 거들먹대는) 앤드루 다이스 클레이Andrew Dice Clay 같은 지독한 여성 혐오 코미디언들이나 러시 림보Rush Limbaugh 같은 라디오 진행자들이 활개를 치는 것도 빼놓을 수 없다. 페미니스트들을 '페미-나치'라 부르며 공격한 러시 림보가 직접 만들어서 판매하는 프로그램이 미국에서 가장 인기 있는 라디오 토크쇼가 되었다. 미국라디오텔레비전업계여성협회American Women in Radio & Television가 1987년에는 여성을 긍정적으로 그린 광고에 상을 주지 못했다는 소식 같은 것도 있다. 수상 자격을 갖춘 광고를 찾을 수가 없었기 때문이었다.

이런 현상들은 모두 연관되어 있지만, 그렇다고 해서 누군가가 전체를 조종하고 있다는 뜻은 아니다. 반격은 어떤 협회가 중앙통제실 같은 데서 요원을 보내 수행하는 음모도 아니고, 그 목적을 위해 일하는 사람들이 자신들의 역할을 의식하지 못하는 경우도 종종 있다. 심지어 이 중에는 자신을 페미니스트라고 여기는 사람도 있다. 대부분의 경우 반격의 작동은 암호화·내면화되어 있고, 분산적이고 카멜레온처럼 변덕스럽다. 반격의 모든 표현들이 동일한 무게감이나 비중을 갖지는 않는다. 어떤 것은 항상 '신선한' 시각을 은근슬쩍 구결하는 문화 기계가 만들어 낸 단순한 일회용품들이다. 하지만 전체적으로 보면 이런 암호와 사냥발림, 이런 속삭임과 위협과 신회 들은 압도적으로 한 방향을 향해 움직인다. 바로 여성들을 아버지의 딸이나 싱싱하게 푸드덕거리는 낭만적이면서 적극적인 둥지 속의 새 같은 존재, 아니면 소극적인 사랑의 대상 같은 자기들이 '용납 가능한' 역할로 다시 떠밀어 넣으려는 것이다.

조직되진 않았으나 반격의 파괴력은 결코 작지 않다. 반격은 전체적인 조율의 결핍, 단일한 배후 조종자의 부재 때문에 눈으로 확인하기 어렵지만 어쩌면 그래서 더 효과가 있는 것인지도 모른다. 여성의 권리를 상대로 한 반격은 그것이 정치적인 일로 보이지 않을 정도의 선에서, 전혀 투쟁으로 보이지 않을 정도의 선에서 성공을 거둔다. 그것이 사적인 색채를 띨 때, 한 여성의 내부에 똬리를 틀고 안에서 그녀의 관점을 바꿔 버릴 때, 그래서 그녀가 억압은 모두 머릿속에서 일어난 일이라고 상상하게 될 때, 그리고 결국 그녀 역시 자발적으로 이 반격에 동참하게 될 때 반격은 가장 위력을 갖게 된다.

지난 10년간 반격은 아첨과 두려움의 통로를 드나들면서, 문화의 은밀한 방들을 여기저기 쑤시고 다녔다. 그 과정에서 반격은 온화한 조롱의 가면이나 깊은 '우려'로 채색한 얼굴로 변장술을 부렸다. 그 입술은 자신의 틀에 맞지 않는 모든 여성들이 불쌍하다고 떠들어 대면서 그런 여성의 두 귀에 거푸집 같은 틀을 꽉 끼우려 한다. 반격은 싱글 여성과 기혼 여성, 직장 여성과 전업주부, 중산층과 노동계급을 분할통치하려 한다. 그 규칙을 따르는 여성들을 추어올리고 따르지 않는 여성들을 고립시키는 방식으로 당근과 채찍 시스템을 조종한다. 반격은 여성에 대한 낡은 신화를 새로운 사실처럼 재포장해서 내놓고 이성에 대한 모든 호소를 무시한다. 궁지에 몰리면 자신의 존재를 부정해 버리고 페미니즘을 손가락질하며 지하 은신처를 더 깊이 파고든다.

'반격'은 우연하게도 1947년 개봉된 할리우드 영화에서 제목으로 쓰인 적이 있다. 자신이 저지른 누명을 아내에게 덮어씌운 남자의 이야기이다. 여성의 권리에 대한 반격은 바로 이런 방식으로 작동한다. 반격의 수식어들은 반격이 자행하는 모든 범죄들을 페미니즘 탓으로 돌린다. 반격은 '빈곤의 여성화'가 여성운동 탓이라고 혀를 찬다. 워싱턴에 있는 반격의 선동가들이 예산 삭감을 강행하는 바람에 여성 수백만 명이 빈곤해지고 임금 평등안들을 둘러싸고 싸움이 벌어졌으며 기회균등법이 침해되었는데도 말이다. 반격 세력들은 여성운동이 아이들의 권리에 대해서는 눈곱만큼도 관심이 없다고 주장한다.[72] 하지만 자본과 국가 입법기관 안에 있는 반격 세력들은 보육 증진과 관련된 법안을 하나하나 저지시켰고, 연방의 아동 보조금 수십억 달러를 삭감했으며, 주간 보육 시설과 관련된 주의 허가 기준을 완화시켰다. 반격 세력은 여성운동이 자식 없이 불행한 싱글 여성 세대를 양산했다고 비난한다. 하지만 결혼하지 않거나 아이가 없는 여성을 서커스단의 구경거리로 전락시켰다는 죄의식은 미디어 내의 반격 세력들이 느껴야 한다.

페미니즘이 여성들을 '더 미천한 삶'으로 몰아넣었다는 비난은 여성들에게 더 넓은 경험의 폭을 선사한다는 페미니즘의 핵심을 완전히 놓치고 있다. 페미니즘에 분칠을 해서 페미니스트들을 우스꽝스러운 광대로 만들려는 시도가 반복되고 있고 이는 엄청나게 효과가 있긴 하지만, 그래도 페미니즘은 상당히 간단한 개념이다. 1913년에 리베카 웨스트Rebecca West가 표현했듯 "나는 페미니즘이 정확히 무엇인지 알 수가 없었다. 내가 아는 건, 내가 가만히 앉아서 당하지만은 않겠다는 결심을 표현할 때마다 사람들이 나를 페미니스트라고 불렀다는 것이다."[73]

'페미니스트'라는 단어의 뜻은 1895년 4월 27일 비평지《애서니엄Athenaeum》의 리뷰 란에 "독립을 쟁취하기 위해 끝까지 투쟁할 역량을 품고 있는" 여성을 묘사하기 위해 처음으로 등장한 이후 사실상 바뀌지 않았다.[74] 한 세기 전 입센Henrik Ibsen의 『인형의 집』에서 노라가 말했듯 페미니즘은 "다른 모든 것 이전에 나는 인간"이라는 기본적인 진술이다. 페미니즘은 1970년에 열린 '여성 평등 집회Women's Strike for Equality'에서 한 어린 소녀가 들었던 피켓의 단순한 문구에 다름 아니다. 소녀의 피켓에는 이렇게 적혀 있었다. "나는 바비 인형이

아니다."[75] 페미니즘은 이 세상을 향해 여성은 장식품도, 값비싼 그
릇도, '특수 이익집단'의 일원도 아님을 이제는 인정해 달라고 요구한
다. 여성들은 국민의 절반(사실 이제는 절반이 넘는다)이고, 나머지
절반만큼 권리와 기회를 누릴 권리가 있고, 세상사에 참여할 능력이
있다. 페미니즘의 의제는 기초적이다. 페미니즘은 여성들에게 공적
인 정의와 사적인 행복 중 하나를 '선택'하도록 강요하지 말 것을 요
구한다. 페미니즘은 여성의 정체성을 그 문화와 남성들이 규정하는
것이 아니라 여성 스스로가 규정할 자유를 누릴 수 있어야 한다고 주
장한다.

　이런 주장이 아직도 그렇게 선동적이라는 건 미국 여성들이 평
등이라는 약속의 땅에 들어서려면 아직도 갈 길이 멀다는 뜻이다.

1부

신화와 회상

2장

남자 품귀 현상과 불모의 자궁

1980년대 말, 많은 여성들이 씁쓸해하면서도 다음과 같은 '통계적' 사실에 익숙해졌다.

주장   '남자 품귀 현상' 때문에 여성의 결혼 가능성이 위험할
           정도로 희박해졌다.
출처   하버드 대학교와 예일 대학교 연구자들이 1986년에 수
           행한 유명한 결혼 연구.
연구 결과   결혼하지 않은 대졸 여성 중 30세가 결혼할 가능성은
           20퍼센트이고, 35세는 5퍼센트이며, 40세는 겨우 1.3퍼
           센트다.

주장   새로운 무책주의 법하에서 이혼한 여성들의 경제적 지
           위가 참혹하게 추락한다.
출처   스탠퍼드 대학교의 사회학자가 1985년에 수행한 연구.
연구 결과   여성들은 첫 이혼 뒤 1년 동안 생활수준이 평균 73퍼센
           트 하락하는 반면, 남성들은 평균 42퍼센트 증가한다.

주장   출산을 연기하는 직장 여성들 사이에서 '불임 유행병'
           이 크게 번지고 있다.
출처   두 프랑스 연구자들이 1982년에 진행한 연구.
연구 결과   31세에서 35세 사이의 여성은 임신하지 못할 가능성이
           39퍼센트인데, 이는 20대 후반 여성보다 13퍼센트나
           높은 수치다.

주장	'엄청난 감정적 침체'와 '번아웃'이 각각 싱글 여성들과 직장 여성들을 공격하고 있다.
출처	다양한 심리학 연구.
연구 결과	믿을 만한 수치는 전혀 없고, 그저 여성들의 정신 건강이 최악인데, 이는 여성들이 싱글로 살아가거나 일에 전념하는 경향과 정비례해서 하락하고 있다는 주장만 난무한다.

이 같은 것들이 여성 평등을 탐색하는데 훼방을 놓는 반격의 근본적인 주장들이다. 여기에는 한 가지 공통점이 있다. 바로 진실이 아니라는 점이다.

물론 이건 믿기 힘든 소리다. 우리는 반격이 메아리처럼 울려 퍼질 때 곳곳에서 떠돌아다니는 이 사실과 수치 들을 여기저기서 워낙 많이 접했기 때문에 그걸 무시하기가 어렵다. 어떻게 그렇게 왜곡되고 문제가 있는, 혹은 분명하게 부정확한 정보들이 보편적으로 받아들여질 수 있을까? 이 신화들을 직접 다루기 전에 먼저 미디어가 두 가지 특정한 통계 연구를 다뤘던 방식을 잠깐 살펴보는 것이 이 질문에 부분적으로 답하는 데 도움이 될 듯하다.

통계와 두 사회과학자 이야기

1987년 미디어가 두 사회과학자의 연구를 비평할 기회가 있었다. 이 중 한 명은 여성의 독립에 적개심을 표출했고 다른 한 명은 이를 지지했다.

1987년 11월 23일에 발행된 《뉴스위크》는 "남자가 그녀의 유일한 문제가 아니다"라는 제목으로 "최근 몇 주간 셰어 하이트* 때문에 빚어진 상황은 대중문화 선동가나 할 법한 짓"이라고 독자들에게 고했다.[1] 셰어 하이트가 섹슈얼리티와 관계에 대한 전국적인 조사를 정리한 마지막 책 『여성과 사랑: 진보하는 문화 혁명 *Women and Love: A Cultural Revolution in Progress*』을 막 출간한 직후였다. 922쪽에 달하는 이

* Shere Hite, 미국 태생의 성교육자이자 페미니스트.

책은 여성 4,500명의 시각을 집약해서 모아 놓은 것이었다. 이 보고서의 주요 결론은 대부분의 여성이 일생 동안 자신을 동등한 인격으로 대우하지 않으려는 남성들의 꾸준한 저항 때문에 고통과 절망에 빠진다는 것이다. 여성의 5분의 4는 아직도 가정에서 권리와 존중을 얻기 위해 싸워야 한다고 말했고, 남자들의 시각에서 동등한 지위를 달성했다고 느끼는 여성은 20퍼센트뿐이었다.[2] 이들은 자신들이 더 많은 독립을 찾고자 했던 것이 남성 동료들의 적개심을 더욱 불타오르게 했다고 생각하는 것으로 나타났다.

하지만 언론이 하이트의 책에서 부각하기로 선택한 것은 이 부분이 아니었다. 미디어는 하이트를 개인적으로 공격하느라 정신이 없었다. 이들이 하이트를 반박하기 위해 모은 증거의 대부분은 《뉴스위크》가 발설했듯 "그녀의 연구와는 별로 관계가 없는" 이야기들이었다. 하이트는 자신을 '자기dear'라고 불렀다는 이유로 택시 운전사에게 주먹을 날리고 기자들에게 전화를 걸어 자신이 하이트의 비서인 다이애나 그레고리Diana Gregory라고 주장했다는 소문이 있었다. 사실이라면 기이한 행동이지만, 이는 선동가보다는 괴짜라는 인상을 주는 일화였다. 그럼에도 미국의 주요 출판물들은 걸맞지 않은 열정을 지닌 페미니스트 연구자의 괴벽에 대한 파편적인 정보를 좇았다. 《워싱턴포스트》마저 친필 전문가를 끌어들여 하이트와 그레고리의 서명을 비교했다.[3]

물론 하이트의 연구는 꼼꼼하게 뜯어볼 만한 구석이 있다. 그녀의 통계적 접근법에 대해서는 많은 타당한 의문을 제기할 수 있다. 하지만 하이트의 연구 결과가 뒤로 밀려난 것은 면밀한 검토 때문이 아니라 조롱 때문이었다. 《타임》은 1987년 10월 12일 "손 떼, 친구들"이라는 기사에서 하이트의 보고서를 "규모만 거창하고", "개연성이 대단히 낮으며", "미심쩍고", "가치가 제한적"이라며 묵살했다.[4] 이 기사는 편집자들도 그렇게 생각할지 모르겠지만 어째서 이들이 잡지의 표지와 본문 여섯 쪽을 이 주제에 할애했는지 의아하게 만드는 대표적인 사례였다. 하이트의 책은 그저 "불평분자"에 불과할지 모르는 "공격적인" 여성들의 "극단적인 관점"으로 가득하다고 《타임》은 단언했다. 하지만 《타임》의 설명만 가지고서는 이들의 관점이 실제로 극단적인지 판단할 수가 없다. 그 장황한 이야기에 하이트가 광범위하게 인용하고 조사했던 여성 수천 명의 사연은 두 문장짜리 인용문단 두 개밖에 들어가 있지 않다. 대신 기사는 하이트 자신의 논리보다 하이트를 비판하는 사람들의 목소리에 더 많은 지면을 할애했다.

　　미디어는 종종 잘못되었거나 위선적인 방식으로 하이트의 통계 방법을 비난하곤 했다. 하이트의 연구 결과가 '편향'된 것은 그녀가 자신의 설문지를 여성 단체를 통해 배포했기 때문이라고 일부 기사는 투덜거렸다. 하지만 하이트는 교회 모임, 사교클럽, 노인 센터를 비롯한 광범위한 여성 집단에 설문지를 보냈다. 언론은 하이트가 사용한 샘플이 적고 전형적이지 않다고 비판했지만, 언론인들이 무비판적으로 보도하는 많은 심리학 연구와 사회과학 연구 결과들이 이보다 훨씬 적고 비임의적인 샘플에 기초하고 있다는 점을 우리는 뒤에서 확인하게 될 것이다. 그리고 하이트는 이 책에서 이 수치들이 전형적이라는 의미는 아니라고 특별히 밝히고 있다.[5] 자신의 목표는 그저 최대한 많은 여성들에게 자신들의 내밀하고, 일반적으로는 침묵당하는 생각들을 발언할 공적인 장을 제공하는 것이라고 그녀는 적고 있다. 이 책은 사실상 수치보다 인용구 모음집에 더 가깝다.

　　미디어들은 대체로 남편과 연인에 대한 여성들의 이야기를 '남성을 닦아세우는 맹공'으로 묘사하지만 하이트의 책에 실린 목소리들은 복수심에 불타기보다는 절망적이다. "나는 내 존재의 모든 것, 가진 모든 것의 영혼을 바쳤어요. …… 그런데 내게 남은 건 외로움과 상처뿐이에요. 그는 아직도 더 내놓으라고 요구하고 있어요. 나는 지쳤어요. 너무 지쳤어."[6] "그는 침묵의 벽 뒤로 숨어 버려요." "대부분의 시간 동안 난 그저 버려졌다는 기분이에요. 그의 가장 좋은 친구는 아닌 거죠." "이 지점에서 난 그가 날 사랑하는지, 원하는지 의심스러워요. …… 난 더욱 여성스러운 나이트가운을 입고 그가 좋아할 만한 일을 하려고 애써요." "일상생활에서 그는 사소한 걸 갖고, 찬장이나 문을 열어 놓았다고 잔소리를 해요. 난 그 사람이 화내는 게 싫어요. 그래서 그냥 찬장을 닫고, 서랍을 닫고, 전등을 끄고, 그 사람 치다꺼리를 하고 등등. 말은 한마디도 안 하면서요."

하이트는 이런 사적인 진술에서 관계, 결혼, 일처일부제에 대한 여성들의 태도에 관한 몇 가지 데이터를 추출한다. 미디어가 이 데이터를 남성들에게 대단히 위협적이라고 인식한 것은 반페미니즘적인 반격이 진행 중일 때 여성의 '공격성'에 대한 히스테리가 얼마나 쉽게 점화되는지를 보여 주는 하나의 조짐이다. 예를 들어, 남성들에 대한 여성들의 가장 큰 불만이 "귀담아 듣지 않는다"라는 사실에 대해 언론이 정말로 그렇게까지 화를 내야 했을까(혹은 놀라야 했을까)?

어떤 경우든 미디어는 여성들의 말에 모르쇠로 일관함으로써 이 여성들의 불만에 정당성을 부여하고 있는 것 같다. 어쩌면 수백 쪽에 달하는 다채롭고 충격적인 개인사들을 소화하는 것보다는 이 책의 뒤에 실린 하이트의 수치표를 훑어보는 것이 더 손쉬웠는지도 모른다. 아니면 일부 저널리스트들은 그저 이 여성들이 하는 말을 참고 들어 줄 수 없었던 건지도 모른다. 하이트의 책에 대한 과열된 비난은 분노보다는 공포에 가까운 감정을 연상시킨다. 쓰러진 남성의 가슴을 밟고 선 여성과, 남성의 목욕물에 상어를 집어넣는 여성, 그리고 겁을 집어먹은 남성의 얼굴 앞에서 독사 같은 혀를 휘두르는 여성을 그린 《타임》 기사의 일러스트가 그렇듯 말이다.

여성들이 큰 슬픔에 빠지게 된 원인 중 하나가 남성들의 적대임을 시사하는 하이트의 연구를 신나게 조롱했던 언론은 현대 여성들이 고난에 빠진 것은 여성 평등 때문이라고 주장하며 반격의 사고방식에 가까운 이론을 제시하는 또 다른 사회과학자를 칭송하는 데는 열을 올렸다. 《포브스》의 칼럼니스트이자 직장 여성의 고충을 다룰 때 언론이 많이 인용하는 '전문가' 심리학자 스럴리 블로트닉Srully Blotnick 박사는 자칭 "미국에서 직장 여성에 대한 연구 중 가장 장기적인 연구"를 진두지휘했다.[7] 그의 결론은 여성이 직장에서 성공하는 것은 "여성의 직장 생활과 개인사 모두에 독이 된다"는 것이다.[8] 1985년에 출간된 그의 책 『다른 방식으로 열심히 살았너라면: 성공한 여성의 개인사 Otherwise Engaged: The Private Lives of Successful Women』에서 블로트닉은 25년에 걸쳐 3,466명의 여성을 대상으로 진행한 자신의 연구가 성공한 직장 여성은 결국 사랑이 없는 무미건조한 삶을 살게 될 가능성이 높고, 독신 생활의 비참함은 결국 이들의 직장 생활마저 엉망으로 만들 수 있음을 입증했다고 단언했다.[9] 그는 이렇게 썼다. "사실 우리는 35세에서 55세 사이의 여성들이 해고 당하는 단일 원인 중 가장 큰 원인이 점점 늘어 가는 불안임을 확인했다."[10] 그는 여성운동에 대해서도 "자기중심적인 욕심쟁이에 야심가라는 꼬리표가 달리는 걸 무서워하는 사람들 대부분이 숨는 연막"이라며 몇 차례 공격을 퍼부었다.[11]

미디어는 그의 연구 결과를 열정적으로 수용했고(그는 《뉴욕타임스》에서부터 〈도나휴Donahue〉*에 이르기까지 온갖 곳에 고정 출연했다)《포브스》와 《새비》 같은 전국 잡지들은 이런 불안에 찌든 출세주의자들에 대한 훨씬 더 많은 연구를 진행해 달라며 그에게 수십만 달러를 쥐어 주었다. 그 누구도 그의 방법론을 의심하지 않았다. 회의론을 제기할 만한 근거가 상당히 분명했는데도 말이다.

먼저 블로트닉은 1958년부터 데이터를 수집하기 시작했다고 주장했는데, 그해에 그는 겨우 열일곱 살이었다. 쥐꼬리만 한 예산밖에 없었던 그는 어떻게든 개인적으로 그 방대한 데이터를 수집했다(책에서 그는 "3톤 분량의 파일과 디스크 메모리 26기가바이트"라고 자랑했다).[12] 이는 연구비가 수백만 달러에 달하는 연방 최대 규모의 장기 연구에서 수집하는 데이터보다도 더 많은 양이다. 그리고 그의 직함에 붙은 '박사'라는 호칭도 가짜였다.[13] 그의 학위는 어떤 미인가 통신학교에서 우편 주문 형식으로 받은 것으로 드러났다. 이 제보가 들어오자 《포브스》의 편집자들은 블로트닉의 필자란에서 '박사'라는 칭호를 조심스럽게 삭제했지만, 그의 칼럼에는 그대로 남아 있었다.

1980년대 중반, 《유에스 뉴스앤월드리포트》의 기자였던 댄 콜린스Dan Collins는 당시 미디어에서 엄청난 인기 주제였던 비혼자의 비참함에 대한 이야기를 할당받았다. 편집자는 그에게 항상 인용할 만한 가치가 있는 블로트닉에게 전화를 해 보라고 제안했다. 《워싱턴

* 미국에서 26년 동안 방영된 텔레비전 토크쇼. 영화 제작자이자 작가인 필 도나휴Phil Donahue가 진행을 맡았다.

포스트》에 실린 싱글의 비애를 다룬 유사한 기사에 블로트닉이 막 등장했기 때문이었다. 콜린스의 회상에 따르면 인터뷰 후 그는 어째서 블로트닉이 학력에 대한 질문에 그렇게까지 예민하게 반응하는 것처럼 보였는지 궁금해졌다.[14] 기자는 블로트닉의 배경을 더 파고들었고, 자기가 보기에 더 나은 기삿거리를 찾아냈다. 이 전국적인 권위자의 경력이 사상누각이었던 것이다. 블로트닉은 허가받은 심리학자도 아니었을 뿐만 아니라 이력서상의 거의 모든 것이 정체불명이었다. 심지어 그가 지금 자신의 멘토라고 인용했던 교수는 이미 15년 전에 고인이 된 인물이었다.

하지만 《유에스 뉴스앤월드리포트》의 편집자들은 이 이야기에는 눈곱만큼도 관심이 없었고(한 여성 대변인은 나중에 자신들에게는 그걸 뉴스화할 만한 '구실'이 없었다고 설명했다) 그 기사는 발표되지 못했다. 결국 1년 뒤인 1987년, 콜린스가 《뉴욕데일리뉴스》로 옮기고 난 뒤에야 새로운 고용주를 설득하여 이 기사를 실을 수 있었다.[15] 콜린스의 기사 때문에 정부는 부리나케 블로트닉을 상대로 사기죄 조사에 착수했고, 《포브스》는 블로트닉의 칼럼을 바로 다음 날 중단시켰다. 하지만 블로트닉의 부적절하고 납득할 수 없는 행각에 대한 뉴스는 언론 내에서 별다른 파장을 일으키지 못했다.[16] 《타임》에서는 단신으로 처리되었고 《뉴스위크》에서는 아예 언급조차 되지 못했다. 그리고 블로트닉의 책을 출간한 바이킹 펭귄Viking Penguin은 한술 더 떠 어쨌든 그의 근간을 문고판으로 발간하겠다는 계획을 강행했다. 당시 바이킹 펭귄의 최고 편집자였던 제럴드 하워드Gerald Howard는 "블로트닉은 직장인의 행동에 대한 대단히 훌륭한 통찰력을 갖추고 있고 여기에는 경험적 기초가 있다는 내 믿음은 흔들림이 없다"고 설명했다.[17]

하이트와 블로트닉의 연구 결과에 대한 언론의 태도는 대중문화가 취사선택해 가장 크게 홍보하는 통계야말로 우리가 가장 조심해서 봐야 할 통계임을 시사한다. 이런 것들이 널리 유통되는 것은 진실이어서가 아니라 많은 사람들이 믿는 미디어의 편견을 뒷받침하고 있기 때문일 가능성이 크다.

페미니즘에 대한 반격이 횡행하는 상황에서 통계는 '바람직한' 여성의 행동을 지시하는 처방전이자, 여성들이 어떻게 행동해야 하는지, 그리고 만일 그 요청에 귀 기울이지 않으면 어떤 처벌을 받게 될지를 설명하는 여성에 대한 문화적 통지서가 되어 버렸다. 사람들은 이런 '데이터'는 여성들을 위해 그저 '세상의 이치'를 알려 주는 거라고, 기반암처럼 단단해서 변경 불가능한 인구학적 현실을 반영하는 것이라고 말한다. 여성들의 유일한 선택은 그저 숫자를 받아들이고, 이를 충족시키기 위해 자신들의 눈높이를 낮추는 것뿐이었다.

반격의 합의가 공고해지면서 여성에 대한 통계는 사회지표로서의 기능을 상실했다. 대신 데이터는 여성의 인생 경로에서 핵심 구간에 떡 버티고 선 사회의 검문소가 되어 정해진 길을 벗어날 경우 어떤 위험에 처하게 되는지 잔소리를 늘어놓는 자문단을 파견한다. 1980년대에 이런 권위적인 의제는 초기 수집에서부터 최종 배포에 이르기까지, 여성에 대한 사실상 모든 통계의 생애주기를 지배했다. 레이건 행정부 시절 미국 인구조사국의 인구학자들은 여성의 독립을 대상으로 정부가 벌이는 전쟁에 유리한 데이터를 만들어 내라는 압력에, 불임 위협의 증가와 낙태에 도사린 심신의 위험, 한부모의 나쁜 점, 보육 서비스의 부정적인 영향을 '증명'하는 통계를 생산하라는 압력에 점점 더 많이 시달렸다. "[레이건] 정부에서 내가 상대했던 사람들은 자신의 유년기에나 있었던 환상을 재창조하고 싶어 하는 것 같았다"라고 인구조사국 출산 통계 부장 마틴 오코넬Martin O'Connell은 말한다.[18] 그리고 이런 환상에 부합하지 않는 결과들은 연방의 차별 철폐 정책들이 여성과 소수 인종의 기업 고용률에 긍정적인 영향을 미친다는 정부 연구 결과가 그랬듯 폐기되었다.[19] 공중위생국은 낙태가 건강에 미치는 긍정적인 영향에 대한 정보를 검열했고 정부의 소위 '가족 친화' 정책과 충돌하는 연구 결과를 발표하는 연방 과학자들을 좌천시키고 해고했다.[20]

사회과학자 킹슬리 데이비스Kingsley Davis는 1948년 고전적인 저서 『인간 사회Human Society』에서 이렇게 밝혔다. "가족에 대한 대부분의 사회적 연구에는 사회제도의 근본적인 본성을 이해하려는 욕구보다는 당면한 도덕적 목적이 있었다. 바로 이혼, 유기, 혼외 출산, 간통 같은 일탈을 근절하는 것이었다."[21] 40여 년이 지난 지금 이 문장은 인구학자가 한 진술 중에서 몇 되지 않는 유의미한 진술 중 하나.

남자 품귀 현상: 두 가지 결혼 연구

1986년 밸런타인데이를 앞두고 스탬퍼드 《어드보케이트》에서는 리사 마리 피터슨Lisa Marie Petersen 기자가 큐피트의 가혹한 공격에 대한 올해의 기사를 담당할 차례였다. 훗날의 회상에 따르면 그녀의 "각도"는 "로맨스는 아직도 유행인가 아니면 한물갔나?"였다.[22] 그녀는 스탬퍼드 타운센터몰에 가서 꽃과 초콜릿을 사는 남자 두어 명을 인터뷰했다. 그리고 난 뒤 "그냥 약간의 근거를 얻기 위해" 예일 대학교 사회학과에 전화를 걸었다. 그녀는 이렇게 말했다. "왜 있잖아요, 세 번째 단락에 넣을 뭔가 말이에요."

그녀의 전화를 받은 사회학자 닐 베넷Neil Bennett은 두 동료와 함께 여성의 결혼 패턴에 대한 미발표 연구를 막 끝낸 서른한 살의 싱글이었다. 베넷은 피터슨에게 사실은 연구가 완료되지 않았다며 발을 빼려 했지만, 그녀가 물러설 기미를 보이지 않자 자신이 발견한 내용을 알려 주었다. 그것은 바로 결혼보다 학업과 직장 생활을 더 중시하는 대졸 여성들은 점점 결혼하기가 어려워지고 있다는 것이었다. "안타깝게도 결혼 시장이 이들과 점점 사이가 멀어지고 있는지 모른다"고 그는 말했다.[23]

베넷은 수치를 제시했다. 결혼 경험이 없는 30세 대졸 여성이 결혼할 가능성은 20퍼센트였고, 35세의 경우는 가능성이 5퍼센트까지 떨어졌으며, 40세가 되면 1.3퍼센트로 내려갔다. 흑인 여성의 경우는 확률이 훨씬 낮았다. "그냥 입이 떡 벌어졌죠." 당시 스물일곱 살의 싱글이었던 피터슨은 이렇게 회상했다. 피터슨은 이 수치에 문제를 세기할 생각은 하지도 못했다. "우린 보통 좋은 학교에서 주는 건 뭐든 그냥 갖다 쓰잖아요. 그게 예일의 연구면 우린 그냥 신문에다 받아 적죠."

《어드보케이트》는 1면에 그 소식을 실었다. 《연합통신》은 즉각 그 이야기를 골라서 전국에 뿌렸고 이는 결국 전 세계에 보도되었다. 베넷은 순식간에 호주에서 온 전화를 받을 정도로 유명해졌다.[24]

미국에서 대중문화의 모든 미디어들이 이 결혼 뉴스에 열광적인 반응을 보였다. 베넷이 제시한 통계치는 사실상 모든 주요 신문에서 1면을 장식했고 전국 네트워크 뉴스 프로그램과 토크쇼에서 독보적인 화제가 되었다. 이 소식은 〈디자이닝 우먼Designing Women〉,〈케이트 앤 앨리Kate and Allie〉 같은 시트콤과, 〈결혼 소동Crossing Delancey〉(1988), 〈해리가 샐리를 만났을 때〉, 〈위험한 정사〉 같은 영화, 《마드모아젤》,《코스모폴리탄》 같은 여성지, 수십 권에 달하는 자기 계발서, 중매 서비스 우편물, 관계에 대한 야간 강좌, 신년 카드에 오르내리게 되었다. 심지어 교통시설 광고업체인 스트리트페어저널The Street Fare Journal마저 미국 곳곳의 시영 버스 진열 선반에 이 연구 결과를 덕지덕지 발라 놓았고, 그래서 출근길에 버스 손잡이를 잡고 선 싱글들은 면사포를 쓴 채 넋이 나간 아가씨가 그녀의 참담한 결혼 가능성을 나열한 점수표 옆에서 포즈를 취하고 있는 포스터를 멍하니 응시할 수밖에 없었다.

베넷과 그 동료인 하버드 대학교 경제학자 데이비드 블룸David Bloom, 그리고 예일 대학교 대학원생 퍼트리샤 크레이그Patricia Craig는 베이비 붐 세대의 대졸 여성들에게 '결혼 궁핍 사태'가 닥친 이유는 주로 한 가지, 즉 여성은 자신보다 평균 두세 살 많은 남성과 결혼한다는 점 때문이라고 예측했다. 그래서 이들은 출생률이 매년 증가하던 1946년과 1957년 사이의 베이비 붐 전반기에 태어난 여성들이 이보다 수가 더 적은 상위 연령대의 남성과 만나려면 눈높이를 낮춰야 한다고 추론했다. 그리고 결혼 증명서보다 먼저 학위를 따겠다고 결심한 이 교육 지향적인 여성들은 일찍 일어나는 새가 먹이를 얻는다는 이론에 따라 결국 최악의 상황에 놓이게 된다고 보았다.

하지만 연구가 언론을 통해 흘러나왔던 바로 그 시점에 이미 여성들이 자신보다 더 나이 많은 남성과 결혼한다는 가정은 빠르게 빛이 바래고 있었다.[25] 연방 통계에 따르면 이제 초혼 신부들은 평균적으로 겨우 1.8세 연상의 신랑과 결혼하고 있었다. 하지만 이런 변화의 흐름에 맞춰 하버드 대학교와 예일 대학교의 수치를 재조정하거나, 심지어 이를 검토하는 것조차 불가능했다. 이 연구가 공식적으로 발표되지 않았기 때문이다. 언론은 이 사실에 크게 개의치 않았다. 어차피 언론은 이와 정반대 결론을 도출한 (불과 몇 개월 앞서 보도된) 동일한 주제의 공식적인 연구 발표를 무시하기로 마음먹은 상태였다. 일리노이 대학교의 연구자들이 1985년 10월에 발표한 보고서는 미국 내 결혼 궁핍 사태가 미미하다는 결론을 내렸다.[26] 연구자들은 자신들의 데이터가 "결혼 압박*이 최근 나타나는 결혼 행태 변화에서 큰 역할을 한다고 보는 이론들을 뒷받침하지 않았다"고 밝혔다(사실 이들은 결혼 데이터를 역사적·지리적으로 검토하면서 '결혼 궁핍 사태'는 1900년대의 소수 유럽 국가들, 그리고 좀 더 최근에는 일부 제3세계 국가에서만 확인할 수 있었다).

1986년 3월, 베넷과 동료 연구자들은 이들이 여성의 결혼 가능성을 계산하는 '매개 변수 모델'을 사용했음을 밝히는 비공식적인 '토론 논문'을 발표했다. 이는 행태를 예측하기에는 검증되지 않은 비정통적인 방법이었다. 프린스턴 대학교의 교수 앤슬리 콜Ansley Coale 과 도널드 맥닐Donald McNeil 이 원래 매개 변수 모델을 만든 것은 이미 결혼 주기가 완료된 노년 여성의 결혼 패턴을 분석하기 위해서였다.[27] 콜의 지도 학생이었던 베넷과 블룸은 같은 방법을 결혼 패턴을 예측하는 데도 사용할 수 있으리라고 생각했다. 나중에 이에 대해 의견을 구했더니 콜 교수는 회의적이었다.[28] 그는 "이 모델을 결혼사가 완료되지 않은 여성에게 적용하는 건 원칙적으로 가능할진 몰라도 위험하다"고 말했다.

설상가상으로 베넷, 블룸, 크레이그는 10년 단위로 이루어지는 정기 인구조사보다 훨씬 적은 가구 수를 이용하는 비정기 조사인 1982년의 상시 인구조사Current Population Survey에서 여성 샘플을 가져왔다. 그러고 난 뒤 이 샘플을 연령, 인종, 교육 수준에 따라 훨씬 더

* marriage squeeze, 결혼 시장에서 성비 차이로 여성 혹은 남성이 결혼 상대를 찾지 못하는 현상.

작은 하위 집단으로 나누었고, 대표성이 없는 작은 여성 샘플을 기초로 일반화를 했다.

남자 품귀 현상 연구에 대한 뉴스가 미디어를 뜨겁게 달구자 미국 인구조사국의 결혼 가족 통계 부서의 인구학자인 진 무어맨Jeanne Moorman은 논평을 요청하는 기자들의 전화에 시달렸다. 그녀는 이 연구자들의 논문을 자세히 들여다보기로 마음먹었다.[29] 결혼 인구학으로 박사 학위를 받은 무어맨은 자신의 삶부터가 인구학적 구분에 들어맞지 않는 하나의 사례였다. 무어맨은 서른두 살에 결혼했는데, 상대는 네 살 가까이 어린 남자였다.

무어맨은 컴퓨터 앞에 앉아서 자체적인 결혼 연구에 착수했다. 매개 변수 모델 대신 기존의 표준 생활 지표를 이용했고 베넷이 사용했던 겨우 6만 가구를 대상으로 실시한 1982년의 인구조사 대신 1,340만 가구를 대상으로 실시한 1980년의 인구 센서스를 근거로 삼았다. 연구 결과 결혼 경험이 없는 30세의 대졸 여성이 결혼할 가능성은 58~66퍼센트로 나왔다.[30] 하버드-예일 대학교 연구의 추정치보다 세 배 더 높았다. 35세 여성의 결혼 가능성은 하버드-예일 대학교 수치보다 일곱 배 더 높은 32~41퍼센트였고, 40세 여성의 결혼 가능성은 무려 스물세 배 더 높은 17~23퍼센트였다. 그리고 무어맨은 30세의 대졸 싱글 여성들이 고졸 학력의 다른 여성들보다 결혼할 가능성이 더 높으리라는 사실도 알아냈다.

1986년 6월 무어맨은 자신의 연구 결과를 베넷에게 적어 보냈다.[31] 무어맨은 좀 더 최근 자료 역시 대졸 여성에 대한 베넷의 예측과는 상치된다고 지적했다. 전체 인구에서 결혼율은 떨어지고 있었지만, 25세부터 45세 사이에 결혼한 4년제 대학 졸업 이상 학력의 여성들의 경우는 사실상 결혼율이 증가해 왔던 것이다. "이건 결혼을 포기한다기보다는 연기한다는 뜻으로 보인다"고 그녀는 지적했다.

무어맨의 편지는 공손했고 거의 경의를 표하다시피 했다. 그녀는 직업상 동료로서 이런 논평들을 전할 의무감을 느꼈고 "잘 받아들여지기를 희망했다." 하지만 베넷은 침묵으로 일관했다. 두 달 뒤 8월, 작가 벤 와텐버그Ben Wattenberg가 자신의 신문 칼럼에서 무어맨의 연구를 거론하면서 이 연구가 인구학자들에게는 중요한 전문적 모임인 미국인구학회Population Association of America Conference에서 발표될 것이라고 언급했다.[32] 무어맨의 연구 결과가 발표되면 베넷과 블룸이 동료들 앞에서 망신을 당할 수도 있는 상황이었다. 그러자 갑자기 무어맨의 우편함에 편지 한 통이 도착했다. 베넷은 "나는 벤 와텐버그를 통해서 당신이 이런 결과들을 봄에 있을 미국인구학회에서 발표할 거라고 알게 되었소"라고 편지에 적었다.[33] 그러고는 "가능한 빨리" 자신에게 사본을 보내라고 요청했다. 무어맨이 미적대자 그는 전화를 걸었고, 무어맨의 회상에 따르면 "대단히 요구가 많았다. '이거 해라, 저거 해라' 하는 식이었다." 그리고 이건 베넷과 무어맨의 관계에서 일종의 패턴이 되었다고 그녀는 말한다. "난 항상 그가 '하찮은 아가씨는 꺼지시지, 난 대학교수라고. 내가 옳아. 넌 내게 문제를 제기할 권리가 없어'라고 말하는 느낌을 받았어요." (베넷은 자신이 "내 예상보다 더 많이 [연구를] 오해한" 극성맞은 미디어의 희생자라고 잘라 말하면서 무어맨과의 관계나 결혼 연구와 관련된 역사의 그 어떤 측면에 대해서도 거론하기를 거부한다.)[34]

무어맨의 회상에 따르면 그러는 동안 인구조사국에서 그녀는 레이건 행정부 관료들의 간섭에 시달렸다. 연방 정부는 그녀에게 결혼 연구에 대해 언론과 이야기하지 말라는 명령을 내렸다. 그런 비평이 "너무 논쟁적"이라는 것이 이유였다. 두어 개의 텔레비전 뉴스쇼에서 남자 품귀 현상 뉴스의 다른 면을 이야기해 달라며 그녀에게 부탁했을 때 무어맨은 이를 거절해야 했다. 백악관이 원하는 연구(가난한 미혼모들이 복지 시스템을 어떻게 오용하는지에 대한)에 집중하라는 지시가 있었기 때문이었다.

1986년 겨울 무렵 무어맨은 자신의 결혼 연구 보고서에 좀 더 긍정적인 연구 결과를 덧붙여서 마무리 작업을 한 뒤 이를 언론에 배포했다. 하지만 미디어들은 무어맨의 보고서를 보도하더라도 안쪽 지면으로 밀어 넣어 놓았다. 동시에 《뉴욕타임스》, 《보스턴글로브》, 《애드버타이징 에이지》에 인쇄된 사설 맞은편의 특집 기사란에서 베넷과 블룸은 무어맨의 연구가 "논의를 더 헝클어뜨리기"만 했다면서 그녀를 대대적으로 비판했다.[35] 무어맨과 다른 두 명의 인구조사국 통계학자들은 베넷과 블룸의 특집 기사에 대응 보도문을 작성했지만, 인구조사국은 이 보도문의 배포를 몇 달 동안 지연시켰다. 무어맨은 이렇게 회상한다. "이들이 검열을 마쳤을 때쯤 보도문에는 아무런 내용이 담기지 않게 되었어요. 우리는 《뉴욕타임스》에 보도문을 보냈지만 이미 해를 넘긴 12월이었고, 이들은 실어 주지 않으려 했지요."

베넷과 블룸의 에세이는 무어맨이 사용한 표준 생활 지표를 "미심쩍은 기법"이라며 비판했다. 그래서 무어맨은 하버드 - 예일 대학교 사람들이 사용한 매개 변수 모델을 가지고 자신의 연구를 한 번 더 해 보기로 결심했다. 무어맨은 수학 모델이 전공인 통계학자 로버트 페이Robert Fay에게 데이터를 보여 주었다. 페이는 베넷과 블룸의 계산을 살펴보고 단박에 큰 오류를 짚어 냈다. 이들은 대졸 여성과 고졸 여성의 결혼사에 서로 상이한 패턴이 있다는 걸 간과했던 것이다(졸업 직후에 빽빽한 군집을 이루며 결혼을 하는 편인 고졸 여성들은 왼쪽으로 치우쳐진 가파르고 좁은 종형 곡선을 만든다. 반면 결혼 연령이 이보다 더 나중에, 오랜 기간 동안 퍼져 있는 편인 대졸 여성들은 오른쪽으로 치우쳐진 길고 낮은 곡선을 만든다). 페이는 베넷과 블룸의 수학 모델을 이용하여 조정을 한 뒤 데이터를 다시 돌렸다. 그랬더니 이번에는 결과가 무어맨과 거의 유사해졌다.

그래서 로버트 페이는 베넷에게 편지를 보냈다. 그는 자신이 발견한 오류와 그 의미를 지적했다. 페이는 편지에서 "나는 이 재분석이 당신의 연구 결과가 부정확하다는 사실뿐만 아니라 나머지 데이터도 원상태로 돌려 당신의 가정을 좀 더 면밀하게 검토할 필요성을 부각시킨다고 믿는다"고 밝혔다.[36] 베넷은 다음 날 회신을 보냈다. 편지에는 "일이 극도로 손쓰기 어려워졌다. 우리가 만나서 상황을 최소한 약간이라도 통제해야 할 때인 것 같다"라고 적혀 있었다.[37] 베넷은 자신들의 차이를 언론 탓으로 돌렸고 "데이비드 블룸과 나는 모든 미디어와의 관계를 일절 중단하기로 결심했다"라고 비난하듯 언급했다. 이는 어쩌면 인구조사국의 연구자들도 똑같이 그래야 한다는 무언의 암시였는지도 몰랐다. 하지만 베넷은 자신이 큰 오류를 저질렀다는 사실이 신문 머리기사를 장식할지 모른다는 걱정을 할 필요가 없었다. 이미 무어맨이 몇몇 기자들에게 이 사실을 언급했지만 아무도 관심이 없었기 때문이다.

그런데도 베넷과 블룸은 인구조사국 연구자들이 다가올 미국인구학회에서 자신들의 실수를 지적할지 모른다는 불안에 시달렸다. 베넷과 블룸은 난데없이 무어맨에게 모두 함께 '공동으로' 새로운 연구를 진행하여 무어맨의 연구 대신 공동 명의로 미국인구학회에 새 연구를 제출하자고 제안했고, 무어맨은 이를 난처한 사건을 회피하기 위한 전략이라고 의심했다. 하지만 무어맨에 따르면, 이 새 논문의 발표 신청 마감일이 지나 버렸다는 사실을 알게 된 베넷과 블룸은 역시 난데없이 공동 연구 아이디어를 철회했다.

1987년 봄, 인구학자들이 미국인구학회가 열리는 시카고로 날아들었다. 무어맨의 회상에 따르면 발표 전날 블룸의 전화를 받았다. 그는 자신과 베넷이 어쨌든 지금까지의 결혼 연구 발표를 취소하고 출산에 대한 논문으로 대체하려고 한다고 말했다. 하지만 학회 의장은 마감이 임박해서 논문을 바꾸는 행위를 용납하지 않았다.

마침내 동료들 앞에서 그 악명 높은 결혼 연구를 발표할 때가 되었을 때 블룸은 좌중을 향해 자신들의 연구 결과는 "예비적"이라고 말한 뒤 몇 마디 짧은 논평만 하고 재빨리 발언권을 넘겼다. 무어맨이 바로 다음 순서였다. 하지만 워싱턴에 있는 상사들의 개입이 훨씬 심해진 덕분에 그녀가 발언할 수 있는 것은 거의 없었다. 인구조사국장은 논란이 더 크게 번지는 것을 막기 위해 그녀에게 학회 발표에서 하버드-예일 대학교의 결혼 연구를 일절 인용하지 말라고 명령했던 것이다.

하버드-예일 대학교의 연구가 전국 신문의 머리기사를 장식한 지 3년 반 만에 마침내 실제 연구가 공개적으로 발표되었지만 여기에 결혼 통계는 빠져 있었다.[38] 베넷은 《뉴욕타임스》에 이렇게 말했다. "우리는 피하는 게 아닙니다. 숨길 게 하나도 없습니다." 그리고 기자는 그의 말을 곧이곧대로 받아들였다. 그 기사는 유명한 통계가 삭제된 것은 연구자들이 그 통계가 "자신들의 중요한 연구 결과에 집중하지 못하게 한다"고 생각했기 때문일 뿐이라고 결론을 내렸다.

하버드-예일 대학교의 연구에 지면을 할애한 모든 보도 언론들은 어떻게든 기본적인 사실, 즉 남자 품귀 현상 같은 것은 전혀 없다는 점을 간과하려 했다. 최신 인구조사표를 간단히 확인해 보면 바로 알 수 있듯 25세와 34세 사이의 연령대에서 싱글 여성보다 싱글 남성이 190만 명 정도 더 많고, 35세와 54세 사이의 연령대에서는 50만 명 정도가 더 많았다.[39] 누군가 배우자 후보감이 부족하다면 그건 여성이 아닌 결혼 적령기의 남성이었다.[40] 24세부터 34세까지의 연령대에서는 싱글 여성 100명당 싱글 남성은 119명이 있었다.

지나간 인구조사표를 흘낏 들여다보기만 했더라도 역시 미국에서 싱글 여성이 기록적인 수준으로 넘쳐난다는 생각은 발을 붙이지 못했을 것이다. 다섯 명 중 한 명 정도 꼴인, 결혼 경험이 없는 여성의 비중은 1950년대를 제외하면 20세기에서 그 어느 때보다 낮았고, 심지어는 세 명 중 한 명이 결혼하지 않았던 19세기 중·후반보다도 훨씬 낮았다.[41] 45세부터 54세 사이의 결혼 경험이 없는 여성의 경우(일생 동안 싱글인 여성의 지표로는 이 집단을 활용하는 것이 2, 30대보다 더 낫다. 2, 30대 여성들은 그저 결혼을 미루고 있는지도 모르기 때문이다) 1985년에는 그 비율이 사실 그 어느 때보다 적었다.[42] 심지어 결혼 광풍이 불었던 1950년대보다도 더 적었다(1950년대에는 이 연령대 여성 중에서 싱글은 8퍼센트였지만, 1985년에는 5퍼센트였다). 사실 1980년대에 싱글 여성의 '과잉'이 나타난다고 이야기할 수 있는 유일한 곳은 은퇴자 집단이다.[43] 1986년에 혼자 사는 여성의 중위 연령이 몇 살이었을까? 66세였다(반면 싱글 남성의 중위 연령은 42세였다).

언론계의 관행적인 상식에 따르면 1980년대의 싱글 여성들은 결혼을 하고 싶어서 발악을 하고 있고, 이 발악은 해를 넘길 때마다 고조된다. 하지만 실세계 여성들에 대한 조사는 이와는 다른 이야기를 전했다. 15년간 여성 1만 명을 대상으로 전국적인 조사를 실시해 1986년에 발표된 바텔연구소Battelle Memorial Institute의 여성의 태도에 대한 방대한 연구는 더 이상 여성의 삶에서 결혼이 중심이 아니며, 30대 여성들은 결혼을 지연시키기만 하는 것이 아니라 사실상 기피하고 있음을 발견했다.[44] 1985년의 버니지아슬림 여론조사에 따르면 결혼반지 없이도 "행복하고 완전한" 삶을 살 수 있다고 믿는 여성이 70퍼센트였다.[45] 랭거연구소Langer Associates 와 시그니피컨스사 Significance Inc.가 1989년에 수행한 "새로운 다양성" 여론조사에서는 이 비중이 90퍼센트로 뛰어올랐다.[46] 1990년의 버지니아슬림 여론조사에서는 싱글 여성의 약 60퍼센트가 자신이 기혼자 친구들보다 훨씬 행복하고 자신의 삶이 "훨씬 편안"하다고 믿는 것으로 나타났다.[47] 《글래머》가 발주한 1986년의 한 전국적인 여론조사에서는 2, 30대 여성 중에서 싱글 삶에 대한 선호가 증가한 것으로 나타났다.[48] 결혼 경험이 없는 여성 90퍼센트가 "자신이 결혼하지 않은 이유는 아직 원치 않기 때문"이라고 말했다. 그리고 1989년 45세부터 60세 사이의 중·장년 싱글 여성을 대상으로 한 루이스해리스Louis Harris 의 여론조사에서는 과반수가 결혼을 원치 않는 것으로 나타났다.[49] 미국에서 14년간 전국적으로 실시된 조사를 살펴보면 1980년대 2, 30대 싱글 여성의 행복도가 11퍼센트 급등한 것을 알 수 있다.[50] 반면 같은 연령대 기혼 여성의 행복도는 6.3퍼센트 하락했다. 결혼이 여성 개인의 행복을 증진하는 데 정말로 기여했다면, "그 영향력은 지난 몇 년간 상당히 사그라든 것이 분명하다"고 연구자들은 결론 내렸다. 1985년 여성의 날을 맞아 6만 명의 여성을 상대로 조사해 보니 다시 해야 한다면 지금의 남편과 결혼하겠다는 여성은 절반밖에 되지 않았다.[51]

여성들은 결혼 대신 연인과의 동거를 택하고 있었다. 1970년부터 1985년까지 동거율은 네 배로 뛰었다.[52] 연방 정부가 마침내 처음으로 싱글 여성의 성생활에 대한 연구를 발주한 1986년, 연구자들은 이들 중 3분의 1이 살면서 일정 시기에 동거한 적이 있음을 알게 되었다.[53] 다른 인구학 연구에서는 기혼 여성이 감소한 원인의 최소한 4분의 1은 동거 커플 때문일 수 있다고 계산하기도 했다.[54]

여성의 소득이 늘수록 결혼에 대한 열망은 잦아든다. 싱글 3,000명을 상대로 한 1982년의 한 연구에 따르면 고소득 여성은 저소득 여성보다 결혼하지 않은 상태로 남아 있기를 원할 가능성이 두 배 가까이 더 높은 것으로 나타났다.55) "여성이 진정으로 평등을 누리는 사회에서는 결혼과 출산이 어떻게 될까?" 프린스턴 대학교의 인구학자 찰스 웨스토프Charles Westoff는 1986년 《월스트리트저널》에서 이런 질문을 던졌다.56) "여성이 경제적으로 독립을 하면 할수록 결혼의 매력은 떨어진다."

반면 1980년대의 남성들은 결혼에 대한 걱정이 언론의 설명보다 조금 더 많았다. 1980년대 들어 폭증한 데이트 주선업체, 중매 클럽, 개인 소식란에는 싱글 남성이 여성보다 훨씬 많았다. 1980년대 중반에는 화상 데이트업체들이 회원 성비가 3 대 1이라며 투덜거렸다.57) 실제로 데이트업체들이 불균형을 어떻게든 바로잡으려고 싱글 여성들을 대단히 할인된 가격이나 심지어는 무료로 가입시키는 일도 흔해졌다.

개인 광고란도 이와 비슷하게 기울어져 있었다. 1988년 1,200개의 광고를 분석한 사회학자 테리사 몬티니Theresa Montini는 대부분의 광고를 게재한 사람이 35세의 이성애자 남성들이고 절대 다수가 "장기적인 관계를 원한다"고 밝혔다.58) 데이트업체 담당자들은 자신들이 상담했던 남성 과반수가 그냥 데이트가 아닌 배우자를 찾고 있다고 말했다. 미국 최고의 데이트 서비스업체인 그레이트익스펙테이션 Great Expectations이 1988년 회원을 대상으로 조사해 보았더니 93퍼센트의 남성이 1년 이내에 "한 사람과의 헌신적인 관계"나 결혼을 원하는 것으로 나타났다.59) "다양한 사람들과 많은 데이트"를 바라는 남성은 7퍼센트뿐이었다. "새로운 상대와 섹스를 하고 난 다음 날 무슨 생각을 하는지" 물었더니 "내가 잘했나?"였다고 답한 남성은 9퍼센트뿐이었던 반면 그게 "헌신적인 관계"로 이어질 수 있을지를 생각한다고 말한 사람은 42퍼센트였다.

이들에게는 결혼을 해야 하는 충분한 이유가 있었다. 만일 심리학 연구를 통해 확인된 한 가지 패턴이 있다면 그것은 바로 결혼제도가 남성의 정신 건강에 압도적으로 유익한 영향을 미친다는 것이다. 정부의 저명한 인구학자 폴 글릭Paul Glick이 한때 평가했듯 "결혼은 생존을 지속한다는 측면에서 여성보다 남성에게 두 배 정도 더 유익하다."[60] 가족사회학자 제시 버나드Jessie Bernard는 1972년에 이런 글을 남기기도 했다.

> 결혼 경험이 없는 남성보다 기혼 남성이 거의 모든 (인구학적, 심리적, 사회적) 지표에서 때로는 기막힐 정도로, 일반적으로는 인상적인 수준으로 우월하다는 연구 결과는 가장 일관되고 확실하며 설득력이 높은 편에 속한다. 결혼에 만족하는 남성에 대한 온갖 조롱과, 남성들이 결혼에 대해 제기하는 온갖 불평에도 불구하고 남성들에게 가장 요긴한 것 중 하나는 결혼이다.[61]

버나드의 관찰은 아직도 유효하다. 미시건 대학교 사회연구소Institute for Social Research에서 남성의 정신 건강 변화를 추적하는 로널드 케슬러Ronald Kessler는 이렇게 말한다. "실제로 돌아가는 상황을 들여다보면 싱글 여성으로 지내는 게 얼마나 힘든지에 대해 떠들어 대는 이 모든 활동들은 대단히 황당무계해 보입니다. 여기서 가장 악전고투하는 건 싱글 남성들이에요. 남성이 결혼을 하면 정신 건강이 크게 향상되죠."[62]

지난 40년간 다양한 결혼 생활을 들여다본 수십 건의 연구에 기록된 정신 건강 데이터는 반박이 불가능할 정도로 일관되다.[63] 싱글 남성의 자살률은 기혼 남성보다 두 배 더 높다. 싱글 남성은 숱한 중증 신경증에 시달릴 가능성이 두 배 가까이 높고 신경쇠약, 우울증, 심지어는 악몽에 훨씬 더 취약하다. 그리고 미국 남성의 전형적인 이미지는 속 편한 싱글 카우보이 이미지가 압도적이지만, 실제 싱글 남성들은 기혼 남성들보다 시무룩하고 소극적이며 혐오증을 가지고 있을 가능성이 훨씬 더 높다.

싱글 남성의 정신 건강은 싱글 여성과 비교해도 하나도 더 나을 게 없다. 싱글 남성들은 싱글 여성에 비해 숱한 정신 건강상의 문제로 힘들어할 가능성이 두 배 더 높다. 더 우울해하고, 소극적이며, 신경쇠약을 겪을 가능성이 높고, 기절에서 불면증에 이르기까지 온갖 심리적 고난의 증상에 시달릴 공산이 크다. 한 연구에서는 싱글 남성의 3분의 1이 중증 신경증에서 높은 수치를 기록한 반면, 싱글 여성의 경우는 겨우 4퍼센트뿐이었다.

하버드-예일 대학교의 결혼 연구가 폭넓게 유포되면서 한 가지 영향을 미쳤다면 그건 이런 싱글 남성들의 많은 두려움을 싱글 여성들에게 떠넘겼다는 점일 것이다. 《월스트리트저널》에서 36세의 싱글 여성은 이 결혼 연구가 널리 홍보되기 전까지만 해도 결혼을 하지 않았다는 게 "전혀 신경쓰이지 않았다"고 날카롭게 지적했다.[64] 한 35세 여성은 《유에스에이 투데이》에서 결혼을 한 번도 할 수 없을지 모르는 여성들에 대한 "그 공포담을 읽기 전까지만 해도 결혼에 대해 생각도 해 보지 않았다"고 말하기도 했다.[65] 《로스앤젤레스타임스》의 어떤 기사는 그 연구가 홍보된 이후 싱글 여성 환자들이 그저 "불리함"을 극복하기 위해 사랑하지도 않는 남성들과 결혼할 태세를 갖추고, 결혼에 집착하게 되었다고 전하는 심리 치료사들의 이야기를 실었다.[66] 이 연구가 널리 홍보된 지 1년 뒤, 그레이트익스펙테이션이 회원들을 대상으로 조사해 보았더니 싱글 여성의 42퍼센트가 이제는 첫 데이트에서 결혼을 화제로 삼는다고 말했다.[67] 마크클레먼츠리서치Mark Clements Research가 많은 여성지를 위해 수행한 '여성의 태도에 대한 연례 연구Annual Study of Women's Attitudes'에서는 전체 싱글 여성 중에서 한 번도 결혼을 하지 못할 수도 있다고 걱정하는 비중이 하버드-예일 대학교 연구가 발표된 이후 1년 만에 14퍼센트에서 27퍼센트로 두 배 가까이 늘어났고, 이 연구의 대상 집단이었던 25세 이상 여성의 경우는 39퍼센트까지 치솟은 것으로 나타났다.[68] 결혼 보고서가 대대적으로 소개된 이듬해에는 여성의 초혼 연령이 약간 하락했다는 뉴스가 전해졌고, 20년간의 흐름과는 반대로 1986년부터 1987년 사이에는 가족으로 구성된 세대의 수가 비가족으로 구성된 세대보다 더 빠르게 증가했다(하지만 가족으로 구성된 세대의 증가율은 1.5퍼센트 정도로 미미하긴 했다).[69] 이런 작은 변화들은 즉각 전통적인 결혼이 회복되는 신호로 인식되어 환영받았다. 휴스턴 대학교 인문과학 교수 집 파울스Jib Fowles는 1988년 《뉴욕타임스》의 오피니언 란에서 "가족생활을 중심으로 한 새로운 가족주의가 목전에 와 있다"며 환호했다.[70] 파울스는 "2000년쯤이 되면 (아빠가 일하고 엄마는 아이들과 함께 집에 있는) 전통적인 가정이 다시 부활"하리라고 예측했다. 미국의 산업에는 이게 유리할 수 있다고, 그는 그 기사를 읽을지도 모를 업계 거물들에게 상기시켰다. "로맨스와 구애가 다시 인기를 끌게 될 것이고, 그러면 꽃다발 판매가 분명 늘 것"이라고 그는 지적했다. "그리고 가정으로의 복귀는 슈퍼마켓 판매고의 증가를 뜻하게 될 것이다."

이는 남성에게도 좋은 소식일 것이다. 파울스는 신문에서는 이점을 언급하지 않았지만 나중에 이루어진 인터뷰에서 충분히 솔직히 털어놓았다. "페미니즘 사상을 지지하는 이데올로기의 허식도 필요 없게 될 것"이라고 그는 말한다.[71] "남성들은 변화한 조건에 대해 더 편하게 느낄 것이다. 내가 확인할 수 있는 모든 신호에 따르면 남성들은 지금의 상황에 불편함을 느낀다." 그는 자신도 그중 하나임을 인정한다. "이 많은 것이 남자란 무엇인가에 대한 나의 가정과 관계있다."

하지만 그의 아내도 똑같이 '신전통주의'를 반길까? 최근에 둘째 아이를 출산한 파울스의 아내는 곧바로 큰 텍사스 학군의 중등교육 책임자로 복귀했다. "그녀는 일에 대단히 헌신적인 사람"이라고 파울스는 한숨을 쉬며 말했다. "내가 보기엔 아내가 일을 그만두지 않을 것 같아요."

무책주의의 재난: 두 개의 이혼 보고서 이야기

1970년대에는 많은 주에서 이혼 절차를 더 손쉽게 만드는 새로운 '무책주의no-fault' 이혼법을 통과시켰다. 새 법은 이혼을 하는 데 필요한 도덕주의적인 근거를 없애 버렸고, 결혼 실패의 책임이 어느 쪽에 있는지 따지지 않고 필요와 자원을 근거로 결혼 생활의 자산을 나눴다. 1980년대에는 이런 "페미니즘에서 영감을 받은" 법들이 공격을 받았다.[72] 뉴라이트는 이것이 가족의 근간을 뒤흔들려는 책략이라고 몰아붙이고 미디어와 인기 작가 들은 이를 여성과 아이 들에 대한 부주의한 배신으로 묘사했다. 한 전형적인 기록자는 "수천에 달하는 중산 계급 여성들을 빈곤의 수렁으로 쏘아 날리는" 합법직인 투석기라는 표현을 쓰기도 했다.

어쩌면 반격의 10년 동안 이혼법 개혁에 공격의 불을 지피는 데 가장 크게 기여한 사람은 사회학자 레노어 와이츠먼Lenore Weitzman이 었는지 모른다. 1985년에 출간된 그녀의 책『이혼 혁명: 미국 여성과 아이에 대한 예측하지 못한 사회적, 경제적 결과들The Divorce Revolution: The Unexpected Social and Economic Consequences for Women and Children in America』이 제시한 수치들은 이 새 법을 공격하는 모든 사람들이 인용하게 되었다. 필리스 슐래플리에서부터 베티 프리던에 이르기까지, 그리고《내셔널리뷰》에서부터 〈CBS 이브닝 뉴스CBS Evening News〉에 이르기까지 다종다양한 유명 인사와 미디어 들은 와이츠먼이 제시한 '파괴적인' 수치들을, 불행한 결혼으로부터 자유를 추구하는 여성들이 큰 재정상의 실수를 저지르고 있다는 증거로 들먹였다. 이 새로운 법이 적용되면 여성들은 전보다 더 가난해질 수도 있었다. 전에 있던 더 방어적인 시스템하에서 이혼했을 때보다, 혹은 그냥 결혼 생활을 유지했을 때보다 더 나쁜 상황에 처할 수도 있다는 것이다.

미디어가 상당히 열정적으로 와이츠먼의 연구 결과에 혹하긴 했지만 대대적으로 유명세를 타게 된 것은 미디어의 덕뿐만은 아니었다. 와이츠먼이『이혼 혁명』에서 밝힌 바에 따르면 그녀의 연구가 빛을 보기 전까지 "그 누구도 이혼이 여성과 아이 들에게 얼마나 파괴적인지 알지 못했다."[73] 그녀의 데이터들은 "수집하고 분석하는 데 수년이 걸렸고" 새로운 법이 시행될 경우 이혼이 미칠 영향에 대한 "최초의 포괄적인 상"을 보여 주었다는 것이 그녀의 주장이었다.

와이츠먼의 논지는 "이혼법 혁명이 몰고 온 큰 경제적 결과는 이혼 여성과 그 자녀들의 제도적인 궁핍화"라는 것이다.[74] 와이츠먼은 과거의 유책주의 시스템하에서는 무고한 쪽이 재산의 절반 이상을 받았다고 말한다. 그녀의 말에 따르면 이는 부당한 대우를 받은 아내에게 일반적으로 이롭게 작용했다. 반면 새로운 시스템은 너무 평등해서 여성에게 해가 된다. 이 공명정대함은 무엇보다 나이 많은 주부들에게 상처를 주고 있다는 것이다. "평등의 법제화가 실제로는 여성의 지위 악화로, 거기에 더해서 자녀들의 지위 악화로 귀결되었다."

와이츠먼의 연구는 이 새로운 무책주의 법이 페미니스트 탓이라고 말하진 않지만, 그녀의 연구를 지지하는 사람들은 와이츠먼이 여성운동을 나무라고 있다는 듯이 행동하곤 했다.[75]《타임》은『이혼 혁명』의 독자들에게 43개 주가 어떻게 "대체로 페미니즘의 요구에 대한 대응에서" 무책주의 법을 통과시켰는지 알려 주었다.[76] 와이츠먼의 연구를 어설프게 흉내 낸 게 대부분인 무책주의 법 반대 서적들이 쏟아져 나와서는 이혼 여성의 빈곤은 여성운동 탓이라며 몰아세웠다. 메리 앤 메이슨Mary Ann Mason 은『평등의 함정 The Equality Trap』에서 "이혼 혁명의 영향은 평등법의 지향이 어떻게 여성들을 좌절시켰는지를 보여 주는 분명한 사례"라고 적고 있다.[77] "판사들이 페미니스트들이 보내는 메시지를 받고 있다"는 것이다.

사실 페미니스트들은 와이츠먼 자신의 지적처럼 이혼법 개정에 관해 거의 아무것도 한 게 없었다. 가장 급진적이라고 여겨지는 균등 분할 규정을 두고 있는 1970년 캘리포니아 무책주의 법의 초안을 작성한 것은 대체로 남성들로 구성된 자문단이었다.[78] 전국적인 이혼 혁명을 선동한 것은 전미여성연맹이 아니라 미국변호사협회American Bar Association 였다. 그게 그렇게 대단한 혁명도 아니긴 했지만 말이다. 와이츠먼이 연구를 진행할 당시만 해도 전통적인 유책주의 시스템이 표준이고 무책주의는 그저 선택 사항이었던 주가 아직 절반이었다. 캘리포니아의 법처럼 부부 공동재산 조항을 실제로 통과시킨 곳은 여덟 개 주뿐이었고, 재산 균등 분할을 의무화한 곳은 얼마 되지 않았다.

와이츠먼은 여성과 남성은 결혼 내에서 서로 다른 위치를 점하고 있기 때문에, 그러니까 일반적으로 남편이 돈을 더 많이 벌고 이혼을 하면 보통 아내가 아이들을 맡기 때문에, 이혼 시 배우자를 동등하게 대우하는 것은 결국 남편에게 과도한 보상을 주고 아내와 아이들을 기만하는 결과를 초래한다고 주장했다.[79] 얼핏 보면 이 주장은 충분히 합리적인 것 같다. 게다가 와이츠먼에게는 이를 증명하는 통계까지 있었다. "연구에 따르면 평균적으로 이혼한 여성들과, 이들과 함께 사는 미성년 자녀들은 이혼 후 첫 1년 동안 생활수준이 73퍼센트 하락하는 것으로 나타난다. 반면 전前남편들은 생활수준이 42퍼센트 증가한다."[80]

이 수치는 공포감을 조성했고, 언론들은 두 가지 기본적인 질문을 던지지 않은 채 이를 기꺼이 전달하기에 바빴다. 그 질문 중 하나는 와이츠먼의 통계가 정확할까였고, 그보다 훨씬 더 중요한 두 번째 질문은 와이츠먼이 새로운 이혼법이 시행되면서 여성들의 상황이 과거의 이혼법 시절보다 더 열악해졌음을 실제로 보여 준 것일까 하는 것이었다.

레노어 와이츠먼은 의회에서 무책주의 이론의 결함에 대한 증언을 마친 직후인 1986년 여름, 이혼 통계 전문가인 델라웨어 대학교 경제학자 사울 호프먼Saul Hoffman의 편지를 받았다.[81] 호프먼은 편지에서 자신과 자신의 동료인 미시건 대학교 사회과학자 그레그 던컨Greg Duncan이 그녀의 그 유명한 73퍼센트 통계를 보고 약간 어리둥절했다고 밝혔다. 이들은 (획기적인 '5,000 가구' 연구를 통해) 20년간 이혼이 소득에 미치는 영향을 추적하는 중이었는데 그 어디서도 이혼 후에 와이츠먼이 설명한 것 같은 극적인 변화가 나타나는 것을 보지 못했다. 이들은 이혼 후 첫해에 여성이 경험하는 생활수준 하락은 와이츠먼의 수치보다 훨씬 낮은 30퍼센트 수준이고, 남성의 생활수준 향상은 와이츠먼의 수치보다 훨씬 적은 10~15퍼센트 정도라고 밝혔다. 게다가 호프먼은 자신들이 보기에 많은 이혼 여성들의 생활수준 하락은 일시적이었다고 말했다. 이혼 후 5년이 되면 평균적인 이혼 여성의 생활수준은 사실상 이들이 전남편과 결혼 생활을 할 때보다 약간 더 높아졌다.[82]

호프먼과 던컨이 무엇보다 이해할 수 없었던 점은 와이츠먼이 자신의 책에서 호프먼과 던컨의 방법을 이용해서 73퍼센트라는 통계치에 도달했다고 주장했다는 사실이었다. 호프먼은 편지에서 자신과 던컨이 그녀의 데이터를 살펴봐도 될지 물어보았다. 하지만 아무런 답변이 없었다. 결국 호프먼은 전화를 걸었다. 호프먼의 회상에 따르면 와이츠먼은 "어떻게 데이터를 구해야 할지 모르겠다"고 말했다. 그녀는 프린스턴 대학교에 있었고 데이터는 하버드 대학교에 있었기 때문이었다. 다음번에 다시 그가 전화를 걸자 이번에는 휴가 중에 스키를 타다가 팔이 부러져서 그에게 그 정보를 줄 수 없다고 말했다. 호프먼은 이후 1년 반 동안 와이츠먼에게 편지와 전화로 연락했던 일을 이야기하며 "계속 그런 식이었다"고 말했다. "어떤 때는 변명을 했고 어떤 때는 아예 답을 하지 않았습니다. 조금 이상했어요. 말하자면, 학자의 정상적인 행동이라고 보기엔 내게 익숙지 않은 방식이었거든요." 마침내 호프먼과 던컨은 와이츠먼의 연구에 자금을 지원한 미국국립과학재단National Science Foundation에 청원을 했고, 와이츠먼은 그제서야 입장을 누그러뜨리고 래드클리프 대학교의 머레이연구소Murray Research Center에 있는 특별 구역에 자신의 데이터 테이프를 갖다 놓겠다고 약속했다. 하지만 6개월 뒤에도 약속했던 데이터는 그곳에 없었다. 호프먼은 미국국립과학재단에 청원을 한 번 더 넣었다. 마침내 1990년 말 래드클리프 대학교 도서관이 와이츠먼의 데이터를 받기 시작했다. 1991년 초 현재 문헌실 연구자들은 아직도 그 파일들을 분류 중이었고 아직 검토할 만한 상태가 아니었다.

그러는 동안 던컨과 호프먼은 책에 나온 와이츠먼의 수치들을 이용하여 계산을 한 번 더 해 보려 했다. 하지만 그래도 이들에게 나오는 결과는 여성의 생활수준이 73퍼센트가 아니라 33퍼센트 하락한다는 것이었다. 두 인구통계학자는 이 연구 결과를 《데모그라피》에 발표했다. "대단히 널리 알려진 와이츠먼의 연구 결과에 오류가 있는 것이 거의 확실하다"고 이들은 밝혔다.[83) 73퍼센트라는 수치가 "의심스러울 정도로 클" 뿐만 아니라, "그녀가 밝힌 소득 변화와 1인당 소득 정보와도 부합하지 않는다"는 것이었다. 언론은 어떻게 반응했을까?《월스트리트저널》은 던컨과 호프먼의 기사를 이 신문의 인구 관련 칼럼에서 단신으로 처리했다.[84) 그 외에 이 논문을 언급한 언론은 단 한 곳도 없었다.

와이츠먼은 던컨과 호프먼의 비판에 대해 아무런 대응도 하지 않았다. 그녀는 전화 인터뷰에서 "그 사람들이 틀린 거예요"라고 말했다.[85] "계산해 보면 다 나와요." 와이츠먼은 그 어떤 추가적인 질문에 대해서도 대답하기를 거부했다. "내 입장에서 한번 생각해 보세요. 난 지금은 아주 다른 걸 연구 중이고 이젠 시간이 없다고요."

던컨과 호프먼의 연구 결과가 맞다는 것을 확인해 준 건 1991년 3월에 이혼이 경제에 미치는 영향에 대한 연구를 발간한 미국 인구조사국이었다.[86] 인구조사국의 연구 결과는 던컨과 호프먼의 연구 결과와 일맥상통했다. 인구조사국 연구 보고서를 작성한 수잰 비안치Suzanne Bianchi는 "[와이츠먼의] 수치는 너무 높다"고 말한다. "그리고 곳곳에서 인용되고 있는 그 73퍼센트라는 수치는 [와이츠먼의] 연구에 있는 다른 수치들과도 맞지 않아요."[87]

어쩌다가 와이츠먼의 결론이 그렇게까지 어긋나 버릴 수 있었을까? 몇 가지 설명이 가능하다. 첫째, 던컨과 호프먼과는 달리 와이츠먼의 통계치는 언론의 대대적인 설명과는 다르게 전국 샘플을 근거로 삼지 않았다. 와이츠먼은 로스앤젤레스 카운티 이혼 법정에서 인터뷰했던 사람들만을 기초로 삼았다. 둘째, 와이츠먼의 샘플은 상당히 작았다. 이혼 여성 114명과 이혼 남성 114명뿐이었다(그리고 응답률이 워낙 낮아서 던컨과 호프먼, 그리고 와이츠먼의 연구를 검토했던 다른 인구학자들은 이 샘플이 로스앤젤레스를 대표한다고 볼 수 있는지 의심스러워했다).[88]

마지막으로 와이츠먼은 대단히 믿을 수 없는 출처, 즉 인터뷰했던 이혼 커플의 기억에서 금융 정보를 얻었다. "이들은 집의 감정 가격, 모기지의 양, 연금 계획의 가치 등을 놀라울 정도로 정확히 기억하고 있었다"라고 와이츠먼은 자신의 책에서 말하고 있다.[89] 기억, 특히 감정이 들어찬 이혼이라는 영역에서의 기억은 통계 자료로는 신뢰하기가 어렵다. 혹자는 와이츠먼이 연구 대상의 즉각적인 회상에 조금만 덜 '놀랐더라면', 그리고 조금만 더 끈덕지게 실제 기록을 조회해 보았더라면 좋았을 거라고 아쉬워하기도 한다.

엄밀히 말해서 73퍼센트라는 통계치는 와이츠먼의 연구에 나오는 여러 수치 중 하나일 뿐이다. 그리고 여성의 생활수준이 30퍼센트 하락한다는 것도 이상적이라고 볼 수 없다. 미디어들이 이 수치의 선정적인 함의에 집중하긴 했지만, 사실 이 수치는 그녀의 더 중요한 두 번째 지점에는 거의 영향을 미치지 않는다. 그것은 바로 여성들이 이혼 혁명 이후 더 힘들어졌다는 것이다. 이는 여성은 동등한 대우를 받기보다는 보호받아야 더 잘산다는 반격의 핵심 주장과 맞닿아 있다는 점에서 중요한 문제다.

하지만 와이츠먼의 책은 새로운 법이 과거의 법보다 여성의 삶을 "더 열악하게" 만들었다고 되뇌면서도, 말미에서는 입법가들이 새로운 이혼법을 약간만 조정해 잘 유지해야 한다는 권고로 마무리한다. 그리고 와이츠먼은 자신의 표현에 따르면 "가식"적으로 공정한 척하는 과거 시스템으로의 회귀를 강하게 반대한다.[90] "캘리포니아가 전통적인 시스템으로 회귀해야 한다는 주장은 분명 현명하지도 적절하지도 않다"고 그녀는 말한다.

두말할 필요도 없이 이 결론은 언론 보도에서는 전혀 언급되지 않았다. 조금만 자세히 들여다보면 어째서 와이츠먼이 무책주의 이혼에 대한 자신의 이론을 폐기할 수밖에 없었는지 알 수 있다. 와이츠먼이 인터뷰했던 남녀는 모두 캘리포니아에서 1970년 무책주의 이혼법이 시행되고 난 뒤에 이혼한 커플들뿐이었다. 다시 말해서 와이츠먼에게는 구시스템하에서 이혼한 커플의 데이터가 없었고, 그래서 자신의 가설을 검증할 방법이 없었다(이후 법학 교수 두 명이 1990년에 발표한 연구는 이와 정반대의 결론에 도달했다. 이들의 연구 결과에 따르면 여성과 아이 들은 무책주의 조항하에서 경제적으로 조금 더 잘살게 되었다).[91]

그럼에도 와이츠먼은 이혼 여성이 무책주의 법하에서 더 많은 고통을 받는다는 두 가지 다른 증거가 있었다고 주장한다. 첫째, 이혼 여성은 이 새로운 법하에서는 이혼 수당을 받을 가능성이 더 낮고, 이 손실은 일자리를 얻을 준비가 제대로 되어 있지 않은 나이 지긋한 주부들에게 가장 큰 고통을 안긴다. 둘째, 여성은 지금도 종종 어쩔 수 없이 집을 판매한다. 하지만 이 두 주장 모두에 대해 확실한 근거를 제시하지는 않았다.

미국 인구조사국이 수집한 전국 데이터는 이혼 수당이나 양육비를 받는 여성의 비중(모두 합해서 겨우 14퍼센트)이 1920년대와 크게 차이가 없음을 보여 준다. 와이츠먼은 그렇더라도 한 여성 집단, 즉 결혼 생활이 길었던 전통적인 주부들은 이 새 법 때문에 피해를 입었고, 규정이 바뀌면서 중간에 낀 상태가 되었다고 주장한다. 하지만 그녀 자신의 데이터를 보면 예전 법보다 새로운 법이 실시되면서 이혼 수당을 더 많이 받게 된 유일한 이혼 여성 집단이 바로 나이 든 주부와 결혼 생활이 긴 여성들이다.[93] 와이츠먼은 결혼 생활이 10년 이상이었던 주부의 경우 새로운 법으로 바뀌면서 이혼 수당을 21퍼센트나 더 많이 받게 되었다고 밝히고 있다.

와이츠먼의 또 다른 주장은 무책주의 '균등 분할' 법하에서 부부는 점점 더 어쩔 수 없이 집을 팔아야 하는데, 과거의 법에서는 전통적으로 판사들이 집을 아내 쪽에 주었다는 것이다.[94] 하지만 새로운 이혼법은 주택 판매를 의무화하고 있지 않으며, 사실상 캘리포니아 법을 직접 만든 사람들은 판사들이 이 법을 이용해서 싱글맘과 그 아이들을 집에서 내쫓아서는 안 된다고 못을 박기도 했다. 만일 집을 팔 수밖에 없는 여성들이 늘고 있다면 이는 새로운 법의 책임이라고 보기 어렵다.

와이츠먼이 들었던 어쩔 수 없는 주택 판매의 예는 그 자체로 시사하는 바가 크다.[95] 38세의 이혼한 어떤 주부가 가족이 15년간 살았던 집에서 계속 살고 싶어 했다. 10대인 아들을 더 심란하게 하고 싶지도 않았지만 판사가 인정한 양육비와 이혼 수당이 워낙 적어서 새 집을 구할 비용도 없었기 때문이다. 궁지에 몰린 그녀는 남편이 그녀를 그 집에서 계속 살게 해 주기만 하면 약 8만 5,000달러에 달하는, 남편의 연금 중 자신의 몫을 포기하겠다고 제안했다. 하지만 남편은 이를 받아들이지 않았다. 그러자 이번에는 집을 담보로 돈을 융통해서 남편에게 돈을 내려 했지만, 어떤 은행도 배우자 보증 대출을 해 주려 하지 않았다. 법원의 판사도 결코 호락호락하지 않았다.

나는 판사에게 애원했다. …… 내가 원하는 건 브라이언[그녀의

아들]이 이혼에 적응할 충분한 시간뿐이었다. …… 난 무너져
내렸고 스탠드에 앉아서 울었다. …… 하지만 판사는 거절했다.
그는 내게 3개월 안에 집을 나오라고 했다. …… 남편의 변호사
는 내가 때가 되어도 나가지 않는 경우 어떤 일이 벌어질지에 대
해 경멸적인 어조로 위협했다.

이혼 여성을 괴롭히는 진짜 문제의 원인은 이혼법의 작은 활자들이
아니라 전남편과 판사의 행동에서 찾을 수 있다. 1978년부터 1985년
까지 이혼 남성들이 지불한 평균 양육비는 약 25퍼센트 하락했다.[96]
이혼 남성들은 이제 양육의 의무를 지키기보다는 자동차 할부금을
꼬박꼬박 납부할 가능성이 더 크다.[97] 1980년대의 한 연구에 따르면
양육비로 줄 돈이 자동차 대출 월 할부금보다 더 적은 경우가 3분의
2에 달하는데도 말이다.

　　1985년을 기준으로, 전남편으로부터 양육비를 받아야 하는 싱글
맘 880만 명 중에서 어쨌든 돈을 조금이라도 받은 여성은 절반에 불
과했고, 완전한 액수를 받는 경우는 이 중 절반뿐이었다.[98] 1988년
연방의 자녀양육이행국은 아버지들이 체납한 양육비 250억 달러 중
에서 겨우 50억 달러밖에 징수하지 못했다. 그리고 양육비 징수 전
략에 대한 연구들은 태만한 아버지들의 도덕의식을 깨우는 건 단 한
가지 전략, 즉 강제적인 수감밖에 없는 것으로 보인다고 밝히고 있
다.[99] 사회학자 앨리 혹실드Arlie Hochschild의 말처럼 일부 이혼 남성들
이 과거의 가족을 좌지우지하기 위해 경제적 유기라는 새로운 방법
을 고안한 것인지도 모른다.[100] "따라서 결혼 관계 밖에서의 '새로운'
저항이 결혼 관계 내에 있는 여성들에게 말 없는 위협이 되고 있다"
고 그녀는 적고 있다. "가부장제는 사라지지 않았다. 형태만 바뀌었
을 뿐."

　　동시에 공무원과 법관 들도 별로 모범을 보이지 않았다. 1988년
연방의 한 감사 결과에 따르면 35개 주가 연방의 아동양육법을 준수
하지 않았다.[101] 그리고 판사들은 무책주의의 평등주의 원칙조차 인
정하지 않았다. 일부 주에서 이루어진 조사에 따르면 판사들은 고의

로 규정을 오독해서 여성이 결혼 생활에서 얻은 자산 중 절반이 아닌 3분의 1을 가져가야 하는 것으로 해석하고 있있다.[102] 와이츠먼 자신도 페미니즘에 대한 법조계의 적개심 때문에 오늘날 이혼 여성에 대한 가혹한 처우가 더욱 악화되고 있다는 결론을 내렸다. "일부 변호사와 판사 들은 복수를 위해, 더 큰 사회에서 평등을 요구하는 여성들에 대한 반격이라고밖에 설명할 수 없는 복수를 위해, 법의 성 중립적인 언어와 '평등' 개념을 이용해서 '동등한 처우'를 명령한다"고 그녀는 적고 있다.[103]

결국 이혼 후 발생하는 남녀 간의 불평등을 교정할 수 있는 가장 효과적인 방법은 간단하다. 직장 내 임금 불평등을 교정하는 것이다. 연방의 한 자문위원회는 1982년 만일 성별 임금 격차가 없어진다면, 여성 가장 세대의 절반은 가난에서 즉각 벗어나리라고 결론을 내리기도 했다.[104] 여성들이 보수가 좋은 일자리에 접근하게 되면 많은 이혼 여성들이 생활수준의 추락을 면할 수 있음을 확인한 던컨은 "직장 여성의 극적인 증가는 이 취약성에서 벗어날 수 있는 최고의 보험"이라고 말한다.[105] 그리고 그의 지적에 따르면 여성들이 보수가 좋은 일자리에 접근할 수 있게 된 것은 "대체로 여성운동의 결과물이다."

1980년대에 목소리가 커진 사회과학자들은 이혼이 여성에게 미치는 '파괴적인 영향'에 대해 지겹도록 떠들어 댔지만, 우리는 이혼이 남성에게 미치는 영향에 대해서는 사실상 아무 이야기도 듣지 못했다. 이는 데이터가 없어서가 아니다. 1984년 사회연구소Institute for Social Research의 이혼 통계 담당 인구통계학자들은 남성의 정신 건강에 대한 전국 데이터 30년치를 검토하고 난 뒤 (거의 주목을 받지 못한 한 보고서에서) 딱 잘라서 이런 결론을 내렸다.[106] "결혼 생활의 파탄 때문에 더 많이 힘들어하는 쪽은 여성보다는 남성이다." 우울증, 다양한 심리 장애, 신경쇠약, 정신 질환 시설 입원, 자살 시도 등 정신 스펙트럼의 어디를 보든지 간에 이혼 남성의 상태가 더 나빴다.

일단 남성들은 여성에 비해 이혼을 원하지 않는다.[107] 전국 조사에 따르면 이혼을 원한 쪽이 자신이었다고 대답한 이혼 남성은 3분의

1 미만인 반면, 여성의 경우는 자신이 이혼을 적극적으로 원한 쪽이었다고 답한 경우가 55~66퍼센트에 달했다. 또 남성은 이혼 후 여성보다 더 크게 충격을 받는다. 그리고 시간이 지나도 상처가 치유되거나 간극이 메워지지는 않는다. 결별한 지 1년이 된 이혼 경험자에 대한 1982년의 연구에서 전보다 더 행복하다고 답한 여성은 60퍼센트였던 반면, 남성은 절반에 불과했다.[108] 여성 과반수는 전보다 자존감이 높아졌다고 말했지만, 같은 대답을 한 남성은 소수였다. 이혼의 장기적인 영향에 대한 미국 최대의 연구에서는 이혼한 지 5년이 지나면 여성들은 자신의 삶에 전보다 더 행복을 느끼는 경우가 3분의 2인 반면, 남성의 경우는 겨우 50퍼센트임이 확인되기도 했다.[109] 10년 정도가 흐르면 삶의 질이 더 좋지도 나쁘지도 않다고 답한 남성이 절반에서 3분의 2로 늘어났다. 이혼한 지 10년 된 여성 중에서 이혼이 올바른 결정이었다고 답한 경우는 80퍼센트였던 반면, 이혼 남성 중에서는 절반만이 여기에 동의했다. 연구 책임자 주디스 월러스타인 Judith Wallerstein은 "사실 [이혼에 대한] 이런 후회는 대부분 나이 든 남성들이 한다"고 말했다.[110]

그럼에도 월러스타인은 1989년 대대적인 홍보와 함께 출간된 자신의 책 『두 번째 기회: 이혼 10년 뒤 남성, 여성, 아이들 Second Chance: Men, Women and Chidren an Decade After Divorce』(미국의가족 The Family in America 같은 뉴라이트 집단들이 쌍수 들어 환영하고, 《뉴욕타임스》 표지를 곧바로 장식한)에서 부모가 이혼하면 아이들은 더 어려워진다는 자신의 믿음에 초점을 맞추기로 선택한다.[111] 그 믿음의 근거는 무엇일까? 전혀 없다. 와이츠먼과 비슷하게 월러스타인에게는 비교할 만한 데이터가 없었다. 월러스타인은 애써 이혼하지 않은 가정을 통제 집단으로 삼아 자신의 이론을 검증하려 하지 않았다. 300쪽에 달하는 그녀의 책은 이 근본적인 결함을 단 하나의 주석에서 설명한다. 월러스타인은 일단 "가설을 세우고" 난 다음에 통제 집단 연구를 수행하는게 정석이라고 생각했다고 덧붙이면서 "이혼에 대해서는 알려진 것이워낙 적기 때문에 통제 집단을 계획하기는 아직 시기상조였다"라고 밝히고 있다.[112] 이렇게 일단 지르고 난 뒤 질문을 던지는 논리 구조는 반격의 많은 여론 주도자들의 사고방식을 압축적으로 보여 준다.

나중에 월러스타인은 "통제 집단이 어떤 모습일지는 전혀 분명치 않다"고 설명한다.[113] "불감증 등의 성적 문제"처럼 이혼으로 귀결될 수도 있는 여러 요인들을 통제해야 할 것이라는 게 그녀의 주장이다. "통제 집단을 요구하는 사람들은 통제 집단이라는 것이 실로 얼마나 복잡한지를 이해하지 않으려 하는 것 같다"고 그녀는 말한다. "기가 막힐 뿐이에요."

하지만 1980년대 말경에 이르러 월러스타인은 정치인과 언론 들이 자신의 연구를 사용하는 (그리고 왜곡하는) 방식에 점점 불쾌함을 느끼게 되었다. 의회 청문회에서 크리스토퍼 도드Christopher Dodd 상원 의원이 그녀의 연구 결과를 감안하면 정부는 이혼을 하려는 모든 부부들의 이혼을 의무적으로 지연시켜야 한다고 제안하자 월러스타인은 경악을 금치 못했다. 그다음에는 전국 잡지들이 이혼 가정의 자녀 대부분이 범죄 성향을 보이게 된다는 식으로 그녀의 연구를 잘못 인용하기도 했다. "실제로 무슨 말을 하든지 간에 악용되는 것 같아요. 대단히 정치적인 영역이란 거죠"라며 그녀는 한숨짓는다.

무책주의 이혼을 음해하는 작전에는 이것을 뒷받침할 만한 실제 수치가 없었지만, 1980년대의 끈질긴 이혼 반대 주장들은 그런 치명적인 단점마저 이겨 냈다. 결국 미국인들은 설복당했다. 1968년 이후로 꾸준히 증가하던 이혼법 자유화에 대한 대중적인 지지는 1970년대보다 8퍼센트 하락했다.[114] 그리고 이 감소세에 가장 많이 기여한 것은 남성들이었다. 여론조사에 따르면 이혼을 더 어렵게 했으면 한다고 답한 남성은 여성보다 두 배 가까이 더 많았다.

불임 유행병: 두 임신 연구 이야기

1982년 2월 18일, 《뉴잉글랜드 의학저널*New England Journal of Medicine*》은 여성의 임신 가능성이 30세 이후 급락한다고 전했다.[115] 연구자들의 주장에 따르면 31세부터 35세 사이의 여성들이 불임일 가능성은 40퍼센트에 이르렀다. 이는 실로 전대미문의 뉴스였다. 사실상 그때까지의 모든 연구는 최소한 30대 후반이나 40대 초반 이후부터나 여성의 생식력이 하락하기 시작한다는 입장이었다. 중립을 표방했던 《뉴잉글랜드 의학저널》은 이 보고서를 공식적으로 출간하지는 않았다.[116] 대신 가부장적인 논조의 세 쪽짜리 사설에서 여성들에게 "자신들의 목표를 재평가"하고 경력을 쌓기 전에 아이를 먼저 가지라고 권고했다. 《뉴욕타임스》는 이 연구가 "보기 드물게 거대하고 철저하며" 선행 연구들보다 "더 믿을 만하다"라고 극찬하면서 그날 1면에 이 뉴스를 게재했다.[117] 수십 곳의 다른 신문, 잡지, 텔레비전 뉴스 프로그램들이 재빨리 같은 행보를 취했다. 이듬해가 되자 이 통계치는 '생물학적 시계'를 다룬 선정적인 서적들을 통해 재생산되었다. 그리고 아이들이 하는 전화 게임*처럼 이 40퍼센트라는 수치가 여기저기 전달되는 과정에서 점점 부풀려졌다. 얼마 가지 않아 한 자기 계발서는 이제 30대 여성의 불임 가능성은 "무려 68퍼센트"이고, 이는 성공적인 직장 생활의 생물학적 단점에 대해 여성들에게 제대로 조언하지 못한 페미니스트들의 실책이라고 말하기도 했다.[118]

연구를 진행한 프랑스 연구자 다니엘 슈바르츠Daniel Schwartz와 M. J. 마이요M. J. Mayaux는 연구 후원자인 (그리고 불임에 대한 여성의 공포가 고조되면 크게 이익을 보게 될 게 뻔한) 한 연합체가 운영하는 인공수정 센터 열한 곳에서 프랑스 국적의 불임 여성 환자 2,193명을 연구했다. 이들이 연구에서 활용한 환자들은 평균적인 여성 표본이라고 보기에는 무리가 있었다. 이들은 모두 완전 불임인 남성들과 결혼한 상태였고 인공수정을 통해 임신을 하려는 중이었다. 이 경우 냉동 정자는 자연적으로 배출되는 '신선한' 정자보다 훨씬 힘이 약하다. 실제로 슈바르츠는 자신이 수행했던 이전 연구에서 여성의 경우 인공수정보다는 정기적인 성생활을 할 경우 임신 가능성이 네 배 이상 더 높다고 밝힌 바 있었다.[119]

또한 이 프랑스 연구는 임신 시도를 한 지 1년이 지나도 임신을

---

* 여러 명이 줄지어 서서 처음 사람이 간단한 문장을 다음 사람에게 이야기하고, 다음 사람이 자신이 들은 문장을 또 다음 사람에게 전달하는 형식으로 이어 간 뒤, 맨 마지막 사람이 다시 첫 사람에게 자신이 들은 문장을 전달하는 게임. 대부분 첫 문장이 마지막 문장과 같지 않아 웃음을 자아낸다.

하지 못한 모든 여성을 불임으로 규정했다(이 12개월 법칙은 실험적이고 비싼 신종 임신 기법을 판매하려는 '불임 전문가들'에게 영감을 얻은 최근의 발명품이다. 과거에는 불임 규정이 5년째에 내려졌다). 젊은 신혼부부가 임신을 하려면 평균 8개월이 걸린다고 지적하는 인구학자들은 1년이라는 기한에 크게 의문을 제기한다.[120] 의회의 한 연구에 따르면 실제로 1년이라는 정의하에서 불임으로 규정된 부부 중 실제로 불임인 것으로 판명되는 경우는 16~21퍼센트밖에 되지 않는다. 시간은 가장 좋은, 그리고 확실히 가장 값싼 불임 치료법이다. 이제까지 수행된 연구 중에서 가장 규모가 큰 임신 연구 중 하나인, 1만 7,000여 명의 여성을 대상으로 한 영국의 장기 연구에서 결국 39개월 뒤에는 91퍼센트의 여성이 모두 임신을 했다.[121]

이 프랑스 연구가 발표되자 많은 저명한 인구학자들이 전문 저널에 편지와 논문을 연이어 투고하면서 그 연구 결과를 반박했다. 인구협의회Population Council의 정책연구소Center for Policy Studies 선임 회원인 존 본가르트John Bongaarts는 이 연구를 "여성 불임의 위험을 평가하는 데 빈약한 기초"이자 전체적으로 근거가 없다고 평했다.[122] 프린스턴 대학교 인구연구소Office of Population Research의 세 통계학자 역시 이 연구가 틀렸음을 밝히면서 이는 "불필요한 걱정"과 "값비싼 의료 행위"로 이어질 수 있다고 경고했다.[123] 심지어 연구를 수행한 프랑스 과학자들마저 자신의 연구에서 점점 발을 빼려 했다. 그해 후반에 있었던 한 전문적인 학회에서 이들은 동료들에게 자신들은 이 연구 결과를 모든 여성에게 적용할 의도는 전혀 없었다고 말했다. 하지만 이들의 후퇴도, 동료들의 비판적인 평가도 언론의 주목을 받지 못했다.

3년 뒤인 1985년 2월, 미국 건강통계국은 여성들 8,000명을 대상으로 실시한 전국적인 불임 연구의 최신 결과를 발표했다.[124] 이들에 따르면 30세부터 34세 사이의 미국 여성이 불임일 가능성은 40퍼센트가 아니라 겨우 13.6퍼센트였다. 이 연령 집단의 여성들은 20대 초 여성과 비교했을 때 불임일 위험이 겨우 3퍼센트 높았다. 사실 1965년 이후로 30대 초·중반 여성의 불임은 약간 감소했다. 심지어는 40대 여성 사이에서도 불임은 감소했다. 전체적으로 아이를 가지지 못하는 여성의 비율은 1965년 11.2퍼센트에서 1982년 8.5퍼센트로 하락했다.

늘 그렇듯 이 뉴스도 언론의 조명을 전혀 받지 못했다. 그리고 연방에서 연구 결과를 발표했음에도 불구하고 《뉴잉글랜드 의학저널》에 설교조의 사설을 쓴 주 저자인 예일 대학교 의학과 교수 앨런 드셰르니Alan DeCherney 박사는 자신의 입장을 고수하고 있다. 사설의 메시지에 대해서 재고해 볼 생각이 없느냐는 질문에 그는 싱긋 웃으며 이렇게 말했다. "아뇨, 전혀요. 그 사설은 작정하고 도발하려고 했던 거였어요. 반응이 엄청났죠. 〈투데이 쇼〉에도 출연했다니까요."125)

'불임 유행병'의 원인을 찾던 미디어와 의료 기관 들은 그에 대한 해답은 부의 증가와 중간계급 여성 인구의 독립에 있다는 확신을 가지고 직장 여성들을 도마 위에 올렸다.《뉴욕타임스》의 한 칼럼니스트는 페미니즘과 그로 인한 출세 지상주의가 중간계급 여성 사이에서 '불임의 자매애'를 양산했다고 몰아 세웠다.126) 작가 몰리 맥커건Molly McKaughan은 『일하는 여성Working Woman』(과 나중에는 자신의 책 『생물학적 시계The Biological Clock』)에서 그녀 자신을 포함한 직장 여성들이 불임이라는 '암운'을 몰고 왔다고 꾸짖었다.127) 그녀는 주로 여성운동 때문에 우리가 이런 실수를 저지르게 되었다고 지적했다. "우리가 우리의 개인적인 성취를 우선시했다"는 것이다.

동시에 부인과 의사들은 불임의 원인이 될 수 있는 자궁 내 질병인 자궁내막증을 '직장 여성의 질환'이라고 부르기 시작했다. 당시 뉴욕 의학대학 산과 교수였던 닐스 라우에르센Niels Laursen은 언론에서 이 병이 "인생 초반에 '어머니'와는 다른 역할로 성공하기로 결심하고 스트레스를 받으며 살아가는 똑똑한" 여성들을 괴롭힌다고 주장했다128)(사실 역학자들은 자궁내막증이 다른 집단에 비해 직장 여성 사이에서 더 많이 나타난다는 주장을 단 한 차례도 입증하지 못했다).129) 직장 여성들의 높은 유산율에 대해 경고한 사람들도 있었

다(사실 직장 여성들은 보통 유산율이 가장 낮다).[130] 게다가 여성
들에게 미루기만 하다가는 사산의 가능성이나 조산아, 아픈 아기, 지
체아 혹은 비정상아를 낳을 가능성이 높아진다고 겁을 주는 사람들
도 있었다(사실 4,000명을 대상으로 한 1990년의 연구에서는 35세
이상 여성들이 그보다 어린 여성들에 비해 사산할 가능성이나 조산
아 혹은 아픈 아기를 출산할 가능성이 전혀 높지 않음을 보여 주었
다.[131] 6,000여 명의 여성을 대상으로 한 1986년의 한 연구도 이와 유
사한 결론에 도달했다. 지금은 35세 이하 여성들이 오히려 35세 이상
여성보다 다운증후군 아기를 낳을 가능성이 더 높다).

　새롭게 쟁취한 합법적인 낙태에 대한 권리를 행사하는 것도 사
람들이 애호하는 불임의 '원인'이 되었다. 부인과 의사들은 중간계급
여성 환자들에게 낙태를 '너무 많이' 할 경우 나중에 불임 문제가 생
기거나 아예 임신을 하지 못하게 될 수 있다고 경고했다. 몇몇 주 정
부와 지방정부 들은 심지어 의사가 여성들에게 낙태는 나중에 유산
과 조산, 불임으로 이어질 수 있다고 조언하도록 의무화하는 법을 시
행하기도 했다.[132] 연구자들은 뒷받침할 만한 데이터를 찾는 데 보
기 드문 양의 에너지와 연방 자금을 쏟아부었다. 지난 20년간 이루어
진 150여 건의 산과 연구가 낙태와 불임의 연관관계를 찾기 위한 것
이었다.[133] 하지만 전 세계적인 규모로 연구 문헌을 검토하고 분석한
연구 팀이 1983년에 내린 결론에 따르면 이 중 신뢰할 만한 방법을
사용한 연구는 열 건뿐이었고, 이 열 건 중에서도 낙태와 이후 임신
문제 사이에서 어떤 식이든 연관성을 찾아낸 것은 한 건뿐이었다.[134]
그리고 이 연구의 샘플은 위험한 불법 낙태를 경험했던 그리스 여성
들이었다. 연구자들에 따르면 합법적인 방식의 낙태는 "이후 여성의
임신 능력에 아무런 부작용을 미치지 않았다."

　현실에서, 평등한 교육과 경제에 대한 여성들의 요청은 생식력
과 임신을 향상시킬 뿐이었다. 더 나은 교육과 더 두툼해진 월급 봉
투는 더 나은 영양과 건강, 의료 서비스를 가능케 하고, 이 모두는 생
식력을 높이는 데 크게 기여한다. 연방의 통계학자들은 대졸 고소득
여성의 불임률이 고졸 저소득 여성보다 더 낮음을 입증하고 있다.[135]

중간계급 30대 직장 여성의 '불임 유행병'은 의학적인 문제가 아니라 정치적인 문제다. 그리고 불임 전문가들에게 이는 마케팅 수단이기도 하다. 불임 위협을 퍼뜨린 주범인 백악관은 불임을 예방하는 데는 한 푼도 지원하지 않았을 뿐만 아니라 모든 원조 요청을 묵살했다.[136] 이 반격의 대변인들이 10년간 진행된 진짜 불임 유행병에 거의 아무런 관심도 기울이지 않았다는 것은 하나의 힌트가 될 수 있다. 1965년부터 1982년 사이에 젊은 흑인 여성의 불임률은 세 배로 늘었다.[137] 그리고 모든 인종에서 20대 초반 젊은 여성의 불임률은 두 배 이상 늘었다. 사실 1980년대에 이르러 20세에서 24세 사이의 여성들은 30세에 가까운 여성들보다 불임률이 2퍼센트 더 높았다. 하지만 우리는 그 어디서도 이런 위기와 그 원인에 대해서는 들어 본 적이 없다. 이는 페미니즘이나 출세를 지향하는 젊은 도시 전문직들과는 아무런 관계가 없기 때문이다.

　사실 이 유행병은 대체로 성병인 클라미디아를 퇴치하는 데 충격적일 정도로 더뎠던 의사와 정부 관료 들의 태만 탓으로 볼 수 있다.[138] 클라미디아는 1980년대 초에 감염률이 증가했고, 특히 15세부터 24세 사이의 젊은 여성들 사이에서 가장 많이 나타났다. 그리고 이 병은 골반염이 무시무시하게 확산되는 결과를 초래했는데, 이 때문에 1980년대에 불임이 엄청나게 늘어나 매년 100만 명의 여성들이 속앓이를 해야 했다. 클라미디아는 미국에서 가장 유행하는 성병이 되어 1985년에는 400만 명이 넘는 여성과 남성 들에게 피해를 입혔고, 골반염 발병의 절반을 유발했으며, 생명을 위협하는 자궁외임신을 1970년과 1983년 사이에 네 배 증가시키는 데 일조했다. 1980년대 중·후반이 되자 성적으로 왕성한 젊은 여성 가운데 무려 여섯 명 중한 명 꼴로 클라미디아에 감염되었다.[139] 일부 도심 지역의 클리닉에서는 감염률이 35퍼센트에 육박했다.

　하지만 클라미디아는 미국에서 홍보와 진단, 치료가 가장 부실하게 이루어지는 병 중 하나였다. 의학 문헌들이 10년간 재난에 가까운 클라미디아 발병률을 기록해 왔고, 이 질병을 치료하는 데 매년 15억 달러 이상이 들었음에도 연방의 질병통제센터는 1985년이 되어서야 정책 가이드라인 초안 작성에 대한 논의를 시작했다.[140] 연방 정부는 클라미디아에 대한 교육 프로그램을 마련하지도, 모니터링을 진행하지도 않았고, 심지어 의사들에게 클라미디아에 대해 보고하라고 요구하지도 않았다(반대로 발병률이 절반인 임질에 대해서는 의무적으로 보고하도록 하고 있다). 그리고 클라미디아는 진단하기도 쉽고 기본적인 항생제로 치료하기도 쉬웠음에도, 애써 검사라도 해 보려는 부인과 의사들이 거의 없었다. 클라미디아 감염으로 인한 비용의 약 4분의 1이 사실상 치료를 받지 못한 데서 파생된 합병증 때문에 발생했다.

1980년대의 정책 입안가들과 언론은 또 다른 잠재적인 불임 유행병의 징후에도 거의 관심을 갖지 않는 듯했다. 이는 남성과 관련된 것이었다. 입수 가능한 몇몇 조사에 따르면 30년간 남성의 정자 수가 절반 이상 줄어든 것으로 보였다[141](정자 수 부족은 불임의 주요 원인이다).[142] 한 연구자의 보고에 따르면 1930년대에 밀리미터당 2억 개에 달했던 평균적인 남성의 정자 수는 1980년대에 이르러 4,000만~7,000만 개로 떨어졌다. 이런 충격적인 감소의 원인으로 의심해 볼 만한 것들은 많다.[143] 환경의 독성 물질, 직업상의 화학물질로 인한 위해, 과도한 X선, 약물, 꽉 끼는 속옷, 심지어는 온욕마저 정자 감소의 원인이 될 수 있다. 하지만 남성 불임에 대한 연구가 워낙 부족하다 보니 정확한 원인은 알 수가 없는 상태다. 1988년 의회의 한 불임 연구는 남성 불임에 대한 정보가 부족하다 보니 "예방과 치료에 대한 노력이 대체로 어림짐작 수준"이라고 결론을 내리기도 했다.[144]

그런데도 정부는 전국적인 생식력 조사에 남성들을 포함시키지 않았다. "어째서 우리가 남자들은 조사하지 않느냐고요?" 연방의 전국 생식력 조사를 책임지는 인구학자 윌리엄 모셔William D. Mosher는 마치 이런 질문은 처음 들어 본다는 듯 되물었다.[145] "모르겠어요. 그러니까, 그건 또 다른 연구가 되겠지요. 여러분들이 그런 연구에 필요한 돈을 모아 주신다면 말이에요. 연구비가 무한정은 아니거든요."

'불임 유행병'이 1980년대 출산 장려 운동의 첫 번째 포화였다면, 그

다음은 '출산 부족'이었다. 최소한 이 운동의 대표들은 더 정직했다. 이들은 해방된 여성들이 아이를 더 적게 가지거나 아예 가지지 않기로 선택했다며 맹비난했다. 이들은 자신들이 그저 중립적으로 보고하는 통계학자인 척하지 않았다. 자신들이 여성의 행동을 조작하려 한다는 사실을 떳떳하게 인정했다. 벤 와텐버그는 자신의 책 『출산 부족 The Birth Dearth』에서 "이 작은 책은 대부분이 어림짐작과 도발"이라고 대놓고 시인한다.[146] 그는 "얼마 가지 않아 대중들의 태도가 바뀌어서 출산 행태가 변하게 될까?"라고 묻는다. "그랬으면 좋겠다. 그게 바로 이 책을 쓰는 근본적인 이유다."

출산 부족 이론가들은 지금 아니면 다시는 기회가 없다고 위협하며 여성들을 모성이라는 우리에 몰아넣으려 쫓아다니는 대신 사회의 더 비열한 본성(몇 가지만 언급하자면 외국인 혐오증, 군사주의, 터무니없는 편견)에 호소하려 한다. 출산 부족을 외치는 남성들은 교육받은 중간계급 백인 여성들이 출산을 시작하지 않을 경우 극빈자와 멍청이, 외국인 들이 아이를 낳을 것이고, 그러면 미국은 곧 망하는 거라고 경고했다. 하버드 대학교 심리학자 리처드 헌스타인Richard Herrnstein은 '더 똑똑한' 여성들이 대학 졸업장과 직장 생활을 좇느라 자신들의 출산 의무를 도외시하고 피임을 고집하는 바람에 천재 인구가 60퍼센트 가까이 줄어들고 아이큐 70 미만인 인구가 그만큼 늘어나게 될 것이라고 예측했다.[147] 헌스타인은 헛기침을 하며 이렇게 말했다. "성관계가 먼저고 출산과 모성에 따르는 고통과 비용은 그다음이다."[148] 지금의 추세가 지속될 경우 "우리가 이 세상에서 우리의 경제적 지위를 다지기 위해 할 수 있는 다른 모든 것들의 효과를 집어삼킬 수도 있다"라고 암울하게 충고했다. 이 추세를 입증하기 위해 헌스타인이 제시한 자료는 아이를 가지는 걸 겁내는 것처럼 보이는 하버드의 일부 어린 학생들의 짧은 논평, 더 많은 증손자를 원하는 몇몇 친구들의 투덜거림, 그리고 〈베이비 붐Baby Boom〉(1987)과 〈세 남자와 아기Three Men and a Baby〉(1987) 같은 영화 대사들이 전부였다.

출산 부족을 창조하고 가장 열렬하게 홍보하는 벤 와텐버그는 여러 신문사에 동시 연재하는 칼럼니스트이자 미국기업연구소American Enterprise Institute의 상임 연구원으로, 보수적인 잡지인 《퍼블릭오피니언》에 1986년 처음으로 출산 부족 위협을 소개했으며 연설, 라디오와 텔레비전 출연, 그리고 자신의 신문 칼럼을 통해 줄기차게 이를 알렸다.

10년 전만 해도 자신의 책 『진짜 미국 *The Real America*』에서 인구 폭증 이론가들이 "자극적이고 무서운 수사"와 "불필요한 두려움을 조장하는 허구"를 퍼뜨린다며 질책했던 그는 당시의 분별력 있는 접근법에서 상당히 괴리된 선동적인 전술을 구사했다.[149] 와텐버그는 임신율이 사실 천천히 하락했고, 자신은 이를 당시에는 더 많은 일자리와 더 높은 생활수준을 약속해 주는 '상당히 유익한' 흐름으로 보았다고 말했다. 그러고 난 뒤 그는 출산 부족을 중간계급에게 "대대적인 확장과 대대적인 경제적 향상의 단일한 가장 중요한 동인임이 충분히 증명될 것"이라고 열변을 토했다.

불과 10년밖에 지나지 않아서 네 자녀를 둔 53세의 아버지인 그는 이 '무서운' 흐름에 대해 모든 경고를 쏟아 내고 있었다.[150] 『출산 부족』에서 그는 금방이라도 숨이 넘어갈 듯 "이 세상이 퇴보하게 될까"라고 묻는다. "제3세계의 문화가 주류가 될 수도 있을까?" 와텐버그의 책에 따르면(이 책의 부제는 "자유국가의 사람들이 아기를 충분히 낳지 않으면 무슨 일이 벌어질까"다) 미국은 세계 권력자로서의 지위를 잃고, 수백만 명이 실업자가 되고, 급증한 소수 인종들은 "추한 격변"을 일으키고, 조세 기반이 취약해지면서 군대의 핵무기 비축량이 줄어들고, 군대가 줄어들어서 "잠재적인 소련의 팽창주의를 억제하지" 못할 수도 있다.[151]

비난의 화살을 쏘아 날릴 곳을 찾는 와텐버그에게 여성운동은 주요 희생양이 되었다. 그는 '대체 수준 이하로' 출산율을 급격하게 떨어뜨린 것은 바로 결혼과 엄마가 되는 것을 지연시키는 여성들의 사심, 자신의 교육 수준과 경력을 발전시키려는 여성의 욕망, 낙태를 합법화한 여성들의 고집, 그리고 '여성해방' 일반이라며 잘못을 뒤집어씌웠다.[152] 문제를 해결하려면 여성들이 아이를 가지기 전까지는 직장에 발을 붙이지 못하게 해야 한다고 그는 설교했다. 그럼에도 불구하고 와텐버그는 "나는 『출산 부족』이 상당한 친페미니즘적인 관점의 시발이 되었다고 믿는다"고 주장한다.[153]

뉴라이트의 대표 주자들과 보수적인 사회 이론가, 대통령 후보들은 재빨리 와텐버그의 출산 부족 슬로건을 채택하고는 불길한(그리고 인종주의적인) 어조로 "문화적 자살"과 "유전적 자살"을 언급하기 시작했다. 이런 위협은 역시 출산율 하락을 여권 신장과 발 빠르게 연결시킨 잭 켐프*와 팻 로버트슨** 모두의 정강에서 주요 항목을 차지했다. 보수적인 록퍼드연구소Rockford Institute의 대표 앨런 칼슨Allan Carlson은 출산 부족을 치유하는 최고의 방법은 고용에서의 성차별을 금지하는 연방의 법들과 동일임금법을 폐지하는 것이라고 주장했다.[154] 1985년 미국기업연구소의 한 회의에서 에드워드 루트웍Edward Luttwak은 훨씬 더 나갔다.[155] 미국 정책 입안가들에게 비시를 임시수도로 삼았던 제2차 세계대전 시절의 프랑스가 실시했던 출산 장려 계획을 다시 활성화하는 방안을 검토해 보고, 낙태를 공격하고 완전한 모성을 홍보했던 나치 부역자 정부가 오늘날의 말 안 듣는 여성들에게 가치 있게 적용될 수 있으리라고 제안했던 것이다. 그리고 스탠퍼드 대학교의 후버연구소Hoover Institution가 후원한 한 세미나에서 패널들은 '여성의 독립'이 출산율을 낮췄다고 개탄하고 많은 아이를 갖기를 거부한 여성들은 '값어치'가 없다고 비난했다.[156]

이런 남성들은 백인 기혼 여성들이 아이를 갖기를 바라는 만큼이나 흑인 싱글 여성들이 아이를 갖지 못하게 하고 싶어서 안달이었다. 보수적인 사회과학자들은 연설과 언론 인터뷰에서 흑인 여성, 특히 흑인 10대 여성의 혼외 출산율이 '유행병' 수준에 도달하고 있다고 줄기차게 되풀이했다. 출산 장려에 앞장서는 이들이 사용하는 질병의 은유는 의도치 않게 흥미로운 사실을 드러낸다. 이들은 백인

* Jack Kemp, 1988년 공화당 대선 예비 선거에 대통령 후보로 출마했던 정치인.
** Pat Robertson, 극우 기독교계 목사. 1988년 대선에서 공화당 후보로 나서려다 실패한 언론계의 거물.

여성이 출산을 하지 않거나 흑인 여성이 출산을 했을 때 이를 '유행병'으로 여겼다. 흑인 여성에 대한 이들의 주상은 그야말로 틀렸다. 1980년대에 흑인 여성과 흑인 10대 모두의 혼외 출산율은 사실상 하락세였다.[157] 혼외 출산이 유일하게 증가한 집단은 백인 여성이었다.

출산 부족 이론가들이 맞았던 부분은 여성들이 가족의 크기를 기록적인 수준으로 제한하기로 결심하고 있다는 점이었다. 하지만 이런 출산 자제가 미국의 출산율을 위험스러울 정도로 감소시켰다는 주장은 틀렸다. 여성 1인당 출산율은 1957년 3.8명에서 1980년대의 1.8명으로 분명 하락했다.[158] 하지만 1957년의 최고치는 일탈이었다. 지난 700년간 미국의 출산율은 꾸준히 감소했고, 오히려 1980년대의 출산율은 현 상태로 복귀하는 수준이었다. 게다가 1980년대에는 출산율이 하락하지도 않았다. 1인당 1.8명으로 안정세를 유지했던 것이다. 이는 1976년부터 변함없는 기록이었다. 그리고 미국의 인구는 매년 200만 명 이상씩 늘고 있는데, 이는 모든 산업국가를 통틀어서 가장 빠른 성장세.

와텐버그는 향후 200년간 출산율이 하락한다는 예상 속에서 최후의 심판 시나리오를 짰다. 다시 말해서 그는 아직 태어나지도 않은 여성들의 자녀 수까지 추측했던 것이다.[159] 이는 산업화 이전의 미국에서 한 인구학자가 1980년대 직장 여성의 출산 행태에 대한 이론을 제시하는 것과 다를 바 없는 짓이다. 제2차 세계대전 이후 사회과학자들이 깨달았듯 지금 세대의 성장률을 추정하는 것도 충분히 까다로운 작업이다. 이들은 베이비 붐을 예측하지 못했고, 이 세대의 인구를 6,200만 명까지 과소평가했다.[160]

거대한 여성 우울증: 신경쇠약 직전의 여성들

반격의 연보에는 무너져 내릴 가능성이 가장 높은 두 종류의 여성이 거론된다. 그것은 바로 싱글 여성과 유급 직장 여성이다. 수십 건의 뉴스 특집 기사와 자기 계발서, 여성 건강에 대한 설명서에 따르면 싱글 여성들은 '기록적인' 수준의 우울증에 시달리고 있고 직장 여성들은 현기증에서부터 심장마비까지 광범위한 심신 질환을 유발하는 것으로 알려진 '번아웃' 증후군에 굴복하고 있다.

1980년대 중반에는 정신 건강에 대한 몇몇 역학 연구들이 베이비 붐 세대 내 우울증 증가를 언급했고, 이 현상에서 영감을 얻은 대중 심리학 서적 저술가들은 곧 '멜랑콜리의 시대'라는 말을 지어냈다.[162] 베이비 붐 세대의 침울함을 설명할 방법을 찾아다니던 심리 치료사와 언론인 들은 발 빠르게 여성운동을 낚아챘다. 이들의 이론에 따르면 베이비 붐 세대 여성들이 독립을 받아들이지 않았더라면 싱글 여성들은 결혼을 했을 것이고 출세 지상주의자들은 집에서 아이들과 함께했을 것이며, 두 경우 모두 더 차분하고 건강하며 정상적인 기분을 느끼며 살았을 것이다.

비슷한 주장을 한 여러 사람이 있지만 그중에서도 심리학자 애넷 바런Annette Baran은 1986년 《로스앤젤레스타임스》의 한 기사에서 싱글 여성의 정신적 고통의 증가는 "정말로 이 시대의 현상"이라고 단언했다.[163] 그녀는 싱글 여성들이 이제는 "그 모든 심리 치료사의 업무 대다수"를 차지하고 있는 것은 아닌지 "의심스럽다"고 말했는데, 그녀의 예감에 따르면 그 비중은 정확히 "66퍼센트"였다. 이 기사를 작성한 기자는 심리적 고난에 시달리는 싱글 여성의 "증가"는 "유행병 수준"이라고 선언하면서 같은 뜻을 표했다. 1988년 《뉴욕우먼》의 한 기사 역시 똑같은 판결을 내렸다.[164] 심리 치료사의 사무실 앞에 싱글 여성들이 "문전성시"를 이루고 있고 이는 "사실상 유행병" 수준이라는 것이다. 이 잡지가 인용한 심리학자 재니스 리버먼Janice Lieberman은 "이런 여성들은 자신의 무언가가 단단히 잘못되었다는 확신을 가지고 치료를 받으러 온다"고 말했다. 그리고 그녀는 실제로 문제가 있다고 우리에게 장담했다. "너무 오래 싱글로 지내면 정신적 외상이 생긴다."

사실 1980년대에 싱글 여성들이 전보다 더 우울해졌는지, 아니면 덜 우울해졌는지 전혀 알 길이 없다.[165] 사실상 그 어떤 역학적 연구도 싱글 여성의 정신 건강상의 변화를 추적해 본 적이 없기 때문이다. 심리학계에서 싱글 여성을 연구한 몇 안 되는 사람 중 하나인 심리학자 린 기기Lynn L. Gigy의 지적처럼 사회과학은 아직도 싱글 여성을 "통계상의 일탈"로 간주한다.[166] 이들은 "사회 이론과 연구에서 사실상 무시"되어 왔다. 하지만 데이터가 없다고 해서 조언 전문가들은 기죽지 않았다.[167] 이들은 유명 정신과 의사들이 신경쇠약증의 전형적인 피해자를 "여성, 일반적으로 싱글 여성, 혹은 어떤 면에서 자신의 생식 기능을 수행할 수 있는 조건에 놓이지 못한 여성"으로 묘사하던 19세기 이후로 정신 질환의 비율이 늘어난 것은 싱글 여성 때문이라고 비난했다.

지금은 이미 밝혀졌듯이, 사회과학자들이 싱글 여성의 정신 건강에 대해 확인한 사실은 단 한 가지다. 그것은 바로 고용이 싱글 여성의 정신 건강을 향상시킨다는 점이다. 1983년의 획기적인 인생 흔적Lifeprints 연구는 싱글 여성에게 정신적 고통을 야기하는 중요한 원인은 부실한 결혼 가능성이 아니라 부실한 고용 상태임을 보여 주었다.[168] 여성의 건강에 대한 20년치의 연방 데이터를 검토한 사회연구소와 건강통계국의 연구자들 역시 유사한 결론을 내놓았다.[169] "우리가 검토했던 세 요인[고용, 결혼, 자녀] 중에서 여성의 건강과 관련 있는 가장 강력하고 가장 일관된 요인은 단연 고용이다." 이들은 일을 하는 싱글 여성은 자녀가 있건 없건 집에 있는 기혼 여성보다 심신의 건강이 훨씬 더 낫다는 사실을 밝혔다. 마지막으로 싱글 여성을 하나의 범주로 다룬, 보기 드문 장기 연구에서 연구자 폴린 시어스Pauline Sears와 앤 바비Ann Barbee는 이들이 추적했던 여성들 중에서 싱글 여성들의 삶의 만족도가 가장 높았다고 밝혔다.[170] 그리고 그중에서도 살면서 대부분의 시간 동안 일을 했던 싱글 여성들이 가장 만족도가 높았다.

인구학자들은 싱글 여성의 심리적 상태가 역사적으로 어떻게 변화해 왔는지 기록해 본 적이 없지만, 싱글 여성과 기혼 여성의 정신 건강을 비교하는 방대한 데이터를 수집해 왔다. 그중 어떤 것도 싱글 여성이 '멜랑콜리의 시대'를 유발하고 있다는 주장을 뒷받침하지 않는다. 연구마다 싱글 여성이 기혼 여성보다 훨씬 나은 정신 건강을 만끽하고 있음을(그리고 이와 관련이 없지 않지만 돈도 더 많이 번다는 사실을) 보여 준다. 1972년에 가족사회학자 제시 버나드가 했던 경고는 아직도 유효하다.[171] "결혼은 여성의 건강에 유해할 수 있다."

수많은 심리학적 지표들이 모두 같은 방향을 가리킨다.[172] 이런 연구에서 기혼 여성은 싱글 여성보다 우울증이 20퍼센트 더 많이 발병하고 중증 신경증은 세 배 더 많이 나타낸다. 신경쇠약, 신경과민, 심계항진, 무력감도 기혼 여성들에게서 더 많이 나타난다. 그 외에도 불면증, 수전증, 현기증, 악몽, 건강 염려증, 소극성, 광장공포증을 비롯한 여러 공포증, 외모에 대한 불만, 과도한 죄책감과 수치심 등 다양한 증상들이 기혼 여성들을 더 많이 괴롭힌다. 대졸 여성에 대한 25년에 걸친 장기 연구에 따르면 아내들은 자존감이 가장 낮고 자신이 매력적이지 않다고 여기며, 가장 외로움을 많이 느끼고, 육아를 비롯한 거의 모든 일에서 자신이 무능하다고 여겼다.[173] 1980년의 한 연구는 싱글 여성이 기혼 여성에 비해 더 적극적이고 독립적이며 자신의 성취에 대해 자부심을 느낀다는 사실을 밝히기도 했다.[174] 30여 년간 여성들을 추적한 밀스 장기 연구Mills Longitudinal Study는 1990년에 '전통적인' 기혼 여성은 싱글 여성에 비해 일생 동안 우울증과 편두통, 고혈압과 대장염 등 심신의 질환이 나타날 가능성이 더 높다고 보고했다.[175] 10만 6,000명의 여성을 대상으로 한 《코스모폴리탄》의 한 연구에서는 싱글 여성들이 기혼 여성들에 비해 돈을 더 많이 벌 뿐만 아니라 건강도 더 양호하고 정기적인 성관계를 가질 가능성도 더 높다고 밝혔다.[176] 마지막으로 여성의 우울증에 대한 모든 문헌을 검토하고 유전학에서부터 월경 전 증후군, 피임약 등 다양한 요인들을 테스트해 본 저명한 정신 건강 연구자 제럴드 클러먼Gerald Klerman과 미르나 와이즈먼Myrna Weissman은 여성 우울증에는 두 가지 큰 원인밖에 없음을 확인했다.[177] 그것은 바로 낮은 사회적 지위와 결혼이었다.

'멜랑콜리의 시대'에 원인을 제공한 것이 정신적으로 불안한 싱글 여성들이 아니라면 녹초가 된 직장 여성들일까? 고용이 여성들의 정신 건강을 증진시킨다는 점을 감안하면 별로 그럴 것 같지 않다. 하지만

1980년대의 번아웃 전문가들은 어쨌든 이 주장을 밀고 나갈 만반의 준비를 마친 상태였다. 심리학자 허버트 프로이덴버거Herbert Freuden-berger 와 게일 노스Gail North 는 1980년대에 서점가를 강타한 이 '질병'에 대한 숱한 싸구려 잡서 중 하나인 『여성의 번아웃 *Women's Burnout*』에서 "여성의 번아웃은 현대 문화에서 가장 보편적인 조건이 되었다"고 경고했다.[178] 마저리 한센 새비츠Marjorie Hansen Shaevitz 는 『슈퍼우먼 신드롬 *The Superwoman Syndrome*』에서 "자기 자신을 육체적, 심리적 붕괴 상태로 몰고 가는 여성에 대한 이야기를 점점 더 많이 접하게 된다"고 적기도 했다.[179] 대니얼 크레인Daniel Crane 박사는 패션 잡지 《새 비》에서 독자들에게 "놀라울 정도로 많은 수의 여성 기업 임원들이 진정제 병을 들고 돌아다닌다"고 독자들에게 경고했다.[180] 번아웃의 원인은 아주 많았다. 『E 유형의 여자 *The Type E Woman*』의 조언에 따르면 "직장 여성들은 궤양, 약물과 알코올 남용, 우울증, 성기능 장애, 그리고 요통과 두통, 알레르기, 재발되는 바이러스성 감염과 감기를 비롯한 수십 가지 스트레스성 신체 질환에서 역학 순위가 점점 오르고 있다."[181] 이게 다가 아니다. 다른 전문가들은 이 목록에 심근경색, 뇌졸중, 고혈압, 신경과민, 자살, 암을 추가했다. 직장 여성들 사이에서 음주, 흡연, 심장 질환, 자살의 비율이 늘고 있다고 주장하는 번아웃에 대한 몇 권의 두꺼운 책을 저술한 제임스 린치James Lynch 박사는 "여성들은 남성들처럼 죽을 자유를 위해 자신을 해방시키고 있다"고 단언했다.[182]

전문가들은 근거는 하나도 없이 일화만 제시한다. 그리고 페미니즘을 향해 주기적으로 잽을 날린다. 이들은 페미니즘을 번아웃 바이러스라고 발 빠르게 정의했다. 『스트레스를 받는 여성 *Women Under Stress*』의 주장에 따르면 "여성들이 전면적으로 노동력을 침범해 들어오는 동시에 여성해방운동이 그것을 촉발"시켰고 이제 잘못된 길에 접어든 많은 여성들은 "스트레스의 비용이 그 보상만큼의 가치가 없는지 모른다"는 사실을 뒤늦게 깨닫고 있다.[183] 저자들은 이렇게 경고했다. "때로 여성들은 여성해방에 워낙 열광해서 감당도 못할 일을 받아들인다."

이 모든 '충고' 이면의 메시지는 무엇일까? 집에 가라는 것이다. 조지아 위트킨-라노일Georgia Witkin-Lanoil은 『여성 스트레스 증후군The Female Stress Syndrome』에서 "전업주부로 지내는 일에도 스트레스가 있지만 어떤 면에서 그건 동전의 더 쉬운 면"이라고 말했다.[184]

하지만 실제 증거(직장 여성과 비직장 여성에 대한 수십 건의 비교 연구)는 모두 이와 정반대 방향을 가리킨다.[185] 전문직이건 생산직이건 직장 여성은 주부보다 우울증을 더 적게 경험한다. 그리고 도전적인 업종에 종사할수록 심신의 건강은 더 양호하다. 우울증 수준이 가장 높은 집단은 한 번도 직업을 가져 본 적이 없는 여성이다. 직장 여성들은 자살과 신경쇠약에서부터 불면증과 악몽에 이르기까지 크건 작건 정신적 문제에 시달릴 가능성이 주부보다 더 낮다. 이들은 집에서 지내는 여성들보다 덜 예민하고 덜 소극적이며, 걱정을 적게 표출하고 향정신성 약물을 적게 복용한다.[186] '미국 보건 인터뷰 조사U. S. Health Interview Survey'의 데이터를 기초로 한 연구의 결론에 따르면 "무기력은 …… 가장 큰 스트레스를 야기할 수 있다."[187]

1980년대의 직장 여성들 역시 여성의 심근경색, 고혈압이 증가하는 데 아무런 기여를 하지 않았다.[188] 사실 그런 증가는 없었다. 심장질환으로 인한 여성의 사망은 1963년 이후로 43퍼센트 감소했다. 그리고 이 감소세의 대부분이 여성의 노동 활동 참여율이 증가하기 시작한 1972년 이후에 이루어졌다. 고혈압 역시 1970년대 초 이후로 비슷하게 줄었다. 유일하게 폐암 발병률만 증가했는데, 이는 페미니즘이 아니라 여성의 흡연을 유도하기 위해 20세기 중반에 대대적으로 진행된 광고 캠페인의 유산이다.[189] 그나마 1970년대 이후로 여성의 흡연율은 하락했다.

여성의 자존감에 유급 노동은 기본적이고도 유구한 영향을 미친다. '여성의 신비'를 설파하던 1950년대에도 기혼 여성들에게 목적의식과 자부심을 어디서 얻는지 물어보자 3분의 2가 직업이라고 답했다.[190] 집안일이라고 답한 응답자는 3분의 1뿐이었다. 1980년대에는 직업을 통해 개인적인 만족감과 성취감을 얻는다고 답한 여성이 87퍼센트였다.[191] 요컨대 한 대규모 연구의 결론처럼 "여성 건강을

해치는 것은 저조한 노동 활동 참여율"이다.[192]

여성들이 더 많은 양질의 일자리에 집근할 수 있는 길을 넓히는데 일조한 여성운동은 여성의 정신 건강에 이로울 수밖에 없었다. 전국 표본 조사로 1957년부터 1976년 사이에 진행한 연구에서는 여성의 정신 건강이 크게 향상되어 젠더 간의 심리적 고통의 발생률 차이가 약 40퍼센트까지 좁혀졌음이 드러났다.[193] 1980년의 유명한 '미드타운 맨해튼 장기 연구Midtown Manhattan Longitudinal Study'에서는 성인여성의 정신 건강 장애율이 1950년대 초 이후로 50~60퍼센트 하락했음을 보여 주었다. 미드타운 맨해튼 프로젝트의 책임자인 레오 스롤Leo Srole은 여성의 자율성 및 경제적 능력의 신장이 이런 차이를 만들어 냈다고 결론 내렸다. 그는 이 변화는 "역사의 영향이 빚어낸 단순한 우연의 일치가 아니라 여성이 18세기 이후로 성적 노예 상태에서 빠져나와 부분적으로 해방됨으로써 20세기 여성들의 주관적인 행복 증진에 기여했다는 인과관계를 반영한다"고 말했다.[194]

1980년대에 무언가가 여성의 정서적 행복을 위협했다면 그것은 바로 정신 건강의 양대 기둥인 여성의 사회적 지위와 경제적 지위를 침해하는 데 앞장선 반격 그 자체였다. 번아웃 증상을 설명한 책에서마저 시인하듯 "성차별과 여성의 스트레스 사이에는 직접적인 연관관계가 있다."[195] 하지만 지금 진행되고 있는 여성의 권리에 대한 역습이 여성의 정신 질환 발병률에 어떤 영향을 미칠지는 아직 지켜볼필요가 있다. 역학 연구는 시차를 두고 수행해야 하기에 한동안은 실제 수치를 파악하기는 어려울 것이다.

그렇다면 베이비 붐 세대 사이에서 '멜랑콜리의 시대'를 유발하는 사람들은 누구였을까? 1984년 전미정신건강연구소National Institute of Mental Health는 미국에서 가장 포괄적으로 진행된 '정신 건강 조사Epidemiological Catchment Area, ECA'의 연구 결과를 발표했다. 이 연구는 미국 전역과 캐나다의 다섯 개 현장에서 데이터를 수집했다. 언론들은 대체로 무시했지만 이 연구의 핵심 결과는 "이제는 양성에서 모든 질환이전반적으로 유사한 발병률을 나타낸다"는 것이다.[196]

역사적으로 여성은 남성보다 우울증이 세 배 더 많다고 보고되었다. 하지만 1980년부터 1983년까지 수집한 역학 표집 지역의 데이터에 따르면 '우울증 격차'는 2 대 1 이하로 줄어들었다.[197] 사실 일부 종적인 검토에서는 우울증 격차가 거의 존재하지도 않았다.[198] 우울증 격차가 축소된 데는 여성의 정신 건강 향상도 약간 영향을 미쳤지만, 그보다는 남성의 정신 건강 하락이 훨씬 더 많은 기여를 했다. 역학 연구자들은 2, 30대 남성 사이에서 특히 우울 장애가 눈에 띄게 증가했다고 밝혔다. 여성의 불안 수준은 감소했지만 남성들의 불안 수준은 증가했고, 여성들의 자살률은 1960년대 정점을 찍은 뒤 하락 중이지만 남성의 자살률은 늘고 있었다.[199] 자살 기도율은 남성이 여성보다 더 빨리 증가하고 있기 때문에 남녀의 자살 기도율 역시 수렴 중이었다.

여성운동이 여성들을 우울하게 만든 것은 아닐 수 있지만 많은 남성들을 괴롭힌 것은 맞는 것 같았다. 사회과학자 로널드 케슬러 Ronald C. Kessler 와 제임스 맥래 주니어 James A. McRae, Jr. 는 미시건 대학교 사회연구소와 함께 정신 건강의 성차에 대한 30년치의 연구 문헌을 검토하고 난 뒤 "역할과 관련된 스트레스를 훨씬 빠르게 경험하는 쪽은 여성보다는 남성일 가능성이 높다"는 결론을 내렸다.[200] 여성들이 포용한 역할 변화는 "대체로 남성들의 고통을 증대시킴으로써 남녀 간 정신 건강 격차를 메우는 데 일조"하고 있다.[201] 이 연구자들에 따르면 여성의 정신 건강 향상은 여성 고용률 증대에서 비롯되지만, 동시에 "남성들의 고통이 늘어난 부분적인 원인은 집 밖에서 일자리를 얻으려는 여성들이 늘어나는 경향과 맞물려서 나타난 자존감 상실과 우울증일 수 있다." 여기에 한때 최저 생활임금을 보장해 주던 수백만 개의 전통적인 '남성' 일자리들이 구조조정을 통해 증발하면서, 또 다른 확실한 정신 건강의 위협 요소인 경제적 지위의 상실을 경험한 1980년대의 많은 남성들은 여성의 사회 진출로 인한 영향을 더 위협적으로 받아들였다. 제조업계에서 발생한 성별 정신 건강 격차의 극적인 변화를 관찰한 매사추세츠종합병원 Massachusetts General Hospital 의 정신 역학 과장 제인 머피 Jane Murphy 는 1984년에 이런 글을 남겼다. "이 사회의 직업 구조 변화가 어떤 면에서 수컷보다는 암컷에게 더 유리한 상황을 만들어 낸 게 아닐까?"[202] 사실 케슬러가 한 인터뷰에서 말했듯 정신 건강의 등식에서 여성 측에 집중하는 연구자들은 큰 사건을 놓칠 가능성이 높다. "지난 30년간 [정신 질환 내의] 성차가 점점 줄어들고 있는 것은 남성들의 상태가 악화되고 있기 때문이다."[203]

지난 10년간 발표된 숱한 정신 건강 보고서들이 이 주장을 뒷받침한다. 1980년의 한 연구는 아내가 주부인 남성보다 직장 여성의 남편에게서 우울증이 더 높게 나타난다는 사실을 밝혔다.[204] 미시건 대학교의 서베이연구소Survey Research Center가 2,440명의 성인을 대상으로 실시한 1982년의 연구에 따르면 기혼 남성의 우울증과 낮은 자존감은 아내의 고용 상태와 밀접하게 관계가 있었다.[205] 연방의 '고용의 질 조사Quality of Employment Survey'에 대한 1986년의 한 분석에서는 "남성들은 맞벌이를 신분 하락으로, 여성들은 신분 상승으로 경험할 수 있다"고 결론 내린다.[206] 연구자들에 따르면 직장 여성의 남편들은 주부를 아내로 둔 남성보다 심리적인 고통이 더 크고 자존감이 낮으며 우울증을 더 많이 겪었다. "평등주의적인 생활양식이라는 장식 이면에는 시간만으로는 치유할 수 없는 남성들의 불안이 자리하고 있다"고 이들은 결론지었다. 이들에 따르면 "개인의 평가라는 측면에서는 젠더 평등이라는 현대적인 수식어보다는 관례적인 남성성의 기준들이 아직 더 중요"한 게 사실이다.

미시건 대학교, 일리노이 대학교, 코넬 대학교의 연구자들이 팀을 이루어 진행한 역할 관련 스트레스에 대한 1987년의 연구 역시 이와 동일한 관계를 발견하고서 남성의 심리적 행복은 아내가 일을 하는 순간 크게 위협받는 듯하다고 밝힌다.[207] 이들은 "젠더 역할 변화에 대한 기존 연구들이 남성은 무시한 채 여성에게만 집중되었다는 점을 감안했을 때, 이 같은 결과는 이런 강조가 잘못되었고 여성의 역할 변화가 남성의 삶과 태도에 어떤 영향을 미치는지를 이해하기 위한 진지한 노력이 필요함을 시사한다"고 말했다. 하지만 이 경고는 사실상 언론의 관심을 끌지 못했다. 《뉴스위크》가 우울증을 커버스토리로 다뤘을 때 표지에는 어두운 표정의 여성이 실렸다.[208] 그리고 안쪽의 기사에서 사례로 든 아홉 명의 우울증 환자 가운데 일곱 명이 여성이었다.

어린이집 악마들: 당신의 통계를 직접 만들어라

1980년대에는 어린이집에 적대적인 머리기사들이 비명에 가까운 소리를 질러 댔다.[209] "엄마, 날 여기에 두고 가지 말아요!" "어린이집 부모들은 모른다." "어린이집은 당신 아이의 건강에 위험할 수 있다." "보육 기관이 아동학대 기관이 될 때: 부모들의 생각보다 일은 자주 일어난다." "으스스한 보육 기관······. 오싹오싹."

물론 어린이집을 "1980년대의 탈리도마이드*"라 부르며 가장 소리 높여 성토하는 것은 뉴라이트의 대변인들이다.[210] 레이건의 남자들 역시 "집에서 아이들을 돌보지 않고 직장에 다니면서 아이들을 얼굴 없는 시설에 보내는 미국 엄마들이 이 나라의 도덕적 근간을 좀먹고 있다"고 주장했던 고위 군 관계자처럼 노골적인 발언을 서슴지 않았다.[211] 언론은 이들보다는 섬세하지만 마찬가지로 집요하게 어린이집을 이용하는 엄마들과 어린이집 노동자 모두에게 악마의 탈을 씌웠다.

1984년 《뉴스위크》의 한 특집 기사는 몇몇 보육 시설의 원장을 상대로 제기된 혐의를 근거로 보육 시설의 아동 학대 '유행병'에 대해 경고했다.[212] 이 중 가장 유명세를 탄 사례는 나중에 법원에서 무죄 판결을 받았다. 《뉴스위크》는 이 위협이 여성들에게 먹히지 않았을 때를 대비해서 2주 뒤 부지런히 커버스토리에 "어린이집은 어떤 대가를 치르게 하는가"라는 질문을 던졌다.[213] 표지에는 손가락을 빨면서 휘둥그레 눈을 뜨고 있는 겁먹은 아이가 떡하니 박혀 있었다. 안에 실린 여덟 쪽짜리 논평에서는 의식적인 대비를 통해 좋은 엄마의 상을 제시했다. 제목은 "집에 있기로 선택한 엄마"였다. 전직 채권 거래인이었던 여성은 아기와 함께 집에 있기 위해, 그리고 남편의 직장

* Thalidomide, 1960년대까지 임신부에게 진정제로 처방되었으나 기형아의 원인이 될 수 있다는 사실이 밝혀져 금지된 약물.

생활을 내조하기 위해 자신의 경력을 포기했다. 이 엄마는 "[모든 것을] 할 수는 없다는 것을 인정해야 했다"고 말했다.[214] 《뉴스위크》가 분명 흡족해할 만한 관점이었다. 하지만 《뉴스위크》는 이걸로 만족하지 못하고 나중에 가족 특집 호에서 "어린이집의 어두운 면"에 대한 또 다른 기사를 실었다.[215] 이 기사는 "어린이집이 아동의 건강에 해로울 수 있음을 보여 주는 근거가 갈수록 쌓이고 있다"고 언급했지만 한 번도 제대로 된 근거를 제시하지는 않았다. 이 작전은 순전히 언론의 자작극이었다. 연구자들은 어린이집과 일탈의 관계를 찾지 못하고 헤매는 중이었다. 그래서 언론은 몇 가지 '구닥다리' 연구를 유통시키고 나머지는 무시해 버렸다.

1988년 여름 한 기자회견에서 뉴햄프셔 대학교의 가족연구소 Family Research Laboratory는 어린이집의 성적 학대에 대해 가장 포괄적이고 대대적으로 진행된 연구 결과를 발표했다. 3년에 걸친 이 연구는 미국 전역의 어린이집에서 자행되었다고 발표된 성적 학대 사례들을 검토했다. 언론들이 이 명백한 위협을 앞다투어 1면에 실었다면 사람들은 이 연구자들의 연구 결과가 중대한 뉴스로 평가되고 있다는 인상을 받을 수 있다. 하지만 《뉴욕타임스》는 전형적인 방식으로 대응했다.[216] 항목별 광고란과 같은 면의 변변찮은 기사에서 이 연구 결과를 언급했던 것이다(아이러니하게도 이 소식은 위스콘신 주의 한 아버지가 네 살짜리 아들을 너무 심하게 구타해서 뇌 손상을 입은 아들이 남은 일생을 보호시설에서 보내게 되었다는 훨씬 더 작은 기사와 같은 면에 실렸다). 왜 이렇게까지 관심이 적었을까? 그것은 바로 이 연구가 어린이집의 아동 학대가 전혀 유행병 수준이 아니라는 결론을 내렸기 때문이다.[217] 오히려 해당 연구는 만일 어딘가에 위기 수준의 학대가 존재한다면 그것은 바로 집이라고 지적했다.[218] 가정에서 아동 학대가 일어날 위험은 어린이집에 비해 두 배 가까이 높다. 1985년 가족 구성원(대부분 친부, 양부, 혹은 손위 남자 형제)으로부터 성적 학대를 받은 아동의 사례는 보고된 것만 10만 1,000건이었던 반면, 어린이집에서 일어난 사건은 약 1,300건 정도였다. 또한 연구자들에 따르면 어린이는 가정에서 구타당할 가능성이 훨씬 높다. 그리고 가정에서의 육체적 학대는 어린이집에서 아이가 상대하는 그 어떤 폭력보다도 지속 기간이 더 길고 심각하며 더 많은 외상 후 스트레스 장애를 남기는 경향이 있다. 1986년에 가정폭력으로 목숨을 잃은 어린이는 1,500명이었다. 가족연구소의 연구를 진행했던 저자들은 "언론에서 끔찍한 이야기들을 떠들어 대긴 하지만, 어린이집이 태생적으로 아이에게 위험한 장소는 아니"라고 결론 내렸다.[219] "학대의 위험은 어린이집 일반을 피하거나 부모가 일을 그만두는 것을 정당화할 만한 충분한 이유가 되지 못한다."

지난 20년에 걸친 연구들은 일관되게 만일 어린이집이 어린이에게 장기적인 영향을 미친다면 그것은 어린이에게 약간 더 많은 사교성과 독립성을 심어 준다는 점인 듯하다는 결론을 쏟아 냈다.[220] 어린이집에 다니는 어린이들은 성 역할에 대해서도 좀 더 관대한 것으로 나타난다. 어린이집에서 인터뷰했던 여자아이들은 엄마와 아빠 모두가 집안일과 육아를 분담해야 한다고 믿을 가능성이 더 높다. 1982년 미국과학학회National Academy of Science의 한 패널은 일하는 엄마를 둔 아이들은 학문적, 사회적, 정서적 발달에서 아무런 부정적인 영향을 받지 않는다고 밝히기도 했다.

하지만 1980년대에 가장 많은 언론에서 사용한 어린이집 '통계'는 연구보다는 주로 속설을 근거로 삼은 것들이었다. 가령 미디어의 설명에 따르면 가정보다 어린이집에서 질병이 더 많이 나타났다. 하지만 어린이집과 질병의 관계를 다룬 실제 연구에 따르면 초기에는 어린이집 아이들이 질병에 더 취약했지만, 얼마 안 가 면역력을 증진시켜 오히려 집에 있는 아이들보다 덜 아픈 것으로 나타났다.[221] 또 다른 대중적인 신화로는 어린이집이 어머니와 아이의 유대를 위협한다는 주장이 있다. 하지만 실제 연구들은 어머니와 아이의 유대가 줄어든다는 증거는 제시하지 못하고 오히려 아이는 어떤 식으로든 다양한 성인에게 노출되는 것이 좋다는 암시를 준다[222](그 누구도 어린이집이 아버지와의 유대를 위협한다는 걱정을 늘어놓지는 않는 것 같다).

유아 대상 어린이집을 공격할 만한 강렬한 인구통계학적 근거를 찾지 못한 어린이집 비판가들은 신생아들로 관심을 돌렸다. 이들은 세 살짜리 유아는 어린이집에서 살아남을 수도 있지만 신생아들은 분명 영구적인 악영향에 시달릴 것이라고 주장했다. 하지만 이들이 들이민 근거는 전시 고아원과 전쟁 난민 캠프의 유럽 어린이들을 상대로 실시한 연구들이었다.[223] 이런 환경은 아무리 최악이라 해도 오늘날의 어린이집에는 비할 수 없었다. 언론에서 가장 많이 인용하는 연구 중 하나는 심지어 연구 대상이 인간도 아니었다. 심리학자 해리 할로우Harry Harlow는 어린이집의 '신생아'가 심각한 정서적 고통에 시달린다고 밝혔다.[224] 하지만 그의 연구 대상은 새끼 원숭이였다. 그리고 그의 '어린이집 노동자'는 심지어 대리모 역할을 하는 성인 원숭이도 아니었다. 연구자들은 철망으로 만든 모형 원숭이를 사용했다.

마지막으로 1986년에는 어린이집 비판가들이 몇 가지 확고한 데이터를 가지고 있는 듯 보였다. 어린이집 지지자로 유명했던 펜실베이니아 주립대학교 심리학자이자 사회 연구가인 제이 벨스키Jay Belsky는 유아 대상 어린이집에 대해 약간의 의구심을 표출했다. 이제까지 벨스키는 아동 발달에 대한 문헌을 검토해 본 결과 가정에서 자란 아이와 어린이집에서 자란 아이 사이에는 유의미한 차이가 거의 없다는 입장이었다.[225] 그러다가 어린이집 소식지인 《0세에서 3세까지》 1986년 9월 호에서 벨스키는 아이를 첫 1년 동안 주 12시간 이상 어린이집에 맡길 경우 엄마에 대한 "불안정한" 애착으로 귀결될 수 있는 "위험 요인"이 나타날 수 있다는 의견을 제시했다.[226] 언론과 보수적인 정치인들이 서둘러 몰려들었다. 얼마 가지 않아 벨스키는 〈투데이 쇼〉, 〈CBS 모닝 뉴스CBS Morning News〉, 〈도나휴〉 같은 뉴스 네트워크를 순회했고 한 달에 언론 수십 곳으로부터 출연 요청을 받았다.[227] 그리고 진보적인 성향의 벨스키에게는 크게 불편하게도 "보수 인사들이 나를 껴안았다." 우익 학자들이 그의 연구 결과를 인용했다. 보수적인 정치인들은 국회의 어린이집 청문회에 그를 불러 증언을 들었고, 그가 "그들이 듣고 싶은 말"을 내뱉지 않자 격노했다.

벨스키는 유아 대상 어린이집에 대한 자신의 보고서에 숱한 단서를 달았고, 과잉 반응을 하지 말라며 강하게 경고했으며, 증거가

"차고 넘치는 게 아니라 조금"일 뿐이라고 충고했다.228) 벨스키는 "초기 유아의 탁아가 애착 관계를 크게 불안정하게 만들 정도로 엄마를 점점 피하게 만들 수도 있다는 주장은 상대적으로 설득력 있는 정황이 있을 때만 가능하다"고 밝혔다. 그리고 그는 이렇게 덧붙였다. "신중한 과학자라면 나의 추론을 의심할 만하다. 그만큼 내 진술에 충분한 증거가 있다고 강력하게 말하지 못한다." 훗날 회상에 따르면 마지막으로 모든 언론 인터뷰에서 그는 이 많은 경고들을 강조했고, 자신의 연구 결과는 어린이집을 없애는 근거가 아니라 더 많은 연구와 어린이집에 대한 기준이 필요하다는 사실을 드러내는 것이라고 힘주어 말했다.229) "나는 어린이집이 필요 없다는 말을 한 게 아니었어요. 내 말은 우리에겐 좋은 어린이집이 필요하다는 것이었죠. 중요한 건 질이에요." 하지만 벨스키의 말은 "씨알도 먹히지 않았다." 그리고 그의 연구에 대한 잘못된 해석이 한번 미디어에 흘러들어 가자 뿌리 뽑기 불가능한 상태가 된 것 같았다. "기가 막혔던 건 언론인들이 서로의 신문을 그냥 베끼고 있었다는 거예요. 실제 내 논문을 읽은 기자는 거의 없었죠."

벨스키가 잠정적인 재평가를 위해 사용했던 실제 근거들 역시 언론의 관심을 별로 받지 못했다.230) 그는 네 가지 연구에 초점을 맞췄는데, 스스로 시인한 바에 따르면 네 가지 전부 "여러 가지 과학적 이유로 묵살할 수 있었다."231) 첫 번째 연구에서 다룬 어린이집은 주로 계획하지 않은 임신으로 아이를 낳아 복지 수혜를 받는 가난한 어머니들이 이용하는 곳이었다. 그래서 아이들에게 문제가 있다면 그것이 어린이집에 다니기 때문인지 아니면 가정환경이 워낙 암울하고 궁색하기 때문인지 알 수 없었다. 벨스키는 이보다 중간계급에 더 가까운 집단으로부터 얻은 증거가 있다고 말했지만, 그가 사용했던 두 가지 핵심 연구의 저자들은 나중에 그가 자신들의 데이터를 오독했다고 주장했다.232) 어린이집이 공격성에 미치는 영향에 대한 연구 중 하나의 저자인 노스캐롤라이나 대학교의 심리학자 론 하스킨스Ron Haskins는 이후에 발간된 《0세에서 3세까지》에서 "나의 연구 결과는 벨스키의 연구를 뒷받침하지 않을 것"이라고 단호하게 진술했다.233)

벨스키는 어린이집의 유아가 나이가 들면 "말을 더 잘 듣지 않을" 수 있다는 자신의 입장을 뒷받침하기 위해 마지막 연구를 끌어왔다. 하지만 그는 저자들이 자신들의 평가를 상당히 크게 수정한 이 연구의 후속 리뷰에 대해서는 언급하지 않았다. 이 연구자들은 이후 나타나는 행동상의 문제는 결국 "유아 시절 어린이집을 다녔는지 아니면 집에 있었는지 여부를 가지고 예측할 수 없었다"고 밝혔다.[234] 이에 대해 벨스키는 이 모든 것이 해당 연구 안에 실린 데이터를 어떻게 독해하기로 선택하는지에 좌우된다고 말한다. 정치적인 이해관계가 뒤얽힌 이 연구 분야의 그 많은 '연구 결과들'처럼 "결국 모든 게 컵이 반이 차 있는지 아니면 반이 비어 있는지의 문제"라고 그는 말한다.

사회과학자들은 어머니가 집에 있으면서 아이들을 보살필 때 최소한 미국 가정의 구성원 중 한 명은 더 행복하고 더 잘 적응한다는 걸 보여 주기 위해 많은 연구를 제시했다. 그 한 사람이 바로 아버지라는 게 문제긴 하지만 말이다.[235] 그런데 반격의 나팔수들은 이 연구 결과를 꼭 쥐고 제대로 알리지 않는다. 어쨌든 1980년대 말이 되자 언론들은 더 이상 주장을 뒷받침할 확실한 데이터를 요구하지도 않고 있다. 이쯤 되자 대중들은 반격의 구전 지식에 워낙 젖어 들어서 애써 통상적인 통계를 찾아다닐 필요도 사라진 것이다. 누구에게 증거가 필요했을까? 모든 사람들이 이미 1980년대 여성에 대한 신화가 진실이라고 믿어 버렸는데 말이다.

3장
반격의 과거와 현재

여성의 권리 신장을 저지하려는 반격은 미국 역사에서 전혀 새로운 현상이 아니다. 사실 이 현상은 반복되어 나타난다. 여성들이 평등을 향해 조금이라도 전진할 때마다 반격은 마치 문화계에 잠시 만개했던 페미니즘에 찬물을 끼얹는 필연적인 이른 서리처럼 다시 등장한다. 미국 문학가 앤 더글러스Ann Douglas는 "다른 유형의 '진보'와는 달리 우리 문화 내에서 여성의 권리 신장은 항상 이상하게 원상회복이 가능했다"고 말했다.[1] 여성사학자들은 수년간 미국 페미니즘의 "가다 서다 하는 행보"와 "발작적인 움직임", "자꾸 끊어지는 걸음걸이" 앞에서 어리둥절했다.[2] 여성사학자 데일 스펜더Dale Spender는 "남성들이 타고난 전통을 발판으로 꾸준히 전진하는 동안, 여성들은 반복되는 유실과 발견의 순환 속에 갇혀 있다"고 말한다.[3]

하지만 대중들은 여성의 권리를 쟁취하기 위한 투쟁의 역사가 불과 20년 전부터 유례가 없을 정도로 급격하게 기울기 시작한 반듯한 직선과 비슷하다고 상상한다. 미국 여성의 진보에 대한 이런 이미지는 자유를 향한 끝없는 행진을 가로지르는 수많은 굴곡을 무시한 채 여성들이 무력하게, 그리고 '자연스럽게' 배회하는 '전통적인' 여성성의 거대한 평원을 연상시킨다. 1970년대 여성운동이 나타날 때까지 여성의 투쟁은 항상 수동적으로 그려졌다. 이런 이미지는 그 자체로 여성의 권리에 해롭다. 자유를 위한 여성들의 투쟁을 마치 일회적인 사건으로, 호기심을 유발하고 심지어 유해하기까지 한 포스트모던 시대의 부산물로 제시하기 때문이다. 시인이자 수필가인 에이드리언 리치Adrienne Rich의 묘사처럼 "여성들의 정치적, 역사적 과거를 말살하는 행위는 매번 새로운 세대의 페미니스트들을 시간의 표면 위에 돋아난 이상한 돌출물처럼 보이게 만든다."[4]

미국 여성들이 역사를 가로질러 진보해 온 모습을 정확히 기록한다면 그 고리가 시간의 경과에 따라 자유의 선을 향해 좀 더 가깝게 움직이는, 한쪽으로 약간 치우친 나선형에 가까울 것이다. 하지만 이 나선형은 결코 목적지에 닿지 못한 채 무한을 향해 나아가는 수학적인 커브와 유사하다. 미국 여성들은 몇 세대를 끝없이 돌고 있는, 결코 도달하지 못한 채 목적지를 향해 꾸준히 가까워지기만 하는 이 점근성漸近性 나선에 갇혀 있다. 혁명은 매번 자신이 그녀를 이 궤도에서 해방시켜 줄, 그녀에게 마침내 완전한 인간의 정의와 존엄을 인정할 '그 혁명'이 되겠노라고 약속한다. 하지만 늘 나선은 결승선 바로 앞에서 그녀의 등 뒤로 돌아간다. 늘 미국 여성들은 조금만 더 기다려야 한다, 조금만 더 인내심을 발휘해야 한다, 무대 위에 오를 시간이 아직 좀 남았다는 소리를 듣는다. 심지어 그녀는 강압으로 인한 지체를 자신의 선택으로 받아들이거나 자랑거리로 여기게 될 수도 있다.

이 나선이 평등을 향해 좀 더 가까이 회전할 때마다 여성들은 자신들의 여정이 드디어 종착점에 이르게 되었다고 생각했다. 여성 참정권 운동가 이다 허퍼Ida Husted Harper는 여성들의 상황이 "20세기 초에는 대부분의 측면에서 완벽하게 변모했다"고 환호했다.[5] 페미니스트 엘시 파슨스Elsie Clews Parsons는 1913년에 곧 있으면 미국은 "믿지 않으려는 후손들에게 한때는 여성이 별개의 사회계급이었음을 입증하기 위해" 여성 박물관을 개관해야 할 것이라고 말하기도 했다.[6] 그리고 이후 제2차 세계대전이 끝났을 때 한 여성 철강 노동자는 정부의 설문 조사에서 "여성이 있어야 할 곳은 집이라는 낡은 주장은 더이상 존재하지 않는다. 그런 시절은 영원히 사라졌다"고 선언했다.[7]

하지만 샴페인을 너무 일찍 터뜨린 꼴이었다. 부풀어 오르던 여성들의 희망이 결국 좌절되는 이런 패턴은 과거나 현재에 국한되지 않는다. 여성들이 거둔 대체로 소소한 성과(혹은 그저 여성이 주도권을 쥐고 있다는 인식)에 발끈하는 다양한 형태의 반격들은 싱글 여성과 아이가 없는 여성 들에게 불리한 제약 조건을 달았던 고대 로마의 부동산법과 처벌, 여성 제자에 대한 초기 기독교회의 이단 판

정, 중세 유럽의 대대적인 마녀 화형에서도 찾아볼 수 있다.[8]

하지만 응축된 미국사에서 반격은 놀라울 정도로 자주, 강력하게 출현했고, 대단히 교묘한 설득 수단을 발달시켰다. 계급 구분이 약한 혹은 최소한 잘 드러나지 않는 나라에서 젠더 지위를 더 높이 평가하고 열정적으로 지키려는 것은 어쩌면 당연한 일인지 모른다. 미국 남성은 자신을 대중보다 더 높은 지위로 승격시켜 주는 가문의 문장을 내세우지 못할 경우 자신이 남성이라는 사실 자체를 일종의 족보로 삼을 수 있다. 미국에서는 여성을 성공적으로 설득해 예속에 협력하게 만드는 게 특히 유구한 전통이다. '매매 신부purchase brides'로 미국 식민지에 첫발을 들인 유럽의 백인 여성들은 버지니아로 수송되어 운송 가격에 독신남들에게 판매되었다.[9] 신부는 '합의하에 판매'되었다는 이유에서 이 거래는 노예 상태가 아닌 선택으로 묘사되었다.[10] 당황한 알렉시스 드 토크빌의 말처럼 19세기 초 미국의 싱글 여성들은 유럽의 싱글 여성들보다 더 많은 자유를 누리는 듯 보였지만 이 자유를 내던지고 억압적인 결혼 관계에 뛰어드는 데 더 굳은 의지를 보이기도 했다. "그녀는 자신의 독립을 이용하여 투쟁 없이 이를 내어 주는 법을 학습했다고 말할 수 있다."[11] 이후에 여성의 진보를 가로막기 위해 주기적으로 진행된 작전들은 미국 여성들에게 자신들이 거머쥔 자유를 가지고 자유를 축소시키도록 부추겼고, 이런 방식은 각별히 유용함이 입증되었다. 신시아 키너드Cynthia Kinnard라는 연구자가 미국의 반페미니즘 문헌을 서지학적으로 조사하면서 확인한 바에 따르면, 여성운동을 비난하는 논문의 약 3분의 1, 도서와 소책자의 약 절반을 저술한 필자가 여성이었다.[12]

미국에서 반격은 식민지 시대까지 거슬러 올라가지만, 지난 10년간 출현했던 반격의 양식은 19세기에 가장 확고하게 뿌리를 두고 있다. 빅토리아시대*에 출현한 매스미디어와 대량 판매는 여성의 열망을 억누르는 데 억압적인 법과 처벌보다 더 효과적인 수단임이 입증되었다. 이 두 수단은 비난이 아니라 순응의 연합체와 함께 통치하고, 권력을 쥔 남성의 이해관계가 아니라 여성의 여론을 대변한다

* 1837~1901년.

고 주장한다.

여성운동의 흐름을 따라 다시 빅토리아시내로 거슬리 올라가 보면 네 차례의 혁명을 만들어 낸 하나의 소용돌이를 만나게 된다. 여성의 권리 신장 투쟁은 19세기 중반, 1900년대 초, 1940년대 초, 그리고 1970년대 초에 힘을 얻었고, 매 시기마다 투쟁은 반격에 굴복했다.

되풀이되는 반격, 대단히 미국적인

1848년 세니커폴스 여성의 권리 회의에서 첫발을 떼고 엘리자베스 캐디 스탠턴Elizabeth Cady Stanton과 수전 앤서니Susan B. Anthony를 통해 유명세를 떨치게 된 19세기 중반의 '여성운동'은 여성 참정권과 교육, 일자리, 결혼 관계에서의 재산권, 자발적인 모성, 보건과 의복 개혁 등 일련의 자유를 요구했다. 하지만 19세기 말에 몰아닥친 문화적 반동은 여성들의 정의에 대한 호소를 짓뭉개 버렸다. 아이비리그의 학자, 종교 지도자, 의료 전문가, 언론계의 권위자 등으로 구성된 당시의 공격수들은 사실상 오늘날과 똑같은 경고를 빗발치듯 퍼부었고 여성들은 그 앞에서 물러났다. 이 시대의 교육받은 여성들 역시 남자 품귀 현상의 희생자라는 소리를 들었다.[13] 당시의 표현 방식에 따르면 "남아도는 상류층 독신 여성"은 입법부 내의 논쟁과 광적인 학문적 "연구"에 영감을 제공했다. 1895년에는 대졸 여성 중 결혼할 수 있는 여성은 28퍼센트뿐이라고 주장하는 결혼 연구가 떠돌아다니기도 했다. 또한 당시 여성들 역시 소위 불임 유행병에 시달렸는데 1873년에 출간된 한 하버드 대학교 교수의 베스트셀러에 따르면 당시의 불임 유행병을 유발한 것은 "뇌와 자궁"의 충돌이었다.[14] 그리고 빅토리아시대의 직장 여성들 역시 일종의 초기적인 직장 번아웃("여성 신경계의 탈진")에 시달리고 여성성을 잃고 "자웅동체성"을 갖게 된다는 설들이 분분했다.[15]

지금처럼 당시에도 후기 빅토리아의 종교·정치 지도자들은 출산을 연기하는 여성들이 "인종 자살"을 유발하여 (백인) 미국의 미래를 위험하게 만든다고 비난했다.[16] 루스벨트Franklin Roosevelt 대통령의 말을 빌리면 이들은 "인종을 상대로 한 범죄자들"이자 "건강한 사람들의 경멸과 혐오의 대상"이었다. 지금도 그렇지만 그때도 권리를 요구하는 기혼 여성들은 '가족의 위기'를 조장한다며 비난받았다. 미디어와 교회는 페미니스트들이 이혼율에 기름을 붓는다고 욕했고, 주의 입법기관들은 1889년부터 1906년까지 제한 사항이 많은 백여 건의 이혼법을 통과시켰다.[17] 사우스캐롤라이나는 이혼을 노골적으로 금지했다. 그리고 오늘날의 뉴라이트 집단과 비슷한 '순수' 운동가 집단은 피임과 낙태를 '외설적'이라며 비난하고 이를 금지하는 방안을 모색했다. 1800년대 말에 이르러 이들은 결국 성공했다.[18] 의회는 피임 도구의 보급을 불법화했고 대부분의 주에서는 낙태를 불법화했다. 이 모든 조치가 미국 역사상 최초였다.

1910년대 초 여성운동가들은 여성 참정권 투쟁을 재개했고 이를 전국적인 정치 운동으로 확대시켰다. 페미니즘이라는 단어가 대중적인 어휘로 자리 잡았고(심지어 말 없는 영화계의 요부 테다 바라Theda Bara조차 자신을 페미니스트라고 칭했다) 새로 결성된 수십 곳의 여성 단체들은 서둘러 페미니즘의 주장들을 승인했다.[19] 1916년에 전미여성당National Woman's Party이 조직되었고, 남녀평등헌법수정안을 요구하는 캠페인이 시작되었으며, 직장 여성들은 자체적인 노조를 결성하고 적정한 임금과 더 나은 노동조건을 위해 파업을 벌였다. 1900년에 설립된 국제여성피복노조International Ladies' Garment Workers Union는 급성장을 거듭하여 1913년경에는 미국노동총연맹American Federation of Labor에서 세 번째로 큰 지부가 되었다.[20] 마거릿 생어Margaret Sanger는 전국적인 산아제한 운동을 이끌었고, 일종의 페미니스트 지식인 조직인 헤테로독시*는 초기 의식 고양 집단들을 이끌기 시작했다.[21]

하지만 여성들이 투표권을 쟁취하고 소수의 주에서 입법기관이 여성에게 배심원으로서의 의무를 부여하고 동일임금법을 통과시키자 페미니즘에 대한 또 다른 역습이 개시되었다. 미국전쟁부는 재향군인회American Legion와 애국여성회Daughters of the American Revolution의 지원 속에 여성운동 지도자들을 상대로 빨갱이 사냥을 조장했다.[22] 샬

---

* Heterodoxy, 1912년 그리니치빌리지를 중심으로 설립된 '이단'이라는 뜻의 급진적 페미니스트 토론 집단.

렷 퍼킨스 길먼Charlotte Perkins Gilman 같은 페미니스트들은 갑자기 자신의 글을 발표할 수가 없게 되었다. 제인 애덤스Jane Addams에게는 공산주의자에 국가 안보의 '중대한 위협'이라는 낙인이 찍혔고 엠마 골드만Emma Goldman은 추방당했다. 미디어는 여성 참정권 운동가들을 헐뜯었다.[23] 잡지의 기고가들은 페미니즘이 '여성의 행복을 파괴'한다고 조언했고, 대중소설들은 '직장 여성들'을 공격했고, 성직자들은 '여성 반란의 유해함'을 질타했고, 학자들은 페미니즘이 이혼과 불임에 기름을 끼얹는다고 비난했고, 의사들은 산아제한이 '정신이상, 결핵, 브라이트 병, 당뇨, 암의 증가'에 기여하고 있다고 주장했다. 잡지의 작가들은 젊은 여성들이 더 이상 "그 모든 페미니즘 소동"에 시달리기를 원치 않는다고 전했다.[24] 포스트페미니즘 정서가 처음으로 표출된 것은 1980년대의 미디어가 아니라 1920년대의 언론에서였다.[25] 이렇게 빗발치는 공격 때문에 페미니즘 조직의 회원 수는 곧 급락했고, 나머지 여성 모임들도 황급히 남녀평등헌법수정안을 비난하거나 아니면 사교 모임으로 성격을 바꿔 버렸다. 그리고 '한때의 페미니스트들'이 고백을 쏟아 내기 시작했다.[26]

미국은 여성들에게 동등한 존중 대신 미스아메리카대회를 제안했다.[27] 이 대회가 개최된 1920년은 여성들이 투표권을 쟁취한 해이기도 했다. 입법가, 노동계와 재계 지도자, 그리고 결국 일부 여성 집단 들은 동등한 권리 대신 '보호를 위한' 노동 정책, 대체로 남성들의 일자리를 보호하고 여성에게 동일한 임금을 지불하지 않는 데 기여한 이 조치를 승인했다. 10년간 늘어났던 여성 전문직의 수도 1920년대에는 줄어들었다.[28] 1930년에 이르자 여성 의사는 1910년보다 더 줄었다. 대공황이 닥치면서 새로 만들어진 연방과 주의 법은 수천 명의 여성들을 강제로 일자리에서 몰아냈고, 새로운 연방 임금 규정은 여성에 대한 낮은 임금률을 제도화시켰다.[29]

1933년 페미니스트 도리스 스티븐스Doris Stevens는 전미여성당의 간행물인 『동등한 권리Equal Rights』에서 "우리는 정부 당국이 우리가 이제 막 벗어난 불쾌한 의존의 늪으로 다시 여성들을 집어 던지기 위한 시도를 계획하고 이를 지원하고 있음을 알고 있다"고 밝혔다.[30]

마거릿 컬킨 배닝Margaret Culkin Banning은 1935년 《하퍼스》에 실린 한 에세이에서 "때로 기묘하게 참정권 운동 이전 상태로 되돌아가서 남성에 대한 여성들의 불만이 여성에 대한 남성들의 불만으로 바뀐 것처럼 보일 때도 있다"고 말하기도 했다.[31] 하지만 오늘날처럼 대부분의 사회 평론가들은 페미니즘의 텐트가 철거되고 있는 것은 단지 싸움이 끝났고 여성의 권리가 확보되었기 때문이라고 주장했다. 정치학자인 에설 클라인Ethel Klein이 1920년대에 대해 쓴 글에 따르면 "여성운동에 대한 관심의 해체는 실패가 아닌 완성의 신호로 받아들여졌다."[32]

전시 경제를 통해 여성들에게 산업계의 고소득 일자리 수백만 개가 개방되고, 정부마저 최소한의 보육 서비스와 가계 지원책을 제공하기 시작한 1940년대에 다시 나선은 반대 방향으로 빠르게 회전했다.[33] 연방에서 발행한 홍보 책자에서는 강인한 직장 여성을 진정한 애국자로 추어올렸다. 강한 여성은 문화적 상징이 되었다. 리벳공 로지Rosie the Riveter는 숭배의 대상이 되었고, 1941년에는 원더우먼이 등장했다. 여성들은 자신들의 새로운 경제적 지위를 반겼다.[34] 전쟁 기간 동안 500~600만 명이 노동력 시장에 쏟아져 들어갔고, 200만 명이 중공업 분야에서 일했다. 전쟁이 끝날 무렵이 되자 이들은 전체 노동자의 57퍼센트라는 기록적인 비중을 차지했다. 정부의 설문 조사에 따르면 전쟁 뒤에도 일을 계속하겠다고 답한 여성은 75퍼센트였다.[35] 그리고 그 아랫대인, 시니어스칼라스틱Senior Scholastic의 설문 조사에 응답한 여자아이 3만 3,000명 중에서도 직업을 원한다고 답한 비중이 88퍼센트였다. 여성의 정치적 에너지도 다시 활기를 얻었다.[36] 노동계급 여성들은 노조로 몰려들어 동일 임금, 동일한 선임권, 보육 서비스를 위해 투쟁했다. 그리고 페미니스트들은 남녀평등헌법 수정안을 쟁취하기 위한 새로운 캠페인에 착수했다. 수정안은 이 시기가 되어서야 양 정당의 승인을 받았고, 상원법사위원회는 전쟁이 진행되는 동안 이 법안이 처음으로 제안된 1923년 이후 최초로 세 차례에 걸쳐 상원의 표결에 부쳤다.[37] 입법부가 이례적으로 선의를 쏟아 내는 가운데 1940년대의 의회는 여성의 권리 신장에 기여한 33개

의 법안을 통과시켰다.[38]

하지만 제2차 세계대전이 끝나자 산업계, 정부, 미디어는 다시 여성들을 강제로 후퇴시키기 위해 똘똘 뭉쳤다. 나라 바깥에서 미국이 승리를 선언한 지 두 달이 되었을 때 80만 명의 여성들이 항공기 산업에서 해고되면서 여성들은 경제적 교두보를 잃었다.[39] 그리고 그해 말 200만 명의 여성 노동자들이 중공업 분야에서 쫓겨났다. 고용주들은 기혼 여성 고용 금지 방침을 부활시키거나 여성 노동자의 임금에 상한선을 설정했고, 연방 정부는 실업 보조금을 남성들에게만 주겠다는 안을 내놓았고 보육 시설의 문을 닫았으며 퇴역 군인들이 직장 여성의 자리를 대신할 '권리'를 보호했다.[40] 연방의 여성국, 43개의 전국 조직, 그리고 불평등한권리수정안저지전국위원회National Committee to Defeat the UnEqual Rights Amendment 등이 포함된 남녀평등헌법수정안 반대 동맹이 세를 결집시켰다.[41] 그리고 얼마 가지 않아 이들은 수정안의 명을 끊었다. 《뉴욕타임스》는 사설을 통해 이 사망 선고를 반겼다. "모성은 수정될 수 없고, 상원이 수정안을 상정하지 않아서 우리는 기쁘다"고 신문은 밝혔다. 1948년에 UN이 평등권을 지지하는 선언을 발표했을 때 22개 아메리카 국가 중에서 미국 정부만이 유일하게 여기에 서명하지 않았다.[42]

전쟁 기간 동안 여성의 노동에 갈채를 보냈던 고용주들은 이제 직장 여성들이 무능하거나 '태도가 불량'하다며 비난했다.[43] 그리고 남성보다 75퍼센트 더 많은 비율로 여성들을 해고했다. 조언 전문가들은 뻔한 경고로 서점을 메웠다.[44] 교육과 일자리는 여성들에게 여성성을 빼앗아 가고 결혼과 모성을 부정하게 만든다, 여성들은 고용으로 인한 '피로'와 정신적 불안에 시달리고 있다, 보육 시설을 이용하는 여성들은 이기적인 '모피 코트를 두른 엄마들'이다 등등. 여기에 꼬리를 물고 아이비리그의 또 다른 결혼 연구가 머리기사를 장식했다. 코넬 대학교 연구에 따르면 대졸 싱글 여성이 결혼할 가능성은 65퍼센트뿐이었다. 《선데이》에서 발행하는 잡지인 《디스위크》는 여성 독자들에게 대학 졸업이 "여러분이 노처녀가 될 가능성을 폭증하게 하므로" 조심하는 게 좋다고 충고했다.[45] 당대의 유명한 조언서에서는 페미니즘을 가리켜 현대 여성들을 비탄에 잠긴 "망각된 성"으로 만드는 "뿌리 깊은 질환"이라고 경고했다.[46] 바너드 대학교 사회학자 윌러드 윌러Willard Waller는 독립적인 성향의 여성들이 전쟁 기간 동안 "통제할 수 없는 상태"가 되었다고 진단했다.[47] 여성의 자율성과 공격성이 증가하면서 미성년 범죄와 이혼율이 증가했고, 이는 결국 가정의 몰락으로 이어질 뿐이라며 학자와 정부 관료 들은 입을 모았다.[48] 육아 권위자, 그중에서도 가장 유명한 벤저민 스포크Benjamin Spock 박사 같은 사람들은 아내는 집에 있어야 한다고 주장했고, 대학들은 여성들에게 좋은 주부가 되는 법을 훈련시키는 새로운 커리큘럼을 짰다.

광고업자들은 전시에 보내던 메시지(여성도 일을 하면서 가족 생활을 즐길 수 있다)를 거꾸로 뒤집어 이제는 여성은 선택을 해야만 하고, 그 선택은 가정뿐이라고 주장했다.[49] 전후 잡지 연재 소설에 나타난 여성의 이미지에 대한 연구가 훗날 밝힌 바에 따르면, 이 시대에는 여성의 직업이 20세기 그 어느 때보다 볼품없이 그려졌다.[50] 이런 짧은 이야기들은 1905년 이후 "여성의 출세 지향에 대한 가장 강력한 공격"을 대변했다. 만화에서는 전후의 원더우먼마저 무릎에서 힘이 빠졌다.[51]

몇 안 되는 여성의 권리 옹호자들은 정치적 폭풍이 형성되고 있다는 신호를 다시 한 번 지적하려 했다. 1948년 수전 앤서니 4세Susan B. Anthony IV는 여성운동을 "쓰러뜨리려는" 움직임이 계획 중인 것 같다고 말했다.[52] 전시인적자원위원회에서 여성자문위원회의 대표를 맡았던 마거릿 히키Margaret Hickey는 "은밀한 방법들과 날조된 변명들로 이루어진 작전"이 여성들을 정부 내 고소득 일자리에서 밀어내고 있다고 경고했다.[53] 하지만 대부분의 여성운동 집단들은 자신들의 대의를 배신했다. 얼마 가지 않아 히키 자신부터 "낡고 이기적이며 공격적인 페미니즘의 시대는 갔다"고 선언했다.[54] 그러는 한편 교외의 테라스와 가족의 은신처 같은 텔레비전에나 나올 법한 꿈의 장소에서 떠도는 아랫대 여성들은 부풀린 브래지어를 입고서 개인적인 야망 같은 건 필요 없다고 부정했다. 얼마 가지 않아 젊은 여성 대학생 대다수가 자신이 대학에 온 건 남편감을 찾기 위해서일 뿐이라고 밝혔다. 초혼 연령은 20세기에 유례가 없을 정도로 하락했고 이들이 낳은 아기의 수는 기록적으로 치솟았다.[55]

'여성의 신비'로 집약되는 1950년대에 대한 기록은 풍부한 편인데, 이 중 가장 유명한 것이 베티 프리던의 1963년 저작이다. 하지만 사실 집에 틀어박힌 1950년대의 여성이라는 이 유명한 이미지는 당시 여성들의 실제 환경과는 차이가 있었다. 이는 오늘날의 반격과 특히 관련이 깊은 중요한 특징이지만, 여성들이 지속적으로 노동시장에 진출하고 있다 보니 그 영향은 종종 무시되고 큰 문제가 없거나 심지어는 의미 없는 것으로 평가받기도 한다. 1950년대 여성들은 서둘러 결혼을 하긴 했지만 취업 역시 많이 했는데, 얼마 가지 않아 전시 여성의 노동 참여를 능가할 정도로 속도가 붙었다. 그리고 반페미니즘적 광기를 자극하고 지속시킨 것은 여성의 가정으로의 후퇴가 아니라 바로 이런 여성의 수그러들 줄 모르는 직업 시장으로의 유입이었다. 현실에서는 아홉 시부터 다섯 시까지 일하는 여성들이 오히려 고분고분한 집순이이자 노리개라는 문화적 환상을 고조시켰던 것이다. 문학 비평가 샌드라 길버트Sandra M. Gilbert와 수전 구바Susan Gubar가 전후 시대에 대해 논평한 것처럼 "뇌를 써서 돈을 버는 여성들이 늘어날수록 소설, 연극, 시에서 여성을 육체밖에 없는 존재로 재현하는 남성들이 늘어났다."[56]

이런 문화적 이미지에도 불구하고, 일하는 여성의 비율은 1940년부터 1950년 사이에 두 배로 늘었고, 직장 여성의 절반 이상이 처음으로 기혼자인 현상이 나타났다.[57] 이 때문에 평균적인 남성들은 자신의 집에서 직장 여성이라는 공포를 상대해야 했다. 전후 산업들이 여성 노동자를 축출하던 그 절정기에마저 여성들은 뒷문을 통해 조용히 작업장으로 복귀했다. 제2차 세계대전이 끝나고 난 뒤 첫 1년 동안 325만 명의 여성들이 산업계의 일자리에서 해고되거나 떠나라는 설득을 당했지만, 동시에 275만 명의 여성이 저임금 판매직과 행정직으로 노동력에 편입되었다.[58] 전쟁이 끝나고 난 뒤 2년 내에 직장 여성들은 직업 시장 내의 수적인 감소를 만회했고, 1952년이 되자 전시 경제의 생산량이 절정이던 시기보다 일하는 여성이 늘어났다.[59] 1955년 무렵에 평균적인 아내들은 첫아이를 낳기 전까지 일을 하다가 아이가 학교에 다니기 시작하면 직장으로 돌아갔다.[60]

여성의 신비 시절의 반격은 직장 여성들을 집으로 되돌려 보내지 못했다[61](그리고 교훈적이게도 종전 이후에도 전시 사무직 종사자는 거의 아무도 해고되지 않았다). 그런데도 문화적으로 여성은 조롱의 대상이었고, 고용주들은 여성을 차별했으며, 정부는 여성을 차별하는 새로운 고용 정책을 홍보했고, 결국 여성 자신들은 일을 해야 한다면 타이프 치는 일만 해야 한다는 메시지를 내면화했다. 1950년대에 직장 여성의 수가 줄지는 않았지만 저임금 일자리로 밀려난 여성의 비중이 늘었고 임금 격차는 커졌으며, 1930년에 절반을 차지했던 고소득 직종 종사자의 수가 1960년에는 약 3분의 1로 줄어들면서 직업상의 남녀 구분이 심화되었다.[62] 요컨대 1950년대의 반격은 여성들을 '행복한 주부'로 탈바꿈시키지 못했고, 그저 쥐꼬리만 한 월급을 받는 비서로 좌천시켰을 뿐이다.

1950년대 여성들의 모순적인 환경(경제적 참여는 늘었지만 문화적으로 지위가 궁지에 몰리고 약화된)은 반격의 공세에 시달리는 여성들의 상황을 보여 주는 핵심적인 역설이다. 20세기 전환기에 여성들을 대학과 일터에서 몰아내려는 대학 총장, 정치인, 재계 지도자들의 통일된 노력 역시 실패했다.[63] 1870년부터 1910년 사이에 대학을 다니는 여성의 비중과 직장 여성의 비중은 모두 두 배로 늘어났다. 따라서 우리는 직업 시장에서 여성들이 얼마나 줄었는지가 아니라, 직업 시장 내에서 여성의 권리와 기회에 대한 공격, 진정한 경제적 평등을 중단하고 방해하는 공격을 가지고 반격을 추산해야 한다. 1985년 여성의 권리에 대한 미국노동총연맹산업별조합회의AFL-CIO의 보고서가 1980년대 직업 시장 내 여성의 미심쩍은 진보에 대해 보고한 바와 같이 "오늘날 일하는 여성의 수는 약 5,000만 명까지 늘어났지만 경제적 지위는 그만큼 향상되지 못했다."[64]

반격이 어째서 이렇게 상충되는 방식으로 작동하는지를 이해하려면 여성의 진보에 대한 기울어진 나선 모델로 되돌아가야 한다. 어떤 반격의 시기든 문화적 우려는 필연적으로 이 나선 안에 있는 두 압점으로 몰린다. 이 두 압점은 나선을 밀어붙이는 두 개의 화살처럼 작동해 여성의 지위를 향상하는 방향으로 나선을 기울어지게도 하지만 동시에 반격 세력의 가장 큰 분노가 모이는 곳이 되기도 하는 인구학적 흐름을 말한다.

월급에 대한 여성들의 요구가 이 화살 중 하나다. 유급 노동력 내 여성의 비중은 빅토리아시대 이후로 큰 흔들림 없이 증가하고 있다. 소득이 사회적 능력이자 권위의 척도인 사회에서 직장 여성이 늘면 당연히 여성은 더 이상 부차적인 지위에 머물지 않아도 된다. 하지만 그렇다고 해서 완전한 평등이 이루어지지도 않았다. 그보다 나선이 돌고 도는 가운데 문화는 여성들을 완전히 주방으로 복귀시키지는 않더라도, 여성들이 집 밖에서 보내는 시간을 최대한 불공평하고 참을 수 없게 만들어서, 그러니까 여성들을 최악의 직업에 몰아넣고, 최저임금을 지불하고, 해고는 가장 처음에, 승진은 가장 마지막에 시키고, 보육 서비스나 육아 휴가를 제공하지 않고, 성희롱에 꼼짝 못하게 만들어서 간단하게 반격의 힘을 다시 강화한다.

반격의 나선을 밀어붙이지만 결코 그것을 파열시키지는 못하는 또 다른 곧은 화살은 자신의 생식 능력을 통제하려는 여성들의 시도이다. 그리고 이는 사적인 행위와 공적인 태도 사이에 똑같은 역설을 빚어내기도 한다. 헨리 애덤스Henry Adams가 당시 여성들이 점점 가족 확대를 자제하려는 성향에 대해 분노하며 표현한 바와 같이 "사회 여론의 표면적인 흐름은 반대 방향으로 흐르는 사회적 실천의 말 없는 저류만큼이나 강력하게 한 방향으로 고정된 듯했다."[65] 전후 베이비붐을 빼면 20세기에는 가구당 출산 건수가 꾸준히 감소했다.[66] 가족의 크기를 제한할 수 있는 능력은 분명 여성의 상황을 개선시켰지만, 이는 임신부의 행동을 규제하고 자녀 없는 여성에게 낙인을 찍는 보수적인 사회 캠페인에 영감을 제공하기도 했다. 반격의 시기가 되면 산아제한은 더 어려워지고, 낙태에는 족쇄가 채워지며, 이를 활용하는 여성들은 '이기적'이거나 '비도덕적'이라는 말로 매도당한다.

1970년대 여성운동은 균등 고용과 차별 금지 정책 면에서 역사에 남을 만한 업적을 달성하고자 했고, 돈을 잘 버는 엘리트 '남성' 직종의 문호를 개방했으며, 마침내 낙태 합법화에 기여하는 등 고용과 출산의 양대 전선에서 가장 괄목할 만한 진전을 이루었다. 그리고 이번에도 다시 한 번 반격이 절정에 달해 분출되면서 이 두 기둥을 가장 거세게 타격했다. 그 결과 균등 고용 이행을 위한 연방 기구가 해산되었고, 직장 여성을 위한 중요한 법 규정들이 물거품이 되었고, 낙태권이 침해되었고, 산아제한 연구가 중단되었고, '태아 보호'와 '태아의 권리' 정책이 반포되어 여성을 돈 잘 버는 일자리에서 몰아내고, 여성들이 원치 않아도 외과적인 산과 수술을 받게 했으며, '나쁜' 엄마는 감옥에 처넣었다.

지난 10년간 전개된 여성의 권리에 대한 공격에서 가장 괄목할 만한 지점은 언급한 사람이 거의 없었다는 점인지 모른다. 언론은 점점 늘어나는 반격의 증거들을 대체로 무시했고 오히려 반격이 날조해 낸 '증거들'을 홍보했다. 미디어는 여성의 진보를 결혼 좌절과 생식 실패에 연결시키는 결혼과 불임에 대한 거짓 데이터를 유통시키거나, 늘어나는 불평등과 부정의를 감추는 잘못된 정부 및 민간 보고서를 그대로 보도했다.[67] 가령 성별 임금 격차가 갑자기 줄어들었다는 노동부의 주장이나 직장 내 성희롱이 감소세에 있다는 평등고용기회위원회의 주장, 혹은 강간율이 정체되었다는 법무부의 보고서 같은 것이 여기에 해당한다.

매스미디어들은 정치적으로 위축된 여성들의 삶에 대한 사실적인 보도 대신, 여성들의 '고치 짓기cocooning'라는 허구적인 트렌드에 대한 설명을 제시했다. 이 소위 새로운 사회적 트렌드에 따르면 살림솜씨가 좋은 '신전통주의자'는 가정의 은신처로 물러나 행복하게 칩거하며 지낸다. 고치 짓기는 광고업자들의 '작품'인 1950년대의 '다시 집으로 운동'의 부활이자, '가정에 대한 새로운 숭배'가 여성들을 우르르 집으로 데리고 들어오리라는 빅토리아시대적인 환상의 재탕일 뿐이다. 당연하게도 집에서 고치 짓는 숙녀를 발명하고 칭송한 것은 갈수록 고치를 짓지 않으려는 여성들의 습관 때문에 가장 크게 경제적 타격을 입은 기관들이었다. 전통적인 여성지 출판사, 텔레비전 프로그래머, 패션·미용·가정용품 판매자들 모두가 큰 역할을 했다. 이 장사치들은 아직도 자신들의 제품을 팔려면 '여성적인 수동성'과 전업 가사 노동이 필요하다고 믿는다. 이들은 홍보용 사은품을 통해 빅토리아시크릿Victoria's Secret의 카탈로그에 나오는 새로운 유한마담이, '새로운' 클레롤 걸*이, '새로운' 브렉 걸Breck Girl (336쪽 참조)이, 새로운 빅토리아식 가정의 천사가 드디어 돌아왔다고 떠들어 대며 누차 신전통주의자의 고결한 굴복에 경의를 표하고 이를 사람들에게 팔아먹었다.[68]

'고치 짓기'라는 단어 선택은 이런 흐름이 공상에 기초하고 있음을 시사한다. 고치는 성숙 단계에 이르면 즉시 벗겨지는 겉껍질이다. 나비는 번데기로도, 유충으로도 되돌아가지 않는다. 고치 짓기라는 문화적인 신화는 생애 주기에서 태내의 상태로 퇴행하는 성인 여성을 암시한다. 이는 20세기 전환기에 활동했던 한 작가가 "성장을 위한 여성들의 시도"라고 한때 적절히 규정했던 페미니즘의 여정에서 다시 거꾸로 돌아가는 길을 의미한다.[69] 게다가 중년에 접어드는 여성 인구가 가장 많은 비중을 차지하는 바로 그 시점에 여성 성인기에서의 퇴행을 활성화하는 고치 짓기라는 유아기적 이미지에는 악의적인 뜻이 숨겨져 있다. 하필이면 여성들이 젊음에서 점점 멀어지고 있을 때 여성적인 젊음이 추앙을 받고 있는 것이다. 고치 짓기는 여성들에게 어린 소녀가 되라고 졸라 대고, 그러고 난 뒤 그런 노력을 할 수 없는 여성들을 가차 없이 욕보인다.

지난 10년간 현대의 대중문화가 펼쳐 보인 잘못된 여성상은 여성의 현실을 가리면서 오히려 거울처럼 반영하고 있다고 주장하는 거대한 벨벳 커튼이라고 할 수 있다. 그 커튼은 여성을 고치로 만들거나, 여성들을 신전통주의자로 만들지 못했다. 하지만 그 두꺼운 직물은 여성의 권리에 대한 정치적 공세를 숨기는 동시에 미국 여성들이 자신을 판단할 때 갖다 대는 터무니없는 기준이 되어 버렸다. 그 잘못된 전선으로 인해 여성들은 그 거울의 타당성을 의심하고 비반

* Clairol Girl, P&G의 염색 및 모발 관리 제품 광고에 등장하는 여성 모델.

사면이 가리고 있는 것을 들춰내기 위해 노력하기보다는, 대량생산된 거울의 이미지에 자신이 부합하지 않는다며 스스로에 대해 의구심을 품게 되었다.

반격이 힘을 얻게 되자 많은 여성 집단과 개별 여성 들은 맞서 싸우면서 그 힘을 폭로하는 대신 날조된 환경 속에 섞이려고 하다 덫에 갇혀 버렸다. 퍼스트여성은행First Women's Bank에서부터 여성을위한선택Options for Women에 이르기까지, 10년 전에 설립된 페미니즘 성향의 기관들은 중립적인 느낌의 새로운 이름으로 자신들의 의도를 위장했고, 정계의 여성들은 이제는 여성의 권리가 아니라 '가족 문제'에만 관심을 가진다고 주장했으며, 아이비리그 출신의 직장 여성들은 대중들의 입맛에 맞추기 위해 페미니스트라는 꼬리표를 감춰 버렸다.[70] 많은 여성들이 불의를 공격하는 대신 거기에 적응하는 법을 배웠다. 화내는 대신 침울해졌고, 단결하기보다는 갈가리 쪼개져서 자신의 고통과 좌절을 내부로 돌렸는데 때로 이는 지극히 육체적인 방식으로 이루어졌다.

반대로 반격의 압력에 대한 여성들의 이런 적응 과정은 이를 이용하고 악화시키기 위해 몰려든 많은 '전문직들'에게 기록적인 이득을 안겨 주었다. 자기 계발서의 저자와 대중 심리 치료사, 중매 컨설턴트, 외과 의사, 불임 전문가는 반격이 야기한 여성들의 걱정과 공포에 기름을 붓는 동시에 이를 돈벌이로 이용해 왔다. 수백만 명 여성들은 고뇌에서 벗어나고자 했지만 결국 이 시대를 풍미하는 조언들을 통해 목소리를 내는 법이 아니라 자신의 기대치를 낮추고 더 큰 권력에 굴복하는 방법을 배울 뿐이었다.[71]

미국 여성들은 완전히 고치 속에 들어가지는 않았지만, 토끼 굴에 걸려서 갑자기 고립되어 버렸다. 웬디 와서스타인Wendy Wasserstein의 1988년 브로드웨이 히트작인 〈하이디 연대기The Heidi Chronicles〉에서 주인공 하이디 홀랜드의 대사는 나중에 1980년대 여성의 경험에 대한 글을 쓰는 여성들이 가장 많이 인용하는 말이 되었다.[72] "길을 잃은 기분이야. 전에는 우리가 길을 잃은 기분에 휩싸이지 않는 게 중요하다고 생각했는데 말이지." 한때 페미니스트 예술사가였던 주인공은 이렇게 말한다. "그때 난 우리가 이 안에서 모두 함께라고 생각했어." 동등한 권리에 대한 여성들의 집합적인 요구가 이에 저항하는 반격의 벽에 부딪히면서 셀 수 없이 많은 조각들로, 그 하나하나가 고립된 여성의 삶인 조각들로 부서지게 된다. 반격은 광고업자들의 설명처럼 '가족이 함께하는' 편안한 기분이 아니라 이제는 모든 여성이 혼자라는 으스스한 깨달음을 안겨 주었다. 현대 여성들을 조사한 한 논문에서 어떤 비서는 "나는 혼자"라고 고백하는데, 이 논문에는 이런 한탄이 차고 넘친다.[73] "많은 사람들이 나와 같은 문제를 겪는다는 걸 알지만, 우리는 그냥 혼자서 어떻게든 하려고 하는 것 같아요." 젊은 여성이든 나이 든 여성이든, 이데올로기에 무심한 학생이든 페미니즘 활동가든 이 새로운 고립이 안겨 주는 고통과 그로 인한 무력감을 느꼈다. 나이 지긋한 한 페미니스트는 《미즈》의 독자 편지란에 "우리가 마치 갑자기 문을 닫은 어떤 클럽의 회원이기라도 한 것처럼 버림받은 기분이 든다"고 적고 있다.[74] 한 젊은 여성은 여성의 지위에 대한 대학 토론회에서 "우린 분노를 느끼지 못한다. 우린 무력함을 느낀다"고 외쳤다.

일각에서는 해방된 삶이 오히려 너무 부담스러운 경험일 수 있다고 주장하지만, 집합적인 정신의 유실은 미국 여성들을 그보다 훨씬 더 쇠잔하게 만드는 것으로 드러났다. 반격 시대의 인습에 따른 지식은 미국 여성들의 탈진을 여성운동 탓으로 돌린다. 반격의 권위자들은 페미니스트들이 너무 빨리 밀어붙였다고 말한다. 페미니스트들은 너무 많은 변화를 너무 빨리 가져왔고, 그래서 여성들이 떨어져 나가게 되었다는 것이다. 하지만 오늘날의 여성들이 느끼는 불만과 상실감은 해방이 빨라서가 아니라 정체되었기 때문이다. 페미니즘 혁명이 잦아들면서 실제 진보의 가능성이 다시 한 번 차단되었다는 것을 알게 된 많은 여성들이 낙심과 무력감에 시달리게 된 것이다.

길을 잃었다는 기분이 들었을 때는 사회적 흐름에 맞서기보다는 안전한 은신처를 찾는 것에 어쩔 수 없이 더 끌리게 된다. 거대한 남성 문화와 전투를 벌이기보다는 일상생활에서 특정한 남자와 평화를 유지하는 것이 더 긴요한 일이 된다. (페미니즘의 모든 강령을 조용히 지지하고 있더라도) "페미니스트가 아니"라고 말하는 것이 가장 신중한 자기 보호 전략으로 보인다. 결국 이런 조건에서는 사회 부정의를 치유하려는 충동이 부차적으로 미뤄질 뿐만 아니라 잠재워질 수도 있다. 페미니스트 작가 수전 그리핀Susan Griffin의 말처럼 "혼자라고 느끼는 상태에서는 억압을 알고 있어도 침묵하게 된다."[75]

이런 고립과 참혹한 순응의 시기에 여성 하나하나에게 용기 있게 고독한 페미니스트가 되기를 기대하는 것은 과도하다. 버지니아 울프Virginia Woolf는 "관습을 넘어서려면 내게 대장부의 용기가 필요하지만, 난 대장부가 아니다"라고 썼다.[76] 반격이 진행 중일 때는 그 어떤 여장부라 해도 주눅이 들 수 있다. 이해관계가 첨예하게 상충하는 사회 분위기가 고조되고, 반격의 잔혹한 혀가 관습을 무시하는 선구적인 여성을 닦아세우는 끔찍한 처벌을 용인 가능한 분위기로 만들기 때문이다. 지난 10년간 페미니즘이 품었던 열망의 '결과'와 '비용'에 대한 모든 경고와 위협은 원래 의도했던 효과를 얻었다. 1989년이 되자 《뉴욕타임스》가 실시한 여성의 지위를 묻는 여론조사에서 성취를 위해 너무 많은 것을 희생시킨 것 같다고 답한 여성이 거의 절반에 달했던 것이다.[77] 이들은 이들의 문화가 최소한의 진보에 대한 대가로 자신들에게 강요했던 가격의 최대치가 너무 높았다고 말했다.

자신감의 위기……, 하지만 이는 누구의 위기일까?

"그리고 여성이 일생을 남편과 아이와 함께 살아야 할 필요가 없게 되면 남성들은 여성의 사랑과 힘을 두려워하지도 않을 것이고, 자신의 남성성을 증명하기 위해 또 다른 사람의 약점을 이용해야 할 필요도 없게 될 것이다."[78]
— 베티 프리던, 『여성의 신비 *The Feminine Mystique*』

프리던의 고전 마지막 쪽에 나오는 이 장쾌한 선언은 한 번도 실현되어 보지 못한 예언이다. 페미니스트들은 페미니즘의 장점을 잘 설명하면 여성의 권리에 대한 남성의 적개심이 증발해 버릴 것이라고 항상 낙관적으로 생각했다. 그리고 항상 실망했다. 페미니스트 도리스 스티븐스는 1900년대 초 진 빠진 어조로 "해방된 남성은 우리의 희망과 영원한 염원에서 튀어나온 신화라고 확신한다"고 말했다.[79] 마거릿 컬킨 배닝은 1935년 여성의 권리에 대한 글에서 이렇게 말했다. "많은 성과가 있었고 …… 적지 않은 시간이 흘렀다. 하지만 남성들의 울화는 사라지지 않았다. 그것은 말없이 크고 깊어졌다."[80]

1980년대에 미국 남성의 태도를 7년에 걸쳐 연구한 작가 앤서니 애스트라캔Anthony Astrachan은 자신이 조사했던 남성 중 "독립과 평등에 대한 여성의 요구를 진정으로 지지한" 남성은 5~10퍼센트뿐임을 알게 되었다.[81] 1988년 《지큐》가 의뢰하여 3,000명의 남성들을 대상으로 실시한 설문 조사인 '미국 남성 여론 지표American Male Opinion Index'에서 여성운동을 지지하는 남성은 4분의 1이 안 되는 반면, 전통적인 여성의 역할을 선호하는 남성은 과반수였다.[82] 60퍼센트의 남성이 어린아이가 있는 아내는 집에 있어야 한다고 답했다. 여성운동에 대한 남성의 태도를 살펴본 다른 연구들(안타깝게도 이런 연구는 대단히 적다)은 페미니즘에 대한 남성들의 지지가 가장 크게 확대된 것은 1970년대 초반이었을 거라고 밝히고 있다.[83] 이 짧은 시기에는 여성해방이 일종의 유행이었고 그 이후로 이 유행은 잦아들었다. '미국 남성 여론 지표'가 확인한 바에 따르면, 1980년대 남성들은 동일임금에 대한 권리 같은 "공정한 게임"이라는 대단히 추상적인 일에 대해서는 번드르르하게 말하고 있지만 "사안이 사회정의에서 개인적인 실천으로 바뀌면 합의는 산산이 부서진다."[84] 이 여론조사의 결과가 분명히 밝혔듯 1980년대에 접어들자 남성들은 얼마 되지도 않는 여성의 권리를 크고 완전한 것으로 해석하게 되었다. 남성들은 여성들이 평등을 향해 크게 진보했다고 믿는 반면, 여성들은 투쟁은 이제 막 시작이라고 생각했다. 동등한 권리에 대한 남녀의 이 같은 동상이몽은 얼마 가지 않아 양성 간의 깊은 골을 만들어 낸다.

남성들은 페미니즘의 관심사에 점점 흥미를 잃게 된 반면, 여성들은 페미니즘의 관심사에 깊이 빠져들었다.[85] 1970년대 많은 기간 동안 성 역할 변화를 다룬 여론조사에서 남녀 간의 차이는 거의 없었고, 오히려 남성이 남녀평등헌법수정안 같은 사안에 여성보다 살짝 더 많은 지지를 보내기도 했다. 하지만 여성들이 여성의 적절한 자리에 대한 자신의 내면화된 관점에 도전하면서, 동등한 지위와 자유로운 선택에 대한 이들의 바람과 요구가 기하급수적으로 증가하기 시작했다. 여론조사에 따르면 1980년대에 이르자 사실상 모든 페미니즘 입장에 대해 남성보다 여성이 더 많이 지지하는 양상을 보였다.

반격의 압력은 이런 구분을 강화하고 확대하기만 했다. 특히 여성 가장의 경우, 여성의 기본권과 기회가 점점 위협받게 되자 페미니즘뿐만 아니라 사회정의 의제에 우호적인 여성의 수가 급증했다. 차별 철폐 조치든 군비 증강이든 연방의 보건 서비스 지원이든 여성들은 점점 급진적인 성향을, 남성들은 점점 보수적인 성향을 띠었다. 이는 특히 젊은 여성과 남성 사이에서 확연해졌다.[86] 레이건을 가장 많이 지지한 집단이 젊은 남성이었던 것이다(일반적으로 생각하는 것과는 달리, 1980년대 '보수 청년'의 등장은 대체로 남성에 국한된 현상이었다). 심지어 가장 진보적인 베이비 붐 세대 내에서도 남녀의 태도는 극적으로 양극화되었다. (사회 변화 집단을 후원하는 1,200만 명으로 정의된) '진보적인' 베이비 붐 세대에 대한 한 전국적인 여론조사에 따르면 여성 중에서 자신을 "급진적", "대단히 진보적"이라고 생각한 경우는 60퍼센트였던 반면, 남성 중에서는 "중도", "보수적"이라고 생각한 경우가 60퍼센트였다.[87] 여론조사 실시 기관에서는 이런 간극이 생기게 된 데 한 가지 큰 이유를 꼽았다. 조사 대상 여성의 과반수가 1980년대는 자신들에게 "나쁜 10년"이었다고 말했고(반면 남성 과반수는 여기에 동의하지 않았다), 향후 10년은 더 나빠질 것이라고 우려했다는 점이다.

남녀의 태도 차이는 1980년에 몇 가지 기록을 세웠다. 미국 역사상 처음으로 여성의 권리 문제에 대한 젠더별 투표 성향에 차이가 나타났다.[88] 여론조사에서는 처음으로 남성이 여성에 비해 기업과 정부 내에서 양성에게 평등한 역할을 지지할 가능성이 낮고, 남녀평등헌법수정안을 지지할 가능성이 낮으며, 아내가 집에 있는 '전통적인' 가정을 선호한다고 말할 가능성이 높음을 밝혀냈다.[89] 게다가 여성의 권리에 대한 남성들의 지지는 정체되기만 한 것이 아니라 사실상 무너지고 있는지 모른다는 몇 가지 신호가 나타나기 시작했다. 한 전국 여론조사에서는, 가정은 남편이 돈을 벌고 아내가 가정주부로 일하는 '전통적인' 모습이어야 한다는 데 "강력하게 동의하는" 남성이 1986년부터 1988년 사이에 갑자기 4퍼센트 증가했고, 이는 근 10년 만에 처음으로 늘어난 것이라고 밝혔다(같은 기간 동안 여성의 경우 이 수치는 하락했다).[90] '미국 남성 여론 지표'는 성 역할의 변화와 그 외 다른 페미니즘의 목표에 반대하는 집단에 속하는 남성들의 비중이 1988년 48퍼센트에서 1990년 60퍼센트로 증가한 반면, 이런 변화에 기꺼이 적응하려는 집단은 52퍼센트에서 40퍼센트로 줄어들었음을 확인했다.[91]

1980년 말 전미여론연구소National Opinion Research가 실시한 여론조사에서는 일하는 엄마도 집에 있는 엄마만큼이나 좋은 부모일 수 있다고 생각하는 여성의 비중이 남성의 거의 두 배에 육박하는 것으로 나타났다.[92] 1989년《뉴욕타임스》의 여론조사에 따르면 여성 과반수는 미국 사회가 여성에게 평등할 정도로 충분히 변하지 않았다고 생각한 반면, 이에 동의하는 남성은 소수인 것으로 나타났다.[93] 하지만 남성 대다수는 여성운동이 "집에서 남성들을 힘들게 만든다"고 말했다. 과거의 반격에서와 마찬가지로 지난 10년간 페미니즘의 대의에 대한 미국 남성들의 불편은 꾸준히 지속되었고, 심지어 "말 없이 커지고 깊어졌다."

여론조사 기관들은 남성의 저항이 어떤 수준에 이르렀는지를 가늠해 볼 수는 있지만 설명하지는 못한다. 그리고 안타깝게도 우리의 사회조사관들은 '남성 문제'를 다루는 데는 항상 '여성 문제'에 쏟던 열정의 10분의 1도 쓰지 않았다. 남성성에 대한 연구는 서가에서 보기 드물다. 문헌을 들여다보지 않은 상태에서 일단 우리는 남성성이 여성성에 비해 덜 복잡하고 덜 짐스러우며, 유지하는 데 손이 덜 간다고 추론해 볼 수 있다. 하지만 남성의 상태에 대해 우리가 구할 수 있는 연구들은 이를 절대 장담하지 않는다. 오히려 반대로 이런 연구들은 남성성이 연약한 꽃, 꾸준히 울타리를 만들어 주고 영양을 공급해 줘야 하는 온실의 난초와 같다고 밝힌다. 사회 연구자 조지프 플렉Joseph Pleck은 "성 역할의 위반은 여성보다 남성에게 더 심각한 결과를 초래한다"고 결론을 내렸다.[94] 마거릿 미드Margaret Mead는 이렇게 말했다. "미국에서 남성다움은 절대적으로 규정되지 않는다. 이는 매일 유지하고 다시 획득해야 하는데, 그것을 규정하는 데 본질적인 요소 중 하나는 양성이 진행하는 모든 경기에서 여성을 이기는 것이다."[95] 남성성의 꽃잎을 가장 처절하게 짓뭉갠 것은 페미니즘의 가는 빗방울인 것 같다. 그리고 여기서는 단 몇 방울도 폭우로 인식된다. 대단히 미미한 여성의 권리 신장에 대한 기이할 정도로 과장된 남성들의 대응에 당혹스러워하는 많은 사회학자 중 한 명인 윌리엄 구드William Goode는 "남성들은 존중, 혜택, 기회를 아무리 조금만 잃어도 큰 위협으로 인식한다"고 밝혔다.[96]

"여성들의 힘이 워낙 드세져서 내 집 안에서 우리의 독립이 사라져 버렸고 이제는 공공연하게 짓밟히고 깔아뭉개지고 있다."[97] 기원전 195년 로마 여성들 몇 명이 여성들은 전차를 타지도, 색깔 있는 옷을 입지도 못하게 금하는 법을 폐지하기 위해 나서자 카토Cato는 이렇게 통곡했다. 16세기에는 왕족 여성 두 명이 유럽에서 동시에 왕좌를 차지할지 모른다는 가능성만으로도 존 녹스John Knox는 그 유명한 비판문, 「말도 안 되는 여성 통치에 반대하는 첫 트럼펫 소리The First Blast of the Trumpet Against the Monstrous Regiment of Women」를 발표했다.[98]

19세기가 되자 남성들이 느끼는 공포의 대변자들은 여성의 독립에 대한 자신들의 우려를 가부장적 온정주의와 연민의 가면 뒤에 숨기는 법을 배우게 되었다. 《레이디스 홈 저널》을 만든 빅토리아시대의 전설적인 편집자이자 여성의 정조 관념에 집착하는 에드워드 복Edward Bok이 많은 여성 독자들에게 설명했다시피, 약한 성은 감히 가정 영역 너머로 나갈 생각을 해서는 안 된다.[99] "반항적인 신경들이 즉각, 그리고 당연하게도 '더 이상은 나가면 안 돼' 하고 소리칠 것"이기 때문이다. 하지만 그때도, 지금도 페미니스트들의 노력에 반항하는 것은 여성의 신경들이 아니다.

19세기에는 반격의 시기가 올 때마다 '남성성의 위기'가 표출되었다. 이는 '여성성으로의 회귀'에 대한 시끄러운 요구와 짝을 이루는 충직하고 조용한 동반자다. 1800년대 말에는 '부드러운 남성'을 매도하는 엄청나게 많은 문헌들이 언론에 대대적으로 소개되었다.[100] 헨리 제임스Henry James의 소설 『보스턴 사람들 The Bostonians』에서 주인공 바실 랜섬은 "세대 전체가 여성화되었다"고 한탄했다.[101] "남성적인 어조가 이 세상에서 사라지고 있다. 여성적이고, 신경질적이며, 히스테릭하고, 재잘거리는, 위선적인 시대다. 나는 …… 남성적인 인물을 보존하거나, 이렇게 말해도 된다면 복원하고 싶다. 그리고 고백하건대 나는 그 시도를 하는 동안 숙녀 여러분들에게 무슨 일이 일어나는지는 전혀 관심이 없다!" 육아 지침서들은 부모들에게 아들을 딱딱한 매트리스와 활력 넘치는 운동선수용 식습관으로 다부지게 키우라고 촉구했다.[102] '여성화된' 종교에 대한 성직자들의 공격을 주도했던 빌리 선데이Billy Sunday는 "우락부락한" 기독교와 "핏기 없는 얼굴에 사탕발림이나 할 줄 아는 녀석이 아니라 사상 최고의 싸움꾼"으로서 예수를 설파했다.[103] 시어도어 루스벨트는 "활기 넘치는 강인함과 남성성이라는 기질"을 잃어 가는 국가적인 위험에 대해 경고했고, 의용기병대Rough Riders와 함께 자신의 기질을 다졌다.[104] 정치 강령에서는 호전적인 과시가 일반적이었다. 사실 사회학자 시어도어 로작Theodore Roszak이 제1차 세계대전이 절정에 달했던 '강제적인 남성성'의 시대에 대한 글에서 밝힌 바와 같이 "1914년까지의 시기는 역사책에서 만취한 남자들만의 긴 파티처럼 읽힌다."[105]

반격이 개시될 때마다 남성성의 위기는 되풀이된다. 1920년에 이르자 신생의 미국 보이스카우트에는 미국 소년의 5분의 1이 가입했다.[106] 설립자는 어린 남성들을 여성의 지나치게 강력한 영향력에서 떼어 놓음으로써 미국 남성의 여성화를 멈추겠다는 목표를 분명하게 명시했다. 스카우트 단장 어니스트 톰프슨 시턴Ernest Thompson Seton은 남자아이들이 "신경이 불안정하고 활력이 의심스러운, 가슴이 납작한 흡연자들"로 퇴화하고 있다고 우려를 표했다. 제2차 세계대전 이후 몇 년간 남성 논객들과 문학 속 인물들은 또다시 위축된 남성 권력에 어쩔 줄 몰라했다. 가정에서 '가모장주의'*가 정력을 쪽쪽대며 빨아먹고 있다는 것이다.[107) 필립 와일리Philip Wylie의 베스트셀러『독사의 시대Generation of Vipers』는 미국 남성들이 "권좌에서 밀려난 남성 Abdicating Male"으로 전락하기 전에 "우리는 당장 여성의 왕조에 맞서 이들로부터 우리의 재력을 빼앗아 와야 한다"고 충고했다.《라이프》는 미국 여성에 대한 특별 호에서 나약한 미국 남성을 집중적으로 다뤘다.[108) 1956년의 이 기사는 여성들이 자신의 여성으로서의 의무를 저버렸기 때문에 "오늘날의 미국 남성들이 소극적이고 무책임한 경향을 보이는 것"이라고 비난했다. 재계에서는《월스트리트저널》이 1949년에 "여성들이 득세하고 있다"고 경고했다.[109)《룩》은 "여성의 지배"가 도래했다며 탄식했다.[110) 이 잡지는 여성들이 처음에는 주식 시장을 장악하더니 이제는 "권력을 휘두르는 임원직"으로 진출하고 있다고 불평했다.

1980년대에는 우익 목사인 제리 폴웰Jerry Falwell에서부터 좌익 시인이자 강연가인 로버트 블라이Robert Bly에 이르기까지 정치적 스펙트럼을 막론하고 남성 성직자, 작가, 정치인, 학자 들이 미국 남성성의 쇠락에 집착하면서 남성들의 불안이 다시 한 번 반란을 일으켰다. 랜들 테리Randall Terry 같은 낙태 반대 운동의 대표 인사들은 소녀 같은 '양'이 아니라 근육질의 '군인'으로서 예수라는 관점으로 수천의 남성들을 결집시켰다. 새로운 '남성 운동'은 수만 명 남성들을 남자들만의 피안으로 이끌었고, 이들은 그곳에서 '여성화된' 경향을 근절하고 '내면의 야성적인 남성'을 일깨웠다. 언론에서는 남성 칼럼니스트들이 '예민한 남성'의 등장을 개탄했다.《하퍼스》의 편집자인 루이스 라팜Lewis Lapham은 축 늘어진 남성성을 다시 탱탱하게 복원시킬 수 있는 남성 전용 클럽을 주장했다.[111) 그는 "균형 잡힌 긴장의 선들을 풀어지게 내버려 두면 구조가 해체되면서 양성성이 녹아 없어질 것"이라고 예언했다. 영화와 텔레비전에서는 남자만 득실대는 마초 활극이 워낙 넘쳐 나서 여성 배역의 수가 크게 줄 정도였다.[112) 소설에서는 폭력적인 마초 액션 서적들이 차고 넘쳤다.[113) 밴텀북스Bantam

* momism, 1942년 필립 와일리가 자신의 글 모음집에서 미국의 모성 숭배 문화를 부정적으로 일컫기 위해 썼던 표현.

Books의 남성 액션 모험물 편집자가 "19세기의 유혈과 폭력이 낭자하는 저속한 싸구려 소설"과 동일시한 이 장르가 르네상스를 맞았던 것이다. 침체 일로에 있던 의류업계는 남성성의 위기로 활력을 얻었다.[114] 사파리 복장, 전투복, 그 외 《뉴스위크》가 "포식자 패션"이라고 적절하게 명명한 다양한 의류의 판매가 갑자기 증가했던 것이다. 국내 정치에서는 1988년 대통령 선거가 테스토스테론의 경연장으로 탈바꿈했다. 마이클 듀카키스*는 "나는 물러 터진 사람이 아니"라고 조바심을 드러내며 탱크에 뛰어올랐다.[115] "난 아주 거친 사람이라고요." 이미 언론에는 '겁쟁이'로 낙인 찍힌 조지 부시George Bush는 스스로 "전략 방어 구상의 투견"이라고 선언했다.[116] 그는 보병 부대 하나를 넉넉하게 치장시키고도 남을 정도로 많은, 다부진 느낌의 의상들을 쟁여 놓았고 조깅을 일상적인 촬영의 기회로 삼았다. 대통령에 취임한 지 2년째 되었을 때 그의 행정부가 미국을 전쟁으로 몰아넣으면서 조지 부시의 은유적인 호전성 허세는 글자 그대로의 뜻에 따라 유혈을 뒤집어쓰게 되었다. 부시는 제럴딘 페라로**와의 논쟁에서 "귀엽게 혼꾸멍내 준 것"을 자랑하는 것으로 시작해서 그 자신의 표현대로 페르시아 만에서 "본때를 보여 주는 것"으로 끝났다고 해도 과언이 아닐 것이다.

이전에 그랬듯 이런 식으로 반격이 진행되는 동안 여성들의 근근한 진보에 대한 터무니없는 과잉 반응이 종종 폭넓게 나타났다. 아직도 고위 경영진은 변함없이 남성 일색인 상태에서 한두 명의 여성들이 승진만 해도 많은 직장 여성들은 다시 남성 동료들로부터 "여자들이 득세하고 있다"는 불평을 듣게 된다. 뉴스룸에서 남성 기자들은 여성과 소수자 들만이 일자리를 얻을 수 있다고 판에 박힌 불평을 늘어놓는다. 여성과 소수자의 수가 사실상 줄어들고 있다는 발표가 종종 나오는데도 말이다. 문학 교수 캐럴린 하일브런Carolyn Heilbrun은 "컬럼비아 대학교에서 남자들이 정색을 하고서 평등한 임금을 요구하는 일부 여성들을 가리켜 대학을 뒤집어엎고 자기들이 대학을 경

* Michael Dukakis, 민주당 대선 후보.
** Geraldine Ferraro, 민주당 부통령 후보.

영하려 한다고 말하는 것을 들었다"고 밝혔다.[117] 보스턴 대학교에서는 존 실버John Silber 총장이 영문과가 "망할 가모장제"로 넘어갔다고 씩씩거렸다.[118] 영문과 교수 스무 명 중 여성은 여섯 명뿐이었는데도 말이다. 한 준장은 페미니스트들이 펜타곤을 "완벽하게 장악"하고 있다고 투덜댔다.[119] 군 인력 중 여성은 10퍼센트도 되지 않았고 이들은 페미니스트라고 보기도 어려웠으며 대부분 말단직이었는데도 말이다.

하지만 페미니즘의 희미한 그림자만 드리워져도 남성 정체성이 말살될 것만 같은 위협을 느낀다는 것은 여성 평등에 정확히 어떤 의미인 것일까? 오늘날에도 남성성이 생존을 위해 '여성적인' 의존성에 그렇게까지 의지한다는 것은 우리가 남성성의 프레임을 짜는 방식에 어떤 함의를 갖는 것일까? 지난 20년간 사회적 태도를 추적해 온 전국 규모의 거대한 조사인 '양켈로비치 모니터Yankelovich Monitor'의 설문 조사가 밝혀낸, 크게 주목받지 못한 연구 결과는 우리를 그럴싸한 대답으로 훌륭하게 안내한다.[120] '양켈로비치 모니터'의 조사 요원들은 20년간 대상자들에게 남성성에 대해 정의해 달라고 요청했다. 그리고 20년간 압도적으로 우세한 정의는 한 번도 변하지 않았다. 이는 지도자나 운동선수, 바람둥이, 의사 결정자가 되는 것도, 심지어는 단순히 '남자로 태어나는' 것도 아니었다. 그저 "가족을 잘 먹여 살리는 사람"이 되는 것이었다.

　　남성성의 확립이 무엇보다 가정의 주 소득원으로서 성공하는 데 달려 있다면 경제적 평등을 실현하기 위한 페미니즘의 노력보다 더 직접적으로 미국의 허술한 남성다움을 위협하는 힘은 상상하기 어렵다. 그리고 만일 가족을 부양하는 것이 남자가 무엇인지를 전형적으로 보여 주는 것이라면 1980년대의 경제적 상황에서 반격이 분출된 것은 당연한 일이다. 이 시기에는 '전통적인' 남성의 실질임금이 급격히 줄어들었고(백인 남성이 유일한 소득원인 가정의 경우 수입이 22퍼센트 급락했다) 전통적인 남성 부양자는 멸종 위기에 처했다(전체 가정의 8퍼센트에도 미치지 못한다).[121] 남성성의 지배적인 정의가 아직도 경제에 발판을 두고 있다는 것은 어째서 반격이 두 남성 집단, 즉 서비스 경제로의 전환 때문에 크게 타격을 받은 생산직 노동자들과 아버지와 형들이 만끽했던 상대적인 부를 거부당한 젊은 베이비 붐 세대 사이에서 가장 거세게 터져 나왔는지를 설명하는 데도 도움이 된다.[122] 1980년대는 공장 폐쇄로 생산직 남성들이 수백만 명씩 일자리에서 쫓겨나고 이 중 겨우 60퍼센트만이, 그것도 임금이 절반 가까이 적은 새로운 일자리로 옮겨 가던 시기였다.[123] 전체 남성들이 수익 능력을 상실했지만, 그중에서도 특히 젊은 베이비 붐 세대 남성들이 가장 많이 상실했던 시기였다.[124] 평균적인 30세 이하 남성들의 소득은 1970년대 초 같은 집단보다 25~30퍼센트 더 적었다.[125] 고졸 학력의 평균적인 젊은 남성들은 사정이 더 나빴다.[126] 이들의 소득은 10년 전 같은 집단의 절반인 1만 8,000달러밖에 되지 않았다. 수익 능력의 이 같은 상실은 필연적으로 다른 상실을 낳게 된다.[127] 여론조사 전문가 루이스 해리스의 표현처럼 경제적 양극화는 지난 15년 내에서 가장 극적인 태도 변화를 야기했다. 스스로를 "무력한" 기분이라고 설명하는 미국인의 비중이 두 배나 증가한 것이다.

1986년에 '양켈로비치 모니터' 설문 조사의 연간 태도 데이터를 살펴보던 양켈로비치 분석가들은 갑자기 뚜렷하게 두드러지는 가치의 집합들을 지지하며 등장한 거대한 인구 집단을 설명할 새로운 범주를 만들어 내야 했다.[128] 이제는 이 연구의 전국 샘플 중에서 5분의 1이나 차지하는 이 집단은 주로 소득 사다리에서 굴러떨어지고 있는(그래서 이에 대한 분노가 극에 달한), 중위 연령 33세의 결혼하지 않은 젊은 남성들이 대부분이었다. 이들은 베이비 붐 세대의 가난한 남동생들로, 1980년대에 베이비 붐 세대에 대한 미디어와 광고의 아부가 이어질 때도 별로 주목받지 못했던 집단이었다. 양켈로비치 보고서는 화가 가득한 이 젊은 남성들을 완곡하게 "도전자들"이라고 불렀다.

이 집단에 속한 남성들에게는 또 다른 한 가지 특징이 있었다. 그것은 바로 이들이 페미니즘을 두려워하고 비방한다는 점이다. 양켈로비치의 수석 부사장 수전 헤이워드Susan Hayward는 "우리가 파악한 바에 따르면 이들 저소득층 남성들은 아버지들만큼 많이 벌지 못하고 여성운동으로부터 가장 많은 위협을 받는다"고 말한다.129) "이들은 여성의 역할 변화를 감당하지 못하는 20퍼센트의 인구를 대변한다. 이들은 취직이 어려웠고 취업한 뒤에도 해고 1순위였으며, 저축도 없고 미래의 가능성이라고 할 만한 것도 별로 없었다." 다른 설문 조사들 역시 이런 관찰을 다시 한 번 확인시켜 주었다. 1980년대 말경 '미국 남성 여론 지표'는 일곱 개의 인구 집단 중 가장 큰 집단이 "변화에 저항하는 사람들"임을 확인했다.130) 이 24퍼센트의 인구 집단은 주로 불완전 고용 상태에 있고, '화에 차 있고', 자신들은 변화하는 사회의 '낙오자'라고 확신하고, 페미니즘에 가장 적대적이다.

하지만 이들 남성만을 지목하여 삿대질하는 것은 공정하지 못하다. 반격의 공개적인 의제를 설정하고 확산시켜 온 것은 도전자들보다 훨씬 많은 부와 영향력을 가진 남성들, 미디어와 재계, 정계를 주름잡는 남성들이기 때문이다. 가난하거나 교육 수준이 낮은 남성들은 반페미니즘 테제의 창시자들이라기보다는 수용자들이다. 이 메시지에 가장 취약한 저소득층 남성들이 반격의 나팔소리를 듣고 이를 정신 사나울 정도로 높은 볼륨으로 재생해 온 것이다. 도전자들은 1980년대의 호전적인 낙태 반대 운동 진영에서도, 역차별 소송과 '남성의 권리' 소송을 제기한 원고 목록에서도, 경찰이 보유한 점점 늘어나는 강간범과 성폭력 범죄자 대장에서도 두각을 나타냈다. 이들은 모피 판매원으로 악전고투하던 자신보다 교육 수준이 높고 더 잘나가는 변호사 아내가 '우위'를 점해 가는 것이 두려워서 임신 중인 아내를 살해한 것으로 악명을 떨친 찰스 스튜어트Charles Stuart 같은 남성들이다.131) 이들은 센트럴파크에서 조깅 중이던 한 전문직 여성을 강간하고 두개골을 으스러뜨린 혐의로 기소된 여섯 명 중 한 명인 유세프 살람Yusef Salaam처럼 아무런 전망이 없는 젊은 남성들이다.132) 나중에 그가 법정에서 진술한 바에 따르면 그는 "난쟁이, 생쥐, 인간만도 못한 무언가가 된 듯한" 기분이었다. 그리고 국경 너머 캐나다의 사례까지 거론하자면, 이들은 "모두 망할 페미니스트 떼거리들"이라는 이유로 몬트리올 대학교 공학 수업 강의실에서 열네 명의 여성을

총으로 사살한 25세의 무직 상태의 기술자 마크 레핀Marc Lepine 같은 남성들이다.[133)]

이 시대의 경제적 희생자들은 누군가가 자신의 미래를 훔쳐 달아났다고 생각하는 남성들이다. 그리고 이들은 그 절도범이 여성이라고 의심한다. 노동력 시장에 이제 막 진입한 신참내기 중에서 처음으로 여성이 남성을 능가했고, 잠시나마 남성의 실업이 여성의 실업을 훨씬 앞섰던 1980년대 초는 이런 생각을 하기에 안성맞춤인 시기였다. 1980년대 초의 이 같은 상황은 반격을 정치적인 측면뿐만 아니라 경제적인 측면에서 촉발시켰다. 남성과 여성에게 이는 상징적인 교차의 순간이었다.[134)] 백인 남성이 노동력에서 50퍼센트 미만이 된 것도, 더 이상 새로운 제조업 일자리가 만들어지지 않은 것도, 대학 등록자 중에서 여성이 남성보다 더 많은 것도, 여성의 50퍼센트 이상이 일자리를 가지게 된 것도, 기혼 여성의 50퍼센트 이상이 일자리를 가지게 된 것도, 일자리를 가진 여성 중 자녀가 없는 여성보다 있는 여성이 더 많은 것도 모두 처음이었다. 미국 인구조사국에서 공식적으로 가장을 남편으로 정의하지 않게 된 해가 1980년이었다는 점도 의미심장하다.

내리막길을 걷고 있는 남성들 중 일부가 보기에 분명 자신들을 일자리에서 밀어낸 것은 여성인 것 같았다. 만일 여성의 평등을 위해 '치러야 할 대가'가 있는 것이라면 이런 남성들은 그 대가를 자신들이 치르고 있다고 생각한다. 1980년대의 많은 기간 동안 미국 대통령은 이런 관점을 불식시키기 위한 노력을 거의 하지 않았다. 레이건은 1982년 경제 연설에서 "직업 시장에 진입하는 사람들이 크게 늘고 있고, 숙녀들, 뭐 난 아무도 불쾌하게 할 생각은 없지만, 어쨌든 일하는 여성들이 늘고 있기 때문에 실업은 부분적으로는 그렇게 큰 침체는 아니다"라고 말했다.[135)]

현실에서 지난 10년의 경제적 고통은 남성이 아닌 여성들에게 지나치게 큰 피해를 강요했다.[136)] 그리고 레이건 재임 시절 직장 여성들의 소위 성과라는 건 남성들의 손실과는 눈곱만큼도 관계가 없었다. 여성들이 레이건 시절의 1.56퍼센트라는 연평균 일자리 성장률(이는 아이젠하워 이후 역대 정부 중에서 가장 낮은 성장률이다)에서 남성보다 더 많은 일자리를 채 가는 것처럼 보였다면 그건 오직 이런 새로운 취업 '기회'를 두고 여성에게는 남성 경쟁자가 거의 없다시피 했기 때문이었다.[137] 이 새로운 일자리의 약 3분의 1이 빈곤선 이하였는데, 이는 10년 전의 4분의 1보다 늘어난 수치다.[138] 그리고 유통업과 서비스 산업 내의 하찮은 '여성' 서비스직이 1980년대 전체 순 일자리 성장의 77퍼센트를 차지했다. 소위 일자리 성장은 시급 2달러짜리 저임금 노동, 최저임금 이하의 가정 기반 노동, 판매원, 미래에 대한 그 어떤 보장도 없고 수당도 없는 패스트푸드점 직원 같은 부문에서 일어났다. 이런 자리는 남성이 여성에게 패배하는 곳이 아니다. 이런 자리는 남성들은 돌아보지도 않고, 여성들은 남자가 아예 없거나 실직 상태거나 불안정 고용 상태인 가족을 부양하기 위해 자포자기한 심정으로 받아들이는 생의 막다른 곳에 있는 일들이었다.

1980년대 경제를 거치며 중간 소득 계층이 줄어들고 1946년 정부가 기록을 시작한 이후로 가장 심한 계급 양극화가 나타났다.[139] 이런 환경 속에서 중간계급 가족이 소득 사다리에서 굴러떨어지지 않을 수 있는 유일한 방법은 맞벌이밖에 없었다. 여성들이 대대적으로 일을 하지 않았더라면 가계소득은 10년 동안 세 배나 줄어들었을 수도 있다. 그리고 이 사실은 남성의 자존심과 정체성에 마지막 일격을 날렸다. 중간계급 남성들은 더 이상 가족을 부양하지 못하게 되었을 뿐만 아니라, 그를 곤경에서 구해 준 사람은 자신이 부양해야 한다고 믿었던 아내였기 때문이다.

고통에 신음하는 남성들에게 부채를 살찌우고 일자리를 게워 내는 기업 담보 차입 매수, 1987년 블랙먼데이 주식시장 붕괴로 폭삭 주저앉은 투기 붐, 노조의 무력화, 빈민에 대한 레이건의 대대적인 지출 감축과 부자를 위한 세금 우대 조치, 4인 가족을 빈곤선에서 헤어나지 못하게 하는 최저임금, 평균 노동자 소득의 거의 절반을 먹어 치우는 터무니없는 주택 비용 같은 경제적 양극화의 진짜 기원은 너무 멀어 보이거나 추상적이었다. 이는 과거 반격이 일어났던 시기에 미국 노동자들 앞에 놓여 있던 경제적 환경과 대체로 유사한 조건이

기도 하다는 점을 언급할 필요가 있다. 대대적인 금융 투기는 1893년과 1929년의 공황으로 이어졌고, 19세기 말과 대공황 시기에 반격이 진행되는 동안 임금 소득자들은 기업 합병의 물결 속에서 휘청거렸고, 노조는 영향력을 상실했으며, 부는 극소수의 손에 집중되었다.

적의 얼굴을 알 수 없을 때 사회는 그것을 만들어 낸다. 하락하는 임금과 불안정한 고용, 과도한 집값에 대한 걷잡을 수 없는 불안 같은 것들은 공격 대상을 필요로 하는데, 1980년대에는 그것이 대체로 여성들이었다. 한 전직 신문 편집자는 《뉴욕타임스 매거진》에서 "[1980년대 물질 만능주의를 야기한 원인은] 레이건이나 월스트리트가 아닌, 그보다 더 근원적인 데 있다"면서 "여성운동이 핵심적인 역할을 했음에 틀림없다"고 결론 내렸다.[140] 1980년대에 월스트리트가 저질렀던 온갖 괘씸한 행태에 대한 책임을 떠넘길 희생양을 찾던 미국 언론과 대중 들은 백인 남성들이 주를 이루는 이 업계에서 얼마 되지도 않는 여성 MBA들을 십자가에 매달았다. 《배런스》에 실린 특히 악의적인 1987년의 한 칼럼은 이들에게 "FATS(여성 차익 중개자와 공매자Female Arbitrageurs Traders and Short Sellers)"라는 딱지를 붙였다.[141] 《뉴욕타임스 매거진》이 당대의 브로커와 투자은행 들의 탐욕을 비난하는 데까지 이르렀을 때도 가장 매섭게 날을 세운 대상은 얼마 안 되는 여성 주자 중 하나인 캐런 밸런스타인Karen Valenstein이었다.[142] E. F. 허튼E. F. Hutton의 부사장이었던 밸런스타인은 월스트리트의 '저명한' 여성 중 하나였다(사실 그녀는 하나의 부서를 맡을 정도로 지위가 높지도 않았다). 《뉴욕타임스 매거진》은 밸런스타인이 '아내와 어머니 부서'에서도 크게 실패했을 거라고 넘겨짚으며 비판했고, 그 덕에 월스트리트와 그 외 다른 신문에서도 밸런스타인에 대한 공격이 쏟아져 나왔다(《뉴욕데일리뉴스》는 그녀를 상대로 비호감 설문 조사를 진행하기도 했다). 결국 밸런스타인은 해고되어 월스트리트의 블랙리스트에 올랐으며, 그곳을 떠나 와이오밍에서 좀 더 숙녀다운 스웨터 가게를 열었다. 그 후에도 1980년대의 유산자들에 대한 대중들의 분노가 터져 나왔을 때 가장 악랄한 공격을 당한 사람은 리오나 헴슬리Leona Helmsley였다. 정치인들과 성난 군중들은 그녀를 '서부의 사악한 마녀', '창녀'라고 불렀고,《뉴스위크》는 커버스토리를 통해 그녀를 끓는 물에 던져 넣다시피 했으며("재물과 운율을 맞추다"라는 제목이었다) 부동산 황제 도널드 트럼프Donald Trump를 비롯한 모든 사람들이 그녀를 "인류의 수치"라고 몰아세웠다.[143] 반면 수십억 달러를 조작해 상대적으로 헴슬리의 세금 회피를 왜소해 보이게 만든 마이클 밀컨Michael Milken은 많은 추앙자들이 알랑거리며 제공하는 전면 광고와,《배너티페어》같은 전국 잡지들의 신줏단지 모시는 듯한 태도, 심지어 제시 잭슨Jesse Jackson 같은 민권운동 대표들의 찬사까지 만끽했다.

이목을 신경 써야 하는 남성이 문제에 휘말렸을 때 여성, 특히 페미니스트는 전천후 희생양이 되어 범죄의 책임을 뒤집어쓰고, 이는 종종 부조리극으로 막을 내렸다. 군 장교들은 부패에 찌들고 무기를 낭비하는 일이 넘쳐 나서 손을 쓸 수 없는 지경이 되자 국방부의 문제는 "전투 효율을 떨어뜨리"려는 페미니스트들과 "미국 군대의 여성화" 때문이라며 성토했다.[144] 부대 지휘관들은 여성 장교들의 임신(이는 어떤 시기이든 등록된 총사병의 1퍼센트에도 영향을 미치지 못한다)은 무장 병력의 "단일 사안 중에서 가장 큰 예고된 문제"라며 펜타곤에 조언했다. 매리언 배리Marion Barry 워싱턴 D. C. 시장은 코카인 문제로 위신이 실추된 것은 어떤 "망할 년" 때문이라고 비난했고 목소리가 큰 지지자 중 한 명인 작가 이쉬마일 리드Ishmael Reed는 한 술 더 떠서 나중에 이 사건 전체를 페미니즘의 음모로 재구성했다.[145] 조엘 스타인버그*의 변호사는 이 악명 높은 아동 학대자가 "히스테릭한 페미니스트들" 때문에 파멸에 이르게 된 것이라고 주장했다.[146] 그리고 심지어 행실이 바르지 못했던 올리버 노스Oliver North 대령은 이란-콘트라 사건**에서 자신이 겪게 된 법적인 문제들은 모두 "극도로 호전적인 오만한 페미니스트 부대" 탓이라고 주장했다.[147]

* Joel Steinberg, 입양아를 때려 숨지게 한 사건으로 유명세를 탄 인물.
** 미국국가안전보장회의가 레바논에 억류되어 있던 미국 인질을 석방시키기 위해 비밀리에 이란에 무기를 판매하고 그 대금 일부를 니카라과의 콘트라 반군에 지원한 사건. 1986년 레이건 정부의 외교 스캔들로 손꼽힌다.

오늘날 진행 중인 반격의 본질

어떤 사회가 여성이라는 대상에 공포를 한 번 투사하고 나면 여성을 통제함으로써, 다시 말해서 문화적 상상 속에서 여성을 관리 가능한 크기로 축소시키고 편안한 향수를 불러일으키는 규범에 이들이 순응하게 압력을 가함으로써 이런 공포를 차단하려는 시도를 해 볼 수 있다. '여성성으로 귀환'하라는 요구는 문화의 기어를 후진으로 바꾸고, 모두가 지금보다 더 잘살고 더 어리고 더 패기 넘치던 전설의 시대로 다시 회귀하자는 요구와 같다. '여성스러운' 여성은 영원히 정적이고 아이 같다. 낡은 뮤직박스 속의 발레리나처럼 작고 소녀 같은 체격은 변치 않고, 목소리는 옥구슬 같으며, 몸은 핀 하나에 고정되어 영원히 커지지 않을 나선형으로 뱅글뱅글 돈다.

반격의 시대에는 차분한 여성의 이미지가 대중문화의 갤러리에 줄줄이 걸린다. 우리는 침묵당하는, 어린애 취급당하는, 꼼짝달싹 못하는, 혹은 궁극적인 억누름의 상태에는 생명의 기운이 없다는 걸 알고 있다. 그녀는 집 안에 틀어박힌 냉동 인간, 자리보전하고 있는 환자, 이름 없는 조용한 몸이다. 그녀는 목 잘린 여성의 그림이 실린 1980년대 빈티지 와인 라벨의 이름처럼 '말 없는 여성the Quiet Woman'이다. 그녀는 입생로랑Yves Saint Laurent의 향수 오피움Opium을 비롯한 1980년대의 다른 많은 향수 광고에서 보여 주는 혼절한 여성이다. 그녀는 《에스콰이어》가 "우리가 사랑한 여성들" 호의 표지로 선택한 〈트윈 피크스Twin Peaks〉*의 죽은 소녀 로라 팔머**다.148) 시끄럽고 자기 고집이 있는 여성 인물이 대중의 공고한 여론에 성공적으로 맞선 사례가 없지는 않지만(텔레비전 시트콤 〈머피 브라운Murphy Brown〉이나, 음악계의 마돈나Madonna도 어느 정도는) 이는 예외에 불과하다. 화면이나 무대에서 거침없이 말하는 여성들은 외부적인 이유로 입을 다물게 되거나 로잔느 바***처럼 공개적인 웃음거리가 되고, 박수 갈채는 좀 더 고분고분하고 속삭이듯 말하는 다른 여성들에게 쏟

* ABC에서 방영된 드라마.
** Laura Palmer, 극 중에서 살해된다.
*** Roseanne Barr, 미국 코미디언이자 배우.

아지는 게 더 일반적이다. 지난 10년간 미디어와 영화, 패션과 미용 산업은 모두 조신하고 내성적인 아이-여성을 떠받들었다. 이 네오빅토리아적인 '숙녀'는 안색이 창백하고, 집에서 지내며, 재잘대는 작은 목소리로 말을 하고 구속복 같은 옷을 날개에 끼우고 사는 새 같은 피조물이다. 최소한 주류 문화에서 그녀의 환경은 거의 항상 그녀의 '선택'으로 그려진다. 그녀가 갈빗대에 치명적인 옷을 끼우고 있다는 사실뿐만 아니라 그 옷을 스스로 몸에 맞춰 조였다는 것이 중요하다는 식이다.

오늘날의 반격이 내세우는 조신한 여성은 자신의 조건을 두 차례에 걸쳐 선택하는 듯한 모습을 취함으로써 초기 미국의 반격에 등장하는 선배들과 자신을 차별화한다. 첫 번째는 여성으로서의 선택이고 두 번째는 페미니스트로서의 선택이다. 빅토리아 문화는 여성성을 '진정한 여성'이라면 원하는 어떤 것이라고 설파했다. 현대 문화의 마케팅 전략에서 이는 '해방된' 여성 역시 갈망하는 어떤 것이다. 레이건이 부자에게 유리한 정치 프로그램을 대중들에게 선전하기 위해 포퓰리즘을 전유했듯이 정치인, 매스미디어, 광고는 페미니즘 수식어를 차용하여 여성들에게 상처를 입히는 정책을 홍보하거나, 전과 다를 바 없는 낡은 성차별적인 상품을 팔아먹거나, 반페미니즘적 관점을 은폐했다. 부시는 많은 사회 서비스 프로그램들을 삭감하는 대신 빈민 여성들에게 "힘을 불어넣겠다empowerment"고 약속했다.[149] 심지어 《플레이보이》는 여성의 진보와 동맹을 맺겠다고 주장했다.[150] 《플레이보이》의 여성 대변인은 언론에서 여성들이 워낙 크게 진보했고 "이제는 더 이상 포즈를 취한다고 낙인을 찍지 않게 되었다"고 장담했다.

1980년대의 문화는 여성들의 정치적 발언을 막아 버렸고 그 대신 쇼핑몰에서 자기표현을 하도록 방향을 틀어 주었다. 소극적인 소비자는 상품 구매 '권리'를 행사하고, 계산대에서 자신의 '선택'을 하는 가짜 페미니스트로 다시 판매되고 있다. 미첼롭Michelob의 한 광고는 몸에 꼭 맞는 옷을 입고 성적 매력을 과시하는 여성에게 "당신은 그 모든 것을 가질 수 있다"고 약속한다. 하지만 이 맥주 회사가 의

미하는 "모든 것"이란 포만감이 적은 맥주뿐이다. 광고가 젊은 여성을 공략한다는 비난이 이어지자 화가 난 필립모리스Philip Morris 부회장은 이런 비난은 "성인 여성은 담배를 피울지 말지에 대한 자기 결정 능력이 없다"는 암시를 준다는 이유에서 "성차별적"이라고 주장했다.151) 자신의 본능을 따르라는 페미니즘의 요청이 시장의 부름에 복종하라는 판촉 구호로, 진정한 자기 결정에 대한 여성들의 요청을 희석하고 비하하는 구호로 탈바꿈하게 된 것이다. 소비에 집착했던 지난 10년은 여성들을 헌신적인 쇼핑 중독자라는 자아상으로 되돌려 놓음으로써 페미니즘의 핵심 원칙 중 하나를 약화시키는 데 성공했다. 그것은 바로 여성은 스스로 생각해야 한다는 것이다. (얼마 가지 않아 페미니스트들에게 폭언을 퍼부은 인물이긴 하지만) 크리스토퍼 래시*가 『나르시시즘의 문화 The Culture of Narcissism』에서 밝혔듯 소비주의는 "남성의 억압에 저항하는 여성들의 편을 드는 것처럼 보일 때" 여성의 진보를 가장 치명적으로 침해한다.152)

따라서 광고 산업은 "수고 많았어, 자기야"라는 의심스러운 암시로 아첨하고 소비의 자유를 진정한 자율로 위장시켜 사이비 여성해방을 조장한다. …… 하지만 그것은 여성과 아이를 가부장적 권위에서 해방시켜 광고 산업의, 산업적인 기업의, 국가의 새로운 가부장주의에 복속하게 만든다.

여성의 권리에 대한 오늘날의 역습은 오래된 반격 전략집에 또 다른 독특한 전술을 보탠다. 그것은 바로 비아냥대는 듯 '세련되게' 그 파괴적인 목적과 거리를 두는 듯한 태도다. 지금의 맹공은 (싱글 여성에 대한 동정, 직장 여성의 피로 수준에 대한 걱정, 가족에 대한 우려 같은) 반격의 가짜 감정 목록에 차별이나 반여성적인 메시지를 감히 지적하는 사람을 경멸하는 '다 안다는 듯한' 냉소주의를 보탠다. 베이비 붐 세대가 설계하고 또 이들을 대상으로 하는 이 시대의 오락물과 광고에 등장하는 남을 의식하는 인물들은 여성에 대한 자신의 표

* Christopher Lasch, 로체스터 대학교 역사학과 교수이자 사회 평론가.

현 방식이 구시대적이고 경멸적임을 알고 있지만, 그래서 그게 뭐 어쨌다고 하는 식의 태도를 보인다. "우리가 〈아빠가 제일 잘 알아Father Knows Best〉*를 재연한다고 해 보자"라며, 텔레비전에 나오는 인물들은 아이러니하게도 마치 여성의 부차적인 지위가 자기들끼리만 아는 오래된 농담일 뿐이라는 듯 서로를 보며 킬킬댄다. 성적 부정의를 두고 난리를 치는 것은 여성적이지 못하기만 한 게 아니라 이제는 쿨하지 못한 짓이다. 페미니스트의 분노, 아니 그 어떤 형태의 사회적인 분노도 가볍게 묵살된다. 내용이 없어서가 아니라 '스타일'이 안 살기 때문이다.

페미니즘의 옷을 입고 있는 반페미니즘을 폭로하는 것은 어려운 작업이다. 하지만 별 관심 없다고 선언하는 적을 상대하기는 훨씬 더 어렵다. 시트콤 대변인들의 비뚤어진 눈에는 낙태 반대 '장병'의 완전한 광기마저 바람직할 수 있다. 대중문화에 냉소를 퍼뜨리는 치들은 하품을 참아 가며 페미니즘은 "대단히 1970년대적"이라고 말한다. 이들은 우린 '포스트페미니스트'라고 선언한다. 그건 여성이 평등한 정의에 도달했고 그걸 넘어섰다는 뜻이 아니라, 그저 자신들이 관심 있는 척조차 하지 않겠다는 뜻이다. 결국 미국 여성의 권리에 가장 파괴적인 한 방을 날릴 수 있는 것은 이런 심드렁함이다.

* 1950년대의 미국 시트콤.

2부

대중문화에서의

반격

4장
반페미니즘이라는 트렌드

새로운 여성해방운동의 실천 중에서 최초로 전국 신문의 1면에 실리게 된 운동은 미스아메리카대회 반대 운동이었다.[1] 그 이전에도 일자리, 동일 임금, 남녀공학을 위한 많은 페미니즘의 행진이 있었지만, 미디어는 관심을 눈곱만큼도 보이지 않았다. 이 행사에 그렇게 많은 언론의 관심이 쏠린 이유는 간단했다. 몇몇 여성이 빵빵한 브래지어를 쓰레기통에 던져 넣었기 때문이다. 한 언론인이 잘못 보도한 것처럼 사실 그날 브래지어를 불태운 사람은 아무도 없었다. 1980년대에 그 어떤 여성운동 시위에서도 속옷을 가지고 불장난을 했다는 증거는 없다(그와 유사한 두 건의 행사는 모두 남성이 조직한 것이었다. 각각 디스크자키와 건축가였던 이 남성들은 '미디어 행사'의 일환으로 여성들이 자신의 브래지어를 큰 통과 함께 시카고 강에 던져 넣게 하려 했다. 시카고 강 행사에 협력한 건 세 여성뿐이었는데, 모두 건축가가 고용한 모델들이었다).[2] 하지만 당시 언론의 기사를 읽어 보면 페미니즘의 불길은 이미 란제리 산업을 화형시키기 일보 직전이었다.

　　1960년대 말과 1970년대 초 미국의 주류 출판계 편집자들은 대체로 여성운동을 전혀 다루지 않으려 했다. 일부 페미니스트들이 여성운동을 다루는 미디어의 행태를 가지고 농담 삼아 붙인 표현처럼 "장려한 언론의 공세"가 3개월 동안 지속되었다.[3] 1971년에 이르자 언론은 이미 이 최신 '유행'은 '한물갔다'거나 '죽었다'고 선언했다. '브라 화형식' 같은 짓이 미국의 중산층 여성들을 소외시켰다며, 미디어는 자신들이 스스로 만들어 낸 신화를 고집스럽게 떠들어 댔다. 그리고 편집자가 어쩔 수 없이 여성운동을 인정해야만 했던 간행물(여성 직원이 성차별 소송을 제기하자 이들은 내부 압력에 시달렸다)에서는 담당 기자에게 여성운동을 깎아내리라고 지시하곤 했다.《뉴스데이》에서는 한 남성 편집자가 여성운동에 대한 기사에 메릴린 골드스타인Marilyn Goldstein 이라는 기자를 배정하고는 이렇게 지시했다.[4] "거기 가서 이게 다 헛짓이라고 말할 권위자를 찾아내." 《뉴스위크》에서는 1970년 이 잡지 최초로 여성운동 기사를 실을 뻔했는데, 담당자인 린 영Lynn Young 의 기사는 매주 재작성되다가 두 달 만에 사장되고 말았다.[5] 결국《뉴스위크》는 이 일을 프리랜서에게 맡겼는데, 그 프리랜서는 수석 편집자의 아내이자 자칭 반페미니스트였다(하지만 그녀가 "자신의 첫 인터뷰" 후 마음을 바꾸고 여성운동을 포용하면서 이 전략은 역효과만 일으켰다).[6]

1970년대 중반에 이르자 미디어와 광고업자 들은 페미니즘을 중화하는 동시에 상업화하는 방침을 수립했다. 매스미디어는 여성은 이제 동등하고 새로운 권리를 찾는 대신 새로운 라이프스타일을 찾고 있다고 판단한 듯 보였다. 여성들은 이제 자기 결정권이 아니라 자기 희열을 원했는데, 이는 쇼핑몰에서 가장 잘 충족되는 종류의 만족이다. 얼마 가지 않아 주간지들과 물론 그 안의 광고들은 클럽메드*에서 보낼 휴가를 위한 디자이너 수영복을 쟁여 놓은 '해방된 싱글 소녀', 아주 작은 도발에도 신용카드를 꺼내 드는 발랄한 MBA 출신의 '슈퍼우먼' 이미지로 넘쳐 났다. 탠덤Tandem 보석 광고는 금을 몸에 휘두른 탠덤 걸에 대한 기사형 광고 글이었는데, "그녀는 자유다. 그녀는 직장 여성이다. 그녀는 자신만만하다"고 열광했다. 하네스는 '최신 해방 제품'(새로운 종류의 팬티스타킹)을 출시하고는 이를 팔기 위해 전직 전미여성연맹의 간부급 직원을 고용했다.[7] "혁명에서 혁명으로: 비밀 이야기"라는 이름의 뒤이은 패션쇼는《뉴욕타임스》특집으로 다뤄질 정도였다. 여성의 지위에 대한 잡지 기사의 상투적인 표제는 "성공!"이었다. 마치 여성의 기회를 방해하는 모든 장벽들이 갑자기 쓸려 없어지기라도 한 것처럼 말이다.《비즈니스위크》는 1975년 "기업계 여성"에 대한 특별 호에서 "마침내, 사다리 위로!"라고 선언했다.[8] 여기에는 승리의 의미로 팔을 들어 올린 제너럴일렉

* Club Med, 프랑스의 호텔, 리조트 브랜드.

트릭General Electric의 여성 부사장이 홀로 임원용 의자에 왕처럼 군림한 일러스트가 함께 실려 있었다. "그 어느 때보다 많은 여성들이 최상위층에 곧 닿을 위치에 있다"고 이 잡지는 단정했다. 이 주장을 입증할 "믿을 만한 사실은 전혀 없다"고 인정하면서도 말이다.

1980년대 초가 되자 미디어의 사이비 페미니즘 응원은 돌연 중단되었다. 그리고 얼마 가지 않아 언론은 장송곡을 연주하기 시작했다. 신문 1면의 머리기사들은 페미니즘이 죽었다고 외치고 또 외쳤다.[9] 《뉴욕타임스 매거진》의 한 커버스토리는 "여성운동은 끝났다"로 말문을 열었다.[10] 혹시라도 독자들이 이 기사를 놓치기라도 할세라 잡지는 곧 두 번째 부고를 실었다.[11] 이번 기사에서는 아이비리그의 학생들이 여성운동에 대한 지지를 철회했고 자신들은 "페미니스트가 아니"라고 독자들을 안심시켰다. 자신들은 "자연의 법칙에 따르는" 여성들일 뿐이고 "스타일 감각이 전혀 없다"는 게 페미니스트가 아닌 이유였다.

이쯤 되자 미디어들은 페미니즘의 송장을 조용히 매장시키는 데 만족하지 못했다. 이들은 자신들이 직접 만든 '해방된' 여성의 상업적 아이콘을 박살 내고, 자신들이 직접 세운 번드르르한 초상화를 찢어발기면서 광분했다. 이들은 마치 그래피티 예술가처럼 1970년대의 언론이 가장 좋아하던 포스터의 두 소녀를 훼손시켰다. 싱글 걸에는 아래로 내려간 입꼬리와 쪼글쪼글한 난소를 스프레이로 그려 넣고, 슈퍼우먼에는 주름진 이마와 궤양이 생긴 위를 덧붙인 것이다. 물론 이 새로운 이미지들은 최근 10년의 작품들에 비하면 그렇게 현실적이지 않았다. 하지만 살아 있는 여성에게 미친 영향은 상당히 현실적이고 해로울 수 있다.

언론은 처음으로 전국 청중들에게 반격을 소개했고, 이를 대중들의 입맛에 맞게 만들었다. 저널리즘은 근본주의적인 설교사들이 '가족 친화적'이라는 명목으로 들이미는 공격들을 호의적이고 심지어는 진보적으로 들리는 수식어들로 대체했다. 이런 기만적인 수식어들은 반페미니즘의 표독스러운 얼굴을 화장으로 감추는 한편, 페미니스트들의 눈을 어둡게 만들었다. 그 과정에서 뉴라이트의 허황된 망상 너머로 반격이 대중화되었다.

언론이 어떤 의도를 가지고 이런 일을 벌인 것은 아니었다. 모든 거대한 제도가 그렇듯 이들의 행보는 사전에 계획되지도, 프로그램에 따르지도 않고, 그저 지배적인 정치적 흐름에 대단히 취약할 뿐이다. 언론은 자신들조차 가늠할 수 없는 조류에 떠밀려 다니면서 페미니즘의 유산과 그것이 여성들에게 안겼다고 주장하는 병폐들에 대해 사람들이 사고하고 이야기하는 방식을 강력하게 결정하면서 일반 대중들을 좌우하는 하나의 세력처럼 움직였다. 언론은 '남자 품귀 현상', '생물학적 시계', '엄마 트랙'*, '포스트페미니즘'처럼 모든 사람이 사용하는 용어를 만들어 냈다. 무엇보다 중요한 점은 여성들의 삶의 역설, 반격에서 핵심으로 자리하게 될 그 역설을 처음으로 주류 청중들에게 제시하고 해설한 집단이 바로 언론이었다는 점이다. 그 역설이란 바로 여성은 많은 성과를 손에 넣었지만 대단히 불만스러운 상태에 있다는 것이다. 그리고 이 모든 고통을 여성들에게 안긴 것은 여성들의 부분적인 성취에 대한 사회의 저항이 아니라 페미니즘의 공적임에 틀림없다는 해석이 뒤따른다. 1970년대의 언론은 성공한 여성의 화려한 그림을 흔들면서 "봐, 이 여자는 행복해. 그건 이 여자가 해방되었기 때문이야"라고 말했다. 그런데 이제는 뒤집어진 반격의 논리에 따라 언론은 성공한 여성의 그림에 우거지상을 그려 넣고 "봐, 이 여자는 비참해. 그건 이 여자가 너무 해방되었기 때문이야"라고 선언했다.

ABC는 1986년 특별 보도에서 "미국 여성들에게 무슨 일이 있었던 것인가?"라며 깜짝 놀란 어조로 물었다.[12] 이 쇼의 진행자 피터 제닝스Peter Jennings는 재빨리 대답했다. "여성들의 성취가 때로는 이들에게 무시무시한 비용을 요구합니다." 《뉴스위크》는 1986년 "이름 없는 새로운 문제"에 대한 기사에서 똑같은 질문을 제기했다.[13] 그리고 똑같은 진단을 내놓았다. '페미니즘의 정서적 후유증'이 여성들에게 피

* mommy track, 육아에 맞춰 출퇴근 시간을 조절할 수 있지만 승진 기회는 제한되는 취업 형태.

해를 입히고 있다, '질에 대한 강조'가 이들에게서 낭만적이고 물질적인 권리를 앗아 가고 '희생'을 치르도록 강요했다는 것이었다. 이 잡지는 이렇게 충고했다. "오스카 와일드Oscar Wilde는 '신은 우리를 벌하고자 할 때 우리의 기도에 답한다'고 말했다. '모든 것을 가지기를' 학수고대했던 많은 여성들에게 그런 일이 일어나는 것 같다." (여성의 불만에 대해 마지막으로 살피던《뉴스위크》는 한 번 더 똑같은 의견을 내놓는다. 여성의 신비 반격이 고조에 달했을 때 "미국 여성의 불행은 여성의 권리 중에서 가장 최근에 획득한 것일 뿐"이라고 이 잡지는 보도했다.) [14]

언론은 여성의 불행의 근원을 다른 곳에서 찾을 수도 있었으리라. 뉴라이트와 여성 혐오적인 백악관에서, 한기가 도는 재계와 고집스러운 사회·종교 기관에서 반격의 숨은 뿌리를 탐색하고 폭로할 수도 있었으리라. 하지만 언론은 반격을 철저하게 파헤치는 대신 이를 유포하는 쪽을 택했다.

미디어가 반격의 조력자이자 홍보 담당자 노릇을 하는 것은 미국 역사에서 친숙한 일이다. '슈퍼우먼'을 비웃는 최초의 기사는 1980년대의 언론이 아니라 20세기 초 한 미국 신문에서 등장했다.[15] 후기 빅토리아시대의 그 언론에 따르면 페미니스트는 "히스테릭하고 비합리적인 여자 혁명가 무리", "까탈스럽고 참견하기 좋아하며 변덕스럽고 광적인 사람", "꺅꺅대는 앵무새"에다 "용납할 수 없을 정도로 어리석다."[16] 페미니스트들은 미국 여성들에게 쓰레기를 선사했다. 여성들이 고통받는다는 조짐이 보이기라도 하면 이는 분명 페미니즘이라는 질병의 또 다른 '치명적인 징후'라며 정기간행물들은 떠들어댔다. 편집자가 남성인《레이디스 홈 저널》은 1901년 "어째서 우리 여성들은 행복하지 않을까"라고 질문한 뒤 여성운동이 그 수혜자들의 심신을 약하게 만들고 있다고 대답했다.

미국학 연구자 신시아 키너드가 미국의 반페미니즘 문헌에 대한 서지 연구에서 밝혔듯 여성의 권리에 대한 언론의 공격은 "19세기 후반에 강력하게 성장했고 새로운 참정권 운동이 나타날 때마다 규칙적으로 정점을 찍었다." 주장은 언제나 천편일률적이었다. 동등한 교육은 여성을 노처녀로 만들고, 동등한 고용은 여성을 불임으로 만들며, 동등한 권리는 여성을 나쁜 엄마로 만든다는 것이다. 새로운 역사적 순환이 시작될 때마다 이 위협은 조금 수정되고 다듬어졌고 새로운 '전문가들'이 가담했다. 빅토리아시대의 정기간행물들은 성직자들에게 의지해서 페미니즘에 대한 공격에 힘을 보태고자 했다. 비교하자면 1980년대의 언론들은 심리 치료사들에게 의지했다.

1986년 《뉴스위크》의 반페미니즘 기사 "페미니즘의 정체성 위기"는 여성의 상황에 대해 많은 전문가들(사회학자, 정치학자, 심리학자)의 말을 인용했지만, 정작 이 위기로 고통을 받는다던 많은 여성 중 그 누구의 목소리도 담지 않았다. 고작 상상 속의 페미니즘 희생자의 그림이 두 개 실렸는데, 한 그림은 머리를 승려처럼 바짝 자른 음울한 임원이 텅 빈 가족 액자를 험악하게 바라보며 책상에 앉아 있는 모습이고 다른 하나는 집에서 시계를 꼭 쥐고 자정 5분 전을 가리키는 시곗바늘을 골똘히 바라보는 모습이었다.

실제 여성을 다룬다는 뉴스 기사에서 실제 여성이 부재한 것은 1980년대 반격 저널리즘의 특징이다. 언론들은 일련의 '트렌드 기사'에서 여성의 사회 행태상의 큰 변화를 예측한다면서도 자신들의 일반화를 뒷받침할 수 있는 증거라고 할 만한 것은 거의 제시하지 않았고, 그런 기사들을 통해 대중들에게 반격의 정서를 유포했다. 20세기 말 저널리즘의 주된 기여로 명맥을 이어 간 트렌드 기사는 변화하는 풍습의 '뉴스'를 전달하겠다고 주장하지만, 관찰하기보다는 처방을 더 많이 한다. 대중의 정서를 그대로 담았다고 주장하는 인간의 경관에 대한 묘사에는 신기하게도 인간의 그림자가 보이지 않는다. 대중들의 맥박을 짚어 보는 척하지만 자신들의, 그리고 광고업자들의 심장박동을 모니터하고 있는 것일 뿐이다.

트렌드 저널리즘은 실제 보도가 아니라 반복의 힘을 통해 권위를 획득한다. 충분히 오랜 시간 동안 이야기를 반복하면 그 어떤 것도 진실처럼 보일 수 있다. 하나의 미디어에서 선포한 트렌드는 나머지 미디어들이 재빨리 그 이야기를 퍼 나르면서 연쇄반응을 일으킨다. 이런 메시지가 확산되는 번개 같은 속도는 트렌드의 정확도보다는 이를 서로 반복하려는 언론인들의 성향과 더 관계가 있다. 그리고 1980년대에 '독립' 언론들이 극소수의 기업 손에 들어가게 되면서 반복은 특히 피하기가 어려워졌다.[17]

인쇄물의 독자와 방송의 시청자, 그중에서도 특히 여성들이 다른 뉴스원으로 옮겨 가고 이와 함께 광고 수익이 급감하여 결국 20년 만에 가장 낮은 수준으로 추락하자 미디어들은 공포를 느꼈다. 이에 따라 1980년대에는 트렌드를 지시하고 사회적 태도를 결정할 필요가 더욱 절실하게 대두되었다.[18] 수심으로 가득한 미디어 경영진은 시장조사를 실시하고 도망가는 독자들, 그러니까 이제는 나이트리더신 문* 같은 신문 기업들이 '고객'이라고 부르는 이들을 '관리'해야 한다는 생각에 사로잡혔다.[19] 그리고 이들의 집착은 결국 미디어가 뉴스를 보도하는 방식에 반영되었다. 전직 《애틀랜타저널-컨스티튜션》의 편집자이자 니만재단Nieman Foundation의 큐레이터인 빌 코바치Bill Kovach는 "뉴스 조직은 대중 여론을 주무르고 지휘하려고 하는 정치 제도들과 동일한 장으로 이동하고 있다"고 말했다.[20] "사실을 다루는 데 능숙한 언론인들의 손에 대중 여론을 주무를 수 있는 이런 강력한 수단을 쥐어 주는 것은 마치 어린아이의 손에 메스를 들리는 것과 같다. 엄청난 피해를 유발할 수 있다."

언론인들은 처음에는 이 메스를 미국 여성들에게 들이댔다. 1980년대의 트렌드 기사는 종종 남성들의 변화상을 다루기도 했지만 이런 기사들은 플라이낚시, 무선호출기, 흰 셔츠로의 귀환 같은 남성들의 최신 취미나 기행 같은 것들을 다루는 편이었다. 반면 1980년대 여성 트렌드는 남편을 찾지 못하거나 임신을 하지 못하거나, 아이와 적절한 유대를 맺지 못하는 실패담들이었다. 가령 NBC는 저녁 뉴스 특집 전편을 '배드 걸'이라는 허위 트렌드에 대한 보도에 할애했지만, '배드 보이'라는 진짜 트렌드는 모른 척했다.[21] 남자 청소년의 범죄율은 여자 청소년보다 두 배 더 빠르게 증가하고 있었는데도 말이다(이 방송국의 뒷마당인 뉴욕 시에서 젊은 남자들의 강간 체포 건수는 2년 만에 200퍼센트 늘어났다). 아부성이 짙은 겉치장으로 멋

* Knight-Ridder Newspaper, 미국에서 발행 부수가 1위인 신문 기업.

을 낸 여성의 트렌드들은 새롭게 개선된 포장 아래 젠더로의 귀환이라는 상표를 달고 1980년대의 여성지와 신문 스타일 면을 장식했다. "새로운 금욕", "새로운 여성성", "새로운 고귀한 일부일처체", "새로운 도덕성", "새로운 마돈나", "굿 걸의 귀환" 등등. 에이즈에 대한 걱정이 분명 이런 '새로운' 트렌드를 홍보하는 데 도움이 되긴 했지만 그게 전부는 아니었다. 1980년대에는 에이즈가 대체로 남성들의 질병이었음에도 미디어들은 거의 항상 여성들만을 겨냥했다. 매 사례마다 여성들은 전통적인 성 역할을 다시 받아들이지 않으면 뼈저린 아픔을 맛보게 되리라는 위협에 노출되었다. 여성들에게 트렌드 기사는 뉴스 보도가 아니라 도덕적인 잔소리일 뿐이었다.

여성에 대한 트렌드는 항상 교훈이 담긴 한 쌍으로 이루어져 있었다. 여성들에게 도망치라고 조언하는 트렌드와 다시 돌아오라고 떠다미는 트렌드가 짝을 이루는 식이었다. 이런 이유 때문에 함께 짝을 이룬 트렌드들은 서로 모순되는 경향이 있었다. 한 여성 작가가 《애드버타이징 에이지》의 한 칼럼에서 빈정거리면서 말했듯 "미디어는 한편으로는 우리에게 결혼이 인기라고 말하고 다른 한편으로는 여성이 결혼할 가능성이 희박하다고 말하면서 즐거운 한때를 보내고 있다. 그러니까 어쩌면 1년 전에 불타는 석탄 위를 걷는 게 유행이었듯 결혼은 워낙 어렵기 때문에 인기가 있는 것인지도 모른다."[22] 일, 결혼, 그리고 모성에 대한 서로 모순되는 세 쌍의 트렌드는 페미니즘을 공격하는 미디어의 3부작을 구성했다. 슈퍼우먼의 '번아웃' 대 신전통주의적인 '고치 짓기', '노처녀 풍년' 대 '결혼의 귀환', 그리고 '불임 유행병' 대 '작은 베이비 붐'이 바로 그것이다.

결국 여성의 트렌드 기사에서는 사실과 예측의 자리가 서로 바뀌었다. 이런 기사들은 이미 일어나고 있는 여성들의 후퇴를 기록하는 게 아니라 어떻게든 그런 일이 일어나도록 용을 썼다. 우리가 확인했듯 '결혼 패닉'은 언론이 하버드-예일 대학교의 연구를 홍보하기 전까지는 여론조사에 잡히지 않았다.[23] 1980년대 중반 언론에는 엄마들이 아이를 '위험한' 어린이집에 놔두는 것을 얼마나 겁내는지에 대한 기사가 쇄도했다. 1988년 이 트렌드는 전국 여론조사에도 등장했다.[24] 그러자 갑자기 엄마들의 약 40퍼센트가 아이들을 어린이집에 맡기는 것이 무섭다고 답했다. 어린이집에 대한 이들의 자신감은 불과 1년 전의 76퍼센트에서 64퍼센트로 떨어졌다. 여론조사에서 4년 전에 이 질문을 넣기 시작한 이후로 70퍼센트 이하로 떨어진 것은 처음이었다. 1986년 언론은 다시 '새로운 순결주의' 트렌드를 선언했고 그러자 1987년 여론조사에서는 혼전 성관계가 괜찮다고 믿는 싱글 여성의 비중이 1년 만에 갑자기 6퍼센트 줄어들었다.[25] 혼전 성관계가 괜찮다고 생각하는 여성이 전체의 절반에 못 미치는 건 4년 만에 처음이었다.

마지막으로 1980년대 내내 미디어는 여성들이 더 나은 엄마 역할에 전념하기 위해 일자리에서 도망치고 있다고 주장했다. 하지만 이들이 주장하는 노동력 차트 내의 감소(그것도 아주 작은 감소)는 1990년에야 나타났다.[26] 20세부터 44세 사이의 여성 노동자 비중이 0.5퍼센트 줄어든 것인데, 이는 1960년대 초 이후 최초의 감소였다. 이런 여성 대탈출에 대한 미디어의 주장은 대체로 실제 탈출보다는 죄책감을 더 많이 빚어냈다. 1990년 양켈로비치클랜시슐만Yankelovich Clancy Shulman이 직장 여성들을 상대로 실시한 한 여론조사에 따르면 "좋은 주부이자 엄마가 되는 데 더 많은 에너지를 쏟고 싶어서" 일을 아예 그만둘지를 생각 중인 여성이 약 30퍼센트에 달하는 것으로 나타났다. 불과 1년 전보다 11퍼센트 늘어난 수치이고 20년 동안 가장 높은 수치이다.

트렌드 기사가 항상 이런 식인 것은 아니지만, 이런 식일 때는 몇 가지 특징이 있다. 사실에 입각한 근거나 확실한 수치가 없고, 여성 서너 명 정도의 말만을, 그것도 보통은 익명으로 인용하여 트렌드를 설명하려는 경향이 있고, '그러그러한 감이 있다', '더욱더' 같은 모호한 수식어를 사용하고, 예언 조의 미래 시제('엄마들은 점점 더 가족들과 많은 시간을 보내기 위해 집에서 지내게 될 것이다')에 의존하고, 종종 다른 미디어의 트렌드 기사를 인용하여 자신의 확신을 뒷받침하는 소비자 연구가, 심리학자 같은 권위에 호소한다.

여성에 대한 1980년대의 트렌드 기사는 사실에 대해서는 전혀 말하지 않으면서 마치 사실에 대해 말하는 척하듯, 여성들에게 일어나고 있는 일들은 정치적인 사건이나 사회적인 압력과는 무관하다고 여성들에게 말하면서 정치적 선전에 기여했다. 1980년대의 트렌드 분석에 따르면 여성은 더 이상 사회나 문화와 갈등하지 않고 자기 자신과 갈등했다. 싱글 여성들은 그저 개인적인 문제를 가지고 씨름하고 있었다. 이들은 '일관되게 자기 파괴적'이거나 '과도하게 까탈'을 부렸다.

언론이 인정한 유일한 외부 전투는 여성 서로 간의 싸움이었다. 《샌프란시스코 이그재미너》의 스타일 섹션 1면에 실린 "선전포고 없는 전쟁"이라는 표제의 글은 "일을 하느냐 하지 않느냐가 교외 엄마들을 가른다"고 선언했다.[27] 《차일드》는 "엄마들의 전쟁"을 소개했고 《새비》의 "불화하는 여성들"은 독자들에게 "이 세상은 곧 두 개의 적진으로 나뉠 것이고 언젠가 양 진영은 서로에게 예의를 차리지 않을지 모른다"고 밝혔다.[28] 미디어의 설명은 기혼 여성과 싱글 여성이 서로를 적으로 여기도록 부추겼다. 그리고 심지어는 제랄도와 오프라*가 마련한 링 위에서 서로 으르렁거렸다. 기혼 여성들에게 남편 가로채기 트렌드를 조심하라고 경고했던 1988년 《뉴스데이》의 기사 제목은 "그를 둘로 나눌 수 있는가?"였다.[29] 남자 품귀 현상 때문에 싱글 여성들이 '뻔뻔하게' 유부남에게 접근하고 있다면서 아내들은 '이 난잡한 여자'의 접근을 막기 위한 조치를 취해야 한다는 것이다.

1980년대의 트렌드 저널리스트들은 장관들이 연설의 근거로 데이터를 제시하리라는 기대를 하지 않는 것과 동일한 이유로 사실을 제시하라는 요구를 받지 않았다. 기자들은 뉴스 기사가 아닌 도덕극의 대본을 쓰고 있었고, 여기서 중산층 여성은 페미니스트라는 뱀의 유혹 때문에 길을 잃은 순진한 기독교도를 연기했다. 마지막 장면에서 이 여성은 자신의 영예와 행복을 되찾기 전에 자신의 야망과 평등에 대한 '이기적인' 추구를 회개하면서 대가를 지불해야 했다. 트렌드 기사에는 페미니즘의 첫값에 대한 도덕적 판단의 언어들이 넘쳐

* 유명 텔레비전 토크쇼 〈제랄도 리베라 쇼Geraldo Rivera Show〉와 〈오프라 윈프리 쇼Oprah Winfrey Show〉를 가리킨다.

났다. 가령 여성해방의 부정적인 영향에 대한 ABC의 보도는 평등의 '비용'과 '대가'라는 말을 열세 번 언급했다.[30] 모든 경고성 기사가 그렇듯 트렌드 기사는 정답이 단 한 개밖에 없는 '선택'을 제시했다. 이 기적이고 외로운 독립에 이르는 가시밭길을 가든지 아니면 모닥불의 온기가 가득한 집으로 향하는 잘 포장된 길을 가든지. 도덕적인 여성의 우주를 나타낸 트렌드 기사의 지도에는 그 중간노선이 없었다.

고치 짓는 여자,
신전통주의자, 엄마 트랙에서 일하는 여성들

1980년 《뉴욕타임스》의 첫 쪽은 "많은 젊은 여성들이 이제는 직업보다 가정이 먼저라고 말한다"고 선언했다.[31] 사실 '많은' 여성이란 이런 말을 하면서도 의대에 진학하고 옥스퍼드의 연구원으로 일할 준비를 하는 스무 명 남짓의 아이비리그 학부생들이었다. 《뉴욕타임스》의 이 기사 때문에 언론계에서는 '집으로의 귀환'이라는 유사한 기사들이 한동안 쏟아졌다. 하지만 이 트렌드를 축복할 근거가 전혀 없다 보니 둥지로 귀환한 뒤의 미래는 의심스러워 보일 뿐이었다. 그러던 중 1980년대 중반쯤 한 미디어 전문가가 언론에 큰 볼거리를 제공하며 나타났다. 얼마 가지 않아 누구나 아는 단어가 된 그녀의 이름은 페이스 팝콘Faith Popcorn이었다.

전직 광고회사의 임원이었던 팝콘은 '선도적인 소비 권위자'라는 새로운 이미지를 드러내며 '트렌드 확인'을 전문으로 하는 브레인리저브Brain Reserve라는 시장 연구 회사를 설립했다.[32] 팝콘은 트렌드은행Trend Bank도 운영했는데, 7만 5,000달러에서 60만 달러의 비용으로 고객들에게 그 안에 예치된 정보를 제공했다. 팝콘은 정확도가 95퍼센트라고 주장하면서 "오늘날 미국의 큰 트렌드 방향"뿐만 아니라 "다가올 트렌드" 역시 밝혀낸다고 약속했다.

팝콘의 트렌드은행에 있는 많은 정보들은 독점적이지 않았다. 팝콘에게는 여론을 조사하는 소비자 집단이 있긴 했지만 그녀의 예측은 종종 인기 텔레비전 쇼, 베스트셀러, 라이프스타일 잡지들을 근거로 삼았다. 팝콘은 "《피플》은 내 성경"이라고 말했다.[33] 또한 그녀는 스타일은 30년마다 반복된다는 이론을 근거로 마지막 반격에서 사용된 영화와 패션을 가져다 썼다. 이런 상당히 초보적인 데이터 수집 기법에도 불구하고 팝콘은 캠벨스프사Campbell Soup Company에서부터 퀘이커오트Quaker Oats에 이르기까지 가공식품과 생활용품 산업계의 일부 거물 기업들을 비롯한 수백 개의 기업 고객을 유치할 수 있었다. 당시 시장에 출시된 신제품 중 80퍼센트가 실패했고 소비주의가 둔화되면서 조바심이 난 팝콘의 고객들은 '브랜드 부활'이라는 팝콘의 전망에 특히 관심이 있었다. 이들은 소비자들에게 애걸하는 신제품을 출시하기보다는 철 지난 제품들이 다시 날개 돋친 듯 팔려 나간다는 팝콘의 복고풍 트렌드 주장에 의지할 수 있었다. 팝콘의 약속에 따르면 "사람들이 시골로 이사를 가지는 않겠지만 L.L. 빈*의 제품을 구매하게 될 것"이었다.34)

1986년 페이스 팝콘은 '고치 짓기cocooning'라는 단어 하나를 만듦으로써 미디어 트렌드 작가들과 기업 고객들을 동시에 만족시켰다. 팝콘은 이 단어가 《월스트리트저널》과 인터뷰하던 도중에 "그냥 머리에서 튀어나왔다"고 회상한다.35) "그건 예측이었어요⋯⋯. 그런 일이 없었는데 말이에요." 하지만 당시 그녀는 이 단어를 미디어에 이런 식으로 홍보하지 않았다.

팝콘은 언론에 고치 짓기가 1980년대의 전국적인 트렌드라고 말했다. "우린 둥지를 트는 사람들의 나라가 되어 가고 있어요. ⋯⋯ 우린 집에서 고치 만드는 걸 좋아하죠. 미트로프나 치킨팟파이 같은 엄마표 음식들이 요즘 엄청 인기예요."36) 팝콘의 식품업체 고객들은 행복한 비명을 지르며 그녀의 말을 입증하기 위해 두 팔을 걷어붙였다. 필스버리**의 열정적인 대변인은 《뉴스위크》에서 "난 고치 짓기를 믿는다"고 말했다.37)

언론도 그런 게 분명했다. 그다음 한 해 동안만 팝콘과 그녀의 고치 이론을 특집으로 다룬 간행물은 몇 곳만 꼽아 봐도 《뉴스위크》(5회), 《월스트리트저널》(4회), 《유에스에이 투데이》(2회), 《애틀

* L. L. Bean, 아웃도어 용품과 의류 회사.
** Pillsbury, 미국에서 두 번째로 큰 식품업체.

랜틱》,《유에스 뉴스앤월드리포트》,《로스앤젤레스타임스》,《보드룸 리포트》,《석세스!》, 그리고 물론《피플》등이었다.《뉴요커》에서 한 어벙한 작가는 "페이스 팝콘은 우리 시대의 우르*인가?" 하며 경이를 표했다.[38] "그녀는 인간의 모습을 한 대령大靈인가?" 1987년《뉴스위크》는 페이스 팝콘이 "지구상에서 가장 인터뷰를 많이 하는 여성 중 한 명"이라고 짜증을 내면서도 그녀에게 또다시 두 면을 할애했다.[39]

팝콘은 고치 짓기를 젠더 중립적인 개념으로 생각했을 수 있다. 하지만 언론은 고치 짓기를 사람이 집에 들어가는 현상이 아니라 여성이 일을 그만두는 현상으로 정의함으로써 이를 여성의 트렌드로 만들었다. 팝콘의 다른 예언들도 미디어의 오해를 선동하는 데 불을 지폈다. "갈수록 일하는 여성이 줄어들 것이다. 여성들은 가족들에게 집중하면서 집에서 시간을 보내게 될 것이다."[40] 언론은 고치 짓기뿐만 아니라 고치 자체를 여성적이라고 생각해 이런 트렌드를 더욱 여성화시켰다.《로스앤젤레스타임스》는 여성들이 들어가 지낸다고 주장하는 이런 작은 공간을 "집안의 작은 자궁"이라고 묘사했다.[41]

여성의 고치 짓기가 팝콘의 트렌드 계량기에는 포착되었는지 몰라도, 미국 노동통계국의 차트에는 그런 변화가 아직 나타나지 않았다. 1980년에는 일하는 여성의 수가 꾸준히 늘었다.[42] 전체 여성을 기준으로 보면 51퍼센트에서 57퍼센트가 되었고, 25세부터 44세 사이의 여성을 기준으로 보면 일하는 여성의 비중은 70퍼센트가 넘었다. 증가세가 가장 가파른 집단은 일하는 엄마들이었다. 여론조사 역시 고치 짓기 이론을 뒷받침해 주지 못했다.[43] 성인 여성들은 점점 더 완고하게 가족과 함께 직장 생활을 유지하려 했고(10년 전 52퍼센트에서 63퍼센트로 늘어났다) 전업주부로 지내는 데 대한 관심은 줄어들었다(10년 전의 38퍼센트에서 26퍼센트로 줄었다). 그리고 일하지 않는 여성의 42퍼센트는 근처에 어린이집이 늘어나면 자신도 일을 하겠다고 말했다.

팝콘 자신부터가 그렇게 열광적으로 홍보하는 트렌드의 모델이 아니었다. 마흔을 넘긴 그녀는 행복한 싱글이었고 아이도 없었다. 그

* Ur, 히브리어로 '빛'이라는 뜻.

리고 자신의 일을 가장 중요하게 여긴다. 그녀는 한 인터뷰에서 "난 내 일에 중독됐다"고 웃으며 고백했다.[44] 그녀의 말에 따르면 일생에 많은 남자들이 있었지만 한 번도 결혼에 매혹되지 않았다. "난 누군 가가 날 소유하는 게 싫었어요." 그녀가 자랑스럽게 밝힌 바에 따르 면 그녀 가족 내의 여성들은 최소한 3대에 걸쳐 전문성과 재정적 독 립을 중요하게 여겼다. 할머니는 뉴욕 시의 부동산을 보유하고 관리 했고 결혼은 "바보 같은 짓"이고 "지루하다"고 선언했다. 1920년대에 과실 전문 변호사였던 어머니는 아무도 자신을 고용하지 않으려 하 자 자기 회사를 직접 차렸고 할머니와 비슷하게 전통적인 여성성을 별로 중요하지 않게 생각했다. 팝콘은 존경심을 담아 이렇게 회상했 다. "어머니는 정말 거칠고 억센 카우 걸이었어요. 150센티미터밖에 안 되는 아주 작은 체구였지만 그런 건 의식할 수도 없는 분이었죠."

페미니즘이 트렌드로서 한물갔다는 팝콘의 단정에도 불구하고 ("한발 물러난 걸로 보여요") 팝콘은 자신을 "여전한 70년대의 페미 니스트"라고 말했다. 그녀는 이렇게 설명했다. "난 아직 우리가 갈 길 이 멀다고 생각해요. 우리에겐 편견도 많고 차별도 심하죠. 우리에 겐 조직이 필요해요." 사실 팝콘은 남성이 경영하는 어떤 광고 회사 에서 일하다 편견으로 승진이 가로막히는 바람에 브레인리저브를 창 업했다고 말한다. "사람들이 나를 대하는 방식이 마음에 들지 않았어 요. …… 난 주목받고 싶었고, 최고의 자리에 오르고 싶었고, 남자들 과 다르지 않은 인정을 받고 싶었어요."

그렇다면 팝콘은 어째서 고치 짓기가 트렌드라고 생각하게 되었 을까? 언론에서 그녀는 이런 식의 근거를 언급했다.[45] "엄마표 음식" 의 판매 증가, "거대한 안락의자"의 인기, 〈코스비 가족 만세 The Cosby Show〉의 시청률, 그리고 "1976년 여성 MBA의 3분의 1이 이미 집으로 돌아갔다"는 통계다. 하지만 엄마표 음식 판매가 급증한 것은 끈질긴 고치 짓기 홍보의 원인이 아니라 결과였다. 만일 그것이 정말로 원인 이었다면 캠벨스프는 굳이 그녀의 서비스를 필요로 하지 않았을 것 이다. 그리고 사람들이 '바카로운저 Barcalounger' 같은 소파에 몸을 파묻 거나 〈코스비 가족 만세〉에 나오는 헉스터블 가족을 시청할 수는 있지만 그렇다고 해서 그게 실제 여성들이 집으로 돌아오고 있다는 뜻일 수는 없다. 마지막의 유일한 통계는 여성의 실제 행태를 가늠하는 것과는 눈곱만큼도 관계가 없고, 이 통계는 마침 공교롭게도 대단히 미심쩍다.

팝콘은 이 MBA 수치를 당시 유명한 트렌드 기사였던 1986년《포춘》커버스토리인 "어째서 여성들은 벗어나고 있는가"에서 가져왔다.[46] 엘리트 학교를 나와서 기업 중역실에서 일하다 그만두고 나오는 비즈니스 여성을 다룬 이 기사는《포브스》,《유에스에이 투데이》,《유에스 뉴스앤월드리포트》를 비롯한 여러 미디어에서 이와 유사한 '탈출' 기사에 영감을 제공했다.[47]
　《포춘》의 기사는 비즈니스와 경영 분야에서 일하고 싶어 하는 젊은 여성들에게 특히 깊고 심란한 인상을 남겼다. 무엇보다 믿을 만한 데이터가 있는 듯했다. 1년 뒤 스탠퍼드 대학교 경영대학원에서도 여성들은 아직 그 기사와, 그것이 자신들에게 미친 영향에 대해 이야기하고 있었다.[48] 스탠퍼드 대학교의 MBA 과정생 필리스 스트롱Phyllis Strong은 힘든 경영 업무를 맡게 되면 얼마나 많은 것을 포기하게 되는지, 가족 관계와 유대감을 얼마나 상실하게 되는지에 대한 글들을 읽고 난 뒤 좀 덜 고된 일을 찾을 계획이라고 말했다. 또 다른 MBA 과정생인 마르시아 월리Marcia Walley는 이제는 "성공적인 직장 생활과 좋은 가정생활을 병행하는 것이 얼마나 불가능한 일인지" 알게 되었다며 "그 모든 것을 가질 수는 없고 선택을 해야 한다"고 말했다. 심지어 경영대학원의 한 여성 집단은 이 주제를 가지고 상급생 공연용 뮤지컬 노래를 만들기도 했다. 폴 사이먼Paul Simon의 "날 알이라고 부르세요You Can Call Me Al"의 선율에 맞춰 작곡된 이 씁쓸하고 소박한 노래는 젊은 여성 청중들의 눈물을 자아냈다.

> 내가 경영 학교를 다닐 때 그들은 말했지……
> 아가씨, 당신은 모든 것을 가질 수 있어
> 하지만 난 내가 그렇게 많은 걸 잃을 줄은 몰랐어

그렇게 오랜 시간을 원하지도 않았어
분풀이용 인형이
내 유일한 남자 친구라고 누가 생각이나 하겠어?
지금 내 옛날 남자 친구는 어디 있을까?
둥지를 틀고, 둥지를 틀고
잘 살고 있겠지
다섯 시면 퇴근하는 여자하고 살면서

《포춘》이 '탈출' 트렌드를 촉발한 지 1년 만에 경영대학원에 지원하는 여성의 비중이 10년 만에 처음으로 줄어들기 시작했다.[49]

《포춘》의 1986년 표지에는 무릎에 두 살배기 딸을 앉히고서 주방에 앉아 있는 전직 IBM 시스템 엔지니어 제이니 위텀Janie Witham의 사진이 실렸다. 《포춘》의 표지에서 위텀은 "집에 있을 때가 더 행복하다"고 선언했다.[50] 이제 그녀에겐 '빵을 구울' 시간이 있다. 그녀는 "최고의 교육을 받고 의욕이 대단히 많은 일부 여성들을 비롯한 많은 여성" 중 하나라고 이 기사를 작성한 《포춘》의 수석 작가 알렉스 테일러 3세Alex Taylor III는 말했다. 그 역시 일을 그만두는 '비슷한 선택'을 하는 중이었다. "이런 여성들은 기업 권력의 회랑으로 돌진하기로 되어 있었다"고 그는 적었다. "만일 MBA 취득자가 그곳에서[일터에서] 즐거움을 얻지 못한다면 그 어떤 여성이[강조는 그가 한 것이다] 가능하겠는가?"

《포춘》의 기사는 원래 《포춘》의 편집자가 동창 모임에서 칵테일을 마시며 수다를 떨던 와중에 시작되었다. 하버드 대학교 경영대학원 학생들과 어울리던 테일러의 편집장은 몇몇 여자 동창생들이 막 태어난 아기와 함께 집에서 지낸다는 이야기를 하고 있는 걸 듣게 되었다. 이게 트렌드일지 모른다고 생각한 그는 이 이야기를 테일러에게 할당했다. "그에게는 이 일화적인 근거 외에는 그 어떤 통계도 없었다"고 테일러는 회상한다.[51] 그래서 테일러는 수치를 찾아 나섰다.

테일러는 컬럼비아 대학교 경영대학원의 경력개발연구소Center for Research in Career Developmen 에 있는 메리 앤 디바나Mary Anne Devanna 에게 전화를 걸었다. 그녀는 수년간 MBA 여성의 진로를 모니터링하고 있었는데 그런 트렌드는 본 적도 없었다. "난 그에게 '당신의 일화가 맞다고 생각하지 않는다'고 말했어요." 디바나는 이렇게 회상한다.[52] "'우리에겐 여성들이 갈수록 많이 낙오하고 있다는 근거가 전혀 없어요.' 그랬더니 그 사람이 그러더군요. '음, 어떻게 그렇게 확신을 하나요?'" 디바나는 《포춘》에 자체 연구를 발주해 볼 것을 제안했다. "그런데 《포춘》은 연구비만 3만 6,000달러가 들 거라서 그런 것은 원치 않는다고 분명하게 말하더군요." 그녀는 이렇게 말했다. "그렇지만 결국 어쨌든 그 이야기를 유포시켰어요."

테일러는 연구 대신 상위 17개 경영대학원의 1976년 동창생들의 졸업생 기록을 살펴보았다. 하지만 이 수치들 역시 그런 트렌드를 뒷받침하지 못했다. 1976년에는 남성과 같은 비중의 여성들이 대기업이나 전문적인 기업에 진출했고, 10년 뒤에도 사실상 같은 비중의 남성과 여성 들이 이런 고용주들을 위해 여전히 일하고 있었다.

그럼에도 불구하고 테일러가 썼던 기사에서는 "10년 뒤에는 남성보다 상당히 많은 여성들이 경영자 트랙에서 낙오했다"고 밝혔다. 테일러는 이에 대한 근거로 이런 수치를 들이댔다. "1976년 동창생인 1,039명의 여성 중 30퍼센트가 자영업이나 무직 상태이거나 구직을 해 보지 않았다고 밝혔다." 한 가지 불편한 사실만 빼면 뉴스거리가 될 만해 보일 수도 있다. 같은 동창생들 중 21퍼센트의 남성들 역시 자영업이거나 무직 상태였던 것이다. 따라서 트렌드는 9퍼센트의 차이로 좁혀졌다. 직장 여성이 아직도 육아를 주로 책임지고 아직도 직업상의 차별에 부딪힌다는 점을 감안하면 차이가 대단히 작다는 게 오히려 실제 뉴스거리가 될 만했다.

나중에 테일러는 "근거가 상당히 협소하다"고 인정했다.[53] "남성과 여성의 탈락률은 대략 동일합니다." 그렇다면 어째서 그는 "불안을 조성할 정도로" 많은 여성들이 일자리에서 도망치고 있다고 주장했던 걸까? 테일러는 그 기사에서 사실상 그 어떤 여성과도 직접 대화를 나누지 않았다. "어떤 [여성] 연구자가 인터뷰를 다 했다"고 테일러는 말한다. "난 그저 가서 기업 대표나 사회과학자 같은 깊은 사상가들과 이야기를 나눴습니다." 테일러가 이야기를 나누긴 했겠지만 사례에는 포함되지 않은 여성이 한 명 있었는데 그건 바로 그의 아내였다. 그녀는 기업 홍보 담당자로, 인터뷰를 진행하던 당시 세살, 6개월 된 두 아이가 있었지만 여전히 일을 하고 있었다. "아내가 일을 그만두지 않은 건 맞아요." 테일러는 말했다. "하지만 난 아내의 모성적인 유대의 힘을 대단히 좋아해요."

《포춘》의 기사는 1980년대에 기업계의 여성들을 좌절시키는 정치적인 힘에 대해서는 가볍게 건너뛰고 난 뒤 여성들이 일터에서 도망을 치는 것은 그저 집에 있는 게 '더 좋다'고 여기기 때문이라고 결론 내렸다. "난 여성들이 탈락하고 있는 압도적인 이유는 차별이 아닌 모성 때문이라고 생각해요." 하지만 표지에 실린 전직 IBM 관리자도 집에 있고 싶어서 일을 그만둔 게 아니었다. 그녀가 직장을 그만둔 건 IBM이 태어난 지 얼마 안 된 아기를 돌보는 데 필요한 유연한 근무 일정을 거부했기 때문이었다. "일이 제대로 풀렸더라면 좋았을 텐데." 위텀은 인터뷰에서 이렇게 말했다. "다시 돌아가고 싶어요."

3개월 뒤 《포춘》은 똑같은 걸 더 많이 들고 돌아왔다. 이 잡지는 "결혼과 아이를 원하는 여성은 자신의 살로몬브라더스* 일자리가 어쩌면 두 가지 모두를 포기하게 만든 선택이었는지 모른다고 자각하고 있다"[54]고 경고했다. 하지만 《포춘》의 편집자들은 아직도 비즈니스 우먼들의 후퇴 경향을 뒷받침하는 그 어떤 수치도 찾아내지 못했다. 1987년 《포춘》은 마침내 가정을 위해 일하는 비중을 줄이려는 비즈니스 경영자들에 대한 조사를 실시했는데, 여기에서 젠더 차이는 겨우 6퍼센트밖에 되지 않았고, 오히려 가족과 보내는 시간이 줄어든다는 이유로 일자리나 전근을 거부한 경험이 있는 비율은 여성보다 남성이 4퍼센트 더 많았다.[55] 전국적으로 실시된 여론조사 역시 전혀 도움이 되지 못했다.[56] 아예 격차가 나타나지 않았기 때문이다. 직장 여성 중에서 여건이 되면 일을 그만둘 수도 있다고 말한 여성도, 역시 그렇게 말한 남성도 모두 30퍼센트였다. 그리고 "가장 잘, 그리고 가장 화려하게" 탈진하고 있다는 언론의 보도와는 달리, 학력과 소득

* Salomon Brothers, 월스트리트의 투자은행. 1998년에 합병됨.

이 높은 여성들은 집에 가고 싶다고 말할 가능성이 가장 낮았다. 실제로 1,200명의 스탠퍼드 대학교 경영대학원생에 대한 1989년의 조사에 따르면 부부 모두 MBA 학위를 가지고 일을 하는 이들 중에서 "걱정이 더 많은" 쪽은 남편들이었다.[57]

마침내 《포춘》은 이 고집 센 직장 여성들에게 등을 돌리고 (남편을 "자기 인생의 중심"으로 만드는 데 실패하고 "그 과정에서 남편과 남편의 관심사를 따라잡지 못하게 된" 이기적인 첫 번째 아내와는 달리) "5, 60세의 최고 경영자들에게 능력자라는 기분을 만끽하게 해주는" 젊고 사랑스러운 두 번째 배우자 "트로피 와이프"의 승리에 표지를 할애했다.[58] 이런 전략을 구사한 미디어는 《포춘》만이 아니었다. 현대 여성의 비위에 맞지 않는 장광설을 잔뜩 늘어놓는 간행물인 《에스콰이어》는 1990년 6월 호 전체를 전통적인 "미국 아내"에 대한 눈물 젖은 헌사로 만들었다.[59] 한 기억할 만한 전면 사진에는 주부 모델이 무릎을 꿇고 행복하게 변기를 닦는 모습이 실려 있었다.

직장을 포기하라는 압력을 가장 많이 받는 것은 비즈니스 경영 분야의 여성들이었지만(가장 철통같이 지켜지는 남성들만의 놀이터는 기업 이사회다) 미디어는 모든 직장 여성들에게 둥지로 돌아가라는 신호를 보냈다. 1988년 《뉴스위크》는 "점점 많은 직장 여성들이 일부러 고속 승진 코스에서 물러서고 있다"고 주장했다.[60] 이 주장 역시 연방의 노동 통계와는 거리가 먼 것이었다. 이 잡지는 단 세 여성을 사례로(이 중 둘은 전일제로 일하고 있지 않기 때문에 사실상 자존감 문제가 있다고 불평했다) 직업 욕구를 포기한 여성들이 "훨씬 더 행복하다"고 말했다. 《뉴욕타임스 매거진》의 한 기사도 점점 많은 직장 여성들이 "전에는 한 번도 상상해 보지 못한 어떤 것, 즉 전업주부"로 지내는 것을 "선택"하고 있다고 말했다. 이 기사는 "얼마나 많은 직장 여성들이 매년 아이들과 함께 지내기 위해 일을 그만두는지는 아무도 모른다"고 말하면서 데이터가 없는 문제를 오히려 교묘하게 자신의 주장을 뒷받침하는 데 이용했다. 《새비》의 한 기사는 이보다 훨씬 말도 안 되는 시나리오를 당당하게 제시했다. "점점 많은 여성들이 균형 잡힌 삶의 중요성"을 깨닫고 난 뒤에 사실상 승진

과 최고의 직책, 높은 봉급을 "거절"하고 있다는 것이다.[62]

1986년 《포춘》이 여성 관리자들이 회사라는 배에서 뛰어내리고 있다고 주장한 지 5개월밖에 안되었을 때 《뉴스위크》는 커버스토리를 통해 미국의 엄마들에게 좀 더 포괄적인 경고음을 울렸다.[63] 5월호의 표지 제목은 "작동하게 만들기: 어떻게 여성들은 일자리와 아이의 요구 사이에서 균형을 맞추는가?"였다. 하지만 이 표제는 사실 아이러니하다는 사실이 드러났다. 여기에 딸린 기사의 실제 메시지는 균형을 잡기 위한 노력은 실패할 수밖에 없음을 강조했기 때문이었다. 이 기사의 정서를 좀 더 정확하게 표현한 건 내부 표제인 "엄마의 선택"이었다. 미국의 엄마들에게 제시된 선택은 언제나 그렇듯 집에 가거나 힘에 부쳐 쓰러지거나 둘 중 하나였다.

《뉴스위크》의 기사는 도덕성에 대한 이야기로 말문을 열었다.

콜린 머피 월터는 모든 것을 가졌다.[64] 시카고에 있는 한 병원의 임원인 그녀는 연봉이 5만 달러가 넘었고 10여 년 전에 결혼을 했으며 아들이 둘이었다. …… 하지만 대가가 있었다. 다른 모두가 잠든 늦은 밤 그녀는 '이 헝클어진 생활양식'에서 살아남을 법을 필사적으로 고심하느라 잠들지 못하곤 했다. 6개월 전 36세의 월터는 집에서 아이들을 돌보기 위해 일을 그만두었다. "최고의 엄마이자 최고의 직원이 되려고 노력하는 건 정서적으로 피곤한 일"이었다고 그녀는 말한다. "난 업계에서 더 나아가고 싶었죠. 하지만 갑자기 피로가 몰려왔고 더 이상은 불가능하단 걸 깨달았어요."

《뉴스위크》는 "오늘날 슈퍼맘의 신화는 분노와 죄책감, 탈진에 가로막혀 빠르게 퇴조하고 있다"고 선언했다.[65] "점점 많은" 엄마들이 집에서 일하고 있고 "점점 많은" 엄마들이 "모든 것을 가질 수는 없다는 인식"에 도달했다. 《뉴스위크》가 실제 수치를 모호하게 처리한 건 그만한 이유가 있어서였다.[66] 이 잡지는 자신들의 주장을 입증하기 위해 여론조사를 발주했지만, 이 조사에 따르면 집에 있는 엄마의 71퍼센트가 일을 원했고, 일하는 엄마의 75퍼센트가 월급이 필요한 경우가 아니더라도 일을 할 것이라고 말했다.

《뉴스위크》는 여성들이 가사 노동과 육아의 부담을 더 적게 질 수 있었더라면 '균형'을 잡기가 덜 어려웠으리라는 점에 대해서는 별로 관심을 두지 않았다. 이 잡지는 "아빠들이 전보다 가사 노동과 육아를 더 많이 하고 있다"고 주장했다.[67] 잡지는 '슈퍼대디' R. 브루스 머기R. Bruce Magee의 사례를 크게 소개했는데, 이 남자는 《뉴스위크》에 대고 최근 자신이 기저귀의 절반을 갈고 식사의 60퍼센트를 만들었으며, 옷의 절반을 빨았다고 자랑스럽게 떠벌렸다.

기업에 여성의 경력 관련 컨설팅을 해 주는 회사인 캐털리스트Catalyst 창업자 펠리스 슈워츠Felice Schwartz가 "대부분"의 여성들이 "장시간, 주말까지 일해야 하는 꾸준한 압력으로부터 자유로워질 수만 있다면 약간의 경력과 보상을 기꺼이 포기할 것"이라는 발언을 하자 미디어는 법석을 떨었다.[68] 슈워츠는 진짜 전문가였을 뿐만 아니라 높이 평가받는 《하버드 비즈니스리뷰》에서 이런 주장을 펼쳤기 때문이었다.

그 즉시 미디어가 만들어 낸 '엄마 트랙'이라는 표현이 뉴스 1면을 차지하게 되었다.[69] 슈워츠는 첫 달에만 개인적으로 일흔다섯 차례의 인터뷰를 처리했고 그녀의 말은 1,000여 건의 기사에 영감을 북돋웠다. 이는 여성들이 직장에서 완전히 '탈출'하고 있다는 주장만큼 극적이진 않았지만 없는 것보단 나았다. 《비즈니스위크》는 커버스토리에서 "미국 전역에서 어린 자녀를 둔 여성 관리자들과 전문직들이 고속 승진 코스에서 엄마 트랙으로 갈아타고 있다"고 주장했다.[70] 그 수는 "점점 늘고 있다." 이들은 실제 수치는 제시하지 않은 채 아동용 도서와 동물 인형을 안고 있는 여성들의 사진 몇 장과, 네 명의 시간제 노동자들의 말만을 늘어놓았다. 표지에 실린 여성은 심지어 페이스 팝콘의 고객인 퀘이커오트에 다니는 '엄마 트랙' 직원이었다(또 다른 지면 사진에서 그녀는 세 가지 퀘이커오트 제품 옆에서 포즈를 취했다).

미디어에 엄마 트랙으로 전향한 사람들이 늘고 있다는 증거가 진혀 없었듯 펠리스 슈워츠에게도 그런 증거는 없었다. 슈워츠는 그녀 자신의 표현에 따르면 "직업과 가정 모두를 관리해야 하는 여성career-and-family women"의 대다수는 더 높은 연봉과 승진을 '기꺼이' 포기하고 여기에 '만족'한다고 상상했을 뿐이었다. 기업은 어떻게든 이런 여성들을 찾아내 노동시간을 줄이고 보너스와 승진 기회를 축소하는 등 이들을 '직장이 먼저'인 여성들과 다르게 관리해야 했다. 슈워츠는 이것이 차별에 해당할 수 있다는 생각을 하지는 못했던 모양이었다. 사실 전통적인 여성지들이 후원하는 한 컨퍼런스에서 슈워츠는 젊은 여성들이 시민적권리에대한법률Civil Rights Act 7장을 무시하고 육아 계획을 장래의 고용주들과 함께 검토한다고 주장했다.[71] 슈워츠는 여성들은 "우리가 가치 있게 평가되지 않았던 시기에 여성들이 쟁취한 권리를 고수하는 데서" 더 나아가야 한다고 청중들에게 말했다.

엄마니까 일을 소홀히 하겠다는 마음가짐을 가진 이런 여성들은 사실 현실의 일터에서는 극히 일부였다.[72] 가령 1984년 《뉴스위크》의 연구 보고서 「일하는 여성Women Who Work」에 따르면 인터뷰에 참여한 여성의 70퍼센트 이상이 압력이 적고 승진이 안 되는 일자리보다는 압력이 높더라도 승진이 가능한 일자리를 더 선호한다고 말했다. 그리고 슈워츠의 기사가 발표된 지 1년 뒤인 1990년 버지니아슬림이 특히 엄마 트랙에 대해 여성들에 물어보자 70퍼센트의 여성들이 이는 차별적이고 "그저 여성에게 남성보다 적은 임금을 지불하기 위한 변명일 뿐"이라는 의견을 밝혔다.[73]

슈워츠는 기업에게는 여성 직원들에게 조바심을 낼 이유가 있다고 주장했다. 그녀가 《하버드 비즈니스리뷰》에 실린 기사의 첫 문장에서 밝힌 바에 따르면 "경영 분야에서 여성을 고용하는 비용은 남성을 고용하는 비용보다 더 많다." 그 근거로 두 개의 연구를 모호하게 가리켰는데, 그녀가 정확히 어디인지 밝히기를 거부한 두 회사가 수행한 이 연구는 공개되지도 않은 상태였다. 이 중 하나인 어떤 '다국적기업'은 관리직의 회전율이 고위직 여성의 경우 남성보다 2.5배 더 빠르다고 주장했다. 나중에 인터뷰에서 슈워츠가 밝힌 이 회사는 모빌코퍼레이션Mobil Corporation이었다.[74] 이 회사의 여성 관리자들이 이

곳에서 도망쳐 나온 것은 이들이 '엄마 트랙'에 있었기 때문이 아니라 "최근 몇 년까지 이 회사가 여성들에게 관심을 보이지 않았기" 때문이었다. 모빌의 직원 정책 관리자인 데릭 하비Derek Harvey는 모빌이 1989년에야 정신을 차리고 아픈 자녀나 연로한 부모를 돌보기 위해 주중에 일시적으로 노동시간을 줄여 주는 방식으로 유급휴가 정책을 조정했음을 인정한다.[75] 하지만 하비는 모빌이 여성 직원에게 협조적이라고 주장한다. "우리는 대단히 온정주의적인 회사입니다."

슈워츠는 자신의 입장을 옹호하기 위해 "난 연구 보고서를 쓴 게 아니었다"고 말했다.[76] "그저 그 분야의 전문가로서 글을 쓴 것이었다"는 것이다. 하지만 그녀는 전문가로서 최소한 그런 연구에 친숙했을 수밖에 없다. 남성과 여성을 고용하는 비용을 비교하는 연방의 통계에는 성별 간의 유의미한 차이가 전혀 없다.[77] 남성과 여성은 병가와 일반 휴가를 거의 똑같이 쓴다. 슈워츠 자신도 이런 관점으로 방향을 전환한 듯 보인다. 슈워츠는 자신이 엄마 트랙을 지지한 적이 없다고 열정적으로 부정하는 열 쪽짜리 진술서를 발표했지만 언론은 '엄마 트랙' 주장에 열광했을 때만큼이나 차갑게 이 반전을 무시했다.[78] 슈워츠의 바뀐 입장은《하버드 비즈니스리뷰》에마저 실리지 않았고 그래서 그 편집자들은 아직도 해당 기사를 옹호하는 데 여념이 없다.《하버드 비즈니스리뷰》의 수석 편집자 티모시 블로젯 Timothy Blodgett은 "그녀는 권위 있는 어조로 말을 한다"고 하면서 슈워츠 씨는 "꼭 해내고야 마는 사람"이라고 말했다.[79] 이후 그해 봄에《하버드 비즈니스리뷰》의 운영 편집자 앨런 베버Alan M. Webber는《뉴욕타임스》에 자신이 어째서《하버드 비즈니스리뷰》에서 엄마 트랙 메시지를 그렇게 기꺼이 소개했는지를 설명하는 데 도움이 될 만한 특집 칼럼을 실었다.[80] "미국적인 생활양식은 끝났는가?"라는 제목의 그 글에서 베버는 모성의 '종말'에 대해 탄식하면서 슈워츠의 글을 비판한 사람들이 여성의 권리에만 너무 집착하고 미국 모성의 미래에는 관심을 두지 않았다고 비판했다. 그에게 가장 중요한 트렌드는 증가세에 있는 엄마 트랙에 대한 응원이 아니라 여성의 출산 감소에 대한 걱정임이 분명했다.

잠 못 드는 밤과 정신적인 긴장에 대한 이야기로 아무리 겁을 줘도 여성들이 전일제 일자리에서 물러날 생각이 없어 보이자 이번에는 어떻게든 듣기 좋은 말로 이탈을 조장하려 했는지도 모르겠다. 어쨌든 1988년부터 수십 가지의 전국적인 간행물에서 두 면짜리 광고로 시작된《굿하우스키핑》의 대대적인 '신전통주의' 광고 캠페인 이면에는 그런 전제가 있었던 것 같다. 이런 신전통주의 여성들은 실존하지 않았지만, 어쨌든 이 여성은 전국 미디어에서 또 한 번의 트렌드 기사 물결을 일으켰고,《뉴욕타임스》에서부터《컨트리리빙》에 이르는 간행물들이 유사한 광고 캠페인을 벌이게 만들었으며, 랄프로렌Ralph Lauren과 웨지우드Wedgwood를 비롯한 장사치들의 유사한 호객 행위를 자극했다.[81]《뉴욕타임스》는 신전통주의 트렌드의 사례, 그러니까 거짓된 기준에 맞춰 살아가는 실제 여성의 사례로 바버라 부시Barbara Bush를 내세우기도 했다.[82]

신전통주의 광고는 한때는 출세밖에 모르고 지냈지만 이제는 케이프코드의 새롭게 단장한 집에서 잘 차려입은 사랑스러운 아이들에 둘러싸인 여성의 흐릿한 사진들을 제시했다. 여기에 딸린 문구에는 가정과 남편, 아이에게 봉사함으로써 "자신의 정체성을 발견하는" 여성의 미덕과 "뿌리 깊은 가치"에 대한 여성지 특유의 뻔한 사탕발림이 담겨 있었다.[83] 하지만 수동적인 여성성에 대한 이 같은 찬가는 영악하게도 운동가의 언어로 포장되었는데, 이는 자율성에 대한 여성들의 욕망을 인정하는 동시에 이를 빼앗으려는 전략이었다. 광고들은 신전통주의자는 "주체적으로 선택하고" "혁명을 시작하는" 독립적인 사상가라고 입을 모았다. 잡지의 광고들은 독자들에게 "그녀는 트렌드를 따르지 않는다. 그녀가 트렌드다. …… 사실 시장 연구자들은 그것을 1960년대 이후 최대의 사회운동이라고 부르고 있다"고 장담했다.

직접 '선택'할 줄 아는 여성들을 칭찬하는 것이 이 광고 캠페인의 목적은 아니었다.《굿하우스키핑》의 발행인 앨런 왁센버그Alan Wax-enberg도 인정했듯 오늘날 여성들은 "선택 같은 건 필요하지 않다."[84]《굿하우스키핑》이 염두에 두었던 '사회운동'은 가정으로 귀결되는 데 그치지 않는다. 그보다 더 중요한 사실은 이 잡지의 구독 신청으로 귀결되리라는 점이다. 이 광고의 마지막 문장 "미국은 《굿하우스키핑》으로 귀환하고 있다"는 그런 소망을 담은 주장이다. 1980년대에 전통적인 여성지의 판매 부수는 약 200만 부까지 떨어졌고, 이런 잡지 거의 모두에서 광고 수입이 줄었다.[85] 그리고 《굿하우스키핑》은 상황이 더 나빴다. 이 잡지가 신전통주의 캠페인을 시작하기 전해에 광고 지면이 13퍼센트 이상 줄어 있었던 것이다. 하지만 왁센버그는 신전통주의가 이 잡지 주요 광고주의 광고를 늘려 주리라 기대했다. 그는 복고 트렌드가 한번 기선을 잡으면 "유명 브랜드들은 앞으로 잘 팔리게 될 것"이라고 말했다.[86]

《굿하우스키핑》은 이윤 마진을 어떻게든 남기기 위해 좀 더 분명한 전략을 시도해 볼 수도 있었다. 그러니까 여성의 지위 변화를 쉽게 인정하고 그와 함께 변화를 꾀할 수도 있었다. 1980년대 직장 여성의 직업상의 욕구에 집중했던 유일한 여성지 《워킹우먼》의 경우 이런 전략이 대단히 잘 먹혔다. 이 잡지의 발행 부수는 1980년부터 열 배로 불어나 1989년이 되자 구독자 수가 100만 명에 달했고, 이로써 미국에서 가장 인기 있는 비즈니스지가 되었다.[87] 이는 《비즈니스위크》나 《포춘》보다도 훨씬 널리 읽힌다는 뜻이었다. 그에 따라 이 잡지의 연 광고 수익(비즈니스 제품과 금융 서비스에서 얻는 수익의 절반 이상)도 60배 이상 늘어나 2,500만 달러 이상에 육박했다.

1987년 《굿하우스키핑》의 운영진은 사실 이런 방향 전환을 고려 중이었다. 어쩌면 고위 편집자 중 몇몇이 그 시기에 자신들의 잡지가 직장 여성들에게 어필해야 한다고 제안했을지 모른다. 어쨌든 《굿하우스키핑》의 현 독자 중 65퍼센트가 직장에 다니는 사람들이었다.[88] 하지만 외부 광고 회사에 도움을 요청한 이 회사의 운영진은 그런 비정통적인 방법을 써서는 안 된다는 설득에 금방 넘어갔다. 이 잡지의 이미지를 정비해 달라는 주문을 받은 광고업체의 임원인 말콤 맥두걸Malcolm MacDougall의 회상에 따르면 "문제는 이들도 이미 알고 있다시피 《굿하우스키핑》은 한물간 잡지로 인식되고 있었고 더 현대적인 성격으로 변신할 필요가 있다는 점이었다."[89] '조던, 맥그래스, 케이스앤테일러Jordan, McGrath, Case & Taylor'의 부회장인 맥두걸은 이들에게 다시 생각해 보라고 말했다. '신전통주의'가 다가오고 있으니 거기에 대비하는 것이 최선이라는 이유에서였다. 그의 근거는 페이스 팝콘의 조언과, 퀘이커오트의 핫시리얼 판매가 늘고 있다는 사실이었다(하지만 그보다 더 정곡을 찌르는 근거는 다른 주장을 펼치고 있었다. 맥두걸의 아내도 일을 하는데 그도 인정하듯 그의 아내는 신전통주의 광고 중 일부는 성차별적이라고 생각했다). 맥두걸은 이 오트밀이라는 요인이 특히 시사하는 바가 크다는 사실을 알게 되었다고 말했다. "2년 전만 해도 아무도 핫시리얼이 팔릴 거라고 생각하지 않았어요. 퀘이커오트는 '그게 옳은 일이야' 캠페인을 들고나왔고 말 그대로 미국인의 아침 식사 습관을 바꿔 놓은 거죠!"(이 광고 역시 그가 낸 아이디어였다. 사실 이는 또 다른 광고 캠페인에 협력하는 광고 캠페인의 사례로 볼 수 있는데, 역시 맥두걸이 문안을 작성한 신전통주의 광고 카피에서는 "아침 식탁에 차려진 오트밀"의 기쁨에 대해 중얼거린다.)

하지만 오트밀 판매가 1980년대 말 콜레스테롤을 없애 주는 귀리겨 마니아 덕분에 증가했을 수는 있어도, 여성들이 전통적인 가치와 생활양식으로 귀환하고 있는지와는 아무런 관계가 없다. 그럼에도 불구하고 맥두걸은 '신전통주의'의 핵심적인 증거를 또 하나 가지고 있다고 말했는데 그것은 바로 2,500명의 미국인들을 상대로 한 '양켈로비치 모니터'의 여론조사였다. 신전통주의 광고 중 일부는 심지어 사이비 학자 느낌을 더하며 이 연구를 각주에 싣기도 했다. 맥두걸은 양켈로비치 보고서에 대해 이렇게 말했다. "그 연구를 들여다보고 있는데 수치들이 그냥 눈에 띄었어요. 상당히 극적인 전환이었죠. 그건 5년 전으로 되돌아가는 트렌드예요. 대단히 현실적이고 뒷받침도 가능하죠. 그래서 《굿하우스키핑》에 다시 가서 말했죠. 이건 문제가 아니라 기회라고."

하지만 양켈로비치의 연구자들은 아직도 어떤 수치가 맥두걸의 눈에 띄었는지 알아내려고 노력 중이다. 양켈로비치의 수석 부회장 수전 헤이워드는 "난 《굿하우스키핑》의 그런 광고들과는 아무런 관계도 없음을 기꺼이 인정"한다고 말했다.[90] "《굿하우스키핑》은 우리 고객 중 하나예요. 그들도 우리가 진행하는 연구를 보았고, 우리 역시 그들을 위해 독점적인 연구를 했어요. 그리고 그들은 두 가지 모두를 오독하겠다는 선택을 한 것이죠." 그 어떤 연구도 여성들이 일자리를 박차고 나온다거나 심지어 일을 그만두는 공상에 빠져 지낸다는 조짐을 보여 주지 못했다. 양켈로비치 조사에 따르면 일을 원하는 여성의 비중은 그 어느 때보다 높았다. 그리고 모성을 "모든 여성이 가져야 하는 경험"이라고 묘사하는 여성의 비중은 53퍼센트였다. 비전통주의가 더 유행이던 1974년에는 54퍼센트다.

하지만 신전통주의의 타당성에 대한 여러 의혹에도 맥두걸은 굴하지 않는다. 그는 이렇게 말했다. "사람들이 이런 식이 아니라는 주장을 영원히 펼칠 수는 있겠지만 소용없을 겁니다. 사람들은 이미 그런 상태이니까요." 좀 더 구체적인 뭔가를 내놓으라고 요구하자 그는 약간 성질을 냈다. "난 가정의 가치에 뿌리를 둔 잡지를 파는 사람이에요. 보세요. 우린 여기서 사업을 하는 거라고요. 화난 여자 몇 명한테 항복하지 않을 거예요."

노처녀 풍년: 슬픔과 동정

《뉴욕타임스》는 1974년 "모든 측면에서 미국의 젊은 싱글 여성들은 1년 전보다 자신을 더 존중하고 있다"고 지적했다.[91] 싱글 여성들은 전보다 더 "자신감이 있고 확신에 차 있으며 안정감이 있다." 이 기사는 "[여성]운동이 인기임에 틀림없다"고 결론을 내렸다.

1970년대의 미디어에서는 분명 싱글 여성에 대한 이런 관점이 유행이었다. 《뉴스위크》는 재빨리 행복한 싱글 여성에 대한 뉴스를 트렌드의 반열에 올렸다. 이 잡지는 1973년 한 커버스토리에서 "불과 8년 만에 독신 생활이 대단히 의례적인 (그리고 새롭게 존중받는) 미국인의 생활양식으로 부상했다"고 판결 내렸다.[92] "마침내 혼자이면서 동시에 완전한 삶을 사는 것이 가능해지고 있다." 《뉴스위크》에 따르면 사실 여성들에게는 싱글 생활이 더할 나위 없이 "훌륭하다." 그건 매 순간이 전율이었다. 표지 사진에는 금발 여성이 비키

니롤 입고 풀장에서 축배를 들며 환하게 미소 짓고 있었다. 안쪽 면에서는 더 많은 싱글들이 햇빛이 비치는 갑판에서 달빛이 비치는 댄스파티장으로 미끄러지듯 걸어가며 활짝 웃었다. 결혼을 하지 않은 자신의 상태를 "꽤 근사하다"라고 표현한 한 비행기 승무원은 이 잡지에서 "결혼을 할 수도 있고 안 할 수도 있겠죠"라고 말했다. "하지만 만일 결혼을 한다면 내가 원하는 때 내가 원하는 조건으로 할 거예요. …… 즐겁기만 하다면 싱글로 지내도 아무런 문제가 없다고 봐요." 그리고 심지어 《뉴스위크》의 기자들마저 그런 선언에 약간의 메스꺼움을 드러내긴 했지만, 결국 "오래된 상대에게 그냥 만족하지" 않는 이 혈기왕성한 새로운 싱글들에게 갈채를 보냈다.

1970년대의 들뜬 싱글 여성에 대한 많은 특집들은 결혼하지 않고 흥청대며 사는 여성들이 허구한 날 해변에서 뒹굴기나 한다는 인상을 남겼다. 이런 고정관념이 얼마나 심했던지 1974년 《뉴욕타임스》의 한 기사에서 어떤 싱글 남성은 "신문을 읽어 보면 모든 여자들은 36-24-36이고, …… 모든 남자들은 풀장에서 느긋하게 누워서 그의 울룩불룩한 근육을 선망하는 아름다운 금발 여성을 기다리고 있다는 생각이 든다"고 불평할 정도였다.[93]

반면 1970년대 초의 언론들은 기혼자의 생활을 뚱하면서도 밀실 공포증을 유발하는 일로 묘사했다. 1973년 《뉴욕타임스》의 한 트렌드 기사는 비참하게 지내던 주부들이 좀 더 '충족된' 삶을 찾아 공허한 결혼 생활에서 도망치고 있다고 단언하면서 "이탈하는 아내들: 이들의 수가 늘고 있다"고 진단했다.[94] 결혼 생활에 대한 《뉴욕타임스》의 묘사는 음산했다. 남편은 기만과 비난을 일삼으면서 "그 어떤 소통"도 하지 않고, 아내들은 강박적으로 술을 마시고 상습적으로 약에 의존한다. 《뉴스위크》에 따르면 결혼한 부부들은 그저 문제만 많은 게 아니라 트렌디하지 않았다.[95] "한 사회학자는 '결국 결혼한 사람들은 완전히 싱글을 지향하는 사회에서 살고 있음을 알아차리게 될 것'이라고 예측하기까지 했다."

불과 10여 년 뒤 바로 이런 미디어들이 정반대의 신호를 보내고 있었다. 이제 《뉴스위크》는 싱글 여성들이 눈높이를 낮추고 "정착"

하려 하지 않는다면서 비난하기에 여념이 없고《뉴욕타임스》는 싱글 여성들이 "너무 융통성이 없어서 관계를 맺지 못하고", "거의 병적인" 상태에 시달리고 있다고 보도한다.[96] 언론들에게 싱글 여성들은 더 이상 파티 걸이 아니었다. 이들은 미디어가 마술 지팡이를 한번 갖다 대자 무도회장에 갈 수 없어서 우거지상이 된 부엌데기로 돌아갔다. "동화 속 왕자님을 기다리기엔 너무 늦은 걸까?"라는《뉴스위크》의 표제는 곰 인형만이 곁을 지키는 외로운 매트리스 위에 널브러진 어떤 싱글 여성의 그림을 배경으로 냉소하듯 질문을 던졌다.[97] 이 잡지는 1980년대의 언론들이 우아하고 에로틱하면서도 거룩한 빛으로 포장하는 부부의 침실에 들어가지 못한 여성들에게 조롱과 무성의한 동정심만을 날렸다.《뉴욕타임스》의 1면에서는 싱글 여성이 마치 전염병 보균자처럼 텅 빈 거리를 활보했다.[98] 그녀는 "똑똑하고 재주가 많지만 어둠이 도시를 감싸고 따뜻한 주방에 불이 들어오는 저물녘이 되면 두려움에 떤다." 그녀가 어째서 어둠을 무서워하는지는 충분히 분명하다. 1980년대의 언론에 따르면 악몽은 싱글 소녀들의 유일한 잠자리 상대다. 싱글 여성에 대한《뉴욕》의 1984년 커버스토리는 '메리 로저스'의 이런 증언으로 말문을 열었는데, 이 잡지는 작은 글씨로 메리 로저스가 진짜 이름은 아니라고 밝혔다.[99] "간밤에 끔찍한 꿈을 꿨어요. 이 세상의 무게가 내 어깨에 내려앉았고 그래서 난 바닥에 쓰러졌어요. 도와 달라고 소리쳤지만 아무도 오지 않았어요. 잠에서 깨어났을 때 누군가가 날 안아 줬으면 싶었죠. 하지만 꿈하고 다를 바가 없었어요. 남편도, 아이도 없이 나 혼자뿐이었으니까요."

'메리'는 의류 회사의 임원이었다. 1980년대의 미디어들이 웃음 거리로 선택한 병든 싱글 여성 대부분처럼 그녀 역시 여성운동의 성공이 빚어낼 결과물 중 하나였지만 이제는 독립적인 길의 오류를 자각한 인물이었다. 그녀가 싱글이었던 건 이 기사의 표제가 밝히고 있듯 "너무 많은 걸 기대한" 여성 중 하나였기 때문이었다.

여성운동은 이번에도 범인으로 지목되었다. 여성해방이 싱글 여성들을 우울하게 만들었다는 것이다. 한 여성지의 표제는 "사랑도, 남자도 없다: 독립의 큰 대가"였다.[100] 1987년《하퍼스바자》는 "남자

돌을 질리게 만들고 있지는 않나요?"라는 제목의 기사에서 "페미니즘이 일종의 방어적 형태가 되면서" 남성들이 도망가게 만들었다고 설명했다.[101] 우울한 표정의 싱글 여성들에 대한《뉴욕》의 기사에서는 "여성들이 자신의 우선순위를 제대로 정리하지 못하게" 한 책임은 여성운동에 있다는 심리 치료사 에이바 시글러Ava Siegler의 말을 인용했다.[102] 시글러는 비난의 날을 세웠다. "그것[여성운동]은 결과를 미리 간추려서 보여 주지 않았어요. 우린 '기업의 사다리를 오르는 동안 남편과 아이를 얻을 생각은 하지 마라'라는 말을 들어 본 적이 없었어요."

1986년 ABC의 특별 프로그램〈성 혁명 이후After the Sexual Revolution〉역시 싱글 여성들을 향해 이들이 싱글로 지내고 있는 것은 페미니즘 탓이라고 말했다.[103] 공동 진행자인 리처드 스럴켈드Richard Threlkeld는 여성의 성공은 "관계를 희생시켰다"고 말했다. 그는 "여성들이 직장에서 성취를 하면 할수록 이혼 가능성이 높아진다"면서 기혼 여성들도 안심할 수 없다고 조언했다. 공동 진행자인 벳시 에런Betsy Aaron도 맞장구쳤다. 페미니즘은 절대로 "혁명의 대가로 자유와 독립이 외로움과 우울함으로 변하게 되리라고 계산하지" 못했다는 것이다. 하지만 에런의 인생만 보더라도 이는 동시에 쟁취하기 어려운 목표가 아니었다. 에런은 직업적으로도 성공했고 남편도 있었다. 그 남편은 바로 공동 진행자였던 스럴켈드였다.

싱글 여성의 비참함에 대한 미디어의 집착은 1980년대 중반부터 갑자기 시작되었다. 한 연구에 따르면 1980년부터 1982년 사이에 전국 잡지에서 싱글 여성을 다룬 특집 기사는 다섯 건뿐이었다.[104] 하지만 1983년부터 1986년 사이에 그 수는 쉰세 건으로 늘어났고, 거의 전부가 비판적이거나 동정적이었다(같은 기간에 싱글 남성에 대한 기사는 일곱 건뿐이었다). 표제들은 "싱글 여성의 슬픈 곤경", "싱글로 지내다 죽을 여성", "싱글 쇼크"라며 음산한 소리를 해 댔다.[105] 결혼하지 않은 데다 여성이라는 것은 오직 결혼을 통해서만 치유할 수 있는 병에 걸리는 것과 같았다.

언론들은 싱글 여성들의 낮은 사회적 지위를 개인적인 결함으로 재규정함으로써 이를 단순히 보도하기만 한 것이 아니라 싱글 여성들을 비탄으로 몰아넣는 데 일조했다. 미디어는 싱글 여성들이 점점 고립되고 있다고 기분 나쁘게 말했지만 이런 고립을 만들어 내고 강화하는 데 기여한 건 다름 아닌 트렌드 저널리즘이었다. 1970년대 미디어는 진짜 싱글 여성을 특히 집단적으로 재현하는 사진과 기사 들을 실었다. 하지만 1980년대의 언론들은 허구의 싱글 여성들을 그린 그림들과 '합성된' 혹은 '익명의' 싱글 여성 이야기들을 담았는데, 거의 항상 혼자서 눈물이 얼룩진 베개를 끌어안고 있거나 다락방에서 창문을 쓸쓸하게 응시하고 있는 모습이었다. 《맥콜스》는 그 원형을 보여 주었다.[106] "그녀는 일중독이다. 가끔 친구들과의 저녁 식사를 즐기기도 하지만 대부분의 시간은 아파트에서 혼자 보내는 편이다. 밤만 되면 그녀는 자신의 아파트에서 혼자 칩거한다."

언론들은 직장 여성들을 번아웃시키는 사회적 불평등을 무시했던 것처럼 싱글 여성들의 상황을 탈정치화했다. 1970년대의 언론 보도가 싱글 여성들을 흡집 내던 사회적 낙인을 조금씩 깎아 냈던 반면, 1980년대의 미디어는 대중 심리학자들의 도움을 받아 싱글 여성들이 겪는 고충은 전부 자업자득이라고 성토했다. 싱글 여성에 대한 《뉴욕타임스》의 기사에 나온 한 심리 치료사의 주장처럼 "여성들이 이런 상황에 이르게 된 건 신경증적인 갈등 때문이다." 이 심리 치료사는 심지어 자신을 사례로 들기도 했다. 그녀는 《뉴욕타임스》에 이 특이한 여성 질환에서 스스로를 치유하기 위해 '집중 분석'에 들어갔다고 말했다.

싱글 여성을 정신 질환자로 그리는 미디어의 방식은 반격의 오래된 전통이다. 후기 빅토리아시대의 언론들은 싱글 여성들이 '음욕'과 '결혼 공포'의 희생자라고 주장했다.[107] 언론들은 1900년대 초에 잠시 싱글 여성들을 발랄한 '독신녀'라고 부르며 명예를 복원시켰다가 대공황이 진행되는 동안 다시 한 번 이들을 정신 질환자로 몰아세웠다. 1930년대에 《굿하우스키핑》은 정신적 고통의 조짐을 찾기 위해 싱글 직장 여성들을 대상으로 여론조사를 실시했다. 싱글 여성들이 모두 자신의 삶에 상당히 만족한다고 답하자 이 잡지는 희망을 잃지 않고 이런 질문을 던졌다. "이 중 일부는 …… 아기 침대 위에 몸을 굽히고는 깊이 잠든 아기의 장밋빛 입술 사이에서 고른 리듬에 맞춰 흘러나오는 숨소리에 귀를 기울이면서 느꼈던 …… 상처처럼 아픈 갈망을 숨기고 있지는 않았을까?"[108] 그리고 1947년 선도적인 설명서 『현대 여성: 잃어버린 성Modern Woman: The Lost Sex』의 저자인 메리니어 판햄Marynia Farnham 과 페르디난드 룬드버그Ferdinand Lundberg 가 이끄는 정신분석가 집단이 1950년대에 또다시 싱글 여성들이 '탈여성화' 되었고 '깊은 병'을 앓고 있다고 주장하면서 여성지를 누비고 다녔다.

반격의 언론들은 싱글 여성들에게 정신적 부적응자라는 딱지를 붙이지 않을 때는 숫자를 세느라 정신이 없었다. 미디어의 권위자들은 싱글 여성들은 아프기만 한 게 아니라 그 수가 너무 많다고 경고했다. 이 메시지는 우려의 수준을 배가시키기만 했다. 후기 빅토리아 시대의 언론들은 '과도한' 혹은 '남아도는' 싱글 여성의 정확한 수를 계산하는 데 집착했다. 전국적인 간행물들은 불가해한 여성들의 과잉을 목록으로 제시한 표와 그래프를 찍어 냈다. 《네이션》은 1868년에 "싱글 생활이 어째서 보편화되고 있는가?"라고 갸웃거리면서 이 문제가 "빠르게 보편적인 토론 주제의 범주로 자리하고 있다"고 지적했다.[109] 1874년 《하퍼스바자》의 탄식에 따르면 그 비율이 너무 심해서 남성들은 "할인가에 아내를" 얻을 수 있을 정도고 "여덟 명의 우울한 아가씨들"이 파티장에서 한 남자의 팔에 매달릴 정도였다.[110] "'남편감이 없어! 남편감이 없어!'라는 외침이 여기저기서 들린다."(잡지는 여기에 이런 '무시무시한' 상황의 책임은 페미니즘에 있다고 재빨리 덧붙이는걸 잊지 않았다. "많은 '선진적인 여성들'은 남성들에게 반대하는 게 아니라 그와 함께 지내는 것 말고는 여성들을 위한 진정한 진보가 있을 수 없다는 걸 잊었다"면서 말이다.)

1980년대 중반이 되자 미디어들은 다시 싱글 여성들의 머릿수를 세고 소속이 없는 잉여 여성이라고 입증할 수 있는 표를 찍어 내느라 여념이 없었다.[111] 이제 언론들은 이를 '노처녀 풍년spinster boom'과 '과잉 순결주의hypermaidenism'라고 불렀다. 가장 전설적인 점수표를 제시한 곳은 《뉴스위크》였다. 《뉴스위크》는 1986년 6월 2일 자에서 "당신이 싱글 여성이라면 당신의 결혼 가능성은 이렇습니다"라는 선정적인 표제를 발표했다. 함께 실린 그래프는 서른 살을 지나면서부터 마테호른 북사면처럼 가파르게 떨어졌고 색깔은 불타는 빨강에서 차가운 파랑으로 바뀌다가 노처녀 구간으로 진입하면 아예 자유낙하해버렸다. 《뉴스위크》의 기사는 "이 충격적인 뉴스는 '미국의 결혼 패턴'이라는 순진무구한 제목의 건조한 인구학 연구에 묻혀 있었다"라는 문장으로 시작했다.[112] "하지만 그 끔찍한 통계는 모두가 의심했던 것, 그러니까 훌륭한 외모와 좋은 직장, 높은 학력과 고액의 연봉 등 모든 것을 가진 것처럼 보였던 많은 여성들이 절대 짝을 만나지 못하게 되리라는 점이 사실임을 입증했다."

《뉴스위크》는 문제가 있는 데다 발표도 되지 않은 하버드-예일 대학교 결혼 연구를 커버스토리로 다루고는 유명세를 타게 만들었다. 몇 개월 뒤 이보다 포괄적인 미국 인구조사국의 결혼 연구를 받아 본 이 잡지는 이를 '최신 동정'란에 두 문단짜리 기사로 축소시켰다.[113] 어째서 그랬을까? 결혼 연구 기사에 대한 《뉴스위크》의 선임 기자 엘로이즈 살홀츠Eloise Salholz는 나중에 하버드-예일 대학교 연구를 내보낸 방식에 대해 이렇게 설명했다. "그 연구가 나오기 전에 우리는 모두 이런 일이 진행 중이라는 걸 알고 있었어요. 그 연구는 이미 우리가 갖고 있던 인상을 요약한 거였죠."[114]

《뉴욕타임스》는 한 전속 기자에게 하버드-예일 대학교 연구를 배당해서 긴 기사를 뽑아냈다.[115] 하지만 인구조사국의 연구를 다룰 때가 되자 전속 기자의 시간을 낭비시키지도 않았다.[116] 그저 간단한 알림 기사를 내서 묻어 버렸던 것이다. 그리고 인구학자들이 하버드-예일 대학교 연구가 신빙성이 없음을 밝힌 지 1년쯤 뒤에도 《뉴욕타임스》는 하버드-예일 대학교 연구를 근거로 인용하면서 여성들이 이런 소위 남자 품귀 현상으로 어떻게 고생하는지를 1면 뉴스로 올렸다.[117] 이 기사를 작성한 제인 그로스Jane Gross에게 나중에 이에 대해 설명해 달라고 하자 "시기가 적절하지 못했다는 건 나도 인정한다"는 답이 돌아왔다.[118] 하지만 그 기사는 그녀에게 할당되었고, 그래서 그로스는 최선을 다했다. 그 기사는 비판 전체를 "페미니스트들의 극단적인 반응"으로 일축하고 하버드-예일 연구가 무용지물이 된 사실을 묻어 버렸다.

결혼 부족 사태에 대한 언론의 일부 평가는 명백하게 방향 수정을 의도했다. 《뉴스위크》의 기사는 싱글 여성들이 결혼보다 "테러리스트에게 살해당할 가능성이 더 높다"고 선언했다.[120] 어쩌면 《뉴스위크》는 그저 비유를 했을 뿐일 수도 있지만, 많은 여성지, 토크쇼, 자기 계발 서적에서 이 테러리스트 표현은 우울할 정도로 되풀이되었다. 트레이시 캐벗Tracy Cabot 의 『남자가 당신을 사랑하게 만드는 방법How to Make a Man Fall in Love with You』과 함께 나온 언론 보도 자료는 "그거 아세요? …… 40세 여성은 남편감을 찾기보다는 테러리스트한테 살해당할 가능성이 더 높다는 걸?" 하고 몰아세웠다.[121] 이 뉴스를 준비하는 데 참여했던 《뉴스위크》의 전직 편집국 인턴은 나중에 이 테러리스트 비유가 어떻게 잡지에 실리게 되었는지를 설명했다.[122] "그게 어떻게 된 거냐면, 편집국 기자 한 명이 농담으로 던진 거였어요. '음, 여자가 테러리스트한테 살해당할 가능성이 더 높은 거 아니야?' 이러면서요. 그랬더니 우리도 알다시피 뉴욕의 기자 한 명이 그걸 진지하게 받아들였고 인쇄본에 찍히게 된 거였죠."

"엄마의 선택" 기사처럼 《뉴스위크》의 "결혼 부족 사태" 기사는 수치 보도로 가장한 우화였다. 기사는 남자 품귀 현상을 너무 많은 것을 기대한 독립적인 성향의 여성들이 받아 마땅한 벌처럼 제시했다. 《뉴스위크》의 설교사들은 싱글 여성들이 최소한 세 가지 치명적인 죄를 지었다고 밝혔다.[123] 첫 번째는 탐욕. 이들은 남편감 물색보다 고소득 직업을 더 중요하게 생각한 죄를 지었다. 두 번째는 자만심. 이들은 "마치 엄친아보다 못한 사람에게는 벽장 속 공간을 내주기도 아깝다는 듯" 행동하는 죄를 지었다. 세 번째는 태만. 이들은 충분히 열심히 여기저기 헤집고 다니지 않았다. "말로는 결혼하고 싶다면서도 충분히 원하지 않는지 모른다."

이제 심판의 날이 왔다. "경제적으로 독립한 많은 여성들에게 행동의 결과가 나타나기 시작했다"며 《뉴스위크》는 진지하게 읊조렸다.[124] "똑똑한 젊은 여성들은 수년간 마치 남편감을 구할 때가 되면 언제든 구할 수 있다는 듯 자신의 경력을 추구하는 데만 매진했다. 그들이 틀렸다."《뉴스위크》는 젊은 여성들에게 페미니스트 선배들의 실수에서 교훈을 얻으라고 을러댔다. "늦추는 것은 포기하는 것과 다를 바 없다는 소식에 정신을 차린 이들은 머잖아 [결혼이라는] 문제를 생각해 보고 싶게 될 것이다."

《뉴스위크》는 젊은 여성들을 더욱 교화시키기 위해 부정한 노처녀들을 마치 고해성사대 앞의 죄인들처럼 늘어놓았고 이들의 후회를 종교적인 경지에서 기록했다. "수전 코헨은 자신이 결혼이라는 제단에 이를 수 있다고 생각할 수 있기를 바란다. 그녀는 더 젊었을 때는 '제정신이 아니라서' 몇 번의 결혼 제안을 거절했다."125) 소아과 의사인 캐서린 케이시는 《뉴스위크》의 재판관들에게 "내가 결혼할 거라는 사실에 대해 한 번도 의심해 본 적이 없었지만 스물두 살에는 준비가 안 되어 있었어요. 학교 다니는 데 더 관심이 많았죠. …… 이제 내 생체 시계는 자정을 알리고 있어요"라고 말했다.

참회하는 비혼들을 전시하듯 늘어놓는 것은 미디어의 일상적인 소재가 되었고, 네트워크 뉴스 프로그램에서는 멜로드라마가 최장기 흥행을 만끽했다. 〈CBS 모닝 뉴스〉는 1987년 "파이브데이five-day" 특집을 싱글 여성들의 후회에 할애했다.126)《뉴스위크》기사와 마찬가지로 이 쇼는 상냥하게도 결혼의 달 6월에 맞춰 방영되었다. 한 여성은 "우린 곧 데이트를 하겠지라는 생각을 25년간 했다"고 칭얼거렸다. 또 다른 여성은 "우린 40대에도 여기 앉아 있을 거고 생물학적 시계는 멈춰 버릴 것"이라고 울부짖었다. 무정한 CBS 뉴스 캐스터는 마치 자신이 방송 중인 집단치료를 주재하는 듯이 행동했다. 그녀는 "당신은 항상 이런 식이었나요?"라며 환자들을 압박했다. "뭘 무서워하는 거죠?" "여러분 모두 아빠랑 강한 관계를 형성하고 있죠?" "애들처럼 말하는 법을 배웠어요?"

ABC는 1986년 세 시간짜리 특집에서 텔레비전용 정신과학을 한 단계 더 심화시켰다.127) 이 뉴스 그룹은 정신과 의사를 고용해서 은밀한 컨설턴트 역할을 하게 하는가 하면, 뉴스 캐스터들이 프로그램의 출연자 중 한 명을 계속 몰아붙여 결국 카메라 앞에서 무너져 내리게 만들기까지 했다. 자신의 회사를 직접 경영하는 37세의 싱글 여성 로라 슐럿스키는 혼자 사는 것이 "어려운 도전"일 수 있긴 하지만 단단한 각오로 "생업을 일궈 간다"고 설명하려 했다. "난 그걸 할 거예요." 슐럿스키는 말했다. "그것에 대해서 때로는 높은 안목을 가지게 될 거예요." 하지만 인터뷰 진행자는 이런 말에는 아무런 관심을 갖지 않고 그녀를 밀어붙였다. 결국 아래와 같은 상황이 발생했다.

인터뷰 진행자 잠시 나를 위해 그 공포를 마주해 보세요.

슐럿스키 잠깐만요, 이건 쉬운 게 아니에요. [울기 시작] 혼자라는 공포는 아니, 그러니까 난 그게 싫어요. 그치만 난 그걸 하게 되겠죠. 내가 왜 울고 있는 거죠? 내가 왜 우는지 모르겠어요. 이건 어려운 질문이에요. 하지만 할 거예요. 할 거예요. 하고 싶지 않아요. 하고 싶지 않아요.

ABC는 이러고도 질리지 않았는지 이듬해에는 〈미국의 싱글Single in America〉이라는 이름으로 나흘짜리 또 다른 특집을 방영했다.[128] 공동 앵커였던 캐슬린 설리번Kathleen Sullivan은 여는 말에서 분위기를 잡았다. 설리번은 방송 중에 이렇게 선언했다. "음. 처음에 우리가 이런 걸 할 거라는 이야기를 들었을 때 전 이렇게 말했어요. 그래서 어쩌라고? 그러니까 싱글이 어쨌다고? 그 사람들은 가족을 책임지지도 않아. 직장 생활에 대한 의욕만 있는 사람들이잖아." 하지만 설리번은 관대하게도 이들을 동정하게 되었다고 덧붙였다. "처음엔 동정도 하지 않았어요. 하지만 이젠 그런 마음이 들어요."

　설리번의 말이 충분히 시사하듯 싱글 여성의 삶이 공포의 전시장이라는 점을 감안하면 동정은 적절해 보일 수밖에 없었다.

첫날 방송 "싱글들은 사람들을 만나는 방법의 일환으로 직장에 다녀야 한다."

둘째 날 방송 "오늘은 싱글과 성에 대해, 그리고 에이즈라는 치명

적인 질병이 이들의 선택 중 몇 가지를 어떻게 재규
정하는지에 대해 살펴볼 겁니다."(싱글들이 바를 돌
아다니며 술을 마시는 영화 〈미스터 굿바를 찾아서
Looking For Mr. Goodbar〉(1977)의 유혈 장면을 내보내
고 나서 설리번의 경고성 해설이 그 뒤를 잇는다. "무
분별한 데이트는 위험할 수 있습니다. 이 경우에는
목숨을 앗아 갔죠.")

셋째 날 방송 "한부모는 성욕이 클 수 있습니다. 하지만 …… 자녀
가 더 컸을 때 아무하고나 자고 돌아다니길 원치 않
는다면 한 번 더 생각해 보는 게 좋습니다."

넷째 날 방송 "오늘은 여러분들을 위해 좀 더 긍정적인 관점을 가
져 보려고 합니다……"라고 말한 뒤 다음 말이 이어
졌다. "하지만 몇 가지 압도적인 우려가 있습니다. 하
나는 경제적인 거예요. 한 사람의 소득만으로 집을
사기는 쉽지 않습니다. [그리고] 에이즈 바이러스에
대한 압도적이고도 대단히 슬픈 우려가 있습니다. 이
치명적인 질병은 싱글들의 성적인 습관을 바꾸고 있
어요."

설리번은 온갖 걱정거리를 모두 늘어놓은 뒤에야 싱글 여성의 삶에
서 단 한 가지 '긍정적인' 개선 사항을 찾아냈다. 그건 이들이 이제
는 신부들이 하듯 블루밍데일*의 '셀프 등록소'에 등록을 할 수 있
게 되었다는 점이었다. 하지만 이 부분에서도 공동 진행자인 찰스 깁
슨Charles Gibson이 끼어들어서 초를 쳤다. "여러분이 결혼을 하지 않을
거라면 누가 여러분에게 줄 선물을 사러 나갈지 잘 모르겠네요."
제목은 〈미국의 싱글〉이었지만 이 프로그램은 싱글 남성들의 상
태에 대해서는 입도 벙긋하지 않았다. 이런 식의 누락은 전형적이었
다. ABC의 〈성 혁명 이후〉는 방송을 알리는 보도 자료에서 사실상
남성에게 미친 영향을 다루겠다고 약속했다. 하지만 실제 방송은 전

* Bloomingdale, 뉴욕 시의 백화점.

혀 그렇지 않았다. 나중에 이 같은 누락에 대해 설명해 달라고 요청하자 공동 진행자인 리처드 스컬켈드는 이렇게 말했다. "시간이 없었어요. 겨우 세 시간뿐이었거든요."[129]

언론이 용케 그 바쁜 스케줄에 싱글 남성들을 끼워 넣었을 때는 초 치는 말만 늘어놓지 않았다. 《뉴욕타임스》 일요일판 잡지의 표지에는 한 싱글 남성이 잘 꾸며진 독신자용 아파트에서 호사를 부리는 모습이 실렸다. 옆에 전자기타를 놓고 쪽마루를 깐 바닥에 비스듬히 누운 남자는 태평하게 책을 읽으면서 담배를 즐기고 있었다(의심의 여지없이 이는 이 잡지의 담배 광고업체들에게 큰 즐거움을 안겼으리라). 표제는 "결혼을 뭐하러 해?"였다.[130] 안쪽에서는 기사를 작성한 저자 트립 가브리엘Trip Gabriel이 "30대 싱글 여성 부대"의 "우려"에 대해 거만하게 혀를 끌끌 찼다. 하지만 싱글 남성에 대해 저자는 이렇게 말했다. "이야기를 나누었던 남성들은 내게 깊은 인상을 남겼다." "나는 독신으로 살아가는 게 상당히 좋은 선택지라고 생각하면서 헤어졌다." 심지어 여성을 아예 피하는 듯 보이는 남성마저 그의 찬사를 받았다. 가령 그는 "일요일은 게임 하는 날"이기 때문에 토요일 밤 데이트를 피하는 서른 살의 남성에 대해 아무런 잘못을 지적하지 않았다. "내게 관계는 항상 대단히 숨막히는 것"이었다고 말한 35세의 스포츠 사진사에 대해서도 아무런 의구심을 갖지 않았다. 대신 가브리엘은 독신 남성으로서의 삶이 "성숙한 결정"이라고 칭송했다.

싱글 여성들을 채찍질을 해 대며 결혼에 대한 심한 공황 상태(혹은 한 칼럼니스트의 표현을 빌리자면 "혼인율 집착증")로 몰아갔던 언론은 재빨리 부부 관계라는 강장제로 찌푸려진 이마를 달랬다.[131] 미디어는 중매와 신부 관련 산업을 무료로 엄청나게 홍보해 주면서 정신적으로, 그리고 통계적으로 장애가 있는 싱글 여성들에게 터무니없이 비싼 기적의 치료제를 파는 데 기여했다.[132] 가령 미디어에는 1,000달러짜리 "당신이 선택한 남자와 결혼하는 법" 워크숍과 3년 내 결혼을 보장하는 4,600달러짜리 데이트 서비스 회원제, 그리고 2만 5,000달러짜리 중매 상담에 대한 수십 가지의 기사가 넘쳐 낮다.《샌프란시스코 크로니클》의 한 칼럼니스트(그 역시 나이 든 싱글 남성이다)는 "싱글들의 시간이 다 되어 가고 있다"고 조언하고 난 뒤, 새 비즈니스를 홍보하는 데 정신없는 한 데이트 서비스업체 소유주에게 자신의 칼럼을 넘겼다.[133] 그녀는 싱글 여성들에게 경고했다. "지금 끔찍한 쟁탈전이 진행 중이다. 그리고 2년 내에 저 바깥에는 아무도 남지 않게 될 것이다. 이 멋진 나이 든 잉여 남자들 모두가 품절될 것이다." 미디어는 심지어 자체적인 교습과 상담 서비스를 제공하기도 했다.《뉴욕》은 40세 이후에 겨우 결혼한 싱글 여성 같은 인상적인 역할 모델을 내세웠다. "마침내 신부가 되다"라는 제목의 이 기사는 이렇게 선언했다. "이들이 정말로 결혼할 만한 남자를 구하겠다는 결심을 하자 그런 남자를 찾아냈다."[134] 심지어《유에스에이 투데이》는 의사 행세를 하면서 전화로 상담하는 심리학자들과 함께 힘들어하는 싱글들을 위한 특별 핫라인을 만들었다.[135] 전화 모니터 요원들은 결과에 "깜짝 놀랐다"고 고백했다. 사랑에 번민하는 남성들의 전화가 여성보다 두 배 더 많았던 것이다.

가장 화려하게 수완을 발휘한 건 여성지들이었다. 결국 이들의 전문 분야는 혼인율 집착증이었던 것이다. 1989년 2월 호《코스모폴리탄》은 "거래를 매듭짓는 법"이라는 비즈니스 느낌의 제목이 달린 글에서 남편 사냥용 덫에 기름을 칠하는 법에 대한 열한 쪽짜리 지침을 늘어놓았다.[136] 잡지는 이런 식으로 강의했다. "여러분들도 통계를 보았겠지만 샌퀜틴 주립 교도소를 빼고 나면 사실상 도처에 남자보다 여자가 더 많다. …… 여러분은 행동을 최대한 효율적으로 다듬어야 한다. 일단 지금 당장 시작하라." 빨리 결혼하는 법에 대한 그 모든 조언들은 최근의 반페미니즘적인 자기 계발서에서 빌려 온 것들이었다. 이 중에는 이런 것도 있다. 실제보다 성 경험이 적은 듯 행동하라, 뜨개질과 요리 실력을 강조하라, 남자가 대화의 주도권을 잡도록 하라, 그리고 '극도로 수용적'인 태도를 유지하라.《마드모아젤》에서는 1950년대식의 발상을 거론하기도 했다.[137] 이 잡지는 '비싸게 구는 남자들의 귀환'을 떠들어 댔고, 여성들에게 '데이트 평판'을 지키라고 조언했으며, '똑부러지는 놈은 먼저 전화하지 않는다'고 상기시켰다. 그리고 조이스 브라더스Joyce Brothers 박사가 쓴《뉴우먼》의 커버스토리에서는 결혼반지 사냥꾼들을 위한 몇 가지 낡은 조언을 전했다. "어째서 연인의 집으로 들어가 살면 안 되는가?"[138]

언론들은 싱글 여성들에게 결혼을 재촉하느라 바빴고, 동시에 기혼 여성들에게는 그대로 가만히 있으라고 주문했다. 한 가지 효과적인 억제 전술은 이혼 후의 삶에 대한 공포를 확산시키는 것이었다. 1986년 NBC는 이혼의 부정적인 결과에만 초점을 맞춘 특별 보도를 했다.《코스모폴리탄》은 네 쪽짜리 특집을 이혼의 결점에만 완전히 할애했다. 잡지는 이렇게 훈계했다. "격하게 말싸움을 하고 나면 혼자 살고 싶다는 유혹이 크게 느껴진다. 하지만 조심해야 한다. 이 분야의 점점 많은 결혼 전문가들은 잠재적인 이혼녀들에게 [이혼에 대한] 여덟 가지 흔하고도 위험한 망상에 대해 주의하라고 (극도로 주의하라고) 조언하고 있다."[139] 언론들은 결혼 서약을 깨 버리면 심각한 우울증, 고독한 인생, 텅 빈 은행 잔고밖에 남는 게 없다며 여성들에게 귀에 못이 박히도록 보도했다.

미디어는 어떻게든 이혼을 막기 위해 우호적인 조언과 엄격한 도덕적 설교로 다시 한 번 구원투수를 자처했다. CBS는 1989년 (오래 전《레이디스 홈 저널》특집 기사 표제였던) "이 결혼을 지킬 수 있을까?"를 전국적인 토크쇼로 부활시키고서는 관계가 흔들리는 부부를 방송 중에 화해시켰다.[140]《뉴스위크》는 "결혼 생활을 유지하는 법"을 선사했다.[141] 1987년의 이 커버스토리에는 '갈 데까지 가기' 직전에 보통은 심리 치료사의 거룩한 개입을 통해 '구원'을 얻고 다시 태어난 부부들의 고무적인 사례 연구들로 가득했다. 몇몇 결혼 상담사들이 이 지면에 홍보를 목적으로 출연했는데, 이 중 한 사람은 (신혼부부를 위한) 16주짜리 결혼 개선 프로그램을 팔았다.

《뉴스위크》는 이렇게 떠들었다. "시대가 얼마나 변했는지! 미국인들은 결혼을 전보다 진지하게 여기고 있다."[142] 이 잡지는 결혼 붐이 진행 중이라는 증거는 전혀 제시하지 않았다. 이들이 만들어 낼 수 있는 건 이혼율이 겨우 0.2퍼센트 떨어졌다는 구차한 통계밖에 없었다.

불임병과 아기 열병

NBC의 통신원 마리아 슈라이버Maria Shriver는 1987년 특별 보도에서 이렇게 물었다. "불임이 이처럼 치솟는 게 1980년대 여피들의 병 때문일까?"[143] 그녀는 자신의 전문가 부대에 기대서 불모의 자궁이 "직장 여성의 저주"가 된 것일지 모른다고 걱정했다. 아직 실험 단계에 있는 비싼 치료법을 팔고 다니는 불임 전문의인, 그녀의 전문가들은 행복에 겨워 동의했다.

지금까지 트렌드 저널리스트들은 자기가 직접 다 알아서 했다. 그러니까 전문가 없이도 적이 누군지 짚어 내는 데는 별 문제가 없었다. 만일 어떤 여성에게 문제가 있다면 이들은 독립과 평등에 대한 여성들의 요구를 탓해야 한다는 걸 알고 있었다. '직장 여성의 저주' 사례에서 주문을 건 마녀는 틀림없이 전미여성연맹의 회원 카드가 들어 있는 지갑을 들고 다닐 것이었다. "모든 것을 가지려는 것: 부모 노릇을 연기하게 되면 대가가 따른다",[144] "불임의 말 없는 고통: 성공 지향적인 사람에게 그것은 쓴 알약이다"[145] 같은 표제들은 여성들의 자궁이 말라붙은 이유를 분명하게 밝혔다.《뉴욕타임스》의 한 칼럼니스트가 단언했듯 오늘날 불임 여성은 페미니즘 세대의 "걸어 다니는 클리셰", "모성보다 일을 중시하는 마흔 살 언저리의 여성"이다.[146]

《뉴스위크》는 "아이를 갖지 않는 트렌드"에 두 개의 커버스토리를 할애했다.[147] 고급 사무실에서 일하는 외로운 직장 여성들의 사진과 빈 아기 침대에 누워 있는 테디베어 사진을 나란히 배치한《뉴스위크》는 30대 초·중반 여성의 무려 20퍼센트가 자신의 아이를 갖지 못하게 될 것이고 "전문가들의 말에 따르면 영향력이 큰 일을 하는 여성의 경우 이 수치는 훨씬 올라갈 것"이라고 경고했다.[148] 이 주장을 뒷받침하기 위해 인용한 전문가는 바로 그 악명 높은 하버드 - 예일 대학교 결혼 연구의 공저자인 하버드 대학교 경제학자 데이비드 블룸뿐이었다.[149] 이제 그는 전체 여성 관리자의 30퍼센트가 결국 아이를 갖지 못할 것이라고 말하고 있었다.

모성 분야에서 눈에 띄는 활동을 하지 않았던《라이프》는「아기 갈망Baby Craving」이라는 자체적인 특별 보고서를 발간했다.[150] 이 보고서에 따르면 "수백만"의 직장 여성들이 "기다림의 대가를 치르게" 될 것이다. 《라이프》는 사진 증거를 제시했다. 메리 체이스Mary Chase라고 하는 42세의 작가이자 프로듀서가 텅 빈 아기 침대를 회한에 젖은 표정으로 응시하고 있는 사진이었다. 이어지는 짤막한 설명에 따르면 메리는 불임 전문가에게 검사를 받았고, "에너지를 자극"하기 위해 침술사에게 등에 침을 맞았고, 임신에 영감을 준 적이 있다고 주장하는 남성 심령술사의 조언을 구했고, 성관계를 한 뒤 속옷만 입은 채로 물구나무를 섰고, 남편 빌 앞에서 입을 크게 벌려 그 안을 들여다보게 하고는 "메리의 임신 능력에 지장을 줄 수 있는 어린 시절 정신적 외상을 찾아보게" 하기도 했다. 부부는 임신이 왜 안 되는지 이유를 몰랐고, 어쩌면 빌의 "어린 시절 정신적 외상"이 문제일 수도 있었다(불임 확률은 남성과 여성 모두에게 동일하다). 하지만 《라이프》의 기사는 그럴 수 있는 가능성에 대해서는 입도 벙긋하지 않았다.

모든 트렌드 기사가 그렇듯 불임 유행병을 뒷받침하는 데이터는 존재하지 않았고, 그래서 잡지들은 적당히 얼버무려야 했다. 《뉴욕타임스》는 "확실히 말하긴 어렵지만 불임이 늘고 있는 듯하다"고 말했다.[151] 《라이프》는 "불임이 우리의 삶을 얼마나 엄습했는지를 잘 보여 주는 통계는 거의 없다"고 말했다.[152] 하지만 물론 훌륭한 통계는 많았다. 다만 이런 통계들이 '직장 여성의 저주'라는 표현을 뒷받침해 주지 않았을 뿐이었다. 일부 잡지 기사들은 미래 시제 표현으로 바꾸는 방식으로 간단하게 증거 불충분을 우회하기도 했다. 가령 《마드모아젤》은 대문자로 강조까지 해 가면서 "불임 유행병이 오고 있다"고 예언했다.[153] 그리고 《뉴욕타임스》는 1982년의 한 특집에서 모든 회의론자들에게 비난을 퍼부었다.[154] 자신의 불임 가능성이 높다는 주장을 믿지 않는 30대 여성은 "연구 결과를 거부할 필요" 때문에 "정서적인 수준"에서 힘들어하고 있음에 틀림없다는 것이었다.

이 《뉴욕타임스》 특집이 보도된 주에 《뉴욕타임스》와 《타임》을 모두 구독하는 여성들은 어리둥절했을 것이다. 《뉴욕타임스》가

30세 이상 직장 여성들의 텅 빈 자궁을 한탄하느라 정신이 없는 와중에 (《뉴욕타임스》에는 사실 그 주에만 그런 기사가 두 차례 실렸다)《타임》은 아기를 가진 모든 자궁에 대해 재잘대고 있었다. 이 주간지는 한 쌍의 트렌드 중 반대편에 있는 작은 베이비 붐을 밀고 있었다. 《타임》은 "새로운 베이비 붐"이라는 제목의 커버스토리에서 "직장 여성들이 임신을 선택하고 있고 그것도 거창하게 하고 있다"며 치하했다.[155] 이번에도 다시 연방의 인구조사국 수치는《타임》의 주장과는 맞지 않았다. 출산율에는 10년 넘게 변화가 없었던 것이다. 하지만 그건 중요하지 않았다. 불임 유행병이 채찍이라면 작은 베이비 붐이라는 트렌드는 당근일 뿐이었다.《타임》은 "기다림의 의학적 위험"이라는 경고성 측면 기사로 베이비 붐 기사를 보완하면서 이런 태도를 분명히 드러냈다.[156]

　　《타임》은 데이터 부족을 우회하기 위해 친숙한 트렌드 기법에 의지했다. "갈수록 많은 직장 여성들이 시계가 12시를 알리기 전에 임신을 선택하고 있다"고 잡지는 단정 지었다.[157] 그리고 난 뒤 바로 독자들의 관심을 한 줌의 임신한 영화 스타들과 미디어계의 유명 인사들 쪽으로 전환시켰다. 과거 〈찰리의 천사들Charlie's Angel〉에 출연했던 배우 재클린 스미스Jaclyn Smith와 다이애나Dianna 공주가 임신 중이었고, 그래서 임신은 전국적인 현상이어야 했다.

　　수치와 통계를 대신해 몇몇 스타를 들이민 간행물은《타임》만이 아니었다.《맥콜스》는 '할리우드의 늦깎이 엄마들'에 대해 신나게 떠들어 댔고 '아기 열병'에 대한《보그》의 기사는 〈찰리의 천사들〉 출신의 또 다른 엄마 탄생을 두고 기뻐 날뛰었다.[158] "모성이 파라 포셋Farrah Fawcett을 집어삼키고 있다. 그녀가 이야기하고 싶어 하는 주제는 모유 수유뿐이다."[159] 아기 열광증의 근거를 완전히 엉뚱한 분야에서 찾아낸 언론은 기사의 대부분을 영장류와 소통한다고 주장하는 한 동물원 직원의 말로 채우기도 했다.[160] "고릴라 코코가 사육사에게 아기를 갖고 싶다고 말하다." 그리고 싱글 여성들에게 그랬듯 미디어는 조언으로 구슬리거나 심지어 부상까지 걸어서 임신을 유도하려 했다.[161] 아이오와와 플로리다의 라디오 방송국들은 가장 먼저 임신한 부부에게 1,000달러짜리 저축 채권, 6개월치 기저귀 서비스, 아기 침대 같은 부상을 주는 '번식자 컵Breeder's Cup' 대회를 후원했다.

언론의 사설에서는 가공의 '아기 전성기'를 훨씬 화려하게 찬미했다. 《샌프란시스코 크로니클》은 웅변조의 사설을 뽑아냈다.

> 우리의 개인 생활에서 얼마 전까지만 해도 외곬수처럼 개인의 경력만 쌓으려는 것처럼 보였던 주변의 많은 여성들이 결혼과 출산 모두에 그 어느 때보다 충실하게 된 건 기뻐할 일이다. 결혼의 종소리와 엄마의 품에서 만족한 아기의 까르륵거리는 소리를 다시 듣게 되어서 다행이다.[162]

《뉴욕타임스》는 이보다는 소박한 산문을 통해 동일한 정서를 전달했다.

> 일부 대학 여성 졸업생들은 자신들은 '겨우' 아내이자 엄마일 뿐이라고 거의 죄인에 가까운 심정으로 25회 동창회 설문지에 응답했다.[163] 하지만 얼마 되지 않아 다른 여성들은 전통적으로 남성들의 전유물이었던 직장에서의 성공이 반드시 충족된 삶을 보장해 주지는 않는다는 사실을 알게 되었다. 모성이 다시 유행하기 시작한 것이다.

이런 기사들이 출산율을 증가시키지는 못했다손치더라도 여성들의 걱정과 죄책감을 키우기에는 충분했다. 한 젊은 여성은 《뉴욕타임스》의 의견란에 "30세가 되기 전에 엄마가 되는 게 더 낫다"는 제목의 에세이를 실었는데, "잡지만 펴면 좀 더 어릴 때 시작했더라면 임신 기간 동안 복잡한 문제에 더 적게 시달렸을 예비 엄마 이야기가 실려 있다"고 말했다.[164] 그녀는 화를 냈지만 그 대상은 여성들을 공포로 몰아넣는 미디어가 아니었다. 그 대상은 기다려도 괜찮다고 생각하는 것처럼 보이는 나이 든 여성들이었다. 그녀는 임부복 차림의 의심 많은 MBA 같은 말투로 "난 좀 더 생물학적으로 건전한 출산 스케줄을 따르는 것이 나의 출산 권리라고 믿는다"고 깔보듯 말했다.

　이 젊은 여성 필자는 미디어의 맹습을 인식할 수 있다는 것만으로도 다른 많은 여성들, 그러니까 어째서 갑자기 미디어의 스케줄에 맞춰 출산을 하지 않았다는 이유로 이렇게 간절하고 쓸모도 없고 부끄럽다는 기분이 드는 건지 의아해하다가 그 신호가 자신들이 받아보는 신문이 아니라 오직 몸에서 비롯되는 것이라고 결론을 내리게 된 다른 많은 여성들보다 사정이 나았다. 한 여성은 《보그》에서 "난 아이를 갖는다는 생각도 해 보지 않았는데, 갑자기 서른네 살쯤 되니까 그 생각이 나를 마치 발톱처럼 움켜쥐었다"고 고백했다.[165] "그동안 나는 출산과 전혀 관계가 없는 사람이었다. 그런데 이 격렬한 호르몬들은 '네가 해야 하는 거 있잖아, 출산, 그걸 해'라고 말하는 것 같았다. 그건 정신적인 감정보다는 육체적인 감정에 가까웠다."

　결국 언론이 반격에 가장 크게 공헌한 것은 바로 이것이었다. 즉, 여성들에게 어떤 감정을 느껴야 하는지를 지시할 뿐만 아니라 명령을 호통치듯 전달하는 목소리를 그저 자신의 자궁이 하는 말로 받아들이게 한 것이다.

《미즈》의 진짜 고백

미디어가 반격을 홍보하는 동안 누가 그걸 막아섰을까? 주류 언론은 일을 썩 잘하지 못했다. 사이비 페미니즘 포럼이었던 《뉴욕타임스》의 "허스Hers" 칼럼 란은 이제 외모 변신이란 어떤 것인가, 어째서 여성은 커다란 약혼 반지를 바라는 걸까, 욕조 청소가 원기 회복에 얼마나 도움이 되는가와 같은 대단히 정치적인 주제들에 대한 기사들을 찍어 내고 있었다.[166] 그리고 판매 부수가 적은 많은 페미니즘 신문들은 폐업 중이었다.[167] 심지어 한때 페미니즘 관련 간행물의 성지였던 샌프란시스코베이 지역에서는 대부분의 간행물들이 1989년경 중단되었다.

　하지만 물론 반격의 실제 최신 정보에 대해서는 페미니즘 저널리즘의 기수인 《미즈》에 아직 의지할 수 있었다. 하지만 1980년대가 지나면서 《미즈》의 독자들은 이 잡지가 거의 주변 문화만큼 빠르게 퇴보하고 있음을 알게 되었다.

1989년 10월 호에서 《미즈》는 몸단장에 대한 세 쪽짜리 특집을 통해 "우린 여러분들이 멋있게 눈썹을 뽑아도 된다고 허락해 드리겠습니다"라는 소리나 한가하게 읊어 댔다.[168] 《미즈》에 따르면 보기싫은 털을 고통스러운 전기 분해 처리 방식으로 뿌리째 뽑는 것도, 성인 여드름을 정복하기 위해 발암물질로 의심을 받고 있는 아큐테인Accutane 을 바르는 것도 이제 모두 괜찮다. 한때 미용 산업에 비판적이었던 잡지에서 이런 소리가 나오고 있는 것이다.

이 잡지는 아직도 성희롱, 가정폭력, 처방약 산업, 제3세계 여성의 처우 문제를 다뤘지만 1980년대 말 새 경영진은 정기적인 패션 칼럼을 개시했고, 표지의 25퍼센트 이상에 할리우드 스타를 내세웠으며, 별로 중요하지도 않은 소식(진주가 다시 돌아왔다 같은)을 다뤘다. 표지에 구타당한 아내의 곤죽이 된 얼굴을 실었던 최초의 잡지가 이제는 광고주들을 달래기 위해 구타당한 아내 헤다 누스바움Hedda Nussbaum 의 사진을 표지에서 빼 버렸다(그 대신 표지에는 약간 흐릿한 여성 나체 사진이 실렸다).[169]

유명 인사 보도를 단계적으로 확대한 《미즈》의 행보에서 가장 기이한 점은 이 잡지가 비영리조직 지위를 버리고 난 뒤에 그런 일이 일어났다는 점이다.[170] 편집자들은 '좀 더 정치적'인 색채를 띠려고 밟았던 절차였는데 말이다. 창립 편집자인 글로리아 스타이넘은 전환 시점에 《미즈》가 영리를 추구하는 벤처기업이 되면 정치권의 특정 후보를 지지할 수 있다고 언론에 말했다. 실제로 《미즈》는 그렇게 했다. 그리고 앤 서머스Anne Summers 는 전국 정치를 보도하기 위해 워싱턴에 《미즈》 사무실을 열었고 1988년 대통령 선거에서 많은 급보를 만들어 냈다.

서머스는 1987년 스타이넘으로부터 《미즈》를 넘겨받자 마치 《굿하우스키핑》의 편집자들처럼 《미즈》의 이미지를 '개선'할 필요가 있다는 결정을 내렸다.[171] 이는 결국 이전 경영진들이 1980년대 중반부터 이미 포용하기 시작한 고급화 전략으로 귀결되는 듯했다. 아무래도 이윤 확보에 관심을 가지다 보니 주로 고소득 여성 독자들을 사로잡는 데 관심을 갖게 된 것이었다. 이 점은 잠재적인 광고주들에게 보낸 홍보물에 충분히 분명하게 드러났다.[172] 가령 1986년의 한 홍보물은 "그 누구보다 맛집에서 장을 보는" 독자들을 확보하겠다고 약속했고 나중에는 소파에서 거꾸로 떨어지는 여성과 신용카드, 그리고 여성의 주머니에서 흘러나온 그 외 여러 부의 상징들을 담은 사진으로 자신들의 주장을 표현했다(신기하게도 이는 《코노수어Connoisseur》가 같은 시기에 고가의 속옷 기사를 실으면서 표지에서 사용했던 것과 정확히 똑같은 자세였다).[173]

　　서머스는 《미즈》의 고급 판매 전략을 심화하기 위해 시장 연구 기업을 고용해서 전국 곳곳에서 소비자 초점 집단 면접을 실시했다. 인터뷰 대상은 연 소득이 3만 달러 이상인 가정의 여성뿐이었다.[174] 연구자들은 이 여성들에게 지금 시장에 나와 있는 여성지를 평가해 달라고 요청했다. 서머스의 회상에 따르면 "이들은 여성지가 잘난 체하고 거들먹거린다고 불평했다. 이들은 유명 인사에 대한 글을 읽는 데 질려 있었다. 이들은 자신의 가치가 제대로 평가되고 존중받는 느낌이 들게 해 주는 기분 좋은 잡지를 원했다."[175] 하지만 이후 발간된 잡지의 표지를 가지고 판단컨대 《미즈》는 유명 인사에 대한 여성들의 반감에 대해서는 거의 관심을 기울이지 않았다. 서머스가 《미즈》를 맡고 난 뒤 처음 다섯 호의 표지에는 유명 인사를 쓰지 않고 이슈를 다루는 실험을 했다. 그러자 판매 부수가 급락했다. 여섯 번째 호가 되자 유명 인사들이 돌아오기 시작했다. 하지만 서머스는 여성들이 했던 지적 한 가지만큼은 대단히 진지하게 여겼다. "표적 집단에서 나타난 특징들 중 하나는 특히 젊은 연령 집단 내에서 '페미니즘'이라는 단어에 믿을 수 없을 정도로 큰 반감이 있었다는 점이었다"고 서머스는 말했다. 《미즈》가 온 힘을 쏟아야 할 사명은 이런 저항과 맞붙어 여성들에게 '페미니즘'은 무서워할 게 아니라 포용할 만한 단어임을 보여 주고, 바로 이 페미니즘이라는 단어가 여성들에게 잠재적인 힘을 부여했기 때문에 미국 문화가 이 단어를 악마화해 왔음을 설명하는 것이라고 생각할 수도 있다. 실제로 이 잡지는 반격을 폭로함으로써, 그리고 페미니즘이 여성의 권리와 선택을 지원하는 것을 뜻할 뿐임을 알아듣게 만듦으로써 반격에 맞서는 투쟁에 힘을 보탤 수도 있었다. 이는 어쨌든 초점 집단의 여성들이 한결같이 지지했던 의제였다.[176] 그러니까 인터뷰에 참여했던 모든 여성이 가족과 직장 사이에서 양자택일식의 선택을 해서는 안 된다고 믿는다고 말했던 것이다.

하지만 서머스는 페미니즘이라는 단어에 다시 활력을 불어넣는 대신 붉은 줄로 그어 삭제하다시피 했다. 1988년 서머스는 "난 우리가 페미니즘이라는 단어를 사용하는 방식에 대해 대단히 주의해야 한다고 생각한다"고 말했다. "그냥 '여성'이라고 말하고 이를 같은 뜻으로 사용할 수 있을 때도 많다." 하지만 이후 발간된 《미즈》를 통해 충분히 분명히 밝혀졌다시피 '여성'과 '페미니스트'는 서로 교체 불가능하다. 전통적인 페미니즘 사안들도 아직 다뤄지긴 했지만, 이 불편한 단어는 이제 이 잡지가 찍어 내는 많은 뉴스에는 거의 적용되지 않았다. "꿈꿔 왔던 요리책"이나 '얼룩 제거법'에 대한 기사인 "눈부신 세탁물"에 대한 특집에서 누가 페미니즘을 이야기할 필요가 있을까?

사실 1980년대 말경이 되자 《미즈》의 독자들은 반격의 정서를 뿜어내는 언론들이 제시하는 도덕적 판단과 크게 다르지 않은 정서를 《미즈》의 지면에서 맞닥뜨렸다. 작가 샤나 알렉산더Shana Alexander는 미스 아메리카 출신의 에드 코치Ed Koche 뉴욕 시장 보좌관인 베스 마이어슨Bess Myerson의 비행에 대한, 충분히 보도되진 않았지만 과열된 커버스토리 공격에서 독자들에게 이렇게 전했다.

여성운동에 대해 말하자면 나는 어쩌면 우리가 판도라의 상자를 연 건지도 모른다는 생각을 종종 한다.[177] 우린 평등해지길 원했다. 우린 고집을 꺾지 않았고, 결국 해냈다. …… 우린 우리가 남성들과 다르다는 사실을 망각했다. 우린 다르다. 우리에겐 다른 감수성이 있다. 오늘날 젊은 여성들이 우리의 오류에 대한 대가를 치르고 있다.

가히 《뉴스위크》 뺨치는 수준이다.

《미즈》의 초점 집단에 속했던 여성들은 또 다른 현상, 바로 반격에 대해서도 불평했다. 서머스는 말했다. "우리가 알게 된 중요한 점은 여성들이 저 바깥에서 힘든 시간을 보내고 있다는 점이다. 그리고 우린 좀 더 많은 공감력을 발휘해야 한다." 하지만 《미즈》가 공감은 좀 줄이고 분석을 더 많이 하기를 바라는 사람도 있다. 《미즈》는 대법원이 여성의 출산권을 제한하는 웹스터Webster 판결*을 발표한 뒤에야 진정으로 열의를 불태우며 1989년 8월 호 표지에서 "전쟁이다!"라고 선언했다. 하지만 일부 광고주들은 낙태 표지가 너무 정치적이라고 생각했다. 이들은 어떻게든 발을 빼기 위해 부드러워진 소비자 시장에서 변명거리를 찾고 있었던 것이다. 그러는 동안 이 잡지의 발행인들은 자신들이 10대를 대상으로 발행하는 또 다른 잡지인 《새시》에서 최대 광고주들을 많이 잃고 있었다.[178] 바로 전해에 《새시》가 10대의 성애에 대한 약간의 솔직한 기사들을 내보낸 뒤 근본주의적 성향의 편지 쓰기 운동의 목표물이 되었기 때문이다. 마침내 《새시》에서 광고가 대거 빠져나가면서 두 잡지 모두 재정적으로 파산할 위기에 몰리게 되자 1989년 10월 여성이 경영하던 이 잡지를 남성 발행인인 데일 랭Dale Lang이 장악했다.[179] 서머스는 남아서 자신의 직원과 잡지를 지키기 위해 싸웠지만, 12월에 랭은 서머스를 수석 편집자 직위에서 해고했다. 그러고 난 뒤 그는 8개월 동안 잡지를 중단시켰고, 잡지 이용자들을 자신의 다른 간행물로 우회시켰으며, 마침내 《미즈》를 광고가 전혀 없는 격월간지이자 연간 구독료가 무지막지하게 비싼 대단히 작은 규모의 배급 네트워크로 재발간했다(이 변화로 구독자 수가 반토막이 났다).

《미즈》가 더 이상 주류 배급망에서 중요한 주자가 아니게 된 뒤 1980년대 말에 새로 창간된 잡지 중 어떤 곳이 반격의 흐름에 용감하게 도전하려 했을까? 《맨》도, ('진짜 남자'를 위한) 《맨스라이프》도, ('힘 있는' 남자를 위한) 《엠M.주식회사》도, 1980년대 말에 갑자기 봇물처럼 터져 나와 뉴스 가판대를 장악한 새로운 남성지 중 그 어

* 낙태 시술을 하는 병원이나 보건소에 주 정부의 자금 지원을 중단하기로 한 1989년의 대법원 판결을 가리킨다.

떤 것도 그럴 턱이 없었다.[180] 이런 잡지들은 어째서 남자들이 금발을 좋아하는지, '예민한 남자'는 뭐가 그렇게 역겨운지에 대한 글 따위를 특집으로 다루는 곳이었다. 허스트Hearst*의 새로운 여성용 잡지 《빅토리아》도 아니었다. 이 잡지의 기사들은 죄다 자수와 꽃꽂이의 기쁨에 대한 것뿐이었다. 젊은 여성을 겨냥한 매끈한 종이의 패션 미용지 《엘르》도 아니었다.[181] 이 잡지는 신세대 여성들은 "더 이상 성차별주의의 원인과 과정을 따질 필요가 없고" 어쨌든 "한때 절대적인 진리의 지위를 점했던 모든 이상들(성적인 해방, 여성운동, 진정한 평등)이 오류로 판명 나거나 변질되어 버렸다"고 주장했다. 진정한 여성들의 관심을 다루는 데 가장 모호하나마 관심을 보인 유일한 새 간행물은 40세 이상의 여성들을 겨냥한 잡지로, 여성 소유의 기업이 경영하는 몇 안 되는 곳 중 하나인 《리어스》였다. 발행인 프란세스 리어Frances Lear는 "우린 진짜 인물을, 이들의 얼굴에 새겨진 주름들과 함께 사용하고자 한다"고 선언했다(그렇다고 해서 주 독자층 나이의 반밖에 안 되는 흠잡을 데 없는 미모의 여성들이 나오는 광고까지 거부하진 않았다).[182] 하지만 1980년대 말에 이르자 리어 역시 반격의 소음들을 만들어 내기 시작했다. 1988년 커뮤니케이션계여성모임Women in Communications 회의의 한 연설에서 리어는 "전면적인 유물론"에만 관심을 가지는 "새로운 실용주의자"에 반대한다는 발언을 하고 난 뒤 "그리고 나는 운동계의 여성들 …… 자신의 필요를 채우는 데 급급한 페미니즘의 집착이 문제라고 생각한다"고 선언했다. 결국 미디어의 지도자들은 여성들의 독립을 바탕으로 형편없는 상업주의를 직접 독려하고 고착시키는 방법을 찾아냈다.

* 창업자의 이름을 딴 미국의 대표적인 미디어 그룹. 허스트계 신문은 황색 언론의 전형으로 꼽힌다.

5장
치명적이고 치기 어린 상상

센추리21 극장의 어둠 속에서 한 영화 팬이 마치 화면에 나온 주인공이 자신의 말을 듣고 신경이라도 쓸 것처럼 "저년 얼굴에 주먹을 날려 버려" 하고 소리친다. "저 여자 엉덩이를 차 버려." 또 다른 남성의 목소리도 어둠 속에서 울려 퍼진다.

1987년 10월의 월요일 밤 〈위험한 정사〉를 상영하는 캘리포니아 산호세 교외의 극장은 빈 자리가 없을 정도로 사람이 많고 비좁았다. 행복한 결혼 생활을 하고 있던 한 남자를 유혹하여 거의 파멸로 몰고 가는 싱글 직장 여성의 이야기를 담은 이 영화는 6주 전 상영을 시작했을 때부터 매일 밤 이곳에서 매진 행렬을 이어 갔다. 앞자리에 앉은 한 남성은 "저년을 때려눕히라고! 제발 좀" 하며 배우 마이클 더글러스Michael Douglas에게 애원했다. 여기저기서 터져 나오는 외침에 대담해진 뒷줄의 한 남자가 핵심을 짚어 냈다. "마이클, 저질러 버려. 빨리 저 여자 죽여 버려. 저 망할 년을 죽이라고."

바깥의 로비에서 사탕 포장지를 치우던 10대 안내원들은 두툼하게 완충재를 덧댄 문 사이로 어른들의 고함이 흘러나오자 재밌다는 표정을 몰래 주고받는다. 콜라 자판기를 담당하면서 어른들의 행동이 "정말 기괴하다"고 느낀 고등학생 사브리나 휴스는 "정말 이해가 안 된다"고 말한다.[1] 안전거리를 확보한 상태에서 관찰할 법한 인류학적인 사건이라 할 수 있다. "가끔 영화가 끝나기 20분 전에 몰래 극장에 들어가는 걸 좋아해요. 그럼 남자들이 전부 고함을 치고 있어요. '저년을 두들겨 패! 당장 죽여 버리라고!' 여자들은 절대 아무 말도 하지 않아요. 정말 입을 꾹 닫고 모두 그냥 앉아 있기만 해요."

할리우드는 미디어보다 몇 년 늦게 반격의 대열에 합류했다. 영화 제작은 완성에 필요한 시간이 미디어보다 더 길기 때문이다. 그 결과 영화 산업은 독립적인 여성들을 향한 1980년대 미디어의 트렌드를 흡수할 기회를 갖게 되었고, 이를 미국 영화 팬들에게 두 배 더 크게 증폭시켜 되돌려 줄 수 있게 되었다. 〈위험한 정사〉에서 살인을 저지르는 싱글 직장 여성 알렉스 포레스트는 "난 서른여섯이라고!" 하면서 투덜거린다. "아이를 가질 수 있는 마지막 기회일지도 몰라!" 20세기폭스20th Century-Fox의 부회장 달린 챈Darlene Chan의 표현처럼 "〈위험한 정사〉는《뉴스위크》의 결혼 연구를 정신병으로 표현한 것"이다.[2]

1980년대에 할리우드의 경제적 이해관계가 확대되면서 제작사 임원들이 자신들의 메시지를 트렌드에 끼워 맞추려는 경향이 훨씬 더 강해졌으리라 짐작한다. 일련의 기업 인수 때문에 금융 불안이 더욱 고조되고 케이블 텔레비전과 홈 비디오의 공세라는 이중의 위협이 밀려오자 할리우드는 소심하게 체제 순응주의를 택했다. 미디어의 관리자들이 그랬듯 영화 제작자들은 내용과 제작 방향을 정하고 최종 편집을 명령하는 데 시장조사 컨설턴트와 초점 집단, 대중 심리학자 들에게 더 많이 의지하고 있었다. 이런 환경에서 미디어 트렌드의 결에 반하는 강력한, 혹은 복잡한 여성 묘사는 대단히 드물었다.

반격은 1980년대 할리우드의 많은 여성 묘사에 지대한 영향을 미쳤다. 전형적인 테마에서 여성은 여성과 각을 세웠다. 자신의 사회적 환경에 대한 여성의 분노에서는 정치색이 빠져 버렸고 그 대신 이런 분노는 개인적인 우울로 묘사되었다. 그리고 여성의 삶은 '좋은 엄마'이기고 독립적인 여성은 벌을 받는다는 도덕 이야기의 틀에 갇혀 버렸다. 할리우드는 반격의 주장들을 반복하고 강화했다. 그러니까 미국 여성들이 불행한 것은 이들이 너무 자유롭기 때문이고, 여성 해방은 여성들에게 결혼과 모성을 허락하지 않았다는 것이다.

영화 산업은 미디어보다 훨씬 강력하게 이런 교훈들을 밀어붙이기도 했다. 영화 제작자들은 저널리즘의 요건에 구애받지 않았다. 이들은 마음껏 가상의 여성을 빚어낼 수 있었고 이들이 굴복하게 만들 수도 있었다. 논설위원들은 그저 '새된 소리를 내는' '공격적인' 독립적인 여성들에게 입 다물라고 훈계할 뿐이었지만 영화 산업은 영화에 나오는 나쁜 계집에게 정말로 입마개를 씌울 수 있었다. 그리고 이는 관객도 참여할 수 있는 공적인 음소거 의식이었다. 어두운 극장이라는 익명성 속에서 남성 영화 팬들은 여성에 대한 뿌리 깊은 분함과 공포를 표출해도 좋은 꿈만 같은 상태로 빠져들 수 있었다.

〈위험한 정사〉의 감독 에이드리언 라인Adrian Lyne은 영화가 계속해서 기록적인 관객들을 끌어모으고 4개월 만에 10억 달러 이상을 벌어들이자 타락과 다를 바 없는 이런 상태에 대해 "놀랍게도 그게 알고 보니 엄청난 관객 참여형 영화였다"라고 평가했다.[3] "모두가 고함치고 소리 지르고 정말로 영화 속으로 빠져들고 있다"며 "모두가 이 영화에 감정 이입할 수 있다. 모두가 알렉스 같은 여자를 알고 있다"고 라인은 말했다. 여성들은 '참여'하지 않았고 이런 고함치는 군중 속에 여성들의 목소리는 겁을 집어먹기라도 한 듯 부재하다는 사실은 라인이 만든 영화의 메시지를 더욱 강조하는 효과를 발휘한다. 입을 꾹 다문 채 아무런 표정을 짓지 않는 여성 관객들은 감독이 화면에서 가장 좋아했던 '여성스러운' 여자의 모범적인 모델이었다.

미국 영화에서 여성들이 목소리를 내지 못하게 만드는 노력은 반격의 시기에 영화에서 반복적으로 나타난 특징이었다. 1934년 거침없이 말하는 독립적인 여성 메이 웨스트*의 언행은 반동적인 '제작윤리강령Production Code of Ethics'을 마련하는 도화선이 되었다.[4] 1950년대 말까지 영화상에서 혼전 성관계를 금지하고 결혼을 강요한 (하지만 강간 장면은 허용한) 이 검열 규정을 촉발한 것은 웨스트의 성적인 행동이 아니라 신랄한 혀였다. 웨스트는 자신의 영화에서, 그리고 그보다 더 나쁘게는 자신이 직접 쓴 대사에서 남자들에게 말대꾸를 함으로써 미국에 있는 도덕의 수호자들을 화나게 만들었다[5] (출판인 윌리엄 랜돌프 허스트William Randolph Hearst는 그녀를 "미국 가정이라는 신성한 제도를 위협하는 존재"라고 불렀다). 그녀는 자신의 대사를 직접 썼다. 웨스트는 〈나는 천사가 아니다I'm No Angel〉**에서 자신이

* Mae West, 미국 배우이자 극작가, 각본가.
** 1933년의 뮤지컬 코미디 영화.

길들이는 사자에게 자신의 철학을 요약해서 이렇게 말한다. "너 자신을 위해 목소리를 키워라. 그렇지 않으면 모두에게 밟히는 깔개 신세를 면치 못할 테니." 1930년대에는 웨스트 자신 역시 그 시대의 잣대로 보면 과도하게 독립적인 다른 여성 스타들과 함께 밟히는 처지가 되곤 했다.⁶⁾ 미국독립극장소유주협회Independent Theater Owners of America의 대표는 마를렌 디트리히Marlene Dietrich, 캐서린 헵번Katharine Hepburn, 그레타 가르보Greta Garbo, 조앤 크로퍼드Joan Crawford, 그리고 웨스트 모두를 "박스 오피스의 독"이라고 공식 선언하는 목록을 발표했다. 웨스트의 언행은 너무 불손하게 비춰져서 라디오 출연이 금지될 정도였다.

1930년대의 영화사들은 40세의 웨스트와 그 외 다른 장성한 여성 배우들의 입을 틀어막은 뒤 말 없는 착한 소녀들을 데려왔다. 대공황기 최대의 여성 스타 셜리 템플Shirley Temple은 미취학 아동이었는데도 성인 남성들로부터 최고점을 받았다.⁷⁾ 그녀가 〈워 베이비스War Babies〉(1932)에서 연기했던 '메릴린 스위트릭'은 말 잘 듣는 아이로 축소된 또 다른 디트리히라고 할 수 있었다.

제2차 세계대전 기간 동안 강인한 직장 여성에 대한 열광이 잠시 터져 나왔을 때는 〈야간 작업조 메이시Swing Shift Maisie〉(1943)의 앤 서든Ann Sothern이 연기했던 항공기 노동자와 〈밋 더 피플Meet the People〉(1944)의 루실 볼Lucille Ball 같은 한 줌의 리벳공 로지형 인물들이 근육을 과시하면서 속사포처럼 빠르게 말을 했고, 많은 여성 주인공들이 전문직, 정치인, 심지어는 임원 들이었다.⁸⁾ 1940년대를 지나면서도 일부 적극적인 여성들은 자신이 할 말을 분명하게 할 수 있었다. 〈아담의 부인〉에서 캐서린 헵번이 연기했던 변호사는 법정 장면에서 여성의 권리를 옹호했고, 〈히스 걸 프라이데이His Girl Friday〉(1940)에서 로절린드 러셀Rosalind Russell이 연기했던 싱글 기자는 그녀가 일을 그만두고 시골로 이사 가기를 원하는 약혼자에게 "날 바꾸려 하지 말고 있는 그대로의 나를 받아들여요. 난 교외에서 한가롭게 카드 게임이나 즐기는 타입의 인간이 아니라 신문기자라고요"라며 당당하게 말했다.

하지만 이 기간에도 이와는 다른 여성상이 할리우드에서 상영 시간을 두고 경쟁을 벌였고, 반격이 점점 거세지면서 힘을 얻기 시작했다. 스크린상의 또 다른 여성 집단은 목소리와 건강미를 잃어 갔다. 잇따른 영화들이 곧 말을 못하거나 귀가 들리지 않는 여성 주인공을 내세웠고, 뇌종양, 척추 마비, 정신 질환, 효과가 천천히 퍼지는 독 때문에 기력을 상실한 여성들이 침대에 누운 모습으로 영화에 나오기도 했다.[9] 영화사학자 마저리 로젠Marjorie Rosen의 관찰에 따르면 "1940년대 여성 제물들의 목록은 병원 환자 명부 같다."[10] 영화상의 싱글 직장 여성들, 인정머리 없고 비쩍 마른 이 집단의 사람들 역시 정신 질환 치료를 위해 진료실로 향했다. 〈다크 미러Dark Mirror〉(1946), 〈레이디 인 더 다크Lady in the Dark〉(1944), 그리고 좀 더 나중에 나온 〈더 스타The Star〉(1952) 같은 영화에서 이들은 모두 일을 그만두고 결혼하라는 동일한 의학적 처방을 받았다.

1950년대에 이르자 오므린 무릎에 속삭이는 듯한 목소리를 가진 메릴린 먼로로 상징되는 굴복당한 여성의 이미지가 승기를 잡았다. 메릴린 먼로는 뇌 수술을 받아 멍청해진 '레이디 인 더 다크' 같은 모습으로 더 이상 의사의 명령에 맞서지 않았다. 강인한 여성은 데비 레이놀즈Debbie Reynolds와 샌드라 디Sandra Dee 같은 착한 소녀들로 대체되었다. 1950년대에는 여성들이 〈하이 눈High Noon〉(1952), 〈셰인 Shane〉(1953), 〈더 킬링The Killing〉(1956), 〈12인의 성난 사람들12 Angry Men〉(1957)에 이르는 당대 최대의 영화 대부분에 아예 등장하지 않음으로써 목소리를 잃었다. 영화 평론가 몰리 하스켈Molly Haskell의 말처럼 1950년대에는 "1930년대나 1940년대보다 해방된 여성에 대한 영화의 편수가 적었을 뿐만 아니라, 여성에 대한 영화 자체가 적었다."[11] 여성들은 남편감을 구하는 법을 다룬 가벼운 영화들로 밀려났고 남성들은 여성 없는 풍경 속을 마음껏 누볐다. 전쟁의 참호와 미국 서부를 배경으로 남성들은 아내를 상대로는 아니지만 인디언과 나치를 상대로 마침내 승리를 거머쥐었다.

1980년대 말 할리우드에서도 영화 제작자들이 독립적인 여성들을 진정시키고 (때로는 문자 그대로) 여성들을 물에 빠뜨려 목소리를 내지 못하게 하는 데 다시 한 번 집착하게 되면서 이런 패턴이 반복되고 있다. 남다를 것 없는 이 시기의 부산물인 〈환상의 커플Overboard〉(1987)에서 골디 혼Goldie Hawn이 연기하는 막말이 일상인 부유한 도시 여성(〈위험한 정사〉의 악녀 알렉스처럼)은 요트에서 떨어져 기억상실증에 걸린다. 한때 그녀에게 말로 상처를 받았던 시골의 목수가 그녀를 구하고, 그녀를 수다스러운 주부로 전락시킨다. 목수(신기하게도 혼의 실제 파트너인 커트 러셀Kurt Russell이 연기했다)가 "입 좀 다물라고" 하고 명령하자 그녀는 자신이 이런 매정함을 좋아한다는 걸 알게 된다. 〈모정The Good Mother〉(1988)에서 결혼을 거부하고 사생아를 가진, 재치 있게 말하는 귀여운 아가씨는 결국 호수에 빠져 익사한다.[12] 그녀가 받은 처벌은 영화의 주인공 안나가 받은 벌과 유사하다. 억압된 싱글맘이던 안나는 자신의 섹슈얼리티를 감히 탐색하다 그 결과로 여섯 살 난 딸을 희생시켜야만 했다. 때맞춰 이 시기에는 헨리 제임스의 『보스턴 사람들』이 영화로 만들어졌다. 여기서 젊은 여성운동가의 "코를 납작하게 눌러서 말도 못 하게 하겠다"는 바실 랜섬의 맹세는 시장에서 인기를 끄는 데 한몫했다.

라인 감독이 제작한 영화에서 말을 할 수 없도록 입에 자물쇠가 채워지는 독립적인 직장 여성은 〈위험한 정사〉에서 글렌 클로즈Glenn Close가 맡았던 인물 외에도 더 있었다. 〈위험한 정사〉가 나오기 1년 전에 개봉된 〈나인 하프 위크9 1/2 Weeks〉(1986)에서는 싱글 직장 여성이 어떤 주식중매인의 사랑의 노예가 되는데, 이 남성은 그녀에게 "말을 하지 말라"고 명령한다. 그리고 〈위험한 정사〉가 박스 오피스에서 승리한 직후 라인 감독은 백인 의사를 사랑하게 된 말 그대로 말 못하는 흑인 매춘부를 다룬 또 다른 영화 계획을 발표했다.[13] 그는 이 영화의 가제가 '침묵Silence'이라고 밝혔다.

일부 영화의 플롯들은 강압을 통해, 혹은 여성 인물 자신의 '선택'을 통해 자기 의지를 가진 성인 여성이 말 없는 (혹은 죽은) 소녀로 퇴화하는 이런 역변태를 완성시킨다. 어떤 경우든 1980년대 말 영화에서 여성은 가정사가 원인일 때만(그러니까 가족과 모성을 위해서만) 소리를 칠 수 있고 주인공으로 나올 수 있다. 몇 안 되는 강인한 정신력을 가진 존경할 만한 여성은 자연으로 인한 역경에서 식솔들을 지키려는 촌부(〈마음의 고향Places in the Heart〉(1984), 〈더 리버The River〉(1984), 〈컨트리Country〉(1984))거나, 사나운 싱글 여성으로부터 가족을 지키는 주부다(〈텐더 머시스Tender Mercies〉(1982), 〈문스트럭Moonstruck〉, 〈위험한 연인Someone to Watch Over Me〉(1987), 〈애정의 조건Terms of Endearment〉(1983)). 〈에일리언〉에서 고아를 구하는 입이 거친 우주 항공 기술자는 우호적으로 묘사되지만 그녀의 의도 역시 모성에 가깝다. 그녀는 자신을 '엄마'라고 부르는 아이를 여성 괴물로부터 보호한다.

할리우드에서 1987년은 여성의 독립을 상대로 반격을 감행하기 위한 주홍글씨의 해였다. 그해에 개봉되어 최고의 수익을 거둔 영화 네 편 모두에서 여성은 두 집단으로 양분되어 보상을 받거나 벌을 받는다. 좋은 여성은 모두 비굴하고 밋밋한 가정주부(〈위험한 정사〉, 〈언터처블The Untouchables〉(1987))거나, 아기이거나 말없는 아가씨(〈세 남자와 아기〉, 〈비버리힐스 캅 2〉)다. 여성 악당은 모두 〈세 남자와 아기〉의 남자 같고 아기를 혐오하는 성질 더러운 여자나 〈비버리힐스 캅 2〉의 허리까지 오는 장화를 신은 총잡이 여성, 〈위험한 정사〉에서 살인을 저지르는 직장 여성 같은 자신의 독립심을 버리지 않는 여성들이다. 이 네 영화 모두 파라마운트Paramount가 제작했는데 아이러니하게도 반세기 전에 이 영화사를 파산에서 구해 준 것은 메이 웨스트였다.[14]

그해에 파라마운트가 내놓은 모든 작품 중에서 전국 미디어의 넋을 가장 많이 빼놓은 영화는 단연 〈위험한 정사〉였다. 언론은 심지어 이 영화의 주제가 트렌드라고 선언하고 발 빠르게 예시가 될 만한 실제 살아 있는 여성을 찾아냄으로써 닭이 먼저인지 달걀이 먼저인지 모르게 피드백 회로를 닫아 버렸다. 《타임》과 《피플》 모두에서 내놓은 일곱 쪽짜리 커버스토리를 비롯해서 '〈위험한 정사〉 현상'에 대한 기사가 쏟아져 나왔다.[15] 한 싸구려 타블로이드의 표제에서는 이 영화의 싱글 여성 등장인물을 "미국에서 가장 미움받는 여성"이라고 부르기도 했다.[16] 잡지 기사들은 이 영화가 일부일처제 트렌드를 만들어 냈다며 칭송했다. 이 영화는 결혼에 다시 활력을 불어넣고 긴통의 증가세를 둔화시켰으며 싱글들의 좀 더 '책임 있는 행동을 독려했다'는 평가를 받았다. 《피플》은 "실제 살아 있는 〈위험한 정사〉"에 대한 조심스러운 사례 연구를 가지고 이런 트렌드를 홍보했고 이렇게 경고하기도 했다.[17] "이건 그냥 영화가 아니다. '가벼운' 불륜이 결국 분노와 복수, 일상의 파탄으로 이어지는 경우는 비일비재하다." 실생활에서 이런 폭력범은 남성이 압도적으로 많은데도 불구하고(이 명백하게 중요한 기사를 배당받은 여섯 기자는 분명 이 사실을 확인할 수 있었을 것이다) 《피플》이 선택한 다섯 명의 공격자는 한 명 빼고 전부 여성이었다.

〈위험한 정사〉, 전과 후

영국의 감독이자 시나리오 작가인 제임스 디어든James Dearden은 1970년대 말 어느 한가한 주말 런던에서 〈위험한 정사〉의 기본 줄거리를 처음으로 구상했다.[18] 그는 쓰던 글이 진도가 안 나가서 머리를 싸매고 있었고 아내는 런던을 떠나 있었다. 그는 혼자 생각했다. "내가 그 작은 검정색 주소록을 집어 들고 6개월 전에 파티에서 내게 전화번호를 줬던 여자애한테 전화를 걸면 무슨 일이 벌어질까?" 원래의 줄거리는 간단했다. 디어든은 이렇게 기억한다.

> 한 작가가 아침에 아이들과 함께 아내를 역에 데려다주고 배웅한다. 그러고 난 뒤 그는 전화기를 집어 들고 전화번호의 주인인 소녀에게 전화를 건다. 그는 소녀와 함께 저녁을 먹고 그녀를 침실로 데려간다. 그는 그게 끝이라고 생각하지만 다음 날 소녀에게서 전화가 걸려온다. 그래서 그는 소녀를 만나러 가고 일요일을 함께 보낸다. 그리고 일요일 저녁 그녀는 완전히 정신이 나가서 손목을 긋는다. …… 그는 두 번째 날도 함께 밤을 보내고 난 뒤 다음 날 아침 일찍 집에 간다. 아내가 돌아온다. 다시 소녀에게서 전화가 온다. 그는 전화를 대충 얼버무리지만 전화는 다시

걸려오고 아내가 전화를 받으러 간다. 그게 누군지는 모두가 안다. 아내는 불륜에 대해서 알게 될 것이다. 아내는 수화기를 집어 들고 "여보세요"라고 말한 뒤 스크린이 암전된다.

디어든은 낯선 사람의 고통에 대한 개인의 책임을 파고드는 이야기를 의도했다고 말한다. 아무리 고의가 아니었다 해도 고통을 야기한 이 남자가 결국 어떻게 책임을 져야 하는지를 탐구하고자 했다는 것이다. 1979년 디어든은 자신의 시나리오를 〈다이버전Diversion〉이라고 하는 45분짜리 영화로 만들었다. 이 영화는 다음 해에 시카고영화제에서 호평을 받았다.

1980년대 초 새로운 인재를 찾아 영국에 온 미국 제작자 스탠리 자페Stanley Jaffe는 디어든에게 전화를 걸었다.[19] 전직 파라마운트의 사장이었던 그는 최근에 파라마운트와 제휴할 독립적인 영화 제작사를 만들기 위해 20세기폭스의 전직 제작 사장인 셰리 랜싱Sherry Lansing과 손을 잡은 상태였다. 폭스에서 일할 당시 랜싱은 주요 영화사에서 제작을 책임지는 최초의 여성이었지만, 폭스가 승인하는 권한이 성에 차지 않아서 1982년에 폭스를 떠났다.[20] 자페는 랜싱을 위해 한 무더기의 대본을 들고 영국에서 돌아왔다. "자꾸 〈다이버전〉이 생각나더라고요." 랜싱은 이렇게 회상한다.[21] 자신을 가장 매료시킨 것은 페미니즘의 메시지를 전달할 수 있는 이 영화의 잠재력이었다고 그녀는 말한다.

난 네 행동에 대한 책임은 네가 지는 거라고 말하는 영화를 항상 원했어요. …… 그리고 그 짧은 영화에서 좋았던 건 남자가 책임을 지게 된다는 점이었어요. 그 남자에게 결과가 돌아간다는 점. 그 짧은 영화를 볼 때 난 싱글 여성의 편이었어요. 그리고 내가 우리 영화에서 전달하고 싶었던 건 바로 그 지점이에요. 난 관객들이 그 여성에게 크게 공감하기를 원했어요.

랜싱은 이 이야기를 장편영화, 전세가 역전되는 메시지가 담긴 싱글

여성 관점의 이야기로 확장시키기 위해 디어든을 로스앤젤레스로 초
대했다. 랜싱이 의도했던 메시지는 이 싱글 여성이 모든 욕을 먹어서
는 안 된다, 간통을 저지른 남성은 응분의 대가를 치르게 해야 한다
는 것이었다.

하지만 파라마운트는 이런 종류의 영화를 만들고 싶지 않았다.
"[파라마운트의 사장] 마이클 아이스너Michael Eisner는 남자 주인공
이 매정하다는 이유로 거절했다"고 에이드리언 라인 감독은 회상한
다.²²⁾ 아이스너가 1984년 파라마운트를 떠나자 랜싱은 다시 시도했
고 이번에는 영화사도 영화를 만드는 데 동의했다. 하지만 거의 즉시
라고 할 만큼 빠르게 과거와 동일한 반론이 제기되었다. "내 짧은 영
화는 선을 넘고 벌을 받는 한 남자에 대한 도덕적인 이야기였다"고
디어든은 말한다.²³⁾ "하지만 관중들이 그런 남자에게 공감을 하지 않
을 것 같다는 느낌이었어요. 나도 특별히 동의하지 못하는 감정이었
고. 그 남자는 간통을 저질렀으니까요. 그래서 주말에 일어난 그 일
에 대한 책임의 일부를 그의 어깨에서 들어내서 여자 쪽으로 옮긴 거
죠." 디어든은 각색을 하면 할수록 인물을 좀 더 바꿔야 한다는 압력
을 느꼈다. 남편은 조금씩 사랑스러워졌고 싱글 여성은 더 독기가 서
려졌다. 결국 디어든은 남자의 작은 검정색 주소록을 빼 버렸고 싱글
직장 여성을 불륜의 주도자로 만들었다. "진행시키다 보니 알렉스가
훨씬 극단적이 됐다"고 디어든은 말한다. "결국 그녀는 일종의 약탈
적인 성격을 가지게 됐죠. 그게 그녀의 주장을 약하게 했고 남자 쪽
의 주장을 강하게 만들었어요."

이야기 전개 논의에 참여했던 영화사의 한 임원은 이렇게 설명
한다. "남자를 부드럽게 만들자는 의도였어요. 그 남자가 매주 다른
여성과 성관계를 하는 걸 보게 되면 사람들은 그를 냉혹하고 고의
적이라고 여길 거잖아요. 그래서 분명하게 사람들이 그 남자를 가엾
게 여기게 해야 했어요."²⁴⁾ 분명한 것은 그 누구도 싱글 여성을 가여
워할 필요는 없었다는 점이다. 여기에는 또 다른 남성, 바로 마이클
더글러스의 감정도 개입되었다. 남편 역으로 초반에 캐스팅된 그는
〈위험한 정사〉의 제작자들에게 "나약하고 영웅적이지 못한 인물"을

연기하지는 않겠다고 못을 박았다고 디어든은 회상한다.

더글러스가 캐스팅된 상태에서 그다음 큰일은 감독을 찾는 것이었다. 제작자들의 첫 선택이 바로 에이드리언 라인이었다. 여성을 부각시키는 영화를 만든다면서 라인 감독을 선택한 건 이상한 짓이었다. 물론 이들이 라인 감독을 선택한 것은 여성에 대한 그의 관점 때문이 아니라 박스 오피스 기록 때문이었다. 1983년 라인은 춤추는 여성들의 엉덩이가 얼굴보다 더 많이 나오는 MTV 스타일의 인기 뮤지컬 〈플래시댄스〉의 감독을 맡았다.

〈플래시댄스〉의 상업적 성공 이후 라인은 〈나인 하프 위크〉의 감독도 맡았는데, 이 영화는 사도마조히즘을 화려하게 묘사한 데다, 비디오 버전을 제외한 모든 버전에서 결국 삭제된 특히 생생한 에피소드 때문에 미디어의 주목을 받았다. 삭제된 에피소드에서 피학적인 성향의 여성은 돈을 위해 주식중매인 남자 친구의 발밑에서 억지로 기어 다닌다. 촬영 기간 동안 쉬는 시간에도 굴욕은 이어졌다. 주인공 여성을 연기했던 배우 킴 베이신저Kim Basinger는 영화 속의 연인 앞에서뿐만 아니라 라인의 특별한 배려 때문에 연신 굽신거려야만 했다.[25] 감독이 '공포의 강렬함'은 그녀가 배역에 몰입하는 데 '도움'이 될 것이라는 이론을 근거로 그녀를 위협하는 식의 행동을 했기 때문이다. "킴이 무너져 내리게 만들어야 한다"는 라인의 지시를 유념한 남자 주인공 미키 루크Mickey Rourke는 베이신저가 감정을 잡을 수 있도록 그녀를 움켜쥐었다가 내동댕이치기도 했다.

나중에 〈위험한 정사〉의 주제를 뒤집은 라인은 〈나인 하프 위크〉가 원래 담으려 했던 메시지 역시 뒤집어 놓으려 했다. 이 영화의 이야기는 자신의 참담한 추락을 성적인 마조히즘으로 녹인 어떤 실존 여성의 1978년 회고담에서 가져온 것이었다. 원래의 대본에서 이 여성은 결국 굴욕을 거부하고 자신에게 고통을 안기던 사람의 곁을 떠난다. 하지만 라인은 여성이 학대를 사랑하게 되는 것으로 결론을 바꾸려고 했다.[26] 세트에 있던 여성들이 집단적으로 항의하지 않았다면 라인은 영화를 그런 방식으로 마무리했을지 모른다.

"제2의 킴 베이신저는 어디 있나?" 캐스팅 에이전트 빌리 홉킨스

Billy Hopkins는 라인이 〈위험한 정사〉의 오디션을 보는 내내 이런 식의 주문을 했다고 회상한다.[27] "제2의 킴 베이신저를 데려오게." 개스팅 에이전트들은 데브라 윙거Debra Winger와 제시카 랭Jessica Lange 같은 몇몇 이름 있는 여성 배우들을 섭외해 보려 했지만 모두 거절당했다. 그러는 동안 글렌 클로즈의 에이전트는 이들에게 계속 전화를 해 댔다. 클로즈는 이 역할을 맡기로 마음을 굳힌 상태였다.[28] 심지어 그녀는 스크린 테스트를 받을 의향까지 내비쳤는데, 이는 거물급 스타에게는 유례없는 제스처였다. 클로즈는 〈가프The World According To Garp〉(1982)의 간호사 엄마에서부터 〈내추럴The Natural〉(1984)의 백의의 숙녀에 이르는 이전 배역들의 착한 여자 이미지를 떨치고 싶었다.[29] 그리고 1980년대 말의 할리우드에서는 여성 배우가 고정된 배역에서 벗어나려면 서투르게 표현된 여성상을 또 다른 서투른 여성상과 맞바꾸는 것 말고는 달리 선택의 여지가 없었다.

클로즈가 섭외되고 나자 캐스팅 에이전트들은 아내 역할로 관심을 돌렸다. 원래 대본에서 아내는 중요하지 않은 조연이었다. 하지만 제작자들과 라인은 그녀를 좋은 아내의 아이콘으로 재탄생시키고 싶었다. 제작자 스탠리 자페는 이렇게 말한다. "난 영화 속 아내가 '그런 숙녀를 알고 지내고 싶다'고 자랑스럽게 말할 만한 식으로 행동하는 세심하고 충직한 여성이기를 원했고, 실제로 그렇게 표현되었다고 생각해요."[30] 캐스팅 에이전트 리사 브라몬Risa Bramon은 아내 역 캐스팅을 두고 "가족을 결속시키는 데 믿을 수 없는 따스함과 사랑, 강인함을 보여 준" 여성 배우를 발견했다는 이야기가 돌았다고 회상한다.[31] 그러는 한편 디어든은 이 두 여성을 상극으로, 그의 표현에 따르면 "어둠의 여성과 밝음의 여성"으로 만들어 놓으라는 주문을 받고 다시 책상 앞으로 돌아갔다. 원래 아내 베스는 전직 교사였고 복직을 간절히 원했다. 하지만 최종판에서 모든 직업의 흔적들은 삭제되었다. 베스는 차를 홀짝이고 피아노 건반을 어루만지며 예술혼을 담아 화장을 하는 빅토리아풍의 완벽한 가정의 천사로 거듭났다.

이와 동시에 라인은 클로즈의 캐릭터를 그의 표현에 따르면 "미친 내면의 야수"로 변신시키며 정반대 방향으로 몰고 갔다.[32] 클로즈에게 검은 가죽옷을 입히고 그녀의 집을 마치 마녀의 가마솥처럼 타오르는 석유통에 둘러싸인 뉴욕 정육 시장 지구 내의 황량한 아파트로 설정한 것은 그의 아이디어였다.

라인은 이런 현대적인 어둠의 여성에 대한 영감을 얻기 위해 출판계의 싱글 여성에 대해 "조사했다"고 말한다.[33] "난 주로 이들의 아파트에 관심을 가졌다"는 게 그의 설명이다. 그는 싱글 여성들이 사는 원룸형의 스튜디오 폴라로이드 사진 수십 장을 살펴보았다. "솔직히 말해서 약간 슬펐어요. 거긴 혼이 없었거든요." 하지만 라인은 조사를 했다면서도 이런 아파트에 사는 그 누구와도 실제로 대화하지 않았다. 그에게는 이미 결혼하지 않은 직장 여성에 대한 상이 정해져 있었기 때문이다. 라인은 이렇게 말한다. "이들은 남자가 아니라는 것에 대해 일종의 과도한 보상 심리 같은 게 있어요. 그런데 이게 제대로 되지 않으니까 슬픈 거예요." 하지만 라인이 할리우드에서 대면했던 소수의 직장 여성의 경우에 국한해서 보면, 라인이 싱글 직장 여성에 대해 느낀 지배적인 감정은 슬픔이 아니었다.

나는 스튜디오 지역 안에 있는 임원들을 보며 알게 되었다. 일전에 정말로 상당히 힘 있는 여성 제작자를 만났다. 그리고 그녀는 자신보다 성공하지 못했고 힘이 없는 남자를 완전히 몰아붙이고 함부로 대했다. 자신의 지위가 그 남자보다 더 강력하다는 이유로 남자가 마치 그곳에 없다는 듯이 행동했다. 그리고 그런 일을 하는 게 여성이었기 때문에 훨씬 당황스러웠다. 이런 건 비여성적이지 않은가?

라인의 분석에서 가장 비여성적인 여성은 동등한 권리를 시끄럽게 요구하는 치들이다.

페미니스트들이 말하는 걸 들어 보았겠지만, 지난 10년, 20년 동안 여성들이 이야기하는 건 심하게 말하면 '엿 먹임을 당하는 것being fucked'보다는 남자들을 '엿 먹이는 것fucking men'에 대한 것

5장 치명적이고 치기 어린 상상   209

이다. 아무리 자유롭고 해방되었더라도 그런 건 매력적이지 않다. 이는 아내 역할과 육아 역할에 통째로 맞서는 것이다. 직장을 얻고 성공을 할 수는 있어도 여성으로 성취감을 얻지는 못하게 된다.

'여성스러운' 여성이라는 자신의 이상에 대해 그는 자신의 아내를 지목한다.

> 내 아내는 한 번도 일을 해 본 적이 없다. 내가 만나 본 사람 중에 가장 야망이 없는 사람이다. 그녀는 훌륭한 아내다. 직장을 갖는 데 눈곱만큼도 관심이 없다. 내 아내는 이런 식으로 나와 함께 살고, 그건 멋진 기분이다. 내가 집에 오면 그녀가 그곳에 있다.

마이클 더글러스 역시 페미니즘과 그 영향에 대해 이와 유사한 악감정을 품었다.

> 굳이 알고 싶다면 난 정말 페미니스트들에게 질렸다.[34] 넌덜머리가 난다. 이들은 사실 제 무덤을 팠다. 페미니스트들은 어떤 남자든 동등한 권리와 임금에 동의하지 않는 멍청이로 만들어 버린다. 하지만 일과 연인, 아이들[육아], 아내 역할을 감당하느라 허덕이는 일부 여성들은 어느 하나 제대로 못해서 대단히 불행하다. 이제 그들은 남성에 대한 공격을 중단하고 자신들을 돌아볼 때다. 남성들은 여성들의 불합리한 요구 때문에 지금 끔찍한 위기를 겪고 있다.

디어든마저 싱글 직장 여성에 대한 라인의 관점으로 방향을 튼 게 아닌가 싶은 모양새다. "난 뉴욕에 알렉스 포레스트처럼 사는 여성들이 많다고 생각한다"고 그는 말한다.

어쩌면 잠깐 즐기기 위해서는 자기주장이 강한 직장 여성이 매력적으로 보일 수 있지만, 현실에서 그런 여성과 일생을 보내고 싶어 하는 사람은 없다. 이들에겐 일이 있고, 그러면 이들의 일은 여러분들의 일과 갈등을 빚을 수 있고, 그러다가 어쩌면 경쟁심이 생길 수 있고, 그러면 이는 상호 지원의 관계라고 보기 어려워질 것이기 때문이다.

이 영화의 궁극적인 메시지를 결정한 것은 라인과 디어든의 여성관만이 아니었다. 클로즈가 자문을 구했던 세 명의 정신과 의사 모두 "이런 종류의 행위는 전적으로 가능하다"는 확신을 심어 주었다.[35] 그리고 시장조사가 결정타를 날렸다. 원래 〈위험한 정사〉는 일방적인 사랑에 깊은 절망을 느낀 알렉스가 〈나비 부인〉의 음악을 들으며 목을 그어 자살하는 것으로 막을 내리기로 되어 있었다.[36] 하지만 파라마운트가 테스트 관객들에게 이 초판 버전을 보여 주자 실망이라는 반응이 돌아왔다. 디어든은 이렇게 회상한다. "카타르시스가 없었던 거예요. 절정까지는 모두 끌려 올라갔는데 축 늘어지니까 감정적인 보상이 안 되었던 거죠. 그쯤 되니까 관객들은 마치 어떤 응징을 하기를 정말로 바랄 정도로 이 여자를 미워하게 된 거예요." 자살은 분명 충분한 벌이 되지 못했다.

이 영화를 만들어 낸 사람들은 즉시 관객들을 만족시킬 만한 클라이막스로 결말을 다시 손질하기로 결정했다.[37] 막판 수정 작업 때문에 130만 달러가 더 들어갔다. 알렉스의 죽음은 타살이어야 한다고, 그리고 밝음의 여성이 어둠의 여성을 죽이는 것이어야 한다고 결론 내렸다. 이들은 집, 그러니까 디어든의 표현에 따르면 "최후의 성소聖所"를 절정의 한 방이 펼쳐질 무대로 삼았다. 사악한 알렉스가 식칼을 들고 침입하고, 댄은 그녀의 목을 움켜쥐고 욕조에 빠뜨려 죽이려 한다. 하지만 치명적인 일격을 심장에 날리는 것은 충직한 아내의 몫이다. 영화는 갤러거네 가족뿐이긴 하지만 어쨌든 회복된 가족을 담은 사진을 느리게 회전시키며 끝난다(가정적인 정서를 담고 있긴 하지만 영화 제작자들은 베스가 알렉스를 총으로 쏘았을 때 알렉스가 임신 중이었다는 사실은 전혀 개의치 않았다).

페미니즘 영화를 만들겠다는 랜싱의 당초 목적은 어떻게 된 걸까? 랜싱은 영화가 끝날 때쯤 되면 "알렉스가 아니라 그 가족에게 충성하게 된다"고 인정한다.[38] 하지만 랜싱은 영화가 어느 정도는 알렉스의 편이라고 주장한다. "난 알렉스가 차에 산을 뿌리기 전까진 알렉스에게 정말로 공감했다"고 랜싱은 말한다. 하지만 랜싱은 대부분의 남성 관객들은 자신과 같은 감정을 느끼지 못한다는 사실을 깨달았다. 영화의 한 장면에서 알렉스는 눈물을 흘리며 바닥에 앉아서 강박적으로 전등 스위치를 켰다 끈다. "난 그게 비극적이라고 생각했는데, 상영 중엔 그 장면에서 종종 웃음이 터져 나와서 놀랐다"라고 랜싱은 말한다.

하지만 랜싱은 여전히 이 영화가 "한 남자의 행동에 뒤따른 도덕적인 결과"에 대한 이야기라고 주장한다. 그녀는 옆길로 샌 남자의 "인생이 송두리째 참혹한 악몽으로 바뀐다"고 말한다. 그게 사실일수도 있지만, 그는 이 악몽에서 깨어난 뒤 정신을 차리고, 털끝 하나다치지 않았다. 결국 그 유혹은 싱글 여성에게만 치명적이었다.*

"난 영화 제작자들이 할 수 있는 최대의 실수는 '좋아요, 우리가침착하고 안정되고 훌륭한 여성들만 보여 줄게요'라고 말하는 거라고 생각한다"고 랜싱은 말한다. 하지만 1980년대 말 할리우드에는 그보다 훨씬 더한 위험이 존재하는 것 같았다. 랜싱에게 자신의 영화에나오는 "침착하고 안정되고 훌륭한" 싱글 여성의 사례 몇 개만 제시해 달라고 하자 랜싱은 "아, 많았죠"라고 말했다. 예를 들면? 랜싱은"이런 캐릭터를 제시했었다고 확신한다"는 말만 되풀이했다. 구체적인 예를 들어 달라고 한 번 더 압박하자 결국 그녀는 이렇게 말한다. "음, 〈시간이 올 때When the Time Comes〉**의 보니 베델리아Bonnie Bede-lia가 그런 기능을 하는, 멋진 지브롤터 암벽 같은 존재였죠." 하지만거기서 베델리아는 『작은 아씨들』의 베스처럼 암으로 죽어 가는 어린 여성을 연기했다. 랜싱의 사례는 〈위험한 정사〉의 마지막 장면이

* 〈위험한 정사〉의 원제는 〈치명적인 유혹Fatal Attraction〉이다.
** ABC의 텔레비전 영화.―저자 주.

최종적으로 선고하는 사실, 그러니까 최고의 싱글 여성은 죽은 여성이라는 메시지를 강조할 뿐이다.

1970년대: 결혼하지 않은 여성과 빛나는 경력

1970년대에 한동안 영화 산업은 페미니즘의 대의에 살짝 심취했었다. 마치 무성영화 시대의 할리우드가 여성운동을 잠시 영상에 담았던 것처럼 일련의 저예산 여성 참정권 운동 영화가 크게 흥행하자 1970년대 말의 영화 제작사들은 결국 여성들의 독립 투쟁 안에 있는 이윤 잠재력에 눈을 떴다.[39] 〈미친 주부의 일기Diary of a Mad Housewife〉(1970), 〈영향 아래 있는 여자A Woman Under the Influence〉(1974), 〈독신녀 에리카An Unmarried Woman〉(1978), 〈앨리스는 이제 여기 살지 않는다Alice Doesn't Live Here Anymore〉(1974), 〈업 더 샌드박스Up the Sandbox〉(1972), 〈벤저민 일등병Private Benjamin〉(1980), 〈터닝포인트The Turning Point〉(1977) 같은 영화에서 아내들은 자기 목소리를 찾아서 일시적으로든 영구적으로든 집을 떠난다. 당시에는 여성 관객들이 비슷한 탐색 중이었던 걸로 보였다.[40] 1975년 뉴욕의 영화관에서는 여성들이 좌석에 조용히 앉아 있지 않았다. 새로 개봉한 〈죽은 세일라 레빈이 뉴욕에 산다Sheila Levine is Dead and Living in New York〉의 마지막 장면에서 여성들은 야유를 퍼부었다. 동명의 베스트셀러 원작을 각색하면서 이 싱글 여성이 의사와 결혼을 하는 것으로 결말을 고쳐 버렸기 때문이다. 그리고 이 의사는 물론 그녀의 독신자 병을 고쳐 주는 것으로 나온다.

결국 영화 제작자들은 활력 넘치는 관객들의 페미니즘적 관점을 알아차리고 정신을 차렸다. 여성 주인공이 군림하려 드는 신랑에게 퇴짜를 놓는 〈벤저민 일등병〉의 결말이 좋은 예다. 찰스 샤이어Charles Shyer와 함께 이 영화를 만든 낸시 마이어스Nancy Meyers는 "나한테는 그녀가 교회에서 걸어 나오는 게 대단히 중요했다"고 회상한다. "여성들의 정체성에 대해, 그리고 그것이 얼마나 쉽게 결혼 속으로 사라질 수 있는지에 대해 쓰는 게 중요했다. 지금으로서는 구닥다리 같은 소리처럼 들릴 수도 있겠지만, 난 많고 많은 여성들에게 그게 중요했다고 생각한다."41) 〈벤저민 일등병〉이 개봉된 뒤 마이어스에게는 "주인공의 캐릭터에서 자신을 보았다"는 여성들이 쓴 편지가 쇄도했다. 이 영화의 주연 배우에게도 해방의 기회가 되었다. 골디 혼은 이 영화가 나오기 전까지만 해도 금발의 백치라는 전형에 갇혀 있었다.

〈벤저민 일등병〉에서 혼이 연기한 싱글 여성 주디는 남편이 결혼식 날 밤에 유명을 달리하면서 '일생의 바람'이었던 결혼이 무산되고 만다. 주디는 "결혼을 하지 않으면 나 혼자서 뭘 해야 할지 모르겠다"고 말한다. 결국 그녀는 군에 입대하는데 그곳의 기본적인 훈련들은 감정적, 경제적 독립을 은유하는 집중 훈련의 역할을 한다. 서른이 넘어서도 자신이 싱글이라는 사실에 전전긍긍하지 않던 주디는 유럽에서 직업을 얻고 독립적인 삶을 살아간다. 결국 주디는 프랑스 의사를 만나고 이들은 약혼을 하지만 약혼자가 바람을 피운다는 사실을 알게 된 그녀는 결혼식 중간에 결혼을 중단시키고 교회에서 달아나 자신의 신부 화관을 하늘로 날려 버린다. 이 장면은 1967년에 나온 〈졸업〉의 유명한 마지막 장면을 연상시킨다. 하지만 교회 제단에서 도망치는 이 시나리오의 페미니즘 버전에서는 더 이상 남자가 해방의 행위자로 나와 손을 잡아 줄 필요가 없었다.

1970년대 여성 영화에 열광한 여성들은 남자 품귀 현상 때문에 전전긍긍하는 30세를 넘긴 싱글 여성들이 아니라 복종과 억압, 고되고 단조로운 일상과 멸시에 살짝 맛이 간 교외의 주부들이었다. 이런 주제를 가장 극단적으로 담아낸 〈스텝퍼드 와이프The Stepford Wives〉(1975)에서 주부들은 말 그대로 남편들이 만들어 낸 로봇처럼 살아간다. 〈미친 주부의 일기〉와 〈영향 아래 있는 여자〉에서 아내들의 약물 복용 습관과 신경쇠약은 이들의 숨막히는 가정의 조건에 대한 어찌 보면 정상적인 대응으로, 그리고 광기는 이들의 저변에 깃든 온전함을 보여 주는 신호로 제시된다. 이런 영화에서 남성 등장인물들이 정신병이라는 딱지를 붙이는 행동은 보통 일종의 페미니즘에 대한 저항으로 드러난다.

이런 1970년대 영화에서 여성들은 남성 '의사'에게 치료를 맡기지 않는다. 〈벤저민 일등병〉에서 약혼자(그는 의미심장하게도 부인과 의사다)가 주디에게 '진정'에 도움이 되는 주사를 놔 주겠다고 하자 그녀는 그의 뺨을 날린다. 이 여성 주인공들은 남성 의사의 도움 대신 다른 여성들로부터 조언을 구하는데, 다른 여성들은 그녀들에게 행동을 개시하고 더 크게 이야기하라는, 전통적인 남성 임상 의사들과는 정반대의 조언을 제시한다. 폴 마주르스키Paul Mazursky의 〈독신녀 에리카〉에 나오는 주부는 독립적인 여성 심리 치료사에게서 조언을 구하는데, 이 심리 치료사는 그녀에게 집을 나가서 섹스를 즐기고 "삶의 흐름 속으로 들어가라"고 이야기한다. 마틴 스콜세지Martin Scorsese의 〈앨리스는 이제 여기 살지 않는다〉에서는 주부가 재치 있고 입이 건 웨이트리스에게 지혜를 구한다. 웨이트리스는 이렇게 조언한다. "당신이 원하는 게 뭔지 한번 생각해 봐요. 그리고 그걸 위해 그냥 온몸을 던지고 나머지는 악마한테 알아서 하라고 해요."

1970년대 여성 영화에서 분석의 대상은 여성이 아니라 미국의 결혼이었고, 대화는 전통적인 결혼 관계의 경제적·사회적 불평등을 헤집는다. "나 같은 여자는 두 배 더 열심히 일하지. 그래서 얻는 게 뭔지 알아?" 〈업 더 샌드박스〉에서 주부 마거릿으로 나오는 바브라 스트라이샌드Barbra Streisand는 역사학 교수인 남편에게 이렇게 요구한다. "임신선과 정맥류라고. 당신은 한 가지 일을 하지만 난 아흔일곱 가지 일을 해. 어쩌면 난《타임》표지에 실려야 할 사람이야. 올해의 걸레질 선수! 세탁실의 여왕! 팅커토이* 전문가!" 마거릿의 엄마는 이런 영화들을 보았을 때 결혼으로 인한 고난의 핵심에 자리한 것을 가장 간결하게 요약한다. "명심해라. 결혼은 75 대 25의 명제야. 75를 주는 게 여자지."

이런 영화에서 여성 주인공은 전통적인 결혼이 이들에게 부여한 여우 조연의 지위를 탈피하기 위해 발버둥 친다. 이들은 자신의 인생에서 한 번은 주인공을 맡겠다고 요구한다. 1970년대 말 미국에서 흥행한 질리언 암스트롱Gillian Armstrong의 〈내 화려한 인생My Brilliant Career〉의 첫 대사에서 주디 데이비스Judy Davis가 연기하는 시빌라는

* Tinker Toy, 미국의 조립식 장난감.

"이 이야기는 모두 내 이야기가 될 것"이라고 밝힌다. 이 젊은 여성 주인공은 구혼자가 성에 차지 않아서가 아니라 결혼은 곧 자신의 이야기가 진전될 기회를 얻지 못하게 되리라는 뜻이기 때문에 결혼 프로포즈를 거절한다. 그녀는 미안해하며 이렇게 말한다. "어쩌면 내가 야망이 넘치고 이기적인지 모르겠어요. 하지만 내 삶을 살지 못한 상태로 다른 누군가의 삶에서 나 자신을 잃을 순 없어요."

물론 1980년대의 관례적인 분석에 따르면 이런 1970년대 영화의 여성 주인공들은 이기적이었고, 이들이 추구하는 자기 발견은 자기 몰두를 완곡하게 표현한 것일 뿐이다. 하지만 이런 식의 독해는 이런 영화에 등장하는 여성들의 요구에서 중요한 측면을 놓치고 있다. 여성 주인공들은 자기 내부로 물러난 것이 아니라 가정이라는 곳 밖에 있는 일들에 적극적으로 개입하기 위해 투쟁했다. 이들은 개인적인 발전을 위해서뿐만 아니라 인도적이고 정치적인 대의를 위해 목소리를 높였다. 〈줄리아Julia〉(1977)에서 그 대의는 인권이었고, 〈노마 레이Norma Rae〉(1979)에서는 노동자의 권리였고, 〈나인 투 파이브 Nine to Five〉(1980)에서는 동등한 임금이었고, 〈차이나 신드롬The China Syndrome〉(1979)에서는 핵 안전이었다. 이들은 자기 자신뿐만 아니라 주변의 세상 역시 변화시키고 싶어 했다. 이들은 호전적으로 느껴질 정도로 목소리가 컸다. 목청껏 소리를 내는 행동이 사적인 책임이기만 한 것이 아니라 사회적 책임이었기 때문이다. "아직도 예전처럼 그렇게 분노하나요?" 전기 형태의 〈줄리아〉에서 제2차 세계대전 레지스탕스 투사였던 줄리아는 릴리안 헬먼에게 이렇게 물었다. "난 당신의 분노가 좋아요. 누가 뭐라 해도 분노를 포기하지 말아요."

1980년대: 영화 속 여성의 굴복

바네사 레드그레이브Vanessa Redgrave의 줄리아가 1970년대 페미니즘 영화의 전기적 연구에서 중요한 여성 주인공을 대변했다면, 그녀의 딸 나타샤 리처드슨Natasha Richardson은 1980년대 말에 줄리아에 비견될 만한 인물상인 패티 허스트를 그려 냈다. 폴 슈레이더Paul Schrader의 1988년 영화가 그려 낸 이 상속녀는 신체를 결박당하고 눈까지 가려진 피해자일 뿐이었다. 정체성의 부재는 패티 허스트의 주요한 성격상의 특징이다. 슈레이더의 설명처럼 "본질적으로 공연은 얼굴에 나타내는 반응을 두 시간 동안 잡아내는 것이다."[42]

1980년대 말 스크린을 가득 메운 수동적이고 지친 여성 캐릭터들의 향연에 대해서도 같은 말을 할 수 있다. 이 많고 많은 영화들을 보면 마치 할리우드가 페미니즘 영화의 필름을 거꾸로 돌린 것만 같다. 여성들은 이제 사무실을 도망쳐 나와서 농장이 딸린 집의 문을 쿵쿵 두드린다. 이들은 결혼이 구축해 놓은 것들에 도전하는 게 아니라 전통적인 결혼 관계로 복귀하고 싶어 한다. 그러니까 일터를 개조하는 게 아니라 일터에서 도망치고 싶어 한다. 직장 생활을 하는 여성 캐릭터들은 거기서 즐거움을 거의 얻지 못한다. 이들의 직업은 사명보다는 고되고 지루한, '노동'일 뿐이다. 1970년대의 영화에 나오는 해방된 여성들이 작가, 가수, 공연자, 취재기자, 시스템에 맞서는 정치 운동가였던 반면, 1980년대 말의 여성들은 경영 컨설턴트, 투자 자문가, 기업 변호사, 드러나지 않는 제작 보조, 저술 보조 들이다. 그러니까 시스템의 보조원들인 것이다.

물론 오늘날 실제 노동에 참여하는 대부분의 여성들에게는 만족스럽지 못하거나 모멸적인 보조 노동이 맡겨지지만, 이런 영화가 직장 내 성차별이나 진을 빼 놓는 노동시장을 고발할 의도를 품고 있는 건 아니다. 이들은 그저 여성들은 집에 있는 게 상팔자라고 주장할 뿐이다. 영화는 일하는 여성 캐릭터에게 불리한 장치들을 쌓아 올린다. 그만둔 일의 보상이나 의미가 아주 적을수록 가사 노동으로 되돌아온 걸 합리화하기 쉽기 때문이다. 타이피스트 일을 그만두는 여성에게 좋은 기회를 놓치는 거라고 주장하거나, 투자은행에서 일하던 사람이 월스트리트를 떠날 때 사회적인 낭패라고 말하기는 어렵다.

1980년대 말 영화에 등장하는 직장 여성들은 유쾌하지 못한 부류들이다. 이들은 미소를 짓는 법이 없고 이들의 눈 밑에는 과로와 탈진의 흔적이 짙게 남아 있다. "이젠 내가 뭘 하고 있는 건지 모르겠다"고 변호사 셰어는 〈의혹의 밤Suspect〉(1987)에서 동료에게 투덜댄다. 동료 역시 싱글이지만 남성이기 때문에 번아웃에는 이골이 났다.

5장 치명적이고 치기 어린 상상　　　　　　　　217

그녀는 남성 동료에게 이렇게 말한다.

> 나한텐 생활이 없어. 마지막으로 극장에 간 게 1년 전인가 그래.
> 음악은 차에서밖에 못 듣지. 데이트도 못 해. 아이를 갖고 싶지
> 만 남자 친구도 없는데 어떻게 아이를 가지겠어? …… 이제 더
> 는 못 버티겠어. 그러니까 지쳤어. 정말로 지쳤다고.

〈서렌더〉에서 샐리 필드가 연기하는 데이지는 '예술가'다. 하지만 그
녀가 자신의 예술성을 펼치는 곳은 조립식의 공장이고, 그곳에서 그
녀는 호텔을 위한 풍경화를 대량으로 생산한다. 그녀는 작은 여성을
캔버스 한 귀퉁이에 그려 넣음으로써 개인적인 심경을 살짝 드러낸
다. 그것은 바로 익사한 데이지 자신의 모습이다. 그녀는 당연하게도
일을 그만두고 결혼과 모성에 인생을 바치기만을 원한다. "마흔한 살
쯤에 다시 결혼을 하지 않는다면 외로운 알코올중독자로 생을 마감
하게 될 확률이 27퍼센트"라고 그녀는 비통해한다. 데이지의 '생물학
적 시계'는 사실상 이 영화의 특별 출연자다. 네 번째 임신으로 높은
생식력을 자랑하여 질투를 사는 친구에게 그녀는 자신에게 꿈이 있
다고 말한다. "그 꿈에는 남편과 아기가 있다", "핵심은 내가 아기를
원한다는 것"이라고 데이지는 말한다. 데이지는 화가로서 경력을 갈
망한다고 주장하지만 이젤 앞에 앉은 지 5분 만에 결혼이라는 더 중
요한 사명 때문에 옆길로 샌다. 그녀는 성공한 다작의 소설가인 장래
의 남편을 뒤쫓으며 결혼행진곡을 흥얼거린다.

  〈결혼 소동〉에 나오는 싱글 이사벨은 재미없는 삶을 사는 또 다
른 직장 여성이다. 서점의 보조원인 그녀는 성공한 남성 저자들의 시
중을 든다. 근무 외 시간도 별로 즐겁지 않기는 마찬가지다. 맨해튼
의 한 식품점에서 펼쳐지는 어떤 고통스러운 장면에서 그녀와 다른
싱글 여성들은 그 가게 곳곳에 걸려 있는 이도 저도 아닌 영혼들처럼
우왕좌왕하고 그녀들의 얼굴은 형광등 아래서 귀신처럼 보인다. 이
들은 스티로폼으로 된 음식 용기를 부여잡고 집을 향해 표표히 떠나
고 침대 위에서 혼자 몸을 웅크리고서 맛없는 저녁 식사를 한다.

'포스트페미니즘'의 상황을 대표적으로 보여 주는 〈결혼 소동〉은 페미니즘의 열망에 대한 공감을 앵무새처럼 읊어 대다가 재빨리 그 말이 실언이라고 인정한다. 이 영화의 여성 주인공은 자기 결정을 옹호하다가 결국 철회한다. 이사벨은 할머니에게 자신에게는 좋은 친구가 있고 충족된 삶을 살고 있기 때문에 "완성된 삶을 위해 남자가 필요"하지 않다고 말하지만, 익사하는 악몽을 꾸었다고 인정한다. 이사벨은 자신은 독립을 중요하게 생각한다고 주장하지만 곧 여자 친구들과 모여서 남자 품귀 현상을 한탄한다. 그녀는 자신은 정말로 행복한 사람이고, 할머니가 손녀에게 노처녀 신세를 면하라고 소개한 중매쟁이 따위는 필요 없다고 항변한다. 하지만 영화는 그녀가 생일날 타임스퀘어의 노점에서 혼자 핫도그를 먹으며 상실감에 젖어 있고 그 옆에서 험상궂은 노숙자 여성이 그녀의 귀에 대고 "어떤 황홀한 저녁Sowe Enchanted Evening"이라는 노래를 흥얼거리는 모습을 보여 준다. "개는 혼자 살아야 하지만 여자는 그래선 안 되지." 할머니는 이사벨에게 이렇게 말한다. 그리고 결국 할머니의 말은 우리가 믿어야 하는 말이 된다. 이사벨은 '안정'하는 법, 이 경우 오래된 동네에서 피클 행상을 하는 남자를 위해 안정하는 법을 배우게 된다. 그는 따분하지만 듬직한, 어린 여자에게는 훌륭한 부양자다.

이런 안정된 보금자리를 만드는 '트렌드'에 저항하고, 자신의 기대와 목소리를 낮추지 않으려 하는 영화 속 직장 여성들은 반항에 대한 쓰라린 대가를 치른다. 〈브로드캐스트 뉴스Broadcast News〉(1987)에서 홀리 헌터Holly Hunter가 연기하는 싱글 네트워크 제작자 제인은 고치 짓기라는 요구에 귀 기울이지 않는다. 제인이 밖에 나가 일을 하는 것은 남편감을 찾기 위해서가 아니며 그녀는 자신의 일에 열정을 품고 있다. 싱글의 기자인 제인의 남성 동료도 이와 똑같다. 하지만 그의 경우 이런 자질들은 존경받아 마땅하지만 제인의 경우 이는 신경증에 해당한다. 그녀는 "머리가 이상하고" "집착이 심한 사람"이라서 일과 중에 뜬금없이 오열을 하고 강박적으로 명령을 쏟아 낸다. 제인의 여성 동료는 그녀에게 "사회적인 부분만 빼면 당신은 나의 역할 모델"이라고 말한다. 두 명의 중요한 남성 캐릭터는 결국 업무에서도, 개인적인 생활에서도 승승장구하지만 제인은 홀로 남겨진다. 일에 대한 그녀의 공격성은 사랑의 가능성을 뭉개 버린다. 낭만적인 만남을 성사시키려던 제인의 시도는 번번이 비참하게 실패한다. 그녀는 말한다. "내가 어떤 곳에서는 선을 조금 넘기도 했지. 나는 유혹하려는 사람들을 쫓아 버리고 있어."

이런 반격 성향의 영화에서는 인형처럼 귀여운 외모로 자신의 지성을 감추는 여성만이 동료애를 저버리지 않고 직업상의 성공을 거머쥔다. 〈워킹 걸Working Girl〉(1988)에서 멜라니 그리피스Melanis Griffith가 연기하는 아이 같은 목소리를 가진 비서 테스는 출세 지향적인 성향에 힘입어 직장에서 성공하는 동시에 남자를 얻지만, 이 두 가지 목표를 거머쥐게 된 것은 멍청하고 의존적인 여자아이 행세를 했기 때문이다. 테스가 직장에서 성공하기 위해 한 일이라곤 투자상의 조언을 얻기 위해 타블로이드 가십 칼럼을 뒤지고 자신의 경력에 결정적인 영향을 미칠 수 있는 훨씬 힘 있는 기업가들에게 의존한 것뿐이었다. 그녀는 남자의 품에서 기절함으로써 잠자는 숲속의 미녀식의 사랑을 쟁취하는 데 성공한다.

테스는 미국의 기업에서 승진하기 위해 다른 여성을 파멸시켜야 했다. 그리고 미국의 실제 중역실이 그렇듯 1980년대 영화에는 여성이 한 편에 한 명밖에 나오지 않는다. 이 영화에서 여성 간의 연대는 헌신짝만도 못한 신세다. 천진한 테스는 자신의 남자 친구에게 새로운 상관인 캐서린에 대해 "그 여자는 나를 진지하게 대한다"고 털어놓는다. "자기가 여자니까 그러는 거야. 그 여자는 내 멘토가 되고 싶은 거지." 나머지 이야기는 테스가 그런 생각을 떨치게 되는 데 할애된다. 냉혹한 하버드 MBA 출신에 자신의 심장과 꼭 닮은 파일로팩스*를 들고 다니는 캐서린(영화 광고에서 캐서린은 "지옥에서 온 상사"라고 불린다)은 기회가 있을 때마다 매번 테스를 배반한다. 이 영화는 마치 〈위험한 정사〉의 마지막 장면을 코미디로 바꿔 놓은 듯 어둠의 여성과 밝음의 여성 간의 설전으로 막을 내리는데 여기서 테스는 캐서린에게 그 "딱딱한 엉덩이bony ass"를 들고 사무실에서 나가라

* Filofax, 낱장을 쉽게 뺐다 끼울 수 있는 수첩.

고 명령한다. 캐서린은 애인뿐 아니라 직장까지 잃는다.

1980년대의 또 다른 전형적인 여성 영화 〈베이비 붐〉에서는 직장과 개인적 행복의 양립 불가능성을 설파한다. 〈위험한 정사〉처럼 이 영화는 미디어가 줄기차게 아기와 직장은 어울리지 않는 '증거'로 들먹이기 좋아하는 사례다. "영화 〈베이비 붐〉에서 다이앤 키튼Diane Keaton이 연기한 맨해튼의 힘 있는 직장 여성이 어떤 문제에 시달렸는지를 기억하는가……?"《차일드》는 이런 식으로 독자들의 옆구리를 찔렀다.[43] "아이를 양육하는 데 필요한 재능은 빠른 속도의 직업에 필요한 것들과는 상충된다."

〈워킹 걸〉에서처럼 〈베이비 붐〉에 나오는 남성 상관의 손은 깨끗하다. 인자한 가부장의 인상을 풍기는 그는 예수 그리스도를 연상시키는 이니셜에 걸맞게 메시아적 컴플렉스가 있는 출세 지향적인 경영 컨설턴트 J. C. 와이어트에게 고급 사무실과 요람 중에 선택을 해야 한다고 일깨워 준다. 그는 심술맞은 게 아니라 현실적일 뿐이다. 그는 와이어트에게 회사의 파트너 중 하나가 될 수 있는 기회를 제안하면서 "희생이 뭔지 아느냐?"라고 묻는다. "남자는 성공할 수 있어요. 내 아내는 내가 필요할 때마다 나를 위해 그곳에 있거든요. 난 행운아죠. 모든 것을 가질 수 있으니." 〈베이비 붐〉을 공동 집필한 낸시 마이어스는 〈벤저민 일등병〉을 만들어 낸 사람이기도 하기 때문에 사람들은 이 영화가 이런 부정의한 상황에 맞서, 여성들이 기업의 요구에 부응하는 게 아니라 기업이 여성들의 요구에 부응하는 법을 배워야 한다고 주장하리라고 기대할 수도 있다. 하지만 7년 전 〈벤저민 일등병〉의 해방을 위해 싸웠던 낸시 마이어스와 〈베이비 붐〉의 낸시 마이어스는 아주 다른 사람이었다.

마이어스는 이제 1980년대의 지배적인 관점에 발맞춰 여성을 적대적인 두 무리로 나눠서 생각한다. 그녀는 이제 언론에 대고 이렇게 말한다. "대단히 공격적이고 업무는 끝내주게 잘하지만 아기에 대해서는 아는 게 하나도 없고 자녀를 갖는다는 생각만으로도 겁내는 그런 여자들이 있다. 이런 여자들은 자녀는 원하지만 정착하는 법, 그리고 육아가 자신들의 경력에 미칠 영향에 대한 두려움에서 빠져나와 아이를 갖는 방법에 대해서는 모른다. 나는 이런 여자들이 안쓰럽다."44)

마이어스는 나중에 어떤 인터뷰에서 "나는 여자들이 그 무엇도 포기하지 않고 위대한 업적을 이룰 수 있다고 생각하지 않는다"고 말하기도 했다.45) 마이어스는 팔에 아기를 안은 채 스튜디오시티*에 있는 자신의 집에 앉아 있었다. "나는 여성들이 기업체에서 버틸 수 있다고 생각하지 않는다." 마이어스는 진보의 부재에 맞서 저항하기보다는 그냥 적응해 버렸다. 그녀는 두 어린 자녀를 돌보기 위해 자신의 창의적인 파트너이자 사실혼 관계의 남편인 찰스 샤이어Charles Shyer의 뒷자리로 물러나기로 결정했다. 마이어스도 〈베이비 붐〉을 만드는 데 깊이 간여했지만, 감독으로 인정받은 건 샤이어였다. 마이어스는 이렇게 말한다. "사람들은 내게 왜 감독을 맡지 않느냐고 물어요. 감독 제안을 받은 적이 있었는데 내가 거절했죠. 그게 가족을 위하는 게 아닌 것 같았거든요. 아이들을 위해서도 별로 좋지 않고. 영화에는 '찰스 샤이어 감독'이라고 나오고 사람들은 그걸 보고, 난 사람들이 그러니까⋯⋯." 그녀의 목소리가 잦아든다. "그렇지만 다 그런 거잖아요. 공정하다는 말이 아니에요. 여성이 타협해야 한다는 말은 아니지만, 안 하면 어쩌겠어요. 더 많은 남자들이 뭔가를 포기하면 어떨까 생각해요⋯⋯." 마이어스의 목소리가 다시 한 번 잦아든다. 마침 식탁 맞은편에는 남편 샤이어가 앉아 있었고 이 마지막 말이 그를 염두에 둔 말일 수도 있는데 그는 내색하지 않았다.

마이어스가 여성 캐릭터의 장래성을 축소시킬 때 할리우드의 영화사들이 호들갑스럽게 끼어들어 이를 격려했다. 〈프로토콜Protocol〉(1984)의 각본을 쓸 때 주재 영화사인 워너브라더스Warner Brothers는 마이어스와 샤이어에게 심하게 간섭했다. 원래 이 이야기는 순진한 웨이트리스가 의식을 갖게 되고 정치적으로 현명한 외교관이 되는 과정을 그리기로 되어 있었고, 배역은 다시 골디 혼이 맡을 예정이었다. 하지만 샤이어의 회상에 따르면 영화사는 제작자들에게 혼의 정치적 진화를 대본에서 삭제하고 여성 캐릭터의 전개 과정을 다시 쓰

* Studio City, 캘리포니아 로스앤젤레스에 있는 마을 이름.

라고 종용했다. 최종 버전에서 결국 혼은 미국적인 방식을 덮어놓고 지지하는, 산만한 국민적 연인으로 재탄생했다. "그들이 워낙 영화의 내용에 대해서 민감해하다 보니 정치적인 관점은 빠져 버린 거죠." 찰스 샤이어는 이렇게 기억한다. "레이건 행정부 초기다 보니 그들은 반레이건 성향의 영화로 비춰질 수 있는건 절대 원하지 않았어요." 혼자서 사고할 수 있는 여성이 이제 체제를 전복하려 한다는 오해를 충분히 살 수 있게 된 것이다.

1980년대 중반에 〈베이비 붐〉 제작이 진행될 무렵이 되자 마이어스와 샤이어는 영화사의 요구를 내면화해 버렸다. 그 어떤 꼴사나운 정치적 소동도 다이앤 키튼의 연기를 훼손시키지는 못했다. 〈베이비 붐〉의 도입부에서 이사회실의 여걸인 J. C. 와이어트는 결혼과 모성보다는 직장을 '선택'했고 그 과정에서 여성성 혹은 인간성의 모든 흔적을 지워 버린다. 다이앤 키튼이 연기하는 와이어트는 효율적인 기계다. 심지어 성적인 만남마저 열정 없는 4분짜리 짝짓기로 축소된다. 먼 친척의 죽음 때문에 마지못해 아기를 팔에 안게 되었을 때 그녀는 '선택'의 제로섬게임에 대해 설명하려고 한다. 그녀는 이렇게 말한다. "난 아기를 가질 수 없어. 12시 30분마다 오찬 회의가 있단 말야." 남성의 세상에 자신의 운명을 던져 버렸기 때문에 가장 단순한 육아 행위도 할 수 없는 것으로 그려진다. 아이비리그를 나온 이 수재에게 아기 기저귀를 가는 건 불가능한 시련이 된다. 결국 양자택일을 해야 하는 여성의 게임에서 아기를 다루는 솜씨가 늘자 직장에서의 업무 수행력은 곤두박질친다. 아기에게 헌신했더니 승승장구할 기회가 날아가 버리는 것이다. 동업 제안이 쑥 들어가 버리고 그녀는 개 사료 부서로 좌천된다.

고등교육을 받은 이 여걸은 이런 대우가 성차별에 해당할 수도 있다는 사실을 전혀 떠올리지 못한다. 그래서 와이어트는 법원에 쳐들어가는 대신 일을 그만두고 고향으로 돌아간다. 목가적인 곳에 편하게 자리 잡은 그녀는 이내 부드러워져서 빵을 굽고, 사업 수완의 방향을 좀 더 여성스러운 일로 바꿔 고급 유아식을 만들어 판다. 결국 동네 수의사 쿠퍼는 그녀에게 잠재되었던 진정한 여성적인 측면을 일깨운다. 와이어트는 테스처럼 기절이라는 너무 고전적인 방식으로 사랑을 찾는다. 수의사는 검사대 위에서 그녀가 정신을 차리게 해 주고 그녀는 사랑에 빠진다.

〈베이비 붐〉의 가치는 중구난방이다. 영화는 기업 시스템을 솜방망이로 슬쩍 치다가 결국 완전히 발을 빼 버리고, 1980년대 화폐 윤리 주변을 떠나지도 못하면서 거부하는 척한다. 여걸은 시골로 물러나지만 그녀의 시골집은 월스트리트에서 받았던 월급이 없었다면 불가능했을 엄청나게 비싼 농가다. 와이어트는 여피의 물질주의를 경멸하지만 여피 엄마들에게 고급 사과 소스로 만든 유아식을 팔아서 생계를 꾸려 간다. 예전에 일했던 회사의 회계 담당자 중 한 명이 와이어트의 유아 식품 회사를 현금 3만 달러에 사겠다고 제안하자 그녀는 이사회실로 당당하게 걸어들어가 제안을 거절한다. 와이어트는 "컨트리베이비는 판매용이 아닙니다"라고 경건하게 말한다. 사실 그녀는 그 기회에 그저 아이가 있다는 이유만으로 가장 귀중한 직원을 내쫓은 회사를 비판할 수도 있었다. 일하는 엄마들의 권리를 옹호하는 연설도 할 수 있었으리라. 하지만 여걸이었던 사람의 대사는 시골 생활의 즐거움에 대한 감상적인 몽상에 그치고 만다. "그리고 어쨌든 난 정말 62에이커짜리 내 땅을 그리워하게 될 것 같다"고 와이어트는 설명한다. "엘리자베스[그녀의 아기]는 그곳에서 참 행복하고 음, 그러니까 그곳에는 내가 만나는 수의사가 있다……." 마지막 장면에서는 레이스 커튼과 꽃 그림이 그려진 소파 커버에 둘러싸인 와이어트가 아기를 안고 흔들의자에 앉아 있는 모습을 뒤에서 보여 준다.

〈위험한 정사〉를 만든 사람들처럼 마이어스와 샤이어는 '조사'를 바탕으로 했다고 설명하면서 '당신은 모든 것을 누릴 수 없다'는 영화의 메시지를 옹호한다. 이들은 명성에 걸맞게 실제 직장 여성을 인터뷰하는 수고를 정말로 감수했다. 이들이 주인공 여성의 모델로 삼은 인물은 하버드 MBA 출신의 경영 컨설턴트였다. "모든 게 그녀를 어쩔 줄 모르게 했다"고 마이어스는 말한다.[47] "그녀는 너무 힘들어했고 어떻게 해야 할지 몰랐다." 하지만 이들의 모델이었던 나딘 브론Nadine Bron은 일을 포기하진 않았다. 사랑을 찾아서 결혼도 했지만 직장은 계속 다녔다. 그렇게 유별나게 "어쩔 줄 몰랐던" 것도 아니었다고 브론은 말한다.

"음, 할리우드에서는 다 그러는 것 같아요." 나중에 〈베이비 붐〉에 대한 의견을 묻자 브론은 상당히 예의를 차려 가며 이렇게 말했다.[48] "하지만 영화가 모든 것을 포기하고 시골로 가는 것 말고는 방법이 없는 것처럼 상정하는 건 저도 괴로웠어요." 브론의 삶은 당신은 모든 것을 누리지 못한다는 주장과 맞아떨어지지 않는다. 그녀는 대형 컨설팅 회사에서 일한 경험이 있고 지금은 개인적인 삶을 포기하지 않은 채 자기가 직접 금융 관리 회사를 운영한다. 브론의 말에 따르면 그녀와 남편 모두 "충족된 삶"을 살고 있기 때문에 결혼은 그녀를 더욱 단단하게 만든다. 그녀는 시골 주부가 되고 싶은 마음이 눈곱만큼도 없다.

"아버지는 회사를 운영하셨고 어머니는 집에 계셨다"고 브론은 회상한다. "어머니는 대단히 불만스러워하셨죠." 성인이 된 브론은 어머니의 몸무게가 오르락내리락하고 우울증이 밀려왔다 밀려가는 걸 짜증스럽게 목격했다. 자신은 이런 패턴을 답습하고 싶지 않았다. "어떤 여성들은 집에 있는 걸 더 좋아할 수 있지만 난 절대 그렇게 못해요. 난 일하는 게 아주 중요한 사람이에요." 그녀의 지적처럼 문제는 집에 가고 싶어 하는 여성들이 아니라 여성들에게 동등한 조건을 허락하지 않는 남성 중심적인 기업 세계다. "사회는 여성들의 이런 새로운 패턴에 기꺼이 적응할 생각이 없어요." 그녀는 말한다. "사회가 사람들에게 벌을 주는 거죠."

영화 속의 아기 키우기

의도한 건 아니었지만 〈베이비 붐〉은 일하는 여성은 완력을 써서라도 모성을 발현하게 만들어야 한다는 강력한 메시지를 담고 있다. '아기 열병'이 여성의 뇌를 걷잡을 수 없이 휩쓸고 지나갈 때 이를 꺼리는 현대 여성들을 엄마로 만들려면 강한 압력, 잔소리, 혹은 데우스 엑스 마키나*(여걸이 낯선 사람의 아기를 키우게 되는 말도 안 되

* deus ex machine, 고대 연극에서 절박할 때 나와서 돕는 신.

는 상황 같은)가 필요하다는 주장을 담은 영화는 이 시기에 〈베이비 붐〉이 처음이 아니었다. 미디어와 마찬가지로 이런 영화들은 여성들이 전면적인 모성으로 회귀하는 현상을 실제로 반영하는 게 아니라 홍보한다. 실제로 이런 영화들은 가끔 노골적인 광고로 전락하기도 한다. 〈우리 아빠 야호Parenthood〉(1989)의 마지막 5분 동안 집안의 자녀 전체가 산부인과 병동으로 모두 몰려가는데 이 중 여성은 사실상 모두 신생아를 어르거나 불룩해진 배에 자랑스럽게 손을 올리고 있다. 카메라가 기저귀를 찬 채 까르륵거리는 아기들을 한 줄 한 줄 보여 줄 때는 이게 팸퍼스Pampers 기저귀 광고인지 장편극 영화인지 분간이 안 될 정도다.

페미니즘에 대한 반격 성향의 영화들은 최대한 모성을 매혹적으로 그리기 위해 애쓴다. 1980년대 영화에는 좀 큰 자녀들 대신 비싼 디자이너의 옷을 입은 사랑스러운 아기들이 등장한다. 훌륭하게 꾸며진 신생아들은 이런 영화에서 사람이라기보다는 수집가의 수집품 같은 기능을 한다. 10년 전만 해도 자녀들은 수다스럽고 예측 불가능한, 고유한 생각을 가진 어린이였다. 〈앨리스는 이제 여기 살지 않는다〉에서 엄마에게 기쁨을 주지만 동시에 건방진 소리도 서슴지 않는 입이 험하고 조숙한 열한 살의 남자아이나, 〈독신녀 에리카〉에서 엄마에게 위로와 비판을 동시에 선사하는 열일곱 살의 여자아이처럼 말이다. 반면 1980년대 말의 아기들은 거의 우는 법이 없다.

다시 한 번 여성들은 두 진영으로 분류된다. 번식에 참여하는 겸손한 여성들과, 번식을 하지 않는 돈 많은 혹은 출세 지향적인 여성들로. 〈환상의 커플〉의 오만한 상속녀는 출산을 거부한다. 하지만 영화가 끝날 무렵, 그러니까 굴욕을 당하고, 어쩔 수 없이 바닥을 문질러 닦고 음식을 장만하다가 결국 주부로서 행복을 발견한 뒤, 그녀는 폭군과 다를 바 없는 새 남편에게 자신의 인생 최대의 목표는 '그의' 아기를 갖는 것이라고 말한다. 자신의 출산 능력을 통제하거나 모성을 연기함으로써 아기 열병에 저항하는 여성들은 수치스러운 일을 겪고 벌을 받는다. 〈가족Immediate Family〉(1989)에서 글렌 클로즈가 연기하는 직장 여성(아이비리그를 나온 부동산 업자)은 출산을 미루

다가 생물학적 시계가 만료되어 버린다. 불임 전문 의사들을 힘들게 찾아다니던 그녀는 자신의 아이를 얻기 위해 결국 10대 대리모를 고용해야 하는 상황에 놓인다.

이런 신성한 분위기에서 낙태는 좋은 여자와 나쁜 여자를 가르는 도덕적인 리트머스 시험지가 된다. 〈우리 아빠 야호〉에서 남편이 실직을 한 그날 그의 착한 아내는 네 번째 아이를 임신했다고 밝히고, 낙태를 그저 언급하기만 해도 공포에 떨며 몸을 사린다. 시누이의 임신한 10대 딸이 할 수 있는 선택지도 이와 유사하게 제한적으로 제시된다. 이 10대 여성은 막 높은 SAT 점수를 우편으로 받았지만, 영화는 그녀가 아이를 낳고 망나니 같은 남자 친구(직업도 없는 자동차 레이서)와 결혼하기 위해 대학 진학 계획을 포기할 거라고 장담한다. 낙태에 대한 공정한 논쟁이라고 주장하는 〈모의 법정Listen To Me〉(1989)에서는 낙태를 맹비난하고, 〈크리미널 로Criminal Law〉(1988)에서는 낙태를 악마의 행위로 규정하고 낙태 경험자인 시빌을 아들에게 트라우마를 남겨 사이코패스로 만들고 마는 마녀에 가까운 인물로 묘사한다. 이보다 훨씬 영리한 영화들은 아예 이 주제에 대한 설교를 대놓고 늘어놓는다. 우디 앨런의 〈또 다른 여인Another Woman〉(1988)에서 싱글의 학자이자 융통성 없고 무정한 노처녀는 부끄러운 젊은 날의 기억, 바로 낙태를 하겠다는 자신의 이기적인 결정을 회상한다. "넌 네 경력과 정신세계 말고는 아무 데도 관심이 없구나" 하고 당시 그녀의 연인은 비난을 했고, 여주인공은 그가 자신을 책망한 게 당연하다고 뒤늦게 생각한다.

여자 아기 주인공이 중앙 무대를 차지하고 직장 여성은 천국 같은 아기방에서 쫓겨난 〈세 남자와 아기〉는 출산 장려 영화 중에서 가장 많은 인기를 누렸다(나중에 속편 격인 〈아빠 셋 엄마 하나Three Men and a Little Lady〉(1987)도 나왔다). 직업적 야망이 큰 어떤 싱글 여성이 세 남자가 사는 집 앞에 자식을 버린다는 전제는 70년 전의 여성 참정권 반대 영화들을 상기시킨다(가령 1912년 〈여성 참정권 운동가 치유법A Cure for Suffragettes〉(1913)에서는 여성 참정권 집회에 모여든 페미니스트들이 길모퉁이에 유모차를 버리자 경찰들이 이 버려

진 아기들을 돌본다).[49]

이 영화의 프랑스 원작인 〈세 남자와 아기 바구니Three Men and a Cradle〉(1985)가 미국에서 크게 흥행하자 파라마운트는 서둘러 자체 버전을 개봉했는데, 변경 사항들을 보면 시사하는 바가 많다. 미국적인 이야기를 위해 파라마운트는 새로운 인물, 계속 입술을 오므리고 있는 음침하고 불쾌한 변호사 리베카를 끼워 넣었다. 찬물을 끼얹는데 일가견이 있는 피터의 여자 친구 리베카는 이들의 새 갓난아기를 보고 역겨움에 몸을 떤다. 아기가 리베카의 손가락에 침을 흘리자 레베카는 욕지기를 참지 못한다. 피터는 애원한다. "리베카, 제발 나와 함께 있어. 아기 보는 걸 도와 달라구." 하지만 냉담한 리베카는 거절한다. 리베카에겐 모성의 즐거움도, 낭만적인 즐거움도 없다. 피터가 자신의 생일날 그녀에게 밤을 같이 보내자고 부탁해도 그녀는 아침에 미결 업무 중 우선순위가 높은 사전 심리가 잡혀 있다며 거절한다.

얼핏 보면 〈세 남자와 아기〉는 페미니즘 영화처럼 보일 수도 있다. 어쨌든 남자들이 아기를 돌보기 때문이다. 하지만 영화는 남자들이 진정한 육아의 책임을 져야 한다고 주장하지 않는다. 영화는 그것이 자연적인 질서라고 여기는, 아기를 책임지는 건 엄마라는 전제를 뒤집는 데서 웃음거리를 찾아낸다. 관객들 앞에는 이 태평한 총각들이 아빠 역할에는 도무지 걸맞지 않음을 보여 주는 우스꽝스러운 일화들이 숱하게 펼쳐진다. 이 중 한 명이 실제 아빠라는 사실은 웃음의 소재로 사용될 뿐이다. "얘가 내 아이란 걸 어떻게 알아?" 남자는 재밌다는 듯이 말한다. "남자는 커 봐야 애일 뿐Boys Will Be Boys"이라는 노래가 영화 내내 끊임없이 연주된다. 사실 세 남자들은 좋은 직장을 다니면서 중년에 접어들고 있지만 고급 남학생 기숙사 같은 곳에 포박된 채 멈춰 버린 자신들의 성장을 기뻐한다. 이 세 '남자애들'은 매일 밤 새로운 소녀와 보내기라는 성적 철학에 한껏 집착한다. 이들은 마치 풋볼 팀원들이 다른 선수가 패스에 성공하면 서로 등을 두드리듯 "여자는 많고 시간은 적다"며 킬킬댄다.

프랑스 원작과 달리 미국 영화는 꾸준히 불안한 듯 남성 등장인물들의 남성성을 과시하려 한다. 집에 아기가 있어서 테스토스테론 수치가 내려갈까 봐 겁이라도 집어먹은 것처럼 남자들은 꾸준히 역기를 들고, 운동장에서 땀을 내고, 《스포츠 일러스트레이티드》와 《파퓰러 메카닉스》 최신 호를 사기 위해 뉴스 가판대로 달려간다. 미국판 리메이크에서는 옆길로 샜던 아기 엄마가 결국 전통적인 '여성적' 역할을 수호하게 된다. 마지막 장면에서 지난 일을 뉘우치는 아기 엄마는 엄마로서의 책임을 다시 짊어질 뿐만 아니라 남자들과 한 지붕 아래서 살자는 제안에 동의한다. 세 남자 중 한 명은 아기가 "전일제 엄마를 필요로 한다"고 단언하고, 한 명이 그런 인상을 받았다고 하자 나머지 모두 여기에 공감한다.

　1980년대 미국 영화 산업은 독립적인 여성을 건강하고 활기찬 사람으로 묘사하고, 쾌락을 좇는다는 이유로 이들을 처벌하지 않는 영화 프로젝트들을 별로 좋아하지 않았으며, 단순히 싫어하는 것에 그치지 않았다. 〈위험한 정사〉 직후 개봉된 〈패티 록스Patti Rocks〉(1988)를 제작한 그웬 필드Gwen Field의 경험은 1980년대에 이런 주제에 대한 할리우드의 적개심이 얼마나 컸는지를 보여 주는 하나의 척도라 할 수 있다. 필드의 영화에서 자기주장이 강한 한 싱글 여성은 결혼을 피하고("결혼하면 살찐단 말야" 하고 그녀는 농담을 한다), 성관계를 즐기고, 혼자서 아이를 키우겠다는 선택을 하지만 이런 행동에 대해서는 그 어떤 대가도 치르지 않는다. 〈패티 록스〉는 비평가들로부터는 상당한 호평을 받았지만 할리우드의 수호자들로부터는 반감과 거부감 말고는 아무것도 얻지 못했다. 필드는 영화사들로부터 차례차례 외면당했는데, 매번 이유는 같았다.[50] 이들은 영화가 아무하고나 즐기는 성관계에 탐닉하는 싱글 여성을 보여 주기 때문에 메시지가 '무책임'하다고 그녀에게 말했다(발정난 총각들이 아무 데나 씨를 뿌리고 다니는 〈세 남자와 아기〉에 대해서는 아무도 이 같은 도덕적인 우려를 표출하지 않았다). 이 영화에는 평균적인 제한 조건부 허가 등급보다 폭력이나 성관계 장면이 많이 나오지 않는데도 영화 산업의 등급위원회는 이 영화에 18세 미만 시청 금지 등급을 부과하려 했다. 필드의 회상에 따르면 등급 위원들의 마음에 들지 않았던 것은 시각적인 영상이 아니라 '그 언어', 50년 전 메이 웨스트를 깎아내린 것과 동일한 불쾌한 언동이었다. 필드의 표현에 따르면 "포르노가 보여 주는 것, 그러니까 여성 비하에 반대하는 영화가 18세 미만 시청 금지 등급을 받은 건 대단히 아이러니했다." 세 차례 공식적인 항소가 있고 나서야 등급 위원들이 결국 제한 조건부 허가 등급에 찬성했다. 어쨌든 결국 〈패티 록스〉가 상업적인 성공을 거둘 가능성은 미미했다. 주류적인 내용에서 벗어나 독립적으로 제작된 영화가 그렇듯 이 영화 역시 한 줌도 안 되는 극장에서 개봉되었기 때문이다.

영화 속의 남자는 책임을 진다

데이비드 마멧David Mamet 의 1987년 영화 〈위험한 도박House of Games〉에서 싱글인 여성 정신과 의사는 3류 도박사이자 사기꾼인 남성 멘토에게 "난 누구죠?" 하고 묻는다. 의학 학위를 가진 사람은 그녀지만 의사처럼 행동하는 건 그다. 짧은 머리카락에 웃음기 없는 심각한 얼굴을 한 그녀는 자신이 쓴 『사로잡히다: 일상생활에서의 강박과 충동 *Driven: Obsession and Compulsion in Everyday Life*』이라는 책을 꼭 쥐고 있지만, 그 속에 담긴 내용도 그녀에게는 아무런 답을 주지 못한다. 대답은 그만이 줄 수 있다. 이어지는 상담은 가장 최근의 페미니즘에 대한 반격 성향의 영화인 〈레이디 인 더 다크〉에서 남성 정신 분석가와 충동에 사로잡힌 싱글의 잡지 편집자 사이에서 진행되는 상담 시간을 연상시킨다. 1944년에 개봉된 이 영화의 대화는 이런 식이다.

> 남자 당신은 모든 남성보다 자신이 우월하다는 점을 입증해야만 했어요. 그들을 지배해야만 했으니까요.
> 여자 해답은 뭔가요?
> 남자 남자가 당신을 지배하게 하는 게 해답일지 몰라요.

50년간 '진보'가 이루어졌지만 〈위험한 도박〉에서도 같은 진단은 되풀이된다.

여자 내가 원하는 게 뭘까요?

남자 누군가가 나타나서 당신을 소유하는 거요. 마음에 드나요?

여자 네.

스크린 밖에서 데이비드 마멧은 드러내 놓고 지배하는 걸 좋아하고 "타협하지 않으려 하는" 오락 산업 내의 여성들에 대해 격하게 불만을 토로했다. "마법에 걸린, 신경 쓰이는, 당혹스러운"이라는 제목의 여성에 대한 1988년 에세이에서 그는 "내가 속한 직업 세계에서 이제까지 보았던 것 중에서 가장 냉혹하고, 잔인하고 가장 오만한 행동은 한결같이 영화와 극장계의 여성 제작자들이 한 짓이었다"고 단언했다.[51] 마멧의 〈위험한 도박〉에서는 자신감이 짓밟혔던 남자가 날랜 손재주로 출세 지향적인 냉정한 여성을 다시 손아귀에 넣는다. 그리고 이 모욕적인 여성 역할에 마멧이 캐스팅한 여성 배우는 누구였을까? 바로 그의 아내인 린지 크라우스Lindsay Crouse였다.

1980년대의 페미니즘에 대한 반격 성향의 영화들은 피그말리온 전통을 포용하여 남성이 여성을 자신의 소유물이자 재산으로 재정의하고 되찾아 온다. 이 주제를 가장 명시적으로 담고 있는 〈귀여운 여인Pretty Woman〉(1990)에서는 월스트리트의 거물이 껌을 소리나게 씹는 시끄러운 창녀를 랄프로렌 광고에 나올 법한 부드러운 말씨에 고상한 소유물로 변신시킨다. 영화마다 남성들은 가족의 강한 지배자이자 부양자, 여성적인 미덕의 수호자라는 역할로 복귀한다. 〈문스트럭〉에서부터 〈패밀리The Family〉(1987)에 이르는 영화에서는 비현실적인 신가부장들이 민족의 전통을 따르는 '구식의' 대가족을 책임진다. 〈언터처블〉에서 갱을 상대로 전투를 벌이는 엘리엇 네스는 법을 집행하는 만큼이나 전통적인 가족을 수호하느라 분주하다. 〈위험한 연인〉, 〈사랑의 파도Sea Of Love〉(1989), 〈마이키 이야기Look Who's Talking〉(1989) 같은 영화에서 반격의 영웅들은 스토커에게 위협받는 힘없는 여성과 가족을 수호하는 아버지 역할을 한다. 실제로는 생산직 남성들이 경제적 권위와 가정 내에서의 권위를 잃고 있는지 모를 세상에서도 이런 영화에서는 형사와 택시 운전사들이 겁먹은 부유층 여성들로부터 존경을 받는다.

미국적인 가정의 귀환에 대한 그 모든 감상적인 헌사에도 불구하고(〈문스트럭〉에서 아들은 "가족을 대신할 수 있는 건 아무것도 없지!"라며 건배를 하고, 〈언터처블〉의 남자들은 서로에게 "결혼하니까 좋지 않아?" 하고 말한다) 1980년대 말의 가족 친화적 영화에는 여성의 요구에 대한 남성들의 분노와, 여성 진보에 대한 남성들의 우려가 가득하다. 〈사랑의 파도〉에서 알 파치노Al Pacino가 연기하는 이혼한 경찰관은 전처에게 "여기 꼼짝 말고 있어, 저기 꼼짝 말고 있어" 하고 격하게 말한다. 그의 파트너는 "내가 오늘 밤에 여자 여덟 명을 만났는데, 전부 나보다 돈을 많이 벌었어" 하고 그에게 말한다. "그들은 어째서 결혼하지 않은 걸까?" 〈결혼의 조건She's Having A Baby〉(1988)은 1950년대풍의 교외 결혼 생활을 치하하는 것 같지만 이 영화의 대부분은 잔소리하는 아내의 치하에서 도망치는 남편의 환상에 할애된다. 〈서렌더〉에서 두 번의 이혼 경력이 있는 남자 주인공은 모든 여성들이 악의적인 동기를 숨기고 있을 거라 의심한다. 그는 여성에 대해 "우린 모두 여자들에겐 그냥 먹잇감일 뿐"이라고 말하고 "거기선 여자들이 투표를 하지 않는다"는 이유로 쿠웨이트로 이민을 가겠다고 선언한다. 이혼 변호사 건물 로비에 선 그는 두 가지 선택에 직면한다. 가죽옷을 입은 여성이 탄 엘리베이터에 오를 것인가 아니면 으르렁거리는 도베르만과 길거리 깡패가 탄 엘리베이터에 오를 것인가. 여기서 그는 송곳니를 드러낸 맹견과 범죄자 쪽을 선택한다.

가족 영화와 함께한 1980년대는 가정의 안락함에 대한 따뜻한 갈채로 끝나지 않고 증오심이 가득한 결혼이 폭죽처럼 터지는 걸로 막을 내렸다. 〈장미의 전쟁The War Of The Roses〉(1989), 〈작은 악마 She-Devil〉(1989), 〈바람둥이 길들이기 I Love You To Death〉(1990), 〈적과의 동침Sleeping With The Enemy〉(1991) 같은 영화에서 배우자가 서로의 목숨을 노리며 돌진할 때 반격의 급소가 결국 스크린에 본모습을 드러냈다. 일반적으로는 잘 표현하지 않는 강한 여성의 힘에 대한 공포를 과감하게 표현한 것이다. 〈장미의 전쟁〉과 〈작은 악마〉 모두에서 아내는 초자연적이고 치명적일 정도로 정확하게 남편을 통제하고 정복하는 마녀와 다를 바 없다.

1970년대의 여성해방 영화와 1940년대의 전쟁 영화에서도 남성과 여성은 끊임없이 서로 투쟁했지만, 이들은 서로를 이해하고 계몽한다는, 젠더 격차를 넓히는 게 아니라 좁힌다는 좋은 의도를 가지고 목청을 높인다. 〈앨리스는 이제 여기 살지 않는다〉에서 엘런 버스틴Ellen Burstyn과 크리스 크리스토퍼슨Kris Kristofferson이 서로 소리치며 싸움을 벌이고 난 뒤 사태가 진정되었을 때 각각은 서로의 관점을 이해할 수 있게 되었고 좀 더 강력해진 공감과 사랑을 품고 싸움에서 물러난다. 〈아담의 부인〉에서 스펜서 트레이시Spencer Tracy가 연기하는 변호사는 아내(캐서린 헵번)가 페미니즘적인 사건에서 승소한 뒤 이혼을 요구하는 집에서 발을 쿵쿵 구르며 나가 버린다. "난 양성이 다 좋아." 남편이 아내에게 소리친다. "그리고 하나 더 있지. 갑자기 난 신여성이라고 하는 여자와 결혼했다는 게 싫어졌어." 아내는 남편을 부르며 따라간다. "도망가는 걸론 아무것도 해결되지 않아." 그리고 결국 남편은 여기에 동의한다. 이들은 재결합하고 서로의 차이를 헤쳐나간다. 반면 〈장미의 전쟁〉에서는 화해나 휴전을 하거나, 심지어는 부부 간의 전투에서 도망칠 수 있는 희망이 전혀 없다. 두 배우자 모두 막다른 골목에 이르고 이들의 몸은 가족의 현관에서 으스러진다.

1980년대 말 이런 류의 많은 영화에서 남성과 여성은 사태를 매듭짓기 위해 더 이상 끝까지 노력하지 않을 뿐 아니라 똑같은 영화에서 함께 어울리지도 않는다. 반격 성향의 1950년대 영화들과 마찬가지로 독립적인 여성들은 결국 스크린에서 밀려남으로써 침묵당한다. 1980년대 말에 만개한 터프가이 영화에서 남성 주인공은 남자밖에 없는 전쟁 지역과 황량한 서부로 향한다. 끊임없이 생산되는 전쟁 영화와 액션 영화의 폭력 수위가 올라가면서(〈프레데터〉, 〈다이하드〉, 〈다이하드 2〉, 〈로보캅〉, 〈로보캅 2〉, 〈리썰 웨폰〉, 〈폭풍의 질주〉, 〈토탈리콜〉) 여성들은 말 없고 부차적인 캐릭터로 축소되거나 완전히 사라져 버렸다. 1980년대 말 갑자기 나타난 성인 남성과 남자아이의 몸이 뒤바뀌는 영화(〈18 어게인〉(1988), 〈하몬드가의 비밀

Like Father, Like Son〉(1987), 그리고 가장 기억할 만한 영화로는 〈빅Big〉 (1988))에서 남성들은 여성에게서 해방된 소년기에서 피난처를 찾는다. 그리고 또 다른 집합의 영화에서 남성 캐릭터들은 그보다 훨씬 멀리 나아가 아버지의 부활이라는 전적으로 남성적인 환상에 빠져든다. 〈꿈의 구장Field Of Dreams〉(1989), 〈인디애나 존스: 최후의 성전〉, 〈아버지의 황혼Dad〉(1989), 〈스타트렉: 최후의 결전〉 같은 영화에서는 어머니가 죽거나 아예 등장하지 않고 (때로는 죽었다가 부활하기도 하는) 아버지와 아들만 남아서 영적인 유대를 복원한다.[52]

　　미국 배우협회Screen Actors Guild 가 1990년 할리우드의 여성 배역을 계산해 보고서 지난 2년간 여성의 수가 급락한 사실을 알게 된 건 별로 놀랍지도 않다.[53] 배우협회의 보고에 따르면 이제 남성 배역이 여성 배역보다 두 배 이상 더 많아졌다.

　　남성들이 꿈을 꾸듯 남성성이 과장되게 흘러넘치는 환상의 나라로 떠나는 동안 아직 죽지 않은 여성 캐릭터들은 훨씬 폭력적인 시련에 혹사당했다. 1988년 아카데미 여우 주연상 후보에 오른 여성 중 한 명을 제외한 전부가 피해자 역을 맡았다[54](단 한 명의 예외는 기가 막히게도 멜라니 그리피스가 연기한 일하는 '소녀'였다). 그해 수상자였던 조디 포스터Jodie Foster 는 〈피고인The Accused〉(1988)에서 강간 피해자 역을 맡았는데, 이 영화의 제작자는 셰리 랜싱이었다.

　　〈위험한 정사〉 1년 후에 〈피고인〉을 개봉한 랜싱은 이 영화가 페미니스트로서의 명성을 다시 빛나게 하리라는 희망을 품었다. 영화는 한 어린 노동계급 여성이 동네 술집에서 집단 강간을 당하지만 옆에 있던 남성들은 전혀 개의치 않는 이야기를 다루는데, 이는 매사추세츠 뉴베드퍼드의 빅댄Big Dan 이라고 하는 술집에서 벌어진 소름 끼치는 실제 집단 강간을 토대로 구성된 이야기다. "누구든 이 영화가 반페미니즘적이라고 생각한다면 나도 더는 할 말이 없어요."[55] 랜싱은 언론에서 이렇게 말했다. "이 영화를 본 사람이라면 강간에 대해 다시는 전과 같은 방식으로 생각하지 못할 거라고 생각해요. 이 이미지들이 마음속에 들러붙어서 다음에 누군가 강간을 당했다는 이야기를 들으면 전보다 더 동정적이게 될 거예요."

정말로 사람들에게 강간 피해자들이 동정을 받아 마땅하다는 사실을 상기시킬 필요가 있었을까? 랜싱의 경우는 분명히 그랬던 것 같다. "이 영화를 보기 전까진 강간이 얼마나 끔찍한지 알지도 못했어요"라고 그녀는 밝혔다.56) 분명 이 영화를 관람한 많은 젊은 남성들에게도 그런 깨달음이 필요했다. 이들은 영화의 강간 장면이 나오자 폭소를 터뜨리면서 환호했다. 그리고 강간율이 치솟고 있는 사회에서는 강간이라는 주제에 대한 일종의 재교육을 참고 받아들일 필요가 있다.

랜싱은 〈피고인〉이 미국 사회에 여성에게는 강간당하지 않을 '권리'가 있다고 이야기하고 있다는 점에서 돌파구와 같은 영화로 환영해 마땅하다고 말했다. 하지만 이 영화는 여성들이 이미 얼마나 많은 것을 잃었는지를 이야기할 뿐이라는 점에서 이 시대의 우울한 초상으로 애도하는 게 더 말이 되는 것 같다. 1980년대 말에 이르자 영화가 그저 젊은 여성을 난폭하게 다루는 데 반대하기만 해도 대담한 페미니즘적 선언처럼 행세할 수 있게 되었기 때문이다.

6장
10대 천사와 결혼하지 않은 마녀

"이건 절대로 '지글'*의 귀환으로 자리매김되지 않을 겁니다. 이들은 그저 예쁜 소녀이기만 한 것이 아닙니다. 그들에게는 사실적인 개성이 있습니다."[1] 에런스펠링프로덕션Aaron Spelling Productions의 재능 있는 부사장 토니 셰퍼드Tony Shepherd는 마치 주의를 기울여 발음하면 할리우드 기자단 내에 남아 있는 회의주의자들에게 마침내 확신을 심어 주기라도 할 것마냥 단어 하나하나에 힘주며 말했다. 다행히도 폭스텔레비전센터Fox Television Center에는 이 텔레비전 네트워크의 새로운 텔레비전 시리즈 〈엔젤스 88 Angels' 88〉의 발표회에 참석하기 위해 기자 대부분이 모여 셰퍼드의 관점을 가슴 깊이 새겼다. 이들은 뷔페 테이블 위에 산처럼 높이 쌓인 페이스트리 위로 손을 내밀어 악수했다. "대단해요, 토니." 타블로이드 신문에서 나온 남자 중 한 명이 입 안에 크루와상을 가득 물고 말했다. "소녀들을 고른 안목이 대단해요."

1988년 5월의 어느 오전, 폭스가 전국에서 네 명의 천사를 찾기 위해 25만 달러를 쏟아부은 두 달간의 여정이 대단원에 이르렀다.[2] 회사 홍보 담당자들은 이를 "위대한 스칼렛 오하라 찾기"와 "올드 할리우드의 화려한 시절"에 비유했다. 셰퍼드는 네 차례에 걸쳐 미국을 횡단했고("비행기에서 〈세 남자와 아기〉를 다섯 번 봐야 했다"), 마흔네 개 도시 중 열두 곳에서 개인적으로 공개 오디션을 진행했으며, 90분짜리 인터뷰를 위해 온종일 800미터에 달하는 줄에서 기다린 1만 6,000명의 여성 중 최소한 6,000명을 직접 자기 눈으로 지켜보았다. 그의 말에 따르면 비서와 주부 들이 그저 그를 만나기 위해 영하의 온도를 견뎠고, 심지어 한 여성은 저체온증으로 기절하기도 했다.

* jiggle, 여성을 상품화시키는 프로그램.

하지만 이 행사에 참석한 몇몇 언론인들은 이런 질문을 던지지 않을 수 없었다. 〈엔젤스 88〉은 그냥 스펠링프로덕션이 만들었던, 가슴 큰 사설 탐정 셋이 보이지 않는 상관 찰리에게서 명령을 받아 비키니를 입고 머리를 맞대는 〈찰리의 천사들〉의 재탕이 아닌가요? 루이스 마이어*의 증손자이자 애연가인 셰퍼드는 맹렬하게 담배 연기를 뿜어내며 "아니요, 그렇지 않아요, 아니고 말고!" 하고 말했다. "그들은 캐릭터가 구분되지 않았어요. 그냥 미인들이었지." 그의 말에 따르면 〈엔젤스 88〉의 인물들은 더 '발전된', 패션에 신경을 쓰지 않는 독립적인 여성들이다. 이 때문에 폭스네트워크는 이 주인공 배역들을 위해 많은 실제 여성들을 만나 인터뷰했다. 이 새로운 천사들은 "머리 스타일이 완벽하지 않을 수도 있고 완벽한 모델 타입이 아닐 수도 있다"고 그는 말한다. "〈엔젤스 88〉에서 여러분들은 가끔 이 소녀들이 전혀 화장을 하지 않는다는 걸 알게 될 것입니다. 특히, 왜 있잖아요, 해변에서 몰려다닐 때 말이에요."

바로 그때 폭스의 한 홍보 담당자가 무대에 올라 천사들의 등장이 임박했음을 알렸다. 그는 사진사들이 '뷰티 사진beauty shots'을 다 찍을 때까진 인터뷰를 해서는 안 된다고 미디어에 경고했다. 천사들이 줄지어 무대에 오르자 카메라맨들은 사진을 찍기 시작했다. "소녀들, 여기 좀, 여기 좀!" "오, 젊은 숙녀들, 이쪽이요!" 천사들이 이쪽 저쪽으로 몸을 움직이자 깔끔하게 단장된 머리카락이 흠잡을 데 없이 화장한 얼굴 주위에서 출렁였다. 게으른 기자들은 티 레오니Tea Leoni, "키 173센티미터의 금발 미녀", 캐런 코핀스Karen Kopins, "키 176센티미터의 흑발 미녀" 등등 각 스타의 커다란 사진과 간단한 이력이 적힌 기자회견 자료집을 슬슬 훑어보았다. 전체 네 명 중에서 전국 오디션에서 실제로 선발된 건 레오니뿐이었다. 나머지 셋은 무명 모델 출신이었다.

천사들은 세심하게 정해 놓은 5분 동안 언론과 시간을 보낸 뒤 《타임》에 실릴 사진을 주구장창 찍기 위해 황급히 떠났다. 무대 마이크는 〈러브 보트Love Boat〉에서부터 〈판타지 아일랜드Fantasy Island〉에

* Louis B. Mayer, 1925년에 영화 〈벤허〉를 만든 영화 제작자.

이르기까지 텔레비전 역사상 가장 많은 수익을 남긴 프로그램 몇 편을 만들어 낸 에런 스펠링Aaron Spelling에게 넘어갔다. 한 기자가 질문을 던졌다. "이 쇼는 〈찰리의 천사들〉과는 어떻게 다른가요?" "이 젊은 숙녀들은 독립적이에요. 그 어떤 남자한테서도 지시를 받지 않아요." 스펠링이 말했다. "안내자가 따로 없는 전적으로 숙녀들만의 쇼예요. 앳된 숙녀들의 우정을 다룬 쇼라고 생각하시면 될 거예요." 그는 청중을 향해 애원하는 듯한 표정을 지어 보였다. 그는 어째서 사람들이 그가 아름다운 '섹시녀들'을 다시 불러내고 싶어 한다고 생각하는지 알고 싶어 했다. 그는 고개를 저으며 말했다. "오늘날의 젊은 숙녀들을 그린 쇼가 될 거고, 우린 그들의 삶 속으로 들어가서, 오늘날의 주제들을 다루고, 이들의 데이트와 섹스, 안전한 섹스, 우리 시대의 섹스 같은 문제들을 다룰 거예요. 대단히 매력적인 쇼가 되겠죠."

　　같은 날 시나리오 작가 브래드 마르코비츠Brad Markowiz는 기자회견의 세세한 내용을 전해 들으며 눈알을 굴렸다.[3] 몇 달 전 스펠링은 엔젤스 시리즈물의 시험 방송 대본을 위해 마르코비츠와 그의 작업 파트너를 고용한 상태였다. "스펠링은 어떻게 '소녀들'을 현실적으로 그릴지에 대해서 우리에게 온갖 좋은 말들을 늘어놓았어요." 마르코비츠는 이렇게 회상한다. "스펠링은 그 쇼가 예쁘게 장식한 이상화된 모습이 아니라 실제 여성들의 모습을 더 잘 대변할 수 있는 법에 대한 그럴듯한 말들을 늘어놓았죠." 하지만 마르코비츠에 따르면 대본의 초고를 작성할 때가 되자 스펠링은 록 비디오에서 꿈틀대는 헐벗은 천사들로 에피소드를 시작하라고 지시했다. 스펠링은 이들의 초고를 마땅찮아 했다고 마르코비츠는 회상한다. "비키니 입은 소녀들이 충분히 많이 나오지 않았기" 때문이었다. 스펠링은 이들에게 수영복 입은 미인들이 나오는 장면을 더 많이 넣으라고 주문했다. 스펠링은 경찰 학교에서 훈련받은 서른두 살의 탐정들(〈찰리의 천사들〉에서는 이게 원래 지위였다)을 우연히 경찰 일에 끼어들어 일을 망쳐버리는 20대 초의 무직 여성 배우들로 좌천시키라고 고집을 부리기도 했다. 나중에 이런 변화를 요구했다는 사실을 부인한 스펠링("내가 기억하는 건 대본이 썩 좋지 않았다는 것뿐입니다")은 변화를 이런 식으로 옹호했다.[4] "그렇게 하면 재밌어지잖아요. 그들은 혼자서 일을 해내야 하지만 그렇게 못하니까! 그들은 무능하거든요!"

다양한 이유로 지연되고 대본을 둘러싼 전투가 이어진 끝에 〈엔젤스 88〉은 보류되었다가 스펠링의 표현에 따르면 훨씬 어린 "여대생"이 나오는 "텔레비전용 영화"라는 형식으로 재탄생하게 된다. 그러는 한편 스펠링은 1988~1989년 시즌을 위해 '앳된 숙녀들의 우정을 다룬 쇼'라는 개념을 라커룸에서 속옷만 입고 뛰어다니는 다섯 명의 도발적인 간호대학생들이 나오는 NBC의 황금 시간대 드라마 〈나이팅게일스Nightingales〉에 적용했다. 이들은 독립적이진 않지만 상관이 여성이라고 스펠링은 자신감에 넘쳐 말했다. 여성 수간호사가 전통에서 어긋난 캐스팅이라도 된다는 듯이 말이다.

어쨌든 스펠링이 〈엔젤스〉의 기자회견장에서 지적했듯 최소한 그의 쇼에서는 여성들이 주인공이다. "요즘 텔레비전 한번 보세요. 희극 몇 편을 빼면 대체 여성들이 주도하는 쇼가 얼마나 됩니까? 거의 없어요."

그건 분명한 사실이다. 페미니즘에 대한 반격이 텔레비전에서 두드러졌던 1987~1988년 시즌에는 새로운 황금 시간대 드라마 스물두 편 중에서 여성 주인공을 내세운 작품은 세 편뿐이었고, 이 중 성인은 두 명뿐이었다.[5] 이 중 한 명은 대학 여학생 클럽 소속의 소녀였고 다른 한 명은 대부분의 시간을 포즈를 취하고 데이트 장면에 대해 불만을 늘어놓는 육감적인 사설 탐정이었다(〈품만 많이 드는 일 Leg Work〉이라는 이 드라마의 제목은 이 드라마의 핵심을 짚고 있다). 이 시즌에 시리즈물로 시작된 드라마의 60퍼센트에는 고정적인 여성 캐릭터가 아예 등장하지 않거나 여성이 미미한 배경 인물로만 등장했는데, 이는 앞선 시즌과 비교했을 때 급격한 하락이었다.[6] 20퍼센트에는 여성이 아예 없었다. 그리고 합법적인 성관계가 가능한 연령*을 넘긴 여성들은 특히 찾기가 어려웠다.

여성들은 이제까지 항상 자신들의 전유물이라고 생각했던 텔레비전 장르인 시트콤에서도 기반을 잃고 있었다. 오래된 '기이한 커플'

* 미국에서는 보통 16~18세다.

포맷이 다시 부활하면서 새로운 시트콤 다섯 편 중 한 편꼴로 성인 여성이 전혀 등장하지 않은 채 총각 친구들이 같은 집에 몰려 살았는데 〈모든 게 상대적Everything's Relative〉, 〈아빠가 둘My Two Dads〉, 〈시행착오Trial and Error〉, 〈풀 하우스Full House〉 등이 이에 해당한다.[7] 그해에 황금 시간대를 차지한 한부모 가정 시트콤에서는 자녀의 3분의 2가 아빠나 남성 보호자와 함께 살았는데, 실제 세상에서 이런 경우는 11퍼센트뿐이었다.[8] 《뉴욕우먼》의 보도에 따르면 "이번 시즌에는 텔레비전 작가들이 일하는 엄마라는 개념을 불편하게 여기는 게 특히 분명하게 드러난다."[9] 이 잡지는 이런 불편을 담담하게 기록한 퀴즈를 냈다. "일하는 엄마들"이라는 퍼즐은 독자들에게 새로운 황금 시간대 드라마와, 거기에 나오던 일하는 엄마 캐릭터가 지금 어떤 상태인지를 연결시켰다. 정답은 다음과 같다.

> 〈인생의 1년A Year in the Life〉—사망.
> 〈풀 하우스〉—사망.
> 〈나는 도라와 결혼했다I Married Dora〉—사망.
> 〈아빠가 둘〉—사망.
> 〈발레리네 가족Valerie's Family〉—사망.
> 〈서른 몇 살〉—직장을 그만두고 주부가 됨.
> 〈모든 게 상대적〉—드라마가 취소됨.
> 〈마마보이Mama's Boy〉—드라마가 취소됨.

1980년대 말 황금 시간대의 텔레비전에서 여성들이 종적을 감추게 된 것은 1950년대 말과 1960년대 초 텔레비전 프로그램의 패턴과 같다.[10] 그 시절에도 반격의 물결이 텔레비전을 장악하여 싱글 아빠들이 안방 텔레비전을 독차지했고 여성 캐릭터들은 세트장에서 갑자기 사라져 버렸다. 1960년 시즌에는 상위 열 개의 드라마 중에서 여성 캐릭터가 고정적으로 등장하는 프로그램은 두 개뿐(〈건스모크Gun-smoke〉와 〈리얼 맥코이Real McCoys〉)이었고 1962년이 되자 〈리얼 맥코이〉에 나오던 여자 한 명도 죽어서 더 이상 나오지 않게 되었다. 이렇게 여성들을 사라지게 만드는 짓은 결국 가족 드라마로까지 확산되어, 〈총각 아빠Bachelor Father〉, 〈나의 세 아들My Three Sons〉, 〈패밀리 어페어Family Affair〉, 〈앤디 그리피스 쇼The Andy Griffith Show〉에서는 싱글 아버지가 가정을 책임졌다.

1980년대에는 여성을 오로지 피해자 소녀로만 포함시키는 새로운 종류의 액션 어드벤처 시리즈가 좀 더 균형 잡힌 드라마들을 몰아내기 시작했고 1985~1986년 시즌이 되자 여성들이 위축되었다. 당시에 비평가들이 걱정스럽게 논평한 것처럼 이런 새로운 종류의 프로그램에서는 젊은 여성 캐릭터를 상대로 한 공격의 잔인함이 사이코패스가 잔혹한 살인을 일삼는 슬래셔 무비를 뺨칠 정도였다. 가령 〈레이디 블루Lady Blue〉에서는 수술용 메스로 무장한 10대 소년들이 여성 먹잇감의 장기를 적출하고, 〈우리 가족의 영광Our Family Honor〉에서는 열일곱 살의 소녀가 코트 걸이에 베여 죽는다.[11] 그리고 이 시즌에 공격을 당하지 않은 여성 캐릭터들은 입마개가 채워지거나 사건을 당해 실종된다. 1987년 황금 시간대 텔레비전에 대한 한 분석에 따르면 말하는 캐릭터 882명 중 남성이 66퍼센트였다. 이는 1950년대와 거의 동일한 비중이다.[12]

새로운 남성 악당들이 여성들을 때려눕히느라 정신이 없었다면 꾸준히 방영 중인 시리즈물에 등장하는 남성 주인공들은 점점 더 행동을 거칠게 했다. 《뉴욕타임스》 텔레비전 담당 필자인 피터 보이어 Peter Boyer는 한 기사에서 이 현상을 두고 "하드보일드 남성의 귀환"이라고 일컬었다.[13] 〈세인트 엘스웨어St. Elsewhere〉에서 서글서글했던 캐드웰 박사는 사과할 줄 모르는 오입쟁이로 변신했다. 〈블루문 특급Moonlighting〉에서는 돈만 주면 뭐든지 하는 미성숙한 남자가 우아하게 자신감을 발하는 자신의 상관 매디 헤이스에게 그늘을 드리우고 그녀의 콧대를 꺾었다. 〈매그넘 P. I.Magnum P. I.〉에서는 텔레비전 네트워크 임원들이 톰 셀렉Tom Selleck에게 좀 더 남성미를 드러내라고 대놓고 지시하기도 했다. 그리고 방송사들은 꾸준히 자신들의 마초 드라마를 밀어주었다.[14] 1989년 가을에 새로 나온 드라마 열 편 중에서 다섯 편이 남자 경찰이나 카우보이에 대한 이야기였고, 여기에는 〈고약한 녀석들Nasty Boys〉이나 〈하드볼Hardball〉 같은 별다른 설명이 필요 없는 제목이 붙었다. 〈하드볼〉의 첫 화는 누가 이 게임의 희생자(이자 패자)가 될지를 분명히 밝혔다. 이 첫 에피소드에서 살인을 저지르는 사악한 여성 경찰은 남성 주인공에게 구타당해 굴복하는데, 이 장면은 〈위험한 정사〉의 클라이맥스였던 대치 장면을 재현하고 있다(남자는 욕조의 물에 여자의 머리를 처박고 그녀를 익사시키려고 한다).

텔레비전 프로그래머들에게 아무리 근육질의 남성을 불러들일 이유가 있었다 해도 대중들의 요구는 달랐다. 여론조사를 해 보면 텔레비전 시청자들은 경찰 드라마와 서부극에 가장 관심이 적다.[15] 그런데도 NBC의 오락 부문 사장인 브랜든 타티코프Brandon Tartikoff는 《뉴욕타임스》에서 텔레비전에 등장하는 남자들이 짐승으로 변하고 있는 건 "시청자들"이 "셔츠 소매에 감수성을 뚝뚝 흘리고 다니는 앨런 알다Alan Alda 식의 주인공들"과 남자 "약골들"에게 신물났기 때문이라고 잘라 말했다.[16] 그러면서 그는 그 증거로 실제 사람이 아니라 마초 영화들의 범람을 지목했다. 이는 어떤 문화적 수단의 제작자들이 반격의 강도를 높이기 위해 또 다른 문화적 수단의 제작물을 들먹이는 여러 사례 중 하나에 불과하다. 〈블루문 특급〉의 제작자인 글렌 고든 캐런Glenn Gordon Caron은 《뉴욕타임스》와의 인터뷰에서 좀 더 사적인 동기를 인정했다.[17] "전 텔레비전에서 남자를 너무나도 보고 싶었어요." 그는 사회 변화가 진행되는 지난 10년간 남성들이 팔꿈치에 밀려 스크린에서 사라졌다며 불만을 토로했다. "오랫동안 남자들은 없어져 버리다시피 했어요." 그는 투덜거렸다. 이런 존재감 없는 남자들이 그나마 남성이라는 걸 알 수 있는 건 "그들의 목소리가 저음이고 가슴이 떡 벌어졌기 때문"이었다. 〈치어스Cheers〉의 공동 제작자인 글렌 찰스Glen Charles는 훨씬 직설적이었다.[18] 그는 "[여성운동이] 헛소리나 해 대는 주제에 여기에 동의하지 않는 사람들을 멸시한다고 생각하는 많은 사람들의 대변인"이라는 이유로 자신의 드라마에 나오는 바텐더 샘을 남성 우월주의에 물든 오입쟁이로 만들었다.

텔레비전상의 반격은 어느 정도는 영화 산업의 뒤를 따르는 모양새였다. 〈위험한 정사〉는 1년 뒤 ABC의 〈강박적인 사랑Obsessive Love〉이 되었고, 〈베이비 붐〉은 동명의 텔레비전 드라마가 되었으며, 〈워킹 걸〉, 〈우리 아빠 야호〉, 〈마이키 이야기〉는 모두 텔레비전 드라마로 재탄생했다. 그리고 서부극은 커다란 영화 스크린과 작은 텔레비전 화면을 계속 넘나들었다(그리고 싱글 아빠라는 테마에 발맞춰 텔레비전 드라마 〈파라다이스Paradise〉의 주인공인 카우보이 총각 에단 앨런Ethan Allen은 네 고아를 짊어졌다). 동일한 반격의 트렌드들이 재활용되었다. 〈그의 사랑에 중독되다Addicted to His Love〉에서는 남자 품귀 현상 때문에 공황에 빠진 싱글 여성들이 미친놈의 품속으로 뛰어들었다(ABC가 만든 이 텔레비전용 영화에서는 심지어 30세 이상 대졸 싱글 여성이 결혼할 가능성은 20퍼센트라는 하버드-예일 대학교의 결혼 연구까지 인용했다). 〈베이비스Babies〉 같은 드라마에서는 직장 여성들이 아기 열병과 불임 때문에 까무러쳤다(내면이 전혀 없어 보이는 여자 주인공 중 한 명은 "내 생물학적 시계가 빅 벤Big Ben처럼 울리기 시작했어!"라며 울부짖는다). 심지어 어린이집의 성적 학대라는 '유행병'마저 시청률을 올리기 위한 도구로 변질되었다. 〈머핀 맨을 아시나요?Do You Know the Muffin Man〉에서 직장을 다니며 아이를 키우는 이혼 여성은 네 살된 아들이 어린이집에서 강간을 당한 뒤 임질에 걸렸음을 알게 된다.

하지만 여성해방에 대한 텔레비전의 공세는 필연적으로 할리우드보다는 제한을 받을 수밖에 없었다. 여성들의 영향력은 극장에서보다는 텔레비전 앞에서 더 크다. 그러니까 여성들은 시청자의 다수를 점할 뿐만 아니라 광고주들이 가장 손에 넣고 싶어 하는 시청자들이다. 1987~1988년 시즌에 텔레비전 프로그래머들이 꼴사나운 남자들과 시든 여자들의 모습을 억지로 보려 주려 하자 큰 충격을 줄 정도로 많은 여성 시청자들이 텔레비전을 그냥 꺼 버렸다.[19] 〈코스비 가족 만세〉 시리즈의 파생 상품인 〈디퍼런트 월드A Different World〉(와 여성 주인공을 앞세운 보기 드문 새로운 드라마 중 한 편)를 빼면 새로운 황금 시간대 드라마 스물다섯 편 중 그 어떤 것도 상위 20위에 들지 못했다.[20] 12월쯤 되자 텔레비전 네트워크의 황금 시간대 시청률이 1년 전보다 무려 9퍼센트나 하락했는데, 이는 하룻밤에 평균 350만 가구를 잃었다는 뜻이었다. 그 어느 때보다 시청률이 저조한 텔레비전 시즌이었다. 이런 하락은 부분적으로는 좀 더 미세한 시청률 측정 장치의 단계적 도입 때문일 수 있긴 하지만 이런 기술적인 변화만으로는 어째서 주로 여성 시청자들이 그렇게 많이 빠져나갔는지를 설명하지는 못한다. 또한 이는 시청률 측정 장치를 더 이상 문제 삼을 수 없는 이후에 반격이 재개되었을 때 어째서 일방적으로 여성 시청자들만 다시 빠져나갔는지를 설명하지도 못한다. 게다가 시청률 측정 장치는 예전의 '다이어리'식 시청자 측정*에 비해 젊은 시청자들에게 우호적이라는 평이 나 있었다. 하지만 젊은 남성들은 1987년 가을에 그 전해보다 1주일에 두 시간 이상 텔레비전을 더 많이 시청한 반면, 젊은 여성들은 같은 기간 동안 한 시간 가까이 시청 시간이 줄어들었다.[21]

다음 시즌이 되자 프로그래머들은 한발 물러나 두어 편의 강한 여성 주인공을 황금 시간대에 출연시켰다. 모두 거침없는 여성들을 내세운 〈로잔느 아줌마Roseanne〉와 〈머피 브라운Murphy Brown〉(그리고 두 드라마 모두 제작자가 여성인데 이건 우연의 일치라고 보기 어렵다)은 곧바로 대대적인 흥행을 거뒀다. 〈로잔느 아줌마〉는 텔레비전 역사상 가장 성공한 시리즈물 중 하나가 되었고 시즌을 거듭할 때마다 시청률 1위를 기록했다. 하지만 강한 여성 두 명은 너무 많다고 인식되었다. 《뉴스위크》는 1989년 커버스토리에서 독립적인 여성들이 "황금 시간대를 장악"하고 있다고 투덜거렸다.[22] "한때 전기난로를 따뜻하게 덥히며 행복에 겨워하는 가정적인 슈퍼맘들을 보여 주던 드라마들이 너무 멀리 나가 버렸다." 물밑에서는 해당 방송사에서 "머피의 모든 중요한 성격들을 들어내 버리는 것"과 다름없는 변화를 시도했다고 이 드라마의 제작자인 다이앤 잉글리시Diane English는 밝혔다.[23] 특히 이런 증오심의 표적이 된 건 신랄한 말투의 로잔느 바**

---

* 조사원이 가구당 하나씩 비치해 놓은 다이어리에 직접 일정 기간 동안의 시청 기록을 작성해 되돌려 주는 아날로그 방식의 시청률 조사.
** Roseanne Barr, 〈로잔느 아줌마〉에서 주인공을 맡은 배우이자 작가.

였다. 사람들을 엿 먹이고 애국가를 틀린 음정으로 부르기를 좋아하는 그녀가 올해의 친화력 여왕 상을 받을 만하지 않은 건 분명하지만, 이 코믹 드라마를 향한 분노와 히스테리는 그녀 자신의 도발과 기이할 정도로 균형이 맞지 않아 보였다. 미디어는 마치 〈위험한 정사〉의 요부처럼 그녀가 "미국에서 가장 미움받는 여성"이라고 발표했고, 방송국 임원들은 지면에서 공개적으로 그녀를 깔아뭉갰다.[24] 그녀와 같이 일했던 책임 프로듀서는 로잔느를 조롱하기 위해 《데일리 버라이어티》*에 전면 광고를 싣기까지 했고, 비평가들의 찬사와 기록적인 시청률에도 불구하고 〈로잔느 아줌마〉는 번번히 에미상을 받지 못했다. 방송국의 호화로운 임원 사무실 밖에서도 남성들은 함께 입을 모아 바를 닦아세우는 십자군 전쟁에 합류했다. 스포츠 저술가, 야구 선수, 뉴스 칼럼니스트가 지면에서 그녀를 "암캐"와 "개"라고 욕했다. 심지어 조지 부시마저 비난의 논평을 해야 한다는 압박을 느꼈다. 그는 그녀가 "수치스럽다"고 말했다(그리고 나중에 그는 중동에 있는 병력 앞에서 그녀를 이라크에 대적할 비밀 무기로 만들고 싶다고 말했다). 전직 의원의 아들이자 사업가인 제임스 리스James Rees는 전국에 '로잔느 반대 클럽Bar Roseanne Club'을 열고 《롤링스톤》과 《내셔널》의 광고란에서 회원을 모집했다(광고 문구는 이런 식이었다. "로잔느 바를 증오하십니까? 이 클럽에 가입하십시오"). 불과 몇 주만에 600명이 넘는 사람들이 그의 광고에 반응했는데, 거의 전부가 "늙은 뚱보"라는 리스의 평가에 전적으로 동의하는 남성들이었다. 한 남자는 그녀는 "어두운 늪에서 올라온 끔찍하고 추잡하고 못생기고 젤로**처럼 생긴 맛없는 괴물"이라고 적어 보냈다. 이런 제안도 있었다. "[그녀를] 가지고 꼬치를 만들자."

다음 시즌이 되어 새로운 시리즈물들이 10대 모델과 주부와 수녀, 그리고 (마지막 텔레비전 반격에서 기이한 전형이었던) 교외에 사는 착한 주부 마녀로 화면을 가득 채우면서 황금 시간대는 전통적인 여성적 상징으로 되돌아갔다. 〈아내는 요술쟁이Bewitched〉에 나오

* 할리우드 브로드웨이 전문지.
** Jello-O, 디저트용 젤리.

던 순한 요정의 최신판이 〈자유로운 영혼Free Spirit〉이라는 아이러니한 이름으로 다시 등장했다. 다음 시즌이 되자 여성들이 새로운 드라마에서 크게 종적을 감췄고 그러자 코미디언 제이 레노Jay Leno마저 이걸 가지고 에미상 시상식에서 농담을 할 정도였다. 새로운 작품들에 "사춘기 소년들만 득시글대고 엄마 없는 가정이 지나치게 많다"고 밝힌 텔레비전 비평가 조이스 밀먼Joyce Millman은 이렇게 말하기도 했다.[25] "텔레비전이 선포한 '여성의 해'에 대체 무슨 일이 있었던 걸까? …… 다가오는 가을 시즌에는 〈보이즈 나이트 아웃Boys' Night Out〉*으로 되돌아갈 판이다." 새로 방영된 서른세 편의 드라마 중에서 일을 하는 여성이 나오는 작품은 두 편뿐이었고 나머지 드라마의 여성들은 아내이거나 귀여운 소녀이거나, 아니면 아예 눈에 띄지 않았다.[26]

독립적인 여성들을 상대로 한 텔레비전의 반격이 오락가락하는 것은 텔레비전 산업 자체가 여성 시청자들에게 대단히 양가적인 태도를 취할 수밖에 없기 때문이다. 황금 시간대의 텔레비전 프로그래머들은 영화 제작자들보다는 여성들의 인정에 더 많이 매달리지만, 바로 이런 의존성 때문에 더 분통을 터뜨리기도 한다. 방송국 종사자 남성들이 할리우드가 있는 서쪽으로 옮겨 온 것은 흔쾌히 여성을 주인을 받들어 모시기 위해서가 아니었다(그리고 종사자 대부분은 남성이다. 가령 텔레비전 작가의 90퍼센트 이상이 백인 남성이다).[27] 이들은 시청자가 많이 보는 드라마를 원한다고 말하지만, 드라마가 자율적인 여성들을 내세우면 이런 드라마를 없애려고 한다. 〈디자이닝 우먼〉과 〈케이트 앤 앨리〉 모두 엄청난 인기를 얻은 시리즈물이었음에도 이를 폐지하려는 방송국의 반복된 시도에 맞서야 했다.

오늘날의 방송국 프로그래머들은 후기 빅토리아시대의 성직자와 처지가 비슷하다. 지난 세기에 페미니즘에 대한 반격을 진두지휘했던 이들과 비슷하게 텔레비전 방송국 임직원들은 여성 신도들이 자리를 박차고 나가는 모습을 걱정스럽게 지켜본다. 낮 시간에는 일하느라 텔레비전을 볼 시간이 없고 밤 시간에는 텔레비전보다

* 1962년의 로맨틱 코미디 영화.

더 자율적으로 통제할 수 있고 실제 선택을 할 수 있는 다른 형태의 전자오락이 있기 때문이다. 여성들은 비디오 플레이어와 케이블 방송국이 제공하는 볼거리로 돌아서고 있다.[28] 1987년에 텔레비전 네트워크의 시청률이 곤두박질쳤을 때 황금 시간대 케이블 방송 시청자는 35퍼센트 늘어났고, 텔레비전이 있는 가정 중에서 비디오 플레이어를 보유한 비중은 1년 만에 19퍼센트에서 60퍼센트로 증가했다. 1980년대 10년간 텔레비전 네트워크의 시청자는 25퍼센트 이상 줄어들었고, 이 같은 감소세에 가장 크게 기여한 건 여성들이었다. 1990년 시장조사 기업인 닐슨Nielsen은 황금 시간대 시청자 중 여성의 감소세가 남성보다 두세 배 더 가파르다고 보고했다.[29] 여성 시청자들의 이탈은 그저 모욕적이기만 한 게 아니었다. 이는 엄청난 재정적 손실을 뜻했다(황금 시간대 시청률이 1퍼센트만 떨어져도 한 시즌 텔레비전 네트워크의 수익이 9,000만 달러 이상 줄어든다).[30]

일부 프로그래밍 임직원들은 개인적인 차원에서 미국의 텔레비전에서 독립적인 여성들을 몰아내기를 바라지만 그게 다가 아니다. 아직도 주부를 이상적인 쇼핑객이라고 생각하는 이들의 광고주들은 이를 대놓고 요구한다. 이 때문에 텔레비전 프로그래머들은 난처한 상황에 처한다. 광고주들이 원하는 메시지는 현대 여성들에게 가장 매력이 없는 내용을 담고 있기 때문이다. 여성 시청자들은 지도자, 여걸, 코미디언 같은 비전통적인 여성 캐릭터가 나오는 프로그램을 일관성 있게 가장 많이 시청한다.[31] 하지만 텔레비전의 최대 광고주인 가공식품과 생활용품 제조업체들은 20년간 사실상 변함없이 구매를 권유하는 데 알맞은 전통적인 가족물을 원한다. 광고주들은 가정주부를 말 잘 듣는 수동적인 소비자라고 인식하기 때문에, 그리고 주부에겐 아이들이 더 많기 때문에, 그리고 그저 이들이 이런 구태의연한 방식에 익숙하기 때문에 가정주부 시청자들을 비춰 주는 걸 더 선호한다. 텔레비전은 출시된 이래로 가족을 한자리에 모이게 하는 경험(현대판 벽난로)으로 홍보되었는데, 장사꾼들은 이런 텔레비전을 이용해서 상업적인 메시지를 한 방에 집단 전체에게 전달할 수 있다.

독립적인 여성을 상대로 한 1980년대 텔레비전의 반격은 시즌에 따라 가다 서다를 반복했고, 이에 일부 드라마들은 주기적인 부침 속에서도 간신히 살아남았다. 〈L.A. 로L.A. Law〉, 〈디자이닝 우먼〉, 〈골든 걸스The Golden Girls〉가 이런 예에 속한다. 하지만 전반적으로 1980년대의 반격은 텔레비전에서 건강하고 독립적인 여성들을 축소시키고 그 자리에 향수로 범벅된 비정치적인 '가족' 여성의 초상을 집어넣는 데 성공했다. 이 과정은 두 단계를 거쳐 텔레비전 오락물 속으로 침투했다. 먼저 1980년대 초에는 페미니즘 사안들을 지워 버렸다. 그러고 난 뒤 1980년대 중반에는 교외의 주부가 최상층에 있고 직장 여성이 그 아래 단계에 있고 싱글 여성들이 맨 밑바닥에 있는 '전통적인' 여성 위계를 재구축했다.

의식 고양에서 응원으로

1970년대 중반 짧은 기간 동안 황금 시간대 텔레비전의 가족 시리즈물은 정치적인 사안들을 다뤘고 이와 함께 폭넓은 페미니즘의 주제들 역시 다뤄졌다. 이런 주제들은 일회성 에피소드로 끝나지 않고 매주 여성의 권리에 대한 논의가 시리즈물의 기본 골자로 짜였다. 〈올 인 더 패밀리All in the Family〉에 나오는 벙커 가족은 꾸준히 여성해방에 대해 토론했고, 〈모드Maude〉*는 공개적으로 낙태를 논했으며, 〈메리 타일러 무어 쇼The Mary Tyler Moore Show〉에서 루 그랜트의 아내 에디는 의식 고양 모임에 참여하다가 결국 남편을 떠났다.

　　1978년쯤 되자 이런 프로그램들은 모두 폐지되었고, 페미니즘의 주제를 담은 프로그램을 텔레비전 네트워크에 팔려고 했던 소수의 프로그래머들은 격렬한 저항에 부딪혔다. 1980년, (이런 자리에 오른 얼마 안되는 여성 중 한 명인) ABC의 미니 시리즈 담당 부사장 에스더 샤피로Esther Shapiro는 메릴린 프렌치Marilyn French의 소설 『여자의 방The Women's Room』을 토대로 쓴 대본을 가지고 남자 동료들의 흥미를 얻어 보려고 했다. 이 대본을 쓴 작가는 CBS에게 거절당한 뒤 샤피로를 찾아왔다. "정말 훌륭했어요." 샤피로는 이렇게 회상한다.[32]

* 1972년부터 1978년까지 방영된 텔레비전 시리즈물의 제목이자 주인공의 이름.

"그리고 난 이런 걸 텔레비전에 방영해야 한다고 생각했죠." 흥행도 보장될 것 같았다. 원작이 엄청난 베스트셀러였고, 여성들은 집을 떠나는 해방된 주부의 이야기들을 사랑했기 때문이다.

하지만 샤피로는 텔레비전 네트워크를 설득시키는 작업이 자신이 직장 생활을 하는 동안 "가장 진 빠지는 경험"이었다고 회상한다. 남자들은 한 덩어리가 되어 반대했다. 그녀가 어떤 식으로 주장을 해도 "되돌아오는 건 거두절미하고 안 된다는 말뿐"이었다고 샤피로는 말한다. 이들은 개인적으로 그 아이디어를 가로막기만 한 게 아니라 그 어떤 광고주도 페미니즘으로 더럽혀진 주제를 건드리고 싶어 하지 않을 거라고 못을 박았다. 샤피로는 가장 완강한 임원에게 전보를 보내고 심지어 남자 화장실 문에 "여자의 방"이라고 적힌 표지판을 걸어 두는 등 이 드라마를 위한 캠페인에 들어갔다. 하지만 남성들은 시청률을 들먹이며 대응할 뿐이었다. "점유율이 11 이상은 안 나올 거라는 거예요." 그녀는 이렇게 말한다. "마치 그걸 보는 시청자가 소수라는 듯한 태도였는데 난 그게 이상했어요. 그러니까 여성은 인구의 54퍼센트란 말이에요."

결국 샤피로는 네트워크의 임원들이 정말로 방영하고 싶어 하는 또 다른 드라마 〈댈러스 카우보이 치어리더Dallas Cowboy Cheerleaders〉를 더 돋보이게 하는 용도로 〈여자의 방〉을 방영하도록 설득하는 데 성공했다. 〈댈러스 카우보이 치어리더〉는 성을 뻔하게 상품화하는 그렇고 그런 프로그램이었다. 텔레비전 네트워크의 남성들은 방영에 동의하긴 했지만 샤피로에게 〈여자의 방〉을 미니 시리즈에서 한 편짜리 특집으로 축소시키라고 지시했다. 그리고 '기준과 관행Standards and Practices' 부서는 시청자들에게 이 드라마의 배경은 과거이며 지금 시대와는 무관하다고 못 박는 단서가 있어야만 방영할 수 있다고 고집했다.[33] 도널드 와일드먼Donald Wildmon 목사의 전미품위협회National Federation of Decency 같은 우익 집단들은 ABC가 이런 여성해방 드라마를 방영할 거라는 소식을 접하고는 보이콧을 하겠다며 위협을 쏟아 냈고 광고주들은 14분짜리 광고를 넣을 위치에 4분짜리 광고만 남겨 놓고 모두 취소해 버렸다.[34] 그럼에도 불구하고 결국 〈여자의 방〉

은 방영되었고 무려 45퍼센트의 시청률을 기록했으며(그 주 텔레비전에 방영된 영화 중에서 가장 높은 시청률이었다) 호의적인 편지가 줄을 이었고 에미상을 수상했다.

페미니즘 텔레비전 작가 바버라 코데이Barbara Corday와 바버라 애버던Barbara Avedon 역시 첫 번째 반격의 물결에 휩쓸렸다. 이들은 처음 〈캐그니 앤 레이시Cagney and Lacey〉의 초안을 잡을 때 하나는 싱글이고 다른 하나는 기혼인, 강인하고 성숙한 두 여성이 경찰의 파트너로 활약하는 구도를 생각했다. "원래 대본은 일종의 난폭한 부르주아 코미디였어요. 심지어 남성 매춘부 일당도 있었어요." 코데이는 이렇게 회상한다.[35] "우린 모든 것을 페미니즘의 관점으로 전복해 보려고 했어요." 코데이가 대본의 톤을 부드럽게 조정하고 영향력 있는 제작자 남편 바니 로젠즈위그Barney Rosenzweig를 내세워 설득에 들어갔지만 이 프로그램을 납득시키는 데는 6년이 걸렸다. 영화 제작사에서도, 독립적인 프로덕션 회사에서도, 텔레비전 네트워크에서도 모두 거절 당했다.

로젠즈위그는 가는 곳마다 똑같은 불만을 들었다고 기억한다. "이런 여자들은 충분히 부드럽지 않잖아요. 이런 여자들은 충분히 여성스럽지 않아요."[36] 할리우드의 임원들은 심지어 여성들이 '더러운 말'을 입에 담는다고 불쾌해하기도 했다. '젠장', '빌어먹을' 같은 말들이 몇 번 나오는 정도였는데도 말이다. 로젠즈위그가 실패를 거듭하자 "코데이가 저한테 '[그 프로그램이 팔리기 전에] 내가 여성운동을 놔 버릴 것 같다'라고 말했다"고 로젠즈위그는 기억한다. 코데이의 예상은 크게 빗나가지 않았다.

CBS 임원들은 결국 1981년 〈캐그니 앤 레이시〉를 텔레비전 영화로 방영하기로 결정했다. 이 영화가 시청률 42퍼센트라는 초대박 흥행을 터뜨리자 CBS는 시리즈물을 제작하는 데 동의했다. 로젠즈위그는 싱글 여성 역으로 메그 포스터Meg Foster를 캐스팅했다. 두 화가 방송된 뒤 CBS 임원들은 시청률이 낮다고 주장하면서 이 프로그램을 취소했다. 로젠즈위그는 이들에게 한 번 더 기회를 달라고 설득했지만 이들은 여자들이 '너무 거칠고' 특히 포스터가 충분히 고상하지 않아서 빼야 한다고 불평했다. 당시 프로그래밍 수석 부사장이었던 하비 셰퍼드Harvey Shephard는 "캐스팅을 바꿀 수 없다면 난 그 프로그램을 재검토할 수 없다고 말했다"고 회고한다.[37] CBS의 부사장 아널드 베커Arnold Becker는 나중에 "메그 포스터가 이 배역에서 남성적이라는 인상을 줬다"고 설명했다.[38] "그러니까 그들은 경찰이었는데 여성 경찰이라는 개념이 쉽게 받아들여지지 않는 거죠." 로젠즈위그는 메그 포스터를 금발의 샤론 글레스Sharon Gless로 대체했다.

하지만 텔레비전 네트워크의 프로그래머들은 만족하지 못했다. CBS 임원들은 싱글 여성 캐릭터에 집착하면서 그녀의 여성성을 강화하고 말투와 외모를 순화하고 좀 더 존경할 만한 '상위 계층'으로 만들라는 끝없는 요구로 프로그램의 작가들을 괴롭혔다. '더 고급스러운 의상'에 1만 5,000달러의 예산이 추가로 지출되었고, 여성 캐릭터의 페미니즘은 침묵당했으며, 그녀의 가족 이력에는 웨스트체스터 카운티 상류층 출신이라는 설명이 추가되었다.[39]

CBS 임원들은 특히 이 캐릭터의 다양한 연애사를 참아 내지 못했다. "텔레비전 네트워크뿐만 아니라 프로그래밍 책임자까지 캐그니의 성 생활을 꾸준히 감시했다"고 로젠즈위그는 말한다. "나는 '매 그넘 P. I.가 섹스를 할 때는 신경도 안 쓰잖아요'라고 말하곤 했고 그러면 임원들은 '그건 다른 문제'라고 응수했어요. 캐그니가 누군가랑 잠을 자면 그녀가 싸구려가 되는 거라고 생각했던 거죠." CBS의 프로그래밍 책임자인 셰퍼드는 캐그니가 "문란해 보일까 봐" 걱정됐다고 말한다. 그러면 그녀가 "긍정적인 역할 모델"이 되지 못하기 때문에 문제라는 것이다. CBS의 임원 베커는 캐그니의 행실에 대한 우려와 개입을 이런 식으로 설명한다. "음, 레이시는 결혼을 했으니까 레이시가 집에서 상냥하게 지내는 걸 보여 줄 기회가 있었어요. 그치만 캐그니는 싱글이었고 그래서 그런 기회가 없었어요. 그래서 캐그니를 연약한 인물로 그리기가 더 어려워진 거죠." 그러면 어째서 캐그니를 연약한 인물로 그려야 했을까? "미국인 대다수가 여성은 그래야 한다고 생각하니까……. 요즘 미국에서 어떤 남자가 비정한 여자 경찰하고 결혼하고 싶어 하겠어요." 그래 놓고 베커는 "내가 이런 소리를 하면 우리 딸은 날 죽이려고 할지도 모른다"고 조금 소심하게 덧붙였다. 그는 딸이 변호사고 "극단적인 페미니스트"라서 자신이 성인 여성을 "여자애"라고 부르면 지적해서 고치게 한다고 말했다.

텔레비전 네트워크는 실제로 페미니즘 주제에 초점을 맞춘 에피소드를 단속했다. 남녀평등헌법수정안을 다룬 에피소드에서 로젠즈위그는 페미니즘 지도자인 글로리아 스타이넘에게 단역으로 출연해 달라고 부탁하고 싶었다.[40] 기준과 관행 부서의 임원들은 마치 악명 높은 연쇄 살인자에게 카메오를 맡기기라도 했다는 듯 질겁하면서 스타이넘의 출연을 금지시켰다. 그리고 난 뒤에도 일곱 곳의 가맹 방송국들이 여성의 권리라는 주제가 여성 시청자들을 불쾌하게 만들 것이라고 주장하면서 방영 시간 몇 시간 전에 이 에피소드 전체의 방영을 취소해 버렸다.

캐그니가 임신을 하게 되고 낙태를 할지 고민하는 에피소드에서는 이보다 훨씬 격한 소동이 벌어졌다. 대본에는 캐그니가 마지막 장면에서 유산을 하게 되고 그래서 그런 결정을 사실상 할 필요가 없게 되는데도, CBS의 프로그래밍 임원들에게는 그것도 여전히 너무 불미스러웠다. 결국 작가들은 그 문제를 아예 빼 버리는 쪽으로 대본을 수정했다. "선택"이라는 제목의 최종 버전에서 캐그니는 자신이 임신했다고 생각하지만 이는 오해인 것으로 밝혀진다. 레이시는 캐그니에게 책임감 있게 행동하지 않았다며 꾸짖고는, 정말로 임신을 했더라면 결혼을 해야 했을 것이라고 말한다. 낙태는 절대 선택지로 제시되지 않았다.

로젠즈위그의 기억에 따르면 낙태 시술소 폭발 사건을 다룬 이후 에피소드에서는 텔레비전 네트워크의 방송 기준 담당관들이 로젠즈위그에게 "해서는 안 되는 것들로 가득한" 행간 여백 없는 세 쪽짜리 메모를 보냈다. 이들은 특히 드라마에 나오는 두 여성 모두가 여성의 낙태권을 지지하고 있는 데에 불쾌함을 드러냈다. 로젠즈위그는 대본에서는 그저 70퍼센트가 낙태 선택에 찬성하는 실세계 직장 여성들의 관점을 반영한 것일 뿐이라고 지적했지만 소용없었다. 한편 바깥 세상에서는 곧 방영될 에피소드에 대한 말이 새나가자마자 낙태 반대 시위대가 조직되어 미국 곳곳의 지역 방송국에서 피켓 시위를 벌였다. 논란은 결국 전국적인 토크쇼와 라디오 프로그램들로 이어졌다.

텔레비전 네트워크의 임원들은 자신들이 이 프로그램의 내용에 간섭하는 것은 오직 캐그니와 레이시 같은 직장 여성들에게 위협을 느낄 여성 시청자들을 걱정해서라고 말했다. 로젠즈위그는 이들에게 말했다. "내 책상에는 전혀 위협을 느낀 것으로 보이지 않는 여성들에게서 온 팬레터 4,000장이 쌓여 있습니다. 조사를 어떤 식으로 한 겁니까? 한 번도 해 본 적도 없으면서."(사실 베커의 집안에 있는 근거는 정반대의 방향을 가리켰다. 35세의 주부인 베커의 아내는 이 드라마의 "왕팬"이었다고 그는 인정한다.) 캐그니와 레이시라는 강인한 두 여성에게 불편해한 건 여성 시청자들이 아니라 바로 CBS의 남성 프로그래머들이었다. 베커는 당시 이 프로그램에 나오는 여성들이 "지나치게 거칠고 목소리가 크며 따스함이 없다"고 불평했다.[41] 또 다른 CBS 임원은 《티비가이드》에서 이 여성 주인공들이 "지나치게 여성해방에 경도되어 있고 …… 〈캐그니 앤 레이시〉에 나오는 이 여성들은 경찰 일을 하는 것보다 시스템에 맞서 싸우는 데 더 혈안인 것 같다. 우리가 보기에 이들은 동성애자 같다"고 말하기도 했다.[42]

결국 드라마 스태프들은 드라마를 둘러싼 정치를 부인함으로써 드라마를 살리고자 했다. 이들은 대중의 비위를 맞추기 위해 이 드라마에는 페미니즘적인 내용이 전혀 없다고 주장하기 시작했다. 이 드라마는 취업 시의 차별, 성희롱, 가정폭력, 여성의 건강, 매춘에 대해 꾸준히 페미니즘적인 태도를 취했는데도 말이다. 〈캐그니 앤 레이시〉의 제작자인 에이프릴 스미스April Smith는 언론에 이 드라마의 등장인물들은 "드라마를 여성해방의 수단으로 변질시킬 생각이 눈곱만큼도 없다"고 못을 박았다.[43] 드라마의 공동 주연인 샤론 글레스는 한 토크쇼에서 〈캐그니 앤 레이시〉는 '페미니즘' 드라마가 아니라고 단언했다.[44] 그런 꼬리표가 너무 '제한적'이라는 이유에서였다. 이 드라마의 여성에 대한 태도에 몇 가지 의문을 담은 편지를 보낸 한 여성학자는 드라마의 감상 클럽 임원으로부터 "우린 페미니즘에 대한

우리의 관점을 토론하는 데 시간을 쓸 생각이 없다"고 밝히는 쌀쌀맞은 답장을 받았다.[45]

하지만 아무리 시치미를 떼어 봐도 네트워크 임원들을 달랠 수는 없었다. 1983년 CBS는 〈캐그니 앤 레이시〉를 폐지했다. 열혈 시청자들로부터 수만 통의 편지가 쏟아진 뒤(가장 최근에 진행된 〈루 그랜트Lou Grant〉* 재방영을 요구하는 팬레터 보내기 운동 때보다 열 배 더 많은 편지가 쇄도했다), 타인 데일리Tyne Daly(레이시)가 최고의 드라마 여우 주연으로 에미상을 받은 뒤, 여름 재방송 기간 동안 이 드라마가 시청률 1위를 기록한 뒤에야 텔레비전 네트워크는 한발 물러나 다시 드라마를 방영했다. 이 프로그램은 최고의 드라마 시리즈물 상을 포함해서 에미상을 다섯 번 더 수상했다. 그럼에도 불구하고 1987년 가을 CBS는 〈캐그니 앤 레이시〉를 정규 시간대에서 빼내 비인기 시간대에 재배정했다. 다음 시즌에 〈캐그니 앤 레이시〉는 영원히 사라져 버렸다.

둥지를 틀고 사는 사람과 가부장

《티비가이드》는 1988년 가을 시즌이 시작될 때 "둥지 틀기는 올해 다시 돌아온 프로그램들의 핵심 주제가 될 것"이라고 선언했는데 이는 다소 절제된 표현으로 드러났다.[46] 〈치어스〉에서부터 〈미녀와 야수Beauty and the Beast〉, 〈디자이닝 우먼〉, 〈뉴하트Newhart〉, 〈L.A. 로〉, 〈야간 법정Night Court〉에 이르는 황금 시간대 시리즈물에 나오는 수십 명의 여성 캐릭터들은 '아기 열망'에 굴복했고, 불임 클리닉으로 달려갔으며, 심지어 방송 중에 출산을 했다. 다른 프로그램의 열병을 소재로 삼은 프로그램도 있었다. 〈서른 몇 살〉은 한 에피소드 전체를 분만에 할애했다. 그 뒤 〈L.A. 로〉의 시즌 첫 방송에서 출산을 앞둔 아이 엄마가 라마즈 분만법 수업 시간에 이 〈서른 몇 살〉의 출산 장면을 거론했다. 바로 그날 저녁 〈치어스〉에서는 또 다른 엄마가 산기를 느꼈다. 그리고 바로 그 주 〈코스비 가족 만세〉에서는 남성들이 임신했다는 환상을 품었다.

* 〈메리 타일러 무어 쇼〉의 스핀 오프spin-off 드라마.

출산 축제는 좀 단조롭긴 해도 양반에 속했다. 하지만 텔레비전 네트워크는 아기를 낳게 하는 데 만족하지 않고 모성과 결혼에 대한 퇴행적인 환상을 불러들였다. 텔레비전 프로그래머들은 1950년대 텔레비전에 대한 자신들의 유년기 기억을 재활용하기 시작했다. 얼마 가지 않아 '복고풍 프로그램 편성'이 채널을 장악했다. 텔레비전 네트워크들은 〈신비버에게 맡겨 둬The New Leave It to Beaver〉, 〈신신혼 게임The New Newlywed Game〉, 〈신데이트 게임The New Dating Game〉 같은 새로운 오락물들과 재방송의 향연을 통해 말 그대로 1950년대 텔레비전을 부활시켰는데, 이런 프로그램 중 그 어떤 것도 진보적인 여성상을 제시하지 않았다. 동시에 텔레비전 네트워크들은 현대적인 외피를 씌워 1950년대 가족물을 좀 더 교활하게 부활시켰다. 몇몇 프로그램의 엄마들은 표면적으로는 직업이 있었지만, 이들의 취업은 말뿐이었다. 〈패밀리 타이스Family Ties〉의 아내에게는 직장이 있었지만 고정 시청자라 해도 정확히 아내의 직업이 뭔지 알기 어려웠다(아내의 직업은 건축가였다). 〈코스비 가족 만세〉의 아내는 집을 나가지 않고도 전일제 일자리를 지켜 낸 최초의 변호사일지 모른다. 그녀가 일을 하는 모습은 집 안 거실에서 가족 간의 분쟁을 처리하는 게 전부였기 때문이다. 이런 여성들은 두꺼운 실내복을 입지 않는다 뿐 예전의 텔레비전에 나오던 주부들과 다를 바 없었고, 이들의 '직업'은 여성의 삶을 근본적으로 바꾸는 데 아무런 영향을 미칠 수 없는 속 빈 강정이었다.

〈코스비 가족 만세〉는 흑인 가족을 내세우긴 했지만 방송국 임원들(과 가장 신심이 깊은 팬 중 한 명인 로널드 레이건)이 매력적이라고 여긴 점은 인종 구성이 아니라 핵가족을 제시한다는 점이었다. NBC의 오락 부문 사장 브랜든 타티코프는 "빌 코스비Bill Cosby는 남성성을 시트콤에 복귀시켰다"고 언론에 말했다.[47] 코스비가 맡은 히스클리프 헉스터블 박사(맞춤하게도 그는 산과 의사다)는 에피소드마다 자신이 가족을 지배하는 통치자임을 재확인하면서 다정하지만 권위 있는 목소리로 모든 저항을 진압한다. 정치적 관심은 아예 존재하지 않는다. 아이들이 아빠에게 복종하도록 가르치는 게 이 프로그램에서 가장 중요한 사명이기 때문이다. 이 중상 계급 가족이 관심을 갖는 전형적인 사안은 딸이 파티용 의상을 벗지 않으려 한다거나 아들이 야구 연습에 5분 지각한 문제 같은 것들이다. 코스비는《타임》에서 "난 통제를 신뢰한다"고 말했다.[48] 또한 1980년대에 코스비가 낸 베스트셀러『부성Fatherhood』에서 그가 남성들에게 한 조언으로 판단했을 때 그는 가정 내 의무의 '전통적인' 분담을 신뢰하기도 했다. "그러니까 아내들이 육아를 우리 아빠들에게 넘기려고 하는 것 같지만 그게 진심이 아니"라고 코스비는 남성 독자들에게 큰소리쳤다.[49]

다른 텔레비전 프로그램들은 애써 직장 여성에 대한 이런 얄팍한 인정조차 하지 않았다. 1980년대 중반의 일부 프로그램에는 병아리처럼 자식들을 줄줄이 낳아 돌보는 교외의 엄마들이 워낙 많이 나와서 예전 드라마를 재방송해 주는 건가 싶은 생각마저 들게 한다. 〈풀 하우스〉에 출연한 한 여성은 "난 준 클리버*가 되어 가는 중"이라며 한숨을 쉬었는데, 정확한 지적이었다. 〈케빈은 열두 살The Wonder Years〉 같은 어떤 프로그램들은 아예 과거를 배경으로 했다. 페미니즘이 태동하기 전인 1960년대를 배경으로 했기 때문에 뜨거운 스토브에서 노예처럼 일하는 엄마를 보여 주면서도 아무렇지 않은 것 같았다.

어떤 둥지 틀기 프로그램들은 환상의 시골에 처박힘으로써 직장 여성의 세계에서 도망쳐 버리기도 했다. 〈블루 스카이스Blue Skies〉와 〈우리 열 명이서만Just the Ten of Us〉 같은 프로그램에서 아빠는 온 가족을 스테이션왜건에 태우고는 시골에 있는 '더 좋은' 삶을 향해 떠난다. 그곳에서 엄마는 강아지들처럼 바글바글한 아이들과 함께 집에서 시간을 보내고 아빠는 유일한 소득원이라는 지위를 되찾을 수 있다. 이런 텔레비전 속의 가족 중에서 한 곳 이상이 아미시 지역으로 향하는데, 거기선 여성이 집 밖에서 일하지 않는다. 이곳에서는 나쁜 도시 여자들이 '구세계'의 가치를 배운다. 가령 〈에런의 길 Aaron's Way〉에서 아미시 교도인 한 아줌마는 임신한 소녀에게 여성의 희생이라는 덕목에 대해 정색하고 강의를 늘어놓는다. 싫은 기색이 역력하던

---

* 1950년대에 방영된 〈비버에게 맡겨 둬Leave It to Beaver〉에 나오는 전형적인 중산층 주부.

이 10대 여성은 결국 자신의 '책임'을 직시하고 아기를 낳는 데 동의한다. 그러는 동안 프로그램에 등장하는 남성들은 다시 세력을 회복한다. 이들은 장작을 패고, 낡은 물레방아를 고치고, 다른 건장한 시골 친구들과 함께 옛날식의 헛간 준공식에 참여하는 것으로 나온다.

전원으로의 후퇴는 자본주의적인 생존 경쟁에 대한 온순한 저항으로 해석할 수도 있다. 등장인물들의 집에는 광고주들에게 이 저항이 별로 진지하지 않다는 확신을 심어 주기에 충분할 정도로 많은 소비재들이 어수선하게 널려 있긴 하지만 말이다. 하지만 시골로의 후퇴는 노동력 내에서 미국 여성의 지위가 변했음을 부정하는 효과가 더 크다. 그리고 일반적으로 둥지 틀기를 중심으로 한 프로그램에서 주기적으로 직장 여성에 대한 반감을 표출하는 대변인 역할은 주부들이 맡는다. 1980년대 말의 영화 제작자들처럼 황금 시간대 프로그램 편성자들은 여성 간의 싸움을 다시 불러냈다. 〈우리 열 명이서만〉에서 집에 틀어박혀 지내는 아내는 '대중을 선동하는 페미니스트'를 맹비난한다. 그녀는 자신이 집에서 지냈기 때문에 더 여성 편임을 드러낸다. 이 때문에 카톨릭 학교의 체육 교사로 일하며 변변치 못한 월급을 받아 오는 남편 혼자 그 많은 가족들을 모두 건사해야 하는데도 말이다. 〈패밀리 맨〉 역시 이와 비슷한 방식으로 직장 여성을 희생시켜 가정주부에게 경의를 표한다. 심술궂은 한 여성 변호사가 주부인 주인공에게 어떻게 하루 종일 집에서만 있을 수 있는지 물어본다. 그날 저녁 남편과 함께 잠자리에 누운 이 주부는 이 직장 여성에게 해 주고 싶었던 꾸중을 극적으로 표현한다. "넌 천치야! 넌 머저리라고! 크고 뚱뚱한 여피 사기꾼 같으니!" 그러고 난 뒤 그녀는 눈물을 터트리고, 남편의 자애로운 얼굴을 쳐다보며 이렇게 홀쩍인다. "내가 그냥 가정주부라도 당신은 괜찮아?" 그러자 남편은 활짝 웃는 얼굴로 "난 그게 너무 좋아, 아주 좋다고" 하면서 아내를 안심시킨다.

1980년대의 텔레비전은 1950년대의 텔레비전에 나오던 가정의 천사들을 찬양하느라 정신이 없는 한편, 감히 가족이라는 울타리 밖으로 나온 엄마들을 비방했다. 〈레이징 미란다Raising Miranda〉에서 자유를 찾아 집을 나온 아내의 탐색은 한심한 농담으로 전락한다. 마초적인 노동계급 아빠에게 순종하면서 엄마 역할을 대신 맡게 되는 10대의 큰딸 미란다는 엄마가 '자아 개발 워크숍'에 참가했다가 집을 나갔다며 낄낄댄다. 미란다의 엄청난 가사 노동 실력은 무책임한 엄마를 대놓고 질책하는 데 이용된다. 미란다는 경멸 조로 엄마는 "빨래를 많이 하지 못했다"고 우리에게 말한다. 이와 비슷하게 〈블로섬 Blossom〉에서 또 다른 버려진 딸은 자기 마음대로 하고 사는 엄마에게 넌더리를 낸다. 그녀는 "학교가 파하고 나면 엄마는 자기 욕구를 채우기 위해 길거리에 있는 게 아니라 나를 기다리면서 주방에 있어야 하는 법"이라고 명령한다. 일하는 엄마가 출연하는 몇 안 되는 프로그램에서는 이들을 무능하고 끔찍하거나 태만한 사람으로 제시하는 경향이 있었다. 〈후즈 더 보스?Who's the Boss?〉에서는 엄마가 너무 이기적으로 자신의 직업적인 야망에만 빠져 있어서 근육질의 남성 파출부가 아이들을 건사해야 한다.

아무리 계몽된 사명감을 가진 프로그램이라 해도 직장에 다니는 엄마를 비난하고픈 유혹을 이기지 못했다. 텔레비전 제작자 게리 데이비드 골드버그Gary David Goldberg는 가족 중심의 어린이집에 대한 시리즈물인 〈데이 바이 데이Day by Day〉를 공개하면서 이 프로그램은 황금 시간대에 어린이집에 대한 긍정적인 관점을 주는 보기 드문 볼거리라고 말했다. 하지만 이 프로그램에서도 일하는 엄마들에 대한 경멸적인 어조는 여전했다. 프로그램에 나오는 일하는 엄마들은 노이로제 환자처럼 전전긍긍하는 데다 미숙해서 매일 아침 갈팡질팡하면서 어린이집을 찾아와서는 고상한 척하는 관리자들(이 태만한 엄마들의 자식들을 돌보기 위해 월스트리트에 있던 직장을 희생한 것에 대해 5분에 한 번씩 서로 자랑스러워하는 부부로 구성된 팀)의 품 안에 아이들을 밀어 넣는다.

싱글 숙녀들이 사라지다

CBS의 드라마 개발 담당 부사장 스콧 시글러Scott Siegler는 1980년대 초 사회학자 토드 기틀린Todd Gitlin에게 "싱글 여성 주인공은 한 시간짜리 텔레비전 드라마에는 먹히지 않는다"고 말했다.[50] 1980년대 말경 프로그램 목록은 방송사들이 싱글 여성 주인공은 어떤 경우든 먹히지 않는다고 믿게 되었다는 인상을 준다.

텔레비전에서 싱글 여성들이 추방된 것은 텔레비전에서의 마지막 반격에서 확립된 패턴을 답습한 것이다. 초기의 텔레비전은 사실 싱글 여성이 나오는 프로그램을 상당히 많이 제공했다.[51] 대부분이 〈개인 비서Private Secretary〉, 〈엘라 미스Ella Miss〉, 〈내 친구 어마My Friend Irma〉, 〈우리의 미스 브룩스Our Miss Brooks〉, 〈밀리를 만나다Meet Millie〉 같은 작품에 나오는 타이피스트, 하녀, 운 나쁜 여성 교사이긴 했지만 말이다. 하지만 1950년대 중반에 이르자 싱글 여성이 주인공으로 나오던 모든 프로그램이 폐지되었다. 그리고 결혼하지 않은 여성은 여성 시청자들에게 결혼하지 않은 삶이 얼마나 고된지를 알려 줄 목적에서 부수적인 인물로만 등장할 뿐 주인공으로는 1960년대 초·중반 내내 보이지 않았다. 〈딕 반 다이크 쇼The Dick Van Dyke Show〉에서 싱글인 샐리 로저스는 반 다이크의 사랑을 흠뻑 받는 아내(메리 타일러 무어Mary Tyler Moore가 연기하는)의 여성성과 행운을 더욱 돋보이게 만드는 역할을 했다. 의사와 병원이 나오던 1960년대의 많은 프로그램에서 싱글 여성들은 환자로만 등장했고, 이들의 병은 보통 낙태를 하거나 바람을 피우거나, 가장 빈번하게는 의사의 명령에 불복종하는 것과 같은 어떤 '이기적'인 행동 때문에 비롯되었다.

하지만 1970년에 메리 타일러 무어는 자기만의 아파트와 자기만의 프로그램을 위해 반 다이크의 인형의 집을 나왔다. 무어가 연기한 메리 리처드는 결혼하지 않았을 뿐만 아니라 서른 살이 넘었다. 그녀는 결혼 공황에 시달리지 않았다. 현실적인 남녀 친구가 있었고, 건강한 성 생활을 즐겼고, 마음에 들지 않는 남자에게 퇴짜를 놓았고, 피임약까지 먹으면서도 마지막 장면에서 병원 침대에 드러눕지 않았다[52](하지만 그녀는 여전히 여학생이 선생에게 그러듯 자신의 상사에게 복종했다. 다른 직장 동료들은 사장을 그냥 "루"라고 불렀지만 그녀는 항상 "그랜트 씨"라고 말했다). 여성 시청자들은 그녀에게 반했다. 이 프로그램은 방영되는 내내 최고 시청률을 유지했고, 에미 상을 25회 수상했으며, 독립적인 여성 주인공이 나오는 다른 두 편의 성공적인 시트콤을 파생시켰다. 그러는 동안 다른 프로그래머들이 여기서 힌트를 얻어 강인하고 독립적인 싱글 여성에 대한 자체적인 프로그램의 대본을 작성했는데, 〈원 데이 앳 어 타임One Day at a Time〉에 나오는 현실적인 상에서부터 〈소머즈The Bionic Woman〉에 나오는 초인까지 다양한 모습이었다.

앞선 성공 이후 10년이 지난 1986년 텔레비전 네트워크들은 메리 타일러 무어를 다시 황금 시간대로 복귀시켰는데, 이때 그녀가 맡은 역할은 우거지상을 하고서 일을 웃음거리로만 여기는, 녹초가 된 이혼녀였다. 〈메리Mary〉에서 그녀는 쓰레기 같은 타블로이드지를 위해 소비자 상담 칼럼을 쓴다.[53] 그녀는 직장 안에서도, 밖에서도 친구가 없는데, 이는 이미 음산하게 일그러진 존재감을 더욱 고조시킨다. 이웃에 사는 그녀의 현실적인 절친 로다는 자기도취에 빠진 싱글 직장 여성으로 교체되는데 광고 회사의 중역인 그녀는 아무 남자하고든 처절하게 결혼하고 싶어 한다. 어떤 에피소드에서 이 이웃은 조직폭력배와 만난 바로 그날 약혼을 선언한다.

결혼 면허를 얻기 위해 기꺼이 눈높이를 낮추는 텔레비전 속의 싱글 여성은 무어의 이웃만이 아니다. 〈케이트 앤 앨리〉의 제작자들은 텔레비전 네트워크의 압력에 못 이겨, 이혼한 엄마인 앨리를 그녀가 안 지 얼마 되지도 않는 재미없는 구혼자와 결혼시켜 버렸다.[54] 같은 시즌 〈블루문 특급〉에서는 임신한 매디 헤이즈가 기차에서 따분한 회계사와 만나자마자 결혼을 했다. 매디 역의 시빌 셰퍼드Cybill Shepherd는 이런 어이없는 반전에 단호하게 반대했고, 시청자들도 마찬가지로 넌더리를 냈다. 사실 너무 많은 분노의 편지들이 빗발치는 바람에 제작자가 결국 결혼을 취소하는 사태까지 빚어졌다.

매디의 마지못한 결혼은 이런 독립적인 여성 인물을 주눅 들게 하려는 오래된 작전의 최신판일 뿐이었다.[55] 속 편한 싱글 남성이자 매디의 직원인 데이비드 에디슨은 결국 '여왕벌' 같은 자신의 상사를 낡은 방식으로 길들인다. 그가 그녀를 찰싹 때리자 그녀는 그의 접근에 굴복한다. 하지만 이것도 성에 차지 않은 제작자들은 나중에 한껏 몸단장한 데이비드 앞에서 매디가 말 그대로 무릎으로 기게 만든다.

매디 헤이즈 굴욕 주기는 그냥 한번 심심풀이로 해 본 글쓰기 연습이 아니었다. 이는 책임 프로듀서인 글렌 캐런과 데이비드 역을 맡은 배우 브루스 윌리스Bruce Willis가 싱글인 셰퍼드의 '공격적인' 성격을 길들이기 위해 수행한 막후 작전을 그대로 보여 준 것이다.[56] 이들은 언론에서 셰퍼드가 드라마의 방향에 동의하지 않을 때 항상 자신의 의견을 표출하는 게 마음에 들지 않는다고 말했다. 캐런의 청을 받아들인 텔레비전 네트워크는 셰퍼드에게 징계 서한을 보냈다. 이 편지는 그녀에게 감독의 명령을 따를 것과 정해진 휴식 시간을 따를 것, 그리고 세트장을 떠나기 전에 허락을 받을 것을 명했고 이를 어길 시 소송을 당하거나 드라마가 취소될 수 있다는 단서를 걸었다. 당시 셰퍼드는 "그 편지를 받고 기분이 나빴다"고 말했다.[57] "이건 무슨 소년원도 아니고."

텔레비전은 일반적으로 싱글 여성들이 결혼식장으로 우르르 몰려가는 것을 자신들의 '선택'인 것처럼 제시하지만 그 줄거리는 때로 싱글 남성들의 소망 충족이라는 그 저변의 의도를 드러내기도 했다. 〈살인 이야기를 쓰는 여자Murder, She Wrote〉(제목과는 달리 1987년 이 작품에는 여성 작가도, 제작자도, 감독도 없었다)*는 한 싱글 직장 여성이 결혼을 통해 구원받는 1988년의 에피소드에서 이런 류의 이야기를 그대로 전달했다.[58] 출세 지향적인 여성에게 버림받은 남자친구 그래디가 술집에 간다. 그곳에서 술을 마시던 어떤 사람이 지껄인다. "직장 여성이야?" 그래디가 그렇다며 고개를 끄덕이자 그 남자는 다 안다는 듯한 표정을 지어 보인다. "아, 그런 여자들한테 서류가방을 줘 보라구. 그러면 걔네들은 네 팬티를 담아 갈 거야." 이 에피소드가 끝날 무렵 그 직장 여성(회계사)은 마음을 고쳐먹고 그래디에게 달려 와서 용서를 구한다. "난 회계사가 되고 싶지 않아." 그녀가 외친다. "난 그냥 네 아내가 되고 싶어." 그래디는 기뻐하며 이렇게 마무리한다. "난 모든 게 이렇게 잘될 줄 알았어."

지상 과제로서의 결혼은 황금 시간대에 국한되지 않았다. 결혼행진곡을 자주 올리는 낮 시간대 연속극에서도 결혼율이 크게 치솟

* 한국에서는 〈제시카의 추리 극장〉이라는 제목으로 방영되었다.

앉고 이혼율은 떨어졌다. ABC의 낮 시간 프로그램 편성을 담당하는 부사장 메리 앨리스 드와이어-도빈Mary Alice Dwyer-Dobbin은 낮 시간 연속극에서 맨날 전쟁을 치르는 연인을 두고 "10년 전이었으면 우린 이들을 갈라서게 했을 것"이라고 말한다.[59] "이제는 작가들이 갈등을 일으키면서도 주인공 커플이 헤어지지 않을 새롭고도 독창적인 줄거리를 내놓아야 하는 도전과 싸우고 있어요." 어째서일까? "여성들이 집으로 돌아오고 있다"고 그녀는 말한다. "슈퍼우먼 시대까지 뻗어나 갔던 추가 다시 반대 반향으로 움직이고 있는 거죠."

1960년대 병원 드라마에서 자리보전을 하고 누웠던 싱글 환자들처럼 1980년대의 연속극에서 결혼행진곡을 거부한 여성들은 목숨을 걸어야 했다. 1988년 실세계에서 에이즈 환자 중 여성은 8퍼센트뿐이었다. 하지만 낮 시간대 텔레비전에서 에이즈 환자는 전부 여성이었다.[60] 〈더 영 앤 더 레스트리스The Young and the Restless〉에서는 일을 위해 아이를 버린, 출세 지향주의의 극치를 달리는 전직 매춘부가 에이즈에 걸린다(그리고 결국 그녀는 딸까지 감염시킨다). 〈올 마이 칠드런All My Children〉에서는 에이즈가 한 이혼녀를 덮치고, 병상에서 여성성이 확연하게 살아난 그녀는 다시 결혼하기로 결심한다. 결혼에 굴복하면 에이즈 환자의 섹스도 안전해지는 걸까? '사회적으로 책임감이 있는' 이 연속극은 이에 대해서는 언급하지 않는다.

〈머피 브라운〉만 빼면 1980년대의 황금 시간대에는 자신의 일에서 즐거움이나 자신감을 얻는 싱글 여성이 중심인 드라마는 거의 나오지 않았다. 〈세라Sara〉의 변호사처럼 일에 적극적인 싱글 여성에 대한 시리즈물은 가끔 나오더라도 보통 한 시즌을 넘기지 못했다. 텔레비전 네트워크들은 여성 주인공이 〈골든 걸스〉의 나이 든 과부들이나 〈디자이닝 우먼〉에 나오는 집이 곧 사무실인 실내 장식업자들 같은 완전히 여성 일색인 세상에서 위협적이지 않은 일을 하며 집에 머물러 있을 때만 싱글 여성이 나오는 드라마를 기꺼이 후원하는 것처럼 보였다.

이 시대에 텔레비전에서 살아남은 대부분의 싱글 여성들은 경고용으로 등장하는 부차적인 캐릭터들이었다. 〈딕 반 다이크 쇼〉에 나오는 샐리 로저스처럼 이들의 우울한 환경은 주인공 아내의 행운을 부각시킬 뿐이었다. 부수적인 역할로 밀려난 싱글 여성들은 두 가지 상투적인 유형, 냉정하게 계산하는 출세 지향주의자거나 깊은 우울증에 빠진 노처녀로 되돌아갔다. 싱글 여성에게는 아예 감정이 없거나 아니면 감정적으로 만신창이였다. 출세 지향적인 싱글들은 여성 중에서 가장 낮은 계급에 속했다. 이들은 인간성과 월급을 맞바꿨고, 남자뿐만 아니라 아이까지 거부했기 때문이다. 아기의 모습만 살짝 비쳐도 안 그래도 차가웠던 그녀의 체온은 북극 수준으로 얼어붙을 수 있었다. 〈데이 바이 데이〉에 나오는 싱글 주식 중매인은 사격 조준기 속으로 아기가 아장아장 걸어 들어오자 "아, 아기들" 하며 숨막혀 한다. "밥맛없고 마음에도 안 들어." 반면 눈물로 얼룩진 노처녀는 여성을 상대로 한 텔레비전 반격의 위계에서 이보다 좀 더 높은 평가를 받았다. 이들은 일에 대한 야망이 넘치는 싱글 여성보다는 덜 위협적이었다. 이들은 우느라 정신이 없어서 승진에는 관심이 없었다. 드라마들은 이들이 존경은 아니지만 동정을 받아 마땅하다고 암시했다.

싱글 여성의 정신적 붕괴는 〈몰리 도드의 낮과 밤 The Days and Nights of Molly Dodd〉 같은 훨씬 품격 높은 프로그램들을 사로잡았다. 이 드라마에서 이혼한 서른네 살의 여성 주인공은 남편뿐만 아니라 셀 수 없이 많은 일자리와 남자 친구, 이웃의 여자인 친구, 심지어는 심리 치료사까지 잃었다. 그녀는 무려 여섯 개 에피소드에 걸쳐서 신경쇠약에 시달린다.

NBC엔터테인먼트NBC Entertainment의 수석 부사장 워런 리틀필드Warren Littlefield는 〈몰리 도드의 낮과 밤〉을 발주했을 때 자신들의 "목표"는 "싱글 여성의 실제 삶에 대해 이야기하는" 프로그램을 만드는 것이었다고 언론에 이야기했다.[61] 하지만 1980년대 말 프로그래머들의 상상 속에서 실제 싱글 여성은 정신적으로 무너진 사람들뿐이다. 몰리의 경우 정신병이 그녀의 성격이다. 책임 제작자 제이 타세스Jay Tarses는 "그녀를 신경증 환자로 만든 건 단조로운 인물로 만들고 싶지 않아서였다"고 설명한다.[62] 하지만 타세스는 다른 속성들을 가지고 그녀의 캐릭터에 양념을 가미했을 수도 있었으리라. 결국 그는 미치지 않고서도 기억에 남을 만한 남성 정신 요법 의사가 등장하는 〈밥 뉴하트 쇼The Bob Newhart Show〉에서 기발한 인물을 빚어냈다.

물론 실제 세계에는 몰리 같은 싱글 여성들이 존재한다. 그리고 텔레비전에 등장하는 여성 캐릭터가 건강하게 다양한 세상이었다면, 다양한 문제를 가진 싱글 여성들, 가끔은 흠모할 만한 속성이 결점을 능가하는 싱글 여성들이 텔레비전에 등장하는 세상이었다면 그녀의 캐릭터는 받아들일 만했을 것이다. 하지만 뚱한 몰리는 1980년대 말에 주인공으로 나오는 몇 안 되는 싱글 여성 중 한 명이다 보니 결국 전형으로 기능하게 되었고, 나머지 반격 집단들이 밀고 가는 고정관념을 뒷받침하게 되었다. 그리고 어쩌면 그게 몰리를 만든 사람들의 의도였을지 모른다. 타세스는 몰리에 대해 이렇게 말한다. "그녀는 내게 모든 여성입니다. 그녀의 생물학적 시계가 째깍거리고 있어요. …… 몰리 도드는 메리 타일러 무어하고 180도 다르죠."

메리가 거침없이 말하는 스타일이었던 반면 몰리는 여성의 권리에 대해 침묵했다. 타세스는 이렇게 말한다. "난 많은 여성들이 '우리가 페미니즘에서 얻은 게 뭐지?' 하고 묻는다고 생각해요. '우리가 정말로 얻은 게 있기는 한가?' 그게 몰리 도드의 관점이죠." 만일 이 프로그램의 배경을 1970년대 초로 바꾼다면 시청자들은 "아마 급진적인 페미니스트 행세를 하면서도 남몰래 전통적인 삶을 희망하는" 여성인 몰리를 만나게 되리라고 그는 말한다. 어째서일까? "내가 그렇게 느끼기 때문"이라고 타레스는 말한다. "난 여성운동이 대체 뭘 하겠다는 건지 도무지 이해가 안 됐어요. …… 남성들이 내딛었던 모든 움직임을 페미니스트들이 오해한 걸 수도 있어요. 난 어째서 내가 달걀 위를 걷듯 조심해야 하는지 이해가 안 됐어요. 지금도 뭐가 그렇게 문제인지 이해가 안 돼요. 나한테는 그 어떤 문도 닫힌 걸로 보이지 않았어요."

서른 몇 살: 임신선과 스트레스 장애

여성에 대한 1980년대 트렌드 기사를 전부 모아서 어떤 텔레비전 드라마 대본 기계 속에 집어넣는다면 〈서른 몇 살〉이라는 결과가 나올 것이다. 이 드라마는 ABC가 방영한 유명한 '현실적인 현대극'으로, 신분 상승에 성공한 베이비 부머들을 그리고 있다. 1987년 가을 언론의 비상한 관심을 얻은 이 황금 시간대 드라마는 고치 짓기, 엄마 트랙, 남자 품귀 현상, 생물학적 시계 같은 주제들을 다뤘다. 무책주의 이론의 부정적인 면에 대한 에피소드는 레노어 와이츠먼의 『이혼 혁명』을 직접 인용했다고 봐도 무리가 없어 보일 정도였다. 이 에피소드에서 한 심술맞은 변호사는 별거 중인 남편에게 이 새 이혼법을 이용해서 집을 판 뒤 아내와 아이들을 궁지로 몰아넣으라고 꼬드긴다. 이 인정머리 없는 변호사는 물론 싱글 직장 여성이다.

〈서른 몇 살〉의 제작자들은 이 드라마가 '생각하는 사람'의 텔레비전 시리즈물이라고 홍보했다. 하지만 전형적인 트렌드 기사와 마찬가지로 이 드라마의 대본은 그 어떤 사회적·정치적 분석도 회피한 채 허공에다 도덕주의를 뿜어냈다. 이 드라마의 충고들은 미디어의 트렌드 전통에 발맞춰 전적으로 여성들만을 겨냥했다. 수유를 하며 황홀경에 빠져 주방을 두둥실 떠다니는 좋은 엄마 호프 스테드먼을 향해서는 거룩한 빛이 은혜롭게 쏟아졌다. 그러는 동안 나쁜 노처녀들은 자신들의 불모의 자궁을 움켜쥐고 비참해하며 행복한 스테드먼네 집 주위를 맴돌았다. 《뉴욕타임스》에 실린 기사의 싱글 여성들처럼 이들은 '공허함'과 싸우고 있었다. 이 드라마는 진보적인 것 같지만 공허한 대화들과 그 안에 담긴 메시지에 대한 책임을 거부하는 아이러니한 입장을 가지고 매주 설교와 다름없는 내용들을 포장했다. 인물들은 1950년대 텔레비전의 가정적인 이미지들을 상대로 싸우는 시늉만 하다가 흔쾌히 거기에 굴복했다. 행복한 아내인 호프는 "내가 준 클리버처럼 되어 간다고는 말하지 말라"며 과장되게 말한다. 호프는 마이클을 '워드'(〈비버에게 맡겨 둬〉에 나오는 가부장)라고 부르고, 마이클 역시 자신의 역할에 충실하게 임한다. "그러면 이쯤에서 내가 '월리*, 내 서재로 오려무나'라고 해야 하나?" 하고 그는 말한다.

〈로잔느 아줌마〉에 대해서는 의혹의 눈초리를 거두지 못한 채 뚱보 비하 농담이나 날리던 언론이 〈서른 몇 살〉은 융숭하게 대접

* 〈비버에게 맡겨 둬〉에서 비버의 형.

했다. 심지어 토크쇼들은 좋은 아내 호프 역을 맡았던 멜 해리스Mel Harris를 불러다 놓고 시청자들에게 엄마 역할에 대한 강의를 시키기까지 했다.[63] 심리 치료사들은 미디어에 나와 〈서른 몇 살〉을 칭송했고 자신들이 환자들에게 처방할 수 있는 비디오판 에피소드를 출시해 달라고 ABC를 괴롭히기도 했다.[64] 미국심리학회American Psychological Association는 "내적인 사고라는 개념"을 홍보하는 데 큰 역할을 했다며 1년에 한 번 학회에서 주는 상을 이 드라마에 주었다(이들의 열광적인 반응은 사업적으로도 의미가 있었다. 어떤 교수가 《레드북》*에서 밝힌 바에 따르면 그는 설문 조사를 통해 시청자들이 〈서른 몇 살〉을 보고 난 뒤 "치료에 도전해 볼 의향"이 더 많이 생겼음을 발견했다).[65] 성직자들은 주말 묵상회에서 이 드라마를 활용하여 싱글들에게 조언을 했고,[66] 데이트 서비스업체들은 '서른 몇 살 중매 이벤트'를 마련했으며,[67] 〈뉴 데이팅 게임The New Dating Game〉** 이라고 하는 오락 프로그램에서는 남성 참가자들에게 "단정한 진짜 '서른 몇 살'의 외모"를 약속했다. 조지 부시마저 선거 연설에서 이 드라마를 언급할 정도였다.[68]

이런 열광적인 반응에도 불구하고 이 드라마의 시청률은 25위 이상 올라가 본 적이 없었고 오히려 첫 시즌 이후로 꾸준히 밀려났다.[69] 하지만 광고주들마저 별로 개의치 않았다. 이들은 이 드라마가 '고급 시청자들' 사이에서는 시청률이 높다고 주장하면서 기꺼이 눈에 보이는 사실을 외면했다. 고소득 시청자들을 놓고 텔레비전 산업이 사용하는 이 용어는 업계에서 시장 지분이 줄어들고 있음을 감추려고 할 때 사용하는 전략이었다. 〈서른 몇 살〉의 시청자 다수는 연가계소득이 6만 달러 이상이었고 게다가 절반 이상이 3세 미만 자녀가 있었다.[70] 그래서 반격을 통해 재미를 본 업종들은 〈서른 몇 살〉이라는 시류에 편승했다. 지프 땅콩버터와 쿨에이드***는 "〈서른 몇

* 미국에서 발행되는 여성지.
** 싱글 여성 한 명을 놓고 남성 셋이서 경쟁해 짝을 지어 주는 텔레비전 프로그램.
*** Kool-Aid, 크래프트사에서 나온 청량음료 분말.

살〉느낌"이 나는 광고를 내놓기도 했다.[71] 고치 짓는 커플들을 내세운 캐나다드라이*는 이 드라마를 언급하며 자신들의 메시지를 정당화했다. 그렇다면 광고 회사들은 가정에서 은거하는 게 미국의 '트렌드'라는 걸 어떻게 알았을까? 광고 회사인 웰스리치그린Wells Rich Greene의 광고 제작 감독인 마르시아 그레이스Marcia Grace는 "〈서른 몇 살〉을 시청한 게 정말 큰 도움이 되었다"고 설명한다.[72]

〈서른 몇 살〉은 집에 틀어박혀 더없이 행복해하는 엄마에서부터 신경증에 걸린 노처녀, 위협적인 싱글 직장 여성에 이르기까지 여성에 대한 반격이 종합 선물 세트처럼 펼쳐지는 신전과 같다. 심지어 이 드라마는 여성운동을 직접 겨냥하기도 한다. 이 드라마에서 가장 매정한 인물은 페미니스트다.

호프는 〈서른 몇 살〉에 나오는 여성들의 사다리 맨 위에서 경치를 즐긴다. 이 드라마의 작가 중 한 명인 앤 해밀턴Ann Hamilton은 "호프는 이런 기쁨 속에 그저 존재하기 때문에 그리기가 대단히 어려운 인물"이라고 말한다.[73] "사실 호프는 아무것도 하지 않는다." 이 드라마의 제작자인 에드워드 즈윅Edward Zwick과 마셜 헤르스코비츠Marshall Herskovitz가 처음에 시험 방송용 대본을 작성했을 때는 각 인물들의 짧은 전기가 담겨 있었다. 남성 인물들에 대해서는 직장 생활에서의 목표와 취미, 신념 같은 것들을 묘사해 놓고는 호프 스테드먼에 대해서는 "호프는 마이클과 결혼했다"라고만 적어 놓았다.[74]

호프는 싱글 친구들에게 한숨을 쉬며 이렇게 말한다. "내 인생이 너무 충만해서 죄책감을 느낄 지경이야." 그녀가 상대하는 가장 큰 문제는 자신의 집이 라돈에 오염된 것 같기도 하고 아닌 것 같기도 한 애매한 상태에 있다는 걸 알게 된 것이다. 그녀에게 가장 암울한 순간은 마이클이 잘못된 식당에다 저녁 예약을 하고 보고 싶었던 영화가 매진되었을 때다. 호프는 남편에게 이렇게 말한다. "마이클, 어젯밤은 내 인생 최악의 토요일 저녁이었어!"

전기에 따르면 원래 "성취욕이 강한 사람"이었던 호프는 야망 대신 행복한 가정생활을 택했다. 드라마는 에피소드마다 이것이 올바른

* Canada Dry, 청량음료 브랜드.

선택이었음을 강조한다. 광고 회사의 임원인 마이클이 사소한 재정 문제를 겪을 때 호프는 다시 일에 복귀해야 할지 생각한다. "내가 돈을 벌잖아"라며 남편은 그녀를 안심시킨다. 그리고 두 살된 딸 제이니는? "당신 제이니를 사랑하잖아. 지금은 직장에 복귀하고 싶지 않잖아." 일을 하면서 동시에 아이들을 사랑하기란 불가능한 모양이다.

호프는 "젖을 떼다"라는 중요한 에피소드에서 고치 짓기를 택한 자신의 결정이 옳았음을 다시 한 번 확인한다. 이 에피소드에서 호프는 시간제 잡지 조사원으로 일에 복귀하고 시간제로 일하면서 잡지에 실릴 사실들을 확인하는 작업이 얼마나 고된지 절감하게 된다. 우리는 그녀가 매일 새벽 3시까지 일하는 모습을 보게 된다. 남편은 신음하듯 중얼거린다. "우린 미친 듯이 사랑했었는데." 그녀는 "항상 이런 식은 아닐 것"이라고 사과하자 남편은 "맞아, 더 나빠질 수도 있지"라고 말한다. 호프는 남편의 말이 맞을지 모른다고 걱정한다. 그리고 친구에게 "내가 이뤄 낸 유일한 업적이 완전히 고갈되는 중"이라고 말한다.

업무 중에 호프는 아둥바둥하는 싱글 직장 여성을 만난다. 사실 그녀가 아둥바둥하는 건 호프가 하는 일 때문이다. 호프는 그녀에게 아이를 갖고 싶은지 묻는다. "아, 몰라요"라며 이 여성은 톡 쏘듯 말한다. "난 먼저 내 전략이 제대로 굴러가게 만들고 싶어요. …… 그러니까 내 말은 당장은 관계 같은 거에 신경 쓸 시간이 없다고요." 인내심의 한계를 느낀 호프는 사무실에서 도망쳐 남편 마이클의 품에 안긴다. 그녀는 눈물을 머금고 남편에게 자신은 더 이상 일을 할 수가 없다고 말한다. "난 둘 다 해낼 수 있을 줄 알았는데. 다들 항상 그렇게 말하는데." 마이클은 음흉한 미소를 지으며 그게 "해방과는 거리가 멀다"는 걸 알고 있긴 하지만 자기도 호프가 집에 있었으면 좋겠다고 고백한다. 허락을 얻은 호프는 서둘러 집으로 돌아오고 아기 제이니를 품에 안고 재운 뒤 아기방을 빙글빙글 휘젓고 다닌다. 엔딩 크레딧이 올라갈 때 밴 모리슨*은 "그녀는 천사She's an angel"라고 노래한다.

* Van Morrison, 북아일랜드의 싱어송라이터.

"젖을 떼다" 에피소드를 쓴 리버티 고드셸Liberty Godshall은 이 드라마의 공동 제작자 에드워드 즈윅의 아내다. 〈찰리의 천사들〉 같은 텔레비전 드라마에 단역으로 출연한 경력이 있는 배우였던 고드셸은 항상 "금발의 섹시한 여자 친구" 연기를 해야하는 데 좌절하고는 저널리스트로 전향했다.[75] 그러다가 아이를 가지게 되었고 호프처럼 일을 그만두었다.

고드셸은 "젖을 떼다" 에피소드를 쓸 때 정말로 자녀가 아주 어릴 때는 여성들에게 집에 있으라고 권하려는 의도가 있었다고 말한다. 사실 고드셸은 이 에피소드가 자신이 의도했던 것보다는 이런 주장을 강력하게 펼치지는 못하게 되었다고 말한다. "집에서 지내는 걸 좀 더 예찬하고 싶었던 것 같아요." 어느 날 스튜디오시티에 있는 〈서른 몇 살〉 제작 사무실에서 고드셸과 그녀의 남편은 이 에피소드의 전개에 대개 이렇게 설명했다.[76]

> 고드셸 "난 여성들한테 정말로 필요하지 않으면, 혹은 정말로 정말로 원하지 않으면 그런 시도는 하지 말라고 말하고 싶었어요. 저곳에는 성공이 있지만 실패와 죄책감도 함께 있으니까요."

> 즈윅 "내가 그 에피소드에서 정말로 마음에 들었던 부분은 내면에서 아주 깊이 있게 작성되었다는 거예요……. 호르몬을 가지고 썼다고 할 정도로요. 이 감정에는 그들을 향한 날것이 있었고 난 그 점이 마음에 들었어요……. 이 세대의 여성들은 청소년기가 되자마자 갑자기 저메인 그리어와 베티 프리던을 만나서 '아냐, 아냐, 틀렸어, 틀렸다고. 이쪽이야. 왼쪽으로 돌라고' 하고 명령을 받았어요. 이들은 '아, 좋아' 하고 말하고는 그렇게 했죠. 그리고 아이를 갖자마자 정치와 온갖 미사여구를 무력하게 만드는 어떤 비범할 정도로 강력하게 생물학적이면서도 그저 생물학에 그치지 않는 애착 혹은 유대가 있다는 걸 깨닫고 있어요."

고드셸	"아이를 키운다는 건 세상에서 가장 어려운 일이죠."
즈윅	"아들하고 온종일 같이 보낸 날은……."
고드셸	(즈윅을 힐끔 쳐다보며) "그런 날이 얼마나 된다고."
즈윅	"음, 블록을 가지고 네 시간 이상 놀아 줘야 아내가 외출을 할 수 있어요."
고드셸	"50 대 50이라는 개념이 있었죠. 그건 아들이 태어나기 전의 일이었어요. 이젠 더 이상 그게 가능해 보이지 않아요. …… 난 그[즈윅]를 워드라고 불러요. 즉석 성 역할 같은 거죠."

〈서른 몇 살〉에 나오는 기를 쓰며 노력하는 싱글 프리랜서 사진가 멜리사에게는 그 어떤 즉석 역할도 존재하지 않는다. 그녀 자신의 표현을 빌리면 "내 생물학적 시계가 다해 가고 있음"을 꾸준히 상기시키는 일들과 신경증만 있을 뿐. 멜리사는 1980년대 노처녀 중에서 눈물범벅형에 속한다. 다른 출세 지향적인 싱글 여성들보다 더 불쌍하고 그래서 더 호감이 가게 그려진다.

결혼한 멜리사의 친구들은 항상 한숨을 쉬며 "불쌍한 멜리사"라고 한다. "네가 네 감정에 조금이라도 더 바짝 다가선다면 치근덕거리는 꼴이 될 거야." 싱글 남성인 게리는 이렇게 말하지만 정작 자신은 이런 고통에서 자유롭다. 토요일 밤 소개팅에서 바람을 맞은 멜리사는 눈물을 흘리며 보름달에 대고 한밤중에 맹세를 한다. "호프와 마이클 같은 각자 자기 몫의 문제를 가진 결혼한 사람들을 숭배하지 않겠다고 맹세합니다. 그 문제가 뭔진 내가 알 수도 없고 이들이, 특히 호프가 불평을 하면 죽여 버리고 싶긴 하지만요."

대체로 멜리사는 자신의 불모의 자궁을 애도한다. "난 이 아기를 원해." 멜리사는 제이니 앞에서 칭얼거린다. "어떻게 하면 나도 아기를 가질 수 있을까?" 그 후로 얼마 안 있어 그녀는 어떤 부인과 의사에게 반하고 말지만, 그에게는 이미 자식이 있고 더 이상은 갖지 않겠다는 태도를 보이자 그와 헤어진다. "음, 이제 나와 내 난자들이 떠날 때가 된 것 같군." 그녀는 이렇게 말한다. 나중에 그녀는 속 편한 싱글 게리를 이용해서 임신을 하려 하지만 실패한다. 그 사이에 그녀는 〈생물학적 시계〉라는 퀴즈 프로그램에 갇히는 악몽을 꾼다.

믿을 수 없지만 이 드라마 제작자들이 원래 생각했던 역할은 훨씬 더 극단적이었다. 멜리사 역을 맡았던 멜라니 메이론Melanie Mayron의 회상에 따르면 이 역할을 따기 위한 오디션을 처음 봤을 때 제작자들은 그녀의 캐릭터를 이런 식으로 설명했다. "그 여자를 그냥 '남자에 굶주린' 사람이라고 했어요."[77] 메이론은 이들에게 멜리사의 직업이 뭐냐고 물었다. "아무도 모르더라고요. 그러니까, '남자에 굶주린' 30대 싱글 여성이라니? 이런. 그런 건 20대에나 하는 일이잖아요. 30대가 되면 직업을 갖고, 내가 쓸 돈은 내가 벌고, 매일 개인 소식란이나 읽는 것보단 더 나은 일을 하잖아요."

메이론은 사진사라는 직업을 제안했고 캐릭터를 좀 더 성숙시키고 정신적 고난을 줄여야 한다고 주장했다. "난 그저 싱글 여성이니까 비참해야 한다는 메시지에 화가 났다"고 실제 싱글인 메이론은 말한다. "나나 다른 내 친구들은 전혀 그렇지 않단 말이에요."

그래도 멜리사는 이 드라마에서 어느 정도 동정을 받는다. 하지만 강인한 싱글 직장 여성 엘린은 눈곱만큼도 동정을 받지 못한다. 엘린은 시청 공무원이라는 자신의 일을 좋아한다는 이유로 연애 생활을 몰수당해야 했다. 드라마 제작자들은 그녀의 전기에 그녀를 "성생활이 하락하는 것과 같은 속도로 직장에서 승승장구하는 직장 여성"이라고 설명한다. 멜리사와 마찬가지로 엘린도 처음에는 이보다 훨씬 간단한 설명밖에 없었고 배역을 맡은 폴리 드레이퍼Polly Draper가 꾸준히 로비를 벌인 뒤에야 좀 더 구체화되었다. 드레이퍼의 회상에 따르면 엘린 역을 위해 오디션을 봤을 때 제작자는 "[엘린을] 너무 짜증을 유발해서 그녀가 방에 들어오기만 하면 밖으로 나가 버리게 만드는 그런 종류의 사람이라고 설명했어요. 그리고 이들은 엘린이 호프를 숭배하고 바로 호프처럼 되기를 바라는 인물이기를 바랐죠. 그래서 내가 말했어요. '잠깐만요, 엘린은 독립적이어도 괜찮지 않나요?'"[78]

드라마에서 엘린은 인물 스스로가 "남에게 빌린 가짜의 존재" 같은 삶을 이끌어 간다. 가령 그녀의 아파트는 〈위험한 정사〉에 나오는 싱글 여성의 황량한 숙소마저 대단히 안락해 보이게 만들 정도로 형편없다. "내 집은 빌린 거예요." 엘린은 주위를 둘러보며 이렇게 말한다. "전부 다 빌린 거죠. 소파도, 미술품도, 심지어 소금통까지도요." 그녀의 일은 쇼핑의 여유를 허용하지 않는다. 친밀한 관계는 더욱더 불가능하다. 그녀는 15개월 동안 섹스도 하지 못했다. "일을 안 할 때는 …… 이 운동 수업이 있다"고 그녀는 말한다. "난 연애할 시간도 없다." 한 남자가 그녀의 삶 속으로 들어오자 그녀는 그걸 참아 내지 못한다. 그녀는 이렇게 투덜댄다. "내 일이 고통받고 있어." 그가 그녀에게 "사랑해요"라고 하자 그녀는 "그런 말을 받아들일 수 없다"며 으르렁댄다.

그녀의 직장 생활도 별로 매력적이지 않기는 마찬가지다. "아, 피곤해" 엘린은 호프에게 말한다. "이번 주 매일 밤 10시까지 사무실에서 일했어. 눈 밑에 다크서클 생긴 것 좀 봐." 평온한 호프는 아기를 어르며 묻는다. "위는 괜찮아?" 엘린은 징징댄다. "끔찍하지. 스트레스. 완전 스트레스야." 호프의 아기가 칭얼대기 시작하자 엄마가 되어 본 적이 없는 엘린은 이렇게 톡 쏜다. "그치지 못하겠니?"

엘린의 매력 없는 성격을 만드는 데는 리버티 고드셸도 크게 한몫했다. "네, 엘린은 엉망이죠." 고드셸은 웃으며 말한다.[79] "사실 더 엉망이 되었을 수도 있었어요. 우린 엘린을 마약중독자로 만들자는 생각을 가지고 적당히 장난을 쳤거든요." 심지어 그녀는 엘린의 주제곡으로 인기곡 "중독된 사람Addicted"를 쓰자고 제안하기도 했다. 고드셸과 그녀의 남편이 엘린을 두고 진지하게 고민했던 또 다른 운명은 신경쇠약에 완전히 파묻히는 것이었다. 즈윅의 설명에 따르면 결국 "우린 훨씬 세련된 사건을 선택했다."[80] 엘린이 출혈성 궤양에 걸려 쓰러진 뒤 병원에서 정신을 차리는 것이다. 남자 친구는 "당신이 그렇게 이기적이고 자기 파괴적인 일을 해서 유감"이라고 선언한 뒤 그녀를 차 버린다. 마지막 장면에서 엘린은 부모님 집으로 돌아가 봉제 인형에 둘러싸인 어린 시절 침대에 눕는다. 그 순간 그녀의 여성성이 다시 각성되고 그녀는 제대로 된 '여성적인' 일을 한다. 바로 수화기를 들고 정신과 의사에게 전화를 거는 일이다.

이보다 더 기분 나쁜 싱글 여성의 초상을 상상하기는 어렵지만, 〈서른 몇 살〉은 두 번째 시즌에 이르러 그런 인물을 만들어 낸다. 바로 유머 감각이라곤 없는 페미니스트 수재나다. 수재나는 빈민가의 복지센터에서 노숙자와 구타당한 여성들을 돌보는 일을 하는 전일제 사회복지사다. 수재나는 이런 이타적인 일을 함에도 불구하고 드라마는 그녀를 인간미 없이 차갑고 뻣뻣하며 툭하면 으르렁대는, 친구 하나 없는 관념적 페미니스트로 묘사하는 데 성공한다. 호프 무리 안에 있는 모든 사람이 그녀를 싫어하고 '과도한' 독립성과 쿨하지 않은 정치적 열정을 조롱한다. 심지어 천사 같은 호프마저 뒤에서 수재나를 비웃는다.

결국 이 페미니스트 말괄량이를 길들이는 건 독신남인 게리다. 게리의 아이를 임신한 수재나는 낙태를 결심한다. 하지만 병원에 간 그녀는 생물학적인 시계가 울리는 소리를 듣는다. "난 항상 미루기만 하면서 살았어"라고 그녀는 눈물을 글썽이며 게리에게 고백한다. "미래에 대해 더 이상은 가정만 하면서 살지 않을 거야." 게리는 득의만면하고 수재나는 아기를 낳는다.

〈서른 몇 살〉의 전속 작가 앤 해밀턴은 이렇게 말한다. "이 드라마에 나오는 인물들을 들여다보면 모든 싱글 여성들이 불행하다는 느낌을 갖게 돼요. 이 여성들을 보면서 '아, 이젠 싱글로 살고 싶지 않아' 하고 생각하게 되는 거죠. …… 시청자들이 이 드라마를 얼마나 진지하게 여기는지 생각해 보면 겁이 나요."[81] 제작 회의에서 해밀턴은 "젖을 떼다" 에피소드에 반대했지만 실패했다. 당시 임신 중이었던 해밀턴은 아이를 낳고 난 뒤 일을 그만둘 생각이 전혀 없었다. "그건 마치 '다시 일하러 가면 넌 나쁜 엄마야'라고 말하는 거였기 때문에 기분이 끔찍했죠." 그리고 그 에피소드는 은밀하게 아내의 복종을 선전했기 때문에 그녀는 화가 치밀었다. "호프는 마치 마이클이 원하는 결정을 그대로 따르는 것처럼 보였어요."

〈서른 몇 살〉에 출연했던 여성 배우들 역시 이 드라마가 일하는 엄마를 다루는 방식에 불편해했다. 어쨌든 이들은 전업주부를 찬미하는 프로그램에서 주연을 맡기 위해 자신들의 젖먹이를 어린이 집에 맡기고 있었다(할리우드에서 단 한 곳을 제외한 모든 촬영소가 그렇듯 이 드라마의 제작 회사에도 현장 탁아 시설 같은 건 전무했다). 호프 역을 맡은 멜 해리스는 아들을 낳은 지 9개월 만에 일에 복귀했다. 그녀는 말한다. "난 내가 일을 하기 때문에 더 좋은 엄마이고 더 좋은 사람이라고 생각해요."[82] 이 드라마에 나오는 또 다른 전업 엄마 낸시 역을 연기한 퍼트리샤 웨티그Patricia Wettig는 일도 있고 결혼도 했으며 아이도 있다(그녀의 남편은 호프의 남편인 마이클 역을 맡은 배우였다). 그녀는 말한다. "내 관점에서 보면 세 가지 모두가 너무나도 중요해서 그 어떤 것도 포기하고 싶지 않아요."[83] 드라마에서는 낸시가 동화 일러스트레이터로 잠시 일을 하지만 얼마 가지 않아 난소암에 걸리고, 결국 웨티그의 표현에 따르면 〈오늘은 내가 여왕Queen for a day〉으로 끝나게 된다.[84]

이 드라마를 시청한 여성들마저 드라마의 태도를 못마땅하게 여겼다. 〈서른 몇 살〉의 시청자들을 대상으로 설문 조사를 실시한 ABC의 시장조사 담당 부사장 헨리 샤퍼Henry Schafer는 "중요한 발견 중 하나"는 여성 시청자들이 호프가 집에만 있는 걸 원치 않는다는 점이었다고 말했다.[85] "여성 시청자들은 '호프를 집 밖으로 내보내라, 그녀를 다른 활동 무대로 이동시켜라'라고 말했어요. 우린 그녀가 자원 활동을 하게도 해 보고 직업을 갖게도 해 보고 여러 가지를 시험해 봤죠. 그런데 사람들은 직업을 갖는 걸 가장 좋아했어요."

전일제로 둥지를 지키는 여성을 떠들썩하게 반기는 건 이 드라마의 여성 배우와 시청자들이 아니라 남성 제작자들이었다. 이들은 여성운동과, 이 운동이 자신들에게 미친 영향 때문에 괴로움에 빠졌다. 〈서른 몇 살〉의 공동 제작자 마셜 헤르스코비츠는 한 남성지에서 "남자로 산다는 게 끔찍한 시대라고, 어쩌면 역사상 최악인 시대라고 생각한다"고 투덜거렸다.[86] 그는 "남성들은 일종의 생물학적 지상 과제를 가지고 이 세상에 태어났다"고 말했지만 이젠 더 이상 이런 필요를 표출할 "용납 가능한 경로"가 없다. "최근 몇 년간 남성성은 평가절하되었고 더 이상 별 의미가 없다."

남편과 자녀를 위한 희생이 여성에게 가장 중요한 소명으로 다시 한 번 추앙받는 상황에서 텔레비전 제작자들이 1950년대의 오락 프로그램 〈오늘은 내가 여왕〉을 부활시키는 건 시간문제인지도 몰랐다. 가장 우는 소리를 잘하는 가정주부라는 타이틀을 놓고 여성들이 경쟁을 벌이는 이 악명 높은 오락 프로그램은 1988년에 '개선된' 드라마를 내놓겠다는 계획을 밝힌 프라이스디스트리뷰션*과 다시 관계를 맺을 것으로 보였다. 스펠링의 〈엔젤스〉의 귀환처럼 이 프로그램의 부활은 여성의 진보로 표현되었다. 프라이스의 홍보 담당자 재닛 케틀먼Janet Katelman은 〈신오늘은 내가 여왕All New Queen for a Day〉은 "시대와 함께 변화한 쇼"가 될 것이라고 밝혔다.[87]

　1950년대의 포맷에서 눈물을 짜내는 모든 참가자들은 스텔라 댈러스** 같은 성녀였다. 출연자 각각은 자신의 가련한 자기부정의 운명을 늘어놓았고 청중들은 가장 눈물을 쏙빼는 이야기에 투표를 했다. 운 좋은 우승자는 보통 세탁기나 성에 제거 장치가 있는 냉장고 같은 상품을 집에 가져갔다. 1980년대의 시험 방송에서 이 새로운 프로그램을 위해 선발된 세 참가자(이 글을 쓰는 시점에는 아직 방영이 되지 않았다)는 화상 피해자, 딸이 길거리 갱단에게 살해당한 여성, 아이가 없어서 입양을 하기로 한 여성이다. 그리고 과거의 프로그램과 마찬가지로 이 여성들은 투표권을 가진 청중들 앞에서 자신들의 비통한 이야기를 털어놓을 것이다. 그렇다면 이 새로운 〈오늘은 내가 여왕〉은 어떤 면에서 "시대와 함께 변화했다"는 걸까? 케틀먼은 이렇게 설명한다. "모든 여성이 상품을 탈 것이다. 패자는 없다." 하지만 페미니즘을 향해 반격의 칼을 휘두르는 텔레비전이라는 거울에서 또 다른 왜곡된 자아상을 마주한 수백만 여성 시청자들까지 감안한다면 정말로 패자가 없다고 말할 수 있을까?

* Fries Distribution, 영화 제작자이자 텔레비전 프로그램 제작자인 찰스 프라이스Charles W. Fries가 만든 제작사.
** Stella Dallas, 노동계급 출신으로 상류층 남성과 결혼하여 딸을 낳지만 남편과 딸 모두에게 버림받는 동명의 영화 속 주인공.

7장
인형 옷 입히기

1987년 10월 19일 주식시장이 붕괴한 지 겨우 열흘 지났을 때 프랑스 패션 디자이너 크리스티앙 라크루아Christian Lacroix는 월스트리트에서 진행된 한 상류층 특별 행사에서 '럭스Luxe' 컬렉션을 선보였다. 금융 붕괴 이후 치러지는 행사니만큼 무대는 우뚝 솟은 세계금융센터 1층이었다. 위층에 있는 중개인들이 난장판을 우울하게 들여다보는 동안 목에 십자가를 걸고 볼이 움푹 팬 모델들이 마당에 설치된 런웨이를 거닐었고, 옷걸이 같은 모델들의 몸은 약 9킬로그램 무게의 크리놀린*과 태피터** 아래서 건들거렸다. '마리아', '모우니아', '베로니카', 그리고 '카토우차'의 부풀려진 가슴은 양배추 크기의 장미와 함께 꽃을 피웠다.[1] 끈으로 꽉 졸라맨 허리 아래엔 호박 형태의 치마가 풍선처럼 부풀어 있었다. 세 겹의 버슬***은 뒤태를 책임졌다. 라크루아는 이 옷들은 "어린 소녀처럼 차려입고" 싶은 여성들을 위한 것이라고 말했다.[2] 하지만 라크루아의 가격표는 어린 소녀들에겐 걸맞지 않았다.[3] 무려 4만 5,000달러에 달하는 옷도 있었는데, 파리에서 온 옷 중에서 가장 비싼 축에 속했다.

마침내 조명이 들어오자 패션 담당 기자들이 좌석을 박차고 일어나 분홍색 카네이션을 런웨이에 흩뿌렸다. 고급 여성복계의 '메시아'를 향해 우레와 같은 박수 갈채가 쏟아졌다. 메시아라는 칭호는 1년 전 그가 파리에서 최초의 '아기 인형Baby Doll' 라인을 선보였을 때 패션 언론들이 그에게 하사한 것이었다. 저 멀리서 레블론****의 후원금

* crinoline, 치마를 부풀리기 위해 속에 입는 틀.
** taffeta, 주로 드레스를 만드는 데 쓰는 빳빳한 견직물.
*** bustle, 치마의 뒷자락을 부풀게 하기 위해서 이용하는 허리받이.
**** Levlone, 미국의 화장품 회사.

을 받아 패션계의 구세주에게 경의를 표하는 의미로 폭죽이 터지자 부유한 초대 손님들은 1인당 500달러짜리 식사가 차려진 윈터가든 아트리움으로 발길을 옮겼다. 3,000개의 봉헌 양초에 둘러싸인 그곳에서는 고급 여성복계의 지지자들이 전략적으로 패션계 언론인들이 들을 수 있는 거리에서 라크루아의 버블 스커트에는 "독립적인 강인함과 감성"이 줄줄 흘러넘친다는 식의 숭배심을 담은 찬사를 늘어놓았다.4) 한 디자이너는《뉴욕타임스》에 마치 "피카소의 작품으로 가득한 방에" 있는 것 같은 느낌이었다고 말했다.

럭스 드레스가 버그도프굿맨*에서 판매되기 시작하고 라크루아가 사인을 하기 위해 대기하자 이틀 만에 일흔아홉 명의 상류층 부인들이 3만 3,000달러짜리 주문을 넣으려고 몰려들었다.5) 어쩌면 메시아는 여성들이 고결한 여성성High Femininity을 뽐낼 수 있게 해 줄 것이다. 아니면 숭배심이 부족한 관찰자들이 1987년 봄 패션계가 난데없이 주름 장식과 페티코트로 우회하는 모습을 일컬어 표현한 대로 "프루프루"**거릴 수 있게 해 줄 것이다. 최소한 디자이너와 소매상들은 그가 실제로 여성들을 변신시켰기를 바랐다. 1986년 7월 파리에서 진행된 라크루아의 '판타지 패션' 데뷔가《우먼스웨어데일리》로부터 극찬을 받은 뒤 스물네 곳의 고급 여성복점 중 스물한 곳이 자체적으로 고결한 여성성을 뽐낼 수 있는 옷을 서둘러 만들어 냈다.6) 의류 제조사들은 '인형처럼 차려입은 여성'이라는 개념을 홍보하기 시작했고, 소매상들은 불룩하게 부풀린 푸프 스커트와 미니스커트, 파티 걸 드레스, 그리고 몸을 꽉 조여서 허리를 3인치까지 줄여 주는 옷들을 쌓아 올렸다. 그리고 패션계 언론들은 '요정처럼 매력적인 말괄량이 룩'을 홍보하고 1987년을 '드레스의 해'로 선언함으로써 순항을 도왔다. 하지만 이 모든 준비는 허사였다. 그해 봄 여성들이 더 이상 옷을 구입하지 않았던 것이다.

메시아라는 라크루아의 별명은 의도보다 더 잘 맞아떨어졌다.

* Bergdorf Goodman, 미국의 고급 백화점 체인.
** froufrou, 과도한 장식이 내는 소리를 표현한 의성어이자, 그런 소리를 낼 정도로 장식이 많은 옷을 가리키는 말. 고상함을 빈정대는 뜻으로도 쓰인다.

원래대로라면 1980년대 말 여성복 시장을 부활시키기 위해 신적인 수준의 개입을 할 수도 있었을 것이다. 부의 과시에 대한 열광을 위축시킨 블랙먼데이*는 해외와의 경쟁, 엄청난 합병 부채, 기록적인 수준의 원재료 비용, 해외 달러 가치의 하락, 그리고 마지막 치욕인 미국 여성들의 외면 때문에 이미 침체된 산업에 마지막 일격을 가했을 뿐이었다.

옷 쇼핑에 대한 소위 여성들의 열정은 한동안 부진한 상태였다. 1980년부터 1986년까지 여성들은 집, 자동차, 외식, 보건 의료 서비스에 지출하는 돈은 늘리면서도 속옷을 비롯한 의류에 지출하는 돈은 줄이고 있었다.[7] 불안한 경제 상황도 한몫했지만 대체로 여성들이 이제는 옷 쇼핑을 그다지 즐기지 않는 것 같았다. 한 여론조사에 따르면 80퍼센트의 여성이 옷 쇼핑을 싫어한다고 말했는데, 이는 10년 전보다 두 배 늘어난 수치였다.[8]

1980년대 내내 의류 제조사와 소매업체 들은 옷 가격을 빠르게 부풀려서 줄어들고 있는 쇼핑객으로 인한 손실을 상쇄하려 했다. 하지만 점점 많은 점포들이 옷 가격을 올릴수록 여성들은 더욱 옷을 사지 않았다. 그러다가 고결한 여성성의 해인 1987년 옷 가격이 무려 30퍼센트나 급등했다.[9] 여성들은 정가표를 한번 들여다보고, 허벅지 길이의 드레스를 쳐다본 뒤 가게를 나와 버렸다. 그해에는 아무리 가격을 올려 줄어드는 판매량을 상쇄해 보려 해도 여성복 총판매고는 10년 만에 처음으로 하락했다.[10] 소위 드레스의 해에 드레스 판매액만 4퍼센트 하락했다. 심지어 성수기인 크리스마스 시즌에도 패션업계 판매고가 하락했다.[11] 1982년의 불황 때도 없었던 일이었다. 그리고 이는 한쪽 젠더에 국한된 현상이었다.[12] 사실 같은 해 남성복 판매고는 2.1퍼센트 늘었다.

미디어의 표현에 따르면 1987년 여성들의 "패션 반란"과 "비싼 가격에 대한 충격의 봉기"는 패션업계를 거의 궤멸시키다시피 했다. 그리고 드레스 판매업자들이 싫은 기색이 역력한 고객들에게 주름 장식을 강요하면 할수록 이들의 이윤폭은 곤두박질쳤다. 또 한 번 주

* Black Monday, 1987년 10월 19일 주식시장 폭락일.

름 장식과 버블 스커트, 미니스커트로 한 시즌을 보내고 옷 가격을 다시 한 번 40퍼센트 상승시킨 뒤인 1988년 봄, 의류 소매업체들의 주식은 급락했고 분기 소득은 50퍼센트와 75퍼센트까지 떨어졌다.[13] 의류가 판매액의 75퍼센트를 차지하는 백화점들은 수천만 달러의 이윤을 날렸다. 1988년 2/4분기에 이르자 의류업계의 연간 여성복 판매액이 고결한 여성성 룩이 도입되기 직전 기간에 비해 40억 달러 이상 줄어들고 있었다.[14]

어쩌면 디자이너들은 이를 예상했을지도 모른다. 이들은 평균적인 미국 여성을 몸무게 약 64킬로그램에 10이나 12사이즈의 옷을 입는 32세 여성으로 상정하고 '어린 소녀' 드레스와 '호리호리한 실루엣'을 밀어붙였다.[15] 키가 162센티미터가 넘거나 14보다 작은 사이즈를 입는 미국 여성은 4분의 1도 되지 않았다. 하지만 패션복의 95퍼센트가 여기에 맞춰 디자인되었다. 1987년에 선을 보인 주름 장식이 많은 복고풍 패션 중에서 실제로 유행한 건 단 하나 페플럼peplum이었다. 이는 허리에서 떨어져서 펑퍼짐한 엉덩이를 가려 주는 덧치마 같은 천이다.

어떻게 패션업계는 이런 어이없는 마케팅 실수를 할 수 있었을까? 골드만삭스Goldman Sachs의 소매업 분석가인 조셉 엘리스Joseph Ellis가 1년 전 자신의 분석 「여성복 소매업의 붕괴: 원인은?The Women's Apparel Retailing Debacle: Why?」에서 지적했던 바에 따르면 인구학은 "수년간 인구가 강력하게 고령의 범주로 이동하고 있다고 경고해 왔다."[16] 하지만 디자이너, 제조업체, 소매업체 들은 "정확히 반대 방향으로" 움직였다. 엘리스는 패션업계에서 적절한 소비자 연구를 진행하지 못했음이 틀림없다는 관대한 결론을 내렸다.

하지만 베이비 붐 세대의 나이가 들고 있음을 알아내기 위해 굳이 패션업계가 마케팅 전문가를 고용할 필요는 없었다. 1987년에 주름 장식이 폭증한 것은 그저 오해가 아니었다. 이는 현대 여성 쇼핑객들의 습관이 점점 독립성을 띠고 있다는 사실에 대한 묵은 좌절과 분노가 표출된 것이었다. 한 프랑스 패션 디자이너는 1980년대 중반에 디자인업체들을 돌아보다가 『성공하는 남자의 옷차림』의 저자인 존 몰로이John Molloy에게 "미국 여성들에게 무슨 문제가 있나요?" 하고 톡 쏘듯 말했다.[17] "아무리 말을 해도 이젠 듣질 않아요. 우린 그들에게 옷 입는 법을 알려 주지만 들은 척도 안 하네요." 혹은 라크루아가 나중에 불평한 것처럼 "1960년대와 1970년대의 여성해방운동 때문에 여성들의 패션 감각이 떨어졌"고 워낙 많은 부유층 여성 고객들이 고급 여성복을 저버리는 바람에 "아랍 공주들과 고풍스러운 노부인들만 고객으로 남았다."[18] 고결한 여성성은 해방된 여성들의 관심을 뒤엎으려는 역공이었다. 고결한 여성성을 주도적으로 기획하는 데 참여한 패션 디자이너 아널드 스카시Arnold Scaasi의 설명에 따르면 이 새로운 패션 칙령은 "페미니즘 운동에 대한 대응이고, 일종의 전쟁이었다."[19]

라크루아와 동료 디자이너들의 사명은 이 전쟁에서 승리하는 것, 여성들이 말을 듣게 만들고 때로는 말 그대로 이들에게 고삐를 채우는 것이었다. 라크루아는 자신의 패션쇼에 화물용 밧줄에 묶인 '카우 걸' 모델을 내세운 적도 있었다.[20] 여성들이 옷을 많이 사는 걸로는 성에 차지 않았다. 여성들은 고급 여성복 디자이너들이 사라고 명령한 옷을 사야 했다. 미국패션디자이너협회Council of Fashion Desingers of America가 1987년 라크루아에 대한 찬사에서 늘어놓은 표현처럼 디자이너들은 여성들에게 자신들이 원하는 옷을 입히고 싶어 했다.[21]

전에도 1987년과 거의 동일한 사건이 있었다. 그것은 바로 1947년의 패션 전쟁이었다. 제2차 세계대전 동안 바지와 굽 낮은 신발, 헐렁한 스웨터의 장점에 눈을 뜬 여성들은 종전 후 평화기가 찾아온 뒤에도 이를 포기하지 않으려 했다.[22] 당시《타임》의 설명에 따르면 패션계는 주문이 무려 60퍼센트까지 줄어들면서 "무서운 슬럼프"에 빠졌다.[23] 그리고 프랑스 디자이너 크리스티앙 디오르Christian Dior가 엉덩이에는 크리놀린을 집어넣고 허리에는 코르셋을 채우고 풍선처럼 부풀린 긴 치마를 앞세운 "뉴 룩New Look"(사실상 이는 오래된 후기 빅토리아 스타일이다)을 발표했을 때 여성들은 몸서리칠 뿐이었다. 30만 명이 넘는 여성들이 뉴 룩에 저항하는 뜻에서 '무릎 조금 아래 클럽Little Below the Knee Clubs'에 가입했고, 니먼마커스*가 디오르에게 올해의 패션 상을 수여할 때 여성들은 밖에 서서 "뉴 룩 반대"라고 적힌 플래카드를 흔들었으며, 17인치보다 굵은 허리는 "혐오스럽다"고 믿는 이 남성에게 야유를 보냈다.[24] 노동 변호사 애나 로젠버그Anna Rosenberg는 "오늘의 뉴 룩을 내일은 잊히게 하자"라고 선언했고, 많은 사람들이 그녀와 같은 정서를 공유했다. 그해 여름 한 여론 조사에서 여성 다수가 디오르 스타일을 싫어하는 것으로 나타났다.[25]

하지만 여성들의 이런 선언은 이들을 침묵시키겠다는 디자이너의 고집만 더 부추기고 말았다. 디오르는 "목소리가 제일 큰 여자들은 …… 곧 가장 긴 드레스를 입게 될 것이고 …… 당신은 절대 그 패션을 중단할 수 없다"고 응수했다.[26] 소매업체들과 패션 언론이 2년간 홍보전을 벌인 끝에 1940년대 말쯤 되자 디오르가 승기를 잡았다. 여성들은 다소 누그러뜨린 형태긴 했지만 뉴 룩을 입고 다녔다. 그리고 이들은 허리를 2인치 줄일 수 있는 코르셋을 입으라는 디오르의 명령에 복종했다.[27] 사실 허리를 3인치까지 줄여 주는 뷔스티에는 얼마 가지 않아 연 600만 달러의 매출을 기록했다.

패션업계는 반격의 나팔을 울릴 때마다 가혹하게 몸을 구속하는 옷을 토해 냈고 패션계 언론은 여성들에게 이런 걸 입어야 한다고 요구했다. 후기 빅토리아시대 언론에 실린 코르셋에 대한 많은 남성들의 추천사 중 하나는 "소녀가 우아하고 여성스러운 자태와 감정으로 성숙하기를 원한다면 그녀를 꽉 묶어 주라"고 조언하기도 했다.[28] 19세기 후반에는 의류 제조업체들이 거대한 후면 버슬로 점점 갈비뼈를 으스러뜨릴 것 같은 드레스를 만들어 냈다.[29] 그리고 좀 더 편안하고 스포츠 지향적인 옷에 대한 여성들의 드레스 개혁 운동이 일어나자 언론은 비웃음이라는 무기로 이를 효과적으로 으스러뜨렸다. 영향력 있는 여성지 《고디스레이디스북》**은 이런 "펑퍼짐하고 광대 같은 옷"을 비웃었고 이런 옷을 찬성하는 사람들을 드레스 "파괴자들"이라고 불렀다.[30]

* Neiman Marcus, 미국의 고급 백화점 체인.
** 19세기에 필라델피아에서 발행된 미국 최초의 여성지.

패션업계가 1980년대에 다시 행군 명령을 내리기 시작했을 때 홍보 담당자들은 지배 의도를 축소하고 여성의 필요에 맞추는 척하는 홍보 문안을 내세웠다. 반격의 문화에 기여한 다른 공로자들처럼 패션계 상인들은 현대 여성은 여성성을 고갈시킨 과잉 평등 때문에 고통받고 있음에 틀림없다는 생각에 집착했다. 패션의 측면에서 반격의 주장은 여성해방은 여성들이 여성적인 옷을 차려입을 '권리'를 부정했고 1970년대의 출근복은 여성의 정신에 족쇄를 채웠다는 식이었다. 디자이너 밥 매키Bob Mackie는 "많은 여성들이 지나치게 기성복을 많이 입었고 그건 매력이 없었다"고 말한다.[31] "어쩌면 심리학적으로 그건 이들의 여성성을 해치는지 몰라요. 뉴욕에 가면 기성복을 입고 월스트리트를 활보하는 여성들이 많죠." 패션 디자이너 아널드 스카시는 여성들이 "여성적인 속성을 잃기 시작했음"을 깨닫게 되었다고 말한다.[32] "여성들은 집에 가서 옷을 차려입음으로써 이제 각자의 개별성을 위해 투쟁하고 있어요."

어찌나 절박했던지 패션업계는 유서깊은 관행마저 부정하기 시작했다. 패션계 홍보 담당자들은 여성성은 여성의 본성에 뿌리를 두고 있기 때문에 '영원하다'고 오랫동안 침이 마르게 예찬해 왔다. 그런데 지금 와서 잘못된 옷을 입으면 이 영원한 여성적 본성이 지워질 수 있다고 여성들에게 말하고 있었던 것이다. 이는 푸프 스커트에서부터 팬티에 이르기까지 모든 종류의 옷을 팔러 다니는 상인들이 내세우는 기본 방침이 되었다. 속옷협회Intimate Apparel Council의 대변인인 캐런 브롬리Karen Bromley는 "우린 정장을 입었고, 더 이상 우리의 정체성이 뭔지 알 수 없게 되었다!"고 소리쳤다. "우린 이런 정체성 위기를 겪었고, 남자처럼 옷을 입었죠."[33]

하지만 여성들이 옷장 속을 들여다보면서 맞닥뜨린 '정체성 위기'는 1980년대 패션업계가 날조한 것이었다. 의류 제조업체에는 이런 우려를 유도할 이유가 충분했다. 쇼핑을 유도하는 가장 큰 동기가 바로 개인의 불안이기 때문이다. 1980년대 초에 여성의 패션 쇼핑 습관에 대한 가장 큰 연구 중 하나를 수행한 웰스리치그린은 여성들의 자신감과 독립성이 높아지면 쇼핑하고 싶은 마음이 줄어들고, 일을 즐기면 즐길수록 옷에는 별로 신경을 쓰지 않게 된다는 사실을 확인했다.[34] 이 광고 회사의 조사에 따르면 패션을 열심히 추종하는 여성은 아주 젊은 여성, 아주 사회적인 여성, 아주 걱정이 많은 여성 단 세 집단뿐이었다.

패션업계의 홍보 담당자들은 '젊은 패션'을 끈질기게 홍보함으로써 점점 나이가 드는 베이비 붐 세대 여성들 내에서 걱정을 유발하고 악화시키는 데 일조하면서도 분명하게 오리발을 내밀었다. 그 대신 이들은 동네북이나 다름없는 페미니즘을 비난했다. 이들은 패션계 기자들에게 여성운동이 '성공을 위한 드레스'를 발명하고 이를 여성들에게 떠안김으로써 여성들의 의류에 대한 '정체성 위기'를 만들어 냈다고 입이 닳도록 이야기했다. 이는 1980년대의 여성에 대한 관례적인 사고와 잘 맞아떨어지는 비난이었고 패션 언론들은 기꺼이 이런 소리를 주워섬겼다. 하지만 그건 또 하나의 반격 신화일 뿐이었다. 여성 운동계 지도자들은 브래지어 화형식과 아무런 관련이 없듯 정장을 들이민 것과도 별 관련이 없었다.

집에서 입는 누더기에서 회색 플란넬 옷감으로

"여러분은 놀고 있는 게 아니라 일하고 있는 것처럼 보여야 합니다."[35] 헨리 벤델Henri Bendel의 사장은 "자신감 넘치는 옷 입기"라는 제목으로 1978년 《하퍼스바자》에 실린 한 기사에서 여성 독자들에게 이렇게 조언했다. 이는 여성들에게 자신감과 권위가 돋보이는 정장을 입으라고 권하던 당시의 많은 특집 기사 중 하나였다. "원하는 직업에 맞춰 옷을 입어라."《마드모아젤》은 1977년 9월 호에서 독자들에게 이렇게 말했다.[36] "직업에 위계가 있듯 옷에도 위계가 있다." 1979년 9월 《마드모아젤》의 커버스토리는 회색 플란넬 정장과 몸에 꼭 맞는 트위드 재킷은 "인생에서 중요한 일을 하는 여성"을 위한 것이라고 홍보하며 "성공을 위한 옷차림 안내"를 내놓았다.[37] 1970년대 말의 패션 언론들은 여성들의 날로 증가하는 경제적·정치적 열망을 가장 이상적으로 표현한 것은 바로 맞춤 정장이라고 입을 모았다.

패션 언론이 이런 생각을 갖게 된 건 여성운동 때문이 아니라 남성 패션 컨설턴트의 글 때문이었다. 존 몰로이가 쓴 『성공하는 여성의 옷차림 *The Woman's Dress for Success Book*』은 1977년에 일약 인기 도서가 되었고 5개월 이상 《뉴욕타임스》 베스트셀러 목록에 올라 있었다. 몰로이의 첫 책인 『성공하는 남성의 옷차림』이 남성들에게 옷차림에 대한 충고를 늘어놓았듯 이 책은 야심만만한 직장 여성들에게 직장인으로서의 옷차림에 대한 간단한 조언을 제시했다. 1975년에 출간된 첫 책 역시 큰 인기를 모았다.[38] 하지만 10년 뒤 패션계 미디어가 '성공을 위한 옷차림'에 등을 돌렸을 때 이들은 여성용 책에 대해서만 비난의 화살을 날렸다.

사립 고등학교 영어 교사 출신인 몰로이는 돈벌이를 위해 1970년대 중반 직장 여성의 옷차림에 대한 연구에 관심을 가졌다.[39] 당시엔 여성을 고용하라는 연방 정부의 압력 때문에 AT&T와 U.S. 스틸 U.S. Steel 같은 회사들이 착한 양성평등 고용주처럼 보이게 해 주는 세미나와 연구에 돈을 대고 있었다. '감정'을 근거로 패션 트렌드를 결정했던 고결한 여성성의 행상들과는 달리 몰로이는 실제 직장 여성 수백 명을 대상으로 설문 조사를 실시했다. 심지어 연구 보조원들을 몰래 파견하여 직장 남성과 직장 여성의 옷 입는 습관을 엿보게 했고, 4년간 연구를 하면서 수백 명의 직장 여성들로부터 도움을 얻어 옷차림과 경력의 변화를 추적했다.[40]

몰로이는 이 연구 결과를 근거로 비즈니스 정장을 입은 여성은 자신이 임원 같은 대우를 받고 있다고 느낄 가능성이 1.5배 더 높고 남성들에게 권위를 도전받을 가능성이 3분의 1 더 낮다고 계산했다. 반면 남자든 여자든 섹슈얼리티에 대한 관심을 불러일으키는 옷차림을 즐길수록 직장 내 지위가 낮아졌다. "직장에서 성공하는 옷차림과 성적 매력을 발산하는 옷차림은 거의 상호 배타적이다."[41]

몰로이가 직장인의 옷차림에 관심을 가진 것은 상업적인 이유에서였지만, 그의 책에는 계급과 성 때문에 불리한 위치에 놓인 사람들을 위한 도화선이라는 정치적인 함의가 있었다. 자신 또한 중하층 출신이었던 몰로이는 비슷한 처지의 독자들을 상대로, 그의 표현에 따르면 "부모는 대학 근처에도 가 보지 못하고", "옷을 고를 때 사회경제적 장벽을 극복"하려고 애쓰는 "자수성가형 미국인들"을 상대로 이야기를 펼쳤다.[42] 저자는 여성들의 상승 심리를 응원했고, 지위를 개선하고 싶으면 몸보다는 머리에 의존하라고 권했다. 그는 "많은 여성들이 아직도 여성의 경쟁법은 성적 대상으로서 경쟁하는 것뿐이고 패션 트렌드를 따르는 것이 최고의 승리법이라는 의식적·무의식적인 믿음에 기대고 있지만, 실제로 이것은 효과가 없다"고 말했다.[43]

몰로이의 여성용 도서가 1970년대에 베스트셀러가 되자 출판사들은 즉각 세 권의 복제품을 만들어 냈다.[44] 소매업체들은 몰로이의 이름을 들먹였고 심지어 이 옷차림 권위자가 개인적으로 자신들의 비즈니스 웨어를 선택했다는 주장을 하기도 했는데 이는 대부분 거짓말이었다.[45] 《뉴스위크》는 성공을 위한 옷차림이 하나의 트렌드라고 선언했다.[46] 그리고 이후 3년간 여성지들은 "당신의 성공을 보장해 주는 옷장, 힘이여 솟아라!"나 "할 말이 있을 때는 무엇을 입을까?" 같은, 정장뿐만 아니라 정장이 상징하는 야망을 승인하는 수십 개의 패션 기사를 재탕 삼탕 우려먹었다.[47] 처음에는 패션 제조업자들도 성공을 위한 옷차림을 환영했다. 이들은 직장 여성의 포부에 찬가를 부르는 새 광고를 내놓았고, 물론 여기엔 이 목표를 실현하려면 정장을 입어야만 한다는 단서가 붙었다. 의류 제조업체들은 새로운 미개척 시장을 개척한다는 생각이었다. "정장의 성공으로 패션업계가 황홀경에 빠졌다"고 《뉴스위크》는 1979년 밝혔다.[48] 이들이 그런 식으로 느끼는 데는 충분한 이유가 있었다.[49] 그해 여성의 정장 판매가 두 배 이상 늘었기 때문이다.

하지만 패션계 장사치들은 열광의 도가니에 빠져 몰로이의 책에서 핵심적으로 주장하는 바를 간과했다. 그것은 바로 성공을 위한 옷차림은 여성들이 돈을 모을 수 있게 해 주고 여성들을 패션 희생자의 지위에서 해방시킨다는 사실이었다. 비즈니스 정장은 패션의 요란한 변덕에 휘둘리지 않았기 때문에 여성들은 (남성들이 항상 그렇듯) 몇 날 며칠 똑같은 정장을 입고 그저 블라우스와 악세사리만 바꾸기만 해도 되었다. 그리고 이는 한 주 동안 매일 바꿔 입을 다른 옷을 장만해 놓는 것보다 더 경제적이었다. 여성들은 초반에 한 세트의 정장에 투자를 하고 나면 한동안 쇼핑에서 벗어날 수도 있었다.

1980년부터 1987년 사이에 연간 정장 판매는 약 600만 벌 가까이 증가한 반면 드레스는 2,900만 벌 줄어들었다.[50] 이 기간 정장 판매로 얻은 6억 달러의 소득은 훌륭했지만 드레스 판매에서 패션 산업이 손해 본 수십억 달러를 벌충해 주지는 못했다.[51] 제조사들이 손실을 만회하기 위해 정장 가격을 올리자 사태는 더 악화되었다. 여성들이 해외업체가 만든 더 싼 정장을 구매하기 시작했기 때문이다. 1981년부터 1986년까지 여성 정장 수입은 세 배 가까이 늘어났다.[52]

몰로이의 책은 "많은 수의 직장 여성들이 이 유니폼을 받아들이게 되면 사나운 공격을 받게 될 것"이라고 예측했다.[53] 이 옷차림 조언가는 패션업계가 아예 정장을 옷걸이에서 끌어내리려 할지 모른다고 경고했다. "그들은 그걸 여성에 대한 자신들의 지배권을 위협하는 것으로 여길 것이다. 그리고 이들의 판단이 맞을 것이다."

작은 보타이를 위한 진혼곡

1986년 미국 의류 제조업체들은 여성 정장의 1년 생산량을 40퍼센트 감축했다.[54] 이듬해에는 여기서 또 생산량이 40퍼센트 줄어들었다. 몇몇 대형 정장 제조업체들은 여성 라인을 완전히 접었다. 갑작스럽게 감축이 단행된 것은 수요가 없어서가 아니었다.[55] 1986년 여성의 정장과 블레이저코트 구매는 5.3퍼센트 증가했다. 그리고 이런 감축은 젠더 문제와 무관하지 않았다.[56] 같은 2년간 남성 정장 생산량은 동일하게 유지되었다.

얼마 가지 않아 백화점들은 1970년대 말 직장 여성들을 위해 문을 열었던 임원 의상 전문동을 단계적으로 없앴다.[57] 마셜스Marshall's 는 직장인 코너를 없앴고 카슨피리스콧Carson Pirie Scott 은 여성용 기업 부서를 접었으며, 니먼마커스는 많은 매장에서 코디되어 있던 여성용 비즈니스 정장을 모두 없애 버렸다. 폴해리스Paul Harris Stores 는 직장 여성용 옷에서 미니스커트로 갈아탔다(그래서 곧바로 560만 달러의 손실을 봤다). 그리고 1984년에 문을 열었을 때 여성용 브룩스브라더스*라고 스스로를 지칭했던 올컷앤앤드루스Alcott & Andrews 는 주름 잡힌 드레스를 쌓아 놓기 시작했다. 몰로이가 1987년 뉴욕에 있는 매장을 찾았을 때는 단 한 벌의 정장도 찾을 수가 없었다[58](2년 뒤 올컷앤앤드루스는 도산했다).

패션 담당 기자들은 한때 성공을 위한 옷차림이라는 개념을 칭송했을 때만큼이나 열렬하게 이 개념을 매장시켰다. 《마드모아젤》은 1987년 "성공을 위한 옷차림의 죽음"이라는 제목의 기사에서 "작은 보타이여 안녕"이라며 작별를 고했다.[59] 이 외에도 "멍청한 파란 정장의 죽음"이나 "복종을 위한 유니폼 끝내 잠들다" 같은 비슷한 사망 기사가 미디어에 넘쳐났다.[60] 후자의 표제(《시카고트리뷴》에 실렸던 제목이다)가 시사하듯 이 기사들은 이제 불평등한 직장 내 지위가 아니라 비즈니스 정장이 여성의 기회에 가장 큰 위협이라고 주장하고 있었다. 어떤 패션 컨설턴트는 《로스앤젤레스타임스》의 특집 기사에서 "[정장은] 당신이 성공하지 못했음을 말해 준다. 당신에게는 옷을 마음대로 입을 자유가 없고, 그건 당신에게 권력이 없다는 뜻이기 때문"이라고 주장했다.[61] 1980년대의 패션 이론에 따르면 구속은 곧 등장하게 될 코르셋 타이가 아니라 작은 보타이 안에 깃들어 있었다.

성공을 위한 옷차림에 반대하는 운동이 완성태에 도달하기 위해 필요한 것은 한 명의 악당뿐이었다. 존 몰로이는 확실한 선택이었다.[62] 패션계 언론들은 곧 그에게 세 가지 죄목을 갖다 붙였다. 그는 "그 무시무시한 작은 보타이"를 홍보하고, "재미없는 파란 정장"을 들이밀고, 여성들을 "유사 남성"으로 보이게 만들었다는 이유로 기소되었다. 처음 책이 나왔을 때 몰로이는 인기가 워낙 많아서 신문들이 앞다퉈 그의 특약 칼럼 "해내다"에 입찰했다. 하지만 몰로이의 이름이 패션계의 블랙리스트에 오르자 신문들은 주문을 취소했다. 처음에 몰로이에게 칼럼 게재를 하자며 접근했던 한 주요 일간지는 "패션계 사람들이 그냥 놔두지 않을 것"이라며 발을 뺐다.[63]

몰로이에 대한 비난은 전체적으로 날조된 것이었다. 사실 몰로이의 책은 보타이에 대해 한 번도 언급하지 않았다. 책이 출간되었을

* Brooks Brothers, 미국에서 가장 유서 깊은 남성복 전문 브랜드.

때 보타이는 출시되지도 않았던 것이다. 그의 책은 파란 정장을 옹호하지도 않았다.[64] 몰로이는 회색이 더 권위적인 느낌이 난다고 생각했고 그래서 회색을 권했다 그리고 그의 책 전체는 여성들에게 특히 "유사 남성"처럼 보이지 않게 옷을 입는 법을 조언하는 데 전념했다.[65] 『성공을 위한 옷차림』은 많은 잡지 기사의 주장처럼 전적으로 정장만 싸고돌지도 않았다. 그의 책은 여성들에게 블레이저와 맞춤 스커트, 그리고 드레스로 출근복에 변주를 주라고 제안했다. 패션계 언론들이 공격한 융통성 없는 옷차림은 이들 자신이 만들어 낸 상이지 몰로이의 주장이 아니었다. 몰로이 자신이 지적하듯 발 빠른 의류 산업은 그의 주장을 이용한 것인지도 몰랐다. "내 책은 다양한 스타일을 권장했거든요." 몰로이는 이렇게 말한다.[66] "내 처방은 그렇게 협소하지 않았어요. 여성들의 선택지를 좁힌 건 패션 산업이었죠. 최악의 적이 되고 만 건 그들 자신이었던 겁니다."

라크루아: 광대가 왕이 되다

정장이 선반에서 치워지고 몰로이가 왕좌에서 물러나자 패션업계에서는 라크루아를 '고급 여성복의 왕' 자리에 앉히려는 움직임이 나타났다.[67] 이 고상한 타이틀은 계급에 대한 1980년대 패션계의 집착을 보여 준다. 몰로이가 '자수성가형 미국인들'에게 말을 걸었다면, 라크루아는 오직 엘리트만 상대했다. 그는 성공을 위해 옷을 차려입을 필요가 없는 계급의 사람들에게 관심을 가졌다. 그의 여성 고객들, 미국 상류층의 장식품과 같은 숙녀들은 주급이 아니라 결혼이나 상속을 통해 이미 상류계급이라는 지위를 거머쥔 상태였다.

소득 사다리 최고위층에 대한 라크루아의 집착은 1980년대 소매업체의 고급화 판매 정책과 완벽하게 맞아떨어진다. 패션계에서는 텔레비전의 '상류층 인구학'에 따라 수십 곳의 소매업체들이 중간계급 여성들에게 등을 돌리고 부자들을 '비즈니스에 유리한' 고객들이라고 불러 가며 이들의 비위만 맞췄다. 이들은 다양하게 선택할 수 있는 옷과 경쟁력 있는 가격을 제공하는 대신 최고 부유층의 취향과 소득에만 신경쓰기 시작했다. 많은 직장 여성들의 필요에 부응하는 대신 검정 보타이 무도회를 후원했고 놀고먹는 소수에게 애프터 눈 티 서비스와 고가의 얼굴 마사지를 제공했다.[68] 니먼마커스 워싱턴 D. C.점의 관리자인 해럴드 넬슨Harold Nelson은 "우리 매장은 몇 년 전으로 돌아가 주로 비싼 고급 패션을 다루기로 의식적인 결정을 내렸다"고 설명한다.[69] 1988년경 이 매장에서 판매하는 패션 관련 제품의 90퍼센트가 고급 여성복이거나 고가의 디자이너 제품들이었다. "우린 점진적으로 저가 제품들을 빼내고 있습니다."

　　패션에 대한 라크루아의 시선은 훨씬 근본적인 면에서 이 시대와 이상적으로 맞아떨어졌다. 그는 영감을 얻기 위해서 과거만("난 미래보다는 과거가 훨씬 좋아요"), 그것도 주로 후기 빅토리아시대와 전후 시대의 옷장만 들여다보았다.[70] 1982년 파투가House of Patou에서 수석 디자이너로 있을 때 그는 심지어 버슬을 부활시키려는 시도를 하다가 실패하기도 했다[71](훗날 라크루아는 이 노력을 두고 "버슬은 내가 무척 좋아하는 방식으로 실루엣을 강조한다고 말하고 싶다"고 설명하기도 한다).[72] 이후 3년간 연속으로 이어진 다섯 차례의 복고풍 패션쇼 역시 아무런 호응을 얻지 못했다. 나중에 라크루아는 이 시기를 두고 "고급 여성복계의 광대 취급을 받아서 힘들었다"고 말하곤 한다. 그럼에도 불구하고 그는 어린 시절 이후로 그를 사로잡았던 이런 '여성적인 스타일'에 계속 집착했다.[73] 이후 그의 회상에 따르면 그는 어린 시절부터 코르셋을 입은 여성들이 실린 후기 빅토리아 패션지를 흠모하는 마음으로 탐독했고 제2의 디오르가 되는 꿈을 꾸었으며, 어느 날 가족들이 저녁 식사를 하는 자리에서 이 포부를 밝히기도 했다. 결국 성인이 된 그가 꿈을 이루었을 때 그는 이 환상에 극적인 요소를 덧입히곤 했다. 그는 디오르가의 마흔 번째 기념일에 맞춰 라크루아가의 문을 성대하게 열었다.[74]

　　물론 패션계 언론들은 원래 소비자들이 알아차리기 훨씬 전부터 '트렌드'를 선언하지만 라크루아의 사례에서 업계의 주도적인 신문 《우먼스웨어데일리》는 패션에 대한 예언을 새로운 극단으로 밀고 갔다.[75] 이 신문은 심지어 디자이너가 1986년 7월 파리에서 열린 쇼에서 선을 보이기 이틀 전에 라크루아의 첫 '아기 인형' 라인이 대박이라고 선언한 것이다. 나중에 알고 보니 그날 여성 관중들은 라크루아와 동료 디자이너들이 런웨이 위에서 아무리 '판타지 패션' 공세를 퍼부어도 감동받지 않았다. 통찰력보다는 짜증이 더 많이 느껴지는 《우먼스웨어데일리》의 말처럼 그 자리에 참석했던 상류층 여성들의 반응은 "서늘해 보였다."[76] 그리고 심지어 디자이너 한 명이 "덜 거들먹대는 옷차림이라며 큰소리로" 외쳤을 때 앞줄의 숙녀들은 그에게 "주의를 기울이는 데 실패했다." 하지만 숙녀들의 반응이 영 뜨뜻미지근해도 《우먼스웨어데일리》는 이에 굴하지 않고 다음 날 한 번 더 1면에 라크루아와 고결한 여성성을 떠들썩하게 예찬했다. 이 잡지의 1면 제목은 자작극과 다를 바 없는 열병에 들떠 "패션이 미쳤다"고 선언했다.[77] 라크루아가 "난폭함, 재미, 고결한 정신에 대한 여성의 권리를 복원"시켰다는 것이다.[78]

하지만 라크루아가 여성들에게 재미를 주었을까? 아니면 그저 여성들을 재미의 대상으로 전락시키기만 했을까? 그는 런웨이를 걷는 자신의 모델에게 학창 시절 학습 부진아에게 씌우던 바보 모자를 씌웠고, 사제들이 착용하는 빳빳한 칼라 같은 디스크로 목을 조였고, 가슴에는 마분지로 만든 원뿔을 씌웠고, 엉덩이에서 움이 튼 것 같은 위치에 서양 장미를 꽂았고, 머리에는 쟁반을 얹었다.[79] 이 마지막 연출은 반대로 여성의 머리가 쟁반 위에 올라가 있는 느낌을 준다. 그리고 난 뒤 그는 "역 아래, 아침 일찍, 작은 증기기관차를 보라, 모두 한 줄로 서 있네" 같은 가사에 맞춰 모델들을 런웨이로 내보냈다.[80] 《우먼스웨어데일리》가 라크루아의 고결한 여성성을 예찬한 건 그것이 여성에게 즐길 권리를 주었기 때문이 아니라 여성들을 기꺼이 강탈당할 준비를 마친 손상되지 않은 어린 처녀로 제시했기 때문이었다. 이 잡지의 발행인이자 업계의 전설적인 '패션 제왕'인 존 페어차일드John Fairchild는 라크루아의 드레스에서 정말로 마음에 들었던 부분은 "더 이상 처녀이기를 원치 않는 행복하고 사랑스러운 처녀들이 라벤더 들판 가운데서 그 옷을 입고 있는 점"이라고 말했다.[81]

페어차일드의 지원 덕에 라크루아는 나머지 패션계로부터 전폭적인 찬사를 보장받았다. 주식시장이 붕괴하기 3개월 전이었던 그다음 7월 그는 파리 쇼에서 첫 번째 시그니처 컬렉션을 열었고 패션 담당 기자와 의류상 들로부터 "율동적인 박수 갈채"를 받았다.[82] 그다음에는 소매업체 임원들이 통로에 서서 언론을 상대로 지나치게 신경 쓴 찬사를 쏟아 내며 입에 거품을 물었다. 마사스Martha's의 사장은 "모든 여성의 옷장을 바꿀 것"이라고 예언했다.[83] 블루밍데일스Bloomingdale's의 수석 부사장은 그것이 "내가 런웨이에서 본 것 중에 가장 명민한 개인적 선언 중 하나"였다고 밝혔다. 그리고 버그도프 굿맨의 사장은 기자들에게 가장 솔직한 평가를 밝혔다. "라크루아는 우리에게 우리가 찾던 걸 줬습니다." 가장 영향력 많은 패션 담당 기자들은 이렇게 모든 준비를 갖추고는 앞다퉈 '뉴스'를 퍼뜨렸다.《인터내셔널 헤럴드트리뷴》의 에베 도르세Hebe Dorsey는 가까운 공중전화로 달려가서 편집자에게 이건 1면에 보도될 만한 사건이라고 전했다.[84] 다음 날《뉴욕타임스》의 패션 담당 기자 버나딘 모리스Bernadine Morris는 "정확히 40년 전의 크리스티앙 디오르처럼 그는 추락하고 있는 패션계를 부활시켰다"고 선언하면서 라크루아를 "패션계 명예의 전당"에 추천했다.[85]

나머지 언론들도 발 빠르게 가세했다.《타임》과《뉴스위크》는 열정적으로 트렌드 기사를 만들어 냈다.[86]《피플》은 라크루아의 "흥에 겨운 행동"과 그가 "버슬을 엉덩이 쪽에 우겨 넣은" 방식을 예찬했다.[87] 그리고 여성성을 부풀리는 그의 옷뿐만 아니라 그의 남성적인 성격까지 매스미디어의 라크루아 열병을 부채질했다. 랄프로렌의 장원 영주 스타일의 옷으로 옷장을 가득 채운 라크루아는 힘이 넘치는 자아상을 판매에 이용하고 싶어 했다.[88] "원시적인 사람들, 태양, 고된 시간들. 이게 나의 본모습"이라고 그는 언론에 밝혔다.[89] 라크루아에 대한 기사에서는 카우보이와 투우사에 대한 그의 남성적인 애호을 우호적으로 언급하는 일이 비일비재했다.《타임》은 한 패션 논평가로부터 이런 식의 찬사를 따내기도 했다. "그는 물론 브란도Marlon Brando처럼 생겼어요. 검은 표범 같기도 하고 고양이 같기도 하죠. 그는 섹시하면서도 절대 무력한 느낌은 아니에요."[90] 그의 거들먹거리는 행보와 그에 대한 언론의 열광은 반격에 기름을 끼얹는 진짜 '위기'를 일깨웠다. 그 위기란 여성의 전문성과 독립이 여성들에서 여성성을 앗아 가고 있다는 걱정이 아니라 그것이 남성들의 남성성을 약화시키고 있다는 공포였다. 퇴색된 남성성에 대한 우려는 특히 패션계에서 심했다. 패션계 내 광범위한 게이 문화에 대한 인식이 1980년대에 증가하고 있던 동성애 혐오와 에이즈에 대한 우려와 충돌했던 것이다.

라크루아가 고급 여성복계의 왕관을 쓰고 있는 상태에서 경쟁 관계에 있는 디자이너들은 왕좌에 오르기 위해 극심한 경쟁을 벌였다. 에마뉘엘 웅가로Emanuel Ungaro 부터 칼 라거펠트Karl Lagerfeld 에 이르는 디자이너들은 훨씬 더 많은 주름 장식을 덧댔고 훨씬 큰 버슬로 스커트를 부풀렸다. 고결한 여성성이 여성적인 곡선을 강조하려 했다면 이런 광적인 기형 장식들은 인물로서의 여성을 흐려 버릴 뿐이었다. 그 많은 주름 장식과 꽃 장식 때문에 몸의 형태는 거의 분간하기도 힘들었다. 웅가로가 이브닝드레스 어깨에 고정시킨 거대한 새틴 장미에 비하면 성공을 위한 옷차림에 들어간 어깨 패드는 하찮은 부속이었다. 얼마 안 되는 부유한 미국 여성들이 1987년 '럭스' 컬렉션에서 라크루아의 드레스를 사긴 했지만, 라크루아는 더 넓은 실세계 기성복 시장에서 성공하고 싶었다. 아직 파투에 몸담고 있던 1984년에 했던 마지막 노력은 그의 디자인이 판매하기에는 너무 비싸다는 교훈만 남긴 채 비참하게 실패했다.[91] 이번에는 시장에 전략적으로 접근하기로 했다. 먼저 1988년 봄 그는 엄선된 세 매장, 마사스, 버그도프굿맨, 삭스피프스애비뉴Saks Fifth Avenue 에 옷들을 순회시켰다. 그러고 난 뒤 이런 밀당으로 여성들을 충분히 감질나게 만들어서 그해 가을 전국에 기성복을 실어 나를 생각이었다.

1988년 5월 《워싱턴포스트》에는 삭스피프스애비뉴가 제공한 큰 광고가 실렸다.[92] 라크루아의 순회 쇼가 열리는 걸 환영하면서 여성들에게 얼른 가서 너무 복잡해지기 전에 특별 주문을 넣으라고 조언하는 광고였다.

"난 여성들이 불필요해 보이는 걸 싫어한다고 생각해요"
라크루아의 옷이 삭스에 도착하는 날 검은 정장 차림의 남자 다섯 명
이 옷 가방에서 드레스를 조심스럽게 꺼내는 나이 지긋한 판매 담당
여성 네 명을 감독하며 매장을 돌아다니고 있었다. 크리놀린에 덮인
그 무거운 옷을 선반으로 옮길 때 푸른 정맥이 드러난 손이 미세하게
떨렸다. "조심해요, 이제, 조심!" 치맛단이 바닥에 끌리려 할 때마다
정장 남자 한 명이 지시했다. 종 모양의 자주색 치마가 포장을 벗고
모습을 드러냈다. 630달러. 상의와 함께 구매하면 755달러였다.

정오쯤 한 배달부가 라크루아 패션쇼 비디오를 갖다줬다. 쇼핑
객들의 눈요기를 위한 것이었다. 판매 담당 여성들이 텔레비전 주위
에 모여서 디자이너가 이 쇼를 위해 선곡한 노래 "마이 웨이My Way"
에 맞춰 모델들이 런웨이를 흔들흔들 걸어가는 모습을 구경했다. 어
떤 모델은 머리끝부터 발끝까지 거대한 장미와 나비로 뒤덮여 있었
다. 회색 트위드 정장 차림의 판매원 미미 고트Mimi Gott가 "우스꽝스
러운 걸" 하고 중얼거렸다.93) "우리 고객들은 나이 든 분들인데. 나이
든 사람들은 이런 걸 사지 않아."

오후 1시쯤 판도라 고고스가 딸 조지아와 팔짱을 끼고 매장에 들
어섰다. 이들은 "검은 정장 차림의 만찬"에 갈 예정이었고, '칠순쯤'
되는 고고스는 매장에서 입을 만한 걸 하나도 찾지 못했다. "1950년
대에 매장이 문을 열었을 때부터 여기서 옷을 샀는데." 그녀는 허리
가 아파서 의자에 앉으며 이렇게 불평했다. "1950년대에도 이렇게까
지 미쳤다고 생각하진 않았는데. 이 동네 옷집은 다 가 봤어. 삭스,
가핀켈스Garfinckel's. 근데 만찬용 드레스는 못 찾았어. 가핀켈스에 하
나 있었는데, 재킷 하나가 4,000달러에다 스커트까지 하면." 고고스
는 손을 목으로 뻗으며 말했다. "9,000달러라는 거야!"

얼마 안 있어 중년의 바킨 부인이 라크루아의 스타일을 모방
해서 만든 주름 장식이 많은 드레스를 반품하기 위해 매장을 찾았
다. 거대한 꽃들이 붙어 있고 뒷면에는 버슬이 달린 옷이었다. 그녀
는 미안하다는 듯 "못 입겠어요"라고 말했다. 단순한 다이앤본퍼스
텐버그Diane Von Furstenberg 랩스커트를 입고 있던 점원 벤케 로에Venke

Loehe는 이해한다는 듯 고개를 끄덕였다. "1950년대로 돌아가는 거요." 로에는 말한다. "요즘 우리 옷 중 많은 게 그런 식이에요……. 그치만 고전적인 옷이 아직 제일 잘 팔려요." 바킨 부인은 교환하기로 결정했고(칵테일파티에 갈 일이 있다고 했다) 옷걸이를 뒤지기 시작했다. 그녀는 마지못해 푸프 스커트 형태의 드레스를 골랐다. 긴 치마 중에서 이브닝 복장은 그것밖에 없었다. "이걸 입고 어떻게 앉아야 할지 모르겠네." 그녀는 걱정했다.

라크루아의 매장에서 관심을 끌 만한 유일한 품목은 평범한 오버코트와 맞춤 재킷이었다. 대체로 여성들은 잠시 발걸음을 멈추고 눈길을 보내지도 않았다. 오후 중반쯤 될 때까지 방문객은 열 명도 채 되지 않았다. 정장 차림의 남자들은 고객들한테 무슨 일이 생긴 게 아니냐며 의아해했다. 삭스의 구매를 담당하는 유럽 의류 수입상인 로렌스 윌스만Lawrence Wilsman은 불만스러워하면서 이렇게 말했다. "온갖 장식에, 물결에, 레이스에, 주름 따위. 여자들은 그런 거 별로 원하지 않는 것 같아요. 그들은 좀 더 차분하고 현실적인 물건을 원하는 것 같아요. 입었을 때 진지한 사람으로 대우받을 수 있는 옷 말이에요. 난 여성들이 불필요해 보이는 걸 싫어한다고 생각해요."

그해 가을 라크루아의 기성복 컬렉션이 모두 삭스에 도착했다. 한 달 뒤 옷에는 할인가 가격표가 달렸다.[94] 노드스트롬Nodstrom이나 데이턴허드슨Dayton Hudson 같은 백화점들은 라크루아의 옷을 한 시즌 뒤로 연기시켰다. 노드스트롬의 대변인은 "우린 미국 여성들이 공감할 수 있을지 조금 더 지켜볼 필요가 있었다"고 설명했다. 그리고 《우먼스웨어데일리》가 백화점을 대상으로 조사를 해 보니 라크루아는 가장 안 팔리는 축에 꼽혔다. 1989년에 이르자 라크루아 디자인 하우스는 적자가 930만 달러라고 보고했다.

직장에 뛰어들다

라크루아의 푸프 스커트가 고급 의상실에 드나드는 상류층 쇼핑객들을 사로잡진 못했지만, 의류 제작업체와 소매업체 들은 여전히 고결한 여성성의 의상들을 가지고 평균적인 여성 쇼핑객들에게 구애를 하고 싶어 했다. 이를 위해 불록스*는 1987년 봄쯤에 여성복의 60퍼센트를 '1950년대 룩'으로 바꿨다.[95] 그리고 도나 카란Donna Karan 같은 진보적인 편에 속하는 디자이너들마저 여성복 디자이너들의 복고 칙령을 앵무새처럼 흉내 내기 시작했다. 도나 카란은 《뉴욕타임스》에 이렇게 말했다. "여성에게 하는 말이 바뀌었어요. 이젠 '당신의 엉덩이를 보여 줘도 괜찮아요'라고 말하죠. 처음엔 그게 미심쩍었어요. 하지만 여성의 몸은 생각보다 근사해요."[96]

고결한 여성성이 기성복 시장에서 성공하려면 직장 여성들이 그 스타일을 받아들이고 그 옷을 입고 출근을 해야 했다. 의류 제조업체들은 원하는 대로 이브닝드레스를 디자인할 수 있었지만, 그렇다고 해서 여성들이 구매하는 옷의 대다수가 출근용 복장이라는 사실이 바뀌진 않았다. 가령 1987년에는 판매된 스커트의 70퍼센트 이상이 직장인용이었다.[97] 인형 옷 같은 패션을 직장 여성들에게 들이미는 것은 상류층을 상대하는 것보다 더 까다로운 전략이 될 것이었다. 디자이너들은 여성들에게 주름 장식이 업무에 적합하다는 확신을 줘야 했을 뿐 아니라 너무 표나지 않게 은근히 사람들을 설득시켜야했다. 고압적인 명령은 패션에 별로 신경 쓰지 않는 직장 여성들에게는 먹히지 않을 것이기 때문이다. 디자이너와 판매업체 들은 이 새로운 패션을 직장 여성의 '선택'처럼 제시해야 했다.

캘빈 클라인Calvin Klein은 또다시 미니스커트를 들이밀면서 "이건 디자이너의 지시가 아니"라고 주장했다.[98] "우린 여성들이 원하는 것에서 단서를 얻어요. 여성들은 이미 준비가 되어 있어요." 로스앤젤레스의 의류 제조업체 컴포닉스Componix의 대표는 "나이 든 여성들은 이제 직장에서 섹시해 보이고 싶어 한다"며 고집을 세웠다.[99] "그들은 남자들이 자신을 여자로 봐 주기를 원해요. 내 견적서가 아니라 다리를 먼저 봐 달라는 거죠." 의류업계의 권위자들은 하나둘 이 새로운 패션 라인을 좇았다. 디자이너 빌 블라스Bill Blass는 "여자들은 다리를 보여 주고 싶어 한다"고 잘라 말했다.[101] 디자이너 딕 브란즈

* Bullock's, 1907에 설립되었다가 1996년에 메이시백화점에 합병된 백화점.

마 Dik Brandsma는 "여자들은 또 여자가 되고 싶어 한다"고 읊어 댔다. 반대하는 목소리를 낸 건 베테랑 디자이너 존 웨이츠John Weitz뿐이었다. 그는 소녀 같은 드레스를 떠들썩하게 요구하는 건 여성들이 아니라 《우먼스웨어데일리》라고 말했다. "여성들이 바뀐 게 아니라 언론들이 바뀐 거예요."[102] 그는 고결한 여성성을 "광범위한 불안정을 딛고 선 일시적인 탈선"이라고 일축하면서 이렇게 말했다. "결국 그건 사라지게 될 거고 여성들은 알록달록한 얼음과자가 아니라 강인하고 단호한 인간의 모습을 하게 될 거예요." 하지만 웨이츠가 솔직할 수 있었던 건 남성복을 디자인해서 돈을 벌었기 때문이었다.

디자이너들에게서 단서를 얻은 소매업체들은 거기에 페미니즘처럼 보이는 주장과 표현과 이미지를 덧씌워서 똑같이 그건 여성의 '선택'이라는 판매 전략을 펼쳤다. 이렇게 몸을 꽉 조이는 불편한 옷은 사실 여성의 지위가 높아졌다는 증거였다. 올컷앤앤드루스에서 일하는 한 홍보 담당자의 설명에 따르면 "우리 여성들은 이제 자신의 여성성을 마음껏 뽐낼 수 있는 건 아무거나 걸치고 사무실에 출근할 수 있는 지위에 이르렀다."[103] 최근에 만든 여성복 부서에 "블루밍데일의 나우*"라는 별명을 붙인 블루밍데일은 여성들이 이 백화점에서 파는 손바닥만 한 슈미즈**를 구매하고 이를 입고 출근함으로써 "새로운 자격을 갖추고 일터로 나아갈 것"을 제안했다.[104] 디자이너들과 마찬가지로 소매업체들은 여성들을 대변한다고 주장했는데, 이는 때로 사실이었다. "삭스는 이해합니다." 한 가공의 직장 여성은 삭스 광고 카피에서 이렇게 읊조렸다.[105] "그들이 내게 선택의 여지를 줬어요……. '부드러워지는 게' 불리해진다는 뜻은 아니라는 걸 알려 줬거든요." 그림 속 여자는 뭘 입고 출근했을까? 반바지였다.

직장 여성들에게 진지한 대우를 원한다면 정장을 입으라고 권하던 바로 그 미디어들이 이제는 "귀엽게 옷 입는 법", "새로운 성공 패션: 젊고 편하게" 같은 제목을 쏟아 내기 시작하자 패션지들도 여기

* NOW, 전미여성연맹의 약어.
** chemise, 배와 엉덩이를 넉넉히 덮을 정도로 길게 내려오는 여성용 속옷 상의.

에 가세했다.[106] 《새비》는 직장 여성들에게 1980년대의 "파워 드레싱"*은 "플라워 파워"**를 뜻할 뿐이라고 말했다.[107] 이 잡지는 독자들에게 "만일 최고 경영자로서 연설을 하고 싶다면" 150달러짜리 가짜 동백꽃 장식을 허리에 달라고 조언했다. 크리놀린 페티코트를 입고 직장에 나타나면 실제로 여성이 빨리 출세할 수 있다는 것이다.[108] 《로스앤젤레스타임스》의 패션 담당 편집자들은 이걸 "성공을 위한 자유로운 옷차림"이라고 불렀다. 패션지들은 사이비 페미니즘 주장에 기대서 유아복 패션을 밀어붙이기도 했다. 이들은 여성들이 성숙한 해방의 상징으로, 그러니까 페미니즘의 승리를 뜻하는 일종의 어깨띠라고 생각하고 파티 인형이 입는 레이스가 잔뜩 들어간 옷을 입어야 한다고 주장했다. 패션 담당 기자들은 지푸라기라도 잡겠다는 뜻인지 하버드-예일 대학교 결혼 연구를 들먹이기까지 했다. "남자 품귀 현상이라고? 뭐가 품귀란 말인가?"《마드모아젤》은 푸프 스커트와 미니스커트에 대한 사설에서 의기양양하게 말했다.[109] "이런 초절정 인기 품목을 입고 등장하면 당신에겐 다음 7월이면 데이트 상대가 생길 것이다."

하지만 패션계 홍보 요원들이 어떤 주장을 시도해도 여성들은 옷을 사지 않았다.《뉴욕타임스》와 〈CBS 뉴스CBS News〉가 1988년에 실시한 한 여론조사에 따르면 지난해에 한 번이라도 무릎 위로 올라오는 치마를 입은 적이 있다고 답한 성인 여성은 4분의 1뿐이었다.[110] 한 세대 전의 디오르 반대 시위대처럼 크게 저항의 목소리를 낸 여성들도 있었다. 칼럼니스트인 캐슬린 퓨리Kathleen Fury는 《워킹우먼》에서 "남자들이 롬퍼즈***를 입고 출근하면 새로나온 그 짧은 치마를 입겠다"고 선언했다.[111] 내셔널퍼블릭라디오National Public Radio의 법률 담당 기자 니나 토텐버그Nina Totenberg는 방송 중에 여성 시청자들에게 "기다리세요. 사면 안 돼요. 그러면 미니스커트는 잠잠해질 것"이라고 권고했다.[112]

* power dressing, 권위를 나타내기 위한 옷차림.
** flower power, 말 그대로 꽃의 힘을 말하며 히피 운동을 가리킬 때도 있다.
*** rompers, 아래위가 붙은 유아복.

수백만 달러어치의 손도 대지 않은 미니스커트를 짊어진 소매업체들은 무릎을 꿇을 준비를 했다. 미니스커트는 여성복 시장을 "혼란"에 빠뜨렸다고 리즈클레이번*의 대변인은 우려를 표명했다.[113] "그리고 그게 곧 나아질 것이라는 조짐이 어디서도 보이지 않는다." 하지만 고급 여성복 디자이너들은 실제 드레스 판매보다는 이름을 빌려주면서 버는 돈이 많다 보니 작전을 지속할 경제적 여력이 있었다. 그래서 디자이너들이 1988년 가을용으로 내놓은 제품을 살펴보기 위해 시장에 모여든 소매업체 구매 담당자들 앞에는 너무나 놀랍게도 다시 한 번 주름 장식이 잔뜩 들어가고 갈비뼈를 으스러뜨릴 듯 몸을 옥죄는 스타일의 옷들만 잔뜩 늘어서 있었다.

캘리포니아마트California Mart 의 패션 담당자 이베트 크로스비Yvette Crosby 는 이번 시즌의 「트렌드 보고서」를 나눠 주면서 1988년 로스앤젤레스에서 열린 마켓 위크**에 모인 모든 사람들에게 "난 그게 정말로 트렌드라고 생각한다"고 말했다.[114] "그건 로맨틱하면서도 빅토리아적인 스타일이에요. 난 정말로 그게 이번 시즌에 적합하다고 믿어요" 하고 크로스비는 말했다. 그녀는 정장을 입고 있었다.

기자와 구매자 들은 "서른 몇 살"이라는 제목의 오전 쇼를 보기 위해 이 마트의 강당에 모여들었다. 프로그램지에는 이 옷들이 "현대 직장 여성을 위해" 디자인된 것이라는 설명이 적혀 있었다. 꼭 필요한 설명이었다. 모델들이 엉덩이와 어깨에 거대한 나비 리본을 매달고 최대 다섯 층의 주름에 감싸진 채로 회전하는 모습을 보고 있으면 이게 9시에 출근해서 5시에 퇴근하는 사람들을 위한 옷이라는 걸 잊기 쉬웠으니 말이다. 한 디자이너는 직장 여성 분위기를 환기시키기 위해 모델들을 서류 가방으로 무장시켰다. 수척한 젊은 여성들이 손에는 앙증맞은 흰 장갑을 끼고 뾰족구두를 신은 채 런웨이를 활보했다. 이들의 서류 가방은 깃털처럼 가벼운 부활절 바구니처럼 흔들거

* Liz Claiborne Inc., 1976년에 설립된 패션 회사. 지금은 케이트스페이드앤컴퍼니Kate Spade & Company로 바뀌었다.
** Market Week, 본 시즌에 들어가기 4개월 전 열리는 의류 견본 시장.

렸다. 빈 가방이었던 것이다.

마침내 모델들은 무대 뒤편으로 물러났고 패션 구매 담당자들은 구매 서비스업체 사무실이 있는 위층에 몰려들었다. 이 마트의 최대 구매 서비스업체인 밥말라드Bob Mallard의 쇼룸에서는 제조업체 대변인들이 희망에 부풀어 헐레벌떡 자리를 차지하고 앉아 있었다. 1950년대에 이스트브룩스에서 의류 제조업자로 이 업계에 뛰어든 말라드는 그날의 행사를 음울한 체념 속에 지켜보았다. 그의 얼굴은 한동안을 링 위에서 보낸 복서처럼 상처로 단련되어 있었다.

"작년 미니스커트는 참담했어요." 그는 이렇게 말했다.[115] "프루프루도 별로 신통치 않았죠. 여성들은 여전히 정장을 원해요. 아직은 그게 제일 많이 팔려요." 하지만 그는 자신의 관찰이 디자인계에서는 씨알도 안 먹히리라는 점을 알고 있다. "평균적인 디자이너는 도서관에 가서 그림책에 있는 그림들을 보죠. 아마 드레스가 매장 창문에 서 있는 마네킹한테 입혔을 때 훌륭해 보일지에 대해서나 신경 쓸 거에요. 그게 다죠. 난 일반 디자이너들이 애써 이 문제에 대해 여성들과 이야기해 볼 거라고 생각하지 않아요. 여성에 대해 파악하는 건 가장 후순위인 거죠."

긴 쇼룸 복도 양쪽에 늘어선 유리 부스 안에서는 말라드의 제조업체 외판원들이 미심쩍어하는 말라드의 구매 담당자들에게 "새로운 로맨스" 패션을 홍보하기 위해 최선을 다하고 있었다. 테리존*의 외판원 루스 매클로플린Ruth McLoughlin은 옷걸이에서 드레스를 하나하나 꺼내 포틀랜드에 본사를 두고 있는 제임슨사Jameson Ltd.의 구매 담당자 조디 크로그Jody Krogh와 캐럴 제임슨Carol Jameson에게 내밀었다. "작년엔 S 사이즈가 안 팔렸어요." 크로그는 계속 이렇게 말했다. "아니, 아니, 옷걸이에 걸려 있는 것만 갖고 판단하면 안 돼죠." 매클로플린은 약간 언짢은 투로 답했다. "멀리까지 실어 보내드릴 수 있어요. 그럼 이건 어때요?" 그녀는 앞가슴이 깊이 패이고 허리에 넓은 벨트가 달려 있고 크리놀린이 들어간 드레스를 내밀었다. "모르겠어요." 제임슨이 말했다. "여자들은 이걸 좋아할 거예요." 매클로플린이

* Teri Jon, 여성복 브랜드.

말했다. 그녀는 정장을 입고 있었다.

복도 건너편에서 말솜씨가 좋은 카티바*의 판매원 조 캐슬Joe Castle은 "내가 재주문한 것 중에서 가장 마음에 드는 건 이것"이라고 말했다. 그는 텅 빈 주문서를 든 한 바이어 앞에서 주름 장식이 들어간 드레스 한 벌을 흔들어 보였다. "이건 멋진 신부 엄마용 드레스가 될 거예요." 캐슬은 이렇게 꼬드겼다. 캐슬의 마지막 주장은 마치 《뉴스위크》의 트렌드 기사처럼 들리는 데가 있었다. "모든 사람들이 신부 엄마용 드레스를 찾고 있어요. 결혼하는 사람들이 점점 늘고 있거든요."

다음 가을 시즌을 위해 1988년 여름에 열린 패션쇼에서 디자이너들은 바지 정장과 긴 치마를 컬렉션에 포함시키는 정도에서 약간의 타협을 하긴 했지만 이런 식의 추가는 유치한 혹은 복수심에 불타는 속내를 종종 부각시킬 뿐이었다. 장 폴 고티에Jean-Paul Gaultier는 바지와 블레이저 재킷을 선보였지만, 라이크라 소재에 몸에 딱 붙는 스타일이었고 여학생 교복 같았다.[116] 피에르 가르뎅Pierre Cardin이 만든 망토형 천은 몸에 너무 딱 붙는 바람에 《뉴욕타임스》의 패션란에서는 이 옷을 두고 "이 옷을 입은 모델이 팔을 움직일 수 없다는 점에서 상당히 걱정스럽다"고 말하기도 했다.[117] 로메오 질리Romeo Gigli는 치맛단을 낮추긴 했지만 치마가 너무 꽉 껴서 모델들이 런웨이에서 두 다리가 묶인 사람처럼 걸을 수밖에 없었다.[118] 그의 모델 중에는 이중의 고충에 시달린 사람도 있었다. 그가 모델을 벨벳 밧줄로 꽉 묶어 구속복 스타일을 연출했던 것이다.

1년 뒤에는 디자이너들이 다시 여성들에게 훨씬 짧은 미니스커트와 뼈를 으스러뜨릴 것 같은 코르셋, 가슴골을 부각시키는 상의, 투명한 쉬폰의 물결을 입히려고 하면서 이런 타협마저 사라져 버렸다. 라크루아의 '유머Humor'라는 브랜드가 다시 런웨이로 복귀했다.[119] 모델들은 피에로 옷과 '궁정 광대' 옷, 틀에 넣고 찍어 낸 '흉갑', 그리고 팔이 하나만 있고 어깨는 갈갈이 찢어 놓은 가는 세로 무

* Cattiva, 여성복 브랜드.

늬 정장을 본따 만든 옷을 입었다. 1990년이 되자 발렌티노Valentino는 '아기 인형'을 밀었고, 지아니 베르사체Gianni Versace는 '궁둥이가 그대로 드러나는 스커트'를 내놓았으며, 라크루아 컬렉션은 '금으로 덮힌' 코르셋이 달린 점프 수트를 내놓았다.[120]

　　의류 제작자들은 여성들이 푸프 스커트를 입으려 하지 않으면 또 다른 비하성 패션을 강요하곤 했다. 중요한 건 스타일의 내용이 아니라 그걸 강제로 입힌다는 사실이었다. 여성 소비자층의 고령화에 대한 시장 보고서가 넘쳐나는데도 이들의 디자인이 여성의 영아성嬰兒性으로 자꾸 퇴행하는 데는 이유가 있었다. 여성의 형태를 최소화하는 것이 여성에 대한 디자이너의 권위를 극대화하는 방법일 수 있기 때문이었다. 실제로 1980년대 말 런웨이에서 많은 이들이 그랬듯 테디베어를 안고서 아장아장 걷는 여성은 지시를 따르는 어린애였다. (1988년에 가장 인기 있는 런웨이 배경음악이었던) 조지 마이클George Michael의 "파더 피겨Father Figure"에 맞춰 통로를 걸어다니는 여성은 어른들의 눈치를 보는 딸이다.[121] 어떤 여성복 디자이너는 몰로이에게 현대 미국 여성들은 "이제 시키는 대로 행동하지 않는다"고 불만을 털어놓았다. 하지만 어쩌면 이들이 아빠의 사랑스러운 딸이라고 생각하도록 설득할 수만 있다면 이들은 다시 고분고분해질지 몰랐다.

은밀한 여성성

"어느 황홀한 저녁, 당신은 낯선 이를 만나게 될 거예요……." 뉴욕 MK클럽에서는 음악이 흘러나왔고, 장밋빛 조명이 무대를 적시자 한 시간 넘게 무료 바에서 음료를 갖다 마시던 바이어와 패션 담당 기자 들은 조용해졌다.[122] 새틴 속바지에 레이스로 된 테디* 차림의 모델 여섯 명이 몽환적으로 모습을 드러내고는 주 무대의 소품인 빅토리아풍 소파 위에서 차례대로 기절했다. 무력해진 숙녀들('소피아', '데지레', '아마폴라')은 고풍스러운 은빛 헤어브러시를 가지고 나른하게 삼단 같은 머리를 빗다가 마치 이런 몸단장마저 연약한 몸에 너

* teddy, 캐미솔과 삼각팬티를 결합한 속옷.

무 무리가 된다는 듯 한 번씩 동작을 멈추고는 힘없는 팔을 들어올려 이마를 짚었다.

언론 보도 자료에서는 이 행사를 밥 매키의 판타지 란제리 '프리미어 컬렉션'이라고 설명했다. 사실 이 할리우드 의상 디자이너(이자 『글래머를 위한 옷차림Dressing for Glamour』의 저자이기도 하다)는 10년 전에도 거의 동일한 계열을 선보인 적이 있었다. 그때는 몇 주 만에 실패했다. 하지만 매키는 1980년대 말의 여성들은 다르다고 생각했다. "난 상황이 변하고 있다고 생각해요. 이제 여성들은 대단히 여성적인 란제리를 입고 싶어 하죠." 매키는 이렇게 확신한다.[123]

매키에게 이런 인상을 준 건 여성 소비자들이 아니라 '속옷의 폭증'이 한창이라고 주장하는 1980년대 말 란제리 산업이었다. 항상 그렇듯 이건 사회적 트렌드가 아니라 마케팅 슬로건이었다. 판매 부진에 좌절한 속옷협회(남성 일색의 란제리 제조업체 위원회)는 1987년 특별홍보위원회를 만들었다.[124] 이 위원회의 사명은 '흥분'을 유도하는 것이었다.

이 위원회는 곧바로 "가슴골이 돌아왔"고 평균적인 여성의 가슴이 갑자기 34B에서 36C로 커졌다고 주장하는 보도 자료를 배포했다.[125] "뷔스티에, 코르셋, 캐미솔, 속바지, 페티코트"가 이제는 여성들에게 그냥 "받아들여지기"만 하는 게 아니라 사실상 "패션 선언"과도 같다고 보도 자료는 선언했다. 이 위원회는 1만 달러짜리 표적 집단 연구를 통해 제조업체와 소매상의 선호에 대한 정보를 모았다. 여성 소비자에 대한 연구는 전혀 이루어지지 않았다. 이 위원회의 대변인인 캐런 브롬리Karen Bromley는 이렇게 설명한다. "우리가 여성들에게 관심이 없어서가 아닙니다. 그저 재정이 한정되어 있었을 뿐이죠."[126]

속옷 구매가 폭증하리라 예상한 제조업체들은 10여 년간 최고 수준으로 속옷 생산량을 끌어올렸다.[127] 1987년 패션업계가 여성 정장의 생산량을 대폭 줄인 바로 그해에 가터벨트 생산량은 두 배로 늘었다. 이번에도 패션업체들이 겨냥한 것은 "비즈니스에 더 유익한" 쇼핑객들이었다. 한 해 동안 패션업계는 럭셔리 란제리의 선적량을 거의 세 배로 늘렸다. 이와 동시에 최대의 기초 직물 제조업체인 듀퐁Du Pont은 여성들에게 아래쪽에 와이어가 들어간 브래지어와 거들(혹은 이들이 요즘 부르는 방식대로 하면 "체형을 잡아 주는 옷들body shapers." 이들은 이런 옷들이 여성들에게 "자신의 몸을 통제한다는 느낌"을 준다고 설명한다)의 장점을 교육하기 위해 매장용 '교육 비디오', 피팅 룸 포스터, 옷에 부착하는 특별 '교육용' 꼬리표 등을 비롯한 전국적인 '교육 프로그램'에 돌입했다.[128] 그리고 이번에도 패션의 퇴행에는 페미니즘의 약진이라는 설명이 따라붙었다. 듀퐁의 판매용 책자에서는 "여성들은 1960년대 이후로 기나긴 과업을 완수했다"고 환호했다. "이제 그들은 옷 아래에 무엇을 입을지 신경 쓴다."[129]

패션지들 역시 늘상 그렇듯 죽이 잘 맞았다. 《뉴욕데일리뉴스》는 "브라 판매량이 급등하고 있다"고 주장했다.[130] 증거는 속옷협회의 언론 보도 자료였다. 《뉴욕타임스》는 하나의 날조된 반격의 트렌드를 가지고 또 다른 날조된 트렌드를 홍보하면서 여성들이 '고치 짓기'를 위해 375달러짜리 뷔스티에를 사려고 문전성시를 이루고 있다고 주장했다.[131] 《라이프》는 1989년 6월 호의 표지를 "브라 만세"라는 100주년 기념 갈채에 바쳤고, 역시 데이터도 없이 여성들이 고급 디자이너 브래지어와 코르셋에 열심히 투자하고 있다고 주장했다.[132] 나중에 한 인터뷰에서 이 기사를 작성한 클라우디아 다울링Claudia Dowling은 자신은 이런 트렌드와는 맞지 않는다고 인정했다.[133] 그녀는 심지어 어떤 브랜드의 브라를 착용하고 있는지 물어보자 제대로 기억하지도 못했다. "워너Warner의 기본 브라가 아닌가 싶네요." 그녀는 이렇게 말했다.

할리우드 역시 〈열아홉 번째 남자Bull Durham〉(1988)에서는 가터벨트를, 〈위험한 관계Dangerous Liaisons〉(1988)에서는 푸시 업 브라를, 〈워킹 걸〉에서는 메리위도우merry-widow라고 하는 코르셋과 브래지어를 합친 여성 속옷을 등장시키면서 서둘러 속옷 산업을 거들었다. 텔레비전 역시 힘을 보탰다. 〈더 영 앤 더 레스트리스〉에서부터 〈다이너스티Dynasty〉에 등장하는 인물들이 갑자기 뷔스티에를 입었고, 심지어 〈서른 몇 살〉에 나오는 여성들은 쇼핑에 대한 어떤 에피소드에서 테디라는 속옷을 살펴보기도 했다.

패션지들은 속옷의 판매 폭증을 현대 여성이 누리게 된 새로운 성적 자유의 상징으로 선전했다. 《보디패션》은 1987년 10월 호 커버 스토리에서 "'섹시한' 혁명이 속옷에 불을 붙이다"라고 선언했다.[134] 하지만 이 잡지가 "섹시한"에 인용 부호를 넣은 것은 잘한 일이었다. 표지 모델이 전신 거들을 입고 있었고, 안에 실린 란제리는 대체로 빅토리아시대의 산물들이었기 때문이다. 1980년대 말의 란제리는 여성 섹슈얼리티의 만개가 아니라 억압을 예찬했다. 디자인에서 원래 대상으로 삼았던 이상적인 빅토리아시대의 숙녀는 그 어떤 성욕도 가져서는 안 되었다.

속옷 판매 폭증이 거론되기 몇 년 전 인기 가수 마돈나가 검은 뷔스티에를 셔츠처럼 입었다가 입길에 올랐다. 마돈나는 여성스러운 예의범절의 고지식한 개념들을 반항적으로 전복하기 위해 자신의 섹슈얼리티를 적나라하게 드러냈고 속옷을 노골적인 반어적 표현물로 전환시켰다. 하지만 패션 디자이너들이 생각했던 '섹시한 혁명'은 이런 게 아니었다. 밥 매키는 "마돈나의 스타일은 천박했다"고 콧방귀를 뀌었다.[135] "성적인 표현이 지나쳤잖아요. 길게 째진 구멍들도 그렇고 옷도 너무 우스꽝스러워서 망신살이 뻗칠 지경이었어요. 철부지 여학생인지 난잡한 계집인지 분간이 안 되더라니까요." 그가 옹호하는 란제리는 "좀 더 숙녀 같고 여성적인 자태"가 있는 것이었다.

후기 빅토리아시대의 의류 판매원들은 코르셋을 '끈으로 꽉 졸라매는' 성적 쾌감의 대상으로 변신시키고 여성을 30파운드짜리 버슬과 페티코트로 내리누르면서 '여성적인' 란제리를 대중 시장에 내놓은 최초의 집단이었다.[136] 효과는 있었다. 20세기로 넘어갈 무렵 이들은 '위대한 속옷의 시대'가 시작되었음을 알렸다. 1980년대 란제리 홍보 담당자들은 빅토리아시대의 속옷 부흥에 대해, '결혼의 귀환'에서부터 '에이즈 공포'에 이르기까지 다양한 사회학적 이유를 내놓았다. 그렇다고 해서 가터벨트가 어떻게 감염을 막아 줄지에 대해서는 한 번도 살펴본 적이 없긴 하지만 말이다. 하지만 빅토리아시대에 속옷 르네상스가 일어난 진짜 이유는 철저하게 비즈니스였다. 거대 란제리 회사인 배너티페어Vanity Fair의 사장이자 속옷협회 집행위원인 피터 벨라르디Peter Velardi는 "낭만적인 빅토리아 분위기가 유행할 때마다 우린 더 잘 해내게 될 것"이라고 설명한다.[137]

1980년대의 속옷 캠페인에서 속옷 산업이 홍보에 가장 크게 빛을 진 곳은 패션 소매업체인 리미티드Limited였다. 이들은 빅토리아시크릿Victoria's Secret이라고 하는 캘리포니아의 란제리 부티크를 5년 만에 346개 매장을 거느린 전국 체인의 반열에 올려놓았다. 빅토리아시크릿의 대표 하워드 그로스Howard Gross는 "거만하게 들릴 수도 있지만 …… 속옷 판매 폭증을 일으킨 건 우리였어요. 그게 시작된 건 우리 때문이었고 많은 사람들이 그걸 따라"했다고 말한다.[138]

19세기 여성 드레스 룸의 디즈니랜드판이라 할 수 있는 빅토리아시크릿의 디자이너들은 각 매장을 앤티크 장식장과 신부와 엄마들을 찍은 적갈빛 사진으로 가득 채웠다. 다른 소매업체들은 재빨리 이들의 청사진을 복제했다. 메이May 백화점은 "어맨다의 벽장Amanda's Closet", 마셜필드Marshall Field 백화점은 "아멜리아의 부티크Amelia's Boutique", 벨크Belk 백화점은 "마리안의 부티크Marianne's Boutique", 불룩스는 "르부드와르"*라는 이름의 속옷 브랜드를 출시했다. 심지어 프레데릭스할리우드Frederick's of Hollywood는 머리털을 곤두세운 가발을 레이스 달린 슈미즈로 교체하고, 벽을 숙녀스러운 분홍색과 연보라색으로 칠하고, 카탈로그에 정면 누드를 싣지 못하게 하는 등 아예 빅토리아시대로 되돌아가 버렸다. 프레데릭스의 대표인 조지 타운선George Townson은 "이젠 우리 카탈로그를 커피 테이블에 올려놓을 수 있다"면서 자랑스러워했다.[139]

리미티드사는 캘리포니아 팔로알토의 교외 쇼핑몰에 첫 매장을 열었던 창업주 로이 레이먼드Roy Raymond로부터 1982년 빅토리아시크릿을 매입했다. 스탠퍼드 대학교 MBA 출신으로 빅스**의 전직 마케팅 담당(그곳에서 그는 배변 처리용 휴지에 바르는 거품 같은 별

---

* Le Boudoir, 규방이라는 뜻의 프랑스어.
** Vicks, 일반 의약품 브랜드.

로 성공하지 못한 위생용품을 개발했다)이었던 레이먼드는 남성의 구미에 맞는 가게를 만들고 싶었다.[140] "남성들에게 편안한 곳으로 만드는 게 중요한 관건 중 하나였다"고 그는 말했다. "난 내 자신의 기준에 맞춰서 그렇게 했습니다." 하지만 레이먼드는 여성 고객들이 매장 운영자가 남성이라고 생각하지 않기를 바랐다. 만일 그런 생각이 든다면 흥미를 갖지 않을 것이라고 생각했기 때문이었다. 그래서 그는 매장의 카탈로그에 해당 매장의 소유주로 추정되는 "빅토리아"가 구독자들에게 보내는 개인적인 편지를 넣었다. 빅토리아는 란제리에 대한 개인적인 취향을 밝혔고 독자들에게 "내 부티크"에 와 보라고 권했다. 점원들에게는 만일 고객들이 빅토리아 씨의 소재를 궁금해할 경우 "유럽 여행 중"이라고 말하라고 지시해 놓았다. 미디어의 경우 모든 텔레비전 출연은 레이먼드의 아내가 처리했다.

레이먼드가 빅토리아시대라는 테마를 선택한 건 당시 샌프란시스코에서 빅토리아 양식의 집을 수리 중인 데다가 빅토리아시대가 "낭만적이고 행복했던 시대"처럼 보였기 때문이었다. 그는 이렇게 설명한다. "그건 랄프로렌 이미지 같은 거예요. …… 그땐 사람들이 지금보다 더 행복했다는 이미지 말이에요. 그게 정말인지는 모르겠습니다. 그저 제 마음 속 이미지가 그렇다는 거예요. 내가 봤던 모든 미디어가 빚어낸 결과겠죠. 그치만 그건 현실이에요."

어쩌면 빅토리아시대가 여성들에게 최고의 시대는 아니었을지 모른다고 인정하면서도 그는 이 문제를 해결하기 위한 마케팅 전략을 내놓았다. 여성들은 이제 남자들이 아니라 스스로에게 기쁨을 주기 위해 코르셋을 선택할 정도로 충분히 해방되었다는 것이다. 그는 이렇게 회상한다. "우린 여성들이 이 대단히 로맨틱하고 섹시한 란제리를 구매하는 건 스스로 만족하기 위해서고, 그게 남자들에게 미치는 영향은 부차적이라는 주장을 전면에 내세웠어요. 덕분에 우린 성차별주의자로 보이지 않고도 이런 옷들을 팔 수 있었죠." 하지만 그게 진실이었을까? 그는 어깨를 으쓱했다. "그냥 우리가 사용했던 철학이 그랬다는 거죠. 미디어가 그걸 선택했고 '트렌드'라고 불렸지만 모르겠어요. 통계는 한 번도 본 적이 없었으니까."

리미티드사가 빅토리아시크릿을 인수했을 때 새 사장도 원래의 테마를 그대로 이어 갔다. 하워드 그로스는 직장 여성들이 중역실에서 뷔스티에를 입고 싶어 한다고 말한다. 그걸 입으면 자신이 아직도 해부학적으로 올바른 여성이라는 자신감을 가질 수 있다는 것이다. 그는 이렇게 설명한다. "여성들은 혼자만 아는 작은 표시를 손에 넣고, 거기서 작은 특전을 누리는 겁니다. 이런 식인 거죠. '봐, 난 대단히 진지한 이런 업무 회의에 참석 중이잖아. 그런데 그 사람들은 내가 가터벨트를 입고 있다는 걸 모른다고!'" 하지만 그로스도 이 이론을 뒷받침할 수 있는 통계는 전혀 갖고 있지 않았다. "이 회사에선 소비자나 시장 연구 같은 걸 안 해요. 완전히 하나도 없죠! 어떻게 이런 일이 다 있죠?" 그로스는 모든 여성들에게 일일이 속옷으로 어떤 걸 원하는지 물어보는 대신 회사의 최고 경영자들끼리 테이블에 둘러앉아서 '로맨틱한 환상'에 대해 털어놓는 자체적인 브레인 스토밍 모임을 진행했다. 그로스는 이 중 일부는 사실 "별로 로맨틱하지 않았다"고 인정했다. 가령 어떤 남성 임원은 "내가 열여덟 명의 여성들과 한 침대에 있다"는 상상을 선보이기도 했다.

1988년 여름의 어느 늦은 오후, 아무도 손댄 적 없는 실크로 된 테디라는 속옷이 팔로알토의 스탠퍼드쇼핑센터에 있는 원조 빅토리아시크릿 매장에 한 줄 한 줄 걸려 있었다. 선반에는 작은 웨딩드레스를 입고 꽃향기를 뿜어내는 테디베어가 가득했다. 하나에 18달러에서 34달러까지 하는 이 사랑스러운 신부들은 별로 큰 인기 품목은 아니었다. 곰 인형의 베일에는 먼지가 쌓여 있었다. 하지만 기본적인 면 속옷을 "16달러에 네 개씩" 판매 중인 할인 테이블 위는 마치 태풍이라고 휩쓸고 지나간 것 같았다.

"오, 하나님, 팬티 테이블이 난장판이네." 여주인 베키 존슨Becky Johnson이 낮은 신음소리를 냈다.[141] 그녀가 벌써 그날 하루 동안 열 번째가 틀림없다며 테이블을 정리하자 두 명의 여성이 매장에 들어오더니 할인 중인 팬티 테이블로 돌진했다. "이 팬티 가격 훌륭한데." 보니 필만은 기본 팬티를 친구에게 들어 보이며 이렇게 말했다. "하지만 줄어들겠지?" 그녀는 팬티를 앞뒤로 당겨 보며 고개를 갸웃거렸다. 빅토리아풍의 란제리를 사러 왔냐는 물음에 두 사람 모두 고개를 저었다. 펄만은 "난 몸에 잘 맞는 걸 찾는다"고 말했다. 또 다른 고객인 수잰 엘리스는 얇은 테디 속옷이 진열된 선반을 살펴보면서 눈을 이리저리 굴렸다. "난 이런 건 몇 개 안 사 봤어요." 그녀가 말했다. "그건 마치 '음, 이런, 됐어요' 하는 것 같아요. 그러니까 난 하루종일 추워서 벌벌 떨며 앉아 있을 필요가 없다는 말이에요." 그녀가 선택한 그날의 구매 상품은 16달러에 네 개짜리 면 팬티였다. 심지어 주인인 베키 존슨마저 자신도 여기서 "구관이 명관인 기본 브라와 팬티"를 산다고 말한다. 그러면 레이스 장식이 달린 빅토리아풍의 속옷은 누가 사는 걸까? 존슨이 말했다. "남자들이요."

회사 관리자들의 추정에 따르면 빅토리아시크릿을 찾는 쇼핑객 중 남성은 30~40퍼센트를 차지하지만 남성 고객의 매출액은 거의 절반에 가깝다. 스탠퍼드 매장의 한 점원은 탄식하듯 말했다. "남자들은 대단해요. 어떻게든 사려고 할 거예요."

바로 그때 그런 견본에 해당하는 한 남성이 매장으로 어슬렁거리며 들어왔다. 짐 드래거라는 서른다섯 살의 변호사는 기본 팬티 테이블을 지나쳐 바로 뷔스티에 선반으로 직행했다. "1980년부터 계속 여기에 다녀요." 그는 실크 소재의 보디스를 세심하게 살피며 말했다. "이런 유형의 옷들은 여성의 섹슈얼리티를 강화시켜요. 그 레이스하며, 비치는 자수하며. 카탈로그에 나오는 많은 물건들을 매장에서 살 수 없다는 게 한일 뿐이죠." 그는 우아하게 앙증맞은 지스트링*을 골랐다.

1987년의 속옷 판매 대란은 결코 일어나지 않았다. 그해 여성들의 연간 테디 구매량은 31퍼센트 하락했다.[142] 여성들은 팬티를 1년 전보다 400만 개 적게, 브라를 900만 개 적게 구입했다. 슈미즈, 슬립, 테디를 모두 합한 판매액이 2년 동안 400만 달러 하락했다. 미국 시장 연구 회사 MRCA를 위해 1만 1,500가구의 소비 패턴을 추적하는 직

* G-string, 음부만 가릴 수 있는 작은 천 조각.

물 담당 부사장인 존 터그먼John Tugman은 이렇게 말한다. "여성들이 직장을 가지면서 속옷이 남자들의 조키 쇼츠*처럼 되고 있는 것 같아요. 그러니까 성적인 아이템이 아니라 점점 기능적인 아이템이 되고 있는 거죠. 사람들이 신경쓰는 건 실용적인 편안함이에요."[143]

란제리 제조업체들이 이런 실제 트렌드에 관심을 기울였더라면 어느 정도 돈을 벌었을지 모른다. 미국에서 제일 오래된 프리미엄 남성 속옷 제조업체인 조키인터내셔널Jokey International은 이런 비즈니스 전략을 받아들였다. 1982년 조키의 신임 사장은 고위직 마케팅 회의에서 겸손한 제안을 했다.[144] 우리 회사도 남자들 속옷처럼 편안하고 질 좋은 여성 속옷을 판매해 보면 어떨까요? 그는 무엇보다 수년간 회사로 그렇게 좀 해 달라고 요구하는 여성들의 숱한 편지가 날아왔다는 사실을 지적했다.

조키의 사장인 하워드 쿨리Howard Cooley의 회상에 따르면 반백의 회사 베테랑들은 경악했다. 이들은 쿨리가 조키를 "여성 회사"로 만들려고 한다고 씩씩댔다. 이 회사의 광고 대행사 임원들도 경악하긴 마찬가지였다. 광고회사 임원 중 한 명은 쿨리에게 "당신은 당신네 회사의 남성적인 이미지를 망가뜨리려 한다"고 말하기도 했다. 그리고 쿨리가 자신의 제안을 소매업체에 보여 주자 모조리 이에 반대했다. 이들은 여성들은 레이스가 없는 속옷을 사지 않을 것이고 허리에 "남성적인" 조키 라벨이 들어간 팬티는 더더군다나 사지 않을 것이라고 말했다.

어쨌든 쿨리는 한번 해 보기로 결심했다. 준비 과정에서 조키의 시장 분석 부서는 또 하나의 새로운 조치를 취했다. 바로 여성들의 조언을 실제로 구하는 것이었다. 조키의 연구자들은 수십 명의 여성들에게 수백 가지 팬티를 입어 보고 어느 것이 가장 마음에 드는지 말해 달라고 부탁했다.[145] 그 결과 여성들은 위로 말려 올라가지 않고, 세탁 시 해지지 않으며, 라벨에 적힌 것과 실제로 같은 사이즈인 속옷을 원하는 것으로 나타났다.

1983년 조키는 '그녀를 위한 조키Jockey for Her'라는 브랜드를 내놓

* jokey shorts, 1935년에 처음으로 판매된 남성용 팬티.

았다. 이와 함께 이 속옷을 정말로 입고 좋아하는 실제 여성들, 직업과 연령, 체형이 다양한 여성들을 내세운 광고를 시작했다. 여기에는 할머니, 항공기 조종사, 약간 다부진 미용사도 있었다. 이 브랜드는 단숨에 성공을 거뒀다.[146] 5년 만에 시장을 40퍼센트라는 비범한 수준으로 점유하며 미국에서 가장 인기 있는 여성 속옷 브랜드가 되었다.

'그녀를 위한 조키'는 몇몇 대형 남성 속옷 제조업체의 상상력을 자극했다. 하지만 대체로 여성 속옷 회사들은 이 회사의 성공을 나몰라라했고, 이와 정반대 방향으로 더 멀리 나가 버렸다. 여성 속옷 산업은 말려 올라가지 않는 편안한 속옷 대신 거의 새로운 속옷인 지스트링 스타일의 끈팬티를 선보였다. 그리고 여성들의 이야기를 들을 수 있는 극히 드문 기회가 생겨도 그 조언을 그냥 무시해 버렸다. 메이든폼Maidenform의 광고 대행사인 레빈헌틀리슈미트앤비버Levine Huntley Schmidt & Beaver는 몇 달에 걸쳐 표적 집단 여성들에게 란제리에 대한 인터뷰를 진행했다. "이 여성들은 아무도 자신들의 필요를 이해하지 못한다고 불평했다"고 광고 제작 감독인 제이 터브Jay Taub는 말했다.[147] "여성들은 진짜 사람 대우를 받고 싶어 했어요." 하지만 이 결과로 만들어진 새로운 메이든 광고 캠페인에서 내세운 진짜 사람은 남성 유명 인사들뿐이었고 이 남성들은 자신의 필요만을 늘어놓았다. 오마 샤리프Omar Sharif가 한 전형적인 광고에서 설명했다시피 그가 란제리를 좋아하는 것은 란제리를 보면 "그녀가 나에 대해 어떤 감정을 품고 있는지 알 수 있기" 때문이었다.

게스와 뒤태의 해

대부분의 경우 독립적인 여성 소비자들을 다시 통제하려는 패션 제조업체의 노력은 새로운 여성성을 뽐내는 유행에 민감한 숙녀에 대한 아부와 절제된 경외심 뒤에 가려져서 보이지 않았다. 하지만 이런 흠모는 고분고분한 소녀나 덕망 있는 빅토리아시대풍의 숙녀로 캐스팅되는 걸 순순히 받아들이고 반격의 규칙에 따라 움직이는 여성들을 위한 것이었다. 별로 고분고분하지 않은 여성들에게는 훈육의 위협을 앞세운 또 다른 패션 메시지가 부각되기 시작했다.

1980년대 말 패션 광고에서는 구타당하고 묶여 있거나 시체 운반용 가방에 들어간 여성이 주 메뉴였다. 주요 백화점 창문에 서 있는 여성 마네킹들은 난데없이 가죽옷을 입은 남성에게 구타당한 피정복자로, 쓰레기통에 쑤셔 박힌 시체로 연출되고 있었다.[148]《보그》에 실린 "숨은 기쁨"이라는 제목의 패션 지면에는 코르셋 끈으로 눈가리개를 질끈 동여맨 모델과, 다리가 묶인 또 한 명의 여성, 그리고 옷을 입지 않은 몸통과 팔을 끈으로 결박시킨 또 다른 여성이 크게 실렸다.[149] 다른 주류 패션 잡지들도 목에 개 목걸이를 한 채 구속복을 입은 여성이나 벌거벗은 채 비닐 쓰레기 봉지에 담긴 여성들로 패션 기사란을 채웠다.[150] 동일한 맥락의 패션 광고들도 확산되었다. 한 여성이 다리미판에 누워 있는데 어떤 남자가 이 여성의 가랑이에 다리미를 대고 있거나(에스프리Esprit), 여성이 구속복을 입고 있거나(세루치Seruchi), 어떤 여성이 닭처럼 어떤 남자의 주먹에 거꾸로 매달려 있거나(코틀러Cotler's, 이 광고의 제목은 "올바른 태도를 위하여"다), 한 여성이 셔츠가 찢어진 채 바닥에 때려눕혀져 있거나(폭시 레이디Foxy Lady), 아니면 어떤 여성이 아예 관에 들어가 있는 식이다(마이클만Michael Mann).

한 세기 전 후기 빅토리아시대의 카툰이나 대중 예술에서 그랬듯 특별히 인기 있는 건 마치 때려 달라는 듯 엉덩이를 카메라 쪽으로 돌리고 있는 소녀다. 1980년대 말에도 엉덩이 광고가 얼마나 넘쳐났던지 사설에서 별도로 논평을 할 정도였다.[151] 한 칼럼니스트는 심지어 1987년을 "뒤태의 해"라고 불러야 하는 건 아닌지 고민에 빠졌을 정도였다. 지타노*의 드레스에서부터 파모라리** 신발, 드라이버 Driver 청바지 등 수십 가지 패션 광고에서 중심은 여성의 엉덩이였다. 한 조다쉬베이직Jordache Basics 광고에서는 젊은 여성이 그래피티가 그려진 벽을 향한 채 손을 벽에 대고 엉덩이를 내밀고 있었다. 광고 속의 남자는 상표가 적힌 손을 여자의 다리에 올렸고, 광고 카피는 "내가 되어야 할 존재, 나 자신이 되게 해 주는 건 그 남자"였다.[152]

* Gitano, 의류 브랜드.
** Famolare, 신발 브랜드.

를 가장 크게 매혹시킨 것은 그곳의 여성들이었다. 그는 서부의 여성들이 페미니즘의 영향을 받지 않았다고 믿는다. 텍사스를 배경으로 한 게스의 커피 테이블용 사진집에서 밝히는 바에 따르면 아메리카 서부에서 "여성들은 대단히 존중받지만, 이들은 자신들이 다른 사람의 뒷수발을 들고 종종 장식 기능까지 맡아야 한다는 점을 알고 있다는 암묵적인 전제가 있다."[157]

마르시아노에게는 서부 말고도 약한 데가 하나 더 있는데(그건 1950년대의 미국이다) 그것을 좋아하는 이유도 동일하다. "전 그 시대 여성들의 여성성에 끌려요." 그는 말한다. "당신 같은 여성은 바가스*의 그림에서 볼 수 있어요. 그게 우리가 되돌아가고 싶은 거예요. 우리가 되돌아가고 싶은 거예요." 그러나 자기는 여성을 그렇게 대우하고자 하는 게 아니라고 재빨리 덧붙였다. "여성들도 1950년대 방식대로 보이고 싶어 해요." 그들이 해방운동에 사기를 당했다고 느낀다는 것이다. "다수가 결혼을 하지 않고 있어요. …… 이들의 독립이 사적인 삶을 먹어 치워 버렸고, 사적인 삶은 엄청나게 피해를 입은 거예요. 이들은 서른이 넘었고 아직 결혼을 못했죠. 그래서 여성으로서 자신이 바라는 바를 완수하지 못했다고 느끼는 거예요."

히키가 광고 포트폴리오를 가지고 돌아왔다. 마르시아노가 '루이지애나 캠페인'이라고 하는 한 포트폴리오를 펼치더니 흑백사진을 천천히 한 장씩 넘겼다. "보세요, 하나하나가 작은 테마가 있는 영화 같죠." 가령 루이지애나 캠페인은 그가 가장 좋아하는 미국 영화인 〈베이비 돌Baby Doll〉(엘리아 카잔Elia Kazan 감독이 1956년에 만든, 아기 침대에서 손가락을 빨며 잠을 자는 어린 신부에 대한 이야기)을 모티브로 삼고 있다. 마르시아노가 페이지를 넘기면서 영화음악을 틀듯 이야기를 들려준다. "이 소녀가 다른 소녀를 몰래 보니까 남자랑 같이 있는 거예요. 그래서 조금 부러워진 거지(그는 나무 뒤에 두려운 듯 숨어 있는 젊은 여성의 사진을 가리킨다). 그러다가 이젠 여기서 그 남자하고 약간 문제가 생겨 버린 거예요(남자가 여성의 턱

* Vargas, 속옷 차림의 여성이 신체 곡선을 강조하는 자세를 취한 그림으로 유명한 삽화가.

을 움켜쥐고 비틀고 있다). 그래서 여기선 이 여자가 약간 슬퍼하고 있어요(머리가 헝클어지고 옷이 해진 소녀가 번민하며 손으로 얼굴을 가리고 있다)."

그는 보던 포트폴리오를 내려놓고 다른 포트폴리오를 집어 들었다. 보디수트 차림의 엉덩이를 내세운 악명 높은 '로마 캠페인'이었다. 그는 이건 펠리니Fellini의 〈달콤한 인생La Dolce Vita〉(1960)을 모티브로 삼은 것이라고 설명했다. "어떤 사람들은 남자가 여자보다 너무 나이가 많다는 이유로 이 캠페인에 반대하기도 했었죠." 마르시아노는 추파를 던지는 신사를 가리키며 한숨을 지었다. "이 남자는 50대인 것 같네요. 그렇지만 그냥 소녀의 아빠일 수도 있는 거잖아요." 그래 놓고 마르시아노는 어째서 딸이 아빠의 무릎에서 상의도 입지 않은 채 몸을 흔들고 있는지 설명하지 않았다.

마르시아노는 남성의 광고의 경우 실제, 그러니까 진짜 카우보이, 목장 주인, 트럭 운전사, 실제 투우사를 쓰는 게 자랑스럽다고 말했다. "내 현장은 일상적인 길거리예요. 가짜 사진을 만들고 싶지 않거든요." 하지만 여성은 다른 문제였다. "우린 항상 모델을 써요. 우리가 말하려고 하는 것에 딱 맞는 실제 여성을 찾기가 어렵거든요. 실제 여성은 실제 남성만큼 협조를 잘 못해요." 마르시아노는 "정체성이 없는" 상대적으로 무명인 모델도 좋아한다. "이렇게 하면 우린 게스 걸을 정확히 우리 그녀에게 바라는 인물로 만들 수가 있거든요."

마르시아노는 게스 걸의 정체성을 포착하기 위해 유사 결박을 주제로 패션 사진을 찍어온 패션 사진가 웨인 메이저Wayne Maser를 고용했다. 메이저는 반격의 또 다른 가공물을 판매하는 데 참여하기도 했다. 〈위험한 정사〉의 홍보 포스터를 디자인했던 것이다. 영화 감독인 에이드리언 라인은 메이저와 함께 상업 사진 석사 과정을 밟은 동료였다. 1988년 메이저는 전직 광고인의 영화를 다시 광고로 되돌려놓으며 순환고리를 완성했다. 그 5월, 나흘 동안 메이저는 라인이 세트장으로 사용했던 뉴욕 베드퍼드에 있는 흰 말뚝 울타리가 쳐진 바로 그 두 채의 집에서 게스판 〈위험한 정사〉를 찍었다.

"그럼 이 코트는 어때?" 메이저는 조수들이 촬영 첫날 카메라 장비를 설치하는 동안 계속해서 물었다.[158] 그는 어깨가 부각되는 커다란 오버코트를 입고 있었다. "폴스미스Paul Smith……. 망할 명품 코트 같으니라고." 직원들도 여기에 맞장구를 친다. 메이저의 정력에 대한 은근한 감탄이 곳곳에서 터져 나왔다. 남자 일색인 그의 사진 팀원들은 방문객에게 메이저는 "다른 사진가들"과는 달리 "남자 중의 남자"이고 "심할 정도의 이성애자"라고 꾸준히 상기시켰다.

〈위험한 정사〉 장면을 찍기 위해 메이저는 게스의 규정을 어기고 유명 모델인 로즈메리 맥그로타Rosemary McGrotha를 고용했다. 그녀는 메이저와 같이 일하는 것을 썩 내켜하지 않았다. "그 남자에 대해 끔찍한 이야기를 들었거든요." 그녀가 말했다.[159] 그런 이야기를 들은 건 그녀만이 아니었다. "많은 유명 모델들이 메이저랑 일을 하지 않으려고 해요." 메이저의 보조 사진가 제프리 턴허Jeffrey Thurnher가 말했다.[160] "그 사람들은 메이저 이름만 들어도 위장약을 찾죠." 턴허는 그 이유를 이렇게 설명한다. "웨인이 그냥 아무 감정도 드러내지 않고 멀뚱하게 서서 협조를 안 하는 모델을 데려가더니 벽에다 얼굴을 밀치는 걸 본 적이 있어요. 아니면 '옷 벗어'라고 명령하죠. 자기 앞에서요. 그리고 옷을 안 벗으면 '여기서 꺼져 버려'라고 소리쳐요. 메이저는 여자들 마음을 가지고 논다니까요."

메이저는 이 광고의 미니 영화 대본에 나오는 "다른 여자" 역할을 위해 스물다섯 살의 프랑스 모델을 캐스팅했다. 입술이 도톰하고 나스타샤 킨스키Nastassja Kinski처럼 생긴 모델이었다. 이 광고의 전개가 마음에 안 드니 자신의 성을 밝히지 말아 달라고 부탁한 클라우디아Cloudia는 쉬는 시간 동안 촬영 팀과 거리를 두고 혼자 앉아서 『안나 카레리나』를 읽었다. 그녀는 "내가 이 일을 할 수 있는 유일한 이유는 내 삶에 다른 측면들이 있기 때문"이라고 말했다.[161] 그녀는 그림을 그리고, 두 살된 아이를 키우고, 파리에 있는 그래픽디자인 스튜디오에서 일한다.

촬영이 진행되면서 메이저는 요부의 나이와 직업을 계속 낮췄다. 텔레비전 제작자 에런 스펠링이 계속 대본을 손보면서 천사들의 지위를 축소시켰던 것처럼 말이다. "클라우디아한테 웨이트리스 복장을 입혀 보자." 메이저가 제안한다. "아니 잠깐만. 오페어*로 만들자. 있잖아, 남편을 유혹하는 어린 오페어. 죽이지 않아? 정말 죽여주는군." 모두가 여기에 동의했고, 메이저는 클라우디아에게 프랑스 가정부 옷으로 갈아입으라고 지시했다. 그는 스타일리스트에게 스커트를 더 타이트하게 고정시키라고 주문했다. 그러고 난 뒤 클라우디아를 주방 스토브 앞에 세워 놓고 아침 식사 준비를 하는 척하면서 "엉덩이를 아치 모양이 되게 내밀라"고 지시했다.

"아주 끝내주네." 메이저가 폴라로이드로 사진을 찍으며 말했다. "이 옷을 더 타이트하게 해야겠어……. 섹시해 보여야 하니까." 클라우디아가 "아프다"고 불평했다. 메이저는 그녀의 말을 못 들은 척하고 계속 촬영했다.

김오끔 되었을 때 뭔 한 대가 도모가에 차늘 냈다. 그 집의 주인 부부는 이혼을 진행하던 중이었는데, 마침 아내가 그날 자신의 소지품을 챙기러 들를 예정이었다. 별거 중인 남편은 그녀에게 말도 하지 않고 게스 사진 촬영 일정을 잡았기 때문에, 그녀는 집에 카메라 장비가 널려 있고 빈 맥주 캔이 나뒹굴고 낯선 사람들이 자신의 서재에서 피자를 먹고 자신의 VCR로 비디오를 보고 있는 광경에 깜짝 놀랐다. 그녀가 황급히 주방을 가로질러 위층으로 올라가자 메이저는 눈으로 그녀를 좇았다. "이런, 화난 직장 여성이시구만." 그는 이렇게 중얼거렸다. "페미니스트일 거야."

아무래도 메이저는 화난 페미니스트가 크게 거슬리는 모양이었다. 그날 저녁에도 다시 이 문제를 언급했으니 말이다. 그는 맥주를 마시며 이렇게 말했다. "요즘 광고계의 문제는 모두가 여성에 대한 입장을 밝히는 걸 무서워한다는 거야. 페미니스트들이 광고계에서 높은 자리를 차지하고 있으니까 다들 페미니스트들의 비위를 맞추려고 안달이지. 그래서 여자들이 재미가 없어졌어." 그는 자신의 사진을 페미니즘 일당에 대한 도전으로 여긴다. "내 작품은 페미니즘의 밋밋함에 대한 반동이지." 그가 말했다. 하지만 그러면서도 그는

* au pair, 약간의 보수를 받으며 언어를 배우는 입주 가정부.

자신은 여성들을 구속하려는 게 아니라 새로운 선택지를 알려 주는 것일 뿐이라고 밝혔다. "포스트페미니즘 시대라고." 그는 이렇게 설명했다. "이젠 여성이 다시 여성이 될 수 있어. 내 모든 소녀들에게는 선택권이 있어."

나중에 마르시아노 형제들은 〈위험한 정사〉 광고를 보류시켰다. 여성에게 너무 폭력적이거나 모욕적이어서도, 페미니즘의 '밋밋함'에 너무 적대적이어서도 아니었다. 주류 미디어에 내보내기에는 너무 성적으로 적나라했기 때문이었다. 굴욕을 당하거나 구타당한 젊은 여성의 사진들은 마르시아노의 검열을 문제없이 통과했지만 간통 묘사는 가정의 신성함을 저해할지도 몰랐다. 대신 게스는 그 시즌 광고 캠페인에 손가락을 빨고 있는 카우 걸을 내세웠다. 이들은 사냥꾼 앞에 선 밤비 같은, 깜짝 놀란 연약한 짐승 같은 눈으로 카메라를 응시했다. 메이저의 〈위험한 정사〉 캠페인과 동일한 메시지를 좀 더 신중하게, 그리고 궁극적으로는 더 효과적으로 담은 광고였다. 1980년대에 패션 광고들은 종종 거창한 여자 사냥 작전처럼 보이곤 했다. 그리고 마르시아노 형제들은 남성의 분노를 위장하는 데 성공하면 가장 멋지게 총알을 날릴 수 있다는 사실을 깨달았다.

8장
미용 산업과 생명을 얻은 마네킹

최초의 '신세대' 여성이 로버트 필로소Robert Filoso의 로스앤젤레스 워
크숍에서 금속 막대의 도움을 받으며 서 있다. 그녀의 발은 바닥에서
몇 인치 정도 떠 있고 진흙으로 된 팔은 붕대로 감겨 있으며 얼굴에
는 먼지가 앉지 않도록 비닐봉지를 덮어씌워 목에 매듭을 지어 놓았
다. 작은 알갱이 하나라도 티가 될 수 있다.

38세의 마네킹 조각가인 필로소는 "내 모델이 완전무결하지는
않다"고 설명한다.[1] "모든 단점을 없애야 해요." 하지만 비닐봉지 때
문에 내부가 눅눅해지면서 이미 얼굴에는 흠집이 생긴 상태였다. 이
여성의 벌어진 입술 사이에는 녹색 곰팡이가 자라고 있다.

1988년 4월 아침, 필로소는 이듬해에 표준이 될 모델을 손보고
있다. (척추뼈, 발가락, 젖꼭지를 세세하게 정으로 깎아서) 여성 마
네킹에 "새로운 리얼리즘"을 부여한 이후로 그는 12억 달러짜리 인체
모형 산업을 선도했고, 그만큼 많은 소매업체들에게도 기여했다. 올
해 그는 몇 가지 큰 변화를 도모하고 있다.[2] 그의 신세대 여성은 키
가 작아진 대신 가슴이 3인치 정도 커졌고 허리는 1인치 줄었으며 속
눈썹을 세 개씩 붙였다. 이 새로운 신체 치수 34-23-36은 마네킹 기
준으로는 육감적이지만 어깨끈이 없는 드레스와 뼈까지 조이는 코르
셋이 주를 이루는 라크루아의 시대는 더 큰 가슴과 잘록한 개미허리
를 요구한다. 필로소는 말한다. "패션은 내 마네킹들의 형태를 결정
합니다."

이 조각가는 조심스럽게 붕대를 풀어서 자신의 조수이자 모델인
로리 로시Laurie Rothey에게 건넸다. "많은 소녀들이 가슴 확대 시술을
하는 것 같아요." 일을 하면서 로시는 이렇게 말했는데 그건 마네킹
을 두고 하는 말이 아니었다.[3] "요즘은 모델 회사들이 가슴 큰 모델

만 찾으니까 일자리를 얻으려면 그 방법밖에 없는 거죠……."

필로소의 욕설이 그녀의 말을 가로막았다. 진흙이 아직 덜 말라서 마네킹의 팔이 금속 뼈에서 떨어져 나왔던 것이다. 조각가는 다시 팔을 붙이려 했지만 이번에는 한 팔이 다른 팔보다 더 짧아졌다. "얘좀 봐, 완전 망했네." 필로소는 이렇게 소리치며 수건을 바닥에 내팽개치고 씩씩대며 자리를 떴다.

그날 오후 다시 평정을 찾은 필로소는 신세대에 대한 자신의 상을 늘어놓았다. 그는 몸매 좋은 상류층 메릴린 먼로, "버그도프굿맨에 가서 뭐든지 살 수 있을" 정도의 경제적 여유가 있는 "굴곡이 있지만 마른" 상류층 숙녀를 그려 보였다. 또한 그들의 자태는 "더 여성적이고 더 절제되어 있을 거예요. …… 1970년대에는 마네킹들이 항상저 밖에서 뭔가를 손에 넣으려고 했어요. 그런데 이제는 자기 내부로들어가고 있죠." 그는 이것이 실제 1980년대 여성들의 모습이기도 하다고 말한다. "이제 당신은 당신 자신이 될 수 있어요. 숙녀가 될 수있는 거죠. 정력가가 될 필요가 없단 말이에요."

필로소가 생각하기에 이런 상황은 여성들이 외모에는 "신경을쓰지 않던" 1970년대보다 훨씬 개선된 것이다. "매장에선 아름다운마네킹을 원치 않았어요. 여성 고객들이 그런 마네킹을 보고고 '이런, 난 100만 년이 지나도 저런 모습은 절대 못 될거야' 하고 말할까 봐무서웠던 거죠." 이제 그런 시대는 지나갔다고 필로소는 즐겁게 밝혔다. "이젠 마네킹들이 진짜로 생명을 얻고 있어요. 다시 예뻐질 거예요. 옛날 1950년대 잡지에서 봤던 패션 사진이랑 비슷하게요." 그렇다면 그의 표현대로 여성 고객들이 "이런, 난 100만 년이 지나도 저런 모습은 절대 못 될거야"라고 말하면 어쩐담? 필로소는 좋은 소식이 있다고 말한다. "이제 여성들은 매장에서 아름다운 마네킹을 보고'저 마네킹처럼 되고 싶어'라고 말할 수 있어요. 그리고 정말로 그렇게 될 수 있죠! 의사한테 가서 '선생님, 전 이런 광대뼈를 원해요', '선생님, 전 이런 가슴을 원해요'라고 말하기만 하면 되는 거죠."

그는 한숨을 지으며 말한다. "내가 공부만 잘했으면 성형외과 의사가 됐을 텐데."

1980년대에 미의 트렌드를 결정하는 건 마네킹들이었고, 실제 여성들은 거기에 따라야 한다는 생각이 지배적이었다. 인체 모형이 '생명을 얻은' 반면 숙녀들은 마취를 하고 수술을 받았다. 미용 산업은 마치 그것이 자연스러운 여성성의 부활이기라도 한듯 '여성성으로의 복귀'를 홍보했다. 페미니즘이 득세하던 1970년대에 억눌렸던 모든 선천적인 여성적 속성들을 다시 꽃피워야 한다는 것이다. 하지만 미용 산업이 가장 예찬한 여성적 특성들은 지독하게 부자연스러웠다. 갈수록 무자비하고 건강에 좋지 않은 가혹한 수단을 통해서만 달성할 수 있었기 때문이다.

물론 미용 산업은 절대 페미니즘의 포부를 지지하지 않았다. 그렇다고 해서 미용 산업의 마법 상인이들이 여성의 권리에 반대하는 의식적인 정치적 프로그램을 가지고 있었다기보다는 최종 결과를 개선시켜야 할 상업적인 사명이 있었을 뿐이었다. 그리고 미용 산업이 수년간 의지했던 공식('여성적인' 외모에 대한 여성들의 낮은 자존감과 높은 근심을 더 악화시키기)은 항상 효과가 좋았다(킨제이연구소 Kinsey Institute가 실시한 조사에 따르면 미국 여성들은 연구 대상 문화권 중에서 자신의 몸에 대해 가장 부정적인 감정을 갖고 있다). 미용 제조업체들의 동기는 특별히 용의주도하거나 심오하지 않다. 이들이 잔뜩 거들먹거리며 여성들에게 끊임없이 하는 지시는 실용적이기보다는 분별이 없다. 이들은 정신없이 시끄럽게 떠들어 대지만 실상 내용 없는 잡음뿐이다. 하지만 그런데도 1980년대 미용 산업은 반격의 피드백을 만들어 낸 문화적 고리에 속해 있었다. 아니나 다를까 역시 미용 회사 홍보 담당자들의 귀에 여성 평등의 대가에 대해 돌아다니는 경고 신호가 꽂혔고, 이들은 이런 경고를 자신들의 목적에 맞게 더 부풀렸다.

1988년 니베아Nivea 피부용 크림 광고는 "당신의 얼굴이 성공의 대가를 치르고 있는 건 아닙니까?"라며 걱정했다.[4] 이 광고에서는 비즈니스 정장을 입고 서류 가방을 든 여성이 아이를 급히 어린이집에 보내다가 가게 창문으로 직장 생활 때문에 망가진 자신의 피부를 힐끗 들여다본다. 그녀가 직장에서 별로 잘나가지 못했더라면 안색이 더 환했으리라. 《마드모아젤》은 "업무 스트레스는 …… 안색을 엉망으로 만들 수 있다"고 경고했다.[5] 업무 스트레스는 "악성 비듬", "영구적인 모발 손상", 그리고 무엇보다 체중 감소를 유발할 수 있다. 이 잡지는 "잘나가는 여성들"이 가장 위험한데 "임원 스트레스"가 이들의 반반한 용모를 너덜너덜하게 망쳐 놓을 수 있기 때문이라고 주장했다. 미용업계는 광고를 통해 여성들이 직업계에 발을 들이면서 외모가 하락했다는 둥, 평등이 이마 주름과 셀룰라이트를 만들어 냈다는 둥 자기 식의 반격의 주장을 주입시켰다. 이런 메시지는 한 세기 전보다도 나아진 게 없었다.[6] 후기 빅토리아시대 미용지들 역시 여성들에게 고등교육과 취업에 대한 요구는 "전체적인 매력도를 떨어뜨리고" "안색을 망쳐 놓는다"고 경고했다.

미용계의 장사치들은 여성의 직업적 성공에는 대가가 따른다며 걱정을 조장했다. 여성들이 직업적으로 승승장구하면서 자신들이 이윤 하락이라는 대가를 치르게 될까 봐 걱정되었기 때문인데 이는 그저 기우가 아니었다. 1970년대에 여성운동이 등장하면서 화장품과 향수 회사들은 10년간 판매 정체와 감소로 고전했고, 모발 제품 회사들은 장기적인 슬럼프에 빠졌으며, 미용사들은 많은 여성 고객들이 단순하고 저렴한 커트를 하기로 결심하고 저가의 남녀공용 미용실로 떠나가는 광경을 무력하게 바라봐야 했다. 1981년 레블론의 매출은 1968년 이후 처음으로 하락했고 그다음 해 이 회사의 이윤은 40퍼센트라는 기록적인 수치로 폭락했다.[7] 미용업계는 여성들에게 당신들은 직업 정신이라는 병에 걸린 환자라고 설득함으로써 자신들의 경제적 건강을 회복하고자 했다. 실험실 가운을 입은 기획자들과 실제 의사들이 의사의 승인을 받은 묘약과 피부 주사제와 모발용 화학 '트리트먼트'와 몸통 구석구석에 대한 성형을 처방하면서 미용은 의료화되었다[8](심지어 한 의사는 다리뼈를 잘라서 여성의 키를 줄여 주겠다는 약속을 하기도 했다).[9] 재정 문제 때문에 골머리를 앓던 의사와 병원 행정 직원 들이 미용업계와 손을 잡고 이 캠페인에 가세했다. 피부과 의사들은 10대 시장이 축소되자 10대 여드름 치료에서 성인 여성 주름 치료로 방향을 전환했다. 부인과와 산과 의사들은 출산율이 둔화되고 의료 과실 할증료가 치솟자 의기소침해져서 겸자* 대신 지방 흡입 기구를 손에 쥐었다. 적자에 직면한 병원들은 미용 – 성형 부서를 개설하고 극단적인 고가의 액체 단백질 다이어트 프로그램을 후원했다.[10]

미용 산업은 페미니즘에 대한 반격에 참여하는 문화 제도 중에서 가장 영향이 적을 것 같지만 많은 측면에서 여성의 심신에 가장 사적으로 파괴적인 영향을 미쳤다. 많은 여성들이 1980년대 성형외과 의사들의 명령을 따르다가 말 그대로 병들었다. 주름 방지 트리트먼트는 여성들을 발암물질에 노출시켰고, 산성의 얼굴 필링제는 피부에 화상을 입혔고, 실리콘 주입은 고통스러운 기형을 유발했고, '미용' 지방 흡입술은 심각한 합병증, 감염, 심지어는 사망의 원인이 되었다. 내적인 면에서 1980년대 미용 관련 요구들은 섭식 장애가 유행병처럼 번지는 데 적잖은 역할을 했다. 그리고 미용 산업은 여성들이 겪는 문제가 사회적 압력과는 무관한 순전히 개인적인 병폐일 뿐이며 이는 개별 여성이 자신의 육체를 바꿈으로써 보편적인 기준에 몸을 맞추는 데 성공하기만 하면 치유 가능하다는 재현을 강화함으로써 1980년대의 많은 여성들이 느낀 심리적 고립감을 악화하는 데도 기여했다.

1980년대에 판매된 아름다움의 상징들(연약함, 창백함, 아이 같음)은 모두 과거 반격의 시대가 물려준 것들이었다. 역사적으로 페미니즘에 대한 반격에서 이용당했던 비너스는 긴 안락의자에서 몸을 추슬러야 하는 무력한 병자였고, 응접실에서 차를 홀짝이는 고풍스러운 장신구 같은 숙녀였으며, 태양의 공격을 받지 않도록 보호해야 하는 어린 신부였다.[11] 후기 빅토리아시대에 미용 산업은 병약함을 미화했고 백옥 같은 얼굴을 만들어 주는 독극물에 가까운 묘약을 홍보하여 이윤을 취했다.[12] 쇠잔한 외모는 젊은 여성 사이에서 거식증이 출현하고 미국 최초의 다이어트광을 탄생시키는 데도 부분적으로 기여했다.[13] 반격의 시기에는 아름다움의 기준이 '전통적인' 도덕성과 결탁하여 말을 듣지 않는 여성에 대한 사회적 캠페인과 협공을 펼

* 출산 도구.

친다.[14] 흠잡을 데 없는 도자기 같은 외모는 내면의 순수함, 복종, 절제의 증거가 된다. 페미니즘에 대한 반격은 아름다운 여성을 두 가지 의미에서 통제한다. 먼저 반격은 여성의 몸을 집에 묶어 두었고 외모를 길들여 신사의 영토로 관리했다.

반면 문화적으로 여성의 독립에 대한 요구를 더 많이 수용하는 시기에는 활동성과 건강, 생기 있는 색채가 여성의 아름다움을 규정하는 속성이 된다. 1910년대 말과 1920년대 초에는 여성 운동선수들이 미국의 아름다움을 대표하는 전형으로 영화 스타들을 능가했다.[15] 햇볕에 그을은 피부가 코코 샤넬Gabrielle Coco Chanel을 통해 패션의 상징으로 부상하면서 건강한 아웃도어 패션이 전국적으로 유행하게 되었고 헬레나루빈스타인*의 밝은 색 화장품들은 화려하고 대담한 색조를 퍼뜨렸다. 하지만 1920년대 말과 1930년대에 이르러 미용지는 일광에 태닝을 한 여성들을 비난했고 회사들은 화려한 색으로 화장을 하고서 출근하는 여성들을 해고했다. 그리고 다시 제2차 세계대전 기간 동안 햇볕에 몸을 그을린 활기 넘치는 미녀들이 온갖 찬사를 받았다.[16]《하퍼스바자》는 "1943년 뉴 아메리칸 룩"을 이런 식으로 묘사했다.[17] "그녀의 얼굴은 바깥에 나와 있고 그녀 역시 그렇다. 그녀의 손가락은 유연하고 튼튼하다. 그 선은 활동적인 선이다. 글래머는 이제 안녕." 하지만 전쟁이 끝나자 미용 산업은 다시 글래머를 불러들였고, 구매 동기 분석 컨설턴트라는 새로운 업종의 사람들이 이를 부추기며 화장품 회사에 좀 더 수동적인 여성성의 이미지를 활용하라고 조언했다.[18] 미용업계 홍보 담당자들은 여성들에게 뽕이나 실리콘으로 가슴을 부풀리고, 발암물질이 들어간 염색약으로 머리카락을 허옇게 만들고, 티타늄으로 얼굴과 입술을 희게 만들어서 더 창백해 보이게 만들라고, 간단히 말해서 머리를 되도록 심하게 표백하고 의학의 손길을 거친 글래머 메릴린 먼로를 모방하라고 지시했다.

1980년대에 페미니즘에 대한 반격이 이어지면서 1970년대 여성지들이 예찬했던 '활동형 미인Action Beauty'이 병상의 미학에 굴복했고 이로써 위와 같은 패턴이 다시 반복되었다.[19] 피부에 바르기만 하는

* Helena Rubinstein, 폴란드 출신의 기업인이자 동명의 화장품 회사.

향수에서부터 몸 깊숙이 침투하는 위험한 시술에 이르기까지 모든 수준의 미용 문화에서 일어난 대대적인 변화였다.

찰리부터 오필리아까지

1973년 겨울, 찰스 레브슨Charles Revson은 레블론 고위 임원 회의를 소집했다.[20] 그는 사람들을 모아 놓고 자신에게 혁명적인 생각이 있다고 말했다. 그것은 바로 여성해방을 기념하는 향수였다(사실 그건 그렇게까지 혁명적이진 않았다. 샬리마Shalimar 같은 향수 회사들이 이미 1910년대에 은은한 라벤더향을 강한 머스크향으로 바꾸고 이를 해방된 신여성들New Women에게 판매했기 때문이다).[21] 레블론 팀은 이 계획에 '코스모Cosmo'라는 암호명을 붙였고 이후 몇 개의 동인 여성 집단과 점심을 먹으면서 향수에서 어떤 걸 원하는지 물어보았다.[22]

여성들은 레블론의 인터뷰 진행자에게 향수가 자신들을 규정할 것이라는 소리에 신물이 났다고 말했다. 이들은 스스로가 규정한 새로운 자아상을 반영하는 향수를 원했다. 레블론의 시장 분석가들은 이 점을 중요하게 여겼고 결국 찰리Charlie라고 하는 향수를 내놓았다. 이 새로운 향수 광고는 자신의 수표에 서명을 하고 혼자 나이트클럽에 가고 심지어 남자에게 춤 신청을 하기도 하는 당당한 싱글 직장 여성을 내세웠다. 1973년에 첫 선을 보인 찰리는 몇 주 만에 매진되었다. 그리고 1년도 되지 않아 찰리는 미국에서 가장 잘 팔리는 향수가 되었다.

레블론의 상임 부사장 로렌스 웩슬러Lawrence Wechsler는 이렇게 회상한다. "찰리는 새로운 라이프스타일을 상징했어요. 그러니까 그 향수는 넌 네가 원하는 건 뭐든지 될 수 있고, 하고 싶은 건 뭐든지 할 수 있고, 그렇게 해도 아무도 널 비난하지 않는다고 속삭였죠. 사무실에서 치마가 아니라 바지 정장을 입고 싶다면 마음대로 하렴 하고 말이에요."[23] 찰리의 광고 캠페인이 성공하자 맥스팩터Max Factor의 맥시Maxi("내가 꽂히면 아무도 못 말리지")에서부터 샤넬Chanel의 크리스탈Cristalle("당신 자신을 기념하세요")에 이르기까지 자신만만

하고 독립적이고 성적으로 적극적인 여성 주인공을 내세운 10여 개의 유사한 광고가 쏟아져 나왔다. 아이스스케이트 선수를 내세운 코티Coty의 스미티Smitty부터 역동적으로 롤러스케이트를 타는 모델을 내세운 파베르제Fabergé의 베이브Babe(이는 신적인 존재였던 베이브 디드릭슨 자하리스*에 대한 경의를 담은 향수였다)에 이르기까지 건강미 넘치는 운동선수들도 넘쳐났다.

1982년 돌연 레블론은 오래된 찰리 광고를 내리고 그 대신 결혼과 가정을 추구하는 여성을 내세웠다.[24] 판매고 하락 때문에 생긴 일이 아니었다. 레블론의 경영자들은 그저 찰리의 시대가 지나갔다고 '감지'했다. "우린 전체 여성의 해방이라는 문제를 가지고 조금 무리했던 거죠." 웩슬러는 이렇게 말했다. "그리고 그건 어쨌든 더 이상 중요하지 않았어요. 이젠 더 중요한 일들이 생겼어요. 마약 같은 것 말이에요. 그리고 생물학적 시세도 있고요. 이젠 여성들이 노력을 적게 하며 살 필요도 있어요." 하지만 그는 찰리 광고의 중단은 사실 여성 '진보'의 상징이라고 주장했다. 미국 여성들은 이제 충분히 진보했다는 것이다. "더 이상은 그렇게 적극적일 필요가 없어요. 좀 더 여성스러워져도 된다고요."

하지만 새로운 광고는 여성 고객들을 사로잡지 못했고 레블론은 1986년에 다시 광고를 바꿔야 했다.[25] 이번에는 찰리의 캐릭터를 완전히 없애 버리고 "대단히 찰리스러운" 익명의 여성들을 잡다하게 모아서 보여 주었다(이 광고를 만든 말콤 맥두걸은 《굿하우스키핑》의 신전통 여성을 만들어 낸 바로 그 광고 제작자였다). 어떤 면에서 이 회사는 완전히 한 바퀴를 돌아 제자리로 돌아왔다. 다시 한 번 향수가 여성이 충족시켜야 할 기준을 규정하게 되었기 때문이다.

최소한 "대단히 찰리스러운" 여성들은 아직 살아 있음을 증명하며 걷고 있었다. 1980년대 중반이 되자 향수 광고에 나오는 많은 여성들이 부동자세를 취한 백옥 조각으로 바뀌었다. 향수업계는 더 약해진 여성에게 더 약해진 향기를 팔기로 작정했고, 그래서 향도, 이

* Babe Didrikson Zaharias, 골프, 농구, 야구, 육상에서 두각을 나타낸 미국의 여성 운동선수.

향을 내뿜는 사람도 더 은은해졌다. 향수 공급업체인 퀘스트인터내셔널Quest International의 마케팅 담당자 조너선 킹Jonathan King은 언론에서 "지난 몇 년간 많은 여성들은 부통령 자리를 내놓으라는 압력만큼 강한 향수를 썼다"고 주장했다.[26] 하지만 이제 좀 더 숙녀답고 절제된 아우라를 지닌 '편안한' 향수가 고갈된 여성의 '신비'를 복원하면서 제자리를 찾게 될 것이다. 1980년대의 많은 향수 제작자들은 치유의 묘약을 제조했다.[27] 신경질적이고 출세 지향적인 여성 고객들을 위해 '차분한' 기분을 유도하는 향수 라인을 '아로마 테라피'라고 불렀다. 인터내셔널플레이버스International Flavors의 부사장 크레이그 워런Craig Warren은 이런 향들은 심지어 "약을 복용하지 않고도 스트레스와 우울증을 완화"시켜준다고 명방히 선언했다. 에이본Avon의 판매 담당자들은 심지어 자신들의 제품인 트랭퀼모먼트Tranquil Moments가 여성의 뇌파에 진정 효과가 있다는 점이 입증되었다고 주장했다. 하지만 이런 변화에는 반격의 상징들이 숨어 있었다. 1980년대의 새로운 향수 광고에 나온 여성 모델들은 더 이상 '나대지' 않았다.[28] 향수업체들이 상류 유한계급 숙녀, 신부, 어린 소녀라는 세 가지 상투적인 '여성성'을 중심으로 판매 전략을 세웠기 때문이다.

1980년대 초반에는 상류층 사교계 명사에게 걸맞은 향이라고 주장하는 500개의 값비싼 향수 브랜드들이 시장에서 각축을 벌였다[29](참고로 대여섯 개의 라인은 자신들의 상류층용 향수에 금 조각을 넣었다). 그리고 고급 여성복 디자이너들이 인기 전략의 일환으로 돈벌이에 도움될 만한 향수를 물색하면서 디자이너들의 이름이 여성복 대신 향수병에 오르내리기 시작했다. 이렇게 해서 빌 블라스라는 디자이너 이름이 베이브 디드릭슨이라는 이름을 밀어내게 된 것이다. 이제 향수 광고에 등장하는 여성들은 독립성이나 활동성이 아닌 고상함이나 부티를 상징하게 되었다. 파퓸스인터내셔널Parfums International은 패션Passion이라는 향수를 홍보하기 위해 엘리자베스 테일러Elizabeth Taylor를 기용해서 귀족 부인 연기를 하게 했다.[30] 그녀는 텔레비전 광고에서 시를 읽었고 백화점에서 숙녀들에게 차를 따라 주었다. 심지어 중간급인 에이본마저 조르지오Giorgio, 오스카드라렌타

Oscar de la Renta, 페리앨리스Perry Ellis 같은 향수 이름에 대한 사용권을 매입하고 1온스*에 165달러짜리 드뇌브Deneuve를 선보이며 고급화 전략을 시도했다.

향수 산업이 두 번째 전략에 착수하면서 자신감 넘치는 싱글 여성 대신 결혼을 예찬하는 조신하고 뽀얀 신부들이 향수 광고에서 곧 판을 쳤다. 1985년에는 에스티로더Estee Lauder가 "당신의 모든 아름다운 순간들을 위한" 향수인 뷰티풀Beautiful을 공개했다. 하지만 광고가 묘사한 아름다운 그 순간은 결혼식뿐이었다. 여성을 위한 이 "아름다운 순간" 캠페인은 우연히도 오메가Omega 시계의 남성을 위한 "중요한 순간" 캠페인과 같은 시기에 진행되었고, 덕분에 많은 잡지에서 여러 장에 걸쳐 의도치 않게 교훈적인 대비가 돋보였다. 한쪽에서는 여성이 면사포를 늘어뜨려 얼굴을 가렸고, 다른 쪽에서는 남성이 "근수한 승리의 서빵"을 기리기 위해 주먹을 지켜올렸다. 비산포우민 Bijan for Women은 흑백논리로 결혼 옹호 메시지를 늘어놓기도 했다. 이 향수의 1988년 광고에서는 여성들에게 동거는 "나쁜 취향", 결혼해서 임신하는 것은 "좋은 취향", "결혼반지를 자랑스럽게 끼는 것"은 "심하게 좋은 취향"이라고 충고했다.

향수 광고 속의 여성들은 아기를 가진 어머니가 아니라 본인이 점점 아기가 되어 갔다. 향수 회사들이 너도나도 새로운 여성성의 상징으로 사춘기 소녀들을 택했던 것이다. 짙은 화장을 하고 금발의 곱슬머리가 통통한 볼에 도발적으로 흘러내리는 어린 소녀 롤리타의 사진을 내세운《보그》광고에는 "향수는 여성이 누릴 수 있는 최고의 즐거움 중 하나"라는 설명이 딸려 있었다. 로드앤테일러Lord & Taylor의 향수 크리지아Krizia는 1989년 광고 슬로건이 "여성을 찬미하며'였지만 이 광고에서 찬미의 대상이 된 여성은 빅토리아시대의 옷을 입고 눈을 얌전하게 내리깐 미취학 아동이 전부였다. 또 다른 향수 광고는 "당신은 날 때부터 천생 여자"라고 속삭였다.[31] 이 광고에 나온 숙녀스러운 아이는 다섯 살이었다. 레블론의 새로운 "대단히 찰리스러운" 여성 중 한 명은 열 살도 되지 않았다.

* 약 28그램.

하지만 이런 판매 전략은 아무것도 성공하지 못했다. 사실 고가의 향수가 넘쳐 나자 오히려 1986년 향수 판매고는 하락했다.[32] 몇 년 만에 처음 있는 일이었다. 명망 있는 매장에서는 고가의 농축 향수 판매고가 1980년부터 1985년까지 2,000만 달러 이상 줄어들었다. 1988년에 이르자 에이본에서는 4분기 소득이 57퍼센트 하락했고, 미용 제품 수익 중에서 미국 내 판매로 벌어들인 것은 절반이 되지 않았으며, 판매 관리직 3분의 1을 해고해야 했다.[33] 이 회사는 돈 많은 '숙녀들'에게 아양을 떠느라 가장 충직하고 가장 많은 고객, 바로 노동계급 여성들을 외면했던 것이다.[34] 에이본은 자체 연구를 통해 자신들의 전형적인 고객은 아이가 둘이고 1년 가계소득이 2만 5,000달러 정도인 고졸 생산직 이상임을 이미 알고 있었지만 판매 전략에는 이를 그다지 반영하지 않았다. 어떻게 이런 여성이 1온스짜리 한 병에 165달러나 하는 향수를 살 수 있겠는가?

부와 결혼, 어린 아이로 아무리 유혹해도 충분치 않자 향수 광고 캠페인은 약하고 순종적인 여성의 이상화를 극도로 밀어붙였고 급기야 여성 시체를 다시 끄집어 냈다. 입생로랑의 오피움 광고에 나오는 여성은 마치 관에 놓인 듯 반듯하게 누워 있고 눈은 꼭 감겨 있으며 핏기 없는 발 옆은 장례식용 꽃 장식으로 치장되어 있었다. 조반Jovan의 플로랄Florals 광고에서는 현대판 오필리아가 궁극의 휴식 상태에 빠져들었고, 그녀의 벗은 몸은 흑백의 난으로 뒤덮혀 있었다. 이 소름끼치는 장면에는 "약간의 탐닉에 도취할 모든 여성의 권리"라는 설명이 달려 있었다.

매일 탈노화de-aging 일지 쓰기

1980년대 말 화장품업계는 어린이에 대한 친숙한 빅토리아시대의 금언을 최신 화장 트렌드로 채택했다. "올여름 화장 포인트: 눈에는 보이지만 귀에는 들리지 않게"라는 특집 기사의 제목이 이를 말해 준다.[35] 아름다운 여성은 말이 없어야 했다.《마드모아젤》의 화장품 기사는 "소리 죽인" 외모를 찬미했고, "시끄럽게 떠들어 대는 입"에 대해 경고했으며, 여성들에게 "숙녀가 된다는 건 …… 권력보다, 돈보다 더 좋은 것"이라고 상기시켰다.[36] 《보그》는 여성의 입술에 손가락을 올리고 조용히 하라고 애원했다.[37] "화장에는 새로운 끌림이 있다. …… 그 어떤 것도 '크게 소리를 내지' 않는다." 10년 전 향수를 비롯한 화장품은 활기와 생동감이 끊임없이 샘솟는 근육질의 색깔이었다. "거침없이 말하는 샤넬Outspoken Chanel"* 광고에 나오는 여성은 자신의 새로운 '자신감'과 '재기 넘치는 목소리'만큼이나 화려한 색으로 색조 화장을 하고 매니큐어를 발랐다. 그런데 이제 화장품은 유령처럼 피부 위를 조심조심 걸어다녔다. 물론 부분적으로 이런 새로운 아름다움의 법칙은 유행을 뒤집어서 간단하게 수요를 만들어 내는, 오래전부터 애용된 대단히 미국적인 판매 전략의 부산물이기도 했다. 하지만 말 없는 아가씨를 새로운 이상으로 선택한 것은 많은 것을 시사하기도 했다. 점점 화장품 가게에서 멀어져 가는 여성들 때문에 불안해진 미용업계 상인들의 마음을 진정시키는 효과가 있는 이미지였던 것이다.

화장품 판매자들은 품위 있는 상류층 숙녀들 역시 이용했다. 향수 판매자들처럼 이들은 부유한 베이비 붐 세대 여성들이 귀족적인 이름과 거기에 걸맞은 고가의 미용 제품들을 구매하도록 구슬려 더 적은 여성들로 더 많은 돈을 벌고 싶었다. 하지만 여기서도 이런 판매 전략은 역효과를 낳았다. 화장품을 가장 열심히 쓰는 층은 10대와 노동계급 여성들이다.[38] 그런데 이런 새로운 '엘리트용' 화장품들의 무시무시한 가격표를 본 이들은 겁을 집어먹고 도망가 버렸다. 화장품 회사들의 전략 때문에 오히려 이들의 매출은 더 떨어졌고, 얼마 가지 않아 주요 증권 분석가들은 투자자들에게 화장품 주식은 전부 피하라고 경고했다.[39]

하지만 결국 이 회사들은 페미니즘에 대한 반격의 태도를 활용해서 더 많은 돈을 버는 방법을 제시했다. 많은 주요 화장품 회사들은 노화된 여성의 피부를 아기처럼 젊고 뽀얗게 되돌려놓고, 거친 환경과 특히 일자리가 남긴 온갖 황폐한 흔적들이 여성의 '민감한' 안색에 고착되는 걸 막아 준다고 주장하는, 의료용품과 유사한 이름의

* 샤넬의 향수 샤넬넘버19 Chanel No. 19의 광고 문구.

값비싼 묘약을 팔기 시작했다. 화장품 산업은 점점 나이를 먹고 있는 엄청나게 많은 베이비 붐 인구 내에서 죽음에 대한 보편적인 공포를 이용해(물론 그중에서도 여성들에게만 공포를 이용했다) 결국 재정적인 지위를 끌어올리는 데 가까스로 성공했다.

1980년대 말에 이르자 화장품점에 들어가는 것은 마치 우연히 멋진 요양원에 들어가게 된 것과 비슷해졌다. 판매원들은 흰색 간호사복을 입었고, 트리트먼트는 의학적인 이름과 패키지가 딸린 데다 시간과 돈이 많이 드는 투약 계획이었으며, 여기에는 의사의 승인까지 딸려 있었다. 클라란스Clarins의 92달러짜리 바이올로지컬타이트너Biological Tightener는 시험관 모양으로 생긴 '앰플'이 줄지어 들어 있는 20일짜리 트리트먼트 세트였다. '노화 방지' 크림인 글리셀Glycel은 흉부외과 의사 크리스찬 버나드Christiaan Barnard 박사의 인정을 내세웠다. 라프레리La Prairie는 스위스에 있는 "세계 유수의 의료 시설"에서 온 '세포 치료cellular therapy'를 제공했다. 그리고 이들이 225달러에 파는 병은 '캡슐'로 가득 차 있었고 적정 복용량을 위한 작은 숟가락이 딸려 있었다. "의학 교육을 받은" 클리니크Clinique 직원들은 여성들에게 매일 박피를 하고 "탈노화 일지"에 표피의 변화를 기록하고 이 회사의 "컴퓨터"에서 피부 건강도를 점검하라고 권유했다(여기서 말하는 컴퓨터란 매킨토시보다는 피셔프라이스사Fisher-Price의 유아용 놀이도구에 더 가까운, 슬라이드식 버튼이 달린 플라스틱 판이다).

미용 산업이 대중문화가 이미 부풀려 놓은 생물학적 시계에 대한 걱정을 이용했듯 화장품업계는 여성의 출산 능력을 숱하게 언급했다. 수십 가지 미용 트리트먼트의 라벨들은 '양 태반', '소의 배아', 심지어 기괴하게도 '인간 태반 단백질' 같은 치유력이 있는 부인과 성분들이 들어 있다고 주장했다.[40) 그리고 1980년대 반페미니즘적 패션의 요구에 부합하여 여성의 브래지어 크기를 키워 주는 50달러짜리 '가슴 크림'과 '가슴 유액'이 다시 진열되었는데, 이는 1950년대 이후로 백화점에서는 자취를 감추었던 제품들이었다.

화장품 회사들은 피부 '트리트먼트'를 홍보하기 위해 피부 손상에 대한 전통적인 겁 주기 전략을 이용했지만("이른 노화: 당신에게 그런 일이 일어나서는 안 돼요" 하고 울티마Ⅱ Ultima II 광고는 겁을 줬다. 그것은 "피부를 생각하는 모든 여성의 최악의 악몽이 실현되는 것"이라는 것이다) 이제는 여기에 통제력 장악이라는 사이비 페미니즘 언어를 섞어 썼다. 올레이오일Oil of Olay의 성공적인 1980년대 캠페인(이 회사의 초점을 실제 주름이 있는 나이 든 여성에서 아직 있지도 않은 주름을 사서 걱정하는 베이비 붐 여성들로 옮겼다)을 만들어 낸 광고 기획사는 이 회사 임원들의 표현에 따르면 "통제 개념"을 차용했다.[41] 노화를 겁내면서도 이에 당당하게 맞서고자 하는 이 광고의 여성 모델은 "난 우아하게 나이 들지 않을 거야. …… 난 매 단계마다 싸워서 물리칠 것"이라고 맹세했다. 샤넬 광고는 심지어 직장 여성들에게 주름 예방 크림을 사용하면 승진할 수 있다고 속삭였다.[42] 이들은 주름에 맞서 싸우는 것은 "똑똑한 경력 변화"라고 주장했다.

화장품 회사들은 판매를 위해 여성해방의 어휘를 사용하면서도 이런 해방의 결실이 여성의 외모를 잠식하고 있다고 주장했다. 미용업계는 직장 스트레스가 여성적인 아름다움을 파괴한다고 주장했다. 울티마Ⅱ의 광고는 사무실 형광등과 심지어 매일 하는 통근이 집중적인 태닝보다 여성의 피부에 더 큰 위협이라고 주장했다. "피부과 전문의들은 여러분이 2주간 집중적인 일광욕을 하는 것보다 한 해 동안 출퇴근을 하면서 훨씬 더 많은 피부 손상을 누적시킨다는 데 동의합니다."

미용 제품 기업들은 전통적인 향수와 화장품보다 주름을 예방하는 묘약을 더 잘 팔았다. 이 영역의 반페미니즘적 주장들이 실제로 나이를 먹고 있는 베이비 붐 세대 여성들에게 나이 든 여성에 대한 해묵은 문화적 공포를 주입하는 데 대단히 성공적이었기 때문이다. 이는 대단히 효과가 큰 결합이었다. 1985년 한 화장품 거래 협회가 피부 관리사를 대상으로 실시한 조사에 따르면 고객들이 몇 년 전보다 주름의 위협에 더 눈에 띄게 걱정하고 속상해한다고 밝힌 관리사가 97퍼센트에 달했다.[43] 1986년에는 연간 피부 크림 판매액이 5년 만에 두 배로 늘어나 19억 달러가 되었다.[44] 그리고 처음으로 백화점에 입점된 많은 화장품들이 색조 화장품보다 피부 트리트먼트 제품을 더 많이 팔고 있었다. 아이매그닌I. Magnin*에서는 총 화장품 판매액의 70퍼센트를 이런 트리트먼트 제품들이 차지했다.

고가의 주름 예방 크림이 인기를 누린 것은 효과가 개선되어서가 아니었다. 고가의 노화 방지 제품이 효과가 있다는 주장들은 사실상 전부 사기였다.[45] '세포 재생', 'DNA 치료', 나이의 '역전' 같은 약속들은 워낙 터무니없어서 레이건 시대의 식의약청이 23개 화장품회사를 상대로 광고 중단 명령을 내렸을 정도였다. 태양으로부터 피부를 보호하여 여성의 건강을 지켜 준다는 약속 역시 거짓이었다. 스킨 케어 제품 회사들은 자신들의 선블록 제품이 자외선 차단 지수가 34라고 주장하면서 헛김을 불어넣었다.[46] 하지만 연구자들과 식의약청은 15 이상의 효과를 찾아내지 못했다. 그리고 미용 제품 회사들이 발암 광선으로부터 여성의 피부를 보호해 주고 싶어 한다고 생각할수도 있지만, 이들은 1980년대에 가장 극찬한 피부 트리트먼트 제품인 레틴-ARetin-A를 홍보할 때는 암에 대한 경계심을 전혀 드러내지 않았다.

한 세기 전, 여성들은 비소가 함유된 여드름 크림인 파울러용액 Fowler's Solution으로 노화되고 있는 피부에 활기를 북돋우라는 속삭임에 속수무책으로 노출되었다.[47] 그리고 이 때문에 결국 병에 걸렸고 사망으로 이어진 경우도 있었다. 1980년대에는 미용사들이 노화 방지 성분이 있다는 처방용 여드름 연고를 조제했다. 하지만 레틴-A는 실험용 쥐에서 암을 일으켰고 이 약의 구강용 버전인 아큐탄Ac-cutane은 선천성 결손증과 관련이 있는 것으로 나타났다.[48] 게다가 레틴-A는 여성의 안면에 광을 내기보다는 화상을 입히는 데 더 효과가 있는 것 같았다. (레틴-A를 제조하는 회사인 오르토제약Ortho Pharmaceutical Corp.의 후원으로) 이 크림이 주름에 미치는 영향을 테스트한 연구에서 레틴-A를 바른 참가자 중 고통스럽게 피부가 부풀어오르는 증세 때문에 국소 스테로이드가 필요한 경우가 73퍼센트였고 20퍼센트는 피부염이 너무 심해서 연구에서 빠져야 할 정도였다[49]

* 로스앤젤레스에서 시작된 고급 백화점 체인. 1994년에 폐점.

(그런데도 이 연구는 레틴-A가 참가자 중 한 명의 얼굴을 "크게 개선"시켰다고 밝혔다).

이 연구를 단독으로 진행했던 피부과 전문의 존 부히스John Voor-hees는 오르토제약에서 레틴-A를 앞장서서 선전하는 기수 역할을 맡았다. 미시건 대학교 피부과 주임교수였던 부히스는 맨해튼의 레인보우룸에서 열린 기자회견에서 레틴-A를 홍보할 때 당연히 의학적 위험은 별로 다루지 않았다.[50] 그리고 이 떠들썩한 행사로 존슨앤존슨Johnson & Johnson의 주가가 이틀 만에 8포인트 급등했다. 미디어는 부히스를 1980년대의 폰세 데 레온*이라고 명명했다.《유에스에이투데이》는 그의 발견이 "기적"이라고 주장했다. 1년 만에 레틴-A의 판매액은 350퍼센트 치솟아 6,700만 달러에 달했고, 약국에는 이 25달러짜리 튜브가 동이 났으며, 피부과 진료실을 찾는 사람들이 급증했고, 의사들이 레틴-A 쇼핑몰 '클리닉'을 만들자 수백 명의 여성들이 몰려들었다.[51] 식의약청은 레틴-A를 주름 개선용으로 승인하지 않았지만 피부과 의사들은 중년 여성 환자들이 청소년기에나 올라오는 여드름 때문에 고생하고 있다고 적힌 처방전을 들이밀며 레틴-A를 주름 개선용으로 쓸 수 있는 방법을 만들어 주었다. 어쨌든 서류상으로 의사들은 다 큰 여성들을 다시 여드름이 올라오는 10대 소녀로 돌려놓는 데 성공했던 것이다.

브렉 걸의 귀환

"브렉 걸**이 은퇴하다니 미국에는 슬픈 날입니다." 브렉 걸을 만든 아메리칸사이안아미드American Cyanamid는 "40년 넘게 우리 사회의 안정된 동력"이 되어 주었던 그녀가 휴식에 들어간 날 이렇게 말했다.[52]

사실 윤기 나는 머릿결의 교본과도 같은 브렉 걸은 반페미니즘

* Ponce de Leon, 15~16세기의 스페인의 탐험가. 젊음의 샘을 찾기 위해 탐험을 하다 플로리다 반도를 발견한 것으로 전해진다.
** Breck Girl, 브렉 샴푸 광고에 사용된 가상의 여성. 1937년부터 1987년까지 명맥이 유지될 정도로 인기를 누렸다.

이 득세하는 시기에 가장 강력하게 등장하는 간헐적인 동력에 더 가까웠다. 브렉 걸은 대공황기에 고급 살롱용 포스터에서 첫 선을 보였다.[53] 1946년 《레이디스 홈 저널》 뒤표지에 열일곱 살의 금발 천사로 데뷔해 여성의 신비 시대에 대중 광고계에 진출한 것이다. 매년 회사는 건강미 넘치는 모델을 다른 모델로 교체했다. 시간이 지나면서 브렉 걸은 아직도 종종 인형을 끌어안고 있긴 했지만 스무 살을 넘긴 금발 여성이 되었다.

1980년대에 접어들어 브렉 걸은 인기가 식기 시작했다. 일단 여성들이 허브와 다른 천연 성분이 들어간 샴푸로 돌아섰다. 그리고 여성운동이 판에 박힌 여성성을 강화한다며 이 회사를 비판하기 시작했다. 회사는 이 비판을 누그러뜨리기 위해 광고에 각 소녀들에게 '개성'을 입힐 수 있는 작은 생애사를 넣기 시작했다. 그럼에도 브렉 걸의 인기는 계속 떨어졌고, 결국 회사는 1978년 그녀에게 작별을 고했다. 브렉 제품 관리자인 제라드 매튜스Gerard Matthews는 "경영진에서 브렉 걸이 더 이상 샴푸를 효과적으로 홍보하지 못한다고 느꼈다"고 설명했다.[54]

하지만 1980년대의 반페미니즘 물결과 함께 브렉 걸은 매디슨가의 무덤에서 다시 살아났다. 1987년 이 회사의 대변인들은 브렉 걸의 새로운 슬로건 "브렉 걸: 자칭 1980년대의 여성"을 공개하면서 브렉 걸이 그 어느 때보다 더 '모던'해져서 돌아왔다고 큰소리를 쳤다.[55] 회사는 1970년대에 브렉 걸을 그렸던 일러스트레이터 로버트 앤더슨Robert Anderson을 재기용해서 전국을 뒤져 완벽한 브렉 걸을 찾아오라고 보냈다.

앤더슨은 여성운동과 치렀던 마지막 충돌에서 입은 상처를 아직도 붙들고 있었다. 그는 이렇게 회상했다. "그 호전적인 페미니스트들이 나한테 와서 '당신이 무슨 권리로 밖에 나가서 어떤 게 아름다운 건지를 결정하는 거냐'고 말하곤 했죠."[56] 그리고 1987년 그는 "미국의 아름다움을 온몸으로 보여 줄 수 있는 사람"을 찾기 위한 "수색"에 나서면서 그 권리를 기쁘게 다시 거머쥐었다. 앤더슨은 마치 유리 구두를 품에 안은 왕자처럼 "난 만나면 한 번에 알아볼 수 있다"고 말했다. 회사도 그에게 몇 가지 조언을 했다. 브렉 제품 관리자 제라드 매튜스의 회상에 따르면 "우린 여성 의사나 평균 연령을 넘는 여성은 원하지 않았다."[57] 앤더슨 역시 여기에 동의했다.[58] 그가 "수색에 대한 내 인상"에서 밝힌 바에 따르면 여성들은 성공한 여성 역할 모델을 보면 겁을 집어먹고, "흠잡을 데 없이 아름다운 모델"에게 느끼는 것과 "똑같은 좌절감"을 느낄 수 있었다. 그는 자신의 인생에 대해 "몇 가지 결정"만 내렸고 "어쩌면 초창기 브렉 걸 몇몇보다는 좀 더 구체성이 있는" 여성을 찾으려 했다.

세실리아 구즈Cecilia Gouge는 앤더슨의 수색이 자신의 책상 앞까지 당도한 파란만장한 3월의 어느 날을 회상하며 이렇게 말했다. "컴퓨터로 일을 하느라 정신이 없어서 그 사람이 들어왔을 때는 그냥 고개만 까딱했어요. 대화 같은 건 전혀 없었죠."[58] 스물여덟 살의 구즈는 주부로 지내는 새 "너무 지기위서" 한 던 친구더 애들랜더에 있는 매리엇마퀴스호텔Marriott Marquis Hotel에서 비서로 일하고 있었다.

그다음 날 앤더슨과 조수 한 명이 구즈를 인터뷰했다. 구즈는 '나의 도덕'에 대한 질문이 많았다고 회상한다. "그 남자는 내 가족, 내 가치관, 내가 내 가족들에게 어떤 감정을 갖고 있는지에 대해서 많이 물어봤어요. 조이[남편]가 한때 성직자였고 전 주일학교 선생님이었다고 말했죠. 그랬더니 거기에 아주 관심이 많더라고요. …… 모건[딸]이 태어난 다음에 복직하는 데 어려움이 있었냐고 물었어요. 그래서 내가 모건을 낳고 난 뒤에 어느 정도 시간이 지날 때까지는 복직하지 않고 아이와 함께 집에서 지내기로 결심한 과정에 대해서 이야기했어요. 그랬더니 그런 내 행동에 아주 흥미를 보였어요." 구즈는 남녀평등권에 대한 질문도 분명하게 대답했다. "난 거창한 여성운동가 타입이 아니에요. 페미니스트도 아니고요. 가족 안에서는 조이가 가장이에요."

앤더슨은 이후 수색 작업을 모두 취소했다.[60] 나중에 언론 보도 자료에 밝힌 바에 따르면 브렉 걸이 "발견되었기" 때문이었다. "세실리아에게는 우리가 새로운 브렉 걸에서 찾고자 했던 모든 자질이 있다"고 앤더슨은 주장했다. "그녀는 그냥 예쁘기만 한 게 아니에요."

이 회사가 발표한 그녀의 다른 자질은 "시골식 요리법"으로 음식을 만드는 것, "아직 아기인 딸과 노는 것을 좋아하는 것", 그리고 "집안일을 직접 하는 것"이었다.

회사는 이 새로운 브렉 걸에게 그녀가 제공하는 서비스에 대한 대가를 지불하지 않았다.[61] 세실리아 구즈가 받은 유일한 보상은 공짜 뉴욕 여행과 닐 사이먼Neil Simon의 브로드웨이 공연을 볼 수 있는 공짜 티켓이 전부였다. 회사 임원들은 나중에 공개적인 자리에 나올 때마다 수백 달러씩 지불하겠다고 말했지만 이들이 그녀를 딱 한 번 불러낸 건 회사 행사인 '가족의 날' 때뿐이었다.

"가끔은 조금 심란할 때도 있어요." 구즈는 이 무보수 협의에 대해 이렇게 말한다. "하지만 그러나 그게 일종의 대가일지 모른다고 생각했어요. 전 온 나라가 날 알아줄 기회, 인정을 얻었으니까요. 모델로 경력을 쌓을 기회였어요." 하지만 그 경력은 한 번도 빛을 보지 못했다.

1년 뒤 남편 조이는 "세실리아가 보스턴에서 [브렉 초상화의 모델을 해 주고서] 멍해져서 돌아왔다"고 회상했다.[62] 그는 애틀랜타 교외 주택의 주방 테이블에 앉아서 이야기를 이어갔다. 주 40시간짜리 사무직 일을 마치고 어린이집에 들러 두 살짜리 딸을 데리고 돌아온 세실리아는 캐서롤*를 준비하며 스토브 앞에 붙박혀 있었다. 저녁식사가 차려지기를 기다리며 조이가 말을 이어갔다. "세실리아가 말을 하면 할수록 난 흥분이 잦아들었어요. 세실리아는 꿈꾸는 듯한 기분에 젖어 있었죠. 한번은 외식을 하러 나갔는데 결국 세실리아가 저를 보고선 '별로 흥미가 없는 것 같네' 하더라고요. 그래서 말했죠. '솔직히 흥미 없다'고. 나는 세실리아가 복직하는 게 충분한 조정이었다고 생각했어요. 그게 어떤 결과를 초래할지 대단히 걱정스러웠죠."

세실리아는 브렉 걸 직함을 받은 지 얼마 되지 않아서 한 모델 중개인을 고용했고 마라톤사Marathon Company의 보트 거래상 회의에 참석하면 매달 3,000달러를 벌 수 있는 계약에 서명했다. 하지만 조이는 몇 달 뒤 이 계약을 취소시켰다. "내가 가장 걱정했던 건 세실

* casserole, 미국식 찜 요리.

리아가 혼자서 다른 도시로 가 버리는 거였어요. 난 집 안의 모든 게 잘 정리되어 있는 걸 좋아하는데 그렇게 되면 무질서해질 게 뻔하잖아요." 세실리아는 결국 남편의 관점을 체화하게 되었다. "모든 걸 다 하려니 조금 정신이 없어졌던 것 같아요." 이제 그녀는 주방 테이블을 치우며 말했다. 그리고 조이는 텔레비전을 보기 위해 거실로 사라졌다.

다음 해 브렉은 15온스짜리 샴푸 판매 수량이 1987년 89퍼센트 증가했다고 발표했다.[63] 하지만 이 회사의 제품 관리자가 시인한 것처럼 이 현상은 브렉 걸의 귀환과는 무관했다. 결정적인 요인은 그해 초 가격을 22퍼센트 인하했던 조치였음이 드러났다.

샌프란시스코의 브레스트 맨

식장인 남성들이 샌프란시스코의 남성 전용 보헤미안클럽에서 점심 식사를 하면서 아내에 대한 이야기를 나누고 있다. 성형외과 의사인 로버트 하비Robert Harvey 박사는 "내 아내는 마흔 살이지만 서른 살처럼 보인다"고 말한다.[64] 지금까지 그가 한 일이라곤 아내의 눈가 주름을 펴기 위해 얼굴에 콜라겐 주사를 몇 대 놓은 게 전부라고 했다. "결국 아내는 아마 복부 지방 제거 수술도 하고 싶어 할 거예요." 남자들은 변죽 좋게 고개를 주억거리며 랍스터 샐러드를 포크로 찍어 올린다. 그 자리에 있던 얼마 되지 않는 여성들(이 클럽은 점심 시간에 한해서 여성의 동반 입장을 허용한다)은 아무 말이 없다.

미국 가슴협회Breast Council의 전국 대변인 로버트 하비 박사는 이 정오 식사 시간의 주요 연사다. 사실 이번은 그의 두 번째 출연이다. 그의 직원과 동료 몇몇이 지어 준 별칭을 따르자면 이 '샌프란시스코의 브레스트 맨'은 도시에서 선도적 가슴 확대 수술 전문의로 알려져 있다. 미국 전국에서 환자 수 대비 성형외과 의사의 비중이 가장 높은 도시 중 하나인 샌프란시스코에서 이는 상당한 업적이 아닐 수 없다.

점심 식사가 끝나자 브레스트 맨은 영화 스크린을 끌어내리고 조명을 낮춘다. 첫 번째로 그가 보여 준 슬라이드들은 그가 서양 사람의 몸처럼 만들어 놓은, 하비의 의견에 따르면 그래서 "더 여성스러워진" 아시아 여성들의 사진이 대부분이다. 수술 전후 사진을 휙휙 넘기며 하비는 자신의 코 모양에 대한 불평을 하며 찾아온 한 여성에 대한 이야기를 늘어놓았다. 그녀의 말은 "반만 맞았다"고 그는 말했다. 그녀의 코는 변화를 줄 "필요가 있었"지만 그녀가 생각한 방식대로는 아니었다.

그날 오후 다시 사무실에 들어간 하비의 '환자 상담사' 중 한 명은 하비가 어떤 언론과 어떤 공개 석상에 출연했는지 줄줄이 읊어 댔다. "《굿하우스키핑》, 《하퍼스바자》, 〈딘 에델 쇼Dean Edell Show〉, 이건 원하시면 비디오도 있어요⋯⋯."65) 그다음은 연설 일정이었다. "테카트론클럽, 샌프란시스코 로터리클럽, 데일리시티 로터리클럽, 프레스클럽⋯⋯." 남자들 모임인데도 복복이 놀라울 정도로 길었다. "아내에 대해서 이야기하거든요." 그녀는 이렇게 설명했다. "남성 클럽은 수익이 대단히 좋아요."

환자 상담사로 일하기 시작한 뒤 직접 가슴 수술을 받은 그녀야말로 의사인 하비에게는 주 소득원이었다. 잠재 고객이 문의 전화를 걸어오면 그녀는 이들에게 한번 와서 자신의 가슴을 보라고 말했다. 그녀는 몇 년 전에 34B였던 자신의 가슴을 34C로 확대했다. 그녀는 여성들에게 말했다. "전 개인적으로 더 자신감이 생겼어요. 더 여성스러워진 느낌도 있고요." (하지만 자신의 이름을 공개할 정도로 자신감이 넘치진 않았다. 그녀의 설명에 따르면 그녀와 가장 가까운 남자들도 그녀가 수술을 받았다는 사실을 모르고 있었다.) 그녀는 자신이 효과적인 판매 수단 역할을 했다고 이야기한다. "사람들은 위협적이지 않게 [여성과] 먼저 이야기를 나눌 수 있을 경우 안전하다고 느껴요. 자신들에게 뭔가를 팔려고 하는 남자들에게선 느끼지 못하는 거죠." 그녀의 도움은 정말 큰 힘이 되었고 하비의 가슴 시술 사업이 3년 만에 두 배로 성장하는 데 한몫을 했다. 하비는 그녀를 '내 오른팔'이라고 부르길 좋아했다.

수술을 무서워하는 환자들에게 하비의 상담사는 먼저 얼굴에 콜라겐을 주입하는 것부터 시작해 보라고 권했다. 270달러에 1시시짜리 콜라겐을 한 번 주입하면 효과는 6개월 정도 지속된다. "사람들이 처음 발을 담그는 데 좋은 방법이죠. 그러면 그다음 단계로 수술까지 하는 데도 도움이 돼요." 그녀는 하루에 몇 건의 콜라겐 주입 시술을 했다. "일곱 개가 내 최대치예요." 그녀의 설명에 따르면 이 방법만으로도 1년에 하비의 소득이 네 배로 늘었다. 하비는 그녀가 이런 식으로 환자들이 시술을 받도록 다리를 놓아도 수술 환자당 수수료를 떼어 주거나 하지 않았지만 상관없다고 말했다. 그가 콜라겐 주입 시술을 허용하는 것만도 "감사"하다는 것이다. 어쨌든 하비는 그의 직원들에게 다른 식의 보상을 해 주었다. 생일 기념으로 그가 공짜 미용 성형을 해 준 여성 직원이 거의 절반에 가까웠다.

하비가 원래 성형외과 의사가 된 건 "이타적인 이유"에서였다. 그는 화상 환자와 함께 일하고 싶었다. 하지만 얼마 가지 않아 그는 미용 시술로 방향을 틀었다. 그게 "더 예술적"이었다. 그리고 돈도 훨씬 없이 벌었다. 그는 대우나르는 다민족에 대한 가벼운 책 느껴 고기구가 가득한 사무실에 앉아 이렇게 설명한다. "그건 대단히 개인적인 거죠. 우린 조각가예요." 그는 한 번도 성형수술을 받아 본 적이 없었다. "내 코가 그렇게 멋지지는 않은 것 같지만 그게 그렇게 신경 쓰이진 않아요." 하비는 책상 서랍에서 가슴 확대 시술을 원하는 여성들이 할 수 있는 다양한 '선택'의 샘플을 꺼냈다. 선택지는 실리콘 보형물, 물로 만든 보형물, '조정 가능한' 보형물이었다. 마지막 선택지에는 시술 후 여성의 겨드랑이에 비져나온 플라스틱 빨대 같은 게 딸려 있어서 크기를 바꾸고 싶으면 이 빨대를 통해 실리콘을 넣거나 뺄 수 있었다. "자신의 느낌을 어느 정도 통제할 수 있는거죠. 조정할 수가 있어요."

가슴 확대 시술을 원하는 여성들은 대부분 "자체적인 동기"가 있다고 그는 말한다. 다시 말해서 이들이 가슴을 확대하는 건 남자를 기쁘게 하기 위해서가 아니라는 뜻이다. "이들은 '미 제너레이션'*이에요. 수술도 자기를 위해서 하는 거예요. 대부분의 경우 이들의 남편이나 남자 친구는 이들을 있는 그대로 좋아해요." 하지만 이상하게도 그의 일정은 여전히 남성 전용 클럽의 연설 약속으로 빈틈이 없다.

* Me Generation, 1970년대의 자기중심적인 세대.

"내가 본 사람들은 모두 회복실에 누워서 좋아서 어쩔 줄 몰라 했어요." 하비의 상담사는 수술에 만족한 고객 다섯 명의 명단을 알려 주며 이렇게 말했다. "결과는 훌륭해요." 하비는 말했다. "보형물을 제거해야 하는 경우는 5퍼센트밖에 되지 않아요."

하필이면 그 명단에 있던 첫 번째 여성이 바로 그 5퍼센트에 속했다. 1년 전 하비는 실리콘 젤 보형물을 이 여성의 겨드랑이를 통해 가슴에 주입했다. 몇 주 후 가슴이 아파 오기 시작했다. 그러다가 가슴이 '돌덩어리'처럼 단단해졌고, 왼쪽 보형물이 커지기 시작했다.

"점점 상태가 나빠지다가 보형물이 내 겨드랑이 아래에 붙박힌 것 같은 느낌이 들었어요." 가까운 실리콘밸리에서 엔지니어로 일하는 그녀는 이렇게 말했다. "이거는 계속 움직이고 있고 남자 친구가 도와주기도 했는데 그래도 안 움직이는 거예요. 어떻게든 잡아 놓아야 할 것 같아서 가슴을 에이스 붕대로 둘둘 감기도 했어요. 무서웠거든요." 하비에게 전화를 걸었더니 "다시 가라앉을 테니 걱정하지 말라"는 답이 돌아왔다고 그녀는 기억했다.

하지만 가슴은 가라앉기는커녕 더 부풀어 올랐다. 그녀는 의대 도서관에 가서 가슴 확대 수술에 대한 글을 읽기 시작했다. 그녀가 전문 서적에서 확인한 연구에서는 겨드랑이를 통해 주입한 가슴 보형물은 실패 가능성이 5퍼센트가 아니라 40퍼센트라고 했다(하비는 자신이 말한 5퍼센트라는 수치는 자신의 환자 200명을 대상으로 자신이 실시한 연구에서 얻은 결과이며 아직 이 연구는 글로 정리하거나 발표한 적이 없다고 말했다). 고통 속에서 1년을 보내고 난 뒤 그녀는 결국 하비에게 보형물을 제거해 달라고 했다. 그는 유두를 통해 새로운 보형물을 집어넣었다. 상처는 남지만 실패 확률은 더 낮은 방법이었다. 지금까지는 괜찮은 것 같다고 그녀는 말했다. 그녀는 하비 박사에게 악감정은 전혀 없다고 말한다. "처음에는 저도 화가 났지만, 제 문제를 대단히 훌륭하게 도와주셨어요. 인내심에 정말 감동받았어요. 두 번째 수술을 할 때는 한 푼도 받지 않으셨다니까요."

나중에 이 여성의 일에 대해 물어보자 하비는 되려 환자를 탓했다. "충분히 마사지를 해 주지 않았을 거예요."

미용성형: 암과 여러 가지 '이상과의 차이'

미국성형재건수술협회American Society of Plastic and Reconstructive Surgeons 는 1983년부터 엄청난 양의 언론 보도 자료와 '시술 전후 사진', 환자 '교육용' 브로셔와 비디오테이프를 뿌려 대며 '업무 개선'에 들어갔다.[67] 이들은 '신체 조각'이 안전하고 효과적이고 비싸지 않고 심지어 여성의 정신 건강에 필수적이라고 홍보했다. 이 협회에서 발행한 한 홍보물에서는 "이런 기형[작은 가슴]이 실제로 질병임을 보여 주는 다수의 의학 정보가 있다"고 주장했다.[68] 가슴 빈약증은 교정하지 않고 내버려 두면 "행복이 전체적으로 결핍"될 수 있다. 이 협회는 이런 중대한 정신 건강 위협 요소에 맞서 싸우기 위해 곧 소비자들에게 재원 조달 방법까지 알려 주었다. "계약금은 전혀 없고" 24시간 이내에 신용 승인을 받아 준다는 것이다.

이 협회가 대대적인 홍보에 열을 올린 이유는 간단했다. 수요와 공급에 작은 문제가 있었던 것이다. 1960년대 이후로 성형외과 의사의 수는 다섯 배로 늘었지만, 환자들은 여기에 걸맞게 열광적인 호응을 하지 않았다. 1981년 의사들이 미용성형 부문에 대거 진출하면서 미용성형은 미국 의료계에서 가장 빠르게 성장하는 부문이 되었고, 이들은 수술대에 눕힐 몸이 더 많이 필요했다. 성형외과 의사들은 체계적인 방식으로 매스컴의 주목을 받을 방법을 궁리하기 시작했다. 1980년대 중반에 이르자 신문과 잡지에는 "매월 납입 비용 적음", 모든 신용카드 환영, 편리한 저녁 및 토요일 수술 같은 성형외과 광고가 넘쳐났다.《로스앤젤레스》의 한 호에는 무려 이런 광고가 20여 개 실려 있었다.[69]

성형외과 의사들은 자신들의 이런 서비스를 여성들이 자기 이미지를 강화하여 기회를 확대할 수 있는 전략으로 홍보했다.《뉴욕타임스》에 실린 한 광고에서는 미용성형이 심지어 여성들이 "직업적인 목표를 추구"하는 데 도움을 줄 수 있다고 약속했다.[70] 지방 흡입술을 하면 "자신감을 더 많이 느낄 수 있다"고 미용재건수술센터Center for Aesthetic & Reconstructive Surgery 는 말했다.[71] '무엇보다 중요한 건' 직접 '선택'을 할 수 있다는 점이다. 결국 광고 카피에서 말하는 선택이란

'의료진 선택'뿐이긴 하지만 말이다.

《월스트리트저널》에 실린 한 기사의 표현에 따르면《보그》,《타임》 같은 언론들은 여성들이 가슴 확대와 지방 흡입에 '투자'할 것을 촉구하는 수십 가지 기사들을 양산함으로써 의사들을 도와주었다.[72] 《마드모아젤》은 "굴곡 있는 몸매를 가지라"고 열변을 토했다.[73] "허리 뒤에 보형물을 조금만 넣으세요." 간편하니까 "닷새만 있으면 다시 출근도 할 수 있다. 6주만 지나면 에어로빅도 할 수 있다"고 말이다. 이 잡지는 다시 세 호 뒤에 "중요 부위에, 집중!"이라고 졸라 댔다.[74] "멋진 가슴이 돌아왔다." 그리고 가슴 확대 수술은 '자신감을 얻을 수 있는' 이상적인 방법이라는 것이다.《레이디스 홈 저널》에 실린 한 특집 기사에서는 수술대 위에 누움으로써 자신의 외모를 '통제'한 3세대에 걸친 한 집안 여성들을 칭찬했다.[75] 할머니는 5,000달러짜리 얼굴 리프팅을, 엄마는 3,000달러짜리 가슴 확대 수술을(남편이 큰 가슴은 생각만으로도 "정말 흥분된다"고 인정하고 난 뒤 시술을 받았다고 한다), 딸은 4,000달러짜리 코 수술을 받았다. 엄마는 "난 내 몸에 대해서 좋은 기분을 느끼는 게 위험을 감수할 만한 가치가 있는 일이라고 생각했다"고 설명했다. 텔레비전 토크쇼들은 공짜 미용성형수술을 놓고 대회를 벌였고, 라디오 방송국들은 가슴 확대 수술을 상품으로 나눠 줬다.[76] 심지어《미즈》마저 성형수술은 자신의 이미지를 "재발명"하는 방법의 하나라고 보았다.[77] "감히 자신의 삶을 통제"하려는 여성들의 전략이라는 것이다.

얼마 가지 않아 이 돌고 도는 선전의 순환 고리가 완성되었다. 마치 미디어의 관심이 자신의 직업적인 우수함을 입증하는 증거라도 된다는 듯 미용성형 의사들은 이런 기사들을 오려서 자신의 이력서와 광고에 추가했다. 피부과 의사인 앨런 게이너Alan Gaynor 박사의 광고에는 "게이너 박사는 종종 '지방 흡입술의 왕'으로 불린다"고 너스레를 떨었다. "박사는《타임》과《월스트리트저널》, 그리고 많은 지방 신문뿐만 아니라 텔레비전에도 수십 차례 지방 흡입술 전문가로 출연했습니다."

광고 캠페인은 효과가 있었다. 1988년이 되자 미용성형 의사들의 시술 건수가 두 배 이상 늘어나 연간 75만 건에 달했다.[78] 그리고 이는 성형외과의 자격증이 있는 의사의 경우만을 셈한 것이었다. 성형외과의가 아닌 사람이 시술한 것까지 계산하면 한 해 총건수는 150만 건이 넘는 것으로 추정되었다. 60명 중 한 명 꼴인 200만 명 이상의 여성이 2,000달러에서 4,000달러에 달하는 가슴 확대 시술로 기분을 전환했고, 덕분에 가슴 확대술은 가장 일반적인 미용 시술의 반열에 올랐다.[79] 4,000달러가 넘는 지방 흡입술을 감행한 사람은 10만 명이 넘었다. 불과 10년 전만 해도 이런 시술을 아는 사람은 없었다 (1987년에 이르자 평균적인 성형외과의는 1년에 18만 달러의 이익을 벌어들였다). 환자의 약 85퍼센트가 여성이었고 이들은 돈 많은 응석받이 노부인이 아니었다. 한 성형외과 협회가 1987년에 실시한 조사에 따르면 이들의 환자 중 연 소득이 2만 5,000달러에 미치지 못하는 사람이 거의 절반이었다.[80] 이런 여성들은 수술비를 마련하기 위해 대출을 받았고 집을 담보로 잡히기도 했다.

이 모든 변화를 이끌어 낸 건 의료 기술의 혁신이 아니라 매스미디어의 주목이었다. 성형수술은 그 어느 때보다 위험했다. 사실 일확천금 때문에 다른 전공의들이 제대로 된 수련도 받지 않고 떼 지어 몰려들어 시술이 전보다 훨씬 위험해진 측면도 있었다. 1988년 의회에서 실시한 한 조사에서는 폭넓게 만연한 돌팔이 의사들과 부실한 설비, 심각한 부상, 심지어는 잘못된 시술로 인한 사망 사고까지 적발했다.[81] 미용성형의 최소 15퍼센트가 출혈, 얼굴 신경 손상, 심한 흉터, 마취 합병증을 유발한다는 연구 결과도 있었다.[82] 두 권으로 된 1,134쪽짜리 참고 도서 『성형수술의 불행한 결과 The Unfortunate Result in Plastic Surgery』에는 1차 시술의 실수를 바로잡는 후속 시술에 대한 설명이 빼곡하다.[83] 성형외과 의사들이 하는 일의 무려 4분의 1은 동료의 잘못을 바로잡는 시술이었다.

가슴 확대 시술의 경우 최소 20퍼센트의 사례에서 수술 이후의 통증과 감염, 혈전, 보형 물질 파열을 해결하기 위한 반복 시술이 필요했다.[84] 1987년 《성형수술학회보》에 실린 한 연구에 따르면 당시 가슴 보형물의 무려 50퍼센트가 실패한 사례였고, 그래서 제거해야 했다.[85] 1988년 식의약청의 제품 감시부 조사관들은 가슴 보형물의 실패율이 이들이 관리하는 모든 수술 관련 절차 중에서 가장 높다는 사실을 확인했다.[86] 하지만 식의약청은 조치를 취하는 대신 실패율에 대한 감시를 완전히 중단해 버렸다. 자문에 참여한 의사들이 무엇이 '실패'인지 판정을 내리지 못했기 때문이었다.

가슴 확대 수술을 받은 여성 3분의 1이 보형물 주변 반흔 조직의 수축, 가슴 조직과의 분리, 통증과 함께 가슴이 단단해지는 증세를 겪었다.[87] 의학 문헌에 따르면 75퍼센트의 여성이 어느 정도의 수축을 겪는 것으로 나타났고 20퍼센트는 심각한 수축을 겪었다. 보형물은 흉터, 감염, 피부 괴사, 혈전의 원인이기도 했다. 그리고 만일 보형물이 파열될 경우 기러지 홀리마운 루프는 부신 효배, 남강, 유머티즘 관절염, 그리고 피부 경화증 같은 자가면역질환을 일으킬 수도 있었다. 보형 물질은 수유를 방해하고 암 검사에 지장을 주며 감도를 떨어뜨릴 수도 있다. 1989년 플로리다의 한 여성이 가슴 확대 수술 중에 사망하기도 했다.[88] 원인은 마취제 과용으로 시술과는 직접적인 관련이 없었지만 그래도 그녀를 반페미니즘의 피해자로 설명할 이유는 충분하다. 두 아이의 엄마이자 모델이었던 그녀가 수술을 받은 것은 모델 회사에서 여성들에게 큰 가슴을 요구하고 있었기 때문이었다.

1982년 식의약청은 가슴 보형물이 "잠재적으로 불합리한 부상의 위험"을 지니고 있다고 선언했다.[89] 하지만 거기서 한 발 더 들어간 심층 조사는 하지 않았다. 그리고 1988년 다우코닝사Dow Corning Corporation가 실리콘 젤이 실험용 쥐의 23퍼센트 이상에서 암을 유발한다고 밝혀냈지만 식의약청은 이 연구 결과를 일축했다. 식의약청의 관련 국장인 프랭크 영Frank Young 박사는 "인간에 대한 위험이 존재한다 해도 그것은 낮을 것"이라고 말했다.[90] 이보다 더 많은 연방의 연구들이 발포제에 코팅된 보형물과 암의 연관성을 밝히고, 국회의 소위원회가 개입한 뒤인 1991년 4월에야 식의약청은 결국 태도를 고쳐먹고 보형물 제조업체에 90일 이내에 자신들의 제품이 안전함을 입증하지 못하면 시장에서 철수해야 한다고 으름장을 놓았다.[91] 겁을 집어먹은 브리스톨-메이어스스큅Bristol-Myers Squibb Co.이라는 회사는 즉시 자신들이 만든 두 개의 브랜드를 시장에서 회수해 버렸다.

이 모든 문제에 대해 미국성형재건수술협회는 "매년 가슴 확대 시술을 하는 약 9만 4,000명의 여성들을 안심"시켜 주는 "입장문"을 보도 자료 형식으로 작성하여 대응했다.[92] 이 입장문에서는 가슴 보형물을 넣었다고 해서 "암 진단이 늦어질 위험은 전혀 늘지 않는다"면서 사람들을 진정시키려 했지만 이 주장을 뒷받침할 의학적 근거는 전혀 제시하지 않았다. 그러면서 이 입장문은 "진단이 늦어지는 진짜 이유는 무지, 현실에의 안주, 태만, 부정"이라고 주장했다. 다시 말해서 해당 여성의 책임이라는 것이다.

지방 침전물을 긁어서 진공 흡입기로 빨아들이는 지방 흡입술 실적도 여전했다. 1984년부터 1986년 사이에 지방 흡입 시술의 수는 78퍼센트 증가했다.[93] 하지만 이 시술은 효과가 거의 없었다. 지방 흡입술은 지방을 겨우 1, 2파운드 정도밖에 제거하지 못했고 셀룰라이트의 보기 싫은 잔주름 효과를 전혀 완화하지 못했으며 사실 오히려 이를 악화시키곤 했다. 또한 이 시술은 영구적으로 피부를 처지게 하고 부종을 유발할 수도 있었는데, 성형학회가 자체 보고서에 밝힌 바에 따르면 이는 "이상과 괴리된 여러 차이" 중 단 두 개에 불과했다.[94] 이 목록에 나와 있는 또 다른 차이로는 "통증"이 있었다.

게다가 이 성형학회가 회원들을 상대로 조사를 해봤더니 다른 운 나쁜 사건들도 몇 가지 더 나타났다.[95] 한 지방 흡입술 환자는 위의 지방 제거술을 받고 난 뒤 마취에서 깨어났더니 장에 천공이 생겨서 복강을 통해 배설물이 흘러나왔다. 세 환자는 시술 뒤 폐 감염이 발생했고 두 환자는 심각한 감염에 시달렸다. 세 명은 폐지방 색전 증후군에 시달렸는데, 이는 지방이 심장, 폐, 눈을 막아 버릴 수 있는 위중한 증세다. 그리고 이들이 세심하게 고른 표현에 따르면 "많은 환자들이 계획에 없던 수혈"을 해야 했다.

1987년 3월 30일, 패치 하월Patsy Howell은 텍사스 파사데나에서 성형외과를 운영하는 부인과 전문의 휴고 라미레스Hugo Ramirez 박사에게 지방 흡입술을 받은 지 사흘 만에 심각한 감염으로 목숨을 잃었다.[96] 하월이 수술을 받던 날 역시 라미레스에게 지방 흡입술을 받은 퍼트리샤 로저스Patricia Rogers도 심각한 감염을 일으켰고 위중한 상태에서 병원에 입원했으며 결국 가슴 아래부터 허벅지 위에 있는 모든 피부를 제거해야 했다.

서른아홉 살의 꽃집 매니저이자 두 아들의 엄마였던 하월이 지방 흡입술을 받은 것은 155센티미터 정도 되는 체구에 매달린 작은 올챙이배를 없애기 위해서였다. 그녀의 몸무게는 겨우 68킬로그램이었다. 하월의 친구 레바 다우니Rheba Downey는 한 기자에게 "하월이 쇼핑몰에서 집어 온 책자에선 시술이 아주 간단하다고 말했다"고 주장했다.[97] "하월이 그러더라고요. '못 할 게 뭐 있어?'" 하월은 지방 흡입술을 "다이어트를 하지 않고도 지방을 줄일 수 있는 혁명적인 기법"이라고 명명하는 라미레스의 신문광고를 읽고 난 뒤 마음을 굳혔다. 아무도 위험에 대해서는 말해 주지 않았다. 라미레스에게 시술을 받은 여성은 200여 명이었는데 이 중 상당수가 피해를 입고 두 명이 목숨을 잃었다.[98] 결국 그의 의사 면허는 취소되었다.

미국에 지방 흡입술이 처음 도입된 지 5년밖에 되지 않은 1987년, 성형외과협회는 지방 흡입술로 인한 사망자가 열한 명이라고 밝혔다.[99] 1988년 국회의 한 소위원회는 사망자 수가 스무 명이라고 발표했다.[100] 어쩌면 이 수치는 더 올라갈 수도 있는데, 환자 가족들이 사망의 원인이 이런 '허영'의 상징과도 같은 시술이라고 밝히기를 꺼리는 경우가 종종 있기 때문이다. 가령 성형외과협회나 국회의 목록에 올라 있지 않은 샌프란시스코의 한 여성은 위 지방 흡입술에서 시작된 감염 때문에 1989년 사망했다.[101] 감염이 뇌까지 번졌고 폐가 망가져서 결국 심각한 뇌졸중이 발생했던 것이다. 하지만 그녀의 가족은 시술에 대해 너무 수치스러워해서 대중의 이목을 끌 행동을 삼갔다.

사정이 이런데도 성형외과협회의 1987년 보고서는 안전보다는 지방 흡입술의 명성에 더 신경 쓰는 듯했다.[102] 이 보고서를 작성한 사람들은 "피할 수 있는 죽음과 예방 가능한 합병증이 이 시술의 명성에 먹칠을 했다"며 걱정했다. 보고서는 지방 흡입술의 모든 문제는

"누구에게 시술을 진행하고 광고를 할 수 있도록 허락할지에 대한 가이드라인"만 있으면 쉽게 해결될 수 있다는 결론을 내렸다. 그러니까 부인과 의사와 피부과 의사 들을 빼고 그냥 자기들에게 시술을 맡기라는 것이었다.

하지만 성형외과 의사의 손에서 죽은 지방 흡입술 환자도 있었다. 그리고 가장 일반적인 사인은 지방 색전이 심장, 폐, 뇌에 유입되는 것이었는데, 이는 시술자가 아무리 능숙해도 내부 표피층을 긁어낼 때마다 발생할 수 있는 위험이었다. 이 보고서마저 인증했듯 "지방 흡입술은 본성상 조직을 짓이기는 현상이기 때문에, 지방 색전증은 현실적으로 발생할 수 있다."[103]

의사들은 액상 실리콘을 바로 얼굴에 주입하는 시술도 판매했다.《보그》는 이를 이런 식으로 설명했다.[104] "과거의 성형 시술은 극적인 개정이었지만 새로운 기술 덕분에 이제 의사들은 조각을 하듯 미세하게 안면을 변화시킬 수 있다." 이 '새로운' 기술은 사실 마지막 반격의 시대에 가슴을 확대하기 위해 의사들이 사용했던 낡은 방식이었다. 그리고 너무 위험하다는 이유로 폐기된 방식이었다. 두 번째라고 해서 더 나아진 것은 없었다. 이를 시도했던 수천 명의 여성들에겐 심각한 안면 통증, 마비, 궤양화, 흉측한 변형이 나타났다. 로스앤젤레스의 성형외과 의사였던 잭 스타츠Jack Startz 박사는 2,000명의 여성에게 액상 실리콘을 주입하고 이 중 수백 명의 얼굴을 참혹하게 망가뜨려 놓았다.[105] 나중에 그는 자살을 했다.

대부분의 경우 이런 의사들은 성형수술이 실제로 필요한 여성들의 시술은 하지 않았다. 1980년대 말 화상 피해자와 유방암 환자에게 도움을 주기 위한 재건 수술의 숫자는 실제로 줄어들었다.[106] 많은 성형외과 의사들에게 여성의 자존감을 북돋는 것은 직업적으로 그렇게 썩 매력적이지 않았던 것이다. 아무리 광고에서는 그렇지 않다고 하지만 의사들은 환자들의 통제감을 향상시키는 것보다는 환자에 대한 자신들의 통제력을 향상시키는 데 더 눈이 멀어 있었다. 자기 아내의 몸에 아홉 번이나 시술을 한 성형외과 의사 커트 와그너Kurt Wagner는 "나에게 수술은 의사 결정이 이루어지고 그 누구도 내게 이

래라저래라 할 수 없는 경기장에 들어서는 것과 같다"고 말했다.107)
마취된 여성들은 말대꾸를 못하니까.

5퍼센트 여성의 변신

싱글 직장 여성인 다이애나 도는 서른다섯 번째 생일이 다가올 즈음 자랑할 게 많았다(다이애나 도는 가명이다. 이 여성은 원래 실제 이름을 사용하는 데 동의했고 적극적으로 언론의 관심을 끌고자 했다. 그녀의 이야기와 이름은 여러 뉴스 기사에 공개되었고 텔레비전 뉴스 프로그램에도 방영되었다. 하지만 매스컴의 주목을 받게 된 뒤 악담과 조롱이 쏟아졌고 이 여성은 수치심에 의기소침해졌다. 그녀는 여기서는 자신의 이름을 언급하지 말아 달라고 요청했다). 그녀는 아동용 도서 세 권을 출판했고, 아이들의 발표력과 자존감을 향상시켜 주는 몇 개의 워크숍을 진행 중이었고, 10여 가지 다른 프리랜서 글쓰기 작업을 진행 중었고, 얼마 전에는 한 일류 대학이 후원하는 프로그램에서 영재 학생들을 가르쳐 달라는 요청도 받은 상태였다. 하지만 1986년 6월의 어느 더운 날 슈퍼마켓 계산대 앞에 줄을 서서 한가하게 잡지가 꽂혀 있는 선반을 살펴보던 그녀는 굴욕감이 온 몸을 오싹하게 훑고 지나가는 기분을 느꼈다. 그녀가 보고 있던 《뉴스위크》 커버스토리에 따르면 그녀가 결혼할 가능성이 5퍼센트로 떨어져 있었다. "토할 것만 같았어요. 나 자신을 이렇게 다독거렸죠. 괜찮아, [다이애나], 정신 차려. 암에 걸린다는 것도 아닌데 뭐."108) 집에 돌아온 그녀는 그 통계를 애써 잊어버렸다.

몇 주 뒤 다이애나는 또 다른 프리랜서 일을 시작하려고 피트니스 잡지의 남자 기자와 통화를 했다. "그런데 《뉴스위크》에 실린 그 기사 보셨어요?" 다이애나의 회상에 따르면 그는 그녀에게 이렇게 물었다. "그건 그냥 잊으시는 게 좋아요. 결혼은 안 하실 거잖아요." 내가 왜? 다이애나가 물었다. "30대 여성들은 신체적으로 열등하잖아요. 현실은 현실이죠." 그는 이렇게 말했다. 다이애나는 그에게 자신은 반드시 결혼을 할 생각이고 게다가 "30대 여성은 당신이 생각하는 것보다 훨씬 가진 게 많다"고 말했다.

"정말로 그렇게 생각하세요?" 그가 물었다. "정말로 그렇다면 내기에 돈을 조금 걸어도 괜찮으시겠네요." 전화를 끊을 즈음 다이애나는 자신이 '5퍼센트의 가능성'을 극복하고 마흔 즈음이면 결혼해 있을 것이라는 걸 놓고 그와 1,000달러짜리 내기를 했다. 이 남자 기자 역시 싱글이었고 서른여덟 살이었지만 왜인지 이 남자가 결혼할지 말지를 놓고 내기를 하는 일은 없었다.

다이애나는 자신이 내기를 받아들인 것은 그에게 "내 나이의 여성이 얼마나 능력이 있는지"를 보여 주고 싶었기 때문이라고 말했다. "난 1980년대에 30대 여성이 진화하고 있다고 믿거든요." 하지만 얼마 가지 않아 그녀는 자신의 모든 역량을 육체의 '진화'에 쏟아부었다. 다이애나의 이야기는 반페미니즘이라는 목적이 얼마나 철두철미하게 페미니즘을 수단으로 이용해 왔는지를 보여 주는 극단에 가까운 사례다. 또한 그녀의 사례는 해방이라는 수식어가 개별 여성의 마음에서, 이들의 자신감과 자존감을 개선하는 게 아니라 좀먹는 문화적 신호들과 뒤섞였을 때 얼마나 파괴적인 결과가 나타날 수 있는지 역시 보여 준다.

큰 키에 각진 광대뼈와 큰 눈을 가진 다이애나는 사실 20대에 잠시 모델로 일한 적이 있었다. 하지만 그녀는 나이가 들면서 자신의 몸이 시간의 시험을 견디지 못했고 "어느 정도의 개선을 참아 낼" 수 있으리라고 생각했다. 다이애나는 점점 자신의 육체적 결함이 결혼의 장애물이라고 확신하게 되었다. 모델 양성 전문가에게 조언을 구하러 갔다가 "몸을 부분으로 나눈 뒤에 각 부분을 확대경으로 점검하듯 살펴보라"는 말을 듣고 외모에 대한 걱정은 더욱 증폭되었다. "개선이 가능한 부분은 열심히 노력해서 개선시켜야 하고, 나머지는 옷으로 가려야 하는 거죠."

자신의 몸을 인치 단위로 살펴본 뒤 다이애나는 완벽한 정비가 필요하다는 결론에 도달했다. 성형 시술의 기적에 대한 기사를 모두 찾아 읽고 난 그녀는 자신의 변신을 실행에 옮기는, 혹은 그녀의 표현에 따르면 "1980년대 여성의 새로운 선택과 기회를 분명하게 보여 주는" 가장 효율적인 방법은 성형 시술이라고 생각하게 되었다. 다이애나는 심지어 목표 수치까지 정했다. 37-25-37이었다. 유일한 문제는 돈이었다. 본인 스스로도 "거래 성사" 감각이 있다고 인정하는 유능한 프리랜서 사업가였던 다이애나는 항상 자신의 업무 프로젝트를 위해 자금을 끌어오는 데 노련했다. 그런데 이번에는 이런 재능을 자신의 몸을 재정비하는 데 써야 했다. 다이애나의 전략은 페이 웰던 Fay Weldon의 1983년 인기 소설 『악마 같은 여자의 삶과 사랑 The Life and Loves of a She-Devil』에 나오는 평범한 주부의 그것을 연상시킬 수도 있다. 하지만 웰던의 여성 주인공은 바람피우는 남편을 밟고 일어서기 위해 자신의 몸을 개조했다. 그러나 다이애나 도는 그저 남성의 소원을 들어주고 잠재적인 배우자에게 기쁨을 주기 위해 자신의 몸을 바꾸고 있었다.

다이애나는 마케팅 계획을 염두에 두고 할리우드 개인 피트니스 트레이너 패트릭 네터 Patrick Netter를 찾아갔다. 다이애나는 그에게 자신의 생체 시계를 거꾸로 돌린다는 것은 "엄청난 뉴스거리"가 될 수 있을 것이라고 말했다. "자신의 잠재력을 실현한 한 여성에 대한 이야기죠. 그건 1980년대판 신데렐라 이야기가 될 거예요." 그녀는 한 마케팅 전공 교수에게 개인적으로 의뢰해서 이윤 분석까지 마친 상태였다(이 교수는 그녀의 변신을 상업적으로 판매할 경우 "10만 1,000달러에서 50만 달러 사이"에 달하는 수익이 발생할 것이라고 계산했다). 심지어 다이애나는 자신의 새로운 자아에 '최후의 5퍼센트 여성'이라는 이름도 만들어 놓았다. 네터는 이 계획에서 한몫을 차지할 수 있었다. 다이애나는 그에게 자신의 개인 매니저가 되어 그녀의 변신에 돈을 대는 대가로 마음껏 회사 홍보를 하는 데 관심 있을 만한 헬스 케어 회사와 화장품 회사를 알아봐 달라고 제안했다. 나중에 네터는 "자신의 변신을 홍보한다는 그녀의 아이디어가 상업적으로 그럴싸하다고 생각했다"고 말했다.[109] "여성이 그런 일을 한다는 게 약간 서글프긴 했지만요." 하지만 계약을 포기할 정도로 서글프진 않았다. 네터는 이윤의 50퍼센트를 보장받았다.

몇 주 뒤 다이애나의 표현에 따르면 "그 프로젝트"가 공식적으로 시작되었다. 로스앤젤레스의 한 텔레비전 인포테인먼트 쇼*는 그녀의 변신을 부분적으로 촬영했다. 그리고 네터는 다이애나에게 한 성형외과 의사를 연결시켜 주었다. 이 의사는 그녀에게 무료로 2만 달러어치의 성형외과 시술을 해 주기로 했다. 얼굴 리프팅과 필링, 아래위 눈꺼풀 리프팅, 코 성형, 가슴 확대 수술, 복부 지방 제거 수술, 그리고 엉덩이와 허벅지의 지방 흡입술이었다. 그 대가로 그녀는 라디오와 텔레비전 쇼에서 의사의 이름을 언급하기로 했다. 네터의 표현에 따르면 언론의 관심이 "우호적"이고 "고상할" 것이라고 장담했던 것이다. 다이애나는 로스앤젤레스의 한 치과 의사, 헬스클럽 한 곳, 미용 스파 한 곳, 의상 컨설턴트 한 명과도 비슷한 거래를 했다. 그리고 한 피트니스 잡지에 자신의 진화에 대한 기사를 열 편 쓰기로 계약하기도 했다. 나중에 그녀는 자신의 신체 개조 이야기를 담은 네 번째 책 『너 자신을 창조하라 Create Yourself』를 팔기 위해 한 저작권 대리인을 고용하기도 했다.

1987년 봄, 다이애나는 담당 성형외과 의사에게 첫 번째 시술인 가슴 확대 수술을 하자고 전했다. 그녀는 수술대에 누워 입과 코를 덮는 마취용 마스크를 썼다. 정신이 몽롱해질 때 다이애나는 이 수술이 자신의 건강에 미칠 영향에 대한 걱정을 밀쳐 버렸다. "괜찮아, 예뻐지는 것과 마라톤을 하는 것 중에서 어느 게 더 좋겠어?" 그녀는 혼자서 이렇게 중얼거렸다고 회상했다. "당연히 예뻐지는 거지." 마취에서 깨어났을 때 그녀는 달리기는커녕 일어설 수도 없었다. 가슴은 통증으로 욱신거렸고 근육은 너무 약해져서 다른 사람의 손을 빌려야 침대에서 일어설 수 있었다.

다시 프로젝트를 진행할 수 있을 정도로 회복이 되었을 때 다이애나는 올레이오일의 마케팅 담당 임원 몇몇을 찾아갔다. 이 회사에서 새로 진행하는 '통제 개념'의 광고 캠페인이 여성들에게 노화에 '맞서 싸우라'고 촉구하고 있음을 눈여겨보던 그녀는 이들이 자신의 실천 지향적인 이야기에 흥미를 느끼리라고 생각했다. 실제로 이들은 흥미를 보였다. 다이애나가 자신의 자기 개선 계획이 미용성형과 관련이 있다고 밝히기 전까지는. 이들은 성형수술은 "자연스럽지" 않

* infotament show, 정보 전달과 오락을 동시에 추구하는 프로그램.

기 때문에 자신들의 이미지와 "이해가 상충"된다고 말했다. 첫 번째 라디오 쇼에 출연한 다이애나는 남성 청취자들로부터 똑같은 비판에 맞닥뜨렸다. 이들은 그녀의 '허영'을 비난했고 그녀가 자신의 살을 '부자연스럽게' 조작하고 있다고 몰아세웠다. 처음에는 남자 기자가 "신체적으로 열등하다"며 그녀를 깔아뭉개더니 이번에는 또 다른 남성들이 그녀가 남성들이 만들어 놓은 기준, 이제는 그녀 자신의 것이 되어 버린 기준에 맞추려고 애쓴다고 비난을 하고 있었던 것이다. 프로젝트를 진행하면서 다이애나의 성취욕과 사람들에게 인정받고자 하는 욕구를 분간하기 어려워졌다. "사람들은 내게 내가 원하는 걸 위해서 노력하면 안 된다고 말하더라고요." 그녀는 이렇게 말했다. "사람들은 …… 내 외모를 책임지려 하지 말라고 말하고 있었어요."

마침내 네터가 '금주의 영화'로 선정될 만한 작품을 찍기 위해 파라마운트사의 몇몇 제작자들과 미팅을 잡아 놓았다는 연락을 해 왔다. 다이애나가 영화사의 고급 사무실에 들어섰을 때 제작자들은 이미 '그녀의 이야기'에 대한 계획을 세우면서 큰 테이블에 둘러앉아 있었다. 이들은 마치 다이애나가 투명인간이라는 듯 이야기를 이어 갔다. "계속, '괜찮기는 한데 우린 엔딩이 있어야 해'라고 말하는 거예요." 다이애나는 이렇게 회상했다. "'결혼을 시켜 버릴까? 실패해서 혼자 맛이 가게 만들까?' 마치 내가 경매장에 나온 어린 여자아이라도 되는 것처럼 나에 대한 이야길 했어요." 다이애나는 이들이 자신의 엔딩을 지어내게 하고 싶지 않았다. 그녀는 자신이 직접 엔딩을 만들어 내고 싶었다.

한편 결혼 전선은 암담했다. 그녀는 한 부동산 중개인과 "전화하는 관계"를 시작했다. 그는 계속해서 그녀를 만나고 싶어 했고, 다이애나는 "프로젝트가 완료될 때까지" 계속 만남을 거절했다. 그는 자신이 "그녀보다 처진다고 장담"할 수 있으니 외모에 대해서는 걱정할 필요가 없다고 말했다. 이런 상황이 다섯 달 동안 이어지다가 결국 그녀는 마지못해 비행기를 타고 가서 그와 하루를 함께 보내기로 했다.

그가 공항에 와서 그녀를 차에 태웠을 때 다이애나는 그의 눈에서 실망의 기색을 읽어 냈다. "그 사람이 나를 쳐다보는데 모든 게 끝났다는 걸 알았어요." 다시 이야기를 하는 데 몇 주가 걸렸다. "이젠 마음이 떠난 거죠, 그렇죠?" 다이애나가 물었다. "그래요." 그가 말했다. "어째서죠?" 그녀는 물어보았고 이미 예상한 답을 기다렸다. 한동안 침묵이 흐른 뒤 그는 마침내 말했다. "너무 나이 들어 보여요."(그는 그녀보다 두 살 더 많았다.) 그러더니 그는 "내 머리끝부터 발끝까지 모든 결점"을 줄줄이 읊어 댔다고 다이애나는 회상한다. "날 찰 수밖에 없는 이유가 열 개쯤 되더라고요." 그리고 그 모든 이유가 육체적인 것이었다. 몇 달 뒤 그녀는 그가 자신보다 열 살 어린 여성과 약혼했다는 소식을 들었다.

프로젝트가 2년차에 접어들던 1988년 8월 다이애나는 지방 흡입 수술을 준비하면서 살을 빼기 위해 안간힘을 쓰고 있었다. 어느 뜨거운 여름 오후 그녀는 스키니헤이븐* 식당에 앉아서 메뉴에 친절하게 적혀 있는 칼로리양을 열심히 읽고 있었다. 그날 저녁에는 다이애나가 가르쳤던 학생들의 졸업식이 있었다. 다이애나는 졸업식에서 축사를 하곤 했다. 다이애나는 학생들이 자랑스러웠지만 지금은 그게 문제가 아니었다. 그녀의 생일이 코앞이었던 것이다. 내가 이제 몇 살이 되지? 그녀는 놀라서 고개를 들었다. 굳이 달력을 뒤져 볼 필요도 없었다. "서른여덟이 되겠구나." 다이애나가 말했다. "그렇지만 내 프로젝트가 끝나면 다시 한 살부터 나이를 셀 거야."

노화 과정을 되돌리는 건 오래전부터 해 왔던 노력이지만 그 결과는 모두가 익히 알고 있다. 그것은 다이애나처럼 실천력이 있는 직장 여성이라면 달성할 수 있으리라고 기대할 수 있는 그런 도전과는 다르다. 하지만 1980년대 말 가혹한 미의 기준이 부활하면서 다이애나처럼 능력 있는 사업가형 여성들마저 궁지에 몰리게 되었다. 다이애나가 세웠던 '5퍼센트' 계획이 명백한 자아도취라고 몰아세우기는 쉽다. 하지만 그녀는 시대의 압도적인 흐름에 맞서 자신의 삶을 개척하려 하기보다는 젊음의 샘을 찾아 나서기로 선택했기 때문에 용서받을 수 있는 것인지도 모른다. 다이애나가 속했던 문화에서는 여성들이 이런 흐름에 도전할 수 있도록 지원을 해 주기는커녕 이런 압도

* Skinny Haven, 건강한 다이어트식으로 유명한 식당.

적인 흐름이 있다는 것을 인지조차 제대로 하지 못했다. 대신 여성들이 자신의 몸과 전쟁을 치를 수 있게 연고와 메스를 쥐어 주었다. 다이애나가 브렉 걸이나 그와 유사한 숱한 상업적인 이미지들과의 비교에 저항하지 않고 인간으로서 타고난 숙명과 싸우기로 선택했다면 거기엔 그만한 이유가 있었기 때문이었으리라. '트렌드'에 맞서려는 여성들에게 한없이 외롭고 위태로운 10년이었기에 다이애나는 생물학적 본성과 맞서는 게 그보다 더 압도적으로 보이는 문화적 저류와 싸워서 이기는 것보다는 더 가망 있는 일이라고 생각했던 것인지 모른다.

3부

반동의 기원

전달자, 선동가, 사상가

9장
뉴라이트가 벌이는 원한의 정치

"미국에서 절망의 정치는 전형적으로 반격의 정치였다."[1)]
— 시모어 마틴 립셋Seymour Martin Lipset 과 얼 랍Earl Raab

폴 웨이리치Paul Weyrich 는 "난 오랜만에 처음으로 희망을 품게 되었다"고 선언했다.[2)] 이 '뉴라이트의 아버지'는 워싱턴 D.C.에 있는 자신의 사무실 창밖을 둘러싼 불결한 풍경을 응시했다. 노숙자 가족들이 보도의 배수로 앞에 옹송그리며 모여 있었고 웨이리치가 만든 자유의회연구교육재단Free Congress Research and Education Foundation에서 반 블록 떨어진 곳에서는 사이렌이 울리고 총성이 터져 나왔다.

이 뉴라이트 지도자의 명랑함은 그가 자리한 곳과도, 시대와도 별로 어울리지 않아 보일 수 있었다. 어쨌든 헤리티지재단 설립자가 미국에 대해 희희낙락하기에 1988년 겨울은 너무 늦은 게 아닐까? 뉴라이트 운동이 희망을 품을 만한 시기는 그 지도자들이 진보적인 의원들을 집무실에서 몰아내고, 공화당의 강령을 다시 작성하고, 의기양양하게 워싱턴으로 진군해 들어갔던 1980년대 초가 아니었나? 그때 이후론 계속 내리막길이 아니었나?

대학 강연 투어를 마치고 막 돌아온 웨이리치는 돌아가는 상황을 이와는 다르게 읽었다. "나는 저 밖에서 처음으로 새로운 감수성이 나타나고 있는 데서 큰 희망을 봅니다. 10년 전엔 내가 여성해방의 거짓말에 대해서, 성적인 희열의 억제에 대해서 캠퍼스에서 이야기를 하면 완전히 적대적인 반응이 돌아왔어요. 사람들은 인정사정 없이 야유를 퍼부었죠. 그런데 이젠 많은 관심을 받고 있어요. 이번에 켄트 주립대학교에서는, 그러니까 켄트 주립대학교에서! 열아홉 살 먹은 여학생이 강연이 끝난 뒤에 눈에 감사의 눈물이 그렁그렁해서는 나한테 오더니 '감사해요. 정말 정말 감사해요' 하더라니까요."

　웨이리치의 여성관에 귀를 기울이고 있는 것은 일부 여성 대학생만이 아니었다. '진보적인 미디어'도 그의 관점으로 방향을 틀고 있는 듯하다. 그를 가장 고무시킨 것은 바로 이 점이었다. "이제야 사람들이 페미니즘의 거짓말을 이해하게 된 거지. 여자들이 자기가 모든 걸 다 가질 순 없다는 걸 알게 된 거예요. 여자들은 자기가 직장에 다니면 자녀들이 고통에 시달리고 가정생활이 파탄난다는 걸 깨닫고 있어요. 전에는 그런 말을 하는 게 우리밖에 없었잖아요. 그런데 이젠 온갖 데서 그런 글을 읽을 수 있다니까요. 심지어 《미즈》까지 말이에요. 잡지 《미즈》요!"

　뉴라이트 운동은 분명한 법안을 이행하는 데는 많이 실패했지만 그보다 더 넓은 홍보 영역(그리고 이 홍보 영역의 중요도는 레이건 내 부시 시절을 지나며 점점 증대되고 있다)에서 큰 성과를 올렸다. 1980년대 말경이 되자 웨이리치 같은 남성들은 더 이상 워싱턴의 정계에서 존재감을 과시하지 않았다. 이제 이들이 궁극적으로 도달하고자 하는 곳은 정계가 아니었다. 한 뉴라이트 대변인이 헤리티지재단에서 열린 조기 전략 회의에서 동료들에게 밝힌 대로 "우리가 여기 있는 것은 정계에 들어가기 위해서가 아니다. 우리가 여기 있는 것은 이 나라의 시계를 1954년으로 돌려놓기 위해서다. 그리고 한 번 성공하고 나면 우린 이 악취 나는 동네를 떠나 버릴 것이다."[3] 1980년대 말 몇 년 동안은 웨이리치 같은 남자들이 신문을 펼쳐 들면 마치 자신들의 정서가 주류 문화에 흘러들어 가기 시작하면서 시곗바늘이 반시계 방향으로 정말 조금씩 움직이기 시작하는 것처럼 보였다.

　오늘날의 반격에 출생지가 있다면 아마 이곳 뉴라이트 집단 속일 것이다. 바로 여기서 반격은 처음으로 분명한 이데올로기적 의제를 가진 운동으로 꼴을 갖추었기 때문이다. 뉴라이트의 대표 주자들은 여성평등은 여성의 불행을 낳는다는 반격의 핵심 주장을 만들어 낸 최초의 인물들이기도 했다. 그리고 이들은 가장 널리 인용되지만 서로 모순되는 두 가지 죄, 도덕적 가치보다 물질주의를 더 드높이는 (그러니까 여성들을 탐욕스러운 여피로 만드는) 죄와 전통적인 가족

지원 시스템을 뒤흔드는(그러니까 여성들을 생활 보조금에 기대 사는 엄마들로 전락시키는) 죄를 저질렀다며 페미니즘을 비난한 최초의 집단이기도 했다. 주류에서는 이들의 과열된 비유와 지옥 불의 이미지를 거부했지만 이들의 핵심적인 정치적 메시지는 살아남아서 미디어의 '트렌드'로 변질되었다.

뉴라이트 지도자들은 신도가 줄어들고 있는 시골의 근본주의 성직자들과 청중이 감소하고 있는 방송용 설교사들이었다. 복음주의 교회 신도들이 꾸준히 교외와 도시로 이주해 가고 젊은 세대는 종교에 관심을 두지 않으면서 시골 교회들은 점점 비어 가고 있었던 것이다. 뉴라이트가 등장하던 바로 그 시기인 1977년부터 1980년까지 방송에서는 텔레비전 설교사의 청중이 100만 명까지 줄어들었다.[4] 1980년 11월이 되자 가장 인기 있는 텔레비전 설교사 상위 열 명 중 아홉 명이 그해 2월보다 시청자가 줄어들어 있었다. 오럴 로버츠Oral Roberts는 텔레비전 시청자 22퍼센트를 잃었고 PTL클럽PTL Club은 11퍼센트를 잃었다. 심지어 도덕적다수*가 전국 미디어에서 가장 두각을 나타내고 있을 때 설문 조사를 실시한 결과 이 조직이 자신들의 견해를 대변한다고 말한 응답자는 7퍼센트 미만이었다.[5] 루이스해리스가 실시한 한 여론조사에 따르면 텔레비전의 복음주의자들을 추종하는 사람은 유권자의 14퍼센트를 넘지 않았고, 추종자의 절반이 지지를 철회할지 생각 중이라는 의견을 밝혔다.[6]

정치학자 시모어 마틴 립셋과 얼 랩은 현대 미국의 정치에서 나타나는 이런 주기적인 현상을 연구하면서 "반격의 정치는 자신들의 중요도, 영향력, 권력이 줄어든다고 느끼는 집단에 의한 반동으로 정의할 수 있다"고 밝혔다.[7] 고전적인 보수 세력과는 달리 이런 '사이비 보수층(이는 테오도르 아도르노Theodore Adorno가 이런 현대의 우익 운동 세력을 지칭한 표현이다)'은 스스로를 현 상태의 수호자가 아니라 사회적 외톨이라고 인식한다. 이들은 지배 질서를 옹호하려 하기보다는 철이 지난 질서나 상상 속의 질서를 복원하려 한다. 역사학자 리처드 호프스태터Richard Hofstadter는 이렇게 말한다. "아무리 이런 사

* Moral Majority, 기독교 우파와 공화당과 관련이 있는 정치조직.

람들이 굳은 결심으로 다시 미국을 손에 넣으려 해도, 궁극의 파괴적인 전복 행위를 인도하려 해도, 미국은 대체로 이런 무리의 사람들에게 관심이 없다."[8] 웨이리치 자신이 진보적인 적들에 대해 말한 대로 "그들은 이미 성공했다. 권력을 쥔 건 우리가 아니라 그들이다."[9]

최근 몇 차례 반격의 시기에는 여기에 상응하는 뉴라이트 운동이 있었다.[10] 19세기 말 미국보호협회*, 1920년대와 1930년대 KKK의 부활과 코울린Coughlin 신부의 우익 운동, 그리고 전후 몇 년간 존버치협회John Birch Society의 반공 캠페인이 바로 그것이다. 이런 십자군 전쟁의 용사들은 더 이상 땅에서 농사를 지어서는 먹고살기 힘들어진 농민들과 가족을 부양하기 어려워진 중하층계급 노동자, 혹은 세속적인 도시민들 속에서 생활하는 농촌 출신 근본주의자들이었다. 이들은 자신들이 생각하는 가장 근본적인 인간의 열망이 좌절되었다고 생각했다. 그것은 바로 사회로부터 가치를 인정받고자 하는 갈망, 불안정한 경제적 사다리에서 견실한 발판을 찾고자 하는 바람이었다. 이런 근본적인 필요를 충족시킬 수 없다면 최소한 혹독한 응징으로 위안을 얻고자 할 수는 있었다. 컨저버티브코커스Conservative Caucus의 설립자 하워드 필립스Howard Phillips의 선언대로 "우리는 우리에게 반기를 든 사람들에게 복수할 능력을 입증해야 한다."[11] 뉴라이트의 주요 자금 모금책인 리처드 비거리Richard Viguerie는 "끔찍하게 처벌하겠다"고 맹세했다. 이번 생에 제대로 된 보상을 받지 못할 것이라면, 최소한 자신들에게서 행운을 빼앗아 갔다고 의심되는 사람들을 처벌할 수는 있기 때문이다. 반격의 움직임이 일어날 때마다 매번 선호하는 희생양이 있었다. 미국보호협회에게는 천주교 신자들이 그런 조건에 부합했고, 코울린 목사의 '사회정의' 운동엔 유대인들이 그러했으며, 당연히 KKK단에게는 흑인들이 그랬다. 그리고 뉴라이트에게 주적은 페미니스트 여성들이었다.

1980년 웨이리치는 다른 많은 뉴라이트 지도자들과 함께 처음으로 범인을 지목했다.[12] 《컨저버티브 다이제스트》에서 그는 페미니즘

* American Protective Association, 1887년 개신교도들이 설립한 반천주교 조직.

이라는 위협을 추종하는 사람들에게 이렇게 경고했다.

> 다른 정치 질서를 원하는 사람들, 그렇다고 해서 반드시 마르크스주의자가 아닌 사람들이 있다. 여성해방운동으로 상징되는 이들은 정치 권력의 미래는 전통 가정의 재구성에 있다고, 특히 전통 가정 내 남성이나 아버지 역할을 실추시키는 데 있다고 믿는다.

같은 해 도덕적다수의 제리 폴웰 목사는 똑같은 경고를 날렸다.[13] 그는 모든 면을 여성운동이 어떤 피해를 입혔는지에 할애한 책 『들어라, 미국이여!Listen, America!』에서 "남녀평등헌법수정안이 사회구조 전체의 근간을 뒤흔든다"는 결론을 내렸다. 폴웰에 따르면 페미니스트들은 "가정에 대한 악마 같은 공격"을 개시했다. 그리고 그의 최우선 과제는 남녀평등헌법수정안의 숨통을 끊어 놓고 이런 여성들을 궤멸시키는 것이었다. 그는 "진심으로 남녀평등헌법수정안을 깊고 어두운 무덤에 완전히 묻어 버리고 싶다"고 절규했다.

뉴라이트 집단은 하나둘 이 목표를 지지했다.[14] 컨저버티브코커스는 남녀평등헌법수정안을 "지금껏 의회에서 통과된 법안 중에서 가장 파괴적인 법" 중 하나로 여겼고, 자유의회생존위원회Committee for the Survival of a Free Congress는 어느 후보자에게 후원금을 줄지 정할 때 남녀평등헌법수정안에 대한 각 정치인의 입장을 결정적인 요인으로 삼았다. 페미니스트들을 엄청나게 사악하고 국가마저 파괴할 능력이 있는 고약한 사람들로 묘사하는 것 역시 단골 메뉴였다. 아메리칸크리스찬코우즈American Christian Cause의 모금용 뉴스레터 창간호는 "사탄이 '여성해방'운동을 장악해 버려서 물불을 가리지 않을 것"이라고 경고했다. 크리스천보이스Christian Voice는 "미국의 세계열강으로서의 지위가 갑자기 하락한 것은" 평등권과 출산의 자유를 요구한 페미니스트 캠페인의 "직접적인 결과"라고 주장했다. 크리스천보이스에서 발행한 문헌에서 페미니스트는 "도덕적 변태"이자 "모든 품위 있는 사회의 적들"이라고 말했다. 복음주의 성향의 〈700클럽700 Club〉*

에 출연한 논평가들의 설명에 따르면 페미니스트들은 바로 젠더 권력 변동이라는 위협을 가했기 때문에, 그러니까 "이 나라를 여성들에게 넘겨주려 하기" 때문에 살려 둘 수 없는 세력이다. 뉴라이트가 공산주의나 인종이 아니라 페미니즘에 매달렸다는 점은 그 자체로 지난 10년 동안의 여성운동의 힘과 지위를 입증하는 증거였다. 학자인 로절린드 폴락 페체스키Rosalind Pollack Petchesky의 말에 따르면 "1970년대 여성해방운동은 보수적인 가치와 이해관계뿐만 아니라, 성 해방 개념 때문에 '생활 방식'이 위태로워진 커다란 집단에게 가장 직접적으로 위협을 가하는, 미국에서 가장 역동적인 사회 변화 세력이 되었다."15) 핵심적인 뉴라이트 집단 모두가 여성운동이 최대의 승리(하나는 1972년에 의회가 남녀평등헌법수정안을 승인한 것이고, 다른 하나는 1973년에 미국 대법원이 낙태를 합법화한 것이다)를 거머쥔 뒤 2년 내에 활동을 개시했다는 점은 의미심장하다.

뉴라이트 설교사들에게 페미니즘 세력들은 자신들의 직업적 지위마저 위협했다. 19세기 여성운동에 대항하는 움직임을 최선두에서 이끌었던 후기 빅토리아시대의 성직자들처럼 뉴라이트 성직자들은 거의 여성으로 구성된 성도들에 의지해서 생계를 유지했다. 그런데 이 성도들이 줄어들 뿐만 아니라 점점 말을 듣지 않게 된 것이다. 미국에서 자신을 기독교도라고 밝힌 여성 1만 8,000명을 대상으로 실시된 1989년 설문 조사에서 도덕적 인도가 필요할 때 성직자에게 의지한다는 사람은 3퍼센트뿐이었다.16) 불만을 느낀 목사들은 최소한 이런 여성들의 입이라도 막으려 했다. 한 연구자가 복음주의 교도 여성들을 대상으로 설문 조사를 실시하려 했더니 모든 설교자가 이 연구자가 자신의 여성 신도들에게 접근하는 것을 허락하지 않았다.17) 뉴라이트 성직자들은 설교에서 특정 성경 구절을 워낙 자주 들먹여서 언론의 관심을 받을 정도였다.18) "남편이 아내의 머리됨이 그리스도께서 교회의 머리됨과 같다"는 「에베소서」 5장 22절부터 24절까지는 많은 설교단에서 거의 매주 외우는 주문이 되었다. 가정에서 역시 페미니즘이 균열 사이를 비집고 침투하자 근본주의 성향의 남성들은

* 미국 CBS의 텔레비전 프로그램.

문을 더 꼭 닫으려 했다. 한 복음주의 목사는 "남자들이 더 이상 집에서 주도권을 쥐지 못하다 보니 아내를 구타하는 일이 늘고 있다"고 어떤 사회학자에게 말했다.[19] "난 여성들에게 집으로 돌아가서 더 복종해야 한다고 말한다."

　뉴라이트 성직자들에게 페미니즘과, 이들이 페미니즘에서 연상하는 맹렬한 정치적 힘은 고삐를 조이기에는 워낙 강력해 보였지만, 집에 있는 개별 여성들은 더 편리하고 취약한 구타의 희생양이 되었다. 카터 행정부가 정부의 법으로 시행하는 공립학교 기도 시간과 연방 재원으로 운영되는 종교 교육, 그외 침례교도 대통령이 받쳐 주기를 바랐던 여러 목표들에 대한 요구를 무시하자 실망과 적의를 품게 된 근본주의 기독교 지도자들은 카터Jimmy Carter의 여동생인 루스 카터 스테이플턴Ruth Carter Stapleton에게 원한의 화살을 퍼부었다. 스테이플턴에 반대하는 테이프, 라디오 설교, 심지어는 책까지 만들어 낸 중상모략에서 이 남성들은 스테이플턴을 "여왕 마녀"라고 부르며 비난했다[20](뉴라이트식 어법에서는 마법과 성 평등이 결코 별개의 문제가 아니었다). "그 사람들 정말 날 귀찮게 했죠." 스테이플턴은 나중에 이렇게 회상했다.[21] "그 사람들은 여성 복음주의자를 싫어했어요. 사실은 여자 전체를 싫어했죠. 모든 여자는 남자에게 완전히 복종해야 한다고 말했으니까요."

　뉴라이트 남성들이 미국 정치에 진입하면서 페미니스트에 대한 마녀사냥도 함께 끌고 들어갔다. 하워드 필립스는 수도에 득시글대는 페미니스트들이 "아내를 남편의 지도력에서 해방시키려는 의식적인 정부 정책"의 배후에 있다고 비난했다.[22] 제리 폴웰은 워싱턴에서 봤던 공격적인 페미니스트들이 도처에 널려 있다고 생각했다.[23] 심지어 여성의 필요에 대한 연방의 한 보건 교육 자문 위원회마저 "대단히 공격적인 자칭 페미니스트들로 구성되어 있다"고 기분 나쁜 듯 밝히기도 했다. "도덕적인 미국인들이 견문을 넓히고 우리 나라에서 가족이라는 가치를 지키는 데 도움을 줄 때라고 말할 필요가 있을 것 같다. …… 더는 기다릴 수 없다. 우리 나라가 위태로워지는 건 시간 문제일 수 있다." 폴웰은 국내 내각만 위태로워진 게 아니라고 주장했다. 페미니스트들은 군대를 좀먹고 있고 이제는 국제 관계에도 진출하고 있었다. 『들어라, 미국이여!』에서 폴웰은 전 세계적으로 페미니즘의 음모가 자유 세계에 촉수를 뻗치고 있는 사악한 여성들의 비밀 조직망이라는 형태로 구축되어 있다고 설명했다. 그는 심지어 1979년 국제 아동의 해International Year of the Child에 "더 깊은 흑막"이 있다고 주장했다. 음모를 획책하는 사회주의 성향의 여성운동가들이 이 행사를 통해 뒷구멍으로 "전 세계 정부 네트워크에 접근" 하려 한다는 것이다.

헤리티지재단이 레이건 행정부를 위해 세운 1981년의 종합 계획 『리더십 강령Mandate for Leadership』에서는 "페미니스트 세력의 정치적 영향력이 날로 증가하고 있고", "페미니스트 네트워크"가 정부 기관에 침투하고 있다며 경고했다.[24] 그리고 페미니스트 권력을 최소화할 수 있는 많은 대책을 수립할 것을 요구했다. 3년 뒤에 나온 『리더십 강령 2Mandate for Leadership II』 역시 여성운동을 진압하는 데 정신이 팔려 있었다.[25] 집필에 참여한 저자들은 "남녀 동일 임금 원칙을 상대로 한 투쟁이 다음 행정부의 1순위가 되어야 한다"고 주장했다. 그리고 뉴라이트의 또 다른 교본인 『문화적 보수주의Cultureal Conventatism』는 까탈스러운 청년들부터 반미 정서에 이르는 숱한 사회적 병폐의 근원으로 "급진적인 페미니즘"을 지목하는 데 주저하지 않았다.[26] 페미니즘의 급진적인 첩보원들이 우리 정부와 학교에 깊숙이 침투했다고 『문화적 보수주의』는 경고했다. 이 책의 저자들은 더 이상 여성해방주의자들을 만나려고 "여성학과를 어슬렁거릴 필요가 없다"고 밝혔다.[27] 이제 이 유독한 사상이 대학의 문학과와 법대 강의실, 텔레비전 토크쇼, '많은 록 비디오'에 깊이 뿌리를 박게 되었기 때문이다. 심지어 뉴라이트는 '세속적인 인본주의'에 눈을 돌렸다가 행간에 페미니즘이 도사리고 있음을 발견하기도 했다. 이들을 가장 격분하게 만든 교과서는 여성들을 독립적인 인물로 묘사한 교재들이었다. 뉴라이트 싱크탱크인 록퍼드연구소 미국가정센터Rockford Institute's Center for the Family in America 의 출판물 목록은 마치 독립적이고 싱글이며 직업이 있고 물론 페미니스트인 여성에 대한 전과 기록처럼 보인다.[28] 실제로 1989년 목록에 실린 21개 출간물 제목 중에서 여성 범죄를 다루지 않은 것은 두 건뿐이었다. 몇 가지 전형적인 제목을 살펴보면 이런 식이다. "위험한 평행선: 일하는 여성, 자살하는 남편", "어째서 직장 여성이 늘수록 남성의 임금은 낮아지는가", "싱글맘 가정의 무시무시한 증가", "엄마 주도 가정과 약물 사용 간의 관계."

헤리티지재단의 연구원인 에드먼드 하이슬마이어Edmund Haislmaier는 "페미니즘이 모든 것의 초점이 된 것 같았다"고 회상했다.[29] 경제 보수주의자였던 그는 퇴행적인 사회혁명에 대한 동료들의 욕망에 공감하지 못했고, 불편하게 거리를 두고 사내의 반페미니즘 광기를 지켜보았다.

돌이켜 생각해 보니 그들은 페미니스트들을 필요 이상으로 훨씬 더 많이 비난했다. 이혼율을 높인 것은 페미니즘이 아니었다. 이혼율은 여성해방이 시작되기 전부터 이미 높아지고 있었다. 페미니스트들은 분명 참담한 경제정책들과도 아무런 관련이 없었다. 하지만 페미니스트는 대단히 분명한 먹잇감이 되었다. 엘리 스밀Ellie Smeal*은 쉽게 알아볼 수 있는 먹잇감이었지만, 초인플레이션과 과세 등급은 그렇지 못했다.

반페미니즘 의제 설정하기

뉴라이트가 의회에서 처음으로 깜짝 승리를 거둔 직후 패기만만해진 폴 웨이리치는 가장 신뢰하는 조언가들을 헤리티지재단에 소집시켰다. 이들에게 주어진 사명은 뉴라이트 프로그램의 청사진으로 사용할 수 있는 단 하나의 법안을 작성하는 것이었다. 이는 뉴라이트의 이상을 상징하는 최초의 법안 발의였다. 이들은 이 법안을 가족보호법Family Protection Act이라고 불렀지만 결국 이들이 1981년 의회에 소개한 법안은 가족에게 도움을 주는 것과는 무관했다. 사실 이 법안의 목표는 단 한 가지, 여성운동의 거의 모든 법적 성취를 무너뜨리는 것이었다.

* 전직 전미여성연맹 의장 엘리너 스밀Eleanor Smeal.

이 법안에서 제안하는 내용은 다음과 같았다.[30] 남녀 평등 교육의 근간이 되는 연방법들을 없애고, "모든 스포츠나 여타 학교 관련 활동에서 남녀가 섞이는 것"을 금지하고, 결혼과 모성이 여학생에게 적합한 직업이라고 의무적으로 가르치도록 하고, 비전통적인 역할을 맡는 여성을 담은 교과서를 사용하는 모든 학교에 연방의 자금을 중단시키고, 구타당한 아내를 남편으로부터 보호하는 모든 연방법을 폐지하고, 낙태에 대한 조언이나 이혼을 원하는 모든 여성에게 연방의 자금으로 법적 원조를 하지 못하도록 금지할 것. 이 법안은 전체적으로 무언가를 금지하는 내용이 주를 이루었는데, 이 기나긴 금지목록에서 유일하게 무언가를 하자고 제안한 것은 기혼 여성이 아이를 낳고 집에서 지내도록 유도하기 위한 새로운 세금 인센티브뿐이었다. 이 조항에 따르면 남편은 아내가 그해에 돈을 한 푼도 벌지 않은 경우 세액 공제가 가능한 최대 기금을 강반할 수 있었다.[31] 가정용품을 팔러 다니는 주부마저 집에 묶어 두겠다는 수작이 분명했다.

이후 몇 년간 뉴라이트는 여러 가지 '가족' 관련 입법을 제안했는데, 사실상 이 모든 법안의 목표가 여성의 독립이 고개를 쳐드는 족족 무력화시키는 것이었다. 여성이 죽게 되는 한이 있어도 낙태는 전면 금지, 결혼할 때까지 모든 피임 정보를 검열, '순결' 법안, 동일임금법과 다른 동일고용법 폐지, 그리고 당연하게도 남녀평등헌법수정안은 타파.

1980년 선거에서 뉴라이트는 거의 전적으로 여성의 권리에 대한 반대를 근거로 전국 대선 공약에 간여했다. 이들이 공화당에 가장 크게 영향을 미친 것은 당 지도자들이 낙태 합법화와 남녀평등헌법수정안에 반대하는 강령을 작성하게 강요한 것이었다. 이는 남녀평등헌법이 공화당의 승인을 받지 못했던 1940년 이후 처음 있는 일이었다. 그해 공화당 전당대회가 뉴라이트의 반페미니즘 의제를 수용하면서, 외교정책에서부터 법 질서에 이르기까지 많은 전선에서 경계가 대단히 모호했던 미국 양대 정당의 강령에 분명한 기준선 하나가 확실하게 그어졌다.[32] 그리고 공화당의 대선 후보는 여성의 권리에 대한 관점으로 자신과 이전 후보들 간의 차이점을 가장 분명하게 부각시켰다.[33] 그러니까 레이건은 남녀평등헌법수정안이 의회에서 통과된 이후 처음으로 이 법에 반대한 최초의 대통령이었던 것이다. 그리고 낙태와 심지어 몇 가지 피임 방식을 금지하는 '인간의 삶 수정안 Human Life Amendment'을 지지한 최초의 대통령이기도 했다.

하지만 이상하게도 뉴라이트가 워싱턴 D.C.에서 사명감으로 하고 있는 일을 기록하는 대부분의 사람들(지지자든 반대자든)은 페미니즘을 '주변적인' 문제로 여겼다. 언론 기사들, 심지어 진보적이거나 좌파적인 성향의 미디어에서 나온 기사마저 낙태와 남녀평등헌법수정안에 대한 우익 집단의 반대를 더 내실 있고 더 '중요한' 정책 목표(정부 규제 감소, 예산 삭감, 방어 시설 증강)로 관심을 돌리기 위한 수단으로 여겼다. 우익 운동에 대한 최초의 역사책들이라고 해서 다르지 않았다. 전형적인 설명 방식을 따른 리처드 허친슨 주니어Richard G. Hutchenson, Jr.의 『백악관의 하나님God in the White House』에서는 남녀평등헌법수정안에 단 두 쪽을 할애했고, 우익을 움직이는 동력으로 볼 만한 것으로 워터게이트부터 '새로운 나르시시즘'까지 페미니즘을 제외한 모든 것을 탐색했다.[34] 앨런 크로퍼드Alan Crawford는 『오른쪽에서 치는 천둥Thunder on the Right』에서 뉴라이트의 의제에서 "'단란한 가정'이라는 문제는 그저 비정치적이고 주변적인 사안일 뿐"이라고 못 박았다.[35]

이런 논평가들은 여성운동에 대한 뉴라이트의 공격이 지엽적인 문제라고 판단했지만 우익 근본주의 드라마에 출연한 선수들은 생각보다 영악했다. 이들에게 자율적인 페미니스트 여성들을 공개적으로 벌하는 것은 그 자체로 주요 이벤트였다.

단어 전쟁

웨이리치는 1980년의 연설에서 "우리는 과거의 보수주의자 세대와는 다르다"고 말했다.[36] "우리는 더 이상 현 상태를 지키기 위해 일하지 않는다. 우린 이 나라의 현 권력 구조를 전복하기 위해 일하는 급진주의자다." 이들은 텔레비전에 나와서 강경 노선을 자랑하듯 늘어놓다가 얼마 가지 않아 얻게 되는 별명처럼 '새로운 마초 연설가들'이기도 했다. '신의 성난 남자' 제임스 로비슨James Robison 목사는 과거의 폭력적인 공적을 자랑했다(여기에는 "강간을 계획했다"는 주장도 포함된다).37) 팀 라헤이Tim LaHaye 목사는 "아무나 때려서 기절"시키곤 했던 군인 시절의 이야기를 언론에 늘어놓기를 좋아했다. 이들이 글이나 발언에서 반복적으로 강조하듯 이들은 깃발을 높이 쳐들고 가슴이 떡 벌어진 그리스도를 앞세우고 적의 영토로 진군해 들어가는 '전사들'이었다. 폴웰은 "예수님은 평화주의자가 아니었다"고 즐겨 말했다.38) "예수님은 계집애 같은 사내도 아니었다."

하지만 근본주의 용사들이 워싱턴으로 떼 지어 몰려간 건 자신들이 벌써 폴웰이 글에서 여러 차례 걱정스럽게 조롱했던 '약한 남자'가 되어 버린 것인지 모른다는 걱정 때문이었다.39) 뉴라이트 용사들은 자신들을 공격적이고 자유로운 변화의 주역으로 묘사했지만 이들의 책략은 자신들이 생각하는 주적, 즉 여성의 권리를 지지하는 세력들에 대한 반발 일색이었다. 말로는 허세를 부렸지만 뉴라이트들은 또 다른 움직임에 전적으로 기대서 자신들의 정체성을 유지하고자 했다. 이는 물론 위협당하는 생활양식을 보존하거나 복원하려는 모든 보수적인 집단에게 해당되는 일이다. 정치 저술가 시드니 블루먼솔Sidney Blumenthal이 『반기득권의 등장 The Rise of the Counter-Establishment』에서 밝혔듯 "역설적으로 보수주의는 진보주의가 있어야 의미가 있다."40) "보수주의자들은 사명감은 있지만, 적대적인 입장을 벗어나는 데 어려움이 있다." 하지만 뉴라이트 남성들은 의존이라는 자리에서 자아를 발견했는데, 이는 이중적인 의미에서 모양 빠지는 일이었다. 이들은 먼저 나서기보다는 어떤 일이 터진 뒤에야 반응했을 뿐만 아니라, 여성들에게 적대적인 반응을 했던 것이다. 최소한 존버치협회 추종자들은 자신들이 공산주의 모리배들의 전진을 물리친다는 주장이라도 할 수 있었다. 뉴라이트 연설자들은 숙녀들을 막아선다는 난감한 과제를 받아들였던 것이다.

반격 운동에 내장된 이런 수동성을 피할 길은 없는 것 같았다. 하지만 뉴라이트 남성들은 결국 한 가지 방법을 찾아냈다. 『리더십 강령 2』는 "20년간 시민권 영역에서 가장 중요한 전투는 언어의 장악을 둘러싼 것"이었다고 주장했다.[41] 그중에서도 특히 '평등'과 '기회' 같은 단어가 중요했다. "법정에서든 의회에서든 승리의 비밀은 이런 용어의 정의를 장악하는 것이었다." 이들은 평등에 대한 논쟁에 쓰이는 용어들을 재정의하면 자신들의 방식을 지도부에 언어적으로 교묘하게 끼워 넣을 수 있을지 모른다고 생각했다. 일종의 의미 역전으로 권력의 경계를 이전시키면 완곡한 표현으로 승리할지도 몰랐다. 그리고 이 경우 말은 행동보다 더 강력할 수 있다.

이런 언어 전략하에 뉴라이트는 여성들이 새롭게 획득한 출산에 대한 권리에 반대하면서 여기에 "생명 친화적"이라는 표현을, 여성들이 새롭게 포용한 성적 자유에 반대하면서 여기에 "순결 친화적"이라는 표현을, 그리고 여성들의 대대적인 직업 시장 진출에 속개심을 표출하면서 여기에 "모성 친화적"이라는 표현을 갖다붙였다. 마지막으로 뉴라이트는 그들 자체, 그러니까 여성의 권리 신장에 반대하는 자신들의 퇴행적이고 부정적인 태도에 "가족 친화적"이라는 표현을 갖다 붙였다. 과거 남녀평등헌법수정안에 반대했던 집단인 이글포럼은 자신들을 공식적으로 "여성해방의 대안"이라고 불렀다.[42] 하지만 1980년 선거 이후 이들은 자신들의 수식어를 "1972년부터 가족 친화적 운동을 선도하고 있는"으로 바꿨다. 과거 웨이리치는 자신의 적을 '여성해방'이라고 설명하지 않을 수 없었다. 하지만 이제 웨이리치는 자신의 원수를 '반反가족 운동'이라고 부를 수 있게 되었다.[43] 이제 상황을 주도하는 것은 그였고, 페미니스트들이 그의 프로그램에 반발할 차례였다.

이런 오웰식의 말장난은 뉴라이트 지도자들을 수동성이라는 궁지에서 꺼내 주기만 한 것이 아니었다. 날로 증가하는 여성의 독립성에 대한 이들의 분노를 감춰 주는 기능도 해냈다. 이는 성공적인 마케팅 수단이었다. 전통적인 가족의 가치라는 깃발 아래 행진할 경우 이들은 언론으로부터 더 많은 공감을, 그리고 대중들로부터 더 많은 추종자들을 끌어모을 수 있기 때문이다. 1920년대에 KKK는 자신들의 인종주의를 은근하게 돌려서 표현하고 이를 애국주의로 치장하는 유사한 표현 전략으로 지지 세력을 모았다.[44] 이들은 흑인들에게 사적인 폭력을 행사하는 것이 아니라 국기를 지키는 도덕 개혁가들이 었다.

뉴라이트 지도자들의 언어는 여러가지 면에서 KKK만큼이나 공허했다. 이 "생명 친화적"이라는 사람들이 사람이 있는 가족계획 전문 병원에 불을 질렀고, 사형제에 찬성했고, 원자폭탄을 "현명한 하나님이 우리 나라에 주신 경이로운 선물"이라고 불렀다.45) 이 "모성 친화적"이라는 사람들이 산전 서비스에서부터 영아 수유 프로그램에 이르기까지 아기 엄마를 원조하는 사실상 모든 연방 프로그램에 반대하는 운동을 벌였다. '가족의 권리'라는 기치하에 그 대변인들은 오직 가정에 군림할 수 있는 (그래서 폴웰의 표현에 따르면 "가정을 이끌 천부적인 책임"을 남편이 행사할 수 있도록) 모든 남성의 권리만을 위해 로비를 벌였다.46)

<h2 align="center">숙녀들의 은퇴</h2>

'가족 친화' 전략 덕분에 뉴라이트 남성들은 여성의 권리를 간접적으로 공격할 수 있게 되었지만 직접적인 타격도 게을리하지 않았다. 여기에는 여성 중개인들이 동원되었다. 뉴라이트 남성들은 페미니스트들에게 특히 커다란 공격의 화살을 날리고 싶을 때면 뉴라이트 여성 뒤에 숨었다. 뉴라이트의 가장 유명한 여성 대변인 필리스 슐래플리는 "여성해방론자들은 전염병 보균자와 같다"고 말했다.47) 뉴라이트 계열의 미국을걱정하는여성모임을 설립한 비벌리 라헤이는 "페미니즘은 질병보다 더하다"고 주장했다.48) "그건 죽음의 철학이다." 유서 깊은 방식대로 반페미니즘 성향의 남성 지도자들은 여성들을 모집해서 여성의 권리에 반대하는 성가신 일을 맡겼다.

하지만 뉴라이트 여성들은 공개 석상에서 공격의 수위를 올릴 때면 목소리를 키우고 독립적인 강점을 드러내야만 했다. 이는 정작 이 여성들은 자기들이 떠받드는, 집에 틀어박힌 수동적인 여성성의 이상적인 모델이 절대 아니라는 사실을 보여 주었다. 뉴라이트 운동의 가장 유독한 반페미니즘 정서를 대중의 귀에 전파한 이 여성 지도자들은 이들 자신이나 남성 지도자들이 털어놓는 것보다 혹은 인식하는 것보다 훨씬 더 많은 페미니즘 강령을 포용했던 것이다.

슐래플리는 가장 초창기의, 그리고 가장 유명하고 극단적인 사례에 불과했다. 하버드 대학교에서 공부한 변호사이자 아홉 권의 책을 저술한 저자이며, 두 차례에 걸쳐 국회의원 후보였던 이 여성은 "남녀평등헌법수정안이 남편이 부양하는 집에서 전일제 아내이자 엄마로 살아갈 여성의 경이로운 법적 권리를 빼앗아 갈 것"이라는 이유로 이에 반대했다.[49] 그런데 그녀는 공식적으로 알려진 것에 비해 여성운동의 의제에 훨씬 우호적이었다. 그녀는 자신의 반페미니즘 책 『긍적적인 여성의 힘*The Power of the Positive Woman*』에서 페미니즘에서 영감을 얻은 평등권 법안에 사실상 공감을 표하고 있다.[50] 또한 "[미국 여성의] 교육과 취업 전대권에 아무런 제약이 없는 미래"에 길을 터 준 1970년대 연방의 성차별 소송에 대해서도 찬성을 표하고 있다. 그녀의 책이 긍정적인 역할 모델로 지목하는 여성들은 사실 모두 전형적인 슈퍼우먼, 그러니까 올림픽 출전 운동선수, 힘 있는 정치 지도자, 야망이 넘치는 기업 임원이다.[51] 그녀가 보기에 마거릿 대처Margaret Thatcher는 "분명 이 세상에서 눈에 띄는 긍정적인 여성 중 한 명"이다.[52] 슐래플리는 가끔 반대편의 성과를 칭찬하는 듯한 말을 하기도 한다. 그녀는 "오늘날 미국의 긍정적인 여성에게는 자신의 운명을 장악할, 새로운 높이의 성과에 도달할, 다른 사람들에게 동기와 영향력을 제공할 거의 무제한적인 기회가 있다"고 명랑하게 밝히고 있다.[53]

1970년대 말과 1980년대 초에 등장한 뉴라이트 여성 조직들은 그저 남성 중심의 로비에 들러리를 서는 집단이 아니었다. 사실 이들은 종종 뉴라이트의 남성 중심적인 위계보다는 여성운동 단체의 구조를 자신들의 '보조' 집단 모델로 삼곤 했다. 그리고 이들은 페미니즘 행사, 연설, 문헌에서 역시 정치적 전략과 표현을 빌려 왔다. 뉴라이트 여성들이 처음으로 목소리를 내고 조직을 갖추는 데 관심을 갖게 된 계기는 1977년 휴스턴에서 열린 국제 여성의 해International Women's Year 행사였는데, 이 행사에서는 본질적으로 페미니즘 성향의 강령을 승인했다.[54] 이 행사에서 많은 뉴라이트 여성 집단이 생겨났고 결국 이들은 전미가족친화동맹National Pro-Family Coalition으로 통합되었다. 또 다른 페미니즘 성향의 모임이었던 카터 대통령의 1979년 백악관가족회의White House Conference on Families는 전미가족친화동맹이 전국 정치에 뛰어드는 발판이 되었다. 페미니즘 의제가 백악관가족회의를 도배하자 뉴라이트 여성들은 비슷한 형태로 별도 회의를 개최했던 것이다. 그리고 백악관가족회의를 박차고 나와 '대안' 의회를 구성하고 자신들의 의제를 설정했다.

이런 여성들 중에는 이 경험이 정치 운동과의 신 나는 첫 만남, 자신들의 공적인 목소리를 발견한 해방인 경우가 많았다. 『자유의 왕자 *The Prince of Liberty*』를 저술한 작가이자 백악관가족회의에 파견된 이글포럼 대표단의 책임자였던 로즈메리 톰슨Rosemary Thomson은 마지막 대결 이후 한 사회학자에게 "국제 여성의 해는 우리의 '신병 훈련소'였다"고 자랑스럽게 말했다.[55] "그 때서야 우린 우리 가족과 우리의 믿음을 지키기 위한 전투에서 공격에 맞설 준비를 갖추게 되었다." 이글포럼의 한 전국 조직자는 이렇게 설명했다. "난 연설을 해 본 적도, 연설문을 써 본 적도, 증언을 해 본 적도, 라디오에 출연해 본 적도, 텔레비전에 나가 본 적도 없었어요. …… 조금 자신감을 가지기 시작하고 두어 번 토론회에서 변호사를 이기고 나면 이런 생각이 들죠. '음, 이런, 내가 이런 걸 할 수 있을 줄 몰랐는데.'"[56]

하지만 뉴라이트는 궁극적으로 점점 자신감과 포부가 향상되던 이런 여성들을 자신들의 필요에 맞춰 이용했다. 뉴라이트 운동은 연단에 올라설 똑똑한 지식인도, 관중석을 메울 노련한 조직도 모두 필요했다. 그런데 뉴라이트 여성들은 이 두 가지를 모두 제공했다. 특히 헤리티지재단의 최고위직 여성이었던 코노트 '코니' 마슈너Connaught 'Connie' Marshner와 미국 최대의 여성 뉴라이트 집단인 미국을걱정하는여성모임의 책임자인 비벌리 라헤이는 이 두 사명의 방향을 책임졌다.

여성의 본성은 간단히 말해서 타인 지향적이다. 여성은 본성적으로 타인의 필요를 충족시키는 데 자신을 헌신하게 되어 있다.[57]
—코노트 마슈너, 『신전통 여성 *The New Traditional Woman*』, 1982년

1979년부터 1984년 사이 어느 시점에 누군가가 내게 "아이들과 더 많은 시간을 보내야 한다"고 말을 했더라면 크게 모욕감을 느꼈을 겁니다.[58]
—코노트 마슈너, 인터뷰, 1988년

"아 맞아요, 가족보호법." 코니 마슈너는 기억을 떠올리며 이렇게 말했다.[59] "내가 그 법에 대한 보고서를 작성했죠. 그걸 선전했고요. 난 그 법의 최고 마케터가 되었어요." 1988년 봄 어느 저녁에 식사를 마친 직후 마슈너는 워싱턴 D.C. 교외에 있는 자신의 집 거실에 자리를 잡고 앉았다. 남편 빌은 테이블을 치우고 난 뒤 주방에 들어가 설거지를 했다. 마슈너는 오늘 너무 바빠서 음식을 할 시간이 없었고 그래서 저녁으로 또 중국 음식을 사다 먹었다고 설명했다. 그녀는 한 팔에는 자신의 갓난아이를, 다른 팔에는 연구 보고서 더미를 끌어안은 채 가족보호법 작성에 들어갔던 최초의 신 나는 날들을 회상했다.

"정치에 크게 휩쓸려 있었어요. 기억나요. 그때 제가 이 동네 [육아] 협동조합에 속해 있었는데, 호의를 되갚을 방법이 전혀 없으리라는 점이 순식간에 분명해지더라고요. 너무 바빴거든요. 결국 다른 엄마들이 그냥 저한테 나가 달라고 했어요."

마슈너의 정치 이력은 1971년 사우스캐롤라이나 대학교에서 시작되었다. 학부생이었던 코니 코인*은 영문학과 중등교육이 전공이었지만, 보수적인 정치조직인 미국자유청년회Young Americans for Freedom의 대학 지부에서 모든 시간을 보냈다. 대학 졸업 직후 그녀는 미국

* Connie Coyne, 코니 마슈너의 결혼 전 이름.

자유청년회의 잡지 《뉴가드》의 편집장 보조원이 되었다. 편집장은 미국자유청년회의 미국 의회 사무실로 옮겨 가면서 그녀에게 그의 비서직을 제안했다. 그녀는 즉시 수락했지만 사무직에 머물러 있을 생각은 추호도 없었다. 그녀가 도착한 지 얼마 되지 않아 그녀의 상사는 그녀에게 육아 법안을 공격하는 한 기사를 건네주면서 타이핑하라고 지시했다. 하지만 그녀는 그 기사를 타이핑하는 대신 집에 가져가서 그녀의 회상에 따르면 "법안의 틀린 점을 거의 완벽하게 분석한 글"을 작성했다. 그녀의 기사는 "먼데일Walter Mondale 의 아동발달 법안을 최종적으로 무산시킨 보수 진영의 비평이 되었다."

코니 마슈너 자신의 분석에 따르면 어릴 때부터 보수주의자의 기질(가령 주일학교를 규칙적으로 다니는 고집 같은)이 싹트게 된 건 "어린 시절의 반항", 그러니까 이름만 천주교일 뿐 진보적인 성향이었던 부모님을 사랑하고 싶은 욕망 때문이었다. 하지만 마슈너는 부모님과 싸우면서 동시에 장래에 대한 이들의 조언을 자기도 모르게 흡수했다. 해군 사관과 결혼한 뒤 주부로서 별로 만족스러운 삶을 살지 못했던 어머니는 두 딸에게 자신의 전철을 밟지 말라고 말했다. "어머니는 프리던의 『여성의 신비』가 처음 나왔을 때 읽으셨는데 이런 말을 하셨던 기억이 나요. '이 책을 읽고 나면 결혼 생활이 얼마나 끔찍한지 알게 될 거다.' 어머니는 항상 저한테 이렇게 말씀하셨죠. '결혼해서 네 인생 망칠 생각하지 마라. 독립적인 사람이 되어야 한다.'"

아버지 역시 코니와 그녀의 언니에게 교육을 잘 받아서 소득이 낮은 '여자들의 직업'을 피하라고 조언했다. 언니는 변호사가 되었다. 마슈너는 이렇게 회상한다. "아버지는 대단히 지혜로운 분이었어요. 저한테 '속기를 배우지 말라'고 말씀하셨죠." 코인 부부는 딸들에게 자립적인 삶의 가치가 얼마나 소중한지 일깨워 주려고 했고, 코니는 어른이 되어서도 이 점을 교훈으로 간직했다. "난 한 번도 무력감에 빠져 본 적이 없었어요. 무력감이 어떤 건지 알게 된 사람들은 거기서 해방될 필요가 있는 것 같아요. 그치만 난 한 번도 그게 어떤 건지 배워 보질 못했네요."

젊었을 때는 독립성을 유지하겠다는 생각이 워낙 확고해서 "절대 결혼은 하지 않을 생각"이었다. 하지만 그러다가 1970년대 초에 교회에서 빌 마슈너를 만났다. 이들은 1973년에 결혼을 했다. 같은 해에 뉴라이트 최초의 싱크탱크로 헤리티지재단이 설립되었다. 미국 자유청년회의 예전 상사와 헤리티지재단 설립자 한 명이 마슈너를 이 재단의 조직자들에게 추천해 주었다. 마슈너는 이들의 연구직 제 안을 받아들였고 그녀와 빌은 그녀의 사무실과 가까운 워싱턴의 한 아파트로 이사를 했다.

이번에도 코니 마슈너는 자신에게 주어진 하찮은 업무를 영향력 이 더 많은 자리로 바꿔 놓았다. 상사들이 "내가 기자의 전화를 얼마 나 잘 처리하는지"를 보더니 스물두 살밖에 되지 않은 마슈너를 교 육 책임자로 승진시켰다. 그녀는 정부의 돈이 보조금에 반대하고, 교 과서 안에서 페미니즘이 얼마나 해로운지 규탄하고, 여성들이 집 밖 에서 성취감을 찾지 못하게 기를 죽이는 정부 정책들을 옹호하는 논 문과 기사 들을 꾸준히 쏟아 내기 시작했다. 지적이면서도 실용적인 성향인 마슈너는 자신의 글을 학술적인 참고 자료(이 중에는 18세기 파리의 영아 사망률과 맬서스 이론의 한계 같은 것들이 있다)로 탄 탄하게 보강했고, 그러고 난 뒤 실리적인 사업 논리를 이용해서 재계 지도자들의 점수를 땄다.[60] 가령 낙태는 상업에 해로웠다.[61] 그녀는 한 임원 집단에게 다섯 명당 한 명꼴로 아기가 줄어들 경우 "〈스타워 즈〉 장난감 세트가 다섯 개 덜 팔린다"는 뜻인데 "이를 개별 캐릭터 인형으로 환산하면 50개 이상"이라고 말했다.

1974년 겨울 마슈너는 임신을 했다. "일을 전부 그만두게 될 거 라고 생각했지만, 그때 우린 더럽게 가난해서 그렇게 하지 못했어 요." 빌은 대학원을 다녔고 그녀에겐 출산 관련 의료보험이 전혀 없 었다. 응급 분만을 하고 1주일간 병원에 입원을 했더니 은행 잔고가 거의 바닥났다. 1976년 마슈너는 다시 임신을 했다. 그때까지 그녀는 두 가지 일을 유지하고 있었다. 하나는 헤리티지재단의 연구 컨설턴 트 일이었고 다른 하나는 자유의회생존위원회의 현장 코디네이터 일 이었다. 그리고 얼마 전 교육에 대한 책을 쓰기 위해 한 출판사의 선 금을 막 받은 상태였다. 그러는 동안 빌은 텍사스에서 신학대학원 과정에 등록을 했다. 마슈너는 일을 포기하고 서부로 이사를 하는 대신 워싱턴에 계속 눌러 있으면서 한 살된 아들을 볼티모어에 있는 어머니 집으로 보냈다. 임신 마지막 몇 달 동안은 텍사스에서 가족들과 다시 합류했다. 그녀가 밤에 글을 쓰며 책을 마무리하는 동안 남편이 육아와 요리를 하기 위해서였다("아, 빌은 정말 고마운 사람이에요"). "마지막 원고를 타자기로 치고 있는데 진통이 왔어요." 그녀는 이렇게 회상했다.

빌이 졸업하고 난 뒤 이들은 다시 워싱턴으로 이사했다. 그녀의 이력은 눈부시게 빛나고 있었다. "책이 보수 운동 내에서 내 지위를 정말로 바꿔 놓았다"고 그녀는 말했다. 그리고 웨이리치가 1978년 선거 이후 새로운 국회의원을 위한 큰 회의를 조직하기로 마음먹었을 때 그녀에게 그 책임을 맡겼다. 개막 행사에서 마슈너는 자신의 지적에 따르면 "예언"처럼 깊은 연설을 했다. 주제는 '1980년대에 사회문제가 중요해지는 이유'였다. 마슈너는 그 순간을 회상하며 미소를 지었다. "그건 '최초 단독 보도' 같은 상황이었죠."

이 회의에 대한 그녀의 기억 중에는 작지만 의미심장한 어떤 사건도 눈에 띈다.

조찬 회의 자리에서 폴과 다른 초선 의원들하고 같은 테이블에 앉아 있었어요. 그리고 이 중 한 명이 어떤 특정 주제에 대해서 모든 사람의 의견을 물어보는데 날 건너뛰더라고요. 그러더니 그 남자가 일정표에서 다음 연사에 내 이름이 나와 있는 걸 보더니 날 이상하게 쳐다보더라고요. 그때 갑자기 깨달았어요. 아, 이 남자가 내가 웨이리치의 비서인 줄 알았구나.

10년이 흐른 뒤에도 이 순간은 아직도 그녀의 가슴에 날카롭게 기억되어 있었지만 그녀는 이 국회의원의 무시에는 거의 마음을 쓰지 않았다고 말한다. "즐겁진 않았죠. 그 사건 덕에 난 정치하는 남자들은 여자애들은 명령이나 받는 사람쯤으로 여긴다는 걸 확실히 배웠죠. 그치만 난 좀 별난가 봐요. 그런 사람들은 잊어버리거든요. 한을 품고 사는 사람은 아니에요."

마슈너는 그 모욕을 잊지는 못했지만, 최소한 개인적인 상처를 다독거릴 줄 알았다. 스스로를 '여자애'의 하나로 여기지 않음으로써 말이다. 그녀는 스스로를 그 테이블의 반대편에 앉아 여성들에게 '명령'을 내리는 명예 남성 중 한 명으로 생각하는 것 같았다. 그녀는 순전히 재능만으로 그곳까지 갔다. "난 한 번도 직업 시장에서 차별받는다는 느낌을 받아 본 적이 없어요. 난 모든 걸 내 능력을 통해서 얻었어요." 그녀는 여성에게는 공적인 영역에서 성공할 기회가 없는 게 아니라 능력이 없다는 법칙에서 '예외'적인 존재였다.

따라서 여성의 권리를 쟁취하기 위한 운동은 "아둔하다"고 그녀는 말한다. 어차피 실력이 있으면 성공하게 되기 때문이다. 대부분의 여성들이 성공하지 못했다면 그건 능력이 되지 않기 때문이다. 마슈너의 글과 연설로 판단했을 때 그녀는 여성에 대해 어두우면서도 종종 경멸적인 관점을 취한다. 자신의 책에서 마치 캠프 지도자가 뚱한 걸스카우트 대원을 대하는 듯 주부를 상대하는 슐래플리의 관점도 이와 유사하다. 슐래플리는『긍정적인 여성의 힘』에서 주부들에게 아무리 그럴 기분이 아니라도 징징대지 말고 "발랄함"을 유지하라고 지시한다.[62] 마슈너는 여성을 지칭할 때 마치 자신은 거기에 포함되지 않는다는 듯 거리를 유지하며 2인칭이나 3인칭을 사용한다. "여성들은 누군가가 권위가 있는 사람이 있고 결정은 그들이 내린다는 사실을 알아 두기만 하면 된다."[63] 그리고 그녀는 여성들에게 이렇게 가르친다. "당신의 일은 거기에 만족하며 행복해하는 것"이다. 마슈너와 슐래플리가 백악관가족회의 항의 집회에 대해 여성들을 교육할 때 마슈너는 슐래플리가 "여성들을 장악하는" 능력에 가장 크게 감동받았다고 회상했다. "그녀가 점프하라고 말하니까 거기 있던 여자들이 점프를 하는 거예요." 마슈너는 여성들이 위에서 그런 식으로 지시를 받아야 한다고 말한다. "알잖아요. 여자들은 조직하기가 아주 어려워요. 툭하면 뒷얘기를 퍼뜨리잖아요. 맨날 누가 어떤 직함을 갖게 되는지 같은 쓸데없는 일에 정신이나 팔고 말이에요. 여자들은 시간 낭비가 심해요."

1979년 마슈너는 자유의회재단Free Congress Foundation '가족 정책' 부서의 책임자이자 《가족보호보고서Family Protection Report》의 창간 편집 주간이 되었다. 레이건 대통령 선거가 있었던 그다음 해 웨이리치는 풀뿌리 행동을 맡을 주의 지도자를 고르고 교육시키며 전국을 돌아다니는 엘리트 집단인 '4인조 팀'에 마슈너를 지명했다. "1980년에 비행기를 아흔아홉 번 탔어요. 다 기록해 놨죠." 그녀는 이렇게 말했다.

그동안 남편은 버지니아 주 프런트로열에 있는 작은 대학에서 일자리를 얻었다. 코니는 그곳으로 이사를 하고 싶지 않았고 그래서 혼자 워싱턴에서 아파트를 빌렸다. 그리고 캘리포니아 주에 사는 숙모 한 분에게 프런트로열로 가서 빌이 아이들을 챙기는 걸 도와 달라고 설득했다. 코니는 주말에만 찾아갔다. "나보다 빌이 애들을 더 많이 봤어요." 그녀는 이렇게 말한다. "우린 주말 부부이기도 했지만 주말 엄마이기도 했죠. 그리고 그땐 이런 일이 그렇게 유행하던 때도 아니었어요! 내가 시대를 앞서가긴 했던 것 같네요."

1980년 선거 이후 마슈너는 대여섯 개의 자문단 단장을 맡았고 다섯 명의 직원을 거느렸으며 전국에서 꾸준히 연설을 했고 낙태권 운동가 케이트 마이클먼Kate Michelman부터 전직 상원 의원 조지 맥거번George McGovern에 이르기까지 숱한 사람들과 논쟁을 벌였다. 1982년에는 지방의회 의장이 마슈너에게 버지니아 주 하원 선거에 출마해 보라고 권유했다. 그녀는 제안을 거절했지만 그건 자신이 여자라서가 아니었다. "아주 구미가 당기긴 했는데 나라를 지키느라 너무 바빠서 버지니아 주의 한 지구를 걱정할 여유가 없었어요." 마슈너는 이렇게 말했다. 다음 해에 세 번째 아이가 태어났고 그러자 그녀가 시간을 뺏길까 걱정한 웨이리치는 그녀에게 남는 사무실에 아기방을 만들어 보라고 제안했다. "폴이 아주 많이 도와줬어요." 마슈너는 이렇게 회상했다.

마슈너는 직장 생활이 절정을 향해 가고 있던 그해(그녀는 모든 업무용 전화를 처리하기 위해 카폰을 구입했다)에 워싱턴 D.C.에서 열린 가족포럼Family Forum에서 연설을 했다. 주제는 '신전통 여성은 어떤 사람인가?'였다. 이에 대한 그녀의 대답은 나중에 《굿하우스키핑》이 작성한 신전통주의 광고 문구와 대단히 유사했다. 마슈너는 이 여성스러움의 상징에 대해 이렇게 말했다. "그녀는 새롭습니다. 현대사회의 모든 압력과 빠른 속도, 정신없는 변화를 몸소 겪고 있기 때문입니다. 그녀는 전통적입니다. 부단한 문화적 변화에 맞서 신앙과 가족이라는 영원한 진리를 지향하기 때문입니다."[64] 마슈너는 여성의 삶에서 긍정적이고 '새로운' 측면들과 페미니즘의 성과를 전혀 연결시키지 않았다. 사실 마슈너는 청중들에게 여성운동은 신전통주의자의 적이라고 말했다. "새로운 여성상, 목적을 달성하기 위해 누구의 몸을 타 넘어야 하든지 간에 이 세상에 자신의 족적을 남기는 데 혈안이 된 철면피 같은 여자들의 단조로운 마초 페미니즘"을 이 세상에 풀어놓았기 때문이다."[65] 그녀는 전형적인 마초 페미니스트는 남편에게 아이들을 맡겨 놓고 자아를 찾으러 떠나 버리는 영화 〈크레이머 대 크레이머Kramer vs. Kramer〉에 나오는 나쁜 엄마 같은 사람이라고 말했다. "마초 페미니즘이 여성들을 기만했습니다." 그녀는 말했다.[66] "여성들에게 남자들과 같은 대우를 받기만 하면, 그리고 자기 스스로 남자와 같다고 생각하기만 하면 행복할 것이라는 확신을 심어 줬다는 점에서 말이죠." 마슈너는 1984년 샌프란시스코와 댈러스에서 열린 제2차 가족포럼과 제3차 가족포럼에서도 전통적인 가족을 옹호하며 비슷한 구호를 외쳤는데, 신기하게도 같은 시기에 이 도시에서는 대선 정치 대회가 열렸다. 그리고 난 뒤 그녀는 다시 워싱턴의 사무실로 돌아와서 자유의회재단의 상임 부의장직을 수락했고 이로써 워싱턴에 있는 뉴라이트 기득권 내에서 최고위직 여성이 되었다.

마슈너 자신은 전통적인 가족생활 내 아내로서의 의무에 대해 별로 관심이 없다고 자유롭게 인정한다. "나는 어린애들한테는 영 자신이 없어요. 집안일도 잘 못하고요." 마슈너는 이렇게 말한다. "나한테 집안일은 아무런 보람도, 성취감도 없는 일이에요. 반면 워싱턴에서 하고 있는 일들은 실제로 만져지는 보상이나 성취감이 있죠." 하지만 그녀도, 그녀의 남편도 바로 이 점은 그녀가 '마초 페미니스트'라는 뜻이라고 생각하지 않는다.

1987년 네 번째 아이를 임신하면서 마슈너는 마침내 스스로 하고 다녔던 충고를 자신에게 적용하게 된 듯했다. 워싱턴 정치에서 물러나 휴식을 가지기로 결정했던 것이다. 웨이리치는 이번에도 그녀를 붙잡으려 했다. 이제까지 재단은 그녀의 글과 연설에 크게 의존해 왔기 때문이다. 하지만 마슈너는 그의 만류를 뿌리쳤다. 선천적인 심장 결함을 가지고 태어난 어린 딸이 1984년 이 세상을 떠난 참혹한 일이 아직도 그녀를 괴롭히고 있었던 것이다. 그녀는 새로 태어나는 아기를 위해 집에 있고 싶었다.

"이제 마슈너는 손을 뗐죠." 1988년 초에 웨이리치에게 그녀에 대해 물어보자 그는 쌀쌀맞게 허공을 향해 손을 내저으며 말했다.[67] "네 번째 아이를 낳는다고 그냥 떠나 버렸어요. 좋아요, 아직《가족 보호보고서》의 편집 주간을 맡고 있긴 해요. 그렇지만 기본적으로는 떠났다고 봐야죠. 마슈너는 내가 항상 이야기하는 거, 그러니까 여자는 모든 걸 다 가질 수는 없다는 걸 보여 주는 전형적인 사례예요. …… 내가 여기서 데리고 일했던 여자애들 전부가 아이를 가지면서 다 떠나 버렸어요." 그가 이 말을 하고 있을 때 네 명의 여성이 복도 맞은편에 있는 자신의 사무실에서 열심히 근무 중이었다.[68] 이들 모두 아이가 있었고, 이 중에는 싱글맘도 있었다.

마슈너 역시 전통적인 집안일에 헌신하기 위해 휴가를 낸 게 아니었다. 그녀는 바로 집에 사무실을 차렸고, 한 기독교 출판사의 편집장직을 수락했고, 프리랜서로서 숱한 원고를 작성하기 시작했고, 네 번째 책 출간 계약을 성사시켰다. 이번 책은 어린이집에 반대하는 내용이었다. "어린이집이 미치는 영향에 대한 데이터를 들여다보고 거기를 이용하는 엄마들에게 어째서 그들이 후회하게 될지에 대해 이야기하려고 해요." 이제 그녀는 집에 있기 때문에 집에 있지 않은 여성들을 쉽게 재단하려는 것 같았다. "아이가 생기면 그게 1순위가 되어야 해요. 그러지 않으면 조만간 부적응이라는 형식으로든 엄마 자신의 의식으로든 대가를 치르게 돼요."

마슈너가 가장 가혹하게, 그리고 부당하게 재단하는 여성은 바로 그녀 자신이다. 그녀가 이 세상에 확산시키는 데 일조했던 반페미니즘 사상이 그녀 자신의 마음에 부메랑이 되어 돌아온 것이다. 이제 마슈너는 일에 대한 자신의 집착 때문에 딸의 심장 결함이 "유발"된 건지도 모른다고 생각한다. "내가 집에 있었더라면 아들들이 아마 더 행복하지 않았을까 싶어요." 그녀는 이렇게 말했다.

하지만 거실 소파에서 엄마의 이야기를 듣고 있던 아들들은 이를 부정한다. 열두 살인 마이크Mike는 "그때가 좋았는데"라며 한숨을 쉬었다. "난 엄마가 일할 때가 좋았어요."

성령 충만한 여성, 혹은 통제를 원하는 성령?

진정 성령으로 충만한 여성이라면 남편에게 진심으로 복종하기를 원할 것이다. …… 이것이 진정으로 해방된 여성이다. 하나님이 여성에게 원했던 것은 복종이다.[69]
— 비벌리 라헤이, 『성령 충만한 여성*The Spirit-Controlled Woman*』

하나님은 내가 하찮은 사람이 되라고 만드신 게 아니었어요.[70]
— 비벌리 라헤이, 1988년 인터뷰.

미국을걱정하는여성모임의 설립자인 비벌리 라헤이는 항상 언론에게 자신의 반페미니즘적 각성에 대해 한결같은 이야기를 들려 준다. 라헤이는 1978년 어느 저녁 샌디에이고에 있는 자신의 집 거실에서 도덕적다수의 공동 설립자인 자신의 남편 팀 라헤이Tim LaHaye 곁에 아늑하게 자리를 잡고 앉아서 저녁 뉴스를 시청하고 있었다. 바버라 월터스Barbara Walters는 베티 프리던을 인터뷰했고, 이 페미니스트 지도자가 자신이 미국의 많은 여성들을 대변한다고 주장하자 라헤이는 양말만 신은 채로 벌떡 일어나 "베티 프리던이 날 대변하진 않아. 그리고 그녀가 이 나라 다수 여성을 대변하지 않는다고 장담할 수 있어" 하고 선언했다.[71] 그녀는 그 자리에서 바로 자신처럼 "여성해방운동이 가족을 파괴하고 우리 나라의 존립을 위협한다"고 믿는 다른 "순종적인" 여성들을 규합하기로 결심했다.

얼마 후 그녀는 한 지역 교회에서 이를 위한 회의를 진행했다. 그녀는 이렇게 말한다. "아무도 오지 않을 수도 있다고 생각했어요. 그런데 1,200명이 그 방을 가득 메웠죠. 믿을 수가 없었어요! 저 밖에 있는 여성 다수가 베티 프리던과 남녀평등헌법수정안에 동의하지 않기 때문에 그런 일이 일어났다고밖에 설명할 길이 없었어요." 하지만 그렇게 많은 사람들이 참가한 데는 더 그럴싸한 이유가 있었다. 1978년경 이미 비벌리 라헤이는 그 이름만으로도 복음주의 집단 내에서 군중을 동원할 수 있었다. 그리고 그것은 그녀가 페미니즘에 반대했기 때문만은 아니었다.

라헤이의 진정한 각성은 그녀가 텔레비전을 통해 베티 프리던을 접하기 20년 전, 주일학교 교사들을 위한 1965년의 한 동기 부여 회의에서 일어났다. 당시 라헤이는 남편 곁에 꼭 붙어 있는 "겁 많고 내성적인" 주부였고 너무 수줍음이 많아서 집 밖에 나가는 건 고사하고 "집에서 손님을 접대하는 것도 어려운" 사람이었다.[72] 그녀는 훗날 자신이 칭찬하는 순종적인 여성이었지만 그것을 즐기진 못했다. 그녀는 『성령 충만한 여성』의 「결손된 부분」이라는 장에서 "난 여성 모임에 나와서 이야기해 보라는 대부분의 초대를 거절했다. 내가 대단히 부적절한 사람이라고 느꼈고 정말로 그들과 얘기할 게 있는지 의문스러웠기 때문"이라고 적었다.[73] 이 내용은 아마 프리던의 『여성의 신비』에 나오는 유명한 장 「이름 붙일 수 없는 문제」에 해당되는 것일 수도 있다.

남편이 목사로 부임한 지 얼마 되지 않았을 때 호의가 넘치는 한 숙녀분이 내게 이렇게 말했다.[74] "라헤이 부인, 지난번 우리 목사님 부인은 작가였어요. 부인은 어떤 일을 하세요?" 그건 겁 많은 스물일곱 살의 여성이 상대하기에는 어려운 질문이었다. 그리고 난 "내가 무슨 일을 했더라?" 머리를 쥐어짜기 시작했다. 아, 맞아, 난 네 아이의 좋은 엄마였다. 그리고 살림을 그런대로 잘하는 편이었고, 남편도 나를 아꼈다. 하지만 다른 여성의 삶에 영원히 인상을 남길 만한 그런 일로는 뭘 할 수 있을까? 나한테 되돌아오는 대답은 '거의 없다'였다. 내 인생에서 뭔가가 결손되어 있었던 것이다.

마찬가지로 가사 노동에 대한 라헤이의 분석은 초창기《미즈》독자들에겐 낯익은 소리로 들릴 수 있다. 그녀는 이렇게 썼다.

> 나의 경우 날 나가떨어지게 만드는 건 큰 문제들이 아니었다.[75] 끊임없이 반복해야 하면서도 너무 하찮것없어 보이는 무한한 작은 일들이 만들어 낸 억울함이 쌓이고 쌓여 결국 날 나가떨어지게 만들었다. 난 하루하루 판에 박힌 듯 똑같은 일들, 더러운 양말을 치우고, 잊은 수건은 널고, 옷장 문을 닫고, 누군가 켜 놓고 나간 전등을 끄고, 장난감이 널브러진 곳에 길을 만드는 등의 일을 하고 또 한다.

라헤이는 막내가 아직 기저귀를 떼지 못했을 때 메릴린치Merrill Lynch의 전일제 텔레타이프* 오퍼레이터로 복직했다.[76] "30년 전만 해도 목사들이 돈을 별로 벌지 못했어요. 입에 풀칠하기도 힘들었죠. 그래서 내가 일을 해야만 했어요." 그녀가 설명했다. 하지만 그 이유만이 아니었다. "거기서 일하는 게 좋았어요. 신이 났다고 해야 할지. 주식시장이 뉴욕에서 개장했을 때니까 아침 6시에 출근을 해야 했어요. 돈도 많이 받았고요. 그리고 난 그 일이 참 재밌었어요." 그녀는 '가정부'를 고용했는데, "직무 기술이 없어서 일자리를 얻을 수 없었던" 흑인 싱글맘이었던 그녀를 라헤이는 유모라고 불렀다.

텔레타이프 일은 자신감을 얻는 데 도움이 되었지만, 1965년 주일학교 회의에서 촉발된 변화는 마침내 그녀의 인생에서 "결손된 부분"을 채워 주었다. 그날의 연사였던 인기 있는 기독교 심리학자 헨리 브란트Henry Brandt는 주일학교 교사들에게 모든 인간에게 자기 수양과 자기표현은 기본적인 필요라고 이야기했다.[77] 이 단어들은 젊은 목사의 아내 안에 잠자고 있던 열정을 흔들어 놓았다. "내 심장 깊

---

* 타자기에 문자를 치면 자동으로 전신 부호로 번역되어 전송되는 기계.

은 곳에서 그 자리에서 일어나 나 자신을 표현하고 싶은 기분에 휩싸였다"고 그녀는 나중에 말했다. "그리고 난 그 마음이 변하리라고는 한 번도 생각하지 않았어요."

심리학자의 이야기는 라헤이에게 공포를 극복하는 방법에 대한 생각을 제시했다. 이 심리학자가 언급한 성경 구절도 도움이 되었다. 성령이 제자들에게 사랑만이 아니라 '힘'을 전해 주리라고 약속하는 「디모데서」의 한 구절이었다. "나한테 필요한 게 이거였어!" 라헤이는 나중에 글에서도 밝혔듯 이렇게 혼잣말을 했다.[78] 그녀 안에 "새로운 힘"이 솟아난다면 소심함을 물리치고 "자신감"을 성장시킬 수 있을 것 같다고 그녀는 생각했다. 이후 몇 개월간 라헤이는 적극성 훈련 원리를 토대로 하고 기독교 교의로 보강한, 반은 통속 심리학이고 반은 종교인 자기 수양 계획을 얼기설기 구성하기 시작했다. 그녀가 나중에 기독교 여성을 위한 자기 개발서에서 진단한 바에 따르면 그녀를 비롯한 다른 많은 주부들은 "상당히 형편없는 자아상"과 "수동성", 그리고 "열등감"에 시달렸다. 그녀는 자기주장을 가지고 "장점"을 발휘하고 싶었지만 교회에 도전하거나 남편을 위협하지 않고 그런 일을 하고 싶었다. 그리고 그녀는 만일 자신이 "영적인 힘"만을 추구한다는 점을 분명하게 밝히기만 하면 그렇게 할 수 있으리라 생각했다. 권위에 대한 갈망을 "성령의 힘에 접근하고자 하는" 욕망이라는 틀에 끼워 넣으면 용인 가능했던 것이다. 그녀의 야망이 종교의 테두리 안에 있기만 하면 복음주의 공동체 내의 그 누구도 그녀의 야망에 반대할 수 없었다.

라헤이는 앞에 나서고 싶은 자신의 욕망을 발 빠르게 "하나님에 대한 영적인 복종"이라고 표현했지만, 나중에 그녀가 이에 대해 자신의 글에서 개괄했던 조치들은 실천 지향적이라는 의심을 받을 만했다. 그녀의 의미론적 전략은 뉴라이트 남성 동료들의 그것과는 정반대였다. 뉴라이트 남성들은 적극적인 느낌의 용어로 자신들의 나약한 기분을 숨기고 싶어 했지만 라헤이는 소극적인 느낌의 수식어 뒤에 새로 적극성을 띠게 된 자아를 감췄다. 뉴라이트 남성 지도자들은 자신들이 이 세상을 통치한다는 거짓 주장을 했고, 라헤이는 실권을 장악하는 데는 전혀 관심이 없다는 거짓 주장을 했다.

라헤이는 『성령 충만한 여성』에서 근본주의 기독교 여성은 "영적인 힘"을 이용해서 "모든 자신감 속으로 전진"하고, "자신의 수동성을 극복"하고, "능력 있는 사람"이 될 수 있다고 적었다.[79] 라헤이식의 영적 성장에서는 자신감이 신앙심 다음이었고, 소심함은 영혼의 오점이었다. 성령이 충만한 여성은 "자신의 두려움을 죄악으로 인식하고 그에 따라 거기에 대응해야" 했다.[80] 그녀는 종교적인 교리를 이런 식으로 도치함으로써 감히 자존감과 독립적인 정체성, 그리고 공적인 목소리를 형성하는 데 집중할 수 있었고, 그러면서도 그리스도를 통해서만, 그리고 그리스도를 위해 그렇게 한다고 주장할 수 있었다.

성령을 매개로 한 해방을 향한 라헤이의 여행은 교회의 한 여성 모임에 나와 이야기를 해 달라는 부탁을 힘겹게나마 수락한 그날 본격적으로 시작되었다.[81] 라헤이는 이들에게 자신의 자신감 고취에 대한 생각을 이야기했고 놀랍게도 이 여성들은 그녀에게 박수 갈채를 보내며 나중에도 그녀의 조언을 듣겠다며 몰려들었다. 라헤이는 다른 여성 모임에 나가서도 이야기하기 시작했다. 기독교 사회 내에서 그녀의 인기가 빠르게 번져갔다. 라헤이는 남편과 함께 가족생활에 대한 생방송 라디오 상담 프로그램과 주 1회 방송되는 케이블 텔레비전 프로그램을 진행하면서 가족생활세미나*를 책임지게 되었다. 얼마 지나지 않아 한 출판사가 기독교 여성을 위한 자기 계발서를 집필해 달라는 제안을 해 왔다. "난 '아, 안 돼요, 전 작가가 아니란 말이에요'라고 말했죠. 그러다가 생각해 봤어요. 잠깐만. 그건 내가 할 수 있는 일이야." 1976년에 출간된 『성령 충만한 여성』은 50만 부가 넘게 팔렸다. 이후 10년간 라헤이는 기독교 여성을 위한 책 다섯 권을 더 집필했다. 「당신은 당신 자신을 도울 수 있다」, 「용기 있는 여성이 침묵할 수 있을까?」 같은 장이 들어가 있는 자기 계발용 소책자였다.

라헤이는 『성령 충만한 여성』을 쓰느라 정신없는 동안 남편 팀과의 장기 집필 프로젝트를 끝내기도 했다. 1976년 라헤이 부부는 다

* Family Life Seminars, 가족 상담 전문 회사.

른 기독교 성향 결혼 상담사들의 조언에 반대하며 『결혼의 실천*The Act of Marriage*』이라는 섹스 안내서를 출간했다. 이 책은 순식간에 복음주의 집단에서 『조이 오브 섹스*The Joy of Sex*』*와 같은 반열에 올랐다. 수백만 명이 이 책을 읽었다. 『결혼의 실천: 성애의 아름다움』은 그 솔직함이나 생생함에서(이 책에서는 전희, 윤활제, 다양한 오르가슴을 다뤘다), 그리고 성적인 즐거움에 대한 여성의 시각이라는 측면에서 복음주의 독자들에게는 혁명적인 책이었다. 이 책은 기독교 남성들에게 침대에서 아내를 기쁘게 하는 법을 가르쳤을 뿐만 아니라 오르가슴은 모든 여성의 권리라고 분명하게 밝혔다. "오늘날의 연구에 따르면 모든 기혼 여성이 오르가슴의 황홀경에 빠질 수 있다는 사실은 대단히 명백하다. 그 어떤 기독교 여성도 아쉬움에 안주해서는 안 된다."[82] 이 책의 관점은 종종 집필자가 여성이라는 인상을 준다. "안타깝게도 일부 남편들은 불만스러워하는 아내에게 '착한 소녀는 신성에 오르는 게 아니라'는 말이나 하면서 중세 암흑기의 잔재처럼 군다. 요즘 아내들은 바보가 아니다."[83] 이 책은 여성들에게 침실에서는 순종적인 태도를 억제하라고 조언한다. "많은 여성들이 사랑을 나눌 때 지나치게 수동적이다. …… 사랑을 나누는 행위는 적극적인 두 명이 필요한 접촉 스포츠다."[84] 라헤이 부부는 심지어 질을 통한 오르가슴은 근거 없는 신화라고 선언하고 클리토리스 자극을 예찬하는 노래를 부르며("하늘에 계신 하나님은 당신의 즐김을 위해 [당신의 클리토리스를] 거기에 만들어 놓으신 것이다") 미심쩍어하는 독자들에게는 이런 열정을 정당화할 수 있는 성경 구절을 알려 준다(「아가서」 2장 6절: "그가 왼손으로 내 머리에 베개를 하고 오른손으로 나를 안는구나").[85] 저자들은 이 모든 게 충분하지 않다는 듯 피임을 사실상 인정하는데 그 이유는 바로 여성의 성적인 쾌락을 극대화하기 위해서다.[86]

　　『결혼의 실천』은 저메인 그리어급의 가치가 있는 책이라서 비벌리 라헤이가 페미니즘에 막 발을 들이려고 하는 것처럼 읽힐 수도 있

---

* 알렉스 컴퍼트Alex Comfort가 1972년에 쓴 성 해설서로, 11주간 《뉴욕타임스》 베스트셀러 1위를 차지했고 70주 이상 상위 5위권에 머물렀다.

다. 그리고 사실 라헤이는 다른 여러 영역에서 페미니즘의 기본 교의를 승인하는 것처럼 보였다. 라헤이는 여성의 동등한 권리를 지지하는 사람이라고 선언했고 동일 임금에 "전적으로 찬성"한다고 말했으며 "직장 내 성희롱에서 자유로울 수 있는 여성의 권리"를 믿어 의심치 않는다고 밝혔다.[87] 하지만 라헤이는 자신을 교회와, 남편과, 사회적 경험 세계에서 분리시킬 잠재력이 있는 마지막 몇 발을 내딛지 못했다. 그 대신 이 책을 출간한 뒤 몇 년간 그녀는 여성운동에 대한 반대 여론을 주도했다. 복음주의자들의 침실에 동등한 권리를 끌어들였던 그녀가 이제는 다른 모든 전선에서 거기에 반대하는 투쟁을 전개하게 된 것이었다. 여성들에게 "최대한의 자신감 속으로 전진하라"고 말함으로써 엄청난 추종자들을 얻게 된 그녀가 이제는 이 여성 군대를 동원해서 이들을 집으로 쫓아 보내는 작전을 개시했던 것이다.

라헤이는 여성들을 새로운 대의에 끌어들일 때 전통적인 두려움과 페미니즘적인 포부 모두를 이용했다. 그녀는 여성의 지위가 변하면 어떻게 이들의 전통적인 결혼 생활이 위협을 받고 이들이 "보호받지 못하는 상태"에 놓이게 될지를 강조했다. 동시에 그녀는 수십만 기독교 여성들에게 자기주장의 훌륭한 배출구를 제공하고 이것이 인간이 성장하는 데 기본적인 것이라고 인정하면서 그 발전을 직접 거들기도 했다. 미국을걱정하는여성모임에서 한 주에 30시간 활동하는 시카고의 한 주부 셰릴 훅Cheryl Hook은 "난 내 생각이라는 걸 할 수 있는, 뇌를 사용할 수 있는 조직을 발견했다"고 말했다.[88] 여성들은 집이나 교회에서 분란을 일으키지 않고도 미국을걱정하는여성모임을 위해 일함으로써 목소리를 높이고 세를 과시할 수 있었다. 결국 이들이 여성의 권리를 위해 거리낌 없이 목청을 높이는 것은 집에서 조용히 지내기 위해서였던 것이다.

라헤이는 1979년 미국을걱정하는여성모임을 창립한 뒤 불시에 수십만 명의 여성을 파견할 수 있는 전국적인 네트워크를 만들었다. 그녀는 자신이 미국 최대의 여성 집단이라고 주장하는 조직을(회원이 15만 명에서 50만 명으로 추정된다) 2,000개의 '기도 및 실천 지부'로 조직했다.[89] 여기엔 실천에 방점이 찍혔다. 여기선 기도마저 세속적인 정서가 강했기 때문이다. 1986년 메릴랜드의 한 호텔에서 진행된 조찬 기도 모임에서는 "하나님 아버지, 우린 국회에서 고려 중인 돈이 10대의 임신을 위해 사용되지 않기를 기도합니다"로 기도를 시작했다.[90] "우린 아버지께서 우리의 적들, 특히 가족계획연맹Planned Parenthood이라는 우리 적들의 계획에 혼란을 주시기를 간청합니다." 라헤이는 이 네트워크를 이용해서 국회에 끊임없이 편지를 보냈고 다른 주에 있는 여성들에게 전국에서 열리는 '지역' 낙태 반대 집회를 상세하게 알려주었다. 1986년 라헤이의 신속 대응 팀이 버몬트 주에 몰려들었고 활동 자금 35만 달러에 힘입어 버몬트 주의 남녀평등헌법수정안을 무산시키는 데 일조했다.

언론에서는 미국을걱정하는여성모임을 종종 도덕적다수의 여성 모임인 뉴라이트혁명의딸들Daughters of the New Right Revolution 같은 곳으로 묘사하곤 했다. 이런 정의가 완전히 부당한 것은 아니었다. 미국을걱정하는여성모임의 여성들은 뉴라이트와 레이건 행정부가 종종 이들을 모금과 편지 쓰기 부대로 전략적으로 이용하곤 했기 때문에 이들의 보조 단체 같은 대우를 받았다. 사실 뉴라이트 지도자들은 처음부터 미국을걱정하는여성모임이 증강 병력이 될지 모른다는 희망에서 이 단체에 자금을 제공했다. 팀 라헤이는 안전한 명목상의 대표로 아내를 내세웠다.[91] 도덕적다수의 임원들도 미국을걱정하는여성모임의 임원진을 자신들의 아내들로 채워 넣었다. 아내라면 자신들의 말을 고분고분 따르리라고 생각했던 것이다.

하지만 시간이 가면서 미국을걱정하는여성모임은 배우자의 봉사 모임에서 한 여성의 지배력이 주도하는 조직으로 변모했다. 비벌리 라헤이의 대적할 수 없는 권위는 폴 웨이리치 같은 남자들의 질시를 받았다. 웨이리치는 이렇게 말했다. "라헤이의 사람들은 그녀에게 충성하다시피 해요. 라헤이가 전화를 걸어서 '그거 하지 마'라고 말하면 그 사람들은 안 해요."[92] 뉴라이트 남성 지도자들은 애통하게도 라헤이의 사람들이 라헤이에게 복종하듯 그녀가 자신들에게 복종하게 만들지 못했다. 라헤이는 이들이 지정해 주는 후보를 지지하지 않겠다고 거부했다.[93] 폴웰과 종교원탁회의Religious Roundtable의 에드

매카티어Ed McAteer, 그리고 뉴라이트의 다른 고위직 남성들이 부시를 지지했을 때 라헤이는 공동 전선을 깨고 잭 켐프Jack Kemp를 지지했다. 나중에는 켐프가 그녀의 부아를 돋우자 불쑥 지지를 철회했다. 그의 도발은 라헤이의 허락도 구하지 않고 자신을 "하나밖에 없는 진정한 보수주의자"라고 칭하며 그녀의 서명이 들어간 편지를 미국을걱정하는여성모임 회원들에게 보낸 것이었다.

1983년 라헤이는 샌디에이고에 있던 사무실을 워싱턴 D.C.로 옮긴 뒤 미국 의회에 스물여섯 명의 직원을 두고, 법정 다툼을 전담할 다섯 명의 변호사로 구성된 법률 부서를 만들었으며, 매년 600만 달러의 예산을 집행했다. 그녀는 제트기를 타고 미국 전역을 누비다가 세계로 진출했다. 1년 동안 라헤이는 코스타리카를 아홉 차례 찾았다.[94] 출장 중에도 라헤이는 새로운 카폰을 가지고 지시 사항을 전달했다.[95] 그리고 그녀는 자신의 뒤를 이을 사람은 없다는 사실을 분명하게 천명했다.[96] 1987년 그녀는 종신 회장이 되었다.

비벌리 라헤이는 "난 여성운동이 여성들에게 가족 대신 직장 생활을 더 중요시하라고 가르쳤기 때문에 여성들에게 정말로 해롭다고 생각한다"고 말했다.[97] 그녀는 워싱턴 D.C.의 사무실에서 인터뷰에 응했는데 그날의 여섯 번째 인터뷰라고 밝혔다.

예상대로 여성성의 수호자를 자임하는 라헤이의 책상 위에 놓인 명함은 분홍색이었다. 그녀의 손톱도, 회의 테이블을 둘러싸고 있는 의자도, 주름 장식이 들어간 창문 커튼도 모두 분홍색이었다. 하지만 그녀는 고급 맞춤 정장을 입고 있었다. 그녀 뒤의 벽에는 로널드 레이건과 그녀가 악수를 하는 사진이 액자에 담겨 있었다. 다른 몇 가지 장식들 역시 대통령 이미지에 의지했다. 대통령 집무실만 한 거대한 책상 옆에는 커다란 미국 국기가 자리 잡고 있었다. 반대편 벽에는 커다란 거울이 이상한 각도로 걸려 있었다. 하지만 그건 분홍 립스틱을 바르는 데 쓰는 게 아니었다. 미국을걱정하는여성모임의 여성 대변인인 리베카 하겔린Rebecca Hagelin은 "라헤이 부인이 그래야 책상에서 의사당을 볼 수 있다면서 그 거울을 저렇게 걸어 놓으라고 하

셨다"고 설명했다.[98]

책상에 앉은 라헤이는 "페미니즘은 모성을 정말로 잊히게 만들었다"고 주장했다. "여성에게는 가정이 먼저여야 해요. 다른 건 모두 자연스럽지 않아요." 바로 그때 라헤이의 개인 비서가 파일로팩스 수첩을 들고 사무실로 들어왔다. 비서는 방해해서 미안하다고 양해를 구하면서 라헤이의 출장 일정을 확인했다. "이번 주에는 일요일까지 출장이 잡혀 있어요." 비서는 수첩을 들여다보며 이렇게 말했다. "5일에는 기도의 날National Day of Prayer 연설이 있고 6일에는 세인트루이스, 7일부터 8일까지는 플로리다, 9일부터 17일까지는 코스타리카, 18일에는 뉴저지에서 연설이 있고, 19일에는 다시 워싱턴, 27일과 28일은 매사추세츠……."

라헤이가 출장 일정을 확인해 주고 비서가 나가자 그녀는 다시 자동적인 모성에 대한 변론으로 돌아갔다. "여성에게 0순위는 가정이어야 해요. 그게 직장을 포기하는 걸 뜻한다면 그렇게 해야죠. 그게 자연스러운 거예요. 우리 여성들은 그렇게 만들어졌어요." 그렇다면 집을 그렇게 오래 비우는 그녀의 출장은 어떻게 생각해야 하는가? "아, 음, 우리 애들은 다 컸어요. 애들이 어렸을 때는 이렇지 않았죠." 그녀는 메릴린치의 새벽 근무를 편리하게 망각해 버리고는 이렇게 말했다.

"이런 직장 여성들은 생물학적 시계가 다 되어 가고 있어요." 그녀는 성경보다는 대중문화에서 가져온 근거로 자신의 반페미니즘적 교훈을 뒷받침하며 이렇게 말했다. 1980년대 말에는 페미니즘에 대한 반격이 워낙 광범위하게 퍼져서 라헤이는 성경 인용구만큼이나 많은 유용한 언론의 유행어를 찾아낼 수 있었다(그녀가 가장 최근에 발간한 반페미니즘 도서 『불안해하는 여성The Restless Woman』은 각주에 헤리티지재단의 팸플릿이 아닌 《뉴욕타임스》와 《글래머》를 인용해 가며 '포스트페미니즘'과 '아기 갈망' 같은 완전히 통속적인 트렌드를 언급하고 있다).[9] 그녀는 같은 맥락에서 이렇게 말을 이었다. "직장 여성들은 어느 날 문득 책상에서 고개를 들고는 자신들이 모든 걸 다 가질 수는 없다는 걸 깨달은 거예요. …… 갈수록 많은 여성들이 일을 그만두는 트렌드가 생긴 건 이 때문인 거죠." 이 '트렌드'를 뒷받침할 근거에 대해 물어보자 그녀는 "내 손에는 통계가 없지만 신문에서 읽었어요. 영화들 좀 보세요. 이젠 전부 아기를 갖는 내용이잖아요. 〈세 남자와 아기〉처럼 말이에요."

라헤이는 양해를 구했다. 빠질 수 없는 "경영진 회의"가 있다는 것이다. 대신 그녀는 직원 두어 명과 이야기하는 걸 허락해 주었다. 직원은 그 누구도 상부의 허락 없이는 대화할 수 없게 되어 있었다. 대화를 허락받은 여성 중에는 의회에서 연방의 지원을 받는 어린이집에 반대하는 로비를 줄기차게 벌이다가 들어온 지 얼마 되지 않은 법무 담당자 엘리자베스 케플러Elizabeth Kepler도 있었다.

케플러는 의자에 털썩 앉으면서 "전 그 일이 정말 좋아요. 아주 아주 좋아요." 하고 말했다.[100] 그녀는 이야기를 하면서 귀찮은 어깨 패드를 슬쩍 제자리에 다시 밀어 넣었다. "내가 워싱턴에 끌린 건 흥분감 때문이었어요. 알잖아요, 권력이란 거. 사람들이 어떻게 권력을 갖게 되고, 그 사람들이 어떻게 이 권력을 사용하는지."

그러면 어떻게 미국을걱정하는여성모임에서 일하게 되었을까? "솔직히 말해서 난 이 조직 자체보다는 워싱턴 정치의 일반적인 과정에 더 관심이 많았어요." 그녀는 여성의 전통적인 역할을 복구한다는 이 조직의 목표에 "전적으로 동의"한다고 서둘러 덧붙였다. 하지만 그녀는 개인적으로 엄마로 한정된 여성의 역할로 되돌아가고 싶을까? 그녀는 고개를 저었다. "그건 불만스러울 거예요. 전 지금 시대에 살게 된 걸 기쁘게 생각해요."

스물일곱 살의 케플러는 싱글이었고 스스로 "대단히 만족스럽고" "절대 결혼을 서두르지 않을" 생각이라고 말했다. 주류적인 직업을 가진 좀 더 진보적인 또래 여성들 일부와는 달리 그녀는 남자 품귀 현상과 생물학적 시계 담론이 "아주 유치하다"고 생각한다. 그녀에게 아이가 있다면 일을 그만둘지는 확실치 않다고 했다. 이번 주 내내 연방에서 지원하는 어린이집에 반대하는 로비 활동을 하고 있긴 하지만 자기 아이를 어린이집에 맡기는 게 그렇게 질색할 정도로 싫지는 않다고 했다. 그보다는 "가족을 토대로 한" 돌봄 시설이 더 좋긴 하지만 말이다. 그녀의 설명은 사이비 페미니즘의 표현을 따르고 있었다. "전 연방 정부가 우리에게 아이를 어떤 종류의 어린이집에 맡겨야 할지 명령해서는 안 된다고 생각해요. 여성들이 직접 선택을 해야죠."

같은 복도의 다른 방에서는 경영 책임자 수전 라슨Susan Larson이 직무 보고서를 검토하고 있었다. 최근에 결혼한 그녀는 전통적인 결혼으로의 복귀를 지지한다. 하지만 미국을걱정하는여성모임에서 일한다는 것은 남편의 직장보다는 자신의 직장을 우선시한다는 뜻이었다. 그녀의 남편은 아무런 구직 가능성도 없는 워싱턴에 아내를 따라왔다. 그리고 집에서는 "내가 자동차 오일을 교체하고 남편이 빨래를 한다"고 덧붙였다.[101]

또 다른 방에서는 언론 담당자 리베카 하겔린이 남편과 통화를 하고 있었다. "자, 어디 보자, 저녁에 진공청소기를 돌려야 해." 그녀는 이렇게 지시했다.[102] "그리고 할 수 있으면 거실 정리 좀 하고." 저녁 6시를 넘긴 시간이었지만 하겔린은 아직 사무실이었다. 그녀의 남편은 저녁을 만들고, 아기를 보살피고, 그날 저녁 손님을 맞을 준비를 하면서 집에 있었다. 하겔린 부부는 진보적인 부부를 위한 1970년대 초의 어느 지침서에서 가사 분담에 대한 청사진을 발견한 것인지 모른다. 이들은 잡다한 일들을 반씩 나눠서 했고 아이는 번갈아 가면서 돌봤다. "아, 난 정말로 아기를 낳고 싶었어요. 그렇지만 정말로 일도 하고 싶었죠." 하겔린은 이렇게 말한다. "난 일하는 게 정말 좋아요." 그녀는 일을 반반씩 나눠 하는 걸 좋아한다. "그게 1980년대식이잖아요. 뭐하러 양자 택일을 해요. 전부를 다 가지는 건 진짜 가능하다고요."

뉴라이트 여성들은 어떤 면에서는 반격의 소용돌이에 갇힌 좀 더 진보적인 '여피' 자매들을 거꾸로 뒤집어 놓은 모습이었다. 주류 직장 여성들이 내부적으로 반격이 만들어 낸 자기 의심과 비난에 맞서면서 페미니즘의 원칙을 소리 높여 주장하는 편이었다면, 뉴라이트 여성들은 여성운동의 메시지를 내면화하고 자기 결정과 평등, 선택의 자유라는 여성운동의 교의를 자신의 사적인 행동에 말없이 녹여 내면서도 반페미니즘 관점을 소리 높여 외치고 있었다.

　　미국을걱정하는여성모임의 우익 활동가들이 평범한 진보 성향의 직장 여성에 비해 자신의 해방에 따르는 '대가'에 대해 별로 걱정하는 것처럼 보이지 않는다면 그것은 어쩌면 이 뉴라이트 여성들은 아이러니하게도 자신들이 속한 세상에서 저항에 더 적게 직면하기 때문일지 모른다. 이 여성들이 목청을 높이는 게 오직 도덕적다수의 노선을 앵무새처럼 반복하기 위해서라면, 이들이 집안일을 반씩 나눠서 하는 게 오직 남녀평등법안에 맞서 싸울 시간을 더 많이 확보하기 위해서라면, 뉴라이트 남성 지도자들(과 뉴라이트 남편들)은 기꺼이 아내들의 가짜 '독립'에 박수 갈채를 보내고 격려했다. 이 여성들은 항상 남성들이 정한 원칙을 따랐고, 그 덕에 자신들이 만든 하위문화에서 존경과 축복을 만끽할 수 있었다. 반면 이들보다 더 진정한 의미에서 독립적인 주류의 직장 여성과 싱글 여성 들에게는 이들의 기분을 띄워 줄 응원단이 없었다. 이들은 자신들의 라이프스타일을 비꼬듯이 흉내 내고, 이들의 선택에 동정과 조소를 날리고, 이들의 페미니즘적 '실수'를 질책하는 대중문화로부터 매일같이 굴욕당했다.

　　미국을걱정하는여성모임의 활동가들은 정장을 입고 사무실에 나가 보고를 하고 여성들은 집으로 돌아가야 한다고 주장하는 언론 보도 자료를 배포하면서도 절대 모순을 느끼지 않았다. 이들은 개인적인 자유와 성 정치에 대한 공적인 입장을 분리시킴으로써 공식적으로는 페미니즘의 영향력을 개탄하면서도 사적으로는 페미니즘을 이용할 수 있었다. 이들이 실제로 '모든 걸 가질 수' 있었던 건 다른 모든 여성들이 자신들과 같은 기회를 누리지 못하게 저지하는 일에 열성적이었기 때문이다.

10장
여자 사람 스미스 씨 워싱턴을 떠나다

뉴라이트 여성들은 열과 성을 다해 머릿수를 채우고 지적 능력을 동원하여 레이건이 집권하는 데 기여하고 난 뒤 1980년 이후 백악관에서 새로운 기회를 얻을 수 있으리라 기대했다. 하지만 로널드 레이건이 당선되면서 여성들은 연방 관청에서 사라지기 시작했다.

판사직의 경우 신임 여성 판사 임명이 카터 시절의 15퍼센트에서 8퍼센트로 감소했다.[1] 상원의 승인이 필요한 여성 지명자의 수 역시 곤두박질쳐서 레이건은 10여 년 만에 처음으로 전임 대통령보다 더 나은 기록을 세우지 못한 첫 대통령이 되었다. 백악관 직원으로 임용된 여성의 수는 1980년 123명에서 1982년 62명으로 반토막이 났다.[2] 사실 62명도 과장된 숫자였다.[3] 레이건 행정부는 3등급 차관보 자리 같은 하위직 여성들을 갑자기 "고위 공직 인사"라고 칭함으로써 숫자를 부풀렸던 것이다.

재선이 워낙 수월하다 보니 평등한 기회를 위해 노력하는 시늉마저 할 필요가 없었던 레이건 행정부는 두 번째 임기가 시작되면서 즉각 여성임용동맹Coalition on Women's Appointments 과 여성워킹그룹Working Group on Women 을 중단시켰다.[4] 재선된 뒤에는 임용된 여성의 수가 훨씬 가파르게 감소해서 일일 고위 간부급 회의에 참석하거나 대통령에게 보고할 수 있을 정도로 높은 지위에 오른 여성이 1977년 이후 처음으로 단 한 명도 없었다. 1986년 법무부에서는 에드 미즈Ed Meese 장관이 취임 이후 2년간 고위 정책 담당자로 여성을 단 한 명도 기용하지 않았다.[5] 연방의 규정에 따라 각 부서는 의무적으로 고위직에 여성을 앉혀야 했는데도 말이다. 정부 기관에 고용할 여성들을 모집하기 위해 1967년 설립된 연방여성프로그램Federal Women's Program 은 사실상 해산되었다.[6] 다양한 연방 기관의 채용 담당자들은 예산이 배정되지 않아서 다른 업무를 맡게 되거나 말없이 흩어졌다. 1991년 연방여성프로그램 본부에서 두 번째로 높은 자리에 있는 인력 관리 전문가 베티 플레밍Betty Fleming은 "매년 우리 예산이 삭감되었고 올해도 다시 삭감되었다"고 설명한다.[7] 하지만 그녀는 불평하는 건 아니라고 말한다. "우린 그냥 만나서 이야기만 하기" 때문에 이들에겐 그 돈이 필요하지 않았다는 것이다. 결국 레이건의 문서감축법Paperwork Reduction Act의 일환으로 연방 정부는 여성에 대한 대부분의 채용 통계 수집을 완전히 중단시켰다. 이제 연방 정부는 더 이상 여성을 모집하지 않아도 상관없게 되었다. 어쩌면 이렇게 머리가 잘 돌아갈 수가 있을까?

백악관에 걸린 여자 금지 표지판을 겨우 통과해서 들어온 몇 안 되는 여성들도 전혀 편치 못했다. UN 대사 진 커크패트릭Jeane Kirkpatrick은 어느 날 백인 남성들이 바다를 이루며 넘실대는 상황실에 앉아 있다가 의미심장한 깨달음을 하나 얻었다.[8] 쥐 한 마리가 종종 걸음으로 도망치는 모습이 힐끗 보였다. "혼자 생각했죠. 이 상황실에선 쥐보다 내가 더 놀랄 만한 존재가 아닌가 하고요." 나중에 그녀는 《월스트리트저널》에 이렇게 말했다. 그녀는 "성차별주의가 엄존한다"는 결론과 함께 정부를 떠났다.

여성와 아동 문제에 대해 입에 발린 소리만 늘어 놓는 공보 담당 대통령 보좌관 페이스 위틀지는 레이건 시절 백악관의 '최고위직' 여성이었다. 그녀는 레이건 행정부가 "모든 여성이 집에 가서 아이를 돌볼 수 있도록" 남성이 더 높은 "가족" 임금을 벌게 함으로써 여성에게 도움을 줄 것이라고 밝혔다.[9] 위틀지는 여성의 지위에 대한 1984년 연설에서 여성의 권리는 워싱턴에 맡겨 놓으면 된다고 주장했다. "제가 알기에 대통령은 여성들에게 선택권을 행사할 수 있는 가장 광범위한 선택지를 제공하는 데 깊이 헌신하는 분입니다."[10] 하지만 위틀지는 백악관에서 일한 지 얼마 되지 않아 레이건의 깊은 헌신에 의구심이 들기 시작했다. 이 의심은 돈 리건Don Regan이 수석 보좌관이 되어 위틀지를 강등시킨 뒤 깊어진 듯했다. 커크패트릭처럼 그녀도 결국 백악관을 나왔다. 마지막 날 짐이 든 상자를 들고 주차장으로 향하면서 "차에 타거나 내리는 남자들이 만들어 낸 바다 말고는 아무것도 보이지 않았다"고 그녀는 회상했다.[11] "'그 사람들의 말이 맞는지 몰라. 백악관은 여성을 환대하지 않아'라는 생각이 들기 시작했어요."

고위직을 받아들인 뉴라이트 여성들에게는 일반적으로 직함만 과장되었지 아무런 권한이 없는 자리나 정부의 가장 가혹한 반페미니즘 정책을 실행해야 하는 자리가 주어졌다. 비벌리 라헤이처럼 첫 번째 집단에 속한 여성들은 가족자문단Family Advisory Board 같은 힘없는 전문위원회에 이름을 올렸다. 반면 해방된 여성들을 억누르기 위한 정부의 비열한 짓을 실행에 옮기기 위해 인구문제담당실Office of Population Affairs에 기용된 여성들도 있었다. 민적 낙태 반대 운동가 마저리 메클렌버그Marjory Mecklenburg는 "통고 규정"을 홍보하는 일을 맡았다.[12] 통고 규정이란 병원에서 부모의 허락 없이 낙태를 하려는 10대 여자아이들을 일러바치게 하자고 제안한 레이건 정부의 정책이었다. 《컨저버티브 다이제스트》의 칼럼니스트이자 《우파 여성The Right Woman》의 편집장 조 앤 개스퍼Jo Ann Gasper는 메클렌버그의 후임을 맡았다(아이러니하게도 메클렌버그는 한 직원과 불륜 관계라는 소문 때문에 일을 그만두었다).[13] 개스퍼는 아무도 고마워할 리 없는데도 가정폭력프로그램을 중단시키는 일을 맡았다. 개스퍼의 후임은 스물아홉 살의 숫처녀라는 성적인 지위 때문에 가장 유명해진 네이버스 카바니스Nabers Cabaniss였다. 그녀는 어떤 병원 관계자든 낙태라는 단어를 언급하기만 해도 연방의 지원금을 철회해 버리는 레이건의 계획을 홍보하는 일을 맡았다.

페미니스트와의 갈등

워싱턴의 레이건 행정부가 뉴라이트 여성들에게 냉랭했다면 페미니스트에게는 불쾌하기 짝이 없게 굴었다. 페미니스트들은 뉴라이트의 선동하에 숙청의 대상이 되었다. 1981년 헤리티지재단의 『리더십 강령』이 축소 혹은 삭제하고 싶은 연방 프로그램을 열거했을 때 페미니스트들이 '지배'하는 기관이 1순위에 올랐다. 헤리티지재단이 공격 대상으로 삼았던 수십 가지 정부 서비스 중에서 단연 맹렬하게, 꾸준히, 개인적인 공격마저 당했던 것은 여성교육평등법Women' Education Equity Act 프로그램이었다. 『리더십 강령』이 여성교육평등법의 해체를 요구했던 건 단 한 가지 이유였다.[14] 저자들의 설명에 따르면 여성교육평등법은 "페미니즘 정책과 정치를 실행하기 위한 중요한 자원"을 대표했기 때문이다. 그곳은 "페미니즘 네트워크에 심장 같은 곳"이었고 "극단적인 페미니즘 이데올로기"를 지지했다.

여성교육평등법의 책임자 레슬리 울프Leslie Wolfe는 여성의 교육을 지지하는 정부 프로그램을 개척한 10년차 베테랑 공무원이자 G. S.* 15등급에 오른 몇 안 되는 여성 중 하나였고, 뉴라이트 인사들의 미움을 한 몸에 받은 인물이었다. 나중에 울프는 이렇게 말했다. "난 페미니스트로 알려져 있었어요. 그리고 여성교육평등법을 집행하는 부서가 '페미니스트 집단'으로 인식되다 보니 뉴라이트가 싫어했던 다른 정부 프로그램들과도 대단히 다른 대우를 받았죠."[15] 뉴라이트 로비 집단은 연방 프로그램 책임자 가운데 유일하게 이름까지 거명하며 그녀를 괴롭혔다. 뉴라이트 지도자들은 내부 보고서, 공식적인 잡지 기사, 라디오 토크쇼에서 닥치는 대로 울프를 "급진 페미니스트"라며 비난했고 그녀의 직무 태도에 대한 험담을 퍼뜨렸으며 그녀의 "조속한 퇴위"를 요구했다.[16]

이 모든 광풍의 중심부에 있던 프로그램은 교육부에서 자금 부족에 허덕이는 아주 작은 부서로서, 여학생을 위해 평등한 교육을 증진하는 연방 유일의 프로그램이었다. 여성교육평등법은 학교에서 성차별을 타파하고 성 평등 교육을 지원하는 프로젝트에 그다지 많지 않은 지원금을 줬다. 미국대학협회Association of American Colleges는 이 프로그램을 두고 "정부의 가장 비용 효과적인 프로그램 중 하나"라고 일컫기도 했다.[17] 심지어 처음으로 여성교육평등법을 제안한 여성은 전미여성연맹 출신의 '급진 페미니스트'도 아니었다. 알린 호위츠 Arlene Horwitz는 의회의 한 사무실에서 일하는 사무원이었다. 호위츠

* General Schedule. 미국 공무원 임금표. 최저 1등급부터 최고 15등급으로 구분되어 있다.

는 그저 얼마 되지 않는 월급으로 근근이 살아가야 하는 개인적인 경험에서 불평등한 교육은 고통스럽고 장기적인 경제적 결과를 미칠 수 있다는 교훈을 얻게 된 직장 여성일 뿐이었다. 여성교육평등법이 지원금을 제공했던 프로젝트들도 전혀 급진적이지 않았다.[18] 10대 장애 여학생들을 돕는 안내서, 시골 학군에서 교육평등법을 이행하는 프로젝트, 전문대에 다시 입학한 나이 많은 소수 인종 여성을 위한 수학 카운슬링 서비스 같은 것들이었기 때문이다.

그럼에도 불구하고 헤리티지재단의 남성들이 보기에 여성교육평등법 프로그램은 "연방 정부의 곳간을 축내는 페미니즘 네트워크"였다.[19] 1983년 8월 의회교육노동위원회House Education and Labor Committee 청문회에서 이런 비난을 하면서 울프를 가장 격렬하게 공격했던 『리더십 강령』의 저자이자 헤리티지재단 선임 연구원인 찰스 헤덜리Charles Heatherly는 나중에 절대 개인적으로 울프에게 감정이 있었던 것은 아니라고 인정했다.[20] 하지만 그는 여성교육평등법의 책임자에 대해서는 단호했다. "많은 사람들이 그녀를 급진 페미니스트라고 생각했어요." 그는 이렇게 설명한다. 그리고 레이건이 선출되면서 울프와 여성교육평등법을 상대로 한 그의 작전은 한층 격렬해졌다. 새 대통령이 헤덜리를 교육부 운영 담당 차관보로 임명하면서 그가 그 프로그램을 책임지게 된 것이다.

헤덜리는 뉴라이트 동료들과 몇몇 직원, 그리고 컨저버티브코커스의 설립자 하워드 필립스 같은 사람들을 모아서 이 프로그램의 예산을 재검토하는 자문단을 꾸렸다.[21] 이들의 사명은 여성교육평등법을 날려 버리는 것이었다. 이들은 백악관 내에서도 관심을 보이는 사람을 찾아냈다.[22] 레이건은 취임한 지 얼마 되지 않아 이미 승인된 여성교육평등법의 예산을 그 자리에서 25퍼센트 삭감하고 이듬해에는 재정을 완전히 중단하겠다고 밝혔다. 의회에 있던 여성교육평등법 지지자들은 맞서 싸웠다. 공화당 대의원 마거릿 헤클러Margaret Heckler가 앞장선 결과, 레이건은 제안을 유보하기로 했다. 40퍼센트 예산 삭감은 그대로 진행하기로 했지만 말이다.

뉴라이트 지도자들은 1라운드가 이렇게 마무리되었지만 물러설 생각이 없었다. 그해 겨울과 1982년 봄 수개월에 걸쳐 이들은 울프를 상대로 언론전과 편지 쓰기 작전을 펼쳤다. 《휴먼이벤트: 내셔널컨저버티브위클리*Human Events: National Conservative Weekly*》는 이 명백하게 기분 나쁜 여성교육평등법 지원금이 다인종어린이도서의회Council on Interracial Books for Children에 주어졌음을 "밝혀냈다"고 주장했다.[23] 컨저버티브코커스에서 간행하는 《컨저버티브 다이제스트》는 "교육부의 걱정 많은 직원"이 쓴 익명의 기사에서 울프를 개인적으로 공격했다.[24] 저자는 울프가 "지원금 승인 과정을 왜곡"하고, "거의 전적인 통제력"을 행사하며, 여성교육평등법을 전미여성연맹의 비자금이자 "공공연한 급진 페미니즘 집단의 네트워크를 위한 현금 지급기"처럼 이용한다고 주장했다. 레슬리 울프는 "자신의 영지를 오만하게 고수하는 군주"였다. 토크쇼에서는 하워드 필립스가 울프가 부정한 방법으로 돈을 여성운동 조직으로 빼돌렸다고 비난했다.[25] 또한 그는 울프가 하극상이라는 죄를 지었다고 투덜댔다. 그러니까 울프가 교육부 상관을 "겁쟁이"라고 불렀다며 분통을 터뜨린 것이다.

《컨저버티브 다이제스트》의 공격이 있고 난 후 1주일 만에 내부 보고서는 울프에게 좌천을 알려 왔다.[26] 이 내부 보고서는 여성교육평등법은 이제 헤덜리가 지명한 사람이 책임지고 울프는 "자문 역할을 할 것"이라고 밝혔다. 울프는 이 결정에 불복하는 답장을 보냈다. 하지만 아무런 대답이 없었다. 결국 3주 뒤 울프는 진 베니쉬Jean Benish 차관보 사무실로 불려 갔다. 이번에도 페미니스트 여성에게 나쁜 소식을 전달할 사람으로 선발된 건 여성인 베니쉬였다. 울프의 회상에 따르면 베니쉬는 그녀에게 "당신은 오늘 자로 사기, 낭비, 오용에 대한 태스크포스에 임시로 재배정되었다"고 전했다. "내가 말했죠, 난 그런 일에 적임자가 아니라고. 내 전공은 교육이지 사기가 아니라고." 차관보는 울프에게 선택의 여지가 없다고 말했다. 지금은 긴급 상황이고 교육부에는 이런 중요한 프로젝트를 처리할 수 있는 "출중한 경영 기술"을 지닌 "고위직 관리자"가 필요하다고 말이다. 그녀는 울프에게 그날 퇴근할 때 책상에 열쇠를 놓고 가라고 말했다.

하지만 울프가 새로 배정된 업무 책임자를 찾아갔을 때 긴급 상황도 전혀 아니고 고위직 관리자가 필요하지도 않다는 사실을 알게 되었다.[27] 하지만 그녀의 새 상사는 그녀가 거기에 남게 된 것이 운이 좋은 것이라고 지적했다. 헤들리 측 남성들이 그녀를 "장관 검증 프로그램Secretarial Certification Program"으로 보낼 생각도 했었다는 것이다. 이번에도 여성교육평등법을 지지하는 의회 내 인사들이 행정부의 가혹한 처사에 반발했다. 결국 석 달 뒤 울프는 원래 있던 자리로 돌아가도 좋다는 허락을 받았다. 하지만 울프가 돌아갔을 때 사무실에는 처음 보는 사람들만 가득했다.

　　매년 여성교육평등법 프로그램은 지원금 신청서를 검토하기 위해 150명의 외부 현장 심사자들을 고용해야 했다.[28] 그리고 여성교육평등법에 따라 이 심사자들은 교육평등법을 이해하고 지지해야 하며, 교육에 대한 전문 지식이 어느 정도 있어야 했다. 하지만 울프가 없는 사이(사실상 그녀가 다른 자리에 발령된 지 겨우 하루 만에) 헤들리는 그녀가 선발했던 현장 심사자들을 모두 내쫓고 자신의 사람들, 즉 필리스 슐래플리의 이글포럼 쪽 여성들을 채워 넣었다. 헤들리는 나중에 전면 물갈이 인사에 대해 "너무 끼리끼리 해 먹는다는 정서가 팽배했다"고 설명했다.[29] "새로운 얼굴이 필요했다"는 것이다. 하지만 이들은 여성교육평등법에 열정이 있는 것도 아니었다. 이 중 한 명이 당시 자신의 출신 지역 신문인 《털사월드Tulsa World》에 설명했다시피 그녀가 워싱턴에 발을 들인 건 레이건이 간판을 내리고 싶어 하는 "페미니즘 기관"을 제어하는 데 보탬이 되기 위해서였다.[30]

　　대부분의 경우 새로 선발된 현장 심사자들은 교육 평등을 이해하지도, 지지하지도 않았다. 교육수정법 제9장*을 이행하는 데 보탬이 되는 신청서를 검토하는 일을 맡은 한 검토자는 이 위원회의 진행자에게 하소연하듯이 "제9장이 뭐예요?" 하고 물었다.[31] 장애 여성에게 도움이 되는 신청서를 검토해야 하는 또 다른 여성은 아메리카 원주민도 '장애'에 해당하는지 물었다. 소수자 여성을 위한 교육 평등 프로젝트 신청서를 검토하는 현장 검토자는 차별로 악명 높은 밥존

* Title IX, 1972년에 통과된 교육 개정법으로 여성의 교육 기회를 남성과 동등하게 만들기 위한 시도의 구심점이 된 법안.

스 대학교에서 나온 사람이었다. 이들은 차별은 전혀 존재하지 않는다는 이유로 성차별을 경감하는 지원금 신청서를 재차 떨어뜨렸다. 한 현장 심사자는 평가서에 "프로젝트의 필요성을 알 수가 없음"이라고 적었다. 그녀는 "대부분의 여학생과 남학생 들은 현장을 그저 받아들인다. 부모가 그렇게 키우기 때문이다. 그리고 대부분은 어느 정도 바라는 것을 가지고 태어난다. …… 난 이 접근법 전체에 동의할 수 없다"고 설명했다. 또 다른 심사자는 어떤 지원금 신청서에 대해 "나는 이 프로그램의 제목이 걱정스럽다"고 적었다. 어째서였을까? 그것이 "여성들에게 저임금 직종에 안주하지 말고 원한다면 더 높은 곳으로 이동하라고 독려하고 있기" 때문이다. 결국 회계감사원은 조사에 착수했고 현장 심사자 중 여성교육평등법 업무 자격 요건을 한 가지도 충족시키지 못한 사람이 20퍼센트이고 대부분 자격 요건을 거의 충족시키지 못한 사실을 확인했다. 여성부 행정부는 이런 조사 결과에도 아랑곳하지 않고 여성교육평등법을 상대로 한 교전을 이어 갔다.

1년 뒤 울프는 마지막으로 상사의 사무실에 불려 갔다.[33] 그녀는 상사로부터 그녀의 업무가 사라졌고 새로 배정된 일을 받아들이지 않으면 해고될 것이라고 전했다. 울프에게 새로 배정된 업무는 보상교육실의 타이피스트 겸 사무원이었다. 울프는 사표를 냈다. 여성교육평등법 업무를 보던 다른 다섯 명의 여성 모두 해고되거나 사표를 냈다.[34] 반면 남성 직원 다섯 명은 모두 그대로 일했다. 울프가 사라지자 교육부는 즉시 해당 부서를 관료제의 가장 말단으로 좌천시키고 부서 책임자직을 하위직에 해당하는 과장으로 강등시켰다. 이 자리는 한 공무원에게 배당되었는데, 그녀는 이 자리를 맡느라 두 등급이 내려갔다. 퇴위는 신속하진 않았지만 마침내 성공했다.

그리고 아버지들과는 사이좋게

페미니스트들에게서 권력을 빼앗기 위한 작전에서 주연을 맡았던 교육부는 이번에는 아버지들에게 왕권을 넘겨주기 위한 작전을 진두지휘했다. '가족 친화' 운동이 무언가에 친화적이었다면 그것은 사실상 부권이었다.

백악관은 교육부에 '가족 정책'실을 만들었는데, '가족 정책'을 가족에게 경제적, 의학적, 혹은 법적 지원을 하는 프로그램이 아니라 일련의 교훈적인 설교로 바라보는 행정부에게는 충분히 논리적인 선택이었다. 교육부에서 가족 정책 책임자를 맡게 되는 게리 바우어 Gary Bauer가 시민권 대표들에게 말했듯 "〈코스비 가족 만세〉에서 가르치는 가치는 새로운 연방 프로그램 한 무더기보다 저소득층 및 소수자 어린이들에게 더 유익할 것이다. …… 많은 연구들이 가치가, 그러니까 복지 급여의 수준 같은 것보다 훨씬 더 중요함을 보여 준다."[35] 그가 염두에 둔 가치는 단순히 가족 간의 사랑과 이해가 아니었다. 바우어가 〈코스비 가족 만세〉에서 가장 교훈적이라고 생각하는 점은, 나중에 인터뷰에서 밝혔듯 "아이들이 아버지를 존경하는" 가족을 그리고 있다는 사실이었다.[36]

바우어는 1981년 합류한 정부의 가족들로부터 존경을 얻는 데 약간 문제가 있었다. 그는 책상에서 "사회혁명"을 시작한다는 생각을 품고 교육부 차관보로 공직에 입문했다. 하지만 레이건 행정부의 고위 관료들은 그를 무시했고 심지어 그의 직원들마저 그를 별로 신경 쓰지 않았다.[37] 바우어는 첫 2년 동안 교육부에 남은 중도파들이 자신의 허락을 받지 않고 언론과 접촉하지 못하게 하느라 진을 뺐다. 결국 그는 정책개발실 실장으로 승진했지만 알고 보니 그곳의 목표는 주로 홍보와 관련된 것이었다. 그런데 부처에서 그에게 이번에도 겉치레에 불과한 직책인 1986년 가족 태스크 포스 책임자 자리를 맡기자 바우어는 폭발했다.[38] 당시 상원 의원 대니얼 모이니핸Daniel P. Moynihan이 밝힌 바에 따르면 바우어가 분노에 찬 말투로 작성한 52쪽짜리 보고서는 "정책 강령보다는 짜증에 더 가까웠다."

「가족: 미국의 미래를 지키기 위하여The Family: Preserving America's Future」는 후기 빅토리아시대에 위기에 처한 남성성을 수호했던 테디 루스벨트의 말을 인용하면서 시작된다. "어머니가 자신의 의무를 이행하지 않으면 다음 세대가 사라지게 되거나 없느니만 못한 다음 세대가 나타나게 될 것이다."[39] 바우어의 보고서는 이어서 자신의 의

10장 여자 사람 스미스 씨 워싱턴을 떠나다   407

무를 다하지 않는 모든 종류의 독립적인 여성, 즉 일하는 여성, 어린이집을 이용하는 여성, 이혼한 여성, 혼외 자식을 낳은 여성을 맹비난했다. 바우어의 주장에 따르면 이 세상 여성들은 결혼을 "헌신짝처럼" 내팽개치고 남편과 자식을 영원히 버리고 있다. 보고서에서 이 입장을 정당화하는 것은 통계가 아니라 한 신부가 신랑에게 "미안해, 샘, 나 피로연에서 꿈에 그리던 남자를 만났어" 하고 말하는 시사만화였다.[40] 심지어 여성의 빈곤마저 해당 여성의 잘못이다.[41] 그는 "점점 많은" 여성들의 재정 문제는 이혼을 하거나 혼외 자식을 갖는 것 같은 "개인적인 선택에서 비롯"된다고 밝히고 있다. 그는 이혼 가정의 자녀 중에서도 오직 아들의 운명에 대해서만 걱정한다(이런 주제에 대한 뉴라이트의 글을 보면 전형적으로 한쪽 젠더에만 집착한다).[42] 그는 "이혼이 여자아이보다는 남자아이에게 훨씬 해로운 영향을 미친다"며 통탄하니, 마치 여자아이가 더 많이 고통받았더라면 이혼이 별로 중요하지 않았으리라는 듯이.

가족을 지키기 위한 바우어의 권고 사항은 여자와 엄마 들을 괴롭히는 방법의 목록에 더 가까워 보인다.[43] 젊은 싱글맘들은 공영 주택에 거주하지 못하게 하고, 여성이 결혼 서약을 파기하는 것을 어렵게 만드는 과거의 이혼법을 부활시키고, 젊은 여성들에게 피임약을 주지 말 것. 반면 바우어는 자신의 명령을 따르는 여성들에게는 포상을 제안한다. 집에서 지내는 엄마들에게는 세금을 우대해 주고 아이를 많이 낳을수록 공제액을 늘려 주자는 것이다.[44]

레이건 임기 마지막 해의 어느 봄날 오후 바우어는 "우리 나라는 여성 1인당 아이가 1.8명"이라고 어둡게 말했다.[45] 그는 백악관 서쪽 건물에 있는 비좁은 사무실에 앉아 있었다. 사무실 면적이 어떤 식으로든 연방 정부의 우선순위를 암시한다면 가족을 구하는 일은 이 정부의 목록에서 하위권인 듯했다.

"현상 유지를 할 수 있는 출생률도 되지 못해요." 바우어는 곧 닥칠 출산 부족 사태를 경고했다. "이대로 계속 가다가는 자유 사회에 심각한 결과가 초래될 거예요." 그럼 누구 탓일까? "10년 전부터 득세하기 시작한 호전적인 페미니스트들이 가족에 부정적인 영향만 미치고 있어요." 근거는? "〈크레이머 대 크레이머〉를 보세요. 엄마가 아들 앞으로 가슴 아픈 편지를 남기고 떠나잖아요. 그 편지에서 엄마가 '생활이 전부는 아니야. 엄만 뭔가 다른 일을 해야만 해'라고 하잖아요. 난 그게 이 시대의 진짜 상징이었다고 생각해요. 자신의 책임을 저버리는 여성의 변명인 거죠."

바우어에게 영화에 나오는 크레이머 부인(그녀는 사실 한 번도 자신이 페미니스트라고 선언한 적이 없었다)의 '무책임한' 행동 말고 페미니즘이 가족을 망친다는 다른 증거가 있을까? "교과서를 보세요." 그가 말했다. "20년 전만 해도 교과서에 나오는 여성들은 집에 있는 주부들이었죠. 그런데 이제 교과서를 펼쳐 보면 가족 중에서 양육자의 역할을 맡는 게 여성이라는 걸 알기가 힘들 지경이에요. 이제 우리 딸들은 승무원이나 기자 같은 게 되지 못하면 삶이 충족되지 않는다고 배우고 있는 거죠."

바우어는 미국에서는 "대부분의 여성들"이 자신과 같은 관점이라고 말했다. 이들은 "모든 걸 다 가질 수 없다는 것을 깨닫고 있는 거죠. 일찍부터 직장 생활을 하기로 결심했다가 이제 가정을 일굴 수 있는 시간이 거의 끝나 가는 여성들은 사기당한 느낌에 시달린다는 통계적인 근거도 있어요. 이들의 시계가 다 되어 가고 있는 거죠." 그 "통계적인" 근거를 보여 달라고 요청하자 바우어는 "이런, 지금은 찾기가 어렵다"고 말했다.

바우어는 생물학적 시계가 정상적으로 작동하는 직장 여성들마저 "아이들과 함께 집에 있는 게 더 낫다는 걸 깨닫고 있다"고 말한다. "대부분의 여성들은 그저 해야 하기 때문에 일할 뿐이다." 그리고 그는 엄마들은 아이들을 위해서 집에 있어야 한다고 말한다. 그가 "마르크스적"이라고 표현한 어린이집의 아이들은 장기적인 피해에 시달린다. "많은 연구"를 보면 그렇다고 그가 덧붙였다. 하지만 조금 놀랍게도 바우어는 자기 아이들을 9년이나 이 좌파 기관에 보냈다고 했다.

바우어는 그 이유를 설명할 수 있다고 말했다. 아이들을 "가정형” 어린이집에 맡겼기 때문에 자신이 어린이집을 이용한 것은 “다르고” “더 낫다”는 것이다. 가정형 어린이집이란 한 여성의 거실에서 운영되는 미인가 시설을 말한다(어째서 이게 더 나은지는 분명치 않다. 전국 어린이집 아동 학대 통계에 대한 한 보고서에 따르면 이런 미인가 시설에서 가장 많은 학대가 일어났다).[46] 그는 약간 방어적으로, 좌우간 그의 아이들은 태어나자마자 바로 어린이집 아기방으로 직행하지 않았다고 했다. 그의 아내 캐럴 바우어Carol Bauer는 직장에 복귀하기 전에 “적어도 3, 4개월”을 기다렸다. “내 아내의 경우는 자신이 다 가질 수 없다는 결론에 천천히 도달했던 거죠.” 하지만 캐럴 바우어의 기억은 달랐다.

“사실 엘리제를 낳고서 6주 만에 복직했어요.” 바우어의 아내는 1988년 어느 봄날 아침 다이닝 룸 테이블에 앉아서 식탁보의 빵 부스러기를 집어으로 패어 내며 이렇게 말했다.[ ] 큰 아이는 학교에, 작은 아이는 ‘엄마의 휴일’ 프로그램에 가고 없었다.

캐럴 바우어는 딸 엘리제가 태어난 1977년에 자신은 여성 국회의원인 마거릿 헤클러의 수석 보좌관이었고, 그래서 일을 그만둘 수가 없었다고 설명했다. 아이 엄마에 대한 연방의 지원 프로그램이 없다는 점 역시 그녀의 결정에 한몫했다. “의사당에는 정해진 휴가 정책이 전혀 없거든요.” 그녀는 이렇게 지적했다. 금전적인 고려도 있었다. “집을 사서 대출이 있었어요.” 그리고 그냥 쉽게 뭉개 버릴 수 없는 다른 욕구도 있었다. “그냥 경제적인 이유만은 아니었어요. 난 일이 주는 지적인 자극이 즐거웠어요. 일을 사랑했죠.” 그녀는 웃으며 말했다. “그러니까 엘리제를 낳았을 때 말 그대로 일을 끼고 있었어요. 병원에서 퇴원하고 바로 그다음 날 집에서 일을 했죠.”

바우어 부부는 수년간 아침 8시에 엘리제를, 그리고 나중에는 둘째 딸 세라Sarah를 어린이집에 맡기고 하루 종일 직장에서 일을 하다가 대개 저녁 6시가 넘어서 귀갓길에 딸들을 찾아왔다. 캐럴 바우어는 사실 아이들이 어린이집에서 워낙 많은 시간을 보내서 엘리제가 유치원에 갈 때가 되었을 때는 자신의 집이 있는 동네가 아니라 어린이집이 있는 동네의 유치원에 아이를 등록시킬 정도였다고 말했다.

딸들은 어린이집에 대해 어떻게 느꼈을까? "아, 좋아했어요." 캐럴은 말했다. "거기서 아주 잘 지냈어요. 아이들한텐 그게 일상이었죠."

그보다 더 어려웠던 건 캐럴 바우어가 전일제로 살림에 적응하는 것이었다. 어릴 때부터 미국 정치에 강박적일 정도로 관심이 많았던 그녀는 대통령 선거 스크랩북을 만들고 학교에 공화당 선거 배지를 자랑스럽게 달고 다녔다. 오하이오 머스킹엄 대학교에서 정치학을 전공했고 기숙사 방으로 《워싱턴포스트》를 받아 봤다. "권력욕이 있었죠." 그녀는 이렇게 회상했다. "워싱턴에 입성할 날만 목 빠지게 기다렸죠. 직장 생활이 하고 싶었어요. 뭐 가정도 원했던 것 같긴 해요. 하지만 결국 내가 정말로 꿈꿨던 건 정치 경력이었어요."

졸업 후 캐럴 바우어는 워싱턴으로 향했다. 공화당 전국위원회 연구 보조원으로 있다가 헤클러 의회 사무실 업무로 옮겨 갔고, 그곳에서 고위 간부직으로 고속 승진했다. 그녀는 특히 몇 안 되는 여성 국회의원 중 한 명의 직원으로 일하는 게 기뻤다. "모든 걸 다 할 줄 아는 여성을 위해서 일한다는 건 대단한 경험이었어요." 헤클러가 보건사회복지부 장관이 되었을 때 캐럴 바우어는 그녀와 함께 시간제로 일했다. 하지만 그러다가 레이건 행정부가 헤클러를 장관직에서 밀어냈다. 신임 보건사회복지부 장관 오티스 보엔Otis Bowen은 바우어에게 남아서 인수인계를 도와 달라고 했고 바우어는 그렇게 하기로 했다. 하지만 자신의 역할 모델과 권력 기반이 사라져 버리자 곧 일에서 매력을 느낄 수가 없었다. "일하면서 가장 힘든 시기였어요." 그녀는 이렇게 말했다. "장관의 최고 보좌관이었다가 하루 아침에 더이상 핵심 세력의 일원이 아니게 된 거죠. 밥벌레 같은 게 된 기분이었어요." 게다가 보엔은 헤클러와 일할 때 가능했던 유연한 근무 일정을 허용하지 않았다. 결국 바우어는 아이들에게 집에 있는 엄마가 필요하다고 밝히며 1986년 늦가을에 일을 그만뒀다.

하지만 그녀는 둥지를 틀고 지내는 생활에도 시련이 있다는 것을 깨닫게 되었다. "긴 겨울이었어요." 그녀는 집에서 보낸 첫 계절에 대해 이렇게 말했다. "상당한 적응이 필요했어요." 그녀는 잠시 말을 멈췄다. "지금도 그렇지만요." 첫 몇 개월이 가장 힘들었다. "고립된 기분이었어요. 워싱턴에 출퇴근하는 게 워낙 익숙했으니까요." 그녀는 새로운 상황을 최대한 잘 이용하기 위해 노력했다. "지난 봄엔 집에서 지내려면 뭔가 다른 일을 해야겠다고 결심했어요. 그래서 이번 학기엔 만투아여성클럽Mantua Women's Club에 들어갔어요. 육아 협동조합 운영위원도 하고, 학부모회 일도 하고 있어요. 약간의 만족감은 주더라고요." 그녀는 어깨를 으쓱했다. "그리고 아직 사무실하고도 이야기하고 있어요. 매일 밤 저녁을 먹으면서 게리한테서 정보를 캐내기도 하고요."

그녀는 올해 큰딸 엘리제가 학생회장 선거에 출마할 것이라고 말했다. 그리고 며칠 전 1학년인 세라는 캐럴이 "내 꿈을 담은 티셔츠"라고 부르는 옷을 입고 집에 왔다. 세라가 미술 시간에 자기의 인생 목표를 써 넣은 옷이었다. 거기에는 "대학에 가라. 실천해라. 직장을 구해라"라고 적혀 있었다.

충분히 훌륭하지 못한 여성들

게리 바우어가 추진하던 살림하는 여성들을 위한 입법 프로그램에는 큰 진척이 없었다. 그의 생각대로 가정주부가 있는 집에 5,000달러의 대인세를 공제해 주면 그렇지 않아도 적자에 허덕이는 정부는 매년 약 200억 달러의 세수가 줄어들게 될 터였다.[48] 하지만 바우어 같은 뉴라이트 남성들은 관료제 내에서는 많은 싸움에서 지더라도 전국적인 정치 의제를 놓고 벌이는 전쟁에서는 결국 이기곤 했다. 그 전투에서 1984년 대선은 핵심적인 전환점 역할을 했다. 그리고 이 선거에서 민주당은 여성의 권리를 놓고 최후의 일전을 벌였다.

민주당은 여성 하원 의원 제럴딘 페라로를 부통령 후보로 지명함으로써 여성들에게 두 정당의 확연한 차이를 알렸다. 이 조치는 상당한 반향을 일으켰다.[49] 덕분에 민주당은 여성 유권자 수백만 명의 추가적인 지지를 얻었고, 이들은 이제까지 여성이 역대 후보자에게 기부했던 것 중에서 가장 많은 돈을 페라로의 선거 자금으로 기부했다. 사실 민주당의 부통령 후보가 대통령 후보만큼이나 많은 정치 기부금을 모은 것은 처음이었다. 민주당 전국위원회 명단에는 새로운 이름 2만 6,000개가 추가되었는데, 선거가 있는 해에 단 한 명의 후보자가 이렇게 많은 인원을 늘려 본 적이 없었다. 그리고 페라로 덕분에 다른 야망 있는 여성 정치인들도 고무됐다. 상원 선거에 출마한 여성의 수가 세 배 이상 늘었고 여성 국회의원 후보자의 수가 기록적인 수준으로 급등했던 것이다.[50]

　페라로의 지명은 뉴라이트 레이건주의자들의 즉각적인 반격에도 불을 지폈다.[51] 이들은 페라로가 정치인이 아니라 여성이라고, 좀 더 구체적으로는 "급진적인 좌익 페미니스트"라고 공격했다. 이들은 텔레비전에 출연해서 페라로는 여성이기 때문에 국가를 방어할 능력이 없다는 주장을 되풀이했다. 보이지 않는 곳에서는 모두 그녀의 섹슈얼리티에 초점을 맞춘 일련의 중상모략 전술을 개시했다. "내가 레즈비언이라는 둥, 바람을 피운다는 둥, 낙태를 했다는 둥의 소문이 있었다"고 페라로는 회상했다.[52] 낙태 반대 운동 대표들은 앙심을 품고 그녀의 꽁무니를 따라다녔다. 심지어 이들은 소형 비행선을 타는 곳까지 그녀를 쫓아왔다.[53]

　1980년대에는 정계의 많은 후보자들이 가혹한 공격과 철저한 조사의 대상이 되었지만 페라로에 대한 공격은 전무후무했다. 그녀의 행동이 아닌 남편 존 자카로John Zaccaro의 행동이 도마 위에 올랐다. 남편이 뉴욕의 어떤 부동산 거래를 애매하게 처리했다는 이유로 그녀를 비난했던 것이다.* 페라로 자신은 그 일을 전혀 지지하지 않았다.[54] 사실 부동산중개인협회에서는 88퍼센트가 그녀를 지지하지 않았다. 그녀는 남편이 소득세 신고서 공개를 꺼린다는 이유로 맹비난을 받았다. 반면 부시는 자신의 자산을 백지신탁해서 소득세 신고서를 공개할 필요가 없었기 때문에 문제없이 넘어갔다. 자카로의 부적절한 처신에 대한 루머를 처음 퍼뜨린 곳은 뉴라이트 잡지인《휴먼이벤트》와 우익 성향의 언론 감시 단체 애큐러시인미디어Accuracy in Media였다.[55] 워싱턴의 언론인들은 이 별 볼 일 없는 집 장사가 마치 곧 백악관 예산을 주무르기라도 것처럼 그의 사업 관행을 파헤쳤다. 기자들은 자카로에 대해서는 끈기가 대단했지만 4년 뒤 이란-콘트라

　* 존 자카로는 부동산 개발업자였다.

사건이 발생했을 때 조지 부시의 역할을 보도할 때는 이상할 정도로 이런 끈기를 보이지 않았다. 《필라델피아인콰이어러》는 자카로 기사에 기자 서른 명을 배당했다.[56] 심지어 페라로가 전국에 텔레비전으로 방영되는 한 시간 반짜리 기자회견에서 가족의 소득세 신고서를 공개하고 치욕스러울 정도로 꼼꼼하게 내역을 검토한 뒤에도 그녀에 대한 재정 조사는 그녀의 은행 계좌와는 무관한 곳까지 아우르며 지속되었다. 언론은 (페라로가 여덟 살 때 작고한) 아버지와 시아버지의 오래된 회사들까지 들춰냈다. 이 난투극에서 한발 물러나 있던 몇 안 되는 언론인에 속하는 칼럼니스트 리처드 리브스Richard Reeves 는 당시에 "제랄딘 페라로를 향한 돌팔매질이 계속 이어지고 있고, 그 누구도 도움을 준다거나 여기에 저항하려고 나서지 못하고 있다. 심지어는 그녀의 측근마저도"라고 말했다.[57]

결국 선거 후의 순회 여론조사가 밝혀냈듯 민주당의 패배는 자카로의 사업을 둘러싼 스캔들 때문도, 페라로가 후보자였기 때문도 아니었다.[58] 회복 중인 경제 덕에 백악관은 다시 공화당의 손에 들어갔다. 《뉴스위크》가 실시한 여론조사에서는 유권자의 약 80퍼센트가 페라로의 남편을 둘러싼 소란이 투표 결정에 영향을 미치지 못했다고 밝혔다. 유권자들이 여성이 고위직에 오를 수 있는 가능성을 거부한 것도 아니었다. 사실 1984년 선거 이후 실시된 한 전국 여론조사에 따르면 페라로가 선거 유세를 하는 것을 본 유권자의 4분의 1이 이제는 여성 후보자에게 투표할 의향을 더 많이 갖게 된 것으로 나타났다.[59] 게다가 출구 조사에 따르면 부통령 후보자를 기준으로 투표를 했던 유권자들 내에서는 페라로가 부통령인 부시보다 더 우위에 있었다.[60]

하지만 역사 재서술은 별스러운 사건도 아니다. 대선 1년 뒤 《내셔널리뷰》는 한 기사에서 "여론조사에 따르면 그녀는 선거에서 월터 먼데일의 강점을 보강하기보다는 깎아 먹은 것으로 나타났다"고 판결했다.[61] 그 수수께끼 같은 여론조사가 어떤 것인지는 밝히지 않았다. 미디어의 다른 정치 분석가들은 페라로가 부통령 후보로 등판한 것은 민주당이 페미니스트에게 '굴복'한 것이라고 표현했고, 이 때문에 먼데일이 유권자들에게 '유약해' 보이게 되었다며 페미니스트들을 비난했다. 민주당 지도자들은 당이 저조한 성적을 거둔 것은 여성들 책임이고 여성들이 선거에 너무 많은 영향력을 행사했으며 백인 남성들을 몰아내고 있다고 공격했다.[62] 작가 니컬러스 데이비드슨Nicholas Davidson은 먼데일이 "다른 유권자들보다는 페미니스트들로부터 훨씬 많은 스트레스를 받았다. 페미니스트가 문제였다"고 주장했다.[63] 《워싱턴포스트》의 칼럼니스트 리처드 코헨Richard Cohen은 먼데일이 "암탉에게 혹사"당했고 "조직된 여성운동의 으름장과 위협"에 무릎 꿇었다고 투덜거렸다.[64] 먼데일은 "미국의 전형적인 겁쟁이"로 전락했고 "편한 의자에 앉아 초대형 샌드위치를 우적우적 씹으며 선거가 끝나기만을 기다리는 게 나았을"지 몰랐다.

결국 페라로마저 이런 수정주의적인 역사관을 내면화하고 자책하는 모습을 보이곤 했다. 이후 언론 인터뷰에서 페라로는 돌이킬 수만 있다면 출마하지 않겠다고 말했다.[65] 지명을 수락한 일이 남편에게 "공정하지" 않았다는 것이다. 그리고 그녀는 1986년 상원 출마 계획을 철회했다.

페라로는 회고록에서 "한 여성의 실패는 종종 모든 여성에 대한 판단으로 독해된다"고 적었다.[66] 그리고 실제로 그녀가 선거 기간 동안 겪었던 혹독한 경험과 만천하에 공개적으로 알린 후회는 나중에 많은 미국 여성들의 가슴에 그와 비슷하게 전달되었다. 1984년 실시한 전국 여론조사에서는 여성의 53퍼센트가 2000년이면 여성 대통령이 나올 것이라고 믿는 것으로 나타났다.[67] 하지만 1987년에는 그 비중이 40퍼센트밖에 되지 않았다. 페라로의 공개적인 패배는 정치에 뜻을 품은 여성들의 사기를 훨씬 많이 꺾어 놓았다. 1988년쯤 되자 양당의 인력 채용 담당자들은 갑자기 공직에 출마할 여성을 구하기가 어려워졌다.[68] 초당적 성격의 여성출마자지원기금Women's Campaign Fund은 종잣돈을 내주는 데 어려움을 겪었다. 미국여성정치센터Center for the American Woman and Politics의 대표인 루스 만델Ruth Mandel은 잠재적인 여성 후보자들이 한결같은 이유로 고사하고 있다는 소식을 꾸준히 듣고 있다. 그것은 바로 '페라로 요인'이 무섭다는 것이었다. 캘리포니아의 인기 서기관 마치 퐁 유March Fong Eu는 그해 민주당 상원 의원 후보 경선에 나가려다 포기했다.[69] 남편이 페라로의 남편처럼 재정 상태를 털리고 싶어 하지 않는다는 것이 이유였다.

1988년 미국 상원 선거에서 투표 용지에 이름을 올린 여성은 1984년의 열 명보다 줄어든 단 두 명이었다.[70] 10년간 상원 선거에 출마한 여성 숫자 중에서 가장 적었다. 하원에서도 여성 후보자의 수가 감소했다. 그리고 (주지사에서부터 부지사, 서기관, 주 재무부 장관, 주 감사관에 이르기까지) 주 규모의 모든 행정부 고위직에서 역시 여성의 수가 곤두박질쳤다. 가령 불과 2년 전에 여덟 명이었던 여성 주지사 후보는 두 명으로 줄어들었다. 여성 출마자 수가 약간이나마 증가한 곳은 주 의회 선거뿐이었다. 하지만 여기서도 증가율은 이전 여러 해에 비해 상당히 하락한 상태였다.

1988년 선거 결과 상원 의원 선거에 출마했던 두 여성 모두 낙선했고 그 결과 상원에는 항시 그렇듯 두 여성만 남았다[71]*(여성 상원 의원 두 명이라는 이 패턴이 마지막으로 깨진 것은 1953년이었다. 당시 상원에는 무려 세 명이나 되는 여성 의원이 있었다). 1988년에는 하원에 새로 선출된 여성도 1986년의 네 명에서 줄어든 두 명뿐이었다. 전체적으로 전국 의회와 주 의회 모두에서 여성의 비중이 정체되었고, 주 규모의 선출직 여성의 비중은 불과 1년 전의 15퍼센트에서 12퍼센트로 줄어들었다. 11년 만에 처음으로 감소한 것이었다.

1988년 1월 매섭게 추운 어느 아침 아이오와 디모인의 컨벤션센터에는 1,000여 명의 대표자가 여성의제회의Women's Agenda Conference에 참석했다. 여성들이 그 자리에 모인 것은 대통령 후보들에게 자신들의 바람을 알리기 위해서였다. 하지만 후보자는 얼마 되지 않았다. 공화당 대선 예비 선거에 출마한 여섯 남성은 한 명도 이 회의의 핵심 행사인 '프레지덴셜포럼Presidential Forum'에 나타나지 않았고 그중 네 명

* 미국 상원의원 임기는 6년이고 상원의원 선거는 2년 단위로 총의석의 3분의 1씩 다시 선출되기 때문에 1988년 선거 결과에 관계없이 1984년에 선출된 여성 상원의원과 1986년에 선출된 여성 상원의원은 그대로 남아 있었다.

은 초청을 사양하는 회신마저 보내지 않았다.[72] 민주당에서도 게리 하트Gary Hart와 앨버트 고어Albert Gore 두 명이 참석하지 않았다. '급진 페미니즘' 행사라서가 아니었다. 이 초당적인 회의는 다수의 회원이 공화당원이고, 중도라는 평가를 받는 전국 단체인 전국전문직여성모임연합National Federation of Business and Professional Women's Clubs의 후원으로 개최된 것이었다. 행사 개최 시기나 위치가 나빴던 것도 아니었다. 후보자 모두 1월에는 필사적으로 언론의 관심을 받으려 애쓰면서 예비 선거를 위해 아이오와 주위를 서성거렸다. 이들에게 충분히 알리지 않은 것도 아니었다. 초대장은 그 이전 해 6월에 보냈기 때문이다. 후보자들에게 이보다 더 급한 일정이 있었던 것도 아니었다. 후보자 중에는 그날 낚시를 하러 간 사람도 있었다. 그러면 이유는 단 한 가지뿐이었다. 이 단체의 상임 이사이자 공화당원인 린다 도리안Linda Dorian이 마지못해 결론 내린 것처럼 "공화당 후보자들이 여성을 바라보는 방식에는 뭔가 심각한 문제가 있다."[73]

대체로 1988년 공화당 후보자들은 여성을 일절 고려 대상으로 여기지 않았다. 이들은 점점 불거지고 있는데도 당 지도자들은 차라리 외면하고 싶어 하는 공화당의 문제를 상징했다. 1980년 선거에서 처음으로 남성보다 여성이 민주당에 우호적인 것으로 나타나고(5~7퍼센트의 차이로), 갤럽 조사를 통해 여성 내에서 민주당이 19퍼센트나 우위인 것으로 밝혀지면서 '젠더 격차'가 대두되었다.[74] 출구 조사 결과에 따르면 대선일에 남성과 여성은 다른 선택을 했다.[75] 레이건에게 투표한 남성은 과반수(55퍼센트)인 반면, 여성은 절반에 미치지 않았다(47퍼센트). 이런 젠더 격차는 이전 그 어떤 대선 때보다 컸고, 레이건이 여론조사 담당관인 리처드 워슬린Richard Wirthlin에게 다음 선거에서 이를 방지할 방법을 연구하라고 주문할 정도로 두드러졌다.

같은 해 언론에서는 별로 주목하지 않았지만 전무후무한 어떤 균열에서 페미니즘과 관련된 격차도 불거졌다. 여론조사를 해 보면 지미 카터가 레이건보다 앞서는 유일한 쟁점이 여성의 권리라는 결과가 나타나곤 했다.[76] 처음으로 상당한 페미니즘 성향의 투표가 표면화되었는데, 정치학자 에설 클라인이 전국 투표 패턴에 대한 연구에서 밝힌 대로 그것은 여성들 사이에서만 갑자기 불거졌다.[77] 클라인의 말에 따르면 그것은 "여성의 권리라는 쟁점을 기준으로 후보자를 선택하는 유권자군이 있고 이들이 페미니스트 성향의 투표를 중심으로 동원될 수 있다는 것을 보여 준 최초의 선거"였다.[78] 실제로 1988년에 이르자 한 여론조사에서는 남녀평등권을 선호하는 여성의 무려 40퍼센트가 "페미니즘 정당"이 있었으면 좋겠다고 밝혔다.[79] 60년 전 여성 참정권에 반대했던 사람들이 가장 두려워했던 것이 마침내 실현될 위기에 놓인 것이었다. 즉, 상당수 여성들이 남성과 독립적으로 투표를 행사하는 유권자군을 형성하기 시작한 것이다.

1980년대가 지나면서 젠더 격차는 더 벌어졌고(레이건의 경우 17퍼센트까지 벌어질 때도 있었다) 이와 함께 선거를 뒤흔들 여성의 힘도 커졌다.[80] 1984년에는 남성의 투표보다 여성의 투표가 선거 판도를 결정하는 일이 더 많았다. 1986년에는 젠더 격차 때문에 상원이 다시 민주당의 손에 들어갔다.[81] 아홉 곳의 핵심 상원 의원 경선 지역에서 여성이 더 많은 표를 던진 민주당 후보자가 승리하고 남성이 더 많은 표를 던진 공화당 후보자는 패했다. 1988년에는 마흔 곳의 주 선거에서 젠더 격차가 하나의 요소였던 것으로 보인다. 여성이 선거에서 점점 수적으로 우세해지면서 젠더 격차의 영향은 한층 강화되었다. 1980년에는 여성 유권자가 남성보다 550만 명 더 많았고 1984년에는 처음으로 남성보다 더 많은 비중의 여성이 투표에 참여했다. 1988년에 이르자 여성은 남성보다 1,000만 표를 더 많이 행사하게 되었다.

1988년에는 남녀 간의 투표 선호가 너무 달라져서 대통령 선거 운동 기간 중 한때는 젠더 격차가 24퍼센트까지 벌어져 민주당 후보였던 듀카키스가 더 앞서는 것으로 나타나기도 했다.[82] 이 격차에 가장 극적으로 기여한 집단은 직장 여성, 교육 받은 여성, 전문직 여성, 젊은 여성, 흑인 여성과 결혼을 하지 않거나, 이혼을 했거나, 사별을 한 싱글 여성들이었다.[83] 다시 말해서 이렇게 엄청난 여성 표를 확보해 준 듀카키스 지지자들은 임금 평등, 사회적 평등, 그리고 출산에 대한 권리라는 페미니즘 의제를 가장 열렬히 응원하는 여성들이었던 것이다.

공화당 지도자들이 이런 위협에 둔감한 건 아니었다. 공화당 의장 프랭크 파렌코프 주니어Frank Fahrenkopf, Jr. 는 1988년 대통령 선거 기간 동안 동료들에게 이렇게 경고했다. "우린 특히 직장에 다니는 18세부터 35세 사이의 젊은 여성들 사이에서, 그중에서도 특히 싱글 맘인 젊은 여성들 사이에서 내가 이런 단어를 사용해도 괜찮다면, 취약하다."[84] 그렇게 놀랄 일도 아니었다.[85] 여성 가장 세대는 지원금이 절실한 보육과 의료 지원, 법률 서비스, 영양 보조, 주거 지원의 예산 수십억 달러를 깎아 버린 레이건의 국내 정책 때문에 특히 큰 피해를 입고 있었다.

공화당원들이 진보적인 사회정책, 미국 여성 대다수가 분명하게 지지하는 정책들을 수용한다면 점점 늘어나는 여성의, 그리고 페미니스트 성향의 표를 자기 편으로 끌어올 수 있었을지도 모른다. 하지만 공화당 지도자들은 여성들을 냉대하고 두 배로 처절하게 남성들의 꽁무니를 좇았다.[86] 그 누구도 낙태권에서부터 사회복지 재정, 남녀평등헌법수정안에 이르기까지 다수 여성이 지지하는 입장을 취하지 않았다. 그리고 한때 이런 입장을 취했던 사람들도 이를 철회하느라 정신이 없었다. 부시, 로버트 돌Robert Dole, 피트 듀 퐁Pete Du Pont 모두 페미니즘 친화적이었던 과거의 입장에서 물러섰다. 부시는 한때 남녀평등헌법수정안과 합법적인 낙태, 연방 재원으로 운영되는 피임 서비스를 지지했었다. 1980년대에 부시가 공격하곤 했던 바로 그 연방의 피임 프로그램은 사실 그가 1970년에 국회의원으로서 공동으로 제안했던 것이었다. 당시 그는 "그 누구도 더 이상 피임에 대해 이야기하는 걸 부끄러워해서는 안 된다"고 선언했었다. 하지만 이제 부시와 공화당 관료들은 가장 상징적이면서도 공허한 여성 지지 발언을 제외한 모든 여성 친화 정책에서 발을 뺐다. 1988년 공화당 전당대회에서 당 간부들은 여성에게 단 한 가지 측면에서만 경의를 표했다.[87] 하원 의원 잭 켐프의 아내 조앤Joanne Kemp 을 비롯한 네 명의 훌륭한 어머니에게 훈장을 하사했던 것이다. 네 여성 모두 아이를 낳고 나서 한동안 직장 생활을 중단한 사람들이었다.

공화당 남성들은 여성의 요구를 들어주기보다는 남성들에게 감명을 주고 싶다는 희망에서 마초적인 태도를 견지했다. 부시는 특히 기자단 앞에서 자신의 남자다운 패기를 입증하고 싶어 했다.[88] 기자단은 자신들이 취재하는 남성 정치인들만큼이나 '겁쟁이'라는 표현에 집착하는 것 같았기 때문이다. "나는 대단히 화가 많이 났습니다." 부시는 기자단에게 확신을 심어 주려 했다.[89] "난 분통이 터집니다. 정말로 화가 나면 사람들에게 호통을 칩니다. 물론 다들 꽁무니를 빼죠." 심지어 그는 확신에 차서라기보다는 동경의 마음을 담아 이렇게 예언하기도 했다. "어쩌면 내가 루스벨트 같은 사람이라는 게 증명될 수도 있을 겁니다."[90]

선거운동 기간 동안 부시의 선거운동 본부에서는 여성의 권리에 대한 정보를 입수했나. 너무 시소해서 논평할 만한 가치가 없다는 게 이유였다. 부시의 언론 담당 비서관은 《뉴욕타임스》에 "우린 소위 여성 문제를 많이 살펴보지도, 다루지도 않고 있다"고 화라도 난 듯 말했다.[91] 부시가 선거운동 기간 동안 자신에게 조언을 해 줄 선출직 관료들을 불러 모았을 때 여성은 단 한 명이었다.[92] 부시는 낙태 반대는 자신의 선거전에서 주춧돌과 같다고 주장했지만, 여성들에게 대단히 중대한 이 문제를 별로 깊이 있게 생각한 기색도 없었다. 한 텔레비전 토론회에서 "이런 결정을 내린 여성을 범죄자로 낙인 찍을 준비가 되어 있는지"를 물어보자 "어떤 처벌을 내릴지는 아직 정리하지 못했다"고 말했다. 그가 선거운동 기간 동안 직장 여성의 필요에 부응하겠다는 시늉이라도 했던 건 극빈층 근로 가정에 1주일에 약 20달러의 세금을 감면해 주는 하잘것없는 육아 관련 제안이었다. 이 푼돈으로 평균 80달러에 달하는 기본적인 육아 비용을 충당하라는 것이었다. 결국 부시의 선거운동에서 여성에 대한 실질적인 제스처는 어처구니없지만 댄 퀘일Dan Quayle을 부통령 후보로 선정한 게 다였다. 공화당 지도자들은 언론인들에게 금발에 흰 살결인 그가 동안으로 분명 숙녀들을 사로잡으리라고 말했다.[93]

민주당은 여성들이 공화당에서 점점 소외되어 가는 데서 확실한 수혜를 얻곤 했다(실제로 1988년 《로스앤젤레스 타임스미러》가 유권자를 상대로 실시한 설문 조사에 따르면 여성의 경우 1960년대 평화운동과 민권운동에 적극적으로 공감하고 1960년대 민주당원에 동질감을 느끼는 비중이 가장 많은 반면, 남성의 경우는 같은 집단에 동질감을 느끼는 비중이 가장 적었다).[94] 하지만 1988년에 이르자 민주당 후보자와 지도자 들도 자신들의 마초성을 입증하고 '가족 친화' 전략을 채택하는 데 워낙 혈안이 되서 여성의 권리를 거의 나 몰라라 하게 되었다. 민주당 전국위원회 의장인 폴 커크Paul Kirk는 남녀평등헌법수정안과 낙태권 같은 '협소한' 쟁점(두 사안 모두 미국 유권자 대다수가 지지하는데도)은 당 강령에 발붙일 자리가 없다고 선언했다.[95] 그러고 나서 그는 민주당 여성 간부 회의을 해산시키려고 했다. 의장 선거 기간 동안 그러지 않겠다고 분명히 약속해 놓고서 말이다. 그러는 동안 민주당지도자회의Democratic Leadership Council는 조용히 낙태권을 의제에서 삭제했다.[96]

민주당이 아직 여성들에게 구애를 하던 1984년, 민주당 전국위원회는 여성들에게 경의를 표하는 경축 만찬회를 열었고, 전국에서 모인 여성 간부 회의 구성원 앞에서 모든 대통령 후보가 연설을 했다. 하지만 1988년이 되자 민주당 여성을 위한 파티는 말 그대로 끝났다. 그해에는 경축 만찬이 없었을 뿐만 아니라 여성 간부 회의가 열리는 나흘간 대통령 후보는 코빼기도 볼 수 없었다. 듀카키스는 아내를 보냈고, 저명한 남성으로서 여성 간부 앞에서 연설한 사람은 부통령 후보이자 상원 의원인 로이드 벤슨Lloyd Bentsen이 유일했다. 듀카키스는 민주당 대회에서 후보 수락 연설을 하면서 출산 여부를 선택할 자유를 한 번도 언급하지 않았다. 성차별과 임금 평등, 남녀평등헌법수정안에 대한 입장도 밝히지 않았다. 심지어 모호하게 여성의 권리를 인정하는 말도 하지 않았다. 그저 보육이 중요하다는 말을 넌지시 비춘 게 전부였다. 이제 공화당 사람들처럼 듀카키스의 눈에도 여성은 가족 단위로 안락하게 묶여 버렸을 때만 들어오는 것 같았다.

듀카키스는 여성들에게 등을 돌림으로써 최대의 지지층을 잃어버렸다. 그해 여름 24퍼센트나 그에게 유리했던 젠더 격차는 선거일에 이르러 8퍼센트 이하로 빠르게 줄어들었다. 모든 표를 집계하고 난 뒤에야 부시의 남자들은 젠더 격차에 대해, 그러니까 듀카키스의 실패가 자신들의 성공이라는 주장의 근거로 삼기 위해 떠들었다. 부시의 여론조사 컨설턴트였던 빈스 브릴리오Vince Breglio는 나중에 "부시/퀘일이 승리할 수 있었던 주요인은 젠더 격차가 마무리되었기 때문"이라고 자랑했다.[97] "그게 승리에 결정적이었다." 브릴리오는 공화당이 보육과 "더 친절하고 신사적인" 의제를 잘 활용했기 때문에 여성들이 자기들 편으로 넘어온 것이라고 주장했다. 하지만 출구 조사를 보면 이 승리는 그렇게 자랑할 만한 게 아니었다.[98] 부시는 여성 유권자로부터 49~50퍼센트의 표를 얻었기 때문에 사실상 다수는 아니었고, 1988년 공화당에 입당한 여성의 수는 사실상 4퍼센트포인트 하락했다(그해 여론조사에서 공화당원이라고 밝힌 여성은 26퍼센트뿐이었다). 공화당이 젠더 격차를 둘러싼 전투에서 '승리'할 수 있었던 건 그저 민주당이 너무 지리멸렬했기 때문이었다. 듀카키스는 우락부락한 근육을 과시하긴 했지만 한 번도 부시가 내세우는 가족이라는 가치의 허울을 보란 듯이 제압할 용기를 내지는 못했다. 듀카키스의 선거 운동원 중 한 명인 도나 브라질Donna Brazile은 부시의 가정적인 남자 코스프레 이면에 숨은 위선에 대해 감히 공개적으로 솔직하게 논평했다는 이유로 해고되었다.[99] 그리고 겁먹은 듀카키스는 보좌관의 지각 없는 행동에 대해 부시에게 서둘러 사과했다.

　민주당 내 대부분의 여성들은 후보자들이 여성 인구를 내팽개친 데 저항하기는커녕 침묵 속에 고통을 삼키며 숙녀가 되는 법을 연구하고 있는 듯했다. 간부 회의에서 몇몇 여성들이 여성 문제에 대한 벤슨의 실적이 저조하다며 감히 도전하려 하자 같은 방에 있던 다른 여성들이 바로 그 자리에서 이들의 입을 막아 버렸다.[100] 여성의 경제적 권리에 대한 법안을 후원하는 문제로 한 저명 여성 정치인을 만나려 했던 페미니스트 작가 바버라 에런라이크Barbara Ehrenreich는 그런 건 신경 쓰지 말라는 소리를 들었다.[101] "우린 더 이상 '여성 쟁점'을 다루지 않아요." 이 정치인의 보좌관은 에런라이크가 제안 내용을 설명하기도 전에 이렇게 말했다. "우린 '가족 문제'를 다루죠."

이런 전통적인 '여성성'에 입각한 주장은 20세기 초 2세대 참정권 운동가들의 항변을 연상시킨다. 이들 역시 숙녀다운 전략을 시도했다. 이들은 평등의 필요성에 대한 발언을 중단하고 그저 모성과 가정의 수호자가, 국내 정치의 '살림꾼'이 되고 싶을 뿐이라고 주장하기 시작했다. 이들의 고상한 재단장 노력은 주객을 전도시켜 버리기까지 했다. 여성의 투표권이 '가족 보호용' 무기명 투표*로 탈바꿈한 것이었다. 근 한 세기 뒤 워싱턴 정계의 그 닮은꼴들도 다시 한 번 가족이라는 깃발로 자신들을 휘감고자 했다. 여성 정치 집단들은 자신들을 무엇보다 모성의 수호자로 내세우기 시작했다. 이들은 〈서른 몇 살〉에 나오는 모성의 여신 호프 스테드먼을 내세운 텔레비전 스페셜을 필두로 '가족이 중요하다' 선언과 위대한 미국 가정 순회Great American Family Tour에 착수했다. 선거 며칠 전 언론에 보낸 마지막 우편물에서 전미여성정치간부회의National Women's Political Caucus 와 여성투표프로젝트Women's Vote Project 는 사실상 전적으로 '가족' 문제에만 초점을 맞춘 두꺼운 꾸러미를 발송했다.[102] 안에 동봉된 내용물에서는 여성이 투표를 해야 하는 것은 "미국 가정에 우리의 표가 필요하기" 때문이라고 훈계했다. 그렇다면 미국 여성에게 필요한 것은 누가 충족시켜 주는가? 이 꾸러미는 이에 대해선 아무 말도 하지 않았다.

물론 가족과 아이들의 이익을 보호하는 것은 포괄적인 사회복지에 해당한다. 그리고 가족을 지원하려는 여성 집단의 노력은 타당하고 필요하며, 그 많은 음흉한 대통령 후보들이 되뇌는 '가족을 지키자'라는 입에 발린 소리보다 훨씬 진실되다(상원의 공화당 지도자 밥 돌Bob Dole 은 국회에서 "난 우리가 이제 이 육아휴직과 보육을 놓고 장난치는 건 그만하고 중요한 문제들로 넘어갈 수 있으면 좋겠다"고 불평했다.[103] 같은 해 그는 가족 친화라는 기치 아래 대통령 후보 경선에 출마했다). 하지만 정계의 여성들은 자기 발로 가족 문제에만 매달림으로써 스스로를 불구화하고 찬밥 신세를 자초했다. 여성 정

---

* 여성기독교절제연맹WCTU의 주도하에 사회 정화를 위해서는 여성이 투표권을 가져야 한다고 주장하며 금욕 캠페인과 여성 참정권 운동을 결합시킨 제안.

치인들은 가족이라는 대의를 위해 여성 문제를 도외시하는 '선택'을 함으로써 '너는 모든 걸 가질 수 없다'는 반격의 격언에 또 한 번 굴복했다. 여성들은 교육 기회와 임금 평등, 출산의 자유를 요구하지 않아야만 보육 서비스와 출산휴가를 요청할 수 있었다. 이런 반쪽짜리 전략은 불공평할 뿐만 아니라 제대로 먹히지도 않았다.[104] 그해 모든 보육 법안과 출산휴가 법안이 무산되었던 것이다.

'가족 친화' 이데올로기가 미국 정치의 중심으로 확장되면서 여성들은 주변으로 밀려났다. 1980년대 말에 이르자 여성들이 눈에 보이지 않는 게 워낙 자연스러워서 별다른 관심을 얻지도 못할 정도였다. 1980년대 초 선거 보도에서 여성 정치인의 지위는 어느 정도는 언론에 보도되었지만, 1980년대 마지막 대선이 진행될 즈음에는 이런 관심이 모두 증발된 상태였다. 1988년 선거 다음 날 《워싱턴포스트》에 실린 14쪽짜리 특별 선거 보도에는 여성에 대한 언급이 단 한 줄도 없었다.[105] 1988년 선거 다음 주 《뉴욕타임스》는 선거 결과를 검토하고 분석하는 데 30쪽 이상을 할애했지만, 젠더 격차를 언급한 부분은 정치 트렌드에 대한 일반 기사의 마지막 단에 있는 단 두 단락뿐이었다.[106] 이 젠더 격차가 최소한 하원의 다섯 석을 결정했고 공화당 남성 국회의원 몇 명을 쫓아냈으며 전반적인 의회 선거에서 투표 패턴을 갈라놓았는데도 말이다(여성 다수는 민주당에, 남성 다수는 공화당에 투표했다). 많은 기사들이 생각할 수 있는 모든 이익집단의 관점에서 선거 결과를 살펴보았지만 여성 후보자의 운명에 초점을 맞춘 기사는 단 하나도 없었다. 그래서 정치 공직에 선출된 여성의 수가 줄어들기도 했지만 대중들은 미국 여성 정치인들이 심각한 좌절에 봉착했음을 알 길도 없었다.

부시 대통령이 취임한 지 며칠 지난 뒤이자 첫 번째 여성의제회의가 개최된 지 정확히 1년째인 1989년 1월, 여성 정치인과 운동가들이 두 번째 행사를 위해 모여들었다.[107] 지난해 부시는 귀찮다는 듯 코빼기도 비추지 않았는데도 여성 참자자들은 아직 희망을 버리지 않았다. 저명한 여성 정치인들은 부시가 이제 선거 때문에 어쩔 수 없이 취해야 했던 기회주의적인 반페미니즘의 가면을 벗고 여성의 수호자라는 진정한 자기 색을 드러내리라고 기대했다. 하지만 부시는 이번에도 연설 요청을 거절하고 대신 비디오테이프를 보냈다. 영상에서 그는 여성들에게 "꾸준히 말을 걸겠다"고 약속했다. 물론 영상 속의 부시에게는 이쪽에서 하는 말이 결코 들리지 않았다.

자기만의 당

선거 이후 첫 여름, 전미여성연맹은 3주 전 대법원이 여성의 낙태권을 제한하는 유명한 웹스터 판결을 내리고 난 뒤 부시 행정부마저 출산 선택권을 퇴보시키는 법원의 역사적인 결정에 박수 갈채를 보내자 신시내티에서 회의를 열었다. 양대 정당 여성들의 끝 모를 배신에 신력이 난 일부 내표들은 전국 대회를 열고 제3당, 그러니까 이리 대의 중에서도 여성 평등을 위해 싸우는 당을 창당하는 문제에 대한 논의를 제안했다. 이 발의는 만장일치로 통과되었다.

　평소에는 전미여성연맹의 전국 대회를 거들떠보지도 않던 언론들이 격분과 노여움, 조롱으로 들끓었다. 《워싱턴포스트》의 "아웃룩Outlook" 섹션의 편집자 조디 앨런Jodie Allen은 한 의견 기사에서 "지금은 아니다*, 지금은 갈등이 아니라 합의를 해야 할 때"라고 명령했다.[108] "누군가는 말해야 한다. 몰리 야드Molly Yard, 입 닥치라고." 이 편집자는 전미여성연맹의 나머지 지도부에 대해서는 "처신을 바로 잡거나 고개 숙여 사과하고 물러나라고" 지시했다. 다른 편집자 수십 명의 짜증도 별반 다르지 않았다. 사례가 될 만한 제목을 몇 개만 골라 보면 "전미여성연맹, 최악의 수를 두다", "전미여성연맹의 환상", "전미여성연맹, 자멸에 취하다" 같은 것들이 있었다.[109] 《뉴스위크》는 "전미여성연맹의 새된 목소리"가 낙태 선택권 운동을 파멸로 몰고 갈 수 있다고 경고하면서 익명의 회의 참가자의 말을 인용했다.[110] 이 참가자는 "몰리 야드를 살인 청부 업자에게 맡길 수 있다면 좋겠다"고 말했다고 한다(그날 회의가 제3당 제안을 만장일치로 지지했다는 점을 감안하면 이 반대자의 신원이 대단히 불가사의하다).

　＊ Not NOW, 전미여성연맹의 이니셜인 NOW는 지금이라는 뜻도 있기 때문에 중의적으로 사용한 것으로 보인다.

언론은 이 제안에 과열된 반응을 보이느라 정신이 없었던지 죄다 틀린 기사만 쏟아 놓았다. 이들은 전미여성연맹의 회장인 몰리 야드가 대회 참석자들에게 제3당 아이디어를 억지로 들이댔다고 비난했지만, 워크숍에서 이 제안을 만들고, 제안하고 통과시킨 것은 풀뿌리 대표들이었다. 그동안 깜짝 놀란 지도부는 그저 관망만 하고 있었다. 사실 지도부에서는 이보다 훨씬 온건한 당 내부 작업 계획을 제안했었다.[111] 야드는 양대 정당의 후보자 명부에 젠더 균형을 요구하자고 제안했던 것이다. 그리고 제3당을 제안했던 풀뿌리 대표들은 미디어가 생각하는 그런 '광적인 급진주의자들'이 아니었다. 지도부 선거가 있는 해가 아니었기 때문에 더 진보적인 동서부 해안의 연륜 많은 운동가와 회원 들이 회의에 참석하지 않았던 것이다. 이번 회의를 주도했던 대표들은 중서부의 평균적인 미국 여성들이었다.[112] 사실 그해에 처음으로 이런 중서부 여성들이 이상할 정도로 많이 전미여성연맹에 가입하기도 했었다. 게다가 이들의 결의안은 심지어 신당을 요구한 것도 아니었다. 그저 창당 가능성을 고민하는 '조사위원회'를 요구했던 것뿐이었다. 그리고 대표들이 고민해 보고 싶었던 당은 언론에서 떠들어 대는 것 같은 '여성 정당'도 아니었다. 대표들은 이 당을 인종 불평등, 가난, 오염, 군사주의에도 맞서 싸울 인권당이라고 폭넓게 정의했다.

총 마흔아홉 차례의 대선 중 절반에 세 당의 후보자가 출마했지만 미국의 정치 과정에는 아무런 해가 되지 않았던 점을 돌이켜 보면, 언론과 기성 정치인 들(대통령을 비롯해서 민주당 전국위원회 의장, 메인 주와 미시건 주 주지사에 이르기까지 많은 정치인들이 비난의 말을 쏟아 놓았다)의 공포 반응은 어이가 없을 정도로 도가 지나쳤다. 그 어떤 논설위원도 존 앤더슨John Anderson이나 배리 커머너 Barry Commoner가 불과 8년 전에 제3당을 만들었을 때 이들을 청부 살인하자고 제안하지 않았다(공화당 역시 제 3당으로 처음 탄생했고 네 당의 후보가 출마했던 선거에서 링컨을 당선시켰다는 점 역시 지적해 둘 만하다). 별로 대범하지도 않은 제안에 그렇게 심한 분노의 불길이 번지자 전미여성연맹 지도자들은 망연자실했다. 전미여성연맹의 전임 회장인 엘리너 스밀은 "그러니까 일반적으로 우리가 언론의 관심을 조금이라도 받아 보려면 정말로 열심히 일해야 하거든요" 하고 당황스러워하며 말했다.[113] "미합중국 대통령이 [텔레비전 인터뷰에서] 전미여성연맹의 결의안을 입에 담다니 이런 해괴한 일이 다 있어요! …… 내가 내릴 수 있는 결론은 많은 실세들이 겁먹었다는 게 전부예요."

전미여성연맹의 제3당 제안에 온갖 멸시와 비난이 퍼부어졌고 결국 제안은 확산될 기회를 얻기도 전에 불꽃이 꺼져 버렸다. 여성 조직의 대표들이 너도나도 공개 석상에 달려가 자신은 여성 정당을 개인적으로 좋아하지 않는다고, 종종 숙녀스러운 말투로 선언했던 것이다. 전미낙태권실천연맹National Abortion Rights Action League의 상임 이사 케이트 마이클먼은 심지어 휴가 중에 기자들에게 전화를 걸어 자신은 제3당 계획에 반대한다고 말하기도 했다.[114] 공화당과 민주당에 있는 많은 여성 "친구들"이 "우리가 그들을 버리려 한다고 느끼는 것을" 원치 않기 때문이었다. 이는 페미니즘 지도자들이 제3당 카드를 이용해서 민주당이 완전한 여성 의제를 지지하도록 압박했던 1980년과는 대단히 달라진 반응이었다. 당시 이들은 민주당이 남녀평등헌법수정안과 낙태권, 보육을 의제로 삼지 않으면 독립적인 후보자였던 존 앤더슨을 지지하겠다고 위협했다.

제3당 아이디어가 촉발시킨 강력한 조롱은 여성 정치인들에게도 그만큼 강렬한 불안감을 안겨 주었음에 틀림없었다. 어쩌면 스밀이 맞았던 것인지 모른다. 실세들이 겁을 먹은 것이다. 정계의 기득권 세력들은 전미여성연맹의 안을 '비현실적'이고 '철없다'며 조롱해야만 했다. 왜냐하면 실제로는 그렇지 않기 때문이다. 이들의 계획은 실현 가능성이 있고 위협적이었다. 무엇보다 부시가 1988년 선거에서 상대했던 모든 전투 중에서, 그의 자문단이 선거의 '큰 성과'로 지목한 것은 후보자가 젠더 격차를 성공적으로 물리쳤다는 점이었다. NBC의 베테랑 기자 데이비드 브링클리David Brinkley는 텔레비전을 통해 1988년 민주당 전당대회를 보도하면서 생방송 중에 "이제 백인 남성은 모두 끝난 건가요?"라며 신경질적으로 물었다.[115] 정치 논평가 조지 윌George Will은 똑같이 실망하는 기색으로 되받아치며 맞다고, 그들이 "백인 남성의 퇴락"을 목격하고 있는 것 같다고 대답했다. 이들 뒤에 나타난 화면에는 민주당 연단에 백인 남성들의 얼굴만 득시글대고 있었다. 하지만 두 남성 정치 전문가들에게 그건 하나도 중요하지 않았다.

1980년대가 저물 무렵, 다수 미국 여성의 분노와 소외를 감지하기 위해서는 과도한 상상까지도 필요하지 않았다. 먼저 레이건 행정부에게 사기당하고, 그 다음에는 1988년 대선에서 완전히 소외되고, 마지막으로 낙태를 제한하는 웹스터 판결 때문에 사기가 땅에 떨어진 여성들의 분노는 사실 국내 여론조사에서 놀라울 정도로 표면화되고 있었다. 양켈로비치의 1989년 한 여론조사에 따르면 다수 여성들은 민주당과 공화당 모두 평균적인 미국 여성과 거리가 멀다고 생각했다. 그렇다면 이들은 누가 자신들과 가깝다고 생각했을까? 다수 여성이 전미여성연맹, 여성운동 지도자들, 그리고 페미니스트 세 집단을 언급했다. 이 양켈로비치 조사를 연령대별로 분석해 보니 민주당과 공화당의 미래에 정말로 우울한 결과가 나타났다. 여론조사에 참여한 모든 연령 집단 중에서 이 전통적인 양대 정당과 가장 동일시를 적게 한 집단은 젊은 여성들이었다. 그리고 이들은 페미니스트 집단 및 지도자 들과 가장 많이 동일시한 집단이었다. 22세부터 29세 사이의 여성 중에서 공화당이 평균적인 여성들과 가깝다고 믿는 사람은 36퍼센트밖에 되지 않았다. 반면 이 젊은 여성들 중에서 전미여성연맹이 자신들의 필요에 닿아 있다고 말한 사람은 73퍼센트였다. 가장 압도적으로 많은 수가 같은 의견을 표출한 연령 집단은 가장 젊은 16세부터 21세까지였다. 이들은 83퍼센트가 전미여성연맹이 자신들을 대변한다고 믿었다.

1980년대가 저물 무렵 여성들은 엄청나게 강력한 투표 블록을 구성할 수도 있었다. 여성운동과 다른 진보 운동의 지도자들이 자신들의 천군만마를 동원하기만 했더라면 말이다. 하지만 1980년대 미국 국회 의사당의 반격은 여성들에게 유리한 이 역사적인 정치적 기회를 저지했다. 배척과 적개심, 조롱의 폭격을 꾸준히 가하면서 말이다. 이런 폭격에 가장 의기소침해진 건 당연하게도 가장 근거리에 있던 여성들이었다. 그래서 전미여성연맹의 중서 지역 대회에 참석한 평균적인 미국 여성들이 만반의 준비를 완료한 그때 워싱턴의 많은 여성 지도자들은 잽싸게 몸을 숨겼던 것이다.

11장

반격의 수뇌부, 네오콘에서 네오펨까지

뉴라이트 지도자들은 절대 반격만 팔아먹지는 않았다. 이들이 온종일 방송되는 폴웰의 〈흘러간 가스펠 시간Old-Time Gospel Hour〉을 애청했을 수도 있긴 하지만, 이들의 우레와 같은 웅변이 〈굿 모닝 아메리카Good Morning America〉*까지 넘어가는 일은 없었다. 이들의 반페미니즘 팸플릿들이 복음주의 베스트셀러 목록에 올랐는지는 몰라도, 대형 출판사들은 이런 격 떨어지는 싸구려 페이퍼백의 판권을 요구하지 않았다. 전국 규모의 토론장에 들어갈 수 있는 건 텔레비전에 나와 침착하게 말할 수 있는 사람, 언론이 적당하게 광을 내 준 중개자, 그리고 여성의 독립에 대한 불 같은 장광설을 절제된 촌철살인과 호평받는 양장본의 책으로 바꿔 낼 수 있는 학력의 소유자들이었다.

반격의 사절들은 학문의 온갖 벽지에서 정보를 보내왔다. 고전을 들먹이는 철학자도 있었고, 수학 실력을 뽐내는 사회과학자들도 있었고, 여성의 제자리에 대한 근거를 원주민에게서 찾는 인류학자도 있었다. 하지만 이들은 단순한 학계의 권위자들이 아니었다. 이들은 대중 작가이자 연사이기도 했다. 이들은 남성 운동과 심지어 여성 운동의 멘토였다. 이 중간상인들은 하나의 단일한 이데올로기 진영과 동맹을 맺지도 않았다.1) 사실 이들의 보증은 정치 스펙트럼을 넘나들며 반페미니즘 정서를 퍼트리는 데 일조했다. 1980년대가 시작될 무렵 이들 중에서 가장 유명한 집단은 신보수주의 논평가들이었지만, 1980년대 말에 접어들자 진보적이고 좌파적인 대의에 동질감을 느끼는 이론가들 역시 반격의 연단에 몰려들었다. 1990년대 초가되자 레이건주의 성향의 작가 조지 길더George Gilder가 연단에서 물러나고, 낙태에 찬성하는 여성들을 질타하고 자녀가 있는 부부는 헌법

* ABC에서 방송하는 아침 뉴스 프로그램.

을 통해 이혼을 금지시키자고 주장하는 좌파 지식인 크리스토퍼 래시가 그 자리에 올라섰다.[2]

이런 사상가들 중에서 평등에 대한 여성의 요구를 공개적으로 비난한 건 얼마 되지 않았고 대부분은 중립을 표방했다. 이들이 여성의 독립에 대한 토론을 벌일 때 그건 개인적인 견해가 아니라 철학 담론이었다. 이들이 페미니즘이 여성들에게 상처를 입혔다고 말할 때는 객관적인 거리를 두고 페미니즘 범죄 현장을 조사한, 교양 있고 걱정 많은 구경꾼으로서 말하는 것이었다. 이들의 판단은 대중들이 믿을 만했다. 뉴라이트와 달리 이들은 페미니즘 운동을 상대로 절대 날을 세우지 않았다. 이들은 그저 여성에게 최선의 것을 원하는 것일 뿐이었다.

사실 반격의 전문가 중에는 페미니스트를 자처하는 여성도 있었다. 빗빗은 자신들은 '어머니의 권리'를 강력하게 대변하는 2세대 '네오페미니스트'로 분류했다. 여성운동 초기부터 간직한 회원 카드를 여 보란 듯이 흔들어 대는 사람들도 있었다. 이들은 지금은 수정주의적인 입장의 책을 발간하는 1970년대 페미니스트 작가들이었다. 그리고 열성적인 해설자들로 구성된 반격의 부대가 점점 세를 불려 가며 자신들의 젠더 차이에 대한 연구를 왜곡하고 있는 모습을 망연자실 방관만 하는 페미니스트 학자들, 자기도 모르게 본뜻과는 다른 메시지를 전달하는 이런 학자들도 있었다.

반격을 대중에게 설파하는 전문가들은 워낙 다양하고도 맥락이 없어서 정치적 혹은 사회적 일반화가 불가능했다. 하지만 이들에게는 마이크 앞에 섰을 때 개인적인 응어리를 풀어놓는다는 공통점이 있긴 했다. 여성의 지위에 대한 이들의 관심은 진실되고, 지적 호기심은 충분히 강렬했는지도 모른다. 하지만 이들을 움직인 것은 본인이 채 인지하거나 이해하지 못했던 사적인 갈망과 반감, 자만심이기도 했다. 뉴라이트 남녀, 그리고 레이건 진영과 마찬가지로, 이들 역시 가정과 직장에서 지난 20년간 일어난 고통스러운 사회 변화와 씨름해야 했다. 그리고 남녀 간의 스트레스가 심했던 시기에는 그럴 수밖에 없는 것 같지만, 개인적인 갈망과 지적인 탐구는 결국 뒤섞여 버렸고, 그 결과 여성은 과열되고 미시적인 연구가 필요한 '문제'가, 거만하게 수염을 쓰다듬으며 일장 연설을 풀어놓을 가치가 있는 국가적인 병폐가 되어 버렸다. 이들의 실제 생활에서 여성은 문제의 근원일 수도, 아닐 수도 있었지만, 이들의 글과 말에서 '여성'은 그 많은 사적인 불안과 망령을 투사할 수 있는 전천후 스크린이 되었다.

이런 반격 사상가들의 치렁치렁한 학자복 아래에는 별로 학자답지 못한 충동이 감춰져 있었다. 이 중에는 페미니스트들 때문에 자신의 승진이, 종신 재직권이, 명예가 희생되었다고 믿는 학자들이 있었다. 이들은 여성학의 탄생을 직업이라는 면뿐만 아니라 개인적 차원에서도 불안감을 조성하는 침략으로, 교정 잔디를 짓밟은 무단 침입이라고 생각했다. 이 중에는 페미니즘 작가와 편집자 들이 자신들의 문학적 업적에 그늘을 드리우거나 출판 산업을 독점했다고 믿는 작가들도 있었다. 자신의 가정과 결혼 생활에 나타난 대단히 비이론적인 변화와 타협하려고 애쓰는 이론가들도 있었고, 10년 동안 여성 단체와 해결되지 않은 개인적인 싸움을 전개하거나, 페미니즘 지도자에게서 받은 실제 혹은 상상해 낸 모욕을 곱씹는 정치 전략가들도 있었다. 그리고 이 중 많은 이들은 그저 원래 여성의 권리를 옹호하는 입장을 취함으로써 얻었던 과거의 명성을 회복하고 싶어 하는, 관심에 굶주린 사람들이었다.

여기서 이런 개별 남녀를 대상으로 정신분석을 하는 것은 가능하지도, 바람직하지도 않고, 공정하지도 않을 것이다. 이들이 여성운동과 싸우는 이유는 복잡하게 뒤얽힌 하나의 집합과 같고, 사적인 정황은 그중 하나에 불과하기 때문이다. 핵심은 반격의 이론가들을 심리학 사례 연구 대상으로 몰아가는 게 아니라, 별로 인지되지는 않았지만 이 사상가들의 페미니즘에 대한 태도를 형성하는 데 중요한 역할을 한 요인들(직업적인 고충에서부터 가정 내 역할 긴장까지)로 이들 사상의 고려 범위를 넓히는 것이다.

뒤에 출연하는 유명 인사들이 반격이라는 비빔밥을 만들어 낸 많은 학자와 작가, 연사 들로 이루어진 포괄적인 목록의 대표 주자라는 뜻은 아니다. 반격을 대중의 입맛에 맞춰 조리한 요리사들은 유명인들에서부터 잠깐 언론에 출연했다 사라진 사람들까지 워낙 많았다. 앞으로 공식 대변인 중 몇 명을 뽑아 사례로 제시할 것이다. 어쩌면 힘들고 당혹스러운 변화의 시기를 헤쳐 나가느라 본인 역시 겁먹거나 혼란스러운 와중에 허세를 부리거나 허풍을 떨거나 약자를 괴롭혔던 건지 모를 몇몇 고매하신 전문가들을 간략하게 살펴보도록 하겠다.

조지 길더: "미국 제일의 반페미니스트"

1970년 미국이 캄보디아를 침공했을 때 진보적인 성향의 당시 공화당 상원 의원 찰스 머사이어스Charles McC. Mathias의 대변인이었던 스물아홉 살의 조지 길더는 어떻게 이 국회의원이 침공에 반대한다고 주장하면서 동시에 대통령을 지지할 수 있는지 항의하는 반전 시위대에 '포위'된 것을 알게 되었다.[3] 이들은 길더 역시 조롱했다. "그들이 봤을 때 나는 전쟁에 반대할 수도 있는 사람이었지만, 사실 나는 '시스템'의 일부였다"고 그는 회상했다.[4] 어느 날 성난 시위대의 바다를 겨우 빠져나간 그는 집에 앉아서 생각에 잠겼다. 나중에 그가 글에서 밝힌 바에 따르면 그날 저녁 그가 느낀 "거북함은 내 업무의 어쩔 수 없는 딜레마를 넘어서는 것이었다. 내 정력에 대해서도 꺼림칙한 기분이 들었다."

> 나는 동남아시아에서 적의 포격을 피하기만 한 게 아니라 워싱턴에 대한 전적인 헌신도 피했다.[5] 다음 날이면 수천 명의 젊은 남녀가 도덕적 열정에 가득 차서 행진하겠지만, 나는 폭력에 대해, 평화에 투표를 할 수도 있는 힘 있는 상원 의원들에게 무례한 언동을 일삼는 것에 대해 걱정할 것이었다.
>
> 어떤 면에서 나는 내 헌신이 더 깊고 실용적이고 전문적이라고 생각했다. 하지만 그렇다고 해서 몸담고 있는 곳의 일과 정서적으로 공감하는 일을 혼동할 수는 없었다. 집단과 대의 모두에 충성할 수는 없었다.

많은 반성 끝에 그가 도달한 해법은 달리기였다. "달리기를 충분히 하고 나면 내가 남자답다는 기분과 도덕적 충족감이 몇 시간은 지속되곤 했다."[6] 길더가 워싱턴 기념비로 이어지는 언덕을 헐떡거리며 달리고 있는데 하늘에서 어떤 물체가 떨어졌고 갑자기 그는 "복부에 총알이 박히거나 목에 올가미가 채워진 듯 어둠 속에서 땅바닥을 뒹굴었다."[7] 그를 시위대로 오인한 경찰이 그가 오는 방향에 최루가스통을 던졌던 것이다. 사실 그는 통에 맞지는 않았지만 마치 "불 세례"를 당한 것 같았다.[8] "그 언덕에 섰을 때 …… 난 그렇게 깊은 생각에 잠기거나 철학적인 기분까지는 아니었다"고 그는 적었다.[9] "난 큰 기쁨에 북받쳐서 놀랐다. 그걸 역사라고 할 수는 없겠지만 난 그 덕에 사건의 흐름 속에 잡히하게 되었다. 나는 내가 시위대 최초의 희생자 중 하나였으리라고 생각했다. 아마 1등이었으리라."

불 세례가 길더를 반전운동으로 개종시키긴 않았지만 '즉각적인 관련성'을 부여했고, 공동체의 여운이 남았을 때 그는 자신의 아파트 밖에 진을 치고 있던 네 명의 시위대에게 달려가 '나의 이야기'를 전했다. 이 시위대(세 남성와 한 여성)는 그에게 자신들의 이야기를 들려주었다. 이들에게는 잠잘 곳이 필요했다. "당시의 정서대로 난 이들을 그날 밤 내 집에서 재웠다"고 길더는 적고 있다.

남자 손님들은 다음 날 아침에도 그다음 날도 떠나려 하지 않았다.[10] 매일 길더가 집에 돌아와 보면 남자들이 소파에 늘어져 있고 거실에는 마리화나 꽁초가 흩어져 있고 냉장고는 텅 비어 있었다. 길더가 점잖게 언제쯤 나가 줄 수 있을지 물어보자 이 중 대장격인 남자는 잭나이프를 휘두르며 길더를 비웃었다. 결국 길더는 가방을 꾸려서 어떤 '여자애'의 집을 임시 피난처로 삼았다. "어떤 면에서 이들이 날 내쫓았던 것 같다"고 그는 적고 있다.

1주일 뒤 용기를 내어 집으로 돌아온 그는 무단 점거자들이 사라진 걸 보고 안도의 한숨을 쉬었다. 턴테이블과, 음반과, 음식을 가져가 버리긴 했지만 말이다. 하지만 이들은 그의 침대에 잠든 15세 소녀를 두고 갔다. 홀홀단신인 여성 침입자 앞에 서니 자신감이 솟는 듯했다. 그는 이 금발 여성을 침실 밖으로 "쫓아냈다."

이듬해 길더는 '유명 작가'로서 경력을 쌓겠다는 희망을 품고 하버드스퀘어로 다시 집을 옮겼다.[11] 여성들 내에서긴 했지만 어쨌든 유명 작가라는 것은 가족 내력이었다. 그가 언급한 바에 따르면 보기 드물게 많은 여성 친척들이 성공한, 그리고 심지어 걸출한 작가와 각본가였다(데이비드 록펠러David Rockfeller의 대학 동창이었던 길더의 아버지가 제2차 세계대전에서 사망한 뒤 길더를 키운 것은 록펠러가 사람들이었다. 이런 성장 환경은 당연히 그의 기대치를 높였을 것이다). 나중에 길더가 회상한 바에 따르면, 그는 국가적인 격동의 현장을 다루는 사회 평론가가 되고 싶었다.[12] 그는 조앤 디디온Joan Didion급의 문학적 인물이 되고 싶었다. 하지만 그 사이 그는 중도적인 공화당원들의 모임인 리폰협회Ripon Society의 기관지 《리폰포럼*Ripon Forum*》의 편집자로 일하고 있었다.

이 공화당 기관지 사무실에서 그는 다시 한 번 자신의 세력권에서 축출당할 정치적인 위협에 더 직접적으로 직면했다. 그의 말에 따르면 닉슨Richard Nixon 대통령의 보육 법안 거부권 행사를 칭찬하는 기사를 쓰고 났더니 《리폰포럼》의 '페미니스트들'이 떼로 몰려와 그를 공격했다.[13] 이들은 길더를 쫓아내기 위해 로비 활동을 벌였다. 설상가상으로 이들은 길더를 헐뜯으면서 미디어의 주목을 받았다. 그의 회상에 따르면 "이들 중 몇몇은 바버라 월터스와 함께 〈투데이 쇼〉에 출연했다." "그러니까 난 사실상 구독자 하나 없는 무명의 잡지를 만들고 있는데, 이 여성 공직자들은 텔레비전에, 그것도 〈투데이 쇼〉에 출연해서 내 관점을 반박할 수 있었던 거죠."

그러다가 길더는 텔레비전 프로그램 진행자들이 그가 어떤 반격을 할지 훨씬 많은 관심을 갖고 있음을 알게 되었다. "난 국회의원에다가 저명한 교수, 페미니스트 들과 함께 '최전선'에서 관심을 받았어요. 겨우 그 기사 하나 때문에 말이에요." 그리고 드디어 그렇게 오랫동안 원했던 청중들의 관심을 얻게 되었다. "프로그램이 방영된 뒤 사실상 모든 여성들이 저랑 말싸움을 하려고 돌진해 왔어요. 당시 몇 년간 그렇게 여성들의 열정적인 관심을 받을 방법을 찾아 헤맸는데, 분명히 횡재를 하긴 했던 거죠." 바로 그때 그에게 한 가지 생각이 떠올랐다. 그건 바로 다른 방식으로, 그러니까 '미국 제일의 반페미니스트'로 전국적인 명성을 날릴 수 있을지 모른다는 생각이었다.

그때까지만 해도 길더는 사실 페미니스트를 자임했다. 그런데 이제 그는 당시 자신에게 선택의 여지가 없었다고 주장한다. 그때는 여성해방 운동가들 때문에 어쩔 수 없이 남성들이 그런 척해야 했었다는 것이다. "케임브리지에서는 페미니스트들이 단연 우세했죠." 그는 말했다. "사실 페미니스트가 아닌 사람이 없었어요. 필수적인 미사여구 같은 거였다고나 할까." 하지만 그가 반은 농담으로 자신에게 부여한 또 다른 직함인 "미국 제일의 남성 우월주의자"가 됨으로써 그는 이런 페미니스트들의 지배에서 벗어나는 동시에 문학적 이력을 쌓을 수 있는 방법을 찾게 되었다. 리폰 페미니스트들과 최후의 길전을 치른 직후 길더는 편집 일을 그만두고 거처를 뉴올리언스로 옮긴 뒤 『성적인 자살Sexual Suicide』을 집필하기 시작했다. 페미니즘의 참혹한 피해를 다룬 이 첫 책을 시작으로 길더는 같은 주제의 책 세 권, 『벌거벗은 노마드Naked Nomands』, 『눈에 보이는 남자Visible Man』, 『남자와 결혼Men and Marriage』을 더 냈다(1986년에 출간된 마지막 책은 사실 『성적인 자살』의 개정판으로, 반격이 불붙었던 1980년대에 길더의 표현에 따르면 페미니즘의 "심각한 퇴보"를 활용해 보려는 희망에서 재발행되었다). 이 모든 책에서 그는 '직장에서 점점 많은 남성들을 몰아내는' 여성들과, '상류층 페미니스트 숙녀들을 격퇴할 배짱이 없는' 남성들(심지어 '많은 보수적인 남성들')을 다룬다.[14] 그의 책들은 페미니스트들이 제멋대로 하기 위해 '억압'에 의지하고 있다고 경고한다.[15] 재계에서 이들은 "가정의 기초인 성 역할뿐만 아니라, 자유 기업의 핵심인 자유마저 위협"한다. 워싱턴에서 이들은 "정치 질서 그 자체를 무력화"시키려 하고 있다.

길더의 우화 「공주의 문제The Princess Problem」는 "우리 해방의 꿈을, 젊은 여성의 꿈을 꾸자"로 말문을 연다.[16] 미디어의 트렌드 기사처럼 싱글 직장 여성에 대한 길더의 이야기는 훈계조다. 자유롭지만 불행하다고 느끼는 우리의 공주 수전은 《랜커하우스Rancour House》의 부주필이다. 그녀의 '문제'는 싱글인 데다 서른이 코앞이라는 점이다. 그녀는 같은 직장의 편집 주간인 시몬이라는 기혼남과 내연의 관계다.

수전은 자신의 사무실에서 "이스트 강이 보이는 작지만 특권적인 경치를 망연히 내려다보며" "어째서 싱글 남자는 하나도 없는 거야?" 하고 혼자 한숨짓는다. 이와 함께 그녀는 자유의 여신상과 여성 해방의 부정적인 면에 대해 생각한다.

> 자유의 여신상은 1986년에 어떤 요구를 할까?[17] 자유를 갈망하는 너희 회사의 부주필들을, 사무실에만 처박혀 지내는 여성 임원들을, 유능해 보이는 사무적인 미소를 짓고 자궁은 약물로 무력화시켜 놓은 젊은 여성 변호사들을, 대학원 학위가 있는 지치고 굶주린 상속녀들을, 화려하지만 열 수 없는 유리창 뒤에서 승~~진하려 하고 있는, 모든 싱글 여인들을, 간신히 감동을 음미하면서~~ 시간의 흐름과 자유의 약속을 곱씹는 그녀들을 모두 내게 데려 와라.

길더에 따르면 수전이 눈높이를 낮추고 별 볼 일 없는 작가인 아널드와 결혼하기만 하면 자신의 '문제'를 해결할 수 있었다. 아널드는 다소 한심하긴 해도 집요한 구혼자였지만 수전은 아널드를 자신의 롤로덱스 파일철에 넣어 줄 가치도 없는 사람으로 여긴다. 그가 최근에 맡긴 원고는 그녀의 책상 위에서 먼지만 쌓이고 있다.

길더는 수전이 아널드를 차 버린 데 대한 대가를 치르게 될 것이라고 말한다. 시몬은 아내와 헤어지지 않을 것이고 수전은 "남편도 없이 30대에 접어들게" 될 것이다.[18] 그녀는 "30대에 접어들 무렵 누구든 잡히는 사람과 결혼해야 할 것이다. …… 만일 그녀가 너무 오래 시간을 끌면 아널드마저, 특히 그가 마침내 작가로 성공하게 되면 더 이상 그녀에게 관심을 갖지 않게 될 것이다. 그는 애석해하며 그녀를 거절하고 20대 여성을 택할 것이다." 시원찮던 아널드는 최후의 승자가 되고 수전은 "약물과 술병에 …… 너무 자주 몸을 맡기는" 노처녀가 될 것이다.

수전은 어째서 아널드와 결혼해야 하는 걸까? 길더에 따르면 여성들이 "이 세상의 수많은 아널드들에게 승부를 걸어야 하는 이유는 이들을 선택하고 사랑하고 이들의 아이를 낳음으로써 고군분투하는 젊은 싱글 남성들이 시몬처럼 성공한 남성이 될 가능성을 크게 높여 줄 수 있기" 때문이다.[19] 그러니까 수전이 아널드와 결혼해야 하는 건 아널드를 위해서라는 것이다. 결국 공주의 '문제'는 왕자의 문제였던 것이다.

1970년대에 고군분투하던 작가이자 욕구 불만 싱글 남성이었던 길더에게도 아널드와 비슷한 문제가 있었다. 서른을 넘긴 그는 결혼을 하지 않은 상태였고, 그걸 극도로 불행하게 여긴다고 자기 입으로 말하고 다녔다.[20] 길더의 작품에서 싱글 남성의 곤경은 1970년대부터 꾸준히 등장하는 불만 사항이다. 어린 시절 친구 중에서 유일하게 결혼하지 않았던 해병대 'P. J.'가 최근에 권총으로 자살을 했다고 그는 걱정스럽게 말했다. 길더는 이와 유사한 운명을 피하고 싶어서 "대단히 공격적으로 여자를 쫓아다녔"지만 아무도 그와 결혼하려 하지 않았다.

『벌거벗은 노마드』에서 싱글인 조지는 카리브 해의 어떤 섬에 몸을 숨기고 글을 쓰면서 해안가에 있는 관능적인 스물다섯 살짜리 여성을 몰래 염탐하고, 그에게는 눈곱만큼도 관심 없는 이 여성과의 조우에 대해 묘사한다.[21] 조지는 그녀에게 다가가지만, 그녀는 "이데올로기적으로 거만한" 페미니스트형 인물로 드러난다. 대양을 홀홀단신 항해하는 대단히 독립적인 여성이었던 것이다. 그녀는 그에게 이렇게 말한다. "난 절대 결혼 같은 건 안 해요. 절대, 절대로. 요즘 누가 결혼을 한다고." 그러고 난 뒤 조지는 혼자 이 섬의 절벽으로 걸어가서(조지의 설명에 따르면 "어쨌든 난 싱글 남자"기 때문에 이곳에서 선탠을 하고 싶어 했다) 떨어져 코가 깨진다. 바로 그 자리에서 그는 이 작은 사고가 자신이 결혼하지 않은 남자라서 벌어진 일이 아닌지 의심한다. "싱글 남성은 기혼 남성에 비해 '추락 사고'로 사망할 가능성이 여섯 배 더 높다"고 그는 말한다.[22] 그러고 난 뒤 이번에는 코가 납작해져서 사랑받지 못하게 될까 봐 걱정하기 시작한다. 결국 그는 여성은 권투 선수 같은 외모에 사족을 못 쓴다는 생각으로 자위한다. "어쩌면 남은 일생을 싱글로 지낼 필요가 없을지 모른다."

길더의 책들은 현대 싱글 남성의 과잉 공급과, 불안정한 감정 상태에 대해 한탄한다. 그는 "싱글 남성은 암초에 걸려 있고 밀물이 빠져나간다. 그는 생물학적으로 진퇴양난의 상태에서 가망 없는 꿈을 품고 있다"고 적고 있다.[23] 일부 다른 반격형 작가들과는 달리 그는 최소한 남성이 결혼을 통해 얻을 수 있는 혜택에 대해, 그리고 싱글 남성과 싱글 여성의 실제 비율에 대해 정직하다[24](그럼에도 그는 1980년대에 『남자와 결혼』을 발간했을 때 페미니즘이 여성에게 미친 해로운 영향의 근거로 하버드-예일 대학교 결혼 연구를 서론에서 인용했다). 길더는 심지어 싱글 여성이 싱글 남성보다 성관계를 두 배 이상 더 많이 한다는 연구까지 의기소침하게 지적하면서 오늘날 싱글 여성은 이미지는 싱글 남성보다 훨씬 낫다고 확신한다. 길더는 "빈곤, 범죄, 정신 질환, 우울증, 사망률의 경우와 마찬가지로, 성 혁명의 피해자는 싱글 남성들"이라고 적고 있다.[25] 그리고 그는 싱글 남성은 여성보다 결혼할 필요가 훨씬 더 많다고 지적한다. "여성들은 아니라고 주장할 수도 있지만, 사실 결혼을 안 해도 종종 잘 지낸다. 싱글 여성들은 최소한 노년기까지 안정되고 풍부하게 생활할 수 있다. …… 남성은 여성이 없으면 '위협적인 존재'가 될 때가 많다. 그리고 이들은 '종종 홉스스러운 삶, 그러니까 외롭고, 가난하고, 심술궂고, 야만적이고, 무뚝뚝한 삶을 살 수밖에 없는 운명에 종종' 놓이게 된다."[26]

남성이 결혼을 해야만 하는 이유는 가정을 부양한다는 건 남자다움의 진정한 척도이기 때문이다. 그는 "주로 결혼한 남자들에게는 …… 남성미가 뿜어져 나온다"고 말한다.[27] 그러면 싱글 남성은 어떻게 "신붓감보다 경제적으로 우월하기 어려운 사회에서 부양자"임을 입증할 수 있을까? 길더는 양켈로비치 연구자들처럼 아직까지는 전체적으로 당연하게 받아들여지는 남성성의 사회적 전제 조건, 바로 진짜 남자는 가족의 모든 비용을 책임진다는 주장을 우연히 접하게 되었다. 하지만 길더는 남성성에 대한 이런 식의 경제적 정의는 인간이 생물로 존재하기 위한 토대라는 본질주의적인 입장을 취한다고 보고 이 사회과학자들과 결별한다.

길더가 주목하는 불완전 고용 상태에 있는 젊은 싱글 남성들은 양켈로비치의 '도전자들'*보다 훨씬 우울하다.[28] 길더가 보기에 싱글 남성들은 일반적으로 지나치게 불쾌한 족속으로, 기혼 남성에 비해 약물 중독자, 알코올중독자, 상습적인 도박꾼, 범죄자, 살인자가 될 가능성이 훨씬 높은 "벌거벗은 노마드 중의 개코원숭이 무리"와 같다. 그는 "남자가 결혼하지 않은 채로 나이가 들면 자살할 가능성이 그만큼 높아진다"고 말한다.[29] 길더는 "이 야만인들을 길들일" 수 있는 건 결혼반지뿐이라고 경고한다. 하지만 만일 전형적인 싱글 남성이 이렇게 매력이 없다면, 어떤 이성이 그와 신혼은 고사하고 데이트할 생각을 할까? 길더는 여성들에게 당신들에겐 선택의 여지가 없다고 답한다. 결혼을 하든지, 그렇지 않을 거면 죽을 준비를 하든지. 그는 "주변적인 남성이라고 해서 무력하지는 않다"고 기분 나쁘게 충고한다.[30] "이들은 칼과 총, 마약과 알코올을 구입할 수 있고, 이로써 잠시 약탈적인 방식으로 우월감을 손에 넣을 수 있다." 이들은 "강간하고, 약탈하고, 짓밟고, 빼앗을" 것이다.[31] 어두운 골목에서 이런 남자를 마주치느니 그냥 결혼식을 올리는 게 더 나을 거라는 식이다.

길더는 초기에 낸 책들을 통해 미디어계의 반페미니즘 권위자라는 틈새를 차지하게 되었지만, 원래 갈망하던 만큼의 독자층을 확보하지는 못했다. 1970년대 내내 판매 부수가 하락했다.[32] 『성적인 자살』은 1만 2,000부, 『벌거벗은 노마드』는 7,000부, 『보이지 않는 남자』는 무려 600부였다. 길더는 "세계 최고의 이직 실패자"라고 자조 섞인 한숨을 쉬었다(반면 반격이 한창일 때 출간된 『남자와 결혼』은 우편 주문만 가능했는데도 3만 부 이상 팔렸다).

하지만 1981년 마침내 길더는 자신의 일을 레이건의 일과 연결시켜서 문학적인 성공을 거두게 되었다. 페미니스트 전력이 있는 중도 공화당 성향을 억제하고 (리폰의 젊은 창립 멤버였던 시절 그는

* 3장 참고.

'B급' 영화배우 출신의 레이건을 조롱하는 책을 공동으로 집필한 적도 있었다) 레이건의 연설문 담당자가 되어 레이건의 수락 연설문을 작성하는 데 참여하게 된 것이다.[33] 그리고 무엇보다 그를 가장 유명하게 만든 것은 나중에 이 새 행정부의 공급 중시 경제학과 예산 감축 계획에 청사진을 제시할 한 권의 책이었다. 이 예산 감축 계획은 여성 가장 세대에 특히 심각한 타격을 입혔다. 당시 『부와 빈곤*Wealth and Poverty*』은 진보주의자와 이들의 유산에 대한 공격으로 가장 널리 알려졌지만 또 다른 정치 집단 역시 겨냥하고 있다는 사실은 상대적으로 별로 주목받지 못했다. 이 책은 페미니스트와 이들의 소행 역시 적나라하게 공격했다.

명성도, 재산도 없던 프리랜서 작가가 하룻밤 새 레이건 행정부의 지적인 총아가 되었고, 그 덕에 가난뱅이에서 부자로 변신했다. 레이건의 남자들은 저런 줄 모르고 『부의 빈곤』의 후신인이서 생긴 업자처럼 굴었다.[34] 레이건의 선거 사무장이었던 윌리엄 케이시William Casey는 집필 기간 동안 재정적인 지원을 했고, 레이건의 예산 담당자 데이비드 스톡먼David Stockman은 이 책을 팔러 다니는 것으로도 모자라서 언론 앞에서 내각 성원들에게 책을 나눠 줄 것을 제안했다. 이 모든 홍보 활동은 효과가 있었다. 『부와 빈곤』은 100만 부 이상 팔렸다.

당시 이 책을 비판했던 사람들은 그 경제적 메시지에만 초점을 맞췄지만 길더는 여기서도 독립적인 여성들에 대한 전쟁을 이어 갔다. 사실 그는 전쟁을 더 확대했다. 『부와 빈곤』은 싱글 남성들이 결혼을 하지 못한다는 이유뿐만 아니라 기혼 남성들이 기를 펴지 못한다는 이유로 여성운동을 비난한다. 이 책은 아내가 당당하게 직장으로 행진할 때 남편들은 쓸모없는 불구자로 전락하게 된다고 핏대를 올린다. "남성은 부양자로서 자신의 역할, 원시 수렵 시절부터 산업혁명을 지나 현대사회에 이르기까지 남성을 규정하는 자신의 역할을 여성이 약탈해 갔다는 기분에 점점 무력해지고 있다."[35] 길더가 보기에 여성운동은 남성 부양자의 지위를 두 번 깎아내렸다. 처음에는 여성들에게 일을 하라고 독려함으로써 직접 깎아내렸고, 두 번째에는 아내가 남편 없이도 살아갈 수 있게 해 주는 사회복지 프로그램을 쟁취함으로써 간접적으로 깎아내렸다. 그는 먼저 페미니스트들이 가장이라는 남성의 역할에 끼어들었고, 그다음에는 남자를 "동정의 대상으로 전락시켜 망신살이 뻗치게" 만들었다고 말한다.

길더는 사회 전반에서 전통적인 남성성이 사라져 가고 있음을 애통해하는 동시에 마침내 자신이 그런 전통적인 남성의 일원임을 입증하게 되었다. 결국 결혼 게임에서 승전보를 울리며 아내를 찾아낸 것이다. 그가 니니Nini라고 밝힌 아내는 자신보다 돈을 적게 버는 전통적인 성향의 여성이었고, 길더는 그게 계속 유지되기를 바랐다.36) 그는 『남자와 결혼』에서 아내가 "나보다 돈을 적게 번다는 이유로 나와 대등하지 않다고 느끼거나, 대개 직장에서 만나는 따뜬 출세 지향적인 여성들과 대등하지 않다고 느끼는 걸" 원치 않는다고 말했다. 분명 아내는 그의 배우자 이상에는 걸맞지 않았다. 나중에 길더가 시인한 바에 따르면 이들이 만났을 때 그녀는 건축사학자로 일하고 있었다.37) 그리고 결혼 뒤에도 아내는 계속 자기 분야에 남아서 여러 권의 책을 쓰며 왕성하게 활동했다. 하지만 어쩌면 이 나이 든 왕자는 자신의 결혼 가능성을 고려해서 그냥 얻을 수 있는 것에 만족하는 게 더 낫다는 결론을 내렸는지도 모른다.

앨런 블룸: 페미니스트 지배에서 도망친 난민

앨런 블룸Allan Bloom의 『미국 정신의 종말The Closing of the American Mind』은 표면적으로는 미국 교육의 쇠퇴에 대한 책인 척하지만 여성운동을 공격하는 데 숱한 지면을 할애하고 있다. 학문의 상태를 개탄하든, 점점 약해 빠져 가는 음악의 경향을 개탄하든, 학생과의 관계가 덧없음을 개탄하든, 그가 지목한 해로움의 근원은 똑같다. 사회 전반이 페미니즘으로 돌아서면서 여성들은 요구와 욕망에 가득 차게 된 반면, 남성들은 활기와 정력을 잃게 되었다는 것이다. 그는 "고전의 활력을 떨어뜨리는 가장 최근의 적은 페미니즘"이라고 말한다.38) 1960년대의 급진적인 학생과 소수자 들이 똘똘 뭉쳐 문학 정전을 공격했던 것과는 비교가 되지 않았다. 블룸이 거의 혐오하다시피 하는 성 혁명은 페미니스트 독재의 "더 암담한" 지배로 가기 위한 준비운동에 불과했던 것으로 그려진다. 그는 "7월 14일의 성 혁명*은 사실 구체제가 전복되고 아직 공포정치가 시작되기 전 이행기의 하루에 불과했다"고 말한다.

블룸의 책에는 사실 교육 수준 하락에 대한 내용이 거의 없다. 반면 점점 기세등등해지는 여성들의 공포정치에 대한 기나긴 호통에 대단히 많은 지면이 할애된다. 그는 "페미니즘 프로젝트가 확성기와 심문 재판소를 갖춘 성난 검열관들을 숱하게" 양산했고 이들의 명령을 어긴 "남성은 혹독한 대가를 치른다"고 경고했다.[39] "페미니즘은 가족을 상대로 승리를 거뒀고", "정숙함을 봉쇄"해 버렸으며, "무력을 동원해서" 성 역할을 재배열했는데, 이는 모두 여성들이 "자신들의 욕망을 쉽게 충족시키고 배타적인 관계에 감정을 투자하지 않기" 위해서였으며, 그 덕에 여성들은 "아이 아빠와의 관계를 유지하든 하지 않든" 아이를 가질 수 있게 되었다. 다시 말해서 페미니즘은 "여성이 원하는 대로 할 수 있게 해 주기 위해" 여성을 남성의 명령에서 해방시켰는데, 이 학자가 보기에 이는 심각한 문제라는 것이다.

블룸의 책이 가장 악명 높긴 하지만 1980년대 말 서점에는 '미국의 몰락'을 다룬 두껍고 진지한 책들이 숱하게 쏟아져 나왔다. 19세기 말에 유사한 책들을 쏟아 냈던 사람들이 그랬듯, 민심을 흉흉하게 만드는 이런 책들을 만들어 내는 학식 있는 저자들은 미국의 교육 수준 저하와 도덕적 가치의 하락, 경제적 능력의 약화에 대해 암울한 상을 제시했다. 그리고 이런 국가적인 고난의 탓은 최소한 부분적으로라도 페미니즘 탓이라고 주장할 방법을 어떻게든 찾아냈다. 크리스토퍼 래시는 『참되고 유일한 천국 The True and Only Heaven』에서 "선택의 자유"에 집착하고 전통 결혼 제도에 도전하며 "무제한적인 낙태를 선전"하는 페미니즘은 "우리의 생활양식이 …… 얼마나 불건전해졌는지"를 보여 준다고 말한다.[40] 로저 킴벌 Roger Kimball 은 『종신을 보장받은 급진주의자들: 정치는 우리의 고등교육을 어떻게 타락시켰는

* 성 혁명을 프랑스혁명에 빗댄 표현. 프랑스혁명은 1789년 7월 14일 시민들이 바스티유 감옥을 함락시키며 시작되었다.

가 *Tenured Radicals: How Politics has Corrupted Our Higher Education*』에서 첫 장부터 여성운동에 날을 세운다.[41] 그는 "급진 페미니즘은 경전에 대한 가장 큰 단일한 도전"이라고 경고한다. 페미니즘 연구는 "많은 최고의 대학 인문학부에서 지배적인 목소리"가 되었고, 이로서 미국의 지식 사회는 큰 타격을 입게 되었다. 페미니스트 학자들은 대학을 위협하여 다른 페미니스트를 고용하게 만들고, "이들의 목표는 전통적인 인문학 연구의 가치, 방법, 목표를 파괴하는 것밖에 없다." 1991년 캘리포니아에서는 이런 관점을 공유하는 100여 명의 교수들이 캘리포니아 학자협의회California Association of Scholars 를 결성했다.[42] 이들은 여성학 프로그램을 비난하고, 여성과 소수자를 학생과 교직원으로 받아들일 경우 학계의 수준이 실추된다고 주장했으며, 캘리포니아 대학교 인류학과 교수 빈센트 사리치Vincent Sarich 를 돕기 위해 힘을 모으기도 했다. 사리치는 여성의 뇌가 남성보다 더 작다는 '학자적인' 지레짐작과 차별 철폐 조치에 대한 맹렬한 공격 때문에 여학생과 소수자 학생들의 공분을 산 인물이었다.

『미국 정신의 종말』이 발간된 지 몇 년 뒤에도 블룸은 페미니즘에 대한 공격적인 입장을 견지했을 뿐만 아니라 이 유명한 베스트셀러가 문제를 "과소평가했다"고 말하기도 했다.[43] 블룸은 페미니즘이 "한없이 더 많은 힘을 갖게 되었다"고 주장했다. 그리고 미국의 대학 교정만큼 페미니스트들이 철권통치를 하는 곳도 없다. 대학 교정에서는 이제 이들의 관점이 "정말로 일종의 정설"이 되었고 이들의 지시를 따르지 않는 사람은 "사무실 문을 닫게 될" 수도 있다.

57세의 블룸은 시카고 대학교에서 플라톤을 가르친다. 그곳에서 그는 보수적이고, 사실상 남자 일색인 사회사상위원회Committee on Social Thought(여기에는 여성 교수가 단 한 명 있었다)라는 은신처에 편안하게 은거하며 지냈다. "난 내 괴벽스러운 상아탑에서 보호받고 있다"고 그는 말했다. "학과는 상황이 더 나빠요." 용기를 내어 이 위원회의 비무장 구역 밖으로 나올 땐 발을 조심스럽게 디뎠다. 그는 자신의 신세를 잔혹 행위를 겪고 나서 포탄 충격에 시달리는 난민에 빗대며 "대학 밖에 있는 사람들에게 이게 얼마나 기이한지를 설명하기는 힘들다"고 그는 말한다. "난 마치 캄보디아 밖으로 탈출한 첫 번째 사람들 중 한 명이 된 기분입니다."

블룸이 최전선에서 보내온 보고에 따르면 페미니스트들은 학계의 모든 성역을 침범했다. 이 관점은 1990년대 초에 '정치적 올바름'을 규탄했던 많은 남성 학자들 역시 공유한다. "각종 학과에서 이런 현상을 확인할 수 있어요. 이들은 과목을 엄청나게 바꿔 버렸죠. 하지만 무엇보다 통탄할 일은 전통주의적인 교재를 쓰는 오래된 기존 과목에서 엄청나게 많은 교수들이 그들의 관점에서 가르치고 있다는 점입니다. 미국사를 공부한다고 쳐 보세요. 그러면 여성 노예화의 역사를 중심으로 미국을 바라보는 식인 거죠. 두말할 필요도 없이 이게 원칙이 되어 버렸어요."

페미니스트들이 지배하게 된 것은 수적으로 우세하기 때문이다. "페미니스트들이 커리큘럼을 이렇게까지 엄청나게 공격할 수 있게 된 것은 이들이 가장 크게 성공했기 때문"이라고 블룸은 말한다. "어쨌든 여성을 고용하라는 엄청난 압력이 있었고, 정말로 여성들이 고용되었고, 그래서 지금 같은 상황에 이르게 된 거예요. 그리고 어떤 해석적인 입장을 가지고 다수를 점하게 되면 모두를 무능하다고 여기게 되고, 그래서 자기쪽 사람들을 고용하게 되는 건 당연한 이치죠."

교수직과 출판권 대부분이 이제는 페미니스트 여성들에게 넘어가 버렸다는 블룸의 확신은 진보와 보수를 막론하고 대학 교정에 있는 많은 남성 교수들이 공유하는 입장이기도 하다. 하지만 이 확신의 발판은 사실이 아닌 공포다. 페미니스트든 아니든, 모든 4년제 기관에서 종신을 보장받은 교수 중 여성은 10퍼센트뿐이다[44](그리고 아이비리그 대학 중에서는 3~4퍼센트밖에 되지 않는다). 이는 1960년대보다 6퍼센트밖에 늘지 못한 수치다. 박사 학위를 받고도 취업하지 못한 사람은 남성보다 여성이 다섯 배 더 많다. 페미니스트 교수들이 대학 교정에 넘쳐 난다는 주장도 틀렸다.[45] 여성학과 학과장은 전국에 열두 명뿐이다. 학계 출판물을 지배하고 있다는 주장의 경우도, 역사학·문학·교육학·철학·인류학 학술지에 발표된 약 1,500편의 논문을 조사해 본 결과 이 중 여성이나 여성 문제를 다룬 것은 1960년대보다 겨우 5퍼센트 증가한 7.4퍼센트뿐인 것으로 나타났다.[46] 블룸의 전공인 철학의 경우, 여성 문제를 다룬 논문의 비중은 전체 중에서 가장 적은 2.7퍼센트다. 그리고 이는 최고치인 1974년의 5.4퍼센트에서 감소한 것이다. 학계에서 블룸 같은 학자들의 기회가 줄어들었다면 이는 페미니즘 연구보다는 대학 내의 우선순위가 금전을 좇는 쪽으로 바뀐 탓이 더 컸다.[47] 1980년대에는 대학들이 하나둘 인문학 예산을 감축하고 그 대신 1980년대의 양대 교내 성장 산업인 의대와 경영대에 재정을 퍼부었다.

어쩌면 블룸에게 문제가 되었던 것은 페미니즘에 오염된 미국 정신이 종말을 맞고 있다는 점이 아니라 그것이 자신에게 적대적이었다는 점이었는지도 모른다. 1970년 블룸은 안식처와도 같은 아이비리그를 도망쳐 캐나다로 떠야겠다는 압박을 느꼈다. 그가 당시의 학생 봉기를 묘사한 표현을 그대로 따르자면 "코넬 대학교의 총구"가 그를 몰아냈다.[48] 이 총 가운데 여성의 손에 들린 건 몇 개 되지도 않았지만, 그가 가장 생생하게 회상하고 분통을 터뜨리는 대상은 여성이다. 블룸은 여성학 프로그램이 제일 먼저 개설된 대학교 중 하나인 코넬 대학교에 대해 이렇게 회상한다. "그때부터 난 페미니스트들과 마주치기 시작했다. 페미니스트들은 대단히 세게 말하기 시작했다. …… 이 중에는 그때부터 이미 유명세를 탄 학생들도 있다. 이 여성들은 주로 비교문학을 하면서 많은 주목을 받았다."

이 여성들이 경력을 쌓고 칭송을 받는 동안 그는 10년간 토론토 대학교에 추방당했다는 기분을 쓸쓸하게 곱씹으며 지냈다. 나중에 그는 한 기자에게 "난 잊혔다"고 말하기도 했다.[49] 국외로 추방된 지 2년째 되던 해, 블룸은 마흔한 살이라는 상대적으로 젊은 나이에 심장마비를 일으켰다.[50] 결국 2년간 협상을 진행한 끝에 그는 시카고 대학교에서 교수직을 얻게 되었다. 하지만 거기서도 그는 자신의 말에 따르면 "보잘것없는 존재"에 머물러 있었다. 심지어 『미국 정신의 종말』을 출간하는 데도 큰 어려움을 겪을 정도였다. 결국 그는 선인세 1만 달러에 만족해야 했다.

블룸의 주장에 따르면 페미니스트 교수들은 그가 정당한 영예를 누리지 못하게 막아섰다. "페미니즘이라는 원칙을 따르지 않으면 일종의 배척을 받게 되죠." 그리고 그는 감히 "여성운동이 본성에 발판을 두지 않고 있다"는 글을 썼기 때문에 벌을 받았다. "그것 때문에 나는 많은 자리에 초대받지 못했어요. 평범한 학계의 영예를 전혀 받을 수가 없었죠."

여학생들마저 그의 말을 듣지 않았다. "어떤 큰 신학대학의 신학수업에 들어갔는데 …… 내가 들어가서 이런 문제에 대해 토론했더니 열한 명 중에서 아홉 명이 여성이었던 그 반 전체가 나를 불러들였다는 이유로 [진행하던 교수를] 거짓말쟁이, 사기꾼이라고 부르기 시작했어요." 그는 말을 이어 갔다. "하지만 그건 약과예요. 지금은 정말 흉흉하죠." 가령 한번은 "대단히 중요한 한 대학"에서 강의를 했는데 청중에 있던 여성들이 그가 질의응답 시간에 자신들에게는 기회를 주지 않았다고 흥분했다고 한다. 한 여성은 심지어 그가 "여성을 배제"했다고 비난하기도 했다.

블룸이 생각하기에 배제당한 쪽은 오히려 자신 같은 남성이었다. 『미국 정신의 종말』에서 "가족의 쇠퇴"에 대한 그의 한탄은 사실 뉴라이트의 입장과 마찬가지로, 가정과 공적 영역에서 사라진 전통적인 남성의 권위, 그가 극심한 공격을 받고 있다고 생각하는 그 권위에 대한 한탄이다. 그는 "가족은 남편의 뜻이 곧 전체의 뜻이라는 점에서 정치적 통일체의 축소판과 같다"는 믿음이 남아 있던 시절이 그리운 듯하다.[51] 그는 완화된 이혼법하에서 호쾌하게 남편을 차 버리는 아내를, "남자아이들과의 관계에서 역사상 그 어느 때보다 통제를 받지 않는" 딸들을 고깝게 여긴다.[52]

때로 블룸은 남자들이 욕먹을 걱정 없이 마음대로 여자들과 재미를 보던 시절에 향수를 느끼는 듯한 소리를 한다. 그는 여성이 폭력을 당했다는 "주장은 …… 그저 주장일 뿐"이라고 말한다. 그는 우파 정치 잡지인 《코멘터리》에 대단히 회의적인 어조로 "여성들은 낯선 사람뿐만 아니라 남편한테도 강간을 당했다고 말하고, 학교와 직장에서 교수와 사장에게 성희롱을 당했다고 주장한다"고 썼다.[53] 그리고 그는 여기서 짜증의 수위를 더 높여 가며 페미니스트들이 이런 소위 범죄들을 싸그리 "법적으로 금지시키고 처벌하기"를 바란다고 말한다. 그가 보기에 최소한 한 곳, 포르노 잡지에서는 전통적인 성권력의 균형이 아직 유지되고 있다. 그는 페미니스트들이 포르노에 반대하는 건 여성을 굴욕적이고 폭력적인 방식으로 묘사하는 데 반대하는 게 아니라 "포르노가 차별화된 성 역할과 관련된, 오래된 애정관계를 연상시키기 때문"이라고 주장한다.[54]

그는 자신 역시 싱글 남성이면서 결혼하지 않은 여성에게 가장 격하게 장광설을 늘어놓는다.[55] 그러니까 그는 "여성의 일"과 결혼은 "조화롭지 못하다"고 반복적으로 강조한다. 여성들이 불행하고 "의심에 시달리는 건" 여성해방 때문에 사랑과 결혼에서 멀어졌기 때문이다.[56] 문장에 한껏 힘을 주긴 했지만, 그의 주장은 흔하게 볼 수 있는 자기모순적인 반격의 분석과 다를 바가 없다.[57] 그의 주장에 따르면 젊은 여성들의 투쟁은 모두 승리했지만, 이들은 결국 애정 없는 패자가 되었다. "우리의 모든 개혁은 무기의 날을 무디게 했고, 따라서 이젠 더 이상 들지 않는다."

하지만 블룸은 페미니즘이 여성들을 속였다고 주장하면서도 곧 숨겼던 의심, 즉 여성운동의 최대 피해자는 남성이라는 의심을 드러낸다. 그는 "남성 역시 변해야 한다"(혹은 블룸의 표현에 따르면 "남성의 영혼을 …… 해체해야 한다")는 "페미니즘의 가장 '독재적인' 요구"로 주제를 전환하면서 "그리고 여기서 페미니즘은 고약해진다"고 말한다.[58] 페미니즘은 보편적인 거세라는 결과를 초래한다고 그는 주장한다. 현대사회의 대학을 들여다볼 때는 "정신적으로 쪼그라들어서" "노처녀 사서"처럼 되어 버린 남학생과 남성 학자 들만 본다.[59] 현대사회를 들여다볼 때는 남성의 황금기가 지나가고 남은 폐허만을 본다. "이 땅 위의 신성의 상징, 두말할 필요 없는 권위의 담지자로서의 아버지를 향한 숭배는 하나도 남아 있지 않다." 그는 허물어져 가는 남성의 성채를 들여다보고는 가장 은밀한 내실(부부의 침실)에도 이젠 주눅든 종마가 기거하고 있음을 확인한다. 그는 현대 남성들은 "자신의 성적 능력 때문에 신경이 곤두서서" 지낸다고 말한다.[60] "과거의 남성은 자신이 제공하는 것이 존중받으리라는 희망을 품을 수 있었다." 하지만 이제는 "도마 위에 올라 비교당하고 있다는 사실을 분명하게 의식하게" 되었고, 이런 "기력을 꺾어 버리는" 상황은 "남성이 제대로 기능하기를 어렵게" 만든다.

블룸은 페미니즘이 남성의 발기를 부정할 뿐만 아니라, 남성의 기본 정체성이 발 딛고 있는 토대인 전통 가정을 해체함으로써 남성의 정체성까지 훼손시킨다고 주장한다. '가족의 몰락'이라는 망령이 블룸을 괴롭혔던 건 그가 안락한 가정의 기쁨을 간직하고 싶어 해서가 아니라, 남성 자아감의 핵심을 가정이라고 생각하기 때문인 듯하다. 그는 토크빌을 들먹이며 "자신이 책임질 가족 전통이나 가족 토지가 없는 남성"은 "자신을 과거와 미래의 필수 불가결한 일부로 보지" 못하고 "그저 변화하는 연속체 속의 이름 없는 원자로" 남게 될 것이라고 말한다.[61]

『미국 정신의 종말』은 학자적인 고상한 암시들로 가득해서 미처 페미니즘 비판이 개인적인 노여움보다는 플라톤을 발판으로 삼고 있는 듯한 인상을 준다. 하지만 블룸의 정원에서 너무 무성하게 자란 비유들과, 덩굴식물처럼 곳곳을 휘감고 있는 다음절어들과, 고대 그리스 철학자, 루소, 플로베르, 셰익스피어에게서 가져온 숱한 인용구들을 베어 버리고 나면 남는 것은 학문의 황무지뿐이다. 아무런 연구도, 근거도 없고, 심지어 오늘날 남녀의 상황에 대한 블룸의 분석을 뒷받침하기 위해 살아 있는 인간의 인용구를 단 한 개도 넣지 않았다. 그나마 거기에 가장 가까운 것은 식당에서 커플의 대화를 "우연히 들었다"는 내용이 전부다.[62] 학문이 정말로 몰락하고 있다 해도 블룸의 연구가 그걸 저지하는 데는 도움이 되지 못할 것이다.

마이클 레빈과 마가리타 레빈: 남자아이는 요리를 하지 않고 여자아이는 12 이상의 수로 나눗셈을 하지 않는다

철학 교수인 마이클 레빈Michael Levin은 1988년 『페미니즘과 자유 Feminism and Freedom』에서 페미니즘을 "전체주의까지는 아니더라도 반민주적인 이데올로기"이며 이를 상쇄할 만한 장점은 단 하나도 없다고 말한다.[63] "당연히 그 어떤 사상도 모든 부분에서 틀릴 수는 없는데, 페미니즘도 그렇다"고 그는 밝히고 있다. "하지만 페미니즘이 우연히 몇 가지 성과를 거뒀는지는 모르겠지만, 그렇다고 해서 어떻게든 강간 위기 대책 본부를 칭찬함으로써 독자의 비위를 맞추느니 무솔리니 시절의 기차가 얼마나 정확했는지를 칭찬하려 애쓰는 게 더 나을 성 싶다." 그는 이 책을 쓴 동기는 순수하게 고매하다고 단언한다. "난 내가 본 대로 페미니즘을 드러내라는 양심의 소리 때문에 의무감을 느꼈다."

레빈의 책은 1980년대 반페미니즘 '학문'의 표준적인 교리를 제시한다. 그의 핵심 주장은 다음과 같다. (1) 직장에서 성공한 여성은 결혼과 모성을 희생시킨다. (2) 성 역할은 선천적이다. 그러니까 여성은 태생적으로 요리와 살림을 더 좋아하고, 남성은 태생적으로 그렇지 않다. (3) 남성이 수학을 더 잘한다.

그는 이런 주장을 뒷받침하기 위해 !쿵족* 남자아이와 여자아이, 자웅동체, 생식기능 저하증(고환이 쪼글쪼글해진 남성), 거세당한 붉은털원숭이에 대한 밀도 높은 설명을 주석에 첨부한다. 가령 이런 식이다. "열아홉 명의 특발성 생식기능 저하증 남성을 대상으로 한 하이어-크롤리Hier-Crowley 연구는 남성에게 타고난 공간 능력이 있음을 입증하는 심도 있는 생리학적 근거를 제시한다."[64] 혹은 "!쿵족 청소년 놀이 집단은 성에 따라 구분된다.[65] 즉 남자아이는 여자아이에 비해 기술을 탐구하고(가령 화살로 흰개미 언덕을 파헤침) 시끌벅적한 놀이를 하는 데 훨씬 더 많은 시간을 보낸다."

이 책을 읽다 보면 어째서 그 많은 거세당한 원숭이와 특발성 생식기능 저하증 환자들을 내세우면서 현대 남성과 여성은 단 한 명도 언급하지 않는지 의아하지 않을 수 없다. 레빈의 집을 방문하고 나면 이 수수께끼는 말끔히 해결된다.

레빈의 집을 방문하기 며칠 전 아내 마가리타 레빈Margarita Levin은 수

* the !Kung, 아프리카 칼라하리 사막에 사는 부족. 모계를 중심으로 수렵 채집 생활을 하는 부족으로 알려져 있으며, 느낌표는 앞니 뒤에 혀를 대며 강하게 발음하라는 뜻의 기호다.

화기에 대고 "내일 마이클을 인터뷰하고 싶다면 그건 불가능하다"고 설명했다.[66] "그날은 내가 수업이 있는 날이어서 마이클이 아들들을 봐야 해요." 그건 이게 한두 번 있는 일이 아니라는 뜻이었다. 『페미니즘과 자유』에서는 일반적으로 "여성은 남성보다 아이들을 보는 걸 더 좋아한다"고 주장했지만, 레빈의 맞벌이 가정에서 육아 책임은 반씩 나눠 맡는 게 일상이다.[67] 마가리타 레빈은 자신의 일을 소중하게 여긴다. 마가리타는 예시바 대학교의 철학 교수이고, 그녀의 전공은 수학 철학이다.

"아내는 아이들을 물고 빨고 하는데, 내가 애들하고 할 수 있는 거라곤 집을 난장판으로 만드는 게 전부예요."[68] 마이클 레빈은 며칠 뒤 맨해튼에 있는 아파트에서 거실로 안내하며 이렇게 강조했다. 아이들의 장난감을 잘 피해서 길을 낸 후 안락의자에 자리를 잡았다. 모든 아내가 초시 중인 때 더싯 살과 이들 선인 아들을 책임지는 건 그지만 "몇 가지 내가 할 수 없는 일이 있어요. …… 청소와 음식 준비는 아직 아내의 일이죠. 난 요리를 싫어해요. 남자들이 원래 그렇잖아요." 남자들이 "여자가 하는 일들에 적응하기 시작하면 엄청난 지위"를 잃게 된다고 그는 설명한다. 사실 "난 [페미니즘에 대해] 이야기하는 것만으로도 많은 지위를 잃었다는 기분이에요." 하지만 그는 "나의 성기와 나의 남성성을 되찾기 위해" 이 문제를 해결해야 한다고 느낀다.

레빈의 회상에 따르면 여성운동에 반대하는 입장을 취하기로 처음 마음을 먹은 건, 그가 알고 지내던 일부 페미니스트 성향의 여성들이 남성들에게 행동거지를 바꾸라고 요구하기 시작하던 수년 전이었다. 그는 특히 한 사건을 "잊을 수가 없다"고 말했다. 여성해방의 수혜를 입은 한 친구의 여자 친구가 여성의 권리에 대해 말하고 있었는데 "그녀가 날 이런 식으로 보더니 '남자들이 변해야 할 거'라고 말하는 거예요. 정말 전체주의적이었어요. 정말 화가 나더라고요."

그가 이야기를 하는 동안 아들 마크가 방을 내달려 아빠의 무릎을 기어오르더니 "안아 달라"고 했다. 레빈은 아이를 한 번 안아 주고 나서는 불과 1분 전 자신은 물고 빨고 할 줄 모른다고 했던 주장이 신경 쓰이는 듯 아이에게 엄마 쪽으로 가라고 손짓을 했다. 하지만 이 꼬마는 말을 듣지 않았고, 대화하는 내내 주기적으로 아빠의 무릎에 기어올랐다.

거실에 들어온 마가리타가 "마이클이 〈제랄도〉에 나온 거 보셨어요?" 하고 물었다. 토크쇼의 진행자인 제랄도 리베라Geraldo Rivera가 얼마 전 그에게 어째서 남성이 자신보다 못한 여성을 더 선호하는지에 대한 에피소드에서 전문가 역할을 해 달라고 부탁했다는 것이다. 레빈의 회상에 따르면 "남성은 자신이 지배자라고 느끼지 못하면 성욕을 느끼지 못한다"고 말했다고 한다. "그러면 남성성이 감소돼요. 그래서 요즘 젊은 남자들 사이에서 발기 불능이 증가하고 있는 겁니다." 하지만 그는 "발기 불능이 증가"한다는 것을 어떻게 알았을까? 그는 사람 좋은 표정을 지으며 어깨를 으쓱했다. "그냥 그런 인상을 받았어요." 잠시 말 없음. "그런 의심이 들더라고요." 다시 말 없음. "잡지에서 그런 기사를 한 번 봤던 것 같네요."

마이클 레빈의 결혼 생활은 그의 이상적인 가정 모델과 정확하지 맞아떨어지지는 않는다. 그는 "아내가 나보다 더 똑똑하다"고 심드렁하게 말한다. 그녀는 철학 교수일 뿐만 아니라 재능 있는 수학자다. 그리고 심지어 그의 반페미니즘 저작의 지적인 동반자이기도 하다. 하지만 레빈은 최소한 자기 마음속에서는 자신들의 관계를 전통적인 남편과 아내의 균형을 복원하는 관점으로 재개념화시켰다. 그는 "우리가 만났을 땐 내가 선생이고 아내가 학생이었기" 때문에 사실 그가 지배자라고 주장한다. 그는 핵심을 놓쳐서는 안 된다는 듯, 이 점을 여러 번에 걸쳐 거듭 확인시키는 수고를 아끼지 않았다. "전에는 아내가 내 학생이었어요. 그래서 난 위협감을 느끼지 않죠." 이미 결혼 생활이 시작되면서 실효성이 없어진 뒤에도 수년간 이런 사제 관계의 신화는 유지되었고, 레빈은 이 점을 적극적으로 내세웠다. 이제는 오히려 그 텅 빈 내용을 감추기 위해서라도 이 결혼 소설의 표지를 광고해야 한다는 듯이 말이다.

레빈이 이야기하는 동안 또 다른 아들 에릭이 프라이팬을 쥐고 거실에 나타났다. 아이는 자신이 밥하는 걸 아빠가 도와줄 건지 알고 싶어 했다. 좀 있다가, 아빠가 말했다. 마이클 레빈은 요즘 아들이 "가장 좋아하는 활동"이 요리라고 고백했다. 그러는 동안 마크가 떨어져서 엉엉 울었고, 마이클은 아이를 달래기 위해 다른 방으로 갔다. 마가리타는 가부장의 안락의자에 자리를 잡고는 자신이 어떻게 수학의 달인이 되었는지 이야기해 주었다.

그녀는 초등학교에 다니던 1960년대 초에 적성을 발견했다. 당시엔 여자아이들에게 대수학을 잘 가르치지 않다. 하지만 마가리타는 운이 좋아서 몇 안 되는 계몽된 선생님들을 만났고 그들은 그녀의 재능을 인정해 주었다. "아무도 나한테 '그거 하지 마'라는 소리를 안 했어요. 그래서 계속 한 거죠." 그녀는 마이클이 학생들을 가르치고 있는 뉴욕 시립대학에서 수학을 전공했다. 그 뒤 미네소타 대학교 대학원에 들어가 수학철학으로 박사 학위를 받았다(마가리타가 논문을 쓰던 이름에는 마이클이 집에서 아이들을 봤다). "나 더 수학을 잘하는 것 같다"고 그녀는 말한다.

하지만 마가리타는 뛰어난 지적 능력을 가졌으면서도 남녀에 대한 남편의 생물학적 주장을 거부하지 않았고 코니 마슈너처럼 그저 자신은 '예외적인 존재'라고 생각했다. 그녀는 자연과학에는 "여성 위인이 손에 꼽힐 정도로 적다"고 말한다. 그녀는 여성에 대한 남편의 관점을 지지할 뿐만 아니라 마이클의 지적대로 "남편보다 더한 반페미니스트"다. 그녀의 말에 따르면 그녀에게 여성운동에 대한 저항감이 싹트기 시작했던 건 대학에서 여학생들이 남자들의 소굴이나 다름없는 일부 과에 여성들이 적은 걸 문제 삼았을 때부터였다. "과학에 대한 페미니스트들의 공격 때문에 너무 화가 나서 내 뚜껑이 열렸다"고 그녀는 말한다. "내가 멍청한 사람은 못 견디거든요." 그녀는 《아메리칸스칼라*American Scholar*》에 실린 1988년 논문에서 만일 페미니스트들이 과학 전공 학과에 입학을 허가받게 되면, 여학생 특별 대우나 심지어 "비남성적인" 글을 싣기 위한 과학 학술지 내 별도의 지면 같은 비합리적인 요구가 줄을 잇게 되리라고 반발했다.[69] 어쩌면 마가리타 레빈의 '뚜껑을 연' 건 학술지에 페미니스트 칼럼이 실릴 수 있다는 가능성이었는지 모르지만, 그보다 개인적인 피해가 더 중요한 역할을 했을 수도 있다. 만일 수학과에 여성이 늘어나게 되면 그녀의 업적이 주목을 덜 받게 될 수도 있다. 만일 여성 교수가 남성 교수만큼 많아질 경우 그녀는 더 이상 "손에 꼽힐 정도로 적은 위인" 중 하나가 될 수 없을 것이다.[70] 아니면 혹시 그녀는 좀 더 비학자적인 방식으로 자신을 차별화시키고 싶은 것일 수도 있다. "우리가 제일 유명한 페미니스트 공격수가 되었으면 좋겠다"고 그녀는 탄식하듯 말한다. "우리가 《뉴욕타임스 매거진》 표지에 실리면 좋겠어요."

마가리타 레빈은 얼마 가지 않아 반페미니스트 운동을 과학계 너머로 확대했다. 《뉴스위크》는 반색하며 그녀를 공론장으로 불러들였고, 여기에서 그녀는 여성 의사, 교통경찰, 자동차 정비공이 "남녀 구분이 없는" 세상을 이루고 있는 아동용 도서에 "페미니스트가 지나치게 많다"고 개탄하는 에세이를 발표했다.[71] 이런 책들은 "실세계와 너무 크게 충돌한다"고 그녀는 주장했다. 작가들이 계속 이런 식으로 글을 쓰면 "우리 아이들은 피터팬이 집에서 아이들을 돌보는 동안 후크 선장과 싸우는 웬디나, 롱 제인 실버*와 마주하게 될 것이다." 아니면 사람들은 유명한 수학 교수 마가리타마저 남편 마이크가 집에서 아이들을 보는 동안 페미니스트 교수들과 싸운다고 생각하게 될 수도 있다.

다시 대화에 합류한 마이클 레빈은 최근까지 매스미디어의 관심을 받기가 어려웠다고 불평했다. 그는 전망이 밝다고 느껴지긴 하지만(예를 들어 달라고 하자 그는 뷰티풀Beautiful 향수의 신부 광고를 언급했다) 아직은 반페미니스트의 길이 험난하다고 말한다. "페미니스트들이 미디어를 장악하고 있다"고 말하는 그의 목소리에는 갑자기 원한이 서렸다. "그들은 광고를 통제하고 있어요. 대학도 장악했죠. 대학은 페미니스트 점령지나 마찬가지예요." 한 번 이런 태도를 취하고 나자 그는 멈출 줄을 몰랐다. 서글서글하던 교수님의 얼굴이 갑자기 빨개졌다. "철학 박사 학위를 받은 남학생이 있어요. 가장 우수한 학생이지만 여자한테 밀릴 거예요. 모든 대학에서 페미니스

*『보물섬』에 나오는 외다리 요리사 롱 존 실버를 패러디한 여성 캐릭터로 어린이 프로그램 〈세서미 스트리트Sesame Street〉에 잠깐 출연했다.

트의 본부는 여성학과에요. 거기가 지휘 본부 같은 데죠. 그리고 거기선 똥만 만들어 내요. 뭐 오줌이 조금 섞일 수도 있지만 주로 다 똥이죠." 학술적인 표현도 아닌 말을 입에 올리는 그에게서는 학자적인 온화함을 찾을 수 없었다.

바로 그때 에릭이 대화를 중단시켰다. 아직도 프라이팬을 들고서 아빠의 도움을 구했다. 정상적인 상태로 되돌아온 레빈이 아들을 따라 주방으로 갔다. 마가리타는 다시 안락의자에 앉은 채 자신이 어떻게 직업적으로 성공하게 되었는지 시시콜콜 늘어놓았다. 마이클 레빈은 주방에서 돌아와서는 작별 인사를 했다. 그는 약간 분통이 터지는 듯했다. 앞치마를 입고 있었던 것이다.

워런 패럴: 해방된 남자의 변심

"남성은 여성보다 더 비참해요. 그러니까 남자는 여러가지 면에서 사실 지금의 여성보다 더 힘이 없단 거죠."[72] 워런 패럴Warren Farrell은 잠시 말을 멈추고 여성 가정부가 막 건네준 커피 잔을 홀짝였다. 다른 방에서는 여성 비서가 분주하게 타이프를 치고 그의 파일을 정리하고 있었다. "여성운동은 이제 더 이상 평등을 위한 운동이 아니라 여성의 기회를 극대화하기 위한 운동이 되어 버렸다"고 그는 말한다.

이날 아침 패럴은 샌디에이고 캘리포니아 의대에서 '남성 문제' 수업에 강의를 하러 가는 길이었다. 주제는 '남성의 무력함'이다. 강의 교재는 패럴의 새 책 『남자들은 왜 그럴까 Why Men Are the Way They Are』다. 이 책은 페미니즘이 불평등의 탓을 남성에게 돌리고 여성들에게는 독립에 과도하게 집중하도록 부추겼다면서 눈에 불을 켜고 공격한다. 페미니즘이 여성의 삶을 개선시켰는지는 모르겠지만 일부 여성들에게는 "페미니즘이 깊어질수록 여성이 남성에 가까워졌다"라고 그는 주장한다.[73] 패럴의 말에 따르면 지금까지 이 책은 양장본으로 10만 부 넘게 팔렸다 "이제 바야흐로 남성들이 여성들은 자신을 이해하지 못한다고 느끼는 시대가 된 겁니다." 상황이 어찌나 심각한지 감수성이 풍부한 젊은 숙녀들이 없어지면서 남편을 구하는 중년 여성들이 득을 볼 지경이다. "결혼을 원하는 나이 많은 여자들은 외모는 볼품없지만 남자를 이해하기 때문에 보상받을 수 있게 된 거죠."

그는 가죽 재킷을 집어 들고는 가죽 덮개를 씌워 놓은 마세라티로 향했다. 이 스포츠카의 장식용 번호판에는 "어째서 남자는Y MEN R"이라고 적혀 있었다. 그가 운전석에 앉자 차가 총알처럼 날았다. 캘리포니아 교외의 류카디아Leucadia 길모퉁이를 돌 때는 타이어에서 끼이익 하는 소리가 날 정도였다.

의대 강의실에 들어선 그는 열다섯 명의 학생 앞에 자리를 잡았다. "좋아요, 지난주에 얘기했다시피 1960년대까지 여성들은 결혼 생활에서 경제적 안정을 얻었습니다. 결혼이 평생 지속되기만 하면 시스템은 잘 돌아갔죠. 거의 모든 사회에서 이런 식이었어요. …… 나쁜 시스템이 아니었어요. 수천 년 동안 생존에 도움을 줬죠. 이성들은 최고의 보호자이자 사냥꾼인 남자를 얻으려 했고, 남자들은 가장 아름다운 여성을 두고 경쟁을 벌였죠."

한 젊은 여성이 손을 들었다. 그녀는 일부 사회에서는 여성이 채집을 하고 자식들을 건사했다고, 사냥이 그들의 식생활에서 차지하는 비중은 미미했다고 선생에게 말했다. 그러자 패럴은 그건 "성 역할에서 벗어난 일탈"일 뿐이었다고 설명했다. 학생은 물러서지 않았다. "아니요. 그러니까 제 말은, 많은 경우 남성들이 먹을 걸 직접 제공했다기보다는 여성들이 식품과 토지에 접근하는 걸 통제했다는 거죠." 패럴이 살짝 인상을 썼다. "그건 좀 경멸적인 해석 같군요." 그는 이렇게 말하더니 재빨리 1970년대 역사로 넘어갔다.

"이제 이혼 때문이 이 시스템이 불안정해지면서 모든 게 다 와해됐어요. …… 그리고 난 뒤 그 일이 시작되자 여성 내부의 분노 때문에 결혼이라는 여성의 목표에서 더 멀어지는 결과가 발생했다"고 그는 설명했다. "분노 때문에 남자들이 등을 돌린 겁니다."

다시 한 명이 손을 들었다. "하지만 여성들이 분노했던 건 구시스템이 자신들에게 불리하게 돌아간다고 느꼈기 때문이라고 생각하는데요." 학생은 혼란스러운 표정으로 말했다. 패럴은 고개를 저었다. "아닙니다. 그 시스템은 여성과 남성 모두의 이익을 위해 만들어진 거였고, 여성에게 특히 잘 맞았습니다. 남성들은 노동력을 대는 노예 같은 존재였요. 어떤 면에서는 여성보다 더 노예처럼 살았습니다."

하지만 10년 전만 해도 패럴은 이런 결론을 내리지 않았다. 사실 1970년대 초 그는 페미니즘 운동에 관심을 가졌었다. 사회 시스템이 여성을 전통적인 결혼에 가둬 버리면 밀실 공포증을 비롯한 여러 파괴적인 결과가 어떻게 발생하는지 자기 눈으로 직접 확인하면서 그 역시 힘든 시기를 겪었기 때문이다. 특히 그는 자신이 대단히 잘 아는 한 여성에게 이 시스템이 어떤 피해를 끼쳤는지 똑똑히 목격했다. 그 여성은 바로 자신의 어머니였다. 나중에 그는 책에서 "어머니가 우울증에 빠졌다가 헤어나는 모습을 지켜보곤 했다"고 밝혔다.[74] "어머니는 일을 하지 않을 때는 우울증에 빠졌다가 일을 하는 동안엔 우울증에서 벗어났다. 일은 임시직이었지만 어머니는 내게 '일을 할 때 아빠한테 한 푼 한 푼 달라고 부탁할 필요가 없다'고 말하곤 했다." 더 이상 일자리를 얻을 수 없게 되자 우울증이 다시 찾아왔고 더 깊어졌다. 증세를 다스리기 위해 어머니는 처방 약을 받았지만, 약은 현기증을 일으킬 뿐이었고 발작이 일어나면 발을 헛디뎌 넘어지곤 했다. 그리고 겨우 마흔아홉밖에 안 되던 어느 날 어머니는 추락사했다. 패럴은 이렇게 회상한다.

어머니가 돌아가신 직후 여성운동이 부상했다.[75] 어쩌면 어머니의 죽음 때문에 난 순식간에 여성운동을 납득하게 되었다. 나는 어머니가 일을 하면서 경제력도 얻고 성인 인간들과 교류할 때 어머니에게서 느꼈던 자아감을 잊을 수가 없었다. 그때 일은 어머니에게 목적의식과 약간의 권리를 누린다는 기분을 안겨 주었다.

뉴욕에서 대학원생 신분이던 젊은 시절 패럴은 다른 남자 대학생들이 여성운동의 목표를 조롱하는 소리를 우연히 듣게 되었다. "나는 여성들이 목소리를 높여 투쟁하는 의도를 폄하하는 남성들을 보고 충격을 받았다. 얼마 되지 않아 나는 당시 페미니스트로 자처하기 시작한 친구들의 맨해튼 집을 방문하게 되었고, '네가 나한테 한 말을 그에게 전하라'는 지시를 받고 그들의 남편 앞에 던져지곤 했다."[76]

결국 페미니즘에 대한 패럴의 헌신은 직업 영역으로 확장되었다. 그는 논문 주제를 성 역할 변화에 대한 페미니즘적 검토로 바꿨고, 뉴욕 대학교 총장 비서 일을 그만두고 유명한 남성 페미니스트 서적이 될 책 『해방된 남자 The Liberated Man』를 집필하기 시작했다. 그는 여성의 의식 고양 프로그램에 해당하는 남성 모임 수백 개를 조직하여 남성들에게 "[여성을] 지배하려 하지 말고 귀를 기울이라"고, 결혼과 관계의 정치적 토대를 파헤쳐 보라고, 남성성의 과시와 폭력의 관계를 폭로하라고 독려했다.[77] 그리고 남성 모임과 여성 모임에게 규칙적으로 만나서 공통점을 찾아보라고 권장했다. 그는 페미니즘이 남성 또한 해방시킨다고 말했다. 혼자서 가족을 부양해야 하는 경제적 부담으로부터, 그리고 '여성적인' 감정을 억누르면서 남성성을 입증하고 또 입증해야 하는 심신의 긴장으로부터 말이다. 그는 1971년 《뉴욕타임스》에 쓴 한 칼럼에서 "남성성을 드러내려면 싸워야 한다는 걸 배워 본 적이 없는 남자아이는 심리적으로 훨씬 자유롭게 잠재적인 싸움에 말려들지 않는다"고 말했다.[78] "이런 아이가 청소년이 되면 차의 '마력'을 과시하기 위해(이는 자신의 힘을 간접적으로 과시하는 것이다) 차를 날듯이 몰지 않고 더 자유롭게 조심해서 운전한다."

이 메시지는 미국적 남성다움의 계율에 반기를 든, 1970년대 남성 페미니스트 작가들의 인기 서적에서 되풀이되었다. 마이클 코다 Michael Korda는 『남성 우월주의 Male Chauvinism』에서 "사실 남성들은 자신들이 만들어 놓은 세상에서 그렇게 행복하지 않다"고 말한다.[79] 마크 파스토 Marc Feigen Fasteau는 1974년 자신의 책 『남자라는 기계 The Male Machine』에서 남성도, 여성도 "강박적인 경쟁심"과 "불굴의 능력"이라는 남성에 대한 전통적인 이상에서 득을 보지 못한다고 주장했다. 이는 여성들에게 좋지 않을 뿐만 아니라, 남성들 역시 "협소한 인간관계"에 한정되게 만드는 건강하지 못한 결과를 낳는다. 패럴은 이 남성 해방 문단 내에서 모두가 인정하는 대표 주자였다. 그는 전미여성연맹의 '남성 해방' 지부 60개를 만들었고, 전미여성연맹의 뉴욕 시

이사회에 세 번 선출되었으며,《시카고트리뷴》으로부터 "남성 해방계의 글로리아 스타이넘"이라는 칭호를 얻었다.《피플》은 패럴과 그의 아내이자 수학자인 우르시Ursei가 센트럴파크에서 축구공을 던지며 놀고 웨스트사이드에 있는 협동조합 주택에서 오믈렛을 만드는 알콩달콩한 모습을 담은 사진을 넣은 네 쪽 짜리 기사를 통해 아부를 떨었다.80) 그는 바버라 월터스 같은 미디어계의 거물들과 어울렸고 글로리아 스타이넘과 함께 저녁 만찬을 즐겼으며, 또 다른 남성 페미니스트의 상징인 앨런 알다Alan Alda와 필 도나휴Phil Donahue와 테니스를 쳤다. 그의 말에 따르면 그는 도나휴가 진행하는 프로그램에 일곱 번 출현했다.

하지만 페미니즘이 더 이상 미디어를 화려하게 장식하지 않게 되자 패럴도 열정이 식어 버린 듯 했다. 어쩌면 자신 내부에서 일어났니고 변한 그 변화는 1970년대의 짧았던 해방의 드라마에서 자신의 스타성을 부각시키기 위한 피상적인 화장술에 불과했는지도 몰랐다. 혹은 문화적인 지지가 사라지고 나자 전통적인 남성성에 반기를 들고 최상의 환경에서 진행하던 프로젝트가 갑자기 티도 나지 않고 가능하지도 않은 일처럼 보이게 되었는지도 모른다. 패럴 자신이 1971년《뉴욕타임스》에세이에서 경고했다시피 "워낙 남성성의 이미지가 스미지 않은 곳이 없기" 때문에 "사회적, 문화적 조건을 바꾸는 것"보다는 "수술을 통해" 남성의 생물학적 성을 바꾸는 게 "더 쉬울" 정도다.81)

어떤 경우든 1980년대 중반에 이르자 그는 새로운 피억압자인 남성을 위해 떨쳐 일어날 때라는 결심을 굳혔다.『남자들은 왜 그럴까』에서 패럴은 독립적인 여성들은 남성들에게 너무 많은 분노를 쏟아 내고 있고, 여성이 남성의 행동을 비판하는 것은 그저 "자신들의 최고 지위를 확인하기" 위해서라고 투덜거린다.82) 얼마 가지 않아 그는 여성의 재교육을 강조하는 워크숍을 운영하기 시작했다. 여성에 대한 남성들의 불만에 귀를 기울이고 이에 유의하는 법을 가르치는 감수성 훈련 프로그램이었다.『남자들은 왜 그럴까』에서 패럴은 페미니스트의 주장을 뒤집는다. 그가 그리는 젠더 세상에서는 여성이 노예 같은 남성에게 '막강한 영향력'을 행사하고, 남성은 성취에 집착하는 여성 때문에 '성공의 대상'으로 전락해 버렸다. 그의 세상에서 비서를 지망하는 남성들은 남성 타이피스트를 하룻밤 잠자리 상대로 이용하고 난 뒤 진지하게 만나 보자는 이들의 간청을 묵살해 버리는 거만한 여성 직장인들에게 차별당한다. 피억압자와 억압자로 이루어진 패럴의 새로운 우주에서 가장 높은 권력자는 잘나가는 직장에 다니는 독립적인 여성이다. "여성 임원이 평사원 남성을 차별하기 시작했다"고 그는 말한다. "내가 보기에 성공한 여성들의 결혼 상대는 직장일 때가 많아요. 많은 남성들이 여성이 자신에게 전념하지 않는다고 느끼죠."

직장 여성이 지위가 상승하면서 시대는 남편에게만 더 분기게 졌다고 패럴은 말한다. 많은 신보수 성향의 남성들과 달리 그는 여성의 프로 근성이 오히려 여성을 망친다는 식의 주장도 펼치지 않는다. "난 자신이 인기가 없다고 생각하는 남성 수백만 명을 알고 있다"고 그는 말한다. "그들의 입장에서 보면 남자 품귀 현상 같은 건 전혀 없다." 패럴에게 직장 여성의 외면은 남의 일이 아니었다. 하버드를 나온 뒤 IBM에서 승승장구하여 임원이 된 그의 아내는 그를 떠난 뒤 다른 IBM 임원과 결혼했다. 패럴은 파경을 맞은 결혼이 그녀의 직업적인 성공과 직접 관계가 있다고 생각한다. 이제 싱글이 된 패럴은 수업 중에 "내 전처가 IBM 부회장"이라고 말하기도 했다. "그녀의 연봉은 25만 달러다. 여성은 성공할 수도 있지만, 성공하지 못해도 연애는 할 수 있다. 하지만 얼굴만 반반하고 성공하지 못한 남자는 어떤 일을 겪게 될까?"

1980년대 중반이 되자 남성 해방 운동에 함께 몸담았던 패럴의 남성 동지들 역시 그를 버렸다. 알다와의 테니스 경기는 끝났고 도나 휴는 "더 이상 내게 전화하지 않았다." 그러다가 패럴의 신간이 발간되면서 일부 여성 페미니스트 친구들도 그를 피하기 시작했다. 설상가상으로 많은 이들이 그에게 전혀 주목하지 않았다. 《미즈》의 기본적인 반응은 나와 내 책을 완전히 무시하는 거였다"고 그는 말한다. 패럴의 사무실에 있는 파일 캐비닛은 이제 남성들에게서 온 감사 편지로 미어터진다. 그의 전화로는 남성 모임과 남성 권익 협회에서 연설을 해 달라는 청탁 전화가 꾸준히 걸려 온다. 그의 책은 잘 팔리고 있고 이미 같은 주제로 다른 두 권의 책『일회용 성 *The Disposable Sex*』과 『남성 평등이라는 신화 *The Myths of Male Equality*』 집필 계약을 해 놓았다고 그는 말한다. 하지만 이 반페미니스트 팬들은 패럴이 가장 영향을 미치고 싶어 했던 청중이 아니었을지 모른다.

　패럴은 남성 문제에 대한 강의 두 개를 마치고, 남성학을 가르치는 비슷한 성향의 남자 선생과 점심 식사를 하고, 대학교 서점에서 자신의 책 판매고를 확인한 뒤 샌디에이고 변두리에 있는 한 술집으로 자리를 옮겼다. 그는 맥주를 주문했지만 손은 거의 대지 않았다. 그는 술잔을 응시하며 심각하고 애절해졌다. 그는 다시《미즈》가 자신의 책을 언급조차 하지 않는다는 주제로 돌아가 "페미니즘 운동의 이데올로그들이 내 말을 듣고 싶지 않은 모양"이라고 말했다. "글로리아 스타이넘은 내가 전화를 걸어도 연락이 없어요. 전엔 그런 일이 없었는데 말이에요." 그는 술잔을 좀 더 뚫어져라 응시하다가 이렇게 말했다. "한때 날 우상처럼 여기던 사람들 사이에서 내 인기가 떨어지면서 난 크게 상처받았어요. 글로리아 스타이넘이 나한테 거리를 두다니 마음이 아프네요."

로버트 블라이: '요구르트나 먹던 사람들'을 '야성적인 남성'으로 변신시키다

　그것은 거대한
　남성들의 그림자,
　함께 모여 앉은 50명의 남자들
　무도회장 혹은 붐비는 방에서,
　희미한 무언가를 들어서
　메아리치는 밤 속으로.
　— 로버트 블라이, 「함께 모여 앉은 50명의 남자」[83]

"내일 남자들의 주말에 가실 남성 여러분, 모두 커다란 돌 하나씩 가져오는 거 잊지 마세요."[84] 둥근 어깨에 완고한 표정을 짓고 있는 남성 셰퍼드 블리스Shepherd Bliss가 버클리 블랙오크Black Oak 서점의 북적이는 밀실 앞에 서 있다. 그날 저녁 행사는 너무 많은 사람이 몰려들어서 수십 명을 돌려보내야 했을 정도였다. 이들은 벽에 걸린 스피커를 통해 귀를 기울이며 앞에서 서성대고 있었다. 안에서는 100명이 넘는 사람들이 연단을 좀 더 가까이서 보기 위해 서로 밀치고 있었다. 곧 있으면 연단에 시인 로버트 블라이가 자신의 표현에 따르면 "겨울잠에서 깨어나" 모습을 드러내고 자신의 최신 작품을 읽을 예정이었다.

최근에 자신의 이름을 월터Walter에서 셰퍼드로 바꾸고 군인이었던 직업을 심리학자로 바꾸는 등 여러가지 변신을 한 블리스는 뉴에이지New Age 남권주의 모임의 블라이 수석 대변인 중 한 명이다. 하지만 당시 그는 돌에 대해서는 별로 많은 말을 하지 않았다. 그는 그 돌을 '헤르메스 기념물'을 만드는 데 사용할 것이라고만 이야기했다. 그날 저녁에는 숙녀들이 있기 때문에 너무 구체적으로 밝히지는 않으려 했다.

갑자기 무대 위에 있던 남자들이 콩가 드럼을 두드리기 시작했다. 겨울잠을 자던 곰이 '북쪽 끝', 정확히는 미네소타 무스 호에서 긴 잠에서 깨어나 복도를 어슬렁대며 모습을 드러냈다. 이제 막 60줄에 접어든 블라이는 헝클어진 흰 머리에 배까지 불룩하게 나와서 약간 산타 할아버지처럼 보였다. 그는 그날 밤 모인 사람들에게 자신이 노르웨이 혈통이라고 여러 번 말했고, 그의 자세 중 어떤 것(아마 폭풍이 휩쓸고 간 갑판에 자리를 잡으려는 듯이 발을 딛고 선 모습)은 청중이 자신을 바이킹으로 여겨 주기를 원한다는 인상을 주었다.

남자들이 계속 드럼을 치는 동안 블라이는 우리에게는 더 이상 '진짜 남자' 이미지가 없다고 말했다. 판에 박힌 계집애 같은 남자들이 마초적인 남자를 밀어냈다. "존 웨인John Wayne과는 상극인 우디 앨런은 정말 나쁜 예다." 블라이는 비음을 섞은 새된 소리로 우디 앨런 흉내를 내면서 이렇게 말했다. "옛날 남자들은 『일리아드』와 『오디

세이』, 그리고 그런 장소를 남자의 모델로 삼았다." 그는 남자만 모이는 주말에는 남성들의 의식 고양을 위해 이런 역할 모델들을 다시 떠오르게 해 주겠다고 약속했다. "우린 5,000년 전, 남자에 대한 관점, 남자란 무엇인가에 대한 관점이 지금보다 더 건강했던 시절의 아주 오래된 이야기 속으로 돌아갈 겁니다."

20년 전 블라이는 지금과는 다른 이유에서 버클리의 영웅이었다. 1960년대 평화운동가였던 이 시인은 베트남전에 반대하는 문학적 저항으로 명성을 날렸다. 1967년 시집『몸 주위의 빛*The Light Around the Body*』으로 전미도서상National Book Award을 수상한 그는 상금을 징병 반대 단체에 기부했고, 시상식에서 미국의 문학적 자부심에 찬물을 끼얹었다. "최소한 미국만큼 훌륭한 베트남 문화를 짓밟고 있는 우리에게 감히 우리의 문학적 장엄함을 자축할 권리가 있습니까?"[85]

당시 블라이는 징병 연령의 젊은 남성들에게 징병을 거부하고 캐나다로 도망치라고 독려하는 여성들을 칭찬했다. 블라이는 세상을 평화롭게 하려면 남녀 모두 이들의 여성적인 원칙을 포용해야 한다고 주장했다. 생명을 지키려는 본성은 원래 남성과 여성 모두에게 있지만, 남성의 경우 건강하지 못하게도 그런 본성이 억압되어 있다는 게 블라이의 입장이었다. 1970년대에는 양성 모두에게 열린 모임인 위대한어머니Great Mother 회의를 이끌었는데, 이 회의에서 그는 '여성적인' 평화 사랑 정신을 증진시키려 노력했다.

하지만 평화운동이 지지부진해지고 시간이 흐르면서 블라이는 더 이상 군중을 호령하지도, 퇴짜 놓을 수 있는 전국적인 상을 수상하지도 못했다. 그의 고백에 따르면 1980년대 초에 이르렀을 때는 심지어 자신이 남자답지 못하다는 기분이 들기 시작했다. 블라이는 글에서 "생산적인 남성성, 혹은 물기를 머금은 남성성이 더 이상 내 몸을 통해 드러나지 않게 되면서 위축감을 느끼기 시작했다"고 밝히고 있다.[86] 하지만 그가 문제라고 지목한 것은 초반의 명성을 더 이상 누리지 못하게 된 것이 아니었다.[87] "남성과 더 이상 접촉을 하지 못하고", 자신의 어머니를 비롯한 강인하고 성난 여성들, 일생 동안 남자들에게서 받은 수모에 대해 목청을 높이는 여성들에게 너무 많이 노출된 게 문제였다(블라이의 회상에 따르면 그의 가족의 경우는 어머니가 쌀쌀맞고 냉정한 알코올중독이자 아버지에게 반발하고 있었다). 그는 자신을 비롯한 남자들이 이런 여성들과 너무 가깝게 동맹을 맺는 바람에 아버지들과 자신의 남성성을 '여성의 시각'으로 바라보게 되었다며 우려를 표했다. 그는 초창기에 자신이 했던 권유는 실수였다는 결론에 도달했다. 블라이는 "만일 누군가가 지금 나에게 '당신은 여성적인 면이 부족하다'고 말한다면 난 '아뇨. 나에게 부족한건 남성성입니다'라고 말할 것"이라고 1988년 《홀어스 *Whole Earth*》에서 밝혔다.[88] 그는 자신이 '겉으로만' 남성적이라고 걱정했다. 여성적인 원리에 눈을 뜬 남성들은 이 때문에 파멸되다시피 했다. 너무 '부드러워'진 것이다.

이런 최근의 불균형을 바로잡기 위해 블라이는 남성들을 "깊은 남성성"으로 다시 안내하는 남성 전용 워크숍을 운영하기 시작했다. 그리고 얼마 가지 않아 북소리가 울려 퍼지는 가운데 남자들이 부족 가면과 야생동물 의상을 입고 "내면의 야수"를 재발견하는 주말 황무지 체험을 이끌었다. 조지 길더 같은 신보수주의 성향의 남성들이나 워런 패럴은 최소한 여성들이 자신의 말에 귀 기울여 주기라도 원했지만 블라이는 부드러운 남성들이 살 길은 엄격한 분리뿐이라고 믿었다.

1980년대 중반에 이르자 블라이는 다시 군중을 이끌게 되었다. 단 한 번의 강의에 55달러, 이틀짜리 체험에 300달러를 내는 남성들이 수백이었다. 1980년대 말쯤 되자 블라이는 다시 미디어의 왕좌에 올라 90분짜리 텔레비전 특집 방송에 빌 모이어스*와 함께 출연할 정도가 되었고, 《뉴욕타임스 매거진》 특집 기사에 실렸으며, 전통적인 남성 잡지와 뉴에이지 주간지의 찬양을 받게 되었다. 《지큐》와 《요가저널》 모두 블라이를 유명 인사처럼 떠받들었다. 주류 신문들은 그를 "신남성의 아버지상"이라고 묘사했다.[89] 1990년쯤 되자 그동안 그가 자비로 출판했던 남성성의 위기에 대한 소책자들을 한 유명 출판사가 엮어서 양장본으로 재출간했고, 이 책 『아이언 존 *Iron John*』

* Bill Moyers, PBS의 인터뷰 프로그램 진행자.

은 곧 《뉴욕타임스》 베스트셀러 목록에 올랐다.[90]

블라이가 성공을 거두자 숱한 모방자들이 나타났다.[91] 1980년대 말에 이르자 남성 운동은 일련의 강의("남성만을 위한, 축축하고 거친 남성성")와 책(『남근: 남성성의 신성한 이미지 *Phallos: Sacred Image of the Masculine*』), 소식지(《뉴워리어뉴스 *New Warrior News*》), 테이프(〈천진난만한 남성 The Naive Man〉), 라디오 프로그램(〈제리 존슨과 남자 대 남자로 Man-to-Man with Jerry Johnson〉), 심지어는 보드게임(〈남성 전용 통찰력 게임 A Game of Insights for Men Only〉)으로 가득한 가내 공업으로 변신했다. 이 새로운 남성 운동은 그저 별난 캘리포니아 사람들의 취미 생활에 그치지 않았다. 오클라호마 털사에서는 '형제애를 강조하는 모임 Brotherhood lodges'이 갑자기 나타나기 시작했고, 워싱턴 D.C.는 '야성적인 남자' 의식을 치르는 남성 조직 여섯 군데를 지원했고, 메릴랜드 프레더릭에서는 《말하는 막대기: 남자에 대한 소식지 *The Talking Stick: A Newsletter About Men*》를 발행했고, 텍사스 오스틴에서는 야성적인남자모임 Wild Man Gatherings이 몇 달 전부터 예약이 찼고, 미니애폴리스 남성센터 Men's Center에는 매일 워크숍을 진행시킬 정도로 많은 남성들이 몰렸다. 캘리포니아 오클랜드와 뉴욕 시의 스털링관계연구소 Sterling Institute of Relationships에서 진행하는 400달러짜리 주말 프로그램 "남성, 섹스, 권력"에서는 '겁쟁이들'에게 고릴라 옷을 입히고 가슴을 두드리며 서로 주먹다짐을 하게 하는 방식으로 '진짜 남자'가 되는 법을 가르쳤다.[92] 1980년대에 이런 세미나에 등록한 남성만 1만 명이 넘었다. 블라이의 주말 체험 프로그램의 경우는 1980년대 후반기에만 5만 명의 남성이 참여했다.[93] 참가자가 별 볼 일 없는 떠돌이들도 아니었다. 블라이의 체험 프로그램 등록자 명단에는 변호사, 판사, 의사, 회계사, 기업 임원도 있었다.[94] 어떤 황무지 체험 프로그램에는 《포춘》 500대 기업의 부사장 몇 명과 방송국 소유주 두 명이 참여한 적도 있었다.

뉴에이지 남권주의자들은 여성운동에 대한 악감정은 전혀 없다고 주장했다. 블라이의 신도들은 두 운동이 "평행한 경로"를 달린다고 강조하기를 좋아했다. 블랙오크 시 읽기 모임에서 한 여성이 블라이에게 페미니즘에 대해 어떻게 생각하는지 물었을 때 이 시인은 "나는 여성운동의 업적을 엄청나게 지지한다"는 말로 질문자를 안심시켰다. 대부분의 행사에 여성을 초대하지 않는 이유는 그저 "여성이 없을 때 남성들이 더 정직해질 수 있기 때문"이라고 그는 설명했다. 하지만 블라이의 글과 말을 살펴보면 거기에는 다른 이유도 있는 것 같다.

블라이는 1987년 뉴에이지 남권주의 선언인 『베개와 열쇠 *The Pillow & the Key*』에서 "1960년대에는 '여성은 싫다고 말하는 남성에게 좋다고 말한다'라고 적힌 범퍼 스티커*가 있었던 걸로 기억한다"고 밝힌다.[95] "여성들은 부드럽고 수용적인 남성이 더 좋다고 분명하게 말했고, 부드러운 남성에게는 보상을 해 주곤 했다. '당신이 너무 공격적이고 마초적이지 않으면 우린 당신과 잘 거예요'." 블라이는 이것이 여성들이 숱한 주먹질로 남성의 기를 꺾은 사례 중 하나라고 주장했다. "남성의 성장이 거기서 잠시 지장을 받고 혼란에 빠졌다."

1970년대 초에 여성운동이 등장하면서 이 간섭은 더 심해졌다. 다른 뉴에이지 남권주의자 키스 톰슨 Keith Thompson 과 블라이의 지면 대담 "남자는 정말로 무엇을 원하는가 What Men Really Want"는 문제를 이렇게 개괄한다.

블라이   오늘날 전국에는 '부드러운 남자' 현상이 번지고 있습니다.[96] 가끔 내 청중을 들여다보면 젊은 남자의 절반 정도는, 내가 보기엔 부드러워요. …… 이런 남자들은 불행한 경우가 많죠. 이런 남자들한테는 에너지가 많지 않아요. 생명을 유지하고는 있지만 정확하게 생명을 주지는 못하죠. 그리고 왜 이런 남자들이 긍정적으로 에너지를 발산하는 강한 여성들과 같이 있는 모습을 종종 접하게 되는 걸까요?

톰슨   그건 아마 우리가 어떻게 살아야 하는지 단서를 얻기 위해 여성운동을 참고하던 1960년대에는 강한 신여성들이 부

* 징병 거부 운동을 지지하는 의미에서 붙이고 다니던 스티커.

11장 반격의 수뇌부, 네오콘에서 네오펨까지   467

드러운 남자를 원한다고 생각했기 때문이 아닌가 싶어요.

블라이   나도 동감이에요. 그땐 그렇게 생각했죠.

요컨대 위대한 어머니의 권위가 너무 커졌다는 것이다. "남자들의 사회가 사라지고 있는 것은, 부분적으로는 감정이 상한 여성들이 압력을 행사하기 때문"이라고 블라이는 자신의 책에서 밝히기도 한다.[97] 너무 많은 여성들이 "남자가 한 명도 없는 집에서 아들을 키우고" 있다.[98] 싱글맘의 아들은 "이제 엄마뿐만 아니라 함께 살아가는 젊은 여성들에게도 기쁨을 주는 착한 소년"이 되었다.[99]

블라이는 착한 소년이 남성 정체성을 복원하려면 더 이상 엄마를 본보기로 삼으려 하지 말고 "마음 깊은 곳으로 내려가 그곳에 있는 어둠을 받아들여야" 한다고 주장한다.[100] 블라이는 이 여행의 핵심 걸심이로 그림 형제의 동화에서 빌려온 「아이언 존 이야기」를 제시한다. 이 이야기에서 한 털북숭이 '야성적인 남자'가 왕이 사는 성 근처의 철창에 갇혀 있고 그 열쇠는 여왕의 베개 밑에 있다. 어느 날 어린 왕자가 자기가 아끼는 '황금 공'을 가지고 놀다가 버려진 연못에 빠뜨리게 되는데, 엄마에게 열쇠를 훔쳐 이 야성적인 남자를 풀어줘야만 공을 되찾을 수 있다. 블라이의 동료 키스 톰슨의 표현을 빌리면 이 젊은 남자는 "엄마에게 넘겨줬던 권력을 되찾고 엄마의 침대 주위에 형성된 힘의 장에서 벗어나야 한다. 엄마를 기쁘게 하는 데 쏟던 에너지를 다른 곳으로 돌려야 한다."[101]

블라이의 '신화를 만들어 내는' 남성 전용 주말 프로그램에서는 그렇게 젊지 않은 왕자들이 현대에 맞춰 약간 변형된 방식으로 황금 공을 되찾는다.[102] 미네소타 주 마운드에 있는 한 성경 캠프장에서 진행된 주말 프로그램에서 '야성적인 남자들'은 플라스틱 안락의자를 가지고 잠자리를 만든다. 저널리스트 존 테블린Jon Tevlin은 이 행사에 참가한 뒤, 동에 번쩍 서에 번쩍하는 셰퍼드 블리스의 주도하에 야성적인 남성과 이루어진 전형적인 조우를 이렇게 회상했다.

블리스는 첫날 밤 "내면에 있는 야성적인 남자"를 재발견해야 한다고 이야기하면서 천천히 무릎을 꿇었다.[103] "여기 모인 분들 중에는 직립보행의 세상에서 잠시 떠나 나와 함께 사족 보행의 세계에 함께하고 싶은 분이 있을지도 모르겠네요." 그가 말했다. 오렌지색 노가하이드* 의자에 앉아 있던 우리는 한 명 한 명 1960년대에서 막 튀어나온 듯한 거친 느낌의 오렌지색 카펫으로 미끄러졌다. "이렇게 네발짐승처럼 움직여 보세요. 흙과 여러분 주변 세상과 접촉하면서 땅을 긁어 봐도 좋아요."

그가 말하자 사람들은 땅을 손발로 건드리기 시작했다. "가장 남성적인 동물처럼, 그러니까 숫양처럼 행동해 보세요." 셰퍼드가 구슬리는 듯한 목소리로 말했다. "여러분 목구멍에서 낯선 소리가 흘러나오는 걸 느낄 수도 있어요." …… 콧소리쯤, 매애 하는 소리, 두어 번 늑대처럼 포효하는 소리도 났다. …… 흘끗 보니 셰퍼드가 가장자리에만 흰 머리가 있고 가운데는 비어 있는 정수리를 내민 채 고개를 떨구고 나를 향해 다가오고 있었다. ……그러는 동안 내 뒤에 뭔가가 있다는 느낌이 들어서 돌아보니 한 남자가 내 엉덩이에 대고 코를 킁킁대기 시작했다. 그는 "컹컹!" 하고 짖었다.

이런 주말 프로그램에서는 침대 안에서든 밖에서든 여성과의 관계 개선법이라는 문제를 놀라울 정도로 대수롭지 않게 여겼다. 트립 가브리엘Trip Gabriel은 텍사스에서 열린 야성적인남자모임에 대한 글에서 "꼬박 이틀 동안 여성은 거의 언급되지 않는다"라고 밝혔다.[104] 캘리포니아에서 열린 블라이의 "사랑, 섹스, 친밀한 관계" 주말 프로그램에 참가했던 작가 스티브 채플Steve Chapple과 데이비드 탤벗David Talbot은 제목에 포함된 이 세 가지 주제가 한 번도 의제에 오르지 않았다고 말했다.

젊은 남자와 나이 든 남자들이 드럼을 치면서 제대로 접해 본 적이 없는 아버지를 찾으며 울부짖고 있었다.[105] 이들은 가장 깊은

* Naugahyde, 인조가죽 브랜드.

곳에 숨어 있던 수치심을 까발리고, 자신의 인생을 지배하는 여성들을, 약간보다는 더 많이 경멸했다. 하지만 놀랍게도 이 모임에서는 섹스가 전혀 뜨거운 주제가 아니었다. 새로운 남자는 숙녀들보다는 자기 자신에게 훨씬 더 많이 매료된 듯했다.

채플과 탤벗이 밝힌 바에 따르면 한 남성은 "이상적인 짝"을 그리라는 주문에 침대에 혼자 누워서 "딸딸이를 치는" 자신을 그렸다.[106]

하지만 관계에 대한 이야기가 부재한 것은 어쩌면 그렇게 놀랄 일이 아니었는지도 모른다. 어쨌든 블라이의 주말 프로그램에서 진짜 주제는 사랑과 섹스가 아니라 권력, 그러니까 여성에게서 권력을 빼앗아 남성들을 위해 권력을 결집시키는 방법이다. 사실 채플과 탤벗이 참석했던 블라이의 체험 프로그램은 모든 참가자들에게 집에서 "권력을 상징하는 물건"을 가지오게 한 뒤 이를 전시하는 것으로 행사를 시작했다.[107] 그 주말의 전리품 중에는 380구경 자동 권총 한 자루도 있었다. 블라이가 세계 평화를 지지하는지는 모르겠지만, 남성 운동의 대장으로서 그는 가정이라는 전선에서 벌어지는 전투를 감독하고 있다. 그리고 그는 그런 집 안 갈등에서 온건한 감성을 허용하지 않는다. 1,000명의 남성이 참석했던 1987년의 한 세미나에서 한 남성이 블라이에게 "로버트, 우리가 여자들한테 우리 욕망을 얘기하면 여자들은 우리가 틀렸다고 해요" 하고 말했다. 그러자 블라이는 이렇게 지시했다. "그러면 아구창을 날려 버려요." 누군가가 그런 발언은 여성에 대한 폭력을 옹호하는 것처럼 들릴 수 있다고 지적하자 블라이는 이렇게 입장을 바꿨다. "알았어요. 내 말은 그런 여자들을 말로 때려 주라는 거였어요."

"문제가 뭘까요? 요구르트를 너무 많이 먹어서?" 블라이가 소리치고 있었다.[108] 그는 샌프란시스코 융센터Jung Center에서 진행 중인 이틀짜리 강의 중반을 달리고 있다. 이 행사는 여성의 참가가 가능한 흔치 않은 기회 중 하나였다. 그는 400명 넘는 청중을 쏘아보며 손을 엉덩이에 얹은 채 선장 같은 포즈로 뒤로 물러서 있다. 그는 무대 위를 서성이기 시작하면서 "요즘 미국 남자들은 너무 소극적이고 순진하다"고 말한다. "질병이 떠돌아다니고 있는데, 그건 여자들이 퍼뜨리는 거죠. 여자들은 1960년대부터 사실상 남자들의 영역을 침범했고 남자를 소년 대하듯 대했어요."

청중에 있던 여성이 여성운동 탓이라는 말이냐고 물었다. "남성운동은 여성운동에 대한 반작용이 아니라"고 그가 말했다. 하지만 몇 분 뒤 그는 다시 청중 내 남성들에게 "여성들의 힘의 장"을 조심하라고 경고했다. 또 다른 여성이 말이 모순된다고 지적하자 그는 이성을 잃었다. 마이크를 든 채 꽃무늬 토트백을 쥐고 있는 가냘프고 나이 많은 말썽꾼을 향해 저벅저벅 걸어간 그는 그녀에게 자신의 얼굴을 들이대며 마이크에 대고 소리를 쳤다. "당신같은 여자들이 남자들을 요구르트나 먹는 인간들로 만들고 있는 거요." 당황한 여성은 씩씩대는 이 시인을 달래려고 애썼다. 떨리는 목소리로 감정적으로 멀어진 남편과의 관계를 어떻게 하면 개선할 수 있을지 물어본 것이다. "남편한테 이래라저래라 하지 말고 그냥 내버려 두세요." 그가 소리쳤다. "그냥 내버려 두란 말입니다."

융센터의 주말 프로그램 둘째 날 블라이는 동화를 한 편 들려주겠다고 말했다. 그는 합리적이거나 심리적인 분석보다 오래된 신화가 더 '선진적'이기 때문에 종종 신화에 의존한다고 설명했다. "그 누구도 탓하지 않는다"고 그는 말했다. "신화적인 사고에서는 '나 너 때문에 미치겠어'라고 말하기보다는 '이 방에는 우리에게 이런 짓을 저지르는 마녀가 있다'고 말합니다. 마녀는 관계 속에서 제3자예요." 하지만 제3자인 '마녀'를 들먹이는 건 그저 남성들이 사과할 필요 없이 싸잡아 욕할 수 있는 형태로 페미니스트 괴물을 표현하는 방법의 하나로 드러났다. 블라이의 표현에 따르면 이제는 누군가를 불쾌하게 만들지 않고는 "남성과 여성에 대해 일반화할 수가 없어요. 그래서 신화적인 방식으로 서술을 해야 하는 거죠."

오늘 그가 택한 이야기는 또 다른 그림 형제의 이야기 「레이븐The Raven」이었다. 이 이야기에서는 어떤 마녀와 다양한 종류의 고압적인 여성들 때문에 약해진 남자 주인공이 거인과 싸워서 자신의 남성성을 회복해야만 공주를 차지할 수 있다. 이야기가 끝나자 블라이는 청중들에게 어떤 부분이 자신의 개인적인 상황과 가장 맞아떨어지는지 물었다. 남자 주인공이 유리 산으로 돌진하는 부분을 택한 남성이 거의 없자 블라이는 화를 냈다. "여러분 모두 '여성적인 기다림'에 꽂혔군요." 그는 투덜거렸다. "난 행동을 원해요. 분노를 원한다고요. 여러분은 저 밖으로 나가서 거인을 죽여야 해요." 블라이는 남성들에게 "으르렁대 보라"고 지시했고, 반응이 시원치 않자 양손을 쳐들었다. "왜 이래요, 왜 이러냐고요. 이빨을 드러내요. 화를 내 보라고요."

한 젊은 남자가 손을 들었다. "하지만 로버트, 간디는 폭력에 의지해서 목적을 달성하지 않았어요." 블라이가 발을 쿵쿵 굴렀다. "정말 모두 순진해 빠졌군요. 간디를 비롯한 감상적인 철학자들이 부추긴 나약한 온갖 쟁기들로 가득 차 있어요."

점심 휴식 시간이 찾아왔다. 청중들이 빠져나가자 꽃무늬 토트백 여성이 블라이에게 다가와서 쪽지를 건넸다. 그는 쪽지를 셔츠 주머니에 쑤셔 넣더니 아무 대꾸도 없이 강당 뒷편으로 성큼성큼 걸어갔다. 그곳에서는 융센터에서 일하는 은발의 두 여성이 그의 점심 식사를 차리고 있었다.

블라이는 몇 달 동안 인터뷰 요청을 거절했다. 그는 미디어 인터뷰를 할 경우 주로 남성과 하지만 오늘은 점심 식사를 하는 동안 짧은 대화를 해도 좋겠다고 응했다. 시인은 남자답게 샌드위치를 베어 먹는 사이사이 대부분의 행사에 여성들을 금하는 건 여성이 지배하는 세상에서 남자들에겐 보호구역이 필요하기 때문이라고 말했다. "이 나라엔 전사를 위한 장소가 전혀 없어요. 페미니스트들이 가톨릭 사제의 뒤를 이어받았죠." 그리고 이 같은 여성들의 습격은 시작에 불과했다. "난 사태가 점점 악화될 거라고 봐요. 남자들은 점점 자신의 남성성에서 멀어지면서 불안정해질 거예요. 남성은 점점 여성에 가까워지고, 여성은 남성에 가까워지려고 하겠죠. 전망이 밝지 않아요."

이 모든 일이 일어나고 있다는 주장, 혹은 페미니즘이 정말로 남자들을 '부드럽게' 만들고 있다는 주장의 근거는 뭘까? 이 덕망 있는 시인은 갑자기 노발대발하기 시작했다. "나한텐 근거 같은 건 필요 없어요. 나한테는 뇌가 있고, 그래서 아는 거예요. 뇌를 쓰면 되니까." 그는 더 이상 질문에 답하지 않고 앉아 있던 회전의자를 획 돌려 벽을 바라보았다. 어색한 침묵이 방 안을 감돌았다. 융센터에서 일하는 두 여성이 그의 "걸출함"에 대한 찬사를 웅얼거리듯 늘어놓고 사과 주스를 더 마시라고 권하면서 그의 기분을 돌려놓으려 애썼다. 한동안 아무 말을 하지 않던 그는 오전 강의에서 자신을 열 받게 만들었던 다른 여성이 기억난 듯 셔츠 주머니에서 쪽지를 꺼내 들었다. 고개를 젓고 콧방귀를 뀌던 그는 크게 읽기 시작했다. "당신이 내 지적을 묵살하고 날 놀림감으로 만들어 버린 점에 대해 크게 상처받았고 화가 났습니다." 부엇보다 그녀에게 상처를 안긴 것은 남편으로부터 감정적인 지원을 더 많이 바란다고 말했을 때 그가 공격했던 방식이었다고 그녀는 쪽지에서 밝혔다. 그녀가 남편의 배려가 필요한 건 난소암으로 투병 중이었기 때문이다. 블라이는 빈정거리는 투로 말했다. "아, 그래서 내가 난소암을 겪어 보질 못했으니 이해를 못한다는 건가?" 그는 쪽지를 다시 주머니에 구겨 넣더니 남은 샌드위치를 먹어 치웠다.

실비아 앤 휴렛: 네오페미니스트의 시시한 작업

외교협회Council of Foreign Relations를 비롯한 여러 싱크탱크의 회원인 실비아 앤 휴렛Sylvia Ann Hewlett은 "어째서 필리스 슐래플리가 호소력이 있는지 이해하게 되었다"고 말했다.[109] 『시시한 인생: 미국의 여성해방 신화A Lesser Life: The Myth of Women's Liberation』를 저술한 휴렛이 어퍼이스트사이드에 있는 외교협회 사무실의 번쩍이는 회의실 테이블에 앉아 있다. "난 남녀평등헌법수정안이 전미여성연맹에 소속된 세련된 엘리트 직장 여성들에게는 호소력이 있을지 몰라도 사실상 일반 여성들을 돕는 데는 방해될지 모른다는 사실을 깨달았어요."

휴렛은 자신이 어떻게 이런 수정주의적인 관점에 도달하게 되었는지를 설명했다. "한때 난 여성운동에 상당히 적극적이었어요." 그녀는 1970년대에 의식 고양 집단에 참여하고 남녀평등헌법수정안을 지지하는 활동에 종종 힘을 보탰다고 회상했다. "하지만 그러다가 점점 남녀평등헌법수정안이 여성을 위한 특별노동보호법을 없애 버릴 거라는 생각이 들었어요. 지금 남녀평등헌법수정안을 전면적으로 시행한다고 하면 난 찬성표를 던지지 않을 거예요. 그건 정말 역효과를 낳을 수 있으니까요." 그녀는 일반 여성들이 그녀에게 확신을 심어 주었다고 말했다. 그녀가 자신의 책에서 밝힌 바에 따르면 "페미니스트들은 일반 미국 여성의 필요와 열망과 관계맺는 데 크게 실패했다."[110] 페미니스트들은 "많은 주부들은 동등한 대우를 원치 않는다"는 점을 이해하지 못했다. 그리고 "힘들게 쟁취한 보호법의 혜택을 잃게 될지 모른다는 블루칼라 여성들의 타당한 걱정까지 감안하면 남녀평등헌법수정안에 반대하는 유권자의 수는 무시할 수 없을 정도로 많아진다."

당시 투기오행가 남편과 함께 부유한 맨해튼 지역에서 살고 있던 휴렛은 이런 일반 여성들과 언제 접촉해 봤던 걸까? 『시시한 인생』에는 몇 개 안 되지만 예가 나온다. 한 번은 애틀랜타 지역의 섬유 공장에서 교대 근무를 하는 익명의 여성 노동자가 했다는 말을 인용했다.[111] 이 여성은 휴렛에게 자신이 평등한 법에 반대하는 건 "우리 여자애들은 근무 중에 추가적인 휴식 시간을 얻기" 때문이라고 말했다. 휴렛은 이 여성의 말에 워낙 크게 마음이 흔들려서 다시는 남녀평등헌법수정안을 지지하는 활동을 할 수 없게 되었다고 말한다. 그런데 이 일화는 이상하기 짝이 없다.[112] 휴렛이 애틀랜타를 방문했다고 말했던 그해에는 애틀랜타 지역의 공장이 단 한 곳을 제외하고 모두 문을 닫았고, 그곳마저도 직원이 얼마 되지 않았기 때문이다. 게다가 어쨌든 그 어디서도 여성에게 "추가적인 휴식 시간"을 주지 않았다(사실 공장 노동자였던 조이스 브룩셔Joyce Brookshire의 회상에 따르면 "추가적인 휴식 시간이 있다 해도 그건 남성들의 몫이었어요. 남성들은 '흡연실'에 가서 담배를 피우며 쉴 수 있었거든요. 여성들은 흡연실을 이용할 수 없었어요." 브룩셔는 자신을 비롯해서 자신이 아는 공장 내 모든 여성들이 남녀평등헌법수정안을 지지했다고 말한다).

휴렛이 언급하는 또 다른 '일반' 여성의 사례는 "중부 미국의 전통 여성"에 속하는 한 익명의 여성이다. 익명의 이 여성은 "여성해방은 우리가 지금의 사회 위기를 극복하는 데 가장 필요한 바로 그 제도, 즉 가정에서 해방되기를 원한다"고 불평했다.113) 휴렛이 달아 놓은 각주를 보면 이 말은 조지 길더의 『성적인 자살』에 인용된 한 여성이 한 말이라고 나와 있다. 하지만 원래의 참고 문헌을 살펴보면 휴렛이 "우리"라는 표현을 추가하는 등 인용구를 바꿔서 마치 어떤 여성이 이 말을 한 것처럼 보이게 만들었음을 알 수 있다. 사실 이 말을 한 사람은 길더 자신이다. 이 '전통 여성'은 결국 반페미니스트 남성이었던 것이다. 나중에 이에 대해 물어보니 휴렛은 "어떻게 그런 일이 일어났는지 잘 모르겠다. 그 기억이 나지 않는다"라면 말했다.114)

휴렛은 길거리에서 접한 평균적인 여성들과의 이런 유익한 만남을 근거로 페미니즘이 여성들의 뒤통수를 쳤다는 결론을 내린다. "미국의 여성운동은 여성의 문제를 완전한 법적·정치적·경제적 권리를 성취하고, 자신의 몸에 대한 통제권을 쟁취하는 것으로 규정해 왔다."115) 하지만 대부분의 미국 여성들은 평등, 개인적 자유나 성적인 자유 같은 것을 원하지 않는다고 그녀는 단언한다.116) 그들은 "전통적인 가족 구조를 약화시키는 게 아니라 강화하고 싶어 한다." 그런데 페미니스트들은 모성이 아닌 평등에 집중함으로써 "엄청나게 큰 실수"를 저질렀다.117) 여성운동은 사실 직장 여성과 그 아이들의 필요를 옹호하는 데 실패함으로써 여성들에게 "시시한 인생"을 안겨 주었다. 페미니즘은 "목욕물과 함께 아기를 내버렸다."118)

'페미니스트'라고 알려진 휴렛이 이 '실수'를 부각시키자 즉각 반페미니즘 매스미디어들로부터 주목을 받았다. 휴렛이 출간 계획을 세우자 열한 곳의 열의 넘치는 출판사가 여섯 자리 수의 선금을 제시하며 입찰 경쟁을 벌였다.119) 하지만 출판사들은 여성 독자들이 이런 주제에 관심이 없다는 사실을 간파하지 못하는 실수를 저질렀다. 『시시한 인생』은 별로 많이 팔리지 못했다. 대신 이런 수정주의적인 먹잇감에 언론이 군침을 흘리며 달려들리라는 출판사들의 예상만큼은 틀리지 않았다. 이 책은 즉각 미디어를 통해 유명세를 탔다.《워싱턴 포스트》의 한 논평가는 "노래하라 호산나! 평판 좋은 누군가가 마침내 이걸 글을 통해 밝혔구나"라며 환호했다.[120] 휴렛이 1년 뒤 페이퍼백판 후기에서 밝힌 바에 따르면 토크쇼 출연 요청이 쇄도했다.[121] "110개 토크쇼 전부에서!" 그리고 그녀는 하루아침에 가족 정책에 대한 전국적인 권위자가 되었고("모이니핸 상원 의원, 쿠오모Cuomo 주지사, 오카르Oakar 하원 의원이 내 자문을 구했다") 아리조나 주지사는 그녀를 가족 복지 위원으로 지명했으며 전미여성민주주의클럽 Woman's National Democratic Club에서는 그녀에게 기조연설을 맡겼다.

이후 몇 년간 수백에 달하는 저널리스트, 뉴스 진행자, 칼럼니스트 들이 페미니즘의 비극적인 영향을 강조하고 싶을 때마다 휴렛의 책을 들먹였다. 휴렛은 여성운동을 공격한 덕분에《뉴욕타임스》에서부터 《피플》, 《도나휴》 등 각종 언론 미디어를 통해 이름을 알렸다. 심지어《내셔널인콰이어러》는 지나친 의욕을 불태우기도 했다. 이 선정적인 타블로이드 신문은 이 책의 놀라운 연구 결과를 "여자들은 여성해방운동으로부터 도움을 받는 게 아니라 상처를 받고 있다"는 제목의 기사를 통해 대서특필했던 것이다.[122]

휴렛은 여성운동을 세 가지 측면에서 비판한다.[123] 페미니스트 들은 첫째, 남녀평등헌법수정안을 홍보하고, 둘째, 무책주의 이혼법을 밀어붙였으며, 셋째, 모성을 무시함으로써 여성들의 기대를 저버렸다는 것이다.《내셔널인콰이어러》의 보도는 휴렛이 사실이라고 주장한 것들이 실상 선정적인 타블로이드 신문들이 좋아하는 가십에 가까울 때가 더 많다는 것을 보여 주는 단서라고 볼 수 있다.

휴렛은 "남녀평등헌법수정안이 배리 골드워터Barry Goldwater, 제리 폴웰 등 돼지 같은 남성 우월주의자들이 아니라, 페미니즘 운동에서 소외된 여성들, 일반인들의 삶에서 유리된 엘리트주의적인 가치를 신봉하는 그 운동에서 소외된 여성들 때문에 좌절되었다는 사실은 뼈아프다"고 책에서 밝히고 있다.[124] 휴렛은 여성 다수가 남녀평등헌법수정안에 반대했는데, 그 이유는 이 법이 남편의 부양을 받을 주부의 권리와, "추가적인 휴식 시간과 더 나은 휴게실" 같은 "어렵게

쟁취한 보호법의 혜택"을 누릴 직장 여성들의 권리를 없앨지도 모르기 때문이라고 말한다.[125]

휴렛이 이런 주장을 뒷받침하기 위해 인용하는 자료는 거의 모두 단 하나의 출처, 남녀평등헌법수정안 중지 프로그램을 맡고 있는 이글포럼의 필리스 슐래플리의 말뿐이다. 휴렛이 남녀평등헌법수정안에 대해 인용하는 또 다른 권위자는 "저명한 노동 시민권 변호사"뿐인데, 신원을 밝히지 않은 그 사람은 휴렛에게 남녀평등헌법수정안이 필요 없다는 확신을 심어 주었다.[126] 어떻게 당시 다수 여성들이 남녀평등헌법수정안에 반대하는지 알게 되었는지에 대해서는 설명하지 않는다. 만일 당시 전국 여론조사를 확인해 보았더라면 여성의 약 60퍼센트가 이 수정안에 찬성한다는 사실을 알았을 텐데 말이다[127](그 이후로 이 비중은 더 늘어나서 70퍼센트를 웃돌았다). 그리고 '일반' 여성들이 남녀평등헌법수정안에 적대적인 것도 아니었다. 1982년 갤럽의 한 조사에 따르면, 전문직 여성보다 사무직과 판매직 여성들이 남녀평등헌법수정안에 조금 더 열정적이었고, 고소득 여성보다 저소득 여성들이 수정안을 비준할 수 있는 최종 시간을 연장하는 데 더 우호적인 것으로 나타났다.[128]

휴렛은 여성들이 남녀평등헌법수정안에 반대했던 건 결혼 관계 내에서의 지원과 '보호법의 혜택'을 빼앗길 것이라는 사실을 알았기 때문이라고 말한다. 하지만 남녀평등헌법수정안은 이미 대부분의 주 법률이 규정해 놓은 대로 이런 지원이 성별에 관계없이 이루어지도록 하는 것 말고는 여기에 아무런 영향을 미치지 않을 것이었다.[129] 남편에게 아내 부양을 의무로 규정하지 않은 주가 이미 절반이었고, 이런 규정이 있는 주에서도 그건 거의 유명무실했다. 보호법 혜택의 경우 법원은 이미 그게 여성의 시민권을 침해한다고 판단하고 삭제시켰다. 이런 법들은 역사적으로 여성을 고소득 일자리에서 차단함으로써 여성이 아닌 남성의 일자리를 보호하는 기능을 해 왔다. 그리고 이런 '혜택'을 엎어 달라고 법원에 탄원을 넣은 건 블루칼라 여성들이었다.

결국 남녀평등헌법수정안을 무산시킨 사람들은 일반 여성들이 아니라 막강한 권력을 쥔 세 핵심 주 의회의 소수 남성들이었다. 이 남성들이 남녀평등헌법수정안에 반대했던 건 수정안이 여성들의 전통적인 보호 장치들을 침해해서가 아니라 한 핵심 주 의원의 표현에 따르면 "여성은 남편의 수발을 들어야 한다"는 자신들의 믿음에 도전했기 때문이었다.[130]

페미니스트가 무책주의 이혼을 홍보함으로서 전통적인 주부들에게 피해를 준다는 휴렛의 두 번째 주장은 반격 신화에 근거를 두고 있다.[131] 휴렛의 근거는 레노어 와이츠먼의 문제적인 『이혼 혁명』에서 가져온 것이다.

휴렛의 마지막 주장은 가장 많이 인용된다. 그녀는 여성운동이 엄마와 아이들에게 "호통을 치고 욕설을 퍼붓는다"고 주장한다.[132] 1970년대 페미니스트들은 육아를 제일 뒷전에 밀쳐 두고 심지어 출산휴가를 꾸준히 주장하지 못했다는 것이다. 휴렛은 "아이에게 적대적"이고 "모성에 적대적"인 입장 때문에 오늘날 대부분의 일반 여성들은 여성운동을 신뢰하지 않게 되었다고 말한다.[133] 그녀는 이런 과실을 서유럽의 '사회적 페미니스트들'과 대비시킨다.[134] 그녀의 주장에 따르면 사회적 페미니스트들은 정부가 육아와 출산휴가 수당을 지원하게 만든 일등 공신이었다.

하지만 실상 그녀가 칭찬하는 유럽 정책들은 사회적 페미니스트들이 아니라, 몇십 년 전 출산율 저하를 어떻게든 막고 전쟁 때문에 줄어든 인구를 다시 보충하려고 노력하던 정부가 뼈대를 잡아 놓은 것들이었다.[135] 그리고 미국에서 동등한 권리를 주장하는 페미니스트들도 육아와 출산휴가에 대한 활동을 전혀 간과하기만 하진 않았다. 여성해방운동이 엄마들에게 법적인 권리를 인정하고 진정한 존중을 표하는 대신 껍데기뿐인 감사 인사로 때우려는 미국 사회를 비난했던 건 분명 사실이었고 이는 정당했다. 하지만 그뿐만 아니라 엄마들에게 도움이 될 수 있는 광범위한 권리 역시 요구했다. 1970년대 초 페미니스트들은 의회에서 다섯 가지 보육 법안을 위한 캠페인을 벌였다.[136] 전미여성연맹의 1967년 "여성권리장전Bill of Rights for Women"에 실린 여덟 개 주장 중 세 개가 특히 보육과 출산휴가 등의 혜택을 다뤘다.[137] 이후 몇 년간 전미여성연맹과 여러 여성 집단들은 꾸준히 국회에서 로비 활동을 벌였고, 전국적인 저항을 벌였으며, 임신부와 엄마 들에 대한 차별을 철폐하기 위해 집단소송을 제기했다. 휴렛과 그와 비슷한 성향의 비판가들이 간과했던 핵심 지점은, 페미니스트들이 다른 영역(고용 기회, 임금 평등, 신용에 대한 권리, 여성 건강)에서 여성의 권리를 신장시켜서 엄마와 그 아이들 역시 혜택을 보게 되었다는 점이다. 어쨌든 대부분의 일반 여성들이 페미니즘 운동을 '가족에 적대적'이라고 여긴다는 휴렛의 주장은 틀렸다. 1989년 양켈로비치의 여론조사에서 특별히 "여성운동이 가족에 적대적인가요?" 하고 물어봤을 때 모든 연령 집단에서 대다수 여성은 아니라고 답했다.[138]

휴렛이 여성운동이 모성에 적대적인 편향을 나타낸다는 주장을 뒷받침하기 위해 제시한 마지막 근거는 지극히 개인적이다. 그녀는 버나드 대학교에서 경제학을 가르치며 육아와 직장 생활을 모두 잘 하기 위해 자신이 치러야 했던 전투에 대한 이야기를 장황하게 늘어놓다가, 어쩌면 이 때문에 종신 재직권을 얻지 못했던 걸지도 모른다는 결론에 도달한다.[139] 그녀의 주장에 따르면 대학에 있는 페미니스트들은 "가족에 대한 열정이 적고", 자신이 임신 중이었을 때 전혀 공감하지 않았고, "모든 종류의 출산 정책에 반대했고", 자신이 대학에서 출산휴가를 얻기 위한 활동을 펼치기 위해 만든 위원회를 멸시하면서 여성센터Women's Center 회의에서 "무임승차"하려 한다며 휴렛을 비난했다.[140] 그녀의 말에 따르면 여성센터 대표는 나중에 그녀를 따로 부르더니 "페미니스트 내에서 출산휴가는 분란이 많은 사안이라고 내게 사과조로 설명했다."[141] 휴렛은 당시에 이렇게 생각했다고 회상한다. "만일 이게 해방이라는 동전의 다른 면이라면 …… 하늘은 일하는 엄마들을 도울 거야. 우리 자매들은 분명 그렇게 하지 않았지만 말야."[142]

당시 버나드 대학교 여성센터 대표였던 제인 굴드Jane Gould는 휴렛의 책에서 이 부분을 읽고는 황당해했다.[143] 굴드의 주장에 따르면 휴렛은 버나드 대학교 여성들의 출산휴가 정책 지지 캠페인에서 중요한 역할을 하지 않았고, 이 캠페인에 반대했던 몇 안 되는 여성 교수들은 페미니스트도 아니었다. "출산휴가위원회를 결성했던 게 바로 페미니스트들이었어요. 실비아는 여성센터에 코빼기도 비추지 않았어요."

전국적인 전선에서도 진짜 '반모성' 전사들은 페미니스트가 아니라 뉴라이트 대표, 보수 정치인, 기업 임원들이었다. 이들은 어머니의 권리를 무시하기만 한 게 아니라 공격하기도 했다. 그러니까 결국 의회의 보육 법안과 출산휴가 법안을 20년간 반대하는 데 앞장선 건 글로리아 스타이넘이 아니라 필리스 슐래플리였다. 1988년 가족의료휴가법Family and Medical Leave Act을 무산시킨 데 가장 많은 힘을 행사한 단일 세력은 전미여성연맹이 아니라 상공회의소였다(상공회의소는 이 법이 통과될 경우 산업계가 매년 최소 240억 달러의 비용을 치르게 될 것이라는 주장으로 승리를 거머쥐었다.[144] 그런데 나중에 미국 회계감사원General Accounting Office은 이 비용을 5억 달러라고 밝혔다).

결국 뉴욕의 싱크탱크인 경제학정책의회Economics Policy Council에서 가족 정책 자문단을 조직하려던 휴렛은 일하는 엄마들의 권리에 대한 정부와 기업의 무관심을 뼈아프게 절감할 수밖에 없었다. 휴렛은 정부와 기업 지도자들이 손을 맞잡고 일하는 엄마를 위한 보조금 계획의 초안을 작성할 수 있으리라는 희망을 품고 애틀랜틱리치필드*의 회장 로버트 앤더슨Robert Anderson과 워너커뮤니케이션**의 회장 스티븐 로스Steven Ross, 심지어 전직 대통령인 제럴드 포드Gerald Ford 같은 거물들에게 접촉했다.[145] 하지만 이런 남성들은 정책 자문단의 주제를 보기만 하면 꽁무니를 뺐다. "그건 무슨 회전문에 들어섰다가 바로 나가 버리는 것 같았다"고 휴렛은 회상한다.[146] "정말 실망스러웠어요." 이런 남성들은 첫 회의에 와서 엉덩이를 들썩이며 시계만 들여다보다가 사라져 버리곤 했다. "정말로 자기들이 오염될 거라고, 사람들이 자기들을 겁쟁이라고 생각할 거라고 느끼는 것 같았

* Atlantic Richfield, BP의 자회사인 종합 석유업체.
** Warner Communications, 지금의 타임워너사Time Warner Inc.. 텔레비전 채널, 영화, 언론 관련 사업에 주력한다.

어요." '여자의 일'을 다루지 않는 다른 자문단으로 바꿔 달라고 요청한 남자들도 있었다. 어떤 기업 임원은 휴렛이 접근하자 "내가 우리 인사부장을 보내도 될까요? 그 사람이 여자니까 관심이 있을 거예요" 하고 말하기도 했다.

그럼에도 불구하고 휴렛은 정책 자문단을 포기하지 않았고, 이 집단은 결국 의회에서 정장 차림 만찬회를 열고 크게 팡파레를 울리며 일단의 권고 사항을 발표했다. 하지만 이 권고 사항들은 지난 20년간 수십 개의 페미니스트 보고서에 담겼던 내용과 별반 다르지 않았다. 이 문서에서는 정부에서 보조하는 육아 서비스, 출산휴가, 모자 보건 서비스, 유연한 근무 스케줄 같은 일하는 엄마들을 위한 일반적인 해법들을 제시했다. 정책 입안가들은 이 문서를 받아 들고 선 늘 그렇듯 처박아 두었다.

베티 프리던: 마케팅 도구로서의 수정주의

휴렛은 가족 정책 자문단을 조직하면서 여기에 그녀의 표현에 따르면 "페미니즘 기관" 쪽 여성 두 명을 집어넣었다. 그중 한 명이 베티 프리던이었다. 프리던은 일부 남성들과 마찬가지로 회의에 딱 한 번 참석하고 난 뒤 사라졌다.[147] 나중에 프리던은 휴렛의 책을 "기만적인 반페미니즘 도서"라고 공개적으로 비판했다.[148] 프리던의 근간을 읽고 나서 동류 의식을 느꼈던 휴렛은 그녀의 공격에 깜짝 놀랐다. "내가 특별히 프리던에게 자문단을 맡아 달라고 부탁했던 건 프리던의 새 책『두 번째 단계 The Second Stage』를 읽고서 그녀가 나와 완전히 똑같은 성향의 사고를 하고 있다고 생각했기 때문이었어요."[149]

실제로 1981년 출간된『두 번째 단계』에서 프리던은 여성운동을 휴렛과 똑같은 방식으로 비판한 경우가 많았다. 가령 프리던은 여성 운동 지도자들이 모성의 요청을 무시했다고 비판했다. "가족에 약하다는 건 우리의 실패였다."[150] 그뿐만 아니라 프리던의 책은 페미니즘 운동이 자발적인 참여를 유도하고 좀 더 우아한 "베타 스타일"*을

* beta style, 남성적인 권력, 권위, 수직적인 위계 등을 '알파'라고 할 때, 이에 대한 대안을 가리키는 용어.

이어 가야 할 때 "직접적"이고 "적대적인" 정치 전술(과거에 그녀 자신이 개척했지만 이제는 너무 '남성적'이라고 생각하는 바로 그 전술들)에 집중하는 우를 종종 범했다고 주장했다.[151]

자기가 직접 쌓은 탑에 흠집을 내는 유명 페미니스트는 프리던만이 아니었다.[152] 잘나가는 베스트셀러로 1970년대에 여성해방운동이 유명세를 타는 데 도움을 주었던 일부 작가들이 과거의 입장을 철회하느라 정신이 없었다. 뉴라이트의 입장에서는 오래된 페미니스트의 이런 회개가 너무 좋아서 믿어지지 않을 정도였다. 신보수주의 성향의 《폴리시리뷰》의 편집장이나 레이건의 보좌관인 디네시 드수자 Dinesh D'Souza는 "한때 여성을 위한 기회의 창을 열어 주었던 페미니즘이 거기에 등을 돌렸다"며 고소해했다. 《뉴욕타임스 매거진》이 표지에 『두 번째 단계』의 발췌문을 싣고 나자 필리스 슐래플리는 자신의 소식지에서 프리던이 "페미니즘의 관에 또 다른 못을 박았다"고 환호했다.[153]

1980년대 중반이 되자 미디어들이 일부 상징적인 의미가 있는 페미니스트의 발언을 뽑아서 전국에 중계방송하는 통에 과거를 참회하는 페미니스트의 목소리가 소음처럼 울려 퍼지게 되었다. 이런 종류의 책들은 날림으로 급조한 언론 보도 자료를 길게 늘어놓기만 한 것처럼 보이는 경우가 많았다. 대부분의 경우 이런 '지도자들'이 카메라 세례를 받던 시절은 이미 오래전 일이었다. 하지만 내성적인 남성 페미니스트 워런 패럴처럼 이들 역시 다시 중앙 무대에 서고 싶어 했다.

정치적 신념이 확고한 페미니즘 사상가(오래된 페미니스트와 신진 페미니스트, 유명 페미니스트와 무명 페미니스트)는 많았지만, 먹잇감을 찾는 미디어의 시선에는 이들이 보이지 않았다. 언론이 무명 인사 중에서 발탁한 자칭 신인 '페미니스트'가 사실 적개심을 품은 반페미니즘 학자였던 적도 있었다. 문학자 카밀 파야 Camille Paglia는 1990년 자신의 책 『성이라는 가면: 네페르티티에서부터 에밀리 디킨슨까지 예술과 퇴폐 Sexual Personae: Art and Decadence from Nefertiti to Emily Dickinson』에서 '징징대는' 페미니스트들에게 독설에 찬 공격을 개시한 직후 같은 달에 《뉴욕》과 《하퍼스》 두 곳 모두의 표지를 장식하며 일약 유명 인사가 되었다.[154] 언론은 부지런히 그녀의 반여성적이고 반페미니즘적인 독설을 퍼다 날랐다("문명이 여성의 손에 맡겨 있었다면 우린 아직도 풀로 된 헛간에 살고 있을 것"이라든지, "[페미니즘 학자들은] 젖은 종이 가방에서 나올 생각을 하지 못한다" 같은 표현들). 《뉴스위크》는 데이트 강간을 페미니스트들의 헛소리라고 일축하는 파야의 주장을 부각시켰고, 텔레비전 제작자들은 앞다투어 그녀의 책에 숟가락을 얹으려고 했다. 그렇다면 파야가 페미니스트들을 공격하게 된 동기(파야는 이 점을 공개적으로 인정한다)는 무엇이었을까? 단순한 앙심이었다. 그녀는 경쟁 관계에 있던 페미니스트 문학자들이 모든 "갈채"를 가로채갔고 자신의 굉장한 재능을 "존중하지" 않았다고 불평했다. 이 때문에 자신은 별로 유명하지 않은 필라델피아 예술대학교의 종신 재직도 보장되지 않는 자리로 밀려났고 자신의 책은 일곱 곳의 출판사로부터 무시를 당했다고 그녀는 생각했다. 나중에 그녀가 《뉴욕》의 한 기자에게 밝힌 바에 따르면 바로 그때 그녀는 페미니스트 학자를 상대로 "나의 복수를 준비"하기 시작했다.

1984년 페미니스트 저메인 그리어는 1970년 여성의 독립과 섹슈얼리티를 찬미하여 큰 호응을 얻은 『여성, 거세당하다』의 후속작으로 결정론적인 입장을 취하는 재미없는 책 『섹스와 운명 Sex and Destiny』을 내놓았다. 전에는 성 해방을 대담하게 옹호해서 미디어의 사랑을 받았던(당시 《라이프》는 커버스토리를 통해 "남성마저 좋아하는 음탕한 페미니스트"라고 선언하기도 했다) 그리어가 이제는 중매결혼과 순결, 차도르를 옹호했다.[155] 그리고 자신의 새로운 역할 모델은 부엌과 아기방에 행복하게 갇혀 지내고 즐거운 마음으로 차도르에 몸을 숨기는 구닥다리 촌부라고 밝혔다. 그리어는 자기 입으로 이 책이 "성적인 자유 이데올로기에 대한 공격"이라고 설명했다.[156] 아이러니하게도 미국을걱정하는여성모임의 비벌리 라헤이는 피임과 쾌락을 위한 성관계, 클리토리스 오르가슴을 지지한 반면 오히려 그리어는 이 세 가지 모두에 반대했다. 그리어는 가장 좋은 피임은 절제

이고, 클리토리스 오르가슴은 너무 "1차원적"이고 "남성적"이라고 주장했다.[157]

1986년 무렵 반페미니스트 대변인들은 페미니스트 운동가 수전 브라운밀러Susan Brownmiller 의 수정주의적 입장도 부각시켰다.[158] 1975년 강간에 대한 기념비적인 책『우리의 의지에 반해서*Against Our Will*』를 쓴 브라운밀러는 이제는 여성운동이 남성과 여성 간의 "심오한 생물학적, 심리학적 차이"를 간과했는지도 모른다고 말하고 있었다. 성폭력의 역사를 꼼꼼하게 기록한 분석서를 저술했던 그녀가 이제는 대대로 이어져 온 여성적인 행동을 아무런 근거도 없이 애매하게 고찰했다.『여성성*Femininity*』은 브라운밀러의 얼굴에 난 털 한 가닥이 "불경한 야심"의 결과인지 혹은 "내 시스템 안에서 잠자던 테스토스테론의 원천"은 아닌지, 그리고 그걸 뽑아야 할지 말아야 할지 같은 핵심적 주제들을 묻고 늘어졌다.[159] 두 번째 질문에 대한 답은 뽑는다였다.

1980년대가 진행되는 동안 이 1970년대 유명 페미니스트들은 점점 퇴행적인 먹잇감을 내놓곤 했다. 그리어는 1990년 의지가 약했던 자신의 아버지에 대한 회고록『아빠, 우린 당신을 몰랐어요*Daddy, We Hardly Knew You*』를 내면서 필립 와일리의 가모장주의를 능가할 정도로 어머니를 악마화했다.[160] 그녀는 어머니를 "주방의 미친 개"라고 불렀고, 말 그대로 이 개 같은 여자는 항상 "입에 거품을 물고" 아빠를 무력하게 만들었다. 그러는 동안 브라운밀러의 총구는 가정폭력 피해자들을 향했다.[161] 브라운밀러는《뉴욕타임스》의 외부 필진 칼럼란과 유명한 리사 스타인버그Lisa Steinberg(양부에게 구타당해서 사망한 뉴욕 시의 어린이) 사건을 성급하게 소설화한 책『웨이벌리 플레이스*Waverly Place*』에서 구타당한 아내가 잘못한 것이라며 험한 말들을 쏟아 냈다(브라운밀러가 이 책을 탈고했을 때는 아직 법원 판결이 나오기도 전이었다). 그리고 유명한 페미니스트 작가 에리카 종도 갑자기 이 개종자 집단에 가세했다(『비행 공포』가 흥행작이 된 뒤 언론은 그녀에게 선도적인 '여성해방운동가'라는 대중적인 명성을 안기긴 했지만 사실 페미니즘에 대한 그녀의 지지는 항상 상당히 애매했다). 소설 속 해방된 인물들이 자기가 한 말을 철회했을 뿐만 아니라《미즈》를 통해 에리카 종 본인이 직접 여성운동이라는 대의를 부정했던 것이다. 그녀는 글에서 "내 세대 여성들은 우리 부모와 조부모의 결혼을 동경하듯 바라본다. …… 아직도 위대한 사랑을 찾아다니는 우리의 한부모 가정에서 우리는 뭔가 이상하다는 것을 느끼기 시작한다"고 밝혔다.[162]

하지만『두 번째 단계』에는 그 모든 배신 선언 중에서 페미니즘에 가장 해로운 잠재력이 있었다. 베티 프리던이라는 이름은 수백만 미국인들에게 여성해방운동과 동의어나 다름없었다. 1963년 프리던의 고전『여성의 신비』가 "이름 없는 문제"에 처음으로 목소리를 부여하고 사회 변화를 촉구하는 운동에 불을 지핀 이후 수백 개의 신문 기사가 그녀를 두고 일컬었다시피 그녀는 "현대 여성운동의 어머니"였다. 그 책은 프리던이 열정으로 일군 성과였다. 그녀는 수년간 먼지가 풀풀 날리는 뉴욕 공공 도서관 부속실에서 자료를 조사하고 글을 썼다. 하지만 20년 뒤 그녀는 "페미니즘의 신비"를 공격했고 여성운동이 "이름 없는 새로운 문제"를 양산하고 있다고 비난했다.[163] 그리고 근거 자료도 희박한 이 책은 마치 구술한 내용을 바로 받아 적은 것처럼 보일 정도로 조야하다. 무슨 일이 있었던 걸까?

프리던 자신으로부터 직접 얻을 수 있는 통찰은 거의 없었다. 프리던은 한 인터뷰에서 분하다는 듯한 말투로 "내 책에는 '페미니즘의 신비'라는 표현을 쓰지 않았다"고 말했다.[164] 사실 프리던이 첫 50쪽까지 그 표현을 두 번 썼다는 사실을 상기시키자 그녀는 "음, 1970년대에는 약간 극단주의 같은 게 있었죠. 급진적인 페미니스트들이 착수한 반동적인 페미니즘은 제한적이고 틀려먹은 데다 왜곡된 형태였어요." 자신의 주장에 동의하지 않는 사람은 모두 그저 "아직도 1차원적인 사고에 갇혀 있고" "운동을 재개념화하려는 내 시도에 위협을 느끼는" 그런 급진적인 페미니스트 중 하나라고 간단히 치부되었다.

프리던의 책에 따르면 1970년대의 "급진 페미니스트들"은 많은 심각한 전략적 오류를 저질렀다. 그녀는 페미니스트들이 워낙 남성의 세계에 들어가는 데 집착하다 보니 "남성과 여성의 차이를 긍정하고" "생에 대한 여성의 감수성"을 기뻐하지 못했다고 말한다.[165] 이들은 강간에 저항하는 데 너무 많은 에너지를 쏟아붓지 말았어야 했다[166](그런데 1989년 양켈로비치 여론조사에 따르면 여성의 88퍼센트가 강간을 "오늘날 여성에게 가장 중요한 문제"라고 꼽았다). 프리던이 보기에는 성폭력에 저항하는 행진은 "피해자 상태에 젖어서" "우리가 가진 생식 능력의 원천을 소멸시키는" 것과 다름없는 짓이다(그녀의 말은 『남자와 결혼』에서 조지 길더가 했던 말을 연상시킨다.[167] 그 역시 페미니스트들이 강간에 대해 "끊임없이 법석을 떤다"며 불평했다). 이들은 "남성적인" 정치권력에 이용당하는 바람에 남녀평등헌법수정안을 지키지 못했다.[168] 이들은 프리던이 보기엔 "당연히 오늘날 미국에서는 별문제도 아닌" 낙태권 같은 문제에 너무 지나치게 매달렸다. 사실 여성운동이 여성의 권리를 지속적으로 강조한 건 잘못된 것이며, 프리던은 "나는 여성의 권리가 미국 여성들에게 가장 긴박한 사안이 아니라고 생각한다"고 밝혔다.[169]

어째서 프리던은 자신이 그렇게 큰 공을 들여 만들고 이끌었던 운동을 짓뭉개게 된 걸까? 어쩌면 반페미니즘 반격이 진행되던 와중에는 꽁무니를 빼고 달아나거나 상대방을 물어뜯으려는 경향이 불가피한지도 모르겠다. 페미니스트 학자 주디스 스테이시Judith Stacey가 말했듯 "'포스트페미니즘'이고 우익이 득세하는 1980년대의 분위기에서 많은 두 번째 물결 페미니스트들에게 노화는 정신적 외상을 초래하는 경험이었고, 우리에겐 우리의 고난을 떠안길 편리한 희생양이 없었다. …… 어쩌면 변절자들이 가족 친화적인 새로운 페미니즘 안에서 거칠고 조야한 주장을 펼친 건 이 때문인지 모른다."[170] 하지만 프리던의 사례에서는 한 가지 가능성이 더 있다. 『두 번째 단계』를 잘 읽어 보면 "급진 페미니스트들"이 저지른 큰 실수는 그녀의 명령에 따르지 않았던 것임을 알 수 있다. 프리던은 자신의 책에서 설명하는, 지도자가 없고 협력적이며 "관계적인" 조직의 "베타 스타일"에 자신은 "쉽게 공감했다"고 말하는 것인지도 모른다.[171] 하지만 그녀의 책에는 분명 자신이 원하는 만큼 오랫동안 알파 늑대 행세를 하지 못해서 괴롭고 화가 난, 실패한 지도자의 울화가 간간이 묻어난다.

이 책의 많은 부분이 오래전에 잊힌 페미니즘 회의에서 그녀가 패배했던 권력 투쟁들을 복기하고, 그녀의 과거 연설을 재탕하고, 다른 페미니스트들이 자신의 제안을 계속 무시했다고 불평하는 데 할애되는 등 줄기차게 저자 자신만을 준거로 삼는다.[172] 오만한 명령과 자기중심적인 각색을 애호하는 프리던의 성향은 그 역사가 유구하다. 1970년 그녀는 "내가 여러분들을 역사로 이끌었다. 내가 이제 여러분들이 새로운 역사를 쓰게 해 주겠다"는 말과 함께 전미여성연맹 회장직에서 물러났다.[173]

프리던이 회장직을 내려놓은 건 궁지에 몰려서였다(프리던은 당시 상황을 자신과 "급진 페미니스트" 간의 대결로 묘사한다). 그리고 그 이후로 정치적 내분에 대한 그녀의 설명에는 항상 자신이 페미니즘 권력 구조에서 부당하게 밀려났다는 의미가 변함 없이 숨어 있었다. 일반 대중들은 아직도 그녀가 여성운동의 주도적인 '어머니'라는 인상을 갖고 있을지 모르는데도, 그녀는 너무 빨리 미디어의 주변으로 밀려났다고, 사진발을 잘 받는 젊은 대표자들 때문에 내동댕이쳐졌다고 느꼈다. 프리던이 페미니즘의 '어머니'였을 수도 있지만 미디어는 글로리아 스타이넘을 말 그대로 여성운동의 '매혹적인 소녀'로 지명했다. 그리고 프리던은 미국에서는 가장 영예로운 경칭이 어느 것인지 너무 잘 알았다.

프리던은 미디어의 편향을 젊은 금발에게 우호적인 언론의 전형적인 선호로 이해하는 대신 페미니스트 여성들이 자신을 퇴위시키기 위한 음모를 짠 게 아닌가 의심하기 시작했다. 분명 여성해방운동 내부에는 철학적인 차이가 존재했고 (모든 정치 운동이 그렇듯) 때로이는 첨예하기도 했지만 프리던은 이 모든 내부 논쟁이 자신의 표현을 빌리면 "책략"으로, 그러니까 그녀를 배제한 하나의 도당으로 귀결되었다고 믿는 듯했다. 프리던은 1972년 언론을 통해 스타이넘이 "사적인 이익을 위해 여성운동을 훔쳐 냈다"고 비난하고 "절대 스타이넘을 지도자로 착각해서는 안 된다"고 선언하는 방식으로 응수했다. 수년이 흐른 뒤인 1988년에 출간된 마르시아 코헨Marcia Cohen의 여성운동 연대기『자매애 *The Sisterhood*』를 보면 프리던은 아직도 이 문제에 꽂혀 있었다. 프리던은 저자에게 "글로리아는 내가 사라지기를 원했다"고 말했다. "그냥 나를 없애고 싶어 했다고요."

프리던의 책이 페미니즘을 위해 제시한 "새로운 역사"는 "두 번째 단계 해법"이다. 프리던은 고색창연한 빅토리아시대의 화려한 수식어구로 온갖 치장을 다 했지만 그녀가 말하는 새로운 질서가 정확히 뭔지는 애매하다. 그녀가 생각하는 이 새로운 단계에서는 여성들이 가족을 "정체성과 인간 통제력의 기초로" 재발견하게 된다.[174] 마치 프리던은 19세기에 여성과 남성의 영역을 분리해야 한다고 주장하던 사람들처럼 여성은 가정이라는 전선에서 영향력을 행사할 수 있다고 주장한다. "오늘날 페미니스트들은 사적인 의식과 정치적인 의식을 형성하는 데 '여성의 영역'이 가진 힘을 분명하게 과소평가했다."[175] 하지만 여성의 영역에서 열심히 벗어나 줄곧 거의 전적으로, 그리고 대단히 즐기면서 공적인 영역에서 살기로 선택한 여성이 이런 말을 한다는 건 설득력이 떨어진다. 이런 해법은 결국 여성들에게 부담만 안긴다. 프리던의 새로운 계획에서 남성이 변해야 할 필요는 거의 언급되지 않는다. 사실 프리던은 남성들이 자기 몫의 가사 노동과 양육 책임을 맡는 것을 질색한다는 페미니스트들의 의견을 가볍게 일축한다. 그녀는 만일 남성들이 변하지 않았다면 그렇다면 "어째서 갑자기 1981년 고급 정찬 네 건 중 세 건을 남성들이 스프에서 디저트까지 조리한 것으로 보이는 걸까?" 하고 묻는다.[176] 이런 '통계'는 어디서 온 것일까? 그녀 자신이 "많은 여성 동료들"의 즉흥적인 발언을 가지고 만들어 낸 것이었다.

이 책은 레이건 프로그램에서 몇 가지 스타일과 내용을 빌려오기도 한다. 그녀는 "두 번째 단계"에서 페미니스트들은 기업과 입법부, 그리고 여성의 권리를 신장시키는 데 "지친 복지국가"를 괴롭히는 일을 그만두고, 그 대신 자원 활동과 동네 사업에 참여해야 한다고 주장한다.[177] 그녀는 "개별적인" 책임과 "공동체 자원의 자발적인 출자"가 두 번째 단계의 좌우명이 될 것이라고 말한다. 그리고 여성들이 스스로 해방되려면 걸스카우트 대장이 되거나 여성청년연맹Junior League에 가입하라고 제안한다.[178] 프리던은 여성운동이 여성의 권리를 신장시키는 데 정치 행동 집단만큼이나 "중요할 수도 있는" 이런 기관들의 잠재력을 간과하는 큰 오류를 저질렀다고 확신한다.[179] 프리던은 전미여성연맹이 여성들에게 "사회 변화와 페미니스트 집단을 위해서만 자발적으로 활동하게 독려하고 그들의 노동을 착취한 공동체 서비스에서는 그런 독려를 하지 않았다"며 어이없는 비판을 한다(글이 종종 뒤죽박죽인데 이 부분이 좀 더 심하다).[180] "난 자발적인 활동에 대한 그런 입장을 결코 좋아해 본 적이 없었다. 우리는 직장과 집에서처럼 자발적인 활동을 할 때도 여성을 착취하는 데 반대했어야 했다."

이 책 전반에는 뉴라이트의 표현들이 새 단장을 한 모습으로 곳곳에 널려 있다. 로널드 마슈너는 야망이 과도한 직장 여성을 "마초 페미니스트"라고 일컬었는데 베티 프리던은 "여성의 남성성 과시욕female machismo"이라는 표현을 쓴다.[181] 프리던은 "여성의 남성성 과시욕이라는 끝없는 요구"에 굴복한 해방된 젊은 여성들에게 일어날 수 있는 일을 가지고 우울한 시나리오를 그린다.[182]

> 만일 반발심에서 그녀가 자신의 삶에서 이 모든 측정할 수도, 가치를 매길 수도 없는 여성적인 일과 장식들을 깨끗이 잘라 낸다면, 그러니까 더 이상 쿠키도 굽지 않고 머리카락을 수도승처럼 자르고 아이를 갖지 않기로 결심하고 침실에 컴퓨터 책상을 들여놓는다면 어떤 일이 벌어지게 될까? 결국 그녀는 새로운 '자신감의 위기'에 시달리게 된다. 삶에 뿌리가 없다고 느끼게 된다. 내면에서 몸서리치고, 남성성 과시욕 때문에 메말라 가게 된다.

프리던은 뉴라이트 언어를 받아들임으로써 뉴라이트의 '가족 친화' 의미론의 덫으로 직행해 버렸다. 그녀는 이제 여성운동을 "페미니즘의 반발"이라고 일컫기까지 하면서, 자기 고유의 의제를 설정하기보다는 반격에 맞장구치고 있다.[183]

결국 『두 번째 단계』의 언어와 논리는 너무 뒤죽박죽이라서 오늘날 프리던이 정말로 무엇을 믿고 있는지를 확인하기가 불가능할 정도다. 때로 이 책에서 그녀는 가정이라는 안개 속에 안주하는가 싶다가도 어떤 지점에서는 기본적인 페미니즘 원칙을 재서술하고 있는 것처럼 보인다.[184] 가령 "'두 번째 단계'는 여성과 남성을 위한 진정한 평등이라는 토대 위에 우리의 제도들을 재구성하는 작업" 전부를 일컫는다고 밝힐 때가 그렇다. 어쩌면 프리던은 사실상 『여성의 신비』의 많은 주장을 철회하려 했던 것인지도 모른다. 아니면 그저 자기 말의 늪에 빠져 버린 것인지도 모른다.

캐럴 길리건:
다른 목소리인가 아니면 빅토리아시대의 메아리인가?

프리던이 '관계적인' 베타 모드와 그외 '여성적인' 특성들을 강조했을 때 그것은 진공상태에서 벌어진 일이 아니었다. 1980년대에는 세라 루딕Sara Ruddick의 『엄마의 생각 Maternal Thinking』에서부터 샐리 헬게센 Sally Helgesen의 『여성의 장점 The Female Advantage』에 이르기까지 '여성의 길'과 '여성의 특수한 속성'을 예찬하는 대중서들이 미국 서점의 여성 코너에서 다른 장르를 밀어내기 시작했다.[185] 저자들은 때로 꿈꾸는 듯한 말투로 여성은 친절함과 타인에 대한 봉사, 협력에 과할 정도로 능하다고 밝혔다. 얼마 가지 않아 '여성적인 돌봄'은 여성의 정신을 요약하는 만능 꼬리표가 되었다. 그리고 1980년대 말에 이르자 이런 장르의 일부 저자들(대체로 이들은 여성이었다)은 때로 적극적으로 반격에 참여하는 듯했다. 수잰 고든Suzanne Gorden은 1990년 출간한 『남성들이 꾸는 꿈의 포로들: 새로운 여성적인 미래를 향해 나아가기 Prisoners of Men's Dreams: Striking Out for a New Feminine Future』에서 1980년대가 매몰찼던 건 여성들에게 "돌봄 노동의 가치를 깎아내리도록" 독려하고 "폭넓은 사회적 돌봄 위기를 악화시킨" "기회 균등 페미니스트" 탓이 크다고 주장했다.[186]

그런데 사실 대중들에게 이런 주장을 설파하는 책들의 토대가 되는 이론들은 페미니즘 연구에서 발아한 것들이었다. 1970년대 말 독자적인 '여성 문화'와 여성의 특수한 '차이'를 강조하는 새로운 '관계적relational' 페미니즘 학파가 나타났다.[187] 1980년대가 되자 페미니즘 학술 대회에는 여성의 특수한 미덕, 즉 여성의 '양육자적 자질', 여성의 '돌봄 윤리', 여성의 '맥락적 사고' 등에 대한 논문이 넘쳐 났다. 마치 후기 빅토리아시대의 학계가 성차에 매혹되었던 것처럼 1980년대에는 여성의 특수한 본성에 대한 집착이 재빨리 거의 모든 분야로 확산되었다. 1987년쯤 되자 미국교육연구회American Educational Research Association 의 연례 학술 대회에는 성차에 대한 세션이 스물다섯 개나 마련되었다.[188]

페미니즘 학자 대부분은 원래 남성과 여성의 차이를 예찬하는 게 아니라 그 근원을 파헤칠 생각이었다. 이들은 남성의 행동을 표준으로, 여성의 행동을 변칙으로 규정하는 오래된 관습에 맞서고 싶었다. 그리고 여성의 '차이'에서 공적 생활에 유익한 더 인간적인 모델을, 남녀 모두가 채택할 수 있는 그런 모델을 찾고 싶었다. 이런 노력을 보여 주는 초창기의 성공적인 사례는 정신의학자 진 베이커 밀러Jean Baker Miller 박사가 1976년 출간한 고전 『새로운 여성 심리학을 향하여Toward a New Psychology of Women』다. 그녀는 1986년에 제2판 후기를 쓰면서 "당시의 과제는 여성의 강점을 기술하고 그것이 저평가되었던 이유를 밝히는 것이었다. …… 이를 통해 우리는 여성을, 그리고 남성을 이해할 수 있는 새로운 기틀을 찾을 수 있다"고 밝혔다.[189]

하지만 1980년대에 이르자 새로운 기틀을 확립하는 과제는 대체로 폐기되었다. 많은 관계적 학자들이 여성들이 집에서 이룬 업적을 뒤늦게라도 인정하기 위해 애썼지만 그 과정에서 더 큰 맥락을 놓치는 경우가 많았고, 그래서 집 안에 갇힌 여성을 순진무구한 시각으로 바라보았다. 페미니즘 학자 엘런 듀보이스Ellen DuBois는 한 여성학 저널에 실린 에세이에서 동료들에게 "여성 문화 연구 내의 지배적인 경향은 여성 문화를 페미니즘에 연결시키는 게 아니라 별개로 바라보고 그것이 여성에게 갖는 의미를 낭만화한다"고 경고했다.[190] 때로 학자들은 사회화의 힘을 깡그리 망각한 듯 여성과 남성의 역할은 생물학적으로 미리 결정되어 손쓸 수 없는 것처럼 제시했다. 저명한 페미니즘 학자 앨리스 로시Alice Rossi는 심지어 남자들이 단순히 해부학적인 이유 때문에 집에서 음식을 하지 않거나 아이들을 돌보지 않는 것인지도 모른다고 주장하기도 했다.[191] 남성은 여성처럼 뼈가 가늘지 않아서 손재주가 없다는 것이다.

성차에 대한 검토는 권력 관계 네트워크 전반을 탐색하는 기회가 될 수 있지만, 오히려 이를 정당화하는 또 다른 유혹으로 전락하는 경우가 너무 많았다. 여성(이나 그 어떤 인구 집단)의 '특수함'에 경의를 표할 때면 항상 거기엔 양날의 검과 같은 상황이 뒤따른다. 엘리자베스 볼가스트Elizabeth Wolgast는 1980년 자신의 책 『평등과 여성의 권리Equality and the Rights of Women』에서 여성은 어머니라는 특수한 자리에 걸맞은 "특수한 권리"를 위해 일부 법률상의 평등을 기꺼이 포기한다고 주장한다.[192] 그녀는 평등이 오히려 여성의 특수한 필요를 충족시키지 못하기 때문에 여성을 차별하는 역할을 할 수 있다고 말한다. 여성에게 '특별하다'는 표현을 쓰는 순간 여성의 한계를 정해버리는 우를 쉽게 범하게 된다. '특별하다'는 건 우월하다는 말처럼 들릴 수도 있지만, 장애가 있다는 것을 에둘러서 일컫는 표현이기도 하다.

이런 관계적 학자들은 자기 방식대로 가정 숭배 문화를 복원시킬 수 있다고 믿었다. 이들은 기본적인 시민권과 기회 들을 위험에 빠뜨리지 않고 여성의 '특수한 권리'를 요구하고자 했다. 그러면서도 '가정학'에 찬사를 보내고, 때로 독선적으로 여성의 도덕적 우월성을 예찬하고, '단세포적인 평등'을 깎아내리면서 해묵은 빅토리아시대의 착상에 현대 학문이라는 의상을 입히는 위험을 무릅썼다. 그리고 결국 입법가들은 여성을 위한 '특별한' 권리를 제정하라는 주장에 아무런 관심도 기울이지 않았다. 대신 관계적 페미니스트들이 집필 활동을 하던 폭넓은 반격의 시대에 이들의 말은 반페미니스트 작가들과, 더 심하게는 성차별 소송을 진행 중인 기업 변호사들에게 이용당하고 악용당했다. 뒤에서 보겠지만 이런 관계적 학자들의 착오 때문에 대가를 치르게 된 여성들은 이들에 대해 들어보지도 못한 노동계급 여성이었다.

반격이 진행되는 동안 여성의 '차이'를 옹호하던 사람들은 평론가들과 미디어의 관심을 받는 방식으로 보상을 받았다. '차이'는 페미니즘의 평등 운동을 약화시키기 위해 던지는 새로운 주문이 되었다. 그리고 이 표현을 이용하는 모든 작가는, 아무리 반페미니스트라고 보기 어려운 사람이라 해도 의도와 무관하게 반격에 힘을 보탤 수 있는 위험에 빠졌다.

1980년대에 가장 많이 인용되고 영향력도 큰 페미니즘 작품 중 하나인 캐럴 길리건Carol Gilligan의 1982년 책『다른 목소리로*In a Different Voice*』는 여성의 '차이'에 대한 학문이 무엇인지 보여 주는 가장 친숙한 상징이 되었다. 한 논평가의 지적처럼 "길리건이라는 이름은 학계와 페미니즘계에서 유행어가 될 정도였다."[193] 이 책은 심리학 논문, 변론 취지서, 공공 정책 제안서에서 인용되었다. 학계를 넘어서 성인 교육 산업은 길리건의 아이디어를 "남성과 여성의 신세-차이를 중요하게 여기기" 같은 제목의 워크숍을 홍보하기 위한 판매 수단으로 탈바꿈시켰다.[194] 조언서 작가들은 이를 자기 계발서로 연결시켰다. 심지어《보그》마저 고결한 여성성 스타일을 고찰할 때 이 학자의 책을 언급했다.[195] 이 잡지는 길리건이 "이번 시즌의 패션 기준을 예측했던 것 같다"고 말했다. 미디어의 경우는《미즈》가 길리건을 "올해의 여성"으로 꼽았고,《뉴욕타임스 매거진》이 그녀를 표지에 실었다.[196] 그리고 래드클리프 대학교가 1989년 "도전에 부응하기: 지도자로서의 여성"이라는 정치적인 대회를 열었을 때 대학 총장 마티나 호너Matina Horner는 개회사에서 청중들에게 "21세기의 문제는 여성이 테이블에 남성들과 다른 목소리를 내놓을 수 있는지 여부"라고 밝혔다.[197] 그녀는 그보다 더 시급해 보이는 문제, 그러니까 어째서 테이블에는 아직도 여성이 그렇게 적은지에 대해서는 지적하지 않았다.

길리건의 책은 원래 길리건이 심리 발달을 가르치면서 자기가 살펴본 사실상 모든 연구들이 남성 집단만을 연구 대상으로 삼았다는 발견에서 출발했다.[198] "그 모든 연구가 마치 대학원 1학년생이 한 것 같았어요. 샘플 절반을 완전히 빼놓다니!" 길리건은 이렇게 회상한다. 그리고 설상가상으로 그 분야에서 학생들을 가르치는 여성들은 "심지어 우리가 이렇게 누락되어 있다는 사실을 의식조차 하지 못했다." 1975년 어느 날 그녀는 식탁에 앉아서 이런 누락에 대한 짧은 에세이를 쓰기 시작했고, 결국 이 에세이는 『다른 목소리로』가 되었다. "내 작은 세계, 심리학계라는 지하에 있는 몇몇을 제외한 다른 사람들이 관심을 가질 줄은 전혀 생각하지 못했어요."

길리건은 책에서 여성의 도덕적 성장이 남성 심리 연구자들에 의해 어떻게 저평가되고 잘못 해석되는지, 어떻게 윤리가 남성의 관점에서만 규정되어 왔는지를 보여 주고자 한다. 그녀는 최소한 1950년대부터 연구자들은 남성만을 대상으로 한 하나의 연구를 가지고 여성과 남성의 도덕적 판단 능력을 평가해 왔다고 말한다. 심리학자 로렌스 콜버그Lawrence Kohlberg가 이 연구를 가지고 고안한 도덕적 판단의 척도가 널리 사용되고 있긴 하지만, 그의 여섯 단계 사다리에서 다른 사람들을 돕고 기쁘게 하는 것은 겨우 3단계인 반면 관계보다는 정의라는 추상화된 원칙을 선호하는 건 최상위로 평가된다.[199] 길리건은 여성은 공정함과 올바름이라는 비개인적인 원칙을 근거로 했을 때보다는 특수한 상황에서, 구체적인 개인에 대한 걱정이 발동했을 때 도덕적 선택을 더 잘 내리는 경향이 있다고 주장한다. 그렇다고 해서 여성이 도덕적으로 '미성숙'한 게 아니라 그저 다를 뿐이라고 그녀는 말한다.

책의 도입부에서 길리건은 이런 다른 목소리가 태생적으로 여성에게만 해당되지는 않는다고 강조한다. "내가 말하는 다른 목소리는 젠더가 아니라 주제에 의해 특징이 정해진다. …… 여기서 남성과 여성의 목소리를 대비해서 보여 준 것은 두 성에 대한 일반화된 주장을 펼치기 위해서가 아니라 두 가지 사고 양식의 차이를 부각시키고 해석이라는 문제에 집중하기 위해서다."[200] 그리고 길리건은 이런 차이가 유전자 때문만은 아니라고도 지적한다. "분명 이런 차이는 사회적 맥락에서 발생하고" 거기에서는 "사회적 지위와 권력이라는 요인"도 중요한 역할을 한다.[201]

하지만 앞에서 이렇게 밝혔음에도 길리건은 스스로 오해의 여지를 많이 남겼고, 그래서 페미니즘의 적들이 그녀의 주장을 자기 입맛에 맞게 이용할 가능성을 열어 주었던 것 같다. 남성과 여성에 대한 일반론을 부정했던 그녀는 자기가 펼치는 주장의 토대로 제시한 세

가지 중요한 연구에서 직접 이런 일반론을 펼치는 듯한 인상을 준다.

첫 번째 '올바름과 책임' 연구에서 그녀는 제이크와 에이미라고 부르는 열한 살짜리 두 어린이에게만 초점을 맞추다시피 한다. 가설적인 질문에 대한 두 어린이의 반응을 근거로 이 둘은 마치 젠더 행동의 원형처럼 기능하게 된다. 두 아이에게는 아내의 목숨을 살리기 위해서라면 비싼 약을 훔쳐도 되는지라는 도덕적 딜레마를 제시하고 이에 대한 각자의 해결책을 제시하라고 주문한다. 제이크는 "인간의 목숨은 돈보다 더 값지기" 때문에 약을 훔치겠다고 말한다.[202] 에이미는 이 남자가 "돈을 빌리거나 대출을 받거나" 할 수는 없는지 물어보며 장황한 말을 늘어놓는다.[203] 그렇지 않을 경우 이 남자는 나중에 감옥에 가야 한지도 모르고 그랬다가 아내가 다시 아프면 큰일이라는 이유에서였다. 대답을 가지고 판단했을 때 에이미의 방식보다는 제이크의 방식에 따랐을 때 병든 아내의 생존 가능성이 더 높아질 수도 있다. 하지만 길리건이 관심을 가진 문제는 그게 아니었다. 길리건은 제이크가 "마치 콜버그처럼 이 딜레마를 재산권의 가치와 생명의 가치 사이의 갈등처럼 구성"하고 있다고 말한다.[204] 반면 에이미의 추론 방식은 "혼자 서 있는 사람들이 아니라 관계로 구성된 세상, 규칙의 시스템들이 아니라 인간의 연결성을 통해 긴밀하게 협력하는 세상"에 대한 관점에서 출발한다.[205] 길리건은 이 사례 연구를 두 개의 서로 다른 도덕 시스템으로 확대한다.[206] 제이크는 "완전함의 이상"을, 에이미는 "돌봄의 이상"을 상징한다는 것이다. 이런 원형적인 목소리의 성차는 길리건이 원래 고려해야 한다고 주장했던 "사회적 지위와 권력이라는 요인"과는 무관하게 반복적으로 부각된다. 제이크가 완전함에 집착하는 건 어느 정도는 남자아이를 그렇게 키우기 때문은 아닐까? 에이미가 관계에 더 관심을 갖는 건 여자아이들에게 관계 맺기를 잘하면 가장 크게 칭찬받을 거라고 가르치기 때문은 아닐까? 안타깝게도 길리건은 이런 문제에 대해서는 전혀 들여다보지 않는다.

길리건의 '연구들'은 정확히 말해서 이상적인 인구학 샘플을 근거로 삼지 않았다.[207] '대학생 연구'는 도덕과 정치적 선택에 대한 수업을 선택한 하버드 대학교 학부생 스물다섯 명에 대한 연구를 발판으로 삼고 있는데, 이들이 미국 사회를 조금이라도 대표한다고 보기는 힘들다. 그리고 길리건이 서로 다른 연령 집단에 속하는 남자아이 여덟 명과 여자아이 여덟 명의 사례를 가지고 '올바름과 책임' 연구에서 제시한 근거는 결국 여덟 살짜리 어린이 두 명과 열한 살짜리 어린이 두 명이 한 말을 익명으로 인용한 모양새가 되고 말았다. 가장 당혹스러운 건 젊은 여성 스물아홉 명이 어떻게 낙태 여부를 결정하는지를 검토한 마지막 연구다. 길리건은 "병원이나 상담 서비스를 이용하는 사람들 중에서 대표 표본을 선정하기 위해 아무런 노력을 하지 않았다"고 말하지만 이 사례 연구의 문제는 이런 데이터베이스보다 훨씬 기초적인 차원이다.[208] 남성과 여성이 도덕적 딜레마에 접근하는 다양한 방법을 검토하는 게 목적인 책이 다루기에는 너무 자기방어적인 주제로 보인다. 분명 낙태의 경우는 남성 통제 집단이 필요했다(길리건은 이 경우 통제 집단이 불필요하다고 주장한다. 하지만 더 정확히 말해서 이 낙태 연구는 도덕적 선택에 대한 여성의 입장이 때로 남성과 달라지는 것은 그저 여성의 상황이 남성과 다르기 때문임을 보여 줄 뿐이다).

타당하게도 길리건은 자신의 연구가 과학적인 연구라고 주장하지 않는다. "난 이게 모든 사람을 대변한다고 말할 생각은 없어요. 이건 작은 세 건의 시범 연구를 가지고 만들어 낸 대단히 작은 결과물이었죠." 길리건은 나중에 지면을 통해 자신의 연구 결과를 방어하면서 자신의 주장은 "통계에 입각한 것이 아니라" "해석에 입각한 것"이었고, "우리는 데이터만을 가지고는 아무것도 알아낼 수가 없다"는 주장으로 자신의 접근법을 옹호했다.[209] 하지만 그러면서도 길리건은 독자들이 자신의 사례 연구를 평가하는 데 필요한 기본 데이터를 제시하지는 않았다. 그녀는 자신이 인터뷰했던 아이들의 배경, 교육 정도, 소득 수준에 대해서는 거의 아무것도 알려 주지 않는다. 사람들이 자신의 도덕적 행동에 대해 하는 말과 실제 행동 방식 간의 차이에 대해서도 별로 신경 쓰지 않는다. 그녀가 인터뷰했던 젊은 여성들이 젊은 남성에 비해 공감과 돌봄에 대해 더 많이 말했을 수는 있지만, 실제로 남성과 여성에게 어려움에 처한 누군가를 도와주라고 요구했던 많은 관찰 연구를 보면 여성이 남성보다 더 이타적으로 행동하지는 않다는 결과가 일관되게 나타난다.[210]

콜버그의 도덕적 범주에서 벗어나려는 길리건의 노력 전반이 비현실적인지도 모른다. 터프츠 대학교 심리학자 젤라 루리아Zella Luria는 『다른 목소리로』를 비판하는 글에서 길리건이 콜버그의 남성 편향적인 도덕 척도와 싸우면서 '허수아비'를 쓰러뜨린 걸 수도 있다고 지적한다.[211] 1984년 연구자 로렌스 워커Lawrence Walker가 콜버그의 도덕적 추론 척도를 사용한 열아홉 건의 연구를 검토해 보았는데, 전체적으로 남성과 여성 간에 도덕적 추론에서 통계적으로 유의미한 차이가 나타나지 않았다는 것이다. 아이러니하게도 그가 검토했던 연구 중 하나는 길리건이 공동 저자였다. 이 점에 대해 길리건에게 물어봤더니 길리건은 자신의 연구 중 일부에서는 차이가 없음을 인정했다. 하지만 그녀는 "내가 관심 있었던 건 여성이 콜버그 척도에서 점수를 얻을 수 있는지가 아니라, 어째서 여성이 다른 방식으로 말을 하면 그건 무시되거나 문제 취급을 받는가였기" 때문에 그런 비판은 논점을 벗어난다고 주장했다.

사회과학자들이 이런 연구에서 확인할 수 있었던 도덕적 추론상의 차이는 성보다는 계급과 교육 수준, 그러니까 길리건을 포함한 관계적인 페미니스트들이 그렇게 나 몰라라 했던 사회적이고 경제적인 힘들과 관계된 경우가 더 많다. 젤라 루리아는 이렇게 말한다. "만일 성차를 공부한 학생들이 대중에게 분명하게 목청 높여 이야기할 수 있는 한 문장이 있다면 그건 특히 심리적인 척도를 근거로 할 경우, 남성과 여성의 공통점이 항상 차이보다 훨씬 많다가 될 것이다. 우리는 두 개의 서로 다른 종이 아니라 두 개의 서로 다른 성일 뿐이다."[212]

하지만 『다른 목소리로』는 1989년까지 36만 부가 팔렸고 젤라 루리아의 목소리는 이 책에 열광하는 함성에 뒤덮여 잘 들리지 않았다. 길리건을 다룬 《뉴욕타임스 매거진》의 커버스토리는 길리건의 주장에 반대하는 사람들이 "혼탁한 심리 상태"에 있다고 주장하면서

단 한 단락으로 이들을 깔아뭉갰다.[213]

　길리건의 책이 인기를 누린 건 대체로 체호프, 톨스토이, 조지 엘리엇 같은 많은 문학가들을 언급하고 문장이 우아했기 때문이었다. 어쩌면 그녀의 통계는 의심스러웠을 수 있지만, 심리학 교재에서는 보기 드문 아름다운 글쓰기가 이를 보충하고도 남았는지 모른다. 스탠퍼드 대학교의 심리학자 캐서린 그리노Catherine Greeno 와 엘리너 매코비Eleanor Maccoby 는 이 책을 분석하면서 "길리건이 제시한 근거의 본질에 맞서다가는 교양 없는 사람처럼 보일 지경"이라고 말했다.[214]

　하지만 『다른 목소리로』에는 1980년대에 걸맞은 또 다른 호소력이 있었다. 페미니즘에 대한 반격이 한창이다 보니 여성에게 실제 피해를 유발할 수 있는 차별적인 주장을 펼치기 위해 길리건의 이론을 차용하기가 쉬워진 것이다. 길리건은 자신의 의지와는 완전히 반대로, 페미니즘에 반기의 공세를 퍼붓는 매스미디어가 즐겨 인용하는 전문가가 되었다. 《뉴스위크》는 길리건의 책을 직장 여성은 직업적인 성공을 위해 "정신적인 대가"를 치른다는 주장을 뒷받침하는 데 이용했다.[215] 『똑똑한 여자/멍청한 선택』, 『여자가 되는 법』을 비롯한 퇴행적인 대중 심리서들은 길리건의 연구를 들먹이며 여성에게 독립은 부자연스럽고 건강에도 좋지 못하다는 주장을 펼쳤다. 마이클 레빈 같은 반페미니즘 학자들은 길리건의 연구을 이보다 훨씬 고약하게 악용했다.[216] 그녀의 연구가 여성 심리에 대한 전통적인 프로이트식 분석을 재확인시켜 주고 있으며, 길리건이 결국 자신들이 내내 이야기하던 바로 되돌아왔다고 신 나서 떠들어 댔던 것이다. 반페미니즘 성향의 작가 니컬러스 데이비드슨은 1988년 자신의 책 『페미니즘의 실패 The Failure of Feminism』에서 길리건에 대해 이렇게 말하기도 했다. "40년 전에 이미 알고 있던 사실에 도달하기 위해 그 힘들고 어려웠던 페미니즘 시대를 거칠 필요가 정말 있었던 걸까……?"[217]

　길리건은 자신의 책을 그런 식으로 해석하는 데 반대할 수 있었고 실제로 그렇게 했다. 그녀는 페미니즘 학술지 《사인Signs》에서 "나는 성차에 대한 보고서들이 억압을 합리화하는 데 사용될 수 있음을 잘 알고 있다. 그리고 내 연구를 이런 목적으로 이용하는 일체의 행위를 개탄한다”고 밝혔다.[218] 그리고 이제 그녀는 은밀하게 만일 다시 할 수만 있다면 자신의 주장 몇 가지를 다르게 제시하겠다고 말한다. 특히 “제이크와 에이미를 그렇게 완전히 ‘남성’과 ‘여성’에 직결되는 것처럼 보이지 않게” 자신의 주장을 손보겠다는 것이다. 하지만 길리건의 후회는 별로 중요하지 않다. 일반 대중은 《사인》을 구독하지 않는다. 그리고 이미 피해를 볼 사람은 다 봤다.

4부

반격의 결과물

여성의 마음, 일터, 몸에 미친 영향

12장
그건 모두 당신 마음속에 있어요

할리우드 근처의 작은 의료 시설인 관계학연구소 Center for Relationship Studies 안에서 유명한 자기 계발서 작가인 멜빈 킨더Melvyn Kinder 와 코널 카원Connell Cowan 이 오전 업무를 보고 있다.[1] 먼저 이들은 『똑똑한 여자 / 멍청한 선택』의 텔레비전용 영화 제작을 놓고 ABC과 계약 협상을 벌였다. 그다음으로는 《오프라》에 출연할 시 아니면 《도나휴》에 출연할지를 고민했다(킨더는 한숨을 내쉬며 "둘 다 나갈 순 없다"고 말한다). 그리고 이제는 또 다른 미디어 인터뷰를 통해 현대 여성의 질환에 대한 자신들의 분석을 만천하에 알릴 시간이다.

> 킨더 여성운동은 여성들이 관계에 신경 쓰지 못하게 만들었어요.
> 카원 여성운동은 관계에 대한 여성들의 관심을 억누르고 주안점을 여성의 직장 생활로 바꿔 놓았어요.
> 킨더 똑똑한 여성일수록 이런 환상에 불과한 생각들을 품을 가능성이 높았죠. 이들은 버틸 수 있다고 생각했어요. 난 워낙 많은 남자한테 차여서 남편이 수십 명쯤 되는 3, 40대 여성을 한 트럭 정도는 알아요.

이 두 조언 전문가는 자신들의 진단을 굳이 설명할 필요도 없었다. 1980년대 말쯤 되자 이들의 자기 계발서 『똑똑한 여자 / 멍청한 선택』과 『남자가 사랑하는 여자 / 남자가 떠나가는 여자 Women Men Love/Women Men Leave』가 언론계의 고전이자 기록적인 베스트셀러가 되었다(『똑똑한 여자 / 멍청한 선택』은 《뉴욕타임스》가 선정한 논픽션 부문 베스트셀러 중 리 아이아코카* 자서전 다음으로 두 번째로 장수한 책

* Lee Iacocca, 전직 크라이슬러Chrysler Corporation 회장.

이 되었다). 두 책의 주장은 똑같았다. 여성이 독립을 하면서 그냥 남자는 성에 차지 않을 정도로 너무 "똑똑"해졌고, 그래서 개인적인 목표나 교육, 직업적 성취를 위해 결혼을 미루는 등 너무 "멍청"하게 행동하게 되었다는 것이다. 페미니즘이 여성들의 머리를 키워 놓았고 결과적으로 아프게 만들었다.

하지만 이상하게도 1980년대가 끝나가면서 킨더와 카원은 모순적인 진단을 내놓고 있었다. 이제 이들은 여성의 심리 문제가 여성들이 관계에 대해 너무 적게 신경 쓴 결과가 아니라 너무 많이 신경 쓴 결과라고 말했다.

> 카원 이젠 많은 여성들이 결혼에 매달리고 있어요.
>
> 킨더 이젠 다들 결혼 얘기만 하죠! 꼭 필요한 걸 미루면 성격장애가 생겨요. 그래서 30대 후반의 모든 여성들이 아주 불안하고, 아주 엉망인 거죠. …… 그러니까 요즘 베스트셀러가 『당신이 선택한 남자와 결혼하는 법!*How to Marry the Man of Your Choice!*』[성공하지 못한 노처녀에게는 환불해 준다는 보증서가 딸린 마거릿 켄트Margaret Kent의 책]2)인 거잖아요.

킨더의 말에 따르면 사실 이런 여성 신경증은 최근에 워낙 '트렌드'가 되고 있어서 그와 그의 파트너는 세 번째로 집필할 책으로 이 문제를 다루려 하고 있다.

이 새로운 결혼 '장애'는 혹시 앞서 오랫동안 싱글 여성들에게 잔소리를 퍼붓던 것과 관련이 있는 건 아닐까? 이 두 사람을 비롯한 대중 심리학자들 역시 이 잔소리 행렬에 대대적으로 동참했으니 말이다. 두 자기 계발서 저자는 물론 그렇지 않다고 잡아뗀다. "우린 그들을 들들 볶으려는 게 아니에요." 킨더의 말이다. "정보를 제공하는 거라고요." 그렇다면 이런 최근의 정신적 혼란을 유발한 건 누구일까? 킨더가 대답을 자청한다. "여성들의 강박적인 행동에 대한 책임을 누군가 져야 한다면 그건 여성운동이에요."

하지만 1980년대에 이런 "강박적인 행동"을 진행시키는 데는 카원과 킨더 같은 자기 계발서 작가들이 한몫했다. 이런 강박적인 행동은 원하는 대로 이용하기 좋고, 최소한 작가들에게는 돈벌이하기 좋은 주제였다. 페미니즘을 저지하려는 반격의 움직임은 대중 심리학을 통해 가장 내밀한 전선에 발을 들였다. 그리고는 치유서와 상담에서 도움을 찾으려는 수백만 여성들, 이미 고립된 개인의 밀실에 숨어 있는, 이미 불안해하고 힘들어하는 여성들에게 가장 효과적으로, 그리고 파괴적으로, 비관적인 도덕군자의 메시지를 주입했다.

조언 전문가들은 어마어마하게 많은 자기 계발서 여성 독자층에게 2연타를 날렸다. 먼저 이들은 해방된 여성이 '과도한' 독립에 매달리는 바람에 정신적으로 건강하지 못한 상대가 되었고 그 김새 남루스러운 자아도취증 환자, 아이도 없는 멍청이가 되었다며 일격을 날렸다. 그다음으로 페미니즘의 '피해자'를 다소곳하게 무릎 꿇린 자기 계발서 작가들은 반격의 희생자들을 어르고 달래서 단물을 빼먹었다. 1980년대 전반기에 조언 전문가들은 여성들에게 당신들이 힘든 건 부풀려진 자아와 '친밀함에 대한 공포' 때문이라고 말했다. 그러다가 후반기가 되자 이제는 위축된 자아와 '상호 의존'이 문제라고 했다. 여성을 상대로 한 1980년대의 전쟁에서 이런 대중 심리학자들은 전쟁의 포문을 여는 데 일조하고 난 뒤 전쟁터로 달려 나가 많은 부상자들에게 붕대를 감아 주었다.

수용주의적인 분위기가 팽배했던 1980년대에, 의기소침해진 여성들에게 유일한 안식처는 자기 계발서와 상담소였는지도 모른다. 현실적인 사회적·정치적 변화의 희망이 거의 없던 시대에 미국 여성들이 자신의 운명을 향상시킬 수 있는 유일한 방법은 자기 자신의 변화 가능성에 매달리는 것뿐이었다. 그리고 실제로 이런 자기 계발서 작가들과 심리 상담사들은 만신창이가 된 여성의 자아를 보듬어 주고 갈수록 외롭고 버겁다는 느낌에 시달리는 여성들에게 위로와 지지를 보내기 위해 많은 일을 했을 수 있다. 그리고 반격이 진행 중인 상황이었기 때문에 그 효과는 더 극대화되었을 것이다. 분명 1980년대의 많은 심리 상담사들은 유용하고 절실한 도움과 지원을 제공했다. 하지만 당시 미디어에 가장 뻔질나게 오르내리던 조언 전문가들은 그런 부류에 속하지 못했다. 이런 심리학계의 내표들은 어성의 고립감을 완화시켜 주기보다는 더 악화시켰다. 이들은 여성들이 이미 이 세상에서 자신의 가치와 자신의 위치에 대해 가지고 있던 걱정에 불을 지피는 데 일조했다. 이런 전문가들은 자기 계발이라는 이름으로 여성들이 스스로를 구제하는 데 사용할 수 있는 치유 도구와 격려를 제시하기보다는 남자를 손에 넣으려면 여성이 어떻게 행동해야 하는지에 관한 명령과 요구만을 늘어놓았다.

조언 전문가들은 여성들이 반격에 아랑곳하지 않게 도와주기보다는 그 모든 반격의 압력을 그야말로 여성들의 문제라고 몰아세움으로써 여성의 정신과 감정을 반격에 종속시키는 데 일조했다. 물론 여성(과 남성)을 힘들게 하는 많은 심리 문제들이 대단히 개인적이고 고유하기민(사람들이 상담을 하려는 데는 많은 이유가 있고, 여성의 사회화가 그 많은 이유 중 하나에 불과하다는 건 분명하다), 1980년대에 자기 계발서 시장을 주름잡았던 상담사들은 여성을 분석하고 다룰 때 외부 요인에 대해서는 전혀 인정하지 않았다. 반격의 심리학은 1980년대에 여성에게 집중되었던 모든 사회적인 힘들, 매스미디어와 할리우드의 그 모든 멸시, 종교계와 정계 지도자들의 세치 혀에서 뿜어져 나오는 모든 공격의 말들, 학자와 '전문가'들의 그 모든 섬뜩한 보고서들, 여성 병원을 상대로 한 폭탄 공격, 성희롱, 강간 같은 모든 형태의 폭력 사태를 못 본 척했다. 이런 대중 심리학자들은 오랫동안 이어진 문화적 맹공이 그 목표물에 가할 수 있는 정신적 손상을 고려하지 않거나 아예 그 존재를 인정하지 않았다. 혹은 당연하게도 이들은 여성들이 1980년대에 바뀐 역할에 적응하느라 겪고 있을지 모르는 심리적인 곤란을 예상하지 못했다. 남성을 겨냥한 조언서는 이런 치유 산업이 수익을 내게 해 줄 정도로 잘 팔리지 않았다.

1980년대 말이 되자 조언서들은 1980년대 여성들이 경험했던 모욕은 여성 스스로가 자초한 것이라고 판결했다. 이들은 어째서 그 많은 여성들이 점점 분을 참지 못하는 남성들의 표적이 되었는지 질문하는 대신 이런 여성들은 그저 벌을 받아 싸다는 결론을 내렸다. 피학 성향의 여성 심리를 최신판으로 개정하여 폭로하는 대중 심리서들이 줄을 이었고, 물론 이들은 여성해방이라는 언어로 그걸 포장했다. 그리고 이런 류의 많은 책들은 별로 신경 쓸 가치도 없었지만(이런 대중 심리 트렌드의 산물은 서점에서 유행처럼 왔다가 사라지곤 한다) 이런 책들이 지지했던 여성 심리에 대한 퇴행적인 관점은 결국 가장 중요한 전문 정신의학 참고서라는 형태로, 훨씬 더 큰 피해를 일으키는 맥락에서 그 모습을 드러낸다.

1단계: 페미니즘 순화 요법

1980년대의 한 유명 거식 베벤서는 진정적인 페미니스트의 말투로 남자의 모든 변덕에 "투항"하고 "굴복"함으로써 "권력"을 얻으라고 조언한다.[3] 숙녀다운 침묵은 당신의 "자존감"과 "통제하고 있다는 기분"을 "강화"할 것이므로, 말대꾸는 하지 마라.[4] 또 다른 인기서는 "당신의 구애를 …… 책임지라"고 제안한다.[5] "장애물을 극복하라" 그러면 결혼할 수 있다. 1989년의 한 조언서는 제목을 통해 사이비 페미니즘을 가장 일목요연하게 전달한다.[6] 『낮춰서 결혼한 여자는 결국 모든 것을 다 가질 수 있다 *Women Who Marry Down and End Up Having It All*』.

반격 성향의 이런 치료서들은 페미니즘의 표현을 들먹이며 그 뒤에 숨고자 하지만 결국 페미니즘 요법의 가장 기본적인 계율을 완전히 망각하고 있다. 그것은 바로 사회적 성장과 개인적 성장 모두가 중요하고 필요하며 이 둘은 서로 강화하는 관계라는 점이다. 1970년대의 유명 자기 계발서들은 다소 천박하고 상업적인 형식이긴 했지만 이런 관점을 지지했다.[7] 가령 1975년 『확신에 찬 신여성 *The New Assertive Woman*』은 "예를 갖춘 대우를 받을 권리"와 "진지한 경청의 태도를 요구할 권리"를 천명한 "모든 여성의 권리장전"을 발표했다. 반면 1980년대의 조언서 작가들은 애써 여성들에게 사회적 제약에 맞서지 말라고 촉구하고 생각을 자신들에게 맞추라고, 그러니까 틀을 깨부수지 말고 거기에 맞춰 사는 법을 배우라고 우기는 것처럼 보인다.

자기 계발서 저자들은 그 어떤 여성 집단보다도 싱글 여성들에게 이런 메시지를 가장 강력하게 각인시켰다. 기본적인 진단은 전후 시기와 비교했을 때 거의 바뀐 게 없었다.[8] 전후 시기의 유명한 조언서(메리니어 판햄과 페르디난드 룬드버그가 쓴 『현대 여성: 잃어버린 성』)는 모든 싱글 여성이 신경증 환자라고 선언하고 이들이 결혼할 수 있도록 심리 치료에 보조금을 주자고 제안했다. 1980년대에는 싱글 여성과 이들이 받는 압력에 동정적인 편인 조언 전문가들마저 이와 똑같이 결혼을 기본 방침을 내세웠다. 1988년의 인기 조언서 『내가 그렇게 멋진 사람이라면 어째서 아직 싱글일까?If I'm So Wonderful, Why Am I Still Single?』를 쓴 상담사 수전 페이지Susan Page는 도입부에서 결혼하지 않은 여성들이 특히 적대적인 사회적 환경과 싸우고 있다고 인정한다.[9] 이들은 "우리 시대가 퍼뜨린, 여성 혐오 같은 특수한 문제"라는 부담을 지고 있다고 그녀는 말한다. 하지만 그녀는 싱글 여성들이 이런 적대적인 환경에서 꿋꿋함을 잃지 않기 위해 필요한 내적인 강인함과 자신감을 북돋는 데는 관심이 없다. 싱글 여성들에게 지배 문화의 결혼 명령에 의문을 제기하라고 충고하지도 않는다. 그녀는 "어떤 사회적, 심리적 요인들은 주어진 것으로 받아들이고 싶다[저자 강조]"고 말한다.[10] "이 책에서 우리는 이런 조건들이 어째서[저자 강조] 지금 상태에 이르게 되었는지를 다루지도, 이런 상태에 대해 한탄하지도 않을 것이다." 그렇다면 싱글 여성은 페이지의 말에 따르면 수백만 명의 싱글 여성들을 급습한 "감정적인 대공황"을 진정시키기 위해 어떻게 해야 할까? 그녀의 제안은 그냥 싱글에서 벗어나라는 것이다. 그녀는 결혼을 위해 시장성을 높일 수 있는 "전략들"을 제시한다.

1980년대 반격의 심리 치료사들이 단호하게 거부한 근본적인 페미니즘 원칙이 하나 더 있다. 그것은 바로 남성 역시 변할 수 있고, 변해야 한다는 점이다. 『똑똑한 여자/멍청한 선택』은 "최근에는 여성들이 남성에 대해 느끼는 캄캄한 좌절감이 점점 크게 일어나는 것 같다"고 밝힌다.[11] 그리고 많은 여성들이 "항상 결국 남자들한테 실망감을 느낀다." 하지만 카원과 킨더는 남자들이 어떤 식으로 자극했기에 이런 좌절감이 터져 나오는 건지 혹은 여성들의 기분이 나아지게 하려면 남성들이 어떻게 행동을 바꾸는 게 좋을지를 살피는 데까지 나아가지 않는다. 대신 이들은 남성들에겐 아무런 문제가 없고, 여성들이 느낀 모든 실망은 완전히 자기들이 자초한 것이라는 결론을 내린다. 저자들은 "부적절"한 것은 남성들이 아니라고 말한다.[12] 그건 그저 이런 여성들의 "기대가 왜곡되었기" 때문이다. 여성들이 그저 남성들을 "혹평"한다는 것이다.[13] 여성들이 "남성들을, 그리고 남성들에겐 직업적으로 성공하고 상황을 지배할 필요가 있음을 진정으로 이해"하는 법을 배우기만 하면 모든 게 잘 되리라.[14] 여성들이 남성들에게 바뀌기를 "강요"하지 말고 "타협"하는 법을 배우기만 하면 행복해지리라.[15]

나중에 킨더에게 어떤 종류의 타협을 생각했는지 물어보았더니 이렇게 답했다. "여성들은 대학에 다니면서 아이를 낳을 수 있어요. 그리고 그래도 직장을 갖고 싶으면 아이들이 큰 다음에 가질 수 있죠. 약간은 희생을 해야만 해요."[16] 아버지가 아이들에 대한 책임을 부분적으로 맡는 희생을 하는 건 어떨까? 아이를 키우느라 집에서 지내는 아내를 둔 킨더는 곰곰이 생각하더니 이렇게 말했다. "네, 그것도 문제를 해결하는 방법이 될 수 있겠네요. 하지만 남자들이 그렇게 하지 않을 거예요. 그리고 그런 문제에 대해 말하는 건 우리한테는 맞지 않아요. 우린 사회공학자가 아니거든요." 어쨌든 남자 문제만 나오면 모르쇠다.

이 반격의 심리 치료사들은 자신들의 메시지에 반페미니즘적인 함의가 있다는 혐의를 제기하면 거의 항상 부정한다. "우린 기대감을 낮춰서 안주하라는 게 아니라 기대를 확장하라는 이야기를 하는 거예요. 그냥 하는 말이 아니에요." 카원이 말한다. 하지만 자신이 쓴 『똑똑한 여자 / 멍청한 선택』에 나오는 "적합한 남자를 찾기 위한 원칙"을 벌써 잊어버리기라도 한 모양이다.[17] 여덟 번째 원칙은 바로 "기대를 낮추면 살기가 편해진다"다.

여성해방을 공격하는 일부 심리 치료사들은 사실 자신이야말로 여성해방 지지자라고 제일 떼를 썼다. 미디어를 의식하는 1980년대의 많은 심리 치료사들이 몸소 느꼈듯 언론에서 가장 반색하는 게 바로 페미니스트를 공격하는 '페미니스트'였다. 인기서 『더 이상 밤이 외롭지 않아: 당신의 결혼을 방해하는 숨은 두려움 극복하기*No More Lonely Nights: Overcoming the Hidden Fears That Keep You from Getting Married*』를 쓴 수전 프라이스Susan Price 와 스테판 프라이스Stephen Price 는 현대 싱글 여성에 대한 이런 반격성 진단인 '남성 공포증'을 홍보한 덕에 많은 언론 세례를 받은 부부 '페미니스트' 치유 팀이었다. 이들은 부끄러운 줄도 모르고 프리던의 표현을 갖다 쓰면서, 이 "이름 없는 문제"는 서른이 넘은 대부분의 미혼 여성, 특히 직장 여성들이 공유하는 "남성에 대한 뿌리 깊고 강렬한 공포"라고 밝혔다. 이런 증상이 나타나는 원인은 "당신이 페미니즘의 영향을 너무 많이 받았기" 때문이다.[18]

스테판 프라이스는 〈투데이 쇼〉에 출연하고 난 지 몇 주 지난 어느날 맨해튼에 있는 자신의 사무실에서 "이런 강박적인 남성 공포증은 오늘날 여성들이 결혼을 거부하는 주요 원인"이라고 말했다.[19] "우린 이제 여성운동의 끄트머리에 도달했고, 오늘날의 문화는……." 그는 여기서 잠시 머뭇거리더니 이렇게 말을 이어 갔다. "물론 우리 부부 모두 여성운동의 성과에 대단히 찬성하는 편입니다."

다른 치료용 안락의자에 앉아 있는 아내 수전이 열정적으로 고개를 끄덕인다. "우리 둘 다 페미니스트예요."[20] 그녀가 말한다. "사실 내가 이런 숨은 두려움이 커지는 걸 보지 못했던 건 페미니스트였기 때문이었던 것 같아요. 심리 치료사로서 난 여성들에게 직장 생활을 잘하라고 독려했어요. 하지만 그랬더니 여성들이 직장 생활로 숨어들어 가서는 관계에는 에너지를 쏟지 않더라고요. 이들의 페미니즘적인 관점이 덫이 된 거죠." 하지만 직장 생활이 여성에게 심리적으로 상처가 된다면 어째서 직장 여성들은 우리가 알고 있다시피 사실상 모든 정신 건강 척도에서 꾸준히 1등을 하는 걸까? 프라이스 부부는 묵묵부답이었다.

프라이스 부부는 페미니즘에 우호적이라고 주장하지만 경제적 독립에서부터 성적인 자유에 이르기까지 모든 페미니즘의 교의에 반대하는 듯하다. 이들은 책과 상담 시간을 통해 여성들에게 성관계를 먼저 유도하지 말라고 조언할 뿐만 아니라 혼전 성관계를 갖지 말라고 충고한다. "만일 여성이 성적으로 적극적이면 남성은 그녀를 잠자리 상대라는 범주에 넣을 수 있다"고 수전 프라이스는 말한다. 근거는? "〈위험한 정사〉가 어떤 면에서는 과한 면도 있지만, 거길 보면 잘 나온다"고 그녀는 말한다.

진정한 페미니스트 심리 치료사들과는 달리 프라이스 부부는 여성의 삶에 작동하는 다른 힘들에 대적하기는커녕 그것을 고려조차 하지 않는다. 이들은 여성 독자들에게 자신을 결함 있고 외로우며 오직 자신의 일탈적인 행위 때문에 고립된 존재가 되었다는 식으로 바라보길 독려함으로써 이 시대 싱글 여성들의 고립을 악화시킨다. 이들은 여성들에게 "당신 자신의 개인적인 위기를 해결"하라고 조언한다.[21] "남성과 친밀한 관계를 가능하게 만들기 위해 당신[저자들의 강조]은 무엇을 하고 있는가? 당신[저자들의 강조]의 어떤 태도 때문에 결혼을 하지 못하는 걸까?" 이 책이 지목하는 큰 잘못은 상대방으로부터 존중과 동등한 대우를 받으려고 고집하는 태도다. 이들은 "남성들과의 관계에서 종속적인 지위를 피하려는 욕망이 당신을 애정 없는 인생으로 유도할 수 있다"고 주장한다. 이번에도 남성을 변화시키자는 제안은 고사하고 남성의 태도에 대한 분석은 찾아볼 수 없다. 만일 어떤 남자가 여자를 학대한다면 그건 여자가 자초한 일이다. "저항적인 여성은 저항적인 남성을 선택한다"고 수전 프라이스는 말한다. "우린 싱글 여성들이 남자와의 문제라고 생각했던 게 실은 자기 내부의 문제라는 걸 보게 도와줍니다." 관계가 힘들어지는 데 남성들이 기여하는 건 없을까? 스테판 프라이스는 어깨를 으쓱하며 "아마 50 대 50일 거"라고 인정한다. "하지만 이 책은 여성들에게 초점을 맞추고 있어요. 주장을 명료하게 하려고요."

프라이스 부부는 사실 페미니즘적인 시각을 지지하지는 않지만 운동가의 언어를 차용하여 자신들의 의제를 홍보하기를 좋아한다. 이들은 여성들에게 직업적인 열망을 축소함으로써 연애 생활에 대한 "통제력을 손에 넣고", 순결을 지킴으로써 미래의 남편 앞에서 "권력을 손에 넣으라"고 촉구한다. 이들은 책에서 "결혼은 당신 손에 달린 문제"라고 훈계한다.[22] 여성이 주도권을 쥐어도 괜찮은 유일한 무대는 분명 결혼이라는 것이다.

남성 공포증이 과학적인 용어처럼 들릴 수는 있지만, 과학적 연구뿐만 아니라 그 어떤 연구도 그런 증상을 뒷받침하지 않는다. 스테판 프라이스는 "우린 그게 공포증이라는 걸 그냥 알았다"고 심드렁하게 말한다. 어떻게? "음, 회피하니까 그렇죠." 그게 무슨 뜻인지 설명해 달라고 재차 요구하자 스테판 프라이스는 입을 다물었다. 마침내 그는 "공포증의 많은 동학이 숨어 있어요. 그것 때문에 우리가 그게 공포증이라는 걸 아는 거죠. 꽁꽁 숨어 있으니까."

이 눈에 보이지 않는 공포증 때문에 프라이스 부부는 대단히 눈에 띄는 자칭 '결혼 전문가'가 되었다. "얼마나 정신없는지 몰라요." 수전 프라이스가 행복한 비명을 질렀다. "1주일에 라디오 프로그램을 세 개나 진행하고 있어요. 여자들이 전화를 걸어서 [결혼] 성공률이 얼마나 되겠냐고 물어보죠. 전화 상담도 해요. 우리를 만나러 서쪽 지방에서 비행기를 타고 오는 여성들도 있죠. 그리고 우리 책을 읽고 이제 자기가 왜 혼자서 지냈는지를 깨닫게 되었다는 여성들한테서 편지도 많이 받아요. 감사하다는 거죠."

사실 수전 프라이스는 자신을 위한다는 한 가지 면에서는 페미니즘의 원리를 지지한다는 사실이 밝혀졌다. 그녀는 이렇게 회상한다. "우리가 처음 결혼했을 때 스티브는 내가 직업이 필요하다는 걸, 주부로 살고 싶지 않다는 걸 이해하지 못했어요. 스티브가 대학원에 다니는 동안 [그를 부양하기 위해] 일자리를 얻었죠. 스티브는 직업을 얻을 준비를 하고 있었는데 내가 뭘 했겠어요?" 처음엔 학교 교사가 되었지만 충분히 만족스럽지 못했다. "심리 치료사가 되고 싶다는 생각을 굳혔어요. 그래서 대학원으로 돌아갔죠. 그땐 아직 아이들이 어렸어요. 베이비 시터도 많이 고용했고 유치원에도 많이 보냈죠." 이 중에 실수가 있었을까? "오, 아뇨. 난 지금 하는 일이 너무 좋아요."

토니 그랜트: 여성성에 굴복하라

'미디어 최고의 심리학자'가 로스앤젤레스 KFI-AM 라디오 방송국에서 분홍색 손톱을 초조하게 작업판에 대고 두드린다. 1988년 여름 저녁, 최초의 생방송 치유 프로그램으로 전국적인 유명세를 떨치며 시청자가 수백만 명에 달하게 된 〈토니 그랜트 박사 쇼 The Dr. Toni Grant Show〉 1회분이 진행 중이다. 지금 전화를 건 사람이 그랜트의 신경을 긁고 있다.[23] 캐럴은 남편에 대한 이야기를 늘어놓는다. 캐럴은 가족 자산을 두 어린 딸들에게 투자해야 한다고 생각하지만 남편이 자꾸 그걸 탕진하고 있다. 캐럴은 남편에게 몇 번이나 이야기했다. 하지만 그랜트의 표현에 따르면 그건 큰 실수다. 남편에게 도전하는 건 "페미니스트에게 오염된" 여자라는 확실한 증거이기 때문이다.

> 그랜트   왜 그만두지 않는 거예요?
>
> 캐럴   그 생각만 하면 너무 괴로워서요.
>
> 그랜트   그건 이유가 될 수 없어요. …… 그러다간 다 망칠 거예요. 그리고 남편이 당신을 속이기 시작할 때, 남편이 집에 들어오지 않기 시작할 땐 당신과 잠도 자지 않고 당신에게 말도 걸지 않는다는 걸 깨닫게 되겠죠. …… 특히 사랑을 얻고 싶을 땐 입 다물고 있는 법을 배워야 해요.

캐럴이 입을 닫겠다고 약속했다. 그랜트의 시청자라고 해서 반드시 핀잔을 듣지는 않는다. 많은 이들이 그녀의 베스트셀러 조언서 『여자가 되는 법』을 열심히 공부하면서 가르침을 가슴에 새기고 있다. 쉰일곱 살의 리 앤은 자신을 "강하고 독립적인 사람"이라고 설명한다. 그녀는 이혼 뒤 대학으로 돌아와 교사 자격증을 딴 직물 디자인 강사다. 그녀는 그랜트에게 지금 만나고 있는 남자가 전남편과 똑같이 그녀에게 모든 가사 부담을 지우려 한다고 털어놓았다. 그녀는 그랜트의 책에 대한 이야기를 듣고 난 뒤 그가 집안일에 비협조적인 게 충분히 '여성적'으로 행동하지 않은 자기 탓인지 고민에 빠졌다.

그게 맞다고 그랜트가 말했다. "당신이 엄청나게 능력이 있다는 인상을 주면 …… [남자들은] 당신을 남자로 만들 거예요." 남자가 그녀의 강인함에 "감탄"할지는 몰라도 "당신을 보듬어 주고 아껴 주고 당신에게 열렬한 사랑을 바치겠다는 영감을 받지는" 못할 것이다. 그랜트는 리 앤에게 "내면을 들여다보고" 그 속에서 "연약하고" 여성적인 소녀를 찾아내 밖으로 끄집어내라고 권했다. 그녀의 연약함이 그를 '전율케' 하리라. 그가 더 이상 쓸데없는 짓에 정신팔지 않을 정도로 충분히.

그랜트는 자신의 변신이 1981년부터 시작되었다고 밝혔다. 그녀가 홍보용 순회 행사를 하면서 밝혔듯 1981년 그녀는 "싱글로 지내는 게 어떤 건지 연구"하기 시작했다. 이미 7년 전 남편과 이혼한 그녀는 그때 이후로 쭉 싱글로 지내고 있었다. 그녀에게는 몇몇 저명한 할리우드 홍보 담당자와 제작자를 비롯한 신랑 후보자들이 많았지만 모두 거실했다. 그랜트는 자신의 독립적인 라이프스타일을 주기다 못해 만천하에 알리고 싶은 것처럼 행동했다. 그랜트는 1984년 원더우먼 복장을 하고 할리우드 할로윈 파티에 힘차게 걸어 들어갔다.[24] 1985년에는 한 기자에게 자신은 싱글로 지내는 게 즐겁다고 말했다.[25] 1986년에는《로스앤젤레스 헤럴드 이그재미너》에 자신은 '페미니스트' 딱지를 좋아하진 않지만 "난 페미니스트들이 여성들을 위해 원했던 것, 평등한 권리랑 뭐 그런 비슷한 것들이 최고라고 생각"한다고 말했다.[26] 인터뷰 진행자가 그녀에게 "가족보다는 일에서 항상 더 많은 충족감을 느낀 게 아닌지" 물어보자 "당연히 그렇다"고 답했다. 책을 출간하고 나서 한참 뒤 그녀는 자신을 여성의 권리의 "열렬한 지지자"라고 불렀다. "물론 난 페미니스트예요. 어떻게 내가 페미니스트가 아닐 수 있겠어요? …… 난 충족된 삶을 살았어요. …… 스물일곱 살까지 학교에 있었어요. …… 나 혼자 두 아이와 집 한 채, 자동차 두 대를 관리했어요. 난 독립적이고 고등교육까지 받은 여성이에요. 내가 페미니스트가 아니라면 누가 페미니스트라는 거죠?"

하지만 그랜트의 책은 개인적인 경험보다는 지배적인 반격의 정서를 반영한다. 그녀 자신이 자랑하듯 이 책이 잘 팔리는 건 '완벽한 타이밍' 때문이다. "지금 당장 여성들을 위한 트렌드랑 정확하게 잘 맞아떨어진 거죠." 이 조언서는 심리학 연구가 아닌 시장의 안내를 따른다. "책을 쓸 때는 어떤 관점이 있어야 해요. 내가 어떻게 페미니스트가 되었는지에 대해 떠들면서 지면을 허비할 수는 없죠."

그럼에도 불구하고 그랜트는 전문적인 학술 서적들을 들여다보다가 독립적인 직장 여성에 대한 관점을 재평가하게 되었다고 주장한다. 처음 그녀는 싱글들을 연구하기 위해 프로이트Sigmund Freud를 공부했고, 『여자가 되는 법』에서 밝히는 바에 따르면 프로이트 덕분에 "생물학은 숙명"이라는 생각에 이르게 된다.[27] 그때부터 그녀는 "종종 자신의 타고난 본성"과 "월경주기에 반항하는 삶을 살아가는" 현대 직장 여성들에게 반감을 갖기 시작했다.[28] 그다음에는 융Carl Jung을 공부했는데, 그의 저작을 통해 그녀는 평등이 여성들을 아마존으로 몰아넣어 "항상 무장을 하고 싸울 준비를 갖춘 채" 살아가게 만들고 "생물학적 시계를 대단히 신경질적으로 거부하게" 만든다고 생각하게 되었다.[29] 그녀는 현대 학자들도 공부했다. 그녀의 책은 캐럴 길리건의 『다른 목소리로』를 인용한다.[30] 길리건의 책은 시몬 드 보부아르의 성 역할 분석이 "터무니없고" "여성으로 살아가는 데 본질은" 법적인 권리가 아니라 로맨스를 추구하는 것이라는 주장의 근거로 사용된다.

그랜트의 모든 분석은 적극적인 신여성은 자기주장이 강하기 때문에 비정상이라는 통찰로 귀결된다. '정상적인' 여성은 남성이 좋은 방향으로든, 나쁜 방향으로든 자신의 경험을 결정하도록 내버려 두면서 소극적으로 처신한다. "'마조히즘'이란 진정 무엇인가?"[31] 그랜트는 『여자가 되는 법』에서 질문을 던진다. "대부분의 사람들은 마조히즘이라고 하면 쾌락과 고통, 피학자와 가학자를 연상한다." 하지만 그녀가 보기에 마조히즘은 "고통을 가하기보다는 참아 내려 하고, 통제력을 거머쥐려하기 보다는 내어 주려는" 여성들의 타고난 욕망이다. 그래서 그녀는 "이런 점에서 분명 대부분의 여성은 사실 마조히즘적"이라는 결론을 내린다.

1988년 그랜트는 여성해방은 사실 여성에게 사랑과 행복을 부정하게 만드는 "거대한 거짓말"의 집합이라는 주장을 펼쳤다.[32] 그녀의

12장 그건 모두 당신 마음속에 있어요 515

책을 홍보하는 전면 광고에 따르면 이런 "페미니즘 전염병"은 여성들에게 "스트레스, 불안, 우울, 강박증, 중독, 극도의 피로감"을 안기고 있다.[33] 그게 다가 아니다. 그랜트의 책은 "성 평등이라는 거짓말은 여성들 사이에 광범위한 문란함을 퍼뜨렸고, 여성들을 육체에서, 그리고 사실 영혼과도 분리시켰다"고 주장한다.[34] 직업적으로 성공한 여성들은 더 이상 슈퍼우먼이 아니다. 그녀는 책에서 "자신의 마리아적 측면에서 분리되어, 진정한 여성적 평정, 수용성, 혹은 고요함을 잃어버린 이런 여성들은 게걸스럽고 소모적인 괴물, 자신의 여성스러운 감정과 완전히 결별한 맥베스 부인을 연상시킨다"고 말한다.[35]

그럼에도 불구하고 그랜트는 『여자가 되는 법』이 "페미니즘에 대한 책이 아니고 페미니즘을 공격하려는 의도는 전혀 없었다. 사실 어떤 페이지에서 나는 여성운동이 여성들에게 좋은 일을 했다고 말하기도 한다"고 주장한다. 하지만 그랜트의 진단은 페미니즘에 대한 반격의 논리에서 애용하는 인과의 사슬을 되풀이하고 있다. 페미니즘이 직업 의식으로, 직업 의식이 정신병으로 이어진다는 것이다. 19세기 말 의사들도 이와 유사하게 페미니즘을 신경쇠약과 히스테리에 연결시켰다.[36] 후기 빅토리아시대의 전형적인 한 심리 상담사는 여성 참정권 운동가들의 선동이 여성 인구 내에서 "신경계통의 고통을 보편화시켰다"고 비난하기도 했다. 사실 그랜트는 비유적인 표현마저도 과거 반격의 시기에서 빌려 쓴다. 1947년의 『현대 여성: 잃어버린 성』 역시 맥베스 부인을 해방된 광녀의 상징으로 언급했다.[37]

그랜트는 자신의 라디오 프로그램 청취자와 독자 들에게 페미니즘이라는 정신병에서 빠져나올 방법을 제시했다.[38] "여성으로 살아간다는 데 굴복하라." 그녀는 고갈된 여성성을 다시 채우고 정신적 평온함을 되찾으려면 "소극적인 수용성과 침묵"을 훈련하라고 조언했다.[39] 또한 그랜트가 강력하게 추천하는 여성성 복원 요법에는 "묵언 명상, 자연 속에서의 오랜 산책, 따뜻한 목욕"과, 육체적인 것까지는 아니더라도 "영적인" 순결도 들어 있다.[40] 그녀는 이런 전략이 "여성의 신비"를 원상태로 발달시켜 준다고 주장했다. 싱글 여성이 이 모든 단계를 거칠 경우 정신 건강이 개선되어 궁극의 우승 상품인 남편을 얻게 될 것이라고 그랜트는 약속했다.

그랜트는 '여자가 되는 방법'의 원고를 작성하면서 이를 자신에게도 적용하려고 했다고 회상한다. 그녀는 "더욱 영적인" 측면을 발달시키려고 노력했고, 주름 장식이 많은 옷을 입기 시작했으며, "목소리를 낮추는 법"을 배웠다. 하지만 아무리 욕조에서 오랫동안 목욕을 해 봐도 1988년 초 봄, 책이 흥행을 거뒀을 때 그랜트는 아직도 싱글이었다. 출판사 마케팅 부서와 그녀 자신에게는 나쁜 소식이었다. 홍보 순회 행사를 돌면서 언론으로부터 이 질문을 피할 수 없었기 때문이다.

바로 그때 하와이의 젊은경영인협회Young Presidents Organization에서 '연애'에 대한 강연을 하던 그랜트는 토론자 중에서 좋은 신랑감을 만났다. 인디애나에서 골판지 상자 회사를 운영하던 존 벨John Bell은 이혼 뒤 새 아내를 찾던 중이었다. 그랜트는 행동에 들어갔고 갑작스러운 구애가 시작되었다. 그녀는 나중에 홍보 행사에서 "낭만과 매혹으로 가득찬 8일 밤낮이었다"고 즐겨 말하곤 했다.[41] 하와이에서 행사가 끝나자마자 그랜트는 결혼반지를 낚아챌 생각에 골몰하기 시작했다. 여행에서 돌아온 지 두어 주 지났을 때 그랜트는 "존, 당신의 결혼 의향은 어때요?"라고 물었다. "존은 내게 우리의 결혼은 영광스러운 일이 될 거라고 장담했어요." 그랜트가 몇 번 더 밀어붙이자 벨은 프러포즈를 했다. 그녀는 단번에 응했다. 그리고 그다음 일요일에 결혼하자고 제안했다. 벨은 "조금 빠른 것" 같다고 생각했다. 그래서 이들은 6월로 날짜를 정했다.

그랜트의 홍보 담당자들은 벨의 허락하에 서둘러 미디어에 이 소식을 알렸다. 서둘러 배포된 언론보도 자료는 "토니 그랜트 박사, 기업가 존 벨과 결혼 예정"이라고 밝혔다.[42] 약혼 소식을 퍼뜨리기 위한 홍보 파티가 할리우드의 한 레스토랑에서 이루어졌다. 그리고 약혼 당사자인 그랜트는 푸프 드레스에 단정한 흰 장갑을 끼고 등장했다.[43] 장갑 위에선 5캐럿짜리 피어컷 외알 다이아몬드 약혼반지가 반짝였다. 우아하게 약혼자의 팔짱에 매달린 그녀는 자신에게 다가오는 모든 사람들에게 왼손을 내밀며 외쳤다. "내 반지 보셨어요? 제가 6월의 신부가 된답니다!"

그해 9월 토니 그랜트의 인생의 추가 한쪽으로 좀 더 기울었다. 그녀는 "여자로 지내는 데, 내가 쓴 책처럼 사는 데" 전념하기 위해 라디오 프로그램을 그만두겠다고 언론에 발표했다.[44] 반격의 선봉에 선 다른 저자들과는 달리 최소한 그녀는 자기가 했던 조언대로 살겠다는 결심을 했던 것이다. 그녀는 라디오 헤드셋을 내려놓고 타호 호수에 있는 집을 한 채 구입한 뒤 기업가의 아내로 최고가 되겠다고 약속했다. 대단히 여성스러운 은퇴였다. 이 모든 게 그랜트가 자신의 일을 통해 수백만 달러를 벌어들였기 때문에 현실화될 수 있었다는 사실만 무시한다면 말이다.

하지만 사실 그랜트가 일을 그만둔 것은 여성적인 고려 때문이 아니었다. 나중에 이 결정에 대해 물어봤더니 그녀는 두 가지 이유로 일을 그만둔 것이라고 말했다. "난 미디어 심리학이 이미 절정에 달했다고 생각"했고 "이 세상을 여행하면서 둘러보고 싶었다"는 것이다. 그리고 심지어 그건 은퇴라고 할 수도 없었다. 그랜트는 이렇게 설명한다. "창의적인 사람들이 창의성을 쇄신하려면 잠시 쉬어 갈 필요가 있어요. 코코 샤넬은 7년간 휴지기를 가지다가 다시 나타나서 그 유명한 샤넬 패션을 만들어 냈잖아요." 그랜트도 샤넬과 유사한 길을 가게 될까? "아, 난 7년까지는 필요 없을 거 같아요." 그랜트는 1년 반 동안 자신의 표현에 따르면 "반 정도 은퇴한 상태"에 있다가 미디어를 돌고("〈오프라〉에도 나갔고 〈도나휴〉에도 나갔어요") "전국 강연과 해외 강연"을 하며 관계에 대한 세미나를 진행하는 등 이미 다시 모습을 드러내기 시작했다. "난 일이 없으면 섭섭해요." 그랜트는 이미 컴백을 계획 중이다. 그것도 훨씬 더 높은 연단에서. "텔레비전에서 뭔가를 하고 싶어요."

2단계: 과하게 여성스러운 여성을 위한 요법

이상할 정도로 화창한 어느 여름날의 샌프란시스코, 60명의 여성이 덧문이 내려진 침침한 가게 앞 공간에서, 쿠션이 다 꺼져 버린 안락의자와 소파에 웅크린 채 모여 있다.[45] 벽에 걸린 노란 유화들이 비현실적인 느낌을 자아내고 먼지 덩어리들이 바닥을 굴러다닌다. 누군가가 분위기를 돋우려고 갈라진 커피 테이블 위에 장미 한 송이를 꽂아 두었지만 외로운 한송이 꽃은 침울함을 더 강조할 뿐이다.

전에는 이런 음침한 공간에서 모임을 가지는건 알코올중독자 자조 모임뿐이었다. 그런데 1986년 매주 토요일마다 또 다른 '중독'을 정복하려는 한 모임이 개최되기 시작했다. 얼마 안 가 '너무 사랑하는 여자' 50명, 때로는 100명이 규칙적으로 모임을 가지게 되었다. 전국적으로 수천 명에 달하는 이 여성들은 함께 모여서 『너무 사랑하는 여자들』를 저술한 심리 치료사 로빈 노우드Robin Norwood의 글을 곱씹었다.

이 1987년의 토요일에는 모임 대표가 일어나서 앞문을 걸어 잠그더니 손잡이에 날카로운 소리를 내는 방울 몇 개를 달았다. "우리가 여기에 모인 건 한 가지를 공유하기 때문입니다. 우린 모두 기본적으로 비참한 관계를 맺고 있어요." 그녀는 이렇게 말했다. 노우드의 "너무 사랑하는 여자의 특징" 목록이 전달되었고, 한 여성이 한 줄씩 큰 소리로 읽어 나갔다. "1번, 당신은 당신의 감정적인 필요를 충족시키지 못한 결손가정에서 어린 시절을 보냈습니다. …… 11번, 당신은 남자와 감정적인 고통에 중독되었습니다. …… 14번, 당신은 우울증으로 치닫는 경향이 있습니다." 여성들은 카운터에서 받은 디카페인 커피병을 홀짝이고 있다. 이 모임에는 그 어떤 자극 물질도 반입할 수 없다. 한 소파에서는 여성들이 돌아가며 곰 인형을 어르고 있다.

모임 대표는 참가자들에게 '너무 사랑하는 여자' 자조 모임의 기본 규칙 두 가지를 상기시켰다. 서로에게 충고하지 말 것. 그리고 '그 남자'에 대한 이야기를 하지 말 것. 그녀는 그 남자가 아니라 당신이 문제라는 걸 기억하라고 강조한다.

그리고 난 뒤 모임의 '공유하기' 시간이 시작되었다.

"안녕하세요, 전 샌드라예요. [이름은 모두 가명이다] 그리고 전 너무 사랑하는 여자예요. 전 알코올에 중독된 남자랑 결혼했어요……. 아프고 의존적인 알코올중독자를 꼬드기다니 제가 왜 그랬을까요?"

"안녕하세요, 전 낸시예요. 너무 사랑하는 여자죠. 전 성관계를 심하게 거부하는 한 남자에게 빠져 있어요. 내가 그 남자에게 끌리는 건 그가 날 거부할 때 내가 상처받고 화난 사람인 양 연기를 하다가 무너져 내릴 수 있기 때문인 것 같아요."

이런 식으로 모든 발언자가 자신의 문제점을 드러내고 비난의 화살을 자신에게 돌리는 시간이 한 시간 반 동안 이어졌다. 한 여성은 사람들에게 자신은 "항상 지쳐" 있는데 그 이유를 모르겠다고 말했다. 또 다른 여성은 침실 옷장에 웅크리고서 "아무 이유도 없이" 가끔은 하루에 두 번씩 엉엉 운다고 했다. 묵묵부답의 청중들을 향해 비밀이 하나둘 누설되었다. 다른 사람의 문제에 대한 논평은 금지되어 있기 때문에 진정한 '공유'는 없었다. 여성들은 각자의 모래 통을 가지고 놀긴 하지만 서로 접촉하지 않는 유아기 어린이에 더 가까워 보였다.

개인 발언 시간이 끝나자 이들은 매주 하던 대로 모임을 마무리했다. 이들은 자리에서 일어나 손을 잡고 원을 만든 뒤 평온을 비는 기도문을 외며 신에게 남자와의 관계를 개선할 수 있게 도와 달라고 빌었다. 그러고 난 뒤 모임 대표가 문을 열었고 여성들은 하나둘 밖으로 나가 햇빛이 환하게 비치는 거리를 홀로 대면했다.

여성의 '관계 중독'을 다룬 노우드의 책 『너무 사랑하는 여자들』은 1985년 첫 출간된 뒤 2,000만 명이 넘는 독자들에게 등대 같은 존재가 되었다. 이 책은 《뉴욕타임스》 베스트셀러 목록에서 1년 넘게 1위를 고수했고, 1986년 전국 일반 대중 대상 페이퍼백 중 베스트셀러 1위였으며, 《타임》의 1986년 조언서 목록에서 베스트셀러 1위였고, 월든북스Waldenbooks 체인점과 B.돌턴B. Dalton 전국 체인 모두에서 가장 많이 팔린 책이었다.46) 이 책이 출간된 지 1년 반이 지나자 필라델피아, 애틀랜타, 로스앤젤레스 등의 도시들이 '너무 사랑하는 여자' 모임 수십 곳을 지원했다. 1987년 《뉴욕데일리뉴스》가 '너무 사랑하는 여자' 모임을 가볍게 언급하는 작은 뉴스를 내보내자 그날 하루

동안 모임 대표들에게 수백 통의 전화가 걸려 오기도 했다.[47]

파괴적인 관계에 갇혀서 도움이 절실한 여성이 엄청나게 많은 게 분명했다. 그리고 노우드의 책과 그 책에서 영감을 얻은 모임에서 위안을 얻는 여성이 많다는 것도 확실했다. 하지만 이 책의 쓸모는 겉보기보다 그렇게 실용적이지 못했다. 이 책의 밑바탕에 있는 메시지는 신비주의라는 탈을 쓰고 성숙하고 적극적인 변화보다는 순진하고 소극적인 수용을 지지하고 있기 때문이다. 노우드의 책은 평온을 비는 기도문의 표현을 차용하여, 여성들에게 변화의 능력을 시험하는 용기보다 지레 포기하는 데서 얻을 수 있는 평온을 더 많이 제시했다.

1980년대의 많은 심리 치료사들처럼 노우드에게도 여성을 상대로 한 감정적, 성적 폭력 때문에 점점 늘어나고 있는 사상자들을 가까이서 들여다볼 기회가 있었다. 노우드는 남편과 연인의 언어적, 신체적 학대에 신음하는 수백만 여성들의 증언을 골똘히 들여다보았다. 하지만 결국 그녀는 이런 상황의 사회적 측면을 깡그리 무시하고 이 문제를 내부로 돌리는 설명을 제시했다. 그녀에 따르면 오늘날의 여성들은 자신에게 상처 주는 남성들에게 말 그대로 '중독'되었다. "많은 여성들이 '남자 중독'이었고, 다른 많은 중독자들처럼 우린 문제의 심각성을 인정할 필요가 있다."[48] 물론 많은 여성들이 이런 자기 파괴적인 패턴을 따르는 건 사실이지만, 노우드의 몰역사적인 분석은 어째서 지금 이 문제가 그렇게까지 심각한지 혹은 어째서 여성을 상대로 한 폭력이 이렇게까지 극적으로 치솟고 있는지를 설명하는 데는 도움이 되지 못한다. 상황을 전혀 역전시키지도 못한다. 그녀의 책은 폭력적인 남자들이 왜 그렇게 많은지가 아니라 어째서 그 많은 여성들이 폭력적인 남성을 '선택'하는지를 묻고 있기 때문이다.

알코올중독자 자조 모임의 열두 단계 프로그램을 모델로 노우드의 자조 계획은 자신이 겪는 고통의 근원이 무엇인지를 알고 싶어 하는 여성들에게 자기 밖에서 문제를 찾으려는 시도를 중단하라고 요구한다. 이런 습관은 '남 탓하기'라는 것이다. 노우드는 여성들에게 자아를 더 강하게 성장시키고, 주눅 들지 말고, 남성들에게 변화를 요구하라고 독려하는 대신 "기꺼이 굴복하겠다는 마음가짐을 기르고", "열정"을 피하고, "고집을 놓아 버리라"고 권한다.[49] 남자에 중독된 여자는 "자신의 더 높은 힘과 접촉"해야만 감정적인 고통에서 벗어날 수 있다. 그녀는 "영적인 실천은 당신을 진정시켜 준다"고 말한다.[50] 그게 환경이나 당신 자신을 바꾸는 데는 도움이 되지 않지만 "내가 피해자라는 관점을 행복하다는 생각으로 바꾸는 데는 도움이 된다." 여성들은 혼자서 속으로 "난 더 이상 힘들지 않아"라고 말하기만 해도 위안을 얻을 수 있다는 것이다. 자신의 상황을 개선할 수 있는 주도권을 쥐는 건 노우드의 계획이 아니다. 대신 그녀는 "꼭 그렇게 하고 말겠다는 생각"을 "놓아 버리라"고 조언한다. 그녀는 "내가 주어진 상황에서 무엇이 최선인지를 모를 수도 있다는 사실을 받아들여야 한다"고 설명한다. 사실 독자는 자기 확신을 '성격 결함'으로 여기에야만 한다.

진정한 개인적 성장과 정신 건강 역시 노우드의 치유 프로그램에 포함되지 않는다. 노우드는 너무 사랑하는 여성은 약간 회복될 수는 있어도 절대 치료되지 않는다고 경고한다. 만성 알코올중독자처럼 '남자 중독자'들은 영원히 낚인 채 살아야 한다. 이런 여성들은 항상 전신에 남아 있는 병을 '다스리기' 위해 노력할 수 있을 뿐이다. 노우드가 이 병을 제어할 수 있는 방법으로 처방하는 건 단 하나, '너무 사랑하는 여자들'의 '자조 모임'에 규칙적으로 참석하는 것이다.

'자기 자신을 어떤 욕망에 내어 준다'는 '중독'이라는 의미 그 자체는 여성적인 수동성에 대한 전통적인 빅토리아시대의 관점과 잘 맞아떨어진다. 너무 사랑하는 여자의 처치 전략은 한 가지 형태의 수동성을 또 다른, 좀 더 미화된 형태의 수동성으로 대체한다. 후자의 수동성은 자신을 '더 높은 힘'에 내어 주는 것이다. '너무 사랑하는 여자들'의 자조 모임에 참석한 사람들은 자신의 인생을 지휘하는 법을 배우는 게 아니라 이들을 대신해서 인생을 쥐고 흔들 신비한 힘에 의지하는 법을 배운다. 이들은 자기 내면에 있는 힘을 벼리고 이용하는 법이 아니라 높은 데서 내려 주는 힘에 복종하는 법을 배운다. 어떤 면에서 노우드의 해결법은 뉴라이트의 미국을걱정하는여성모임 비벌리 라헤이가 제시하는 개인적인 변화 계획을 뒤집어 놓은 모양새다. 라헤이가 '영적인 복종'이라는 이름으로 자기 결정과 권위를 향한 자신의 충동을 숨겼다면 노우드는 진짜 굴복을 자신의 인생을 책임지는 적극적인 방법이라고 속이려 하기 때문이다.

노우드는 자신 역시 자기 인생의 행위자라기보다는 단순한 영적인 매개체일 뿐이라고 말한다. 심지어 자신의 책을 쓴 건 그녀가 아니라 '더 큰 힘'이었다고 주장한다. 나중에 그녀는 "난 처음부터 무언가가 날 이끌었다고 생각한다"고 말했다.[51] 고속도로에서 운전을 하고 있는데 갑자기 귓가에 책 제목을 속삭이는 소리를 들었다는 것이다. 이런 식으로 자신을 신성한 지혜의 소극적인 수용자로 규정하는 노우드는 헨리 제임스의 『보스턴 사람들』에 나오는 빅토리아시대 인물 베레나 타란트*를 연상시킨다. 이 순진무구한 여성 주인공은 자신의 대중 연설 재능에 대해 "아, 알잖아요. 그건 내가 아니에요. 그건 내 밖에 있는 뭔가라고요! …… 내가 보기에 그건 어떤 힘인 것 같아요"라고 해명한다.[52]

1980년대 말 '상호 의존성'**이 등장하면서 중독 내지는 여성 신경증이라는 질병 모델이 빠르게 여러 치료 유형을 확산시켰다. 덕분에 자조 상담 조직의 회원이 두 배로 늘었고, 여성절주모임Women for Sobriety에서부터 복합중독여성모임Women with Multiple Addictions에 이르기까지 상호 의존적인 관계에 있는 사람들을 '지원'하는 모임이 우후죽순으로 생겨났다.[53] 직장을 그만두고 나서 뭘 해야 할지 모르겠는 엄마들의 모임Formerly Employed Mothers at Loose Ends이라는 집단까지 생겼다. 이 모임의 약칭은 FEMALE이었다. 이제는 직업 시장의 척박함마저 개별 여성의 사적인 정신이상으로 인식되었다. 전문적인 의학 학술지들은 상호 의존성을 개인이 "화학적으로 의존적인 성향이 있거나 제대로 기능하지 못하는 사람을 인생의 파트너로 선택한" "관계의 질병"으로 규정하면서 이런 식의 질병 비유를 지지했다[54](이

* Verena Tarrant, 젊고 아름다운 여성운동가로 나오는 인물.
** codependency, 보살핌을 베푸는 사람과 대상 간의 지나친 정서적 의존성을 일컫는 개념.

들이 염두에 둔 개인은 거의 항상 여성이었다.[55] 상호 의존성 시장의 약 85퍼센트가 여성이었기 때문이다. 상호 의존성의 원래 보넬이 알코올중독자의 아내였다는 점에서 상호 의존성에 대한 규정은 여성적 측면에서 내려졌다).

상호 의존성 운동의 주도자들은 자신의 여성 환자들에게 스스로를 어린 소녀라고 여기고 심지어 그렇게 대하라고 권했다. 이런 전문가들이 환자들에게 폭넓게 권장했던 자조 전략 중 하나는 껴안을 수 있는 인형을 사서 항상 갖고 다니라는 것이었다. '내면의 아이를 다시 불러내라'는 게 이 운동의 주문이었고, 상호 의존적인 입문자들에게는 스스로를 '어른 아이'라고 부르라고 독려했다. 이런 개념이 좋은 의도(학대받고 희생을 당한 유년기의 범죄를 극복하기 위해 다시 불러내는 것)에서 출발했을 수도 있지만, 깊은 곳에 숨어 있던 상처받은 아이를 끄집어내는 것이 모든 것을 더 집어삼키는 중심 드라마가 되면서, 피해자 지위를 거부하고 성숙한 단계로 나아가려는 노력은 대체로 밀려나 버렸다. 그 많은 상호 의존성 집단에서 여성들은 상처받은 어린 소녀라는 자아를 '구출'하려고 유년기의 진창에 뛰어들었다가 더 깊은 수렁으로 빠져 버렸다.

상호 의존성 창시자들과 심리 치료사들은 환자를 어린애 취급하는 방법을 쓰고 '자기 의지'를 그렇게 싫어하면서도 자신들의 관점은 '페미니즘'이라고 주장했다. 전미자조정보센터National Self-Help Clearing-house의 공동 책임자는 "상호 의존성 운동은 여성운동의 심리학 군대라고 할 수 있다"고 선언했다.[56] 노우드 자신은 '너무 사랑하는 여자' 모임을 1970년대 초의 의식 고양 모임들에 빗대기도 했다.[57]

하지만 여성들을 어둠침침하고 카페인도 없는 회의실에 문까지 잠근 채 가둬 놓고 이들에게 열정도 없고 소극적이며 미숙한 평정과 성숙한 자기주장을 맞바꾸라고 훈계하는 노우드의 처방은 1970년대 초 페미니스트 토론 모임보다는 19세기 말의 '휴양 요법rest cure'에 정서적으로 더 가깝다. 역시 어두운 방에 감금시키고, 자극적이지 않은 음식을 먹게 하고, 자기표현을 부정했던 100년 전의 이 치료법은 환자를 치료하기보다는 상태를 더 악화시키곤 했다. 페미니스트 작가

샬럿 퍼킨스 길먼Charlotte Perkins Gilman이 1887년 자신이 직접 체험했던 휴양 요법에 대해 남긴 가장 유명한 글에 따르면 그녀는 펜을 내려놓고 "최대한 가정적인 삶을 살라"는 의사의 지시를 따르려다가 "정신을 놓치기 직전쯤 되는 위험한 상태까지 갔다."[58]

반면 1970년대의 의식 고양 운동은 여러 가지 약점도 있었지만 최소한 참가자들에게 행동하고, 발언하고, 성장하라고 촉구했다. 그리고 의식 고양 모임은 사회혁명에서 매주마다 이루어지는 일종의 충전 시간처럼 여겨졌다. 1972년 《미즈》의 의식 고양 지침은 이 모임이 "우리가 이 세상을 바꾸려다가 두들겨 맞거나 조롱당해서 돌아왔을 때" 감정을 재충전하고 동지애와 자신감을 다지기 위한 의도에서 만들어졌다고 설명한다.[59] 이 모임은 무료였고(모든 소득 계층의 여성들이 참여할 수 있도록) 지도자가 없었다(권력을 가진 실세가 등장하는 것을 막고 모든 구성원이 스스로 사고하고 발언하는 걸 장려하기 위해서였다).

1980년대에 '너무 사랑하는 여자' 모임에 몰려든 여성들 역시 자기 주위의 세상을 바꾸려다가 두들겨 맞고 조롱당했다. 하지만 이들이 이런 사회 변화를 더욱 추구하려 했다가는 상담 모임에서 크게 격려받지 못했을 것이다. 게다가 노우드는 처음에는 이 모임을 무료로 운영하고 지도자를 두지 말자고 제안했지만 1980년대 말에 이르자 일부 기업형 심리 치료사들이 수입을 이중으로 챙길 수 있는 매력적인 방법을 발견하고는 이 운동에 갑자기 몰려들었다. 얼마 안 가 '너무 사랑하는 여자' 모임 중에서 많은 곳이 이런 상담사들의 손에 들어갔고 무료 참가를 중단시켰다.

캘리포니아가족치료연구소California Family Therapy Institute에서 금요일마다 진행하는 '너무 사랑하는 여자' 모임에서는 여성들이 블라인드를 내리고 조명을 낮춘 채 원형으로 앉아 있었다. 이들은 매주 이모임의 심리 치료사 대표에게 30달러에서 40달러를 지불했고, 개별 상담을 원할 때는 최고 80달러까지 상담료를 냈다.

심리 치료사는 자신의 '어른 아이들'을 살피며 "난 그들 모두에게 엄마 같은 존재"라고 말한다.[60] 치료사는 자신에 대해 "난 확실히 너무 사랑하는 여자"라고 말했다. 그녀는 23년간 결혼 생활을 하다가 남편이 자신의 가장 친한 친구와 눈이 맞아 도망가기 전까지는 전업주부였다. 그 뒤 그녀는 학교로 돌아가서 심리 치료사가 되었다. 지금 그녀는 자신의 결혼 생활에서 잘못된 점이 무엇이었던가를 생각하면서 "회복되는 중"이다. "내가 자제력을 잃었어요. 그 남자를 탓하진 않아요. 그냥 다른 남자들하고 다를 바 없는 사람이에요. 내가 좀 더 빨리 이 모든 노력들을 했더라면 어쩌면 그 사람이 뿌리를 내렸을지도 모르죠."

열 달 전 이 모임이 시작되었을 때 모든 여성들에게는 도움을 구할 충분한 이유가 있었다. 한 여성은 같이 사는 남자가 그녀가 일을 시작하자 그녀에게 거의 말을 붙이지 않았다. 또 다른 여성은 같이 사는 남자가 자신이 제일 좋아하는 셔츠를 그녀가 다려 놓지 않았다며 걱정으로 진화를 걸어 소리를 질러 댔다. 또 다른 여성의 남편은 카펫의 먼지만 보면 주기적으로 잔소리를 늘어놓는 사람인데, 바람을 피우면서도 그게 '그녀의 잘못'이라고 주장했다.

어째서 이 모임에 나오기 시작했는지 물어보자 여성들은 같은 대답을 조금씩 바꿔서 내놓았다. 첫 번째 여성은 "더 억세지고 싶었다"고 말했고, 두 번째 여성은 "감정만 앞선 골빈 여자가 되고 싶지 않아서"라고 말했고, 세 번째 여성은 "강해지고 싶었다"고 말했다. 하지만 모임에 와서 뭘 배웠는지 물어보자 이들의 대답은 제각각이었다. 중년의 직장 여성은 "내 안에 있는 작은 소녀를 발견하게 되었다"고 말했다. 40세의 교사는 "내가 어린 꼬마일 뿐이라는 걸 알게 되었다"고 말했다. "그리고 그 꼬마와 접촉하는 법을 배웠다." 그녀는 심리 치료사의 지시에 따라 인형을 구입했고 이제는 어디서나 이 인형을 데리고 다닌다. 차에서는 항상 신경 써서 안전벨트를 매 준다고 한다. 심리 치료사는 "이 모임에서 내 어린 소녀들의 목소리가 점점 작아지고 있다는 걸 눈치채게 될 거"라고 말했다.

어쩌면 유년기로 물러나게 만드는 이유는 새로운 출발을 위한 것인지 모른다. 하지만 이곳의 여성들은 퇴보하고 나서 꼼짝할 수 없게 되어 버린 것 같다. 이들은 자신의 삶을 바꾸려 하기보다는 기껏

해야 참을 수 없는 상황에 순응하는 법을 배우게 된 듯하다. 최근 부동산 중개인으로 복직한 한 주부는 원래는 남편과 이혼하는 동안 사람들로부터 지원을 얻을 수 있겠다는 생각에 '너무 사랑하는 여자' 모임에 참여하기 시작했다. 남편은 다른 여자를 만나고 있었지만 그건 빙산의 일각이었다. 이 여성이 복직을 한 뒤부터 남편은 점점 더 심하게 화를 냈고 결국 참을 수 없는 지경이 되었다. "내가 매일 청소기를 돌리지 않으면 소리를 질렀다"고 그녀는 말했다. "아침에 내가 그날 남편이 입을 옷을 꺼내 놓지 않으면 소리를 질렀어요. 생선이 신선하지 않거나, 내가 생선을 먹고 나서 스테이크를 내온다고 하면 미친 듯이 화를 냈죠. 내 돈과 신용카드, 내 차를 마음대로 쓰고 집에서 난 끝이내고는 혼자 살아 보라고 말하기도 했고요." 하지만 너무 사랑하는 여자 모임에서 10개월을 보낸 뒤, 그녀는 다시 집에 들어가 이 남자와 살기로 마음을 굳혔다. "그러니까 내가 그 모임에서 배웠던 건, 그게 진짜 그 사람 잘못이 아니었다는 거예요. 나 때문에 그런 일이 일어났던 거죠."

1년이 넘는 기간 동안 포켓북스Pocket Books의 홍보부에는 로빈 노우드와 이야기하고 싶다고 필사적으로 매달리는 여성들의 전화가 거의 매일 걸려 왔다.[61] 그들은 "날 도울 수 있는 건 노우드뿐"이라고 말하곤 했다. 심지어 몇몇 여성들은 현장에서 직접 만날 수도 있다는 희망을 품고 노우드가 살고 있는 샌타바버라로 비행기를 타고 날아오기도 했다. 이들은 『너무 사랑하는 여자들』에 등장하는 수십 명의 실제 여성들처럼 노우드에게서 직접 구제받고 싶어 했다. 노우드가 직접 광고에 힘을 쓰는 자기 자신의 회복 사례 역시 그 많은 지원자들을 끌어모으는 데 큰 역할을 했다. 샌프란시스코의 중독 상담사로서 최근 노우드가 공개적으로 모습을 드러낸 행사를 조직했던 주디스 스테이플Judith Staples은 이렇게 말한다.[62] "로빈은 고통에 처한 수많은 여성들에겐 희망의 상징이에요. 로빈이 직접 겪었기 때문이죠. 로빈은 관계 중독에서 스스로 빠져나와 회복의 길에 들어섰어요."

노우드는 책이 출간되고 나서 1년 반 동안 전국 곳곳에서 장장 여섯 시간짜리 마라톤 강연을 하면서 수천 명의 여성들에게 자신의 회복담을 들려주었다. 그녀의 강연료는 2,500달러였고 입장권은 40달러였다. 노우드가 1987년 샌프란시스코에서 강연을 할 때는 1주일 만에 1,000명이 넘는 여성 지원자들이 노우드의 광고주들을 에워쌌다. 결국 모임 장소는 굴처럼 깊은 교회로 바뀌었지만, 이마저도 충분히 넓지 않았다. 행사 조직자의 회상에 따르면 노우드의 신도들은 "성가대석에까지 매달려" 있었다.[63]

하루 종일 진행된 노우드의 강연은 자신의 일생을 다뤘지만 여러 가지 막다른 관계의 시시콜콜한 세부 사항들을 제외한 모든 사건은 삭제해 버린 인생담이었다. 그녀는 유치원 놀이터에서 그녀에게 모욕을 안긴 남자아이 이야기부터 시작해서 모든 실패한 연애사를 현미경으로 들여다보듯 자세히 풀어냈다. 그리고 그녀는 일화를 마무리할 때마다 한결같은 결론을 덧붙였다. "그건 내부의 문제였어요."[64] 그녀는 청중들을 향해 이렇게 말했다. "오랫동안 생각했죠. '어째서 이 모든 나쁜 일들이 나에게 일어나는 걸까?' 그건 내가 그런 일들을 선택했기 때문이었어요. 우리가 알코올중독자를 택한 거죠. 우리에게 믿음을 주지 못하는 남자들을 택한 게 바로 우리란 말이에요."

노우드의 두 번째 남편은 툭하면 폭음을 하는 알코올중독자였고, 그의 주기적인 가출은 결국 그녀의 직업에 타격을 입혔다. 노우드는 당시 병원에서 알코올중독 상담사로 일하고 있었다. "매일 아침 출근하고 나서 한동안 울곤 했어요." 그녀는 이렇게 회상한다. "그러다가 어느 날 울음을 멈출 수가 없는 거예요……. 그래서 사람들이 나를 부축해서 데려가더니 '로빈, 집에 가서 좀 쉬는 게 어때?' 하더라고요. 그래서 돌아가서는 그냥 계속 집에 있었어요. 한 석 달 동안요."

출근을 하지 않는 동안 노우드는 빠르게 나락으로 떨어졌다. "그 시기엔 어떨 땐 사람 구실을 할 수가 없었어요. 말하는 게 아주 힘들 때도 있었어요. 몸을 움직일 수 없을 때도 있었고요. 마치 내 몸이 아주 무거운 젖은 시멘트 속에 갇힌 것 같았어요. 목욕용 가운을 입고 살았죠. 거의 매일 밤에 스프링필드 칠리를 먹었어요. 우편함에 우편물을 확인하러 갔다가 돌아오는 것도 아주 큰일이었죠. 그게 그날의 하이라이트였어요." 결국 남편이 다시 돌아왔고 새사람이 되겠다고 맹세했다. 노우드는 다시 직장으로 복귀했고 우울증은 잦아들었다. 하지만 얼마 가지 않아 남편은 다시 폭음을 했고 그녀는 절망의 나락으로 굴러떨어졌다. 그녀는 자신의 피부에 "커다란 멍자국"이 생기기 시작했다고 말한다. 그리고 그녀는 그게 자신의 "관계 세포로 이루어진 조직"이 붕괴되고 있는 신호였다고 생각한다. "난 내가 죽어 가고 있다는 걸 알았어요"라고 그녀는 말했다.

결국 노우드는 알코올중독자 자조 모임에 의지했다. 바로 그곳에서 굴복의 힘을 발견하게 되었다고 그녀는 말한다. "내게 회복은 나보다 훨씬 큰 무언가에 기댄다는 뜻이었어요." 노우드는 "모든 걸 신에게 맡겼고", "기도하기 시작"했다. 그녀는 특히 어떤 "착한 남자"를 위해 기도했다. 기도에 대한 답이 돌아왔다. 어떤 신성한 힘 덕분에 세 번째 남편을 만날 수 있게 되었다고 그녀는 말한다. 그 남자는 "정말 지루한" 사람이었지만 노우드는 회복 중인 상태였기 때문에 이게 최선이라는 걸 깨닫게 되었다고 한다. 열정은 "목숨을 앗아 가는" 마약처럼 "고통"일 뿐이었다.

『너무 사랑하는 여자들』을 읽은 사람이 노우드의 강연을 들었다면 그녀의 책에 나오는 환자들의 사례와 그녀 자신의 이야기가 놀라울 정도로 유사하다는 사실에 충격을 받았을지도 모른다. 마치 "팸"처럼 노우드의 첫 번째 결혼 상대는 고등학교 중퇴자였다.[65] 마치 "질"처럼 노우드는 댄스 클럽에서 두 번째 남편을 만났다. 그리고 마치 "트루디"처럼 그녀의 마지막 결혼 상대는 재미는 없지만 착한 남자였다. 이건 절대 우연이 아니었다. 그녀가 몇몇 동료들에게 발설한 바에 따르면 책에 나오는 환자는 많은 경우 사실 그녀 자신이었다. 이 책의 절정은 노우드와, '회복' 단계에 접어들어 감사해하는 트루디 간의 길고 세세한 마지막 상담 장면(이 부분에서 노우드는 고객의 "따뜻한 갈색 눈이 빛나고, 내 기억보다 더 길고 풍성한 적갈색 머리카락이 아름다운 구름처럼 부드럽게 물결 친다"며 열정적인 시를 읊는다)인데, 이건 사실 노우드가 자기 자신에 대해 혼자서 하는 말일 뿐이다.

12장 그건 모두 당신 마음속에 있어요   529

나중에 어째서 책에서 자신을 환자인 양 제시했는지 물어보았더니 노우드는 "난 그게 사례 연구라고 주장한 적이 한 번도 없었어요. 일부는 대단히 허구적이에요. 핵심은 어느 부분이 나인지 여부가 아니잖아요" 하고 말했다.[66] 하지만 유감스럽게도 이런 차이는 대단히 중요하다. 노우드는 여러 내밀한 여성들의 경험을 공유함으로써 '의식 고양'에 불을 지피겠다고 제안했다. 그녀의 책은 독자들에게 자신의 상담소에 와서 많은 여성들의 목소리에 귀를 기울이고 거기서 용기를 얻으라고 촉구했다. 하지만 이 고해실 안에서 우리가 들을 수 있는 건 거울로 된 방 안에서 홀로 자신의 모습만 들여다보고 있는 상처받고 고독한 한 여성의 넋두리뿐이다.

'맞춤한' 남성과의 결혼을 통해 노우드가 경험했던 '회복'은 오래가지 못했다. 1987년 봄 노우드는 돌연 공개 강연을 중단했다.[67] 그녀는 더 이상 자신의 경험을 성공적인 사례로 홍보할 수 없었다. 새미없지만 착한 남편과의 결혼이 결국 순탄하지만은 않은 것으로 드러났고, 얼마 안 가 그녀는 다시 이혼했다.

결혼이 파경을 맞은 뒤 노우드는 외로움을 덜어 주기보다는 오히려 부채질할 게 뻔해 보이는 길을 택했다. 그녀는 사무실 문을 닫고서 바닷가의 오두막으로 이사한 뒤 조개껍질 속에 몸을 숨긴 채 틀어박혀 지냈다. 그곳에서 그녀의 일상생활에는 "사회적인 삶이 절대적으로 하나도" 얽혀 있지 않다고 그녀는 전한다.[68] 더 이상 책도 읽지 않고 텔레비전도 보지 않는다. 사실상 그녀는 아무 일도 하지 않는다. "난 그냥 가만히 지내요." 다른 사람들과 접촉하면 마음이 편해지진 않을까? "다른 사람들의 삶에 엮이고 싶지 않아요." 그녀는 이렇게 말한다. 최소한 이 세상이 어떻게 돌아가는지 궁금하진 않을까? "알고 싶지 않아요. 나 자신에게 집중하는 데 방해만 될 뿐이에요."

그러니까 노우드식의 자조 프로그램은 의식 고양을 통한 치유와는 전혀 거리가 멀었던 것이다. 그건 외로운 고립에 더 가까웠다. 역사학자 헤스터 아이젠스타인Hester Eisenstein의 말처럼 "[의식 고양의] 핵심은 내가 혼자가 아니라는 발견, 다른 여성들도 나와 비슷한 감정과 경험을 품고 있다는 발견이었다."[69] 하지만 노우드는 너무나도 혼자였다. 치료를 시작했을 때보다도 더 혼자가 되었다. 치료를 받는 것이라며 인형을 안고 집에 들어가서 문을 닫아 버린 '상호 의존적인' 여성들 중 일부도 마찬가지였다. 이런 여성 환자들이 불행한 가정생활이 모두 여성의 문제일 뿐이라는 확신을 강요받는 한, 이들은 결국 방 안에서 혼잣말을 하는 신세가 되고 말 것이다. 노우드처럼 해변가의 집에 앉아서 바깥 세상의 소음을 듣지 않겠다며 귀를 막아 버리거나, 베레나 타란트처럼 천국을 향하게 될 것이다.

여성스러운 마조히즘, 1980년대 스타일

후기 빅토리아시대에 처음으로 등장한 마조히즘의 정신의학적 진단에 따르면, 마조히스트는 고통에서 성적인 쾌락을 얻는 사람들을 말한다. 하지만 얼마 가지 않아 이 말은 여성의 정신을 입맛에 맞게 규정하는 표현으로 전락해 버리고 말았다. 그러니까 그 많은 여성들이 학대를 당하는 건 여성들이 학대를 좋아하기 때문이라는 식으로 말이다. 어떤 면에서 로빈 노우드도 초반에는 이런 류의 주장을 펼쳤다.

하지만 치료적인 진단으로서 마조히즘은 평판이 별로 좋지 않았다. 정신분석 전문의인 캐런 호니Karen Horney가 1920년대에 처음으로 지적했듯, 소위 '자연스러운' 여성 마조히즘은 많은 여성들이 순종적인 태도를 채택하게 유도하는 성차별주의적인 사회의 상벌 시스템이 낳은 부자연스러운 산물일 가능성이 더 높다.[70] 프로이트를 신봉하는 호니의 남성 동료들은 그녀의 지적을 귀담아듣지 않았고, 그녀를 뉴욕정신분석학회New York Psychoanalytic Society에서 몰아냈다. 하지만 결국 대부분의 정신의학 전문가들이 호니의 관점을 취하게 되었고, 1970년대에 이르자 선천적인 여성 마조히즘이라는 개념은 합리적인 정신분석 이론보다는 농담거리에 가까운, 구시대의 유물이 되었다.

그러던 1985년, 미국정신의학회American Psychiatric Association의 일부 정신분석 전문의들은 마조히즘을 미국 정신의학계의 성경과도 같은 『정신 질환 진단 통계 편람Diagnostic and Statistical Manual of Mental Disorders』의 '새로운' 질환으로 부활시킬 때가 되었다는 판단을 내렸다. 이건 그저 난해한 질병 분류 업무에서 끝나는 문제가 아니었다. 『정신 질환 진단 통계 편람』은 표준적인 참고서라서 정신의학 전문가들은 환자를 진단할 때 이 책에 의지했고, 연구자들은 정신 질환을 공부할 때 이 책을 사용했으며, 민간 및 공공 보험사들은 치료 보상비를 산정할 때 이 책이 반드시 있어야 했고, 법원에서 정신이상 참작 탄원과 자녀 양육권 판결을 할 때 이 책을 참고해야 했다.

그해에는 테레사 베르나르데스Teresa Bernardez가 미국정신의학회 여성위원회 위원장을 맡고 있었는데, 위원장의 역할은 여성에게 영향을 미칠 수 있는 새로운 진단 제안 일체에 의견을 제시하는 것이었다.[71] 하지만 이 새로운 진단의 기초를 마련한 패널들은 굳이 베르나르데스나 다른 여성위원회 위원에게 이를 알리지 않았다. 미국정신의학회가 이 진단을 표결에 부치기 직전쯤 베르나르데스는 우연히 이 소식을 멀리 사는 친구에게서 듣게 되었다. 자초지종을 캐 들어간 그녀는 학회 패널들이 여성에게 영향을 미칠 수 있는 진단을 하나도 아니고 셋이나 추가하려는 계획을 세우고 있고, 이 세 가지 모두 문제가 많다는 사실을 알게 되었다. 세 가지 중에서 두 번째는 '월경 전 불쾌 장애'라는 진단이었다.[72] 월경 전 증후군이 단순한 내분비 계통의 문제가 아니라 정신 질환이라는 주장이 그렇게 오랫동안 망신을 당했는데도 다시 고개를 쳐든 것이다. 세 번째 진단은 '성도착적 강간 장애'였다. 학회 패널들은 이 진단명을 강간이나 성희롱에 대한 환상을 꾸준히 표출하고 "이런 충동을 반복적으로 실천하거나 이런 충동 때문에 눈에 띄게 힘들어하는" 모든 남성(혹은 이론적으로는 여성)에게 적용할 생각이었다. 이것이 승인될 경우, 워낙 정의가 모호하기 때문에 돈 많은 변호사만 고용하면 강간범이나 아동 추행범도 손쉽게 정신이상 참작 탄원을 할 수가 있었다. 이 점이 워낙 자명해서 미국 법무부 장관실은 이미 반대 의사를 밝힌 적도 있었다.[73]

어떤 면에서 '마조히즘적 성격장애'는 이들이 제안한 세 가지 진단 중에서 가장 퇴행적이면서도 특이했다. 학회 패널들이 제시한 마조히즘의 아홉 가지 특징은 정말 이상할 정도로 포괄적이었다. 여기에는 "타인에게 짐이 되지 않으려고 도움, 선물, 호의를 거부"하거나 다른 사람에게 폐를 끼칠까 봐 "지나치게 걱정"하거나 "성공이나 긍정적인 일에 대해 자신은 그럴 자격이 없다고 반응하는" 일체의 사람들이 포함되었다.[74] 심지어 이 목록에는 다른 학생들이 숙제하는 것을 도와주기 위해 자신의 숙제를 미루는 학부생까지 포함되어 있었다. 이 새로운 '마조히즘'의 아홉 가지 특성에서는 고통에서 즐거움을 얻는다는 점은 언급도 하지 않았다. 학회 패널들은 그저 여성의 사회화 과정을 말끔하게 요약한 뒤 여기에다가 사적인 영역에서의 정신적인 기능 이상이라는 낙인을 찍어 버렸던 것이다. 사실 학회 패널들은 이 문제를 병리학적인 불균형일 뿐만 아니라 '성격장애'이기도 하다고 명명하면서 한술 더 떴다. 정신의학에서 성격장애는 최소한 사회적인 조건과 인관이 있고 심할 때는 유년기의 성격이라는 기저 구조에 뿌리를 두고 있어서 바꾸기가 가장 어렵다고 규정하는 정신 질환의 범주에 속하기 때문이다.

무엇보다 최악은 이런 진단이 구타당하는 여성들을 가정폭력을 자초하는 마조히스트로 취급하는 현상을 다시 부추길 위험이 있다는 점이었다. 학회 패널들은 새로운 마조히스트를 정의하면서 이런 속성들도 포함시켰다.[75] 자신을 "실망"시키거나 "학대"하는 사람을 "선택"하고 "다른 사람에게 착취당하거나, 혹사당하거나 이용당하는 관계를" 유지함. 패널들이 이런 속성들을 설명하면서 제시하는 마조히스트의 사례는 정신 질환에 대한 묘사라기보다는 반격에 대한 남성의 시각에 더 가깝게 들린다.[76] 이들이 제시한 마조히스트의 예는 상대방을 비판하여 "험악한 반발을 유발하는" 배우자였다.

다시 한 번 반격이 기승을 부리게 되자 이 '반발'의 원인, 그러니까 여성들의 요구가 늘어 가는 데 대한 남성들의 분노와, 여성들의 자율성이 늘어 가는 데 대한 남성들의 두려움에 대한 관심은 다른 곳으로 빗나가 버렸다. 반격의 포화를 온몸으로 받아 낸 각각의 여성들은 이번에도 먼저 시비를 건 가해자로 재정의되었다. 여성들에게 자신을 탓하라고 지시하는 대중 심리서들은 1980년대 서점에서 나타났다가 사라져 갔지만 『정신 질환 진단 통계 편람』은 영원한 스테디셀러였다. 만일 미국정신의학회가 이런 마조히즘의 정의를 그 책장에 새길 경우 향후 몇 년간 반격의 심리학적 메시지가 제도화되어 버릴 상황이었다.

마조히즘을 진단으로 추가하려는 안이 진행 중이라는 소식에 깜짝 놀란 테레사 베르나르데스는 컬럼비아 대학교 정신과 의사이자 『정신 질환 진단 통계 편람』개정을 책임지는 미국정신의학회 패널의 의장인 로버트 스피처Robert Spitzer 박사에게 자신의 우려를 상세하게 적은 편지를 보냈다. 이 패널에는 부전공이 전통적인 프로이트 정신 의학인 정신분석가들이 주를 이루고 있었다.[77] 이들은 낡은 프로이트식 용어의 흔적들을 마지막으로 지워 버렸던 5년 전의 『정신 질환 진단 통계 편람』개정에 대한 분을 아직도 삭이지 못하고 있었다. 미국정신의학회 내에서 마조히즘 장애를 지지하는 이 사람들은 '여성들이 지배하는' 심리학 집단이 지배을 딛기 치료법을 가지고 등장해서 1970년대부터 정신의학의 돈벌이를 축내고 있는 것에도 심기가 불편한 듯했다.[78] 1987년 미국정신의학회의 부회장 폴 핑크Paul Fink 박사는 일부 심리학자들은 "정신분석이 사라지기 전까진 만족하지 않을 것"이라고 불평하기도 했다.[79]

　　미국정신의학회의 마조히즘 진단을 놓고 각축전이 벌어지는 과정에서 여성 심리 치료사들이 자세를 낮추고 정신분석가들의 지배를 받아들이려 하지 않자 잠재되어 있던 이런 적개심이 부글부글 끓어오르며 표면화되었다가 결국 끓어넘치게 된다. 과거 억압적인 페론 정권 치하에서 살다가 망명한 아르헨티나 출신의 베르나르데스는 "우리가 목도했던 분노는 믿기 어려운 수준이었다"고 회상한다.[80] "이 분노는 원래 잠재되어 있었는데, 여성들이 밀어붙이면서 포기하지 않으니 모두 터져 나왔던 거죠."

　　처음에는 베르나르데스 혼자서 아무리 이의를 제기해도 소용이 없었고, 다른 여성위원회에서 꾸준히 항의를 해도 미국정신의학회 패널 역시 묵묵부답이었다. 그러다가 페미니스트상담연구소Feminist Therapy Institue가 법적인 조치를 취하겠다고 위협하고 나서야 스피처와 다른 패널 참가자들은 이 여성들의 공청회 개최 제안에 동의했다.[81]

그리고 대부분 남성으로 이루어진 공청회 패널(이 패널에서 유일한 여성은 사회복지사인 스피처의 아내였다)은 이 여성 비판자들에게 이 중에서 발언을 할 수 있는 건 여섯 명뿐이라고 미리 충고했다.[82]

1985년 11월에 열린 이 공청회에서 스피처는『정신 질환 진단 통계 편람』을 개정하는 목적은 진단을 더 '과학적'으로 만들기 위한 것이라는 설명으로 말문을 열었다. 그러고 난 뒤 스피처는 과학적인 데이터를 공개했는데, 그것은 바로 자신이 직접 총괄했던 여덟 명의 환자를 대상으로 한 연구였다.[83] 이 환자들은 모두 컬럼비아 대학교 정신의학과에 있는 정신의학자들의 고객이었다. 환자 중 여성은 둘뿐이었다. 이 연구는 정신의학자들이 여덟 명의 환자가 마조히스트라는 진단을 '과학적으로' 내렸다는 점에서 마조히즘이 존재함을 보여주는 사례로 제시되었다. 스피처는 환자들을 오랜 시간을 두고 관찰하여 분석한 것이기 때문에 이는 '뛰어난' 사례라고 주장했다. 청중석에 있던 페미니스트 심리 치료사 중 한 명이 그에게 이 '마조히즘 성향의' 환자 여덟 명 중 구타당한 여성이나 폭력의 희생자가 몇 명이냐고 물었다.[84] 스피처는 대답할 수 없었다. 정신의학자 중 그 누구도 1년 반이나 이 '마조히스트들'과 상담을 하면서도 굳이 그 점을 알아내려 하지 않았던 것이다.

미국정신의학회가 그다음으로 제시한 '데이터'는 학회장인 리처드 시몬스Richard Simons 박사가 역사적인 관점에서 제시한 주장이었다.[85] 시몬스 박사는 1950년대의 한 유럽 정신의학자가 "거의 동일한 특성을 지닌" 우울 성격장애를 설명한 적이 있었기 때문에 마조히즘이 정당한 진단일 수밖에 없다는 논리를 펼쳤다. 시몬스는 정신의학도 마치 법처럼 전례에만 의지할 수 있는 분야라고 믿는 것 같았다. 스피처 역시 성격장애에 관심 있는 미국정신의학회 회원들에게 보냈던 마조히즘에 대한 설문 결과를 들고 나왔다. 하지만 이 설문 조사에는 상당히 인상적인 편향이 이미 설계되어 있었다.[86] 이 설문 조사의 첫 번째 질문은 당신은『정신 질환 진단 통계 편람』에 "마조히즘 장애를 포함시키는 걸 지지합니까"라고 물었다. 여기에 "아니오"라고 답할 경우 나머지 설문 문항에는 답을 하지 말라고 적혀 있었다. 스피처는 이런 방식으로 설문 조사에 응했던 사람 절반이 떨어져 나갔다고 시인했다.

정신분석가들의 데이터가 모두 증거로 제출되고 나자 여섯 명의 여성 심리 치료사들에게 자신들의 주장을 펼칠 기회가 주어졌다. 이들은 마조히즘 진단은 사회적 조건과 실제 생활환경을 고려하지 않은 채 환자에게 모든 책임을 돌린다고 주장했다. 여성 심리 치료사들은 존중과 순교자적 성향을 표출한다고 해서 이를 반드시 마조히즘의 근거라고 여길 수는 없다고 말했다. 이런 성향들은 문화적으로 여성들이 사회적 인정과 사랑을 얻을 수 있는 수단으로 포장되기 때문에 전통적으로 여성들에게는 자부심의 상징이기도 하다는 것이다.

그다음으로 심리학자인 레노어 워커Lenore Walker는 가정폭력이 마조히즘의 정의에 포함된 바로 그런 행동 특성들을 어떤 식으로 유발하곤 하는지를 패널들에게 설명했다.[97] 그리고 이런 메커니즘을 분명하게 이해하지 못하면 여성 환자들에게 잘못된 진단과 잘못된 치료의 길이 열리고, 폭력 남편과 법원은 배우자의 폭력을 아내의 잘못으로 돌리는 기회를 얻게 되는 것이라고 주장했다. 워커는 구타당한 여성들에 대한 자신의 연구를 통해 피해자들은 종종 반격을 하지 않는다는 사실을 알게 되었는데, 그건 이들이 맞고 싶어서가 아니라 대응을 할 경우 구타자의 화만 더 돋울 뿐이라는 사실을 학습했기 때문이라고 했다. 또 이런 여성들은 학대자와 계속 같이 지내기도 하는데, 이는 이들이 고통을 즐기기 때문이 아니라 집을 나갈 경우 더 심한 폭력을 마주해야 할지 모른다는 현실적인 두려움 때문이었다. 구타당한 여성 중에서 목숨을 잃은 경우는 대부분이 집을 나간 뒤에 학대자에게 살해당한 사례였다. 마지막으로 워커는 구타당한 여성 수백 명을 상대로 한 자신의 연구를 제출했는데, 여기서는 아동기에 발달시킨 성격장애와 성인기의 구타 사이에 아무런 관련을 찾을 수 없었다. 진짜 문제는 그저 여성을 상대로 한 폭력이 너무 광범위하다는 사실이라고 그녀는 패널들에게 말했다. 인생의 특정 시기에 학대당해 본 적이 있다고 밝힌 여성이 무려 50퍼센트였다. 이들 모두가 마조히스트가 아닌 것은 분명했다.

이에 패널 구성원들은 여성 심리 치료사들에게 자신들은 그들의 연구를 하나도 보지 못했고 볼 생각도 없다고 말했다. 나중에 스피처는 당시 제출된 가정폭력에 대한 모든 연구에 대해 "그런 건 관련성이 없다"고 말했다.[88] 그는 통계에도 코웃음을 쳤다. 그는 자기가 정신의학자로 일하는 동안 학대당한 여성은 두 명밖에 치료해 보지 못했다고 말하면서 학대율이 50퍼센트 근처라는 걸 믿지 못했다.

원래 공청회는 하루 종일 이어질 예정이었지만 정오가 되자 스피처는 여성들의 의견을 충분히 들었다고 선언했다. 그러더니 오후에는 패널에서 진단 초안을 작성할 예정이니 여성 심리 치료사들에게는 퇴장해 달라고 말했다. 여성 심리 치료사들이 반발하자 남아 있어도 좋다는 허락이 떨어졌다. 다만 발언을 해서는 안 된다는 조건이 붙었다. 이 규정은 나중에 핑크가 주관했던 다음 공청회에서도 되풀이되었다. 나중에 핑크(현 미국정신의학회 회장)는 그게 보도 함구령 때문이었다고 설명했다. "그게 하루 종일 토론할 가치가 있다고 생각하지 않았어요. …… 내가 그 회의를 장악했죠."[89] 그는 여성들의 '무례'한 행동도 별로 마음에 들지 않았다. "일부 여성들은 전혀 우리가 하는 말을 들을 생각도, 이해해 볼 생각도 안 했어요. …… 정말 공격당하는 기분이었죠."

오후에 회의장에 돌아와 패널들이 하는 일을 지켜본 여성 심리 치료사들은 점점 인내심의 한계를 느꼈다. 패널 구성원들은 마조히즘 정의 방식을 놓고 자기들끼리 토론을 벌이면서 그 어떤 조사나 임상 연구도 참고하지 않았다. 이들은 그저 새로운 '특성들'을 툭툭 던지듯 제시했고, 타이피스트는 그걸 그대로 컴퓨터에 입력했다. 그 과정을 지켜보았던 학회 직원 러네이 가핑클Renee Garfinkel은 나중에 "지적인 노력이 충격적일 정도로 낮은 수준이었다"고 회상했다.[90] "마치 어떤 식당에 갈지를 정할 때처럼 다수결로 진단에 대한 논의를 진행시켰어요. 넌 이탈리아 음식이 먹고 싶구나, 난 중국 음식이 먹고 싶은데. 그럼 우리 푸드코트에 가자 하는 식이었죠." 페미니스트상담연구소의 소장 린 로즈워터Lynne Rosewater는 이렇게 회상했다.[91] "그들은 [마조히즘 성격장애에 대한] 기준을 토론하던 중이었는데, 로버트 스피처의 아내[재닛 윌리엄스Janet Williams]가 '나도 가끔 그래요' 하니까 스피처가 '좋아, 그건 빼' 하는 거예요. 그걸 보다 보니 '이게 과학이라서 우리한테 그들을 비판할 권리가 없다는 거야?' 하는 소리가 절로 나오더라고요. 정말 깜짝 놀랐어요. 그 사람들이 하는 일이 이런 식이라면 난 그들이 내리는 진단은 하나도 믿을 수가 없었으니까요."

공청회 이후 비난의 편지가 빗발쳤고, 미국심리학협회American Psychological Association가 공식적으로 항의했으며, 수천 명의 정신과 의사들이 서명한 탄원서가 쏟아져들어왔다. 그러자 결국 미국정신의학회 패널은 문제가 될 만한 진단명 몇 개를 바꾸겠다는 '타협안'을 제시했다. "마조히즘 성격장애"는 "자멸적인 성격장애"가, "월경 전 불쾌 장애"는 "후기 황체기 불쾌 장애"가, "성도착적 강간 장애"는 "강제적 성도착 장애"가 되었다. 하지만 각각의 정의는 그대로였다.

1985년 12월, 미국정신의학회의 입시 이사회는 마조히즘/가면증 진단에 대한 최종 공청회를 개최하기로 의견을 모았다. 여성 심리 치료사들은 이번에도 공청회에 참석하여 항의했고, 정신과 의사들은 두어 시간 뒤 이 여성들을 해산시켰다.[92] 그러더니 '프로이트 실'에 꼭꼭 숨어서 투표를 통해 마조히즘 진단을 통과시켰다.

1986년 봄, 여기에 반대하는 페미니스트들은 사람들을 조직하여 꾸준히 항의를 이어 갔다. 하지만 여성들의 노력은 오히려 남성 패널들의 결심을 더 단단하게 굳히기만 하는 듯했다. 미국정신의학회의 한 중진 임원이 나중에 밝힌 바에 따르면 새로운 장애를 반대하려 했던 이사들은 "여성에게 굴복한다"는 비난을 받았다.[93] 학회 이사들이 최종 표결을 하기 직전 테레사 베르나르데스 박사는 마지막 부탁을 하려고 이들 앞에 섰다. "내가 말문을 열었더니 더 이상 말을 잇지도 못하게 하더라고요. 발언을 하려고 갖은 애를 써야 했어요."[94] 결국 그녀는 발언을 마치긴 했지만 자신의 말이 거의 기록에 오르지 못했다고 의심했다. 하지만 그녀의 숙녀답지 못한 입담은 주목을 받았고 나중에 이에 대한 응징이 이루어졌다. 미국정신의학회 여성위원회 위원장 임기를 갱신할 때가 왔을 때 그녀는 다시 부름을 받지 못했다.[95] 새로운 장애에 반대하는 목소리를 높였다는 이유로 벌을 받은 여성위원회 위원은 베르나르데스만이 아니었다. 1년 내에 미국정신의학회 여성위원회에 있던 모든 페미니스트들이 숙청을 당했다.

결국 미국정신의학회의 이사들은 마조히즘과 월경 전 증후군을 모두 승인했다(강간 장애는 더 많은 연구가 필요하다며 일시 보류되었다). 저항이 심하자 이들은 한 가지를 양보했다. 두 진단을 모두 『정신 질환 진단 통계 편람』 부록에 싣기로 한 것이다. 부록에는 보통 잠정적인 장애를 싣게 되어 있다.

하지만 이런 단서마저 계략이었다. 일반적으로 부록에 실린 장애에는 의료보험 회사가 배상을 할 때 반드시 있어야 하는 코드 번호가 주어지지 않는다. 미국정신의학회가 부록에 실린 장애에 코드 번호를 주어야 하기 않은 건 의도적이었다. 그러니까 정신과 의사들이 임상에서 이런 논란 많은 진단을 적용하지 않게 하려는 의도였던 것이다. 하지만 이 경우 미국정신의학회 이사들은 스피처 박사의 권고 사항에 따라 예외를 인정했다.[96] 이들은 마조히즘과 월경 전 증후군에 코드 번호를 할당했다. 이 새로운 여성 질환은 그렇게 공식 문헌에 이름을 올리게 되었다.

13장
직장 여성에게 타격을 입히다

직장 여성에게 적대적이고 고통스러운 환경을 창출한 강력한 힘은 반격만이 아니었을지 모른다. 레이거노믹스, 불황, 저임금 서비스 경제의 확대 역시 직업 시장에서 여성의 세를 둔화하고 심지어 저해하는 데 적지 않게 기여했다.

하지만 반격은 여성의 고용, 승진, 임금 상승의 기회를 방해하는 정도가 아니었다. 반격의 대변인들은 이런 퇴보의 소식이 여성들에게 전해지지 않게 힘썼다. 다시 말해서 반격은 직장 여성들에게 극심한 피해를 주었을 뿐만 아니라 이런 행위를 은밀히 진행했다. 레이건 행정부는 직장 여성의 지위 하락에 대한 보고서를 대수롭지 않게 여기고 그냥 선반에 묵혀 두었다. 기업들은 직장 여성들의 수와 승진이 사상 최고치라고 주장했다. 그리고 언론은 이런 문제에 별로 신경 쓰지 않았다. 1980년대에 직장 여성들의 상황이 날로 위태로워지고 있을 때 반격의 기수 노릇을 하던 언론들은 직장 여성들의 유일한 문제는 집에 있는 게 더 낫다는 점뿐이라고 큰소리치면서 훨씬 낙관적인 보도를 일삼았다.

1980년대에는 직장 여성들의 환경 '개선'에 대한 많은 신화가 떠돌았고, 그동안 직장 여성이 실제로 맞닥뜨린 맥 빠지는 현실의 트렌드들은 별 주목을 받지 못했다. 몇 가지 예를 들자면 아래와 같다.

여성의 임금에 대해 우리가 접하는 트렌드 기사는 이런 식이다.

"남녀 간 임금 격차가 사라지고 있다!"

1986년 우리는 평균 성별 임금 격차가 갑자기 줄어들었다는 소식을 듣게 됐다. 이제 전일제 직장 여성은 남성 임금의 70퍼센트라는 전례 없는 수준의 임금을 받고 있다는 것이다. 신문 사설들은 박수를 치면서 페미니스트들에게 여성의 임금이 남성의 59퍼센트뿐이라며 항의하는 '구닥다리' 배지를 이제 그만 떼라고 충고했다.[1]

하지만 트렌드 기사는 이런 제목이어야 했다.

"후퇴다! 1950년대의 임금 격차가 그대로."

임금 격차는 1986년 갑자기 70퍼센트로 개선되지 않았다. 전일제 직장 여성은 그해에 남성의 64퍼센트밖에 벌지 못했는데, 사실 그건 그 전년보다 약간 악화된 수치였고, 1955년 직장 여성들이 겪었던 것과 동일한 임금 격차였다.[2]

70퍼센트라는 수치의 출처는 인구조사국 보고서인데, 이 보고서는 사실 인구조사국의 표준적인 격차 계산법이 아닌 다른 방법으로 계산한 데다 다른 해의 데이터를 이용했다.[3] 이 보고서는 표준적인 연봉 대신 주급을 사용함으로써, 따라서 대다수가 여성이고 1년을 꽉 채워서 일하지 못하는 시간제 노동자의 봉급을 크게 과장함으로써 여성의 임금을 인위적으로 부풀렸다. 나중에 인구조사국이 표준 공식으로 1986년의 임금 격차를 계산했더니 64퍼센트라는 결과가 나왔다. 하지만 이 보고서는 미디어의 주목을 받지 못했다.

사실 1979년부터 1986년까지 성별 임금 격차는 5퍼센트포인트 미만으로 개선되는 데 그쳤다.[4] 그리고 이 개선의 무려 절반이 여성의 임금이 개선되어서가 아니라 남성의 임금이 하락해서 나타난 효과였다.[5] 남성 임금의 하락이라는 요인을 제외하면 임금 격차는 겨우 3퍼센트포인트 좁혀졌다.

1988년 대졸 여성들은 아직도 여성의 임금은 남성 임금의 59퍼센트뿐이라고 항의하는 배지를 달 수 있었다.[6] 대졸 여성은 아직도 대졸 남성 임금의 59퍼센트를 벌고 있었기 때문이다. 사실 대졸 여성의 임금 격차는 5년 전보다 조금 더 악화된 상태였다. 1980년대에 거의 아무것도 나아지지 않은 흑인 여성들 역시 여성의 임금은 59퍼센트뿐이라고 항의할 수 있었다. 하지만 중년 여성들과 히스패닉 여성은 그럴 수 없었다. 이들의 임금 격차는 이제 59퍼센트보다 더 심했기 때문이다. 중년 직장 여성의 사정은 차라리 1968년이 더 나았다. 그때는 시급이 남성의 61퍼센트였기 때문이다. 1986년이 되자 58퍼센트로 떨어졌다. 그리고 1988년이 되자 히스패닉 여성들은 임금이 뒷걸음질 치기도 한다는 것을 알게 되었다. 이제 이들은 백인 남성 노동자의 54퍼센트밖에 되지 않는 최악의 임금을 받게 되었다.

미국 노동부 데이터에 따르면 이런 임금 격차는 사회복지 업무, 시나리오 쓰기, 부동산 관리업 등 다양한 직업에서 악화되고 있다.[7] 1989년이 되자 모든 전일제 경영직 여성의 임금 격차가 다시 악화되었다. 남성 관리자들의 평균 임금은 4퍼센트 상승했지만, 여성 관리자들의 평균 임금은 전혀 상승하지 않았다. 그리고 임금 격차가 가장 크게 벌어지고 있는 곳은 바로 음식 준비와 서비스 감독직, 식사 시중들기, 청소 서비스 등 여성 고용이 가장 많이 늘고 있는 부문이었다. 1980년대에 여성의 수가 두 배로 늘어난 홍보직에서도 임금 격차가 너무 심하게 벌어져서 이 직종에서 여성의 지위를 추적하고 있는 커뮤니케이션학 교수 엘리자베스 랜스 토스Elizabeth Lance Toth는 "40년간 직장 생활을 할 경우 여성은 단지 여성이라는 이유만으로 100만 달러를 손해 보게 된다"고 말할 정도였다.[8]

여성의 직업 세계 진출에 대해 우리가 접하는 트렌드 기사는 이런 식이다.

"여성이 남성의 세계를 침범한다!"

우리는 여성이 전통적인 '남성' 직종에 뛰어들었다는 소식을 접하게 되었다. 성공을 위한 옷차림인 정장과 성큼성큼 걷게 해 주는 운동화를 착용한 여성들이 '핑크칼라'만 득시글대는 게토를 버리고 월스트리트, 로펌, 기업 중역실로 몰려들었다. 또 다른 여성들은 군화를 바짝 조여 신고 안전모를 쓰고서 남성 일색인 군대와 블루칼라 공장으로 어깨를 밀치며 들어섰다.

하지만 트렌드 기사는 이런 식이어야 했다.

"여성들은 갈수록 비서실에서 헤어나지 못한다."

1970년대에는 성별 직업 구분 수준이 9퍼센트 완화되었지만(20세기 들어 처음으로 개선된 것이었다) 1980년대에는 정체되었다.[9] 노동통계국은 곧 노동력의 성별 구분을 더 심화시킬 계획을 짜기 시작했다. 이는 여성의 입장에서는 재정적으로 씁쓸한 경험이었다. 임금 격차의 무려 45퍼센트가 노동력의 성별 구분 때문에 발생한다(한 추정에 따르면 한 직종에서 여성의 수가 10퍼센트 늘어날 때마다 연간 여성 임금은 약 700달러 감소한다).[10] 1980년대에 여성임금이 하락한 것은 노동력을 다시 성별에 따라 구분했기 때문이었다.[11] 1986년이 되자 빈곤선 수준의 임금을 받는 직장 여성이 1973년보다 더 많아졌다.

많은 여성들이 저임금 여성 노동 게토로 쏟아져 들어가고 있었다. 그렇지 않아도 비중이 높았던 저임금 사무직 여성은 1980년대 초거의 40퍼센트에 육박했는데, 이는 1970년보다 높은 수준이었다.[12] 1980년대 말이 되자 전통적인 여성 서비스업에서 일하는 여성의 비중도 늘어났다.[13] 판매업, 청소 서비스, 음식 준비, 비서, 행정 업무, 접수 업무 등 전통적인 '여성' 직종에 종사하는 여성의 수가 더 늘어나게 된 것이다.[14] 가령 여성 경리의 비중은 1979년 88퍼센트에서 1986년 93퍼센트로 늘었다.[15] 특히 간호사, 교사, 비서, 사회복지사같은 전통적인 여성 직업에 흑인 여성들이 다시 유입되었다.[16] 그리고 이는 미국 최대의 고용주인 연방 정부의 상황에도 그대로 적용되었다. 1987년 67퍼센트였던 말단 여성 공무원은 71퍼센트로 늘었다[17] (동시에 고위 공무원 중 여성의 비중은 1979년 이후로 나아진 게 없었다. 아직도 고작 8퍼센트였던 것이다. 그리고 1980년대 초가 되자 고위직에 지명된 여성의 비율이 워낙 줄어들어서 G.S. 13과 14등급직을 보유한 여성이 1퍼센트 미만이었다).

직장 여성이 남성의 전유물로 여겨지던 분야에서 상당한 성과를 내기도 했지만 이 얼마 되지도 않는 경우에 여성들이 인정을 받은 건 싸울 필요도 없었기 때문이었다. 사회학자 바버라 레스킨Barbara Reskin의 직업 통합 연구에 따르면 여성이 '남성'의 직종에 가장 많이 진출한 10여 개의 직종(조판, 보험 청구 사정, 제약업 등)에서 여성이 성공할 수 있었던 건 이런 일의 보수와 지위가 크게 하락해서 남성들이 빠져나갔기 때문이었다.[18] 가령 컴퓨터화가 진행되면서 남성 식자공들은 타이피스트로 좌천되었고, 드럭스토어 소매 체인점이 등장하면서 독립적인 약사들이 저소득 점원으로 전락했다. 은행 경영에서 여성의 '진보'에 대한 다른 연구들은 남성 일색이던 지점 경영자직이 여성들에게 넘어가게 된 건 대체로 그 일의 임금과 권력, 지위가 크게 하락해서 남성들이 그 일을 더 이상 원하지 않기 때문임을 밝히기도 했다.[19] 그리고 직업 변화에 대한 또 다른 분석에서는 교통 부문에서 늘어난 여성 고용의 3분의 1과, 금융 서비스 부문에서 늘어난 여성 고용의 절반이, 그저 이 두 직종에서 여성들이 누릴 수 있는 지위가 사라졌기 때문일 수 있다는 결론을 도출했다.[20]

여성의 성공을 가장 떠들썩하게 홍보하는 고소득 사무직에서는 1980년대 말이 되자 여성의 진출률이 크게 둔화되거나 완전히 동결되었다. 화려하거나 엘리트적인 일부 분야에서는 1980년대 하반기에 여성의 비율이 사실 약간 줄어들었다. 전문 운동선수, 극작가, 상업적인 성우, 제작자와 오케스트라 음악가, 경제학자, 지질학자, 생물학자와 생명공학자 들 모두 1980년대 후반기가 되자 전반기에 비해 여성의 비율이 약간 감소했다.[21]

법률, 의학 등 엘리트 직종을 박살 내는 '출세 지향형' 여성들에 대한 놀라운 보고서들은 모두 과장된 것이었다. 1972년부터 1988년까지 이런 전문직에 종사하는 여성의 비중은 겨우 5퍼센트 늘어나는 데 그쳤다.[22] 그리고 사실 1988년에 전문직에 종사하는 여성은 15년 전에 비해 겨우 2퍼센트 늘어났을 뿐이었다.[23] 이 성과는 대체로 1980년대 초에 달성되었고 그 이후로는 거의 변동이 없었다.

기업의 고위직에서는 거의 진전이 없었다.[24] 사실 산발적인 연구에 따르면 광고부터 소매업에 이르기까지 많은 산업의 최고 임원직 여성은 원래 적기도 했지만 1980년대 말경 다시 한 번 줄어들기 시작했다. 《포춘》이 선정한 1,000대 기업에서 이사로 지명된 여성의 수는 겨우 6.8퍼센트에서 정점을 찍은 뒤 1980년대 말에 성장률이 둔화되었다.[25] 직접 자기 회사를 차린 여성 '기업가'의 증가에 대한 많은 보고서들마저 비루한 사실은 감춰 버렸다.[26] 백인 여성이 직접 소유한 기업의 다수가 연 매출 5,000달러 미만이었다.

레이건 정부 시절에는 군대 내 여성의 진보도 곧 박살이 났다.[27]

13장 직장 여성에게 타격을 입히다　　　　　　545

1970년대 중반 여성 신병 할당 상한을 없애고 전투 분류법을 재작성하여 여성들에게 문호를 개방하고 나자 군대 내 여성 인력이 급증하여 1980년 800퍼센트 성장했다. 하지만 레이건 선출 직후 신임 육군 참모 총장은 "나는 여군의 수를 더 이상 늘려서는 안 된다고 요청해왔다"고 선언했다. 그리고 1982년 군대는 전투 분류법을 재개정하여 여성들을 스물세 가지 업무에서 추가로 배제시켰다. 군 전반이 여군 모집을 억제했고, 이후 1980년대 내내 군 내에서 여성 고용의 성장세가 둔화되었다.

생산직이라고 해서 더 나을 것은 없었다. 노동부에서 조용히 발표한 한 연구에 따르면, 1983년 이후 여성들은 고소득 생산직으로 진입하는 데 아무런 진전이 없었다.[28] 1988년이 되자 전기 기사, 배관공, 자동차 정비공, 기계 운전수 등 고소득 생산직 분야에 힘들게 진출한 극소수 여성의 비중마저 줄어들고 있었다.[29] 가령 이미 한 줌도 안 되는 여성 목수의 수는 1979년부터 1986년 사이에 반토막이 나서 0.5퍼센트가 되었다. 이보다 더 소득 수준이 높은 건축 감독관의 경우 여성의 비중은 1983년 7퍼센트에서 1988년 5.4퍼센트로 감소했다.

생산직 내에서 여성의 발판이 마련된 곳에서도 증가세는 신통치 않았다. 가령 건축 부문 내 여성 비중은 1978년 1.1퍼센트에서 1988년 1.4퍼센트로 늘어났다.[30] 생산직 중에서 여성의 비중이 가장 크게 늘어난 직종은 자동차 운전수(1972년부터 1985년까지 두 배 이상 늘었다)였지만 이는 운송직 중에서 보수와 수당이 가장 형편없는 전형적인 시간제 일자리인 스쿨버스 운전수로 여성이 고용되고 있기 때문이었다.[31]

동등한 기회에 대해 우리가 접하는 트렌드 기사는 이런 식이다.
"직장 내 차별이 빠르게 사라지고 있다!"
우리는 기업이 이제 여성들을 환영하고 있다는 소식을 접하게 되었다. 《워킹우먼》은 1986년 여성 독자들에게 "사실상 모든 대기업들이 이제 여성편"이라고 큰소리쳤다.[32] 《포브스》는 1989년 직장 내 성희롱이 '감소'했다는 기사에서 차별은 줄어들고, 여성노동자에 대한 부당 대우는 시들해졌으며, 이와 반대되는 모든 보도는 '자기 이익 집단의 선동'일 뿐이라고 단정지었다.[33]

하지만 트렌드 기사는 이런 식이어야 했다.

"불평등과 겁박은 그 어느 때보다 심하다!"

1980년대에는 민간 기업 노동자와 공무원의 성차별과 성희롱에 대한 보고 건수가 사상 최고치에 이르렀다. 레이건 정부 시절 고용평등기회위원회에 여성들이 제기한 성차별 불만 건수는 약 25퍼센트 증가했고, 1980년대 전반기에 연방 정부의 여성 공무원 내에서는 무려 40퍼센트 늘어났다.[34] 여성이라는 이유로 배제, 좌천, 면직당했다는 불만은 30퍼센트 늘어났다. 성희롱을 제외하고 여성을 상대로 한 일반적인 괴롭힘은 두 배 이상 늘었다. 그리고 평등고용기회위원회의 홍보부는 미국 기업의 성희롱이 줄어들고 있다는 주장을 펼쳤지만 이들의 수치는 1980년대에 연간 성희롱 고발 건수가 두 배 가까이 늘었음을 보여 주었다.

또한 1980년대 거의 내내 여성들은 남성에 비해 실직이나 감봉의 위험에 훨씬 더 많이 노출되었다. 그리고 이런 불균형을 해결하려는 법률적인 도전은 법원 어디서도 이루어지지 않았다. 언론의 설명과는 반대로 1980년대의 대량 해고는 남성 제조업 노동자보다 여성 서비스직 노동자에게 더 큰 피해를 입혔다.[35] 서비스 부문은 1980년대의 실업에서 거의 절반을 차지했는데 이는 제조업보다 약 10퍼센트포인트 더 많은 비중이다. 그리고 생산직 노동자들 내에서도 실업률이 더 높은 쪽은 남성보다 여성이었다.[36] 1980년대 초에 있었던 연방 정부의 '인력 감축'에서도 고소득 공무원 여성(G.S. 12등급 이상)은 평균보다 두 배 이상 더 많이 해고되었다.[37] 어쩔 수 없이 시간제로 일을 하면서 1980년대 임시직 인력을 늘린 것도 남성보다는 여성 노동자들이었다.[38] 이런 임시직 여성들은 남성 임금의 52퍼센트라는 터무니없는 임금 격차에 시달렸고 직업 안정성, 보험, 수당, 연금이 거의 혹은 전혀 없이 일해야 했다. 재고용의 기회를 잡은 노동자들 사이에서도 여성의 상황은 더 나빴다. 재고용된 서비스직 여성은 이전보다 16퍼센트 낮은 임금에 만족해야 했는데, 이는 재고용된 서비스직 남성이 감내한 임금 축소의 거의 두 배에 달했다.

우리가 1980년대에 직장 내 차별에 대한 소식을 더 적게 접했다면 그 이유 중 하나는 연방 정부가 고용 평등 감독관의 입에 재갈을 물리거나 이들을 해고했기 때문이다. 평등고용기회위원회로 밀려든 성차별 고소가 넘쳐나고 있을 때 레이건 정부는 이 부처의 예산을 절반으로 감축하고 담당 건수를 폐기해 버렸다.[39] 레이건이 취임하던 해 평등고용기회위원회에는 25건의 집단소송이 진행 중이었는데, 불과 1년 뒤 진행 중인 집단소송은 하나도 없었다. 이 부처는 추적하는 소송 건수를 300퍼센트까지 단계적으로 축소시켰다. 의회 교육노동위원회의 한 보고서에서는 1980년대 전반에 보상을 받은 차별 피해자의 수가 3분의 2로 줄어들었다고 밝혔다. 1987년이 되자 회계감사원의 한 연구는 평등고용기회위원회의 지구 사무실과 주의 평등고용사무소이 사건한 혹은 그 어떤 조사로 없이 사건의 40퍼센트에서 80퍼센트를 종결짓고 있다고 밝혔다.

여성과 소수자에게 평등한 기회를 줄 책임을 맡고 있는 다른 연방 부처들의 상황도 이와 비슷했다.[40] 가령 연방계약준수감독국에서는 1980년 930만 달러였던 환급금 액수가 1983년 60만 달러로 줄어들었다. 이 기관이 성차별 때문에 연방 정부의 일을 맡지 못하게 배제한 정부 도급업체의 수는 레이건이 집권하기 전해에는 다섯 곳이었지만 취임 다음 해에는 한 곳도 없었다. 사실 1982년의 한 연구에서 인터뷰에 참여한 연방계약준수감독국의 모든 직원들은 계약 사항을 준수하지 않은 업체를 한 곳도 찾아내지 못했다고 밝혔다. 이는 미국 기업들이 갑자기 정신을 차려서가 아니었다. 같은 연구에서 조사에 참여한 연방 정부의 도급업체 다수는 이 기관의 차별 철폐 요건을 이행해야 할 압력을 전혀 느끼지 못한다고 답했다.

이 책에서 1980년대 여성의 직업 패턴을 속속들이 탐색할 수는 없다. 하지만 화이트칼라인 미디어계와 핑크칼라인 판매직, 그리고 가장 공세가 심한 블루칼라계 등 대표적인 핵심 직업 영역에 있는 일부 여성의 이야기를 전할 수는 있다. 이런 여성들은 어떤 식으로든 직장 내에서 진행되는 반격과 대치하고 있고 그 과정에서 고용주, 남성 동료, 판사, 정부 관료, 심지어 '페미니스트' 학자들이 설치한 장애물과 충돌한다. 이들은 그저 생계를 꾸리려고 할 뿐이지만 조롱과 배척, 위협, 심지어는 육체적 공격까지 상대해야 했다.

미디어계의 여성

미디어가 반격의 신화를 퍼트리는 데 핵심적인 역할을 하고 있다는 점에서 언론과 방송계의 여성 고용은 특별히 주목할 만하다. 신문, 잡지, 텔레비전 방송국의 경영진과 직원 중 여성의 비중이 일반 대중(혹은 이들의 청중)과 조금 더 비슷했더라도 이들의 보도 행태는 1980년대의 모든 반격의 트렌드와 다를 때 없었을 것이다. 하지만 어쩌면, 그러니까 그냥 어쩌면 조금은 달랐을지 모른다.

1988년 가을, 미디어계의 몇몇 저명 인사들이 "여성, 남성 그리고 미디어, 돌파구와 반격"이라는 제목의 사흘짜리 학술 대회에 참석하기 위해 서던캘리포니아 대학교 교정에 나타났다. 하지만 시간이 흐르고 연사들이 발표를 할수록 이 모든 반격 속에서 돌파구를 찾기는 더 어려워지기만 했다.

미디어계 여성 임원 네 명은 "여성의 대약진"을 대변하는 패널로 참석하려고 1년 전에 등록을 마친 상태였다.[41] 하지만 학술 대회를 개최할 때가 되자 이 중 셋이 더 이상 고위직이 아니었다. 여성 토론자들은 놀랍지 않다고 말했다. 뉴스 진행자 마샤 브랜드윈Marcia Brandwynne은 청중을 향해 "여성은 전부터 권력을 오래 쥐어 본 적이 없고 엄청난 퇴행이 진행 중"이라고 말했다. CBS의 방송인 제니퍼 시벤스Jennifer Siebens는 자기 분야의 상황을 "기이할 정도로 절망적"이라고 표현하면서 청중 속의 젊은 여성들에게 "주요 네트워트 방송국이나 지역 방송국에서 진지한 생방송 기자가 되겠다는 환상을 품은 사람이 있다면 접으시라"고 경고했다. 1964년 여성 최초로 네트워크 뉴스 쇼를 진행했던 전직 ABC 부회장 마를린 샌더스Marlene Sanders는 ABC의 여성들은 이제 "우리가 10년 전에 해소하고자 했던" 것과 동일한 고충을 털어놓고 있다고 말했다.

청중들이 전하는 소식도 그에 못지 않게 비관적이었다. 전직 지역 텔레비전 뉴스 제작자는 방송사 네트워크가 뉴스룸을 축소시킨 뒤 자신의 방송국에서 일하던 모든 여성 직원을 해고했다고 말했다. 뉴스 담당 카메라우먼 캐서린 커밍스Catherine Cummings는 "이젠 기회가 줄어들었다. …… 내가 일을 시작했던 15년 전보다 더 열악하다. 정말 더 안 좋다"고 전했다. 심지어 언론학을 전공하는 한 학생은 서던캘리포니아 대학교의 매체인 《데일리트로전Daily Trojan》에서마저 여성 관련 기사가 줄어들고 선임 편집자 열여섯 명 중 여성은 단 두 명뿐이라고 밝혔다. 행사 참가자들은 행사가 진행 중인 강당 안에서 조차 여성이 점점 사라지는 현상을 직접 목격할 수 있었다. 행사를 촬영 중인 카메라 팀이 모두 남성이었던 것이다.

다른 시대였더라면 학술 대회에서 이만큼 여성들이 고충을 털어 놓을 정도라면 즉각 분노가 쏟아지고 행동에 돌입해야 한다는 요구가 빗발쳤을 것이다. 하지만 반격이 진행 중일 때는 종종 체념한 듯한 태도와 좀 더 '여성적인' 예의범절이 기승을 부린다는 걸 증명이라도 하듯 소송이나 대립을 말리는 토론자가 많았다. 학술 대회 주도자들은 행사를 '모니터'하는 운영위원회를 꾸리고 1년에 한 번 회의를 열겠다는 약속만 했다. 그리고 책임 소재를 밝힐 때가 되자 일부 연사들은 여성 혹은 여성운동을 공격했다. 토론자로 참석한 버뱅크 KNBC의 주간 뉴스 공동 앵커 린다 앨버레즈Linda Alvarez는 자신의 방송국에서는 여성에게 많은 기회가 주어지고 방송계에서 여성들을 방해하는 것은 여성들의 '태도'뿐이라고 말했다. 그러니까 일부 여성들이 충분히 열심히 하지 않았다는 것이다(앨버레즈는 자신의 방송국을 상대로 걸려 있는 성차별 소송에 대해서는 언급하지 않았다. 경험 없는 젊은 남성들은 자꾸 남성 일색의 카메라 팀으로 승진시키면서 열심히 일한다는 평이 자자한, 하나밖에 없는 노련한 여성 음향 기술자를 자꾸 배제했다는 이유로 방송국을 고발한 소송이었다). 또 다른 연사는 유리천장이 "여성이 꾸며낸 비유"라고 일축하기도 했다. 토론자로 참여한 당시 《뉴욕타임스》 칼럼니스트였던 앤 테일러 플레밍Anne Taylor Fleming은 자신을 고용한 회사가 차별 철폐 조치를 성실히 이행하지 않는 데 대해서는 아무런 비판도 하지 않았다. 대신 그녀는 직장 여성의 문제는 페미니즘 탓이라고 주장하면서 만족스러워했다. 그녀는 여성운동이 더 큰 공적인 접근법과 권력만을 너무 강조함으로써 여성들이 옆길로 새게 만들었다고 비난했다. 플레밍은 불쾌한 심정을 고상하게 표출하며 "권한 부여 같은 남성적인 단어가 자꾸 들려온다"며, 그녀의 여성적 품성은 그 말만 들어도 "그냥 오그라든다"고 말했다. 그녀가 발언을 마치자 따뜻한 박수 갈채가 쏟아졌다.

1970년대 초 전미여성연맹이 집요한 로비를 통해 이행시킨 연방의 입법 활동은 1972년 평등고용기회법에서 절정에 달했다.[42] 이 법은 여성들이 언론계에 대거 진입할 수 있는 길을 처음으로 터 주었다. 그 결과 일군의 여성들이 동시에 뉴스 네트워크에 합류했고 나중에 이들은 가장 유명한 여성 뉴스캐스터가 되었다. 후에 "1972년 동창생들"이라 불리게 된 이들 중에는 예전에 NBC 〈투데이 쇼〉를 맡았던 제인 폴리Jane Pauley, 전직 CBS 백악관 통신원 레슬리 스탈Lesley Stahl, 그리고 〈맥닐 / 레러 뉴스아우어MacNeil / Lehrer Newshour〉의 통신원 주디 우드러프Judy Woodruff 같은 유명 인사들이 포진해 있었다. 카터 정부 시절 방송과 언론계 여성의 수는 꾸준히 늘어났다. 연방커뮤니케이션위원회가 차별 철폐 조치를 엄격하게 단행했고 여성 언론인들 스스로가 직접 많은 법적 대응을 했기 때문이다. 이런 소송은 결국 뉴스 회사들이 여성을 고용하고 승진시키며 임금을 평등하게 만드는 조치를 취하지 않으면 안 되는 일련의 법원 명령으로 이어졌다.

　　하지만 레이건이 집권하면서 새로 임명된 연방커뮤니케이션위원회 위원장 마크 파울러Mark Fowler는 레이건의 많은 지명자들과 마찬가지로 자기가 속한 기관의 규제를 철폐하고자 했다. 그가 재직하는 동안 연방커뮤니케이션위원회는 여성과 소수자 노동자에 대해 쌓아 놓은 정보를 대폭 줄였고, 그 결과 사실상 집단소송에 필요한 차별을 기록하는 것이 불가능해졌다.[43] 그리고 연방커뮤니케이션위원회가 아직 폐기하지 않은 정보에는 오류가 있었는데, 때로 이는 어이가 없을 정도였다. 방송 산업의 고용 실태에 대한 5년에 걸친 한 연구는 특히 황당한 통계 조작 사례에 대해 "텔레비전 종사자의 80퍼센트가 전부 의사 결정자일 수는 없다"고 꼬집었다.[44]

　정부의 압력이 사라지자 방송계 내에서 이루어지던 여성의 진보는 더 이상 이어지지 못했다. 전에도 네트워크 뉴스의 저녁 시간대 여성 앵커는 마를린 샌더스와 바버라 월터스 두 명뿐이었다. 그런데 1980년대 말이 되자 여성 앵커는 아예 사라져 버렸다. CBS는 걸출한 선임 텔레비전 뉴스 진행자인 샌더스에게 보통 신참 기자들에게나 맡기는 늦은 밤 라디오 프로그램을 '재할당'함으로써 그녀를 끌어내 버렸다.[45] 〈맥닐/레러 뉴스아우어〉에서는 흑인 여성 최초로 전국 뉴스 진행을 맡았던 샬레인 헌터-걸트Charlayne Hunter-Gault가 조용히 부차적인 지원 앵커 자리로 밀려났다.[46] 〈60분〉의 통신원인 메러디스 비에이라Meredith Vieira는 임신 때문에 일시적으로 시간제로 일하려고 샌디가 해고당했다.[47] 1990년이 되기 반격 세력들이 들먹이기 좋아하는 근심거리 중 하나(째깍거리고 있는 생물학적 시계)마저 여성 방송인의 퇴장을 분명하게 거들었다. CBS의 코니 청Connie Chung은 임신을 위해 "대단히 공격적인 접근법"을 써야 해서 자신의 앵커 일을 크게 줄이고 80만 달러의 임금 감축을 받아들일 것이라고 선언했다.[48]

　네트워크 방송사들은 '나이를 먹어 가는' 여성들을 줄줄이 끌어내고는 그 자리에 그보다 훨씬 더 나이 든 남성이나 훨씬 더 어린 (그리고 돈을 훨씬 적게 주는) 여성들을 앉혔다.[49] 1989년 인기가 많았던 제인 폴리는 대단히 공개적이고 모욕적인 작전을 통해 서른 아홉이라는 한창의 나이에 〈투데이 쇼〉 앵커직에서 밀려났다.[50] 폴리의 후임은 더 어리고 더 금발인 데버라 노르빌Deborah Norville이었다(나중에 노르빌은 자신이 받는 돈의 절반만 받는 또 다른 어린 모델 케이티 쿠릭Katie Couric에게 밀려났다). 이는 시청자들과는 상관없는 결정이었다. 폴리에 대한 평가는 남성 공동 진행자 브라이언트 검벨Bryant Gumbel보다 훨씬 높았고, 그녀가 축출되자 〈투데이 쇼〉는 아침 프로그램 최하위권으로 추락해서 만화보다도 시청률이 낮아졌다. CBS에서는 캐슬린 설리번Kathleen Sullivan이 아침 뉴스 쇼에서 밀려나고 그 자리에 더 어리고 더 금발인 폴라 잔Paula Zahn이 들어왔다. CBS의 남성 관료들이 보기에는 이혼한 설리번보다는 폴라 잔이 진정한 여성성을 보여 주는 더 예쁘고도 훌륭한 모델이었다. CBS의 고위 제작자 에릭 소렌슨Erik Sorenson은 언론에 "폴라는 결혼을 해서 아이도 있지만 캐슬린은 싱글 여성"이라고 설명했다.[51] "사람이 안정감을 느끼는 방식에는 차이가 있다는 걸 알 수 있죠"(아이러니하게도 설리번은 몇 년 앞서 싱글 여성의 심리적 병폐를 다룬 CBS의 설교조 시리즈물을 싸움닭처럼 진행했던 바로 그 앵커였다).

이런 패턴은 지방 뉴스 방송국에서 훨씬 더 보편적으로 나타났다. 마를린 샌더스는 "지방 텔레비전에서 남녀 공동 진행자 대부분이 대다수의 남성 재혼을 연상시킨다"*고 말했다.[52] 캔자스 주 메트로미디어Metromedia KMBC-TV의 크리스틴 크래프트Christine Craft는 "너무 나이 들고, 너무 매력이 없어졌으며" 남성에게 충분히 고분고분하지 않다는 이유로 1982년 기자로 강등되어 가장 유명한 지방 여성 뉴스 앵커 축출 사례가 되었다.[53] 나중에 법원에서 배심원단이 그녀에게 유리한 판결을 내리자 판사는 배심원단의 평결을 가볍게 뒤집고는 크래프트에게 "외모 문제에 확실히 무심하다"며 독설을 날렸다.

라디오-텔레비전뉴스감독협회에서 전국적으로 실시한 조사에 따르면, 1983년이 되자 상업 텔레비전 방송국에서 여성 앵커의 수는 전국적으로 하락했다.[54] 1989년이 되자 가장 자주 등장하는 통신원 100명 중 여성은 여덟 명뿐이었는데, 이는 불과 1년 전의 열다섯 명에서 하락한 수치였다.[55] 그리고 여성 앵커들이 맞닥뜨리는 문제는 텔레비전 분야의 모든 일에서 되풀이되었다. 가령 1977년 2퍼센트였던 여성 스포츠 캐스터의 비중은 1987년 0.4퍼센트로 감소했다. 그리고 방송국에서 가장 높은 정책 결정직에서 이미 극소수인 여성의 수는 정체되거나 더 줄어들었다.[56] 1987년의 한 연구는 텔레비전 뉴스 부사장, 일반 경영인, 사장 중에서 여성은 약 6퍼센트라고 밝혔는데, 이는 1978년과 거의 다르지 않았다. CBS에서 네 명이었던 여성 부사

* 나이 차이가 많이 나는 남녀 공동 진행자의 모습이 마치 전처보다 훨씬 어린 여성과 결혼하는 남성 재혼을 연상시킨다는 뜻.

장은 한 명으로 줄었고, NBC에서는 한 명이었다가 아예 없어졌다.

한편 1980년대 중반에 이르자 주요 신문사에서는 법원 협상을 통해 합의된 명령의 효력이 다 되어 가고 있었다. 그리고 이와 함께 기회 균등에 대한 미디어 기업들의 열광도 만료되었다. 오하이오 주립대학교 연구자들이 실시한 조사에 따르면 뉴스룸의 성비는 1982년 이후 더 이상 개선되지 않았다.[57] 한 협회가 연구를 통해 밝힌 바에 따르면 《워싱턴포스트》의 성별 임금 격차는 1985년 이후 악화되었다.[58] 1985년은 《워싱턴포스트》가 성차별 소송에서 합의를 보기 위해 마련했던 화해안의 효력이 끝나는 해였다. 1987년 신문협회News-paper Guild의 기록을 살펴보면 《워싱턴포스트》의 백인 여성이 남성보다 매주 평균 204달러 더 적게 벌고 있고, 흑인 여성 기자의 경우 이 격차는 5년 만에 두 배가 되었음을 알 수 있다. 《뉴욕타임스》의 경우 법원 명령의 효력이 남아 있는 동안에는 서류상 임금 격차가 서서히 개선되다가 역시 이 명령이 만료되자 이 격차는 재빨리 다시 벌어지기 시작했다.[59] 1989년 《뉴욕타임스》 뉴스룸에서 일하는 여성의 수도 크게 나아지지 않았다. 기자, 논평가, 통신원으로 고용된 총 여성의 수는 1972년보다 겨우 열네 명 더 늘어난 쉰네 명이었다. 《뉴욕타임스》 스포츠 부서의 경우 1972년에는 여성 기자가 한 명도 없었는데, 1989년에는 한 명 있었다.

1982년 이후 여성을 신문사 고위직으로 승진시키려는 경영진의 노력 역시 줄어들었다. 여성 책임 편집자는 1982년 2퍼센트라는 '최고치'에 도달한 이후 1984년에는 0.5퍼센트까지 줄어들었고 이후 1980년대 내내 거의 개선되지 않았다.[60] 미국신문편집자협회American Society of Newspaper Editors의 용역을 받아 실시한 한 전국적인 조사에 따르면 1980년대 말, 일간지의 76퍼센트에 여성 부주필, 주필, 편집 주간, 편집자, 최고 논설위원 혹은 이에 해당하는 여성 직원이 한 명도 없었다. 상황이 이렇게까지 한심한데도, 1988년 미국신문편집자협회가 개최한 여성의 지위에 대한 토론회에서 《워싱턴포스트》의 주필 벤 브래들리Ben Bradlee는 미디어 경영진 내에서 여성의 존재감은 "지난 10년간 크게 바뀌었다"고 연단에서 선언했다.[61]

언론계 진출을 희망하는 여성이 부족해서가 아니었다. 미디어 일을 하고 싶어 하는 여성의 수는 사상 최대치에 달했다. 언론대학에 진학하는 여성의 수는 가파르게 증가했고, 20세기 내내 전체 언론대학 졸업생의 3분의 2가 여성이었다.[62] 1989년 미국신문편집자협회가 발표한 조사에 따르면 여성 언론인들은 성적도 훨씬 좋았고 남성 동료보다 더 야심이 있었다. 하지만 같은 시기에 뉴스룸에서는 남성이 65퍼센트였고 계속해서 여성보다는 남성을 더 많이 뽑았다. 대규모 일간지에서 여성은 직원의 3분의 1에 미치지 못했다. 사실 여성은 표준 이하의 월급을 받는 작은 교외 신문에서만 다수였다.

언론계 내에서 여성의 지위가 거의 모든 측면에서 하락하고 있는 바로 그때 '여자가 너무 많다'는 불만이 뉴스룸과 방송국 직원들 사이에서 터져나오고 있는 점은 주목할 만하다. NBC의 음향 기사 리 세리Lee Serrie의 회상에 따르면 1982년 근무 중에 한 남성 카메라맨이 "지난 10년간 남성들이 잃어버린 모든 기반"에 대한 불만을 비통하게 쏟아 내기 시작했다.[63] 하지만 그가 일자리를 지킬 수 있었던 건 방송국에서 구조조정을 하면서 하나밖에 없는 여성 카메라우먼을 일찌감치 해고하고 그에게 그 자리를 맡겼기 때문이었다(반면 세리는 소송에 돌입한 뒤에야 겨우 임시 카메라직 대상자 목록에 오를 수 있었다). '여성화'에 대한 우려는 어쩌면 미디어의 인사 담당자들이 백인 남성 지원자들을 돌려보낼 때 전천후 알리바이로 차별 철폐 조치를 들먹이는 경향 때문에 강화된 것인지도 몰랐다. 《뉴욕타임스》에서 이런 실태를 직접 목격한 한 편집자는 "나는 해당 남성을 고용하지 않은 실제 이유가 자격이 부족한 것일 때도 '죄송합니다. 우린 흑인이나 여성을 고용해야 합니다'라는 탈락 편지를 이들에게 보냈다"고 말한다.[64]

미디어계 남성들의 진짜 문제는 '여자가 너무 많다'는 게 아니라 일자리가 줄어들었다는 점이었다. 기업 합병, 광고계의 침체, 판매부수 하락, 석간 신문의 몰락, 네트워크 뉴스의 시장 지분 축소, 이 모두가 신문사의 고용을 위축시키는 데 일조했고 방송국의 경우에는 1980년대에 대량 해고를 감행하게 만들었다. 남성들의 불만에도 불구하고 이런 대량 해고의 피해자는 남성보다는 여성이 더 많았다.

경제적으로 위축되고 반격의 영향력이 지배하는 1980년대의 뉴스룸에서 여성 언론인들은 앞선 세대 여성들이 자신의 권리를 주장하기 위해 행사했던 공격적인 전술에서 슬금슬금 발을 빼기 시작했다. 이 젊은 세대 여성들에게는 같은 회사 선배 여성운동가들의 운명이 교훈처럼 전시되었다. NBC에서는 회사에 맞서 성차별 소송을 진행하는 데 핵심적인 역할을 했던 여성 제작자 두 명이 밀려나고 그자리에 경험 없는 젊은 백인 남성이 들어왔다.[65] 이들은 앞선 여성들과 같은 임금을 받았다. 《뉴욕타임스》에서는 성차별 소송에 이름을 올린 모든 고소인이 직장 생활에서 큰 차질을 겪었고 대부분이 신문사를 떠나야 했다.[66] 이런 이야기들은 뒤에 남은 여성들에게 똑같은 일을 행동에 옮기지 못하게 만들었다. 《뉴욕타임스》 소송의 핵심 인물이 배치 웨이드Betsy Wade는 "우리가 내뱉는 화의 냄새가 젊은 여성들에게 겁을 준 게 분명하다"고 말했다.[67] 그녀는 소송 이후 심야 근무로 발령이 났다.

당연하게도 여성들은 갈수록 1970년대 방식으로 차별에 맞서 집합적인 투쟁을 전개하기를 꺼리게 되었다. 전미작가연맹National Writers Union의 언론인모임Journalists' Trade Group이 1987년에 가진 어떤 모임에서 한 언론인은 여성의 미디어계 진출이 부진해진 상황을 검토한 뒤 여성 종사자 모임을 만들자고 제안했다. 나중에 그녀는 글을 통해 이렇게 밝혔다. "이 모임의 반응은 맥이 풀릴 정도로 예측 가능하긴 하지만 동시에 시사하는 바가 있었다. 내 발언 뒤 발언했던 모든 여성이 현 상황에 대한 내 평가에 동의했고 모두가 성차별적인 처우의 사례를 알고 있었다. 동시에 그 모임에 있던 모든 여성이 애써 자신은 페미니스트가 아니라고, 여성 종사자 모임을 만드는 데는 관심이 없다고 단서를 달았다."[68]

1980년대에 NBC와 ABC에서 여성을 조직하려던 노력은 경영진의 저항 앞에 서둘러 취소되었다. NBC에서는 여성들이 고충위원회를 조직하고 법적 대응을 시작하자는 이야기를 하던 참이었다. 그로부터 얼마 되지 않은 1984년 9월, NBC는 새로운 직원 감축 계획을 발표했고 이는 여성들에게 가장 큰 타격을 입혔다.[69] 가령 뉴스 다큐멘터리 팀에 내려온 NBC의 해고자 통지서에서 열 명 중 아홉 명이 여성이었다. 고충위원회는 즉각 절대 소송 같은 건 하지 않을 것이라고 맹세했고 자신들의 모임을 단순한 '지원' 모임이라고 부르기 시작했다. 얼마 뒤 이 모임의 비굴한 본성이 자명해지면서 구성원들이 '바느질하는 숙녀 모임'에 대해 썰렁한 농담을 하는 지경이 되었다.[70]

1980년대 중반, ABC는 여성 고용 실적이 부실하기로 방송계에서 가장 악명이 높았다. ABC는 여성 고용 및 승진 실적이 네트워크 방송국 중에서 최하위였다.[71] 1986년 ABC에는 여성 제작 책임자가 한 명도 없었고 여성 국장은 단 한 명이었다. 그해에 저녁 뉴스 중에서 여성이 보도한 꼭지는 12퍼센트뿐이었다. 그리고 ABC의 남녀 임금 격차는 30퍼센트였고 지독한 성희롱 사건도 몇 번 있었다.

1983년 CBS에서 10년간 보도 경력을 쌓은 노련한 기자 리타 플린Rita Flynn은 ABC 워싱턴 지국으로 자리를 옮겼다.[72] 하지만 플린의 새 고용주는 그녀와 다른 여성 기자들을 수습기자처럼 취급하며 이들에게 진지한 취재 건이나 방송 시간을 내 주기 싫어했다. 얼마 후 플린은 마치 "시간 왜곡 현상"에 갇혀 버린 기분이 들기 시작했다. 그건 마치 "영원히 1969년이 반복되는" 기분이었다.

결국 워싱턴 지국의 여성들이 문제를 논의하기 위해 어느 날 밤 저녁 식사를 가졌다. "우리 중 그 누구도 황금 시간대를 받지 못했고 그래서 그렇게 모이는 데는 아무런 문제가 없었다"고 플린은 비꼬듯 말했다. 여성들은 서로의 이야기를 비교해 보고는 충분히 차별 소송을 진행할 수 있겠다고 판단했다. 이들은 여성 고용과 임금에 대한 방송사의 통계 수치를 모으기 시작했다. 플린은 노동 변호사를 만났다.

10년 전에 이런 불만이 제기되었더라면 경영진은 피해와 망신살을 초래하는 소송을 막기 위해 발 빠르게 합의를 제안했으리라. 하지만 당시 분위기에서 기업 임원들은 더욱 양보하지 않으려 했다. 이 여성들의 청원이 ABC의 뉴스 담당 사장 룬 알레지Roone Arledge와의 짧은 공청회로 이어지는 데만도 몇 개월이 걸렸다. 이 모임에서 여성들은 자신들이 수집한 수치를 제시하며 불만을 토로했다. 임원들은

13장 직장 여성에게 타격을 입히다　　　　　557

여기에 이의를 제기했고, 모임은 그걸로 끝이었다. ABC 경영진은 단한 가지만 양보했다.[73] 회사에 충성하는 한 여성을 홍보 담당 부사장으로 승진시키겠다는 것이었다. 이 여성은 전통적으로 여성이 맡는이 자리에서 회사의 치어리더로서 언론 앞에서 여성에 대한 회사의처우를 옹호함으로써 여성 직원이 아니라 회사의 이익을 대변했다.

그 뒤 한 여성에 대한 처우가 다른 많은 여성들에게 씁쓸한 교훈을 남기고 다시 한 번 용기를 꺾는 일이 벌어졌다. ABC의 유권자교육자문위원회Advisory Committee on Voter Education의 상임 이사 세실리 콜먼Cecily Coleman은 법인 업무 담당 부사장 제임스 애버내시James Abernathy가 자신을 성희롱했다며 조용히 불만을 제기했다.[74] 콜먼은 애버내시가 자신의 사무실에서 그녀를 한구석에 몰더니 움켜잡고 애무하는가하면 출장 중에 그녀의 호텔 방으로 강제로 밀고 들어오려 했고 그녀가 그의 접근에 굴복하지 않을 경우 직장을 잃게 될 것이라고 암시하는 등 지속적으로 성희롱을 일삼았다고 말했다. ABC는 콜먼의 주장을 확인하는 대신 즉시 그녀를 해고했고(그것도 그녀가 출장 가고 없는 동안) 그러고 나서 그녀의 사무실을 대충 둘러보았다.

여성위원회에 참여하던 한 여성은 나중에 세실리 콜먼이 해고된뒤 구성원들이 "빠르게 발을 뺐다"고 말했다. "그건 마치 말이 한가득있는 곳에 누군가 뱀 한 마리를 던졌더니 모두가 줄행랑을 치는 것과비슷했다."[75] 위원회 구성원의 수는 대여섯 명으로 줄어들었고 이 모임은 요구를 취하했다. 얼마 가지 않아 여성위원회의 대변인은 자신들의 고충이 "문제라기보다는 도전 과제"라고 표현했다.[76]

가장 거침없이 행동하던 위원회 구성원 중 하나였던 리타 플린은 갑자기 자신의 직장 생활이 내리막길에 있음을 알게 되었다. 먼저그녀는 주말 근무로 옮겨졌다. 사람들은 그걸 '승진'이라고 불렀다.그다음에는 백악관 담당에서 '퍼레이드 행렬'로 바뀌었다. 얼마 가지않아 그녀는 더 이상 부서의 사교 모임에 초대받지 못했고 과민한 동료들에게 외면당했다. 차별 전문 변호사를 만나고 언론 앞에서 발언한 것이 그녀였기 때문에 "내가 진짜 나쁜 계집으로 비춰졌던 거"라고 그녀는 말했다.

한동안 플린은 이 경험 때문에 너덜너덜해졌다. 플린의 남편이 오리건 주 포틀랜드에 있는 한 신문사에서 일자리를 제의받자 그녀는 ABC를 그만두고 남편과 함께 포틀랜드로 옮겨 갔다. 그녀는 서부는 더 계몽되었으니 거기서 일자리를 얻을 수 있으리라 자신했다. 하지만 오리건에 도착한 플린은 이미 자신의 평판이 퍼져 있음을 알게 되었다. 그곳에 있는 한 네트워크 방송사 지부의 일반 관리자는 그녀에게 그녀가 "엄청난 페미니스트 말썽꾼"이라는 소문을 들었다고 말했다. 오리건에 있는 그 어떤 텔레비전 방송국도 플린과 함께 일하지 않으려 했다. 남편마저 떠나고 나자 플린은 은행에서 일하며 홍보 관련 프리랜서 일로 생계를 이어 가야 했다.

결국 플린은 자신의 경험을 통해 단 한 가지 결론에 도달했다. "난 지금이 남자들 세상이라는 확신을 그 어느 때보다 굳히게 됐어요."

시어스 소송

물론 대부분의 미국 직장 여성들은 언론계 같은 중간계급 직종에서 일자리를 찾을 정도로 그렇게 운이 좋지 않다. 특히 1980년대에는 일자리가 가장 낮은 수준의 서비스 부문에서만 늘어났기 때문에 더욱 그랬다. 1980년대 초반 5년 동안 새로 만들어진 약 700만 개의 새로운 일자리는 여성이 지배적인 저소득 판매 서비스직이었다.[77] 1980년대 말, 편집자와 기자로 일하는 여성은 14만 6,000명이었지만, 모든 주요 직종을 통틀어 가장 소득이 낮은 여성 판매 노동자는 420만 명이었다.[78]

미국의 여성 판매 노동자는 가장 심각한 성별 임금 격차에 시달리고(1980년대에는 남성 임금의 51퍼센트에서 53퍼센트를 받았다) 일용직 노동자를 비롯한 그 어떤 직종의 남성보다 돈을 적게 번다.[79] 여성 판매 노동자는 평균 주당 226달러를 벌지만 남성 판매 노동자는 431달러를 번다.[80] 소매업의 경우 이는 일반적인 백화점이 아직도 전통 가정처럼 짜여 있기 때문이다. 여성들이 최저임금밖에 받지 못하는 '숙녀'의 부서에서 드레스의 주름을 펴고 화장품 계산대의 먼지를 터는 동안 남성들은 '고가 제품' 부서에서 텔레비전을 만지고 온

수 히터를 조작하면서 상품을 판매할 때마다 큰 수수료를 챙긴다. 이 때문에 의류를 판매하는 여성(의류 판매원 중 약 83퍼센트가 여성이다)이 주당 약 170달러의 임금을 받지만 자동차와 보트를 판매하는 남성(자동차와 보트 판매원 중 약 93퍼센트가 남성이다)이 약 400달러를 벌게 되는 것이다.[81]

　　1973년 평등고용기회위원회는 시어스로벅앤컴퍼니Sears, Roebuck & Company를 상대로 고용 실태에 대한 조사에 착수했다. 위원회는 미국에서 여성을 가장 많이 고용한 이 민간 기업이자 공룡 소매업체에 대한 성차별 고발 수백 건을 접수받았다.[82] 그리고 조사관들은 시어스에서 임금, 고용, 승진에서 성별 간 큰 차이가 있다는 근거를 찾아냈다. 평등고용기회위원회의 추정에 따르면 판매 수수료를 받는 평균적인 남성 판매 노동자는 아무리 오래 일해도 수수료가 없는 부문에서 일하는 평균적인 여성 판매원의 두 배를 벌었다.[83] 위원회의 개선에 따르면 시어스에 구직 신청을 하는 사람의 약 60퍼센트가 여성이고 수수료를 받을 수 있는 판매직의 모든 요건을 충족하는 지원자 중 최소 40퍼센트가 여성이었다.[84] 하지만 위원회가 조사에 착수하기 전 5년간 매년 수수료를 받을 수 있는 고소득 판매직에 배치된 여성은 10퍼센트 미만이었다.

　　평등고용기회위원회는 1970년대 말까지 집단소송을 통해 지목된 모든 기업 피고들과 수백만 달러짜리 합의를 조정했다.[85] 가령 1973년 AT&T는 합의금으로 5,000만 달러를 내놓았고, 기술직에 관심 있는 여성이 한 명도 없다고 수년간 볼멘소리를 늘어놓더니 결국 1년 만에 여성 고용 목표의 90퍼센트를 달성시켰다. 이에 1만 명의 여성들이 AT&T와 계약을 체결하고 전신주를 오르고 케이블 터널 속을 기어 다니고 장비를 설치하게 되었다. 이후 10년간 제너럴일렉트릭, 제너럴모터스General Motors 같은 거대 기업들이 서둘러 평등고용기회위원회와 협상을 벌였고, 결국 모두 법정에서 훨씬 더 많은 비용을 탕진할까 겁을 먹고 보상금, 미지급 임금, 교육 프로그램을 위해 수천만 달러를 쏟아부었다.

　　시어스 소송은 경로가 달랐다. 평등고용기회위원회와 여성운동

조직들은 여성들이 다른 분야에서 이루어 낸 성과가 거대한 소매 판매 인력에게도 확대되기를 희망했다. 하지만 시어스 사건은 마지막으로 타석에 들어섰다. 평등고용기회위원회는 1979년에 소송을 제기했고, 전국적인 분위기가 바뀌고 워싱턴의 지도부가 교체되면서 이 소송의 향방도 불투명해졌다. 이런 분위기에서 합의를 할 필요가 전혀 없다고 판단한 시어스는 법원에서 정부에 맞서기로 결심했다. 1986년 시어스가 승리했다. 여기엔 직장 여성이 차별을 당한다는 사실을 전혀 믿지 않으려는 한 판사와 여성이 저임금 일자리를 더 좋아했다는 '근거'를 제시한 여성사학자, 그리고 정부 자신의 도움이 있었다.

법원에서 시어스의 변론은 대체로 전형적인 여성 판매원을 내성적인 사람, 용돈을 벌기 위해 일하고 치마가 헝클어지는 걸 좋아하지 않는 소심하고 의존적인 집순이로 그리는 데서 출발했다. 시어스의 변호사가 재차 그리고 에둘러서 표현한 바에 따르면 여성의 '이해관계'는 남성과 달랐다. 여성은 더 '힘들고' 돈을 많이 버는 일자리에는 관심이 없었다. 법정에서 펼쳐진 이런 주장은 평등고용기회위원회의 조사 소식이 전해진 뒤 매장에서 전개된 상황과 맞지 않았다. 시어스는 위원회에서 무엇을 캐고 다니는지 확인하자마자 인사 부서를 통해 황급히 관심 있는 여성을 무더기로 찾아냈다.[86] 덕분에 이듬해에 바로 수수료를 받는 판매직에서 여성의 비율이 두 배로 늘어나고 자동차 부품, 배관, 난방, 울타리 같은 '남성' 부서에서는 여성의 수가 서너 배씩 늘 정도였다.

그럼에도 1984년부터 1985년까지 열 달에 걸친 소송에서 시어스는 여성의 '이해관계' 주장에 계속 매달렸다. 시어스의 인사 관계자 렉스 람보Rex Rambo는 법정에서 여성 판매원들은 "집과 그런 종류의 것들을 단장하는 데 더 관심이 많다"고 설명했다.[87] 여성들이 타이어를 판매하지 않으려는 것은 "눈이나 비가 오거나 할 때" 외출을 해야 할 수도 있기 때문이다. 여성들이 가전제품을 팔려고 하지 않는 것은 "낯선 사람의 집에 방문하는 걸 좋아하지 않기" 때문이다. 시어스의 판매원 에드 마이클스Ed Michaels는 여성은 울타리를 판매하는 데 적합하지 않다고 증언했다. 그는 "그러려면 마당을 가로질러 걸어 다녀야 한다"고 말했다.[88] "부츠를 지니고 다녀야 해요." 그리고 시어스의 평등 고용 담당자 레이 그레이엄Ray Graham은 여성이 고가 상품 판매 직을 원하지 않는다는 주장의 근거라면서 아래와 같은 일화를 풀어 놓았다.[89] 그러니까 그의 회상에 따르면 1965년 자신이 매장 관리자 였던 시절 세 여성에게 주방 스토브 판매를 맡겼더니 두 명이 몇 달 만에 일을 그만두고 한 명은 다른 곳으로 옮겨 달라고 요청을 했다는 것이다. 반대신문에서 그는 여성들이 만족하지 못한 데는 다른 이유 가 있을 수도 있었음을 인정했다. 당시 스토브 판매 부서는 남성 직 원과 여성 직원 모두가 가장 가기 싫어하는 곳 중 하나였다.

시어스의 채용 절차에는 가장 남자다운 사람만이 수수료를 받을 수 있는 판매직의 '야단법석'을 감내할 수 있다는 생각이 그대로 반 영되어 있었다.[90] 시어스에서 판매 수수료가 있는 자리에서 일하고 자 하는 모든 사원에는 "목소리가 작음인가요?", "풋볼 팀에 속해 본 적이 있나요?", "사냥을 해 본 적이 있나요?", "땀을 잘 흘리나요?" 같 은 질문이 들어간 '정력' 테스트를 거쳐야 했다.[91] 시어스는 법원에서 1970년대에는 더 이상 테스트 결과에 많이 신경 쓰지 않는다고 말했 지만 이 회사는 꾸준히 이 테스트를 운영해 왔다.[92] 내부 연구를 통 해 사실 '정력' 점수가 높을 경우 오히려 판매 실적이 낮다는 사실이 밝혀진 뒤에도 말이다.

시어스가 여성들이 판매 수수료가 있는 자리에는 관심이 없다 는 주장을 펼치려면 자체 관리자보다 더 믿을 만하고 공평해 보이는 전문가가 필요했다. 시어스는 버나드칼리지에서 여성사를 가르치는 로절린드 로젠버그Rosalind Rosenberg 교수를 핵심 증인으로 세웠다. 그 리고 그녀에겐 덤으로 큰 이점까지 있었다. 페미니스트였던 것이다. 로젠버그가 이상한 선택을 한 것처럼 보일 수도 있다. 로젠버그는 1982년 자신의 책『분리된 영역을 넘어서: 현대 페미니즘의 지적 뿌 리Beyond Separate Sphere: Intellectual Roots of Modern Feminism』에서 성차를 완전무 결하고 생물학적으로 결정된 것으로 바라보는 후기 빅토리아시대의 관점에 도전했던 1900년대 초 페미니스트 사회과학자들이 어떻게 성 공했는지를 다뤘다. 그녀가 현대의 여성 판매자들에게 할당된 성 역할에 대해서도 비슷한 주장을 펼치는가 싶었다. 하지만 시어스를 위한 증언에서 로젠버그는 수수료를 받을 수 있는 판매직에 여성이 극소수라는 것은 여성의 특수한 '차이'가 발현된 '자연스러운 효과'일 뿐이라고 주장했다.[93] 이런 자연스러운 차이를 시어스가 성적으로 편향된 근거라고 여기는 것은 '순진하다'고 그녀는 법정에서 말했다.

로젠버그는 많은 여성 판매원들은 그저 소득이 낮은 판매직을 좋아하는 것뿐이라고 주장했다. 여성은 남성보다 경쟁심이 부족하고 전일제 근무나 야간 근무, 주말 근무는 육아에 방해가 되기 때문에 별로 좋아하지 않는다는 것이다. 물론 이는 렉스 람보와 같은 주장이었지만 로젠버그의 주장에는 고상한 용어들이 섞여 있었다. "많은 여성들이 자신의 소득 잠재력을 증대하고 강화할 수 있는 일자리보다는 가정에 대한 의무를 병행할 수 있는 일자리를 선택합니다."[94] 로젠버그의 말은 이런 식이었다. 혹은 여성은 "남성과 똑같이 교육에 대한 투자를 하지 않으려는 경향"이 있습니다.

로젠버그는 시어스의 소파를 판매하려면 '교육에 대한 어떤 투자'가 필요한지는 설명하지 않았다. 여성은 저녁과 주말에는 일을 하지 않으려 한다는 그녀의 주장도 터무니없었다. 시어스에서 수수료가 없는 판매직 역시 저녁 근무와 주말 근무를 피할 수 없었고 비싼 어린이집 비용을 낼 여력이 없는 저소득층 아이 엄마들은 오히려 저녁과 주말 근무를 더 좋아했다. 그렇게 하면 남편이 집에서 아이들을 보살필 수 있기 때문이다. 마지막으로 로젠버그는 여성 판매직들이 시간제 일을 더 좋아한다고 주장하면서 이들은 가족 부양의 책임을 크게 지지 않는다는 전제를 깔았다. 하지만 1982년의 한 조사에 따르면 시어스의 판매직 여성 중 남편이 실직 상태인 경우가 3분의 1이었고, 또 다른 25퍼센트는 남편의 연 소득이 1만 5,000달러 미만이었다.[95] 그리고 남편의 연 소득이 2만 5,000달러 미만인 경우는 75퍼센트였다.

로젠버그가 처음에 시어스의 사건에 개입하게 된 것은 개인적인 이유였다.[96] 그녀는 시어스의 수석 변호사 찰스 모건 주니어Charles Morgan, Jr.와 친분이 있었다. 전남편의 고용인이었던 것이다. 하지만 모건이 처음 증언을 부탁했을 때 그녀는 썩 내키지 않았다. "내 직감은 평등고용기회위원회는 좋은 편이고 민간 고용인들은 그렇지 않다는 거였어요." 그녀는 이렇게 회상했다.[97] "다른 이름 몇 개를 제안했어요." 게다가 로젠버그는 당시 모건에게 노동사는 자신의 전공도 아니라고 밝혔다. 하지만 시어스가 접근했던 노동사학자가 증언을 거절하자 모건은 로젠버그에게 다시 부탁을 했고, 그녀는 그렇게 응하게 되었다.

로젠버그는 평등고용기회위원회가 통계적인 근거에 의존할 계획이라는 소식을 접한 뒤 증언을 결심하게 된 것도 있다고 말했다. 통계를 가지고 차별을 입증하기는 불충분하다고 보았기 때문이다. 하지만 그녀는 증언에 참여하기로 한 결정이 여성의 '차이'를 강조하며 부상한 새로운 관계적 페미니즘 학파의 영향을 받았다고 말했다. 이런 학계의 흐름 때문에 페미니즘에 대한 태도를 재고하게 되었고 단순한 성 평등에 대한 요구를 새로운 각도에서, 그러니까 "낡은 1970년대식 페미니즘"이자 "단세포적인 양성구유"로 바라보게 되었다는 것이었다.

로젠버그는 이 사건에 대한 의견을 확립할 때 독립적인 연구는 전혀 수행하지 않았다. 실제 여성 판매원과 이야기를 나누어 보지도, 시어스의 그 어떤 여성 직원을 인터뷰해 보지도 않았다. "그냥 [시어스의 법률 팀이] 내게 준 자료에 많이 의지했어요." 그녀는 시어스의 변호사들을 돕기 위해 다른 학자들의 책에서 근거를 추렸다. 그녀의 말에 따르면 여성이 전통적으로 좀 더 여성적인 '다른' 형태의 일을 더 좋아한다는 사실을 보여 주는 근거였다. 로젠버그는 이 자료를 시어스의 변호사들에게 건넸다. 이들은 그녀를 대신해서 그녀의 법정 진술문을 작성한 뒤 완성된 변론 취지문에 사인을 하라고 넘겨주었다.

로젠버그는 역사를 조사할 때 다른 노동학자 몇몇의 저서에 의지했는데, 그중 가장 방대하게 인용한 건 호프스트라 대학교 페미니스트 노동사학자이자 『일하러 나가다: 미국 여성 임금노동자의 역사 *Out to Work: A History of Wage-Earning Women in the United States*』를 저술한 앨리스 케슬러 - 해리스Alice Kessler-Harris의 저작들이었다. 서면 증언 사본을 넘겨받은 평등고용기회위원회의 변호사들은 이를 케슬러-해리스에게 넘겨주며 논평을 요청했다. 넘겨받은 사본을 읽던 케슬러-해리스는 점점 불신이 커졌다. "이성적인 역사학자라면 그런 주장은 할 수가 없어요." 케슬러-해리스는 당시를 떠올리며 이렇게 말했다.[98] 케슬러-해리스는 로젠버그가 자신의 진술을 입증하지 못할 것이라고 확신했다. 게다가 그녀는 로젠버그의 진술이 자신의 연구를 오독한 것이라고 생각했다. 로젠버그가 법정에 나서자 케슬러-해리스는 자신의 저작에 대한 기록을 바로잡으려고 평등고용기회위원회를 위해 증언하기로 했다.

법정에서 케슬러-해리스는 로젠버그가 주로 생략 부호를 창의적으로 사용함으로써 자신의 연구를 왜곡한 부분을 지적했다. 가령 로젠버그는 케슬러-해리스가 여성이 제2차 세계대전 이후 떼 지어서 산업계의 일자리를 그만두었다고 말했다고 인용했다.[99] 그리고 이를 여성들이 전통적인 남성의 일자리를 유지하지 않기로 '선택'한 역사적인 증거로 사용했다. 하지만 로젠버그는 케슬러-해리스가 여성들이 기꺼이 일을 그만둔 게 아니라 퇴역 군인들에게 자리를 내주기 위해 억지로 밀려난 것이라고 말한 부분은 건너뛰었다. 로젠버그는 다른 학자들의 연구도 이와 비슷하게 마음대로 인용했다. AT&T에 대한 필리스 월리스Phyllis Wallace의 연구를 왜곡한 건 너무 터무니가 없어서 법정에서 이의가 제기되자 로젠버그는 그 자료를 철회했고 기록에서 삭제해 달라고 요청했다. 로젠버그는 이제 그것이 시어스를 위한 근거를 허겁지겁 모으다가 생긴 "실수였다"고 말했다.

시어스의 변론에서 페미니스트 학자의 지지를 받고 있다는 주장이 중요한 초석이었듯 평등고용기회위원회에 잠입한 페미니스트를 색출하는 것도 그만큼 중요한 작업이었다. 시어스 측 변호사 찰스 모건은 평등고용기회위원회의 몇몇 직원이 여성 단체 회원이라는 소문을 들었다는 이유로 두 차례에 걸쳐 소송을 기각시키려 했고, 이를 통해 반격의 정서를 가장 적나라하게 표출했다. 소송이 진행되는 내내 모건과 그의 법률팀은 '공익과 사익의 충돌'이라는 말을 달고 살았고 고발문과 미사여구를 통해 페미니스트 마녀사냥의 수위를 점점 고조시켰다. 시어스의 변호사들은 제리 폴웰의 소책자에서 가져왔을 법한 표현과 함께 전미여성연맹과 다른 여성 집단들이 "평등고용기회위원회 내부에 여성 지하조직"을 만들었고 이들이 이 위원회의 "탈취"를 조율했으며 이제는 시어스를 "해치려"고 음모를 꾸미는 중이라고 주장했다.[100] 다시 말해서 이 회사의 변호사들은 시어스가 여성의 권리에 흠집을 내는 게 아니라 여성운동가들이 시어스에 흠집을 내고 있는 것이라고 주장했던 것이다. 모건은 법정에서 이렇게 주장했다. "여기엔 피해자가 단 하나뿐이었다. 그 피해자는 시어스로벅앤컴퍼니다."

시어스의 변호사들은 페미니스트가 침투했다는 주장을 뒷받침하기 위해 평등고용기회위원회 직원 수십 명을 끌어내 법정에서 진술하게 했고 여성 단체 회원이거나, 스물여섯 개 여성 단체 혹은 페미니즘 관련 자료의 이름으로 명명 '회사소통'을 한 동료의 명단을 내놓으라고 요구했다. 다른 문제로 시어스를 고소한 나이 지긋한 판매원을 시어스의 조사관들 앞으로 소환해서 딸이 여성의권리수호자Stewardesses of Women's Rights의 회원이냐고 다그치기도 했다. 심지어 시어스 측에서는 고용평등기회위원회의 한 직원이 한 메모에 'now'*라는 단어를 썼다며 들들 볶기도 했다. 어쩌면 변호사들은 이 부사가 여성 단체를 일컫는 은어라는 암시를 주고 싶었던 것인지도 모른다.

전미여성연맹과의 관계는 거의 완전히 별 볼 일 없는 문제로 드러났다. 시어스의 변호사들이 처음에 시어스 소송을 제안했던 평등고용기회위원회의 자문 변호사 이사벨 카펠로Isabelle Capello에게 페미니스트 단체와의 연계를 밝히라고 요구했는데 그녀는 아무런 관계가 없는 것으로 판명난 것이었다.[101] 하나라도 건지기 위해 온갖 그물을 다 쳐 봤지만 이해관계 상충이라고 주장할 만한 것은 단 한 건뿐이었다.[102] 평등고용기회위원회의 전국프로그램부 전직 실행 책임자 데이비드 코퍼스David Copus가 전미여성연맹의 법률교육방어기금의 이사로 1년 미만 동안 일했던 게 전부였던 것이다. 하지만 코퍼스는 시어스 소송을 제기할 때 위원회에서 아무런 결정권이 없었고 위원장

* 전미여성연맹의 약칭.

의 요청에 따라 이 소송이 시작되기 10년 전에 전미여성연맹 위원회 직에서 물러났기 때문에 이 문제도 애매했다. 시어스의 법률 팀은 어쨌든 코퍼스와 전미여성연맹의 한 활동가와의 관계를 문제 삼으며 그의 신망에 흠집을 내려고 했다. 시어스는 심지어 이 둘이 "복도에서 함께 걷는 걸" 목격했다는 진술을 제출하기도 했다.[103]

마침내 재판장은 시어스의 신문을 중단시켰다. 하지만 모건의 주장은 하나도 증명되지 못했음에도 어쨌든 소송의 결과에는 영향을 미쳤다. 예심 판사와 이 사건을 재검토한 항소심 판사 모두 '이해의 상충' 주장을 타당하다고 여긴 것이다.[104] 이들은 이해의 상충이 소송을 기각시킬 정도는 아니라고 판단하면서도, 평등고용기회위원회를 크게 우려한 관련분이 많은 시민은 '여성 차하교착'의 위엄에 알레할 정도로 이를 진지하게 여겼다.

결국 이 법적 공방은 소송의 결과와는 거의 무관해졌다. 무엇보다 중요한 사실은 정부가 입장을 바꿨다는 점이었다. 레이건 행정부와 함께 새로 들어선 평등고용기회위원회의 지도부는 시어스를 기소하기는커녕 어떻게든 밀어주려고 안달이었다.[105] 이들은 소송이 한창 진행 중일 때 벌금도, 미불 급여 보상도 요구하지 않고 시어스와 두 차례 합의를 시도했다. 법무부의 한 고위 관계자는 언론에서 시어스 소송을 "미래의 집단소송을 예방하기 위해 죽을 때까지 때려눕혀야 하는 허수아비"라고 표현했다.[106] 레이건이 평등고용기회위원장으로 지명한 클래런스 토머스는 1985년 기소자들이 법정에서 주장을 펼치고 있을 때 《워싱턴포스트》에 대고 "내가 여기 들어왔을 때부터 이 일에서 빠져나가려고 노력하는 중"이라고 말했다.[107] 토머스는 시어스 사건의 모든 임금, 고용, 승진 불평등은 교육과, 쌩뚱맞게도 통근 패턴 같은 요인들로 쉽게 설명할 수 있다고 주장했다.[108] 사실 토머스는 너무 거침없이 발언을 해서 한때 시어스의 변호인들이 그를 자신들의 증인으로 세우면 어떨까 고민한 적이 있을 정도였다.[109]

결국 예심 판사이자 레이건의 지명자인 존 노드버그John A. Nordberg도 시어스 문제에 대해서는 토머스와 별반 다르지 않은 입장임이 드러났다. 노드버그는 재판 중에 평등고용기회위원회 측 변호사들에게 미국 여성들이 고용 차별에 직면한 적이 있음을 입증하라고 요구하기도 했다. 그는 그렇게 생각하지 않았던 것이다. 시어스 사건에서 위원회의 입장을 대변했던 세 변호사 중 한 명인 캐런 베이커Karen Baker는 "정말 이상했다"고 회상한다.[110] "우린 사실상 판사에게 역사를 하나하나 설명해야 했으니까요."

노드버그의 판결은 위원회의 주장을 받아들이지 않았고, 이는 항소심에서도 그대로 유지되었다. 판사는 여성이 태생적으로 '선호'하는 일이 어쩌다 보니 저소득 일자리라는 시어스의 입장과 같은 의견이었다. 시어스의 판매직 여성들은 조신하다는 그의 관점은 렉스 람보의 입장에 가까웠다. 만일 여성들이 남성 의류 부서에서 일하지 않는다면 그건 아마 "그 일을 하려면 때로 남성의 개인 치수를 측정해야 하기 때문"이라는 의견을 판결문에 피력하기도 했다.[111]

노드버그의 이론은 평등고용기회위원회가 통계에만 의지했다며 가장 크게 비난했다. 미디어는 실제 피해자는 모두 어디 있냐며 따져 물었다. 위원회 측 변호인들은 개별 여성들을 법정에 세웠다가 소송이 개인의 특성에 대한 논쟁으로 새 버리는 일들이 많아서 이번에는 숫자에 집중했다고 말했다. 하지만 언론은 위원회가 실제 피해자의 증언을 누락시켰다고 비판하면서 시어스 소송의 중요한 사실을 간과했다. 그것은 바로 위원회가 여성들을 실제로 증언대에 세웠다는 점이었다.

소송을 진행하는 동안 시어스 측 변호사들은 많은 여성 구직자들이 수수료를 받을 수 있는 판매직에는 관심이 없었다고 언급하곤했다. 위원회 측 변호사들은 이들에게 그 많은 사람의 목록 중에서 이름을 몇 개라도 제시해 보라고 요구했다. 한참을 머뭇거리던 시어스 측은 달랑 세 명의 이름을 제시했다. 위원회 측 변호사들은 사회보장 기록을 통해 이 중 두 명을 찾아낼 수 있었다. 그리고 두 명 모두 위원회를 위해 증언하는 데 동의했다.

시어스 소송에서 증언을 하고 난 지 몇 년 뒤 루라 리 네이더Lura Lee Nader는 "난 수수료를 받을 수 있는 자리를 원했다"고 회상했다.[112] 60세를 눈앞에 둔 이 부드러운 말씨의 여성은 오하이오 주 콜럼버스 시 자기 집 근처의 커피숍에서 찻잔을 어루만지며 말했다. "난 사무직은 정말 싫어요." 그녀는 시어스에 지원서를 내기 전에도 수년간 일을 했었다. 1965년 다섯 번째 아이를 임신하고 있을 때 남편이 사다리에서 떨어져 세상을 떠났다. 사별 후 네이더가 처음으로 가졌던 일자리는 수수료를 받고 직물을 만드는 일이었다. 그 일에서 마음에 들지 않는 유일한 부분은 집에서 일을 한다는 점뿐이었다. 그녀는 나중에 법정에서 "난 말을 걸 수 있는 성인들이 있는 세상으로 나와야 했다"고 말했다.[113] 그래서 그녀는 슈퍼마켓 정육 구매자로 일하기 시작했다. 그리고 소득을 더 늘리기 위해 저녁에는 사라코벤트리 Sarah Coventry 주얼리점에서 판매원으로 부업을 했다. 철저하게 수수료에 따라 급료가 정해지는 방식이었다. 그녀는 그 일을 좋아했고 얼마 가지 않아 전일제로 일하게 되었다. 나중에 그녀는 맥스팩터로 옮겼는데 역시 수수료에 따라 급료를 받았다. 그녀는 근무시간 절반을 길 위에서 보냈다. 그다음으로 큰 소매업체에서는 "판매할 수 있는 양이 많다고 생각해서" 시어스에 지원했다. 시어스에서 일자리를 얻지 못하자 안경 회사에서 일하게 되었는데 그곳 역시 수수료에 따라 급료가 정해지는 방식이었다.

시어스의 관료들은 매장 근무를 지원하는 전형적인 여성들을 의지할 데 없는 아가씨처럼 묘사했지만 네이더는 전혀 그렇지 않았다. 그녀는 전국 롤러스케이트 우승자였고 자기 집의 창고를 직접 지었으며, 널판지를 가지고 지붕 작업을 했고, 자기 차를 수리했다. 그리고 그녀는 일생 동안 다섯 자녀를 혼자 부양했다.

증언대에 선 또 다른 여성 앨리스 홀랜드Alice Howland 역시 시어스에 지원했을 때 혼자서 가족을 부양했다.[114] 일찍이 1950년대에 전부 A 학점만 받던 이 학생은 대학을 중퇴했다. 그녀는 수업에서 "스물다섯 살이 될 때까지 결혼하지 않은 여자는 노처녀"라고 하는 사회학 강사의 말을 듣고 "공황 상태"가 되었던 것이다. 그래서 그녀는 주차장에서 만난 한 남자와 결혼했다. 처음엔 백화점 판매원이던 남편이 "내 아내는 일을 하지 않을 거"라고 말을 했기 때문에 집에서 지냈다. 하지만 주택 담보 대출금이 밀리기 시작하자 남편은 그녀가 번역

일을 맡아도 된다고 허락했다(어릴 때 러시아에서 망명한 제2차 세계대전 난민이었기 때문에 홀랜드는 몇 개의 언어를 할 수 있었다). 그녀가 일을 하면 할수록 남편은 점점 못마땅해했다. 1971년 이들은 이혼했다. 남편은 양육비를 한 푼도 주지 않았다. 그래서 홀랜드 혼자서 다섯 아이를 키웠다.

이혼 후 홀랜드는 상공회의소 일을 맡았다. 가정 방문이나 전화를 통해 상공회의소 회원 가입을 받아 건별로 수수료를 받는 힘든 일이었다. 판매 상품은 없었고 상공회의소 소식지와 신청서뿐이었다. 한 번에 내리 몇 주씩 길바닥에서 지내기도 했다. "어떤 사람들은 저녁 시간이 아니면 접촉할 수가 없어서 내도록 밖에서 지냈어요." 그녀는 이렇게 회상했다. "시골에 있는 낙농업자를 방문하기도 했어요. 바람 불고 눈이 발목까지 쌓인 겨울에도 밖에서 지냈죠. 지저분한 기새 공장에서 걸어가기도 했어요. 어떤 땐 남자들이 음탕한 소리를 던지기도 했죠." 하지만 그녀는 동요하지 않았다. "그냥 최대한 전문성을 잃지 않으려고 노력했어요. 계속 밀고 나갔죠. 난 쉽게 포기하는 사람이 아니거든요." 구독료는 40달러였고, 그녀는 거기서 수수료로 50퍼센트를 받았다. 첫 6개월 동안 그녀는 1만 달러를 벌었다. 상공회의소에서 처음 있는 일이었다. 그녀는 그 일을 3년간 했다.

홀랜드는 시어스에 지원할 때 전일제 근무를 선호한다고 적었다. 재혼을 한 상태였고 새 남편이 첫 결혼에서 얻은 아이들도 생겨서 이제는 먹여야 할 입이 열이었다. 그녀 역시 수수료를 받는 업무를 희망했다. "난 내가 완수한 양에 따라 소득이 정해지는 방식을 좋아해요." 그녀는 가전제품 판매 일을 원했다. "여성복 판매는 지루하더라고요. 그리고 돈도 많이 못 벌어요." 시어스 취업이 좌절되자 그녀는 사무원 자리를 얻었다. '여성의 일'로는 처음이자 마지막이었다. 홀랜드는 그 일이 싫었다. "상사는 '내 커피 잔을 닦아야 할 땐 책상 이쪽에 잔을 둘게요, 내 연필를 깎아야 할 땐 임시 보관함에 둘게요' 같은 말을 늘어놓았어요. 사무실에 있을 때 '좋아, 잘하고 있어. 월급을 10센트 올려도 되겠는 걸' 하고 말하는 누군가에게 휘둘리는 게 싫었어요." 1982년 그녀는 사무원 일을 그만두고 남편과 함께 펜실

베이니아 이리 호에 있는 낡은 정박지를 하나 구입했다. 남편은 아직 AT&T에서 전일제로 일하고 있었기 때문에 정박지 운영을 관리하고, 기술자들을 감독하고, 42피트짜리 보트와 모터 부품, 빌지 펌프를 판매하는 일은 그녀의 몫이었다.

"시어스가 내가 수수료 판매직에 관심이 없었다고 말했다니 그거 참……." 홀랜드는 잠시 말이 없었다. 그녀는 직접 설계하고 지은 집 주위를 둘러보았다. "그저 믿을 수가 없네요."

수년간 정부 조사와 수백만 달러짜리 소송, 집중적인 언론 보도가 이루어졌지만 변호사도, 기자도, 그 누구도 실제 시어스 판매직 여성들에게 낱낱이 '어째서 무엇이 잘못되었다. 미과적실한 실험인 것은 인정하지만 나는 어느 날 샌프란시스코에 있는 시어스 매장을 어슬렁거리다 문 옆에 있는 첫 번째 판매원을 향해 걸어갔다.[115] 분홍 스웨터에 레이스 칼라가 달린 원피스를 입은 의류 부서의 나이 지긋한 여성이었다. 그녀는 전통적인 '여성의 일'을 대변하는 사람처럼 보였다. 하지만 그녀는 그저 자신의 의지와는 반대로 카메라 부문에서 의류 부서로 쫓겨났을 뿐이라는 사실이 드러났다. 그녀는 아직도 분이 풀리지 않은 듯 씩씩댔다.

"1964년부터 카메라를 맡았어요." 그녀가 말했다. "사진, 영화, 영사기에 대해 전부 배울 수가 있어서 그 일을 좋아했죠. 근데 갑자기 매니저가 오더니 '이제부터 의류를 맡아요' 하는 거예요. 아무런 설명도, 아무것도 없었어요." 그녀는 의류 부서를 싫어한다. "여기선 그냥 사람들이 옷을 입어 보고, 그걸 받아서 다시 걸고, 다른 옷을 입어 보고, 그걸 받아서 다시 거는 게 전부예요. 그다음엔 가격표를 떼어 내고, 금전 등록기에 입력하고, 다시 가격표를 떼는 거죠."

시어스가 여성은 남성과 이해관계가 다르다는 주장을 펼친다는 소식을 전했더니 그녀는 옹이진 손을 허공에 저으며 일축했다. "뭐 그런 헛소리가 다 있어요. 두 애를 내가 다 키웠어요. 나한테 수수료 판매직을 제안했더라면 응했을 거예요. 일자리가 필요했으니까요." 여성은 주중 낮 근무를 좋아한다는 로젠버그의 주장은 어떨까? 그녀의 손이 다시 한 번 허공에서 허우적댔다. "인사부 여자가 저한테 그러더라고요. '우리가 제시하는 시간에 일하지 않으면 그냥 집에서 시내야 할 거'라고요. 선택의 여지가 없었어요. 내가 일을 시작했을 땐 전부 야간 근무하고 토요일 근무였죠. 베이비 시터가 없어서 우리 애들은 그냥 자기들끼리 혼자 있었어요."

또 다른 숙녀 부서에서는 앤 시르니Ann Sirni가 금전 등록기에 판매액을 등록 중이었다. 그녀는 평등고용기회위원회 소송을 기억한다고 말했다. 갑자기 매장 매니저가 달려오더니 "여성 모두에게 고가 상품을 판매하고 싶은지 물어"봤기 때문이다. 그녀는 이렇게 덧붙였다. "사람들은 여성에게 그런 일을 맡겨도 아무런 문제가 없다고 생각했어요. 고가 상품을 팔면 돈을 더 벌 수 있으니까 많이들 그 일을 좋아했죠."

귀금속 부서의 판매원 샬럿 메이필드Charlotte Mayfield 역시 그 소송을 기억했다. 인력 채용 담당자가 찾아왔을 때 서명한 여성 중 한 명이었던 것이다. "그 소송이 진행되니까 채용 담당자들은 소수자 여성을 관리직에 넣고 싶어 했어요." 메이필드는 이렇게 회상했다. 그녀는 흑인이었다. "그들은 관리직 훈련 프로그램에 참여하라고 하더라고요. 하지만 솔직히 말해서 좀 실망했어요. 어떤 강의실 같은 데 갔더니 우리한테 설명서하고 수료 증서하고 온갖 걸 다 줘 놓고선 정작 관리직을 맡기지 않았거든요."

메이필드는 그들이 그녀에게 수수료 판매직을 맡겼더라면 응했을 것이라고 말한다. "보수가 더 낫잖아요." 시어스 임원들이 법정에서 주장한 대로 혹시 '경쟁'이 겁나진 않을까? 그녀는 잠시 생각하더니 이렇게 말했다. "처음에야 조금 겁이 나겠죠. 그치만 여기 와서 금전 등록기에 손을 댈 때도 무서웠어요. 전에는 한 번도 금전 등록기를 만져 본 적이 없었거든요. 긴장은 하겠지만 그 일을 했을 거예요. 그 일을 하면서 나 자신을 넘어섰겠죠."

하지만 소매업체들이 평등고용기회법을 이행하라는 압력을 더이상 받지 않게 되면서 샬럿 메이필드 같은 여성들은 '숙녀의' 부서 밖에서 자신을 넘어설 기회가 점점 줄어들었다. 노동부 데이터의 기록처럼 반격의 1980년대에 판매대 앞 자리로 좌천된 여성의 수는 훨씬 늘어났고, 하드웨어, 건축 자재, 부품, 가구 같은 '남성' 부서에 배치된 얼마 되지 않는 여성마저 다시 한 번 줄어들기 시작했다.[116]

다이앤 조이스: 블루칼라계의 여성들

다이앤 조이스Diane Joyce는 근 10년의 전투를 거치며 산타클라라 카운티 역사상 최초로 여성 숙련노동자가 되었다. 그리고 거기서 다시 7년간 법원 소송을 벌이며 대법원까지 가고 난 뒤에야 실제로 일을 시작할 수 있었다. 그다음부터 진짜 싸움이 시작되었다.

블루칼라 여성들에게는 직장에서 신혼 시절 같은 건 전혀 없었다. 일을 시작한다고 알린 첫날 바로 반격이 시작되기 때문이다. 그리고 레이건 시절의 경제가 100만 명 이상의 블루칼라 남성들을 해고하고, 임금을 깎고, 공포심을 확산시키면서 반격은 날로 격해져 갔다. 1980년대에 화이트칼라 세상은 변호사와 은행가를 무한대로 흡수할 수 있을 것처럼 보였지만, 영업직과 기술직은 확대의 여지가 전혀 없었다. 비전통적인여성취업을위한모임Non-Traditional Employment for Women의 상임 이사인 메리 엘런 보이드Mary Ellen Boyd는 "블루칼라계는 선택할 수 있는 일자리가 한정되어 있기 때문에 여성이 경제적으로 훨씬 위협적인 존재"라고 말했다.[117] "MBA는 뭐든지 할 수 있잖아요. 그치만 배관공은 배관공일 뿐이죠." 블루칼라 노동력 내에서 여성은 몇 퍼센트 되지 않았지만 이런 일촉즉발의 상황에서는 여성 한둘이 얼굴을 내밀기만 해도 폭력적인 상황이 터져 나올 수 있었다.

시카고에서 나고 자란 33세의 다이앤 조이스는 1970년 캘리포니아에 도착했다.[118] 남편과는 사별을 했고 네 아이가 있었다. 그녀의 아버지는 공구와 금형 제작자였고, 어머니는 월그린Walgreen 철물점의 반품 담당 점원이었다. 그녀는 18세에 아버지의 공장에서 공구와 금형 제작자의 도제로 일을 배우던 도널드 조이스와 결혼했다. 15년 뒤 수년간 폴리염화비페닐이 무릎까지 차는 환경에서 일을 하던 남편이 갑자기 희귀한 간암으로 세상을 떠났다.

남편이 죽은 뒤 조이스는 독학으로 운전을 배워서 1966년형 크라이슬러 스테이션웨건에 아이들을 모두 싣고 캘리포니아 산호세가 있는 서쪽으로 차를 몰았다. 그곳에는 단 한 명의 친척이 살고 있었다. 조이스는 경험 많은 경리였고, 그래서 곧 카운티의 교육청에서 사무원으로 일하게 되었다. 월 506달러의 일자리였다. 1년 뒤 그녀는 카운티의 교통부에 50달러를 더 받을 수 있는 선임 경리직 자리가 하나 비었다는 소식을 접하게 되었다. 1972년 3월 그녀는 그 자리에 지원했다.

조이스가 문을 열고 들어가자마자 면접관이 그녀에게 "알잖아요, 우린 남자를 원했어요" 하고 말했다. 하지만 최근 경리직은 모두 임금이 삭감되었고, 그래서 그 자리에 지원한 건 열여섯 명의 여성뿐이었다. 면접관은 그녀를 그다음 면접으로 넘겼다. "이 남자는 약간 예의가 있었어요." 조이스는 이렇게 회상했다. "일단 그 사람은 '날씨 좋네요, 그죠' 하고 나서 '알잖아요, 우린 남자를 원했어요' 하고 만 했거든요. 나도 '네, 그럼 그 남자분은 어디 계세요? 나도 우리집에선 남자예요' 하고 말하고 싶었어요. 하지만 거기에 앉아 있으니 네 아이를 먹일 생각과 온갖 돈 들어갈 일이 떠오르더라고요. 그래서 가만히 입을 닫고 있었어요."

조이스는 그 자리에 채용되었다. 3개월 뒤 조이스는 '남성 도로 관리인' 구인 공지를 보았다. 8학년까지 교육을 받고 1년간의 직장 경험만 있으면 한 달에 723달러짜리 그 일을 할 수 있었다. 당시 그녀가 하던 일은 고등학교 졸업장과 부기 기술, 그리고 4년의 직장 경험까지 요구했지만 한 달 수입은 도로 관리인보다 150달러나 낮았다. "그 전단을 보곤 '아, 이런, 이건 나도 할 수 있는데' 하고 말했죠. 그랬더니 사무실에 있는 사람들이 전부 웃었어요. 아주 재밌는 일이라고 생각하더라고요……. 그래서 그냥 접었어요."

하지만 같은 해 좀 더 시간이 지났을 때 일흔 명의 여성 경리를 제외한 모든 카운티 노동자의 임금이 2퍼센트에서 5퍼센트 인상되었다. "아, 그러니까 우리 아가씨들은 어째서 임금 인상이 필요하다는 거야?" 조이스와 다른 여성 몇몇이 감독위원회에 항의하러 갔더니 인사 담당자는 이렇게 말했다. "너희들은 유럽 여행 갈 돈만 모으면 되잖아." 조이스는 충격을 받았다. "내가 아는 모든 경리가 사별이나 이혼 때문에 가족을 부양했어요. 난 유럽은 고사하고 멕시코도 가 본적 없다고요." 조이스는 다음에 보수가 더 나은 '남성' 일자리 공지가 뜨면 신청하겠다고 결심했다. 그러는 한편 그녀는 노조 활동에 적극적으로 참여했다. 노조에서 가장 학력이 높은 데다 글솜씨가 좋았던 조이스는 결국 종합 노무 계약서에 안전장치가 될 만한 표현을 집어넣었고 선임권을 보호하는 가장 강력한 카운티 협약을 놓고 협상을 벌였다.

1974년 도로 배차 관리인 한 명이 퇴직을 했고, 폴 존슨Paul Johnson이라는 이름의 전직 유정 잡역부와 조이스가 그 자리에 지원을 했다. 감독관들은 조이스에게 먼저 도로 작업단에서 일해 봐야 한다고 말하면서 신청서를 돌려줬다. 존슨도 도로 작업단 경험이 전혀 없었지만 그의 신청서는 수리되었다. 결국 그 자리는 또 다른 남성에게 돌아갔다.

조이스는 도로 작업단 경험을 쌓기 시작했다. 1975년 그녀가 다음번 도로 작업단 자리 지원서를 작성하고 있는데 그녀의 감독관이 들어와서는 뭘 하는 거냐고 묻더니 얼굴이 벌게졌다. "넌 남자의 일을 빼앗고 있어!" 그가 고함을 쳤다. 조이스는 잠시 생각을 하며 말없이 앉아 있었다. 그러고 난 뒤 이렇게 말했다. "아뇨, 그렇지 않아요. 제 자리엔 남자도 앉을 수 있으니까요."

그녀는 저녁마다 도로 관리와 트럭, 조명 장비 조작에 대한 수업을 들었다. 직무 테스트에서는 여든일곱 명의 지원자 중 3등을 했다. 도로 작업단에는 열 개의 자리가 있었고 그녀도 거기에 들어갈 수 있었다.

이후 4년간 그녀는 타르 통을 어깨에 짊어졌고, 중앙분리대의 쓰레기를 치웠고, 진흙더미를 치우기 위해 트럭을 몰고 구불구불한 산길을 헤쳤다. "야외 작업은 훌륭했어요." 그녀가 말했다. "알잖아요. 여자들은 한 달에 50달러씩 내고 헬스장에 다녀요. 그런데 난 여기서 몸매도 유지하고 돈도 벌었어요."

동료 남성들이 그녀를 반기진 않았다. 남자들은 그녀에게 밥테일 트럭 모는 법을 가르칠 때 이랬다가 저랬다가 했다. 어떤 남자가 가르쳐 준 방식대로 차를 몰다가 엔진이 터질 뻔한 적도 있었다. 그녀의 감독관은 그녀에게 작업복을 내주지 않으려 했다. 그래서 작업복을 달라고 공식적인 고충을 접수시켜야 했다. 야외에 있을 때 이들은 여자 화장실 문을 잠가 놓았고, 도로 위를 달릴 때는 그녀가 화장실을 쓸 수 있게 차를 세워 주지 않으려했다. "남자의 일을 원했던 건 너니까 오줌도 남자처럼 싸는 법을 배워." 조이스의 감독은 그녀에게 이렇게 말했다.

누군가 트럭 바깥에 조이스에 대한 외설스러운 낙서를 해 놓기도 했다. 남자들은 그녀가 게시판에 붙여 둔 노조 공고에 다트를 날렸다. 어느 날 물품 보관소 관리인 토니 라라미Tony Laramie가 창고 상황실에 사람들을 전부 불러 모았다[119](나중에 라라미는 조이스를 '돼 ㅅㅔㄲ'라고 부르지 않겠다고 말했다). "난 네가 여기 온 날부터 싫었어." 라라미는 다른 남자들 앞에서 조이스에게 악을 쓰기 시작했다. 많은 남자들이 고개를 끄덕였다. "우린 네가 여기 있는 게 싫어. 넌 여기 있으면 안 돼. 좀 꺼져 주지 않겠어?"

조이스의 경험은 블루칼라 노동력 내에서 벌어지는 솔직 담백하면서도 종종 폭력적인 반격의 전형을 보여 준다. 이런 공격은 여성의 '차이'에 대한 예의 바른 찬가라는 형식으로 위장하지 않는다. 가령 안전모를 쓴 여성이 손에 꼽을 정도밖에 안 되는 뉴욕의 한 건설 현장에서 남성 노동자들은 한 여성의 작업용 부츠를 가져 가서 갈갈이 찢어 놓기도 했다.[120] 또 다른 여성은 남성 동료가 각목으로 머리를 때려서 상해를 입었다. 조이스가 일했던 산타클라라 카운티의 경우 기회균등청 사무실에 배척, 괴롭힘, 성희롱, 위협, 언어적, 육체적 학대 신고가 넘쳐났다. 당시 산타클라라 카운티 기회균등청에서 일했던 존 롱가보John Longabaugh는 "일부 작업장에선 비일비재하다"라고 말했다.[121] "연장을 엉망으로 헝클어 놓고, 책상에 보란 듯이 포르노를 얹어 놔요. 안전 장비를 찾기 어렵게 하거나 아예 못 쓰게 하기도 하죠." 어떤 정비 노동자는 자기 부서에 처음으로 들어온 여성을 "돈만 주면 네 팔이나 다리를 부러뜨릴 사람을 알고 있다"는 말로 맞이

하기도 했다.[122] 또 다른 신참 여성은 감독관이 시내버스를 청소하라고 해서 버스에 올랐다가 남성들이 그녀를 위해 남겨 놓은 작은 선물을 발견했다.[123] 그것은 바로 좌석에 처덕처덕 발라 놓은 분변이었다.

1980년 배차 관리인 자리가 다시 비었다. 조이스와 존슨은 모두 신청했다. 이들 모두 필기시험에서 비슷하게 높은 점수를 받았다.[124] 조이스는 이제 도로 관리 팀에서 4년의 경험을 쌓은 상태였고, 폴 존슨은 아직 1년 반밖에 되지 않았다. 면접관 세 명(이 중 한 면접관은 나중에 법정에서 조이스가 "대중을 선동"하고 "숙녀가 아니라"고 주장했다)은 그 자리를 존슨에게 넘겼다.[125] 조이스는 카운티의 차별철폐청에 항의하기로 결심했다.

판결은 제임스 그레이브너James Graebner에게 넘어갔다. 교통부의 신임 책임자였던 그는 이제 카운티가 238명의 숙련직에 처음으로 여성을 고용할 때가 되었다고 믿는 엔지니어였다. 그레이브너는 도로 관리 책임자 론 실즈Ron Shields와 대립했다. "그 여자가 뭐가 문젭니까?" 그레이브너가 물었다.[126] 그 방에 있던 다른 사람들의 말에 따르면 실즈는 "난 그 여자가 싫어요" 하고 말했다. 하지만 실즈는 조금 다르게 기억했다. "난 그냥 존슨이 더 적격이라고 생각한다고 말했어요."[127] "그 여자는 중장비를 능숙하게 다루지 못했어요." 물론 그건 존슨도 마찬가지였다. 게다가 그건 업무와 관련도 없었다. 배차 관리는 마이크보다 더 무거운 건 전혀 들 일이 없는 사무직이기 때문이다.

그레이브너는 실즈에게 결정이 기각될 것이라고 말했다. 배차 관리인 자리는 조이스에게 돌아갔다. 조이스의 회상에 따르면 그날 나중에 도로 관리 책임자 실즈가 그녀를 회의실로 불렀다. "자네가 그 일을 맡게 됐군." 실즈가 말했다. "하지만 자네는 자격이 없어." 그러는 동안 존슨은 조직도를 차근차근 거슬러 올라가며 전화를 돌렸다. "엎어 버리고 싶었어요." 나중에 존슨은 이렇게 회상했다.[128] 존슨은 차별철폐청에 면담을 요청했다. "차별철폐청 남자가 들어왔어요. 기가 큰 흑인 남자더군요. 나한테 아무 말도 못 했어요. 그 남자가 영어를 제대로 하지도 못하는 소수자를 끌어들이니까요. …… 난 사람들한테 말했어요. '내가 끝까지 당신들을 괴롭힐 거요.'" 며칠만에 존슨은 변호사를 고용했고 카운티가 '자격 미달인' 여성에게 일자리를 넘겼다고 주장하며 역차별 소송에 들어갔다.

1987년 대법원은 존슨의 주장에 반하는 판결을 내렸다. 여성 단체와 시민권 단체들은 판결을 환영했다. 하지만 교통부 앞마당의 분위기는 달랐다. 조이스와 도로 관리직 남성들에게는 이제 막 반격이 달아오르고 있었다. 조이스의 사무실에서 일하는 현장감독 제럴드 푸로이Gerald Pourroy는 법원 판결에 대해 "언젠가 이와 비슷한 뭔가가 내게 해를 입힐 거"라며 낮은 목소리로 씁쓸하게 말했다.129) 그는 책상 위에 있는 콘크리트 벽을 응시했다. "선로를 내려다봤더니 기차가 나를 향해 달려오고 있는 거죠."

대법원 판결이 나온 다음 날 카운티에서 일하는 한 여성이 조이스에게 20여 송이 카네이션으로 된 축하 꽃다발을 보내왔다. 조이스는 이 꽃을 꽃병에 꽂아서 책상 위에 올려 두었다. 다음 날 꽃은 사라지고 없었다. 결국 조이스는 꽃이 쓰레기통에 처박혀 있는 걸 확인했다. 한 도로 현장감독은 그녀에게 "내가 그걸 앞마당에 던져 놓고 발로 찼다"고 말했다.

법원 판결이 나온 지 몇 달이 지난 어느 여름날 늦은 오후, 카운티의 트럭들이 차고지 앞마당에서 느리고 지친 원형으로 먼지를 일으키며 그르렁거렸다.130) 남자들이 줄지어 들어왔고 조이스는 이들의 열쇠를 받은 뒤 퇴근부에 서명을 했다. 새카만 선글라스를 쓴 네 남자가 최대한 접수대 깊숙이 몸을 기울였다.

"이런, 이런, 이런. 다아이앤. 재미 좋아?"

"어이, 다이앤, 살 만해?"

"아, 물어보지 마. 그런 건 몰라."

"맞아, 다이앤은 아무것도 모르지."

다이앤 조이스는 열쇠를 넘겨받으며 희미하게 계속 미소를 짓고 있었다. 남자 몇몇은 대기실로 어슬렁거리며 들어왔다. 이들은 모서리가 접힌 《건스Guns》 잡지를 뒤적이고 작동이 신통치 않은 스낵 자판기를 발로 찼다. 다이앤 조이스에 대해 물어보니 욕설과 빈정거림이 돌아왔다.

"그 여잔 자기가 상류층인 줄 알아요. 텔레비전에도 나가 봤다 이거죠." 한 남자가 말했다.[140] "우리는 무슨 발바닥 때쯤 된다고 생각하죠."

"이제 여자애들은 '이봐요, 우린 차별을 받고 있어요'라는 소리만 하면 일자리를 얻을 수 있어요. 남자들이 어떻게 하면 이런 상황에서 승진을 할 수 있겠는지 한번 말해 봐요."

"그 여자는 일자리의 99퍼센트에 자격이 안 돼요. 왜 그런지 말해 줄게요. 다음번에 현장감독 자리가 생기면 그 여자는 그냥 여자라는 이유로 그 자리를 꿰찰 거예요. 내가 장담해요. 난 16년 동안 도로관리직에서 일했어요. 그게 공정하다고 생각해요? 한번 말해 봐요."

그 이후 폴 존슨은 워싱턴 주 세킴Sequim이라고 하는 작은 어촌 마을로 은퇴했다. 그는 그곳에서 전국의 신문사로 "미국 백인 남성에게 보내는 공개서한"을 보냈다. 그의 편지에는 이렇게 적혀 있었다. "남성 동지들이여, 난 우리가 억압에 맞설 때라고 믿습니다." 존슨은 그의 아내 베티Betty가 문안 작성을 도와주었고 타이핑을 해 주었다고 설명했다. 아내가 은행에서 받은 월급은 생계를 꾸리는 데 도움이 되었다. 그리고 역차별 소송의 많은 비용 역시 아내의 월급으로 충당했다.

대법원 판결 이후 산타클라라 카운티에서는 숙련직 여성의 수가 1년에 겨우 두세 명씩 늘었다.[141] 1988년 말, 숙련 기술직 일자리는 총 238개에서 468개로 늘었지만, 여성의 수는 겨우 열두 명으로 늘어나는 데 그쳤다. 여성이 이런 일자리에 관심이 없어서가 아니었다. 여성들은 노조의 기술직 견습 프로그램에 기록적인 수로 등록하고 있었다. 그리고 카운티에서 여성 직원(아직도 사무직에만 압도적으로 몰려 있는)을 대상으로 실시한 한 조사에 따르면 이런 여성의 85퍼센트가 임금이 더 높은 '남성'의 일자리에 관심이 있었다. 그뿐만 아니라 조사 대상 여성의 90퍼센트는 자신들이 임금이 더 높은 이런 자리를 얻지 못하는 이유는 차별 때문이라고 믿는 것으로 나타났다.

작업대 인부는 숙녀, 시험관은 신사

대법원은 다이앤 조이스가 승리를 거둔 지 고작 2년 만에 그녀의 법적인 승리마저 무산시켰다. 미국 대법원은 1989년 6월의 열흘 동안 네 건의 별개의 판결에서 20년간의 역사적인 시민권 판결을 다시 뒤로 물렸다. 법원은 남성이 차별 철폐 소송에 대항할 수 있는 길을 열어 주었고, 법정에서 통계로 차별을 입증하기 훨씬 어렵게 만드는 새로운 장애물을 설치했으며, 1866년의 시민권 법령은 고용 이후에 일어난 차별에 대해서는 노동자를 지켜 주지 못한다고 판결했다.

그해 여름 네 건의 판결 중 하나였던 '로랜스 대 AT&T테크놀로지'는 블루칼라 여성들에게 특히 심한 타격을 입혔다. 법원은 일리노이 AT&T 전자제품 공장의 여성들이 노조와 회사 임원들이 여성을 배제하기 위해 공공연하게 개정한 1979년의 연공서열제에 이의를 제기할 수 없다고 판결했다.[142] 그 이유는 불공정한 고용 실태를 신고하려면 180일의 연방 청원 마감 기한을 지켜야 하는데 이 여성들이 이를 지키지 못했다는 것이었다. 하지만 과거 다섯 번의 법원 판결에서는 노동자들이 마감 기한이 지난 뒤에도 이의를 제기할 수 있게 해 주었다.[143] 그리고 아이러니하게도 바로 그날 법원은 백인 남성 소방수들이 1974년에 제기된 차별 철폐 소송의 합의에 불복하는 역차별 소송을 제기할 수 있게 해 주었다.[144]

시카고에서 약 65킬로미터 떨어진 일리노이의 경제적으로 쇠락한 몽고메리 마을에선 웨스턴일렉트릭Western Eletric 공장을 제외한 거의 모든 일자리의 임금이 최저임금이다. 웨스턴일렉트릭은 AT&T를 위해 회로판을 조립하고 검사한다. 공장 관계자들의 기억에 따르면 이 공장은 오래전부터 성별 구분이 엄격했다.[145] 여성은 사실상 전부 하찮은 (손으로 교환 장치를 조립하고 선을 연결하는) '작업대 인부'였고, 남성은 사실상 전부 돈을 많이 받는 (회로판을 점검하는) 시험관이었다. 그러다가 1976년 세 여성은 차별철폐 감독관이 별로 부추기지 않았는데도 이 젠더 구분을 넘어서기로 결심했다.

팻 로랜스Pat Lorance는 이 구분을 넘어선 최초의 여성 중 하나였다. 그녀는 청소년 시절부터 공장에서 일했다.[146] 아버지가 가족을 버렸고 어머니에게는 일자리도 없이 부양할 다섯 자식들만 남게 된 뒤부터였다. 로랜스는 작업대 인부로 공장에 들어갔다. 8년 뒤 그녀는 단순 업무에 넌더리가 났고 낮은 임금에는 더 진력이 났다. 지역 전문대학에 진행 중인 과정을 들으면 시험관 자격을 갖출 수 있다는 이야기를 들은 로랜스는 한번 도전해 보기로 결심했다. 그녀는 두 여성 인부와 함께 수업을 들으러 갔다.

"처음엔 약간 겁이 났어요. 선생님이, 웨스턴일렉트릭에서 나온 사람이었는데, 우리한테 '알잖아요, 여자들은 보통 끝까지 못 따라가요' 하고 말했거든요. 하지만 네 번째 과정에서 우린 선생님한테 칭찬을 받았어요." 마침내 로랜스는 전자회로, 컴퓨터 프로그래밍, '교류/직류' 기초를 비롯한 열여섯 개의 과정을 모두 마쳤다. 공부와 직장 생활을 병행하기 위해 로랜스는 새벽 5시 근무를 했고(가끔은 새벽 3시 근무도 했다), 오후에 공부를 하고 밤 9시 반까지 수업을 들었다.

웨스턴일렉트릭과 AT&T의 임원들은 이 세 여성의 노력을 불편하게 예의 주시했다. 당시 평등고용기회위원회는 AT&T의 다른 부서를 비롯한 산업체들을 상대로 대단히 눈에 띄는 집단소송을 하고 있었다. 그래서 이 회사 관리인들은 만일 자기 공장 여성들이 고용 평등 실적에 대해 공개적으로 문제를 제기하기 시작하면 다음 대상은 자기네가 될 것이라는 점을 알고 있었다. 당시 직원들의 회상에 따르면 1976년 인사부에서 갑자기 여성 인부 몇몇을 하나씩 부르더니 거래를 제안을 했다. 그때 불려 갔던 여성들의 기억에 따르면 인사 관리자는 회사가 공석이 생긴 일부 자리에 이들을 빠뜨리는 '실수'를 저질렀다고 말했다.[147] 지금이라도 이들은 '보상금'으로 몇백 달러짜리 수표를 받을 수 있다고도 했다. 대신 이들은 회사가 차별 행위를 했다며 고소하지 않겠다고 약속하는 서명만 해 주면 된다는 것이었다. 그리고 이들은 이 문제를 다른 동료들과 상의하지 말라는 지시도 받았다. "공석이 생겼다는 그 자리가 뭔지 알고 싶어 하는 애들도 있었어요." 인부로 일하는 한 여성이 이렇게 말했다. 그녀는 다른 사람들처럼 일자리를 잃을지도 모른다는 걱정 때문에 이름을 밝히지 말아 달라고 요청했다. "돈을 받기 싫어한 애들도 있었죠. 그치만 '돈

받아, 안 그러면 넌 끝이야' 하는 식이었어요. 전 600달러 좀 넘게 받았어요."(회사 임원들은 인사부에서 이런 협의가 이루어졌다는 기록이 전혀 없다고 말한다. "우린 이 주장을 뒷받침할 만한 사실을 전혀 찾지 못했습니다." 회사 측 변호사 찰스 잭슨Charles Jackson은 이렇게 말했다.)[148]

1978년 가을, 로랜스는 필요한 모든 자격증을 땄고 시험관 자리가 비자마자 바로 지원했다. 회사 임원들은 그 자리에 그녀를 받아주었다가 1주일 뒤 그 자리가 없어졌다고 알렸다. 그 뒤 로랜스는 같은 주에 세 남자를 시험관으로 채용했다는 소식을 들었다. 그녀는 노조에 가서 항의했고, 한바탕 투쟁을 전개한 뒤 결국 이 회사 최초의 여성 시험관이 되었다.

1978년 말이 되자 이 회사의 시험관 200명 중 약 열다섯 명이 여성으로 채워졌다. 작업장의 남성들이 보기에 열다섯 명은 너무 많았다. "남자들은 여자들은 멍청해서 이런 일은 못한다는 말들을 해 댔어요." 로랜스는 이렇게 회상했다. "난 성격이 좋은 편이라서 제풀에 잠잠해지겠지 하고 그냥 대수롭지 않게 생각했어요." 하지만 여성 시험관의 수가 늘어나자 남성들의 적개심도 점점 고조되었다.

어떤 남자들은 여성 시험관이 쉬고 있을 때 배선을 틀리게 해 놓거나 도식을 적어 놓은 공책에 잉크를 엎지르는 식으로 여성 시험관의 시험 도구를 망쳐 놓았다.[149] 공장 곳곳에 모욕적인 포스터를 줄줄이 붙여 놓기도 했다. 전형적인 사례는 기괴할 정도로 뚱뚱한 여자가 나일론 스타킹을 종아리까지 내린 채로 테이블 위에 서 있고 신발에서는 돈이 쏟아져 나오는 그림이었다. 남자들은 이 포스터에 이렇게 적어 놓았다. "어제까지만 해도 난 시험관이라는 단어의 맞춤법도 몰랐다. 이제 난 시험관이다."

1980년 잔 킹Jan King은 두 번째로 여성들이 시험관직에 밀고 들어갈 때 이 대열에 합류했다. 1966년부터 이 공장 인부로 일했던 그녀는 시급 1.97달러부터 시작했다. 킹은 추가 소득이 절실했다. 폭력적인 알코올중독자인 남편은 자신이 번 돈 대부분을 술과 도박에 탕진했고, 그녀에겐 부양할 아이가 있었다. "어느 날 공장을 둘러보다가 눈에 보이는 것들을 그냥 받아들이기만 했다는 걸 깨달았어요." 그녀는 이렇게 말했다.[150] "난 내가 수학을 전혀 못한다고 생각했어요. 사람들이 여자는 그렇다고 말을 하니까요. 그런데 내 뇌의 한쪽에서 그러는 거예요. 잠깐만, 저 사람들이 할 수 있으면 나도 할 수 있어. 내가 특정한 방식으로 길러졌다고 해서 계속 그 상태로 뭉개고 있어야 한다는 뜻은 아닌 거죠."

킹은 시험관직을 얻기 위해 두 전선에서 싸워야 했다. 바로 직장과 가정이었다. "남편이 그러더라고요. '뭐 그런 거 때문에 학교엘 다녀. 시간낭비야'." 처음에 남편은 그녀를 위협했다. 그다음에는 어쨌든 그녀가 수업을 듣기 시작하자 "내가 나가기 5분 전쯤에 애를 안 보겠다고 배짱을 부리는 식이었어요. 하지만 난 계속 밀어붙였죠. 내 마음 깊은 곳에서 어떤 작은 목소리가 '넌 결국 네 딸을 혼자서 키우게 될 거'라고 말하고 있었거든요. 난 남편이 떠나면 양육비 같은 건 주지 않을 인간이란 걸 알고 있었어요."

회사 관료들은 더 이상 우호적이지 않았다. 킹의 회상에 따르면 "회사 전체 분위기가 여자들은 그걸 할 수 없다는 거였어요. 여자는 수학을 못해. 여자는 전자공학을 못해." 여성들이 시험관에 지원하기 시작하자 회사는 갑자기 새로운 교육 검사 요건을 발표했다. 이 중에는 기이한 전략도 있었다. 최고 관리자 중 한 명은 도난을 방지하겠다는 이유에서 여성 시험관들이 속이 비치는 지갑을 가져오지 않으면 집으로 돌려보낸다는 요구 사항을 넣으려고 하기도 했다.

여성 인부 열두 명이 추가로 전문대학의 교육 프로그램에 등록했다는 소식을 전해들은 일부 남성 시험관들은 더 이상 손 놓고 있을 수만은 없다고 판단했다. 가장 이성을 잃은 건 젊은 남성들이었다. 이들은 연공서열이 제일 낮았기 때문에 공장에서 수년간 일했던 여성 인부들이 시험관이 되면 자신들보다 승진을 빨리하게 될 것이고 해고를 당할 경우 자신들이 이들보다 먼저라는 것을 알고 있었다. 1978년 겨울 남성들은 은밀하게 노조 회의를 조직했다. 이 소식을 접한 로랜스는 여성 동료 한 명과 함께 이 모임에 불쑥 찾아갔다.

"우리가 별로 반갑지는 않은 것 같더라고요." 로랜스는 이렇게 회상했다. 그녀는 노조 사무실에 앉아서 이들이 하는 말을 들었다. 그리고 이들이 고용 기간을 계산할 때 인부로 일했던 기간을 넣지 못하게 하는 새로운 연공제의 초안을 작성 중이라는 걸 알게 되었다. 이게 승인될 경우 여성은 시험 부서에서 해고가 진행되면 이를 피할 수 없었다. 로랜스와 그녀의 친구는 돌아가서 다른 여성 시험관들에게 이 소식을 알렸다.

　새로운 연공제 안에 대한 표결을 하기 위해 노조가 회의를 갖던 날, 아흔 명의 남성이 사무실 한쪽에, 열다섯 명의 여성이 반대편에 자리를 잡았다. 남성이 한 명 한 명 일어서서 제안된 연공제 계획에 찬성 발언을 했다. "나한테는 부양할 가족이 있어요. 지금 빵값이 얼만지 압니까?" 그다음엔 여성들이 일어서서 이 중 많은 수가 부양할 가족이 딸린 이혼 여성이라고 말했다. 전남편들은 양육비를 전혀 대지 않고 있었다. "이건 남자의 일이라고." 한 남자는 이렇게 소리쳤다. "맞아, 하지만 이 공장에서는 여자가 다수지." 이 회사의 급여 대상자 명단에는 남성보다 여성이 더 많다는 사실을 지적하며 한 여성이 쏘아붙였다. 여성들은 임금이 가장 낮은 업무에 갇혀 있었기 때문에 남자들은 여성들이 공장에서 일한다는 사실조차 별로 의식하지·못했다.

　결국 남성들이 투표에서 승리했다. 어쨌든 시험관의 세계에선 아직 남성이 수적으로 우세했다. 노조 관료들은 당시 로랜스와 다른 여성들에게 새 연공제는 등급 하락이나 해고에는 아무런 영향이 없고 승진에만 영향을 미칠 것이라고 약속했다. 이 새 연공제도를 설계하는 데 도움을 주고 재빨리 승인해 준 회사 관료들도 해고에 대해 노조와 비슷한 약속을 했다. 여성들은 이들의 약속을 믿고 소송을 제기하지 않았다. 로랜스는 1978년에는 아무도 해고되지 않았기 때문에 굳이 문제를 일으킬 이유가 없었다고 말했다. 그 어떤 여성도 힘들게 싸워서 손에 넣은 일자리를 잃을 위험을 감수하고 싶지 않았던 것이다.

　일단 잔 킹에겐 그 어느 때보다 자신의 월급이 소중했다. 가정의 상황이 점점 나빠지고 있었기 때문이다. "내가 점점 내 상황을 개선시키기 위해 한 발 한 발 앞으로 디딜 때마다 남편은 그걸 자신에 대한 거부라고 받아들였어요." 그녀는 남편에 대해 이렇게 말했다. "나를 자신에게 종속시킬 수 있으면 내가 자기 곁을 떠나지 않을 거라고 생각했을 수도 있죠." 남편이 폭력성은 한층 심해졌다. 머리채를 잡고 그녀를 침대에서 끌어내고 구타하고 결국 강간까지 했다. 그녀가 이혼을 시도하려 할 때마다 남편은 죽이겠다며 위협했다. "네가 날 떠나면 넌 죽은 목숨이야." 그는 그녀에게 이렇게 말했다. "내가 널 갖지 못한다면 아무도 갖지 못하게 만들 거야."

1982년 불황이 닥치자 여성들은 노조와 회사 임원들이 자신들을 속였음을 깨달았다. 연공서열은 해고에 적용되었고, 여성이 1순위로 밀리났다. 결국 근 20년 경력의 여성들이 일자리를 잃었다. 해고되지 않은 여성들은 좌천되어 다시 작업대 앞 인부로 돌아갔다. 이 때문에 어떤 여성들은 연봉이 1만 달러 이상 줄어들었다.

　로랜스도 바로 좌천되었다. 그녀는 자기가 믿는 선배에게 가서 설명을 요구했다. 그는 자신의 상관에게 물어보고 와서는 그녀에게 이렇게 말했다. "미안하네, 패티. 자네를 견책자 명단에 올리라고 하는군." 그녀는 대체 자신이 무슨 잘못을 한 건지 물었다. 그는 그녀가 "질문을 한 것"이 문제라고 설명했다. 그러더니 그는 그녀를 한편으로 데려가서는 자기 생각에 진짜 이유는 이를 통해 그녀가 법적인 조치를 취하지 못하게 하려는 것 같다고 말했다. "그다음에는 익히 아는 일이 벌어졌죠." 로랜스가 말했다. 다음 날 그녀는 전화번호부를 펼쳐 놓고 변호사에게 전화를 걸기 시작했다.

　결국 로랜스와 다른 세 여성 시험관은 회사를 상대로 소송을 제기했다(이 중 한 여성은 나중에 남편의 만류로 손을 뗐다). 성차별법이 전문인 시카고의 변호사 브리짓 아리몬드Bridget Arimond가 사건을 맡았다. 사건은 곧 법정에서 부당 고용 행위의 청구 기한에 대한 기술적인 논쟁으로 변질되었다. 회사 측은 연공제가 처음으로 채택된 1978년부터 시간을 계산해야 하기 때문에 이들의 불만은 "철 지난 주장"이라는 논리를 폈다. 웨스턴일렉트릭의 고문 변호사 찰스 잭슨은 나중에 "숙녀들께서 제때 법적인 권리를 행사하지 않았던 거"라고 주장했다.[151] "전적으로 그쪽 잘못이었어요." 여성들은 자신들이 해고된 시점부터 시간을 계산해야 한다고 주장했다. 어떻게 해고되기도 전에 그 방침이 부당하다는 걸 알 수 있었겠는가? 아리몬드는 이렇게 말했다. "가장 아이러니한 건 법정 싸움이 법에 대한 배경지식이 전혀 없는 여성들이 제때 청구를 했는가로 쏠려 버렸다는 점이었어요. 그런데 [하급심] 판사는 판결을 1년 넘게 미뤘죠."[152] 그 판사는 시어스 사건을 담당했던 존 노드버그였다.

그러는 동안 팻 로랜스는 해고와 재취업을 반복했다. 결국 1989년 3월 31일 그녀는 완전히 해고되었다. 그녀는 바텐더 자리를 얻는 수밖에 없었다. 두 달 뒤 어느 날 밤 텔레비전을 켜고 뉴스를 시청하던 그녀는 자신이 패소했음을 알게 되었다. "정말 실망했어요." 그녀는 이렇게 말했다. "법원이 공정하지 않았다고 생각해요. 우리 중 아무도 배를 쓰지 않았어요. 그냥 잘못된 걸 바로잡고 싶었죠. 그뿐이에요."

킹은 판결에 놀라지 않았다. "법원이 돌아가는 꼴을 보니까 우리한테 우호적이지 않은 걸 알겠더라고요." 이제 혼자 아이를 키우게 된 킹에게 판결은 경제적인 면에서 재난이었다. 폭력적이던 남편은 1983년 길거리 싸움에서 목숨을 잃었다. 남편이 죽은 뒤 그녀는 자신을 추스르기 위해 유급휴가를 냈다. 그녀가 자리를 비운 사이 회사는 그녀가 적당한 복귀 일을 인사과에 알리지 않았다고 주장하면서 그녀를 해고했다. 두 아이를 부양하기 위해 일자리가 절실했던 킹은 불필요한 물건들을 팔았고, 웨이트리스로 일하기 시작했다. 수당 같은 건 전혀 없었다. "오늘은 직장에서 블라인드 청소를 했어요." 그녀는 이렇게 말했다. "내 시급은 2.01달러예요. 그게 최고 시급이죠. 굴욕적이고 수치스러워요. 내가 쓸모없는 사람이라는 기분이 들어요.'

킹은 저녁 식사용 접시에서 말라붙은 소스 자국을 긁어내며 자신을 지금 같은 궁지로 몰아넣은 상황을 복기한다. "그 일을 생각할 때마다 사방이 온통 바리케이드로 막혀 있다는 기분만 들어요. 노란 불빛이 번쩍이는 바리케이드요. 그리고 한 발짝 떼려고 할 때마다 그들은 또 다른 바리케이드를 내 앞에 던져 놓죠." 하지만 법적인 싸움에서 패하고, 공포를 통해 군림하던 남편은 비참하게 죽고, 설거지나 하는 굴욕적인 신세로 전락했지만 그녀는 더 많은 것을 요구하고자 했던 자신의 결심은 절대 후회한 적이 없다고 말했다. "누군가 '우린 이걸 바꿔야 해' 하고 말했다가 해고당했다면 그건 그만한 가치가 있는 거예요."

같은 해 캘리포니아에서 열린 "여성, 남성, 그리고 미디어, 돌파구와 반격" 미디어 학술 대회에서 가장 영향력 있는 여성 언론인과 여성운동 지도자 몇몇은 충돌을 피하느라 정신 없었다. 이들은 여성이 정말로 '남성'의 일과 '남성'의 권력을 원하느냐면서 의아해했다. "그런 여성해방운동가 한 명만 데려와 보라"고 말하곤 했던 잔 킹이 있다면 분명 그런 행사는 이상하고 맥이 빠진다고, 심지어는 수치스럽다고 여겼을 것이다. 그녀는 자신을 비롯한 많은 빈곤층 여성들이 무엇을 원하는지 똑똑히 알고 있었고, 지금도 원하는 걸 손에 넣기 위해 반격의 바리케이드로 기꺼이 돌진하고 싶어 한다. "주어진 대로 받아들여야 한다는 소리는 믿지 않아요." 그녀는 이렇게 말했다. "그 점에 대해서는 절대 마음을 바꾸지 않을 거예요."

14장
여성의 몸을 침략하다

"엄마, 날 죽이지 말아요!"[1] 십자가상을 꼭 쥐고 있는 어떤 성인 남자가 이 말을 외치고 또 외친다. 남자는 새크라멘토 임신 상담소를 에워싼 여성들을 뚫고 들어가려 하지만 소용 없었다. 그는 '제2회 전국 구조의 날'에 참여한 많은 '전사' 중 한 명이었다. 이 이름은 낙태 반대 단체인 구조작전Operation Rescue이 1989년 4월 전국적으로 낙태 클리닉을 포위하는 극적인 행사의 속편에 붙인 것이었다.

하지만 현장에서 이 돌격대는 페미니스트들에게 허를 찔렸다. 캘리포니아 북부에서 구조작전의 카라반이 동틀 무렵부터 낙태 클리닉에 들이닥쳤지만 문에는 빗장이 걸려 있었고 수호대가 어깨를 걸고 인간 띠를 이루며 건물을 에워싸고 있었던 것이다. 좌절한 구조작전의 남성들은 손목을 비틀고 정강이를 발로 차며 무력를 행사했다. 이들은 몸싸움을 벌이며 신을 찬미했지만 여성에게는 저주를 퍼부었다. "아멘"이라는 말 사이사이에서 "창녀", "레즈비언" 같은 단어들이 여러 번 들려왔다. 야구 모자를 쓴 한 남자는 낙태권을 찬성하는 피켓을 든 한 여성 앞에 얼굴을 바짝 들이밀었다. 그는 주먹을 불끈 쥔 채 "널 창 밖으로 날려 버리겠어" 하고 말했다. 하지만 언론이 보고 있었고 그는 주먹을 더 이상 들어 올리지는 못했다.

한 블록 떨어진 곳에서는 주로 여성들로 구성된 구조작전의 '기도 지원단'이 인도에 단정하게 줄을 맞춰 서 있었다. '전사'의 아내와 딸 들은 손바닥을 하늘을 향해 들어 올린 채 "예수님은 어린 아이들을 사랑하신다"고 속삭이며 매우 평온하게 서 있었다. 이 중 한 여성을 인터뷰하려고 다가갔더니 "우린 말을 하면 안 된다고 했다"는 답이 돌아왔다.[2]

길 건너에선 러셀 월든 3세Russell Walden III가 접전에서 물러나 잠시 휴식을 취하고 있었다. 슬픈 눈매에 체격이 다부진 그는 이마를 문지르며 개인사를 조금 들려주었다. 월든 1세와 2세는 모두 시의 조세 사정인으로 지역사회의 대들보 역할을 했다고 한다. 가족 전통에서 낙오한 건 그가 처음이었다. 영안실 보조원, 야생동물 관리사 등 맥락 없는 일들을 닥치는 대로 하던 그가 구조작전에 가입하게 된 건 감방에서 회원 몇몇을 만난 뒤였다. 감방 동기들이 그곳에 들어온 건 낙태클리닉 사유지를 무단으로 침입했기 때문이었고, 그는 음주운전 때문이었다. 그들은 그에게 법률 보조 일을 제안했고 그는 이에 응해 이들의 활동에 가담하게 되었다.

"아내가 몇 년 전에 낙태할 뻔했는데 내가 못 하게 했어요." 그가 말했다. "내가 그랬죠. '안돼, 안돼, 안돼'." 이들에겐 이미 네 아이가 있었고 아내는 더 이상은 아이를 원치 않았다. 어쨌든 아내는 낙태클리닉에 갔고 그는 아내를 따라 검사실에 들어갔다. 아내는 병원 가운을 입고 누워 있었다. "들어가서 아내를 붙들었어요. 그리고는 '여기서 나가자. 지금 당장!' 하고 말했죠. 난 내가 없는 곳에 절대 아내를 놔두지 않아요." 결국 아내는 그 아기를 낳았지만, 그 뒤 그를 떠났다. 이 이야기를 하는데 그의 눈에 눈물이 차올랐다. 그는 눈물을 훔치더니 "태어나지 못한 아기들을 위해 우는 거"라고 설명했다.

그가 이야기하는 동안 군복 재킷을 입은 수척하고 어린 지압사 돈 그룬드먼Don Grundemann이 대화에 끼어들었다. 그의 여자 친구는 그에게 물어보지도 않고 낙태를 했다고 한다. "그 여자는 나 같은 애를 낳기 싫었던가 봐요." 그룬드먼은 낙태는 여자들이 평등해지는 방법이라고 말했다. "잠재적인 방식으로 남자들한테 복수하는 거예요. 남자들이 여자들을 째째하게 대했으니까 이제 여성운동이 과잉 살상으로 반격하는 거죠."

1986년 구조작전을 개시한 건 뉴욕 북부 출신의 중고차 판매원인 스물여섯 살의 랜들 테리였다. 그의 사명은 전국 낙태 클리닉의 문을 폐쇄하는 것이었다. 후기 빅토리아시대의 미국에서 피임과 낙태에 반대했던 '악폐 퇴치' 운동(이를 주도한 인물 역시 일거리가 별로 없는 뉴욕의 판매원 앤서니 콤스톡Anthony Comstock이었고, 그 역시 여성 병원을 습격했다)처럼 구조작전은 수천 명의 젊은 남성들을 사로잡 았다.3) 어떤 식으로든 이 세상이 더 이상 자신들에게 생산적인 자리 를 내줄 생각이 없는 것 같다는 박탈감에 시달리는 남자들이었다. 낙 태 반대 로비 집단은 머리가 허연 기독교도 할아버지들일 것이라는 대중의 이미지와는 달리 구조작전의 남성들(이 집단의 다수가 남성 이었다)은 양켈로비치 조사에서 드러났던 젊고 화가 많은 '도전자들' 과 대단히 비슷했다. 구조작전의 사실상 모든 지도자들과 적극적 참 여자의 거의 절반이 20대 초반에서 30대 중반이었고, 대다수가 저소 득층이었다.4) 이 남성들은 베이비 붐 끝물에 속했기 때문에 1960년 대의 정치 활동에 참여하지 못했을 뿐만 아니라, 그 풍요의 시대가 선사한 넉넉함 역시 누리지 못했다. 1980년대의 경제 상황 때문에 이 들은 아버지 세대보다 돈을 별로 벌지 못했고, 아내의 도움 없이는 점점 눈덩이처럼 불어 가는 대출금을 갚거나 먹을 것을 장만하기 어 려울 정도로 경제적으로 추락 중인 아들들이었다.

미디어는 낙태를 둘러싼 투쟁을 도덕적이고 생물학적인 논쟁 (생명은 언제 시작되는가?)으로 규정하곤 했다. 낙태에 불편해하는 많은 이들에게 분명 이는 중요한 문제였다. 하지만 테리와 그 추종 자들이 여성의 출산의 자유를 둘러싼 전투에서 보여 준 이상할 정도 로 강렬한 반감은 철학이나 과학보다는 울화를 자양분 삼아 활활 타 올랐다. 이런 남성들은 '태어나지 못한 아기들을 위해 울음'을 터뜨 린 것일 수도 있었지만, 인생에서 심각한 경제적·사회적 위치 변화 를 겪으며 상처를 받기도 했다. 그리고 이들은 이런 변화를 독립적인 직장 여성들이 등장한 탓으로 돌리곤 했다. 직장에서는 경제적 힘을, 가정에서는 사적인 권위를 잃는 동안 이들은 여성들이 직장에서 기 반을 다져 가고, 가정에서는 자신들의 권위에 도전하고, 심지어 침실 에서 주도권을 쥐는 모습을 지켜보았다. 직장 여성이 점점 늘어 가는 데 대한 개탄과, 여성들이 행사하기 시작한 성적인 자유에 대한 걱정 이 뒤섞이면서 이들은 청교도적인 분노의 수식어를 개발하여 적들에 게 공격을 퍼부었다.

14장 여성의 몸을 침략하다

호전적인 낙태 반대 운동의 대변인들은 대중 앞에선 페미니스트들을 "영아 살해자"라고 불렀고, 이들 때문에 낙태율이 위험할 정도로 빠르게 치솟고 있다고 비난했다. 하지만 자기들끼리는 페미니스트들을 "창녀", "레즈비언"이라고 불렀는데, 어쩌면 이런 욕설이 더 많은 것을 시사하는지도 몰랐다. 그러니까 페미니스트에게는 살인보다 성적인 독립이 더 큰 범죄일 수도 있었던 것이다.

전미생명권위원회National Right to Life Committee의 대표인 존 윌크 John Willke 같은 남성들이 보기에 합법적인 낙태는 태아뿐만 아니라 가정에서 남성의 절대적인 지위까지 공격했다. 그는 낙태권을 지지하는 여성들은 "결혼에 폭력을 행사하는 것"이라고 주장했다.[5] "아내의 자궁에서 아버지가 만들어 낸 아이의 생명을 지킬 권리를 빼앗아"가는 것이기 때문이다. 산호세에서 열린 '제2회 전국구조의 날' 시위에서 기조연설자로 나선 마이클 캐리Michael Carey 신부는 "하나님은 여성을 독립적으로 창조하지 않으셨다"고 선언했고, 연설하는 내내 이 주장을 꾸준히 강조했다.[6] 그는 이런 낙태권 운동가들의 가장 역겨운 부분은 남편의 의견도 구하지 않고 여성이 마음대로 출산 여부를 결정할 수 있다며 우기고 있다는 점이라고 말했다. 만일 "페미니스트에게 오염된" 여성들이 제멋대로 한다면 남성들은 "낙태에 대해서 아무런 결정도 할 수가 없게" 된다며 캐리 신부는 청중들에게 경고했다. 1986년 『남자와 결혼』에서 조지 길더는 여성의 출산의 자유에 대한 남성들의 우려 밑에 깔려 있는 두려움을 가장 솔직하게 표출했다.[7] 그는 책에서 산아제한과 낙태의 자유를 요구한 페미니스트들의 운동이 성공을 거두면 "성적 권력의 균형이 여성에게 더 유리한 방향으로 이동하게 되고", 남성의 가부장적인 "정력"이 고갈되며 페니스가 "한낱 노리개"로 전락하게 된다고 밝혔다.

태아의 '생명권'을 둘러싼 1980년대의 투쟁에서는, 가정사를 결정할 가부장의 능력이 퇴색된 데 대한 억울함이 배후에서 격하게 분출되는 경우가 너무 많았다. 이런 억울함은 낙태 반대 운동에서 말로 드러나지는 않지만 무시할 수 없는 의제였다. 전통적인 아버지의 권위를 옹호하고자 하는 바람은 1980년대에 낙태를 중단해 달라며 제기된 많은 '아버지의 권리' 소송에서 반복적으로 확인되었다. 이 경우 원고는 보통 자신의 명령을 듣지 않거나 최근에 이혼 신청을 한 아내와 다툼 중인 남편들이었다. 인디애나 주 에릭 콘Eric Conn 사건에서 그의 아내는 남편이 태아를 지키기 위한 소송을 제기하기 불과 몇 시간 전에 남편을 상대로 이혼 소송에 들어갔다.[8] "위협당하는 것도, 이거 해라, 저거 해라 지시를 받는 것도 싫었어요."[9] 또 다른 '아버지의 권리' 소송 당사자, 레빗타운의 치과 교정 전문의 데이비드 오스트레커David Ostreicher는 법정에서 이렇게 말했다. 아내는 자신의 뜻을 거스르고 낙태를 하려고 했을 뿐만 아니라 자신이 고집을 부려서 서명하게 한 혼전 서약서도 따르지 않고 있었다. 이 혼전 서약서에 따르면 부부의 자산은 대부분 그에게 귀속되었다. 1988년 뉴욕 북부에서는 스물여섯 살의 한 선원이 약혼자의 낙태를 막아 달라며 소송을 벌였고, 이와 함께 그녀가 내린 별개의 결정 또한 막으려고 애쓰고 있었다.[10] 그것은 바로 그와 결혼하지 않겠다는 결정이었다.

낙태 반대 운동에 참여한 남성들은 그저 이 나라에서 폭주하는 낙태의 속도를 멈추려 하는 것뿐이라고 말했지만 사실 낙태율은 늘어나지 않았다. 최소한 지난 100년간 미국 여성들은 세 건 중 한 건 꼴로 임신중절을 했다.[11] 낙태 합법화 이후 차이가 있다면 그건 이제 여성들이 원치 않는 임신을 합법적으로, 그리고 안전하게 중단할 수 있다는 점뿐이었다. 그리고 1973년부터 1980년까지 합법적인 낙태가 늘어나긴 했지만 곧 안정세를 유지했고 1980년대 초부터는 심지어 하락했다. 1980년부터 1987년까지 낙태율은 6퍼센트 하락했다.

진짜 변화는 여성들이 위험이나 공포를 감수하지 않고 자신의 생식력을 조절할 수 있는 새로운 능력을 갖게 된 것이었다. 그리고 이 새로운 자유는 낙태율이 아니라 여성의 성적인 행동과 태도 역시 크게 바꿔 놓았다. 일단 피임 도구를 손쉽게 이용할 수 있게 되고, 그 다음으로 의학적으로 안전한 낙태라는 선택지가 확보되자 여성들은 결국 남성들처럼 자기 식대로 성관계를 가질 수 있는 자유가 생겼다. 그 결과 피임이 합법화된 지 반세기 만에 여성의 혼전 성관계 비율이 두 배로 늘어나 1970년대 말이 되자 거의 남성과 비슷해졌다[12](동시에 남성의 혼전 성관계율은 여성의 절반 정도밖에 되지 않는 대단히 느린 속도로 늘어났다). 1980년 《코스모폴리탄》의 의뢰로 10만 6,000명의 여성을 대상으로 실시한 한 역사적인 성관계 조사에 따르면 여성의 41퍼센트가 혼외 관계를 갖는 것으로 나타났는데 이는 1948년의 8퍼센트와 비교하면 엄청난 증가였다.[13] 사실 여성의 성적인 행동과 태도는 워낙 크게 바뀌어서 이제는 거의 남성과 흡사해졌다. 《코스모폴리탄》은 이 조사를 설명하는 글에서 "우리가 조사를 통해 확인한 여성은 낡은 이중 잣대와는 단절하고" 침실에서 적극적으로 행동하는 "놀라울 정도로 성적으로 자유로운 인류"라고 밝혔다.

여성들은 언제 아이를 가질지, 어떤 결혼 생활을 만들어 갈지, 언제 결혼 생활을 정리할지에 대한 결정을 내릴 때도 훨씬 독립성을 갖게 되었다. 이런 결정을 할 때 생물학적 아버지는 점점 최종 결정권을 갖지 못하거나 결정권 자체가 없었다.[14] 1980년대에는 결혼을 하지 않고도 엄마가 될 수 있다고 생각하는 여성이 크게 늘었다. 1987년 여성의 관점 조사 Women's View Survey에 따르면 싱글 여성의 87퍼센트가 여성이 결혼을 하지 않고 아이를 낳아서 키워도 괜찮다고 생각하는 것으로 나타났다. 불과 4년 전보다 14퍼센트 늘어난 수치였다. 1990년 버지니아슬림 여론조사에서는 여성의 약 40퍼센트가 낙태 여부를 결정할 때 해당 남성에게는 상의할 필요가 없다고 답했다. 그리고 가족의 규모에 대해 일방적이고 최종적인 결정을 내리는 여성들도 늘어났다. 1980년대에는 미국 여성 여섯 명 중 약 한 명이 영구 피임 시술을 선택했다.[15] 그리고 이 역시 여성 쪽에서만 나타난 현상이었다. 1980년대에 영구 피임 시술을 선택한 남성은 1퍼센트 늘어나는 데 그쳤다. 1973년까지만 해도 정관수술을 받는 기혼 남성과 자궁관묶기를 한 기혼 여성은 같은 수였다. 그런데 1980년대 하반기가 되자 영구 피임 시술을 받는 기혼자 중 약 3분의 2가 여성이었다.

낙태 반대 운동에 참여하는 많은 남성들에게 여성이 엄청난 속도로 성적인 자유와 출산 선택의 자유를 포용하는 모습은 섬뜩했으리라. 그리고 투표상에서 젠더 격차가 나타나거나 직장 여성이 늘어나는 현상과는 달리 이런 여성의 행동 혁명은 남성들의 가장 내밀한 영역을 짓밟았다. 길더는 "남성들이 번식 행위에 대한 통제력을 완전히 잃어버리다시피 했다"고 밝혔다.[16] 번식 행위는 "이제 역사상 유례가 없을 정도로, 여성들의 적극적인 쾌락에 좌우된다." 이런 변화에서 고통을 느낀 남성들은 직접적으로 여성의 침실 해방 행진을 중단시키진 못했지만, 낙태 금지는 제동을 거는 한 방법일 수 있었다. 이들은 점점 많은 여성들이 성관계의 주도권을 행사하지 못하게 막아서지는 못했지만 출산에 대한 통제력을 틀어쥠으로써 최소한 주도권 행사 자체를 더 위험하게 만들 수는 있었다.

1980년대 낙태 반대 운동의 정치적 이미지에는 그보다 앞선 뉴라이트 이데올로기의 모든 부정분이 담겨 있다. 전생의 잡화를 남아낸 듯한 그 심리적 풍경 속에서 적은 페미니즘이었고, 무기는 공격적인 도덕적 수식어들이었으며, 공수를 뒤바꾸기 위한 전략은 대체로 언어를 이용한 것이었다. 뉴라이트 남성들과 마찬가지로 낙태 반대 운동 주도자들은 페미니스트가 가공할 권력을 쥔 무시무시하게 큰 세력이라고 생각했다. 낙태 반대 운동가 톰 베델Tom Bethell은 『미국의 방관자 The American Spectator』에서 페미니스트를 "끔찍할 정도로 사납게 울부짖고 악을 쓰는" "마귀할멈 같은 여자들"이라고 불렀다.[17] 조지 그랜트George Grant는 1988년 낙태 반대서 『위대한 환상Grand Illusions』에서 낙태권에 찬성하는 여성과 클리닉의 상담사를 "분노의 광기"에 휩싸여서 "편의의 제단"을 지키고 있는 "눈이 이글이글 타오르고, 뒤틀어진" 복수의 세 여신으로 묘사했다.[18] 그는 가족계획은 국방부를 위축시키는 제도라고 말했다. 그 막강한 힘은 "현대사회의 사실상 모든 측면에 난입"하고 있다. 낙태 반대 운동 지도자인 노먼 웨슬린Norman Weslin 신부도 같은 생각이었다.[19] 그는 20년간 미군에서 "핵무기를 책임지는 지휘관"과 낙하산 부대원으로 재직했지만 지금 자신이 상대하는 페미니스트 적들과 비교하면 "그건 애들 장난이었다"고 말했다.

    낙태에 반대하는 남성들은 주도권을 확실히 장악하기 위해, 그리고 자신들을 진정한 '운동가'로 개조하기 위해 뉴라이트가 개척한 언어 전술에 의지했다. 생명수호실천연맹Pro-Life Action League의 임원인 조셉 셰이들러Joseph Scheidler는 호전적인 낙태 반대 운동의 주교재 『금지: 낙태를 멈추는 99가지 방법Closed: 99 Ways to Stop Abortion』에서 낙태 관련 언어를 '통제'하는 게 중요하다고 강조했다.[20] 그는 자신의 지침 서를 통해 언론과 이야기할 때는 "'태아'라는 단어 대신 '아기'나 '태 어나지 못한 아이'라는 표현을 쓰고 …… 그들의 용어에 굴복해서는 안 되며 …… 우리가 우리식의 단어를 사용하면 그들도 우리의 용어 를 쓰기 시작할 것"이라고 지시했다. 윌크는 낙태 반대 활동가에게는 성경과도 같은『낙태: 문답Abortion: Questions and Answers』에서 이와 동일한 목표를 강조했다. 이 책은 "가능하면 긍정적인 표현을 쓰자"고 주장 했다.[21] "우리는 태어나지 못한 아기와 장애인, 노인을 지키려는 것 이다. 가능하면 '낙태 반대'라는 부정적인 꼬리표를 용납하지 말아야 한다."

낙태 반대 운동가들은 표현 강악을 위해 투쟁하면서 적들의 어 휘와 이미지를 끌어다 쓰기도 했다. 윌크의 교과서는 추종자들에게 "자기 몸에 대한 권리"라는 "페미니즘의 교리"를 빌려서 이를 낙태당 한 태아에게 적용하자고 촉구했다.[22] 낙태 반대 시위대는 이제 "아기 도 선택할 수 있어야 한다!"는 구호를 즐겨 사용한다.[23] 구조작전에 서 만든 시위용 노래 "작은 것들Little Ones"에서는 "태어나지 않은 아 이들에게/ 같은 권리를/ 같은 시간을" 줘야 한다고 주장했다. 여성들 은 낙태를 선택한 게 아니었다. 이들은 "낙태에 이용당한 여성들"이 었다. 한 전국적인 낙태 반대 운동 단체는 이런 이름을 앞세워서 낙 태의 '피해자들'에게 상담을 해 주겠다며 나서기도 했다.[24] 낙태 반 대 문헌들은 낙태 시술 제공자들을 강간범처럼 묘사했다. 젊은 여성 들을 말하지 못할 공포로 몰아넣은 뒤 돈을 갈취해서 리무진이나 몰 고 다닌다는 것이다. 낙태 반대 운동은 여성들을 낙태권의 피해자로 규정함으로써 부정적인 이미지를 확산시켰을 뿐만 아니라 반격의 주 장을 강화했다. 여성의 자유라는 대의는 다시 한 번 여성의 고통을 야기한 범인으로 지목되었다. 낙태 반대 운동 대변인들은 불행한 여 성은 '낙태 후 증후군'의 유산에 시달리고 있는 것일 거라고 주장했 다.[25] 이들은 이 신종 질환이 여성들을 괴롭힌다고 목청을 높였다.

대체로 낙태 반대 운동 지도자들은 자신들은 여성의 권리에 적대적이지 않다고 주장했지만, 이들의 행동은 말보다 더 많은 것을 이야기했다. 전미생명권위원회의 대표 존 윌크는 평등을 지지한다고 말했지만 전미생명권위원회의 이사회는 얼마 가지 않아 남녀평등헌법수정안에 대한 중립적인 입장을 철회함으로써 반대의 뜻을 분명히 했다.[26] 생명수호실천연맹의 임원인 조셉 셰이들러는 "여성의 권리는 아무런 문제가 없다"고 말했다.[27] 그는 그저 낙태에 따르는 육체적·정신적 고통을 덜어 줌으로써 여성의 삶을 '덜 고통스럽게' 만들어 주고 싶을 뿐이라고 했다. 하지만 1986년 한 낙태 반대 회의에서 그는 자신의 주장에 동의하지 않는 여성에게 "고통과 두려움의 1년"을 안기겠다고 맹세했다.

1980년대의 호전적인 낙태 반대 운동에서 핵심 인물이었던 구조작전의 설립자 랜들 테리 역시 많은 대중 연설에서 여성 평등 문제에 대한 언급을 조심스럽게 피했다. 그는 언론에서 여성의 자유를 제한하는 건 자신의 의제가 아니라고 밝혔다. 그저 "엄마들과 그들의 태어나지 못한 아기들을 구하려"는 것뿐이다. 하지만 테리의 정치적 진화 과정은 여성운동이 크게 관련되어 있는 좀 더 복잡하면서도 개인적인 동기가 있음을 시사한다.

랜들 테리: 그는 누구를 구조했을까?

"난 혼외 자식이었어요.[28] 낙태를 당할 수도 있었죠. 부모님이 낙태를 하지 않았기를 바라지만, 부모님한테 선택의 여지마저 없었다는 사실이 아주 기뻐요."
— 랜들 테리

랜들 테리는 여성 참정권 운동가인 수전 앤서니의 고향이자 150년 전 미국에서 첫 번째 페미니즘 물결을 일으킨 뉴욕 로체스터 교외에서 자랐다. 하지만 페미니즘 운동과 그의 관계는 지리적, 역사적 우연에 그치지 않았다. 테리의 외가는 3대에 걸쳐 정치적으로 강경하고 독립적인 여성들을 배출했다. 20세기 초 외가 쪽 증조모는 교구 목사에게 불복하다가 가톨릭을 버렸고, 디파스퀼DiPasquale 집안 여성들은 자기 할 말을 다 하는 진보적인 페미니스트들이었다. 가족계획연맹 로체스터 지부의 전임 홍보 책임자 돈 마빈Dawn Marvin은 "여성의 권리에 대한 랜들 테리의 반격은 사람들의 생각보다 더 뿌리 깊을 수 있다"고 말한다. 마빈은 랜들 테리의 이모였다.[29] "테리는 페미니스트의 무릎에서 자랐어요."

테리의 세 이모 다이앤Diane Hope, 돈, 데일Dale Ingram은 시민권과 평화, 그리고 특히 여성의 권리를 부르짖었다.[30] 결속력이 단단했던 외가의 이 세 자매들은 1970년대에 여성의 복지권 프로그램, 버팔로 주립대학 최초의 여성학 프로그램, 여성 예술 집합체, 여성 토크쇼, 여성 의식 고양 집단, 여성 전문 의료 시설을 만들었다. 하지만 무엇보다 이들에게 중요했던 과제는 출산에 대한 자유였다. 다이앤은 대학에서 합법적이고 안전한 낙태를 옹호하는 글을 쓰고 발언을 했다. 돈은 뉴욕 주에서 낙태 합법화 서명을 받기 위해 몇 시간씩 비를 맞으며 서 있기도 했다. 시 전체에서 운행하는 버스의 피임 교육 광고에는 데일의 사진이 걸렸다.

이 자매들의 운동에는 가슴 아픈 개인적인 경험이 깔려 있었다. 이 네 자매는 모두 낙태가 합법화되기 전 미혼이던 10대 시절에 계획에 없는 임신을 했다. 랜디는 사실 이런 임신의 결과물이었다. 한번은 콘돔에 문제가 있었다. 또 한번은 남자 친구가 마지막 순간에 빼겠다고 해 놓고 빼지 않았다. '실수'가 무엇이었든 대가를 치르는 건 여성이었다. 돈은 대학 장학금과 예술가로서의 경력을 포기하고 사랑하지 않는 남자와, 임신한 그녀의 턱을 주먹으로 날리는 그런 남자와 결혼을 했다. 다이앤은 아이비리그에 진학하려던 계획을 포기하고 고등학교 마지막 해 몇 달 동안 불법 낙태 시술소를 찾아다녔다. 임신 5개월 째에 겨우 찾아낸 '의사'는 그녀에게 500달러를 받고 식염수를 주사하고는 낯선 사람의 집에 그녀를 버려두고 갔다. 그녀는 출혈이 너무 심해서 목숨을 잃을 뻔했다.

"우리의 완고한 적들은 거의 철저한 페미니스트들이에요." 테리가 말했다. 동안에 사지가 길고 가는 스물아홉 살의 이 젊은 남자는 뉴욕 빙햄튼에 있는 구조작전의 본부 바깥에 구부정하게 서 있었다. 그의 뒤쪽에 있는 방 세 개짜리 '중앙 사령부'는 벽에 물 얼룩이 지고 피투성이가 된 태아 사진이 늘어선 퀴퀴한 공간이었다. 어떤 사무실 캐비닛 안에는 "아기의 선택"이 둥둥 떠 있는 단지가 들어 있었다. 테리는 종종 이 방부 처리를 한 태아에 배냇옷을 입힌 뒤 신발 상자만 한 작은 '관'에 넣어서 기자회견에 들고 가곤 했다.

"급진 페미니즘이 영아 살해에 생명을 불어넣었습니다." 그는 이렇게 말했다. "이들, 그러니까 전미낙태권실천연맹이나 전미여성연맹 같은 곳은 수년에 다시서 자신들의 권리를 주장해요. 언론은 이들의 거짓말과 잘못된 선동을 고분고분하게 덥썩 물어서 미국인들에게 다시 토해 냈어요. 거짓말을 말이에요." 많은 기자들 역시 "전미여성연맹의 도구"라고 그는 말한다. "물론 급진 페미니즘은 전통적인 가족 단위를 파괴하겠다고 맹세했죠. 모성도 증오하고, 대부분은 아이도 증오하고, 레즈비언 활동을 조장하죠." 그는 출산 통제의 선구자이자 가족계획연맹의 설립자인 마거릿 생어를 예로 들었다.[31] 테리는 그녀는 "창녀"라고 말했다. "그 여자는 화냥년이었어요. 온갖 종류의 사람들하고 전 세계에서, 아무 데서나 잤죠." 그가 반대하는 것은 낙태만이 아니다. 테리는 모든 피임을 금지시켰으면 좋겠다고 말했다. 그리고 물론 모든 혼전 성관계를 중지시켜야 한다고 주장했다. 그는 처녀성을 간직한 딸을 데리고 결혼식장에 들어가고 싶다고 말했다.

몇 시간 뒤 테리가 집으로 향했다. 투명하다시피 한 피부에 마른 그의 아내 신디Cindy Terry가 옆에 세 살된 딸 페이스Faith를 안고 문에서 그를 맞았다. "내가 저분한테는 당신이 얘기하지 않을 거라고 말씀드렸어." 테리는 나를 지목하며 아내에게 이렇게 말했다. 아내는 잔디 깎기에 시동이 걸리지 않는다고 테리에게 말했다. 점화 코드를 몇 번 잡아당긴 뒤 모터가 돌아가기 시작하자 테리는 잔디 깎기를 아내에게 넘겼다. 거실에 놓인 푹신한 소파에 몸을 묻고 발까지 받친 그는 향수 어린 한숨을 쉬며 바로 1년 전 오늘 자신이 언론계의 정점에 올랐다고 회상했다. "우릴 태우고 〈모턴 다우니 주니어 쇼Morton Downey Jr. Show〉 쇼에 데려갈 리무진을 호텔 휴게실에서 기다리곤 했죠."

자신의 표현에 따르면 그가 "전국적인 미디어 스타"의 반열에 오르게 된 것은 한순간이었다. 다우니의 리무진이 도착하기 몇 년 전만 해도 그는 뉴욕 주 북부 중고차 거래장에서 고물 자동차를 팔고 있었다. 잔디 깎기가 바깥에서 황소 같은 소리를 내는 동안 그는 자신에게 갑작스러운 명성을 안겨 준 젊은 날의 중요한 사건들을 회상했다.

그는 열여섯 살에 자아를 "발견"하고 "로큰롤 스타"가 되겠다는 생각에 캘리포니아를 향해 떠났다. 피아노와 기타에 재능이 있는 우등생이었던 그는 졸업을 4개월 앞둔 1976년 겨울에 학교를 중퇴하고 히치하이크로 서부로 향했다. "어린 반항아였죠." 그는 이렇게 회상했다. "헌 시대를 잘못 만났죠." 1960년대의 "반항아 기질 같은 걸 타고 났거든요."

그는 긴장감이 넘치는 집에서 도망치고 싶기도 했다. 그의 아버지 마이클 테리Michael Terry는 불운한 교사였다.[32] 원래는 성악에 재능이 있었지만 스무 살에 음대를 그만두고 서둘러 결혼을 하고 난 뒤 클래식 가수로 경력을 쌓을 기회는 사라져 버렸다. 결혼 생활이 순탄치 않자 마이클 테리는 자신의 폭력 성향을 큰아들에게 풀곤 했다. 랜디가 집을 떠나기 전날 밤에도 아버지가 그를 때렸다.

테리는 캘리포니아에 도착하지 못했고 여행은 실망스러웠다. 1976년은 전형적인 '길 위의' 경험을 하기엔 약간 늦었던 것이다. "난 대답을 찾고 싶었어요." 테리가 말했다. 하지만 "1970년대 사람들은 그냥 약에 취하고 싶어 했어요." 그는 텍사스 갤버스턴까지 갔다. 거기서 마약을 하고 기타 치는 흉내를 내며 해변에서 캠핑을 했는데 한 부랑자가 그의 배낭과 소지품 일체를 훔쳐 가 버렸다. 그는 집으로 돌아갔다. 가는 길에 손에 넣은『기드온 성경』을 꼭 쥐고서.

로체스터 교외로 돌아온 그가 얻을 수 있는 일자리는 쓰리시스터스Three Sisters라고 하는 동네 구멍가게에서 아이스크림을 퍼 주는 자리뿐이었다. 가끔 근처 엘림 신학원의 일반 목사가 들러서 예수에 대한 증언을 늘어놓았다. 결국 어느 날 밤 테리는 개종을 했다. 종교 지도자가 되겠다는 결심을 한 그는 아이스크림 판매원 일을 그만두고 목사가 되기 위해 엘림에 등록했다.

하지만 미인가 학교였던 엘림의 학위는 먹고살 만한 일자리를 찾는 데 별 도움이 되지 못했다. 그는 타이어를 팔았고 맥도날드Mc-Donald's에서 햄버거 패티를 뒤집었다. 경기가 침체되자 그는 두 번 해고되었다. 그즈음 결혼을 하게 되었지만 집값을 댈 수가 없었다. 그와 신디는 비어 있는 교회 트레일러에서 난민처럼 살아야 했다. 병원비가 필요하거나 때로는 먹을 걸 장만할 때마다 신디의 어머니에게 손을 벌려야 했다. 나중에 테리는 직장 여성들이 "전통적인 가족 단위를 파괴했다"며 질책했지만, 이 힘든 시기에 아내는 꽃집에서 일하며 생계에 보탬이 되었다. 구조작전을 시작하고 수십만 달러의 기부금이 들어오기 시작한 뒤에야 테리는 생활임금을 벌고 집 같은 집에서 살 수 있게 되었다.

그의 회상에 따르면 1983년 가을 기도실에 있는데 구조작전의 "환영"이 떠올랐다. 그건 낙태 클리닉을 봉쇄하고, 여성들에게 낙태를 하지 말라고 충고하고, 미혼모에게 쉼터를 제공하자는 세 가지 방향의 계획이었다. 그는 몇 차례에 걸쳐 낙태 클리닉을 습격했지만 1988년 7월까지는 언론의 주목을 받지 못했다. 1988년 7월 그는 애틀랜타를 습격했는데, 마침 그곳에는 민주당 전당대회 때문에 전국 기자단이 몰려 있었다. 1주일 동안 포위 작전이 이어지면서 134명의 시위대가 체포되었고 테리는 "네트워크를 형성"했으며 스타의 지위를 보장받았다.

테리의 이야기가 절정에 달했을 때 신디가 잔디 정돈을 끝내고 저녁 식사를 준비하러 집으로 들어왔다. 그녀는 한동안 거실에서 서성거렸다. "내가 이분께는 당신이 언론인을 좋아하지 않는다고 말씀드렸어. 그러니까 당신한테서 의견을 구하려고 하지 않으실 거야." 테리는 아내에게 이렇게 말했다. 하지만 신디는 할 말이 있는 듯했다. 그녀는 "그저 더 나은 기독교인이 되기 위해 공부"하던 엘림에서 랜디를 만나게 된 과정을 들려주었다.[33] 처음에는 그에게 끌리지 않았지만, 기독교 여성성 수업에서 "맹목적인 사랑"은 "불행한 결혼 생활"로 이어질 수 있다는 배움을 얻었다. 반면 랜디는 처음부터 신디에게 끌렸다고 말했다. 그는 "그녀가 조용해서" 좋았다고 한다.

신디 딘*은 뉴욕 주 북부 작은 마을 맨체스터에서 어린 시절을 보냈다. 그녀는 지역의 쉐라톤 호텔에서 웨이트리스이자 바텐더로 일했지만 더 많은 것을 꿈꿨다. "내 인생이 완전한 실패작이 되는 게 싫었다"고 그녀는 말했다. 그래서 스물세 살에 하이드파크에 있는 미국요리학교Culinary Institute of America에 등록했다. 그녀는 그곳이 "미국에서 제일 좋은 요리 학교 중 하나"라고 짚어 주었다. 그녀는 요리사 과정의 몇 되지 않는 여학생 중 하나였다. 그녀는 "남성이 지배하는 직업" 끼어들었다고 자랑스럽게 말했다. "내가 정말 거기에 들어갔다니까요. 점수도 정말 잘 받았어요. 성공한 인생을 살고 싶었으니까요." 그녀는 로체스터에 있는 프랑스 식당에서 일하면서 최려한 페이스트리를 만들고 주방 직원 전체를 통솔하기 시작했다. 그러다가 투철한 기독교 집단을 만났다. 결국 그들은 그녀를 개종시켰고 그녀에게 학교를 그만두어야 한다는 확신을 심어 주었다.

랜디가 아내의 이야기에 끼어들면서 "이제 그만 마무리하죠" 하고 말했다. "식사를 하고 싶군요." 그들은 식탁으로 자리를 옮겼다. 랜디는 식탁 상석에 자리를 잡았고 신디가 시중을 들었다. 그는 아내가 "콩을 태웠다"며 잔소리를 늘어놓았다. 저녁 식사를 마치고 그는 거실로 돌아가 올리버 노스Oliver North 중령을 다룬 텔레비전 영화 〈거츠 앤 글로리Guts and Glory〉를 시청했다. 신디는 설거지를 하면서 낙태 클리닉 앞에서 피켓 시위를 하자는 아이디어를 처음에 내놓은 건 자신이었다고 털어놓았다. 그녀는 아주 힘들게 임신을 했기 때문에(임신하는 데 5년이 걸렸다) 아무런 노력 없이 임신을 했다가 낙태를 하는 여성들에게 적개심을 갖게 되었다. 그녀는 혼자서 빙햄튼에 있는 지역 낙태 클리닉인 서던티어여성병원Southern Tier Women's Services 앞으로 행진을 감행했다. 그녀는 손수 만든 플래카드를 들고 여성들에게 "당신의 아기를 죽이지 마세요. 내가 데려갈게요. 난 아

* Cindy Dean, 결혼 전 신디 테리의 이름.

기를 가질 수가 없어요" 하고 소리쳤다. 당시 여성 병원 직원이었던 알렉스 에이킨Alex Aitken은 신디에 대해 이렇게 회상했다.[34] "처음엔 성격이 상당히 이상했어요. 아무한테나 말을 걸었거든요."

하지만 어느 날 랜디가 그녀의 옆에 나타났다. 그러더니 곧 신디가 "보이지 않았다"고 에이킨은 회상했다. 신디 대신 나타난 테리는 주차장에서 순찰을 돌면서 여성들이 낙태 클리닉에 들어가지 못하게 자동차 문을 말 그대로 몸으로 막았다.[35] 한번은 그가 한 환자의 신원을 알아내서 대기실로 난입하여 마치 영화 〈졸업〉에 나오는 남자 주인공처럼 환자의 이름을 외친 적도 있었다. 여성 병원 직원들의 회상에 따르면 또 한번은 그가 클리닉 '상담사' 행세를 하고서 16세 소녀를 "우리의 비밀 장소"로 안내해 주겠다고 하면서 실제로는 자신의 사무실로 데려가기도 했다. 그곳에서 그는 이 10대에게 낙태의 후유증이라고 주장하며 여러 증상(불임, 정신이상, 사망)에 대한 불쾌한 영상을 보여 주었고 결국 겁먹은 소녀는 도망쳤다.

1985년 테리는 교회 쪽의 지지자 집단을 조직했고 이들은 매일 낙태 클리닉을 찾아갔다.[36] 이들은 출입문 자물쇠에 순간접착제를 뿌렸고 직원들이 출퇴근할 때 쫓아다녔다. 어느 날은 여성 병원에 난입해서 집기를 부수고 전화기를 떼어 내고 상담실에 들어가 문을 걸어 잠그기도 했다. 경찰은 쇠지렛대로 문을 부숴야 했다. 또 한번은 구조작전의 활동가 중 한 명인 젊은 남성이 창문을 넘어 들어와 5개월된 임신부의 배를 주먹으로 가격했다.[37] 그녀는 구급차를 타고 병원으로 이송되었고 3주 뒤 유산했다.

테리는 세 방향 중 다른 두 가지 방향도 등한시하지 않았다. 1989년 구조작전은 어리고 궁핍한 임신부를 위해 하나밖에 없는 상담 시설인 위기임신센터Crisis Pregnancy Center를 설립했다.[38] 이 기관은 공짜 임신 테스트를 해 주겠다는 전화번호부 광고로 10대들을 유혹한 뒤 낙태 반대 영상을 보여 주며 겁박했다. 내가 방문했던 날 이 기관이 궁핍한 아기 엄마들에게 제공한 실제 서비스는 분유 몇 통과 낡은 아기 침대 두 개가 전부였다.[39] 미혼모 쉼터의 경우 테리는 펜실베이니아에 생명의집House of Life을 딱 한 개 지었다.[40] 폐쇄되기 전까지 그곳에서 지낸 임신한 소녀는 단 네 명이었다. 왜 그랬을까? 그곳을 운영하던 부부가 자기들의 출산 준비 때문에 너무 바쁘다고 선언했던 것이다.

낙태 반대 운동의 유산

낙태 반대 전사들은 가장 노골적이고 폭력적인 반격의 대리인들이었다. 이들의 선동으로 1977년부터 1989년까지 77곳의 가족계획 클리닉이 방화나 폭탄 공격을 당했고(이 중 최소 7건은 직원과 환자 들이 안에 있던 운영 시간에 벌어졌다), 117곳은 방화의 표적이 되었고, 250곳은 폭탄 공격을 하겠다는 위협을 받았고, 231곳에서는 무단 침입이, 224곳에서는 기물파손이 벌어졌다.[41] 시간이 갈수록 공격 수위는 더 심해졌다. 1991년 4월, 폭탄 공격과 방화 건수는 이미 1990년 한 해의 수치를 넘어섰다. 클리닉의 환자들은 괴롭힘을 당하고 심지어 납치를 당하기도 했다. 67곳의 가족계획센터 직원들이 살해 위협을 받았고, 47곳의 직원들이 구타를 당했다. 오하이오 클리블랜드에서는 낙태 반대 운동가들이 걱정하는여성의클리닉Concerned Women's Clinic의 기술자를 화학 물질로 실명시키고 난 뒤 클리닉에 불을 질렀다. 또 다른 클리닉에서 근무하는 의사는 조간신문에 설치된 위장 폭탄이 터져 불구가 되었다. 미네소타의 가족계획연맹 상임 이사는 여러 차례 폭행을 당하고 목이 졸리는 일을 겪기도 했다. 오하이오 영스타운의 한 클리닉에서는 낙태 반대 시위대가 갑자기 건물 안으로 들이닥치면서 직원 한 명이 넘어져 뇌진탕을 일으켰다. 그 외에도 여러 클리닉의 직원들이 시위대에게 구타를 당하거나, 인질로 잡히거나, 차에 치이거나 했고, 심지어 클리닉 원장의 개가 독살당한 일도 있었다.

1973년 낙태 합법화 판결 이후 수년간 벌어진 낙태 반대 작전은 이미 유명하다.[42] 낙태 합법화 판결이 있던 바로 그해에만 이 판결의 효과를 제한하기 위해 50여 개 법안이 제안되었다. 1974년에는 헌법을 수정해서 낙태를 금지시키려는 시도가 있었고, 1976년에는 연방 재정이 낙태에 들어가지 못하게 저지하는 하이드수정안Hyde Amendment이 통과되었으며, 1980년대에는 공화당 출신 대통령들이 점점 적극적인 역할을 했다. 이후 수백 건의 입법 작전은 30여 개 주에서 금지 규정과 동의, 고지 규정을 넣는 데 성공했고, 낙태 합법화 판결에 도전하는 숱한 법적인 시도들은 1989년 대법원의 웹스터 판결에서 절정을 이뤄(아이러니하게도 그날은 독립기념일 전날이었다) 결국 주 차원에서 낙태에 제한을 둘 수 있는 길을 열어 주었다. 그리고 마침내 1991년 대법원 판결에 힘입어 정부는 연방의 자금 지원을 받는 클리닉들이 임신부와 상담을 할 때 낙태에 대해서는 입에도 올리지 못하게 금지할 수 있게 되었다.

하지만 이런 선 굵은 행보에도 불구하고 낙태 반대 작전은 대중운동이 되지 못했다. 여러 차례에 걸친 여론조사는 미국인 다수가 1973년의 낙태 합법화 판결을 지지함을 분명하게 보여 주었다. 사실 웹스터 판결은 낙태권 찬성 진영의 세만 더 늘려 주었다.[43] 이제 전국의 모든 지역, 모든 연령 집단, 양대 정당 모두, 심지어 가톨릭 교회 내에서마저 다수가 낙태 합법화 판결을 지지했다.[44] 이 법원 판결이 뒤집혔으면 좋겠다고 생각하는 집단은 단 하나, 텔레비전 전도사들을 추종하는 백인들뿐이었다.

낙태 합법화 판결에 대한 한결같은 대중적 지지는 미국사라는 큰 맥락에서 살펴봐야 이해가 가능하다. 이 역사적인 판결은 그저 원상태로 돌아간 것뿐이었다. 19세기 말 마지막 50년 전까지만 해도(식민지 시대부터 어떤 형식으로든 시술이 이루어지던) 낙태권은 한 번도 제한된 적이 없었다. 그리고 그 이전까지만 해도 '태동'(착상 후 7개월) 전에 하는 임신중절에는 도덕적 오명이 씌워지지도 않았다. 산아제한 역사가 크리스틴 루커Kristin Luker의 말처럼 "아이러니하게도 엄청난 비방의 대상이 된 1973년 대법원 낙태 판결 '로Roe 대 웨이드Wade'는 법적인 낙태 규정을 3개월 단위로 구분하지만, 이는 미국인 대부분의 생각보다는 낙태에 대한 전통적인 처우와 훨씬 더 맞닿아 있었다."[45]

1800년 낙태는 모든 주에서 합법이었고, 낙태에 대한 여론은 대체로 중립적이었다.[46] 낙태가 논쟁의 중심에 서게 된 건 여성운동이 등장한 19세기 중반 이후부터였다. 여성들이 (아내가 건강상의 이유로 성관계를 자유롭게 거부할 수 있어야 한다고 주장한) '자발적인 모성' 같은 간단한 가족계획 방법을 요구하고 나서자 의사, 입법가, 언론인, 성직자 들은 모든 형태의 산아제한에 반대하는 훨씬 극단적인 방법으로 반격에 나섰다. 갑자기 《뉴욕타임스》에는 낙태가 '이 시대의 악'이라며 개탄하는 기사들이 넘쳐났다.[47] 미국의학협회American Medical Association(당시 신생 조직이었던 이 협회는 조산사들과 다른 여성 낙태 시술사들을 업계에서 몰아내고 세를 확장하려 했다)는 갑자기 이 '범죄적'이고 '무책임한' 실태에 반대하는 대대적인 홍보 캠페인에 돌입했고, 심지어 최고의 낙태 반대 서적에 올해의 상을 주기도 했다.[48] 성직자들은 갑자기 낙태가 중죄라고 선언했다. 그리고 갑자기 '순수성' 회복 운동가들은 낙태 클리닉으로 몰려가 대부분 여성인 시술사들을 법정으로 끌어냈다.[49] 19세기 말이 되자 출산 선택권에 대한 이 같은 반격은 (19세기 내내 아무 문제 없던) 일체의 산아제한 보급품을 연방 차원에서 금지시켰고 (여성의 생명을 구하기 위한 경우가 아니라면) 모든 주에서 낙태를 불법화시켰다.[50]

여성들이 아무리 가장 온건한 수준에서 자신의 생식력을 통제하기 위해 노력해도 반대의 불길이 활활 일어나는 건 어쩌면 불가피한 일인지 모른다. 교육이든, 일이든, 그 어떤 형태의 자기 결정권에 대해서든 여성의 모든 포부는 궁극적으로 아이를 가질지의 여부와 가진다면 언제 가질지를 결정할 수 있는 능력에 좌우된다. 이 때문에 출산의 자유는 언제나 모든 일련의 페미니즘 의제에서 가장 많은 사람들이 공유하는 주제였고, 반격이 일어날 때마다 가장 거센 공격의 대상이었다. 20세기 초에 페미니즘이 부활했을 때 마거릿 생어가 이끈 산아제한 운동은 계급과 인종 구분을 넘어서 여성운동의 주제 중에서 가장 폭넓은 지지를 받았다. 여성운동가이자 평화운동가인 크리스털 이스트먼Crystal Eastman이 1918년 당대의 페미니즘에 대한 글에서 밝혔듯 "우리가 특별히 추종하는 사람이 앨리스 폴Alice Paul이든 루스 로Ruth Law든 엘런 키Ellen Key든 올리브 슈라이너Olive Schreiner든 우린 모두 마거릿 생어의 추종자일 수밖에 없다."[51]

1980년대에도 역시 여성들이 별로 대단하지도 않은 출산의 자유를 얻기만 했을 뿐인데도 낙태 반대 운동은 19세기 선구자들처럼 이를 억누르려고 안달하며 도를 넘어선 응징에 앞장섰다. 수백 건의 입법 발의와 뒤이은 국민투표에서 여성의 출산의 자유에 반대하는 이들은 종종 1973년 낙태 합법화 판결 폐지 이상의 무언가를 강요한다는 인상을 주곤 했다.[52] 일각에서는 여성의 목숨이 위험할 때마저 낙태를 불법화하자는 안을 내놓기도 했다. 이런 극단적인 입장은 낙태를 제한하던 1973년 이전의 법에도 없던 것이었다. 낙태를 진행하기 전에 남편의 허가를 받도록 의무화하려고 하는 사람들도 있었다. 의사로부터 의무적인 강의를 듣게 하려 하기도 했다. 어떤 법안에는 수정 이후에 효과가 있을 수도 있는 일체의 피임 도구를 쓰지 못하게 하고, 공공 도서관에 기본적인 산아제한 정보를 보유하지 못하게 금하며, 생면부지의 사람이 임신부가 낙태를 하지 못하게 막는 법원 명령을 신청할 수 있게 하는 내용이 들어 있기도 했다. 유타에서는 입법가들이 낙태 시술자들을 최고 5년까지 징역에 구형할 수 있게 만들려 했다. 루이지애나에서는 입법부가 10년의 강제 노동을 요구했고, 매사추세츠에서는 전기의자에 앉혀야 한다고 주장하는 법안이 두 차례 제출되었다.

출산권에 대한 반격이 심화되자 언론인, 성직자, 법률가 들이 여기에 가세했다. 1980년대의 마지막 2년 동안에만 주요 일간지에 낙태에 대한 기사가 1,500건 이상 등장했고, 주간지는 사회정책 면에서 가장 많은 지면을 낙태에 할애했다[53](이런 기사들은 낙태에 대한 전국적인 공격 때문에 상처 입은 수백만 여성의 관점이나 이들의 필요에 대해서는 거의 살펴보지 않았다. 그 대신 이런 기사들은 훈계를 했고, 여성 기자가 낙태 논쟁을 다뤄도 괜찮은 건지 의혹의 눈초리를 보냈고, 낙태 전투가 여러 정치인들에게 '상처를 입힐'지 모른다며 걱정했다). 미국변호사협회는 1990년 낙태 선택권 방침을 승인한 지 7개월 만에 표결을 통해 이를 철회했다.[54] 온건한 교파들(미국침례교, 장로교, 연합감리교, 미국성공회 등)마저 낙태 선택권을 지지하던 입장을 철회했다.[55] 가톨릭 주교들은 미국 최대의 홍보 회사인 힐앤놀턴Hill&Knowlton을 고용하는 등 온갖 방법을 총동원해서 낙태에 반대하는 500만 달러어치의 홍보전에 돌입했다.[56] 뉴욕 대교구는 낙태 반대에 전념하는 수녀 단체인 생명의수녀회Sisters of Life를 제안했다. 뉴욕의 존 오코너John O'Connor 추기경은 로마 가톨릭 교도 정치인들에게 만일 여성의 낙태권을 지지할 경우 파문당할 수 있음을 고지하는 열두 쪽짜리 경고문을 발표했다. 뉴저지의 주교 제임스 맥휴James McHugh는 지금부터 교회의 입장에 불복하는 가톨릭 정치인들은 교회 행사에서 연설을 하거나 교회에서 직책을 받지 못하게 금지할 거라고 선언했다. 괌의 대주교는 괌에서 이루어지는 사실상 모든 낙태를 불법화하는 극단적인 법안에 반대하는 상원 의원은 모두 파문시키겠다고 못 박았다. 그리고 텍사스 코퍼스크리스티의 르네 그라시아Rene Gracia 주교는 이 마을의 가족계획 센터 소장을 파문했고, 그녀가 일을 그만두지 않으면 또 다른 낙태 클리닉의 직원 역시 파문하겠다고 으름장을 놓았다.

하지만 1980년대 말까지도 낙태 반대 공작은 1973년의 낙태 합법화 판결을 뒤집지 못했고, 가혹한 법안들은 대부분 무산되었으며, 합법적인 낙태에 대한 대중의 지지는 오히려 증가했다. 그럼에도 불구하고 광고와 소송, 괴롭힘과 폭력의 공세를 줄기차게 퍼부은 결과 많은 여성들이 사실상 낙태에 접근하기가 어려워졌다.

이미 내켜하지 않던 의료 기관들은 공포 분위기가 조성되자 낙태 시술을 하지 않으려 했다. 1987년에 이르자 낙태 서비스를 받을 수 없는 카운티가 85퍼센트에 달했다.[57] 전국 조사에 따르면 농촌의 낙태 서비스 제공업체는 1977년부터 1988년까지 50퍼센트 이상 줄어들었다. 그리고 이 하락의 20퍼센트가 1985년 이후에 발생했다. 낙태 시술을 배웠거나 배우려고 하는 의료진도 고갈되고 있었다. 노스다코타와 사우스다코타에는 낙태 시술이 가능한 의사가 각각 단 한 명씩 있었고, 미주리 주에서 메릴랜드 주에 이르는 최소한 10여 개 주에서는 낙태 시술이 가능한 의사가 없어서 시술을 받으려면 주 경계를 넘어야 했다. 미주리 주에서는 낙태를 하려는 여성들이 하루 종일 주를 가로질러 이동한 뒤 세인트루이스의 하나뿐인 가족계획 클리닉의 주차장에서 야영을 해야 했다.[58] 이 클리닉에서도 두 번째 3개월에 접어든 임신부만 낙태를 받을 수 있었다. 캔자스시티의 트루먼의학센터Truman Medical Center의 경우 나중에 웹스터 판결로 공공 병원에서의 낙태가 완전히 금지되기 전에 이미 낙태 시술 건수가 급감해 1986년 484건에서 1988년 49건까지 줄었다.[59] 수요가 부족해서가 아니었다. 이 병원에서 낙태 시술을 하던 두 의사 중 한 명은 너무 심하게 괴롭힘을 당해서 캘리포니아로 자리를 옮겼고, 다른 한 명은 낙태 반대 시위대를 너무 자주 마주쳐서 계약 기간을 다 채우지 못하고 그만뒀다. 심지어 대도시 지역도 타격을 입었다. 시카고의 빈민 대상 의료 기관 중 가장 규모가 큰 쿡카운티병원Cook County Hospital은 낙태 서비스를 제공하지 않기로 했고, 선거운동 기간에 낙태 서비스 부활을 공약으로 걸었던 이 병원의 신임 이사장은 1990년 낙태에 반대하는 이사들의 압력에 굴복했다.[60] 같은 달 일리노이에서 두 번째 3개월 임신기에 낙태 시술을 해주는 몇 되지 않는 병원 중 하나인 프리메이슨의학센터Masonic Meical Center는 가톨릭 교회의 압력 때문에 이 서비스를 중단했다. 가톨릭 교회가 낙태를 중단하지 않으면 병원 확장에 필요한 땅을 팔지 않겠다고 나왔기 때문이다.

공공 의료 시설에 의존하는 수천만 명의 여성들에게는 아직 운영 중인 몇 되지 않는 낙태 클리닉마저 언감생심이었다. 저소득층 의료보험 대상자 중 매년 낙태를 원하는 25만여 여성들에게 더 이상 연방 재정이 지원되지 않았다.[61] 그리고 1980년대 말에 이르자 10여 개의 주를 제외한 모든 주 역시 주 재정으로 낙태를 지원하지 못하게 금지했다(심지어 여덟 개 주에서는 사보험의 낙태 보장마저 제한하는 법을 1980년대 초에 통과시켰다).[62] 미시건 주에서는 저소득층 대상 의료보험으로는 낙태를 할 수 없는 주법의 효력이 1988년에 발효되면서 다음 해 낙태 건수가 1만 3,000건으로 23퍼센트 급감했다.[63] 1973년 낙태 합법화 판결은 존재감이 사라진 것 같았다.

절박한 여성들은 최소한의 낙태 비용을 지원하는 몇 되지 않는 민간 기관에 매달렸다.[64] 시카고낙태기금Chicago Abortion Fund은 매년 수백 명의 여성들을 돌려보내야 했다. 대학에서 장학금을 받고 있는 스물일곱 살의 싱글맘 로지 지메네스Rosie Jimenez는 교사 자격증을 따기 6개월 전에 임신 사실을 알게 되었다.[65] 그녀는 자신의 경제 형편에 맞는 낙태 시설을 찾아 국경 너머 멕시코를 찾아야 했다. 지메네스는 저가의 불법 시술 때문에 목숨을 잃었다. 복지 수급자였던 아이다호의 열세 살 소녀 스프링 애덤스Spring Adams는 1989년 아버지에게 강간을 당해 임신을 했고, 어머니는 주 전체를 뒤져 두 번째 3개월에 낙태를 해 주는 단 한 명의 의사를 찾아냈다.[66] 하지만 그는 비용을 감면해 줄 생각이 전혀 없었다. 그가 감당할 수 없을 정도로 높은 비용을 제시하자 (아이다호는 산모의 생명이 위태롭지 않은 이상 모든 낙태에 저소득층 의료보험을 적용하지 못하게 했다) 스프링의 어머니는 전국을 떠돌며 필사적으로 형편에 맞는 의료 시설을 찾아다녔다. 결국 그녀는 오리건 포틀랜드에 있는 한 클리닉을 찾아냈다. 이 곳에서는 병의 시술을 200달러만 받고 해 주기로 했다. 하지만 포틀랜드행 그레이하운드 버스에 오르기 이틀 전 스프링은 낙태에 반대하던 아버지에게 총을 맞고 목숨을 잃었다.

낙태 반대 운동은 아직 운영 중인 몇 되지 않는 낙태 시술 병원에 대한 정보를 얻는 것마저 더 어렵게 만들었다. 1991년 고등법원의 판결은 연방의 재정 지원을 받는 여성 병원에 입마개를 채웠다. 청소년가족생명법Adolescent Family Life Act에 따라 연방의 재정으로 진행하는 성교육 수업에서는 학생들에게 낙태와 피임에 대한 일체의 정보를 주지 않았다.[67] 그리고 공립학교 관리인들은 낙태 반대 집단의 위협이 무서워서 이런 정보를 제공하는 수업을 폐강시켰다. 1989년에 이르자 미네소타에서는 어떤 형태로든 성교육을 진행하는 고등학교가 절반도 되지 않았다. 낙태 반대 로비 집단의 강력한 압력에 대한 직접적인 대응이었다. 낙태 반대 로비 집단들은 가족계획 클리닉 광고를 거부하고 낙태에 대한 공공 프로그램을 취소하라고 언론에 압력을 행사하기도 했다. 이런 압력에 대한 직접적인 대응에서였든 그저 논란에 휘말리지 않기 위해서였든 수십 곳의 신문과 라디오 방송국, 텔레비전 네트워크, 대학과 고등학교 출판물, 연감, 심지어 풋볼 경기 프로그램마저 가족계획 서비스의 광고와 노골적인 안내문, 더 나

아가 낙태권 옹호 집단의 기본 정보 전달마저 거부하거나 금지하기
시작했다.[68]

반면 낙태에 대한 공격은 포장용 피자 상자 안이나 심지어 스포
츠 비디오물에서도 볼 수 있었다. 도미노피자Domino's Pizza의 회장 토
머스 모나한Thomas Monaghan은 피자를 주문하면 낙태 반대 시위에 대
한 최신 정보가 담긴 전단지를 함께 배송하겠다고 천명했다. 뉴욕자
이언츠New York Giants의 소유주인 웰링턴 마라Wellington Mara는 〈생명
을 위해 싸우는 챔피언Champions for Life〉이라는 비디오를 만들어서 미
국생명연맹American Life League을 통해 어린 학생들에게 배포했다.[69] 자
이언츠의 선수 마크 바바로Mark Bavaro(이 영화에 나오는 자이언츠의
스타 여섯 명 중 한 명)는 어린 팬들에게 "낙태 합실단이 우리 나라
전역에서 활보할 수 있게 내버려 뒀다가 얼마나 많은 미래의 챔피언
들이 이 세상의 빛도 보기 전에 목숨을 잃게 될지 걱정"이라고 충고
했다.

출산 선택권을 위한 전국적인 행진의 시간과 장소만 간단하게
공지하는 전미여성연맹의 광고는 전국 최대 미디어 시장 다섯 곳에
서 스물여섯 개 라디오 방송국에게 '너무 논쟁적'이라며 퇴짜를 맞았
다.[70] 《로스앤젤레스타임스》와 《워싱턴포스트》는 낙태 선택권을 지
지하는 영화 〈생존을 위한 낙태Abortion for Survival〉를 홍보하기 위한
페미니스트다수를위한재단Fund for Feminist Majority의 광고 게재를 거
부했다[71](그리고 《로스앤젤레스타임스》의 결정에 항의하는 편지를
보낸 여성들은 당신들은 페미니스트의 이해관계에 따른 '어떤 조작'
의 꼭두각시일 뿐이라고 충고하는 답장을 광고 담당 부서로부터 받
았다).[72] 반면 《유에스에이 투데이》는 강간 피해 여성들에게 낙태를
하지 말라고 촉구하는 미국생명연맹의 거대 광고를 (그것도 1973년
낙태 합법화 판결 기념일에) 기꺼이 게재했다.[73] 그리고 텔레비전 네
트워크들은 논란이 많은 데다 오해의 소지마저 있는 낙태 반대 영화
〈소리 없는 비명The Silent Scream〉(1984)은 아무런 토를 달지 않고 일
부를 방영했다. 이 영화는 12주 만에 태아를 볼 수 있다고 주장했다.
낙태 반대 운동가들의 보이콧 위협이 두려운 미디어의 광고주들은

방송사가 낙태에 대한 뉴스 프로그램을 진행하기 어렵게 만들었다. 바버라 월터스가 진행한 ABC 라디오의 낙태 특집 방송은 후원사를 단 하나도 찾지 못했다.[74]

낙태 반대 운동은 낙태뿐만 아니라 출산 통제 클리닉과 그 외 다른 가족계획 서비스에 대한 민간 및 공공의 지원과 재정을 대대적으로 감축하는 데도 성공했다. 연방과 주의 가족계획 서비스 보조금은 1980년부터 1987년 사이에 5,000만 달러까지 줄었다.[75] 로마 교황청은 미국 최대의 비영리 의료 기관인 자비의수녀회 Sisters of Mercy 병원 시스템에, 가톨릭 교도들의 주요 피임 방법인 불임 시술을 전면 중단하라는 명령을 내렸다.[76] 많은 기업, 자선단체, 재단들 역시 '생명권' 로비 집단의 압력 때문에 가족계획에 대한 재정 지원을 철회했다. 1988년 유나이티드웨이 United Way 는 가족계획연맹에 대한 재정 지원을 중단했다. 1990년에는 AT&T가 기독교실천위원회 Christian Action Council 의 압력 때문에 주주들이 낙태와 얽히는 걸 반대한다고 주장하면서 25년간 이어 오던 가족계획연맹에 대한 후원을 중단했다.[77] 주주의 94퍼센트는 가족계획연맹에 자금을 지원하는 데 찬성하는 표를 던졌는데도 말이다.

가족계획 기금이 중단되자 아이러니하게도 젊은 빈민층 여성들 내에서 낙태가 증가했다. 산아제한 서비스가 부족해지자 원치 않는 10대 임신부가 늘어났기 때문이다. 1990년이 되자 전미보건통계센터 National Center for Health Statistics 는 18년 동안 하락하던 10대 임신율이 처음으로 늘어났다고 보고했다.[78] 캘리포니아에서는 보건 전문가들의 추정에 따르면 1989년 주의 가족계획 기금 2,400만 달러 삭감 때문에 10대 대상 클리닉이 폐쇄되고 많은 가족계획 센터에서 인력을 줄이고 근무시간을 단축하게 되면서 매주 임신이 약 1,000건, 낙태가 500건씩 늘어났고, 그 결과 다시 기금이 복원되었다.[79]

34개 주가 법으로 어린 여성들이 부모에게 고지를 하거나 부모의 동의가 있어야만 낙태를 할 수 있는 제한을 걸어 놓아도 젊은 여성들의 성관계를 막지 못했다. 이런 법들은 정신적 외상과 10대 출산율만 키워 놓았다. 그리고 시간만 지체시켜 어린 여성들이 더 위험하고 비용도 많이 드는 두 번째 3개월에 낙태를 하게 만들었다. 미네소타의 부모동의법이 이행되고 난 뒤 15세부터 17세 사이의 여성 출산율이 약 40퍼센트 늘어났다.[80] 반면 이 법의 적용 대상이 아닌 18세와 19세 출산율은 같은 기간 동안 0.3퍼센트 늘어나는 데 그쳤다. 이 법이 통과된 뒤 미네소타에서 두 번째 3개월에 낙태를 하려는 10대의 비중은 27퍼센트 늘었다. 그리고 부모동의법은 낙태를 하려는 겁먹은 어린 소녀들을 불법 시술소로 몰아넣었고, 때로 이는 재앙과도 같은 결과를 초래했다.[81] 인디애나폴리스에 살던 열일곱 살의 베키 벨Becky Bell은 1988년 불법 낙태 시술을 받다가 목숨을 잃었다.[82] 그녀는 부모의 허락을 받기가 너무 무서워서 합법적인 시술을 받을 수가 없었다. 《네이션》이 1991년 베키 벨에 대한 기사를 싣자 겁먹은 소녀들이 자신의 사연을 적은 편지가 물밀듯 밀려들었다.[83] 한 열두살짜리 소녀는 벨과 같은 운명을 맞은 친구에 대한 이야기를 적어 보냈다. 와이오밍의 한 10대는 자신 역시 될 대로 되라는 심정으로 불법 낙태를 받았다고 밝혔다. 그녀는 의사가 자신에게 "수치심을 줬다"고 회상했다. 그리고 "환경이 너무 비위생적이어서 몇 달 동안 하혈을 했다. 결국 친구가 나를 병원에 데려갔고 응급 확장 소파술을 받았다. 거의 죽다 살아났다."

　부모동의법이 제공한 면제 '선택지'(부모의 허락이 있으면 10대 소녀들은 판사의 승인을 받아 시술을 받을 수 있었다)는 사실 선택지라고 할 수도 없었다. 많은 10대 소녀들에게는 너무 복잡하고 고통스러웠던 것이다. 이런 '사법적인 우회' 절차는 종종 젊은 여성들에게 의학적인 진술서와 법적인 자문을 강권했고, 20여 명이나 되는 낯선 사람들에게 자신의 이야기를 털어놓게 했으며, 한 달이나 대기하게 하기도 했는데, 이미 임신한 많은 10대 소녀들에게 이건 재앙이나 다름없었다.[84] 그리고 이 기나긴 법적 절차가 끝나고 나도 이들은 사법부의 변덕 앞에 속수무책이었다. 일부 주는 1년에 수천 건의 면제를 공표했지만, 인디애나처럼 사법부의 낙태 반대 정서가 강한 주에서는 연간 사법적인 면제가 겨우 6건에서 8건 정도밖에 이루어지지 않았다.

많은 판사들이 사법적인 우회 사건을 맡으려고도 하지 않았다. 매사추세츠에서는 상급법원의 판사 60명 중 12명이 일상적으로 10대 소녀들의 낙태 청원을 맡으려고 하지 않았다.[85] 소녀들의 비밀권 역시 제대로 지켜지지 않았다.[86] 일부 사건에서는 심리가 공개 법정에서 이루어졌고 이들의 이름과 주소가 기록에 남았는데 이는 부모동의법 규정을 위반한 것이었다. 많은 판사들이 어린 소녀들을 장황하고 위협적인 방식으로 심문하거나 화를 내며 도덕적인 설교를 늘어놓았다. '아이'를 죽인다는 사실을 알고는 있나?[87] 태아에 '눈'이 있다는 사실을 알고 있나? 낙태에 반대하는 판사들은 때로 소녀들을 심문하는 동안 피투성이가 된 태아에 대한 문헌을 자신의 방에 보란 듯이 펼쳐 놓기도 했다.[88] 아니면 판결을 질질 끌면서 다음번 3개월로 시간을 지연시켜 시술을 하지 못하게 만들려고 시도하기도 했다.[89] 한 번씩, 한 달을 기다렸다가 판결을 내렸고, 또 다른 판사는 낙태를 허락하지 않은 자신의 판결에 항소를 하지 못하게 하려고 법정 속기사에게 속기를 하지 말라고 명령하기도 했다.[90]

낙태 반대 운동은 미래를 위한 여성들의 출산 선택권 역시 위축시켰다. 1960년대와 1970년대에는 20여 곳의 기업이 피임 연구에 돈을 지출했지만 1980년대 말이 되자 그런 기업은 단 한 곳밖에 남지 않았다.[91] 보험사들 역시 주눅이 들어서 1990년에는 그 어떤 곳도 대부분의 피임 도구 임상 실험을 보장해 주지 않았다.[92] 1990년 의학연구소Institute of Medicine 의 한 연구는 한때 피임 연구 분야에서 세계를 선도했던 미국이 이제는 피임 제품 개발에서 나머지 선진국에 크게 뒤처졌고 그래서 이제 앞으로 미국에서 '선택할 수 있는 피임 도구'가 멸종 위기에 처하게 될 거라 밝혔다.[93]

낙태 반대 운동 집단의 위협은 낙태약 연구 역시 중단시켰다. 1986년 낙태약을 개발 중이던 스털링드러그Sterling Drug 는 급히 이 개발을 중단했다.[94] 업존사Upjohn Co. 는 생명권 집단이 보이콧을 선언하자 1985년 낙태약 개발을 취소하고 낙태약 연구 프로그램을 아예 없애 버렸다. 그리고 인구협회Population Council 는 프랑스 피임약 RU-486에 대한 연구를 중단했다. 1989년 식의약청이 제시 헬름

스Jesse Helms, 헨리 하이드Henry Hyde, 로버트 도넌Robert Dornan 같은 의
회 내 낙태 반대론자들의 압력 때문에 사적인 용도로 RU-486을 재
수입하지 못하게 금지했던 것이다.[95] 1990년 낙태약 제조업체인 뤼
셀위클래프Roussel-Uclaf는 미국 유일의 임상 연구 팀에 시험용으로 공
급하던 약도 중단시켰다.[96] 그리고 이 미국 유일의 임상 연구 팀이
었던 서던캘리포니아 대학교 연구자들은 의학계 동료들의 지지마저
사라지게 되었음을 알게 되었다.[97] 이들이 접촉했던 대부분의 의사
들은 처음엔 관심을 보이다가 얼마 가지 않아 자신들이 참여하기에
는 '너무 논쟁적인' 연구라며 발을 뺐다. 그러는 한편, 한 주주가 거
대 제약회사 엘리릴리Eli Lilly에 그냥 RU-486을 제조할 수 있을지 가
능성만 타진해 보라고 제안했을 때 이 회사 임원들은 이 제안을 회사
의 위임장에서 삭제하기 위해 증권거래소로 달려갔다.[98] 이들은 내
용을 삭제하는 데 성공했고 주주들은 표결의 기회마저 얻지 못했다.
뉴저지의 작은 회사 지노파르마Gyno-Pharma만이 미국에서 유일하게
RU-486을 판매할지 검토해 볼 수 있다고 인정했지만 이는 24시간을
넘기지 못했다.[99] 낙태 반대 집단들로부터 보이콧하겠다는 위협이
밀어닥치자 회사 임원들은 당장 이 약에 아무 관심도 없다며 꼬리를
내렸다.

태아의 권리: 엄마 대 태아

1980년대에 낙태 반대의 상징은 아기 엄마가 아니라 태아였다. 낙
태 반대 운동의 문헌, 사진, 영화, 그 외 선전 도구에는 '태어나지 못
한 아기'의 전신이 신원을 알 수 없는 누군가의 자궁에 둥둥 떠 있다.
태아는 의식이 있고 심지어 한시도 가만 있지 못하는 꼬마지만 엄마
는 수동적이고 형체가 없으며 생명이 없는 '환경'이다. 태아는 거주자
고 엄마는 임시 거처다. 어떤 생명권 위원회는 심지어 "태어나지 못
한 아기"의 일기를 펴냈는데, 여기서 조숙한 태아는 꽃에 대한 깊은
사색을 펼치고 "난 케이시라고 불리고 싶다"고 고백한다.[100] 윌크의
설명서에서는 운동 참여자들에게 태아를 지칭할 때는 반드시 "이 작
은 녀석 같은 …… 인간적인 용어"를 사용하고 엄마에 대해 이야기할

때는 "거처" 같은 표현을 사용하라고 지시한다.[101] 〈소리 없는 비명〉(이 영화에서 진짜 소리 없는 등장인물은 엄마다)을 만든 버나드 네이선슨Bernard Nathanson 박사는 『낙태 보고서The Abortion Papers』에서 태아를 "작은 수중 탐사자", "살과 근육, 뼈와 피로 된 완고한 벽 뒤에 갇혀서" "자궁 내에 유배된" 어린이라고 묘사한다.[102] 낙태 반대 집단은 최소한 임신부에게는 점유된 집이라는 이미지를 투영하지만, 낙태하는 여성에 대해서는 폭파된 포탄이라는 비유를 사용한다. 조셉 셰이들러는 "그녀의 몸은 아기의 비극적인 죽음이 일어난 흉가"라고 말한다.[103]

1980년대 말쯤 되자 낙태 반대 운동은 많은 의료 기관과 법률 기관 들이 태아와 아기 엄마를 이런 식으로 바라보게 만드는 데 상당히 성공했다. 태아는 산전 수술실에서는 주요 환자가, 법률 서적에서는 위 험한 시민이, 법정에서는 핵심 원고가 된 편이었다. 실제로 1980년대 말경 태아는 어떤 영역에서는 살아 있는 아이보다 법적 권리를 더 많이 가졌다.

의사들은 태아 독립 선언문의 첫 문장을 작성했다. 1982년 일군의 산과 의사들과 유전학자들은 캘리포니아에서 회합을 갖고 아직 초기 실험 단계인 태아 수술을, 태아를 독립적인 '환자'처럼 다룰 수 있을 정도로 의학적으로 충분히 발전시키자는 데 뜻을 모았다.[104] 동시에 마찬가지로 실험 단계인 불임 시술에서도 의사들은 태아를 마치 엄마와 분리되어 존재하는 아기처럼 다루고 있었다. 의사들은 체외수정 시술소의 대기실에서 배아 사진을 마치 아기 사진처럼 붙여놓았다.[105] 샌프란시스코 퍼시픽불임병원Pacific Fertility Center의 벽에 덕지덕지 붙어 있는 흐릿한 초음파 사진 중 하나에는 "우리 케이티"라는 캡션이 달려 있었다. 일부 불임 전문가들은 "우리 아이들"(이제 막 수정된 난자의 화면) 비디오 영상을 제공하는가 하면 "초음파 영상 중독자가 방심하고 있는 태아를 엿보다가 태아가 놀라울 정도로 활동적인 어린 생명체임을 알게 되는 과정"에 대해 열변을 토하기도 했다.[106] 사실 일부 불임 전문의들은 태아가 정말로 그들의 아기인 듯 행동하기 시작했다. 존스출산의학연구소Jones Institute of Reproductive

Medicine의 하워드 존스Howard Jones 박사는 한 환자의 배아에 대해 양육권을 주장했다.107) 결국 이 여성은 연방 법원에 그를 고소해서 배아를 되찾아와야 했다.

불임 전문가들의 입장에서는 배아를 의인화하는 게 사업적인 측면에서 상당히 쓸모가 있었다. 실제 아기를 만드는 실력이 형편없다는 사실을 감추는 데 유용했던 것이다. 1988년 의회의 한 연구에 따르면 체외수정 시술소의 성공률은 10퍼센트 미만이었고, 한 건의 출산도 성사시키지 못한 시술소가 절반에 달했다.108) 그런데도 의사들은 환자에게서 평균 수만 달러의 돈을 뜯어낼 수 있었다. 대부분의 시술 절차는 보험 처리도 되지 않았기 때문이다.

불임 전문의들은 수정된 난자를 신생아의 지위로 격상시켰고 모자라 여성 환자를 '자궁 환경'이나 '인큐베이터'로 격하시켰다. 그리고 점점 더 여성들을 기니피그처럼 다뤘다. 후기 빅토리아시대의 의사들이 여성의 자궁에 뜨거운 쇠와 주사바늘, 그리고 가장 대중적으로는 자석 철을 집어 넣어 자궁을 (당대의 한 의사의 표현을 빌리면) "중국 장난감 가게"로 만들어 놓았듯, 1980년대에 불임 시술소에서 도움을 구하던 여성들은 검증도 되지 않은 위험한 임신 촉진제를 맞고, 걸러지지 않은 정액을 주입당하고, 규제 대상에서 제외되어 생명마저 위협할 수 있는 시술을 받았다.109) 시험관 시술 합병증으로 목숨을 잃은 여성은 최소 열 명에 달했다.110) 불임 시술 감시 기관 디미란다재단DiMiranda Institute은 1980년대 말까지 매일 여성들로부터 불만 사항을 접수해 처리했다.111) 인기 불임약 페르가놀Perganol을 복용한 뒤 난소가 큰 오렌지만큼 부풀어 오른 여성들, 인공수정 과정에서 오염된 정자 때문에 성병에 걸린 여성들, 작은 레이저 시술을 했다가 자궁적출술까지 하게 된 여성들. 이 재단의 대표 지나 디미란다Gina DiMiranda 역시 불임 전문가가 테스트도 거치지 않은 스테로이드 식이요법을 처방한 뒤 거의 죽다 살아난 경험 때문에 이 기관을 설립했다. 디미란다는 결국 40도의 고열과 심각한 감염, 자궁과 직장 출혈이라는 위험한 지경에 이르러 병원에 입원했다.

입법가와 판사 들 역시 태아에게 시민권을 부여하려는 움직임에 동참하고 있다. 미국 역사상 처음으로 입법가들과 주 법원은 태아를 엄마와 이해관계가 분리되지 않는 존재가 아니라 법적으로 독립적인 '사람'으로 정의하기 시작했다. 뉴햄프셔의 한 법원은 심지어 태아를 주택 소유주의 보험금을 수령할 수 있는 '세대 거주자'로 간주했다.[112] 1980년대 중반이 되자 대다수 주들은 부당 죽음에 대한 법령*을 태아로 확대하는 '태아살해'법을 통과시켰다.[113] 이보다 더한 주도 있었다. 루이지애나 법은 수정란을 완전한 인간으로 규정했다. 법원 역시 인간의 정의를 태아 이전 단계로 확대하고 있었다. 1989년 한 이혼 소송에서 테네시 주의 순회 재판 판사는 네 개에서 여덟 개의 세포로 구성된 한 부부의 냉동 배아가 법적으로 이들의 자녀이며, 따라서 파괴할 수 없다고 판결했다.[114]

초기의 이런 태아살해법들은 주로 태아를 제3자(엄마에게 접근하는 도실강도나 술 취한 운전자)로부터 보호했던 반면, 1980년대 후반에 나타난 법과 법원 판결들은 점점 배타적으로, 그리고 분노에 차서 아이 엄마를 겨냥했다. 초기의 입법, 사법 결정들이 엄마와 태아를 떼어 놓았다면, 1980년대 후반의 결정들은 엄마와 태아가 서로를 등지게 만들었다.

1980년대 말이 되자 미국 전역의 주 입법가들은 아동학대법을 태아에 적용해서 말을 듣지 않는 엄마로부터 태아를 보호하려고 했다.[115] 연방에서는 캘리포니아의 상원 의원 피트 윌슨Pete Wilson이 임신중아동학대예방법Child Abuse During Pregnancy Prevention Act를 위한 운동에 돌입했다. 그는 동료 입법가들에게 "가장 비도덕적이고 소름끼치는 이야기는 분명 탯줄을 통해 자행되는 아동 학대의 폭발적인 증가"라고 호소했다.[116] 그러는 동안 각 주의 의회에는 '태아 방임' 법안이 쏟아졌다.[117] 이 법안들은 임신 중 태아를 방임한다고 간주할 만한 행동을 하는 여성을 기소해야 한다고 주장했다. 의사의 지시를 따르지 않거나 불량식품을 먹는 행위, 집에서 아이를 낳는 행위 모두 태아 방임 행동에 해당했다. 어떤 입법 제안은 임신부의 알코올 섭취를

* wrongful death statutes, 개인의 죽음은 민사소송 대상이 아니라고 보는 관습법이 적용되지 않는 예외.

범죄화하고 이를 반복적으로 위반한 임신부에게 최대 25년을 구형하려고 했다.[118] 많은 주에서 소년 법원이 태아에게 해가 되는 행동을 하는 저소득 임신부의 태아 '양육권'을 주장하는 것은 일상이 되었다. 이 경우 태어난 아이는 엄마와 격리되어 주의 피보호자가 되었다.

결국 대중들도 이 운동에 동참했다. 1988년 갤럽의 한 여론조사에서 설문에 응답한 사람의 절반이 음주, 흡연을 하거나 산과 시술을 거부한 임신부에게 법적인 책임을 지워야 한다는 데 동의했다.[119] 가게, 식당, 심지어 지하철에는 음주와 흡연을 자제하라고 훈계하는 표지판이 나붙었다. 의학자와 법학자 들은 술 취한 것처럼 보이는 임신부에게는 의무적으로 음주 측정을 실시하고, 태아를 대상으로 의무 검사를 실시하며(이에 반항하는 임신부는 형사처벌을 하고), 영양을 충분히 섭취하지 않는 임신부를 체포하자고 제안했다.[120] 이런 환경에서는 임신부가 식료품점에서 맥주를 구매하거나 저녁 식사를 하면서 와인 한 잔만 주문해도 생면부지의 사람이 공공장소에서 이들에게 마음껏 접근해 말을 걸 수 있었다. 1991년 시애틀에서는 어떤 임신부가 바에서 술 한 잔을 주문했다가 웨이터 두 명에게 호되게 훈계를 들었다.[121] 이들은 어찌나 열의가 뻗쳤던지 그녀를 고소하기까지 했다. 하지만 지역 신문의 칼럼니스트는 이 웨이터들의 비분강개에 갈채를 보냈다. 같은 해 시애틀의 한 헬스클럽은 근육통 때문에 뜨거운 물에 몸을 담그려던 임신한 버스 운전사에게 욕조에서 나오라고 명령했다. 이 헬스클럽의 관리자들은 그녀에게 의사의 서면 허가서를 받아오라고 고집을 부렸다(사실 이 여성은 이미 의사와 상의를 해서 허락을 받은 상태였다).

태아의 권리가 증가하는 만큼 엄마의 권리는 줄어들었다. 남성 검사, 의사, 남편 들은 가난한 임신부들을 법정으로 끌어냈다.[112] 이들은 동의한 적도 없는 혈액 속 마약 잔여물 검사를 심지어 아무런 고지도 받지 못한 채 당했고, 이들을 상대로 어떻게든 건수를 올리려고 혈안이 된 주 법원은 이들의 비밀보장권을 밥 먹듯이 위반했다. 그리고 이들은 아무리 자신의 목숨이 위태로워도 태아의 '이익'을 위해 어쩔 수 없이 산과 수술을 받아야 했다.

14장 여성의 몸을 침략하다   619

1980년대의 경찰 사건기록부와 법원 심리표에 나오는 많은 사건 중 몇 가지만 추리면 아래와 같다.

× 미시건 주의 한 소년 법원은 아이 엄마가 임신 중에 자동차 사고 상해로 인한 통증 때문에 바륨을 몇 알 복용했다는 이유로 신생아의 양육권을 빼앗았다. 아이 엄마에게는 이미 세 아이가 있었지만 마약 남용이나 자녀 방치 전력이 전혀 없었다. 이 여성이 다시 아이를 찾아오기까지 1년 이상 걸렸다.[123]

× 캘리포니아에서는 한 젊은 여성이 태아 방임으로 기소되고 양육에 태만한 아버지에게 양육비를 내게 하는 이상한 상황이 연출되었다. 그녀의 죄목 중에는 의사의 조언에 유의하지 않음 (하지만 이 의사는 그녀의 치료를 끝까지 책임지지 못했다), 마땅히 서둘러서 병원에 가지 않음, 남편과 성관계를 가짐 등이 있었다. 겉잡을 수 없는 폭력 성향 때문에 1년에만 열 번 이상 경찰이 아파트에 찾아오게 만든 상습 구타자 남편은 기소되지 않았고 조사조차 받지 않았다.[124]

× 《연합통신》의 한 기사가 소년 법정의 증언을 전달한 바에 따르면 아이오와 주는 실제 아이가 입은 해를 전혀 확인할 수 없음에도 "임신 중 먹는 음식의 영양가에 전혀 관심을 기울이지 않았다"는 등의 이유로 한 여성이 아이를 낳자마자 데려가 버렸다. "그녀는 자기 입맛에 맞는 음식만 골라 먹었다."[125]

× 와이오밍에서는 한 여성이 임신 중에 술을 마셨다는 이유로 아동 학대 중죄로 기소되었다. 남편에게 구타당하던 그녀는 경찰에게 보호해 달라고 요청했다가 이런 이유로 체포되었다.[126]

× 일리노이에서는 남편이 아내가 임신 중 자동차 사고로 딸의 장을 손상시켰다고 고발하는 바람에 아내가 법정에 소환되었다. 심지어 아내는 사고 차량의 운전자도 아니었다.[127]

× 미시건에서는 또 다른 남편이 아내가 임신 중에 테트라시클린*을 복용했다는 이유로 고발을 해서 아내를 법정으로 끌어

* tetracycline, 항생제의 일종.

냈다. 남편은 의사에게 처방받은 이 약이 아들의 치아를 변색시켰다고 주장했다. 주의 상고법원은 남편에게 이 '출산 전 방임'을 고소할 권리가 있다고 판결했다.[128]

× 메릴랜드에서는 한 여성이 다른 도시에 있는 병원으로 옮기지 않겠다고 했다가 태아의 양육권을 상실했다. 그녀가 병원을 옮기지 않으려 했던 건 19개월된 아들을 맡아 줄 사람이 없었기 때문이었다.[129]

× 사우스캘리포니아에서는 열여덟 살된 임신부가 출산도 하기 전에 태아를 코카인에 오염시켰다는 혐의로 체포되었다. 소변 검사 한 번을 근거로 이루어진 이 기소는 무산되었다. 그녀가 마약에 오염되지 않은 건강한 아기를 낳았기 때문이다. 그런데도, 게다가 사회복지부가 학대나 방임의 근거를 전혀 찾지 못했는데도, 주 검사들은 어쨌든 계속 이 사건을 밀고 가겠다는 의사를 밝혔다.[130]

× 위스콘신에서는 임신한 16세 소녀가 '도주의' 위험이 있고 산전 관리를 제대로 할 '동기가 부족하다'는 이유로 보안이 삼엄한 구류 시설에 갇혔다.[131]

분명 건강한 아이들을 이 세상에 내보내는 건 사회가 당연히 관심을 가질 일이고 여성들이 임신 중에 스스로를 잘 돌볼 수 있게 돕는 것은 도덕적인 의무이자 실리적인 의무다. 하지만 아이 엄마들이 1980년대에 입법가, 경찰, 검사, 판사로부터 앙심이 느껴지는 가혹한 대우를 받기 시작했다는 점은 아이들의 복지에 대한 단순한 관심 이상의 무언가가 작동하고 있음을 시사한다. 경찰은 아직 분만으로 인한 출혈이 멈추지 않은 용의자들을 호송차에 태웠고, 검사들은 심문을 하기 위해 산모의 병실에 난입했다.[132] 판사들은 마약 문제가 있는 임신부들을 한 번에 몇 달씩 감옥에 처넣었다.[133] 연방의 회계 감사원과 다른 수사기관들이 밝힌 바에 따르면 미국의 감옥에서 임신부에게 제공되는 산전 관리는 지독하게 부실하거나 아예 전무하다시피한데도 말이다(아예 부인과 의사가 없는 감옥이 많았다). 그리고 이 때문에 많은 여성 수감자들이 중증 질환이나 결손이 있는 아기를 낳고 있는데도 말이다. 경찰들은 행실이 못마땅한 임신부들을 엄벌에 처하려고 혈안이었다. 샌디에이고의 패멀라 래 스튜어트Pamela Rae Stewart(구타 피해자이지만 의사의 명령을 어기고 성관계를 했다는 이유로 기소된 여성) 사건에서 수사를 책임진 경찰관은 그녀를 살인죄로 재판에 넘기고 싶어 했다. 레이 내러모어Ray Narramore 경감은 나중에 "나는 태어난 사람과 태어나지 않은 사람이 아무런 차이가 없다고 생각했다"고 설명했다.[134] "나한테 유일한 문제는 어째서 그게 살인 혐의에 해당하지 않는지였죠. 살인으로 기소했다면 난 만족스러웠을 거예요. 그게 완전히 틀린 것도 아니거든요. 내 말은, 그 여잔 의사의 지시를 따르지 않았단 말이에요.'

앞으로 태어날 아이들에게 좋은 환경을 제공하고 싶다는 입법가들의 주장은 특히 더 헛소리처럼 들렸다. 입법가들은 저소득층 어머니들이 태아를 제대로 돌보지 못했다고 질책하면서 동시에 가난한 임신부들이 입법가들의 요구를 따르려면 꼭 있어야 하는 서비스들을 말도 안 되게 축소시켰다. 산전 관리, 영양 보충제, 복지 수당, 주택 보조금을 모두 거부당한 상태에서 어떻게 빈곤층 여성이 건강한 아이를 낳을 수 있단 말인가? 컬럼비아 특별구에서 시장 선거에 출마한 매리언 배리Marion Barry는 신생아의 건강이 가장 중요한 공약이라고 천명했다.[135] 그러더니 시장에 당선되자 의료 서비스 재정을 삭감해서 산전 클리닉들이 어쩔 수 없이 규모를 크게 축소하고 많은 직장 여성들에게 절실한 야간 진료 시간을 완전히 없애 버리도록 만들었다. 의사들은 점점 저소득층 엄마들을 질책했지만, 동시에 점점 이들의 치료를 거부했다. 1980년대 말이 되자 전국적으로 빈곤층 여성이 산전 관리를 받을 수 있는 의료 시설이 아예 없는 카운티가 4분의 1 이상이었고, 의사의 3분의 1이 저소득층 의료보장 제도의 수혜자인 임신부를 치료하지 않으려 했다.[136] 뉴욕 주에서 한 보건 부서가 실시한 연구에 따르면 주 내의 카운티 중 어떤 형태로든 빈곤층 여성을 위한 포괄적인 산전 관리 서비스가 전혀 없는 곳이 일곱 곳이다.[137] 그리고 이런 카운티 중 일부는 신생아의 사망률이 전국 평균보다 두 배 이상 높았는데, 이는 우연이라고 보기 어려웠다. 1986년 캘리포니아에서는 주 내의 저소득층 대상 의료보장 제도인 메디컬Medi-Cal 환자를 받아 주는 의사가 단 한 명도 없는 카운티가 열두 곳이었다.[138] 사실 전미보건법프로그램National Health Law Program 은 캘리포니아의 상황이 너무 열악해서 빈민층 임신부는 "기본적으로 의료 서비스에 접근할 수 없다"는 결론을 내리기도 했다.

1980년대에 빈민층 임신부를 대상으로 자행된 온갖 만행 중에서 가장 인기를 누린 것은 마약 테스트였다. 연방 정부와 언론이 빈민가의 마약중독이라는 사회문제에 집착하면서 순식간에 임신한 마약중독 여성들은 전국적인 광기의 희생양이 되었다. 의회는 요란 법석을 떨며 청문회를 열었다.[139] 검사들은 이런 여성들에게 부당한 중죄법을 적용시켰고(이 법은 마약 복용자가 아니라 마약 거래상을 대상으로 설계된 것이었다) 이들을 아동 학대뿐만 아니라 살상 무기 공격과 살인 혐의로 기소했다. 판사들은 피임을 강요할 경우 '종신 보호관찰'형에 처하고, 마약 복용자가 임신할 경우 정기적으로 검사를 하며, 이런 여성들은 아예 아이들을 만나지 못하게 하는 영구적인 금지명령을 내리자고 제안했다.[140] 입법가들은 불임수술을 의무화하자고 주장했고,[141] 의대 교수들은 공적 보조 수당을 취소하는 게 좋겠다고 권고했으며[142] 언론 논평가들은 각자 해법을 제출했다. 칼럼니스트 찰스 크라우트해머Charles Krauthammer 는 "생물학적 하층민"의 출현을 중단시키기 위해 모든 마약 복용 임신부를 색출해서 "안전한 장소"에 가둬 두자고 제안했다.[143] 그리고 중립을 표방하는 신문의 기자들은 마약을 남용하는 엄마들을 훈계하는 대열에 합류했는데, 대부분 그 대상은 흑인 여성들이었다.[144] 이들은 도심지의 혼란을 야기하고 신생아 사망을 국가적인 위기 수준으로 높인 주범은 바로 이 여성들이라고 주장했다. 《워싱턴포스트》는 "마약에 찌든 아기: 최악의 위협은 바로 엄마"라는 제목을 통해 판사 행세를 했다.[145]《뉴스위크》는 1989년 "임신부 내 마약중독 때문에 미국의 영아 사망률이 치솟고 있다"고 만천하에 공포했다.[146]

하지만 실제 영아 사망률은 늘지 않았다.[147] 끔찍할 정도로 높았던 미국의 영아 사망률(선진국 중 최악이었다)이 둔화되는 속도가 크게 늦춰지긴 했다. 하지만 그건 1980년대 중·후반에 마약이 창궐하기 전부터 일어난 일이었다. 이는 대체로 1980년대 초에 건강보험과 이용 가능한 의료 서비스가 크게 축소되었기 때문이었다. 1983년이 되자 의료보험이 없는 사람의 수가 1970년대 후반보다 20퍼센트 이상 늘었다.[148] 1980년대 중반에는 빈곤층의 40퍼센트 가까이가 의료보험이 없었다. 동시에 연방 정부가 1981년 저소득층 의료보장 제도 예산과 가난한 여성 가장 세대에 대한 공적 지원 예산을 삭감하면서 100만 명이 넘는 엄마들과 그 자녀들이 의료보장 혜택을 누리지 못하게 되었다. 그 결과 1980년대 첫 7년 동안 산전 관리를 뒤늦게 받거나 아예 받지 못한 엄마에게서 태어난 아기의 비중이 20퍼센트 늘어났다.[149] 이런 흐름에서 가장 치명적인 영향을 받은 건 흑인 여성들이었다. 1985년이 되자 흑인 여성 두 명당 한 명꼴로 산전 관리를 제대로 받지 못했다.

1980년대 초, 이전 10년간 줄어들던 저체중아의 비율이 다시 늘어나기 시작하고 미국의 영아 사망률이 둔화되는 속도가 느려진 건 마약중독 때문이라기보다는 이런 상황 때문이었다. 1980년대 영아 사망의 주원인은 마약과 관련이 없었다.[150] 모두 기본적인 의료 서비스로 예방하거나 치료할 수 있는 감기, 감염, 폐렴 같은 질병이었던 것이다. 역시 이 경우에도 가장 무거운 짐을 진 것은 흑인 여성들이었다.[151] 흑인 여성의 영아 사망률은 1984년부터 악화되기 시작했고 (마약중독이 큰 사회문제가 되기 전에) 1987년이 되자 흑백 간 영아 사망률 격차는 정부가 관련 정보를 수집하기 시작한 1940년 이래로 가장 커졌다(그래도 중독 퇴치 운동에 열을 올리는 법원과 언론은 흑인 여성들을 부당하게 지목하고 있다. 한 조사에 따르면 1980년대에 마약과 알코올을 복용하는 흑인 여성은 백인 여성과 비중이 같았지만, 주 당국에 고발되는 경우는 흑인 여성이 열 배 더 많았다).[152]

1989년 캘리포니아 대학교의 한 연구 팀은 1982년부터 1986년 캘리포니아에서 태어난 14만 6,000여 건의 출생 기록을 검토한 뒤 건강보험이 전혀 없는 부모에게 태어난 아기(같은 기간 동안 이 집단에 속하는 아기는 45퍼센트 증가했다)는 목숨을 잃거나 중증 질환을 앓거나 저체중일 가능성이 30퍼센트 더 높다는 사실을 알게 되었다.[153] 그리고 보험이 없는 흑인 여성은 보험이 있는 흑인 여성에 비해 아픈 아기를 낳을 가능성이 두 배 이상 더 높았다. 이와 유사하게 산전 관리를 받지 못할 경우 초래될 수 있는 심각한 영향을 추적한 1985년 플로리다의 한 보고서에서는 이런 결론을 내렸다.[154] "결국 아무리 마약을 남용하거나, 빈혈이나 당뇨병이 있는 여성이라도 임신 기간 동안 의사의 진료를 받은 여성이 낳은 아기는 의사의 진료를 받지 못한 정상적인 여성이 낳은 아기보다 더 건강하다."

임신한 마약 복용자를 입숭 단속해야 한다고 주장하는 사람들은 여성들이 마약 습관을 치료하려고 노력하기만 해도 기소를 피할 수 있다고 말한다. 하지만 임신한 중독자를 치료해 주는 곳을 찾기는 불가능하다시피 했다. 이런 여성은 반드시 전문적인 프로그램이 있어야 했다. 헤로인 같은 중독 약물을 갑자기 또는 제대로 관리하지 않은 상태로 끊을 경우 엄마와 태아 모두 목숨이 위태로울 수 있기 때문이다. 정부가 마약중독 여성을 상대로 점점 많은 기소장을 날리는 동안, 마약중독을 극복하고자 하는 저소득 임신부들은 점점 더 도움받을 곳을 찾기가 어려워졌다. 마약 갱생 프로그램의 대기자 목록에 이름을 올리면 몇 년씩 기다려야했고 많은 기관들이 마약 관련 선천적 결손에 대한 책임을 질까 봐 임신부를 문전박대했다. 연방의 마약 퇴치 재정 중 여성 치료에 배당된 몫은 1퍼센트도 되지 않았고 임신부에 배당된 건 그보다도 훨씬 적었다.[155] 뉴욕 시에서 진행되는 일흔여덟 개의 마약 치료 프로그램에 대한 한 연구에 따르면 이 중 대다수가 가난한 임신부의 마약중독 치료를 거부했다.[156] 그러니까 87퍼센트가 저소득층 의료보장 제도에 해당되는 마약중독 임신부의 치료를 거부했다. 미국 전체에서 임신한 마약중독자의 치료를 맡길 곳이 없다고 밝힌 병원은 3분의 2에 달했다.

그럼에도 불구하고 법 집행관들은 인력 동원에만 급급했다. 전미지방검사협회National District Attorneys Association는 심지어 검사들이 마약을 복용하는 임신부를 대상으로 법률 전쟁을 벌이도록 독려하는 이틀짜리 워크숍을 후원했다.[157] 1988년 캘리포니아 뷰트 카운티에서는 열성이 각별한 지방 검사 마이클 램지Michael Ramsey가 코카인, 메탐페타민, 헤로인 검사에서 신생아에게 양성반응이 나올 경우 그 아이의 엄마를 기소하여 90일간 투옥시키겠다고 선언했다.[158] 그는 나중에 자신이 구상한 건 "선택의 시스템"이었다고 말했다.[159] 마약 치료 프로그램에 참여하는 모든 여성은 면제해 준다고 약속했다는 것이다. 하지만 뷰트 카운티에는 그런 프로그램이 전무했다. 그렇다면 뭐가 선택이란 말인가? 그는 "억지로 시키지 않으면 알아서 선택하는 사람이 없다"고 설명했다.[160]

램지의 수사망에 처음으로 걸린 여성은 가난한 27세의 헤로인 중독자였다.[161] 하지만 이 여성은 램지 검사의 목적을 달성하기에는 이상적인 사례가 아닌 것으로 드러났다. 사실 이 젊은 여성은 가장 가까운 메타돈 치료 센터가 있는 새크라멘토까지 왕복 210킬로미터를 달려서 월 200달러짜리 민간 프로그램에 참여한 적이 있었던 것이다. 가는 길에 차가 고장나자 그녀는 다른 사람의 차를 얻어 탔다. 그리고 중간에 돈이 바닥나자 이 민간 프로그램은 임신 중이라는 사실을 알면서도 그녀를 내보냈다. 예정일을 두 달 앞두고 그녀는 인근에 있는 몇몇 의료 시설에 애원했지만 성과는 없었다. 이렇게 충분히 정상참작을 할 만한 상황이 있음에도 불구하고 램지와 그의 임신부 전담 경찰 팀은 눈 하나 깜짝하지 않았다. 그녀의 신생아가 헤로인 검사에서 양성반응을 보이자 램지의 임신부 전담 경찰팀은 출산한 지 24시간도 안 된 그녀의 병실로 몰려가서 그녀를 심문하고 아기를 데려갔다. 램지는 이를 "우리가 가서 그녀에게 선택 사항을 제시했다"고 표현했다.[162]

이런 기소 방침의 핵심이 마약중독 여성에게 겁을 줘서 임신 기간 동안 도움을 구하게 만드는 것이었다면 이 전략은 역효과만 낳았다. 뷰트 카운티에서는 마약 문제가 있는 빈곤층 여성들이 투옥당할까 봐 아예 병원을 멀리하기 시작했다. 샌디에이고에 있는 화학물질의존증어머니치유프로그램Chemically Dependent Mother's Program의 책임자는 패멀라 래 스튜어트가 체포되고 난 뒤 "여성들이 내가 자신들을 고발할지 모른다는 우려를 꾸준히 표출한다"고 말했다[163](스튜어트는 나중에 도망쳤다). 샌프란시스코에서는 얼마 가지 않아 공중보건 종사자들과 사회복지사들이 '화장실 아기', 즉 집이나 욕실, 주방에서 태어난 아기들이 늘어났다고 보고했다.[164] 이런 사례가 점점 늘어 가는 걸 지켜보던 시 검사 로리 지오르기Lori Giorgi는 "이들은 아기를 데려갈까 봐 겁을 낸다"고 밝혔다.

메스와 제왕절개수술: 자궁의 침입자들

태아를 치료받을 권리가 있는 독립적인 환자로 처음 정의했던 의사들은 이제 임신부를 치료 거부권이 없는 보조적인 관계지로 정의하기 시작했다. 일단 의사들은 임신부에게 임신한 몸으로 해서는 안 되는 일들을 나열한 금지 목록을 제시했다. 그다음에는 당사자의 동의 여부와 관계없이 의료진이 마음껏 임신부의 수술을 해도 된다고 선언하면서 선제공격에 들어갔다. 1986년 모성 태아 의학 협력 프로그램 책임자를 대상으로 실시한 전국적인 조사에서 임신부에게 강제로 산과 수술을 받게 하는 법원 명령을 지지하는 의사가 절반에 달하는 것으로 나타났다.[165] 그리고 이들은 수술에 응하지 않아서 자신들이 보기에 태아를 위험하게 만드는 임신부의 강제 구금에도 우호적이었다. 의사의 명령을 거부할 수 있는 임신부의 합법적인 권리를 지지한 의사는 4분의 1도 되지 않았다. 전문적인 의학 문헌에서는 의사와 의대 교수들이 의사의 명령을 따르지 않으려 하는 임신부를 점점 더 가혹하고 처벌적인 방법으로 다루자고 제안했다. 이들의 권고 사항 중에는 '유전 상담을 거절'하거나 의사의 권유를 따르지 않고 조산사의 도움을 받아 아이를 낳으려고 선택하는 여성들을 체포하자는 것도 있었다.[166]

판사들은 의사의 편을 들었다. 의사들이 자신들의 의지를 이행할 사법력을 요청할 때면 법원은 거의 항상 이에 응했다. 그리고 판사들 역시 태아의 권리를 지키는 운동에 동참하는 한편, 종종 임신부들을 살아 있는 완전한 인간으로 여기지 못하는 듯했다. 워싱턴 D.C.

상급법원의 한 판사는 19세 임신부 아예샤 마듄Ayesha Madyun의 의지와는 반대로 제왕절개수술을 명령하면서 이렇게 판결했다.[167] "마듄의 태아가 엄마에게서 분리된 독립적인 존재가 되지 못하게 막을 수 있는 건 간단히 말해서 의사의 메스뿐이다."

1981년부터 1986년까지 열여덟 개 주에 있는 의료 기관들을 살펴본 결과 의사들이 원치 않는 여성들에게 강제로 산과 수술을 집행하기 위해 법원에 소송을 제기한 사례가 서른여섯 건인 것으로 나타났다.[168] 대부분의 경우 의사들은 해당 여성이 수술을 원치 않는다는 이야기를 들은 지 하루 만에 법원을 찾았다. 이렇게 신청된 법원 명령 중 세 건을 제외한 나머지 모두가 판사의 승인을 받았는데, 88퍼센트는 여섯 시간 이내에, 20퍼센트는 한 시간 이내에 승인이 떨어졌다.[169] 때로 판사의 동의는 간편하게 전화로 이루어지기도 했다. 해당 여성 중에 정신적인 무능력자는 전혀 없었음에도 여성들의 희망 사항은 완전히 무시당했다.[170] 그리고 대부분이 응급 상황도 아니었다.[171] 태아가 의학적으로 심각하게 위험하다고 생각해서 제왕절개수술을 요구한 사례는 단 두 건뿐이었다. 그리고 이 의사들의 판단이 잘못된 경우도 종종 있었다. 법원 명령에 따른 제왕절개수술 열다섯 건 중 여섯 건에서 의사의 위해 예측이 오판이었다. 조지아 주의 한 여성에 대한 1981년의 법원 명령에서 의사는 제왕절개수술을 하지 않을 경우 태아의 사망 가능성이 99퍼센트라고 증언했다.[172] 법원이 명령을 발부한 뒤 이 여성은 도피에 들어갔고, 수술을 받지 않고도 건강한 아기를 출산했다.

다른 모든 영역에서 환자의 치료 거부권이 법적인 지지 기반을 확보하고 있을 때 임신부는 산과 병동에서 거부권을 행사하는 전투에서 점점 밀리고 있었다.[173] 이 강제적인 산과 수술에 관련된 의사, 병원, 법원 모두가 임신부의 권리를 업신여기는 것처럼 보일 때가 많았다. 시카고에서는 세쌍둥이를 임신한 여성이 예정일보다 빠른 제왕절개수술에 동의하지 않은 뒤 병원 침상에 사지가 묶이는 일이 벌어졌다.[174] 병원은 이 여성이 다른 곳에서 관리를 받을 수 있도록 허용하는 대신 태어나지 않은 세쌍둥이의 양육권을 획득하고 법원 명령을 받아서 이 여성의 수술을 강제로 진행시켰다. 법원 명령도 얻지 않은 채 반항하는 환자를 수술실로 억지로 끌고 가 버린 경우도 최소한 두 번이나 있었다.[175] 1982년 미시건의 사례에서는 판사가 굳이 해당 여성에게 원치 않는 제왕절개수술을 받아야 한다는 명령을 내리지 않았다.[176] 대신 판사는 만일 그녀가 순순히 따르지 않을 경우 경찰을 집으로 보내서 병원으로 끌고 가겠다고 그녀에게 말했다(그녀 역시 도망쳤고 건강한 아이를 낳았다).

이런 수술을 명령할 때 판사들은 살아 있는 자녀에 대한 부모의 의무와 관련된 판례법보다 훨씬 더 멀리 나가 버렸다. 법원에서는 자녀의 건강을 위해 부모가 어떤 행동을 취하도록 강요해서는 안 된다고 오랫동안 주장해 왔다. 두 건의 중요한 사례에서 법원은 아버지에게 죽어 가는 아이에게 신장을 기증하도록 강제할 수는 없다고 판단했고, 심지어 새로운 기후대로 이주할 경우 아픈 자녀에게 도움이 됨에도 부모에게 그러한 명령을 내리지 않겠다는 입장을 밝혔다.[177] 판사는 판결문에서 "피고의 신체를 강제로 침해할 경우 우리 사회의 근간이 되는 모든 개념과 원칙이 바뀌게 될 것"이라고 밝혔다.[178] "그렇게 할 경우 개인의 존엄성이 짓밟힐 것이다." 따라서 임신부의 신체를 침해하는 것을 법률의 비약적 진보라고 볼 수 없었다.

강제 산과 수술을 옹호하는 사람들은 태아를 보호하는 행위는 임신부의 권리를 심각하게 저해하지 않는다고 주장했다. 산모가 아무리 제왕절개수술을 원하지 않는다 해도 이 시술이 산모를 다치게할 일은 없기 때문이라는 것이다. 하지만 산모의 건강과 태아의 권리 중에서 선택을 해야 하는 상황이 발생할 때는 태아가 이기는 상황이 점점 늘어나기 시작했다. 산모와 태아의 권리에 이렇게 강제로 서열이 매겨진 사례 중에서 가장 야만성이 돋보이는건 'A.C.'의 경우였다. 이 비인격적인 호칭은 법원이 앤절라 카더Angela Carder의 인간성을 짓밟던 날 그녀에게 붙인 것이었다.

1987년 6월의 어느 날, 앤절라 카더는 워싱턴 D.C.에 있는 조지워싱턴대학병원의 침상에 누워 있었다.[179] 28세의 비서이자 임신 26주째인 그녀는 평생 뼈암과 전쟁을 치르다가 다리 한쪽을 잃은 상태였다. 의사는 과거 그녀에게 두 번이나 임종을 준비하라고 말하기도 했다.[180] 하지만 두 번 모두 의사가 틀렸다. 사실 그녀는 결합조직에 발생하는 암인 유잉종양을 이겨낸 최초의 어린이 중 하나였다.[181]

1984년 카더는 결혼을 했고 아기를 가지기로 결심했다. 그녀는 의사에게 조언을 구했다. 그녀의 암은 몇 년간 호전되고 있었기 때문에 산과 의사는 그녀에게 임신을 시도해 보라고 말했다.[182] 하지만 임신 중반에 암이 맹렬하게 재발되었다. 임신 6개월째에는 종양이 수술을 할 수도 없는 지경으로 폐를 뒤덮었다. 그녀는 조지워싱턴병원에 입원했고 그곳의 의사들은 말기 진단을 내렸다. 하지만 평생 카더를 담당했고 전에도 그녀가 병에서 회복되는 걸 본 적이 있었던 종양학자는 말기라고 여기지 않고 방사선 치료와 화학요법을 권했다.[183] 카더 역시 이 치료를 받고 싶어 했다. 카더의 어머니 네티 스토너Netie Stoner는 "카더가 초기엔 의사에게 자기 건강이 먼저 회복되길 원한다고 말했다"고 회상했다.[184] "카더는 평생 동안 살려고 발버둥치느라 생활도 포기했어요."

하지만 카더의 상황을 이제 막 접한 조지워싱턴병원의 의사들은 카더에게 살 날이 며칠 남지 않았다고 단정하고 화학요법을 처방하지 않으려 했다.[185] 화학요법 때문에 태아가 위험해질까 봐 겁이 났던 것이다. 26주밖에 안된 태아는 생존 가능성이 없었지만, 만일 카더의 생명을 (살리려는 시도를 하는 게 아니라) 두어 주 연장할 수 있다면 태아의 생존 가능성이 더 높아질 수 있었다. 따라서 이들은 그녀의 암을 치료하는 대신 목구멍에 관을 쑤셔 넣고 진정제를 투여했다. 사망 시간을 어떻게든 지연시키려는 전략이었다. 카더의 어머니는 카더가 이 '처치'에 맞서려고 애썼다고 말한다. 딸은 의사의 손길을 뿌리치기 위해 침상에서 몸부림치고 몸을 비틀었다. "카더는 '안 돼, 안 돼, 안 돼. 나한테 그거 하지 마' 하고 말했어요."[186] 하지만 카더는 싸움에서 졌고 말 그대로 침묵당했다. 목에 관을 꽂자 말을 할 수가 없게 된 것이다.

카더의 사례는 빠르게 병원 임원들과 법률 팀의 귀에 들어갔다.

조지워싱턴병원의 변호사들은 태아의 권리에 대한 당시의 분위기를 의식했다. 이들은 다른 병원들이 생명이 위태로운 태아를 살리기 위해 영웅적인 조치를 취하지 않는 바람에 낙태 반대 운동가들에게 고소당했다는 사실을 알고 있었다. 이들은 걱정하기 시작했다. 태아가 이미 독자 생존 가능하면 어떡하지? 만일 그렇다면 태아가 사망할 경우 이들은 법적 책임을 질 수도 있었다. 병원 당국은 의사들에게 당장 조치를 취해서 태아 구출 작전에 들어가자고 제안했다. 그것은 바로 제왕절개수술이었다.

이미 취약한 상태에서 큰 수술을 할 경우 카더는 목숨을 잃을 수도 있었다. 태아를 살리고 싶어 했던 의사들마저 제왕절개수술에 반대했다.[187] 의사들은 당시 작은 환자는 진정제 때문에 "의식이 없어서" 상의를 할 수도 없다고 치부해 버렸다. 병원 당국은 몇 시간을 기다렸다가 약물로 인한 몽롱함이 걷히고 난 뒤 카더의 허락을 구할 생각은 하지 않고(그리고 가족의 조언조차 구하려 하지 않고) 판사를 불러왔다.

상급법원 판사 에밋 설리번Emmet Sullivan은 그날 오후에 바로 와서 병원 회의실에서 법정을 열었다. 한편에는 병원의 법률 팀, 두 명의 시 검사, 그리고 태아 측 변호사가 있었다. 다른 한편에는 법원에서 지명한 카더 측 변호사가 달랑 한 명 있었다. 심리가 열리기 30분 전에 지명된 사람이었다.

카더의 가족에게도 이 심리에 오라는 이야기가 전해지긴 했지만 그 누구도 사전에 이들에게 이 심리가 딸의 운명을 결정하기 위한 것이라고 알리지 않았다. 그날 앞서 중환자실에 있는 딸을 보러 왔던 네티 스토너는 사회복지사가 자신을 부르더니 회의실에서 열리는 "짧은 회의"에 가 보는 게 좋겠다고 가볍게 말했다고 회상했다. "아무도 나한테 뭐가 잘못됐는지 알려 주지 않았어요." 스토너는 이렇게 말했다.[188] 그리고 회의실의 분위기는 그녀의 혼란을 더욱 가중시켰다. "내가 들어갔더니 사람들이 파티처럼 차려진 점심 식사를 하고 있었어요. 그러면서 '샌드위치 좀 드세요! 소다수 좀 드세요!' 하는 거예요."

판사는 의학적 견해를 물었다. 병원의 산과 의사는 모두 수술에 반대했다.[189] 그다음 발언은 태아 측 변호사 바버라 미슈킨Barbara Mishkin이었다. "음, 수술이 카더의 죽음을 재촉할 수도 있을 거예요."[190] 그녀가 말했다. 하지만 카더는 어쨌든 몇 시간 내에 죽을 수도 있었다. 그녀의 권리는 제쳐 놓아야 했다. 마슈킨은 자신의 주장을 뒷받침할 근거로 전해들은 이야기를 풀어놓았다. 그녀는 법정에서 카더가 어젯밤에 "고통을 받을 만큼 받았다"고 말했다고 하더라는 이야기를 전했다. 미슈킨은 이 전문傳聞 증거를 가지고 카더가 어쨌든 살고 싶지 않은 것일 수도 있기 때문에 태아의 이익이 더 먼저여야 한다는 결론을 내렸다.

판사는 거의 태아에게만 초점을 맞춘 질문을 했다.[191] 판사는 제왕절개수술이 카더가 아니라 태아의 건강에 어떻게 영향을 미칠 수 있는지 알고 싶어 했다. 그는 태아의 생존권은 옹호하면서 카더의 생존 투쟁은 "자신의 안위에 대한" 이기적인 관심이라고 몰아세웠다. 그는 카더가 죽은 것이나 다름없다는 가정을 한 번이라도 파헤치거나 토를 달지 않았다. 평생 그녀를 맡았던 종양학자는 심리에 부르지도 않았다. 카더의 변호사가 제왕절개수술을 할 경우 "결국 그녀의 생명을 종료시키게 될 것"이라고 발언하자 판사가 중간에 끼어들어 "그녀는 [어차피] 죽게 될 거"라고 말했다.[192] 이 대화를 듣던 카더의 아버지가 비통해하며 "카더가 죽을 거라니 무슨 소리냐"며 외쳤다. 하지만 아버지의 외침에 아무도 반응하지 않았다.

카더는 복도 끝에 누워 있었지만, 그녀의 생사를 판가름하는 절차에 참여하는 판사도, 검사도 구태여 그녀가 있는 방까지 잠깐 걸어갔다 오는 수고조차 하지 않았다. 나중에 물어보니 각자에겐 그럴 만한 이유가 있는 것 같았다. 미슈킨의 설명은 "내가 가 보고 싶어 했으면 모두 그렇게 하려고 했을 거"라고 설명했다.[193] 하지만 "힘든 하루가 마무리되는 시점이었고, 우린 그걸 더 연장할 수 없었다"고 덧붙였다.

판사는 잠시 휴정을 명했다가 심리를 재개했다. 그는 이렇게 말했다. "제왕절개수술을 할 경우 앤절라의 죽음을 충분히 재촉할 수도 있다는 일부 증언이 있었습니다. 수술을 지연할 경우 태아의 위험이 크게 증가할 거라는 증언도 있었습니다. 선택의 기로에서 법정은 태아에게 살 수 있는 기회를 줘야 한다는 입장입니다."[194] 그리고 난 뒤 그는 판결을 선언했고, 의사들에게 즉시 수술에 들어가라고 주문했다.

산과의인 루이스 햄너Louis Hamner 박사는 카더의 방에 가서 이 소식을 전했다. 진정제는 거의 다 들어간 상태였지만 카더는 아직도 의식이 몽롱했다. 그는 카더에게 수술을 원하는지 물었고 그녀는 입 모양으로 '그렇다'고 전했다.[195] 30분 뒤 그가 다시 그녀의 방에 돌아왔을 때 그녀는 "나 그거 하고 싶지 않아요, 그거 하고 싶지 않아" 하고 또렷하게, 재차 말했다.[196] 햄너는 "내게는 상당히 분명했다"고 말했다.

하지만 햄너가 황급히 회의실로 달려가 아직 그곳에 모여 있던 사람들에게 이 이야기를 전달했을 때, 사람들은 미심쩍어했다. 판사는 "법정은 아직 그녀의 의향이 무엇인지 분명히 알지 못한다"고 말했다.[197] 그리고 시의 변호사 중 한 명인 리처드 러브Richard Love 는 법정은 원래부터 그녀가 동의하지 않아도 수술을 할 수 있다는 가정하에 판결을 내렸으므로 어쨌든 카더의 의견이 중요하지 않다고 주장했다. 판사는 여기에 동의했고 의사들에게 수술을 시작하라고 한 번 더 명령했다.

법원에서 지명한 카더 측 변호사 로버트 실베스터Robert Sylvester는 마지막 지푸라기라도 잡아 보려는 생각에 미국시민자유연맹 출산자유프로젝트American Civil Liberties Union Reproductive Freedom Project 에 전화를 걸었다. 미국시민자유연맹의 변호사들은 수술을 유예시키기 위해 긴급 항소를 신청했다. 한 시간도 안 되어 항소법원에서 황급히 소집한 세 남성 패널과 함께 회의실 전화를 통해 항소심이 진행되었다. 판사들은 수술을 당장 시작해야 한다고 말했고, "16분 내에" 모든 근거를 들어보고 판결을 내리는 데 합의했다.[198]

시작과 거의 동시에 카더의 판단 능력에 대한 의문이 제기되었다. 판사는 그녀의 '정신 구조'가 손상되었는지 알고 싶어 했다.[199]

"수술에 대해 서로 상반되는 감정이 병존하는 것 같던가요?" 프랭크 네베커Frank Nebecker 판사는 강조하듯 물었다.[200] "마음을 최소한 두 번 바꿨다는 게 사실인가요?" 태아 측 변호사 바버라 미슈킨은 카더는 말기 암 환자이므로 수술이 카더의 생명에 미칠 영향은 "대수롭지 않다"고 판사에게 말했다.[201] "아기 엄마는 정상적인 기대 수명으로 회복할 수 없는 상태이므로 엄마의 생명과 태아의 생명 중에서 선택하는 문제가 아니라"는 것이었다.[202] 그녀는 이 경우 생명에 대한 "태아의 권리는 산모가 대단히 짧은 생을 지속하는 데 대한 그 어떤 이해관계보다 더 중요하다"고 말했다.

변호사들은 모두 마지막 순간에 지명되었기 때문에 아무도 출산권법을 충분히 숙지하지 못했다. 이 전화 심리에 참여했던 변호사 중에서 출산권법의 판례에 익숙한 사람은 미국시민자유연맹의 변호사 엘리자베스 시먼즈Elizabeth Symonds 뿐이었다. 그녀는 법은 "상당히 분명하다"고 판사에게 말했다.[203] "439 U.S. 379, 400을 직접 인용하면, 대법원은 여성의 생명과 건강이 태아의 생명과 건강보다 항상 우선시되어야 한다고 분명하게 판결했습니다." 네베커 판사는 그녀에게 질문을 해 놓고서는 그녀의 대답 첫 문장 중간에 끼어들더니 "시간 제약 때문에 읽고 있을 시간이 없다"고 말했다.[204] 그러더니 16분이 다 되자 판사들은 병원에 수술을 진행하라고 명령했다.

잠시 후 의사들은 여아를 분만시켰다.[205] 정확한 과정은 알 수 없었지만 아이는 두 시간 정도 "살아 있었다"고 했다. 호흡기로 아기의 폐를 부풀리려고 여러 차례 시도했지만 허사였다. 햄너 박사는 나중에 《워싱턴포스트》의 한 기자에게 그건 마치 "돌덩어리에 공기를 불어넣으려는 것"과 같았다고 말했다.[206] 사람들은 네티 스토너에게 아기를 보여 주겠다고 권했다. 그녀의 회상에 따르면 병원 직원은 기저귀와 티셔츠, 모자로 감싼 작고 뻣뻣한 시신을 들고 왔다. 간호사는 그녀에게 아기가 잠시 살아 있었다고 말했지만 스토너는 그 말을 믿지 않았다. "그들은 살아 있는 결과를 원했어요." 그녀는 비통하게 말했다.[207] "그들은 살아 있는 결과물을 원했어요. 그래야 자기들이 저지른 일을 정당화할 수 있었을 테니까."

카더는 몇 시간 뒤에 깨어났다. 아기가 죽었다는 소식을 들은 카더는 울부짖었다. 카더의 어머니는 카더의 손을 잡고 괜찮아질 거라고, 그들 모두는 그녀를 사랑하고 어쩌면 다시 아기를 가질 수도 있을 거라고 말했다.[208] 그 뒤 얼마 되지 않아 카더는 코마 상태에 빠졌다. 이틀 뒤 그녀는 이 세상을 떠났다. 부검 보고서에 따르면 수술이 사망의 주원인이었다.[209]

5개월 뒤 항소법원은 결국 16분 판결을 지지하는 서면 의견서를 발행했다.[210] 의견서는 미안한 기색도 없이 "우린 우리가 A.C.의 생명을 단축시켰을지 모른다는 사실을 충분히 알고 있다"고 밝혔다. 카더의 부모는 나중에 딸이 수술에 동의하지 않았고 이 수술이 그녀의 생명까지 침해했다는 근거로 이 결정에 항소했다. 3년 뒤 워싱턴 D.C.의 항소법원은 결국 여기에 동의했고 잘못된 판결이었다는 결정을 내렸다.[211] 하지만 앤절라 카더의 운명을 바꾸기에는 너무 늦은 판결이었다.

카더의 이야기는 신문에 실린 뒤 대중문화의 순환고리 속에 들어갔고 얼마 가지 않아 〈L.A. 로〉의 한 에피소드에서 소재로 이용되었다. 하지만 이 텔레비전 드라마에서는 판사가 '올바른' 선택을 하는 것으로 그려졌다. 산모는 죽지만 아기가 생존함으로써 태아의 권리는 정당성을 얻었다. 카더의 어머니에게 이 드라마는 마지막 치욕이었다. 처음에는 병원이 딸의 의지에 반해서 그녀의 신체를 침범했다. 그다음에는 법원이 뻔히 알면서도 딸의 죽음을 재촉했다. 그리고 이제는 할리우드가 이 모든 범죄를 감싸 주고 있었다. NBC가 그 에피소드를 방영했을 때 스토너는 "그들은 앤절라의 이야기를 다루면서 앤절라를 깎아내렸다"고 말했다.[212]

노동 현장에서: 태아 보호의 등장

1980년대에 법정에서 다뤄지게 된 '태아 방임' 사례에서 최소한 의사와 판사 들은 실제 태아를 다뤘다. 미국 재계가 태아의 권리를 옹호하기 시작했을 때 이들이 지키겠다고 주장한 '태어나지 않은 아이들'은 아직 생기지도 않은 아이들이었다.

듀퐁, 다우, 제너럴모터스 등 미국 최대 기업 중 최소 열다섯 곳은 1970년대 말부터 화학물질이나 방사능에 노출되는 (이들은 이는 선천적인 결손을 일으킬 수 있다고 주장했다) 전통적인 고소득 '남성' 직종에서 여성의 취업을 제한 혹은 금지하는 '태아 보호 정책'을 마련하기 시작했고 이는 1980년대에 점점 가속화되었다.[213] 1980년대 중반이 되자 수십만 개에 달하는 취업 기회가 이런 식으로 여성에게는 닫혀 버렸다.[214] 그리고 화학 회사에 대한 한 조사에 따르면 모두가 여성을 이런 업무 환경에서 배제하는 데 만장일치로 지지했다.[215]

겉에서 보면 이들의 정책은 노동자에 대한 기업의 개화된 관심처럼 보였다. 하지만 이런 정책의 동기는 연민이 아니라 법적 책임에 대한 두려움이었다. 그리고 이런 정책들을 세심하게 설계한 회사들의 전력을 보면 여성을 배제할 수 있는 핑계를 반색하려는 것을 알 수 있었다. 태아 보호 정책들은 건강을 의식하는 기업들의 진보적인 노력으로 포장되었지만, 20세기 초에 확산된 후진적인 '노동 보호 정책들'과 공통점이 더 많았다.[216] 당시의 노동 보호 정책들은 여성이 할 수 있는 일의 형태와 노동시간, 수당을 제한했고, 이로써 여성들을 최소한 6만 개의 일자리에서 배제했다. 이 정책을 지지했던 사람들 역시 여성들이 앞으로 가지게 될 아이들에 대해 자애로운 관심이 있는 척했지만, 이들 중 많은 수는 남성 일색의 영역을 보호하려는 남성 노조 지도자들과 입법가들이었다.[217] 담배제조국제노동조합 Cigarmakers International Union은 1879년 연례 보고서에서 "우린 여성을 일터에서 끌어낼 수는 없지만, 공장법을 통해 여성의 일일 노동 할당량을 제한할 수는 있다"고 노골적으로 밝혔다.[218]

1980년대에는 미국의 재계도, 미국 정부도 안전한 출산을 별로 중요하게 여기지 않았다. 사실 여성의 생식력을 지키겠다는 기업의 의지는 신기하게도 고소득 '남성' 작업장 밖에서 일하는 여성에게는 해당되지 않았다. 저임금 의류 공장, 병원, 치과, 드라이클리닝을 하는 세탁소, 미용실에서 일하는 여성들은 많은 화학물질과 방사능, 그리고 이미 출산에 위험하다고 입증된 상황에 노출되었지만, 그 누구도 이들을 보호해야 한다고 주장하지 않았다[219] (임신한 미용사는 임신중독증, 유산, 미숙아 출산의 위험이 높고, 임신한 간호사와 병원 의료진은 자연유산을 일으키는 것으로 알려진 마취 가스에 노출된다). 이런 회사들은 여성들을 생산 라인에서는 일하지 못하게 했지만 사무 지원 부서에서는 일하게 했다.[220] 당시 이미 영상 표시 장치 VDTs에 노출될 경우 유산율, 선천적 결손 등 출산과 관련된 여러 가지 문제가 일어날 수 있다고 의심하는 상황이었는데도 말이다. 레이건 행정부 역시 직장 여성의 출산 위협에 대해 이와 같은 이중 잣대를 들이댔다.[221] 백악관은 전통적인 '남성' 산업에 종사하는 140만 여성들에게는 태아 보호 정책을 장려하면서도 영상 표시 장치 작업이 1,100만 여성에게 가할 수도 있는 위협에 대한 조사를 방해했다. 진 미직업안전보건연구소National Institute for Occupational Safety and Health 가 사우스벨South Bell 영상 표시 장치 조작자들 사이에서 출산 관련 문제가 높게 나타나는 원인을 파헤치려 하자 행정관리예산국은 출산과 스트레스에 대한 조사는 "실제적인 유용성이 전혀 없다"고 주장하면서 모든 조사를 중단하라고 요구했다.[222]

1980년대에 태아 보호 정책을 통과시킨 회사들은 사실상 모두 10년 전에 연방의 여성 고용 압력에 직면했던 남성 중심의 산업에 속했다. 가령 1986년 여성이 컴퓨터칩 생산 라인에서 일하지 못하게 금지한 AT&T는 1970년대에 평등고용기회위원회의 주 공격 대상 중 하나였다.[223] 얼라이드케미컬Allied Chemical 의 임원들은 탄화플루오르 22라는 화학물질로부터 보호해야 한다면서 일부 여성 포장 담당자들을 해고하려 했을 때 "우리에게 여성을 고용할 것을 명령했던" 법에 대해 아직도 성질을 냈다.[224] 이 중 두 여성이 일자리를 유지하기 위해 불임 시술을 받자 얼라이드케미컬의 임원들은 탄화플루오르가 사실 태아에게 별로 위협적이지 않다고 인정했다. 그리고 이 회사들은 그저 화학물질에 노출되는 일자리에서만 여성들을 배제하는 데 만족하지 못했다. 미국 최대의 자동차 건전지 제조업체인 존슨컨트롤스Johnson Controls 는 고소득 자리로 귀결되는 유망한 직종에서마저 여성들을 배제했다.[225] 존슨컨트롤스에서 일하는 여성들은 부서 이전이나 승진을 통해 언젠가 납 노출 직무로 진출할 수도 있는 자리에는 접근할 수 없었다.

산업체들은 태아를 보호해야 한다는 주장을 펼치면서 태아는 독립적인 인간이고 여성은 단순한 유지 기구라는 낙태 반대 운동의 관점을 되풀이했다. 연방에서 출산 관련 위협의 규제에 대한 산업계의 태도를 조사한 바에 따르면 기업 관료와 산업계 로비스트들은 태아를 보호가 필요한 "초대받지 않은 방문자"로, 여성을 태아를 위해 "안전하고 건강한 환경"을 유지해야 하는 "하숙집"으로 묘사했다.[226] 한 산업 집단은 "태어나지 않은 아이"를 "통제 구역에 비자발적으로 들어온 대중의 한 구성원"으로 묘사하기도 했다.[227]

1980년대의 회사들은 태아가 먼저고 산모는 그다음이라는 사법부의 우선순위를 그대로 따랐다. 태아 보호 정책에 대한 연방의 연구에서 회사 대변인들은 곧 태어날 태아의 권리를 여성의 고용권보다 더 우선시해야 한다는 믿음을 일관되게 밝혔다. 합성유기화학물질제조업체협회Synthetic Organic Chemical Manufacturers Association에게 여성 배제는 "현재의 어머니와 미래의 어머니, 그리고 사회가 지불해야 할 작은 대가"이자 사소한 불편이었다.[228]

하지만 이런 기업들은 선천적인 결손이 남성의 산업 독성 물질 접촉과 관련이 있음을 보여 주는 상당한 증거가 있는데도 장래의 아버지들을 작업 현장에 들어오지 못하게 막을 정도로 태어나지 않은 아이를 걱정하지는 않았다.[229] 직업안전위생관리국의 연구 결과에 따르면 현행 태아 보호 정책에 포함된 26개 화학물질 중에서 21개 물질이 남성에게도 불임이나 유전 장애를 일으켰다.[230] 존슨컨트롤스는 납 노출 위험 때문에 건전지 제조 공장에 여성들이 들어오지 못하게 막았지만, 남성까지 금지하는 수고는 하지 않았다.[231] 납은 양성 모두에게 잘 알려진 생식 위해 물질이다. 1989년 매사추세츠에 있는 198개 대형 화학·전자제품 회사를 대상으로 조사를 실시한 결과 이중 20퍼센트에 여성 취업을 제한하는 태아 보호 정책이 있는 반면 남성의 취업을 제한하는 정책은 어디에도 없는 것으로 나타났다.[232] 검사 대상 화학물질 중 한 개를 제외한 나머지 모두가 남성의 생식에도 해로운 것으로 알려져 있는데도 말이다.

여성 생식기의 건강에 대한 관심이 난데없이 증가한 것은 새로운 연구 결과가 나왔기 때문도 아니었다. 회사들이 구태여 자신들의 태아 보호 정책을 뒷받침할 수 있는 데이터를 제시하는 수고를 감내했던 얼마 되지 않은 사례에서도 일반적으로는 몇 안 되는 구닥다리 연구를 근거로 삼았다. 듀퐁이 태아 보호 정책에서 근거로 삼은 건 단 한 건의 동물 연구였는데, 이마저도 나중에 오류였음이 입증되었다.[233] 연구라는 게 아예 존재하지 않는 경우는 훨씬 많았다. 직업과 관련된 화학물질 수만 개 중에서 생식에 미치는 영향에 대한 과학적 검토가 이루어진 것은 6퍼센트 정도뿐이었다.[234] 그리고 기업이나 연방의 태아 보호론자들은 새로운 연구에 돈을 지원하는 데도 별로 관심이 없었다. 사실 레이건 행정부는 직업과 관련된 위해 물질과 생식 관련 위해 물질에 대한 연방의 연구 지원금을 크게 삭감해 버렸다.[235]

직장 여성들은 존슨컨트롤스가 1982년 처음 채택한 극단적인 태아 보호 정책에 대해 소송을 제기했다. 이 사건은 사법 시스템을 힘겹게 헤쳐 나갔다. 연방의 항소법원은 회사의 정책을 인정했다. 부시 행정부는 고용주가 필요성을 입증할 수만 있으면 여성을 이런 식으로 배제하는 것은 완벽하게 인정할 수 있다고 주장하며 회사의 편을 들어 주었다. 결국 1991년 존슨컨트롤스의 여성 노동자들은 대법원에서 승리했다. 재판부는 회사의 태아 보호 계획이 1978년 임신차별금지법Pregnancy Discrimination Act을 위반했다고 밝혔다. 하지만 법원은 이미 날아간 9년치의 임금과 잃어버린 취업 기회를 다시 보상해 주지는 못했다. 기업들도 태아 보호 정책을 곧바로 포기하지 않았다. 새로운 의무 교육 프로그램을 마련해서 여성들에게 작업 중 태아에게 미칠 위해에 대해 '조언'을 늘어놓거나, 여성들에게 일해도 좋다는 의사의 소견서를 받아오게 하거나, 나중에 법적인 책임을 묻지 않겠다는 각서에 서명하게 하는 등 그저 좀 더 섬세하고 정교한 전략으로 바꿨을 뿐이었다.

빅토리아시대의 의학서들이 여성을 '정신'과 '자궁'으로 구분했듯, 1980년대 기업의 태아 보호 정책들은 여성들을 두 가지 상반된 진영으로 갈라놓았다. 이런 회사들의 관점에 따르면 여성들은 집에서 지내는 번식자거나 아니면 불임수술을 한 노동자 둘 중 하나였다. 이들은 여성 노동자들에게 한 가지를 고르라고 한다. 일자리를 포기할 건지, 아니면 자궁을 포기할 건지.

아메리칸사이안아미드의 경우 일부 여성들은 두 가지 모두를 잃었다.

아메리칸사이안아미드 미용 부서는 1980년대 반격의 상업적 메시지를 따뜻하게 환영하고 열렬하게 지지했다.《포춘》500대 기업의 전략가들은 여성성으로 복귀하라는 구호에 발맞춰 침체된 브렉샴푸를 재기시킬 방법을 모색했고, '라프레리 스킨-트리트먼트' 라인의 판매고를 폭등시켰다. 심지어 '복고적인' 구매 행위를 활성화시키기 위해 페이스 팝콘 같은 트렌드 전문가를 기용하기도 했다.[236] 하지만 아메리칸사이안아미드는 반격에서 수동적으로 이윤을 얻기만 한 게 아니라 적극적으로 반격에 참여했다.

브렉 걸의 새롭게 단장한 얼굴 이면에는 이 다각화된 복합 기업에 속한 많은 화학 공장과 페인트 공장에서 연기를 뿜어내는 굴뚝들이 있었다. 그리고 1970년대 초 화학 산업계의 사실상 모든 기업들처럼 아메리칸사이안아미드는 공장노동자로 완전히 남자들만 고용했다. 연방 정부가 노동 현장의 남녀 통합을 추진하기 시작했을 때 맨처음으로 압력을 느낀 화학 회사 중 하나가 바로 아메리칸사이안아미드였다. 특히 이 회사에 속한 웨스트버지니아 월로아일랜드 공장이 연방 조사관들의 주목을 받았다.

아메리칸사이안아미드는 1940년대부터 플레전트카운티에서 이제멋대로 뻗어 나간 화학 기반 생산 공장을 운영했는데, 이 공장은 금세 오하이오 강을 따라 늘어선 토지를 불쾌하게 오염시켰다. 월로아일랜드 공장은 마을의 유일한 볼거리였고(지금도 그렇다), 반경수 킬로미터를 통틀어 유일한 일자리였지만 그곳의 생산 라인에서 받을 수 있는건 겨우 입에 풀칠할 수 있는 정도의 임금뿐이었다. 이 공장은 전국에서 가장 실업률이 높은 주의 한복판에 있었기 때문에 미국에서 가장 절박한 노동력을 마음대로 갖다 쓸 수 있었다. 이곳의 주민들은 남자건 여자건 아메리칸사이안아미드에서 일할 기회가 생기면 감지덕지했다.

하지만 1973년 윌로아일랜드를 방문한 연방 수사관들은 이 회사가 한 번도 여성을 생산 라인에 고용한 적이 없음을 알게 되었다. 연방 정부는 곧 아메리칸사이안아미드에게 여성을 공장에 고용하지 않으면 법적인 문제에 휘말리게 될 것이라는 고지서를 보냈다. 1974년 윌로아일랜드의 공장 관리자는 뉴저지의 본사로부터 여성 직원 희망자를 알아보기 시작하라는 지시를 받았다. 이 소식이 플레전트 카운티에 전해지고 나서 며칠 동안 이 공장의 인사 부서에는 여성들이 쏟아져 들어왔다. 공장의 노사관계 담당자 글렌 머서Glenn Mercer는 당시를 회상하며 "두어 명을 인터뷰하고 났더니 사람을 더 알아볼 필요도 없었다. 지원자가 워낙 넘쳐 났다"고 회상했다.[237]

당시 젊은 아이 엄마였던 베티 릭스Betty Riggs는 가까운 벨몬트의 팜프레시마켓 점원이었다.[238] 1974년 어느 날 아메리칸사이안아미드에서 일하는 남성 몇 명이 샌드위치를 사러 가게에 들렀다. 그녀는 이들이 회사가 여성을 고용하기 시작할 것 같다고 불평하는 이야기를 들었다. 릭스가 이들에게 자세히 말해 달라고 부탁하자 그들은 그녀에게 공장은 "힘든 일"을 하는 곳이고 "여자가 얼씬거릴 데가 아니"라고 말했다.[239]

릭스의 경험에 따르면 남자들은 항상 '여자가 있을 곳'에 대해 이야기했지만 아내와 엄마 들은 항상 일을 했다. 그녀가 어릴 때 가족 내 여성들은 여덟 아이들이 먹을 음식을 차렸다. 그리고 식료품을 사올 여력이 없을 때는 사냥을 했다. "야생동물 고기를 먹지 못하면 굶었다"고 릭스는 회상한다. 그녀는 열한 살이 되던 해에 일자리를 얻었다. 열다섯 살에 임신 때문에 어쩔 수 없이 하게 된 불행한 결혼 이후 주로 생계를 책임진 건 그녀였다. 남편은 일은 간헐적으로 하면서 술은 꾸준히 마셨다. 릭스는 줄곧 '여성'의 일자리에서 받는 빈곤 수준의 임금을 가지고 아들과 남편, 그리고 양가 부모를 부양했다. 파켓화물자동차휴게소에서는 웨이트리스로 시간당 75센트를, 햄넷유제품점에서는 계산원으로 시간당 1달러를, 팜프레시에서는 시간당 2달러를 받았다.

아메리칸사이안아미드가 여성을 고용한다는 소식을 들은 릭스는 곧바로 지원했다. 아무런 답이 없자 이 회사의 인사 부서에 계속 찾아갔다. 하지만 여성을 고용하라는 명령을 받고서도 이 회사의 관료들은 기회 균등 고용자가 될 생각이 별로 없었다. 취업 지원을 했던 많은 여성들이 나중에 밝힌 바에 따르면 인사 담당자들은 이들에게 남자의 공장에서 일하기엔 너무 여성적이라고 말하거나 아니면 반대로 충분히 여성적이지 못하다고 말했다.[240] 공장에서 일하기엔 "너무 예쁘다"는 말을 듣거나, "너무 뚱뚱하다"는 충고를 들은 여성도 있었다. 릭스의 회상에 따르면 인사 담당자는 릭스에게 자기가 보기엔 그녀가 과체중이고 자신이 "다이어트 클리닉을 운영"하는 게 아니라서 그녀를 고용하지 못한다고 말했다. 릭스는 살을 빼고 나서 다시 지원했다. 하지만 여전히 그는 그녀를 고용하지 않으려했다.

릭스는 1년간 거의 매일같이 인사 부서를 순례하고 난 뒤 결국 아메리칸사이안아미드로부터 취업 제안을 받았다. 하지만 그건 팜프레시와 월급이 같은 매점 직원 자리였다. 그녀는 그 자리를 거절하고 공장 일에 계속 지원했다. 결국 1975년 11월, 아메리칸사이안아미드는 그녀를 잡역부로 고용했다. 몇 달 뒤 그녀는 납 안료 부서로 자리를 옮겼고, 거기서 팜프레시에서 받던 임금보다 여섯 배 더 많은 돈을 받았다.

릭스는 안료 부서에서 케이크 분쇄와 청색 안료를 담는 일을 맡았다. 그녀는 온종일 산업용 오븐에서 단단하게 구워진 약 23킬로그램짜리 페인트 덩어리를 끄집어내 이 페인트 케이크를 분쇄기에 밀어 넣고 반대편 끝에서 파란 가루를 모아 자루에 담았다. "난 그 일이 정말 좋았다"고 그녀는 회상했다. "정말 고된 일이었죠. 진짜 운동이나 마찬가지였어요." 그해에 다른 여성도 몇 명 릭스의 부서에 들어왔다.

실직 상태였던 도나 리 마틴Donna Lee Martin은 절박하게 일자리를 찾던 중 아메리칸사이안아미드가 사람을 뽑는다는 이야기를 듣게 되었다. 그녀는 섬유 공장에서 시급 4달러를 받고 일을 하다 공장이 문을 닫게 되어 새로운 일자리를 찾고 있었다. 그녀가 아메리칸사이안아미드에 면접을 보러 갔을 때 인사 감독이 "내게 물어본 건 가족 이야기와, 교대 근무를 해야 할 때는 믿음직한 베이비 시터를 어떻게 구할 건지, 아이들이 아플 땐 어떻게 해결할지 같은 것들이었다."[241] 마틴은 그에게 자신이 충분히 잘 처리할 수 있다고 말했다. 1974년 10월 그녀는 촉매제 부서의 '조수' 일자리를 얻었다. 6주 후 그녀는 승진 기회가 더 많다는 이야기를 듣고 안료 부서로 자리를 옮겼다.[242]

20대 후반의 바버라 캔트웰 크리스먼Barbara Cantwell Christman은 최근 이혼을 하고 두 남자아이를 키우고 있었다.[243] 그녀는 구할 수 있기만 하면 어떤 일이든 마다하지 않았다. 노스벤드스테이트파크의 식당에서는 접대부로, 한 의류 공장에서는 점원으로, 한 병원에서는 접수원으로 일한 적이 있었다. 1974년 4월 그녀 역시 사이안아미드에 구직 신청을 했다. 면접에서 인사 담당자들은 크리스먼에게 "발정난 남자들 속에서 늦은 밤까지 일해야" 할 거라고 경고했다.[244] 한 면접관은 그녀가 "석탄 차에서 삽으로 석탄을 퍼야 할" 수도 있다고 말하면서 그녀가 해낼 수 있을지 의문스러워했다. 나중에 법정 녹취록에서 그녀는 "난 그에게 할 수 있다고 말했다"고 회상했다. "난 건초지에서 일해 본 적이 있었고 그것도 잘 해냈어요. 그는 내게 그런 일자리에 구직 신청을 하기엔 너무 예쁘다고 말했고, 그에게 난 그 일이 필요하다고, 그 일을 원한다고 말했어요."

1974년부터 1976년까지 총 서른여섯 명의 여성들이 생산직에 채용되었다. 안료 부서에서는 여성들이 합류한 첫해에 생산의 양과 질이 모두 크게 향상되었다. 회사 측은 그해 송년 행사에서 이 사실을 마지못한 듯 인정했다. 릭스는 생산량이 증가했다는 사실에 별로 놀라지 않았다. 그녀는 하룻밤에 '센터 피드center feeds' 열두 개를 완성하라는 회사의 의무 할당을 진지하게 여기는 바람에 여유 있게 열 개 정도 완성하는 데 이미 익숙해진 남성 작업 파트너의 짜증을 샀다.

파트너는 그녀에게 "네가 좋은 시절을 다 망쳐 놨다"고 말했다. 릭스는 개의치 않았다. "나는 일을 하라고 고용된 거였고 그래서 그 일을 했던 것뿐"이라고 그녀는 말했다.

안료 부서를 침략한 여성들 때문에 골이 난 남성은 릭스의 작업 파트너만이 아니었다. 사람들은 "여자들이 여기서 일하면서 남자들의 일자리를 빼앗아 가선 안 돼"라는 말을 달고 살았다.[245] 릭스의 회상에 따르면 "어떤 남자는 바버라에게 '네가 내 부인이었으면 집에서 내 양말이나 기우고 내 저녁밥을 차리고 있었을 거'라고 말했다." 릭스는 웃지 않을 수 없었다. 그의 아내도 일을 했기 때문이다. 현장감독은 여성들이 일하면서 발생한 또 다른 '문제'를 물고 늘어졌다. 그는 여성들은 "센터 피드에 젖꼭지가 끼거나, 안료 덩어리에 가슴이 걸릴" 수 있다는 이유로 여성들이 안전을 위협한다고 불평했다.[246]

이성 직원의 수가 늘어나자 보복도 그만큼 늘어났다. 어느 날 여성들이 일터에 출근했더니 작업장 기둥에 "여자를 쏴 죽이고 일자리를 구하자"라는 글씨가 스텐실로 찍혀 있었다.[247] 또 어떤 날은 "매춘부"라고 적힌 표지판이 사물함에 걸려 있었다.[248] 릭스의 사물함에 폭력적인 포르노 사진이 끼어 있기도 했다. 거기에는 "내가 너한테 원하는 건 이런 거"라고 적혀 있었다. 여자 사물함실과 샤워실에서 여성을 상대로한 성폭행이 일어날 뻔했던 적도 두 번 있었다.

릭스의 경우 가장 격하게 반대한 건 그녀의 첫 남편이었다. 그는 릭스를 자기 방식대로 길들이기 위해서라면 주먹을 쓰는 것도 마다하지 않았다. 어떤 해에는 그가 릭스를 너무 자주 때려서 팜프레시에서 일하는 릭스의 친구들이 그녀에게 안대를 크리스마스 선물로 주기도 했다(이 선물은 비참할 정도로 딱 맞았다. 릭스의 회상에 따르면 그 선물을 풀어 본 날 그녀의 두 눈에 멍이 들었기 때문이다). 릭스는 아메리칸사이안아미드에서 일하기 전에는 남편의 구타를 그저 견뎌 내기만 했다고 말했다. 집이 남편 소유였고, 남편이 일을 할 때는 자신보다 더 많은 돈을 집에 갖다 줬는데, 아들과 자신의 부모를 건사하느라 돈이 너무 절실했기 때문이다. 하지만 이젠 그녀도 그럭저럭 돈을 벌게 되면서 남편을 떠날 힘이 생기게 되었다. "그래서 사이안아미드의 일자리가 내게 그렇게 중요했던 거죠." 그녀는 말했다. "언젠가 내가 독립해야 한다고 생각했거든요."

릭스의 남편은 처음에는 아내의 새로운 금전적 능력에 대해 직접적인 언급을 삼갔다. "내가 처음 공장에서 일하기 시작했을 땐 모든 게 '그의 돈'이었어요." 릭스는 이렇게 회상했다. "급여일이 되면 그 남자는 나한테 수표에 서명을 하게 한 다음에 '이게 당신이 이번주에 번 돈이군' 하고 말하곤 했어요. 그리고는 '아무한테도 당신이 얼마나 버는지 말하지 마' 하고 말했죠." 그는 릭스가 일하는 동안 아들을 보살피길 거부함으로써 가족 내 경제력의 변화에도 맞섰다. 심지어 남편이 실직 상태였을 때도 그녀는 돈을 들여 집안일을 도와줄 사람을 구해야 했다. 그리고 릭스의 회상에 따르면 "남편이 자꾸 베이비 시터에게 손을 대는 바람에 난 계속 새로운 사람을 구해야 했다."

결국 남편은 더 직접적이고 야만적인 전략을 취했다. 그는 릭스를 집에 감금하거나 구타를 해서 사람들 앞에 나서기 힘들 정도로 멍이 들게 만들었다. 어느 날, 릭스는 마침내 행동에 들어갔다. 남편이 주방 바닥에 그녀의 머리를 찧어 기절시키고 난 다음이었다. 집을 나와서 이혼 신청을 했다. 하지만 릭스의 탈출에 남편은 더욱 난폭해졌다. 별거에 들어간 직후 남편은 그녀와 같은 공장에서 일자리를 얻어 점점 공포스러운 방식으로 그녀를 괴롭혔다. 어느 날 밤엔 퇴근을 하려고 주차장에 갔더니 차가 불타고 있었다. 또 다른 날엔 야간 근무를 하고 있는데 남편이 완료 부서에 몰래 들어와서 살금살금 그녀 뒤로 다가가 그녀를 바닥에 내동댕이쳤다. 남편은 릭스의 안경이 깨질 때까지 얼굴을 때렸다. "남자가 한 명 더 있었다"고 릭스는 회상했다. "그런데 그 남자는 멀뚱히 서서 지켜봤어요. 감독은…… 그냥 방에서 줄행랑을 쳤어요. 증인이 되고 싶지 않았던 거죠." 그녀는 회사의 안전 담당자에게 폭행에 대해 보고했지만, 이 안전 담당자는 남편에게 '말로 경고'를 하는 데 그쳤다.

월로아일랜드 공장의 여성들은 남자들이 무슨 짓을 하든지간에 버티겠다고 굳게 결심했다. 하지만 1970년대 말부터 생산직 남성 동료들보다 더 거센 반대 세력이 나타났다. 바로 회사의 고위 경영자들이었다. 1976년 공장은 돌연 여성 고용을 중단했다. 같은 해 본사에서는 회사 임원들이 태아 보호 정책을 개발하기로 결정했다. 아메리칸사이안아미드는 과거 한 번도 공장노동자를 보호하겠다는 의지를 강하게 피력해 본 적이 없었다. 폭발 사고가 잦은 윌로아일랜드 공장노동자들은 수년간 더럽고 위험한 환경에서 일했다. 그런데 갑자기 경영진은 공장 내 생식 위해 요인을 걱정하기 시작했다. 아메리칸사이안아미드의 법인 의료 담당자 로버트 클라인Robert Clyne 박사는 임신 가능 연령대 모든 여성을 스물아홉 가지 화학물질에 노출되는 생산직 일자리에서 배제시키는 정책 강령을 재빨리 작성했다.[249]

이 보호 계획은 여성 노동자의 불만 때문에 작성된 게 아니었다.[250] 클라인 스스로 시인했듯 그가 아는 한 그런 불만은 한 번도 없었고, 공장 의료진을 시켜서 노동자들의 생식 문제에 대해 조사해 보라고 한 적도 없었다. 과학 연구에서 영감을 얻은 조치도 아니었다. 이 회사의 의료 부서는 자신들이 지목한 화학물질이 생식에 어떤 문제를 일으킬 수 있는지에 대해 독립적인 연구를 수행한 적도, 관련 문헌을 검토한 적도 없었다.[251] 나중에 클라인은 스물아홉 개의 화학물질은 "컴퓨터 기록을 재빨리 훑어보고 나서 엮어 낸" 것이라고 설명했다.[252] 사실 이들이 선별한 화학물질 중에서 생식에 문제를 일으킨다고 알려진 것은 단 하나, 납뿐이었다. 그리고 납은 남성과 여성 모두에게 위험한데도 클라인은 남성 생식의 위험성에 대해서는 고려하지 않았다. 클라인은 나중에 법원 속기록에서 "당시 우리에겐 그 측면까지 통합할 수 있을 정도로 정보가 충분하지 않았다"고 말했다.[253] 한 라디오 인터뷰에서 그는 공장 환경이 남성의 생식능력을 위협한다는 사실이 확인된다 해도 남성들을 공장에서 내보내라고 요구하지 않을 거"라고 말했다. "남성을 보호하기 위해 다른 조치를 취할 수 있을 겁니다. 제품의 제조를 중단할 수도 있고, 개인용 보호복이나 호흡기 같은 걸 사용할 수도 있겠죠."[254] 회사는 여성을 공장에서 내보내는 대신 독성 수준을 낮추는 등의 다른 해법에 대해서는 고려하지도 않았다. 나중에 회사는 이 일을 감당할 만한 "기술이 전무하다"고 주장했다.[255] 하지만 정부 조사 결과 공학적인 조작을 조금만 변경하면 납 노출을 양성 모두에 대해 연방 용인 수준으로 낮출 수 있음이 확인되었다.[256] 하지만 70만 달러라는 비용은 사이안아미드 경영진의 입맛을 분명하게 떨어뜨려 놓았다.

1978년 회사는 첫 번째 태아 보호 정책안을 공개했다. 회사의 집행위원회는 사내 비망록에서 "우리는 이 정책이 개별 여성이 접근할 수 있는 직무의 범위를 침해할 수도 있음을 인정하지만, 우리가 판단했을 때 이는 분명 두 개의 악 중 차악이다."[257]

이 정책은 아직 공식화된 것도 아니었지만 윌로아일랜드의 경영자들은 이를 시행하기로 결정했다. 1978년 1월과 2월, 일련의 회의에서 노사관계 담당자 글렌 머서는 이 새로운 규칙을 굳히기 위해 공장의 의무실로 여성들을 소환했다.[258] 그는 여성들에게 5월 1일 이후부터는 50세 이하의 임신 가능한 여성들은 불임수술을 받지 않는 한 열개 중 여덟 개 부서에서 일을 할 수 없다고 알렸다. 이 경우 공장에서 불임수술을 하지 않은 여성이 배치될 수 있는 자리는 일곱 개뿐이었다. 머서는 여성들에게 회사가 "직업안전위생관리국의 규정보다 더 앞서가고" 있으며, 직업안전위생관리국도 조만간 이와 비슷한 규정을 통과시킬 것이라고 장담했다.[259] 릭스는 이렇게 회상했다. "그는 우리에게 그게 전 세계적인 흐름이 될 거라고 말했어요. 그는 미래에는 여성들이 불임 상태가 아니면 화학 공장에서는 아예 일을 하지 못할 거라고 했죠."[260]

여성들이 질문을 시작했다.[261] 연공서열이 높은 여성들에게 자리를 만들어 주기 위해 젊은 남성들을 해고할 계획인지? 그는 아니라고 답했다. 해고 대상은 여성뿐이었다. 피임약을 먹을 경우엔? 머서는 "까먹을" 수도 있기 때문에 그걸론 충분하지 않다고 했다. 매달 임신 진단 테스트를 받는 데 동의한다면? 머서는 이번에도 고개를 저었다. 남편이 이미 정관수술을 받았다면? 머서는 안 된다고 말했다. 수술을 받아야 하는 건 여성이었다.

여성들은 문제가 되는 화학물질의 목록을 보여 달라고 요청했다. 머서는 당장은 그 목록이 없지만 "수백 개"에 달하는 데다, 거의 매일같이 새로 추가되고 있다고 말했다.[262] 그러고 나자 회사의 간호사와 의사가 들어와 여성들에게 불임수술은 간단하고 동네에서도 할 수 있다고 설명했다.[263] 이와 함께 모임은 끝냈고 여성들은 그곳에서 줄을 지어 나왔다.[264] 대부분 너무 부들부들 떨려서 말도 못할 정도였다.

머서의 발언을 듣던 도나 마틴은 점점 공포가 커져 갔다.[265] 그녀는 남아 있는 일곱 개의 자리 중 하나를 얻을 수 있을 정도로 자신의 연공서열이 충분히 높지 않음을 알고 있었다. 다섯 아이를 어떻게 부양한단 말인가? 남편은 실직 상태였고, 그들은 이미 재정 문제로 압박을 느끼고 있었다. 몇 주 동안 그녀는 고민에 시달렸고, 생각하면 할수록 우울감만 깊어졌다. "정신적으로 난 직장을 잃을 것인가 아니면 더 이상 아이를 갖지 못할 것인가 사이에서 선택을 해야 하는 압박감을 견딜 수가 없었어요."[266] 그녀에겐 오래된 목 부상 때문에 갖고 있던 진통제가 좀 있었다.[267] 2월, 그녀는 과다 복용으로 한 달간 병원 신세를 지게 되었다.

병원에서 퇴원한 지 한 주 만에 그녀는 수술을 받기로 결심했다.[268] "그래야 실직에 대한 걱정을 더 이상 하지 않을 수 있기" 때문이었다. 그녀는 지역 산과 전문의인 조지 게바스George Gevas 박사를 찾아가서 바로 그날 수술 동의서에 서명을 하고 그다음 주로 수술 날짜를 잡았다.[269] 5월 1일까지 불임수술을 해야 한다는 회사의 규정을 확실히 충족시키고 싶었기 때문이었다. 수술을 받고 난 뒤 마틴은 너무 오래 자리를 비웠다가는 해고될지도 모른다는 생각에 회복 기간을 3주만 가지기로 했다.[270] "그게 의사가 동의해 준 가장 짧은 회복 기간이었다"고 그녀는 말했다.

공장에 돌아온 마틴은 자신이 없는 동안 회사 경영진이 수술 마감일을 연기했음을 알게 되었다. 회사의 의료 부서가 태아 보호 정책을 수정했던 것이다. 마감일은 여름 이후로 연기되었다. 결국 그해 9월, 공장 임원들은 최종 공지를 했다.[271] 문제의 화학물질은 스물아홉 가지에서 납 한 가지로 줄어들었고, 따라서 태아 보호 정책 적용 대상은 납 안료 부서에서 일하는 여성들뿐이었다. 이들은 해당 여성들에게 10월 2일까지 불임수술과 해고 중에서 선택을 하라고 말했다.

바버라 크리스먼은 아이를 더 가지고 싶었지만 일자리도 절실했다. 마틴처럼 궁리를 하면 할수록 그녀는 "걱정 때문에 머릿속이 엉망이 되어 버렸다."[272] 결국 그녀 역시 게바스 박사를 찾아갔다. 그는 바로 그 다음 날로 수술 날짜를 잡았다. 마취에서 깨어난 크리스먼은 자신이 엉뚱한 곳에 와 있음을 알게 되었다.[273] 병원에서 생각도 없이 그녀를 분만 병동의 침상에 배정했던 것이다.

베티 릭스와 롤라 라이머Lola Rymer 역시 게바스 박사와 약속을 잡았다. 라이머의 기억에 따르면 의사는 이들 각각을 앉혀 놓고 일장 연설을 했다.[274] 그는 이건 "일자리를 부여잡으려는 옹색한 방법"이지만 "당신이 정 원하면 해 주겠다"고 말했다. 둘 다 원한다고 말했고, 그는 바로 그날로 수술 날짜를 잡았다. 나중에 릭스는 다른 선택지가 전혀 보이지 않았다고 말했다. "나만 쳐다보고 있는 많은 사람들을 먹여살릴 사람이 나밖에 없다 보니 그 일을 했을 뿐이에요. 그 사람들을 저버릴 수가 없었어요. 돌 벽에 부딪혔지만 앞으로 가는 것 말곤 할 수 있는 게 없었죠."[275]

결국 안료 부서의 여성 일곱 명 중 다섯 명이 불임수술을 받았다.[276] 회사는 나머지 두 여성을 청소부로 이동시켰다.

불임수술 소식은 결국 태아 보호 정책을 작성한 본사의 의사 귀에도 들어가게 되었다. 클라인 박사는 회의 중 한 여성으로부터 이 소식을 전해 들었지만 전혀 심란해하거나 관심을 갖는 것처럼 보이지 않았다. 나중에 법원 증언을 하면서 이에 대해 물었을 때 클라인 박사는 아래와 같이 반응했다.

질문   그녀가 당신에게 다른 이야기를 하던가요?[277]
클라인 아니요.
질문   당신이 그녀에게 질문을 했나요?
클라인 그건 짧은 여담 같은 거였습니다. 그냥 제게 전달된 하나의 정보일 뿐이었어요.

14장 여성의 몸을 침략하다   649

릭스는 수술 후 직장에 복귀했지만 전혀 즐겁지 않았다. 오히려 겁이 났다. "전 생각했죠……. 그들이 우리를 이런 식으로 쫓아내지 못했으니 다음엔 뭘 요구할까?"[278] 그녀의 회상에 따르면 복귀한 첫 주 머서가 자신의 사무실로 그녀를 불렀다. 머서는 그녀가 불임수술을 하긴 했지만 어쨌든 안료 부서가 아닌 다른 부서로 옮겨도 된다고 제안했다. 머서는 릭스에게 그녀가 계속 안료 부서에 남아 있으면 남자들이 그녀에게 '낙인'을 찍을 거라고 경고했다.[279] 릭스는 그에게 "난 부끄러운 짓은 절대 한 적이 없다"고 말했다. 머서는 크리스먼과도 비슷한 이야기를 나누었다. 크리스먼이 2, 3일 정도 생각할 시간을 갖겠다고 하자 머서는 불퉁거렸다.[280] 그녀는 머서에게 "이건 어려운 결정이니 난 생각할 시간이 필요하다"고 말했다. "그랬더니 머서는 자기는 약속과 할 일이 많은 사람인데 내가 결정을 하지 않으면 자기 일부 일정을 잡을 수가 없으니 당장 알아야겠다고 하더라고요."

두 여성 모두 안료 부서에 남기로 결정했다. 쉬운 선택은 아니었다. 머서의 예상대로 이들은 낙인찍혔다. 도나 마틴이 수술을 받고 돌아온 지 얼마 되지 않았을 때 한 경비는 그녀에게 임산부 보험 팸플릿을 건넸다.[281] 같은 부서의 남성들은 이 여성들이 난소를 적출했다며 조롱했다.[282] 이들이 가장 즐기는 농담은 "이젠 너네들도 남자야", "수의사가 특별 할인을 해 줬다지" 같은 말들이었다. 경영진의 태도라고 더 나을 것도 없었다. 이들이 자체적으로 만든 문헌에서는 이 여성들을 "거세된 동물neutered"이라고 일컬었다.

1979년 초 직업안전위생관리국은 윌로아일랜드 공장에 대한 조사에 착수했다.[283] 회사가 안료 부서에서 해고 혹은 인원 감축을 검토 중이라는 루머와 함께 직업안전위생관리국의 조사가 진행된다는 소식이 퍼지자 긴장은 훨씬 고조되었다. 안료 부서 남성들은 "너네 여자들 때문에 여기가 폐쇄되는 거"라고 고함치기 시작했다.[284] "너네가 우리를 이 궁지에 몰아넣은 거야." 그해 10월, 직업안전위생관리국은 아메리칸사이안아미드가 직업안전보건법을 위반했다고 판결하고 이 회사에 1만 달러의 벌금을 내라고 명령했다.[285] 직업안전위생관리국은 태아 보호 정책이 기본적으로 여성들에게 불임수술을 강요했기 때문에 고용의 '위해 요인'에 해당한다고 밝혔다. 그뿐만 아니라 직업안전위생관리국은 납 노출은 남성에게도 똑같이 위험하고 완전히 근절해야 한다고 지적했다. 아메리칸사이안아미드는 이에 대한 대응으로 안료 부서를 폐쇄했다.[286] 다섯 여성들이 자신들의 자궁을 희생시켜가며 지키려 했던 일자리가 사라져 버린 것이다.

1980년 아메리칸사이안아미드는 정부의 판단에 이의를 제기했고 직업안전위생관리국 재검토위원회는 고용의 위해 요인이 "피고용인들에게 직접 작용"하지 않았기 때문에 법을 위반했다고 볼 수 없다는 결론을 내렸다.[287] 그리고 소환을 무효화하기로 뜻을 모았다. 노동부는 이 판결에 대한 항소를 준비하기 시작했지만, 바로 그때 레이건 행정부가 들어섰고, 항소는 취소되었다.

그동안 여성들은 한 번은 주의 시민권위원회에서, 그다음에는 평등고용기회위원회의 지역 사무소에서 법적인 구제를 받을 방법을 직접 찾아다녔다.[288] 두 곳 모두에서 정부의 판결을 이끌어 내려면 몇 년이 걸릴 것이라고 분명히 밝히자 여성들은 노조와 법률 상담소에 매달렸다. 석유화학원자력부문국제노동조합Oil, Chemical and Atomic Workers International에서는 노동부가 포기한 항소를 하는 데 동의했다. 그리고 이와 별개로 이 공장에서 일했던 여성 열세 명은 회사가 연방의 민권법을 위반했다고 주장하며 소송을 제기했다.

노조의 소송은 연방의 항소심 판사 로버트 보크Robert Bork에게 배당되었고, 1984년 그는 회사의 손을 들어 주었다. 그는 판결문에서 여성들은 불임수술을 '선택'했기 때문에 태아 보호 정책이 해롭지 않았다고 밝혔다.[289] "회사는 여성들에게 선택을 하라고 했다는 이유만으로 고소당했다." 여성들의 민권법 소송은 3년 반에 걸친 사전 심리 절차가 진행되는 동안 맥이 다 풀려 버렸다. 회사는 이들보다 수백만 달러 더 많은 돈을 지출했다. 1983년 이들은 회사의 작은 화해 제안을 받아들이기로 했다.[290] 남은 열한 명의 원고는 회사가 준 20만 달러를 나눠 가지기로 했다.

소송에 참여했던 여성들은 1980년대에 가장 먼저 해고된 집단에 속했다.[291] 그리고 다른 곳에서 일자리를 찾던 이들은 말썽꾼이라는 평판이 이미 발 빠르게 번져 버렸음을 알게 되었다. 가장 목소리가 컸던 베티 릭스는 가장 힘든 시간을 보냈다. 그녀는 결국 한 주립 공원에서 최저임금을 받으며 청소부로 일할 수밖에 없었다. 다시 여성의 일로 돌아간 것이었다.

1987년 어느 날 베티 릭스는 공장 근처에 있는 침울한 선샤인클럽Sunshine Club에서 친구들과 어울리다가 보크 판사의 대법원 인준 청문회가 텔레비전에 나오고 있는 모습을 보게 되었다.[292] 놀랍게도 심사위원단에서 한 국회의원이 아메리칸사이안아미드 판결에 대해 질의했다. 그녀는 그 사건에 대한 보크의 설명을 귀 기울여 들었다. "저는 다섯 여성이 일자리에 남기로 선택하고 불임수술을 선택한 거라고 생각합니다. 저는 이들이 그런 선택을 기쁘게 했다고 생각합니다."[293] 이안의 빙빙해진 릭스는 거리에서 번쩍 일어나 그곳에 있던 사람들에게 큰소리로 떠들었다. "저거 들었어요? 저 거짓말쟁이, 저 거짓말하는 남자 말이에요." 뭔가를 해야겠다는 절박감에 릭스는 상원의 법사위원회에 전보를 보냈다.

> 나는 보크 판사가 우리가 불임수술을 받거나 해고를 당하거나 둘 중에 하나를 기쁘게 선택했을 거라고 생각한다니 믿을 수가 없습니다. 일을 하지 않으면 안 되는 여성에 대해 아무것도 모르는 판사만이 그런 말을 할 수 있겠죠……. 난 겨우 스물여섯 살이었지만 일을 해야 했고 그래서 선택의 여지는 없었습니다. 이건 이제껏 내게 일어난 가장 끔찍한 일이었어요. 난 보크가 뭐라고 말하든 그건 법에 반하는 일이었다고 지금도 믿습니다.

이 편지에 반응한 사람은 단 두 명이었다. 한 상원 의원의 보좌관이 전화를 걸어 그 편지가 참 명문이라고 말했다. 그리고 그는 어떤 변호사가 "그녀에게 편지를 쓰도록 부추겼는지" 알고 싶어 했다. 그리고 청문회에서 앨런 심슨Alan Simpson 상원 의원은 릭스의 전보가 "모욕적"이라고 말했다.[294]

1980년대 말에 이르자, 보크의 표현은 법원 기록물에서부터 언론의 기사, 그리고 다시 웨스트버지니아 플레전트 카운티로 되돌아옴으로써 반격의 순회를 완성했다. 플레전트 카운티에서도 이제 사람들은 여성의 곤경을 폄하하기 위해 보크의 표현을 들먹이게 된 것이다.

1988년 어느 봄날의 아침, 스티브 타이스Steve Tice 와 그의 친구가 사이안아미드 공장 길 건너편 덧문이 달린 많은 가게 중 한 곳에서 빈둥대고 있었다. 이 둘은 모두 사이안아미드 공장에서 일하다 최근에 해고된 상태였다. 윌로아일랜드 사건에 대한 의견을 구하자 타이스는 어깨를 으쓱하더니 이렇게 말했다. "모두가 선택을 한 거였잖아요. 그 사람들은 수술을 하지 말고 거기에 항의했어야 했어요. 그 여자들은 너무 쉽게 온갖 사소한 선 드걸 잡았어요."[295]

게바스 박사는 인근 파커스버그의 오래된 마을, 나무가 늘어선 거리에서 성업 중인 개인 병원을 보유하고 있었다. 그도 비슷한 분석을 내놓았다. "난 이 여성들이 선택을 했다고 생각합니다." 그가 말했다.[296] "그들이 목을 매달거나 머리를 총으로 쐈다 해도 거기엔 충분한 이유가 있었을 거예요. 어쨌든 그 사람들은 선택을 한 거예요."

이 회사의 노사관계 관리인 글렌 머서는 조경이 잘된 또 다른 거리에서 살고 있었다. 마당에는 장미 덤불이 탐스럽게 만개해 있었다. 머서는 팔짱을 낀 채 드넓은 현관에 버티고 서 있었다. 그에게 아무리 질문을 해도 돌아오는 건 "난 그 문제에 대해 말하고 싶지 않다"는 답뿐이었다.[297] 결국 여성들에게 그런 지침을 내린 것에 대해 후회하지 않는지 물었더니 그는 이렇게 말했다. "전혀 안 합니다. 내가 말할 수 있는 건 이것뿐이에요. 난 전혀 후회하지 않아요." 그러더니 그는 문을 쾅 닫고 안으로 들어가 버렸다.

공적으로 배상받을 길이 모두 막혀 버리자 여성들의 고통은 내부를 향했다. 불임수술을 한 지 몇 년이 지나자 다섯 여성들 모두 자신을 '여성적이지 않고' '불완전한' 사람이라고 여기게 되었다.[298] 남편과 더 이상 잠자리를 갖지 않게 되었다고 말한 여성들도 있었다. 자신이 "충분히 여성이라는" 기분이 들지 않는다는 것이다. 다섯 명 모두 심각한 우울증에 시달렸다. 그리고 심리 치료사나 의사의 도움을 구하기도 했지만, 정신이 멍해지는 약물을 처방받았고, 이 때문에 절망감이 더 커지기만 한 경우도 있었다. 이들에게 처방된 약은 진정제, 항우울제, 리튬 같은 것들이었다.

수술을 받고 난 뒤 한동안 베티 릭스는 주변 세상에서 물러나 몸을 사렸다. "난 다른 사람들의 많은 필요에 냉담하고 대단히 무관심해졌다"고 그녀는 회상한다.[299] 길을 지나다가 아이가 딸린 여성을 보기만 해도 질투와 수치심이 차올랐다. 집에서는 "가정생활과 조금이라도 관련이 있는 텔레비전 프로그램만 보면 무너져 내렸어요." 그건 마치 "내 마음과 육체, 심장이 제멋대로 노는 것 같았다"고 그녀는 말한다. "나는 인간도 아닌 것 같았어요. 나한테는 뭔가가 없었죠. 독자적인 개성이 하수구에 쓸려 내려가 버린 것 같았어요. 마치 내 유일한 권리를 포기해 버린 기분이었죠."

게다가 릭스가 상실했다고 느끼는 그 권리는 반격의 시대가 옹호하겠다고 그렇게 떠들어 대던 바로 그 권리였다. 아메리칸사이안아미드의 여성들은 1980년대 미국의 모든 지역과 계급, 직종에 속한 여성들처럼 빗발치는 문화의 포화에 고스란히 노출되었다. 이 문화의 포격은 여성들에게 모성은 최고의 소명이라고 말했다. 일자리를 포기하면 여성성을 회복할 수 있다고 말했다. 가정에서 사적인 행복을 포기해야만 경제적, 공적 영역에서 빛을 볼 수 있다고 말했다. 이계획은 베티 릭스와 그 동료들의 힘겨운 삶과는 거의 실제적인 관련이 없었지만, 가장 개인적이고 고통스러운 방식으로 이들이 '부족하다'는 기분에 시달리게 만들 수 있었다.

아메리칸사이안아미드가 노동자들에게 제시한 '선택'은 반격이 여성들에게 관대하게 제시했던 다른 많은 선택지들처럼 명료하고 진취적인 발전으로 포장되었다. 즉, 그것은 여성을 위한 진보를 상징했다. 페미니즘은 여성들을 위해 선택의 문을 열어젖혔고, 이제는 기업과 법원, 나머지 사회는 자신들이 그와 똑같은 일을 하고 있다고 주장했다. 아메리칸사이안아미드의 사례는 반격에 휘말린 여성들에게 어떤 일이 일어날 수 있을지를 대단히 극단적으로, 공포스럽게 보여 주면서 '선택'이라는 반격의 언어가 실제로는 얼마나 어처구니없는 거짓말인지를 깨닫게 해준다. 사이안아미드 여성들에게 제시된 선택지는 솔직하지도, 유용하지도, 현명하지도 않았다. 사실 이들이 제시한 대안은 궤변이었고 해로웠으며 퇴행적이었다. 그리고 처음부터 여성에게 불리하게 조작되어 있었다.

이 여성들에게 일은 선택의 문제가 아니었다. 형편 때문에, 믿을 수 없는 남자들 때문에 반드시 해야만 했고 자립과 자존감의 기본적인 원천이기도 했다. 이들은 일을 해야만 했고 또 원했다. 하지만 이들이 상대해야 하는 고용주들도, 옆에서 함께 일해야 하는 남성 노동자들도, 혹은 같은 침대를 쓰는 남성들마저도, 그 누구도 이들이 일하는 것을 원치 않았다. 일을 계속하면 사무실에서 모욕을 당했고, 샤워실에서 공격을 당했고, 집에서 구타를 당했다. 하지만 사회적 신호에 복종하고 집으로 돌아가려 했다면 굶어 죽었을 것이다.

아메리칸사이안아미드가 태아 보호 정책을 통해 이들에게 최후통첩을 날렸을 때 여성들은 이미 이런 '선택'의 기로에 놓여 있었다. 이제 이들은 생존을 위해 필요한 일자리를 포기하든지 아니면 불임수술을 하고서 온 사회가 여성에게 가장 영광스러운 삶의 이유라고 주장해 온 것을 포기하든지 양자 택일을 할 수 있었다. 반격은 여성들에게 여성으로 존재하는 삶과 독립적인 삶 중에서 하나를 택해야 한다고 말했다. 그리고 반격은 여성을 위해 대신 선택을 해 주었다. 만일 자기 결정권을 위한 부자연스러운 투쟁을 포기할 경우 자연스러운 여성성을 다시 손에 넣을 수 있으리라고 주장하면서 말이다. 하지만 사이안아미드의 여성들에게는 이렇게 미리 정해진 선택지마저 주어지지 않았다. 먼저 회사의 태아 보호 정책은 여성을 자궁으로 규정했고, 그다음에는 여성들에게 자신의 몸에서 자궁을 떼어 내라는 결정을 직접 내리도록 강요했다. 그리고 회사는 막상 선택을 강요하고 난 뒤 결국 모든 선택지를 무효화시켜 버렸다. 자궁이 없어진 여성 노동자들은 이제 일자리마저 잃게 되었다.

이 여성들이 온몸으로 겪은 고난은 이들이 자신이 속한 문화에서 포착한 신호들의 결과이자, 이 신호들이 이들의 삶이라는 실제 환경과 충돌했던 모습이라고 할 수 있었다. 1980년대 미국 전역의 모든 여성들은 정도는 다르지만 어떤 식으로든 이런 식의 고난과 대면했다. 아메리칸사이안아미드의 여성들이 특히 비극적이었던 점은 이런 신호들이 이들과 갈등을 빚다가 결국 순전히 육체적인 방식으로 돌이킬 수 없는 선택을 하게 만들었다는 사실이었다.

　반격은 아무리 아버지를 섬기는 케케묵은 핵가족 환상을 입이 닳도록 칭송해도 다시 그것을 현실화시키지는 못했다. 하지만 많은 여성들의 머릿속에 그 이미지를 심어 놓았고, 성가신, 심지어 고통스러운 불협화음을 빚어냈다. 1980년대에 여성들이 비참했다면(많은 여성들이 비참했던 건 분명했고, 반격이 심화될수록 더 많은 여성들이 힘들어졌다) 그건 널리 알려진 이유 때문이 아니었다. 결국 페미니즘, 그리고 이와 함께 찾아온 자유는 여성을 불행하게 만드는 것과는 거의 관계가 없었다. 그보다 평등에 대한 여성들의 갈망, 1980년대를 지나면서 소멸되지 않겠다는 욕구는 반격이 쌓아 올린 자기 의심과 상호 비방의 벽을 때려 부수는 데 원동력을 제공하면서 꾸준히 반격의 의제와 충돌을 빚었다.

　반격이 여성에게 쥐여 준 행복의 처방전은 효과가 없을 것이고 없을 수밖에 없다. 이는 여성의 삶을 가정과 직장이라는 두 개의 반쪽짜리 삶으로 갈라놓은 뒤 가정만이 충족되고 완전한 존재 양식이라고 홍보했다. 여성들이 이 처방에 저항하면 심리적, 물리적 처벌을 통해 여성들을 구렁텅이로 밀어넣었다. 반대로 이 처방에 따르려고 노력한 여성들은 현대의 삶과는 전혀 맞지 않는 잘못된 치유법(반은 환상이고 반은 처벌인)임을 알게 되었다. 사실 반격의 처방은 한 번도 유효했던 적이 없었다. 그것은 항상 부실한 대체재였을 뿐이었다. 반격의 처방은 수 세기 동안 여성들이 누차 제시했던, 그리고 항상 사회가 바로잡고자 했던 열망과 기본적인 인간의 필요를 한 번도 충족시키지 못했다.

에필로그

반격의 1980년대에는 여성의 진보를 좌절시키기 위한 운동이 끈질기고 고통스럽게, 부단히 전개되었다. 하지만 아무리 반격이 뉴라이트의 맹비난을, 레이건 시절의 법적인 퇴보를, 미국 재계의 강력한 저항을, 미디어와 할리우드의 무한 영속하는 신화 생성 기계를, 매디슨가의 '신전통' 마케팅을 동원해도 여성들은 절대 굴복하지 않았다. 연방 정부가 고용 평등의 이행을 심각하게 훼손하고 법원이 25년간 지켜 온 반차별을 침해했을지 몰라도, 매년 점점 더 많은 여성들이 직업 세계에 진출했다. 뉴스 매체와 텔레비전 들이 노처녀 풍년과 출산 부족, 위험한 어린이집에 대한 끔찍한 오보를 아무리 쏟아 내도 여성들은 꾸준히 결혼 날짜를 늦췄고, 가족 규모를 제한했고, 직장 생활과 육아를 병행했다. 텔레비전 드라마와 영화에 아무리 둥지를 틀고 사는 현모양처들이 넘쳐 나도 여성 시청자들은 의지가 강하고 독립적인 여성 주인공이 나오는 공연물을 가장 많이 시청했다. 반격의 드레스 제작자들은 여성의 패션에서 가장 사소한 부분도 변화시키지 못했다. 소매점에 아무리 가터벨트와 테디가 가득해도 여성들은 꾸준히 면으로 된 조키 속옷을 찾았다.

베티 릭스는 아메리칸사이안아미드에서 겪은 끔찍한 고난에 대해 "나는 돌 벽에 막혔다"고 말했다. 하지만 결국 그녀는 1980년대의 다른 많은 여성들처럼 "앞으로 나아가는 것 말곤 선택의 여지가 없다"는 결론을 내렸다. 반격의 벽에 부딪히다가 온몸에 멍이 들고 실의에 빠지더라도 여성들은 각자의 방식으로 고집스럽게 벽과 맞섰다. 여성들의 이런 조용한 저항은 1980년대의 반페미니즘 캠페인과 한 쌍을 이루었다. 이데올로기적으로 어떤 스펙트럼에 속했든, 계급 사다리 어디쯤에 위치하든 많은 여성들의 서사 속에는 이런 조용한 저항이 공통적으로 나타난다. 심지어 어떤 여성들은 반격의 제방을 쌓아올리는 데 조력하는 동시에 그 제방을 무너뜨리고자 했다. 헤리티지재단의 코니 마슈너는 진통이 시작된 날에도 우익 책자를 쓰고 있었고, '고치 짓기'를 홍보하고 다니는 페이스 팝콘은 '다시 집으로'라는 트렌드를 팔아 돈을 벌면서도 자기 사업을 경영하고 독립적인 생활을 유지했다. 미국을걱정하는여성모임의 회장 비벌리 라헤이는 '전통적인' 가정생활을 복원하려 하는 것이라고 말했지만 침실에서는 평등을 요구했다. 대중 심리학자 토니 그랜트는 야망이 여성에게 부자연스럽다고 믿었을지는 몰라도 그 덕에 승승장구했고, 자신의 결혼마저 책 판매 실적을 향상시키기 위한 홍보 수단으로 여길 정도였다.

반격은 이런 사적인 채널을 통해 수치심과 비난의 음파를 만천하에 퍼뜨려 여성들의 사고에 스며들었다. 하지만 반격은 공장노동자 신 싱이 말한 "내 마음 깊은 곳에 있는 작은 목소리", 시의 다 부니져 내려 버린 그 많은 여성들에게 박차를 가한 자기 결정의 속삭임을 한 번도 침묵시키지 못했다. 도로 관리인 다이앤 조이스가 오랫동안 주위 남성들의 조롱과 위협, 배척에 참을 수 없을 정도로 시달리면서도 일을 그만두지 않았던 건 바로 이 목소리, 아주 오랜 시간 동안 억눌려 있었고, 그렇게 절박하게 듣기를 갈구했던 바로 그 목소리 때문이었다. 그리고 이 목소리는 결국 비벌리 라헤이가 집에서 입는 실내복과 극도의 소심함을 떨쳐 버리고 많은 책을 쓰고 많은 연설을 하게 만들었다. 그녀는 "내 심장 깊은 속에서 일어서서 나 자신을 표현하고 싶은 기분을 느꼈다"고 말했다. 이 목소리는 "내 인생에서 무언가 대단한 걸 만들어 내고" 싶었다고 고백한 구조작전의 착한 아내 신디 테리의 심장 속에서도, 잘 들리진 않지만 아직 소멸되지 않은 형태로 작게 웅얼거리는 소리를 냈다. 아무리 가만히 앉아서 조용히 하고 있으라고 말해도 여성들은 어떻게든 애를 쓰며 일어섰다. 얌전히 뒷전에 물러나 있는 게 더 행복할거라고 아무리 말해도 여성들은 꾸준히 환한 공적 무대를, 형식과 내용을 불문하고 일단 공연을 하면 사람들로부터 인정을 받고 심지어 박수 갈채까지 받을 수 있는 곳을 찾아나섰다.

미국 여성들은 자신들을 커튼 뒤로 몰아내려는 주기적인 노력에 맞서 항상 싸워 왔다. 그러므로 오늘날의 반격에 대해 우리가 물어봐야 할 중요한 질문은 여성들이 저항하고 있는지 여부가 아니라 수백만의 개별 여성들이 각자의 방식으로 지난 10년간 반격의 바리케이트를 향해 발길질을 한 것이 얼마나 효과가 있었는지다. 안타깝게도 이런 노력 중 많은 것들이 허사였던 것으로 드러났다. 여성들은 반격의 의제에 굴복하진 않았지만 철근으로 만들어진 반격의 문을 무너뜨릴 수 있을 정도로 충분한 힘을 얻지도 못했다. 그 대신 1980년대의 반페미니즘 세력을 향해 사적으로 돌진하려 했던 여성들은 전에도 빠졌던 오래된 구덩이에 점점 더 깊이 빠지면서 바퀴가 헛돌고 좌절과 실망감이 누적되는 것을 느꼈다.

아무리 저항해도 시스템에 실제적인 혹은 유용한 변화를 전혀 불러오지 못하는 도전들은 대단히 많다. 착취당하는 노동자가 나사를 반대 방향으로 돌리는 것이나, 착실한 딸이 일요일 저녁 식사에 만성적으로 늦는 행위가 여기에 해당한다. 어떤 여성들은 반격의 암호를 입 모양으로만 따라서 말하거나 '가족 친화' 의제를 자신에게 맞는 방식으로 변경하거나, 자신들은 절대 페미니스트가 아니라고 주장함으로써 반격의 검문소를 슬쩍 통과하려 했다. 그리고 또 어떤 여성들은 낡은 '여성적' 전략에 의지했다. 그냥 착하게 인내심을 가지고 버티면 이 세상은 결국 기다리는 여성들을 동정하게 될 것이라는 생각을 품고서 말이다.

1980년대는 '한 사람이 차이를 만들어 낼 수 있다'는 신조가 판을 치던 시대였지만 이 전략은 동등한 권리를 실현하는 것과는 아무런 관련이 없는 것으로 드러났다. 반격의 벽을 계속 두들기는 것이 아니라 아예 없애 버리려면 여성들은 사적인 불만과 목표 이상의 것들로 무장해야 했다. 사실 여성들에게 각자 혼자서 싸우는 법을 가르치는 것은 다시 한 번 패배의 길에 들어서게 만드는 것과 같았다.

과거 여성들은 이목에 신경 쓰지 않는 당당한 의제가 분명하게 있고, 눈치보지 않을 수 없을 정도로 강력한 대중이 동원되고, 어떤 상황에도 굴하지 않는 확신만 있으면 의미 있는 방식으로 저항할 수 있음을 몸소 보여 주었다. 지난 200년간 이 세 요소가 맞아떨어진 몇 안 되는 경우에, 여성들은 전투에서 승리했다. 참정권 운동은 그 지도부가 투표를 그저 '확대된 살림살이'의 한 형태로 볼 뿐이라고 우아하게 주장하면서 타협과 기만으로 되돌아가려 하자 흔들리기 시작했다. 결국 단도직입적인 의제와 대중행동, 그리고 완전한 물리적 저항이 결합되어야 승리를 거머쥘 수 있었다. 참정권 운동가들은 여성 수천 명을 조직했고, 주 입법부에 480건의 청원을 넣었고, 쉰여섯 차례에 걸쳐 국민투표를 시도했고, 주의 입헌회의에서 마흔일곱 차례 캠페인을 전개했다.[1] 그런데도 여성들이 결국 투표권을 거머쥘 수 있게 된 것은 전미여성당 당원들이 국회의사당에서 피켓 시위를 하고 자신들의 몸을 백악관 문에 쇠사슬로 결박하고 투옥과 강제 급식을 견뎌 낸 뒤였다.

비극적이게도 여성해방운동도 첫 단추를 잘못 끼울 때가 많았다. 정치학자 에설 클라인의 말처럼 개별 여성들이 그렇게 숱하게 노력했지만, 1960년대에 국회에 제출된 884건의 여성권 법안 중 통과된 건 열 건뿐이었다.[2] 흐름을 바꿔 놓은 것은 1970년 사상 최대의 여성권 시위였던 '평등을 위한 여성파업Women's Strike for Equality'이었다.[3] 그 덕분에 페미니즘 조직의 회원 수가 크게 늘었고 법적인 승리가 이어졌다. 이 파업 전에는 정치인들이 페미니스트들을 무시했지만, 이후에는 2, 3년 만에 일흔한 건의 여성권 법안이 통과되었다.[3] 20세기에 통과된 전체 여성권 법의 40퍼센트에 가까운 수치였다.

이 기간에는 남성들 내에서도 여성의 권리에 우호적인 사람들이 가장 크게 늘어났다. 반격의 시대에는 많은 여성들이 페미니즘적인 요구를 했다가 '남성들의 기분을 상하게' 하지는 않을지 겁을 냈지만, 적극적이고 끈질겼던 1970년대 여성들은 자신들이 남성들의 관점을 바꿀 수 있음을 깨달았다. 이 여성들은 남성성에 대한 관례적인 정의에 격렬하게 도전함으로써 남성들 역시 남성성을 문제 삼도록 만들었다. 결국 많은 남성들이 남자다움의 증거는 혼자서 가족을 부양하는 것이라는 관념에 매달렸던 것은 많은 여성들이 남성들에게 그것을 기대했기 때문이었다(양켈로비치 조사에서 중요한 남성적 속성

660

을 생계 부양자 지위라고 여긴 건 남성들만이 아니었다. 여성들 역시 생계 부양자 지위를 1순위로 꼽았다). 1970년대 남성들은 여성들의 도전에 맞서 싸우기도 했지만 동시에 그것을 흡수하여 일상생활에서 체화하기도 했다. 그리고 여성들이 물러날 기미를 보이지 않자 많은 남성들은 자신이 사랑하는 여성들과 생활을 영위하기 위해 타협하기 시작했다. 마이클 레빈 같은 노골적인 반페미니스트마저 말로는 동등한 권리 운동을 욕하면서도 아내와는 조용히 집안일을 나눠 맡았다. 여성들에게 논쟁의 힘으로 남성들을 설득하려 하기보다는 행실이나 외모로 남성들을 기쁘게 해 주라는 조언이 지배적이던 반격의 시대에도 남성들이 정서적 주도권을 모두 쥐고 있는 것은 아니라는 사실은 대체로 망각했다. 여성들에게 남성이 필요한 만큼, 남성도 역시 여성이 필요하다. 남성과 여성 간의 유대는 끊어질 수 있고, 여성을 억압하는 데 사용될 수 있으며 실제로 그렇게 이용되기도 했다. 하지만 이는 서로에게 이로운 성장과 변화를 촉발할 수도 있다.

반격이 지배하던 1980년대에 여성들이 대단히 적극적이고 당당한 전략을 구사했던 얼마 안 되는 사례에서 이들은 결국 공적인 분위기를 바꿔 놓았고 자신들의 언어로 의제를 설정했으며 많은 개별 남성들의 마음을 돌려놓았다. 1989년 다시 활기를 찾은 낙태 선택권 옹호 운동이 낙태를 둘러싼 정치를 180도로 바꿔 놓은 사건이 여기에 부합하는 교과서적인 사례라 할 수 있다. 1989년 4월 9일 자신의 몸을 통제할 권리를 옹호하는 여성 50만 명이 국회의사당에서 행진을 하며 워싱턴 D.C. 최대의 시위를 벌였고 낙태 클리닉 문에서 낙태 반대 시위대와 맞붙었다. 1960년대 반전 행진에 참여했던 여성 대학생보다 낙태 선택권 옹호 시위에 참여한 여성 대학생이 더 많았다.[5] 이 엄청나게 많은 시위대는 불과 몇 주 전만 해도 여성의 출산권을 완전히 묵사발로 만들어 놓을 것 같았던 낙태 반대 운동을 수적으로 압도해 버렸다.[6] 대대적으로 동원된 이 낙태권 동맹은 1989년 주 입법부에 제출된 수백 건의 낙태 반대 법안 중 몇 개만 빼고 전부 무력화시켰고, 낙태권 후보자들을 주지사 선거와 의회 선거에서 낙승시켰으며, 심지어 공화당 전국위원회 의장 리 애트워터Lee Atwater가 공화당은 낙태 문제를 "비호하는 정당"이라고 재명명할 정도로 겁먹게 만들었다. 1990년 낙태 선택권을 옹호하는 여성들이 아이다호의 감자 불매 운동을 선언하자 아이다호의 '친생명' 주지사 세실 앤드러스Cecil Andrus는 미국에서 가장 제한이 심했던 낙태법 중 하나에 거부권을 행사했다. 일부 페미니스트 지도자들은 이런 강력한 전술에 반대했다. 전국낙태권실천연맹의 상임 이사 케이트 마이클먼은 "주지사가 감자가 아니라 이 사안의 심각성과 헌법을 토대로 판단을 하게 하자"고 조언했다.[7] 하지만 불매 운동은 확실히 효과가 있었다. 주지사 앤드러스는 "누군가가 우리의 주 환금작물 중 하나를 위협할 때마다 그건 중대한 문제가 된다"고 설명했다.[8]

하지만 1980년대 대부분의 시간 동안 반페미니즘 문화의 점점 강고해지는 요새 속에서 여성들은 활기를 얻기보다는 겁먹고 기죽어 지냈다. 백기의 감시명은 쉬지 않고 경고의 신호를 번쩍거렸고, 철야한 경비를 위한 강한 조명등이 그렇듯 이는 여성들이 자신에게 있는 엄청난 힘을 보지 못하게 만들었다. 1980년대의 여성들은 전체 인구에서, 대학 교정에서, 투표장에서, 서점에서, 뉴스 구독자 중에서, 텔레비전 시청자 중에서 다수였다. 이들은 사무직 노동자의 거의 절반에 달했고 가게에서 소비재 구매액의 80퍼센트 가까이를 지출했다. 이들은 전국 선거와 주 선거에서 전례 없는 젠더 우위를 만끽했고 이는 점점 확대되었다.[9] 1980년대 말이 되자 민주당 여성 후보자는 낙태권에 찬성한다고 선언하기만 해도 여성 유권자 덕분에 12~20퍼센트포인트 더 앞서갈 수 있었다. 하지만 이 시대 여성들은 자신들의 가공할 만한 존재감이 얼마나 묵직한지, 얼마나 역동적인지 눈치채지 못한 것 같았다.

《워킹우먼》의 편집자 케이트 랜드 로이드Kate Rand Lloyd는 1988년 여성의 권리에 대한 한 회의에서 "여성은 자신들이 이미 가지고 있는 힘을 이용하지 못하고 있다"고 말했다.[10] "엄청나게 많은 남성들은 자신들이 궁지에 몰렸다는 사실을 알고 있습니다. 안타깝게도 우린 우리가 얼마나 많은 일을 해냈는지, 우리가 얼마나 절실한지, 우리의 미래를 바꾸기 위한 도구들을 어떻게 우리 손에 넣을지를 제대로 보지 못하고 있습니다."

반격이 그 어느 때보다 횡행하는 것은 여성들이 아직 한 번도 제대로 이용해 본 적 없는 엄청난 가능성을 보유하고 있기 때문일 수 있다. 여성의 진보를 향해 아주 작은 걸음만 내딛어도 일부 남성들은 '과잉 반응'을 하는 것처럼 행동해 왔다. 어쩌면 이것은 과잉 반응이 아니었는지도 모른다. 1980년대에 남성 정치인들은 젠더 격차가 점점 벌어지는 것을 지켜보았다. 남성 정책 입안가들은 엄청나게 많은 여성 다수가 사회 서비스에 대한 실질적인 정부 투자와 평화에 대한 실질적인 노력뿐만 아니라 경제적 평등을, 출산의 자유를, 정치 과정에 대한 실질적인 참여를 요구하고 있음을 보여 주는 여론조사를 접했다(1991년 페르시아 만 전쟁에 대한 입장에서 젠더 격차는 25퍼센트라는 기록을 달성했다.[11] 전쟁 전날 다수 여성들은 군사 개입에 반대했고 다수 남성들은 이를 지지했다). 남성 기업 지도자들은 엄청나게 많은 여성들이 육아와 출산휴가 정책을 지지하고 터무니없이 적은 보수와 극히 적은 승진의 기회에 분통을 터뜨리는 모습을 지켜보았다. 남성 복음주의 지도자들은 기가 찰 정도로 많은 '전통적인' 아내들이 자신들의 가르침을 무시하거나 일터로 향하는 모습을 목격했다. 이 모든 남성들은 미국 여성운동이 기회만 주어지면 무시무시한 힘을 발휘할 수 있다는 사실을 알고 있었던 것이다. 비참하게도 아직 이 사실을 모르는 건 바로 여성들이었다.

페미니스트재단의 설립자 엘리너 스밀은 "남성들이 '과잉 반응' 하는 것은 돌아가는 상황을 알고 있기 때문"이라고 말한다.[12] "여성 모두가 같은 날, 같은 시간에 힘을 모으면 장벽을 넘을 수 있을 것이다." 반격이 기세등등했던 지난 1980년대의 3,650일 중 어떤 날에도 그것은 가능했다. 하지만 여성들은 자신들이 만끽했던 역사적 우위를 전혀 이용하지 못했다. 그리고 평등한 권리에 대한 공격이 탄력을 받게 되자 여성들의 에너지는 분산되었고 결국 반페미니즘의 징벌적인 공격을 막아 내느라 소진되고 말았다. 어쩌면 우리를 가장 우울하게 만드는 것은 손에 넣을 수도 있었지만 그렇게 하지 못했던 것들에 대한 아쉬움인지 모른다. 1980년대는 미국 여성이 크게 도약하는 시기가 되었을 수도 있었으니 말이다.

1990년대 초가 되자 일부 예언가들은 (이들은 주로 광고업자들과 정치 홍보담당자들이다) 다음 10년은 '여성의 10년'이 될 것이라고 선언하기 시작했다. 이런 예측이 정확히 무슨 뜻인지는 분명하지 않았다. 이들은 실제 현상을 예측하는 것인가, 아니면 그저 또 다른 '트렌드'를 만들어 내고 있는 것인가? 1990년대에는 여성들이 더 많은 자율권을 행사할 수 있다는 말인가, 아니면 그저 향수에 절어서 여성들이 더 부드럽고 '여성적인' 자세를 취하고 있는 또 다른 시대를 상상하고 있을 뿐인가?

어떤 경우든 미디어가 이런 이야기를 퍼뜨릴 때는 보통 증거를 수집하는 데 애를 먹었다. 미국여성정치센터의 대표 루스 만델은 "나는 선거철만 되면 언론사의 전화를 받는다"고 한 기자에게 지친 기색을 그대로 드러놓았다.[19] "하지만 대답은 '아뇨, 올해는 여성의 해가 아닙니다'예요. 1986년도, 1988년도 아니었어요. 1990년도, 1992년도 아닐 거예요."

만델의 우울한 예측이 틀렸기를 바라거나 그저 꿈꿀 수도 있다. 하지만 그보다 더 생산적인 것은 여성들이 실천하는 것이다. 1990년대가 여성의 해가 될 수 없는 이유는 절대 충분하지 않다. 인구 구조도, 여론조사도 모두 여성에게 유리하다. 여성들이 무대 위에 등장할 시간은 지나도 한참 지났다. 평등을 향한 미래의 진군을 가로막는 새로운 장애물이 무엇이든, 새롭게 창조된 신화가, 새롭게 부과되는 징벌이 무엇이든, 어떤 기회가 사라지고 삶의 질이 어떤 식으로 하락하든 간에 그 누구도 미국 여성들로부터 대의의 정당함을 빼앗지 못할 것이다.

미주

1장

1) Nancy Gibbs, "The Dreams of Youth," *Time*, Special Issue: "Women: The Road Ahead," Fall 1990, p. 12.

2) Eleanor Smeal, *Why and How Women Will Elect the Next President* (New York: Harper & Row, 1984) p. 56.

3) Georgia Dullea, "Women Reconsider Childbearing Over 50," *New York Times*, Feb. 25, 1982, p. Cl.

4) Eloise Salholz, "The Marriage Crunch," *Newsweek*, June 2, 1986, p. 55.

5) 예를 들어 다음을 볼 것. Dr. Herbert J. Freudenberger and Gail North, *Women's Burnout* (New York: Viking Penguin, 1985); Marjorie Hansen Shaevitz, *The Superwoman Syndrome* (New York: Warner Books, 1984); Harriet Braiker, *The Type E Woman* (New York: Dodd, Mead, 1986); Donald Morse and M. Lawrence Furst, *Women Under Stress* (New York: Van Nostrand Reinhold Co., 1982); Georgia Witkin-Lanoil, *The Female Stress Syndrome* (New York: Newmarket Press, 1984).

6) Dr. Stephen and Susan Price, *No More Lonely Nights: Overcoming the Hidden Tears That Keep You from Getting Married* (New York: G.P. Putnam's Sons, 1988) p. 19.

7) Betty Friedan, *The Second Stage* (New York: Summit Books, 1981) p. 9.

8) Mona Charen, "The Feminist Mistake," *National Review*, March 25, 1984, p. 24.

9) Claudia Wallis, "Women Face the '90s," *Time*, Dec. 4, 1989, p. 82.

10) Kay Ebeling, "The Failure of Feminism," *Newsweek*, Nov. 19, 1990, p. 9.

11) Marilyn Webb, "His Fault Divorce," *Harper's Bazaar*, Aug. 1988, p. 156.

12) Mary Anne Dolan, "When Feminism Failed," *The New York Times Magazine*, June 26, 1988, p. 21; Erica Jong, "The Awful Truth About Women's Liberation," *Vanity Fair*, April 1986, p. 92.

13) Jane Birnbaum, "The Dark Side of Women's Liberation," *Los Angeles Herald Examiner*, May 24, 1986.

14) Robert J. Hooper, "Slasher Movies Owe Success to Abortion" (originally print-

665

ed in the *Baltimore Sun*), *Minneapolis Star Tribune*, Feb. 1, 1990, p. 17A.

15) Gail Parent, *A Sign of the Eighties* (New York: G.P.Putnam's Sons, 1987); Stephen King, *Misery* (New York: Viking, 1987).

16) Freda Bright, *Singular Women* (New York: Bantam Books, 1988) p. 12.

17) Erica Jong, *Any Woman's Blues* (New York: Harper & Row, 1989) pp. 2–3. 메리 개츠킬Mary Gaitskill과 수전 미노트Susan Minot 같은 신세대 젊은 '포스트 페미니스트' 여성 작가들 역시 결혼을 하지 못해서 죽상을 하고 있는 여성 주인공 풍년에 가세했다. 이런 수동적이고 마조히즘적인 '소녀들'은 좀비처럼 도시를 배회했다. 이들은 자신을 학대할 남자를 찾아다닐 때만 활기를 띠고 몸을 움직였다. 이런 장르에 대한 훌륭한 분석은 James Wolcott, "The Good-Bad Girls," *Vanity Fair*, Dec. 1988, p. 43을 볼 것.

18) Dr. Toni Grant, *Being a Woman: Fulfilling Your Femininity and Finding Love* (New York: Random House, 1988) p. 25.

19) Dr. Connell Cowan and Dr. Melvyn Kinder, *Smart Women/Foolish Choices* (New York: New American Library, 1985) p. 16.

20) Faith Whittlesey, "Radical Feminism in Retreat," Dec. 8, 1984, speech at the Center for the Study of the Presidency, 15th Annual Leadership Conference, St. Louis, Mo., p. 7.

21) Don Martinez, "More Women Ending Up in Prisons," *San Francisco Examiner*, Sept. 4, 1990, p. A1. 판사들은 남성의 범죄가 늘어난 것 역시 여성의 경제적 독립 증가 탓이라고 주장했다. 텍사스 지구 판사 존 맥켈롭스John McKellops 는 [수감자 증가에 대해] "우리가 무엇을 하면 될까?" 하고 짐짓 과장된 어조로 묻는다. "우린 집에서부터 출발할 수 있다. 엄마들이 집에 있으면서 자녀의 성장기 동안 양육에 힘쓰면 된다." "For the Record," *Ms.*, May 1988, p. 69를 볼 것.

22) Attorney General's Commission on Pornography, Final Report, July 1986, p. 144. 이 위원회의 보고서는 지인에게 강간당한 여성들은 범죄 신고율이 가장 낮기 때문에, 강간 신고율이 늘어난 것은 이들 때문이라고 보기 어려울 수 있다고 인정함으로써 자신들의 논리를 스스로 허물어뜨린다.

23) Sylvia Ann Hewlett, *A Lesser Life: The Myth of Women's Liberation in America* (New York: William Morrow, 1986).

24) Mary Ann Mason, *The Equality Trap* (New York: Simon and Schuster, 1988).

25) James P. Smith and Michael Ward, "Women in the Labor Market and in the Family," *The Journal of Economic Perspectives*, Winter 1989, 3, no. 1: 9–23.

26) Megan Marshall, *The Cost of Loving: Women and the New Fear of Intimacy* (New York: G.P. Putnam's Sons, 1984) p. 218.

27) Hilary Cosell, *Woman on a Seesaw: The Ups and Downs of Making It* (New York: G.P. Putnam's Sons, 1985); Deborah Fallows, *A Mother's Work* (Boston:

Houghton Mifflin, 1985); Carol Orsborn, *Enough is Enough* (New York: Pocket Books, 1986); Susan Bakos, *This Wasn't Supposed to Happen* (New York: Continuum, 1985). 저자인 여성들이 자유를 실제로 포기한 게 아닐 때도 출판사들은 마치 그런 것처럼 홍보하기도 한다. 메리 케이 블레이클리Mary Kay Blakely의 *Wake Me When It's Over* (New York: Random House, 1989)는 당뇨 때문에 혼수상태에 이르렀던 저자의 경험을 다룬 책인데도, 책 표지에는 "일하는 슈퍼맘이 자신의 한계를 넘어서는 바람에 온전한 상태와 미친 상태, 삶과 죽음은 한 끗 차이라는 사실을 깨닫게 되는 으스스한 체험담"이라는 홍보 문안이 달려 있다.

28) "Money, Income and Poverty Status in the U.S.," 1989, Current Population Reports, U.S. Bureau of the Census, Department of Commerce, Series P-60, #168.

29) Margaret W. Newton, "Women and Pension Coverage," *The American Woman 1988–89: A Status Report*, ed. by Sara L. Rix (New York: W.W. Norton & Co., 1989) p. 268.

30) Cushing N. Dolbeare and Anne J. Stone, "Women and Affordable Housing," *The American Woman 1990–91: A Status Report*, ed. by Sara E. Rix (W.W. Norton & Co., 1990) p. 106; Newton, "Pension Coverage," p. 268; "1990 Profile," 9 to 5/National Association of Working Women; Salaried and Professional Women's Commission Report, 1989, p. 2.

31) "Briefing Paper on the Wage Gap," National Committee on Pay Equity, p. 3; "Average Earnings of Year-Round, Full-Time Workers by Sex and Educational Attainment," 1987, U.S. Bureau of the Census, February 1989, cited in *The American Woman 1990–91*, p. 392.

32) Susanna Downie, "Decade of Achievement, 1977–1987," The National Women's Conference Center, May 1988, p. 35; statistics from 9 to 5/National Association of Working Women.

33) Statistics from Women's Research & Education Institute, U.S. Bureau of the Census, U.S. Bureau of Labor Statistics, Catalyst, Center for the American Woman and Politics. 다음도 볼 것. *The American Woman 1990–91*, p. 359; Deborah L. Rhode, "Perspectives on Professional Women," *Stanford Law Review*, 40, no. 5 (May 1988): 1178–79; Anne Jardim and Margaret Hennig, "The Last Barrier," *Working Woman*, Nov. 1990, p. 130; Jaclyn Fierman, "Why Women Still Don't Hit the Top," *Fortune*, July 30, 1990, p. 40.

34) "1990 Profile," 9 to 5/National Association of Working Women; Bureau of Labor Statistics, 1987 survey of nation's employers. 다음도 볼 것. "Who Gives and Who Gets," *American Demographics*, May 1988, p. 16; "Children and Families: Public Policies and Outcomes, A Fact Sheet of International Compari-

sons," U.S. House of Representatives, Select Committee on Children, Youth and Families.

35) "Women in Corporate Management," national poll of Fortune 1000 companies by Catalyst, 1990.

36) 앨런구트마허연구소Alan Guttmacher Institute의 데이터.

37) *The American Woman 1990–91*, p. 63; "Feminization of Power Campaign Extends to the Campus," *Eleanor Smeal Report*, 6, no. 1, Aug. 31, 1988; Project on Equal Education Rights, National Organization for Women's Legal Defense and Education Fund, 1987.

38) Rhode, "Professional Women," p. 1183; Mark Clements Research Inc.'s Annual Study of Women's Attitudes, 1987; Arlie Hochschild, *The Second Shift: Working Parents and the Revolution at Home* (New York: Viking, 1989), p. 227. 사실 1976년부터 1988년까지 12년에 걸친 혹실드의 연구에 따르면 자신이 가사 노동을 돕고 있다고 말한 남성들이 가장 일을 적게 할 가능성이 높았다.

39) Statistics from National Center on Women and Family Law, 1987; National Woman Abuse Prevention Project; Cynthia Diehm and Margo Ross, "Battered Women," *The American Woman 1988–89*, p. 292.

40) "Unlocking the Door: An Action Program for Meeting the Housing Needs of Women," Women and Housing Task Force, 1988, National Low-Income Housing Coalition, pp. 6, 8.

41) Katha Pollitt, "Georgie Porgie Is a Bully," *Time*, Fall 1990, Special Issue, p. 24. 뉴욕 시에서 진행된 한 설문 조사에 따르면 전체 노숙자의 무려 40퍼센트가 구타당한 여성이었다. "Understanding Domestic Violence Fact Sheets," National Woman Abuse Prevention Project.

42) F. J. Dionne, Jr., "Struggle for Work and Family Fueling Women's Movement," *New York Times*, Aug. 22, 1989, p. A1. 양켈로비치 여론조사(Oct. 23–25, 1989, for Time/CNN)와 1990년 버지니아슬림 여론조사(The Roper Organization Inc., 1990)에서는 비슷한 수준의 다수 여성들이 사회 변화의 압력을 가하려면 강력한 여성운동이 필요하다고 답했다.

43) The 1990 Virginia Slims Opinion Poll, The Roper Organization Inc., pp. 8, 18.

44) 1984년 루이스해리스 여론조사에서는 여성의 64퍼센트가 남녀평등헌법수정안을 원하고 65퍼센트가 차별 철폐 조치에 우호적인 것으로 나타났다. 《우먼스데이》와 웰슬리 대학교 여성연구센터Wellesley College Center for Research on Women가 일반 중산층 여성들을 중심으로(아이 엄마가 80퍼센트, 전업주부가 30퍼센트였다) 실시한 전국 《우먼스데이》 여론조사(1984년 2월 17일)에서도 비슷한 결과가 나왔다. 《우먼스데이》 여론조사 결과 모든 계급에서 다수 여성이 여성의 권리를 광범위하게 요구하는 것으로 나타났다. 가령 여성의 68퍼센트가 남녀평등헌법수정안을 원했고 79퍼센트가 낙태 선택권을

지지했으며 61퍼센트가 전국적인 보육 프로그램에 대한 연방의 재정 지원에 찬성했다. 1987년 마크클레먼츠연구소Mark Clements Research Inc. 의 「여성의 태도에 대한 연례 연구Annual Study of Women's Attitudes」에 따르면 여성의 87퍼센트가 연방법을 통해 출산휴가를 보장받기를 원했고 약 94퍼센트가 더 많은 보육 서비스가 필요하다고 말했다(게다가 86퍼센트는 양육비를 지원하는 연방법이 필요하다고 밝혔다). 루이스해리스 조사에서는 여성의 80퍼센트가 보육 시설을 더 많이 만들어야 한다고 생각하는 것으로 나타났다. 다음을 볼 것. *The Eleanor Smeal Report*, June 28, 1984, p. 3; Warren T. Brookes, "Day Care: Is It a Real Crisis or a War Over Political Turf?" *San Francisco Chronicle*, April 27, 1988, p. 6; Louis Harris, Inside America (New York: Vintage Books, 1987), p. 96.

45) 1989년《타임》과 CNN이 공동으로 실시한 여론조사에서 조사에 응한 여성의 94퍼센트가 여성운동 덕분에 자신들이 더 많은 독립을 갖게 되었다고 밝혔고, 82퍼센트가 지금도 여성운동은 여성의 삶을 개선시키고 있다고 말했다. 자신들의 삶을 악화시켰다고 답한 사람은 8퍼센트뿐이었다. 1986년《뉴스위크》가 갤럽에 의뢰한 여론조사에서는 여성의 56퍼센트가 자신들을 '페미니스트'라고 밝혔고, 4퍼센트만이 자신을 '반페미니스트'라고 밝혔다.

46) 「여성의 태도에 대한 연례 연구」(1988, Mark Clements Research)에서 여성들에게 "당신을 화나게 하는 것은 무엇인가?"라는 질문을 했더니 상위 세 가지로 빈곤, 범죄, 그리고 여성의 불평등이 꼽혔다. 1989년《뉴욕타임스》의 여론조사에서 여성들에게 오늘날 여성들 앞에 놓인 가장 중요한 문제가 무엇인지를 물었더니 직장에서의 불평등이 1위를 차지했다.

47) Bickley Townsend and Kathleen O'Neil, "American Women Get Mad," *American Demographics*, Aug. 1990, p. 26.

48) Dionne, "Struggle for Work and Family," p. A14.

49) 1990 Virginia Slims Opinion Poll, pp. 29–30, 32.

50) 로퍼와 루이스해리스의 여론조사에서 가져온 데이터. 1990년 로퍼가 실시한 여론조사에 따르면 대부분의 여성들은 집 안 상황은 "더 나빠졌고" 남자들은 전보다 더 열심히 "여성들을 뭉개려고" 노력한다고 답했다. 1990 Virginia Slims Opinion Poll, pp. 18, 21, 54를 볼 것. 갤럽의 여론조사에서는 1975년부터 1982년 사이에 고용 차별에 대한 여성들의 불만이 8퍼센트 증가한 것으로 나타났다. 마크클레먼츠연구소가 (《글래머》의 의뢰를 받아) 실시한 여성의 관점에 대한 1987년 조사에 따르면 여성의 불평등 문제에 대해서 "지금 문제가 있다고 느끼는 여성이 전보다 늘어난 것"으로 나타났다. 이 조사는 1987년 76퍼센트였던 임금 차별에 대한 신고가 1988년 85퍼센트로 크게 늘었다고 지적했다("How Women's Minds Have Changed in the Last Five Years," *Glamour*, Jan. 1987, p. 168를 볼 것). 마크클레먼츠연구소가 매년 실시하는 여론조사에서도 고용과 승진, 그리고 경제와 정치 영역에서의 기회에서 불평등

한 대우를 받는다고 불만을 토로한 여성들은 대다수인 데다가 점점 늘어나는 추세로 나타난다(1987년 새정인 신용으로 판단했을 때 남성과 동등한 내우를 받는다고 생각한 여성은 30퍼센트뿐이었다). 1989년 《타임》의 한 여론조사에서는 불평등한 임금에 불만이 있는 여성이 94퍼센트, 고용 차별에 불만이 있는 여성이 82퍼센트로 나타났다.

51) Statistics from U.S. Equal Employment Opportunity Commission, "National Database: Charge Receipt Listing," 1982-88; "Sexual Harassment," 1981–89.

52) Townsend and O'Neil, "American Women Get Mad," p. 28.

53) 1990 Virginia Slims Opinion Poll, p. 38.

54) 경제적인 흐름은 U.S. Bureau of Labor Statistics, U.S. Equal Employment Opportunity Commission, Office of Federal Contract Compliance, National Committee on Pay Equity, National Commission on Working Women에서 가져왔다. 직장 내 여성들의 지위 악화에 대해서는 12장에서 더 자세히 다룬다.

55) 레이건 행정부 첫 6년 동안 사회복지 프로그램에서 500억 달러가 감축된 반면, 방위 지출은 1,420억 달러 증가했다. 다음을 볼 것. "Inequality of Sacrifice: The Impact of the Reagan Budget on Women," Coalition on Women and the Budget, Washington, D.C., 1986, pp. 5, 7; Sara E. Rix and Anne J. Stone, "Reductions and Realities: How the Federal Budget Affects Women," Women's Research and Education Institute, Washington, D.C., 1983, pp. 4–5.

56) Data from Center for the American Woman and Politics, Eagleton Institute of Politics. 정계의 여성에 대해서는 9장을 볼 것.

57) Philip Robins, "Why Are Child Support Award Amounts Declining?" June 1989, Institute for Research on Poverty Discussion Paper No. 885–89, pp. 6–7.

58) "Unlocking the Door," p. 8.

59) 통계의 출처는 다음과 같다. U.S. Department of Justice's Bureau of Justice Statistics; the Sourcebook of Criminal Justice Statistics, 1984, p. 380; Uniform Crime Reports, FBI, "Crime in the United States," 1986; "Sexual Assault: An Overview," National Victims Resource Center, Nov. 1987, p. 1. 1960년부터 1970년까지 강간율은 95퍼센트 늘어났지만 1980년대와는 달리 이는 같은 시기에 폭력 범죄가 126퍼센트 늘어난 것과 관계가 있다(범죄 통계학자들은 1980년대의 강간율 증가가 그저 여성들이 성폭력 신고를 전보다 더 많이 하게 된 결과일지 모른다는 주장을 전반적으로 인정하지 않았다. 전미 범죄 조사National Crime Survey에 따르면 1973~1977년과 1978~1982년에 경찰에 신고한 강간 사건의 비중은 크게 변하지 않았다). 산발적인 지표들은 젊은 남성이 저지르는 강간의 비율이 크게 늘었다는 점도 보여 준다. 1983~1987년 18세 이하 소년의 강간 체포 건수는 15퍼센트 늘었다. 지방검사 사무실에서 얻은 데이터에 따르면 1987년에서 1989년 사이 뉴욕 시에서는 13세 이하 소년의 강간 체포 건수가 200퍼센트 증가했다. 알래스카 주의 청소년가족서비

670

스부에 따르면 알래스카에서는 1980년대에 젊은 남성의 성범죄와 성폭행이 아홉 배 증가했는데, 이는 알래스카 주 내 청소년 문제 중에서 가장 빠른 성장세를 보인 것이었다. Larry Campbell, "Sexually Abusive Juveniles," *Anchorage Daily News*, Jan. 9, 1981, p. 1을 볼 것.

60) 1990 Virginia Slims Opinion Poll, p. 16.

61) Lisa Belkin, "Bars to Equality of Sexes Seen as Eroding, Slowly," *New York Times*, Aug. 20, 1989, p. 16.

62) "Inequality of Sacrifice," p. 23.

63) 《뉴스위크》의 의뢰를 받아 1986년에 실시된 갤럽의 한 여론조사에서 자신을 페미니스트라고 밝힌 여성은 다수였던 반면 반페미니스트라고 말한 여성은 4퍼센트에 불과했다. 1980년대 내내 대다수 여성들이 (남녀평등헌법수정안에서부터 합법적인 낙태에 이르기까지) 모든 페미니스트 의제에 호의적인 입장을 표명했지만 자신을 공개적으로 페미니스트라고 밝힌 여성이 비중은 매스미디어가 페미니즘을 "싱스러운 단어 F-word"라고 선언한 뒤인 1980년대 말에 갑자기 줄어들었다. 1989년이 되자 여론조사에서 자신을 페미니스트라고 밝히는 여성은 세 명 중 한 명밖에 되지 않았다. 그럼에도 불구하고 젊은 여성일수록 가장 친페미니스트적인 성향을 드러내는 패턴은 1980년대 내내 지속되었다. 가령 1989년에 《타임》/CNN의 의뢰를 받아 양켈로비치가 실시한 여론조사에서 페미니스트가 미국 평균 여성의 입장을 대변한다고 믿는 비중은 10대 여성의 76퍼센트, 20대 여성의 71퍼센트였던 반면, 30대 여성 중에서는 59퍼센트였다. 전미여성연맹에 대해 같은 질문을 했을 때도 차이가 있었다. 10대 여성 중에서는 83퍼센트, 20대 여성 중에서는 72퍼센트가 전미여성연맹이 평균 여성과 맞닿아 있다고 말한 반면 30대 여성 중에서 같은 대답을 한 비중은 65퍼센트였다. 다음을 볼 것. Downie, "Decade of Achievement," p. 1; 1986 Gallup/*Newsweek* poll; 1989 Yankelovich/*Tone*/CNN poll.

64) Dr. Jean Baker Miller, *Toward a New Psychology of Women* (Boston: Beacon Press, 1976) pp. xv–xvi.

65) Kate Michelman, "20 Years Defending Choice, 1969- 1988," National Abortion Rights Action League, p. 4.

66) "Employment and Earnings," Current Population Survey, Table 22, Bureau of Labor Statistics, U.S. Department of Labor.

67) Cheryl Russell, *100 Predictions for the Baby Boom* (New York: Plenum Press, 1987), p. 64.

68) "A New Kind of Love Match," Newsweek, Sept. 4, 1989, p. 73; Barbara Hetzer, "Superwoman Goes Home," *Fortune*, Aug. 18, 1986, p. 20; "Facts on Working Women," Aug. 1989, Women's Bureau, U.S. Department of Labor, no. 89-2; and data from the Coalition of Labor Union Women and Amalgamated Clothing and Textile Workers Union. 1980년대 말 여성 노조 가입자 수

가 워낙 급증하는 바람에 그것만으로도 10년간 지속되던 노동조합원 수 하락세가 멈춰질 정도였다. 가상 많이 노조에 가입한 긴 흑인 여성이었다. 이들은 예일 대학교 행정직에서부터 버지니아 주 마더존스의딸들Daughters of Mother Jones[버지니아 주의 광부들을 위한 투쟁에서 중심에 섰던 친인척이 스스로를 칭한 이름─옮긴이](이들은 피츠턴광산노동자투쟁에 큰 동기가 되었다), 미시시피 주 델타프라이드Delta Pride 메기 가공 공장 노동자들(이곳에서 여성들은 대부분의 여성 노동자들에게 빈곤선 수준의 임금을 지급하고, 하루에 2만 4,000마리의 물고기 껍질을 벗기지 못하면 처벌하고, 1주일 동안 여섯 번 정해진 시간에만 화장실을 이용하게 하는 공장을 상대로 투쟁을 벌이며 미시시피 주 최대의 흑인 노동자 파업을 조직했다)에 이르기까지 전국에서 파업을 이끌었다. 다음을 볼 것. Tony Freemantle, "Weary Strikers Hold Out in Battle of Pay Principle," *Houston Chronicle*, Dec. 2, 1990, p. 1 A; Peter T. Kilborn, "Labor Fight on a Catfish 'Plantation,'" *The News and Observer*, Dec. 16, 1990, p. J2.

69) 1986 Gallup Poll; Barbara Ehrenreich, "The Next Wave," *Ms.*, July/August 1987, p. 166; Sarah Harder, "Flourishing in the Mainstream: The U.S. Women's Movement Today," *The American Woman 1990–91*, p. 281. 다음도 볼 것. 1989 Yankelovich Poll: 페미니스트가 여성에게 도움이 된다고 말한 흑인 여성은 71퍼센트였던 반면 같은 대답을 한 백인 여성은 61퍼센트였다. 전미여성회의National Women's Conference Commission가 1987년에 실시한 여론조사에 따르면 자신을 페미니스트라고 밝힌 흑인 여성은 65퍼센트였던 반면 같은 대답을 한 백인 여성은 56퍼센트였다.

70) 폭력적인 포르노의 증가에 대해서는 다음을 볼 것. April 1986 study in the Attorney General's Commission on Pornography, Final Report, pp. 1402–3.

71) Sally Steenland, "Women Out of View: An Analysis of Female Characters on 1987–88 TV Programs," National Commission on Working Women, November 1987. 범죄속자매들Sisters In Crime[여성 범죄 소설 작가들의 지원 모임─옮긴이]은 미스터리 소설을 연구하여 1998년 미국미스터리작가회의 Mystery Writers of America conference에서 그 내용을 발표했다. 추가적인 정보는 이 집단의 책임자이자 미스터리 작가인 세라 파레츠키Sara Paretsky와 1988년 5월에 개인적인 인터뷰를 진행하여 얻은 것이다. 대중음악에 대해서는 Alice Kahn, "Macho—the Second Wave," *San Francisco Chronicle*, Sept. 16, 1990, Sunday Punch section, p. 2을 볼 것. 앤드루 다이스 클레이에 대해서는 Craig MacInnis, "Comedians Only a Mother Could Love," *Toronto Star*, May 20, 1990, p. C6; Valerie Scher, "Clay's Idea of a Punch Line Is a Belch After a Beer," *San Diego Union and Tribune*, Aug. 17, 1990, p. C1를 볼 것. 러시 림보에 대해서는 Dave Matheny, "Morning Rush Is a Gas," *San Francisco Examiner*, Jan. 2, 1991, p. C1를 볼 것. 라디오와 텔레비전에 나타난 미국 여성에 대

해서는 Betsy Sharkey, "The Invisible Woman," *Adweek*, July 6, 1987, p. 4을 볼 것.

72) 아동보호기금Children's Defense Fund에서 얻은 자료임. 다음도 볼 것. Ellen Wojahm, "Who's Minding the Kids?" *Savvy*, Oct. 1987, p. 16; "Child Care: The Time is Now," Children's Defense Fund, 1987, pp. 8–10.

73) Rebecca West, *The Clarion*, Nov. 14, 1913, cited in Chéris Kramarae and Paula A. Treichler, *A Feminist Dictionary* (London: Pandora Press, 1985) p. 160.

74) *The Feminist Papers: From Adams to de Beauvoir*, ed. by Alice S. Rossi (New York: Bantam Books, 1973) p. xiii. 페미니즘이라는 용어의 역사적 기원에 대한 논의는 다음을 볼 것. Karen Offen, "Defining Feminism: A Comparative Historical Approach," in *Signs: Journal of Women in Culture and Society*, 1988, 14, no. 1, pp. 119–57.

75) Carol Hymowitz and Michaele Weissman, *A History of Women in America* (New York: Bantam Books, 1978) p. 341.

2장

1) Bill Barol, "Men Aren't Her Only Problem," *Newsweek*, Nov. 23, 1987, p. 76.

2) Shere Hite, *Women and Love: A Cultural Revolution in Progress* (New York: Knopf, 1987), pp. 41–42.

3) "Things Getting Worse for Hite," *San Francisco Chronicle*, Nov. 14, 1987, p. C9.

4) Claudia Wallis, "Back Off, Buddy," *Time*, Oct. 12, 1987, p. 68.

5) Hite, *Women and Love*, pp. 774–78.

6) Hite, *Women and Love*, pp. 79, 12, 96, 99, 39.

7) Dan Collins, "Is He Handing Readers a Line?" *New York Daily News*, July 19, 1987, p. 4.

8) Dr. Srully Blotnick, *Otherwise Engaged: The Private Lives of Successful Career Women* (New York: Penguin Books, 1985), p. 316.

9) Ibid., pp. viii, xi, 265, 278, 323.

10) Ibid., p. 278.

11) Ibid., pp. 323–24.

12) Ibid., p. xiii.

13) Collins, "Is He Handing," p. 4.

14) 댄 콜린스와 개인적인 인터뷰, 1989년 11월.

15) Collins, "Is He Handing," p. 4.

16) "Secret of a Success," *Time*, Aug. 3, 1987, p. 61.

17) Ibid., p. 61.

18) 마틴 오코넬과 개인적인 인터뷰. 1988년.

19) Marilyn Power, "Women, the State and the Family in the U.S.: Reaganomics

and the Experience of Women," *Women and Recession*, ed. by Jill Rubery (New York: Routledge & Kegan Paul, 1988) p. 1S3.

20) Michael Specter, "Panel Claims Censorship on Abortion," *San Francisco Chronicle*, Dec. 11, 1989, p. A1.

21) Kingsley Davis, *Human Society* (New York: The Macmillan Co., 1961 edition [original ed.: 1948]) p. 393.

22) 리사 마리 피터슨과 개인적인 인터뷰, 1989년 11월.

23) Lisa Marie Petersen, "They're Falling in Love Again, Say Marriage Counselors," *Stamford* (Conn.) *Advocate*, Feb. 14, 1986, p. A1.

24) 닐 베넷과의 개인적 인터뷰, 1986년 6월.

25) 불과 1년 뒤인 1987년, 남편과 아내의 나이 차이는 1.7세로 낮아졌다. 참고로 1963년에는 그 차이가 2.2세였다. 다음을 볼 것. "Advance Report of Final Marriage Statistics," 1986, 1987, National Center of Health Statistics. 1986년에는 신랑보다 나이 많은 신부가 거의 25퍼센트에 달했는데, 이는 1970년의 16퍼센트보다 늘어난 수치다. National Center of Health Statistics, Unpublished table, 1986.

26) Robert Schoen and John Baj, "Impact of the Marriage Squeeze in Five Western Countries," *Sociology and Social Research*, Oct. 1985, 70: no. 1, pp. 8–19.

27) Susan Faludi, "The Marriage Trap," *Ms.*, July/August 1987, p. 62.

28) 앤슬리 콜과 개인적인 인터뷰, 1986년 6월.

29) 진 무어맨과 개인적인 인터뷰, 1986년 6월, 1988년 5월, 1989년 9월.

30) Jeanne E. Moorman, "The History and the Future of the Relationship Between Education and Marriage," U.S. Bureau of the Census, Dec. 1, 1986.

31) Letter to Neil Bennett from Jeanne Moorman, June 20, 1986.

32) Ben Wattenberg, "New Data on Women, Marriage," Newspaper Enterprise Association, Aug. 27, 1986.

33) Letter from Neil Bennett to Jeanne Moorman, Aug. 29, 1986.

34) 개인적인 인터뷰, 1989년 11월. 블룸 역시 논평을 거부했다.

35) Neil G. Bennett and David E. Bloom, "Why Fewer Women Marry," *Advertising Age*, Jan. 12, 1987, p. 18.

36) Letter from Robert Fay to Neil Bennett, March 2, 1987.

37) Letter from Neil Bennett to Jeanne Moorman, March 3, 1987.

38) Felicity Barringer, "Study on Marriage Patterns Revised, Omitting Impact on Women's Careers," *New York Times*, Nov. 11, 1989, p. 9.

39) "Marital Status and Living Arrangements," U.S. Bureau of the Census, Series P-20, #410, March 1985. 게다가 지금 결혼하지 않은 상태의 인구(이혼 인구와 사별 인구까지 포함하는 분류)에서는 25세부터 34세 사이의 남성이 여성보다 120만 명 더 많았다.

40) Ibid. 이보다 더 어린 남성들도 유사한 문제에 직면한 상태였다. 15세부터 24 세 사이에서도 여성 100명당 싱글 남성이 112명이었다.

41) U.S. Bureau of the Census, September 1975, Series A-160–171, and September 1988, Table 3.

42) Current Population Reports, Series P-20, #410, Table 1, U.S. Bureau of the Census; "Special Report: Marital Characteristics," Table 1, 1950 Census of the Population, U.S. Bureau of the Census; Ellen Kay Trimberger, "Single Women and Feminism in the 1980s," June 1987 paper, National Women's Studies Association.

43) "Marital Status and Living Arrangements," March 1985.

44) *The Cosmopolitan Report: The Changing Life Course of American Women*, Battelle Memorial Institute, Human Affairs Research Center, (Seattle: The Hearst Corporation, 1986).

45) The 1985 Virginia Slims American Women's Opinion Poll, The Roper Organization, Inc., p. 13.

46) "New Diversity," Significance Inc. and Langer Associates, 1989.

47) The 1990 Virginia Slims Opinion Poll, p. 51.

48) Pamela Redmond Satran, "Forever Single?" *Glamour*, Feb. 1986, p. 336.

49) "'Mad Housewives' No Longer," *San Jose Mercury News*, Feb. 10, 1989, p. C5.

50) Norval D. Glenn and Charles N. Weaver, "The Changing Relationship of Marital Status to Reported Happiness," *Journal of Marriage and the Family*, 50 (May 1988): 317–324.

51) Martha Weinman Lear, "The Woman's Day Survey: How Many Choices Do Women Really Have?" *Woman's Day*, Nov. 11, 1986, p. 109.

52) Martha Farnsworth Riche, "The Postmarital Society," *American Demographics*, Nov. 1988, p. 23.

53) Ibid., p. 25; "One-Third of Single Women in the 20s Have Been Pregnant," *Jose Mercury News*, June 1, 1986, p. A6.

54) Arland Thornton and Deborah Freedman, "The Changing American Family," *Population Bulletin*, Population Reference Bureau Inc., 38, no. 4 (October 1983): 12.

55) Jacqueline Simenauer and David Carroll, *Singles: The New Americans* (New York: Simon & Schuster, 1982) p. 15.

56) Alan T. Otten, "Deceptive Picture: If You See Families Staging a Comeback, It's Probably a Mirage," *The Wall Street Journal*, Sept. 25, 1986, p. 1.

57) 뉴욕, 산호세, 샌프란시스코, 시카고에 있는 데이트, 중매 서비스 조직과의 개인적 인터뷰, 1986년 6월.

58) Keay Davidson, "Sexual Freedom Will Survive Bush, Researchers Say," *San*

Francisco Examiner, Nov. 13, 1988, p. A2.

59) Great Expectations 1988 Survey Results, Ian. 29, 1988, pp. 1, 3.

60) Jessie Bernard, *The Future of Marriage* (New Haven: Yale University Press, 1982 edition) p. 25.

61) Ibid., pp. 16–17.

62) 로널드 케슬러와 개인적인 인터뷰, 1988년.

63) 가령 다음을 볼 것. Bernard, Future of Marriage, pp. 306, 308; Joseph Veroff, Richard A. Kulka, and Elizabeth Douvan, *The Inner American: A Self-Portrait from 1957 to 1976* (New York: Basic Books, 1981); Walter R. Gove, "The Relationship Between Sex Roles, Marital Status, and Mental Illness," *Social Forces*, 51 (Sept. 1972): 34–44; Walter R. Gove, "Sex, Marital Status and Psychiatric Treatment: A Research Note," *Social Forces*, 58 (Sept. 1979): 89–93; Ronald C. Kessler, R. L. Brown, and C. L. Broman, "Sex Differences in Psychiatric Help-Seeking: Evidence from Four Large-scale Surveys," *Journal of Health and Social Behavior*, 22 (March 1981): 49–63; Kay F. Schaffer, *Sex-Role Issues in Mental Health* (Reading, Mass.: Addison-Wesley Publishing Co., 1980) pp. 132–59; Blayne Cutler, "Bachelor Party," *American Demographics*, Feb. 1989, pp. 22–26.

64) Joann S. Lublin, "Staying Single: Rise in Never-Marrieds Affects Social Customs and Buying Patterns," *The Wall Street Journal*, May 28, 1986, p. 1.

65) Karen S. Peterson, "Stop Asking Why I'm Not Married," *USA Today*, July 9, 1986, p. D4.

66) Elizabeth Mehren, "Frustrated by the Odds, Single Women Over 30 Seek Answers in Therapy," *Los Angeles Times*, Nov. 30, 1986, Part VI, p. 1.

67) Great Expectations Survey, 1987.

68) Mark Clements Research, Annual Study of Women's Attitudes, 1987, 1986.

69) Judith Waldrop, "The Fashionable Family," *American Demographics*, March 1988, pp. 23–26.

70) Jib Fowles, "Coming Soon: More Men than Women," *New York Times*, June 5, 1988, III, p. 3.

71) 집 파울스와 개인적인 인터뷰, 1988년 6월.

72) Marcia Cohen, *The Sisterhood: The True Story of the Women Who Changed the World* (New York: Simon and Schuster, 1988) p. 365.

73) Lenore J. Weitzman, *The Divorce Revolution: The Unexpected Social and Economic Consequences for Women and Children In America* (New York: The Free Press, 1985) p. 362.

74) Ibid., pp. xiv, 13, 365.

75) Ibid., pp. 364, 487.

76) Wallis, "Women Face the 90s," p. 85.

77) Mason, *The Equality Trap*, pp. 68, 53. 그외 사례로는 Diane Medved, *The Case Against Divorce* (New York: Donald L. Fine, 1989)와 Mary Ann Glendon, *Abortion and Divorce in Western Law* (Cambridge, Mass.: Harvard University Press, 1987)가 있다.

78) Weitzman, *Divorce Revolution*, pp. 364–365, 41–42.

79) Ibid., pp. 358–362.

80) Ibid., p. xii.

81) 사울 호프먼, 그레그 던컨과 개인적인 인터뷰, 1988, 1989, 1991. '5,000가구' 연구 혹은 소득 동학 패널 연구는 1967년부터 일군의 가족들을 추적했다. 다음을 볼 것. Greg J. Duncan and Saul D. Hoffman, "Economic Consequences of Marital Instability," Horizontal Equity, *Uncertainty and Economic Well-Being* (Chicago: University of Chicago Press, 1985) pp. 42–471.

82) 이혼한 지 5년 뒤 평균적인 생활수준이 결혼 당시보나 훨씬 나아지는 이유는 대체로 많은 여성들이 전남편보다 소득이 더 높은 남성과 재혼을 하기 때문이다. 싱글로 계속 남아 있는 여성들의 생활수준은 이보다 더 천천히 개선된다. Greg J. Duncan and Saul D. Hoffman, "A Reconsideration of the Economic Consequences of Marital Dissolution," *Demography*, 22 (1985): 485.

83) Greg J. Duncan and Saul D. Hoffman, "What Are the Economic Consequences of Divorce?" *Demography*, 25, no. 4 (Nov. 1988): 641.

84) Alan J. Often, "People Patterns," *Wall Street Journal*, Dec. 12, 1988, p. B1.

85) 개인적인 인터뷰, 1988년 12월.

86) Suzanne Bianchi, "Family Disruption and Economic Hardship," Survey of Income and Program Participation, U.S. Bureau of the Census, March 1991, Series P-70, no. 23.

87) 수잰 비안치와 개인적인 인터뷰, 1991년 3월.

88) Duncan and Hoffman, "Economic Consequences," p. 644, ff. 2; Arland Thornton, "The Fragile Family," *Family Planning Perspectives*, 18, no. 5 (Sept./Oct. 1986): 244.

89) Weitzman, *Divorce Revolution*, p. 409.

90) Ibid., p. 383.

91) David L. Kirp, "Divorce, California-Style," *San Francisco Examiner*, Dec. 12, 1990, p. A19.

92) "Child Support and Alimony, 1983," U.S. Bureau of the Census, Series P-32, no. 14. The Census Bureau stopped collecting alimony data in the 1920s, then resumed in 1978.

93) Weitzman, *Divorce Revolution*, p. 177.

94) Ibid., pp. xii, 358.

미주

95) Ibid., pp. 80–81.

96) Robins, "Child Support Award Amounts," pp. 6–7; Saul Hoffman, "Divorce and Economic Well Being: The Effects on Men, Women and Children," *Delaware Lawyer*, Spring 1987, p. 21.

97) Hewlett, *A Lesser Life*, p. 63; Deborah L. Rhode, "Rhode on Research," Institute for Research on Women and Gender Newsletter, Stanford University, XIII, no. 4 (Summer 1989): 4.

98) "Law Compels Sweeping Changes in Child Support," *New York Times*, Nov. 25, 1988, p. A8. 지불 기피는 전남편의 소득 수준과는 무관하다. 오히려 소득 수준이 높은 아버지일수록 양육비를 지불하지 않을 가능성이 더 높다. 전남편이 양육에 대한 책임 중에서 방기하는 건 돈만이 아니었다. 전미 아동 실태 조사National Children's Survey의 조사 결과에 따르면 이혼한 아버지의 절반 이상이 자녀를 거의 혹은 전혀 만나지 않는다. 다음을 볼 것. "Bad News for the Baby Boom," *American Demographics*, Feb. 1989, p. 36; Hochschild, *The Second Shift*, pp. 248–49.

99) Weitzman, *Divorce Revolution*, pp. 298–99.

100) Hochschild, *Second Shift*, pp. 250–51.

101) Pat Wingert, "And What of Deadbeat Dads?" *Newsweek*, Dec. 19, 1988, p. 66.

102) Weitzman, *Divorce Revolution*, pp. 48, 106; Allan R. Gold, "Sex Bias Is Found Pervading Courts," *New York Times*, July 2, 1989, p. 14.

103) Weitzman, *Divorce Revolution*, p. 366.

104) Marian Lief Palley, "The Women's Movement in Recent American Politics," *The American Woman 1987–88*, p. 174; Greg J. Duncan and Willard Rodgers, "Lone Parents: The Economic Challenge of Changing Family Structures," Organization for Economic Co-operation and Development, November 1987. 그리고 만일 가난이 줄어들 경우 이혼도 줄게 될 것이다. 가난한 부부는 이혼 가능성이 세 배에서 다섯 배 더 높다. 제시 버나드의 표현에 따르면, "모든 단일 척도 중에서 결혼을 가장 안정시킬 수 있는 확실한 방법은 소득을 제공하는 것이다." 다음을 볼 것. Bernard, *The Future of Marriage*, pp. 168–69.

105) 그레그 던컨과 개인적인 인터뷰, 1988.

106) Ronald C. Kessler and James A. McRae, Jr., "Note on the Relationships of Sex and Marital Status to Psychological Distress," *Research in Community and Mental Health* (Greenwich, Conn.: JAI Press, 1984), pp. 109–30.

107) Gallup Poll, May 1989, 이혼을 원하는 쪽이 자신이라고 답한 남성은 31퍼센트인 반면 여성은 55퍼센트였다. 남성과 여성 모두 이혼을 원하는 경우는 20퍼센트뿐이었다. 1985년 《코스모폴리탄》/바텔의 보고서 역시 어린 자녀가 있으면서 결혼 생활에 불만이 있는 부부의 경우 여성이 남성보다 더 이혼을 원한다고 밝혔다. 그 비율은 43퍼센트 대 31퍼센트였다. 다음을 볼 것. Judith

S. Wallerstein and Sandra Blakeslee, *Second Chances: Men, Women and Children a Decade After Divorce* (New York: Ticknor & Fields, 1989) p. 39.

108) Simenauer and Carroll, *Singles*, pp. 379–80.

109) Wallerstein, *Second Chances*, pp. xvii, 40, 41. 와이츠먼 역시 이혼 여성이 자신의 결정에 후회하는 경우를 찾는 데 어려움을 토로했다. 그녀는 이렇게 말한다. "이혼 후 경제적 어려움이 가장 심한 (그리고 이혼 합의 때문에 경제적 박탈감과 분노, '사기당했다'는 기분을 가장 많이 느끼는) 결혼 기간이 길었던 나이 많은 주부들마저 '개인적으로는' 결혼 기간보다 더 행복하다고 말했다. …… 또한 이들은 자존감과 외모에 대한 자신감, 그리고 삶의 모든 측면에서의 역량이 향상되었다고 밝혔다." 와이츠먼이 이혼 남성과 이혼 여성에게 결혼 생활에서 가장 아쉬운 부분이 무엇인지를 묻자 남성은 연인과 삶의 동반자를 잃었다는 게 아쉽다고 답한 반면, 여성들은 남편의 소득 외에는 아쉬운 게 없다고 답했다. 다음을 볼 것. Weitzman, *Divorce Revolution*, p. 346.

110) Wallerstein, *Second Chances*, p. 41.

111) "Lasting Pain," The Family In America newsletter, June 1989, p. 1; Judith S. Wallerstein, "Children After Divorce: Wounds That Don't Heal," *The New York Times Magazine*, Jan. 22, 1989, p. 18.

112) Wallerstein, *Second Chances*, p. 319.

113) 주디스 월러스타인과 개인적인 인터뷰, 1991년 2월.

114) General Social Survey. National Opinion Research Center, University of Chicago, 다음도 볼 것. Arland Thornton, "Changing Attitudes Toward Separation and Divorce: Causes and Consequences," *American Journal of Sociology*, 90, no. 4: 857.

115) Fédération des Centres d'Etude et de Conservation du Sperme Humain, D. Schwartz, and M. J. Mayaux, "Female Fecundity as a Function of Age," *The New England Journal of Medicine*, 306, no. 7 (Feb. 18, 1982): 404–6.

116) Alan H. DeCherney and Gertrud S. Berkowitz, "Female Fecundity and Age," *The New England Journal of Medicine*, 306, no. 7 (Feb. 18, 1982): 424–26.

117) Bayard Webster, "Study Shows Female Fertility Drops Sharply After Age of 30," *New York Times*, Feb. 18, 1982, p. A1.

118) Price and Price, *No More Lonely Nights*, pp. 19–20.

119) D. Schwartz, P. D. M. MacDonald, and V. Heuchel, "Fecundability, Coital Frequency and the Viability of Ova," *Population Studies*, 34 (1980): 397.

120) Infertility: Medical and Social Choices, U.S. Congress, Office of Technology Assessment, May 1988, p. 35; Jane Menken, James Trussell, and Ulla Larsen, "Age and Infertility," *Science*, Sept. 26, 1986, pp. 1389–94; John Bongaarts, "Infertility After Age 30: A False Alarm," *Family Planning Perspectives*, 14, no. 2 (March/April 1982): 75.

미주

121) Bongaarts, "Infertility," pp. 76–77.

122) Ibid., p. 75.

123) Menken, Trussell, and Larsen, "Age and Infertility," p. 1391.

124) The 1982 National Survey of Family Growth Cycle III, National Center for Health Statistics; W. D. Mosher, "Infertility: Why Business is Booming," *American Demographics*, July 1987, pp. 42–43. 5년 뒤인 1988년 다시 진행된 가족 성장 연구에서는 불임이 7.9퍼센트까지 대폭 줄었다고 밝혔다.

125) 앨런 드셰르니와 개인적인 인터뷰, 1989년 3월.

126) Anne Taylor Fleming, "The Infertile Sisterhood: When the Last Hope Fails," *New York Times*, March 15, 1988, p. B1.

127) Molly McKaughan, *The Biological Clock* (New York: Doubleday, 1987) pp. 123, 4, 6.

128) Christopher Norwood, "The Baby Blues: How Late Should You Wait to Have a Child?" *Mademoiselle*, October 1985, p. 236.

129) Data from American Fertility Society, the Endometriosis Association, Centers for Disease Control, and Family Growth Survey Branch of the National Center for Health Statistics, 1989.

130) Norwood, "The Baby Blues," p. 238.

131) "Older Mothers, Healthy Babies," *Working Woman*, Aug. 1990, p. 93; Diane Calkins, "New Perspective on Pregnancy After 35," *McCalls*, Jan. 1987, p. 107; Stephanie J. Ventura, "Trends in First Births to Older Mothers," *Monthly Vital Statistics Report*, 31, no. 2, National Center for Health Statistics (May 27, 1982): 5.

132) *Akron Center for Reproductive Health, Inc. et al.*,v. City of Akron et al., nos. 79-3700, 79-3701, and 79-3757, U.S. Ct. of Appeals, 651 F.2d 1198 (1981).

133) Carol J. Rowland Hogue, Willard Cates, Jr., and Christopher Tietze, "Impact of Vacuum Aspiration Abortion on Future Childbearing: A Review," *Family Planning Perspectives*, 15, no. 3 (May–June 1983): 119–25; Carol J. Rowland Hogue, Willard Cates, Jr., and Christopher Tietze, "The Effects of Induced Abortion On Subsequent Reproduction," *Epidemiologic Review*, 4 (1982): 66.

134) Hogue, Cates, and Tietze, "Impact of Vacuum Aspiration Abortion," pp. 120, 125.

135) Sevgi O. Aral and Dr. Willard Cates, Jr., "The Increasing Concern with Infertility: Why Now?" *Journal of American Medical Association*, 250, no. 17 (1983): 2327. Infertility: Medical and Social Choices, p. 51; William D. Mosher, "Fertility and Family Planning in the United States," *Family Planning Perspectives*, 20, no. 5 (Sept./Oct. 1988) pp. 207–217; Charles F. Westoff, "Fertility in the United States," *Science*, 234 (Oct. 31, 1986): 554–59.

136) Infertility: Medical and Social Choices, p. 17.

137) "Fecundity, Infertility and Reproductive Health in the United States, 1982," Data from the National Survey of Family Growth, Series 23, no. 14, National Center for Health Statistics, Hyattsville, Md., May 1987; Infertility: Medical and Social Choices, p. 52.

138) Julius Schachter, "Why We Need a Program for the Control of Chlamydia Trachomatis," *The New England Journal of Medicine*, 320, no. 12 (March 21, 1989): 802–3; A. Eugene Washington, Robert E. Johnson, and Lawrence L. Sanders, "Chlamydia Trachomatis Infections in the United States: What Are They Costing Us?" *Journal of American Medical Association*, 257, no. 15 (April 17, 1987): 2070–74; Infertility: Medical and Social Choices, pp. 61–62. 제약회사들 역시 총체적인 무관심을 통해 골반염을 확산시키는 데 일조했다. 경영진에서 감염의 영향을 인지한 지 한참 뒤까지도 자궁 내 피임 기구를 중단시키지 않았던 것이다. 자궁 내 피임 기구는 골반염에 걸릴 가능성을 9배 낸드 증가시킨다. 악명 높은 데이컨쉴드Daikon Shields를 사용했던 여성은 골반염에 걸릴 가능성이 여섯 배 더 높았다. 다음을 볼 것. Morton Mintz, "The Selling of an IUD: Behind the Scenes at G.D. Searle During the Rise and Fall of the Copper-7," *Washington Post*, Health section, Aug. 9, 1988, p. Z12; Pamela Rohland, "Prof Continues Battle over Defective IUDs," *Reading Eagle*, Nov. 18, 1990, p. A20; William Ruberry, "Tragic Daikon Story Finally at an End," *Richmond Times-Dispatch*, Jan. 21, 1990, p. F1; The Boston Women's Health Collective, *The New Our Bodies, Ourselves* (New York: Simon & Schuster, Inc., 1984) p. 421.

139) David G. Addiss, Michael L. Vaughn, Margi A. Holzheuter, Lori L. Bakken, and Jeffrey P. Davis, "Selective Screening for Chlamydia Trachomatis Infection in Nonurban Family Planning Clinics in Wisconsin," *Family Planning Perspectives*, 19, no. 6 (Nov.–Dec. 1987): 252–56; Julius Schachter, Dr. Moses Grossman, Dr. Richard L. Sweet, Jane Holt, Carol Jordan, and Ellen Bishop, "Prospective Study of Perinatal Transmission of Chlamydia Trachomatis," *Journal of the American Medical Association*, 255, no. 24 (June 27, 1986): 3374–77; 샌프란시스코 캘리포니아 대학교 줄리어스 샤흐터Julius Schachter와 개인적인 인터뷰, 1989년 3월.

140) 줄리어스 샤흐터와 개인적인 인터뷰; Julius Schachter, "Chlamydial Infections," *New England Journal of Medicine*, 298 (Feb. 23, March 2, and March 9, 1978): 428–35, 490–95, and 540–49; Washington, Johnson, and Sanders, "Chlamydia Trachomatis," pp. 2070, 2072.

141) Amy Linn, "Male Infertility: From Taboo to Treatment," *Philadelphia Inquirer*, May 31, 1987, p. A1.

142) Infertility: Medical and Social Choices, p. 85.

143) Ibid., p. 121.

144) Ibid., p. 29.

145) 윌리엄 모셔와 개인적인 인터뷰, 1989년 3월.

146) Ben J. Wattenberg, *The Birth Dearth* (New York: Pharos Books, 1987) pp. 1, 127.

147) Richard J. Herrnstein, "IQ and Falling Birth Rates," *The Atlantic*, May 1989, p. 73; "A Confederacy of Dunces," *Newsweek*, May 22, 1989, pp. 80–81.

148) Herrnstein, "IQ and Falling Birth Rates," pp. 76, 79, 73.

149) Ben J. Wattenberg, *The Real America: A Surprising Examination of the State of the Union* (Garden City, N.Y.: Doubleday & Co., 1974) pp. 152, 168–71; Wattenberg, *The Birth Dearth*, p. 179. 와텐버그의 출산 부족 이론에 대한 훌륭한 분석과 비판은 다음을 볼 것. Tony Kaye, "The Birth Dearth," *The New Republic*, Jan. 19, 1987, pp. 20–23.

150) Wattenberg, *Birth Dearth*, pp. 14, 97–98.

151) Ibid., pp. 9, 57, 95, 115.

152) Ibid., pp. 119–28, 159.

153) Ibid., p. 204.

154) Kaye, "Birth Dearth," p. 22.

155) "Views on Women Link and Distinguish New Right, Far Right," *The Monitor*, June 1986, p. 1.

156) "Birth Dearth Hustlers Want to Promote Baby Boom," *Eleanor Smeal Report*, April 30, 1986, p. 3.

157) Data from National Center for Health Statistics, Children's Defense Fund's Clearinghouse on Adolescent Pregnancy, and Alan Guttmacher Institute.

158) Data from National Center for Health Statistics, U.S. Bureau of the Census.

159) Kaye, "Birth Dearth," p. 22.

160) Frank Furstenberg, "The State of Marriage," *Science*, 239 (March 1988): 1434.

162) 가령 다음을 볼 것. "The Age of Youthful Melancholia: Depression and the Baby Boomers," *USA Today Magazine*, July 1986, pp. 69–71; Martin E. P. Seligman, "Boomer Blues," *Psychology Today*, Oct. 1988, pp. 50–55; "Depression," *Newsweek*, May 4, 1987; Susan Squire, "The Big Chill," *Gentlemen's Quarterly*, Nov. 1987, p. 137; Mark MacNamara, "The Big Chill Syndrome," *Los Angeles*, Aug. 1988, p. 71.

163) Elizabeth Mehren, "Frustrated by the Odds, Single Women Over 30 Seeking Answers in Therapy," *Los Angeles Times*, Nov. 30, 1986, VI, p. 1.

164) Meryl Gordon, "Rough Times," *New York Woman*, March 1988, p. 80.

165) 전미정신건강연구소, 역학과 정신병리학 연구 책임자 벤 로크Ben Z. Locke,

컬럼비아 대학교 정신의학과 교수이자 전임 예일 대학교 우울증 연구 팀장 미르나 와이즈먼Myrna M. Weissman, 컬럼비아 대학교 정신의학과 교수이자 연구 주 책임자 제럴드 클러먼Gerald L. Klerman 박사, 하버드 의과대학 정신의학과 인류학 조교수이자 매사추세츠 일반병원 정신 역학 과장 제인 머피Jane Murphy와 개인적인 인터뷰, 1988년, 1989년.

166) Lynn L. Gigy, "Self-Concept of Single Women," *Psychology of Women Quarterly*, 5, no. 2 (Winter 1980): 321–40.

167) Elaine Showalter, *The Female Malady: Women, Madness and English Culture, 1830–1980* (New York: Penguin Books, 1985) pp. 61, 134.

168) Grace Baruch, Rosalind Barnett, and Caryl Rivers, *Lifeprints: New Patterns of Love and Work for Today's Women* (New York: Signet Books, 1983) pp. 261, 279.

169) Lois M. Verbrugge and Jennifer H. Madans, "Women's Roles and Health," *American Demographics*, March 1985, p. 36. 1990년의 버지니아슬림 여론조사 역시 사아상과 고용 사이에 직접적인 관계가 있음을 보이 순다. 1990 Virginia Slims Opinion Poll, p. 28을 볼 것.

170) Baruch, Barnett, and Rivers, *Lifeprints*, p. 281.

171) Susan Faludi, "Marry, Marry? On the Contrary!" *West Magazine, San Jose Mercury News*, Aug. 10, 1986, p. 6.

172) 가령 다음을 볼 것. Carol Tavris and Carole Offir, *The Longest War: Sex Differences in Perspective* (New York: Harcourt Brace Jovano-vich, 1977) p. 221; Bernard, *The Future of Marriage*, pp. 30–32, 312–13; *Women and Mental Health*, ed. by Elizabeth Howell and Marjorie Bayes (New York: Basic Books, Inc., 1981) pp. 182–83; Kay F. Schaffer, *Sex-Role Issues in Mental Health* (Reading, Mass.: Addison-Wesley Publishing Co., 1980) pp. 136–67; D. Nevill and S. Damico, "Developmental Components of Role Conflict in Women," *Journal of Psychology*, 95 (1977): 195–98; Walter R. Gove, "Sex Differences in Mental Illness Among Adult Men and Women," *Social Science & Medicine*, 12B (1978): pp. 187–198; Mary Roth Walsh, *The Psychology of Women: Ongoing Debates* (New Haven: Yale University Press, 1987) p. 111.

173) Judith Birnbaum, "Life Patterns and Self-Esteem in Gifted Family-Oriented and Career-Committed Women" (1975), in *Women and Achievement: Social and Motivational Analyses*, ed. by M. Mednick, S. Tangri, and L. Hoffman (New York: Halsted Press, 1975) pp. 396–419.

174) Gigy, "Self-Concept," pp. 321–39.

175) Scott Winokur, "Women Pay a Price," *San Francisco Examiner*, Dec. 16, 1990, p. E1.

176) Linda Wolfe, "The Sexual Profile of the Cosmopolitan Girl," *Cosmopolitan*, Sept. 1990, p. 254.

177) Walter R. Gove, "Mental Illness and Psychiatric Treatment," in *The Psychology of Women*, ed. by Mary Roth Walsh (New Haven: Yale University Press, 1987) p. 11.

178) Freudenberger and North, *Women's Burnout*, p. xiv.

179) Shaevitz, *Superwoman Syndrome*, p. 17.

180) Susan Agrest, "Just a Harmless Little Habit," *Savvy*, Oct. 1987, p. 52.

181) Braiker, *Type E Woman*, p. 5.

182) 제임스 린치와 개인적인 인터뷰, 1988년 3월.

183) Morse and Furst, *Women Under Stress*, pp. 275, 305.

184) Witkin-Lanoil, *Female Stress*, p. 119.

185) "Basic Data on Depressive Symptomatology, 1974–75," U.S. National Health Survey, Public Health Service, April 1980, p. 3; S. Haynes and M. Feinleib, "Women, Work and Coronary Heart Disease: Prospective Findings from the Framingham Heart Study," *American Journal of Public Health*, 1980, pp. 133-41; Lois Wladis Hoffman, "Effects of Maternal Employment in the Two-Parent Family," *American Psychologist*, Feb. 1989, pp. 283–92; Baruch, Barnett, and Rivers, *Lifeprints*, pp. 179–80. 베드로폴리탄라이프보험Metropolitan Life Insurance의 조사에 따르면 임원직 여성은 지위가 낮은 사무직 여성보다 기대 수명이 29퍼센트 더 높고 심장 질환 발병률이 낮다. 다음을 볼 것. "Gender Health," *Women/Scope*, 2, no. 7 (April 1989): 4. 1988년 갤럽의 설문 조사에 따르면 여성들의 만족감과 자존감은 "교육, 직업, 재정적인 지위에 크게 좌우된다." 연 소득이 3만 5,000달러 이상인 여성의 81퍼센트가 자신에게 만족한 반면, 1만 5,000달러에서 3만 4,999달러인 여성은 62퍼센트가, 1만 5,000달러 이하인 여성은 42퍼센트가 자신에게 만족했다. 다음을 볼 것. "Personal Goals of Women," Sept. 25, 1988. The Gallup Organization, pp. 164–65.

186) Ruth Cooperstock, "A Review of Women's Psychotropic Drug Use," in *Women and Mental Health*, p. 135.

187) Verbrugge and Madans, "Women's Roles and Health," p. 38.

188) David Alexander Leaf, "A Woman's Heart: An Update of Coronary Artery Disease Risk in Women," *Western Journal of Medicine*, 149 (Dec. 1988): 751–57; Bonnie R. Strickland, "Sex-Related Differences in Health and Illness," *Psychology of Women Quarterly*, 12 (1988): 381–99.

189) Strickland, "Sex-Related Differences," p. 387.

190) William H. Chafe, *The American Woman: Her Changing Social, Economic and Political Roles, 1920–1970* (New York: Oxford University Press, 1972) p. 220.

191) Hochschild, *Second Shift*, pp. 241–42.

192) Lois Verbrugge, "A Life and Death Paradox," *American Demographics*, July 1988, pp. 34–37.

193) Ronald C. Kessler and James A. McRae, Jr., "Trends in the Relationship Between Sex and Psychological Distress: 1957–1976," *American Sociological Review*, 46 (Aug. 1981): 443–52; J. M. Murphy, "Trends in Depression and Anxiety: Men and Women," *Acta Psychiatr. Scand.*, 1986, 73, pp. 113–27; Leo Srole, "The Midtown Manhattan Longitudinal Study vs. 'The Mental Paradise Lost' Doctrine," *Archives of General Psychiatry*, 37 (Feb. 1980): 220; Jane M. Murphy, Richard R. Monson, Donald C. Olivier, Arthur M. Sobol, and Alexander H. Leighton, "Affective Disorders and Mortality," *Archives of General Psychiatry*, 44 (May 1987): 473–80; Jane M. Murphy, Arthur M. Sobol, Raymond K. Neff, Donald C. Olivier, and Alexander H. Leighton, "Stability of Prevalence: Depression and Anxiety Disorders," *Archives of General Psychiatry*, 41 (Oct. 1984): 990–97.

194) Srole, "Midtown Manhattan," p. 220.

195) Witkin-Lanoil, *Female Stress*, p. 124.

196) "Psychiatric Epidemiology Counts," *Archives of General Psychiatry*, 41 (Oct. 1984): 932.

197) Darrel A. Regier, Jeffrey H. Boyd, Jack D. Burke, Jr., Donald S. Rae, Jerome K. Myers, Morton Kramer, Lee N. Robins, Linda K. George, Marvin Karno, and Ben Z. Locke, "One-Month Prevalence of Mental Disorders in the United States," *Archives of General Psychiatry* (Nov. 1988), 45: 977–80.

198) Murphy, "Trends in Depression and Anxiety: Men and Women," pp. 119–20; 제인 머피와 개인적인 인터뷰; Olle Hagnell, Jan Lanke, Birgitta Rorsman, and Leif Ojesio, "Are We Entering an Age of Melancholy: Depressive Illness in a Prospective Epidemiological Study Over 25 Years," *Psychological Medicine*, 12 (1982): 279–89.

199) Murphy, "Trends in Depression and Anxiety," pp. 120, 125; Murphy, et al., "Stability of Prevalence"; Ronald C. Kessler, James A. McRae, Jr., "Trends in Relationships Between Sex and Attempted Suicide," *Journal of Health and Social Behavior*, 24 (June 1983): 98–110; "Gender Health," p. 5; Myrna M. Weissman, "The Epidemiology of Suicide Attempts, 1960–1971," *Archives of General Psychiatry*, 30 (1974): 727–46; Kessler and McRae, "Trends in Sex and Psychological Distress," p. 449.

200) Kessler and McRae, "Sex and Attempted Suicide," p. 106. 연구자들은 아내의 취업에 반대하거나 적대적인 남편일수록 심리적 문제가 발생할 가능성이 높다는 사실을 밝히기도 했다. 반대로 육아에 기꺼이 참여하는 남편들은 심리적 혼란을 훨씬 적게 느끼면서 사회 변화를 헤쳐 가는 것으로 보였다.

201) Kessler and McRae, "Trends in Sex and Psychological Distress," p. 450.

202) Murphy, "Stability of Prevalence," p. 996.

203) 로널드 케슬러와 개인적인 인터뷰 1988년 3월.

204) S. Rosenfield, "Sex Differences in Depression: Do Women Always Have Higher Rates?" *Journal of Health and Social Behavior*, 21 (1980): 33–42.

205) Ronald C. Kessler, James A. McRae, Jr., "The Effect of Wives' Employment on the Mental Health of Married Men and Women," *American Sociological Review*, 47 (1982): 216–27.

206) Sandra C. Stanley, Janet G. Hunt, and Larry L. Hunt, "The Relative Deprivation of Husbands in Dual-Earner Households," *Journal of Family Issues*, 7 (March 1986), no. 1: 3–20.

207) Niall Bolger, Anita DeLongis, Ronald C. Kessler, and Elaine Wethington, "The Microstructure of Daily Role-related Stress in Married Couples," to be published in *Cross the Boundaries: The Transmission of Stress Between Work and Family*, ed. by John Eckenrode and Susan Gore (New York: Plenum) pp. 16, 25. 이 외에도 많은 연구들이 유사한 결과를 제시했다. 다음을 볼 것. G. L. Staines, K. J. Pottick, and D. A. Fudge, "Wives' Employment and Husbands' Attitudes Toward Work and Life, *Journal of Applied Psychology*, 71 (1986), no. 1: 118–28; P. J. Stein, "Men in Families," *Marriage and Family Review*, 7 (1984), no. 3/4: 143–59.

208) David Gelman, "Depression," *Newsweek*, May 4, 1987, p. 48.

209) Deborah Fallows, " 'Mommy Don't Leave Me Here!' The Day Care Parents Don't See," *Redbook*, Oct. 1985, p. 160; J. L. Dautremont, Jr.,"Day Care Can Be Dangerous to Your Child's Health," *San Francisco Examiner*, Jan. 20, 1990, p. A25; "When Child Care Becomes Child Molesting," *Good Housekeeping*, July 1984, p. 196; "Creeping Child Care … Creepy," Connaught Marshner, *National Review*, May 13, 1988, p. 28.

210) 1980년대의 탈리도마이드에 대해서는 Richard A. Vaughan's solicitation letter for *Family In America*, a New Right publication, 1989, p. 3을 볼 것.

211) "End-of-Year Issue,", 1987, p. 4. 다음도 볼 것. Alexander Cockburn, "Looking for Satan in the Sandbox," *San Francisco Examiner*, Feb. 7, 1990, p. A21.

212) Melinda Beck, "An Epidemic of Child Abuse," *Newsweek*, Aug. 29, 1984, p. 44.

213) Russell Watson, "What Price Day Care?" *Newsweek*, Sept. 10, 1984, p. 14.

214) Ibid., p. 18.

215) Pat Wingert and Barbara Kantrowitz, "The Day Care Generation," *Newsweek*, Special Issue, Winter/Spring 1990, pp. 86–92. 이 기사가 제시한 새로운 '증거'는 텍사스에 사는 3학년 학생들에 대한 연구뿐이었다. 이 연구에 따르면 유년기에 어린이집에서 30시간 이상을 보낸 아이들은 훈육 문제를 일으킬 가능성이 높았다. 하지만 이 연구를 진행한 연구자는 어린이집이 아니라 가난이

가장 중요한 기저 요인이며, 텍사스 어린이집의 문제는 어린이집의 본성 자체보다는 텍사스 주의 어린이집 규제가 부실하다는 점과 훨씬 관련이 많다고 결론에서 말했다.

216) Warren E. Leary, "Risk of Sex Abuse in Day Care Seen as Lower Than at Home," *New York Times*, March 28, 1988, p. A20.

217) David Finkelhor, Linda Meyer Williams, Nanci Burns, and Michael Kalinowski, "Sexual Abuse in Day Care: A National Study," March 1988, Family Research Laboratory, p. 18.

218) Ibid., pp. vii, xvii. 전국아동학대방지위원회National Committee for the Prevention of Child Abuse의 1986년 자료 역시 전체 성 학대의 72퍼센트가 친부와 양부에 의해 자행된다고 보고했다. 아이러니하게도 언론들은 가정 내 아동학대 신고 건수가 급증하는 데 의심의 눈초리를 보냈다. 1980년대의 많은 기사들이 이 문제는 사실 양육권을 독차지하려고 마음먹은 전처들이 날조해 음해한 것이라고 주장했다. 이런 전략을 구사할 정도로 비열한 여성들이 있었던 건 확실하지만 이들은 예외에 속했다. 1980년대에 성적 학대 혐의와 관련된 이혼 및 자녀 양육권 분쟁은 겨우 2퍼센트였다.

219) Ibid., Finkelhor, et al., "Sexual Abuse in Day Care," pp. 18–19.

220) *Children of Working Parents: Experiences and Outcomes*, ed. by Cheryl D. Hayes and Sheila B. Kamerman (Washington, D.C.: National Academy Press, 1983); Lois Wladis Hoffman, "Effects of Maternal Employment in the Two-Parent Family," *American Psychologist*, Feb. 1989, pp. 283–92; Kathleen McCartney, Sandra Scarr, Deborah Phillips, Susan Grajek, and J. Conrad Schwarz, "Environmental Differences Among Day Care Centers and Their Effects on Children's Development," *Day Care: Scientific and Social Policy Issues*, ed. by E. Zigler and E. Gordon (Boston: Auburn House, 1982) pp. 126-51; Barbara J. Berg, *The Crisis of the Working Mother* (New York: Summit Books, 1986) pp. 58–60; Ellen Galinsky, "The Impact of Parental Employment on Children: Newr Directions For Research," Work and Family Life Studies, Bank Street College of Education, unpublished paper; Hochschild, *The Second Shift*, pp. 235–36. 다음도 볼 것. Susan Faludi, "Are the Kids Alright?" *Mother Jones*, Nov. 1988, pp. 15–18.

221) Data from Child Care Law Center and Children's Defense Fund. 다음도 볼 것. Carolyn Jabs, "Reassuring Answers to 10 Myths About Day Care," *Child-Care Referral & Education*, July-Aug. 1985 edition, p. 2.

222) Sandra Scarr, *Mother Care/Other Care* (New York: Basic Books, 1984) pp. 100–104; Michael Rutter, "Social-Emotional Consequences of Day Care for Preschool Children," *Day Care: Scientific and Social Policy Issues*, pp. 5–9; Kathleen McCartney and Deborah Phillips, "Motherhood and Child Care," *The Differ-*

ent Faces of Motherhood, ed. by Beverly Birns and Dale F. Hay (New York: Plenum Press, 1988) pp. 170–72, 176–77; Hoffman, "Effects of Maternal Employment in the Two-Parent Family," p. 288.

223) 이런 주장을 펼칠 때 가장 폭넓게 인용한 자료는 영국 심리학자 존 볼비John Bowlby가 제2차 세계대전 이후 고아가 된 어린이를 대상으로 실시한 연구에서 가져온 것들이다. 다음을 볼 것. John Bowlby, *Attachment and Loss*, 2 vols. (New York: Basic Books, 1969); Scarr, pp. 207–208.

224) Michael Rutter, *Maternal Deprivation Reassessed* (Middlesex, Eng.: Penguin Books, 1972) pp. 36–37.

225) Jay Belsky, "Two Waves of Day Care Research: Developmental Effects and Conditions of Quality," *The Child and the Day Care Setting*, ed. by R. Ainslie (New York: Praeger, 1984); J. Belsky and L. Steinberg, "The Effects of Day Care: A Critical Review," *Child Development*, 49: 929–49.

226) Jay Belsky, "Infant Day Care: A Cause for Concern?" *Zero to Three*, 6, no. 5 (Sept. 1986): 1–7.

227) 제이 벨스키와 개인적인 인터뷰, 1991년.

228) Belsky, "Infant Day Care," pp. 4, 6.

229) 제이 벨스키와 개인적인 인터뷰, 1991(이후 인용구는 다른 언급이 없는 경우 그가 인터뷰에서 한 말이다).

230) Deborah Phillips, Kathleen McCartney, Sandra Scarr, and Carolee Howes, "Selective Review of Infant Day Care Research: A Cause for Concern," *Zero to Three*, 7 (Feb. 1987): 18–21.

231) Belsky, "Infant Day Care," p. 7.

232) Phillips, McCartney, Scarr, and Howes, "Selective Review," pp. 18–21.

233) Phillips, McCartney, Scarr, and Howes, "Selective Review," p. 19.

234) Ibid., p. 20; Judith Rubenstein, Carolee Howes, "Adaptation to Infant Day Care," in *Advances in Early Education and Day Care*, ed. by S. Kilmer (Greenwich, Conn.: JAI Press, 1983) pp. 41–42.

235) Ann C. Crouter, Maureen Perry-Jenkins, Ted L. Huston, and Susan M. McHale, "Processes Underlying Father Involvement in Dual- Earner and Single-Earner Families," *Developmental Psychology*, 23: 431–40.

3장

1) Ann Douglas, *The Feminization of American Culture* (New York: Avon Books, 1977) p. 199.

2) Deirdre English, "What Do Which Women Really Want," *The New York Times Book Review*, Sept. 4, 1988, p. 20; Ethel Klein, *Gender Politics* (Cambridge, Ma.: Harvard University Press, 1984) p. 9; Juliet Mitchell, "Reflections on

Twenty Years of Feminism," in *What Is Feminism? A Re-Examination*, ed. by Juliet Mitchell and Ann Oakley (New York: Pantheon Books, 1986) p. 36.

3)   *Feminist Theorists: Three Centuries of Key Women Thinkers*, ed. by Dale Spender (New York: Pantheon Books, 1983) p. 4.

4)   Adrienne Rich, *On Lies, Secrets and Silence* (New York: W.W. Norton & Co., 1979) pp. 9–10.

5)   Lois W. Banner, *Women in Modern America: A Brief History*, 2nd ed. (New York: Harcourt Brace Jovanovich, 1984) p. 1.

6)   Nancy F. Cott, *The Grounding of Modern Feminism* (New Haven: Yale University Press, 1987) p. 39.

7)   Chafe, *The American Woman*, p. 179.

8)   Yern L. Bullough, Brenda Shelton, and Sarah Slavin, *The Subordinated Sex: A History of Attitudes Toward Women* (Athens, Ga.: The University of Georgia Press, 1988) pp. 73–82; Mary R. Beard, *Women as Force in History: A Study in Traditions and Realities* (New York: Octagon Books, 1976); Elaine Pagels, *The Gnostic Gospels* (New York: Random House, 1979) and *Adam, Eve and the Serpent* (New York: Random House, 1988); Barbara Ehrenreich and Deirdre English, *Witches, Midwives and Nurses: A History of Women Healers* (New York: The Feminist Press, 1973); Simone de Beauvoir, *The Second Sex* (New York: Bantam Books, 1961) p. xxii.

9)   Bullough, Shelton, and Slavin, *The Subordinated Sex*, p. 261.

10) Eleanor Flexner, *Century of Struggle: The Woman's Hights Movement in the United States* (New York: Atheneum, 1974) p. 1.

11) Page Smith, *Daughters of the Promised Land: Women in American History* (Boston: Little, Brown & Co., 1970) p. 91.

12) Cynthia D. Kinnard, ed., *Antifeminism in American Thought: An Annotated Bibliography* (Boston: G. K. Hall & Co., 1986) p. xv.

13) Ibid., p. 307; Barbara Ehrenreich and Deirdre English, *For Her Own Good: 150 Years of the Experts' Advice to Women* (Garden City, New York: Anchor Books, 1978) p. 128; Lee Virginia Chambers-Schiller, Liberty, *A Better Husband: Single Women in America—The Generations of 1780–1840* (New Haven: Yale University Press) pp. 32–33.

14) Ehrenreich and English, *For Her Own Good*, pp. 125–31.

15) Nancy Sahli, "Smashing: Women's Relationships Before the Fall," *Chrysalis*, no. 8 (Summer 1979): 17–27.

16) Linda Gordon, *Woman's Body, Woman's Right: Birth Control in America* (New York: Penguin Books, 1977) pp. 137, 138–42.

17) Ibid., pp. 49–71; William L. O'Neill, *Divorce in the Progressive Era* (New Hav-

en: Yale University Press, 1967) pp. 33–56; Elaine Tyler May, *Great Expectations: Marriage and Divorce in Post-Fictorian America* (Chicago: University of Chicago Press, 1980) p. 4.

18) Gordon, *Woman's Body*, p. 57.

19) Nancy F. Cott, *The Grounding of Modern Feminism* (New Haven: Yale University Press, 1987) p. 13.

20) Banner, *Women in Modern America*, p. 71.

21) Cott, *Modern Feminism*, pp. 38–39.

22) Ibid., pp. 241–60; Banner, *Women in Modern America*, pp. 152–53; Carol Hymowitz and Michaele Weissman, *A History of Women in America* (New York: Bantam Books, 1978) p. 233.

23) Cott, *Modern Feminism*, pp. 272, 362; Kinnard, *Antifeminism*, p. 183.

24) Jessie Bernard, *The Female World* (New York: The Free Press, 1981) p. 146.

25) Cott, *Modern Feminism*, pp. 271–76.

26) Ibid., p. 276. 여성노조연합Women's Trade Union League의 고위 관계자인 에설 스미스Ethel M. Smith는 "우리가 페미니스트라는 단어만 사용해도 극소수의 사람이 우리의 권위에 도전하려 한다"고 설명했다. 이런 설명은 1980년대에도 거의 그대로 적용된다. 1980년대에는 'F로 시작되는 단어F-word'가 금기에 가까웠다. 다음을 볼 것. Ibid., p. 134.

27) Alice Kessler-Harris, *Out to Work: A History of Wage-Earning Women in the United States* (New York: Oxford University Press, 1982) pp. 204–14.

28) O'Neill, *Everyone Was Brave: The Rise and Fall of Feminism in America* (Chicago: Quadrangle Books, 1969), p. 305.

29) Hymowitz and Weissman, *A History of Women in America*, pp. 306–307.

30) William O'Neill, *Everyone Was Brave*, pp. 292–93.

31) Margaret Culkin Banning, "They Raise Their Hats," *Harper's*, Aug. 1935, p. 354.

32) Klein, *Gender Politics*, p. 17.

33) 하지만 보육에 대한 연방 정부의 지원은 금전을 통해 이루어지기보다는 말에 그치는 수준이었다. 연방 정부는 보육 프로그램이 필요한 어린이 10퍼센트에게만 보육 프로그램을 제공했다. 다음을 볼 것. Banner, *Women in Modern America*, p. 221; Carl N. Degler, *At Odds: Women and Family in America from the Revolution to the Present* (New York: Oxford University Press, 1980) p. 420.

34) Kessler-Harris, *Out to Work*, p. 276; Hymowitz and Weissman, *A History of Women in America*, p. 312; Degler, *At Odds*, p. 420.

35) Hymowitz and Weissman, *A History of Women in America*, p. 314; Chafe, The American Woman, pp. 178–79.

36) Kessler-Harris, *Out to Work*, pp. 290–91, 296.

37) Cynthia Harrison, *On Account of Sex: The Politics of Women's Issues, 1945–1968* (Berkeley: University of California Press, 1988) pp. 15–16, 19, 21.

38) Klein, Gender Politics, p. 18.

39) Hymowitz and Weissman, *A History of Women in America*, p. 314; Kessler-Harris, *Out to Work*, p. 287.

40) Hymowitz and Weissman, *A History of Women in America*, pp. 314, 316, 323; Kessler-Harris, *Out to Work*, p. 309; Chafe, *The American Woman*, p. 190; Banner, *Women in Modern America*, pp. 222–24.

41) Harrison, *On Account*, p. 20.

42) Chafe, *The American Woman*, pp. 306–7.

43) Harrison, *On Account*, p. 5.

44) Chafe, *The American Woman*, pp. 176–77, 187.

45) *This Week*, cited in Catherine Johnson's "Exploding the Male Shortage Myth," *New Woman*, Sept. 1986, p. 48.

46) Marynia Farnham and Ferdinand Lundberg, *Modern Woman: The Lost Sex* (New York: Harper & Row, 1947), cited in Betty Friedan, *The Feminine Mystique* (New York: A Laurel Book/Dell, 1983 ed.), pp. 119–20.

47) Chafe, *The American Woman*, p. 176.

48) Kessler-Harris, *Out to Work*, p. 304; Banner, *Women in Modern America*, p. 234.

49) Maureen Honey, *Creating Rosie the Riveter: Class, Gender, and Propaganda During World War II* (Amherst, Mass.: University of Massachusetts Press, 1984) p. 122.

50) Harrison, *On Account*, p. 6; Susan M. Hartmann, *The Home Front and Beyond: American Women in the 1940s* (Boston: Twayne Publishers, 1982) p. 200.

51) Hartmann, *Home Front*, p. 202; *Pronatalism: The Myth of Mom and Apple Pie*, ed. by Ellen Peck and Judith Senderowitz (New York: Thomas Y. Crowell Co., 1974) p. 69.

52) Chafe, *The American Woman*, p. 184.

53) Ibid., p. 185.

54) Harrison, *On Account*, p. ix.

55) Degler, *At Odds*, p. 429; Jessie Bernard, "The Status of Women in Modern Patterns of Culture," in *The Other Half Roads to Women's Equality*, ed. by Cynthia Fuchs Epstein and William J. Goode (Englewood Cliffs, N.J.: Prentice-Hall Inc., 1971) p. 17.

56) Sandra M. Gilbert and Susan Gubar, *No Man's Land: The Place of the Woman Writer in the Twentieth Century*, vol. 1: *The War of the Words* (New Haven: Yale University Press, 1988) p. 47.

57) Degler, *At Odds*, p. 418; Hymowitz and Weissman, *A History of Women in*

America, p. 314; Kessler-Harris, *Out to Work*, p. 301.

58) Harrison, *On Account*, p. 5.

59) Ibid., p. 181; Hymowitz and Weissman, *A History of Women in America*, p. 314; Chafe, *The American Woman*, p. 181.

60) 1940년 15퍼센트였던 노동력 내 기혼 여성의 비중은 1960년 30퍼센트로 두 배 늘었다. Hymowitz and Weissman, *A History of Women in America*, p. 314; Harrison, *On Account*, p. 5; Sara M. Evans and Barbara J. Nelson, *Wage Justice* (Chicago: University of Chicago Press, 1989) p. 23.

61) Chafe, *The American Woman*, p. 181; Kessler-Harris, *Out to Work*, p. 309.

62) O'Neill, *Everyone Was Brave*, p. 305; Dean D. Knudsen, "The Declining Status of Women: Popular Myths and the Failure of Functionalist Thought," in *The Other Half: Roads to Women's Equality*, ed. by Cynthia Fuchs Epstein and William J. Goode (Englewood Cliffs, N.J.: Prentice-Hall Inc., 1971) pp. 98–108; Hymowitz and Weissman, p. 315; Bernard, "Status of Women," p. 16; Kessler-Harris, *Out to Work*, p. 305. 전문직 여성의 비중은 1940년 45퍼센트에서 1966년 38퍼센트로 하락했지만, 사무직으로 채용된 여성은 1940년 53퍼센트 에서 1968년 73퍼센트로 늘었다. M. P. Ryan, *Womanhood in America: From Colonial Times to the Present* (New York: Franklin Watts, 1983) p. 281.

63) William L. O'Neill, "The Fight for Suffrage," *The Wilson Quarterly*, X, no. 4 (Autumn 1986): 104; *Sisterhood Is Powerful*, ed. by Robin Morgan (New York: Vintage Books, 1970) p. 21.

64) "The AFL-CIO and Civil Rights," Report of the Executive Council to the 16th Constitutional Convention of the AFL-CIO, Anaheim, Calif., Oct. 28-31, 1985.

65) Henry Adams, *The Education of Henry Adams* (Boston: Houghton Mifflin Co., 1973 ed.) p. 447.

66) Data from U.S. Bureau of Census, Fertility Statistics Branch.

67) 노동 시장 내 여성에 대해서는 12장을 볼 것.

68) Bernice Kanner, "Themes Like Old Times," *New York*, Jan. 30, 1989, p. 12.

69) Henrietta Rodman, *New York Times*, Jan. 24, 1915, cited in *Feminist Quotations: Voices of Rebels, Reformers, and Visionaries*, ed. by Carol McPhee and Ann Fitzgerald (New York: Thomas Y. Crowell, 1979) p. 239.

70) Michael de Courcy Hinds, "Feminist Businesses See the Future," *New York Times*, Nov. 12, 1988, p. 16.

71) 반격의 심리학에 대해서는 11장을 볼 것.

72) Phillip Lopate, "Christine Lahti Tries to Fashion a Spunky 'Heidi,'" *New York Times*, Sept. 3, 1989, Arts and Leisure section, p. 5.

73) Caroline Knapp, "Whatever Happened to Sisterhood?" *The Boston Phoenix*,

April 7, 1989, p. 13.

74) Angela Brown, "Throwing in the Towel?" Letter to the editor, *Ms.*, Jan. 1988, p. 10.

75) Susan Griffin, "The Way of All Ideology," in *Feminist Theory: A Critique of Ideology*, ed. by Nannerl O. Keohane, Michelle Z. Rosaldo, and Barbara C. Gelpi (Chicago: University of Chicago Press, 1982) p. 279.

76) Virginia Woolf, "The Pargiters," cited in Michelle Cliff, "The Resonance of Interruption," *Chrysalis*, 8 (Summer 1979), pp. 29–37.

77) Belkin, "Bars to Equality," p. A16. 1990년 버지니아슬림 여론조사 역시 1980 년대 여성들에게 "점점 늘어 가는 긴장 압력, 요구"가 타격을 입혔음을 확인 했다. 직장 여성의 압도적인 다수는 아직도 부부가 같이 직장을 다니고 동등 하게 가사를 분담하는 결혼 생활을 원했지만 '전통적인' 결혼 관계로 회귀하 고 싶어 하는 직장 여성의 비중이 1985년 이후 5퍼센트포인트 늘어났던 것이 다. 이런 증가는 수십 년만에 처음 있는 일이었다. 다음을 볼 것. Virginia Slims Opinion Poll, 1990, p. 46.

78) Betty Friedan, *The Feminine Mystique*, pp. 377–78.

79) Cott, *Modern Feminism*, p. 45.

80) Banning, "Raise Their Hats," p. 358.

81) Anthony Astrachan, *How Men Feel: Their Response to Women's Demands for Equality and Power* (Garden City, N.Y.: Anchor Books, 1986) p. 402.

82) Significance Inc., "The American Male Opinion Index," I (New York: Condé Nast Publications, 1988) p. 2.

83) Klein, *Gender Politics*, pp. 126, 136–38, 163; Andrew Cherlin and Pamela Barnhouse Walters, "Trends in United States Men's and Women's Sex Roles Attitudes: 1972 to 1978," *American Sociological Review*, 46 (1981): 453–60; Richard G. Niemi, John Mueller, and Tom W. Smith, *Trends in Public Opinion: A Compendium of Survey Data* (New York: Greenwood Press, 1989).

84) "The American Male Opinion Index," I, p. 26.

85) *Trends in Public Opinion;* The Gallup Poll; Roper Organization's Virginia Slims Opinion Poll; Townsend and O'Neil, "American Women Get Mad," p. 26.

86) "Women and Men; Is Realignment Under Way?" *Public Opinion*, 5 (April-May, 1982) 2: p. 21; Karlyn H. Keene and Everett Carll Ladd, "American College Women: Educational Interests, Career Expectations, Social Outlook and Values," unpublished paper for Women's College Coalition, American Enterprise Institute/Roper Center for Public Opinion Research, Sept. 1990; 미국기업연 구소 연구원 칼린 킨Karlyn H. Keene과 윌리엄 슈나이더William Schneider 와 개인적인 인터뷰, 1991년.

87) Craver Matthew's Smith Donor Survey, 1990; 크레이버매튜스스미스Craver

Matthews Smith의 로저 크레이버Roger Craver와 개인적인 인터뷰, 1991년.

88) Klein, *Gender Politics*, p. 6.

89) Ibid., pp. 158–59; Doris L. Walsh, "What Women Want," *American Demographics*, June 1986, p. 60; 1985 Virginia Slims American Women's Opinion Poll.

90) *Trends in Public Opinion*, 1986, 1988 surveys.

91) *Significance Inc;* "Marketing to Men in the 90s: The American Male Opinion Index, II," (New York: Condé Nast Publications, 1990) p. 5.

92) 1988 National Opinion Research Poll.

93) Belkin, "Bars to Equality," p. A1.

94) Joseph H. Pleck, *The Myth of Masculinity* (Cambridge, Mass.: MIT Press, 1981) p. 9.

95) Margaret Mead, *Male and Female* (New York: William & Morrow, 1949) p. 318.

96) William J. Goode, "Why Men Resist," in *Rethinking the Family*, ed. by Barrie Thorne with Marilyn Yalom (New York: Longman, 1982) p. 137.

97) Tavris and Offir, *Longest War*, p. 10; Smith, *Promised Land*, p. 12; Bullough, Shelton, and Slavin, *The Subordinated Sex*, p. 74.

98) Bullough, Shelton, and Slavin, *The Subordinated Sex*, p. 171.

99) Kinnard, *Antifeminism*, p. 308.

100) Theodore Roszak, "The Hard and the Soft: The Force of Feminism in Modern Times," in *Masculine/Feminine: Readings in Sexual Mythology and the Liberation of Women*, ed. by Betty and Theodore Roszak (New York: Harper & Row, 1969), pp. 87–104; Joe L. Dubbert, "Progressivism and the Masculinity Crisis," *The American Man*, ed. by Elizabeth H. and Joseph H. Pleck (Englewood Cliffs, N.J.: Prentice-Hall Inc., 1980) pp. 303–19.

101) Henry James, *The Bostonians* (Middlesex, England: Penguin Books [1886], 1979 edition) p. 290.

102) Michael S. Kimmel, "Men's Responses to Feminism at the Turn of the Century," *Gender & Society*, 1, no. 3 (Sept. 1987): 269–70; Allen Warren, "Pop Manliness: Baden Powell, Scouting and the Development of Manly Character," in *Manliness and Morality: Middle-Class Masculinity in Britain and America, 1800–1940*, ed. by J. A. Mangan and James Wadvin (Manchester: Manchester University Press, 1987) pp. 200–204; Douglas, Feminization, p. 327.

103) Douglas, *Feminization*, p. 397.

104) Kimmel, "Men's Responses," p. 243.

105) Roszak, "Hard and the Soft," p. 92.

106) Kimmel, "Men's Responses," p. 272; Jeffrey P. Hantover, "The Boy Scouts and

the Validation of Masculinity," in *The American Man*, ed. by Elizabeth and Joseph H. Pleck (Englewood Cliffs, N.J.: Prentice Hall Inc., 1980) p. 294.

107) Philip Wylie, *Generation of Vipers* (New York: Holt, Rinehart & Winston, 1942); Philip Wylie, "Common Women," in *Women's Liberation in the Twentieth Century*, ed. by Mary C. Lynn (New York: John Wiley & Sons Inc., 1975) p. 60.

108) Lynn, *Women's Liberation*, p. 72.

109) Chafe, *The American Woman*, p. 182.

110) Barbara Ehrenreich, *The Hearts of Men: American Dreams and the Flight from Commitment* (Garden City, N.Y.: Anchor Books, 1983) p. 37.

111) Lewis Lapham, "La Différence," *New York Times*, March 4, 1983, cited in Kimmel, "Men's Responses," p. 279.

112) "The Female in Focus: In Whose Image? A Statistical Survey of the Status of Women in Film, Television & Commercials," Screen Actors Guild, Aug. 1, 1990; Meryl Streep, "When Women Were in the Movies," *Screen Actor*, Fall 1990, p. 15; Steenland, "Women Out of View."

113) Elizabeth Mehren, "Macho Books: Flip Side of Romances," *Los Angeles Times*, reprinted in *San Francisco Chronicle*, Aug. 2, 1988, p. B4.

114) Jennet Conant, "The High-Priced Call of the Wild," *Newsweek*, Feb. 1, 1988, p. 56.

115) Doyle McManus and Bob Drogin, "Democrats and Foreign Policy: Test of Toughness," *Los Angeles Times*, Feb. 28, 1988, I, p. 1.

116) Margaret Garrard Warner, "Fighting the Wimp Factor," *Newsweek*, Oct. 19, 1987, p. 28.

117) Carolyn Heilbrun, *Reinventing Womanhood* (New York: W.W. Norton, 1979) p. 203.

118) "Tenure and Loose Talk," *Washington Post*, June 26, 1990, p. A20.

119) Jerry Falwell, *Listen, America!* (Garden City, N.Y.: Doubleday-Galilee, 1980) pp. 158–59.

120) The Yankelovich Monitor, 1989 ed.; 양켈로비치클랜시술만의 수석 부사장 수전 헤이워드와 개인적인 인터뷰, 1989년 9월. 1989년 조사에서 가장 많은 비중의 남성(37퍼센트)이 남성성을 훌륭한 가족 부양자가 될 수 있는 능력으로 정의했다. 역시 비슷한 비중의 여성(32퍼센트)도 남성성을 같은 방식으로 정의했기 때문에 남성들에게는 이런 식으로 스스로를 꾸준히 정의해야 할 충분한 이유가 주어졌다.

121) Kevin Phillips, *The Politics of Rich and Poor* (New York: Random House, 1990) p. 18. 1976년부터 1984년 사이에 인플레이션을 반영한 중위 소득이 22퍼센트 하락했다.

122) 페미니즘에 대한 적대가 이 두 집단에 가장 집중되어 있다는 여론조사 근거는 다음을 볼 것. Astrachan, *How Men Feel*, pp. 367–68, 371–75; "The American Male Opinion Index," I, pp. 17, 19, 26.

123) Barbara Ehrenreich, *Fear of Falling: The Inner Life of the Middle Class* (New York: Pantheon Books, 1989) p. 207; Barbara Ehrenreich, "Marginal Men," *New York Woman*, Sept. 1989, p. 91.

124) Phillips, *Rich and Poor*, pp. 19, 204; "What's Really Squeezing the Middle Class," *The Wall Street Journal*, July 26, 1989, p. A12.

125) Evans and Nelson, *Wage Justice*, p. 12; AP, "Mother's Jobs Stem Fall in Family Income," *Baltimore Sun*, May 11, 1986.

126) Louis Richman, "Are You Better Off Than in 1980?" *Fortune*, Oct. 10, 1988, p. 38; "The Pay-off for Educated Workers," *San Francisco Chronicle*, Dec. 26, 1989, p. A2; Katy Butler, "The Great Boomer Bust," *Mother Jones*, June 1989, p. 36. 1979년부터 1989년 사이에 25세부터 34세까지의 고졸 남성과 대졸 남성의 임금 격차는 거의 네 배로 벌어졌다. 같은 기간 동안 같은 연령대 고졸 여성과 대졸 여성의 임금 격차는 그 절반이 두 배 벌어졌다. 다음을 볼 것. "The Worker Count: A Special Report," *The Wall Street Journal*, Sept. 25, 1990, p. A1.

127) Louis Harris, *Inside America* (New York: Vintage Books, 1987) pp. 33–37.

128) 수전 헤이워드와 개인적인 인터뷰, 1989년. 양켈로비치 조사에서 '도전자들'은 여성의 권리를 상당히 적게 지지하고 여성이 고소득 직종에서 남성만큼 해낼 수 있다는 데 대해서는 훨씬 많은 의문을 표출한다. 또한 이들은 자신의 직업 생활에 불만이 많다. 총샘플 중에서 일에서 많은 즐거움을 얻으리라는 기대를 하지 않는다고 답한 사람의 비중은 30퍼센트뿐이지만, 도전자들 중에서 같은 대답을 한 사람은 74퍼센트였다.

129) Ibid.

130) "The American Male Opinion Index," I, pp. 17, 19, 29.

131) Fox Butterfield, "Suspicions Came Too Late in Boston," *New York Times*, Jan. 21, 1990, p. 17; Richard Lingeman, "Another American Tragedy," *New York Times*, Jan. 22, 1990, p. A19.

132) Joan Didion, "New York: Sentimental Journeys," *The New York Review of Books*, Jan. 17, 1991, p. 45.

133) Elizabeth Kastor, "When Shooting Stopped, Canada Had Changed," *Washington Post*, Dec. 10, 1989, p. A3.

134) William B. Johnston and Arnold H. Packer, *Workforce 2000: Work and Workers for the 21st Century* (Indianapolis, Ind.: Hudson Institute, June 1987) p. 85; Evans and Nelson, *Wage Justice*, p. 23; Nancy Barrett, "Women and the Economy," *The American Woman: 1987–88*, p. 107; Bernard, *The Future of Marriage*,

696

pp. 298–99; Digest of Education Statistics, 1987, U.S. Department of Education.

135) Susan Faludi, "Why Women May Be Better Off Unwed," *West Magazine, San Jose Mercury News*, Aug. 10, 1986, p. 9.

136) Phillips, *Rich and Poor*, p. 202.

137) 아이젠하워 시절에는 연간 일자리 성장률이 1.33퍼센트였다. 반면 혹평이 많은 카터는 제2차 세계대전 이후 모든 대통령을 통틀어 가장 높은 일자리 성장률인 3.3퍼센트를 달성했다. Data from the U.S. Department of Labor, Bureau of Labor Statistics.

138) Lawrence Mishel and David M. Frankel, *The State of Working America* (Armonk, N.Y.: M. E. Sharpe, Inc., 1991) pp. 83–85, 105.

139) Philips, *Rich and Poor*, p. 12.

140) Mary Anne Dolan, "When Feminism Failed," *The New York Times Magazine*, June 26, 1988, p. 23.

141) Steven F. Schwartz, "FATS and Happy," *Barron's*, July 6, 1987, p. 27.

142) Jane Gross, "Against the Odds: A Woman's Ascent on Wall Street," *The New York Times Magazine,* Jan. 6, 1985, p. 16; Ellen Hopkins, "The Media Murder of Karen Valenstein's Career," *Working Woman*, March 1991, p. 70.

143) Harry Waters, "Rhymes with Rich," *Newsweek*, Aug. 21, 1989, p. 46; Mark Hosenball, "The Friends of Michael Milken," *The New Republic*, Aug. 28, 1989, p. 23. Howard Kurtz, "Leona Helmsley Convicted of $1.2 Million Tax Evasion," *San Francisco Chronicle*, Aug. 31, 1989, p. A1; Scot J. Paltrow, "Helmsley Gets Four Years," *San Francisco Chronicle*, Dec. 13, 1989, p. A1.

144) Brian Mitchell, *The Weak Link: The Feminization of the American Military* (Washington, D.C.: Regnery Gateway, 1989); David Evans, "The Navy's 5000 Pregnant Sailors," *San Francisco Examiner*, Aug. 15, 1989, p. A19; Falwell, *Listen, America!*, pp. 158–59.

145) Tom Shales, "The Year of Roseanne, Saddam, Bart and PBS' Civil War," *Washington Post*, Dec. 30, 1990, p. G3; Scott Rosenberg, "No Soothing for this 'Savage' Beast," *San Francisco Examiner*, August 28, 1990, p. D1.

146) Erika Munk, "Short Eyes: The Joel Steinberg We Never Saw," *The Tillage Voice*, Feb. 21, 1989, p. 20.

147) Rich Jaroslovsky, "Washington Wire," *The Wall Street Journal*, Feb. 2, 1990, p. A1.

148) "Women We Love," *Esquire*, August 1990, p. 108.

149) Alan Murray and David Wessel, "Modest Proposals: Faced with Gulf War, Bush's Budget Avoids Bold Moves at Home," *The Wall Street Journal*, Feb. 5, 1991, p. A1.

150) Alan Carter, "Transformer," *TV Guide*, Aug. 27, 1988, p. 20.

151) Peter Waldman, "Tobacco Firms Try Soft, Feminine Sell," *The Wall Street Journal*, Dec. 19, 1989, p. B1.

152) Christopher Lasch, *The Culture of Narcissism* (New York: W.W. Norton, 1979) pp. 139–40.

4장

1) Klein, *Gender Politics*, pp. 23–24.

2) Joanna Foley Martin, "Confessions of a Non-Bra-Burner," *Chicago Journalism Review*, July 1971, 4:11.

3) Jo Freeman, *The Politics of Women's Liberation: A Case Study of an Emerging Social Movement and Its Relation to the Policy Process* (New York: David McKay, 1975) p. 148; Edith Hoshino Altbach, *Women in America* (Lexington, Mass.: D.C. Heath and Co., 1974) pp. 157–58. 여성운동이 틀렸음을 입증하기 위해 '브래지어 화형식'을 이용한 미디어의 사례는 다음을 볼 것. Judy Klemesrud, "In Small Town USA, Women's Liberation Is Either a Joke or a Bore," *New York Times*, March 22, 1972, p. 54.

4) Sandie North, "Reporting the Movement," *The Atlantic*, March 1970, p. 105.

5) Ibid.

6) "Women in Revolt," *Newsweek*, March 23, 1970, p. 78. 《뉴스위크》 편집자의 아내였던 헬렌 두다르Helen Dudar는 "수년간 페미니스트들의 주장을 깊이 들여다보지도 않은 채 그저 거부하다가" 전향하게 되었다고 고백했고, 이제는 "그 모든 어려운 질문을 던지고 있는 모든 여성들에게 연대감과 자부심"을 느낀다고, "이들 모두에게 고마움을 느끼고 다른 많은 여성들 역시 그러리라고 생각한다"고 글에서 밝혔다.

7) Veronica Geng, "Requiem for the Women's Movement," *Harper's*, Nov. 1976, p. 49.

8) "Up the Ladder, Finally," *Business Week*, Nov. 24, 1975, p. 58.

9) 가령, 다음을 볼 것. Sally Ogle Davis, "Is Feminism Dead?" *Los Angeles*, Feb. 1989, p. 114.

10) Betty Friedan, "Feminism's Next Step," *The New York Times Magazine*, July 5, 1981, p. 14.

11) Susan Bolotin, "Voices from the Post-Feminist Generation," *The New York Times Magazine*, Oct. 17, 1982, p. 29.

12) "After the Sexual Revolution," *ABC News Closeup*, July 30, 1986.

13) Eloise Salholz, "Feminism's Identity Crisis," *Newsweek*, March 31, 1986, p. 58.

14) *Newsweek*, March 7, 1960, cited in Friedan, *Feminine Mystique*, pp. 19–20.

15) "Superwoman," *Independent*, Feb. 21, 1907, cited in Kinnard, *Antifeminism*,

p. 214.

16) Ibid., pp. 55–61, xiii–ix.

17) 1982년 50개 기업이 절반 이상의 미디어 산업을 통제했다. 1987년 말이 되자 이 수는 스물여섯 개로 줄어들었다. 다음을 볼 것. Ben H. Bagdikian, *The Media Alonopoly* (Boston: Beacon Press, 1990), pp. xix, 3–4; *Media Report to Women*, Sept. 1987, p. 4.

18) 1985년 이후 공개 거래되는 커뮤니케이션 기업들이 소유한 신문의 이윤 마진이 꾸준히 하락했다. 신문 독자와 네트워크 뉴스 시청자의 다수를 차지하는 여성들은 전문적인 간행물과 케이블 뉴스 프로그램으로 다수가 옮겨 갔고 이와 함께 막대한 광고 수익도 이동해 갔다. 다음을 볼 것. Alex S. Jones, "Rethinking Newspapers," *New York Times*, Jan. 6, 1991, III, p. 1; "Marketing Newspapers to Women," *Women Scope Surveys of Women*, 2, no. 7 (April 1989): 1–2.

19) 1980년대의 전형적인 미디어 전략에 따라 나이트리더 신문은 독자들에게 그냥 뉴스가 아닌, 경영진이 보기에 독자들이 원한다고 보이는 것들을 제시하는 '고객 집착형' 캠페인에 착수했다.

20) Bill Kovach, "Too Much Opinion, at the Expense of Fact," *New York Times*, Sept. 13, 1989, p. A31.

21) "Bad Girls," *NBC News*, August 30, 1989.

22) "The Next Trend: Here Comes the Bribe," *Advertising Age*, June 16, 1986, p. 40.

23) "Women's Views Survey: Women's Changing Hopes, Fears, Loves," *Glamour*, Jan. 1988, p. 142.

24) Mark Clements Research, *Women's Views Survey*, 1988.

25) Ibid.

26) Amy Saltzman, "Trouble at the Top," *U.S. News & World Report*, June 17, 1991, p. 40.

27) Carol Pogash, "The Undeclared War," *San Francisco Examiner*, Feb. 5, 1989, p. E1.

28) Sue Woodman, "The Mommy Wars," *Child*, Sept.–Oct. 1989, p. 139; Barbara J. Berg, "Women at Odds," *Savvy*, Dec. 1985, p. 24.

29) Kate White, "Is He Separable?" *Newsday*, May 15, 1988, p. 25.

30) Transcript, "After the Sexual Revolution."

31) Dena Kleiman, "Many Young Women Now Say They'd Pick Family Over Career," *New York Times*, Dec. 28, 1980, p. 1. 다음도 볼 것. "I'm Sick of Work: The Back to the Home Movement," *Ladies' Home Journal*, cover story, Sept. 1984.

32) "The BrainReserve Mission Statement," press packet, and promotional litera-

ture, 1988; "Her Ideas on Tomorrow Pop Up Today," *USA Today*, Oct. 5, 1987, p. 1; Tim Golden, "In, Out and Over: Looking Back at the 90's," *New York Times*, Jan. 16, 1990, p. B1.

33) Gary Hanauer, "Faith Popcorn: Kernels of Truth," *American Way*, July 1, 1987.

34) 페이스 팝콘과 개인적인 인터뷰, 1989년 11월.

35) Ibid.

36) Hanauer, "Faith Popcorn."

37) "Putting Faith in Trends," *Newsweek*, June 15, 1987, pp. 46–47.

38) "Eager," *New Yorker*, July 7, 1985, p. 22.

39) "Putting Faith," p. 46.

40) Elizabeth Mehren, "Life Style in the '90s, According to Popcorn," *Los Angeles Times*, Jan. 16, 1987, p. 1.

41) Ibid.

42) *The American Woman 1990–91*, Table 14, p. 376.

43) Harris, *Inside America*, pp. 94, 96.

44) 페이스 팝콘과 개인적인 인터뷰(이후 인용구는 다른 언급이 없을 경우 개인적인 인터뷰에서 가져온 것이나).

45) 예를 들어 다음을 볼 것. William E. Geist, "One Step Ahead of Us: Trend Expert's View," *New York Times*, Oct. 15, 1986, p. B4.

46) Alex Taylor III, "Why Women Are Bailing Out," *Fortune*, August 18, 1986, p. 16.

47) 《유에스에이 투데이》의 기사는 사실 《포춘》의 조사 결과에 대한 보도였다. "1 in 3 Management Women Drop Out," *USA Today*, July 31, 1986, p. 1.

48) 스탠퍼드 MBA 여학생 집단과 개인적인 인터뷰, 1988년 여름.

49) Laurie Baum, "For Women, the Bloom Might Be Off the MBA," *Business Week*, March 14, 1988, p. 30.

50) Taylor, "Bailing Out," pp. 16–23.

51) 알렉스 테일러 3세와 개인적인 인터뷰, 1988년.

52) 메리 앤 디바나와 개인적인 인터뷰, 1988년.

53) 테일러와 개인적인 인터뷰, 1988년(이후 인용구는 다른 언급이 없는 경우 개인적인 인터뷰에서 가져온 것이다).

54) Stratford P. Sherman, "The Party May Be Ending," *Fortune*, Nov. 24, 1986, p. 29.

55) F. S. Chapman, "Executive Guilt: Who's Taking Care of the Children?" *Fortune*, Feb. 16, 1987. 나중에 (테일러의 기사에서 초점을 맞췄던) 컬럼비아 대학교 경영대학원 1976년 동창생들의 졸업생 기록을 살펴봤더니 기업계에서 여성이 남성에 비해 크게 빠져나갔다고 볼 수 없었고 자기 사업을 시작하기 위해 일을 그만두는 남성과 여성의 비중도 아무런 차이가 없었다. 다음을 볼

것. Mary Anne Devanna, "Women in Management: Progress and Promise," *Human Resource Management*, 26, no. 4 (Winter 1987): 469.

56) The 1986 Virginia Slims Opinion Poll; Walsh, "What Women Want," p. 60. 《워킹우먼》과 《석세스!》가 공동으로 실시한 여론조사에서 역시 여성보다는 남성이 가정에 더 많이 신경 쓰고 직장에서의 성공에는 신경을 적게 쓰는 것으로 나타났다. 다음을 볼 것. Carol Sonenklar, "Women and Their Magazines," *American Demographics*, June 1986, p. 44.

57) Margaret King, "An Alumni Survey Dispels Some Popular Myths About MBA Graduates," *Stanford Business School Magazine*, March 1989, p. 23.

58) Julie Connelly, "The CEO's Second Wife," *Fortune*, Aug. 28, 1989, p. 52.

59) "The Secret Life of the American Wife," Special Issue, *Esquire*, June 1990.

60) Barbara Kantrowitz, "Moms Move To Part-time Careers," *Newsweek*, Aug. 15, 1988, p. 64. 사실 여론조사 결과에 따르면 갈수록 많은 여성들이 집에 있기보다는 전일제 직장을 원하고 있고, 전일제 일자리를 이상적인 라이프스타일의 '핵심적인 일부'로 여기는 여성의 비중은 1975년 이후 급증하고 있다. 다음을 볼 것. The Gallup Poll, 1982, p. 186.

61) Barbara Basler, "Putting a Career on Hold," *The New York Times Magazine*, Dec. 7, 1986, p. 152.

62) Carol Cox Smith, "Thanks But No Thanks," *Savvy*, March 1988, p. 22.

63) Barbara Kantrowitz, "America's Mothers—Making It Work: How Women Balance the Demands of Jobs and Children," *Newsweek*, March 31, 1986, p. 46.

64) Ibid.

65) Ibid., p. 47.

66) Ibid., p. 51.

67) Ibid., pp. 48, 52.

68) Felice N. Schwartz, "Management Women and the New Facts of Life," *Harvard Business Review*, Jan.–Feb. 1989, pp. 65–76.

69) 이 표현을 제시한 건 슈워츠가 아니라 《뉴욕타임스》였다. 이후 인터뷰 내용은 슈워츠의 미디어 관계 담당자 비비안 토디니Vivian Todini와 개인적인 인터뷰(1989년 11월)에서 가져온 것이다.

70) Elizabeth Ehrlich, "The Mommy Track," *Business Week*, March 20, 1989, p. 126.

71) Ellen Hopkins, "Who Is Felice Schwartz?" *Working Woman*, Oct. 1990, p. 116.

72) *The Newsweek Research Report on Women Who Work: A National Survey* (Princeton, N.J.: Mathematica Policy Research, 1984), p. 32.

73) The 1990 Virginia Slims Opinion Poll, pp. 79–81.

74) 펠리스 슈워츠와 개인적인 인터뷰, 1989년 11월. 분명 슈워츠는 이런 면에서

도 모범적인 고용주가 되지 못했다. 슈워츠는 "임신에 대해 완전히 유연한 입장"을 가지고 있나고 주장했지만 임신 합병증 때문에 고생했던 캐털리스트의 한 직원은 출산 후 복귀했더니 자신의 자리가 없어졌다고 《워킹우먼》에 밝혔다. 이에 대해 슈워츠는 《워킹우먼》의 기자에게 그 여성은 "자신이 복귀를 할 건지 말 건지를 내게 지속적으로 알려 주기를 완전히 거부"했는데, 그건 "캐털리스트에 말할 수 없는 민폐"였다고 설명했다. 다음을 볼 것. Hopkins, "Felice Schwartz," p. 148.

75) 데릭 하비와 개인적인 인터뷰, 1991년 6월.

76) 펠리스 슈워츠와 개인적인 인터뷰.

77) Data from division of Health Interview Statistics, National Center for Health Statistics.

78) Felice N. Schwartz, "HBR In Retrospect," pamphlet pubilshed by Catalyst, June 1989.

79) Barbara Ehrenreich and Deirdre English, "Blowing the Whistle on the 'Mommy Track,'" *Ms.*, July–Aug. 1989, p. 56.

80) Alan M. Webber, "Is the American Way of Life Over?" *New York Times*, April 9, 1989, p. 25.

81) 같은 해 《뉴욕타임스》는 "난 내 방식대로 읽겠어" 광고를 싣기 시작했다. 이 광고에서는 "레슬리 쿡Lesley Cooke — 주부이자 엄마" 같은 여성들이 1920년대 콜로니얼풍의 집에 느긋하게 앉아서 《뉴욕타임스》의 인테리어 칼럼과 육아 칼럼을 읽는 즐거움에 대해 이야기했다. 《컨트리리빙》은 "트래디션 리뉴"라는 제목의 유사한 광고 캠페인을 진행했다.

82) Patricia Leigh Brown, "The First Lady-Elect: What She Is and Isn't," *New York Times*, Dec. 11, 1988, p. 22.

83) "The New Traditionalist," *Good Housekeeping* ad tear sheets, 1988, 1989.

84) Carla Marinucci, "The New Woman," *San Francisco Examiner*, Dec. 4, 1988, p. D1.

85) "Seven Sisters Magazines Continue to Lose Readers to Newcomers," *Media Report to Women*, Sept.–Oct. 1989, p. 3; Patrick Reilly, "Service Magazines Adapt to Market," Special Report: Marketing to Women, *Advertising Age*, March 7, 1988, p. S6.

86) Marinucci, "The New Woman," p. D4.

87) 《워킹우먼》 관리자들과 개인적인 인터뷰, 1989년; *Working Woman* "Rate Card," 1989; Paul Richter, "New Woman Magazines Catch Advertisers' Eye Amid Industry Slump," *Los Angeles Times*, June 2, 1986, Business section, p. 4.

88) 《굿하우스키핑》 판매 담당 직원과 개인적인 인터뷰, 1989년.

89) 말콤 맥두걸과 개인적인 인터뷰, 1989년 10월(이후 인용문은 다른 언급이 없을 경우 맥두걸과의 개인적인 인터뷰에서 가져온 것이다).

90) 수전 헤이워드와 개인적인 인터뷰, 1989년.

91) Philip H. Dougherty, "Women's Self Esteem Up," *New York Times*, May 15, 1974, p. 71.

92) "Games Singles Play," *Newsweek*, July 16, 1973, p. 52.

93) Susan Jacoby, "49 Million Singles Can't All Be Right," *The New York Times Magazine,* Feb. 17, 1974, p. 12.

94) Enid Nemy, "Dropout Wives—Their Number Is Growing," *New York Times*, Feb. 16, 1973, p. 44.

95) "Games Singles Play," p. 52.

96) Eloise Salholz, "The Marriage Crunch: If You're a Single Woman, Here Are Your Chances of Getting Married," *Newsweek*, p. 54; Jane Gross, "Single Women: Coping With a Void," *New York Times*, April 28, 1987, p. 1.

97) Salholz, "Marriage Crunch," p. 54.

98) Gross, "Single Women," p. 1.

99) Patricia Morrisroe, "Born Too Late? Expect Too Much? You May Be Forever Single," *New York*, Aug. 20, 1984, p. 24.

100) "Loveless, Manless: The High Cost of Independence," *Chatelaine*, Sept. 1984, p. 60.

101) Tricia Crane, "Are You Turning Men Off? Desperate and Demanding," *Harper's Bazaar*, Sept. 1987, p. 300.

102) Morrisroe, "Born Too Late?" p. 30.

103) ABC News, "After the Sexual Revolution."

104) Trimberger, "Single Women and Feminism in the 1980s."

105) "The Sad Plight of Single Women," *Philadelphia Inquirer*, Nov. 30, 1980; Kiki Olson, "Sex and the Terminally Single Woman (There Just Aren't Any Good Men Around)," *Philadelphia Magazine*, April 1984, p. 122.

106) Peter Filichia, "The Lois Lane Syndrome: Waiting for Superman," *McCall's*, Aug. 1985, p. 55.

107) Kinnard, *Antifeminism*, p. 202.

108) Kessler-Harris, *Out to Work*, p. 255.

109) "Why Is Single Life Becoming More General?" *The Nation*, March 5, 1868, pp. 190–91.

110) "Wives at Discount," *Harper's Bazar*, Jan. 31, 1874, p. 74.

111) Billie Samkoff, "How to Attract. Men Like Crazy," *Cosmopolitan*, Feb. 1989, p. 168.

112) Salholz, "Marriage Crunch," p. 25.

113) David Gates, "Second Opinion," Update, *Newsweek*, Oct. 13, 1986, p. 10.

114) 엘로이즈 살홀츠Eloise Salholz와 개인적인 인터뷰, 1986년 7월.

115) William R. Greer, "The Changing Women's Marriage Market," *New York Times*, Feb. 22, 1986, p. 48.

116) AP, "More Women Postponing Marriage," *New York Times*, Dec. 10, 1986, p. A22.

117) Gross, "Single Women," p. 1.

118) 제인 그로스와 개인적인 인터뷰, 1988년.

119) Gross, "Single Women," p. 1.

120) Salholz, "Marriage Crunch," p. 55.

121) Promotional letter from Dell Publishing Co., from Carol Tavoularis, Dell publicist, Dec. 5, 1986.

122) 개인적인 인터뷰, 1986년 10월.

123) Salholz, "Marriage Crunch," pp. 61, 57.

124) Ibid., pp. 61, 55.

125) Ibid., p. 57.

126) "CBS Morning News," "What Do Single Women Want," Nov. 2–6, 1987.

127) ABC News, "After the Sexual Revolution."

128) ABC, "Good Morning America," "Single in America," May 4–7, 1987.

129) 리처드 스럴켈드와 개인적인 인터뷰, 1988년.

130) Trip Gabriel, "Why Wed?: The Ambivalent American Bachelor," *The New York Times Magazine*, Nov. 15, 1987, p. 24.

131) Brenda Lane Richardson, "Dreaming Someone Else's Dreams," *The New York Times Magazine*, Jan. 28, 1990, p. 14.

132) 가령 다음을 볼 것. Barbara Kantrowitz, "The New Mating Games," *Newsweek*, June 2, 1986, p. 58; James Hirsch, "Modern Matchmaking: Money's Allure in Marketing Mates and Marriage," *New York Times*, Sept. 19, 1988, p. B4; Ruthe Stein, "New Strategies for Singles," *San Francisco Chronicle*, March 29, 1988, p. B1.

133) Gerald Nachman, "Going Out of Business Sale on Singles," *San Francisco Chronicle*, Dec. 1, 1987, p. B3.

134) Barbara Lovenheim, "Brides at Last: Women Over 40 Who Beat the Odds," *New York*, Aug. 3, 1987, p. 20.

135) Marlene J. Perrin, "What Do Women Today Really Want?" *USA Today*, July 10, 1986, pp. Dl, D5; Karen S. Peterson, "Men Bare Their Souls, Air Their Gripes," *USA Today*, July 14, 1986, p. D1. 그런데 전화를 건 여성들이 모두 남자 문제를 토로했던 건 아니었다. 버지니아 주에서는 32세의 한 여성이 "어떻게 하면 사람들이 왜 아직도 결혼을 안 했냐는 질문을 하지 않게 만들 수 있는지" 물어보기도 했다. 다음을 볼 것. Peterson, "Stop Asking Why I'm Not Married," p. D4.

136) Samkoff, "How To Attract Men," pp. 163–73.

137) 《마드모아젤》 편집자들과 개인적인 인터뷰, 1988년; Cathryn Jakobson, "The Return of Hard-to-Get," March 1987, p. 220.

138) Dr. Joyce Brothers, "Why You Shouldn't Move in With Your Lover," *New Woman*, March 1985, p. 54.

139) Jeffrey Kluger, "Dangerous Delusions About Divorce," *Cosmopolitan*, Sept. 1984, p. 291.

140) Sue Adolphson, "Marriage Encounter, Tube Style," *San Francisco Chronicle*, Datebook, Jan. 22, 1989, p. 47.

141) Barbara Kantrowitz, "How To Stay Married," *Newsweek*, August 24, 1987, p. 52.

142) Ibid.

143) NBC News Special, "The Baby Business," April 4, 1987.

144) "Having It All: Postponing Parenthood Exacts a Price," *Boston magazine*, May 1987, p. 116.

145) Mary C. Hickey, "The Quiet Pain of Infertility: For the Success-Oriented, It's a Bitter Pill," *Washington Post*, April 28, 1987, p. DO5.

146) Fleming, "The Infertile Sisterhood," p. B1.

147) Matt Clark, "Infertility," *Newsweek*, Dec. 6, 1982, p. 102; Barbara Kantrowitz, "No Baby on Board," *Newsweek*, Sept. 1, 1986, p. 68.

148) Kantrowitz, "No Baby," p. 74.

149) Ibid.

150) Anna Quindlen, "Special Report: Baby Craving: Facing Widespread Infertility, A Generation Presses the Limits of Medicine and Morality," *Life*, June 1987, p. 23.

151) Clark, "Infertility," p. 102.

152) Quindlen, "Baby Craving," p. 23.

153) Laura Flynn McCarthy, "Caution: You Are Now Entering the Age of Infertility," *Mademoiselle*, May 1988, p. 230.

154) Georgia Dullea, "Women Reconsider Childbearing Over 30," *New York Times*, Feb. 25, 1982, p. C1.

155) "Career women are opting . .J. D. Reed, "The New Baby Bloom," *Time*, Feb. 22, 1982, p. 52.

156) Claudia Wallis, "The Medical Risks of Waiting," *Time*, Feb. 22, 1982, p. 58.

157) Reed, "New Baby Bloom," p. 52.

158) "Hollywood's Late-Blooming Moms," *McCall's*, Oct. 1988, p. 41.

159) Leslie Bennetts, "Baby Fever," *Cogue*, Aug. 1985, p. 325.

160) AP, "Koko the Gorilla Tells Keeper She Would Like to Have a Baby," *San*

Francisco Chronicle, March 12, 1988, p. A3.

161) Roger Munns, "Couples Race to Get Pregnant," *San Francisco Examiner*, Nov. 19, 1990, p. B5.

162) "The Marriage Odds Improve," *San Francisco Chronicle*, May 1, 1987, p. 38.

163) "Mothers a la Mode," *New York Times*, May 8, 1988, p. E28. 《뉴욕타임스》 논설위원들은 자신들이 내뱉은 말을 그새 잊어버린 듯했다. 불과 두 달 전 이들은 출산율은 아무런 변화가 없다고 언급했다: "New Baby Boom? No, Just a Dim Echo," *New York Times*, March 30, 1988, p. A26.

164) Kim C. Flodin, "Motherhood's Better Before 30," *New York Times*, Nov. 2, 1989, p. A31.

165) Bennetts, "Baby Fever," p. 326.

166) Renee Bâcher, "The Ring Cycle," *The New York Times Magazine*, Aug. 31, 1989, p. 20; Dava Sobel, "Face to Face With the New Me," *The New York Times Magazine*, April 9, 1989, p. 26; Carolyn Swartz, "All That Glitters Is the Tub," *The New York Times Magazine*, Nov. 5, 1989, p. 36.

167) Julie Pechilis, "What Happened to the Women's Press? No Newspaper of Her Own," *MediaFile*, Feb.–March 1989, p. 1.

168) Susin Shapiro, "The Ms. Guide to Minimalist Grooming," *Ms.*, Oct. 1989, pp. 43–46.

169) Peggy Orenstein, "Ms. Fights for Its Life," *Mother Jones*, Nov.–Dec. 1990, p. 32.

170) "Carbine Says Sale of Ms. to Australian Will Open New Opportunities for the Magazine," *Media Report to Women*, Nov.–Dec. 1987, p. 4.

171) 앤 서머스와 개인적인 인터뷰, 1988년 4월.

172) 《미즈》가 광고업체에 보내는 홍보 문헌. 다음도 볼 것. Susan Milligan, "Has Ms. Undergone a Sex Change?" *Washington Monthly*, October 1986, p. 17.

173) 다음을 볼 것. *Media Watch*, Summer–Fall 1988, p. 2.

174) 앤 서머스와 개인적인 인터뷰, 1988년 4월.

175) Ibid. (이후 인용구는 다른 언급이 없을 경우 개인적인 인터뷰에서 가져온 것이다.)

176) Ibid.

177) Shana Alexander, "A Woman Undone," *Ms.*, Sept. 1988, p. 40.

178) Orenstein, "Ms. Fights," p. 82.

179) Ibid., pp. 82–83.

180) Patrick M. Reilly, "New Magazines Offer 'Real' Guy Stuff," *The Wall Street Journal*, Aug. 29, 1990, p. B4; Deirdre Carmody, "Magazine Market Targets the Men," *San Francisco Chronicle*, June 23, 1990, p. C4.

181) Brenda Polan, "The Age of Confusion," *Elie*, November 1986, cited in Janet

706

Lee, "Care to Join Me in an Upwardly Mobile Tango? Postmodernism and the 'New Woman,' " in *The Female Gaze: Women as Viewers of Popular Culture*, ed. by Lorraine Gamman and Margaret Marshment (Seattle: The Real Comet Press, 1989) pp. 166, 171.

182) *Media Report to Women*, Nov.–Dec. 1988, p. 3.

5장

1) 사브리나 휴스와 개인적인 인터뷰, 1987년 10월.
2) 달린 챈과 개인적인 인터뷰, 1987년 10월.
3) 에이드리언 라인과 개인적인 인터뷰, 1987년 10월; Susan Faludi, "Single Wretchedness," *West, San Jose Mercury News*, Nov. 15, 1987, p. 14.
4) Marjorie Rosen, *Popcorn Venus: Women, Movies and the American Dream* (New York: Coward, McCann & Geoghegan, 1973) p. 151; Molly Haskell, *From Reverence to Rape: The Treatment of Women in the Movies* (Chicago: University of Chicago Press, 1973) pp. 117–18; Julie Burchill, *Girls on Film* (New York: Pantheon Books, 1986) pp. 24–25.
5) Rosen, *Popcorn Venus*, p. 153.
6) Ibid., p. 153; Kathryn Weibel, *Mirror Mirror: Images of Women Reflected in Popular Culture* (Garden City, N.Y.: Anchor Books, 1977) p. 233.
7) Haskell, *Reverence to Rape*, p. 123; Danelle Morton, "Shirley Temple Black," *West Magazine, San Jose Mercury News*, Jan. 8, 1989, p. 5.
8) Hartmann, *Home Front*, pp. 191-92; Rosen, *Popcorn Venus*, pp. 190–93.
9) 몇 가지 예를 거론하면 다음과 같다: *And Now Tomorrow, The Spiral Staircase, and Johnny Belinda*. Rosen, *Popcorn Venus*, pp. 219–20; Hartmann, *Home Front*, p. 202.
10) Rosen, *Popcorn Venus*, p. 219.
11) Haskell, *Reverence to Rape*, pp. 270–71; Rosen, *Popcorn Venus*, p. 250.
12) 이 영화의 원작인 수 밀러Sue Miller의 1986년 인기 소설 『모정*The Good Mother*』은 최소한 이혼한 남편과 아내에 대한 사회의 이중 잣대 이면에 있는 부정의에 주목한다. 하지만 영화는 관습에 도전하는 여성 앞에 놓인 위험만 펼쳐 보이면서 설교만 늘어놓는다. 제작자들이 이런 억압적인 규범을 비판할 목적이 있었다손 치더라도 이 의도는 아주 꼭꼭 숨어 있어서 잘 드러나지 않았다.
13) Marilyn Beck, "She Did Her Best Work Up Real Close," *San Jose Mercury News*, Sept. 11, 1987, p. F6.
14) Rosen, *Popcorn Venus*, p. 151.
15) Richard Corliss, "Killer!" *Time*, Nov. 16, 1987, p. 72; James S. Kunen, "Real Life Fatal Attractions," *People*, Oct. 26, 1987, p. 88.

16) Cited in Dan Goodgame, "Getting Close to Stardom," *Time*, Nov. 16, 1987, p. 81.

17) Kunen, "Fatal Attractions," cover line.

18) 제임스 디어든과 개인적인 인터뷰, 1987년 10월. 〈위험한 정사〉 제작 과정에 대한 더 자세한 이야기는 다음을 참고할 것. Susan Faludi, "Fatal Distortion," *Mother Jones*, Feb.–March 1988, p. 27.

19) 스탠리 자페와 개인적인 인터뷰, 1987년 10월.

20) Aljean Harmetz, "Sherry Lansing Resigns as Fox Production Chief," *New York Times*, Dec. 21, 1982, p. C11.

21) 셰리 랜싱과 개인적인 인터뷰, 1987년 10월.

22) 에이드리언 라인과 개인적인 인터뷰, 1987년 10월.

23) 제임스 디어든과 개인적인 인터뷰, 1987년 10월(이후 인용구는 다른 언급이 없을 경우 개인적인 인터뷰에서 가져온 것이다).

24) 개인적인 인터뷰, 1987년 10월.

25) Nina Darnton, "How 9 1/2 Weeks Pushed an Actress to the Edge," *New York Times*, March 9, 1986, p. C1; 에이드리언 라인과 개인적인 인터뷰, 1987년 10월; 영화 제작 스태프와 개인적인 인터뷰, 1987년 10월.

26) 제작 스태프와 개인적인 인터뷰, 1987년 10월; Faludi, "Fatal Distortion," p. 30; Pat H. Broeske, "The Cutting Edge," *Los Angeles Times*, Calendar, Feb. 16, 1986, p. 1.

27) 빌리 홉킨스와 개인적인 인터뷰, 1987년 10월.

28) Faludi, "Fatal Distortion," p. 30.

29) Lawrence Van Gelder, "Why a Fury's Furious," *New York Times*, Sept. 25, 1987, p. C10.

30) 스탠리 자페와 개인적인 인터뷰, 1987년 10월.

31) 리사 브라몬과 개인적인 인터뷰, 1987년 10월.

32) 에이드리언 라인과 개인적인 인터뷰, 1987년 10월.

33) Ibid. (이후 나오는 라인의 인용구는 다른 언급이 없을 경우 개인적인 인터뷰에서 가져온 것이다.)

34) Joan Smith, *Misogynies: Rejections on Myths and Malice* (New York: Fawcett Columbine, 1989) pp. 31–32.

35) Gelder, "Why a Fury's Furious," p. C10.

36) Faludi, "Fatal Distortion," p. 49.

37) Aljean Harmetz, "Fatal Attraction Director Analyzes the Success of His Movie, and Rejoices," *New York Times*, Oct. 5, 1987, p. C17.

38) 셰리 랜싱과 개인적인 인터뷰, 1987년 10월(나머지 랜싱의 인용문은 다른 언급이 없을 경우 개인적인 인터뷰에서 가져온 것이다).

39) Kay Sloan, "Sexual Warfare in the Silent Cinema: Comedies and Melodramas

of Woman Suffragism," *American Quarterly*, Fall 1981, pp. 412–36.

40) Pauline Kael, *Reeling* (Boston: Little, Brown & Co., 1976) p. 430.

41) 낸시 마이어스와 개인적인 인터뷰, 1988년 2월.

42) Glenn Collins, "Natasha Richardson, on Portraying Patty Hearst," *New York Times*, Oct. 5, 1988, p. C19.

43) Andree Aelion Brooks, "When Fast Trackers Have Kids: Can a Baby Mix With Business," *Child*, Sept.–Oct. 1989, p. 88.

44) Jim Jerome, "Annie Hall Gets It All," *Savvy*, Oct. 1987, pp. 37–41.

45) 낸시 마이어스와 개인적인 인터뷰, 1988년 2월.

46) 찰스 샤이어와 개인적인 인터뷰, 1988년 2월.

47) 낸시 마이어스와 개인적인 인터뷰, 1988년 2월.

48) 나딘 브론과 개인적인 인터뷰, 1988년. 나머지 브론의 인용구는 개인적인 인터뷰에서 가져온 것이다.

49) Sloan, "Sexual Warfare," p. 420.

50) 그웬 필드와 개인적인 인터뷰, 1988년 3월.

51) "Bewitched, Bothered and Bewildered," *New York Woman*, Feb. 1988, p. 58.

52) 이 현상에 대한 훌륭한 두 편의 논의는 다음을 볼 것. Caryn James, "It's a New Age for Father–Son Relationships," *New York Times*, Arts and Leisure section, July 9, 1989, p. 11; Stephen Holden, "Today's Hits Yearn for Old Times," *New York Times*, Aug. 13, 1989, Arts and Leisure section, p. 1.

53) Streep, "When Women Were in Movies," p. IS.

54) 다음을 볼 것. *Media Watch*, Spring 1989 issue, vol. 3, no. 1.

55) Bob Strauss, "Hollywood's 'Has-It-All' Woman," *San Francisco Examiner*, Oct. 14, 1988, p. C6.

56) Ibid.

6장

1) 토니 셰퍼드와 개인적인 인터뷰 1988년; 폭스의 〈엔젤스 88〉 언론 기자회견에서 개인적인 관찰들, 1998년 5월 5일.

2) D. Keith Mano, "So You Want to Be an Angel," *Life*, May 1988, p. 145; Lisa Wren, "Hundreds Wing It for a Chance to Be Angels," *Fort Worth Star Telegram*, March 5, 1988, p. 1; Zay N. Smith, "Angels Tryout Not So Divine," *Chicago Sun-Times*, March 5, 1988, p. 3; Bill Givens, "Fox Hunt for Charlie's Angels of the Eighties," *Star*, March 22, 1988, p. 2.

3) 브래드 마르코비츠와 개인적인 인터뷰, 1988년 5월 5일.

4) 에런 스펠링과 개인적인 인터뷰, 1988년 5월, 1990년 8월.

5) Joanmarie Kalter, "What Working Women Want from TV," *TV Guide*, Jan. 30, 1988, p. 3.

6) Sally Steenland, *Women Out of View: An Analysis of Female Characters on 1987–88 TV Programs*, Washington, D.C.: report by National Commission on Working Women, Nov. 1987, pp. 2, 4.

7) Jay Martel, "On Your Mark, Get Set, Forget It," *TV Guide*, Feb. 4, 1988, p. 28.

8) Steenland, *Women out of View*, p. 6.

9) "Moms at Work," *New York Woman*, Feb. 1988, p. 93.

10) Diana M. Meehan, *Ladies of the Evening: Women Characters of Prime-Time Television* (Metuchen, N.J.: The Scarecrow Press, 1983) pp. 42, 109–110.

11) Sally Steenland, "Trouble on the Set, An Analysis of Female Characters on 1985 Television Programs," report by National Commission on Working Women, Washington, D.C., 1985, p. 9.

12) Donald M. Davis, "Portrayals of Women in Prime-Time Network Television: Some Demographic Characteristics," *Sex Roles*, 23, no. 5–6 (1990): 325–30.

13) Peter J. Boyer, "Television Returns to the Hard Boiled Male," *New York Times*, Feb. 16, 1986, II, p. 1.

14) John Carman, "Networks Playing It Bland," *San Francisco Chronicle*, TV Week, Sept. 17–23, 1989, p. 3.

15) Michael A. Lipton, "What You Want to See in the New Decade," *TV Guide*, Jan. 20, 1990, p. 11.

16) Boyer, "Hard Boiled Male," p. 1.

17) Ibid.

18) Ibid.

19) Peggy Ziegler, "Where Have All the Viewers Gone?" *Los Angeles Times*, May 1, 1988, p. 6; data from Nielsen Media Research.

20) Ziegler, "Where Have All," p. 6.

21) Nielsen Media Research, Nielsen Report on Television, "Weekly Viewing Activity," 1980–1989.

22) Harry F. Waters, "Networking Women," *Newsweek*, March 13, 1989, p. 48.

23) Michael E. Hill, "Murphy Brown: F.Y.I., We Like Your Show, Sort of," *Washington Post*, TV Week, Feb. 26, 1989, p. 8.

24) "People," *Orange County Register*, March 29, 1990, p. A2; Michael McWilliams, "Pauley and Barr: Two Notions of Womanhood," Gannett News Service, Aug. 8, 1990; Dennis Duggan, "What, Me Judge a Man on Looks Alone? Guilty!" *Newsday*, Newsday Magazine, Feb. 17, 1991, p. 6; Jeffrey Zaslow, "Roseanne Ban Would Be as Bad as Barr's Own Antics," *Chicago Sun-Times*, Nov. 29, 1990, II, p. 65; Michele Stanush, "Anti-War Sentiments," *Austin-American Statesman*, Dec. 16, 1990, p. E1.

25) Joyce Millman, "Prime Time: Where the Boys Are," *San Francisco Examiner*,

Sept. 9, 1990, p. F1.

26) Ibid.

27) Davis, "Portrayals of Women," p. 330.

28) "VCRs Reach Working Women," *Marketing to Women*, 1, no. 3 (Dec. 1987): 11.

29) Dennis Kneale, "TV's Nielsen Ratings, Long Unquestioned, Face Tough Challenges," *The Wall Street Journal*, July 19, 1990, p. A1.

30) Paul Richter, "Eyes Focus on People Meter As It Gauges TV Viewing," *Los Angeles Times*, May 10, 1987, section IV, p. 1.

31) Jean Gaddy Wilson, "Newsroom Management Commission Report," Sept. 15–18, 1987, p. 7.

32) 에스더 샤피로와 개인적인 인터뷰, 1989년 11월(이후 나오는 샤피로의 인용문은 인터뷰에서 가져온 것이다).

33) Todd Gitlin, *Inside Prime Time* (New York: Pantheon Books, 1985) p. 251.

34) Ibid., p. 251.

35) 바버라 코데이와 개인적인 인터뷰, 1988년.

36) 바니 로젠즈위그와 개인적인 인터뷰, 1988년(이후 나오는 로젠즈위그의 인용문은 인터뷰에서 가져온 것이다).

37) 하비 셰퍼드와 개인적인 인터뷰, 1991년(이후 나오는 셰퍼드의 인용문은 인터뷰에서 가져온 것이다).

38) 아널드 베커와 개인적인 인터뷰, 1991년 4월(이후 나오는 베커의 인용문은 다른 언급이 없을 경우 인터뷰에서 가져온 것이다).

39) Julie D'Acci, forthcoming dissertation on "Cagney and Lacey," Chapter 2, pp. 35–36.

40) Ibid., p. 35.

41) Gitlin, *Prime Time*, p. 9; D'Acci, p. 55.

42) Frank Swertlow, "CBS Alters Cagney, Calling It 'Too Women's Lib,'" *TV Guide*, June 12–18, 1982, p. 1.

43) D'Acci, p. 37.

44) Lorraine Gamman, "Watching the Detectives," in *The Female Gaze*, p. 25.

45) Ibid., p. 25.

46) "Changes," *TV Guide*, Oct. 1–7, 1988, p. 83. 다음도 볼 것. Andy Meisler, "Baby Boom!" *TV Guide*, Dec. 30–Jan. 5, 1989-90, p. 4.

47) Boyer, "Hard Boiled Male," p. 1.

48) Dan Goodgame, "Cosby Inc.," *Time*, Sept. 28, 1987, p. 56.

49) Bill Cosby, *Fatherhood* (New York: A Dolphin Book/Doubleday, 1986) p. 49.

50) Gitlin, *Prime Time*, p. 23.

51) Meehan, *Ladies of the Evening*, p. 154.

52) Ibid., pp. 174–75.

53) 훌륭한 비판은 다음을 볼 것. Joyce Millman, "What Are Big Girls Made Of?" *Boston Phoenix*, Jan. 14, 1986, p. 5.

54) Mark Harris, "Smaller Than Life: TV's Prime-Time Women," *New York Woman*, Oct. 1988, p. 104.

55) Joyce Millman, "Is the Sun Setting on 'Moonlighting'?" *San Francisco Examiner,* April 5, 1988, p. E1.

56) Louise Farr, "The 'Moonlighting' Mess—Behind the Feuding That Almost Killed the Show," *TV Guide*, Jan. 14–20, 1989, p. 9.

57) Ibid., p. 8.

58) Sally Steenland, "Prime Time Power," Report by National Commission on Working Women, Aug. 1987, p. 9.

59) 메리 앨리스 드와이어-도빈과 개인적인 인터뷰, 1988년 2월.

60) Deborah Rogers, "AIDS Spreads to the Soaps, Sort Of," *New York Times*, Aug. 28, 1988, p. 29.

61) Mark Christensen, "Even Career Girls Get the Blues," *Rolling Stone*, May 21, 1987, p. 66.

62) 제이 타세스와 개인적인 인터뷰, 1988년(이후 나오는 타세스의 인용문은 인터뷰에서 가져온 것이다).

63) 멜 해리스와 개인적인 인터뷰, 1988년.

64) Diane Haithman, "Therapy Takes to TV," *Los Angeles Times*, April 19, 1988, section VI, p. 1; Patricia Hersch, "thirtytherapy," *Psychology Today*, reprinted in *San Jose Mercury News*, Jan. 4, 1989, p. 1F; Aurora Mackey, "Angst Springs Eternal: Modern-day Therapy Gets Couched in 'thirtysomething' Terminology," *Los Angeles Daily News*, Dec. 6, 1988, p. 4.

65) Bette-Jane Raphael, " 'Thirtysomething': Can This TV Show Help Your Marriage?" *Redbook*, Oct. 1988, p. 18.

66) Haithman, "Therapy."

67) Susan Faludi, "There's Something Happening Here …" *West Magazine, San Jose Mercury News*, Feb. 26, 1989, p. 4.

68) Ibid.

69) Howard Rosenberg, "That Made-Up Feeling of 'thirtysomething,'" *Los Angeles Times*, Oct. 27, 1987, section VI, p. 1.

70) Faludi, "Something Happening."

71) Ibid.; James Kaplan, "The 'thirtysomething' Sell," *Manhattan, inc.*, Dec. 1988, p. 78.

72) 마르시아 그레이스와 개인적인 인터뷰, 1988년 2월.

73) 앤 해밀턴과 개인적인 인터뷰, 1988년 5월.

74) "Biographies," "thirtysomething" production notes, MGM/UA, 1987.

75) 리버티 고드셸과 개인적인 인터뷰, 1988년 5월.

76) 리버티 고드셸, 에드워드 즈윅과 개인적인 인터뷰, 1988년 5월.

77) 멜라니 메이론과 개인적인 인터뷰, 1989년 1월.

78) 폴리 드레이퍼과 개인적인 인터뷰, 1989년 1월.

79) 리버티 고드셸과 개인적인 인터뷰, 1988년 5월.

80) 에드워드 즈윅과 개인적인 인터뷰, 1988년 5월.

81) 앤 해밀턴과 개인적인 인터뷰, 1988년 5월. (해밀턴이 〈서른 몇 살〉의 작가라는 점은 그 자체가 반격의 스토리다. 그녀의 전문 분야는 사실 액션 어드벤처물이었다. 그리고 "한동안은 이런 남성 일색 드라마 중 일부가 여성을 고용하라는 압력을 받았기 때문에 나도 일을 할 수 있었다." 하지만 그녀의 말처럼 "이젠 그런 압력이 전부 약해졌다." 1980년대 중반 그녀는 영화사에 자신의 액션 시나리오를 돌렸지만 완전히 거부당했다. 대본이 문제가 아니었다. 작가의 이름을 '벅 핀치Buck Finch'로 바꾸고 남편을 앞세워 시나리오를 돌렸더니 영화사 임원들이 단박에 호의적으로 나왔다.)

82) 멜 해리스와 개인적인 인터뷰, 1989년 1월; Raphael, "'Thirtysomething,'" p. 26.

83) 퍼트리샤 웨티그와 개인적인 인터뷰, 1989년 1월; Dan Wakefield, "Celebrating 'the Small Moments of Personal Discovery,'" TV Guide, June 11, 1988, p. 35.

84) Joy Horowitz, "Life, Loss, Death and 'thirtysomething,'" New York Times, Arts and Leisure section, Feb. 10, 1991, p. 29.

85) 헨리 샤퍼와 개인적인 인터뷰, 1989년 1월.

86) Stephen Fried, "What 'thirtysomething' Is Saying About Us," Gentlemen's Quarterly, April 1989, p. 267.

87) 재닛 케틀먼과 개인적인 인터뷰, 1988년.

7장

1) Julie Baumgold, "Dancing on the Lip of the Volcano," New York, Nov. 30, 1987, p. 36.

2) Jennet Conant, "Oh La La, Lacroix," Newsweek, Nov. 9, 1987, p. 60.

3) "Christian Lacroix," Current Biography, April 1988, p. 39.

4) Bernadine Morris, "Lacroix Fever Spreads to New York," New York Times, Oct. 30, 1987, p. A16.

5) Martha Duffy, "Fantasy Comes Alive," Time, Feb. 8, 1988. "고결한 여성성"은 패션계의 트렌드 세터들이 '럭스' 컬렉션에 붙인 명칭이었다. "판타지 패션"이라는 명칭도 있었다.

6) Kathleen Beckett, "The Frill of It All," Vogue, April 1987, p. 178; "La Gamine:

Fun and Flirty," *Harper's Bazaar*, April 1987, p. 86.

7) Data from Market Research Corporation of America, Information Services; Trish Hall, "Changing U.S. Values, Tinged with Caution, Show Up in Spending," *New York Times*, Oct. 26, 1988, p. B1.

8) Martha Thomases, "Why I Don't Shop," *The Village Voice*, Dec. 27, 1988, p. 37.

9) Trish Donnally, "Gloomy Fashion Forecast," *San Franctsco Chronicle*, March 23, 1988, p. B3.

10) Woody Hochswender, "Where Have All the Shoppers Gone?" *New York Times*, May 31, 1988. 드레스 판매액 4퍼센트 하락이라는 수치는 미국시장연구회사 Market Research Corp. of America의 섬유 제품 정보 서비스에서 가져온 것이다. 미국시장연구회사에서 지적하듯 1980년대의 첫 7년간 여성복 총판매액이 증가했던 건 여성복 가격이 아주 빠르게 증가했기 때문이었다. 여성복 판매 수량은 변함 없거나 약간 줄어들었다.

11) Aimee Stern, "Miniskirt Movement Comes Up Short," *Adweek's Marketing Week*, March 28, 1988, p. 2.

12) Ibid.; Jennet Conant, "The High- Priced Call of the Wild," *Newsweek*, Feb. 1, 1988, p. 56. 이윤을 가장 많이 낸 부문은 이 기간 동안 판매액이 25퍼센트나 늘어난 우편 주문용 남성복이었다. 우편 주문용 고급 컨트리 웨어 브랜드 러프휸Ruff Hewn에서는 1년 동안 판매액이 275퍼센트 신장했고 1988년이 되자 노스캐롤라이나의 이 작은 회사는 공장을 열일곱 개로 늘리고 전국 소매 체인점을 계획했다. 러프휸의 카탈로그에 실린 인물들은 반격의 전형이었다. 이 회사 카탈로그에 등장하는 가상의 남자 주인공 바클레이 러핀 휸Barclay Ruffin Hewn은 테디 루스벨트의 의용 기용대와 함께 말을 타고 다니는 19세기 말의 신사이자 높은 등급의 훈장을 받은 전쟁 퇴역 군인이었다. 이 회사 사장 제퍼슨 리브스Jefferson Rives가 작명한 그의 아내 엘리자베스 판스워스 햄프튼 휸Elizabeth Farnsworth Hampton Hewn은 "집에서 러프와 아이들을 돌보는 대단히 전통적이고 여성스러운 숙녀"였다(러프휸 카탈로그와 브로셔; 제퍼슨 리브스와 개인적인 인터뷰, 1988).

13) Hochswender, "All the Shoppers"; Donnally, "Gloomy Fashion"; Barbara Deters, "Limited Fashioning a Turnaround," *USA Today*, May 20, 1988, p. B3; Stern, "Miniskirt Movement Comes Up Short," p. 2; Susan Caminiti, "What Ails Retailing: Merchants Have Lost Touch With Older Customers," *Fortune*, Jan. 30, 1989, p. 61.

14) 반면 같은 기간 동안 남성복 판매고는 약 10억 달러 가까이 증가했다. Data from Department of Commerce, Bureau of Economic Analysis, Personal Consumption Expenditures.

15) Blayne Cutler, "Meet Jane Doe," *American Demographics*, June 1989, p. 24; Thomases, "I Don't Shop," p. 37. 패션 산업은 3,000만에서 4,000만에 달하는

714

여성들이 16 사이즈 이상을 입는다는 사실을 무시함으로써 60억 달러짜리 사업을 포기했다. 다음을 볼 것. Jolie Solomon, "Fashion Industry Courting Large Women," *The Wall Street Journal*, Sept. 27, 1985.

16) Joseph H. Ellis, "The Women's Apparel Retailing Debacle: Why?" Goldman Sachs Investment Research, June 8, 1988.

17) 존 몰로이와 개인적인 인터뷰, 1988년.

18) 크리스티앙 라크루아과 개인적인 인터뷰, 1991년 5월.

19) 아널드 스카시와 개인적인 인터뷰, 1988년 2월.

20) "Lacroix Triumphant," *Women's Wear Daily*, July 27, 1987, p. 1.

21) "Christian Lacroix," p. 38.

22) Weibel, *Mirror Mirror*, p. 209.

23) "Counter-Revolution," *Time*, Sept. 15, 1947, p. 87.

24) Jeanne Perkins, "Dior," *Life*, March 1, 1948, p. 84.

25) Hartmann, *Home Front*, p. 203.

26) "Counter-Revolution," p. 92.

27) Weibel, *Mirror Mirror*, p. xvi.

28) Valerie Steele, *Fashion and Eroticism: Ideals of Feminine Beauty from the Victorian Era to the Jazz Age* (New York: Oxford University Press, 1985) p. 182.

29) Robert E. Riegel, "Women's Clothes and Women's Rights," *American Quarterly*, XV, no. 3 (Fall 1963): 390–401; Elizabeth Ewins, *Dress and Undress* (New York: Drama Books Specialists, 1978) p. 89.

30) Kinnard, *Antifeminism*, pp. 289, 304.

31) 밥 매키와 개인적인 인터뷰, 1988년.

32) 아널드 스카시와 개인적인 인터뷰, 1988년 2월; Bernardine Morris, "The Sexy Look: Why Now?" *New York Times*, Nov. 17, 1987, p. 20.

33) 캐런 브롬리와 개인적인 인터뷰, 1989년 7월.

34) 웰스리치그린의 전략 계획 담당 부사장인 제인 이스트먼Jane Eastman과 개인적인 인터뷰, 1988년 2월.

35) Bernadine Morris, "Self-Confident Dressing," *Harper's Bazaar*, November 1978, p. 151.

36) Amy Gross and Nancy Axelrad Comer, "Power Dressing," *Mademoiselle*, Sept. 1977, p. 188.

37) "Your Dress-for-Success Guide," *Mademoiselle*, Sept. 1979, p. 182.

38) John T. Molloy, *Dress for Success* (New York: Warner Books, 1975).

39) 존 몰로이와 개인적인 인터뷰, 1988년; John T. Molloy, *The Woman's Dress for Success Book* (New York: Warner Books, 1977) pp. 23–26.

40) Molloy, *Woman's Dress for Success*, pp. 40–48.

41) Ibid., p. 21.

42) Ibid., pp. 25, 20–23.

43) Ibid., p. 22.

44) Susan Cheever Cowley, "Dress for the Trip to the Top," *Newsweek*, Sept. 26, 1977, p. 76.

45) Molloy, *Woman's Dress for Success*, p. 30.

46) Cowley, "Trip to the Top," p. 76.

47) "Your Get Ahead Wardrobe," *Working Woman*, July 1979, p. 46; "Power!" Essence, March 1980, p. 68; "What to Wear When You're Doing the Talking," *Glamour*, Oct. 1978, p. 250.

48) "A Well-Suited Season," *Newsweek*, Nov. 5, 1979, p. 111.

49) Ibid.

50) Statistics from Market Research Corporation of America; 미국시장연구회사 섬유 제품 정보 서비스의 부사장이자 일반 관리자 존 터그먼과 개인적인 인터뷰, 1988년.

51) Statistics from MRCA.

52) "Women's Coats, Suits, Tailored Career Wear, Rainwear and Furs," report in *Fairchild Fact File* (New York: Fairchild Publications, 1987) p. 20.

53) Molloy, *Woman's Dress for Success*, p. 36.

54) "Women's Coats," in Fairchild Fact File, p. 12; U.S. Bureau of the Census, Current Industrial Reports, 1987, "Quantity of Production and Valueof Shipments of Women's, Misses', and Juniors' Dresses and Suits: 1987 and 1986," Table 8; 상무부 인구조사국 산업 현황 보고서 분석가 주디 도즈Judy Dodds 와 개인적인 인터뷰, 1988년.

55) "Women's Coats," Fairchild Fact File, p. 30.

56) U.S. Bureau of the Census, Current Industrial Reports, 1987, "Quantity of Production and Value of Shipments of Men's and Boys' Suits, Coats, Vests, and Sports Coats: 1987 and 1986," Table 2.

57) Mark Potts, "Thirteen Britches for Women Stores to Close," *Washington Post*, Dec. 9, 1989, p. 10; 니먼마커스 워싱턴 D.C. 점포 일반 관리자이자 부사장 해럴드 넬슨과 개인적인 인터뷰, 1988년; Cara Mason, "Paul Harris Stores Rebounds from 1988 Losses, *Indianapolis Business Journal*, March 12, 1990, p. A13.

58) 존 몰로이와 개인적인 인터뷰, 1988년.

59) Terri Minsky, "The Death of Dress for Success," *Mademoiselle*, Sept. 1987, p. 308.

60) Patricia McLaughlin, "The Death of the Dumb Blue Suit," *Philadelphia Inquirer*, Feb. 7, 1988, p. 35; "Dumb Blue Suit: A Uniform for Submission Is Finally Put To Rest," *Chicago Tribune*, May 8, 1988, p. C5.

61) Betty Goodwin, "Fashion 88: Dressing Down for Success," *Los Angeles Times*, April 15, 1988, V, p. 1.

62) 존 몰로이를 정상에서 끌어내린 행위는 여러 가지 면에서 1920년 파워 수트의 최초 디자이너였던 가브리엘 코코 샤넬에 대한 공격과 닮아 있다. 샤넬은 남성 비즈니스 수트 다음으로 클래식한 박스 형태의 재킷과 허리선이 내려온 편안한 스커트를 만들었고, 몰로이처럼 계급 사다리 낮은 곳에 있는 꿈 많은 신여성에게 관심을 가졌다(아버지에게 버림받은 뒤 10대 시절을 고아원에서 보낸 샤넬 본인부터가 힘겹게 삶을 일궈 온 여성이었다). 당시의 반격으로 샤넬은 일을 할 수가 없게 되었고, 1950년대 초 그녀가 다시 재기하려 했을 때 동료 디자이너들은 지독한 경멸을 여과 없이 표출했다. 특히 크리스티앙 디오르는 그녀에게 여자는 "절대로 위대한 디자이너가 될 수 없다"고 말한 것으로 알려져 있다. 다음을 볼 것. Weibel, *Mirror Mirror*, pp. 201, 213–14; Lois W. Banner, *American Beauty* (New York: Alfred A. Knopf, 1983) pp. 275–76.

63) 존 몰로이와 개인적인 인터뷰, 1988년.

64) Molloy, *Woman's Dress for Success*, pp. 43, 52.

65) Ibid., pp. 27–29.

66) 존 몰로이와 개인적인 인터뷰, 1988년.

67) Martha Duffy, "Fantasy Comes Alive," *Time* (International Edition), Feb. 8, 1988, p. 44.

68) Louis Trager, "Nordstrom Abuzz," *San Francisco Examiner*, Oct. 6, 1988, p. C1.

69) 해럴드 넬슨과 개인적인 인터뷰, 1988년 5월.

70) Duffy, "Fantasy," pp. 46–47.

71) "Christian Lacroix," p. 37.

72) 크리스티앙 라크루아와 개인적인 인터뷰, 1991년 5월.

73) Duffy, "Fantasy," p. 47.

74) "Christian Lacroix," p. 38.

75) "Patou's Baby Dolls," *Women's Wear Daily*, July 25, 1986, p. 1.

76) Christa Worthington, "Fantasy Fashion Rebounds in Paris," *Women's Wear Daily*, July 29, 1986, p. 1.

77) "Fashion Goes Mad," *Women's Wear Daily*, July 29, 1986, p. 1.

78) Worthington, "Fantasy Fashion," p. 1.

79) Videos of Lacroix's Paris and New York shows; Bernadine Morris, "For Lacroix, a Triumph; For Couture, a Future," *New York Times*, July 27, 1987, p. C14.

80) Martha Duffy, "Welcome to the Fresh Follies," *Time*, Feb. 9, 1987, p. 76.

81) Baumgold, "Dancing on the Lip," p. 49.

82) Morris, "For Lacroix a Triumph," p. C14.

83) Ibid.; "Lacroix Triumphant," *Women's Wear Daily*, July 27, 1987, p. 1.

84) "Lacroix Triumphant," p. 3.

85) Morris, "For Lacroix, a Triumph," p. C14.

86) Duffy, "Fantasy"; Conant, "Oh La La, Lacroix."

87) "Paris' Daring Darling Shakes Up High Fashion with High Jinks," *People*, May 19, 1986, p. 138.

88) Baumgold, "Dancing on the Lip," p. 38.

89) Duffy, "Fantasy," p. 46.

90) Ibid., p. 46.

91) Nina Hyde, "The Real Lacroix," *Washington Post*, March 17, 1988, p. 1.

92) "Introducing Christian Lacroix's Pret-a-porter first at Saks Fifth Avenue," *Washington Post*, May 19, 1988, p. A4.

93) 미미 고트와 개인적인 인터뷰, 1988년 5월 24일(삭스의 직원과 쇼핑객들의 논평 역시 같은 날 개인적인 인터뷰에서 가져온 것이다).

94) "Lacroix Avoids Markdown Blues," *Houston Chronicle*, Jan. 4, 1990, p. 5; Pete Born, "How the French Do in U.S. Stores," *Women's Wear Daily*, March 17, 1989, p. 1; "Stores Lament Designer Sales," *Women's Wear Daily*, June 12, 1990, p. 1; Bernadette Morra, "Mix Master Lacroix Designs with Gusto," *Toronto Star*, Oct. 25, 1990, p. D2.

95) Lisa Lapin, "Jeepers! Cool Is Hot, Ralph Kramden Is a Folk Hero and Business Discovers There's Money To Be Made From Reviving the '50s," *Los Angeles Times*, Jan. 4, 1987, IV, p. 1.

96) Maureen Dowd, "The New Exec," *The New York Times Magazine*, Aug. 24, 1986, p. 145.

97) Statistics from Market Research Corp, of America.

98) Genevieve Buck, "Hemline Lib," *Chicago Tribune*, June 3, 1987, p. 7.

99) Goodwin, "Fashion 88," p. 1.

100) Buck, "Hemline Lib," p. 7.

101) "La Gamine," p. 86.

102) 존 웨이츠와 개인적인 인터뷰, 1988년 2월; Morris, "The Sexy Look."

103) 올컷앤앤드루스의 홍보 담당자 세라 오도넬Sarah O'Donnell과 개인적인 인터뷰, 1988년.

104) Bloomingdale's advertisement, *New York Times*, Aug. 24, 1988, p. A5.

105) Saks Fifth Avenue two-page ad, *Vanity Fair*, March 1988.

106) "Dressing Cute Enroute," *Mademoiselle*, August 1985, p. 56; "The New Success Looks: Young and Easy," *Harper's Bazaar*, Oct. 1987, p. 76.

107) "Power Flower," *Savvy*, March 1988, p. 78.

108) Goodwin, "Fashion 88," p. 1.

109) "Little Dating Looks," *Mademoiselle*, Nov. 1987, p. 226.

110) 하지만 남성들은 여성보다 훨씬 더 열광했다. 남성의 71퍼센트가 무릎 아래로 내려오지 않는 치마가 더 좋다고 말했다. Trish Hall, "No Surprise Here: Men Prefer the Mini," *New York Times*, March 31, 1988, p. C1. 앞서 1982년에 상벌보고서를위한회계와조사Audits and Surveys for the Merit Report에서 실시한 조사에 따르면 여성과 남성의 81퍼센트가 미니스커트가 다시 유행하지 않기를 바라거나 아니면 아예 관심이 없었다. 다음을 볼 것. "Opinion Roundup—Light Fare: Of Legs, Locks, Love and Lancelots," *Public Opinion*, April–May 1982, p. 37.

111) Kathleen Fury, "Why I'm Not Wearing Miniskirts, I Think," *Working Woman*, Nov. 1987, p. 184.

112) 인쇄판은 다음을 볼 것. Nina Totenberg, "Miniskirt, Maxi Blunder," *New York Times*, March 21, 1988, p. A19.

113) Sanford L. Jacobs, "Claiborne Says Miniskirts May Mean Mini Increase in Earnings for 1988," *The Wall Street Journal*, Feb. 26, 1988.

114) 이베트 크로스비와 개인적인 인터뷰. 그리고 캘리포니아마트의 마켓 위크에서 관찰한 내용, 1988년 4월 9일, p. 20.

115) 밥 말라드와 개인적인 인터뷰(이후 장면들은 개인적인 인터뷰와 말라드의 쇼룸에 대한 관찰을 가지고 구성한 것이다. 1988년 4월 9일).

116) Holly Brubach, "The Rites of Spring," *New Yorker*, June 6, 1988, p. 80.

117) Bernadine Morris, "In Paris Couture, Opulence Lights A Serious Mood," *New York Times*, July 26, 1988.

118) Brubach, "Rites of Spring," p. 81.

119) Gladys Perint Palmer, "Top to Toe at Paris Show," *San Francisco Examiner*, Oct. 29, 1989, p. E3.

120) Marylou Luther, "Young and Restless: Haute Couture Sports a New Attitude for the '90s," *Chicago Sun-Times*, Aug. 1, 1990, II, p. 25.

121) Brubach, "Rites of Spring."

122) 밥 매키의 뉴욕 란제리 쇼에서 개인적인 관찰, 1988년.

123) 밥 매키와 개인적인 인터뷰, 1988년.

124) 속옷협회 직원 및 이사들과 개인적인 인터뷰. 다음도 볼 것. Susan Faludi, "Artifice and Old Lace," *West Magazine*, *San Jose Mercury News*, Sept. 10, 1989, p. 14.

125) Press kit, "Intimate Apparel: How History Has Shaped Fashion," Intimate Apparel Council, Summer 1989, p. 5.

126) 캐런 브롬리와 개인적인 인터뷰, 1989년 7월.

127) "Underwear and Nightwear," Current Industrial Reports, 1987, U.S. Department of Commerce.

128) 듀퐁 대변인 엘런 월시Ellen Walsh와 개인적인 인터뷰, 1989년 7월. 다음도 볼 것. "Dupont Says, 'What A Body!'" *Body Fashions/Intimate Apparel*, Oct. 1987, p. 2.

129) "The Intimate Market: A Profile," E. I. du Pont de Nemours & Co., Intimate Apparel Marketing, 1987.

130) Jane Ellis, "Bra at 100: Big Biz," *New York Daily News*, June 15, 1989.

131) Woody Hochswender, "Lounge Wear for Cocooning," *New York Times*, Jan. 3, 1989, p. B4.

132) Claudia Dowling, "Hurrah for the Bra," *Life*, June 1989, p. 88.

133) 클라우디아 다울링과 개인적인 인터뷰, 1989년 7월.

134) "The 'Sexy' Revolution Ignites Intimate Apparel," *BFIA*, Oct. 1987, p. 1.

135) 밥 매키와 개인적인 인터뷰, 1988년.

136) Steele, *Fashion and Eroticism*, p. 192.

137) 피터 벨라르디와 개인적인 인터뷰, 1989년 7월.

138) 하워드 그로스와 개인적인 인터뷰, 1989년 7월(이후 나오는 그로스의 인용문은 인터뷰에서 가져온 것이다).

139) 조시 나운선과 개인적인 인터뷰, 1989년 6월.

140) 로이 레이먼드와 개인적인 인터뷰, 1989년 6월(이후 나오는 레이먼드의 인용문은 인터뷰에서 가져온 것이다).

141) 베키 존슨과 개인적인 인터뷰, 1989년 7월(이후 장면과 인용문은 개인적인 인터뷰와 관찰을 가지고 구성한 것이다. 1989년 7월. 다음을 볼 것. "Artifice and Old Lace," p. 18).

142) Data from MRCA, Soft Goods Information Services.

143) 존 터그먼과 개인적인 인터뷰, 1988년.

144) 조키의 사장 하워드 쿨리, 판매 담당 부사장 돈 룰랜드Don Ruland와 개인적인 인터뷰, 1989년 7월. (이후 나오는 쿨리의 인용문은 개인적인 인터뷰에서 가져온 것이다.)

145) 조키의 전국 광고 책임자 게일 허프Gayle Huff와 광고 담당 수석 부사장 빌 허먼Bill Herrmann과 개인적인 인터뷰, 1989년 7월.

146) Faludi, "Artifice and Old Lace," p. 21.

147) 제이 터브와 개인적인 인터뷰, 1988년.

148) Stephanie Salter, "Short Skirts, Long Battles," *San Francisco Examiner*, Oct. 20, 1989, p. A25; Jean Kilbourne, "Still Killing Us Softly: Advertising's Image of Women," 1987, Cambridge Documentary Films.

149) "Hidden Delights," *Vogue*, March 1987, p. 462.

150) 이런 이미지들의 출처는 《보그》, 《글래머》, 《코스모폴리탄》이다. 1980년대 광고에 나오는 여성의 이미지 자료를 공유해 준 《미디어워치》의 책임자 앤 사이먼턴Ann Simonton에게 감사의 말을 전한다.

151) Linda Frye Burnham, "Rear Window," *LA Weekly*, Nov. 5, 1987.

152) "Jordache Basics," *The New York Times Magazine*, Aug. 21, 1988, p. 23.

153) "The Guess? Success," Guess press kit, 1988.

154) 게스 광고 비디오.

155) 리사 히키와 개인적인 인터뷰, 1988년 4월.

156) 폴 마르시아노와 개인적인 인터뷰, 1988년 4월(이후 나오는 마르시아노의 인용문은 인터뷰에서 가져온 것이다).

157) *The Panhandle* (Los Angeles: Guess? Inc., undated).

158) 웨인 메이저와 개인적인 인터뷰, 1988년 5월. (이후 장면과 인용문은 게스 광고 촬영장에서 진행한 개인적인 인터뷰와 관찰을 가지고 구성한 것이다. 1988년 5월.)

158) 로즈메리 맥그로타와 개인적인 인터뷰, 1988년 5월.

160) 제프리 터처와 개인적인 인터뷰, 1988년 5월.

161) 개인적인 인터뷰, 1988년 5월.

8장

1) 로버트 필로소와 개인적인 인터뷰, 개인적인 관찰들, 1988년 4월(이후 필로소의 인용문은 개인적인 인터뷰에서 가져온 것이다).

2) 동시에 남성 마네킹 조각가들은 더 마초적인 모델을 만들고 있다. 가령 푸치 마니킨스Pucci Manikins는 남성 모형 인형의 키를 약 183센티미터에서 약 189센티미터로 늘리고 밋밋한 40인치짜리 가슴을 근육질로 뒤덮인 42인치짜리 가슴으로 부풀리고 있다. 다음을 볼 것. Sam Allis, "What Do Men Really Want?" *Time*, Special issue, Fall 1990, p. 80.

3) 로리 로시와 개인적인 인터뷰, 1988년 4월.

4) Ad for Nivea Visage, 1988.

5) Jeanne M. Toal, "Stress and the Single Girl," *Mademoiselle*, Sept. 1987, p. 293.

6) Kinnard, *Antifeminism*, pp. 307, 20.

7) "Charlie's Back," *Barron's*, May 13, 1985, p. 34.

8) 의학에 치우치고 몸을 극도로 힘들게 하는 미용의 기준 역시 반격의 특징 중 하나다. 후기 빅토리아시대 의사들은 최초로 '안면 박피' 시술과 가슴 확대 시술을 했는데, 당시에는 가슴 확대 시술을 "가슴 피어싱"이라고 불렀다. 살에 자극을 주고 부풀어 오르게 하기 위해 금속 링을 박았기 때문이다. 1930년대에는 인기를 끌었다. 실리콘 주입은 '여성의 신비' 시대에 도입되어 적극적으로 홍보되었다. 다음을 볼 것. Rosen, *Popcorn Venus*, p. 181; Maggie Angeloglou, *A History of Makeup* (London: The Macmillan Co., 1970) p. 103.

9) Ann Louise Bardach, "The Dark Side of Cosmetic Surgery," The Good Health Magazine, *New York Times*, April 17, 1988, p. 24.

10) 1988년 병원의 체중 감소 프로그램은 연간 55억 달러를, 다이어트 전문 클리

닉은 100억 달러를 벌어들였다. 실패율이 95퍼센트인 산업치고는 나쁘지 않은 실석이다. 다음을 볼 것. Molly O'Neill, "Dieters, Craving Balance, Are Battling Fears of Food," *New York Times*, April 1, 1990, p. 1.

11) 가령 다음을 볼 것. Bram Dijkstra, *Idols of Perversity: fantasies of feminine Evil in fin de Siecle Culture* (New York: Oxford University Press, 1986) pp. 25–29.

12) Dijkstra, *Idols of Perversity*, p. 29; Banner, *American Beauty*, p. 41.

13) Banner, *American Beauty*, p. 47; Joan Jacobs Brumberg, *fasting Girls: The Emergence of Anorexia Nervosa as a Modem Disease* (Cambridge, Mass.: Harvard University Press, 1988) pp. 101–140.

14) 존 러스킨John Ruskin은 1864년 여성의 미에 대한 강의 "여왕의 정원에 대하여Of Queens' Gardens"에서 같은 주장을 펼쳤다. "여성은 질서의 중심, 고난의 치유제, 아름다움의 거울로서 문 안에 있어야 한다. 문 밖에 있는 여성에게는 질서가 어렵고 고난이 임박했으며 사랑스러움이 진귀하다." 다음을 볼 것. See Banner, *American Beauty*, p. 12; Steele, *fashion and Eroticism*, pp. 104–105.

15) Banner, *American Beauty*, p. 277; Angeloglou, *History of Makeup*, pp. 109, 116–17, 119.

16) 가령 다음을 볼 것. "The Changing Face of the American Beauty," *McCall's*, April 1976, p. 174.

17) Tina Sutton and Louise Tutelian, "Play It Again, Roz," *Savvy*, April 1985, p. 60.

18) Angeloglou, *History of Makeup*, p. 131; Weibel, *Mirror Mirror*, p. 161.

19) 가령 다음을 볼 것. "Action Beauty," *Mademoiselle*, April 1979. 1970년대 미용 잡지는 햇빛에 피부를 태우고 외모가 완전히 자연스러운 운동선수를 찬양하는 기사와 광고로 가득하다.

20) 레블론 상임 부사장 로렌스 웩슬러와 개인적인 인터뷰, 1989년.

21) Angeloglou, *History of Makeup*, p. 126.

22) 로렌스 웩슬러와 개인적인 인터뷰, 1989.

23) Ibid. (이후 웩슬러의 인용문은 인터뷰에서 가져온 것이다.)

24) Philip H. Dougherty, "Defining 'A Charlie' for Revlon," *New York Times*, Nov. 28, 1986, p. D7.

25) Ibid.

26) "Light Scents with Strong Appeal," *Glamour*, Sept. 1987, p. 386.

27) Ronald Alsop, "Firms Push 'Aroma Therapy' to Treat Flat Fragrance Sales," *The Wall Street Journal*, March 20, 1986, p. 31.

28) 동시에 남성용 상품은 마초성을 띠게 되었다. 향수 제조 업체들이 보스Boss와 히어로Hero 같은 신제품들을 내놓았는데, 특히 히어로는 야구 스타 행크 에런Hank Aaron을 내세웠던 것이다. 다음을 볼 것. Woody Hochswender,

"Men's Fragrance: The Scent of Money Has Attracted a Striking Number of New Products," *New York Times*, Oct. 4, 1988.

29) Lisa Belkin, "Cosmetics Go on Gold Standard," *New York Times*, Oct. 11, 1986, p. 52; "Selling Scents Gets Tougher," Retailing: A Special Report, *The Wall Street Journal*, May 7, 1987, p. 1.

30) Kathleen A. Hughes, "Perfume Firms Go All Out in Effort to Lure Buyers," *The Wall Street Journal*, Dec. 10, 1987, p. 29.

31) Jean Kilbourne, "Still Killing Us Softly," 1987, Cambridge Documentary Films.

32) Mark Honigsbaum, "Dollars and Scents," This World, *San francisco Chronicle*, Oct. 16, 1988, p. 9.

33) Walecia Konrad, "The Problems at Avon Are More Than Skin Deep," *Business Week*, June 20, 1988, p. 49; Denise M. Topolnicki, "Avon's Corporate Makeover," *Working Woman*, Feb. 1988, p. 57.

34) Topolnicki, "Corporate Makeover," p. 59.

35) Cynthia Robins, "The Makeup Message for Summer: Be Seen But Not Heard," *San Francisco Examiner*, July 31, 1986, p. E5.

36) "Now You're Chic … Now You're Cheap—Do Not Cross That Fine (Beauty) Line," *Mademoiselle*, April 1988, p. 230.

37) "The Impact of a New Year … And a Difference in Makeup," *Vogue*, Jan. 1987, p. 140.

38) Laura Sachar, "Forecast: Industry Analysis—Cosmetics," *Financial World*, Jan. 5, 1988, p. 21; Joseph Weber, "Why Noxell Is Touching Up Its Latest Creation," *Business Week*, July 11, 1988, p. 92.

39) "Cosmetics Shows Its Age," *Financial World*, May 29–June 11, 1985, p. 87.

40) 비오템Biotherm의 주름 예방 크림은 "인간 태반 단백질"을 사용한다고 주장했다. Barbara Fallen, "Facing Facts," *Forbes*, May 19, 1986, p. 178.

41) 웰스리치그린의 제인 이스트먼과 개인적인 인터뷰, 1988년; Kathleen Deveny and Alecia Swasy, "In Cosmetics, Marketing Cultures Clash," *The Wall Street Journal*, Oct. 30, 1989, p. B1.

42) Ronald Alsop, "Chanel Plans to Run Ads in Magazines with Less Cachet," *The Wall Street Journal*, Jan. 27, 1988, p. 30.

43) Cynthia Robins, "The Quest for Flawless Skin," *San Francisco Examiner*, July 27, 1986, p. A19.

44) Ibid.

45) Melinda Beck, "Peddling Youth Over the Counter," *Newsweek*, March 5, 1990, p. 50.

46) Cynthia Robins, "Blocking the Sun's Rays," *San Francisco Examiner*, July 30,

1986, p. E4.

47) "The Pale Pursuit," *Ms.*, Sept. 1987, p. 52.

48) Kathy Holub, "Does Retin-A Really Work?" *West Magazine, San Jose Mercury News*, May 15, 1988, p. 14; Marilyn Chase, "Looking for Miracles, Young and Old Flock to Purchase Retin-A," *The Wall Street Journal*, Feb. 12, 1988, p. 1; Beck, "Peddling Youth," pp. 50–51.

49) Jonathan S. Weiss, Charles N. Ellis, John T. Headington, Theresa Tincoff, Ted A. Hamilton, and John J. Voorhees, "Topical Tretinoin Improves Photoaged Skin," *Journal of American Medical Association*, 259, no. 4 (Jan. 22–29, 1988): 527–52.

50) Holub, "Retin-A."

51) Susan Duffy Benway, "Youth for Sale: Anti-Aging Is the Hottest Thing in Cosmetics," *Barron's*, Dec. 22, 1986, p. 24.

52) "Breck Hair Care," news release from "Breck '88" press kit.

53) "What Ever Happened to the Breck Girl?" Breck promotional literature, 1988.

54) 제라드 매튜스와 개인적인 인터뷰, 1988년 2월.

55) '브렉 걸'이라는 용어가 부활되자 이 행사의 보도를 담당했던 여성 언론인들로부터 신랄한 비판이 쏟아졌고 분노한 여성들의 편지가 날아들었다. 결국 회사는 다음 해 여기에 동의하고 '브렉 우먼'이라는 이름을 다시 지어 주었다.

56) 로버트 앤더슨과 개인적인 인터뷰, 1988년.

57) 제라드 매튜스와 개인적인 인터뷰, 1988년 2월.

58) Robert Anderson, "My Impressions of the Search," Breck press kit.

59) 세실리아 구즈와 개인적인 인터뷰, 1988년 5월(이후 구즈의 인용문은 인터뷰에서 가져온 것이다).

60) "Cecilia Gouge Becomes the New Breck Girl," and "New Breck Girl Combines Career, Motherhood—And She Baits Her Own Hook," Breck press kit, 1987.

61) 세실리아 구즈와 브렉 홍보 담당자 수전 맥케이브Susan McCabe와 개인적인 인터뷰, 1988년.

62) 조 구즈와 개인적인 인터뷰, 1988년 5월(이후 구즈의 인용문은 인터뷰에서 가져온 것이다).

63) "Breck Announces Sales Increase and Line Extensions for 1988," 1988 press release.

64) 로버트 하비와 개인적인 인터뷰, 보헤미안클럽에서 개인적인 관찰, 1988년 (이후 하비의 인용문은 인터뷰에서 가져온 것이다).

65) 이름을 밝히길 거부한 하비의 환자 상담사 중 한 명과 개인적인 인터뷰, 1988년.

66) 하비의 환자 중 한 명과 개인적인 인터뷰, 1988년. 그녀는 가슴 확대 수술을 하기로 한 자신의 결정을 알리고 싶지 않아서 이름을 밝히길 거부했다.

67) Lisa M. Krieger, "New Face of Plastic Surgery," *San Francisco Examiner*, Jan. 1, 1989, p. A1; press kit from American Society of Plastic and Reconstructive Surgeons Inc. and its Plastic Surgery Education Foundation.

68) Krieger, "New Face of Plastic Surgery," p. A1.

69) Bardach, "The Dark Side of Cosmetic Surgery," p. 24.

70) Ad entitled "Cosmetic Surgery Can Enhance Your Life," *The New York Times Magazine*, April 17, 1988, p. 57.

71) Ad in *Los Angeles magazine*, Feb. 1989.

72) Teri Agins, "Boom in Busts," *The Wall Street Journal*, reprinted in *San Francisco Examiner*, Dec. 15, 1988, p. D1.

73) "The Right Inches/The Right Places," *Mademoiselle*, Jan. 1988, p. 108.

74) "Breasts ... the Bare Truth: A Beauty Report," *Mademoiselle*, April 1988, p. 221.

75) Rita Seiff, "Getting Better All the Time," *Ladies' Home Journal*, July 1987, p. 20.

76) "Good Morning Bay Areas" 1989년 1월 13일 방송분은 지역 성형외과 의사들이 심사하는 성형수술 대회를 벌였다. 결승전에 진출한 사람들은 "긍정적인 변화의 잠재력을 가장 많이" 보여 준 여성들이었다. 1988년 12월, 〈도나 휴〉는 성형외과 수술을 받은 환자를 "완벽한 여성"이라고 불렀다. 다음을 볼 것. Ryan Murphy, "It's Not Easy Being Perfect," *San Jose Mercury News*, Feb. 14, 1989, p. D1. 라디오 방송국에 대해서는 다음을 볼 것. Barbara Lippert, "Vanna Doesn't Speak," *Adweek*, July 6, 1987, p. 10.

77) Wendy Kaminer, "Of Face Lifts and Feminism," *New York Times*, Sept. 6, 1988, p. A23.

78) Steven Findlay, "Buying the Perfect Body," *U.S. News and World Report*, May 1, 1989, p. 68; Susan Jacoby, "Appearance Anxiety," *The New York Times Magazine*, Aug. 28, 1988, p. 26.

79) Krieger, "New Face," p. A22.

80) "Facial Plastic and Reconstructive Surgery Study," cited in Susan L. Wampler, "Mirror: The Changing Face of Beauty," *Indianapolis Business Journal*, Feb. 19, 1990, III, p. 28.

81) 하원의 소기업소위원회U.S. House of Representatives' Small Business Subcommittee에서 실시한 6개월짜리 조사. 이 연구 결과는 1989년 봄에 발표되었다.

82) Rita Freedman, *Beauty Bound* (Lexington, Mass.: Lexington Books, 1986) p. 213.

83) Elizabeth Bennett, "Choice of Doctors May Determine Success in Quest for Youth and Beauty," *Houston Post*, May 29, 1987, p. G1.

84) Sandra Blakeslee, "Breast Implant Surgery: More Facts Are Sought in the Battle Over Safety," *New York Times*, Dec. 28, 1989, p. B6.

85) John B. McCraw, Charles E. Horton, John A. I. Grossman, Ivor Kaplan, and Ann McMellin, "An Early Appraisal of the Methods of Tissue Expansion and the Transverse Rectus Abdominis Musculocutaneious Flap in Reconstruction of the Breast Following Mastectomy," *Annals of Plastic Surgery*, 18, no. 2 (Feb. 1987): 93–113.

86) Bardach, "Dark Side," p. 54. 사실 1964년에 가슴 보형물이 처음으로 도입된 이후 포괄적인 역학 조사는 한 번도 이루어지지 않았다.

87) Ibid.; Blakeslee, "Breast Implant Surgery"; "Breast Implants Delay Diagnosis of Cancer," *San Francisco Chronicle*, July 8, 1988; "Breast Implants Hinder X-Ray Mammography," *The Wall Street Journal*, June 14, 1989, p. B1.

88) "Dying for Beauty," *Media Watch*, 3 (Summer 1989): 2.

89) Sybil Niden Goldrich, "Restoration Drama," *Ms.*, June 1988, p. 20.

90) Warren E. Leary, "Silicone Implants Tied to Cancer in Test Rats," *New York Times*, Nov. 10, 1988, p. A8.

91) Jean Seligmann, "The Hazards of Silicone," *Newsweek*, April 29, 1991, p. 56.

92) "Plastic Surgeons' Society Issues Statement on Breast Implants," news release from the American Society of Plastic and Reconstructive Surgeons, Jan. 1988.

93) Data from American Society of Plastic and Reconstructive Surgeons, 1988; "Five-Year Updated Evaluation of Suction-Assisted Lipectomy," paper prepared by the ASPRS Ad Hoc Committee on New Procedures, Sept. 30, 1987.

94) "Five-Year Updated Evaluation of Suction-Assisted Lipectomy."

95) Ibid.

96) Carrie Dolan, "Fat-cutting Gains Wide Popularity But Can Be Dangerous," *The Wall Street Journal*, June 26, 1987, p. Al; Bennett, "Choice of Doctors"; Fred Bonavita, "Pasadena Doctor's License Revoked," *Houston Post*, July 25, 1987, p. 1A.

97) Hope E. Paasch, "Widower Suing Doctor," *Houston Post*, April 8, 1987, p. 3 A.

98) Ibid.; Bonavita, "Pasadena Doctor."

99) "Five-Year Updated Evaluation of Suction-Assisted Lipectomy," pp. 8–11.

100) Laura Fraser, "Scar Wars," *This World, San Francisco Chronicle*, May 20, 1990, p. 7.

101) 이름을 밝히길 거부한 이 여성의 친한 친구와 개인적인 인터뷰, 1989년.

102) "Five-Year Updated Evaluations of Suction-Assisted Lipectomy," p. 2.

103) Ibid., p. 12.

104) Janice Kaplan, "Fix vs. Lift?" *Cogue*, Jan. 1985, p. 205.

105) Bardach, "Dark Side," p. 51.

726

106) Statistics from American Society of Plastic and Reconstructive Surgeons. 1984
년부터 1986년까지 가슴 재건 시술의 수는 9만 8,800건에서 5만 7,200건으로
하락했고, 화상 재건 수술은 2만 3,200건에서 2만 400건으로 줄어들었다. 전
체적으로 모든 (미용이 아닌) 재건 시술은 138만 8,700건에서 125만 9,500건
으로 감소했다.

107) Rodney Tyler, "Doctor Vanity," *Special Report*, Nov. 1989–Jan. 1990, p. 20. 와
그녀는 자신의 어머니, 장모, 처제에게도 성형수술을 해 주었다. 이는 한 의
사의 기행이 아니었다. 성형외과 의사에 대한 1987년의 한 조사에 따르면
조사 대상자의 거의 절반이 자신의 아내, 어머니, 딸에게 시술을 했다고 답
했다.

108) 개인적인 인터뷰, 1988년(이후 인용문은 인터뷰에서 가져온 것이다).

109) 패트릭 네터와 개인적인 인터뷰, 1990년.

9장

1) Seymour Martin Lipset and Earl Raab, *The Politics of Unreason: Right-Wing Extremism in America*, 1790–1970 (New York: Harper and Row, 1970) p. 3.

2) 폴 웨이리치와 개인적인 인터뷰, 1988년(이후 웨이리치의 인용문은 다른 언
급이 없을 경우 인터뷰에서 가져온 것이다).

3) 헤리티지재단의 연구원으로 1988년 이 모임에 참석했던 에드문드 하이슬마
이어Edmund Haislmaier와 개인적인 인터뷰, 1988년.

4) 아비트론Arbitron의 1981년 연구 '황금 시간대 설교사들'에 따르면 이들의 1
주일 청중 수는 1977년 2,100만 명에서 1980년 2,000만 명으로 하락했다. 닐
슨Nielsen이 1980년 발표한 「신디케이트 프로그램 보고서Report on Syndi-
cated Programs」에 따르면 상위 열 명의 독립적인 텔레비전 설교사 중에서
방송 범위가 가구의 2퍼센트에 도달한 사람은 단 두 명뿐이었다. 다음을 볼
것. John L. Kater, Jr., *Christians on the Right* (New York: The Seabury Press)
p. 18; William Martin, "The Birth of a Media Myth," *Atlantic*, June 1981, p. 9.
1980년대가 지나면서 텔레비전 목사에 대한 지지는 훨씬 약해지기만 했다.
1987년 루이스해리스 여론조사에 따르면 미국인의 70퍼센트가 전파를 통해
연설하는 사람들이 유익한 영향보다는 파괴적인 영향력을 더 많이 미친다고
생각하는 것으로 나타났다.

5) 폴웰은 자신의 시청자를 2,340만 명으로 부풀렸다. 다음을 볼 것. Flo Con-
way and Jim Siegelman, *Holy Terror: The Fundamentalist War on America's Free-
doms in Religion, Politics and Our Private Lives* (New York: A Delta Book, 1984)
p. 83.

6) Louis Harris Poll, May 1987.

7) Lipset and Raab, *The Politics of Unreason*, pp. 29–30.

8) Richard Hofstadter, *The Paranoid Style in American Politics* (New York: Alfred

A. Knopf, 1965) pp. 23, 43.

9) Thomas J. McIntyre with John C. Obert, *The Fear Brokers* (Philadelphia: The Pilgrim Press, 1979) p. 156.

10) Hofstadter, *The Paranoid Style*, pp. 68, 73–74; Lipset and Raab, *Politics of Unreason*, p. 30.

11) McIntyre, *The Fear Brokers*, p. 156.

12) *Conservative Digest*, 6, no. 6 (June 1980): 12, cited in Rosalind Pollack Petchesky, "Antiabortion, Antifeminism, and the Rise of the New Right," *Feminist Studies*, 7, no. 2 (Summer 1981): 232.

13) Jerry Falwell, *Listen, America!* (Garden City, N.Y.: Doubleday-Galilee, 1980) p. 151.

14) Charlene Spretnak, "The Christian Right's 'Holy War' Against Feminism," *The Politics of Women's Spirituality* (New York: Anchor/Doubleday, 1982) pp. 470-496; Walda Katz Fishman and Georgia E. Fuller, "Unraveling the Right-Wing Opposition to Women's Equality"; Interchange, Report by *Interchange* Resource Center, Washington, D.C., 1981, p. 1; Marcia Fram, "ERA Foes Exploit 'Women vs. Women' Myth," *National Catholic Reporter*, July 30, 1982.

15) Petchesky, "Antiabortion," p. 211.

16) "Women Shun Clergy's Advice," *San Francisco Chronicle*, April 14, 1989, p. B4.

17) "A Poll for Women: A Survey of Protestant Evangelical Opinion About Self-Image and Social Problems," Feb.–May 1982. 다음을 볼 것. Carol Virginia Pohli, "Church Closets and Back Doors: A Feminist View of Moral Majority Women," *Feminist Studies*, 9, no. 3 (Fall 1983): 542.

18) Dan Morgan, "Evangelicals: A Force Divided, Political Involvement, Sophistication Growing," *Washington Post*, Mar. 8, 1988, p. A1; Janet E. Burks, "Changing Roles of Women: Two Views, the Religious Right Moves Backward into History," *Sequoia*, July–Aug. 1986, p. 9.

19) Barbara Ehrenreich, Elizabeth Hess, and Gloria Jacobs, *Re-making Love: The Feminization of Sex* (Garden City, N.Y.: Anchor Books, 1987) pp. 155–56.

20) Conway and Siegelman, *Holy Terror*, pp. 275–76.

21) Ibid., p. 276.

22) Leslie Wolfe, "The Unfinished Agenda: Women and Girls in Education," Women's Way Conference, Nov. 9, 1987, Philadelphia, Pa., p. 11.

23) Falwell, *Listen, America!*, pp. 142–43, 157–64.

24) *Mandate for Leadership: Policy Management in a Conservative Administration*, ed. by Charles Heatherly (Washington, D.C.: Heritage Foundation, 1981) p. 180.

25) Stuart M. Butler, Michael Sanera, and W. Bruce Weinrod, *Mandate for Lead-*

ership II: Continuing the Conservative Revolution (Washington, D.C.: Heritage Foundation, 1984), p. 157.

26) Cultural Conservatism, *Toward a New National Agenda* (Lanham, Md.: Free Congress Foundation, 1987), p. 2.

27) Ibid., p. 7.

28) Family in America publications list, Rockford Institute, 1989.

29) 에드문드 하이슬마이어와 개인적인 인터뷰, 1988년.

30) Onalee McGraw, "The Family Protection Report: Symbol and Substance," *Moral Majority Report*, Nov. 23, 1981, p. 4; Petchesky, *Antiabortion, Antifeminism*, pp. 224–25; Frances Fitzgerald, "The New Righteousness—Changing Our Laws, Your Life," *Vogue*, Nov. 1981, p. 236.

31) Marilyn Power, "Women, the State and the Family," p. 155.

32) 이 현상에 대한 안목 있는 논의는 다음을 볼 것. Zilliah Eisenstein, "Antifeminism in the Politics and Election of 1980," *Feminist Studies*, 7, no. 2 (Summer 1981): 187.

33) Fishman and Fuller, "Unraveling the New-Right Opposition," p. 1.

34) Richard G. Hutcheson, Jr., *God in the White House* (New York: Macmillan, 1988). 다른 많은 기록물에도 페미니즘의 역할에 대해서는 마찬가지로 거의 관심을 기울이지 않는다. 다음을 볼 것. Samuel S. Hill and Dennis E. Owen, *The New Religious Political Right in America* (Nashville, Tenn.: Abindon, 1982); McIntyre, The Fear Brokers.

35) Alan Crawford, *Thunder on the Right: The "New Right" and the Politics of Resentment* (New York: Pantheon, 1980), p. 149. Petchesky, "Antiabortion," footnote 2, p. 239.

36) McIntyre, *Fear Brokers*, p. 156.

37) Conway and Siegelman, *Holy Terror*, pp. 60, 161.

38) Rater, *Christians*, p. 38.

39) 폴웰은 "남자들이 약해서 가정이 약해졌고 이런 가정에서 자란 아이들은 아마 약한 부모가 되어서 훨씬 더 약한 가정을 일구게 될 것"이라고 불평했다. Falwell, *Listen, America!*, p. 129.

40) Sidney Blumenthal, *The Rise of the Counter-Establishment: From Conservative Ideology to Political Power* (New York: Harper & Row, 1988) p. 6.

41) Butler, Sanera, and Weinrod, *Mandate for Leadership II*, p. 155.

42) Fram, "ERA Foes Exploit 'Women vs. Women' Myth."

43) 웨이리치의 이런 언어 전략 사례는 다음을 볼 것. Conway and Siegelman, *Holy Terror*, p. 116. 뉴라이트는 구타당한 여성들의 쉼터를 '반가족' 기관이라고 부르기도 했다. 다음을 볼 것. Barbara Bergmann, *The Economic Emergence of Women* (New York: Basic Books, 1986) p. 206.

44) Lipset and Raab, *Politics of Unreason*, p. 117.

45) 원자폭탄에 대해서는 다음을 볼 것. Conway and Siegelman, *Holy Terror*, p. 417.

46) Falwell, *Listen, America!*, p. 129.

47) Phyllis Schlafly, *The Power of the Positive Woman* (New York: Jove/Harcourt Brace Jovanovich, 1977) p. 72.

48) Beverly LaHaye, *The Restless Woman* (Grand Rapids, Mich.: Zondervan Publishing House, 1984) p. 54.

49) 다음을 볼 것. Carol Felsenthal, *The Sweetheart of the Silent Majority: The Biography of Phyllis Schlafly* (New York: Doubleday & Co., 1981).

50) Schlafly, *Positive Woman*, pp. 40–41.

51) Schlafly, *Positive Woman*, pp. 12–13, 33–34, 49, 53–54.

52) Ibid., p. 53.

53) Ibid., p. 33.

54) Rebecca E. Klatch, *Women of the New Right* (Philadelphia: Temple University Press, 1987) p. 123; Ann Hulbert, "The Baltimore Bust," *The New Republic*, June 28, 1980, p. 20. 다음도 볼 것. Beverly LaHaye, *Who But a Woman?* (New York: Thomas Nelson Publishers, 1984) pp. 25, 29, 43, 49. 뉴라이트 집단 미국을걱정하는여성모임을 만든 라헤이가 직접 밝힌 것처럼 "이런 말이 이상하게 들릴 거라는 걸 알지만 미국을걱정하는여성모임이 존재하게 된 건 벨라 앱저그Bella Abzug, 글로리아 스타이넘, 베티 프리던을 비롯한 급진 페미니스트의 공이 크다." 그녀는 1977년 회의를 통해 "나를 비롯해서 거기에 참가한 미국 전역의 다른 기독교 여성들이 눈을 뜨게 되었다"고 밝혔다.

55) Klatch, *New Right*, pp. 123–24.

56) Ibid., pp. 143–44.

57) Connaught C. Marshner, *The New Traditional Woman* (Washington, D.C.: Free Congress Research and Education Foundation, 1982) p. 12.

58) 코노트 마슈너와 개인적인 인터뷰, 1988년 5월.

59) Ibid. (이후 인용문은 다른 언급이 없을 경우 마슈너와 개인적인 인터뷰에서 가져온 것이다.)

60) Connaught C. Marshner, *Why the Family Matters: From a Business Perspective* (Washington, D.C.: The Free Congress Foundation, 1985) p. 8.

61) Ibid., p. 14.

62) Schlafly, *Positive Woman*, pp. 70–71.

63) Klatch, *New Right*, p. 45.

64) Marshner, *New Traditional Woman*, p. 1.

65) Ibid., p. 3.

66) Ibid., pp. 3–4.

67) 폴 웨이리치와 개인적인 인터뷰, 1988년.

68) 직원들과 개인적인 인터뷰, 1988년.

69) Beverly LaHaye, *The Spirit-Controlled Woman* (Eugene, Ore.: Harvest House Publishers, 1976) p. 71.

70) 비벌리 라헤이와 개인적인 인터뷰, 1988년 5월.

71) Ibid. (이후 라헤이의 인용문은 다른 언급이 없을 경우 인터뷰에서 가져온 것이다.)

72) LaHaye, *Spirit-Controlled Woman*, p. 13.

73) Ibid.

74) Ibid., pp. 13–14.

75) Ibid., p. 89.

76) 비벌리 라헤이와 개인적인 인터뷰, 1988년 5월.

77) Ibid.

78) LaHaye, *Spirit-Controlled Woman*, pp. 13, 14, 30, 34.

79) Ibid., pp. 14, 34.

80) Ibid., p. 34.

81) 비벌리 라헤이와 개인적인 인터뷰, 1988년 5월.

82) Tim and Beverly LaHaye, *The Act of Marriage: The Beauty of Sexual Love* (Grand Rapids, Mich.: Zondervan Publishing, 1976) p. 109.

83) Ibid., p. 121.

84) Ibid., p. 126.

85) Ibid., pp. 73, 258.

86) Ibid., pp. 240–41.

87) LaHaye, *Who But a Woman?*, p. 53.

88) Mary Schmich, "A Spokeslady of the Right," *Chicago Tribune*, March 23, 1986, p. 1.

89) 비벌리 라헤이의 친자매이자 미국을걱정하는여성모임의 부회장인 배리 라이언스Barrie Lyons는 한 인터뷰에서 소식지 구독을 신청하거나 서명에 참여함으로써 '관심'을 보인 모든 회원을 계산했을 때 회원 수가 50만 명에 이르렀다고 밝혔다. 한편, 매년 최소 15달러의 회비를 내는 공식적인 회원은 약 15만 명이었다. 하지만 대부분의 미디어는 부풀려진 주장을 그대로 실었다. 가령 《타임》의 한 커버스토리는 미국을걱정하는여성모임이 "전미여성연맹, 전미여성정치간부회의, 여성유권자연맹League of Women Voters를 모두 합한 것보다" 더 많은 회원을 보유하고 있다고 설명했다("Jerry Falwell's Crusade," *Time*, Sept. 2, 1985). 사실 회비를 납부하는 회원은 전미여성연맹이 미국을걱정하는여성모임보다 더 많다.

90) Randi Henderson, "In the Tradition," *Baltimore Sun*, March 26, 1986, p. C1.

91) 가령 미국을걱정하는여성모임의 전국자문위원회에는 제리 폴웰의 아내 마셀

Macel Falwell, 상원의원 제시 헬름스의 아내 도로시Dorothy Helms, 지미 스
위거트Jimmy Swaggart의 아내 프랜시스Frances Swaggart 등이 있었다.

92) Geoffrey Aronson, "The Conversion of Beverly LaHaye," *Regardie's*, March
     1987, p. 105.

93) Ibid., p. 120; Morgan, "Evangelicals as a Force Divided," p. A1 ; Maralee
     Schwartz, Lloyd Grove, and Dan Morgan, "Kemp Loses Endorsement," *Washington Post*, March 3, 1988, p. A15.

94) Mary Battiata, "Beverly LaHaye and the Hymn of the Right," *Washington Post*,
     Sept. 26, 1987, p. C1.

95) Cathy Trost, "Conservatives Enter into the Fray on Child Care, Arguing for
     Tax Breaks, Against Regulation," *The Wall Street Journal*, May 6, 1988, p. 44.

96) Nadine Brozan, "Politics and Prayer: Women on a Crusade," *New York Times*,
     June 15, 1987, p. C1.

97) 비벌리 라헤이와 개인적인 인터뷰, 1988년 5월.

98) 리베카 하겔린과 개인적인 인터뷰, 1988년.

99) Beverly LaHaye, *The Restless Woman* (Grand Rapids, Mich.: Zondervan Publishing, 1984) pp. 88, 108, 109.

100) 엘리자베스 케플러와 개인적인 인터뷰, 1988년.

101) 수전 라슨과 개인적인 인터뷰, 1988년.

102) 리베카 하겔린과 개인적인 인터뷰, 1988년.

10장

1) Jane Mayer, "Unfair Shake? Women Charge They Don't Get Their Share of
    White House Jobs," *The Wall Street Journal*, Sept. 10, 1985, p. 1.

2) Barbara Gamarekian, "Women Are Liberating a Citadel of Male Power," *New
    York Times*, May 18, 1988, p. 24.

3) Information from Federally Employed Women.

4) Mayer, "Unfair Shake?" p. 1.

5) 법무부의 21개 대통령 지명직에도 여성이 한 명도 없었다. 소수자 채용에서
    도 미즈 장관의 기록은 형편없었다. 첫 2년간 그는 고위 정책 입안가로 흑인
    을 한 명도 기용하지 않았다. 재임 첫 6년간 레이건이 지명한 미국 연방 검사
    93명 중에서 여성은 단 2명이었고, 연방 판사 292명 중에서 여성은 27명이었
    다. 다음을 볼 것. Howard Kurtz, "Affirmative Action: A Vacuum at Justice?
    Meese Puts No Blacks or Women in Top Jobs," *Washington Post*, Nov. 26,
    1986, p. A19.

6) 연방 여성 프로그램 직원과 개인적인 인터뷰, 1989년, 1991년.

7) 베티 플레밍과 개인적인 인터뷰, 1991년 5월.

8) Mayer, "Unfair Shake?" p. 1.

9) Lindsy Van Gelder, "Countdown to Motherhood," *Ms.*, Dec. 1986, p. 37.

10) Whittlesey, "Radical Feminism in Retreat," Dec. 8, 1984.

11) Mayer, "Unfair Shake?" p. 1.

12) Steve Chappie and David Talbot, *Burning Desires: Sex in America* (New York: Doubleday, 1989) pp. 77–88. 통고 규정은 결국 법원에서 저지되었다.

13) Ibid., pp. 78–82; Conway and Siegelman, *Holy Terror*, p. 372.

14) *Mandate for Leadership*, pp. 179–180.

15) 레슬리 울프와 개인적인 인터뷰, 1988년 2월.

16) 가령 다음을 볼 것. 'A Brief Look at the Women's Educational Equity Act," a Heritage Foundation "training" paper(이 보고서는 해당 프로그램이 세금을 가지고 미국 학교 커리큘럼에 '페미니스트 관점'을 끼워 넣으려 한다고 불평했다).; "Feminist Network Fed by Federal Grants: Insider Exposes Education Department Scandal," *Conservative Digest*, Special issue, 8, no. 4 (April 1982): 26.

17) Judy Mann, "Two Faced," *Washington Post*, Sept. 14, 1983, p. C1.

18) Judith Paterson, "Equity in Exile," *Ms.*, Nov. 1984, p. 18.

19) 헤리티지재단 연구원이자 전직 교육부 운영 담당 차관보 찰스 헤덜리가 의회 교육노동위원회 청문회에서 한 증언, 1983년 8월 2일.

20) 찰스 헤덜리와 개인적인 인터뷰, 1989년 11월.

21) 여성교육평등법에 대한 의회 청문회 속기록, 1983년 9월 27일.

22) Paterson, "Equity in Exile," p. 20.

23) "Education Department Uncovers Grants to Feminist," *Human Events: National Conservative Weekly*, Jan. 30, 1982.

24) "Feminist Network Fed," pp. 26–27.

25) 여성교육평등법 의회 청문회, 1983년 9월 27일.

26) 레슬리 울프와 개인적인 인터뷰, 1988년; "Statement of Dr. Leslie R. Wolfe," Sept. 27, 1983, testimony before the Congressional WEEA hearings, pp. 17–19.

27) 레슬리 울프와 개인적인 인터뷰, 1988년; "Statement of Dr. Leslie R. Wolfe," p. 20.

28) Deborah R. Eisenberg, "Evaluating the Department of Education's Field Readers," *GAO Review*, Fall 1984, pp. 32–35.

29) 찰스 헤덜리와 개인적인 인터뷰, 1989년 11월.

30) "Statement of Dr. Leslie R. Wolfe," p. 38.

31) Ibid., pp. 32, 35–36.

32) "Procedures for Making Grant Awards Under Three Department of Education Discretionary Grant Programs," General Accounting Office, July 26, 1983.

33) 레슬리 울프와 개인적인 인터뷰, 1988년.

34) "More on the Women's Issues," *New York Times*, Aug. 18, 1983, p. B12.

35) "Can Uncle Sam Cure What Ails the Family?" *U.S. News and World Report*, Sept. 1, 1986.

36) 게리 바우어와 개인적인 인터뷰, 1988년.

37) Julie Johnson, "Fanning the Flames for Conservatives," *New York Times*, Oct. 12, 1988, p. A15; John B. Judis, "The Mouse That Roars," *The New Republic*, Aug. 3, 1987, p. 23.

38) Judis, "Mouse That Roars," p. 23.

39) "The Family: Preserving America's Future," A Report to the President from the White House Working Group on the Family, Dec. 1986.

40) Ibid., p. 13.

41) Ibid., p. 16. 사실 1979년부터 1986년까지 여성 가장 세대는 미국 어린이의 빈곤을 겨우 1.2퍼센트 증가시키는 데 기여한 것으로 추정된다. 다음을 볼 것. Joan Smith, "Impact of the Reagan Years: Gender & Restructuring," Paper for 1st Annual Women's Policy Research Conference, Institute for Women's Policy Research, May 19, 1989, pp. 2–3, 26.

42) Ibid., pp. 13–14. 가령 뉴라이트 산행물인 록퍼드연구소Rockford Institute의 『미국의 가정*The Family in America*』은 가족에 대한 '연구'를 특집으로 다루면서 이혼이 아들에게 미치는 부정적인 영향만을 주로 다뤘다. 이 소식지에 따르면 엄마만 아이를 책임질 경우 아들은 감정 발달이 저해되고, 불면증이 생기고, '계집애 같은 사내'로 자랄 수 있다. 만일 여자아이가 부모의 이혼 때문에 밤잠을 설친다 해도 그건 언급할 가치가 없는 문제다. 가령 다음을 볼 것. "Needing Dad" and "Just Like His Dad," *The Family in America*, July 1989, pp. 2, 3.

43) "The Family," p. 38. 다음 후속 보고서도 볼 것. "Report to the President on the Family," Office of Policy Development, July 25, 1988, p. 7.

44) "The Family," p. 45.

45) 게리 바우어와 개인적인 인터뷰, 1988년(이후 바우어의 인용문은 다른 언급이 없을 경우 인터뷰에서 가져온 것이다).

46) "Child Care: The Time Is Now," Children's Defense Fund, 1987, p. 9.

47) 캐럴 바우어와 개인적인 인터뷰, 1988년(이후 인용문은 인터뷰에서 가져온 것이다).

48) "Report Urges President to Strengthen Families," *Washington Post*, Nov. 14, 1986, p. A1.

49) Geraldine Ferraro with Linda Bird Francke, *Ferraro: My Story* (New York: Bantam Books, 1985) pp. 194–95.

50) Data from Center for the American Woman and Politics, Eagleton Institute of Politics, Rutgers University.

51) Sara Diamond, "Women on the Radical Right: Meeting Our Needs?" *Plexus*, Nov. 1984, p. 4.

52) 제럴딘 페라로와 개인적인 인터뷰, 1988년.

53) Ferraro with Francke, *Ferraro*, pp. 223–24, 227–28.

54) "Ferraroblip," *The Nation*, Sept. 1, 1984, p. 131.

55) James Ring Adams, "The Lost Honor of Geraldine Ferraro," *Commentary*, Feb. 1986, p. 34.

56) Ibid., p. 35.

57) Ferraro with Francke, *Ferraro*, p. 234.

58) 가령 다음을 볼 것. 1984 Newsweek Poll; "Bad News for Mondale," *Newsweek*, Sept. 24, 1988.

59) National Women's Political Caucus poll, 1984.

60) Exit polls by the Los Angeles Times, ABC, and Democratic pollster Dotty Lynch. 다음을 볼 것. Peggy Simpson, "Myths and Realities: Did Ferraro Attract Voters?" *Working Woman*, Feb. 1985, p. 54.

61) "The Ferraro Problem," *National Review*, Nov. 1, 1985, p. 20.

62) Peggy Simpson, "What Happened in '84: Did Women Make a Difference?" *Working Woman*, Feb. 1985, p. 52; Robin Toner, "Democrats and Women: Party Shifts Approach," *New York Times*, July 11, 1987, p. 10.

63) Nicholas Davidson, *The Failure of Feminism* (Buffalo, N.Y.: Prometheus Books, 1988) p. 149.

64) Richard Cohen, "… And Wobbling," *Washington Post*, July 3, 1984, p. A15.

65) "The Hurt Was Even More Than What's In the Book," *Newsweek*, Oct. 7, 1985, p. 81.

66) Ferraro with Francke, *Ferraro*, p. 312.

67) Mark Clements Research, Annual Study of Women's Attitudes, 1984, 1987.

68) 여성출마자지원기금의 상임 이사 제인 다노위츠Jane Danowitz와 개인적인 인터뷰, 1988년; 루스 만델과 개인적인 인터뷰, 1988년; Ellen Hume, "Women Grow Reluctant to Run for High Office As Ferraro Euphoria Fades and Scandals Mount," *The Wall Street Journal*, Oct. 16, 1987, p. 62.

69) Hume, "Women Grow Reluctant," p. 62.

70) Statistics from Center for the American Woman and Politics. 이 수치는 두 거대 정당의 지명자에 한한다.

71) Ibid.

72) "GOP Candidates Snub Women's Conference," *Dallas Times Herald*, Jan. 21, 1988; 회의 조직자들과 개인적인 인터뷰, 1988년.

73) "GOP Candidates Snub Women's Conference."

74) Information from Gallup poll, 1982, p. 35; analyses by Center for American

미주   735

Women and Politics; Thomas G. Exter, "What Men and Women Think," *American Demographics*, August 1987, p. 34. 대졸자 사이에서는 이 선거에서 젠더 격차가 15퍼센트였다. 다음을 볼 것. Susanna Downie, "Decade of Achievement: 1977–1987," p. 34.

75) *The New York Times*/CBS News exit poll, 1988. 다음을 볼 것. "Portrait of the Electorate," *New York Times*, Nov. 10, 1988, p. A16. 출구 조사에 따르면 레이건에 투표한 여성은 남성보다 8퍼센트, 즉 약 300만 명 더 적었다. 다음을 볼 것. Eleanor Smeal, *Why and How Women Will Elect the Next President* (New York: Harper & Row, 1984) p. 3; Simpson, "What Happened in '84," p. 43.

76) Klein, *Gender Politics*, p. 159.

77) Ibid., p. 161.

78) Ibid., pp. 159–60.

79) Fund for the Feminist Majority poll, 1988.

80) "Gender Gap Found in All Areas, Social Levels," The Gallup Report, March 1983; "Reagan Popularity: Men vs. Women," The Gallup Report, March 1983; Smeal, Why and How Women Will Elect The Next President, p. 3.

81) "The Gender Gap," *WEJC Update*, Women's Economic Justice Center, 2, no. 1 (Spring 1989): 3; "Women and the Vote—1988: Women's Impact at the Polls," National Commission on Working Women, 1988.

82) ABC News/*Washington Post*, Nov. 8, 1988; NBC News/*Wall Street Journal*, Nov. 8, 1988; *Los Angeles Times*, Nov. 8, 1988. 다음을 볼 것. "The Exit Poll Results," *Public Opinion*, Jan.–Feb. 1989, p. 26; the *Washington Post*/ABC News Survey, June 15–19, 1988; R. W. Apple, Jr., "Bush's Growing Appeal Fails to Include Women," *New York Times*, Oct. 27, 1988, p. B15.

83) "In Review," *The American Woman 1990–91*, p. 49; "Quayle's Votes on Gender Gap Issues," *Eleanor Smeal Report*, 5, no. 24 (Aug. 19, 1988): 3.

84) David Hoffman, "Reagan Coalition's Not Yet Bush's: Women, Blue Collars May Be Drifting from GOP, Polls Show," *The Washington Post*, May 11, 1988, p. 1A.

85) 연방의 부양자녀가족지원제도 수급자의 90퍼센트 이상, 연방 보조 주택에 의지하는 사람의 66퍼센트, 법률 서비스가 필요한 사람의 66퍼센트, 메디케이드 수혜자의 60퍼센트, 푸드 스탬프 수령자의 60퍼센트가 여성이다. Power, "Women, the State and the Family," p. 55.

86) Amy Brooke Baker, "Low Marks for GOP on Women's Issues," *The Christian Science Monitor*, Jan. 21, 1988, p. 3; Kenneth H. Bacon, "Bush Backs Away From Birth-Control Program As Congress Braces for a Tough Fight on Issue," *The Wall Street Journal*, Feb. 2, 1990, p. A12.

87) Sara Rimer, "For Women, Taking on One Role at a Time," *New York Times*,

Sept. 23, 1988, p. B1.

88) Newsweek turned the "wimp" issue into a cover story: "Fighting the Wimp Factor," *Newsweek*, Oct. 19, 1987, p. 28.

89) "Flash! Bush Is Angry (Or Maybe He Isn't)," "Campaign Notes," *New York Times*, Nov. 7, 1988, p. B17.

90) George Will, "The Pastel President," *Newsweek*, April 24, 1989, p. 86.

91) E. J. Dionne, Jr., "Why Bush Faces a Problem Winning Women's Support," *New York Times*, June 19, 1988, p. A1.

92) Peggy Simpson, "Games Republicans Play," *Ms.*, July 1988, p. 42.

93) Ellen Goodman, "Envelope, Please, for Equal Rights Winners," *Boston Globe*, Aug. 23, 1988, p. A19.

94) "The People, the Press, and Politics," Los Angeles Times Mirror Survey, 1988.

95) "Women's Groups Meet with Kirk," *Eleanor Srneal Report*, 5, no. 10 (Dec. 23, 1987): 1; Elizabeth Drew, "Letter from Washington," *New Yorker*, Aug. 15, 1988, p. 65.

96) Toner, "Democrats and Women," p. 10.

97) "Gender Gap," p. 1.

98) "Election '88: What the Voters Said," *Public Opinion*, Jan.–Feb. 1989, p. 26.

99) George E. Curry, "A Season in Hell," *Ms.*, Oct. 1989, p. 59.

100) Mary Jo Neuberger, "Nice Girls Don't: Women's Caucus Shuns Conflict in Atlanta," *The Village Voice*, Aug. 2, 1988, p. 24.

101) Barbara Ehrenreich, "The Heart of the Matter," *Ms.*, May 1988, p. 20.

102) "America's Families Need Our Votes," Women's Vote Project and National Women's Political Caucus, Oct. 28, 1988.

103) Peggy Simpson, "Child Care: All Talk, No Action," *Ms.*, Dec. 1988, p. 81.

104) 그리고 미국 상원이 마침내 미국 전체 노동자의 5퍼센트밖에 혜택을 볼 수 없는, 알맹이가 빠진 가족의료휴가법을 통과시킨 1990년, 부시 대통령은 즉각 여기에 거부권을 행사했다.

105) The Washington Post's special section ran on Nov. 9, 1988, pp. 22–43.

106) 《뉴욕타임스》에 대한 개인적인 검토, 1988년 11월 9일자~16일자.

107) Nadine Brozan, "Women Meet, Ideology in Back Row," *New York Times*, Jan. 9, 1989, p. A10.

108) Jodie T. Allen, "Not NOW—It's Time for Consensus, Not Conflict," *Washington Post*, July 30, 1989, p. C1.

109) "With Stale Strategies, NOW Puts Her Worst Foot Forward," *Insight*, Oct. 9, 1989, p. 16; David S. Broder, "NOW's Fantasy," *Washington Post*, July 30, 1989, p. 7; Judy Mann, "NOW's Flirtation With Suicide," *Washington Post*, July 26, 1989, p. B3.

110) Eleanor Clift, "Taking Issue with NOW," *Newsweek*, Aug. 14, 1989, p. 21.

111) Eleanor Smeal, "Why I Support a New Party," *Ms.*, Jan.–Feb. 1991, p. 72.

112) 대회 조직자들과 개인적인 인터뷰, 1989년; 전미여성연맹의 전임 회장이자 페미니스트다수를위한재단의 설립자 엘리너 스밀과 개인적인 인터뷰, 1989년.

113) 엘리너 스밀과 개인적인 인터뷰, 1989년.

114) Allen, "Not NOW," p. 1; Dan Balz, "NOW's Talk of New Party Attacked as Self-Defeating," *Washington Post*, July 28, 1989; Peggy Simpson, "Reconcilable Differences," *Ms.*, Oct. 1989, p. 70.

115) NBC News, Democratic National Convention coverage, July 18, 1988.

116) 이 조사는 《타임》을 위해 수행한 것이었다. 하지만 신기하게도 《타임》은 조사 결과를 독자들에게 절대 알리지 않았다. 1987년 갤럽이 《타임》과 《미러》를 위해 수행한 여론조사에서도 비슷한 결과가 나왔다. 즉 여성 다수가 스스로를 페미니스트 혹은 여성의 권리 지지자라고 밝힌 반면, 공화당원, 민주당원, 심지어는 자유주의자라고 밝힌 여성은 소수였다.

11장

1) 이런 전문가들이 어떤 이데올로기를 지지하는지 판단하기 어려울 때도 종종 있었다. 정치학자 진 베스키 엘시테인Jean Bethke Elshtain이 그런 당황스러운 사례였다. 고집 센 보수학자처럼 보이는 그녀는 스스로를 페미니스트라고 칭했고 《프로그레시브》와 《디센트》 같은 자유주의적이거나 좌파적인 저널에 글을 썼다. 그녀는 반페미니즘 논문, 에세이, 책을 꾸준히 출간하면서 여성운동이 가정을 말살시켰다고 비난했다. 다음을 볼 것. Judith Stacey, "The New Conservative Feminism," *Feminist Studies*, 9, no. 3 (Fall 1983): 559. 좌파의 여성운동 공격에 대한 논의는 다음을 볼 것. Arlie Hochschild, "Is the Left Sick of Feminism?" *Mother Jones*, June 1983, p. 56.

2) 래시는 1991년 《하퍼스바자》가 후원하는 한 포럼과, 어떤 결혼 가족 치유사 대회의 연설에서 이혼 금지를 제안했다. 다음을 볼 것. "Who Owes What to Whom: Drafting a Constitutional Bill of Duties," *Harper's*, Feb. 1991, p. 48.

3) George Gilder, *Naked Nomads: Unmarried Men in America* (New York: Quadrangle/The New York Times Book Co., 1974) pp. 106–7.

4) Ibid., p. 107.

5) Ibid.

6) Ibid.

7) Ibid., p. 108.

8) Ibid., p. 110.

9) Ibid.

10) Ibid., pp. 110–14.

11) 조지 길더와 개인적인 인터뷰, 1989년(이후 길더의 인용문은 다른 언급이 없을 경우 인터뷰에서 가져온 것이다).

12) 조지 길더와 개인적인 인터뷰, 1989년; Gilder, *Naked Nomads*, p. vii.

13) 조지 길더와 개인적인 인터뷰, 1989년.

14) George Gilder, *Men and Marriage* (Gretna, La.: Pelican Publishing Co., 1986) pp. 108, 139.

15) Ibid., pp. 149, 108.

16) George Gilder, "The Princess's Problem (All the Good Ones Are Married, Sort Of)," *National Review*, Feb. 28, 1986, p. 28. (이 에세이는 『남자와 결혼』에도 나온다.)

17) Ibid., p. 28.

18) Ibid., p. 30.

19) Ibid., p. 29.

20) 조지 길더와 개인적인 인터뷰, 1989년; Gilder, *Naked Nomads*, pp. 5, 22.

21) Ibid., pp. 161–62.

22) Ibid., p. 4.

23) Ibid., p. 141.

24) Ibid., pp. 14–21, 27–28, 65–66, 74, 152.

25) Ibid., p. 65.

26) Ibid., pp. 6–7, 10.

27) Ibid., pp. 129, 158.

28) Ibid., p. 75.

29) Ibid., p. 27.

30) Ibid., p. 75.

31) Gilder, *Men and Marriage*, p. 39.

32) 조지 길더와 개인적인 인터뷰, 1989년.

33) Blumenthal, *The Rise of the Counter-Establishment*, pp. 203–4.

34) Ibid., pp. 204, 208, 210.

35) George Gilder, *Wealth and Poverty* (New York: Basic Books, Inc., 1981) p. 115.

36) Gilder, *Men and Marriage*, pp. xiii, xi.

37) 조지 길더와 개인적인 인터뷰, 1989년.

38) Allan Bloom, *The Closing of the American Mind* (New York: Simon & Schuster, 1987) pp. 65–66, 74–76, 79, 80, 100–101.

39) Ibid., pp. 100–101, 104–105, 124.

40) Christopher Lasch, *The True and Only Heaven* (New York: W. W. Norton & Co., 1991) pp. 33–34.

41) Roger Kimball, *Tenured Radicals: How Politics Has Corrupted Our Higher Education* (New York: Harper & Row, 1990) pp. xi, xvii, 15.

미주　　　　　　　　　　　　　　　　　　　　739

42) Stephen Schwartz, "Challenge to Campus Policies," *San Francisco Chronicle*, Jan. 5, 1991, p. A4.

43) 앨런 블룸과 개인적인 인터뷰, 1989(이후 블룸의 인용문은 다른 언급이 없을 경우 인터뷰에서 가져온 것이다).

44) Deborah L. Rhode, "Perspectives on Professional Women," *Stanford Law Review*, 40, no. 5 (May 1988): 1175, 1179–80. 2,500개 고등교육 기관이 소속된 미국대학전문직협회American Association of University Professionals가 1982~1983년에 실시한 조사에 따르면 10년 동안 차별 철폐 조치가 단행되었지만 "여성들은 거의 얻은 게 없었다." 이 협회의 보고서는 엘리트 대학일수록 진보가 가장 더디다고 밝혔다. 하버드 대학교에서는 정교수 중 여성은 불과 4.2퍼센트였고, 예일 대학교는 3.9퍼센트, 프린스턴 대학교는 3.2퍼센트, 스탠퍼드 대학교는 2.6퍼센트였다. 여성이 부족해서가 아니었다. 구직 중인 박사 학위 소지자 중 약 3분의 1이 여성이었다.

45) Mariam Chamberlain, "The Emergence and Growth of Women's Studies Programs," *The American Woman: 1990–91*, p. 318.

46) Ellen Carol DuBois, Gail Paradise Kelly, Elizabeth Lapovsky Kennedy, Carolyn W. Korsmeyer, and Lillian S. Robinson, *Feminist Scholarship: Kindling in the Groves of Academe* (Chicago: University of Illinois, 1987) pp. 165, 168–69.

47) Anne Matthews, "Deciphering Victorian Underwear and Other Seminars," *The New York Times Magazine*, Feb. 10, 1991, p. 42.

48) Bloom, *American Mind*, p. 347.

49) James Atlas, "Chicago's Grumpy Guru," *New York Times*, Jan. 3, 1988, p. 25.

50) Ibid.

51) Bloom, *American Mind*, p. 126.

52) Ibid., pp. 120, 16.

53) Allan Bloom, "Liberty, Equality, Sexuality," *Commentary*, April 1987, p. 24.

54) Bloom, *American Mind*, p. 103.

55) Ibid., p. 127.

56) Ibid., p. 124.

57) Ibid., pp. 107, 131.

58) Ibid., pp. 12, 129.

59) Ibid., pp. 137, 114.

60) Ibid., p. 124.

61) Ibid., p. 84.

62) Ibid., p. 125.

63) Michael Levin, *Feminism and Freedom* (New Brunswick, N.J.: Transaction Books, 1987) pp. 3, ix.

64) Ibid., p. 83.

65) Ibid., p. 90.

66) 마가리타 레빈과 개인적인 인터뷰, 1988년(이후 인용문은 다른 언급이 없을 경우 인터뷰에서 가져온 것이다).

67) Levin, *Feminism and Freedom*, p. 270.

68) 마이클 레빈과 개인적인 인터뷰, 1988년(이후 인용문은 다른 언급이 없을 경우 인터뷰에서 가져온 것이다).

69) Margarita Levin, "Caring New World: Feminism and Science," *The American Scholar*, Winter 1988, p. 100.

70) 사실 1980년대 말에 수학과 과학 관련 학과에 능력 있는 여성이 '거의 없다'는 건 사실이 아니었다. 1988년, 여성은 수학 석사 학위 소지자의 40퍼센트, 생명과학 석사 학위 소지자의 49퍼센트를 차지했다(미국 교육부 데이터). 그리고 남학생과 여학생의 수학 점수를 장기적으로 추적한 연구에 따르면 젠더 차이는 역시 점점 사라지고 있다. 다음을 볼 것. Keay Davidson, "Nature vs. Nurture," *San Francisco Chronicle and Examiner, Image* magazine, Jan. 20, 1991, p. 1–11.

71) Margarita Levin, "Babes in Libland," *Newsweek*, Dec. 28, 1981, p. 8.

72) 워런 패럴과 개인적인 인터뷰, 1988년(이후 인용문과 관찰은 다른 언급이 없을 경우 인터뷰에서 가져온 것이다).

73) Warren Farrell, *Why Men Are the Way They Are* (New York: McGraw-Hill, 1986) p. xxi.

74) Ibid., p. xv.

75) Ibid.

76) Ibid., pp. xv–xvi.

77) "Getting Men to Hold Hands—On the Road to Liberation," *People*, Jan. 20, 1975, p. 48.

78) Warren T. Farrell, "The Human Lib Movement I," *New York Times*, June 17, 1971, p. 41.

79) Michael Korda, *Male Chauvinism* (New York: Random House, 1973) p. 160; Marc Feigen Fasteau, *The Male Machine* (New York: McGraw- Hill, 1974) pp. 5, 11.

80) Farrell, "Getting Men to Hold Hands," p. 48.

81) Farrell, "Human Lib Movement."

82) Farrell, *Why Men Are*, p. 355.

83) Robert Bly, "Fifty Males Sitting Together," in *Loving a Woman in Two Worlds* (New York: Harper & Row, 1985) p. 3.

84) 블랙오크 서점에서 개인적인 관찰, 1988년.

85) Jill Wolfson, "Make Poetry," *San Jose Mercury News*, April 16, 1983, p. F1.

86) Robert Bly, *The Pillow & the Key* (St. Paul, Minn.: Allv Press, 1987) p. 19.

87) Ibid.

88) "Robert Bly," *Whole Earth*, Winter 1988, p. 68.

89) Jerry Carroll, "Father Figure to the New, New Man," *San Francisco Chronicle*, March 19, 1986, p. 36.

90) Robert Bly, *Iron John: A Book About Men* (Reading, Mass.: Addison-Wesley, 1990).

91) 다음을 볼 것. *Men's Resource Hotline Calendar*, 5, nos. 1–3, The National Men's Resource Center, 1989; Trip Gabriel, "Call of the Wildmen," *The New York Times Magazine*, Oct. 14, 1990, p. 36; Phil McCombs, "Men's Movement Stalks the Wild Side: Lessons in Primitivism," *The Washington Post*, Feb. 3, 1991, p. F1.

92) 스틸링관계연구소 직원과 주말 세미나 참가자들에 대한 개인적인 관찰과 인터뷰, 1988.

93) "The Gender Rap," *The New Republic*, April 16, 1990, p. 14.

94) Chappie and Talbot, *Burning Desires*, p. 200.

95) Robert Bly, *Pillow & the Key*, p. 2.

96) Robert Bly and Keith Thompson, "What Men Really Want: A New Age Interview with Robert Bly," *New Age*, May 1982, p. 30.

97) Bly, *Pillow & the Key*, pp. 13–14.

98) Ibid., p. 14.

99) Ibid., p. 2.

100) Ibid., p. 5.

101) Ibid., p. 9.

102) Jon Tevlin, "Of Hawks and Men: A Weekend in the Male Wilderness," *Utne Reader*, Nov.–Dec. 1989, p. 50.

103) Ibid., pp. 53–54.

104) Trip Gabriel, "Call of the Wildmen," p. 37.

105) Chappie and Talbot, *Burning Desires*, p. 189.

106) Ibid.

107) Ibid., pp. 187, 195–96.

108) 융센터 세미나에서 개인적인 관찰, 1988년(이후 인용문은 로버트 블라이와의 개인적인 인터뷰, 그리고 같은 행사에 대한 관찰에서 가져온 것이다).

109) 실비아 앤 휴렛과 개인적인 인터뷰, 1988년.

110) Sylvia Ann Hewlett, *A Lesser Life: The Myth of Women's Liberation in America* (New York: Warner Books, 1986) pp. 208, 216.

111) Ibid, pp. 202–3.

112) 조이스 브룩셔와 다른 전직 공장 노동자들과 개인적인 인터뷰, 1991.

113) Ibid., p. 329; George Gilder, *Sexual Suicide* (New York: The New York Times

Book Co., 1973) p. 6.

) 실비아 앤 휴렛과 개인적인 인터뷰, 1991.

) Hewlett, *Lesser Life*, p. 217.

) Ibid., p. 216.

) Ibid., p. 179.

) Ibid., p. 188.

) 실비아 앤 휴렛과 개인적인 인터뷰, 1988.

) Beryl Lieff Benderly, "Motherhood and the Fast Track," *The Washington Post Book World*, April 6, 1986, p. 6.

) Hewlett, *A Lesser Life*, pp. 406, 413.

) Arline and Harold Brecher, "Gals Are Being HURT—Not Helped—by Women's Lib," *National Enquirer*, July 22, 1986, p. 32.

) 『시시한 인생』은 《뉴잉글랜드 의학저널》에 발표된 1982년 프랑스 연구를 인용하면서 불임률이 급등하고 있다고 주장하는데, 이미 확인했다시피 그녀가 이 책을 쓰고 있던 무렵에는 인구학자들이 이 연구를 전반적으로 받아들이지 않았다. 다음을 볼 것. Lesser Life, pp. 194, 443.

) *Lesser Life*, p. 211.

) Ibid., pp. 208, 201.

) Ibid., p. 203.

) 1987년 5월, 루이스해리스 여론조사에서는 이 수치가 75퍼센트까지 늘어났음을 확인했다. 1982년 4월 루이스해리스 여론조사에서는 지지하는 사람이 63퍼센트라고 밝혔다.

) The Gallup Poll, June 1982, pp. 139–41.

) Deborah L. Rhode, "Equal Rights in Retrospect," *Law & Inequality: A Journal of Theory and Practice*, 1, no. 1 (June 1983): 19–21; Wendy Kaminer, *A Fearful Freedom: Women's Flight from Equality* (Reading, Mass.: Addison-Wesley, 1990), p. 80; Catherine East, "Critical Comments on A Lesser Life," National Women's Political Caucus, unpublished paper, p. 27; Barbara R. Bergmann, *The Economic Emergence of Women* (New York: Basic Books, 1986), p. 153.

) Rhode, "Equal Rights in Retrospect," p. 51.

) Hewlett, *Lesser Life*, pp. 61, 66–67.

) Ibid., pp. 184, 190.

) Ibid., p. 185.

) Ibid., pp. 143–44, 167–74.

) East, "Critical Comments," pp. 7–8.

) Klein, *Gender Politics*, p. 24.

) *Sisterhood Is Powerful: An Anthology of Writings From the Women's Liberation Movement*, ed. by Robin Morgan (New York: Vintage Books, 1970) pp. 576–77.

주

138) Yankelovich Clancy Shulman poll, Oct. 23–25, 1989, for *Time*/CNN.

139) Hewlett, *Lesser Life*, pp. 31, 43–45.

140) Ibid., pp. 31, 44–45.

141) Ibid., p. 32.

142) Ibid., p. 32.

143) 제인 굴드와 개인적인 인터뷰, 1988년.

144) Alice H. Cook, "Public Policies to Help Dual- Earner Families Meet the Demands of the Work World," *Industrial and Labor Relations Review*, Jan. 1989, pp. 201–215.

145) 실비아 앤 휴렛과 개인적인 인터뷰, 1988년; Hewlett, *Lesser Life*, pp. 367–82.

146) 실비아 앤 휴렛과 개인적인 인터뷰, 1988년(이후 인용문은 다른 언급이 없을 경우 인터뷰에서 가져온 것이다).

147) 실비아 앤 휴렛과 개인적인 인터뷰, 1988년.

148) Hewlett, *Lesser Life*, p. 405.

149) 실비아 앤 휴렛과 개인적인 인터뷰, 1988년.

150) Betty Friedan, *The Second Stage* (New York: Summit Books, 1981) p. 203.

151) Ibid., pp. 202–3, 244–A5, 248, 254, 333–35, 337. 이런 작업에서 자주 빚어지는 일이긴 하지만 이상하게도 프리던은 책의 다른 부분에서 이와 상충되는 입장을 표출한다. 247쪽에서는 "여성운동은 베타 스타일을 정치에 대규모로 적용한 최초의 사례였으리라"라고 적고 있다.

152) Dinesh D'Souza, "The New Feminist Revolt: This Time It's Against Feminism," *Policy Review*, No. 35, (Winter 1986): 46.

153) Phyllis Schlafly, "Betty Friedan and the Feminist Mystique," *Phyllis Schlafly Report*, 19, no. 8 (March 1988): 3(같은 슐래플리 보고서에서는 레노어 와이츠먼의 이혼 수치를 떠들어 대는가 하면 《미즈》가 경박해졌다는 사실을 신이 나서 지적하기도 했다).

154) Camille Paglia, *Sexual Personae: Art and Decadence from Nefertiti to Emily Dickinson* (New Haven: Yale University Press, 1990); Francesca Stanfill, "Woman Warrior," *New York*, Mar. 4, 1991, p. 22; Camille Paglia and Neil Postman, "She Wants Her TV! He Wants His Book," *Harper's*, Mar. 1991, p. 44; "A Scholar and a Not-so-Gentle Woman," *Image, San Francisco Examiner*, July 7, 1991, p. 7.

155) Germaine Greer, *The Female Eunuch* (New York: Bantam Books, 1972), frontispiece.

156) Germaine Greer, *Sex and Destiny: The Politics of Human Fertility* (New York: Harper & Row) pp. 94, 104–105, 243, 257.

157) Ibid., p. 253.

158) D'Souza, "Feminist Pioneers," p. 21.

159) Susan Brownmiller, *Femininity* (New York: Fawcett Columbine, 1984) p. 129.

160) Germaine Greer, *Daddy, We Hardly Knew You* (New York: Alfred A. Knopf, 1990) p. 12.

161) Susan Brownmiller, "Hedda Nussbaum, Hardly a Heroine," *New York Times*, Feb. 2, 1989, p. A25; Susan Brownmiller, *Waverly Place* (New York: Grove Press, 1989); Stefan Kanfer, "Out to Make Killings: Crime Pays, At Least for Many Authors Who Write About It," *Time*, Feb. 20, 1989, p. 98.

162) Erica Jong, "Ziplash: A Sexual Libertine Recants," *Ms.*, May 1989, p. 49.

163) Friedan, *Second Stage*, pp. 31–32.

164) 베티 프리던과 개인적인 인터뷰, 1989년.

165) Friedan, *Second Stage*, p. 362.

166) Ibid., p. 257.

167) Gilder, *Men and Marriage*, pp. ix–x.

168) Ibid., p. 207.

169) Ibid., p. 365.

170) Judith Stacey, "Are Feminists Afraid to Leave Home? The Challenge of Conservative Pro-family Feminism," in *What Is Feminism? A Re-Examination*, ed. by Juliet Mitchell and Ann Oakley (New York: Pantheon Books, 1986) p. 229.

171) Friedan, *Second Stage*, p. 245.

172) 가령 다음을 볼 것. ibid., pp. 101–3. 특히 '남성적인' 자기중심적 행동을 못마 땅해하는 이 책에는 '나'를 주어로 한 문장이 많다. 28쪽을 볼 것.

173) Marcia Cohen, *The Sisterhood* (New York: Simon and Schuster, 1988) pp. 273, 317, 336–337, 351.

174) Friedan, *Second Stage*, p. 230.

175) Ibid., p. 297.

176) Ibid., p. 363.

177) Ibid., pp. 333, 335, 343.

178) Ibid., pp. 333–34.

179) Ibid., p. 333.

180) Ibid., p. 334.

181) Ibid., p. 56.

182) Ibid., pp. 113–14.

183) Ibid., pp. 31, 45, 53.

184) Ibid., p. 41.

185) Sally Helgesen, *The Female Advantage: Women's Ways of Leadership* (New York: Currency/Doubleday, 1990); Sara Ruddick, *Maternal Thinking: Toward a Politics of Peace* (Boston: Beacon Press, 1989).

186) Suzanne Gordon, *Prisoners of Men's Dreams: Striking Out for a New Feminine*

Future (Boston: Little, Brown and Co., 1991) pp. 12, 14. 고든이 페미니즘을 거부한 건 아니었다. 고는은 자신의 책에서 '기회 균등' 페미니즘과 '변혁적인' 페미니즘을 구분하면서 변혁적인 페미니즘이 더 순수하고 비상업적인 형태라고 밝혔다. 그리고 자신은 이 순수한 형태의 페미니즘을 지지한다고 말했다. 하지만 반격의 나팔수 노릇을 하던 언론은 이런 구분을 누락시켜 버렸다.

187) '관계적' 페미니스트 학파는 '네오페미니즘neofeminism', '사회적 페미니즘social feminism, '차이의 페미니즘difference feminism' 등 여러 이름으로 통한다. 여기서는 편의상 여성의 '다른different' 혹은 '특별한special' 지위를 새롭게 강조하는 데서 출발한 여러 페미니즘 사조를 아우르는 포괄적 용어인 '관계적relational' 학파라는 표현을 쓸 것이다. '관계적' 학파의 부상과 그 다양함에 대한 논의는 다음을 볼 것. Joan C. Williams, "Deconstructing Gender," *Michigan Law Review*, 87 (February 1989): 797; Hester Eisenstein, *Contemporary Feminist Thought* (Boston: G. K. Hall & Co., 1983), pp. xii, xviii–xix, 134–135; Ellen DuBois, "Politics and Culture in Women's History," *Feminist Studies, 6, no. 1 (Spring 1980): 28; Wini Breines, Margaret Cerullo, and Judith Stacey, "Social Biology, Family Studies and Antifeminist Backlash," *Feminist Studies*, 4 (Feb. 1978): 43. 물론 성차에 대한 이런 집착은 미디어까지 전파되어 남성과 여성 간의 문화적 장벽보다는 생물학적 장벽을 강조하는 커버스토리가 하나둘 나타났다. 가령 다음을 볼 것. Merrill McLoughlin, "The New Debate Over Sex Differences: Men Vs. Women," *U.S. News and World Report*, Aug. 8, 1988, p. 50; Ethel S. Person, "Some Differences Between Men and Women," *The Atlantic Monthly*, March 1988, p. 71; Laura Shapiro, "Guns and Dolls: Scientists Explore the Differences Between Girls and Boys," *Newsweek*, May 28, 1990, p. 56.

188) Barbara Reskin, "Bringing the Men Back In," *Gender & Society*, 2, no. 1 (March 1988): 76.

189) Miller, *Toward a New Psychology*, p. x.

190) DuBois, "Politics and Culture," p. 31.

191) Breines, Cerullo, and Stacey, "Social Biology," p. 48.

192) DuBois, et al., *Feminist Scholarship*, pp. 128–29; Elizabeth Wolgast, *Equality and the Rights of Women* (Ithaca: Cornell University Press, 1980).

193) Williams, "Deconstructing Gender," p. 803.

194) "Men's and Women's Reality—Making the Differences Count," Candle Publishing press release, Sept. 30, 1988, p. 1.

195) Kathleen Madden, "Femininity: Do You Buy It?" *Vogue*, March 1987, p. 445.

196) Lindsy Van Gelder, "Carol Gilligan: Leader for a Different Kind of Future," *Ms.*, Jan. 1984, p. 37; Francine Prose, "Confident at 11, Confused at 16," *The*

New York Times Magazine, Jan. 7, 1990, p. 23.

197) Heather R. McLeod, "The Radcliffe Conferences: Women in the 21st Century," *Radcliffe Quarterly*, Sept. 1989, p. 11.

198) 캐럴 길리건과 개인적인 인터뷰, 1991년 5월(이후 길리건의 인용문은 다른 언급이 없을 경우 개인적인 인터뷰에서 가져온 것이다).

199) Carol Gilligan, *In a Different Voice: Psychological Theory and Women's Development* (Cambridge, Mass.: Harvard University Press, 1982) p. 18.

200) Ibid., p. 2.

201) Ibid.

202) Ibid., p. 26.

203) Ibid., p. 28.

204) Ibid., p. 26.

205) Ibid., p. 29.

206) Ibid., p. 35.

207) Ibid., pp. 2–3.

208) Ibid., p. 3.

209) Carol Gilligan, "Reply by Carol Gilligan," from "On *In A Different Voice*: An Interdisciplinary Forum," *Signs*, 11, no. 21 (Winter 1986): 326, 328.

210) Catherine G. Greeno and Eleanor E. Maccoby, "How Different Is the 'Different Voice'?" Signs, 11, no. 21 (Winter 1986): 313–14. 이는 주로 처음 보는 사람을 도와주는 문제에 대한 것이다. 남성과 여성 중에 어느 쪽이 더 친구와 피붙이를 잘 돌보는지에 대한 연구는 아직 이루어진 적이 없다. 성차를 연구하는 다른 연구자들은 협동이나 공감을 잘하는 것(보통 말하는 '착한 것')은 유전학에 크게 영향을 받지 않은 사실상 유일한 인간의 속성이라고 결론을 내리고 있다. 다음을 볼 것. Deborah Franklin, "The Making of a Personality: New Light on the Debate Over Nature vs. Nurture," *San Francisco Examiner-Chronicle*, "This World," Sept. 17, 1989, p. 15.

211) Zella Luria, "A Methodological Critique," *Signs*, 11, no. 21 (Winter 1986): 318. 이 비판에 대한 길리건의 반응은 두 가지 방식 모두에 대한 욕망을 드러낸다. 먼저 길리건은 자신은 젠더의 측면에서 '다른' 도덕적인 목소리를 규정할 의도가 아니었기 때문에 루리아의 주장이 핵심과 무관하다고 말한다. "두 경우, 나는 콜버그의 척도에 아무런 성차가 없다고 밝혔다"고 그녀는 지적한다. 하지만 그러고 나서 그녀는 워커가 사용한 두 연구의 저자가 나중에 자신의 연구에서 성차가 나타났다고 말했다고 언급함으로써 자신을 옹호한다. 다음을 볼 것. Gilligan, "Reply by Carol Gilligan," pp. 328–29.

212) Luria, "Methodological Critique," p. 318.

213) "Confident at 11," p. 25.

214) Greeno and Maccoby, "How Different," p. 314.

215) Salholz, "Feminism's Identity Crisis," p. 59.

216) Levin, *Feminism and Freedom*, p. 38. 신보수주의 작가 조지 길더 역시 길리건을 인용한다. 다음을 볼 것. Gilder, *Men and Marriage*, pp. 169, 218.

217) Davidson, *Failure of Feminism*, p. 230.

218) Gilligan, "Reply by Carol Gilligan," p. 333.

12장

1) 멜빈 킨더와 코널 카원과 개인적인 인터뷰와 관찰, 1987년(이후 킨더와 카원의 인용문은 다른 언급이 없을 경우 인터뷰에서 가져온 것이다).

2) Margaret Kent, *How to Marry the Man of Your Choice* (New York: Warner Books, 1988).

3) Dr. Toni Grant, *Being a Woman: Fulfilling Your Femininity and Finding Love* (New York: Random House, 1988) pp. 157, 146, 16.

4) Ibid., p. 74.

5) Dr. Stephen and Susan Price, *No More Lonely Nights* (New York: G.P. Putnam's Sons, 1988) pp. 221, 68.

6) Judith Kuriansky, *Women Who Marry Down and End Up Having It All*, forthcoming from Doubleday from Fall 1989 Upcoming Publications List, p. 14.

7) Lynn Z. Bloom, Karen Coburn, and Joan Pearlman, *The New Assertive Woman* (New York: Delacorte Press, 1975) pp. 23–42.

8) Chafe, *American Woman*, pp. 203–5.

9) Susan Page, *If I'm So Wonderful, Why Am I Still Single?* (New York: Viking, 1988) p. 8.

10) Ibid.

11) Dr. Connell Cowen and Dr. Melvyn Kinder, *Smart Women/Foolish Choices* (New York: Signet, 1985) p. 6.

12) Ibid., p. 37.

13) Ibid., p. 9.

14) Dr. Connell Cowen and Dr. Melvyn Kinder, *Women Men Love/Women Men Leave* (New York: Clarkson N. Potter, 1987) p. 165.

15) Cowen and Kinder, *Smart Women*, pp. 250, 245.

16) 멜빈 킨더 박사와 개인적인 인터뷰, 1987년.

17) Cowen and Kinder, *Smart Women*, p. 264.

18) Price and Price, *Lonely Nights*, p. 71.

19) 스테판 프라이스 박사와 개인적인 인터뷰, 1988년(이후 인용문은 다른 언급이 없을 경우 인터뷰에서 가져온 것이다).

20) 수전 프라이스와 개인적인 인터뷰(이후 인용문은 다른 언급이 없을 경우 인터뷰에서 가져온 것이다).

21) Price and Price, *Lonely Nights*, pp. 23, 611.

22) Ibid., p. 207.

23) 토니 그랜트와 개인적인 인터뷰, 1988년 5월과 1991년 6월. 로스앤젤레스 KFI 방송국에서 개인적인 관찰, 1988년. 〈토니 그랜트 박사 쇼〉 오디오 테이프, 1988년(이후 그랜트의 인용문은 다른 언급이 없을 경우 1988년 5월이나 1991년 6월의 인터뷰에서 가져온 것이다).

24) James Brown, "Portrait of a Professional," *Let's Talk*, May–June 1985, p. 24.

25) Ibid.

26) Ray Richmond, "My Style: Toni Grant in Conversation with Ray Richmond," *Los Angeles Herald Examiner*, April 21, 1986, p. B5.

27) Grant, *Being a Woman*, pp. xvii–xviii, 7.

28) Ibid., p. 59.

29) Ibid., pp. 19, 25–26, 35–36.

30) Ibid., p. 5.

31) Ibid., p. 156.

32) Ibid., p. 3.

33) "If the Feminists Are Right, Then Why Aren't We Happy?" *The New York Times Book Review* ad, Feb. 28, 1988.

34) Grant, *Being a Woman*, p. 7.

35) Ibid., p. 49.

36) Kinnard, *Antifeminism*, p. 309.

37) Cited in Friedan, *Feminine Mystique*, p. 120.

38) Grant, *Being a Woman*, p. 10.

39) Ibid., p. 9.

40) Ibid., pp. 62, 51.

41) 토니 그랜트와 개인적인 인터뷰, 1988년 5월; 다음을 볼 것. Nikki Finke, "Toni Grant: Taking Her Own Advice," *Los Angeles Times*, April 28, 1988, V, p. 1.

42) "Dr. Toni Grant to Wed Industrialist John L. Bell," Press release, Michael Levine Public Relations Co., 1988.

43) 개인적인 관찰, 1988년.

44) "Names and Faces," *San Francisco Examiner*, Sept. 2, 1989, p. B2.

45) 개인적인 관찰, 1987년.

46) Susan Faludi, "Addicted to Love," *West Magazine*, *San Jose Mercury News*, Nov. 29, 1987, p. 6.

47) Ibid.

48) Robin Norwood, *Women Who Love Too Much: When You Keep Wishing and Hoping He'll Change* (New York: Pocket Books, 1985) p. xiv.

49) Ibid., pp. 269, 236, 44.

50) Ibid., pp. 235–236; taped lecture by Norwood in San Francisco, 1987.

51) 로빈 노우드와 개인적인 인터뷰, 1987년; Faludi, "Addicted to Love," p. 35.

52) James, The Bostonians, pp. 69–70.

53) 1976년 500만~800만 명이었다가 1988년 1,200만~1,500만 명으로 늘어난 것으로 추정된다. 다음을 볼 것. Patricia Leigh Brown, "Troubled Millions Heed Call of Self-Help Groups," New York Times, July 16, 1988, p. 1.

54) Kathleen Bell Unger, "Chemical Dependency in Women," The Western Journal of Medicine, Dec. 1988, p. 747.

55) Wendy Kaminer, "Chances Are You're Co-Dependent Too," The New York Times Book Review, Feb. 11, 1990, p. 1.

56) Audrey Gartner and Frank Riessman, Letters column, The New York Times Book Review, March 18, 1990, p. 34.

57) 로빈 노우드와 개인적인 인터뷰, 1987년.

58) Ann J. Lane, To Herland and Beyond: The Life and Work of Charlotte Perkins Gilman (New York: Pantheon Books, 1990) p. 121.

59) "A Guide to Consciousness-Raising," Ms., July 1972, reprinted in Women's Liberation in the Twentieth Century, ed. by Mary Lynn (New York: John Wiley & Sons, 1975) pp. 111–18.

60) 개인적인 인터뷰와 관찰, 1987.

61) 포켓북스 홍보부 홍보 담당자와 개인적인 인터뷰, 1987년.

62) 주디스 스테이플과 개인적인 인터뷰, 1987년.

63) Ibid.

64) Taped lecture by Norwood in San Francisco, 1987.

65) Norwood, Love Too Much, pp. 149–56, 1–5, 262–71.

66) 로빈 노우드와 개인적인 인터뷰, 1987년; Faludi, "Addicted to Love," p. 36.

67) Ibid.

68) Ibid.

69) Hester Eisenstein, Contemporary Feminist Thought (Boston: G. K. Hall & Co., 1983), p. 37.

70) Susan Quinn, A Mind of Her Own: The Life of Karen Homey (New York: Addison-Wesley Publishing, 1988) p. 14.

71) 테레사 베르나르데스 박사와 개인적인 인터뷰, 1988년.

72) Constance Holden, "Proposed New Psychiatric Diagnoses Raise Charges of Gender Bias," Science, Jan. 24, 1986, p. 327.

73) Herb Kutchins and Stuart A. Kirk, "The Future of DSM: Scientific and Professional Issues," The Harvard Mental Health Letter, Sept. 1988, pp. 4–6.

74) Dr. Frederic Kass, "Self-Defeating Personality Disorder: An Empirical Study,"

Journal of Personality Disorders, 1, no. 2 (Summer 1987): 168–73.

75) Ibid., p. 170; Thomas A. Widiger, "The Self-Defeating Personality Disorder," *Journal of Personality Disorders*, 1, no. 2 (Summer 1987) pp. 157–59.

76) Widiger, "Self-Defeating," p. 159.

77) Bruce Bower, "The Diagnostic Dilemma," *Science News*, 135 (Feb. 25, 1989): 120.

78) 심리학자의 거의 절반은 여성인 반면, 정신의학자 중에서는 여성이 10퍼센트에 미치지 못한다. 정신의학자를 상대로 한 조사에 따르면 정신의학자들은 좀 더 저렴한 심리 치유사와 심리 상담사들과 경쟁하느라 자신들의 소득이 줄어들고 있다면서 불쾌함과 걱정을 점점 더 많이 표출하고 있었다. 다음을 볼 것. "Unhappy People," *San Francisco Chronicle*, May 23, 1990, p. A22.

79) Deborah Franklin, "The Politics of Masochism," *Psychology Today*, Jan. 1987, p. 53.

80) 테레사 베르나르데스 박사와 개인적인 인터뷰, 1988년.

81) Paula J. Caplan, *The Myth of Women's Masochism* (New York: Signet, 1985) p. 257.

82) 회의에 참석했던 페미니스트상담연구소 소장 린 로즈워터와 개인적인 인터뷰, 1988년, 로버트 스피처 박사와 개인적인 인터뷰, 1989년.

83) F. Kass, R. A. MacKinnon, and R. L. Spitzer, "Masochistic Personality: An Empirical Study," *American Journal of Psychiatry*, 143, no. 2 (1986): 216–18.

84) 린 로즈워터와 개인적인 인터뷰, 1988년.

85) Dr. Richard C. Simons, "Self-Defeating and Sadistic Personality Disorders: Needed Additions to the Diagnostic Nomenclature," *Journal of Personality Disorders*, 1, no. 2 (1987): 161–67; Franklin, "Politics of Masochism," p. 57.

86) Paula J. Caplan, "The Psychiatric Association's Failure to Meet Its Own Standards," *Journal of Personality Disorders*, 1, no. 2 (Summer 1987): 178.

87) Lenore E. A. Walker, "Inadequacies of the Masochistic Personality Disorder Diagnosis for Women," *Journal of Personality Disorders*, 1, no. 2 (Summer 1987): 183.

88) 로버트 스피처 박사와 개인적인 인터뷰, 1989년.

89) 폴 핑크 박사와 개인적인 인터뷰, 1989년.

90) John Leo, "Battling Over Masochism," *Time*, Dec. 2, 1985, p. 76.

91) 린 로즈워터와 개인적인 인터뷰, 1988년. 실제로『정신 질환 진단 통계 편람』에 실린 모든 진단의 '과학적인' 성격에 대한 좀 더 일반적인 의문이 제기되기도 했다. 다음을 볼 것. Kutchins and Kirk, "The Future of DSM," pp. 4–5.

92) Caplan, *Women's Masochism*, pp. 259–61.

93) Ibid., p. 270.

94) 테레사 베르나르데스 박사와 개인적인 인터뷰, 1988년.

95) 폴 핑크 박사(1989년), 테레사 베르나르데스 박사(1988년)와 개인적인 인터
뷰. 미국정신의학회 회장 폴 핑크 박사에게 여성위원회 페미니스트 숙칭에
대해 질문하자 그는 이렇게 말했다. "당신이 어떤 집단과 문제가 많을 경우
누구를 지명할지에 대해 더 주의 깊게 두 번씩 생각하는 게 인간의 본성이라
고 생각합니다." 구체적으로 베르나르데스에 대해 묻자 그는 이렇게 말했다.
"[종신 재직권이 더는 연장되지 않았으면 하는] 그런 사람 중 하나가 있어요.
그녀의 이름을 밝히진 않겠어요. 그녀의 시간은 이미 끝났다고 생각하니까."
그러더니 이렇게 덧붙였다. "당신이 들은 말들은 우리가 사람들에게서 권리
를 박탈하는 데 아무런 효과가 없어요. 이미 자기 시간이 다된 사람이 다시
지명될 일은 없으니까요."

96) Caplan, *Women's Masochism*, pp. 270–71; Robert Spitzer and Janet Williams, *A
Guide to DSM-I/I-R* (Washington, D.C.; American Psychiatric Association,
1987) p. 15.

13장

1) 가령, 다음을 볼 것. "70 Percent of a Man," editorial, *San Jose Mercury News*,
Feb. 7, 1988, p. P8.

2) U.S. Bureau of Census, Current Population Reports, Consumer Income, Series
P-60, no. 157, 1987.

3) "Male-Female Differences in Work Experience, Occupations, and Earnings:
1984," U.S. Bureau of Census, Current Population Reports, Series P-70, no.
10, Aug. 1987; 인구조사국, 노동통계국 통계학자들과 개인적인 인터뷰,
1988. 다음도 볼 것. "Briefing Paper on the Wage Gap," National Committee
on Pay Equity, Sept. 18, 1987. 같은 해 미국 인사관리처 역시 유사한 데이터
조작을 통해 연방 직원들의 임금 격차에 대한 '좋은 소식'을 자체적으로 홍보
하기도 했다. 인사관리처는 수치를 '조절'해서 전일제 직장 여성의 근무시간
이 남성보다 크게 적다는 미심쩍은 주장을 내놓았고, 나머지 격차는 지리와
'개인적 선택' 같은 요인으로 설명할 수 있다고 밝혔다. 이런 교묘한 속임수로
연방 정부에서 근무하는 여성들은 갑자기 남성 임금의 75퍼센트를 벌게 되었
다. 실제 수치는 69퍼센트였는데, 이는 1976년보다 고작 3퍼센트 나아진 수
준이었다. 다음을 볼 것. "Comparable Worth for Federal Jobs: A Wrong Turn
Off the Road Toward Pay Equity and Women's Career Advancement," U.S.
Office of Personnel Management, Washington, D C., Sept. 1987.

4) U.S. Bureau of Census, Current Population Reports, Consumer Income, Series
P-60, no. 157, 1987.

5) Mishel and Frankel, *The State of Working America*, pp. 83-85, 105; "Briefing Pa-
per #1: The Wage Gap," National Committee on Pay Equity.

6) "Average Earnings of Year-Round Full-Time Workers by Sex and Educational

Attainment, 1987," U.S. Bureau of Census, Table 35, Feb. 1989; U.S. Bureau of the Census, Current Population Reports, Consumer Income, Series P-60, no. 166, 1988. 중년 여성에 대한 데이터는 다음을 볼 것. James P. Smith and Michael Ward, "Women in the Labor Market and in the Family," *Journal of Economic Perspectives*, 3, no. 1 (Winter 1989); 10.

7) 레이건 시대에 노동부에서 내려진 정책 결정 때문에 시간의 흐름에 따라 직업군을 포괄적으로 비교하기 극도로 어려워졌다. 1983년 노동부는 직업 구분 대부분의 이름을 바꿨기 때문이다. 여기서 언급한 비교에 대해서는 다음을 볼 것. "Money Income and Poverty Status in the United States, 1989," U.S. Bureau of the Census, Current Population Reports, Consumer Income, Series P-60, no. 168; "Male-Female Differences," pp. 5, 23–24, Table G, Table 11 (사회복지 업무의 경우 1979년부터 1986년 사이에 임금 격차가 무려 10퍼센트포인트 더 악화되었다).; William T. Bielby and Denise D. Bielby, "The 1987 Hollywood Writers' Report: A Survey of Ethnic, Gender and Age Employment Practices," The Writers Guild of America West, Hollywood, Calif., 1987. 이 연구는 1982년부터 1985년 사이에 장편 극영화에서 여성 작가의 임금 격차가 23퍼센트포인트 더 늘어났음을 보여 주었다. 이 보고서는 오락 산업 그 어떤 부문에서도 여성 작가의 수입이 개선되지 못했다고 지적했다. 그리고 일부 영화사에서는 여성 작가의 수입이 크게 곤두박질쳤다. 가령 MTM에서는 1984년과 1985년에 여성 작가들이 백인 남성 작가의 20퍼센트라는 믿을 수 없을 정도로 낮은 임금을 받았다. 이후 1989년의 한 연구는 텔레비전과 영화 전반에서 여성 작가에 대한 임금 격차가 1982년부터 1987년 사이에 10퍼센트포인트 악화되었다고 밝혔다. 다음을 볼 것. William T. Bielby and Denise D. Bielby, "The 1989 Hollywood Writers' Report: Unequal Access, Unequal Pay," The Writers Guild of America West, Hollywood, Calif., 1989.

8) Speech by Elizabeth Toth at "Women, Men and Media" conference, Feb. 29, 1988. 1988년 홍보직의 연간 임금 격차는 2만 달러였다. Data from *Public Relations Journal* survey. 다음도 볼 것. "Women Practitioners: How Far How Fast?" *Public Relations Journal*, May 1989.

9) Cynthia Taeuber and Victor Valdisera, "Women in the American Economy," U.S. Bureau of the Census, Current Population Reports, Special Studies, Series P-23, no. 146, pp. 21–23; *American Woman 1990–91*, p. 358; O'Neill, Everyone Was Brave, p. 148; *Women's Work, Men's Work: Sex Segregation on the Job*, ed. by Barbara F. Reskin and Heidi I. Hartmann (Washington, D.C.: National Academy Press, 1986) pp. 32–33. 1900년부터 1960년까지 직업 구분은 한결같았다. 노동자 6만 1,000명을 대상으로 실시한 1986년의 한 연구에 따르면 업무 분장에서 남녀 모두가 배치되는 경우는 10퍼센트뿐이었다. 다음을 볼 것. See William T. Bielby and James N. Baron, "Sex Segregation Within Oc-

cupations," *American Economic Review*, May 1986, pp. 43–47.

10) *American Woman 1988–89*, p. 258; "Is Sex Discrimination the Root of Wage Differences?" *Women at Work*, April 1989, p. 9, excerpted from Committee on Women's Employment and Related Social Issues, *Pay Equity: Empirical Inquiries* (Washington, D.C.: National Academy Press, 1989).

11) Bennett Harrison and Barry Bluestone, *The Great U-Turn* (New York: Basic Books, 1988), Table A.2, p. 199. 이상하게도 이들의 연구 결과는 한 언론 기사에서 "여성이 직장에서 큰 성과를 내기 시작한다"는 부적절한 제목으로 보도되었다. 다음을 볼 것. Carol Kleiman, *San Francisco Examiner*, Jan. 15, 1989, p. 27.

12) Nancy Barrett, "Women and the Economy," *American Woman 1987–88*, p. 119. 40퍼센트는 1982년의 수치다. 다음 해 노동부는 이런 직업 구분을 바꿨고, 그래서 1983년 이후에는 이 노동자 집단을 비교할 수 없게 되었다.

13) *American Woman 1990–91*, p. 385.

14) 가령 여성 비서는 1979년 98.9퍼센트에서 1986년 99.2퍼센트가 되었다. 다음을 볼 것. "Male-Female Differences," p. 5.

15) Ibid.

16) 뉴욕 시립대학교, 존제이 사업행정대학원 사회학과 교수 나탈리 소콜로프 Natalie J. Sokoloff와 개인적인 인터뷰, 1991년; Natalie J. Sokoloff, "Are Professions Becoming Disintegrated? An Analysis of Detailed Professional Occupations by Race and Gender," unpublished paper, Aug. 1989; Natalie J. Sokoloff, "The Gender/Race Interaction: Toward a More Complex View of Black Women in the Professions," unpublished paper, Aug. 1990; Natalie J. Sokoloff's study is forthcoming in *Black and White Women in the Professions, 1960–1980: An Analysis of Changes in Job Segregation by Race and Gender* (Winchester, Mass.: Unwin Hyman).

17) "Comparable Worth for Federal Jobs"; unpublished data from U.S. Office of Personnel Management; Susanna Downie, "Decade of Achievement: 1977–1987," The National Women's Conference Center, May 1988, p. 37. 말단이란 1급에서 8급까지를 말한다.

18) Barbara Reskin, "Occupational Resegregation," in *American Woman 1988–89*, pp. 258, 263; 일리노이 대학교 사회학 교수 바버라 레스킨과 개인적인 인터뷰, 1988년. 자신의 연구와 곧 출간될 *Job Queues, Gender Queues: Explaining Women's Movement into Male Dominated Occupations*, by Barbara Reskin and Patricia Roos, forthcoming, Temple University Press의 몇 개 장을 제공해 준 바버라 레스킨에게 감사의 말을 전한다.

19) Chloe E. Bird, "High Finance, Small Change: Women in Back Management," unpublished paper, Jan. 1989; Myra H. Strober and Carolyn L. Arnold, "The

Dynamics of Occupational Segregation Among Bank Tellers," *Gender in the Workplace*, ed. by Clair Brown and Joseph A. Pechman (Washington, D.C.: The Brookings Institution, 1987) pp. 107–157.

20) Smith, "Impact of the Reagan Years," pp. 4, 12–13.

21) "Employment and Earnings: 1983 Annual Averages," U.S. Department of Labor, Bureau of Labor Statistics, Jan. 1984; "Employment and Earnings: 1988 Annual Averages," U.S. Department of Labor, Bureau of Labor Statistics, Jan. 1989; Bielby and Bielby, "1987 Hollywood Writer's Report"; "The Female in Focus: In Whose Image?: A Statistical Survey of the Status of Women in Film, Television and Commercials," Screen Actors Guild, Inc., Hollywood, Calif., Aug. 1, 1990; EEO-1 Employment Analysis Report Program, "Producers, Orchestras and Entertainment," Nationwide Summaries, 1987, 1984, 1981(「EEO-1 보고서」는 여성의 지위 하락을 축소하는 경향이 있음을 지적해 둘 필요가 있다. 이 수치들은 기업이 연방 정부에 제출하기 위해 자세히으로 작성한 동등한 기회 보고서를 토대로 삼았고, 이후 감사에서 밝혀진 대로 이런 기업의 자체 보고서는 종종 자신들이 고용한 여성과 소수자의 수를 부풀렸다. 레이건 정부 시절 이런 식의 윤색은 훨씬 심해졌다. 레이건 정부가 차별 철폐 조치의 이행과 감독을 단계적으로 축소하고 고용 데이터를 부풀리는 기업들을 눈감아 줬기 때문이다).

22) Bergmann, *Economic Emergence*, p. 70, Table 4-3.

23) Ibid.; data from U.S. Bureau of Labor Statistics; *American Woman 1990–91*, Figure 8, p. 383. 미국 기업의 경영직에도 많은 여성들이 진출했다. 하지만 이들의 수가 늘어나긴 했어도 1989년을 기준으로 전체 직장 여성 중 경영직 종사자는 11퍼센트에 못 미친다. 다음을 볼 것. *American Woman 1990–91*, p. 357.

24) "CEOs on Barriers to Women's Advancement," Catalyst Perspective, Feb. 1990, p. 2. 1985년의 한 연구는 기업 고위직 여성이 1982년보다 줄어들었음을 확인했다. 다음을 볼 것. "After the Sexual Revolution," ABC News, transcript, July 30, 1986, p. 5. 1989년 《애드위크》의 여성 연구는 광고계 여성들의 승진이 둔화되었음을 확인했다. 다음을 볼 것. "The Seventh Annual Women's Survey," *Adweek*, June 5, 1989, p. W4.

25) Alison Leigh Cowan, "The New Wave Director," *The New York Times Magazine*, April 1, 1990, p. 58.

26) *American Woman 1990–91*, p. 227.

27) Marc Leepson, "Women in the Military," The Women's Movement: Agenda for the '80s, Editorial Research Reports (Washington, D.C.: Congressional Quarterly, 1981) pp. 83–100; Robert Landers, "Should Women Be Allowed in Combat?" Editorial Research Reports, Congressional Quarterly, 2, no. 14 (Oct.

13, 1989): 570–82.

28) "Employment of Women in Nontraditional Jobs, 1983–88," U.S. Department of Labor, Bureau of Labor Statistics, Report 756, Second Quarter 1988.

29) "Employment and Earnings: 1983"; "Employment and Earnings: 1988"; "Male-Female Differences," Table G, p. 5; *American Woman, 1990–91*, Table 19, p. 358.

30) *American Woman, 1990–91*, p. 385.

31) "Women in the American Economy," p. 18; "Women as a Percent Of All Workers in Selected Occupations," U.S. Department of Labor, Bureau of Labor Statistics, Jan. 1989, Table 22.

32) Peggy Simpson, "Why the Backlash is a Big Bust," *Working Woman*, Nov. 1986, p. 164.

33) Gretchen Morgenson, "Watch That Leer, Stifle That Joke," *Forbes*, May 15, 1989, p. 69.

34) Statistics from the Equal Employment Opportunity Commission. 실적제보호 위원회Merit Systems Protection Board가 1988년 실시한 조사에 따르면 연방 에서 일하는 여성 공무원의 42퍼센트가 성희롱을 당한 경험이 있다고 밝혔 다. 1988년 해군의 한 조사에 따르면 같은 해 해군 내 여성 절반 이상이 성희 롱을 당했다.

35) "White Collar Displacement: Job Erosion in the Service Sector," 9 to 5, National Association of Working Women, p. 4; Bergmann, *Economic Emergence*, p. 155.

36) 미국노동부 노동통계국 통계학자들과 개인적인 인터뷰, 1989년.

37) Reskin and Hartmann, *Women's Work/Men's Work*, p. 14.

38) "Work and Family Responsibility: Achieving a Balance," Ford Foundation, March 1989, p. 25; "Working Women: Statistics, Jobs, Salaries," Salaried and Professional Women's Committee, July 28, 1989. 1990년이 되자 두세 가지 일 을 동시에 해야 할 정도로 절박한 여성이 310만 명에 이르게 되었는데 이는 1970년 이후 500퍼센트 늘어난 수치다(같은 기간 야간 부업을 하는 남성의 비중은 변함이 없었다). 그리고 여성이 일자리를 잃게 되면 사회 안전망까지 훨씬 열악해진다. 1980년대 초반 몇 년 동안에만 약 50만 명에 달하는 빈곤 층 엄마들이 복지 대상에서 제외되었고, 추가로 26만 명이 연방의 거의 모든 지원을 받지 못하게 되었다. Power, "Women, the State and the Family," p. 148.

39) "Equal Employment Opportunity: EEOC and State Agencies Did Not Fully Investigate Discrimination Charges," U.S. General Accounting Office, Oct. 1988; Report on the EEOC by the House Education and Labor Committee, 1986; Reskin and Hartmann, *Women's Work/Men's Work*, p. 86.

40) Reskin and Hartmann, *Women's Work/Men's Work*, pp. 89–90. 연방계약준수감독국은 성차별 소송에 대응하면서 연방의 건설 도급업자들에게 노동자 중 최소한 6.9퍼센트가 여성이 되도록 압력을 행사하겠다는 데 동의했다. 하지만 1981년 노동부의 한 연구에 따르면 연방계약준수감독국에 접수된 2,994건 중 자신들의 작업 현장에서 고용한 여성의 비중을 밝힌 도급업자는 5분의 1뿐이었고, 그중에서 6.9퍼센트라는 목표치를 충족시킨 곳은 5퍼센트뿐이었다.

41) 서던캘리포니아 대학교 "여성, 남성, 그리고 미디어, 돌파구와 반격" 학술 대회에서 개인적인 관찰, 1988년 2월 28일~3월 1일.

42) 1969년 연방커뮤니케이션위원회는 처음으로 차별 금지 규정에 성을 추가했다. 1970년 전미여성연맹은 연방커뮤니케이션위원회에 차별 철폐 보고서를 발간해 달라는 청원을 넣었고, 기회 평등의 원칙에 따른 방송 허가권에 맞섰다. 법적인 도전은 실패했지만 1971년 처음으로 연방커뮤니케이션위원회는 허가권을 원하는 방송사에 여성 직원에 대한 차별 철폐 보고서를 제출하라고 요구하기 시작했다. 언론계 여성들은 성차별 소송, 연방커뮤니케이션위원회와 평등고용기회위원회 청원을 조직하고 제기했고, 네트워크 방송사 세 곳 모두와 《뉴욕타임스》, 《워싱턴포스트》, 《뉴스위크》, 《뉴스데이》, 《연합통신》, 《타임》, 《리더스다이제스트》를 비롯한 거의 모든 주요 전국 뉴스 매체에서 여성 언론인들에게 우호적인 협상을 이끌어냈다.

43) Downie, "Decade of Achievement," p. 52; "Numbers Not There for Employment of Women, Wilson Says," *Media Report to Women*, 16, no. 2 (March-April 1988): 11.

44) Janice Castro, "Women in Television: An Uphill Battle," *Channels*, Jan. 1988, p. 42.

45) 마를린 샌더스와 개인적인 인터뷰, 1988년.

46) Monica Collins, "Pioneering Black Anchor's Role is Diminished," *TV Guide*, March 10, 1990, p. 46. 보통 흑인 여성의 보수가 제일 적었다. 1984년부터 1989년 사이에 저녁 네트워크 뉴스를 보도하는 흑인 여성의 비중이 세 네트워크 방송국 모두에서 줄어들었다. 다음을 볼 것. "Women, Men and Media: Few Changes in 15 Years," Communications Consortium, April 10, 1989. 텔레비전 뉴스 인력 전반에서 흑인과 다른 모든 소수 인종 여성의 수가 1980년 내내 꾸준히 하락했다. 다음을 볼 것. Vernon A. Stone, "Trends in the Status of Minorities and Women in Broadcast News," *Journalism Quarterly*, 65, no. 2 (Summer 1988): 288.

47) Edwin Diamond, "New-Girl Network," *New York*, June 10, 1991, p. 20.

48) Megan Rosenfeld, "A Pregnant Pause for Chung?" *Washington Post*, July 31, 1990, p. D1; James Endrst, "Home Sweet Home: Female News Personalities Are Choosing Family Over Their Jobs," *Montreal Gazette*, Aug. 26, 1990, p. F2.

49) 3년간 앵커들을 추적한 가넷미디어연구소Gannett Center for Media Studies 의 네트워크 뉴스 앵기에 대한 1988년의 한 연구는 남성 앵거는 점점 디 은발에 나이가 들어가는 반면, 여성 앵커는 점점 더 금발에 어려지고 있다고 밝혔다. 다음을 볼 것. Diamond, "New-Girl Network," p. 20.

50) Harry F. Waters, "If It Ain't Broke, Break It," *Newsweek*, March 26, 1990, p. 58.

51) Jennet Conant, "Broadcast Networking," *Working Woman*, Aug. 1989, p. 58.

52) Marlene Sanders' speech at the Women, Men and Media conference, Feb. 29, 1988.

53) Marlene Sanders and Marcia Rock, *Waiting for Prime-Time* (Urbana: University of Illinois Press, 1989) p. 146; Christine Craft, *Too Old, Too Ugly and Not Deferential to Men* (Rocklin, Calif.: Prima Publishing, 1988).

54) Vernon A. Stone, "Newswomen's Numbers Level Off," *RTNDA Communicator*, July 1984, p. 122; *Media Report to Women*, May–June 1988, p. 5; Terri Schultz-Brooks, "Getting There: Women in the Newsroom," *Columbia Journalism Review*, March–April 1984, p. 25.

55) Judy Southworth, "Women Media Workers: No Room at the Top," *Extra!*, March–April 1991, p. 6.

56) American Women in Radio and TV, June,1987 survey. 다음을 볼 것. Downie, "Decade of Achievement," p. 52.

57) "The Changing Face of the Newsroom," *American Society of Newspaper Editors (ASNE) Bulletin*, May 1989, p. 28.

58) Statistics from the Washington-Baltimore Newspaper Guild; "Complaint of Unlawful Discriminatory Employment Practices," *The Washington-Baltimore Newspaper Guild* v. *The Washington Post*, No. 88-540-P, July 12, 1988.

59) 뉴욕타임스여직원모임New York Times Women's Caucus과 신문협회Newspaper Guild의 통계 자료. 1980년대 말《뉴욕타임스》의 고위직 임원들은 여성들에게 월급 차이에 대해 알리지 않는 것이 더 현명하다는 판단을 분명히 내렸다. 뉴욕타임스여직원모임에서 수치를 내놓으라고 압박하자 신문 경영진은 수치를 모으는 게 "너무 돈이 많이 들어서" 더 이상 이 수치를 배포하지 않을 것이라고 말했다. 다음을 볼 것. Emily Weiner, "Status of Women in the Professions: Media & the Arts," Committee on Women Hearing, Council of the City of New York, March 16, 1989, p. 2.

60) Dorothy Jurney, "Tenth Annual Survey Reports Women Editors at 12.4 Percent," *American Society of Newspaper Editors (ASNE) Bulletin*, Nov. 1986, p. 5.

61) "ASNE Panelists Poles Apart on Status of Women Journalists," *Media Report to Women*, 16, no. 3 (May–June 1988): 1.

62) 미주리 대학교 저널리즘스쿨 교수이자 연구원인 진 개디 월슨Jeand Gaddy

Wilson의 연구 자료. Jean Gaddy Wilson, "Taking Stock: Women in the Media," speech, Dec. 1988; "The Changing Face of the Newsroom," ed. by Lee Stinnett, American Society of Newspaper Editors, special report, May 1989, pp. 19, 27–28.

63) 리 세리와 개인적인 인터뷰, 1988년.

64) 신원을 밝힐 수 없는 전직《뉴욕타임스》편집자, 1988년.

65) NBC 소송을 맡았던 변호사 재니스 굿맨Janice Goodman과 개인적인 인터뷰, 1988년.

66) 베치 웨이드와 개인적인 인터뷰, 1988년.

67) Betsy Wade, "From Lawsuits to Caucuses: Promoting Women in the Newsroom," Women in American Journalism lectures, Graduate School of Journalism, University of California at Berkeley, Dec. 1988, p. 16.

68) K. Kaufmann, "Since When Is Feminism So Unfashionable?" *Mediafile*, Dec.–Jan. 1987–88, p. 5.

69) Judy Flander, "Women in Network News," *Washington Journalism Review*, March 1985, p. 39.

70) Ibid., p. 40.

71) Diane Landis, "Women from ABC Air Grievances," *Washington Woman*, March 1986, p. 13; Bob Brewin, "ABC's Trouble with Women," *The Village Voice*, Feb. 11, 1986, p. 46.

72) 리타 플린과 개인적인 인터뷰, 1989년(이후 리타의 인용문은 다른 언급이 없을 경우 인터뷰에서 가져온 것이다).

73) Brewin, "ABC's Trouble," p. 46.

74) Flander, "Network News," p. 39; Sanders and Rock, *Prime-Time*, pp. 150–51(ABC 임원들은 이 사건이나 여성위원회가 제기한 다른 불만에 대해 논평을 거부했다).

75) Flander, "Network News," p. 39.

76) Berwin, "ABC's Trouble," p. 46.

77) Barrett, "Women and the Economy," p. 113.

78) "Employment and Earnings, 1990," U.S. Department of Labor, Bureau of Labor Statistics, Jan. 1991, Table 22, Current Population Survey(소매업은 1980년대에 일자리를 약 500만 개까지 늘렸다).

79) Bergmann, *Economic Emergence*, p. 72.

80) Ibid.

81) Barrett, "Women and the Economy," p. 122.

82) 평등고용기회위원회에서 시어스의 사건을 맡았던 소송 변호사 제임스 스캔런James P. Scanlan과 개인적인 인터뷰, 1988년.

83) Ruth Milkman, "Women's History and the Sears Case," *Feminist Studies*, 12,

no. 2 (Summer 1986): 374–400.

84) Plaintiffs Pretrial Brief—Commission Sales Issues, revised Nov. 19, 1984, *EEOC v. Sears*, p. 4; Closing Arguments, *EEOC v. Sears*, June 28, 1985, p. 18958.

85) Reskin and Hartman, *Women's Work*, pp. 91–93.

86) Closing Arguments, *EEOC v. Sears*, June 28, 1985, p. 18958; Alice Kessler-Harris, "Academic Freedom and Expert Witnessing," *Texas Law Review*, 67:429 (1988): 429–40.

87) Written Testimony of Rex Rambo, *EEOC v. Sears*, pp. 8433, 8439, 8437, 6.

88) Testimony of Ed Michaels, *EEOC v. Sears*, pp. 12071, 12085–12086.

89) Testimony of Ray Graham, *EEOC v. Sears*, Feb. 19, 1985, p. 8537.

90) Testimony of Ray Graham, *EEOC v. Sears*, Feb. 19, 1985, p. 8432.

91) "Psychological Tests—For Use in Sears Retail Stores," Plaintiffs Exhibit 113, *EEOC v. Sears*, p. 4.

92) Closing Arguments, *EEOC v. Sears*, June 28, 1985, p. 18970. 시어스는 수수료 가 있는 판매직을 다루는 부분의 제목을 '고가 상품 세일즈 맨'에서 '고가 상 품 세일즈 피플'로 바꾸는 식으로 1973년 개정한 테스트 매뉴얼을 겉보기만 일부 수정했다.

93) Barbara Winkler, "Scholars' Conflict in Sears Sex-Bias Case Sets Off War in Women's History," *Chronicle of Higher Education*, Feb. 5, 1986, p. 8.

94) "Offer of Proof Concerning the Testimony of Rosalind Rosenberg," March 11, 1985, reprinted in *Signs*, Summer 1986, pp. 761, 762.

95) Closing Arguments, p. 18992.

96) 로절린드 로젠버그와 개인적인 인터뷰, 1989년.

97) Ibid(이후 인용문은 다른 언급이 없을 경우 인터뷰에서 가져온 것이다).

98) 앨리스 케슬러-해리스와 개인적인 인터뷰, 1989년.

99) Testimony of Rosalind Rosenberg, *EEOC v. Sears*, June 22, 1985, pp. 18284–85. 그럼에도 불구하고 언론에서는 케슬러-해리스 같은 페미니스트 학자들 이 자신의 연구를 오독하지 못하게 방어하려는 노력을 로젠버그의 학문의 자 유에 대한 공격처럼 제시했다. 가령 《워싱턴포스트》의 칼럼니스트 조너선 야들리Jonathan Yardley는 로젠버그가 "페미니스트 사상 통제 감독관"에게 "악의적인 비방"을 당하고 있다며 불만스러워했다. 그는 "그들은 그걸 페미니 즘이라고 부르는지 모르겠지만 완전히 전체주의처럼 보인다"고 적었다. "어 떻게 이런 사람들이 밤잠을 잘 잘 수 있는지 의아할 지경이다." 다음을 볼 것. Jonathan Yardley, "When Scholarship and the Cause Collide," *Washington Post*, June 16, 1986, Style section, p. 2.

100) Memorandum of Points and Authorities in Support of Defendant's Motion to Dismiss, *EEOC v. Sears*, p. 15; Memorandum in Support of Defendant's Mo-

tion to Reconsider Order Denying Defendant's Motion to Dismiss Or, in the Alternative, to Reopen Discovery on Conflicts of Interest Issue, *EEOC v. Sears*, pp. 2, 4; Closing Arguments, p. 19059; Defendant's Interrogatories, *EEOC v. Sears*, pp. 17-21; Plaintiffs Opposition to Defendant's Motion to Reconsider Order Denying Defendant's Motion to Dismiss, *EEOC v. Sears*, pp. 60, 52–54, 57–58.

101) Plaintiff's Opposition to Defendant's Motion to Reconsider Order Denying Defendant's Motion to Dismiss, EEOC v. Sears, pp. 28–30.

102) Ibid., pp. 26–35.

103) Reply Brief of Cross-Appellant, Sears, Roebuck and Co., EEOC v. Sears, p. 17.

104) Decision of U.S. Court of Appeals Judge Harlington Wood, Jr., nos. 86-1519 and 86-1621, pp. 104–10; 찰스 모건 주니어와 개인적인 인터뷰, 1989년. 이 인터뷰가 다른 곳에서 모건은 개인적으로 자신은 이상운동의 목표라 지지한다고 말했다. 하지만 그의 법정 발언과 언론 발언은 그가 페미니즘의 영향에 별로 우호적이지 않다는 인상을 준다. "세상에, 피임약이 무슨 일을 저지른 거죠?" 그는 마무리 발언을 하다가 갑자기 이렇게 울컥했다. "피임약은 여성들에게 이렇게 속삭였어요. 언제 아이를 가질지 네가 결정할 수 있다고……. 아이를 아예 가지지 않아도 된다고. 인생을 일에 헌신할 수도 있다고." 그는 언론에서는 역사적인 시민권법을 여성에게 적용하려는 노력에 대한 불만을 표출하기도 했다. "정부가 우선순위를 분명하게 밝혀야 합니다." 그는 《뉴욕 타임스》에 대고 이렇게 불만을 털어놓았다. "소수자와 여성을 동일시하면 안 된다고요. …… 열세 번째, 열네 번째, 열다섯 번째 수정안이 원래 누구를 위해 만들어진 건지를 봐야 합니다." 다음을 볼 것. Closing Arguments, *EEOC v. Sears*, p. 19093; Milkman, "Women's History," p. 379.

105) 제임스 스캔런과 개인적인 인터뷰, 1988년.

106) Juan Williams, "Despite Class-Action Doubts, EEOC Presses Sears Bias Case," *Washington Post*, July 9, 1985, p. A1.

107) bid.

108) Juan Williams, "A Question of Fairness," *The Atlantic Monthly*, Feb. 1987, p. 70.

109) Williams, "Despite Class-Action Doubts."

110) 캐런 베이커와 개인적인 인터뷰, 1988년.

111) Decision of Judge John Nordberg, Jan. 31, 1986, *EEOC v. Sears*, 628 F. Supp. 1264 (N.D. 111. 1986), p. 1306.

112) 루라 리 네이더와 개인적인 인터뷰, 1988년(이후 인용문은 다른 언급이 없을 경우 인터뷰에서 가져온 것이다).

113) Trial transcript, p. 16466.

114) 앨리스 홀랜드와 개인적인 인터뷰, 1988(이후 인용문은 다른 언급이 없을 경우 인터뷰에서 가져온 것이다).

115) 샌프란시스코 시어스 매장에서 진행한 개인적인 인터뷰, 1988년(이들 여성 모두 그 이후로 일자리를 잃었다. 1980년대 말 이윤이 하락하자 시어스는 인력을 단계적으로 축소했고 샌프란시스코 등 일부 매장을 닫았다).

116) "Employment and Earnings," U.S. Department of Labor, Bureau of Labor Statistics, Annual averages, 1983–1988. 그리고 잔인하고 아이러니하게도, 시어스부터 노드스트롬Nordstrom에 이르는 대형 소매업체 중 많은 곳들이 저가 상품을 판매하는 '숙녀' 부서의 여성 점원들에게도 급료를 판매 실적에 따라 정하는 방식을 요구하기 시작했다. 이런 부서에서는 아무리 수수료로 급료를 정하더라도 워낙 다루는 상품의 가격이 낮기 때문에 정해진 임금을 받는 것보다 액수가 더 적었다. 다음을 볼 것. Susan Faludi, "Sales Job: At Nordstrom Stores, Service Comes First—But at a Big Price," *The Wall Street Journal*, Feb. 20, 1990, p. A1.

117) 비전통적인여성취업을위한모임의 상임 이사 메리 엘런 보이드와 개인적인 인터뷰, 1987년.

118) 다이앤 조이스와 개인적인 인터뷰, 1987년(이후 조이스의 인용문은 다른 언급이 없을 경우 인터뷰에서 가져온 것이다). 다음도 볼 것. Susan Faludi, "What Women Are Up Against in the Fight for Equal Pay," *West Magazine*, *San Jose Mercury News*, Sept. 27, 1987, p. 18.

119) 토니 라라미와 개인적인 인터뷰, 1987년, 다이앤 조이스와 개인적인 인터뷰, 1987년.

120) Mary Ellen Boyd and Elizabeth Edman, "Women in Non-Traditional Employment," unpublished 1987 paper, p. 20; 메리 앨런 보이드와 개인적인 인터뷰, 1987년.

121) 존 롱가보와 개인적인 인터뷰, 1987년.

122) Faludi, "What Women Are Up Against," pp. 20–21.

123) Ibid.

124) 산타클라라 카운티의 고용 정책 '7의 규정'에서는 최고점을 받은 일곱 명의 동등한 자격을 갖춘 걸로 대우했다. 최고점 간의 차이는 보통 미미하기 때문이다. 그런데도 존슨은 나중에 언론에서 자신이 조이스보다 2점 높다는 점을 자신이 '더 적격'인 증거로 활용했다. 하지만 존슨은 이런 주장을 펼칠 때 1985년 조이스가 카운티의 현장감독직에 지원했을 때는 구술시험에서 1등을 했지만 15등을 한 남성에게 밀렸다는 사실은 언급하지 않았다. 다음을 볼 것. Faludi, "What Women Are Up Against."

125) Trial Transcript, *Johnson v. Transportation Agency*, Santa Clara County, pp. 153, 161–62.

126) 제임스 그레이브너와 개인적인 인터뷰, 1987년.

127) 론 실즈와 개인적인 인터뷰, 1987년.

128) 폴 존슨과 개인적인 인터뷰, 1987년.

129) 제럴드 푸로이와 개인적인 인터뷰, 1987년.

130) 개인적인 관찰, 1987년.

140) 개인적인 인터뷰, 1987년.

141) Faludi, "What Women Are Up Against," p. 26; 산타클라라 카운티 평등고용 담당관과 노조원들과의 개인적인 인터뷰, 1987년, 1991년.

142) *Lorance v. AT&T Technologies*, June 12, 1989.

143) 로랜스 대 AT&T테크놀로지 사건의 원고 측 변호사 브리짓 아리몬드와 개인적인 인터뷰, 1989년.

144) *Martin v. Wilks*, June 12, 1989.

145) 공장노동자들과 개인적인 인터뷰, 1989년.

146) 팻 로렌스와 개인적인 인터뷰, 1989년(이후 로렌스의 인용문은 다른 언급이

147) 팻 로렌스, 잔 킹, 그리고 인사부에 불려 갔던 세 여성과 개인적인 인터뷰, 1989년. 아직 그 공장에서 일하고 있는 이 세 여성은 자신들의 이름을 밝히지 말아 달라고 요청했다.

148) 찰스 잭슨과 개인적인 인터뷰, 1991년 4월.

149) 시험 부서 노동자들과 개인적인 인터뷰, 1989년.

150) 잔 킹과 개인적인 인터뷰, 1989년. (이후 킹의 인용문은 인터뷰에서 가져온 것이다.)

151) 찰스 잭슨과 개인적인 인터뷰, 1991년 4월.

152) 브리짓 아리몬드와 개인적인 인터뷰, 1989년.

14장

1) 제2회 전국구조의 날에서 개인적인 관찰, 1989년 4월 29일, 캘리포니아, 새크라멘토.

2) 개인적인 인터뷰, 1989년 4월 29일(이 사건과 관련된 이후 인용문은 모두 개인적인 인터뷰에서 가져온 것이다).

3) "Anthony Comstock," *Dictionary of National Biography*, Vol. II (New York: Charles Scribner's Sons, 1958) p. 330; Colin Francome, *Abortion Freedom: A Worldwide Movement* (London: George Allen & Unwin, 1984) p. 47.

4) 다음을 볼 것. Susan Faludi, "Abortion Obsession," Mother Jones, Nov. 1989, p. 22. 이런 인구학적 정보는 구조작전 행사의 경찰 체포 기록, 낙태 반대 집단의 활동을 감시하는 시민 조직과 법 집행관들의 보고, 구조작전 직원들의 자체적인 추정치를 종합하여 구성한 것이다. 1980년대 낙태 반대 운동의 많은 핵심 인물들이 이런 인구학적 특성에 부합한다. 가령 대법원이 역사적인 웹스터 판결을 통해 지지한 미주리 주의 제한적인 낙태법을 작성한 새뮤얼

리Samuel Lee와 앤드류 퍼즈더Andrew Puzder는 각각 서른한 살과 서른세 살이었다. 리는 일정한 거처가 없어서 친구 집을 전전했다. 다음을 볼 것. Cynthia Gorney, "Taking Aim at Roe v. Wade," *The Washington Post Magazine*, April 9,1989, p. 18. 낙태 반대 운동과 낙태권 운동 참여자에 대한 한 초기 연구에 따르면 낙태 반대 운동가들은 최저소득층에 심하게 몰려 있었다. 낙태권 운동가 중에서 연 2만 달러 미만을 버는 사람은 5분의 1인 반면, 낙태 반대 운동가 중에서는 3분의 1이었다. 다음을 볼 것. Kristin Luker, *Abortion and the Politics of Motherhood* (Berkeley: University of California Press, 1984) p. 221.

5) Petchesky, *Antiabortion, Antifeminism*, p. 221.

6) 개인적인 관찰, 1989년.

7) Gilder, *Men and Marriage*, p. 107.

8) 판사는 남편을 동정했다. 그는 아내에게 법정에서 자기 입장을 밝힐 기회도 주지 않고 임시 금지 명령을 승인했다. 나중에 그는 아내를 억지로 공개 법정에 세우고 증언하게 한 뒤 낙태를 금지시켰다. 한 달 뒤 항소심에서 그의 판결이 뒤집힌 뒤에도 인디애나 주 대법원은 낙태 금지를 한 주 더 연장시켜 달라는 남편의 요청을 승인했다. 다음을 볼 것. Reproductive Freedom Project Legal Docket, 1988, ed. by Diana Traub, American Civil Liberties Union Foundation, p. 77.

9) "Husband Sues Wife and Doctors for Abortion Without Knowledge," AP, April 21, 1988; David Ostreicher와 개인적인 인터뷰, 1988년 5월.

10) Susan Church, "Woman Has Abortion Hours Before Appeal Heard," *Press and Sun-Bulletin*, Sept. 21, 1988, p. 5.

11) Luker, *Politics of Motherhood*, p. 19; Carl Haub and Mary Kent, "U.S. Abortions Up? Down?" *Population Today*, Nov. 1987, pp. 6–7; Tamar Lewin, "U.S. Abortion Rate Shows 6% Decline," *New York Times*, April 26, 1991, p. A14. 역으로 낙태를 금지한다고 해서 반드시 낙태 건수가 줄어드는 것도 아니다. 브라질의 경우 낙태가 불법이지만 낙태율은 미국보다 세 배 더 높다. 하지만 낙태를 금지할 경우 시술이 더 위험해진다. 낙태가 합법화되기 전 매년 약 1만 명의 여성이 예상을 어긋난 불법 낙태로 목숨을 잃었고, 불법 낙태는 산모가 목숨을 잃거나 불구가 되는 주요 원인이었다.

12) O'Neill, *Everyone Was Brave*, pp. 297–98; Steven D. McLaughlin, Barbara D. Melber, John O. G. Billy, Denise M. Zimmerle, Linda D. Winges, and Terry R. Johnson, *The Changing Lives of American Women* (Chapel Hill: The University of North Carolina Press, 1988) pp. 84–86.

13) 1980 Cosmopolitan Sex Survey. 다음을 볼 것. Linda Wolfe, "The Sexual Profile of That Cosmopolitan Girl," *Cosmopolitan*, Sept. 1980, p. 254.

14) The 1990 Virginia Slims Opinion Poll, pp. 53, 41; Mark Clements Research

Women's Views Survey, 1987.

15) "One in Six Women Sterilized," *Reproductive Rights Update*, American Civil Liberties Union, 2, no. 12 (June 8, 1990): 8; Charles F. Westoff, "Fertility in the United States," Science, 234 (Oct. 31, 1986): 557.

16) Gilder, *Men and Marriage*, p. 107.

17) Tom Bethell, "Operation Rescue," *The American Spectator*, Dec. 1988, p. 11. 초 자연적인 여성과, 낙태 혹은 영아 살해라는 문화적 의식 간의 관계는 역사가 길다. 마녀사냥을 하던 16세기와 17세기에 신학자들이 제시한 대중적인 이미지 중에는 열쇠 구멍 사이를 빠져나가기 위해 살해한 아이의 지방을 자기 몸에 바르는 마법사가 있었다. 다음을 볼 것. Page Smith, *Daughters of the Promised Land: Women in American History* (Boston: Little, Brown and Co., 1970) p. 31.

18) George Grant, *Grand Illusions: The Legacy of Planned Parenthood* (Brentwood, Tenn.: Wolgemuth & Hyatt, Publishers, 1988) pp. 17, 21, 24, 176.

19) Stanley Interrante, "The Rescue Movement Comes to Southern California," *The Wanderer*, Feb. 16, 1989.

20) Joseph M. Scheidler, *Closed: 99 Ways to Stop Abortion* (San Francisco: Ignatius Press, 1985) p. 68. 이 낙태 반대 운동 지도자는 현대 여성들에게 낙태에 반대하면 더 자유로워질 것이라는 확신을 심어 주려 애쓰기도 했다. 셰이들러는 "진정한 페미니스트라면 자신에 대한 믿음이 있기 때문에 낙태를 하지 않을 것"이라고 주장했다. 조셉 셰이들러와 개인적인 인터뷰, 1989년.

21) Dr. and Mrs. J. C. Willke, *Abortion: Questions and Answers* (Cincinnati, Ohio: Hayes Publishing Co., 1985) p. 240.

22) Ibid., p. 241.

23) "Abortion Showdown: Hearing Begins in Supreme Court," *San Jose Mercury News*, April 26, 1989, p. A1.

24) 구조작전의 위성 단체인 낙태에이용당한여성들Woman Exploited of Abortion, 약칭 WEBA은 '낙태 후 증후군'에 시달린다는 주장을 펼치며 이런 여성들을 '치유'했다. WEBA가 제공하는 두 달짜리 과정에서는 상담사가 여성 환자에게 낙태당한 '아이들'에게 사과 편지를 쓰고 여기에 '사랑하는 엄마가'라고 서명하게 했다. 뉴욕과 산호세에 있는 WEBA 상담사들과 개인적인 인터뷰. 다음도 볼 것. Stephanie Salter, "She Spied on Operation Rescue," *San Francisco Examiner*, Aug. 6, 1989, p. A19.

25) 낙태에 반대했던 C. 에버렛 쿠프C. Everett Koop 의무감마저도 낙태 후 증후군은 과학적 근거가 전혀 없다고 밝혔다. 다음을 볼 것. Warren E. Leary, "Koop Says Abortion Report Couldn't Survive Challenge," *New York Times*, March 17, 1989, p. A10.

26) Willke and Willke, *Abortion*, p. 273.

27) 조셉 셰이들러와 개인적인 인터뷰, 1989년; Mary Suh and Lydia Denworth, "The Gathering Storm: Operation Rescue," *Ms.*, April 1989, p. 92.

28) 랜들 테리와 개인적인 인터뷰, 1989년. 더 자세한 이야기는 다음을 볼 것. Faludi, "Abortion Obsession."(이후 테리의 인용문과 생애에 대한 정보는 다른 언급이 없을 경우 개인적인 인터뷰에서 가져온 것이다.)

29) 돈 마빈과 개인적인 인터뷰, 1989년.

30) 돈 마빈, 다이앤 호프, 데일 잉그램, 도린 테리Doreen Terry(디파스퀼가의 자매들)와 개인적인 인터뷰, 1989년.

31) 1980년대 낙태 반대 운동 집단 내에서 생어의 성적인 행실은 거의 집착에 가까운 관심을 불러일으켰다. 1980년대에 인기를 끈 낙태 반대 저작인 조지 그랜트의 『위대한 환상』은 특히 맹렬하게 그녀의 "지저분하고 문란한 정사"를 공격했다. 다음을 볼 것. Grant, *Grand Illusions*, p. 58.

32) 마이클 테리와 개인적인 인터뷰, 1989년.

33) 신디 테리와 개인적인 인터뷰, 1989년.

34) 알렉스 에이킨과 개인적인 인터뷰, 1989년.

35) 서던티어여성병원의 행정 직원 마거릿 존스턴Margaret Johnston과 다른 상담원들, 그리고 유혹 병행은 경찰 수사관과 개인적인 인터뷰, 1989년. 이런 행동을 한 건 테리만이 아니었다. 조셉 셰이들러는 낙태를 하려고 하는 10대 임신부를 추적하기 위해 사설탐정을 고용했다. 다음을 볼 것. Garry Wills, "Evangels of Abortion," *The New York Review of Rooks*, June 15, 1989, p. 15.

36) 서던티어여성병원의 상담사들과 개인적인 인터뷰, 1989년; 빙햄튼 경찰 수사관과 개인적인 인터뷰, 1989년.

37) 공격당한 여성과 개인적인 인터뷰, 1989년; 경찰 수사관들과 개인적인 인터뷰, 1989년.

38) 구조작전 본부 직원들과 개인적인 인터뷰, 1989년.

39) 뉴욕 빙햄튼 위기임신센터 사무실 관리자와 개인적인 인터뷰와 개인적인 관찰, 1989년.

40) 구조작전 본부 직원들과 개인적인 인터뷰, 1989년.

41) "Incidents of Violence and Disruption Against Abortion Providers," National Abortion Federation, Washington, D.C., May 15, 1989; "The Threat to Health Care Workers and Patients: Antiabortion Violence and Harassment," National Abortion Federation, Washington, D.C., May 1988; "Violence Against Clinics Remains Serious Problem," *Reproductive Rights Update*, II, no. 23: 4–5; "Repro Woman," *Ms.*, Oct. 1989, p. 50.

42) 1988년까지 35개 주가 부모동의가 있어야 낙태를 허용하는 법을 통과시켰고, 30개 주와 컬럼비아 특별구는 저소득층 의료보장 제도로 낙태 비용을 충당하지 못하게 금지했다. 미네소타의 한 법은 아무리 법적인 양육권이 한쪽 부모에게만 있는 경우라도(미네소타 주에서는 딸의 경우 절반이 이런 상태였다)

젊은 여성이 낙태를 하려면 부모 모두에게 허락을 받도록 요구했다. 1989년 발표된 펜실베이니아의 한 법은 성인 여성이 낙태를 하기 전, 남편에게 고지하도록 의무화했다.

43) 갤럽 여론조사는 1975년 이후 미국인 10명 중 거의 8명이 합법적인 낙태를 지지하고 있음을 보여 준다. 루이스해리스 여론조사에서는 10명 중 6명이 낙태를 금지하는 헌법수정안에 반대하는 것으로 나타났다. 등록 유권자들을 대상으로 실시된 히커만-말린Hickman-Marlin 여론조사에서는 77퍼센트가 낙태는 개인적인 결정 사항이지 정부가 간여할 문제가 아니라고 믿는 것으로 나타났다. 《뉴스위크》, 〈CBS 뉴스〉, 〈ABC 뉴스〉, 〈NBC 뉴스〉가 실시한 여론조사에서도 이와 유사한 결과가 나왔다. 웹스터 판결은 낙태 선택권에 찬성하는 정서만 더 강화시켰다. 《연합통신》/《미디어제너럴》의 1989년 7월 여론조사에 따르면 대법원 판결 이후 1973년 낙태 합법화 판결 지지자가 6퍼센트포인트 증가했다. 지난 몇십 년간 지지율 증가에 대해서는 다음을 볼 것. Luker, *Politics of Motherhood*, pp. 216–17, 225; "American Adults' Approval of Legal Abortion Has Remained Virtually Unchanged Since 1972," *Family Planning Perspectives*, 17 (July–Aug. 1985): 4.

44) Louis Harris Poll, 1989; Associated Press/Media General Survey, 1989.

45) Luker, *Politics of Motherhood*, p. 14.

46) Ibid., pp. 14–15; Linda Gordon, *Woman's Body/ Woman's Right: A Social History of Birth Control in America* (New York: Penguin Books, 1977 edition) pp. 52–53.

47) Luker, *Politics of Motherhood*, p. 267; Gordon, *Woman's Body*, p. 52. 루커는 (《뉴욕타임스》색인이 시작되는) 1851년부터 1860년대 중반까지 《뉴욕타임스》에는 낙태에 대한 기사가 단 한 건도 실리지 않았다고 말한다. 하지만 이 신문은 1870년대에는 낙태의 위협에 집착했다. 이 집착이 가장 절정에 달했던 1871년 《뉴욕타임스》에는 낙태에 대한 기사가 예순아홉 건이나 실렸다.

48) Luker, *Politics of Motherhood*, pp. 27–32, 20.

49) Francome, *Abortion Freedom*, p. 47; Gordon, *Woman's Body*, p. 65; David M. Kennedy, *Birth Control in America: The Career of Margaret Sanger* (New Haven: Yale University Press, 1970) p. 45.

50) Francome, *Abortion Freedom*, p. 76; Luker, *Politics of Motherhood*, p. 15.

51) Cott, *Modern Feminism*, p. 48.

52) 헬름스수정안The Helms Amendment은 여성의 생명을 구하기 위한 낙태마저 허락하지 않았다. 다음을 볼 것. Harriet F. Pilpel, "The Fetus as Person: Possible Legal Consequences of the Hogan-Helms Amendment," *Family Planning Perspectives*, 6, no. 1 (Winter 1974): 6; "Special Report: Anti- and Pro-Choice Ballot Initiatives Scheduled," *Reproductive Rights Update*, 2, no. 8 (April 13, 1990); "Josephine County Voters Defeat Birth Control Consent Initiative,"

Reproductive Rights Update, 2, no. 11 (May 25, 1990); "Who Decides? A State by State Review of Abortion Rights in America," The NARAL Foundation, 1989, pp. iv–v; Guy Coates, "Louisiana OKs New Anti-Abortion Bill," *San Francisco Examiner*, July 9, 1990, p. A8; Margaret Carlson, "Abortion's Hardest Cases," *Time*, July 9, 1990, p. 22; "Anti- Abortion Law Is Passed by Idaho House by 47 to 36," *New York Times*, March 10, 1990; Maralee Schwartz, "Utah Enacts Abortion Limits, Prepares for Bitter Court Test," *Washington Post*, Jan. 26, 1991, p. A2; Dan Balz, "Guam Surprises Abortion Activists, New Restrictive Law Puts Pacific Island in Middle of Controversy," *Washington Post*, March 24, 1990, p. A11.

53) Tiffany Devitt, "Abortion Coverage Leaves Women Out of the Picture," *Extra!*, March–April 1991, p. 5.

54) "ABA Rescinds Pro-Choice Position," *Reproductive Rights Update*, 2, no. 16 (Sept. 14, 1990): 7.

55) 미국 침례교는 오랫동안 합법적인 낙태를 할 수 있는 여성의 권리를 지지하다가 이를 철회하고 '중립적인' 태도로 전향했고, 낙태권종교연합Religious Coalition for Abortion Rights에서 탈퇴했다. 미국 장로교는 1970년부터 유지해 오던 낙태 합법화 찬성 입장을 재검토하기 위한 작업 팀을 꾸렸다. 그리고 연합감리교 역시 낙태 합법화 찬성 입장을 변경했다. Information from the Religious Coalition for Abortion Rights, 1990.

56) Ari L. Goldman, "Bishops Hire Pros to Sway Public Against Abortion," *Sacramento Bee*, April 6, 1990, p. A1; Nadine Brozan, "Cardinal Proposes Order of Nuns to Fight Abortion," *New York Times*, Nov. 4, 1989; "New Jersey Governor Quits Knights of Columbus," *Reproductive Rights Update*, 2, no. 12 (June 8, 1990): 7; Robin Toner, "Catholic Politicians See Line on Duty," *New York Times*, June 25, 1990, p. A1; "Bishop Excommunicates Abortion Clinic Administrator," *Reproductive Rights Update*, 2, no. 14 (July 6, 1990): 5; Eric Pace, "No Unanimity on Abortion Excommunication," *New York Times*, June 16, 1990, p. 10.

57) Barbara Ehrenreich, "Mothers Unite," *The New Republic*, July 10, 1989, p. 30; "Guttmacher Study: Rural Abortion Providers Drop by Half," *Reproductive Rights Update*, 2, no. 14 (July 6, 1990): 7; Tamar Lewin, "Abortions Harder to Get in Rural Areas of Nation," *New York Times*, June 28, 1990, p. A18.

58) Stephen Wermiel and Michel McQueen, "Turning Point? Historic Court Ruling Will Widen Disparity in Access to Abortion," *The Wall Street Journal*, July 5, 1989, p. A1.

59) Ibid., p. A14.

60) "Chicago Hospital Trades Abortion Service for Real Estate," *Reproductive*

Rights Update, 3, no. 2 (Jan. 25, 1991): 5.

61)   Data from National Abortion Rights Action League.

62)   "Economics of Abortion," National Abortion Federation, Fact Sheet, Nov. 1985, p. 1.

63)   같은 기간에 복지 수급자의 출산 건수가 31퍼센트 증가했다. 동시에 불임 시술을 원하는 저소득층 여성의 수가 극적으로 증가했고 디트로이트 지역 입양 기관들의 조사에 따르면 입양 대기 중인 빈곤층 아기의 비중이 약 50퍼센트 늘어났다. 다음을 볼 것. Patricia Chargot, "Abortion and the Poor," *Detroit Free Press*, Aug. 5, 1990, p. F1.

64)   Barbara Brotman, "Private Agencies Filling Abortion Funding Gap," *Chicago Tribune*, Jan. 22, 1990, p. C1.

65)   Gina Seay, "Abortion-Rights Group to Launch Campaign to Recruit Young Teens," *Houston Chronicle*, Aug. 26.

66)   "Slain Girl Was to Have Abortion," Argus Observer, Aug. 31, 1989; Margie Boulie, "Now He Admits It, Now He Doesn't," *Portland Oregonian*, Mar. 13, 1990, Editorial Section, p. 1.

67)   Linda Greenhouse, "Anti-Abortion Aid Stirs Church-State Questions," *New York Times*, March 17, 1988, p. 12; Karen Gustafson, "The New Politics of Abortion," *Utne Reader*, March-April 1989, p. 19.

68)   "College Paper to Ban Abortion Clinic Ads," *New York Times*, Aug. 18, 1989; Lisa Stansky, "Group Seeks Ads in School Papers," *The Recorder*, Oct. 19, 1990, p. 1; "Florida TV Stations Refuse to Air Pro-Choice Ads," *Media Report to Women*, Nov.-Dec. 1990, p. 4; "Abortion Bulletin," *Eleanor Smeal Report*, 6, no. 11 (March 25, 1989): 2.

69)   Anna Quindlen, "Offensive Play," *New York Times*, Jan. 24, 1991, p. A23.

70)   "Briefs," *Media Report to Women*, May–June 1989, p.10. 1989년 플로리다 베로비치의《프레스저널》에서 일하던 한 기자는 주의 입법가에게 합법적인 낙태를 지지하는 편지를 몇 통 보내고 난 뒤 해고당했다. 같은 해 마르케트 대학교의 학보가 낙태권을 위한 '워싱턴 행진'의 광고(거기에는 "아직 당신에게 선택권이 있을 때 일어서서 지지하라"라고 적혀 있었다)를 싣고 난 뒤 대학 당국은 학보의 업무 관리자를 해고하라고 명령했고 편집자와 광고 책임자에게 정직 처분을 내렸다.

71)   페미니스트다수를위한재단의 타마르 라파엘Tamar Raphael과 개인적인 인터뷰, 1989년.

72)   《로스앤젤레스타임스》 마케팅 담당 부사장 돈 클락Don Clark의 편지, 1989년 8월 8일. 클락은 자기네 신문이 광고를 단도직입적으로 거절한 게 아니라 그저 "톤을 낮추고" "표현을 순화"하지 않으면 인쇄해 줄 수 없다고만 했다고 해명했다.

73) "Should an Innocent Child Pay for a Brutal Father's Mistake … With Her Life?" Advertisement, American Life League, Inc., *USA Today*, Jan. 22, 1991, p. A11.

74) Joanne Lipman, "Barbara Walters Radio Special on Abortion Shunned by Sponsors," *The Wall Street Journal*, June 16, 1989, p. B1.

75) Sonia L. Nazario, "Fertility Rights: Abortion Foes Pose Threat to the Funding of Family Planning," *The Wall Street Journal*, Feb. 2, 1990, p. A1.

76) Lawrence Lader, "The Family-Planning Ploy," *New York Times*, Dec. 12, 1985.

77) Stephanie Salter, "Long Line, Small Social Conscience," *San Francisco Examiner*, April 5, 1990, p. A25; "AT&T Shareholders Vote Down Anti-Choice Resolution," *Reproductive Rights Update*, April 27, 1990, 2, no. 9, p. 7.

78) Statistics from the National Center for Health Statistics, 1990. 10대 미혼모가 처음으로 증가한 것은 1987년이며, 1986년부터 1988년 사이에 15세부터 17세 사이의 미혼모는 10퍼센트 늘어났다.

79) Stephanie Salter, "State-created Abortions," *San Francisco Examiner*, Jan. 14, 1990, p. A21; Gary Webb, "Family Planning Cuts Bring Anguish," *San Jose Mercury News*, Jan. 11, 1990; "Expected Costs to the State of California as a Result of Eliminating the Office of Family Planning," Planned Parenthood, May 10, 1989.

80) "Reproductive Freedom: The Rights of Minors," ACLU Briefing Paper, no. 7, 1989; Brief for Petitioners, *Dr. Jane Hodgson v. the State of Minnesota*, nos. 88-1125 and 88-1309, Supreme Court of the United States, Oct. 1989, pp. 12–14. 다음도 볼 것. Virginia G. Cartoof and Lorraine V. Klerman, "Parental Consent for Abortion: Impact of the Massachusetts Law," *American Journal of Public Health*, 76, no. 4 (April 1986), pp. 397–400.

81) "Court Ignores Failure of Judicial Bypass Procedure," Fund for the Feminist Majority, June 26, 1990.

82) Carlson, "Abortion's Hardest Cases," p. 22.

83) Letters on file at the Fund for the Feminist Majority, 1991.

84) Appendix to Brief Amicus Curiae in Support of Appellees by the Judicial Consent for Minors Lawyer Referral Panel, in *Neil F. Hartigan v. Dr. David Zbaraz and Dr. Allan G. Charles*, nos. 85-673, Supreme Court of the United States, Oct. 1987; Brief for Petitioners, trial transcript, and witnesses' testimony, *Dr. Jane Hodson v. the State of Minnesota*, Oct. 1989.

85) Appendix to Brief Amicus Curiae, p. 107.

86) Ibid., pp. 99–100.

87) Ibid., p. 43.

88) Angela Bonavoglia, "Kathy's Day in Court," *Ms.*, April 1988, p. 46.

770

89) Appendix to Brief Amicus Curiae, pp. 82–85.

90) Ibid., pp. 75–77.

91) Philip J. Hilts, "U.S. Approves 5-year Implants to Curb Fertility," *New York Times*, Dec. 11, 1990, p. A1.

92) Dorothy Wickenden, "Drug of Choice," *The New Republic*, Nov. 26, 1990, p. 24.

93) Kenneth H. Bacon, "Health: U.S. Birth Control R & D Lags," *The Wall Street Journal*, Feb. 15, 1990, p. B1.

94) Dr. Scott Zeller, "The Abortion Pill," *San Francisco Weekly*, Sept. 13, 1989, p. 1; Emily T. Smith, "Abortion: A Vocal Minority Has Drugmakers Running Scared," *Business Week*, Nov. 14, 1988, p. 59.

95) Wickenden, "Drug of Choice," p. 27.

96) Laura Fraser, "Bringing the Abortion Pill to California," *California*, July 1990, p. 58.

97) Ibid., p. 61.

98) "Shareholder Proposal on RU-486 Nixed by Management," *Reproductive Rights Update*, 2, no. 7 (March 30, 1990): 5.

99) Smith, "Vocal Minority," p. 59.

100) "Diary of an Unborn Child," Knights of Columbus flyer, 1989.

101) Willke and Willke, *Abortion*, pp. 240–41.

102) Janet Gallagher, "Prenatal Invasions and Interventions: What's Wrong with Fetal Rights," *Harvard Women's Law Journal*, 10 (1987): 57–58.

103) Scheidler, *Closed*, p. 138.

104) Gina Kolata, "Operating on the Unborn," *The New York Times Magazine*, May 14, 1989, p. 34.

105) 샌프란시스코 퍼시픽불임병원에서 개인적인 관찰, 1989년.

106) 개인적인 인터뷰, 1989년; Robyn Rowland, "Decoding Reprospeak," *Ms.*, May/June 1991, p. 38.

107) Jean Seligann, "Tempest in a Test Tube," *Newsweek*, Aug. 21, 1989, p. 67.

108) *Infertility: Medical and Social Choices.* Office of Technology Assessment, 1988. 1988년 하원의 규제·기업·에너지소위원회가 진행한 조사에서도 비슷한 결과가 나왔다. 다음을 볼 것. Lisa M. Krieger, "Infertility Clinics to Release Success Rates," *San Francisco Examiner*, Nov. 15, 1989, p. A2.

109) Ehrenreich and English, *For Her Own Good*, p. 123; Susan Faludi, "Infertility: Medical Crisis or Media Hoax?" *West Magazine, San Jose Mercury News*, April 16, 1989, p. 14; "To Have a Baby," "60 Minutes," transcript, vol. xxi, no. 12, Dec. 11, 1988. 여성의 자궁에 레이저 시술을 하는 의사들은 미숙하기로 악명이 높았다. 의학 문헌에는 이런 의사들의 실수로 발생한 최소한 네 건의 사망

사건이 기록되어 있다. 다음을 볼 것. Richard Koenig, "Deadly Errors Reported During Laser Surgery," *The Wall Street Journal*, Dec. 27, 1989, p. B1; Richard E. Blackwell, Bruce R. Carr, R. Jeffrey Chang, et al., "Are We Exploiting the Infertile Couple?" *Fertility and Sterility*, 48, no. 6 (Nov. 1987): 735; Faludi, "Infertility." 잘나가는 임신 촉진제 클로미드Clomid는 실험 쥐의 선천적 결손(아이러니하게도 암컷의 생식관 결손)과 연관이 있다. 다음을 볼 것. G. R. Cunha, O. Taguchi, R. Namikawa, Y. Nishizuka, and S. J. Robboy, "Teratogenic Effects of Clomiphene, Tamoxifen, and Diethylstilbestrol on the Developing Human Female Genital Tract," *Human Pathology*, 18, no. 11 (1987): 1132–43. 두 번째로 인기 있는 퍼가놀Perganol에도 여러 가지 부작용이 있다. 거대한 난소낭종을 유발했고, 복부와 폐에 다량의 물이 차게 하기도 했으며 생명을 위협하는 자궁외임신을 야기한 적도 있었다.

110) Janice G. Raymond, "International Traffic in Reproduction," *Ms.*, May/June 1991, p. 28.

111) 지나 디미란다와 개인적인 인터뷰, 1989년.

112) "Court Rules Fetus a Resident," *Reproductive Rights Update*, 2, no. 21 (Nov. 21, 1990): 5.

113) Dawn E. Johnsen, "The Creation of Fetal Rights: Conflicts with Women's Constitutional Rights to Liberty, Privacy and Equal Protection," *The Yale Law Journal*, 95, no. 3 (Jan. 1986): 599–625; Joseph M. Harvey, "Fetus a 'Person,' in Car-Death Law," *Boston Globe*, Aug. 17, 1984; David Sellers, "Fetus Is 'Person,' D.C. Appeals Court Rules for First Time," *Washington Times*, Oct. 10, 1984, p. A1; Nan D. Hunter, "Feticide—Cases and Legislation," Reproductive Freedom Project, unpublished paper, May 5, 1986.

114) Seligmann, "Tempest in a Test Tube," p. 67.

115) Ted Gest, "The Pregnancy Police, On Patrol," *U.S. News and World Report*, Feb. 6, 1989, p. 50.

116) "The Most Sordid and Terrifying Story," *California Advocates for Pregnant Women Newsletter*, Sept.–Dec. 1990, no. 12, p. 3.

117) Johnsen, "Creation of Fetal Rights," Dawn E. Johnsen, "A New Threat to Pregnant Women's Autonomy," *Hastings Center Report*, Aug. 1987, p. 33; "Legislative Alert," *California Advocates for Pregnant Women Newsletter*, May–June 1990, p. 2, and July–Aug. 1990, p. 3; Marianne Takas, "Eat Right, Stay Off Your Feet—Or Go to Jail," *Vogue*, May 1987, p. 148; 딘 존슨Dawn Johnsen, 린 팰트로Lynn Paltrow, 재닛 갤러거Janet Gallagher와 개인적인 인터뷰, 1989년. 방대한 연구 자료를 관대하게 제공해 준 미국시민자유연맹의 출산자유프로젝트 직원들께 감사의 말을 전한다.

118) "Statutes That Unfairly Punish Pregnant Women for Behavior," *Reproductive*

Rights Update, 2, no. 1 (Jan. 5, 1990): 4.

119) Ronni Sandroff, "Invasion of the Body Snatchers," *Vogue*, Oct. 1988, p. 330.

120) Marjorie Shaw, "Conditional Prospective Rights of the Fetus," *Journal of Legal Medicine*, 63 (1984): 67–69; Johnsen, "Creation of Fetal Rights," pp. 607–8; Gallagher, "Prenatal Invasions and Interventions," p. 11.

121) Barbara Kantrowitz, "The Pregnancy Police," *Newsweek*, April 29, 1991, p. 52.

122) Molly McNulty, "Pregnancy Police, The Health Policy and Legal Implications of Punishing Pregnant Women for Harm to Their Fetuses," *Review of Law and Social Change*, 16, no. 2 (1987–88): 285; Reproductive Freedom Project Legal Docket, ACLU, 1988; *Reproductive Rights Update*, 2, no. 3 (Feb. 2, 1990): 6; Lynn M. Paltrow, "When Becoming Pregnant Is a Crime," *Criminal Justice Ethics*, IX, no. 1 (Winter–Spring 1990): 2–3, 14; Janet Gallagher, "The Fetus and the Law—Whose Life Is It Anyway?" *Ms.*, Sept. 1984, p. 62; Gallagher, "Prenatal Invasions and Interventions"; Ellen Willis, "The Wrongs of Fetal Rights," *The Village Voice*, April 11, 1989, p. 41; Susan Lacroix, "Jailing Mothers for Drug Abuse," *The Nation*, May 1, 1989, p. 587.

123) *In the Matter of J. Jeffrey*, no. 99851, Michigan Court of Appeals, April 9, 1987; Paltrow, "When Becoming Pregnant Is a Crime," pp. 8–9.

124) *People of the State of California v. Pamela Rae Stewart*, 1987. 다음을 볼 것. Angela Bonavoglia, "The Ordeal of Pamela Rae Stewart," *Ms.*, July-Aug. 1987, p. 92; Memorandum of Points and Authorities in Support of Demurrer to Complain Without Leave to Amend, *Calif, v. Pamela Rae Stewart*, p. 3; Jo Moreland, "Neighbors Cite Mother's Troubled Past," *Daily Californian*, Sept. 30, 1986, p. A1.

125) Associated Press, "Baby Placed in Foster Home; Doctor Claims Prenatal Abuse," *Des Moines Register*, April 3, 1980, p. A11.

126) State of *Wyoming v. Pfannenstiel*, no. 1-90-8CR, Laramie County Court, Jan. 5, 1990; Paltrow, "When Becoming Pregnant Is a Crime," p. 9; "Pregnant Drinker Faces Trial for Child Abuse," *San Francisco Examiner*, Jan. 1, 1990, p. A13.

127) *Stallman v. Youngquist*, 125 III. 2nd 267, 531 NE 2nd 355, 129 (II. App. 3rd 859 and 152 111. App. 3rd 683; *Reproductive Rights Update*, 2, no. 4 (Feb. 16, 1990): 7.

128) *Grodin v. Grodin*, 102 Michigan Court of Appeals 396, 301 NW 2nd 869 (1980); Johnsen, "Creation of Fetal Rights," p. 604.

129) "Hospital Transfers Pregnant Woman Against Her Will," *Reproductive Rights Update*, 2, no. 4 (Feb. 16, 1990): 7.

130) "Pregnant and Newly Delivered Women Jailed on Drug Charges," *Reproductive*

Rights Update, 2, no. 3 (Feb. 2, 1990): 6.

131) "Girl Detained to Protect Fetus," *Wisconsin State Journal*, Aug. 16, 1985, p. 2.

132) "Pregnant and Newly Delivered Women," p. 6; Debra Lucero Austin, "Prosecution Plan Draws Fire: 'A Cop in the Delivery Room?'" *Chico Enterprise Record*, Nov. 3, 1988, p. A1.

133) Ellen Barry, "Quality of Prenatal Care for Incarcerated Women Challenged," Youth Law News, *National Center for Youth Law*, 6, no. 6 (Nov.–Dec. 1985): 2–4; Tamar Lewin, "When Courts Take Charge of the Unborn," *New York Times*, Jan. 9, 1989, p. A9. 1983년 캘리포니아의 한 연구는 수감된 임신부 중 제대로 출산을 하는 경우는 절반 이하이고 30퍼센트가 유산을 겪는다고 밝혔다. 알라미다 카운티의 산타리타 교도소에서는 임신한 여성의 73퍼센트가 유산을 했는데, 이는 주의 평균보다 50배 많은 수치였다.

134) 레이 내러모어와 개인적인 인터뷰, 1989년.

135) Courtland Milloy, "Who Will Save D.C.'s Babies?" *Washington Post*, July 23, 1989, p. 3.

136) Sonia L. Nazario, "Midwifery Is Staging Revival as Demand for Prenatal Care, Low-Tech Births Rises," *The Wall Street Journal*, Sept. 25, 1990, p. B1.

137) Ibid.

138) "Medi-Cal Maternity Care and AB 3021: Crisis and Opportunity," National Health Law Program, May 1986, cited in "Memorandum of Points and Authorities in Support of Motion to Dismiss," *People of the State of California v. Pamela Rae Stewart*, Feb. 23, 1987, p. 15.

139) Deborah Mesce, "Witnesses Ask for More Help to Cut Drug Abuse by Pregnant Women," AP, June 28, 1990.

140) George Will, "When Birth Control Is Troubling," *San Francisco Chronicle*, June 27, 1988.

141) Monte Williams, "Legal Rights of Mothers-to-Be Pitted Against Those of Fetus," *Austin American-Statesman*, Nov. 13, 1990, p. D5.

142) Johnsen, "Creation of Fetal Rights," p. 608.

143) Monte Williams, "Whose Rights Prevail, Those of the Mom or the Fetus?" *San Francisco Examiner*, Nov. 10, 1990, p. A30.

144) 가령 다음을 볼 것. Clara Hemphill, "Kids at Risk: A Tormented Cry—As Crack Babies Grow, So Do Their Problems," *Newsday*, Sept. 28, 1990, p. 6; Marjie Lambert, "New Label in Schools: Drug Baby," *Sacramento Bee*, Nov. 25, 1990, p. A1.

145) Douglas J. Beharov, "Crack Babies: The Worst Threat Is Mom Herself," *Washington Post*, Aug. 6, 1989, Outlook, p. 1.

146) "Infant Deaths," *Newsweek*, Oct. 16, 1989, p. 10. 다음도 볼 것. "Crack Linked

774

to Infant Mortality Rise," *Arizona Republic*, Mardi 4, 1990, p. A6.

147) 마약이 급속도로 유행하게 된 것은 1986년부터였다. 하지만 신생아의 건강 개선 속도가 늦춰지다가 역전된 것은 1980년대 전반기의 일이었다. 다음을 볼 것. Children's Defense Fund, "Maternal and Infant Health: Key Data," Special Report, I, Washington, D.C., March 1990; M. O. Mundinger, "Health Service Funding Cuts and the Declining Health of the Poor," *New England Journal of Medicine*, 313 (1985): 44–47.

148) McNulty, "Pregnancy Police," pp. 294–96.

149) Children's Defense Fund, "Maternal and Infant Health," p. 4.

150) Ibid.

151) Ibid.

152) Ira J. Chasnoff, Harvey J. Landress, and Mark E. Barrett, "The Prevalence of Illicit-Drug or Alcohol Use During Pregnancy and Discrepancies in Mandatory Reporting in Pinellas County, Florida," *New England Journal of Medicine*, 322 (April 26, 1990): 1202–1206.

153) Paula Braveman, Geraldine Oliva, Marie Grisham Miller, Randy Reiter, and Susan Egerter, "Adverse Outcomes and Lack of Health Insurance Among Newborns in an Eight-County Area of California, 1982–1986," *The New England Journal of Medicine*, 321, no. 8 (Aug. 24, 1989): 508–513.

154) Paltrow, "When Becoming Pregnant Is a Crime," p. 8.

155) Williams, "Legal Rights of Mothers," p. D5.

156) Wendy Chavkin, Rockefeller Fellow at Columbia University School of Public Health, "Testimony Presented to House Select Committee on Children, Youth and Families," April 27, 1989, p. 4.

157) "National District Attorneys Association Encourages Prosecutions of Pregnant Women," *Reproductive Rights Update*, 2, no. 15 (July 20, 1990): 8.

158) Judith Rosen, "The Saga of Butte County," *California Advocates for Pregnant Women Newsletter*, Jan.–Feb. 1989, p. 1; 이 새로운 정책의 첫 대상이 된 여성을 대변했던 노던캘리포니아 법률 서비스의 루시 콰치넬라Lucy Quacinella 와 개인적인 인터뷰, 1989년; 마이클 램지와 개인적인 인터뷰, 1989년.

159) 마이클 램지와 개인적인 인터뷰, 1989년.

160) Ibid.

161) 루시 콰치넬라와 개인적인 인터뷰, 1989; Rosen, "Saga of Butte County"; "First Mom of Addicted Baby Faces Charges," *Chico Enterprise Record*, Nov. 30, 1988, p. A1.

162) 마이클 램지와 개인적인 인터뷰, 1989.

163) Johnsen, "A New Threat," p. 38.

164) Susan Lacroix, "Jailing Mothers," p. 586; *Reproductive Rights Update*, 2, no. 3

(Feb. 2, 1990): 6.

165) Veronika E. B. Kolder, Janet Gallagher, and Michael T. Parsons, "Court-Or-dered Obstetrical Interventions," *The New England Journal of Medicine*, 316, no. 19 (May 7, 1987): 1192–96. 또한 4분의 1 이상은 세 번째 3개월에 접어든 임신부가 아직도 병원 시스템 안에서 처치를 받지 않고 있을 경우 주에서 감시해야 한다고 믿었다.

166) Johnsen, "Creation of Fetal Rights," p. 607.

167) "In the Matter of Madyun Fetus," *The Daily Washington Law Reporter*, 114, no. 209 (Oct. 29, 1986): 2240.

168) Kolder, Gallagher, and Parsons, "Court-Ordered Obstetrical Interventions," p. 1192.

169) Ibid., pp. 1193–94.

170) Ibid., p. 1194.

171) Ibid., p. 1193.

172) Ibid., p. 1192; *Jefferson v. Griffin Spalding County Hosp.*, Auth., 247 Ga. 86, 274, SE 2nd, 457, 1981.

173) Gallagher, "The Fetus and the Law."

174) Gallagher, "Prenatal Invasions and Interventions," p. 9.

175) Ibid., p. 46.

176) Ibid., p. 47.

177) Johnsen, "Creation of Fetal Rights," pp. 615–17.

178) *McFall v. Skimp*, 10 Pa. D.&C.3rd 90, 91, Allegheny County, 1978.

179) Carol O'Brien, "Patient's Lawyer Calls A.C. Case Human Sacrifice," *American Medical News*, March 11, 1988, p. 46.

180) Ibid.; 카더의 어머니, 네티 스토너와 개인적인 인터뷰, 1989년.

181) Affidavit of Dr. Jeffrey A. Moscow, In Re: A. C., 1986, p. 3.

182) 네티 스토너와 개인적인 인터뷰, 1989년.

183) Affidavit of Dr. Jeffrey A. Moscow, p. 2.

184) 네티 스토너와 개인적인 인터뷰, 1989년.

185) *In Re: Angela Carder*, Superior Court of the District of Columbia, Transcript, June 16, 1987.

186) 네티 스토너와 개인적인 인터뷰, 1989년.

187) David Remnick, "Whose Life Is It, Anyway?" *The Washington Post Magazine*, Feb. 21, 1988, p. 14.

188) 네티 스토너와 개인적인 인터뷰, 1989년.

189) *In Re: Angela Carder*.

190) Ibid.

191) Ibid.

192) Ibid.

193) 바버라 미슈킨과 개인적인 인터뷰, 1989년.

194) *In Re: Angela Carder.*

195) Ibid.

196) Ibid.

197) Ibid.

198) *In Re: Angela Carder*, District of Columbia Court of Appeals, Transcript, June 16, 1987, p. 4.

199) Ibid., p. 7.

200) Ibid., pp. 6–7.

201) Ibid., p. 9.

202) Ibid.

203) Ibid., p. 16.

204) Ibid.

205) Remnick, "Whose Life," p. 21.

206) Ibid.

207) 네티 스토너와 개인적인 인터뷰, 1989년.

208) Ibid.

209) "First Amended Complaint for Damages," *Nettie and Daniel Stoner v. George Washington University*, et al., p. 9.

210) "In the Matter of A.C.," No. 87–609, 53 A.2d, p. 611 (D.C. App. 1987).

211) Linda Greenhouse, "Forced Surgery to Save Fetus Is Rejected by Court in Capital," *New York Times*, April 27, 1990, p. 1.

212) 네티 스토너와 개인적인 인터뷰, 1989년.

213) "Reproductive Health Hazards in the Workplace," U.S. Congress, Office of Technology Assessment, 1985.

214) Joan E. Bertin, "Reproductive Hazards in the Workplace," *Reproductive Laws for the 1990s*, ed. by Sherrill Cohen and Nadine Taub (Clifton, N.J.: Humana Press, 1989) pp. 277–305.

215) Ronald Bayer, "Women, Work and Reproductive Hazards," The Hastings Center Report, Oct. 1982, p. 14.

216) Freeman, *Politics of Women's Liberation*, p. 76; Kessler-Harris, Out to Work, p. 211.

217) Kessler-Harris, *Out to Work*, pp. 180–214.

218) Ibid., p. 202.

219) "Women, Work and Health Hazards," National Commission on Working Women, Washington, D.C., 1984.

220) Michael Rose, "Reproductive Health Hazards for High-Tech Workers," in

American Woman 1988–89, pp. 281–83; Lynne Lohmeier, "Making Work Safe for Childbearing Couples," *East West*, Aug. 1987, p. 52.

221) Rose, "Reproductive Health Hazards," pp. 283–85.

222) 행정관리예산국이 이 연구를 어떤 식으로 처리했는지를 1986년 국회가 살펴 보았더니 행정관리예산국은 노동 보건과 별 관련이 없는 검토자를 의도적으로 선정했고, 행정관리예산국 스스로가 "진지한 공중 보건 문제에 대한 …… 정부의 연구 노력을 불합리하게 지연, 방해, 왜곡했다." 다음을 볼 것. Ibid., pp. 284–85.

223) Ibid., p. 279.

224) Gail Bronson, "Issue of Fetal Damage Stirs Women Workers at Chemical Plants," *The Wall Street Journal*, Feb. 9, 1979, p. 1.

225) Richard Carelli, "Court Calls Job Hazard Policies Sex Bias," *San Francisco Examiner*, March 20, 1991, p. A1.

226) Bayer, "Reproductive Hazards," p. 17.

227) Rosalind Petchesky, *Abortion and the Woman's Choice: The State, Sexuality and Reproductive Freedom* (Boston: Northeastern University Press, 1990) p. 351.

228) Bayer, "Reproductive Hazards," p. 17.

229) Lohmeier, "Childbearing Couples," p. 52; Mary Sue Henifin, "Making Healthy Babies Not Just Women's Work," *Womanews*, April 1983, p. 4.

230) Carolyn Marshall, "An Excuse for Workplace Hazard," *The Nation*, April 25, 1987, p. 532.

231) Ibid., p. 534.

232) Anne J. Stone, "In Review: January 1, 1988–July 3, 1989," in *American Woman 1990–91*, p. 50.

233) Bertin, "Reproductive Health Hazards in the Workplace," unpublished paper, 1988.

234) Marshall, "Workplace Hazard," p. 533.

235) 카터 시절 직업안전위생관리국은 고용주들에게 남성과 여성 노동자를 생식 위해 물질에서 보호하라고 독려하는 새로운 규정을 마련했다. 레이건 행정부 는 이를 무산시켰고, 직업안전위생관리국의 예산을 25퍼센트 삭감했으며, 산 업에 대한 조사, 소환, 법적인 조치를 줄였다. 다음을 볼 것. Betty Holcomb, "Occupational Health: The Fetus Factor," *Ms.*, May 1983, p. 40.

236) 페이스 팝콘과 개인적인 인터뷰, 1989년.

237) Deposition of *Glenn E. Mercer, Christman v. American Cyanamid Co.* (Civil Action No. 80-0024, N.D. West Va.), Oct. 19–20, 1982, p. 100.

238) 베티 릭스와 개인적인 인터뷰, 1988년; Deposition of Betty June Riggs, *Christman v. American Cyanamid Co.*, Dec. 8, 1980, p. 8.

239) 베티 릭스와 개인적인 인터뷰, 1988년.

240) 개인적인 인터뷰, 1988년.

241) Deposition of Donna Lee Martin, *Christman v. American Cyanamid Co.*, Dec. 9, 1980, p. 22.

242) Ibid., pp. 22, 28.

243) Deposition of Barbara Cantwell Christman, *Christman v. American Cyanamid Co.*, Dec. 9–10, 1980, pp. 16, 27.

244) Ibid., pp. 16–17.

245) Deposition of Christman, p. 39.

246) Ibid., p. 28; Deposition of Riggs, p. 101.

247) Deposition of Martin, p. 158.

248) 베티 릭스와 개인적인 인터뷰, 1988년.

249) "Reproductive Health Hazards in the Workplace," Office of Technology Assessment, 1985, p. 253.

250) Deposition of Dr. Robert M. Clyne, *Christman v. American Cyanamid Co.*, May 16, 1983, p. 141.

251) "Reproductive Health Hazards in the Workplace," pp. 253–55.

252) Ibid., p. 253.

253) Deposition of Clyne, p. 476.

254) Ibid., p. 1052.

255) 아메리칸사이안아미드 대표들과 개인적인 인터뷰, 1988년, 1991년; 아메리칸 사이안아미드 언론 보도 자료.

256) Decision of Judge Cecil L. Cutler, *American Cyanamid Co.*, OSHRC Docket No. 79-2438, Oct. 14, 1980.

257) Deposition of Clyne, pp. 240–41.

258) "Reproductive Health Hazards in the Workplace," p. 257.

259) Deposition of Martin, p. 184.

260) 베티 릭스와 개인적인 인터뷰, 1988년.

261) Ibid.; Deposition of Martin, pp. 42-45; Deposition of Christman, pp. 62–65.

262) Deposition of Christman, p. 65.

263) "Reproductive Health Hazards in the Workplace," p. 257.

264) 베티 릭스와 개인적인 인터뷰, 1988년.

265) Deposition of Martin, pp. 47, 173.

266) Ibid., p. 173.

267) Ibid., pp. 166–67, 169.

268) Ibid., p. 168.

269) Ibid., p. 77.

270) Ibid., p. 80.

271) "Reproductive Health Hazards in the Workplace," p. 257.

272) Deposition of Christman, p. 90.

273) Ibid., p. 95.

274) Deposition of Lola Rymer, *Christman v. American Cyanamid Co.*, December 10–11, 1980, pp. 46–47.

275) 베티 릭스와 개인적인 인터뷰, 1988년.

276) "Reproductive Health Hazards in the Workplace," p. 257.

277) Deposition of Clyne, p. 780.

278) 베티 릭스와 개인적인 인터뷰, 1988년.

279) Deposition of Riggs, p. 108.

280) Deposition of Christman, p. 103.

281) Deposition of Martin, p. 147.

282) Deposition of Christman, p. 150; 베티 릭스와 개인적인 인터뷰, 1988년; Deposition of Riggs, pp. 143–44.

283) Opinion of Circuit Judge Robert Bork, Oil, *Chemical and Atomic Workers International Union v. American Cyanamid Co.*, 741 F.2d Series, 444 (1984), pp. 444–50.

284) 베티 릭스와 개인적인 인터뷰, 1988년; Deposition of Christman, p. 113.

285) Opinion of Bork, pp. 446–47.

286) "Reproductive Health Hazards in the Workplace," p. 257.

287) Opinion of Bork, p. 447.

288) 존 버틴Joan Bertin과 개인적인 인터뷰, 1988년.

289) Opinion of Bork, pp. 445, 449.

290) 존 버틴과 개인적인 인터뷰, 1988년.

291) 개인적인 인터뷰, 1988년.

292) 베티 릭스와 개인적인 인터뷰, 1988.

293) Nat Hentoff, "Is Anyone There Underneath the Black Robes?" *The Village Voice*, Oct. 27, 1987, p. 32.

294) Amy Wallace, "Bork Version of Sterilization Case Disputed," *Atlanta Journal-Constitution*, Sept. 20, 1987, p. A1.

295) 스티브 타이스와 개인적인 인터뷰, 1988년.

296) 조지 게바스 박사와 개인적인 인터뷰, 1988년.

297) 글렌 머서와 개인적인 인터뷰, 1988년.

298) 개인적인 인터뷰, 1988년.

299) 베티 릭스와 개인적인 인터뷰, 1988년.

에필로그

1)   Klein, *Gender Politics*, p. 16.

2)   Ibid., p. 22.

3) Freeman, *Politics of Women's Liberation*, p. 84.

4) Klein, *Gender Politics*, pp. 22, 124.

5) Alexander M. Astin Student Survey, 1990. 이 여론조사는 20만 명의 대학생을 대상으로 실시되었다.

6) Dan Balz and Ruth Marcus, "In Year Since Webster, Abortion Debate Defies Predictions," *Washington Post*, July 3, 1990, p. A1.

7) David Shribman, "Gov. Andrus Worries About Threat to Boycott Idaho Potatoes in Fight Over Abortion Rights Bill," *The Wall Street Journal*, March 29, 1990, p. A16.

8) Ibid.

9) Sara Frankel, "Women Go to the Pols," *San Francisco Examiner*, May 6, 1990, p. C1.

10) Kate Rand Lloyd, speech, "Women, Men and Media," University of Southern California, 1988.

11) The Gallup Poll, 1991.

12) 엘리너 스밀과 개인적인 인터뷰, 1989년.

13) Frankel, "Women Go to the Pols," p. C4.

감사의 말

이 책을 준비하는 시간이 고되었던 만큼 많은 빚을 졌다. 작가들이 감사의 말을 쓸 때가 되었을 때 주위에 친구가 남아 있다는 것은 경이로운 일이다. 친절하고 관대하며 용기를 북돋워 주는 그런 친구들이 남아 있다니 나는 대단한 행운아가 아닐 수 없다.

이 책은 내가《산호세머큐리뉴스San Jose Mercury News》의 일요지《웨스트》에 다니던 1986년, 초창기의 소중한 지지자이자《웨스트》의 편집자인 제프리 클라인Jeffery Klein의 응원 속에 하버드-예일의 '남자 품귀' 연구에 대한 한 편의 잡지 기사를 작성하면서 시작되었다. 그는 1년짜리 휴가를 주선해 원활히 연구할 수 있게 해 주었고『백래시』에서 중요한 비중을 차지하게 된 여성의 지위에 대한 일련의 잡지 기사들을 내보내는 데 동의함으로써 저술 과정을 용이하게 만들어 줬다.《월스트리트저널》로 옮긴 뒤 담당 국장 그레그 힐Greg Hill을 만나면서 내 행운은 계속 이어졌다. 그는 내가 책을 마무리할 수 있도록 몇 개월 동안 일에서 놓아 주었고, 글을 다시 손봐야 할 때 몇 주씩 휴가를 내주었다. 동료들 역시 넓은 아량으로 나를 지원해 주었다.

스탠퍼드 대학교 여성과젠더연구소Institute for Research on Women and Gender의 에디 젤러스Edie Gelles는 내가 연구소의 방문 학자 프로그램에 참여해 훌륭한 토론의 장에서 내 생각을 검증할 수 있게 도와주었고 내가 더듬대며 주장을 제대로 벼리지 못할 때 예민하고 지적인 귀를 빌려주는 등 대단히 절실한 지적 자양분을 제공해 주었다. 사려 깊은 제안과 비판을 해 준 연구소의 모든 학자들에게 감사하다.

내 저작권자 샌드라 데이크스트라Sandra Dijkstra는 이 책이 제안 수준이었을 때 기꺼이 모험을 감행했으며, 이 책의 아이디어를 꾸준히 지지해 주었다. 크라운출판사Crown Publishers의 제인 폰 메런Jane von

783

Mehren은 여러 차례에 걸친 잘못된 출발과 전화번호부만 한 두께의 초고를 참아 준 열정적이고 관대한 편집자였다. 또한 처음부터 이 프로젝트를 개인적으로 지원했던 베티 프라슈커Betty Prashker에게도 감사의 말을 전한다. 아이린 프로콥Irene Prokop, 안드레아 코닐리Andrea Connolly, 페니 사이먼Penny Simon, 그리고 마지막까지 계속된 보완과 수정을 견뎌 준 많은 이들에게도 감사를 표한다. 크리스티나 파타렐리Christina Pattarelli와 리베카 캐럴Rebecca Carroll 역시 온갖 책과 간행물 들을 뒤져 가며 인쇄 직전까지 사실 확인을 도와준 생명의 은인과도 같았다.

이 책을 쓰기 위해 인구조사국의 인구학자부터 정신 건강 역학자들에 이르기까지 많은 사람들에게 부탁을 했다. 이들이 묵묵히 도와주지 않았다면 나는 이 길을 헤쳐 오지 못했을 것이다. 이들은 거의 예외 없이 자신들의 시간을 아낌없이 내주며 기나긴 인터뷰에 응했고 방대한 기록을 제공해 주었다. 인상적인 업적을 통해 많은 영감과 비판적인 토대를 마련해 준 많은 페미니스트 작가와 연구자 들의 연구가 없었다면 나는 그다지 멀리 나아가지 못했을 것이나.

많은 친구들은 내 구세주였다. 세라 윈터필드Sarah Winterfield는 두서 없는 초고를 끝까지 읽고 때로 매일같이 격려해 주었다. 필 윈터필드Phil Winterfield는 종종 심통을 부리는 컴퓨터를 길들여 주었다. 바버라 매킨토시Barbara McIntosh, 리사 스칼라피노Lisa Scalapino, 케이시 홀럽Kathy Holub, 세라 프랑켈Sara Frankel, 페기 오렌스타인Peggy Orenstein, 케이시Cathy와 데이비드 매시David Massey는 나를 숱하게 구해 주러 왔다. 글이 막힐 때면 쉼 없는 유머로 나를 달래 준 로버트 팔루디Robert Faludi 역시 그랬다. 이 프로젝트에 한없는 열정을 쏟고, 부드럽고 애정 어린 돌봄의 손길을 보내 주고, 주방에서 묘기에 가까운 재주를 보여 준 게리 카미야Gary Kamiya에게도 진심 어린 감사를 전한다. 마지막으로 이 책 전반에 명료한 사고와 꼼꼼한 편집의 흔적을 남겨준 스콧 로젠버그Scott Rosenberg에게 각별한 고마움을 전한다.

젊은 시절 자기 시대의 '여성의 신비' 반격에 맞서 독립성을 유지하기 위해 투쟁했던 나의 어머니에게 이 책을 바친다. 다음 세대 여성들은 또 다른 반격에 맞서 싸울 필요가 없기를 바란다.

두고두고 인구에 회자되며 비웃음을 살 각오를 하고 고백하자면 20여 년 전 처음 번역가가 되는 게 좋겠다고 생각했던 건 현모양처가 꿈이었기 때문이다. 피아노를 배우면 피아니스트가 되겠다고 했다가, 미술학원에 다니기 시작하면 화가가 되겠다고 했다가, 심지어 미스코리아 대회를 보고 나면 미스코리아가 되겠다고 하던 시절의 일이었으니, 그리고 그때는 마음만 먹으면 무엇이든 될 수 있다 생각했던 시절이었으니, 그저 부끄러운 나만의 과거사로 여기고 무덤까지 함구해도 될 일이다. 그런데 하필이면, 이 묵직한 페미니즘 도서의 역자 후기에 굳이 흑역사를 까발리고 싶은 마음이 드는 건 왜일까? 이제는 생의 아이러니를 향해 웃을 줄 아는 여유가 생겼다는 뜻일까? 어쨌든 잠시나마 현모양처를 꿈꿨던 덕분에 영문학과에 진학하게 되었고, 처참한 성적으로나마 졸업장을 얻은 덕에 근근이 일감을 이어가고 있으니 철없는 지난 시절의 꿈을 마냥 부끄러워할 일만은 아닌지도 모르겠다.

솔직히 뭐 하나 흠잡기 어려운 『백래시』를 우리말로 옮기는 동안 작은 가시처럼 마음을 어지럽힌 한 가지 의심이 있었다. 유급 노동에서 희열과 성취감을 느끼는 『백래시』 속 많은 여성들은 그저 일부 엘리트 계급에게 국한된 특권을 누리고 있거나, 아니면 자본에 굴종하는 것이 아닐까? 노동과 노역의 경계가 흐릿한 열정 노동과 지식 노동이 판을 치는 요즘, 일에서 보람을 느낀다는 것은 무엇일까? 애저녁에 세속적인 성공에 별 야망도 없고 그렇다고 기계적으로 출퇴근하는 삶도 처음부터 내 것이 아닌 것 같아 이리저리 우회하다 이제 겨우 불안정하게나마 번역가로 꼴을 갖춰 가는 처지이고 보니, 그러고도 그저 있는 듯 없는 듯 최소한의 존재감으로 살아가는 게 인생의 목표인 인간이고 보니 그 작은 가시가 쉽게 삼켜지지 않았다.

그런데 지금, 그러니까 최종 원고를 넘기고 한 달쯤 지나『백래시』에 매달렸던 지난 4개월을 돌아보니 바로 이 책,『백래시』가 내게는 번역가로서 그 어느 때보다 진한 희열과 성취감을 안겨 준 정직한 노동의 결과물임이 점점 분명해지고 있다. 그리고 이제야 작은 가시는 꿀떡 내 목구멍을 넘어갔다. 팔루디는 내가 이제까지 만나 본 그 어떤 저자보다 논리가 치밀했고, 집념이 엄청났고, 위트가 넘쳤고, 문장이 유려하면서도 주장이 선명했다. 팔루디의 화려하면서도 분명한 논지의 문장들을 읽으며 다른 텍스트의 난해한 문장들이 이해가 안 되었던 건 내가 전공 수업을 밥 먹듯 빼먹었기 때문이 아니라 저자의 글솜씨가 엉성하거나 주장이 명료하지 못한 탓일 수 있겠다는 사실을 뒤늦게 깨달았다.

만일 대입을 앞두고 방황하던 십 대의 내가 명민하고 열정적인데다 때로 혐오스러운 '적'과 얼굴을 맞대고 날카로운 질문을 날릴 만큼 비위 좋고 용감하며 (최소한 내 기준으로는) 풍부한 유머 감각까지 겸비한 팔루디를 알았더라면, 그녀만큼 열정적이고 똑 부러지고 당당하면서도 여유를 잃지 않는 여성 모델들을 구태의연한 고리짝 여성상보다 더 많이 접했더라면, 여전히 번역가를 꿈꾸더라도 현모양처가 되기 위해서라는 황당한 단서를 달지는 않았을지 모르겠다.

이 책은 26년이라는 세월 저편에서 태평양을 넘어 건너왔다는 사실이 믿어지지 않을 정도로 남 일이 아닌 사례들로 가득하다. 지금, 여기의 상황을 끊임없이 의식하게 만드는 그 놀라운 유사성은 이 책을 받아 든 우리에게 행운일까, 아니면 불행일까? 어쨌든 팔루디의 이 역작이 적과 싸우다 적과 닮아버리거나 적에 대한 분노의 늪에 빠져 허우적대지 않도록 명확하게 방향을 제시해 주고 있는 것만은 분명해 보인다.

잠시 잊고 있던 노동의 성취감을 뻐근하게 일깨워 준 훌륭한 페미니스트이자 탁월한 문장가인 팔루디에게, 망망대해 같은 외서의 바다에서 밝은 혜안으로『백래시』를 엄선하고 아직도 갈 길이 먼 '초짜'에게 대작을 맡겨 준 신원제 편집자에게, 터무니없는 분량의 원고를 선뜻 맡아 꼼꼼하게 확인해 준 이정신 편집자에게 모두 감사의 말을 전한다. 부디 세상은 넓고 여성에겐 가능성이 널려 있어서 지금의 소녀들은 '20세기 사람들'이라면 상상도 못했던 다양한 역할을 자연스럽게 꿈꾸는 데 이 책이 조금이나마 기여할 수 있기를 바란다.

2017년 11월
황성원

옮긴이 후기

지은이　수전 팔루디
1959년생. 1981년 하버드 대학을 우등으로 졸업한 후 저널리스트로 《뉴욕타임스》, 《월스트리트저널》 등에 기고해 왔다. 1991년 미국 대형 슈퍼마켓 체인 세이프웨이의 구조조정으로 해고된 직원들을 취재해 그해 해석 보도 부문 퓰리처상을 받았다.

『백래시』는 팔루디의 데뷔작이다. 팔루디는 1980년대 레이건 정부의 신보수주의 물결 아래 언론, 대중매체, 정치 등 거의 모든 분야에서 페미니즘과 여성을 상대로 한 일관된 공격의 기운을 감지하고, 이러한 현상에 '백래시(반격)'라는 이름을 붙였다. 『백래시』는 출간과 동시에 평단과 대중 모두를 사로잡아 그해 논픽션 부문 전미도서비평가협회상을 수상했으며, 《유에스에이 투데이》 '지난 25년간 미국에 영향을 미친 책 25권', 《미즈》 '세대를 초월한 논픽션 10권'에 선정되는 등 끊임없이 소환되고 재인용되고 있다.

팔루디는 이후로도 전통적인 남성성의 붕괴와 그로 인해 미국 남성들이 직면한 위기를 다룬 Stiffed: The Betrayal of the American Man, 9.11 사태에 대한 미국인들의 '젠더화된' 심리적 반응을 고찰한 The Terror Dream: Myth and Misogyny in an Insecure America 등을 썼다. 최근에는 헝가리 태생의 유대인으로 홀로코스트 생존자이자 후에 트랜스젠더 여성이 된 아버지 스테파니 팔루디와의 관계를 다룬 논픽션 In the Darkroom을 출간해 2016년 커커스리뷰 상을 받았으며, 퓰리처상 최종 후보에 올랐다.

옮긴이　황성원
대학에서 영문학과 지리학을 공부했다. 한 우물만 파는 공부보다는 다양한 주제로 세상을 두리번거리는 일이 더 적성에 맞아서 번역의 길에 들어섰다. 옮긴 책으로 『새로운 미래, 어떻게 번성할 것인가』, 『쫓겨난 사람들』, 『염소가 된 인간』, 『기후 카지노』, 『혼자 살아가기』, 『행복 산업』, 『캘리번과 마녀』 등이 있다.

해제자　손희정
대중문화를 연구하는 페미니스트. 연세대학교에서 영문학과 한국사학을 공부했고, 중앙대학교 첨단영상대학원에서 영화학으로 박사 학위를 받았다. 『여성 괴물, 억압과 위반 사이』와 『호러 영화』 등을 번역했고, 『페미니즘 리부트: 혐오의 시대를 뚫고 나온 목소리들』을 썼으며, 『다락방에서 타자를 만나다』, 『10대의 섹스, 유쾌한 섹슈얼리티』, 『페미니스트 모먼트』, 『대한민국 넷페미사』, 『그럼에도 페미니즘』 등을 함께 썼다.

Philos Feminism 1

백래시

누가 페미니즘을 두려워하는가?

1판 1쇄 발행 2017년 12월 15일
1판 10쇄 발행 2023년 01월 02일

지은이 수전 팔루디
옮긴이 황성원
해제 손희정
펴낸이 김영곤
펴낸곳 (주)북이십일 아르테

편집 김지영 최윤지
교정 이정신 디자인 워크룸
기획위원 장미희
출판마케팅영업본부 본부장 민안기
마케팅 배상현 한경화 김신우 강효원
영업 최명열 김다운
해외기획 최연순 이윤경
제작 이영민 권경민

출판등록 2000년 5월 6일 제10-1965호
주소 (10881) 경기도 파주시 회동길 201(문발동)
대표전화 031-955-2100, 팩스 031-955-2151, 이메일 book21@book21.co.kr

ISBN 978-89-509-7300-1 03300
아르테는 (주)북이십일의 문학 브랜드입니다.

(주)북이십일 경계를 허무는 콘텐츠 리더
페이스북 facebook.com/21arte, 블로그 arte.kro.kr
인스타그램 instagram.com/21_arte, 홈페이지 arte.book21.com

Philos Feminism

Philos Feminism 거부할 수 없는 물결, 새 시대의 상식
기꺼이 맞서 새 시대를 연 여성들의 목소리
쟁점을 사유하고 새로운 화두를 던지는 이 시대의 고전